简 体 横 排

前四史

後漢書

下册

〔宋〕范　曄撰
〔唐〕李贤等注

中華書局

后汉书卷七十六

循吏列传第六十六

初,光武长于民间,颇达情伪,①见稼穑艰难,百姓病害,至天下已定,务用安静,解王莽之繁密,还汉世之轻法。②身衣大练,色无重彩,耳不听郑卫之音,手不持珠玉之玩,宫房无私爱,左右无偏恩。建武十三年,异国有献名马者,日行千里,又进宝剑,贾兼百金,诏以马驾鼓车,剑赐骑士。损上林池籞之官,废骋望弋猎之事。其以手迹赐方国者,皆一札十行,细书成文。③勤约之风,行于上下。数引公卿郎将,列于禁坐。④广求民瘼,观纳风谣。故能内外匪懈,百姓宽息。自临宰邦邑者,竞能其官。若杜诗守南阳,号为“杜母”,任延、锡光移变边俗,斯其绩用之最章章者也。⑤又第五伦、宋均之徒,亦足有可称谈。然建武、永平之间,吏事刻深,亟以谣言单辞,转易守长。故朱浮数上谏书,箴切峻政,锺离意等亦规讽殷勤,以长者为言,而不能得也。⑥所以中兴之美,盖未尽焉。自章、和以后,其有善绩者,往往不绝。如鲁恭、吴佑、刘宽及颍川四长,⑦并以仁信笃诚,使人不欺;王堂、陈宠委任贤良,而职事自理:⑧斯皆可以感物而行化也。边凤、延笃先后为京兆尹,时人以辈前世赵、张。⑨又王涣、任峻之为洛阳令,明发奸伏,吏端禁止,然导德齐礼,有所未充,亦一时之良能也。今缀集殊闻显迹,以为循吏篇云。

①《左传》楚子曰:“晋侯在外十九年矣,人之情伪尽知之矣。”

②《前书》曰:“莽春夏斩人于市,一家铸钱,保伍人没入为官奴婢,〔1〕男子槛车,女子步,铁锁琅铛其颈,愁苦死者十七八。”轻法谓高祖约法三章,孝文除肉刑也。

③《说文》曰:“札,牒也。”

④禁坐犹御坐也。

⑤章章,明也。《前书》班固曰:"章章尤著者也。"

⑥时明帝性褊察,好以耳目隐发为明,又引杖撞郎,朝廷竦栗,〔2〕争为苛刻,
　唯意独敢谏争,数封还诏书。见《意传》也。

⑦谓荀淑为当涂长,韩韶为嬴长,陈寔为太丘长,锺皓为林虑长。淑等皆颍川
　人也。

⑧王堂任陈蕃、应嗣,陈宠任王涣、镡显也。

⑨辈,类也。赵谓赵广汉,张谓张敞者也。

卫飒字子产,①河内修武人也。家贫好学问,随师无粮,常庸以自
给。王莽时,仕郡历州宰。

①飒音立。

建武二年,辟大司徒邓禹府。举能案剧,除侍御史,襄城令。政有
名迹,迁桂阳太守。郡与交州接境,颇染其俗,不知礼则。飒下车,修庠
序之教,设婚姻之礼。期年间,邦俗从化。

先是含洭、浈阳、曲江三县,越之故地,①武帝平之,内属桂阳。民
居深山,滨溪谷,习其风土,不出田租。去郡远者,或且千里。吏事往
来,辄发民乘船,名曰"传役"。每一吏出,徭及数家,百姓苦之。飒乃凿
山通道五百馀里,列亭传,置邮驿。于是役省劳息,奸吏杜绝。流民稍
还,渐成聚邑,使输租赋,同之平民。又耒阳县(山)〔出〕铁石,②〔3〕佗郡
民庶常依因聚会,私为冶铸,遂招来亡命,多致奸盗。飒乃上起铁官,罢
斥私铸,岁所增入五百馀万。飒理卹民事,居官如家,其所施政,莫不合
于物宜。视事十年,郡内清理。

①含洭故城在今广州含洭县东。浈阳,今广州县也。曲江,韶州县也。

②《续汉志》耒阳县有铁官也。

二十五年,征还。光武欲以为少府,会飒被疾,不能拜起,①敕以桂
阳太守归家,须后诏书。②居二岁,载病诣阙,自陈困笃,乃收印绶,赐钱
十万,后卒于家。

①《东观记》曰"飒到即引见，赐食于前。从吏二人，赐冠帻，钱人五千"也。

②须，待也。

南阳茨充代飒为桂阳。①亦善其政，教民种殖柘桑麻纻之属，②劝令养蚕织屦，民得利益焉。③

①《东观记》曰"充字子河，宛人也。初举孝廉，之京师，同侣马死，充到前亭，辄舍车持马还相迎，乡里号之曰'一马两车茨子河'"也。

②《礼记》曰："禁人无伐桑柘。"郑玄注云："爱蚕食也。"

③《东观记》曰："元和中，荆州刺史上言：臣行部入长沙界，观者皆徒跣。臣问御佐曰：'人无履亦苦之否？'御佐对曰：'十二月盛寒时并多剖裂血出，燃火燎之，春温或脓溃。建武中，桂阳太守茨充教人种桑蚕，人得其利，至今江南颇知桑蚕织屦，皆充之化也。'"

任延字长孙，南阳宛人也。年十二，为诸生，学于长安，明《诗》、《易》、《春秋》，显名太学，学中号为"任圣童"。值仓卒，避兵之陇西。时隗嚣已据四郡，遣使请延，延不应。

更始元年，以延为大司马属，拜会稽都尉。时年十九，迎官惊其壮。①及到，静泊无为，唯先遣馈礼祠延陵季子。②时天下新定，道路未通，避乱江南者皆未还中土，会稽颇称多士。延到，皆聘请高行如董子仪、严子陵等，敬待以师友之礼。掾吏贫者，辄分奉禄以赈给之。省诸卒，令耕公田，以周穷急。每时行县，辄使慰勉孝子，就餐饭之。③

①壮，少也。

②季子，吴王寿梦之少子札也，封于延陵也。

③饭音符晚反。

吴有龙丘苌者，隐居太末，①志不降辱。王莽时，四辅三公连辟，不到。②掾史白请召之。延曰："龙丘先生躬德履义，有原宪、伯夷之节。③都尉埽洒其门，犹惧辱焉，召之不可。"遣功曹奉谒，修书记，致医药，吏使相望于道。积一岁，苌乃乘辇诣府门，愿得先死备录。④延辞让再三，遂署议曹祭酒。苌寻病卒，延自临殡，不朝三日。是以郡中贤士大夫争往宦焉。

> ①太末，县，属会稽郡，今婺州龙丘县也。《东观记》云："秦时改为太末，有龙
> 丘山在东，有九石特秀，色丹，远望如莲华。萇之隐处有一岩穴如窗牖，中
> 有石床，可寝处。"
>
> ②四辅谓太师、太傅、国师、国将。三公谓大司马、司徒、司空也，并莽时官。
> 见《前书》也。
>
> ③原宪，孔子弟子，鲁人也。子贡结驷连骑，排藜藋过谢，原宪摄敝衣冠见子
> 贡。伯夷，孤竹君之子，让其国，饿死于首阳山也。
>
> ④请编名录于郡职也。

建武初，延上书愿乞骸骨，归拜王庭。诏征为九真太守。光武引
见，赐马杂缯，令妻子留洛阳。九真俗以射猎为业，不知牛耕，①民常告
籴交阯，每致困乏。延乃令铸作田器，教之垦辟。田畴岁岁开广，百姓
充给。又骆越之民无嫁娶礼法，各因淫好，无适对匹，②不识父子之性，
夫妇之道。延乃移书属县，各使男年二十至五十，女年十五至四十，皆
以年齿相配。其贫无礼娉，令长吏以下各省奉禄以赈助之。同时相娶
者二千馀人。是岁风雨顺节，谷稼丰衍。其产子者，始知种姓。咸曰：
"使我有是子者，任君也。"多名子为"任"。于是徼外蛮夷夜郎等慕义保
塞，延遂止罢侦候戍卒。③

> ①《东观汉记》曰："九真俗烧草种田。"《前书》曰"搜粟都尉赵过教人牛耕"也。
> ②适音丁历反。
> ③侦，伺也，音丑政反。

初，平帝时，汉中锡光为交阯太守，教导民夷，渐以礼义，化声侔于
延。①王莽末，闭境拒守。建武初，遣使贡献，封盐水侯。领南华风，始
于二守焉。

> ①侔，等也。

延视事四年，征诣洛阳，以病稽留，左转睢阳令，九真吏人生为立
祠。拜武威太守，帝亲见，戒之曰："善事上官，无失名誉。"延对曰："臣
闻忠臣不私，私臣不忠。〔4〕履正奉公，臣子之节。上下雷同，非陛下之

福。善事上官,臣不敢奉诏。"帝叹息曰:"卿言是也。"

　　既之武威,时将兵长史田绀,郡之大姓,其子弟宾客为人暴害。延收绀系之,父子宾客伏法者五六人。绀少子尚乃聚会轻薄数百人,自号将军,夜来攻郡。延即发兵破之。自是威行境内,吏民累息。①

　　①累息,累气。

　　郡北当匈奴,南接种羌,民畏寇抄,多废田业。延到,选集武略之士千人,明其赏罚,令将杂种胡骑休屠黄石屯据要害,①其有警急,逆击追讨。虏恒多残伤,遂绝不敢出。

　　①黄石,杂种号也。

　　河西旧少雨泽,乃为置水官吏,修理沟渠,皆蒙其利。又造立校官,①〔5〕自掾(吏)〔史〕子孙,〔6〕皆令诣学受业,复其徭役。章句既通,悉显拔荣进之。郡遂有儒雅之士。

　　①校,学也。

　　后坐擅诛羌不先上,左转召陵令。显宗即位,拜颍川太守。永平二年,征会辟雍,因以为河内太守。视事九年,病卒。

　　少子恺,官至太常。

　　王景字仲通,乐浪䛁邯人也。①八世祖仲,本琅邪不其人。好道术,明天文。诸吕作乱,齐哀王襄谋发兵,而数问于仲。及济北王兴居反,欲委兵师仲,②仲惧祸及,乃浮海东奔乐浪山中,因而家焉。父闳,为郡三老。更始败,土人王调杀郡守刘宪,自称大将军、乐浪太守。建武六年,光武遣太守王遵将兵击之。至辽东,闳与郡决曹史杨邑等〔7〕共杀调迎遵,皆封为列侯,闳独让爵。帝奇而征之,道病卒。

　　①䛁音诺甘反,邯音下甘反,县名。
　　②襄及兴居并高祖孙,齐悼惠王肥之子也。

　　景少学《易》,遂广窥众书,又好天文术数之事,沈深多伎艺。辟司空伏恭府。时有荐景能理水者,显宗诏与将作谒者王吴共修作浚仪渠。

吴用景塙流法,水乃不复为害。

初,平帝时,河、汴决坏,未及得修。建武十年,阳武令张汜上言:"河决积久,日月侵毁,济渠所漂数十许县。①修理之费,其功不难。宜改修堤防,以安百姓。"书奏,光武即为发卒。方营河功,而浚仪令乐俊复上言:"昔元光之间,②人庶炽盛,缘堤垦殖,而瓠子河决,尚二十馀年,不即拥塞。③今居家稀少,田地饶广,虽未修理,其患犹可。且新被兵革,方兴役力,劳怨既多,民不堪命。宜须平静,更议其事。"光武得此遂止。后汴渠东侵,日月弥广,而水门故处,皆在河中,兖、豫百姓怨叹,以为县官恒兴佗役,不先民急。永平十二年,议修汴渠,乃引见景,问以理水形便。景陈其利害,应对敏给,帝善之。又以尝修浚仪,功业有成,乃赐景《山海经》、《河渠书》、④《禹贡图》,及钱帛衣物。夏,遂发卒数十万,遣景与王吴修渠筑堤,〔8〕自荥阳东至千乘海口千馀里。景乃商度地势,凿山阜,破砥绩,⑤直截沟涧,防遏冲要,疏决壅积,十里立一水门,令更相洄注,⑥无复溃漏之患。景虽简省役费,然犹以百亿计。⑦明年夏,渠成。帝亲自巡行,诏滨河郡国置河堤员吏,如西京旧制。⑧景由是知名。王吴及诸从事掾史皆增秩一等。景三迁为侍御史。十五年,从驾东巡狩,至无盐,帝美其功绩,拜河堤谒者,赐车马缣钱。

①济水出今洛州济源县西北,东流经温县入河,度河东南入郑州,又东入滑、曹、郓、济、齐、青等州入海,即此渠也。王莽末,旱,因枯涸,但入河内而已。

②武帝年。

③瓠子堤在今滑州白马县。武帝元光中,河决于瓠子,东南注钜野,通于淮、泗,至元封二年塞之也。

④《山海经》,禹所作。《河渠书》,太史公《史记》也。

⑤《尚书》曰:"原隰底绩。"注:"底,致也。绩,功也。"言破禹所致功之处也。或云砥碛,山名也。

⑥《尔雅》曰:"逆流而上曰洄。"郭璞注云:"旋流也。"

⑦十万曰亿也。

⑧《十三州志》曰:"成帝时河堤大坏,泛滥青、徐、兖、豫四州略遍,乃以校尉王延代领河堤谒者,秩千石,或名其官为护都水使者。中兴,以三府掾属

为之。"

建初七年,迁徐州刺史。先是杜陵杜笃奏上《论都〔赋〕》,〔9〕欲令车驾迁还长安。耆老闻者,皆动怀土之心,莫不眷然仁立西望。景以宫庙已立,恐人情疑惑,会时有神雀诸瑞,①乃作《金人论》,颂洛邑之美,天人之符,文有可采。

①章帝时有神雀、凤皇、白鹿、白乌等瑞也。

明年,迁庐江太守。先是百姓不知牛耕,致地力有馀而食常不足。郡界有楚相孙叔敖所起芍陂稻田。①景乃驱率吏民,修起芜废,教用犁耕,由是垦辟倍多,境内丰给。遂铭石刻誓,令民知常禁。又训令蚕织,为作法制,皆著于乡亭,庐江传其文辞。卒于官。

①陂在今寿州安丰县东。陂径百里,灌田万顷。芍音鹊。

初,景以为《六经》所载,皆有卜筮,作事举止,质于蓍龟,而众书错糅,吉凶相反,乃参纪众家数术文书,冢宅禁忌,①堪舆日相之属,②适于事用者,集为《大衍玄基》云。③

①葬送造宅之法,若黄帝、青乌之书也。

②《前书·艺文志》,《堪舆金匮》十四卷。许慎云:"堪,天道也。舆,地道也。"日相谓日辰王相之法也。

③《易》曰"大衍之数五十,其用四十有九"也。

秦彭字伯平,〔10〕扶风茂陵人也。自汉兴之后,世位相承。六世祖袭,为颍川太守,与群从同时为二千石者五人,故三辅号曰"万石秦氏"。彭同产女弟,显宗时入掖庭为贵人,有宠。永平七年,以彭贵人兄,随四姓小侯擢为开阳城门候。①十五年,拜骑都尉,副驸马都尉耿秉北征匈奴。

①《续汉志》:"城门候一人,六百石。"〔开阳〕,城南面东头第一门也。〔11〕《汉官仪》云"开阳门始成,未有名,夜有一柱来止楼上。琅邪开阳县上言南门一柱飞去,因以名门"也。

建初元年,迁山阳太守。以礼训人,不任刑罚。崇好儒雅,敦明庠序。每春秋飨射,辄修升降揖让之仪。乃为人设四诫,以定六亲长幼之礼。①有遵奉教化者,擢为乡三老,常以八月致酒肉以劝勉之。吏有过咎,罢遣而已,不加耻辱。百姓怀爱,莫有欺犯。兴起稻田数千顷,每于农月,亲度顷亩,分别肥瘠,差为三品,各立文簿,藏之乡县。于是奸吏踢蹱,无所容诈。彭乃上言,宜令天下齐同其制。诏书以其所立条式,班令三府,并下州郡。

①六亲谓父子兄弟夫妇也。

在职六年,转颍川太守,仍有凤皇、麒麟、嘉禾、甘露之瑞,集其郡境。肃宗巡行,再幸颍川,辄赏赐钱谷,恩宠甚异。章和二年卒。

彭弟惇、褒,并为射声校尉。

王涣字稚子,广汉郪人也。①父顺,安定太守。涣少好侠,尚气力,数通剽轻少年。②晚而改节,敦儒学,习《尚书》,读律令,略举大义。为太守陈宠功曹,当职割断,不避豪右。宠风声大行,入为大司农。和帝问曰:"在郡何以为理?"宠顿首谢曰:"臣任功曹王涣以简贤选能,主簿镡显拾遗补阙,臣奉宣诏书而已。"帝大悦。涣由此显名。

①郪,县,故城在今梓州郪县西南也。

②剽,劫夺也。

州举茂才,除温令。县多奸猾,积为人患。涣以方略讨击,悉诛之。境内清夷,商人露宿于道。其有放牛者,辄云以属稚子,终无侵犯。在温三年,迁兖州刺史,绳正部郡,①风威大行。后坐考妖言不实论。岁馀,征拜侍御史。

①绳,直也。

永元十五年,从驾南巡,还为洛阳令。以平正居身,得宽猛之宜。其冤嫌久讼,历政所不断,法理所难平者,莫不曲尽情诈,压塞群疑。又能以谲数发摘奸伏。①京师称叹,以为涣有神算。②元兴元年,病卒。百姓市道莫不咨嗟。[12]男女老壮皆相与赋敛,致奠醊以千数。③

①谲,诈;数,术也。

②智算若神也。

③醊音张芮反。《说文》曰:"祭酹也。"

涣丧西归,道经弘农,民庶皆设槃桉于路。吏问其故,咸言平常持米到洛,为卒司所钞,①恒亡其半。自王君在事,不见侵枉,故来报恩。其政化怀物如此。民思其德,为立祠安阳亭西,每食辄弦歌而荐之。②

①钞,掠也。

②《古乐府歌》曰"孝和帝在时,洛阳令王君,本自益州广汉蜀人,[13]少行(官)〔宦〕学,[14]通《五经》论。明知法令,历代衣冠,从温补洛阳令,化行致贤。外行猛政,内怀慈仁,移恶子姓名五,篇著里端。无妄发赋,念在理冤。清身苦体,宿夜劳勤,化有能名,远近所闻。天年不遂,早就奄昏,为君作祠安阳亭西,欲令后代莫不称传"也。

永初二年,邓太后诏曰:"夫忠良之吏,国家所以为理也。求之甚勤,得之至寡。故孔子曰:'才难不其然乎!'昔大司农朱邑、①右扶风尹翁归,②政迹茂异,令名显闻,孝宣皇帝嘉叹愍惜,而以黄金百斤策赐其子。故洛阳令王涣,秉清修之节,蹈羔羊之义,③尽心奉公,务在惠民,功业未遂,不幸早世,百姓追思,为之立祠。自非忠爱之至,孰能若斯者乎! 今以涣子石为郎中,以劝劳勤。"延熹中,桓帝事黄老道,悉毁诸房祀,唯特诏密县存故太傅卓茂庙,洛阳留王涣祠焉。

①《前书》曰,邑字仲卿,庐江舒人。为北海太守,以理行第一,入为大司农。性公正,不可交以私,天子器之,朝廷敬焉。神爵元年卒,宣帝下诏赐其子黄金百斤,奉其祭祀。

②《前书》云,翁归字子况,河东平阳人。拜东海太守,以高第入守右扶风。元康四年卒。宣帝制诏:"御史右扶风翁归,廉平向正,早夭不遂,朕甚怜之。其赐翁归子黄金百斤,以奉其祭祀。"

③《韩诗·羔羊》曰:"羔羊之皮,素丝五纥。"薛君《章句》曰:"小者曰羔,大者曰羊。素喻洁白,丝喻屈柔。纥,数名也。诗人贤仕为大夫者,言其德能,称有洁白之性,屈柔之行,进退有度数也。"

镡显后亦知名,安帝时为豫州刺史。时天下饥荒,竞为盗贼,州界收捕且万馀人。显愍其困穷,自陷刑辟,辄擅赦之,因自劾奏。有诏勿理。后位至长乐卫尉。

自涣卒后,连诏三公特选洛阳令,皆不称职。永和中,以剧令勃海任峻补之。①峻擢用文武吏,皆尽其能,纠剔奸盗,不得旋踵,②一岁断狱,不过数十。威风猛于涣,而文理不及之。峻字叔高,终于太山太守。

①剧,县名,属北海郡也。

②《左传》天王策命晋文侯曰:"纠逖王慝。"杜预注云:"逖,远也。""剔"与"逖"通。

许荆字少张,①会稽阳羡人也。②祖父武,太守第五伦举为孝廉。武以二弟晏、普未显,欲令成名,乃请之曰:"礼有分异之义,家有别居之道。"③于是共割财产以为三分,武自取肥田广宅奴婢强者,二弟所得并悉劣少。乡人皆称弟克让而鄙武贪婪,晏等以此并得选举。武乃会宗亲,泣曰:"吾为兄不肖,盗声窃位,二弟年长,未豫荣禄,所以求得分财,自取大讥。今理产所增,三倍于前,悉以推二弟,一无所留。"于是郡中翕然,远近称之。位至长乐少府。

①《谢承书》曰:"荆字子张。家贫为吏。无有船车,休假常单步荷担上下。"

②阳羡故城在今常州义兴县也。

③《仪礼》曰"父子一体也,夫妇一体也,昆弟一体也。故父子手足也,夫妇判合也,昆弟四体也。昆弟之义无分焉,而有分者,则避子之私也。子不私其父,则不成为子。故有东宫,有西宫,有南宫,有北宫。异居而同财,有馀则归之宗,不足则资之宗"也。

荆少为郡吏,兄子世尝报仇杀人,怨者操兵攻之。荆闻,乃出门逆怨者,跪而言曰:"世前无状相犯,咎皆在荆不能训导。兄既早没,一子为嗣,如令死者伤其灭绝,愿杀身代之。"怨家扶荆起,曰:"许掾郡中称贤,吾何敢相侵?"因遂委去。荆名誉益著。太守黄兢举孝廉。

和帝时,稍迁桂阳太守。郡滨南州,风俗脆薄,①不识学义。荆为设丧纪婚姻制度,使知礼禁。尝行春到耒阳县,人有蒋均者,兄弟争财,互相言讼。荆对之叹曰:"吾荷国重任,而教化不行,咎在太守。"乃顾使吏上书陈状,乞诣廷尉。均兄弟感悔,各求受罪。② 在事十二年,父老称歌。以病自上,征拜谏议大夫,卒于官。桂阳人为立庙树碑。

　　① 脆薄犹轻薄也。

　　②《谢承书》曰"郴人谢弘等不养父母,兄弟分析,因此皆还供养者千有馀人"也。

荆孙𫖮,灵帝时为太尉。

孟尝字伯周,会稽上虞人也。其先三世为郡吏,并伏节死难。尝少修操行,仕郡为户曹史。上虞有寡妇至孝养姑。姑年老寿终,夫女弟先怀嫌忌,乃诬妇厌苦供养,加鸩其母,列讼县庭。郡不加寻察,遂结竟其罪。尝先知枉状,备言之于太守,太守不为理。尝哀泣外门,因谢病去,妇竟冤死。自是郡中连旱二年,祷请无所获。后太守殷丹到官,访问其故,尝诣府具陈寡妇冤诬之事。因曰:"昔东海孝妇,感天致旱,于公一言,甘泽时降。① 宜戮讼者,以谢冤魂,庶幽枉获申,时雨可期。"丹从之,即刑讼女而祭妇墓,天应澍雨,谷稼以登。

　　① 解见《霍谞传》也。

尝后策孝廉,举茂才,拜徐令。州郡表其能,迁合浦太守。郡不产谷实,而海出珠宝,与交阯比境,常通商贩,贸籴粮食。① 先时宰守并多贪秽,诡人采求,不知纪极,② 珠遂渐徙于交阯郡界。于是行旅不至,人物无资,贫者饿死于道。[15] 尝到官,革易前敝,求民病利。③ 曾未逾岁,去珠复还,百姓皆反其业,商货流通,称为神明。

　　① 贸,易也。

　　② 诡,责也。

　　③ 人所病苦及利益之(甚)〔事〕也。[16]

以病自上,被征当还,吏民攀车请之。尝既不得进,乃载乡民船夜遁去。隐处穷泽，身自耕佣。邻县士民慕其德，就居止者百馀家。

　　桓帝时，尚书同郡杨乔上书荐尝曰：①"臣前后七表言故合浦太守孟尝，而身轻言微，终不蒙察。区区破心，徒然而已。尝安仁弘义，耽乐道德，清行出俗，能干绝群。前更守宰，移风改政，去珠复还，饥民蒙活。且南海多珍，财产易积，掌握之内，价盈兼金，而尝单身谢病，躬耕垄次，匿景藏采，不扬华藻。实羽翮之美用，非徒腹背之毛也。②而沈沦草莽，好爵莫及，③廊庙之宝，弃于沟渠。④且年岁有讫，桑榆行尽，⑤而忠贞之节，永谢圣时。臣诚伤心，私用流涕。夫物以远至为珍，⑥士以稀见为贵。樊木朽株，为万乘用者，左右为之容耳。⑦王者取士，宜拔众之所贵。臣以斗筲之姿，趋走日月之侧。⑧思立微节，不敢苟私乡曲。窃感禽息，亡身进贤。"⑨尝竟不见用。年七十，卒于家。

①《谢承书》曰"乔字圣达，乌伤人也。前后数上书陈政事"也。

②《说苑》曰："赵简子游于西河而乐之，叹曰：'安得贤士而与处焉？'舟人古桑曰：'此是吾君不好之也。'简子曰：'吾门左右客千人，朝食不足，暮收市征，暮食不足，朝收市征，吾可谓不好士乎？'古桑曰：'鸿鹄高飞远翔，其所恃者六翮也。背上之毛，腹下之毳，无尺寸之数，加之满把，飞不能为之益高。不知门下左右客千人者，六翮之用乎？将尽毛毳也？'"《新序》云晋平公，馀并同也。

③《易》曰："我有好爵，吾与尔縻之。"

④《尚书·顾命》曰："赤刀、大训、弘璧、琬琰在西序，大玉、夷玉、天球、河图在东序。"《周礼·大宗伯》曰："天府掌祖庙之守藏，凡国之玉镇大宝器藏焉。"

⑤谓日将夕，在桑榆间，言晚暮也。

⑥若珠翠之属也。

⑦《前书》邹阳曰："蟠木根柢，轮囷离奇，而为万乘器者，左右为之先容耳。"

⑧日月喻人君也。《易》曰："悬象著明莫大乎日月，崇高莫大乎富贵。"

⑨禽息，秦大夫，荐百里奚而不见纳。缪公出，当车以头击阑，脑乃播出，曰："臣生无补于国，不如死也。"缪公感寤，而用百里奚，秦以大化。见《韩诗外传》。

第五访字仲谋,京兆长陵人,司空伦之族孙也。少孤贫,常佣耕以养兄嫂。有闲暇,则以学文。①仕郡为功曹,察孝廉,补新都令。②政平化行,三年之间,邻县归之,户口十倍。

①文谓道艺者也。

②新都,县,属蜀郡,故城在今益州新都县东。

迁张掖太守。岁饥,粟石数千,访乃开仓赈给以救其敝。吏惧谴,①争欲上言。访曰:“若上须报,是弃民也。②太守乐以一身救百姓!”遂出谷赋人。顺帝玺书嘉之。由是一郡得全。岁馀,官民并丰,界无奸盗。

①谴,责也。

②上音时掌反。须,待也。

迁南阳太守,去官。拜护羌校尉,边境服其威信。卒于官。

刘矩字叔方,沛国萧人也。叔父光,顺帝时为司徒。〔17〕矩少有高节,以(叔)父〔叔〕辽未得仕进,〔18〕遂绝州郡之命。太尉朱宠、太傅桓焉嘉其志义,故叔辽以此为诸公所辟,拜议郎,矩乃举孝廉。

稍迁雍丘令,以礼让化之,〔19〕其无孝义者,皆感悟自革。民有争讼,矩常引之于前,提耳训告,①以为忿恚可忍,县官不可入,使归更寻思。讼者感之,辄各罢去。其有路得遗者,皆推寻其主。在县四年,以母忧去官。

①《毛诗》曰:“匪面命之,言提其耳。”

后太尉胡广举矩贤良方正,四迁为尚书令。矩性亮直,不能谐附贵埶,以是失大将军梁冀意,出为常山相,以疾去官。时冀妻兄孙祉〔20〕为沛相,矩惧为所害,不敢还乡里,乃投彭城友人家。岁馀,冀意少悟,乃止。补从事中郎,复为尚书令,迁宗正、太常。

延熹四年,代黄琼为太尉。琼复为司空,矩与琼及司徒种暠同心辅政,号为贤相。时连有灾异,司隶校尉以劾三公。尚书朱穆上疏,称矩等良辅,及言殷汤、高宗不罪臣下之义。①帝不省,竟以蛮夷反叛免。后复拜太中大夫。

> ①《尚书·汤诰》曰:"余一人有罪,无以尔万方。〔21〕万方有罪,在余一人。"《尚书》高宗诫傅说曰:"一夫不获,则曰时予之辜。"

灵帝初,代周景为太尉。矩再为上公,所辟召皆名儒宿德。不与州郡交通。顺辞默谏,①多见省用。复以日食免。因乞骸骨,卒于家。

> ①顺辞,不忤旨。默谏,不显扬也。

刘宠字祖荣,东莱牟平人,齐悼惠王之后也。①悼惠王子孝王将闾,将闾少子封牟平侯,子孙家焉。父丕,〔22〕博学,号为通儒。

> ①悼惠王肥,高祖子也。

宠少受父业,以明经举孝廉,除东平陵令,①以仁惠为吏民所爱。母疾,弃官去。百姓将送塞道,车不得进,乃轻服遁归。

> ①东平陵,县名,属济南郡也。

后四迁为豫章太守,又三迁拜会稽太守。山民愿朴,乃有白首不入市井者,①颇为官吏所扰。宠简除烦苛,禁察非法,郡中大化。征为将作大匠。山阴县有五六老叟,庞眉皓发,②自若邪山谷间出,③人赍百钱以送宠。宠劳之曰:"父老何自苦?"对曰:"山谷鄙生,未尝识郡朝。〔23〕它守时吏发求民间,至夜不绝,或狗吠竟夕,民不得安。自明府下车以来,狗不夜吠,民不见吏。年老遭值圣明,今闻当见弃去,故自扶奉送。"宠曰:"吾政何能及公言邪? 勤苦父老!"为人选一大钱受之。

> ①愿,谨也。《风俗通》曰"俗说市井者,言至市(当)有所鬻卖,〔24〕当于井上先濯,乃到市也。谨案《春秋井田记》,人年三十,受田百亩,以食五口。五口为一户,父母妻子也。公田十亩,庐舍五亩,成田一顷十五亩。八家而九顷二十亩,共为一井。庐舍在内,贵人也。公田次之,重公也。私田在外,贱私也。井田之义,一曰无泄地气,二曰无费一家,三曰同风俗,四曰合巧拙,五曰通财货。因井为市,交易而退,故称市井"也。
> ②庞,杂也。老者眉杂白黑也。

③若邪,在今越州会稽县东南也。

转为宗正、大鸿胪。延熹四年,代黄琼为司空,以阴雾愆阳免。顷之,拜将作大匠,复为宗正。建宁元年,代王畅为司空,频迁司徒、太尉。二年,以日食策免,归乡里。

宠前后历宰二郡,累登卿相,而(准)〔清〕约省素,〔25〕家无货积。尝出京师,欲息亭舍,亭吏止之,曰:“整顿洒埽,以待刘公,不可得(也)〔止〕。”〔26〕宠无言而去,时人称其长者。以老病卒于家。

弟方,官至山阳太守。方有二子:岱字公山,繇字正礼。兄弟齐名称。①

①《吴志》曰:“平原陶丘洪荐繇,欲令举茂才。刺史曰:‘前年举公山,奈何复举正礼?’洪曰:‘若(使)明〔使〕君用公山于前,〔27〕擢正礼于后,所谓御二龙于长涂,聘骐骥于千里,不亦可乎?’”

董卓入洛阳,岱从侍中出为兖州刺史。虚己爱物,为士人所附。初平三年,青州黄巾贼入兖州,杀任城相郑遂,转入东平。岱击之,战死。

兴平中,繇为杨州牧、振威将军。时袁术据淮南,繇乃移居曲阿。值中国丧乱,士友多南奔,繇携接收养,与同优剧,甚得名称。袁术遣孙策攻破繇,因奔豫章,病卒。

仇览字季智,一名香,陈留考城人也。①少为书生淳默,乡里无知者。年四十,县召补吏,选为蒲亭长。〔28〕劝人生业,为制科令,至于果菜为限,鸡豕有数,农事既毕,乃令子弟群居,还就黉学。其剽轻游恣者,皆役以田桑,严设科罚。躬助丧事,赈恤穷寡。期年称大化。览初到亭,人有陈元者,〔29〕独与母居,而母诣览告元不孝。览惊曰:“吾近日过舍,庐落整顿,②耕耘以时。此非恶人,当是教化未及至耳。母守寡养孤,苦身投老,奈何肆忿于一朝,欲致子以不义乎?”母闻感悔,涕泣而去。览乃亲到元家,与其母子饮,因为陈人伦孝行,譬以祸福之言。元卒成孝子。③乡邑为之谚曰:“父母何在在我庭,化我鸱枭哺所生。”④

①《续汉志》：“考城故菑。”《陈留风俗传》曰“章帝恶其名，改为考城”也。

②《广雅》曰：“落，居也。”案今人谓院为落也。

③《谢承书》曰“览为县阳遂亭长，好行教化。人羊元凶恶不孝，〔30〕其母诣览言元。览呼元，诮责元以子道，与一卷《孝经》，使诵读之。元深改悔，到母床下，谢罪曰：‘元少孤，为母所骄。谚曰：“孤犊触乳，骄子骂母。”乞今自改。’母子更相向泣，于是元遂修孝道，后成佳士”也。

④鸱枭即鸺枭也。

　　时考城令河内王涣，〔31〕政尚严猛，闻览以德化人，署为主簿。谓览曰：“主簿闻陈元之过，不罪而化之，得无少鹰鹯之志邪？”① 览曰：“以为鹰鹯，不若鸾凤。”涣谢遣曰：“枳棘非鸾凤所栖，百里岂大贤之路？② 今日太学曳长裾，飞名誉，皆主簿后耳。以一月奉为资，勉卒景行。”③

①《左传》季孙行父曰：“见无礼于君者诛之，如鹰鹯之逐鸟雀。”

②时涣为县令，故自称百里也。

③卒，终也。

　　览入太学。时诸生同郡符融有高名，与览比宇，宾客盈室。览常自守，不与融言。融观其容止，心独奇之，乃谓曰：“与先生同郡壤，邻房牖。今京师英雄四集，志士交结之秋，虽务经学，守之何固？”览乃正色曰：“天子修设太学，岂但使人游谈其中！”高揖而去，不复与言。后融以告郭林宗，林宗因与融赍刺就房谒之，遂请留宿。林宗嗟叹，下床为拜。

　　览学毕归乡里，州郡并请，皆以疾辞。虽在宴居，① 必以礼自整。妻子有过，辄免冠自责。妻子庭谢，候览冠，乃敢升堂。家人莫见喜怒声色之异。后征方正，遇疾而卒。

①宴，安也。《论语》曰：“子之宴居。”

　　三子皆有文史才，少子玄，最知名。

　　童恢〔32〕字汉宗，① 琅邪姑幕人也。② 父仲玉，遭世凶荒，倾家赈恤，九族乡里赖全者以百数。仲玉早卒。

①《谢承书》“童”作“僮”，〔33〕“恢”作“种”也。

②姑幕故城在今密州莒县东北也。

恢少仕州郡为吏，司徒杨赐闻其执法廉平，乃辟之。及赐被劾当免，掾属悉投刺去，恢独诣阙争之。及得理，掾属悉归府，恢杖策而逝。由是论者归美。

复辟公府，除不其令。吏人有犯违禁法，辄随方晓示。若吏称其职，人行善事者，皆赐以酒肴之礼，以劝励之。耕织种收，皆有条章。一境清静，牢狱连年无囚。比县流人归化，徙居二万馀户。民尝为虎所害，乃设槛捕之，生获二虎。恢闻而出，咒虎曰："天生万物，唯人为贵。虎狼当食六畜，①而残暴于人。王法杀人者死，伤人则论法。汝若是杀人者，当垂头服罪；自知非者，当号呼称冤。"一虎低头闭目，状如震惧，即时杀之。其一视恢鸣吼，踊跃自奋，遂令放释。吏人为之歌颂。青州举尤异，迁丹阳太守，暴疾而卒。

①杜预注《左传》云："六畜，马牛羊豕犬鸡也。"

弟翊字汉文，名高于恢，宰府先辟之。翊瘖不肯仕，①及恢被命，乃就孝廉，除须昌长。化有异政，吏人生为立碑。闻举将丧，弃官归。后举茂才，不就。卒于家。

①瘖，疾不能言也。

赞曰："政畏张急，①理善亨鲜。②推忠以及，众瘼自瘳。③一夫得情，千室鸣弦。④怀我风爱，永载遗贤。⑤

①《韩诗外传》曰："水浊则鱼喁，令苛则人乱。理国者譬若张琴然，大弦急则小弦绝矣。故急辔衔者，非千里之御也。"

②《老子》曰"理大国者若亨小鲜"也。

③推忠恕以及于人，则众病自瘳除。

④一夫谓守长也。千室谓黎庶。言上得化下之情，则其下鸣弦而安乐也。

⑤沈约《宋书》载晔与其侄及甥书，论撰书之意曰："吾观史书，恒觉其不可解。既造《后汉》，转得统绪。详观古今著述及评论，殆少可得意者。班氏最有高名，既任情无例，不可甲乙。博赡不可及之，〔34〕整理未必愧也。吾杂传

论皆有精意深旨,至于《循吏》已下及六夷诸序论,笔埶纵放,实天下之奇作,其中合者,往往不减《过秦篇》。尝比方班氏所作,非但不愧之而已。又欲因事发论,以正一代得失,意复未果。赞自是吾文之杰思,殆无一字空设。此书行,故应有赏音者。纪传例为举其大略耳。诸细意甚多,自古体大而思精,未有此也。恐俗人不能尽之,多贵古贱今,所以称情狂言耳。"

【校勘记】

〔1〕 保伍人没入为官奴婢　按:汲本"伍"作"五"。

〔2〕 又引杜撞郎朝廷竦栗　按:"撞"原讹"橦","栗"原讹"慄",径改正。

〔3〕 又耒阳县(山)〔出〕铁石　据汲本、殿本改。

〔4〕 臣闻忠臣不私私臣不忠　按:两"私"字《通鉴》皆作"和"。《考异》谓案高峻《小史》作"忠臣不和,和臣不忠",意思为长,又与上语相应,今从之。又按:《御览》四二七引,两"私"字并作"和"。

〔5〕 又造立校官　按:汲本"造"作"遣"。

〔6〕 自掾(吏)〔史〕子孙　据《刊误》改。按:何焯校本"吏"改"史"。

〔7〕 郡决曹史杨邑等　按:"杨"原讹"扬",径改正。

〔8〕 遣景与王吴修渠筑堤　按:《集解》引惠栋说,谓"王吴"《水经注》作"王昊"。

〔9〕 杜陵杜笃奏上论都〔赋〕　据《刊误》补,与《杜笃传》合。按:汲本、殿本"论"下衍"迁"字。

〔10〕 秦彭字伯平　按:《集解》引惠栋说,谓"伯平"《东观记》作"国平"。

〔11〕 〔开阳〕城南面东头第一门也　据《刊误》补。

〔12〕 百姓市道莫不咨嗟　殿本"市"作"币"。按:《校补》谓币道犹言绕道,义亦可通。

〔13〕 本自益州广汉蜀人　《宋书·乐志》作"本自益州广汉民"。按:沈家本谓章怀避"民"作"人",衍"蜀"字。又谓此注所载歌辞不全,全篇《宋书·乐志》载之。

〔14〕 少行(官)〔宦〕学　《集解》引惠栋说,谓"官"当作"宦"。按:《宋志》作"宦",今据改。

〔15〕 贫者饿死于道　按：“饿死”，原作“死饿”，各本同，《御览》二百六十引作“饿死”，今乙正。

〔16〕 人所病苦及利益之（甚）〔事〕也　据汲本、殿本改。

〔17〕 叔父光顺帝时为司徒　按：“司徒”乃“太尉”之讹。《集解》引钱大昕说，谓案《顺帝纪》，永建二年七月，太常刘光为太尉，四年八月免，未尝为司徒也。

〔18〕 以（叔）父〔叔〕辽未得仕进　《集解》引钱大昕说，谓当云“父叔辽”，传写颠倒耳，见《风俗通·十反篇》。李慈铭说同。今据改。

〔19〕 以礼让化之　《刊误》谓“之”当作“人”。今按：化本治字，避唐讳改，谓以礼让治之也，刘说未谛。

〔20〕 时冀妻兄孙祉　按：殿本“祉”作“社”。《集解》引惠栋说，谓“祉”《风俗通》作“礼”。

〔21〕 无以尔万方　按：“尔”原讹“令”，径据汲本、殿本改正。

〔22〕 父丕　按：《集解》引惠栋说，谓“丕”一作“本”。

〔23〕 山谷鄙生未尝识郡朝　按：《袁宏纪》作“山谷鄙老生未尝到郡县”。《集解》引王补说，谓《通鉴》从《范书》，无“老”字。按如《范书》，则“生”字句绝，《袁纪》则“生”字当属下句读。

〔24〕 言至市（当）有所鬻卖　《刊误》谓多一“当”字。按：《诗·陈风》疏与《御览》卷一九一、八二七引，皆无“当”字，今据删。

〔25〕 而（准）〔清〕约省素　据汲本改。

〔26〕 整顿洒埽以待刘公不可得（也）〔止〕　《校补》引钱大昭说，谓“也”当从《吴志》注作“止”。今据改。按：《吴志》裴注引《续汉书》作“整顿传舍，以待刘公，不可得止”。

〔27〕 若（使）明〔使〕君用公山于前　《集解》引陈景云说，谓“使明君”当作“明使君”，汉代人称州将如此。今据改。按：《吴志》正作“明使君”。

〔28〕 选为蒲亭长　按：殿本《考证》谓《谢承书》作“阳遂亭长”。

〔29〕 人有陈元者　按：《集解》引惠栋说，谓《汝南先贤行状》作“孙元”。

〔30〕 人羊元凶恶不孝　按：殿本“羊”作“陈”。

〔31〕 河内王涣　按：《集解》引钱大昕说，谓“涣”当作“奂”，河内武德人，非广汉之王涣。

〔32〕 童恢　按：《集解》引惠栋说，谓案《不其令董君阙》，董字从艹从童，董与

董通,恢盖姓董也。又引汪文台说,谓《御览》九百二十二、《事类赋注》
十九引《谢承书》作"董仲",《类聚》九十九作"董种"。

〔33〕 谢承书童作僮　按:汲本"僮"作"憧"。

〔34〕 博赡不可及之　按:"不可"原作"可不",径据《宋书》、《南史》乙正。

后汉书卷七十七

酷吏列传第六十七

汉承战国馀烈,多豪猾之民。其并兼者则陵横邦邑,桀健者则雄张闾里。① 且宰守旷远,户口殷大。② 故临民之职,专事威断,族灭奸轨,先行后闻。③ 肆情刚烈,成其不桡之威。④ 违众用己,表其难测之智。⑤ 至于重文横入,为穷怒之所迁及者,亦何可胜言。⑥ 故乃积骸满阱,漂血十里。⑦ 致温舒有虎冠之吏,⑧ 延年受屠伯之名,岂虚也哉!⑨ 若其揣挫强埶,摧勒公卿,碎裂头脑而不顾,亦为壮也。⑩

① 横音胡孟反。张音知亮反。

② 《前书》曰,成帝户一千二百二十三万三千六十,口五千九百五十九万四千九百七十八,汉极盛矣。

③ 先行刑而后闻奏也。

④ 桡,屈也。《前书》宁成为济南都尉,而郅都为守。始前数都尉,步入府,因吏谒守如县令,其畏都如此。及成往,直陵都出其上。都素闻其声,善遇之,与结驩。

⑤ 《前书》严延年为河南太守,众人所谓当死者一朝出之,所谓当生者诡杀之,吏人莫能测其用意深浅也。

⑥ 重犹深也。横犹枉也。穷,极也。言迁怒于无罪之人。

⑦ 阱,阬也。《前书》尹赏守长安令,得一切以便宜从事。赏至,修理长安狱,穿地方深各数丈,名为虎穴。乃部户曹掾史,杂举长安中轻薄少年恶子,无市籍商贩作务,而鲜衣凶服者,得数百人,尽以次内穴中,覆以大石,皆相枕藉死。又王温舒为河内太守,捕郡中豪猾论报,流血十馀里也。

⑧ 王温舒为中尉,穷案奸猾,尽糜烂狱中。其爪牙吏,虎而冠者也。《音义》云"言其残虐之甚"也。

⑨《前书》严延年为河南太守,所诛杀血流数里。河南号曰"屠伯",言若屠人
　之杀六畜也。

⑩《前书》济南瞷氏,宗人三百馀家,豪猾,二千石莫能制。郅都为济南守,至
　则诛瞷氏首恶,郡中路不拾遗,都后竟坐斩。又赵广汉为京兆尹,侵犯贵戚
　大臣,将吏卒入丞相魏相府,召其夫人(疏)〔跪〕庭下受辞,〔1〕责以杀婢事。
　司直萧望之劾奏广汉摧辱大臣,伤化不道,坐腰斩。破碎头脑言不避诛
　戮也。

自中兴以后,科网稍密,吏人之严害者,方于前世省矣。而阉人亲
娅,侵虐天下。①至使阳球磔王甫之尸,张俭剖曹节之墓。〔2〕若此之类,
虽厌快众愤,亦云酷矣! 俭知名,故附《党人篇》。②

①《尔雅》曰:"两婿相谓曰娅。"
②刘淑、李膺等传也。

董宣字少平,陈留圉人也。初为司徒侯霸所辟,举高第,累迁北海
相。到官,以大姓公孙丹为五官掾。丹新造居宅,而卜工以为当有死
者,丹乃令其子杀道行人,置尸舍内,以塞其咎。宣知,即收丹父子杀
之。丹宗族亲党三十馀人,操兵诣府,称冤叫号。宣以丹前附王莽,虑
交通海贼,乃悉收系剧狱,①使门下书佐水丘岑尽杀之。②青州以其多
滥,奏宣考岑,宣坐征诣廷尉。在狱,晨夜讽诵,无忧色。及当出刑,官
属具馔送之,宣乃厉色曰:"董宣生平未曾食人之食,况死乎!"升车而
去。时同刑九人,次应及宣,光武驰使驺骑特原宣刑,且令还狱。遣使
者诘宣多杀无辜,宣具以状对,言水丘岑受臣旨意,罪不由之,愿杀臣活
岑。使者以闻,有诏左转宣怀令,令青州勿案岑罪。岑官至司隶校尉。

①剧县之狱。
②姓水丘,名岑也。

后江夏有剧贼夏喜等寇乱郡境,以宣为江夏太守。到界,移书曰:
"朝廷以太守能禽奸贼,故辱斯任。今勒兵界首,檄到,幸思自安之宜。"
喜等闻,惧,即时降散。外戚阴氏为郡都尉,宣轻慢之,坐免。

后特征为洛阳令。时湖阳公主苍头白日杀人,因匿主家,吏不能得。及主出行,而以奴骖乘,宣于夏门亭候之,乃驻车叩马,以刀画地,大言数主之失,叱奴下车,因格杀之。主即还宫诉帝,帝大怒,召宣,欲箠杀之。宣叩头曰:"愿乞一言而死。"帝曰:"欲何言?"宣曰:"陛下圣德中兴,而纵奴杀良人,将何以理天下乎?臣不须箠,请得自杀。"即以头击楹,流血被面。帝令小黄门持之,使宣叩头谢主,宣不从,强使顿之,宣两手据地,终不肯俯。主曰:"文叔为白衣时,臧亡匿死,吏不敢至门。今为天子,威不能行一令乎?"帝笑曰:"天子不与白衣同。"因敕强项令出。①赐钱三十万,宣悉以班诸吏。由是搏击豪强,莫不震栗。京师号为"卧虎"。歌之曰:"枹鼓不鸣董少平。"②

①《谢承书》曰:"敕令诣太官赐食。宣受诏出,饭尽,覆杯食机上。〔3〕太官以状闻。上问宣,宣对曰:'臣食不敢遗馀,如奉职不敢遗力。'"

②枹,击鼓杖也,音浮,其字从木也。

在县五年。年七十四,卒于官。诏遣使者临视,唯见布被覆尸,妻子对哭,有大麦数斛、敝车一乘。①帝伤之,曰:"董宣廉絜,死乃知之!"以宣尝为二千石,赐艾绶,葬以大夫礼。拜子并为郎中,后官至齐相。②

①《谢承书》曰"有白马一匹,兰舆一乘"也。

②诸本此下有说蔡茂事二十五字,亦有无者。案:茂自有传也。

樊晔字仲华,南阳新野人也。与光武少游旧。建武初,征为侍御史,迁河东都尉,引见云台。初,光武微时,尝以事拘于新野,晔为市吏,馈饵一笥,①帝德之不忘,仍赐晔御食,及乘舆服物。因戏之曰:"一笥饵得都尉,何如?"晔顿首辞谢。及至郡,诛讨大姓马适匡等。②盗贼清,吏人畏之。数年,迁杨州牧,〔4〕教民耕田种树理家之术。视事十馀年,坐法左转轵长。③

①《苍颉篇》曰:"馈,饷也。"《说文》曰:"饵,饼也。笥,竹器也。"

②马适,姓也。《前书》有马适建。俗本"匡"上有"王"字者,误也。

③轵,县,属河(南)〔内〕郡,〔5〕故城在今洛州济源县东南也。

　　隗嚣灭后,陇右不安,乃拜晔为天水太守。政严猛,好申韩法,①善恶立断。人有犯其禁者,率不生出狱,吏人及羌胡畏之。道不拾遗。行旅至夜,聚衣装道傍,曰"以付樊公"。凉州为之歌曰:"游子常苦贫,力子天所富。②宁见乳虎穴,③〔6〕不入冀府寺。④〔7〕大笑期必死,忿怒或见置。嗟我樊府君,安可再遭值!"视事十四年,卒官。

　　①申不害、韩非之法也。

　　②勤力之子。

　　③乳,产也。猛兽产乳护其子,则搏噬过常,故以喻也。诸本"穴"字或作
　　　"六",误也。

　　④冀,天水县也。

　　永平中,显宗追思晔在天水时政能,以为后人莫之及,诏赐家钱百万。子融,有俊才,好黄老,不肯为吏。

　　李章字第公,〔8〕河内怀人也。五世二千石。章习《严氏春秋》,①经明教授,历州郡吏。光武为大司马,平定河北,召章置东曹属,数从征伐。

　　①宣帝时博士严彭祖也。

　　光武即位,拜阳平令。①时赵、魏豪右往往屯聚,清河大姓赵纲遂于县界起坞壁,缮甲兵,为在所害。章到,乃设飨会,而延谒纲。纲带文剑,被羽衣,②从士百馀人来到。章与对谦饮,有顷,手剑斩纲,伏兵亦悉杀其从者,因驰诣坞壁,掩击破之,吏人遂安。

　　①阳平,县,属东郡,故城今魏州莘县也。

　　②缉鸟羽以为衣也。《前书》栾大为五利将军,服羽衣也。

　　迁千乘太守,坐诛斩盗贼过滥,征下狱免。岁中拜侍御史,出为琅邪太守。时北海安丘大姓夏长思等反,遂因太守处兴,①而据营陵城。②章闻,即发兵千人,驰往击之。掾(吏)〔史〕止章〔9〕曰:"二千石行不得出界,兵不得擅发。"③章按剑怒曰:"逆虏无状,囚劫郡守,此何可忍! 若

坐讨贼而死,吾不恨也。"遂引兵安丘城下,募勇敢烧城门,与长思战,斩之,获三百馀级,得牛马五百馀头而还。兴归郡,以状上帝,悉以所得班劳吏士。后坐度人田不实征,以章有功,但司寇论。月馀免刑归。复征,会病卒。

①《风俗通》曰:"《史记》赵有辩士处子,故有处姓也。"

②营陵,县,属北海郡也。

③《前书》杜钦奏记王凤曰"二千石守千里之地,任兵马之重,不宜去郡"也。

周纡字文通,下邳徐人也。为人刻削少恩,好韩非之术。少为廷尉史。

永平中,补南行唐长。到官,晓吏人曰:"朝廷不以长不肖,使牧黎民,而性仇猾吏,志除豪贼,且勿相试!"遂杀县中尤无状者数十人,吏人大震。迁博平令。①收考奸臧,无出狱者。以威名迁齐相,亦颇严酷,专任刑法,而善为辞案条教,②为州内所则。后坐杀无辜,复左转博平令。

①博平,县,故城在今博州博平县东也。

②辞案犹今案牍也。

建初中,为勃海太守。每赦令到郡,辄隐闭不出,先遣使属县尽决刑罪,乃出诏书。坐征诣廷尉,免归。

纡廉絜无资,常筑墼以自给。肃宗闻而怜之,复以为郎,再迁召陵侯相。廷掾惮纡严明,欲损其威,①乃晨取死人断手足,立寺门。纡闻,便往至死人边,若与死人共语状。阴察视口眼有稻芒,乃密问守门人曰:"悉谁载藁入城者?"②门者对:"唯有廷掾耳。"又问铃下:③"外颇有疑令与死人语者不?"对曰:"廷掾疑君。"乃收廷掾考问,具服"不杀人,取道边死人"。后人莫敢欺者。

①《续汉志》每郡有五官掾,县为廷掾也。

②悉犹知也。

③《汉官仪》曰:"铃下、侍阁、辟车,此皆以名自定者也。"

征拜洛阳令。下车,先问大姓主名,吏数闾里豪强以对。纡厉声怒曰:"本问贵戚若马、窦等辈,岂能知此卖菜佣乎?"于是部吏望风旨,争以激切为事。贵戚跼蹐,京师肃清。皇后弟黄门郎窦笃从宫中归,夜至止奸亭,亭长霍延遮止笃,笃苍头与争,延遂拔剑拟笃,而肆詈恣口。笃以表闻。诏召司隶校尉、河南尹诣尚书谴问,遣剑戟士收纡送廷尉诏狱。数日贳出。①帝知纡奉法疾奸,不事贵戚,然苛惨失中,②数为有司所奏,八年,遂免官。

①贳,赦也,音市夜反。
②惨,虐也。

后为御史中丞。和帝即位,太傅邓彪奏纡在任过酷,不宜典司京辇。①免归田里。后窦氏贵盛,笃兄弟秉权,睚眦宿怨,无不僵仆。②纡自谓无全,乃柴门自守,以待其祸。然笃等以纡公正,而怨隙有素,遂不敢害。

①《汉官仪》曰:"御史中丞,外督部刺史,内领侍御史,纠察百司。"故云典司京辇。
②僵,偃也。仆,踣也。

永元五年,复征为御史中丞。诸窦虽诛,而夏阳侯瑰犹尚在朝。纡疾之,乃上疏曰:"臣闻臧文仲之事君也,见有礼于君者,事之如孝子之养父母;见无礼于君者,诛之如鹰鹯之逐鸟雀。①案夏阳侯瑰,本出轻薄,志在邪僻,学无经术,而妄搆讲舍,外招儒徒,实会奸桀。轻忽天威,侮慢王室,又造作巡狩封禅之书,惑众不道,当伏诛戮,而主者营私,不为国计。夫涓流虽寡,浸成江河;爝火虽微,卒能燎野。②履霜有渐,可不惩革?③宜寻吕产专窃之乱,④永惟王莽篡逆之祸,上安社稷之计,下解万夫之惑。"会瑰归国,纡迁司隶校尉。

①《左氏传》季孙行父称臧文仲教行父事君之辞也。
②《庄子》曰:"日月出矣,而爝火不息。"爝火,小火也。
③《易》曰:"履霜坚冰至,其所由来者渐矣。"
④吕产,吕太后之兄子,封为梁王,太后崩,与弟禄作乱也。

六年夏旱,车驾自幸洛阳录囚徒,二人被掠生虫,坐左转骑都尉。

七年,迁将作大匠。九年,卒于官。

　　黄昌字圣真,会稽馀姚人也。①本出孤微。居近学官,数见诸生修庠序之礼,因好之,遂就经学。又晓习文法,仕郡为决曹。②刺史行部,见昌,甚奇之,辟从事。

①馀姚,今越州县也。

②《续汉志》曰:"决曹主罪法事。"

　　后拜宛令,政尚严猛,好发奸伏。人有盗其车盖者,昌初无所言,后乃密遣亲客至门下贼曹家掩取得之,①悉收其家,一时杀戮。大姓战惧,皆称神明。

①《续汉志》曰:"贼曹主盗贼事。"

　　朝廷举能,迁蜀郡太守。先太守李根年老多悖政,①百姓侵冤。及昌到,吏人讼者七百馀人,悉为断理,莫不得所。密捕盗帅一人,胁使条诸县强暴之人姓名居处,乃分遣掩讨,无有遗脱。宿恶大奸,皆奔走它境。

①悖,乱也。

　　初,昌为州书佐,其妇归宁于家,遇贼被获,遂流转入蜀为人妻。其子犯事,乃诣昌自讼。昌疑母不类蜀人,因问所由。对曰:"妾本会稽馀姚戴次公女,州书佐黄昌妻也。妾尝归家,为贼所略,遂至于此。"昌惊,呼前谓曰:"何以识黄昌邪?"对曰:"昌左足心有黑子,常自言当为二千石。"①昌乃出足示之。因相持悲泣,还为夫妇。

①《相书》曰:"足心有黑子者二千石。"

　　视事四年,征,再迁陈相。县人彭氏旧豪纵,造起大舍,高楼临道。昌每出行县,彭氏妇人辄升楼而观。昌不喜,遂敕收付狱,案杀之。

　　又迁为河内太守,又再迁颍川太守。[10]永和五年,征拜将作大匠。汉安元年,进补大司农,左转太中大夫,卒于官。

阳球字方正,渔阳泉州人也。①家世大姓冠盖。球能击剑,习弓马。性严厉,好申韩之学。郡吏有辱其母者,球结少年数十人,杀吏,灭其家,由是知名。初举孝廉,补尚书侍郎,闲达故事,其章奏处议,②常为台阁所崇信。出为高唐令,以严苛过理,郡守收举,③会赦见原。

①泉州故城在今幽州雍奴县南也。

②处,断也。

③收系举劾之也。

辟司徒刘宠府,举高第。九江山贼起,连月不解。三府上球有理奸才,拜九江太守。球到,设方略,凶贼殄破,收郡中奸吏尽杀之。

迁平原相。〔11〕出教曰:“相前莅高唐,志埽奸鄙,遂为贵郡所见枉举。昔桓公释管仲射钩之仇,高祖赦季布逃亡之罪。虽以不德,敢忘前义。况君臣分定,而可怀宿昔哉!今一蠲往愆,期诸来效。若受教之后而不改奸状者,不得复有所容矣。”郡中咸畏服焉。时天下大旱,司空张颢〔12〕条奏长吏苛酷贪污者,皆罢免之。球坐严苦,征诣廷尉,当免官。灵帝以球九江时有功,拜议郎。

迁将作大匠,坐事论。顷之,拜尚书令。奏罢鸿都文学,曰:“伏承有诏敕中尚方为鸿都文学乐松、江览等三十二人图象立赞,以劝学者。臣闻《传》曰:‘君举必书。书而不法,后嗣何观!’①案松、览等皆出于微蔑,斗筲小人,依凭世戚,附托权豪,俛眉承睫,徼进明时。或献赋一篇,或鸟篆盈简,②而位升郎中,形图丹青。亦有笔不点牍,辞不辩心,假手请字,妖伪百品,莫不被蒙殊恩,蝉蜕浊浊。③是以有识掩口,天下嗟叹。臣闻图象之设,以昭劝戒,欲令人君动鉴得失。未闻竖子小人,诈作文颂,而可妄窃天官,垂象图素者也。今太学、东观足以宣明圣化。愿罢鸿都之选,以消天下之谤。”书奏不省。

①《左传》曹(翙)〔刿〕谏鲁庄公之辞也。〔13〕

②八体书有鸟篆,象形以为字也。

③《说文》曰:“蜕,蝉蛇所解皮也。”蜕音式锐反。《楚词》曰:“济江海兮蝉蜕。”或音它外反。

　　时中常侍王甫、曹节等奸虐弄权，扇动外内，球尝拊髀发愤曰：“若阳球作司隶，此曹子安得容乎？”光和二年，迁为司隶校尉。王甫休沐里舍，球诣阙谢恩，奏收甫及中常侍淳于登、袁赦、封晟、①中黄门刘毅、小黄门庞训、朱禹、〔14〕齐盛等，及子弟为守令者，奸猾纵恣，罪合灭族。太尉段颎〔15〕诏附佞幸，宜并诛戮。于是悉收甫、颎等送洛阳狱，及甫子永乐少府萌、沛相吉。球自临考甫等，五毒备极。萌谓球曰：“父子既当伏诛，少以楚毒假借老父。”球曰：“若罪恶无状，②死不灭责，乃欲求假借邪？”〔16〕萌乃骂曰：“尔前奉事吾父子如奴，奴敢反汝主乎！今日困吾，行自及也！”球使以土窒萌口，箠朴交至，父子悉死杖下。颎亦自杀。乃僵磔甫尸于夏城门，大署榜曰“贼臣王甫”。尽没入财产，妻子皆徙比景。

　　①晟音吐盍反。
　　②若，汝也。

　　球既诛甫，复欲以次表曹节等，乃敕中都官从事曰：“且先去大猾，当次案豪右。”权门闻之，莫不屏气。诸奢饰之物，皆各缄縢，不敢陈设。①京师畏震。

　　①《说文》曰：“缄，束箧也。”孔安国注《尚书》曰：“縢，缄也。”

　　时顺帝虞贵人葬，百官会丧还，曹节见磔甫尸道次，慨然挍泪曰：①“我曹自可相食，何宜使犬舐其汁乎？”语诸常侍，今且俱入，勿过里舍也。节直入省，白帝曰：“阳球故酷暴吏，前三府奏当免官，以九江微功，复见擢用。愍过之人，好为妄作，不宜使在司隶，以骋毒虐。”帝乃徙球为卫尉。时球出谒陵，节敕尚书令召拜，不得稽留尺一。球被召急，因求见帝，叩头曰：“臣无清高之行，横蒙鹰犬之任。前虽纠诛王甫、段颎，盖简落狐狸，〔17〕未足宣示天下。愿假臣一月，必令豺狼鸱枭，各服其辜。”叩头流血。殿上呵叱曰：“卫尉扞诏邪！”至于再三，乃受拜。

　　①挍，拭也，音亡粉反。

　　其冬，司徒刘郃与球议收案张让、曹节，节等知之，共诬白郃等。语已见《陈球传》。遂收球送洛阳狱，诛死，妻子徙边。

　　王吉者，陈留浚仪人，中常侍甫之养子也。甫在《宦者传》。吉少好诵读书传，喜名声，而性残忍。以父秉权宠，年二十馀，为沛相。晓达政事，能断察疑狱，发起奸伏，多出众议。课使郡内各举奸吏豪人诸常有微过酒肉为臧者，虽数十年犹加贬弃，注其名籍。专选剽悍吏，击断非法。若有生子不养，即斩其父母，合土棘埋之。凡杀人皆磔尸车上，随其罪目，宣示属县。① 夏月腐烂，则以绳连其骨，周遍一郡乃止，见者骇惧。视事五年，凡杀万馀人。其馀惨毒刺刻，不可胜数。郡中惴恐，② 莫敢自保。及阳球奏甫，乃就收执，死于洛阳狱。

　　①目，罪名也。

　　②惴，惧也，音之瑞反。

　　论曰：古者敦庞，善恶易分。① 至于画衣冠，异服色，而莫之犯。② 叔世偷薄，③ 上下相蒙，④ 德义不足以相洽，化导不能以惩违，遂乃严刑痛杀，随而绳之，致刻深之吏，以暴理奸，倚疾邪之公直，济忍苛之虐情。汉世所谓酷能者，盖有闻也。皆以敢捍精敏，巧附文理，风行霜烈，威誉谊赫。与夫断断守道之吏，何工否之殊乎！⑤ 故严君蚩黄霸之术，⑥ 密人笑卓茂之政，⑦ 猛既穷矣，而犹或未胜。然朱邑不以笞辱加物，⑧ 袁安未尝鞠人臧罪，⑨ 而猾恶自禁，人不欺犯。何者？以为威辟既用，而苟免之行兴；⑩ 仁信道孚，故感被之情著。⑪ 苟免者威隙则奸起，感被者人亡而思存。⑫ 由一邦以言天下，则刑讼繁措，可得而求乎！

　　①《左传》申叔时曰："人生敦庞，和同以听。"杜预注云："敦庞，厚大也。"

　　②白虎通曰：〔18〕"画象者，其衣服象五刑也。犯墨者蒙巾，犯劓者以赭著其衣，犯髌者以墨蒙其髌处而画之，犯宫者杂屝，犯大辟者布衣无领。"墨，黥面也。

　　③《左传》曰："叔向曰：'三辟之兴，皆叔代也。'"叔代犹末代也。偷，苟且也。本或作"渝"。渝，变也。

④《左传》介之推曰："下义其罪,上赏其奸,上下相蒙,难与处矣。"蒙,欺也。

⑤《尚书》曰："如有一介臣,断断猗。"孔安国注云:"断断猗然专一之臣也。"

⑥《前书》严延年为河南太守,严刑峻罚。时黄霸为颍川太守,以宽恕为化,郡
中亦平,屡蒙丰年,凤皇屡集。上下诏称扬其行,加金爵之赏。延年素轻霸
为人,及比郡为守,褒赏反在己前,心内不服。河南界中又有蝗,府丞狐义
出行蝗,还见延年。延年曰:"此蝗岂凤皇食邪?"

⑦茂传曰:"初茂到县,有所废置,吏人笑之。"

⑧《前书》曰:"朱邑以爱利为行,未尝笞辱人。"

⑨安传曰"安为河南尹,政号严明,然未曾以臧罪鞠人"也。

⑩辟,法也,音频亦反。

⑪《左传》曰:"小信未孚。"杜预注云:"孚,大信也。"此言仁信之道,大信于人。

⑫若子产卒,仲尼闻之,曰"古之遗爱也"。

赞曰:大道既往,刑礼为薄。①斯人散矣,机诈萌作。②去杀由仁,济
宽非虐。③末暴虽胜,崇本或略。④

①《老子》曰:"大道废,有仁义。"又曰:"礼者,忠信之薄而乱之始。"

②《论语》曾子曰"上失其道,人散久矣,如得其情,则哀矜而勿喜"也。

③《论语》曰:"善人为邦百年,亦可以胜残去杀。"此言用仁德化人,人知礼节,
可以无杀戮也。《左传》曰:"宽以济猛,猛以济宽。"言政宽则人慢,故须以
猛济之,非故为暴虐也。

④《春秋繁露》曰:"君者,国之本也。夫为国(本),其化莫大于崇本。〔19〕崇本
则君化若神,不崇本则无以兼人。"此言酷暴为政化之末,虽得胜残,而崇本
之道尚为略也。

【校勘记】

〔1〕　召其夫人(疏)〔跪〕庭下受辞　据汲本改。

〔2〕　张俭剖曹节之墓　按:《集解》引何焯说,谓以《党锢》、《宦者》二传参考,
乃侯览,非曹节也,所当刊正。〕

〔3〕　覆杯食机上　按:"杯"原讹"杯",径改正。

〔４〕　迁杨州牧　按:"杨"原作"扬",各本同。以前后皆作"杨",径改。

〔５〕　轵县属河(南)〔内〕郡　据《集解》引洪亮吉说改。

〔６〕　宁见乳虎穴　按:《校补》谓"见"或"觅"之讹。

〔７〕　不入冀府寺　按:《集解》引惠栋说,谓"府"一作"城"。

〔８〕　李章字第公　"第"原作"弟",径据汲本、殿本改。按:弟第古通作。

〔９〕　掾(吏)〔史〕止章　据《刊误》改。

〔10〕　又迁为河内太守又再迁颍川太守　按:《刊误》谓案文多二"又"字。

〔11〕　迁平原相　按:《校补》引柳从辰说,谓《袁纪》作"甘陵相"。

〔12〕　司空张颢　按:《集解》引惠栋说,谓《考异》云案颢光和元年为太尉,未尝为司空。

〔13〕　曹(翙)〔刿〕谏鲁庄公之辞也　据殿本改。

〔14〕　朱禹　按:殿本《考证》谓何焯校本"禹"改"瑀"。

〔15〕　太尉段颎　按:"段"原误"叚",径改正。下同。

〔16〕　乃欲求假借邪　按:《集解》引王补说,谓此句《通鉴》"乃欲"下多"论先后"三字。

〔17〕　简落狐狸　按:《集解》引王补说,谓《袁纪》作"狐狸小丑"。

〔18〕　白武通曰　按:汲本、殿本"武"作"虎",此避唐讳而未回改也。

〔19〕　夫为国(本)其化莫大于崇本　据《刊误》删。

后汉书卷七十八

宦者列传第六十八

《易》曰:"天垂象,圣人则之。"①宦者四星,在皇位之侧,故《周礼》置官,亦备其数。阍者守中门之禁,②寺人掌女宫之戒。③又云"王之正内者五人"。④〔1〕《月令》:"仲冬,命阉尹审门闾,谨房室。"⑤《诗》之《小雅》,亦有《巷伯》刺谗之篇。⑥然宦人之在王朝者,其来旧矣。将以其体非全气,情志专良,通关中人,易以役养乎?⑦然而后世因之,才任稍广。其能者,则勃貂、管苏有功于楚、晋,⑧景监、缪贤著庸于秦、赵。⑨及其敝也,则竖刁乱齐,伊戾祸宋。⑩

①《易·系辞》之文也。

②《周礼》曰:"阍人掌守王宫中门之禁。"郑玄注云:"中门,于外内为中也。阍即刖足者。"

③《周礼》曰:"寺人掌王宫之内人及女宫之戒命"也。

④《周礼》曰:"寺人掌王之正内五人。"〔2〕注云:"正内,路寝也。"

⑤郑玄注《月令》云:"奄尹,主领奄竖之官者也。于周(礼)则为内宰,〔3〕掌理王之内政、宫命,诚出入开闭之属也。"

⑥《毛诗·序》曰:"《巷伯》,刺幽王也。寺人伤于谗,而作是诗也。"毛苌注云:"巷伯,内之小臣也。"

⑦关,涉也。中人,内人也。

⑧勃貂即寺人披也。一名勃鞮,字伯楚。《左传》曰,吕、郤畏逼,将焚公宫,杀晋文公。寺人披见公,以难告,遂杀吕、郤。《新序》曰:"楚恭王有疾,告诸大夫曰:'管苏犯我以义,违我以礼,与处不安,不见不思,然而有得焉,〔4〕吾死之后,爵之于朝'"也。

⑨《史记》曰,商君入秦,因孝公宠臣景监以求见。又曰,蔺相如为赵宦者令缪

贤舍人,赵求人使报秦者,未得,缪贤曰:"臣舍人蔺相如可使也。"著庸谓荐
鞅及相如也。

⑩《左传》曰,齐桓公卒,易牙入,与寺人貂因内宠以杀群吏而立公子无亏,孝
公奔宋。杜预注曰:"寺人即阉官。""刁"即"貂"也,音雕。又曰,楚客聘于
晋,过宋,太子知之,请野享之,公使往。寺人伊戾请从之。至则坎用牲,加
书征之,而骋告公曰:"太子将为乱。"公使视之,则信有焉。太子死,公徐闻
其无罪,乃亨伊戾也。

汉兴,仍袭秦制,置中常侍官。然亦引用士人,以参其选,皆银珰左
貂,给事殿省。及高后称制,乃以张卿为大谒者,出入卧内,受宣诏
命。①文帝时,有赵谈、北宫伯子,颇见亲幸。至于孝武,亦爱李延年。②
帝数宴后庭,或潜游离馆,故请奏机事,多以宦人主之。至元帝之世,史
游为黄门令,勤心纳忠,有所补益。③其后弘恭、石显以佞险自进,卒有
萧、周之祸,损秽帝德焉。④

①《前书》曰,齐人田生求事吕后所幸大谒者张释卿。《音义》曰:"奄人也。"仲
　长统《昌言》曰:"宦竖传近房卧之内,交错妇人之间。"

②《前书》曰,孝文时宦者则赵谈、北宫伯子,孝武时宦者李延年也。

③《前书》曰,《急就》一篇,元帝黄门令史游作。董巴《舆服志》曰"禁门曰黄
　阁,中人主之,故曰黄门"也。

④《前书》曰,前将军萧望之及光禄大夫周堪建白,以为宜罢中常侍官,应古不
　近刑人,由是大与石显忤,后皆害焉。望之自杀,堪废锢不得复进用也。

中兴之初,宦官悉用阉人,〔5〕不复杂调它士。至永平中,始置员
数,中常侍四人,小黄门十人。和帝即祚幼弱,而窦宪兄弟专总权威,内
外臣僚,莫由亲接,所与居者,唯阉宦而已。故郑众得专谋禁中,终除大
憝,①遂享分土之封,超登宫卿之位。②于是中官始盛焉。

①憝,恶也,音大对反。谓诛窦宪也。

②宫卿谓为大长秋也。

自明帝以后,迄乎延平,委用渐大,而其员稍增,中常侍至有十人,
小黄门二十人,改以金珰右貂,兼领卿署之职。邓后以女主临政,而万

机殷远,朝臣国议,〔6〕无由参断帷幄,称制下令,不出房闱之间,①不得不委用刑人,寄之国命。手握王爵,口含天宪。非复掖廷永巷之职,闺牖房闼之任也。②其后孙程定立顺之功,曹腾参建桓之策,续以五侯合谋,梁冀受钺,迹因公正,恩固主心,故中外服从,上下屏气。或称伊、霍之勋,无谢于往载;或谓良、平之画,复兴于当今。虽时有忠公,而竟见排斥。③举动回山海,呼吸变霜露。阿旨曲求,则光宠三族;④直情忤意,则参夷五宗。⑤汉之纲纪大乱矣。

> ①《尔雅》曰"宫中(小)〔之〕门谓之闱"〔7〕也。
>
> ②永巷及掖廷,并署名也。《尔雅》曰:"小闺谓之阁。"
>
> ③谓皇甫嵩、蔡邕等并被排也。
>
> ④父族、母族、妻族也。
>
> ⑤夷,灭也。参夷,夷三族也。五宗,五服内亲故也。〔8〕

若夫高冠长剑,纡朱怀金者,布满宫闱;①苴茅分虎,南面臣人者,盖以十数。②府署第馆,棋列于都鄙;③子弟支附,过半于州国。南金、和宝、冰纨、雾縠之积,盈仞珍臧;④嫱媛、侍儿、歌童、舞女之玩,充备绮室。⑤狗马饰雕文,土木被缇绣。⑥皆剥割萌黎,竞恣奢欲。搆害明贤,专树党类。其有更相援引,希附权强者,皆腐身熏子,以自衒达。⑦同敝相济,故其徒有繁,败国蠹政之事,不可单书。⑧所以海内嗟毒,志士穷栖,寇剧缘间,摇乱区夏。⑨虽忠良怀愤,时或奋发,而言出祸从,旋见孥戮。因复大考钩党,转相诬染。⑩凡称善士,莫不离被灾毒。窦武、何进,位崇戚近,乘九服之嚣怨,协群英之执力,⑪而以疑留不断,至于殄败。斯亦运之极乎! 虽袁绍龚行,芟夷无馀,然以群易乱,亦何云及!⑫自曹腾说梁冀,竟立昏弱。⑬魏武因之,遂迁龟鼎。⑭所谓"君以此始,必以此终",信乎其然矣!⑮

> ①《楚辞》曰:"高余冠之岌岌。"又曰:"抚长剑兮玉珥。"杨雄《法言》曰:"或问使我纡朱怀金,其乐不可量也。"李轨注曰:"朱,朱绂也。金,金印也。"
>
> ②封诸侯各以其方色土,苴以白茅,而分铜虎符也。
>
> ③棋列,如棋之布列。《史记》曰:"往往棋置。"

④《诗颂》曰:"大路南金。"郑玄注云:"荆、杨之州,〔9〕贡金三品。"和谓卞
　　和也。

⑤《左传》曰:"夫差宿有妃嫱嫔御焉。"杜预注曰:"妃嫱,贵者。"嫱音墙。《前
　　书》曰:"初,爰盎为吴相时,从史盗私盎侍儿。"《昌言》曰:"为音乐则歌儿舞
　　女,千曹而迭起。"《左传》晏子曰:"高台深池,撞钟舞女。"绮室,室之绮
　　丽者。

⑥《前书》东方朔曰:"土木衣绮绣,〔10〕狗马被缋罽。"缇,厚缯也。

⑦《前书》曰:"史迁熏胥以刑。"韦昭曰:"古者腐刑必熏合之。"

⑧单,尽也。

⑨寇盗剧贼缘间隙而起也。

⑩钩党谓李膺、杜密等。

⑪九服已见上。群英谓刘猛、朱㝢之属,〔11〕见《窦武传》。

⑫《尚书》曰:"龚行天罚。"《左传》曰:"芟夷蕴崇之。"《史记》曰"以暴易乱分,
　　不知其非"也。

⑬谓立桓帝也。

⑭龟鼎,国之守器,以谕帝位也。《尚书》曰:"宁王遗我大宝龟。"《左传》曰"鼎
　　迁于商"也。

⑮此谓宦官也。言汉家初宠用宦官,其后终为宦官所灭。《左传》楚屈荡曰
　　"君以此始,必以此终"也。

　　郑众字季产,南阳犨人也。为人谨敏有心几。永平中,初给事太子
家。肃宗即位,拜小黄门,迁中常侍。和帝初,加位钩盾令。

　　时窦太后秉政,后兄大将军宪等并窃威权,朝臣上下莫不附之,而
众独一心王室,不事豪党,帝亲信焉。及宪兄弟图作不轨,众遂首谋诛
之,以功迁大长秋。策勋班赏,每辞多受少。由是常与议事。①中官用
权,自众始焉。

　　①与音预。

　　十四年,帝念众功美,封为鄛乡侯,食邑千五百户。①永初元年,和
熹皇后益封三百户。

①鄡音士交反。〔12〕《说文》曰："南(郡)〔阳〕棘阳县有鄡乡。"〔13〕

元初元年卒，养子闳嗣。闳卒，子安嗣。后国绝。桓帝延熹二年，绍封众曾孙石雠为关内侯。

蔡伦字敬仲，桂阳人也。以永平末始给事宫掖，建初中，为小黄门。及和帝即位，转中常侍，豫参帷幄。

伦有才学，尽心敦慎，数犯严颜，匡弼得失。每至休沐，辄闭门绝宾，暴体田野。后加位尚方令。永元九年，监作秘剑及诸器械，莫不精工坚密，为后世法。

自古书契多编以竹简，其用缣帛者谓之为纸。缣贵而简重，并不便于人。伦乃造意，用树肤、麻头及敝布、鱼网以为纸。元兴元年奏上之，帝善其能，自是莫不从用焉，故天下咸称"蔡侯纸"。①

　①《湘州记》曰："耒阳县北有汉黄门蔡伦宅，宅西有一石臼，云是伦舂纸臼也。"

元初元年，邓太后以伦久宿卫，〔14〕封为龙亭侯，①邑三百户。后为长乐太仆。四年，帝以经传之文多不正定，乃选通儒谒者刘珍及博士良史诣东观，各雠校(汉)家法，〔15〕令伦监典其事。

　①龙亭，县，故城在今洋州兴势县东，明月池在其侧。

伦初受窦后讽旨，诬陷安帝祖母宋贵人。及太后崩，安帝始亲万机，敕使自致廷尉。伦耻受辱，乃沐浴整衣冠，饮药而死。国除。

孙程字稚卿，涿郡新城人也。①安帝时，为中黄门，给事长乐宫。

　①《东观记》曰："北新城人，卫康叔之胄孙林父之后。"《东观》自此已下十九人，与程同功者皆叙其所承本系。盖当时史官惧程等威权，故曲为文饰。

时邓太后临朝，帝不亲政事。小黄门李闰与帝乳母王圣常共谮太后兄执金吾悝等，言欲废帝，立平原王(德)〔翼〕，〔16〕帝每忿惧。及太后崩，遂诛邓氏而废平原王，封闰雍乡侯；又小黄门江京以谄谀进，初迎帝于邸,以功封都乡侯,食邑各三百户。闰、京并迁中常侍,江京兼大长秋,与中常侍樊丰、黄门令刘安、钩盾令陈达及王圣、圣女伯荣扇动内外,竞为侈虐。又帝舅大将军耿宝、皇后兄大鸿胪阎显更相阿党,遂枉杀太尉杨震,废皇太子为济阴王。

明年帝崩,立北乡侯为天子。显等遂专朝争权,乃讽有司奏诛樊丰,废耿宝、王圣,及党与皆见死徙。

十月,北乡侯病笃。程谓济阴王谒者长兴渠曰:①"王以嫡统,本无失德,先帝用谗,遂至废黜。若北乡疾不起,共断江京、阎显,事乃可成。"渠等然之。又中黄门南阳王康,先为太子府史,自太子之废,常怀叹愤。又长乐太官丞京兆王国,并附同于程。至二十七日,北乡侯薨。阎显白太后,征诸王子简为帝嗣。未及至。十一月二日,程遂与王康等十八人聚谋于西钟下,皆截单衣为誓。四日夜,程等共会崇德殿上,因入章台门。时江京、刘安及李闰、陈达等俱坐省门下,程与王康共就斩京、安、达,以李闰权埶积为省内所服,欲引为主,因举刃胁闰曰:"今当立济阴王,无得摇动。"闰曰:"诺。"于是扶闰起,俱于西钟下迎济阴王立之,是为顺帝。召尚书令、仆射以下,从辇幸南宫云台,程等留守省门,遮扞内外。

①兴姓,渠名。

阎显时在禁中,忧迫不知所为,小黄门樊登劝显发兵,以太后诏召越骑校尉冯诗、虎贲中郎将阎崇,屯朔平门,[17]以御程等。诱诗入省,太后使授之印,曰:"能得济阴王者封万户侯,得李闰者五千户侯。"显以诗所将众少,使与登迎吏士于左掖门外。诗因格杀登,归营屯守。显弟卫尉景遽从省中还外府,收兵至盛德门。程传召诸尚书使收景。尚书郭镇时卧病,闻之,即率直宿羽林出南止车门,逢景从吏士,拔白刃,呼曰:"无干兵。"镇即下车,持节诏之。景曰:"何等诏?"因斫镇,不中。镇引剑击景堕车,左右以戟叉其匈,遂禽之,送廷尉狱,即夜死。旦日,令侍御史收显等送狱,于是遂定。下诏曰:"夫表功录善,古今之通义也。故中常侍长乐太仆江京、黄门令刘安、钩盾令陈达与故车骑将军阎显兄弟谋议恶逆，倾乱天下。中黄门孙程、王康、长乐太官丞王国、中黄门黄龙、彭恺、孟叔、李建、王成、张贤、史汎、马国、王道、李元、杨佗、①陈予、赵封、李刚、魏猛、苗光等，②怀忠愤发，戮力协谋，遂埽灭元恶，以定王室。《诗》不云乎：'无言不仇，无德不报。'③程为谋首，康、国协同。其封程为浮阳侯，食邑万户；康为华容侯，国为郦侯，各九千户；黄龙为湘南侯，五千户；彭恺为西平昌侯，④孟叔为中庐侯，⑤李建为复阳侯，各四千二百户；王成为广宗侯，张贤为祝阿侯，史汎为临沮侯，⑥马国为广平侯，王道为范县侯，李元为褒信侯，杨佗为山都侯，⑦陈予为下隽侯，⑧赵封为析县侯，李刚为枝江侯，各四千户；魏猛为夷陵侯，二千户；苗光为东阿侯，千户。"是为十九侯。加赐车马金银钱帛各有差。李闰以先不豫谋，故不封。遂擢拜程骑都尉。

　　①佗音驼。

　　②《东观记》曰"程赋枣脯，又〔分〕与光，〔18〕曰：'以为信，今暮其当著矣。'漏尽，光为尚席直事通灯，解剑置外，持灯入章台门，程等适入。光走出门，欲取剑，王康呼还，光不应。光得剑，欲还入，门已闭，光便守宜秋门，会李闰来，出光，因与俱迎济阴王幸南宫云台。诏书录功臣，令康疏名，康诈疏光入章台门。光谓康曰：'缓急有问者当相证也。'诏书封光东阿侯，食邑四千户，未受符策，光心不自安，诣黄门令自告。有司奏康、光欺诈主上，诏书勿问，遂封东阿侯，邑千户"也。

　　③《诗·大雅》也。

　　④西平昌，(诸)县，属平原郡〔19〕。

　　⑤中庐，县，属南郡。

　　⑥临沮，县，属南郡。

　　⑦褒信、山都并属南阳郡也。〔20〕

　　⑧下隽，县，〔属〕长沙郡，〔21〕音似兖反。

　　永建元年，程与张贤、孟叔、马国等为司隶校尉虞诩讼罪，怀表上殿，呵叱左右。帝怒，遂免程官，因悉遣十九侯就国，后徙封程为宜城侯。程既到国，怨恨恚愁，①封还印绶、符策，亡归京师，②往来山中。诏书追求，复故爵土，赐车马衣物，遣还国。

①愓，怨也，音直季反。

②《续汉书》曰："程到宜城，怨恨恚愓，刻瓦为印，封还印绶。"

　　三年，帝念程等功勋，悉征还京师。程与王道、李元皆拜骑都尉，馀悉奉朝请。阳嘉元年，程病甚，即拜奉车都尉，位特进。及卒，使五官〔中〕郎将[22]追赠车骑将军印绶，赐谥刚侯。侍御史持节监护丧事，乘舆幸北部尉传，①瞻望车骑。

①北部尉之传舍也。传音陟恋反。

　　程临终，遗言上书，以国传弟美。帝许之，而分程半，[23]封程养子寿为浮阳侯。后诏书录微功，封兴渠为高望亭侯。四年，诏宦官养子悉听得为后，袭封爵，定著乎令。

　　王康、王国、彭恺、王成、赵封、魏猛六人皆早卒。黄龙、杨佗、孟叔、李建、张贤、史汎、王道、李元、李刚九人与阿母山阳君宋娥更相货赂，求高官增邑，又诬罔中常侍曹腾、孟贲等。永和二年，发觉，并遣就国，减租四分之一。宋娥夺爵归田舍。唯马国、陈予、苗光保全封邑。

　　初，帝见废，监太子家小黄门籍建、傅高梵、长秋长赵熹、丞良贺、药长夏珍皆以无过获罪，建等坐徙朔方。及帝即位，并擢为中常侍。梵坐臧罪，减死一等。建后封东乡侯，三百户。

　　贺清俭退厚，①位至大长秋。阳嘉中，诏九卿举武猛，[24]贺独无所荐。帝引问其故，对曰："臣生自草茅，长于宫掖，既无知人之明，又未尝交知士类。昔卫鞅因景监以见，有识知其不终。②今得臣举者，匪荣伊辱。"固辞之。及卒，帝思贺忠，封其养子为都乡侯，三百户。

①谦退而厚重也。

②《史记》赵良谓商君曰："君之见秦王也，因嬖人景监，非所以为名也。"商君竟为秦惠所车裂也。

　　曹腾字季兴，沛国谯人也。安帝时，除黄门从官。顺帝在东宫，邓太后以腾年少谨厚，使侍皇太子书，特见亲爱。及帝即位，腾为小黄门，迁中常侍。桓帝得立，腾与长乐太仆州辅等七人，以定策功，皆封亭侯，腾为费亭侯，迁大长秋，加位特进。

腾用事省闼三十馀年，奉事四帝，未尝有过。其所进达，皆海内名人，陈留虞放、边韶、南阳延固、张温、弘农张奂、颍川堂溪典等。时蜀郡太守因计吏赂遗于腾，益州刺史种暠于斜谷关搜得其书，[25]上奏太守，并以劾腾，请下廷尉案罪。帝曰："书自外来，非腾之过。"遂寝暠奏。腾不为纤介，常称暠为能吏，时人嗟美之。

腾卒，养子嵩嗣。种暠后为司徒，告宾客曰："今身为公，乃曹常侍力焉。"

嵩灵帝时货赂中官及输西园钱一亿万，故位至太尉。① 及子操起兵，不肯相随，乃与少子疾避乱琅邪，[26]为徐州刺史陶谦所杀。

①嵩具《袁绍传》。

单超，河南人；徐璜，下邳良城人；具瑗，魏郡元城人；左悺，河南平阴人；①唐衡，颍川郾人也。桓帝初，超、璜、瑗为中常侍，悺、衡为小黄门史。

①悺音工奂反，又音绾。

初，梁冀两妹为顺桓二帝皇后，冀代父商为大将军，再世权戚，威振天下。冀自诛太尉李固、杜乔等，骄横益甚，皇后乘埶忌恣，多所鸩毒，上下钳口，①莫有言者。帝逼畏久，恒怀不平，恐言泄，不敢谋之。延熹二年，皇后崩，帝因如厕，独呼衡问："左右与外舍不相得者皆谁乎？"②衡对曰："单超、左悺前诣河南尹不疑，礼敬小简，不疑收其兄弟送洛阳狱，二人诣门谢，乃得解。徐璜、具瑗常私忿疾外舍放横，口不敢道。"于是帝呼超、悺入室，谓曰："梁将军兄弟专固国朝，迫胁外内，公卿以下从其风旨。今欲诛之，于常侍意何如？"超等对曰："诚国奸贼，当诛日久。臣等弱劣，未知圣意何如耳。"帝曰："审然者，常侍密图之。"对曰："图之不难，但恐陛下复中狐疑。"③帝曰："奸臣胁国，当伏其罪，何疑乎！"于是更召瑷、瑗等五人,遂定其议,帝啮超臂出血为盟。于是诏收冀及宗亲党与悉诛之。悺、衡迁中常侍,封超新丰侯,二万户,瑷武原侯,瑗东武阳侯,各万五千户,赐钱各千五百万;悺上蔡侯,衡汝阳侯,各万三千户,赐钱各千三百万。五人同日封,故世谓之"五侯"。又封小黄门刘普、赵忠等八人为乡侯。自是权归宦官,朝廷日乱矣。

①《周书》曰:"贤智钳口。"谓不言也。拑与钳古字通,音其炎反。

②外舍谓皇后家也。

③中音丁仲反。

超病,帝遣使者就拜车骑将军。明年薨,赐东园秘器,棺中玉具,赠侯将军印绶,使者理丧。及葬,发五营骑士,(将军)侍御史护丧,〔27〕将作大匠起冢茔。

其后四侯转横,天下为之语曰:"左回天,具独坐,① 徐卧虎,唐两堕。"②皆竞起第宅,楼观壮丽,穷极伎巧。金银罽耗,施于犬马。③多取良人美女以为姬妾,皆珍饰华侈,拟则宫人。其仆从皆乘牛车而从列骑。又养其疏属,或乞嗣异姓,或买苍头为子,并以传国袭封。兄弟姻戚皆宰州临郡,辜较百姓,与盗贼无异。

①独坐言骄贵无偶也。

②两堕谓随意所为不定也。今人谓持两端而任意为两堕。诸本"两"或作"雨"也。

③耗,以毛羽为饰,音如志反。

超弟安为河东太守,弟子匡为济阴太守,瑷弟盛为河内太守,悺弟敏为陈留太守,瑗兄恭为沛相,皆为所在蠹害。

瑷兄子宣为下邳令,暴虐尤甚。先是求故汝南太守下邳李暠女不能得,及到县,遂将吏卒至暠家,载其女归,戏射杀之,埋著寺内。时下邳县属东海,汝南黄浮为东海相,有告言宣者,浮乃收宣家属,无少长悉考之。掾史以下固谏争。浮曰:"徐宣国贼,今日杀之,明日坐死,足以瞑目矣。"即案宣罪弃市,暴其尸以示百姓,郡中震栗。瑷于是诉怨于帝,帝大怒,浮坐髡钳,输作右校。〔28〕五侯宗族宾客虐遍天下,民不堪命,起为寇贼。七年,衡卒,亦赠车骑将军,如超故事。璜卒,赙赠钱布,赐冢茔地。

明年,司隶校尉韩演因奏悺罪恶,及其兄太仆南乡侯称请托州郡,聚敛为奸,宾客放纵,侵犯吏民。悺、称皆自杀。演又奏瑷兄沛相恭臧罪,征诣廷尉。瑷诣狱谢,上还东武侯印绶,诏贬为都乡侯,卒于家。超及璜、衡袭封者,并降为乡侯,租入岁皆三百万,子弟分封者,悉夺爵土。刘普等贬为关内侯。

侯览者,山阳防东人。桓帝初为中常侍,以佞猾进,倚埶贪放,受纳货遗以巨万计。延熹中,连岁征伐,府帑空虚,乃假百官奉禄,王侯租税。览亦上缣五千匹,赐爵关内侯。又托以与议诛梁冀功,进封高乡侯。

小黄门段珪家在济阴,与览并立田业,近济北界,仆从宾客侵犯百姓,劫掠行旅。济北相滕延一切收捕,杀数十人,陈尸路衢。览、珪大怨,以事诉帝,延坐多杀无辜,征诣廷尉,免。延字伯行,北海人,后为京兆尹,有理名,世称为长者。

览等得此愈放纵。览兄参为益州刺史,民有丰富者,辄诬以大逆,皆诛灭之,没入财物,前后累亿计。太尉杨秉奏参,槛车征,于道自杀。京兆尹袁逢于旅舍阅参车三百馀两,[29]皆金银锦帛珍玩,不可胜数。览坐免,旋复复官。①

①复,上音房又反。

建宁二年,丧母还家,大起茔冢。督邮张俭因举奏览贪侈奢纵,前后请夺人宅三百八十一所,田百一十八顷。起立第宅十有六区,皆有高楼池苑,堂阁相望,饰以绮画丹漆之属,制度重深,僭类宫省。又豫作寿冢,①石椁双阙,高庑百尺,②破人居室,发掘坟墓。虏夺良人,妻略妇子,及诸罪衅,请诛之。而览伺候遮截,章竟不上。俭遂破览冢宅,藉没资财,具言罪状。又奏览母生时交通宾客,干乱郡国。复不得御。③览遂诬俭为钩党,及故长乐少府李膺、太仆杜密等,皆夷灭之。遂代曹节领长乐太仆。

①生而自为冢,为寿冢。

②庑,廊下周屋也。

③御,进也。

熹平元年,有司举奏览专权骄奢,策收印绶,自杀。阿党者皆免。

曹节字汉丰,南阳新野人也。其本魏郡人,〔30〕世吏二千石。顺帝初,以西园骑迁小黄门。桓帝时,迁中常侍,奉车都尉。建宁元年,持节将中黄门虎贲羽林千人,北迎灵帝,陪乘入宫。及即位,以定策封长安乡侯,六百户。

时窦太后临朝,后父大将军武与太傅陈蕃谋诛中官,节与长乐五官史朱瑀、从官史共普、张亮、①中黄门王尊、长乐谒者腾是等十七人,共矫诏以长乐食监王甫为黄门令,将兵诛武、蕃等,事已具《蕃》、《武传》。节迁长乐卫尉,封育阳侯,增邑三千户;〔31〕甫迁中常侍,黄门令如故;瑀封都乡侯,千五百户;普、亮等五人各三百户;馀十一人皆为关内侯,岁食租二千斛。

①共音恭。

先是瑀等阴于明堂中祷皇天曰:“窦氏无道,请皇天辅皇帝诛之,令事必成,天下得宁。”既诛武等,诏令太官给塞具,①赐瑀钱五千万,馀各有差,后更封华容侯。二年,节病困,诏拜为车骑将军。有顷疾瘳,上印绶,罢,复为中常侍,位特进,秩中二千石,寻转大长秋。

①塞,报祠也,音苏代反。字当为“赛”,通也。

熹平元年,窦太后崩,有何人书朱雀阙,①言“天下大乱,曹节、王甫幽杀太后,常侍侯览多杀党人,公卿皆尸禄,无有忠言者”。于是诏司隶校尉刘猛逐捕,十日一会。猛以诽书言直,不肯急捕,月馀,主名不立。②猛坐左转谏议大夫,以御史中丞段颎代猛,乃四出逐捕,及太学游生,系者千馀人。节等怨猛不已,使颍以它事奏猛,抵罪输左校。朝臣多以为言,乃免刑,复公车征之。

①何人,不知何人也。

②不得书阙主名。

节遂与王甫等诬奏桓帝弟勃海王悝谋反,诛之。以功封者十二人。甫封冠军侯。节亦增邑四千六百户,并前七千六百户。父兄子弟皆为公卿列校、牧守令长,布满天下。

节弟破石为越骑校尉,越骑营五百妻有美色,①破石从求之,五百不敢违,妻执意不肯行,遂自杀。其淫暴无道,多此类也。

①韦昭《辨释名》曰:"五百字木为'伍'。伍,当也。伯,道也。使之导引当道陌中以驱除也。"案:今俗呼行杖人为五百也。

光和二年,司隶校尉阳球奏诛王甫及子长乐少府萌、沛相吉,皆死狱中。时连有灾异,郎中梁人审忠以为朱瑀等罪恶所感,乃上书曰:"臣闻理国得贤则安,失贤则危,故舜有臣五人而天下理,①汤举伊尹不仁者远,②陛下即位之初,未能万机,皇太后念在抚育,权时摄政,③故中常侍苏康、管霸应时诛殄。④太傅陈蕃、大将军窦武考其党与,志清朝政。华容侯朱瑀知事觉露,祸及其身,遂兴造逆谋,作乱王室,撞蹋省闼,⑤执夺玺绶,迫胁陛下,聚会群臣,离间骨肉母子之恩,遂诛蕃、武及尹勋等。因共割裂城社,自相封赏。父子兄弟被蒙尊荣,素所亲厚布在州郡,或登九列,或据三司。不惟禄重位尊之责,而苟营私门,多蓄财货,缮修第舍,连里竟巷。盗取御水以作鱼钓,⑥车马服玩拟于天家。群公卿士杜口吞声,莫敢有言。州牧郡守承顺风旨,辟召选举,释贤取愚。故虫蝗为之生,夷寇为之起。天意愤盈,积十馀年。故频岁日食于上,地震于下,所以谴戒人主,欲令觉悟,诛锄无状。昔高宗以雊雉之变,故获中兴之功。⑦近者神祇启悟陛下,发赫斯之怒,故王甫父子应时魇戮,⑧路人士女莫不称善,若除父母之仇。诚怪陛下复忍孽臣之类,不悉殄灭。⑨昔秦信赵高,以危其国;吴使刑人,身遭其祸。⑩虞公抱宝牵马,鲁昭见逐乾侯,以不用宫之奇、子家驹以至灭辱。⑪今以不忍之恩,赦夷族之罪，奸谋一成，悔亦何及！臣为郎十五年，皆耳目闻见，瑀之所为，诚皇天所不复赦。愿陛下留漏刻之听，裁省臣表，埽灭丑类，以答天怒。与瑀考验，有不如言，愿受汤镬之诛，妻子并徙，以绝妄言之路。”章寝不报。节遂领尚书令。四年，卒，赠车骑将军。后瑀亦病卒，皆养子传国。

①五臣谓禹、稷、契、咎陶、伯益也。

②《论语》文也。

③桓思窦后。

④《窦后传》诛康及霸。

⑤撞音直江反。

⑥水入宫苑为御水。

⑦高宗祭，有雉升鼎耳而雊，高宗修德，殷以中兴。见《尚书》也。

⑧《诗·鲁颂》曰：“在泮献馘。”音古获反。郑玄注云：“谓所杀者之左耳。”

⑨谓复任用曹节等也。

⑩《左传》曰，吴伐越获俘焉，以为阍，使守舟。吴子馀祭观舟，阍人以刀杀之。

⑪《公羊传》曰，晋大夫荀息请以屈产之乘与垂棘之璧，假道于虞以伐虢，宫之奇谏，不听。后晋灭虞，虞公抱宝牵马而至，荀息见曰：“臣之谋何如？”又曰，昭公将杀季氏，告子家驹曰：“季氏为无道，僭于公室久矣。吾欲杀之，何如？”子家驹曰：“诸侯僭于天子，大夫僭于诸侯，久矣，君无多辱焉。”昭公不从其言，后逐季氏，昭公奔于乾侯，遂死焉。

审忠字公诚，宦官诛后，辟公府。

吕强字汉盛，河南成皋人也。少以宦者为小黄门，再迁中常侍。为人清忠奉公。灵帝时，例封宦者，以强为都乡侯。强辞让恳恻，固不敢当，帝乃听之。因上疏陈事曰：

臣闻诸侯上象四七，下裂王土，高祖重约非功臣不侯，所以重天爵明劝戒也。伏闻中常侍曹节、王甫、张让等，及侍中许相，并为列侯。节等宦官祐薄，〔32〕品卑人贱，谗谄媚主，佞邪徼宠，放毒人物，疾妒忠良，有赵高之祸，未被轘裂之诛，①掩朝廷之明，成私树之党。而陛下不悟,妄授茅土,开国承家,小人是用。② 又并及家人,重金兼紫,③ 相继为蕃辅。受国重恩,不念尔祖,述修厥德,④ 而交结邪党,下比群佞。陛下或其琐才,⑤〔33〕特蒙恩泽。又授位乖越,贤才不升,素餐私幸,必加荣擢。阴阳乖刺,稼穑荒蔬,⑥ 人用不康,罔不由兹。臣诚知封事已行,言之无逮,所以冒死干触陈愚忠者,实愿陛下损改既谬,从此一止。

① 赵高指鹿为马,而杀胡亥。辗裂,以车裂也。

②《易》曰:"开国承家,小人勿用。"

③ 金印紫绶。重、兼,言累积也。

④《诗·大雅》云:"无念尔祖,聿修厥德。"聿,述也。

⑤ 琐,小也。

⑥ 郑玄注《周礼》云:"蔬,草有实者。"

臣又闻后宫彩女数千馀人,衣食之费,日数百金。比谷虽贱,而户有饥色。案法当贵而今更贱者,由赋发繁数,以解县官,① 寒不敢衣,饥不敢食。民有斯厄,而莫之恤。宫女无用,填积后庭,天下虽复尽力耕桑,犹不能供。昔楚女悲愁,则西宫致灾,② 况终年积聚,岂无忧怨乎! 夫天生蒸民,立君以牧之。君道得,则民戴之如父母,仰之犹日月,③ 虽时有征税,犹望其仁恩之惠。《易》曰:"悦以使民,民忘其劳;悦以犯难,民忘其死。"④ 储君副主,宜讽诵斯言;南面当国,宜履行其事。⑤

① 县官调发既多,故贱粜谷以供之。

②《公羊传》曰:"西宫灾,何以书? 记灾也。"何休注云:"是时僖公为齐桓公所胁,以齐媵为嫡,楚女废居西宫而不见恤,悲愁怨旷所生也。"

③《左传》师旷对晋侯曰:"君养人如子,盖之如天,容之如地。人奉其君,爱之如父母,仰之如日月,敬之如神明,畏之如雷霆。天生人而立之君,使司牧之,勿使失其性"也。

④《易·兑卦·彖辞》。

⑤《易》曰:"圣人南面,向明而化。"杜预注《左传》曰:"当国,执政也。"

　　又承诏书,当于河间故国起解渎之馆。陛下龙飞即位,虽从藩国,然处九天之高,岂宜有顾恋之意。①且河间疏远,解渎邈绝,而当劳民单力,未见其便。又今外戚四姓贵幸之家,及中官公族无功德者,造起馆舍,凡有万数,楼阁连接,丹青素垩,②雕刻之饰,不可单言。丧葬逾制,奢丽过礼,竞相放效,莫肯矫拂。③《穀梁传》曰:"财尽则怨,力尽则怼。"《尸子》曰:④"君如杅,民如水,杅方则水方,杅圆则水圆。"⑤上之化下,犹风之靡草。今上无去奢之俭,下有纵欲之敝,至使禽兽食民之甘,木土衣民之帛。昔师旷谏晋平公曰:"梁柱衣绣,民无褐衣;池有弃酒,士有渴死;厩马秣粟,民有饥色。近臣不敢谏,远臣不得畅。"此之谓也。⑥

①《楚辞》曰:"圆则九重,孰营度之?"圆谓天也。

②郭璞注《山海经》曰:"垩似土,白色,音恶。"

③矫,正也。拂,戾也,音扶弗反。

④尸子,晋人也,名佼,秦相卫鞅客也。鞅谋计,未尝不与佼规也。商君被刑,恐并诛,乃亡逃入蜀,作书二十篇,十九篇陈道德仁义之纪,一篇言九州险阻,水泉所起也。

⑤杅,碗属也,音于。字亦作盂。

⑥《说苑》咎犯谏晋文公之辞也。

　　又闻前召议郎蔡邕对问于金商门,而令中常侍曹节、王甫等以诏书喻旨。邕不敢怀道迷国,而切言极对,毁刺贵臣,讥呵竖宦。陛下不密其言,至令宣露,群邪项领,膏唇拭舌,①竞欲咀嚼,造作飞条。②陛下回受诽谤,致邕刑罪,室家徙放,老幼流离,岂不负忠臣哉!今群臣皆以邕为戒,上畏不测之难,下惧剑客之害,③臣知朝廷不复得闻忠言矣。故太尉段颎,武勇冠世,习于边事,垂发服戎,功成皓首,④历事二主,⑤勋烈独昭。陛下既已式序,位登台司,而为司隶校尉阳球所见诬胁,一身既毙,而妻子远播。天下惆怅,功臣失望。宜征邕更授任,反颎家属,则忠贞路开,众怨以弭矣。

①《毛诗》曰:"驾彼四牡,四牡项领。"注云:"项,大也。四牡者人所驾,今但养

大其领，不肯为用。谕大臣自恣，王不能使也。"膏唇拭舌谓欲谗毁故也。

②飞条，飞书也。

③谓蔡邕徙朔方时，阳球使刺客追刺邕也。

④垂发谓童子也。

⑤谓桓帝、灵帝也。

帝知其忠而不能用。

时帝多稽私臧，收天下之珍，每郡国贡献，先输中署，名为"导行费"。①强上疏谏曰：

①中署，内署也。导，引也。贡献外别有所入，以为所献希之导引也。〔34〕

天下之财，莫不生之阴阳，归之陛下。①归之陛下，岂有公私？而今中尚方敛诸郡之宝，中御府积天下之缯，西园引司农之臧，中厩聚太仆之马，而所输之府，辄有导行之财。调广民困，费多献少，奸吏因其利，百姓受其敝。又阿媚之臣，好献其私，容诣姑息，自此而进。

①万物禀阴阳而生。

旧典选举委任三府，三府有选，参议掾属，咨其行状，度其器能，①受试任用，责以成功。若无可察，然后付之尚书。尚书举劾，请下廷尉，覆案虚实，行其诛罚。今但任尚书，或复敕用。如是，三公得免选举之负，尚书亦复不坐，责赏无归，岂肯空自苦劳乎！

①咨，谋也。

夫立言无显过之咎，明镜无见玼之尤。如恶立言以记过，则不当学也；不欲明镜之见玼，则不当照也。①愿陛下详思臣言，不以记过见玼为责。

①《韩子》曰："古人之目短于自见，故以镜观面。智短于自规，故以道正己。镜无见疵之罪，道无明过之恶。目失镜则无以正鬓眉，身失道则无以知迷惑。"玼与疵同也。

书奏不省。

中平元年，黄巾贼起，帝问强所宜施行。强欲先诛左右贪浊者，大赦党人，料简刺史、二千石能否。帝纳之，乃先赦党人。于是诸常侍人人求退，又各自征还宗亲子弟在州郡者。中常侍赵忠、夏恽等遂共构强，云"与党人共议朝廷，数读《霍光传》。①强兄弟所在并皆贪秽"。帝不悦，使中黄门持兵召强。强闻帝召，怒曰："吾死，乱起矣。丈夫欲尽忠国家，岂能对狱吏乎！"遂自杀。忠、恽复谮曰："强见召未知所问，而就外草自屏，有奸明审。"②遂收捕宗亲，没入财产焉。

　　①言其欲谋废立也。
　　②外草自屏谓在外野草中自杀也。

时宦者济阴丁萧、下邳徐衍、〔35〕南阳郭耽、汝阳李巡、〔36〕北海赵祐〔37〕等五人称为清忠，皆在里巷，不争威权。巡以为诸博士试甲乙科，争弟高下，更相告言，至有行赂定兰台漆书经字，以合其私文者，乃白帝，与诸儒共刻《五经》文于石，于是诏蔡邕等正其文字。自后《五经》一定，争者用息。赵祐博学多览，著作校书，诸儒称之。

又小黄门甘陵吴伉，善为风角，博达有奉公称。知不得用，常托病还寺舍，从容养志云。

张让者，颍川人；赵忠者，安平人也。少皆给事省中，桓帝时为小黄门。忠以与诛梁冀功封都乡侯。①延熹八年，黜为关（中）〔内〕侯，〔38〕食本县租千斛。

　　①与音预。

灵帝时，让、忠并迁中常侍，封列侯，与曹节、王甫等相为表里。节死后，忠领大长秋。让有监奴典任家事，交通货赂，威形喧赫。扶风人孟佗，①资产饶赡，与奴朋结，倾竭馈问，无所遗爱。奴咸德之，问佗曰："君何所欲？力能办也。"曰："吾望汝曹为我一拜耳。"时宾客求谒让者，车恒数百千两，佗时诣让，后至，不得进，监奴乃率诸仓头迎拜于路，遂共舆车入门。宾客咸惊，谓佗善于让，皆争以珍玩赂之。佗分以遗让，让大喜，遂以佗为凉州刺史。②

①佗音驼。

②《三辅决录注》曰："佗字伯郎。以蒲陶酒一斗遗让，让即拜佗为凉州刺史。"

是时让、忠及夏恽、郭胜、孙璋、毕岚、栗嵩、段珪、高望、张恭、韩悝、宋典十二人，皆为中常侍，封侯贵宠，父兄子弟布列州郡，所在贪残，为人蠹害。黄巾既作，盗贼麇沸，郎中中山张钧[39]上书曰："窃惟张角所以能兴兵作乱，万人所以乐附之者，其源皆由十常侍多放父兄、子弟、婚亲、宾客典据州郡，辜榷财利，侵掠百姓，百姓之冤无所告诉，故谋议不轨，聚为盗贼。宜斩十常侍，县头南郊，以谢百姓，又遣使者布告天下，可不须师旅，而大寇自消。"天子以钧章示让等，皆免冠徒跣顿首，乞自致洛阳诏狱，并出家财以助军费。有诏皆冠履视事如故。帝怒钧曰："此真狂子也。十常侍固当有一人善者不？"钧复重上，犹如前章，辄寝不报。诏使廷尉、侍御史考为张角道者，御史承让等旨，遂诬奏钧学黄巾道，收掠死狱中。而让等实多与张角交通。后中常侍封谞、徐（奏）〔奉〕事独发觉[40]坐诛，帝因怒诘让等曰："汝曹常言党人欲为不轨，皆令禁锢，或有伏诛。今党人更为国用，汝曹反与张角通，为可斩未？"皆叩头云："故中常侍王甫、侯览所为。"帝乃止。

明年，南宫灾。让、忠等说帝令敛天下田亩税十钱，以修宫室。发太原、河东、狄道诸郡[41]材木及文石，每州郡部送至京师，黄门常侍辄令谴呵不中者，因强折贱买，十分雇一，①因复货之于宦官，复不为即受，材木遂至腐积，宫室连年不成。刺史、太守复增私调，百姓呼嗟。凡诏所征求，皆令西园驺密约敕，②号曰"中使"，恐动州郡，多受赇赂。刺史、二千石及茂才孝廉迁除，皆责助军修宫钱，大郡至二三千万，馀各有差。当之官者，皆先至西园谐价，然后得去。③有钱不毕者，或至自杀。其守清者，乞不之官，皆迫遣之。

①雇谓酬其价也。

②驺，养马人。

③谐谓平论定其价也。

时钜鹿太守河内司马直新除，以有清名，减责三百万。直被诏，怅然曰："为民父母，而反割剥百姓，以称时求，吾不忍也。"辞疾，不听。行至孟津，上书极陈当世之失，古今祸败之戒，即吞药自杀。书奏，帝为暂绝修宫钱。

又造万金堂于西园，引司农金钱缯帛，仞积其中。①又还河间买田宅，起第观。帝本侯家，宿贫，每叹桓帝不能作家居，故聚为私臧，复（臧）寄小黄门常侍钱各数千万。〔42〕常云："张常侍是我公，〔43〕赵常侍是我母。"宦官得志，无所惮畏，并起第宅，拟则宫室。帝常登永安候台，②宦官恐其望见居处，乃使中大人尚但谏曰：③"天子不当登高，登高则百姓虚散。"自是不敢复升台榭。④

①仞，满也。

②永安，宫也。

③尚姓，但名。

④《春秋潜潭巴》曰："天子无高台榭，高台榭，则下畔之。"盖因此以诳帝也。

明年，遂使钩盾令宋典缮修南宫玉堂。又使掖庭令毕岚铸铜人四列于仓龙、玄武阙。①又铸四钟，皆受二千斛，县于玉堂及云台殿前。又铸天禄虾蟆，吐水于平门外桥东，转水入宫。又作翻车渴乌，②施于桥西，用洒南北郊路，以省百姓洒道之费。又铸四出文钱，钱皆四道。识者窃言侈虐已甚，形象兆见，〔44〕此钱成，必四道而去。及京师大乱，钱果流布四海。复以忠为车骑将军，百馀日罢。

①仓龙，东阙。玄武，北阙。

②翻车，设机车以引水。渴乌，为曲筒，以气引水上也。

六年，帝崩。中军校尉袁绍说大将军何进，令诛中官以悦天下。谋泄，让、忠等因进入省，遂共杀进。而绍勒兵斩忠，捕宦官无少长悉斩之。让等数十人劫质天子走河上。追急，让等悲哭辞曰："臣等殄灭，天下乱矣。惟陛下自爱！"皆投河而死。

　　论曰：自古丧大业绝宗禋者，其所渐有由矣。三（世）〔代〕以嬖色取祸，①〔45〕嬴氏以奢虐致灾，②西京自外戚失祚，东都缘阉尹倾国。成败之来，先史商之久矣。③至于衅起宦夫，其略犹或可言。何者？刑馀之丑，理谢全生，声荣无晖于门阀，肌肤莫传于来体，推情未鉴其敝，即事易以取信，加渐染朝事，颇识典物，故少主凭谨旧之庸，〔46〕女君资出内之命，顾访无猜惮之心，恩狎有可悦之色。亦有忠厚平端，怀术纠邪；④或敏才给对，饰巧乱实；⑤或借誉贞良，先时荐誉。⑥非直苟恣凶德，止于暴横而已。然真邪并行，情貌相越，⑦故能回惑昏幼，迷瞀视听，盖亦有其理焉。⑧诈利既滋，朋徒日广，直臣抗议，必漏先言之间，⑨至戚发愤，方启专夺之隙，⑩斯忠贤所以智屈，社稷故其为墟。《易》曰："履霜坚冰至。"云所从来久矣。今迹其所以，亦岂一朝一夕哉！⑪

　　①夏以末嬉，殷以妲己，周以褒姒。

　　②秦始皇，嬴姓也。

　　③商谓商略。

　　④谓吕强也。

　　⑤若良贺对顺帝不举人也。

　　⑥曹腾进边韶、延固等也。

　　⑦越，违也。谓貌虽似忠而情实奸邪。

　　⑧瞀，乱也，音茂。

　　⑨谓蔡邕对诏，王甫、曹节窃观之，乃宣布于外，而邕下狱也。

　　⑩谓窦武谋诛宦者，反为宦者所杀也。

　　⑪《易》曰："非一朝一夕之故，其所由来者渐矣，由辨之不早辨也。"〔47〕《易》曰："履霜坚冰至。"盖言慎也。〔48〕言初履霜而坚冰至者，以喻物渐而至大也。

　　赞曰：任失无小，过用则违。况乃巷职，远参天机。①舞文巧态，作惠作威。凶家害国，夫岂异归！②

　　①《毛诗》曰："寺人巷伯，作为此诗。"巷职即寺人之职也。

　　②《尚书》曰："臣无作威作福。臣有作威作福，其害于而家，凶于而国。"又曰："为恶不同，同归于乱。"

【校勘记】

〔1〕 王之正内者五人　按:《刊误》谓多一“者”字。

〔2〕 寺人掌王之正内五人　按:《周礼·天官职》云“寺人王之正内五人”,无“掌”字。

〔3〕 于周(礼)则为内宰　按:殿本《考证》引何焯说,谓《月令》吕不韦作,故郑注云“于周则为内宰”,“礼”字不学者所增,《文选》注中尚无“礼”字。今据删。

〔4〕 然而有得焉　《校补》谓《文选》注引“得”作“德”。今按:得德古通作。

〔5〕 宦官悉用阉人　按:《刊误》谓“宦”字当作“内”,谓省内官不用他士也。

〔6〕 朝臣国议　按:《文选》“国”作“图”。

〔7〕 宫中(小)〔之〕门谓之闱　据《校补》改,与《尔雅》合。

〔8〕 五服内亲故也　按:汲本作“五服内之亲故也”,殿本作“五服内之亲也”,王先谦谓殿本是。

〔9〕 荆杨之州　“杨”原讹“阳”,径改正。

〔10〕 土木衣绮绣　按:《前书·东方朔传》“土木”作“木土”。

〔11〕 群英谓刘猛朱寓之属　按:“寓”原讹“寓”,径据汲本、殿本改正。

〔12〕 鄛音士交反　按:汲本、殿本作“七交反”。

〔13〕 南(郡)〔阳〕棘阳县有鄛乡　《集解》引洪亮吉说,谓棘阳属南阳,非南郡也。又《校补》引柳从辰说,谓今《说文》注本作“南阳”,惟“棘”误为“枣”,段玉裁已订之。今据改。

〔14〕 邓太后以伦久宿卫　按:汲本、殿本“久”下有“在”字。

〔15〕 各雠校(汉)家法　《刊误》谓诸儒各谓其师说为家法,后人不知,妄加一“汉”字。今据删。

〔16〕 立平原王(德)〔翼〕　据殿本《考证》引何焯说改。

〔17〕 屯朔平门　按:《集解》引惠栋说,谓《袁宏纪》云“平朔门”。

〔18〕 又〔分〕与光　据汲本、殿本补。

〔19〕 西平昌(诸)县属平原郡　据殿本删。按:王先谦谓殿本无“诸”字是。

〔20〕 褒信山都并属南阳郡也　按:《集解》引钱大昕说,谓案《郡国志》,褒信属汝南,不属南阳。

〔21〕　下隽县〔属〕长沙郡　《校补》谓案注"县"下脱"属"字。今据补。

〔22〕　五官〔中〕郎将　据殿本补。按：《刊误》谓"五官"下少一"中"字。

〔23〕　而分程半　按：《校补》谓案文"程"下少一"国"字。

〔24〕　阳嘉中诏九卿举武猛　按：《校补》引侯康说，谓阳嘉中无此诏，永和三年有之。《通鉴考异》谓此传误以永和为阳嘉，是也。

〔25〕　益州刺史种暠于斜谷关搜得其书　按："斜谷关"汲本、殿本作"斜谷间"，《魏志》裴注引《续汉书》作"函谷关"。

〔26〕　乃与少子疾避乱琅邪　按：殿本《考证》谓《魏志》嵩少子德。

〔27〕　(将军)侍御史护丧　《刊误》谓按超赠将军尔，不可使将军护丧，明衍二字。今据删。按：张森楷《校勘记》谓《治要》无"将军"二字。

〔28〕　输作右校　按：张森楷《校勘记》谓案输作者皆左校，此独右校，待考。

〔29〕　京兆尹袁逢于旅舍阅参车三百馀两　按：李慈铭谓《治要》"车"下有"重"字。

〔30〕　其本魏郡人　按：《校补》引钱大昭说，谓"其"下疑脱"先"字。

〔31〕　增邑三千户　按：《校补》谓"邑"下盖脱"至"字。此并前六百户合为三千户也，否则下文增邑四千六百户，并前不止七千六百户矣。

〔32〕　节等宦官祐薄　按：《集解》引周寿昌说，谓"祐薄"之"祐"，恐应作"祜"，盖吕强原疏避安帝讳也。

〔33〕　陛下或其琐才　汲本、殿本"或"作"惑"。按：或与惑通。

〔34〕　以为所献希之导引也　按："希"字无义，必有误，《刊误》谓当作"物"。

〔35〕　下邳徐衍　按：《集解》引惠栋说，谓《袁宏纪》"衍"作"演"。

〔36〕　汝阳李巡　按：《集解》引惠栋说，谓"汝阳"《经典序录》作"汝南"。

〔37〕　北海赵祐　按：《集解》引惠栋说，谓《袁宏纪》"祐"作"裕"。

〔38〕　黜为关(中)〔内〕侯　按：殿本《考证》谓何焯校本"中"改"内"。今据改。

〔39〕　郎中中山张钧　按：《集解》引惠栋说，谓《袁宏纪》"郎中"作"中郎将"，"钧"作"均"。

〔40〕　后中常侍封谞徐(奏)〔奉〕事独发觉　按："徐奏"当依《皇甫嵩传》作"徐奉"，《通鉴》亦作"徐奉"，各本皆未正，今改。

〔41〕　狄道诸郡　按：《集解》引钱大昕说，谓狄道非郡名，当云"陇西"。

〔42〕　故聚为私臧复(臧)寄小黄门常侍钱各数千万　据李慈铭说删。按：李云《治要》无下"臧"字，是也，当据删。

〔43〕 张常侍是我公　汲本、殿本"公"作"父"。按:《通鉴》作"公"。

〔44〕 形象兆见　按:"形"原讹"刑",径据汲本、殿本改正。

〔45〕 三(世)〔代〕以嬖色取祸　据汲本改。

〔46〕 故少主凭谨旧之庸　按:"主"原讹"王",径改正。

〔47〕 由辨之不早辨也　按:两"辨"字原并讹"辩",径改正。

〔48〕 盖言慎也　按:"慎"原讹"顺",径改正。

后汉书卷七十九上

儒林列传第六十九上

昔王莽、更始之际，天下散乱，礼乐分崩，典文残落。及光武中兴，爱好经术，未及下车，而先访儒雅，采求阙文，补缀漏逸。①先是四方学士多怀协图书，〔1〕遁逃林薮。自是莫不抱负坟策，云会京师，范升、陈元、郑兴、杜林、卫宏、刘昆、桓荣之徒，继踵而集。于是立《五经》博士，各以家法教授，《易》有施、孟、梁丘、京氏，《尚书》欧阳、大小夏侯，《诗》齐、鲁、韩，〔2〕《礼》大小戴，《春秋》严、颜，凡十四博士，太常差次总领焉。

①《礼记》曰："武王克殷反商，未及下车，而封黄帝之后于蓟。"

建武五年，乃修起太学，稽式古典，笾豆干戚之容，备之于列，①服方领习矩步者，委它乎其中。②中元元年，初建三雍。明帝即位，亲行其礼。天子始冠通天，③衣日月，④备法物之驾，⑤盛清道之仪，⑥坐明堂而朝群后，登灵台以望云物，⑦祖割辟雍之上，尊养三老五更。飨射礼毕，帝正坐自讲，诸儒执经问难于前，冠带缙绅之人，圜桥门而观听者盖亿万计。⑧其后复为功臣子孙、四姓末属别立校舍，搜选高能以受其业，自期门羽林之士，悉令通《孝经》章句，匈奴亦遣子入学。济济乎，洋洋乎，盛于永平矣！

①笾豆，礼器也。竹谓之笾，木谓之豆。干，盾也。戚，钺也。舞者所执。

②方领，直领也。委它，行貌也。委音於危反。它音以支反。

③徐广《舆服杂注》曰："天子朝，冠通天冠，高九寸，黑介帻，金薄山，所常服也。"

④《续汉志》曰"乘舆备文日月星辰"也。

⑤胡广《汉制度》曰"天子出,有大驾、法驾、小驾。大驾则公卿奉引,大将军骖
　乘,太仆御,属车八十一乘,备千乘万骑。法驾,公不在卤簿,唯河南尹、执
　金吾、洛阳令奉引,侍中骖乘,奉车郎御,属车三十六乘。小驾,太仆奉驾,
　侍御史整车骑"也。

⑥《汉官仪》曰"清道以旄头为前驱"也。

⑦云物,解见《明纪》。

⑧《汉官仪》曰:"辟雍四门外有水,以节观者。"门外皆有桥,观者水外,故云圜
　桥门也。圜,遶也。

建初中,大会诸儒于白虎观,考详同异,连月乃罢。肃宗亲临称制,
如石渠故事,①顾命史臣,著为通义。②又诏高才生受《古文尚书》、《毛
诗》、《穀梁》、《左氏春秋》,虽不立学官,然皆擢高第为讲郎,给事近署,
所以网罗遗逸,博存众家。孝和亦数幸东观,览阅书林。及邓后称制,
学者颇懈。时樊准、徐防并陈敦学之宜,又言儒职多非其人,于是制诏
公卿妙简其选,三署郎能通经术者,皆得察举。自安帝览政,薄于艺文,
博士倚席不讲,③朋徒相视怠散,学舍颓敝,鞠为园蔬,④牧儿荛竖,〔3〕
至于薪刈其下。顺帝感翟酺之言,乃更修黉宇,⑤凡所造构二百四十
房,千八百五十室。试明经下第补弟子,增甲乙之科员各十人,除郡国
耆儒皆补郎、舍人。本初元年,梁太后诏曰:"大将军下至六百石,悉遣
子就学,每岁辄于乡射月一飨会之,以此为常。"⑥自是游学增盛,至三
万馀生。然章句渐疏,而多以浮华相尚,儒者之风盖衰矣。党人既诛,
其高名善士多坐流废,后遂至忿争,更相言告,亦有私行金货,定兰台漆
书经字,以合其私文。熹平四年,灵帝乃诏诸儒正定《五经》,刊于石碑,
为古文、篆、隶三体书法以相参检,树之学门,⑦使天下咸取则焉。

①石渠见《章纪》。

②即《白武通》(议)〔义〕〔4〕是。

③《礼记》曰:"凡侍坐于大司成者,远近间三席。"又曰:"若非饮食之客则布
　席,席间函丈。"注云:"谓讲问客也。"倚席言不施讲坐也。

④《诗·小雅》曰:"鞠为茂草。"注云:"鞠,穷也。"

⑤《说文》曰:"黉,学也。"黉与横同。

⑥《汉官仪》曰："春三月,秋九月,习乡射礼,礼生皆使太学学生。"

⑦古文谓孔子壁中书。篆书,秦始皇使程邈所作也。隶书亦程邈所献也,主于徒隶,从简易也。《谢承书》曰："碑立太学门外,瓦屋覆之,四面栏障,开门于南,河南郡设吏卒视之。"杨龙骧《洛阳记》载朱超石与兄书云:"《石经》文都似碑,高一丈许,广四尺,骈罗相接。"

初,光武迁还洛阳,其经牒秘书载之二千馀两,自此以后,参倍于前。及董卓移都之际,吏民扰乱,自辟雍、东观、兰台、石室、宣明、鸿都诸藏典策文章,竞共剖散,其缣帛图书,大则连为帷盖,小乃制为縢囊。①及王允所收而西者,裁七十馀乘,道路艰远,复弃其半矣。后长安之乱,一时焚荡,莫不泯尽焉。

①縢亦縢也,音徒恒反。《说文》曰:"縢,囊也。"

东京学者猥众,难以详载,今但录其能通经名家者,以为《儒林篇》。其自有列传者,则不兼书。若师资所承,①宜标名为证者,乃著之云。

①《老子》曰:"善人者,不善人之师也。不善人者,善人之资也。"故因曰师资。

《前书》云:田何传《易》授丁宽,①丁宽授田王孙,王孙授沛人施雠、东海孟喜、琅邪梁丘贺,②由是《易》有施、孟、梁丘之学。又东郡京房受《易》于梁国焦延寿,③别为京氏学。又有东莱费直,④传《易》,授琅邪王横,为费氏学。⑤本以古字,号《古文易》。又沛人高相传《易》,授子康及兰陵毋将永,〔5〕为高氏学。⑥施、孟、梁丘、京氏四家皆立博士,费、高二家未得立。

①《前书》宽字子襄。

②《前书》雠字长卿,喜字长卿,贺字长翁。

③《前书》延寿名赣。

④《前书》直字长翁。

⑤《前书》"横"作"璜",字平仲。

⑥毋将姓也,毋读曰无。

刘昆〔6〕字桓公,陈留东昏人,①梁孝王之胤也。少习容礼。②平帝时,受《施氏易》于沛人戴宾。能弹雅琴,知清角之操。③

①东昏属陈留郡,东缗属山阳郡,诸本作"缗"者误。

②容,仪也。《前书》鲁徐生善为容,孝文时,以容为礼官大夫。

③刘向《别录》曰:"雅琴之意,事皆出龙德《诸琴杂事》中。"《前书·艺文志》曰:"《雅琴》,龙氏名德,赵氏名定。"《韩子》曰:"师旷对晋平公曰:'昔黄帝合鬼神,驾象车,交龙毕,方并辖,蚩尤居前,风伯进埽,雨师洒道,作为清角。今君德薄,不足以听之。'"

王莽世,教授弟子恒五百馀人。每春秋飨射,常备列典仪,以素木瓠叶为俎豆,桑弧蒿矢,以射"菟首"。①每有行礼,县宰辄率吏属而观之。王莽以昆多聚徒众,私行大礼,有僭上心,乃系昆及家属于外黄狱。寻莽败得免。既而天下大乱,昆避难河南负犊山中。②

①《诗·小雅瓠·叶诗序》曰:"刺幽王弃礼而不能行,故思古之人,不以微薄废礼焉。"《诗》曰:"幡幡瓠叶,采之亨之。君子有酒,酌言尝之。有菟斯首,炰之燔之。君子有酒,酌言献之。"昆惧礼之废,故引以瓠叶为俎实,射则歌"菟首"之诗而为节也。

②《郡国志》河南郡有负犊山。

建武五年,举孝廉,不行,遂逃,教授于江陵。光武闻之,即除为江陵令。时县连年火灾,昆辄向火叩头,多能降雨止风。征拜议郎,稍迁侍中、弘农太守。

先是崤、黾驿道多虎灾,行旅不通。昆为政三年,仁化大行,虎皆负子度河。帝闻而异之。二十二年,征杜林为光禄勋。诏问昆曰:"前在江陵,反风灭火,后守弘农,虎北度河,行何德政而致是事?"昆对曰:"偶然耳。"左右皆笑其质讷。帝叹曰:"此乃长者之言也。"顾命书诸策。乃令入授皇太子及诸王小侯五十馀人。二十七年,拜骑都尉。三十年,以老乞骸骨,诏赐洛阳第舍,以千石禄终其身。中元二年卒。

子轶,字君文,传昆业,门徒亦盛。永平中,为太子中庶子。建初中,稍迁宗正,卒官,遂世掌宗正焉。

洼丹字子玉，①南阳育阳人也。世传《孟氏易》。王莽时，常避世教授，专志不仕，徒众数百人。建武初，为博士，稍迁，十一年，为大鸿胪。作《易通论》七篇，世号《洼君通》。丹学义研深，《易》家宗之，称为大儒。十七年，卒于官，年七十。

①《风俗通》"洼"音"圭"。

时中山觟阳鸿，字孟孙，①亦以《孟氏易》教授，有名称，永平中为少府。

①姓觟阳，名鸿也。觟音胡瓦反。其字从"角"字，或作"鲑"。从"鱼"者，音胡佳反。

任安字定祖，广汉绵竹人也。少游太学，受《孟氏易》，兼通数经。又从同郡杨厚学图谶，究极其术。时人称曰："欲知仲桓问任安。"又曰："居今行古任定祖。"学终，还家教授，诸生自远而至。初仕州郡。后太尉再辟，除博士，公车征，皆称疾不就。州牧刘焉表荐之，时王涂隔塞，诏命竟不至。年七十九，建安七年，卒于家。

杨政字子行，京兆人也。少好学，从代郡范升受《梁丘易》，善说经书。京师为之语曰："说经铿铿杨子行。"教授数百人。

范升尝为出妇所告，坐系狱，政乃肉袒，以箭贯耳，抱升子潜伏道傍，候车驾，而持章叩头大言曰："范升三娶，唯有一子，今适三岁，孤之可哀。"武骑虎贲惧惊乘舆，举弓射之，犹不肯去；旄头又以戟叉政，伤胸，政犹不退。哀泣辞请，有感帝心，诏曰："乞杨生师。"①即尺一出升。政由是显名。

①乞读曰(气)〔气〕。〔7〕

为人嗜酒，不拘小节，果敢自矜，然笃于义。时帝婿梁松，皇后弟阴就，皆慕其声名，而请与交友。政每共言论，常切磋恳至，不为屈挠。尝诣杨虚侯马武，武难见政，称疾不为起。政入户，径升床排武，把臂责之曰："卿蒙国恩,备位藩辅,不思求贤以报殊宠,而骄天下英俊,此非养身之道也。今日动者刀入胁。"武诸子及左右皆大惊,以为见劫,操兵满侧,政颜色自若。会阴就至,责数武,令为交友。其刚果任情,皆如此也。建初中,官至左中郎将。

张兴字君上,颍川鄢陵人也。习《梁丘易》以教授。建武中,举孝廉为郎,谢病去,复归聚徒。后辟司徒冯勤府,勤举为孝廉,稍迁博士。永平初,迁侍中祭酒。十年,拜太子少傅。显宗数访问经术。既而声称著闻,弟子自远至者,著录且万人,为梁丘家宗。①十四年,卒于官。

①著于籍录。

子鲂,传兴业,位至张掖属国都尉。

戴凭字次仲,汝南平舆人也。习《京氏易》。年十六,郡举明经,征试博士,拜郎中。

时诏公卿大会,群臣皆就席,凭独立。光武问其意。凭对曰："博士说经皆不如臣,而坐居臣上,是以不得就席。"帝即召上殿,令与诸儒难说,凭多所解释。帝善之,拜为侍中,数进见问得失。帝谓凭曰："侍中当匡补国政,勿有隐情。"凭对曰："陛下严。"帝曰："朕何用严?"凭曰："伏见前太尉西曹掾蒋遵,清亮忠孝,学通古今,陛下纳肤受之诉,遂致禁锢,①世以是为严。"帝怒曰："汝南子欲复党乎?"凭出,自系廷尉,有诏敕出。后复引见,凭谢曰："臣无謇谔之节,而有狂瞽之言,不能以尸伏谏,②偷生苟活,诚惭圣朝。"帝即敕尚书解遵禁锢,拜凭虎贲中郎将,以侍中兼领之。

①《论语》孔子曰："肤受之诉。"注云："谓受人之诉辞,〔在〕皮肤之〔外〕,〔8〕不深知其情核也。"

②《韩诗外传》曰："昔卫大夫史鱼病且死,谓其子曰:'我数知蘧伯玉之贤而不能进,弥子瑕不肖而不能退,死不当居丧正堂,殡我于侧室足矣。'卫君问其

故,子以父言闻于君,君乃召蘧伯玉而贵之,弥子瑕退之,徙殡于正堂,成礼而后去。”

正旦朝贺,百僚毕会,帝令群臣能说经者更相难诘,义有不通,辄夺其席以益通者,凭遂重坐五十馀席。故京师为之语曰:“解经不穷戴侍中。”在职十八年,卒于官,诏赐东园梓器,钱二十万。

时南阳魏满字叔牙,亦习《京氏易》,教授。永平中,至弘农太守。

孙期字仲彧,〔9〕济阴成武人也。少为诸生,习《京氏易》、《古文尚书》。家贫,事母至孝,牧豕于大泽中,以奉养焉。远人从其学者,皆执经垄畔以追之,里落化其仁让。黄巾贼起,过期里陌,相约不犯孙先生舍。郡举方正,遣吏赍羊酒请期,期驱豕入草不顾。司徒黄琬特辟,不行,终于家。

建武中,范升传《孟氏易》,〔10〕以授杨政,〔11〕而陈元、郑众皆传《费氏易》,其后马融亦为其传。融授郑玄,玄作《易注》,荀爽又作《易传》,自是《费氏》兴,而《京氏》遂衰。〔12〕

《前书》云:济南伏生①传《尚书》,授济南张生及千乘欧阳生,②欧阳生授同郡兒宽,宽授欧阳生之子,世世相传,至曾孙欧阳高,③为《尚书》欧阳氏学;张生授夏侯都尉,④都尉授族子始昌,始昌传族子胜,为大夏侯氏学;胜传从兄子建,建别为小夏侯氏学:三家皆立博士。又鲁人孔安国传《古文尚书》授都尉朝,⑤朝授胶东庸谭,为《尚书》古文学,未得立。

①名胜。

②《前书》字和伯。

③高字子阳。

④都尉名。

⑤姓都尉名朝。

欧阳歙字正思，〔13〕乐安千乘人也。自欧阳生传《伏生尚书》，至歙八世，皆为博士。

歙既传业，而恭谦好礼让。王莽时，为长社宰。①更始立，为原武令。世祖平河北，到原武，见歙在县修政，迁河南都尉，后行太守事。世祖即位，始为河南尹，封被阳侯。②建武五年，坐事免官。明年，拜杨州牧，迁汝南太守。推用贤俊，政称异迹。九年，更封夜侯。③

①长社，今许州县也。

②被阳故城在今淄州高苑县西南。

③夜，今莱州掖县。

歙在郡，教授数百人，视事九岁，征为大司徒。坐在汝南臧罪千馀万发觉下狱。诸生守阙为歙求哀者千馀人，至有自髡剔者。平原礼震，①年十七，闻狱当断，驰之京师，行到河内获嘉县，自系，上书求代歙死。曰：“伏见臣师大司徒欧阳歙，学为儒宗，八世博士，而以臧咎当伏重辜。歙门单子幼，未能传学，身死之后，永为废绝，上令陛下获杀贤之讥，下使学者丧师资之益。乞杀臣身以代歙命。”书奏，而歙已死狱中。歙掾陈元上书追讼之，言甚切至，帝乃赐棺木，赠印绶，赙缣三千匹。

①《谢承书》曰：“震字仲威。光武嘉其仁义，拜震郎中，后以公事左迁淮阳王厩长。”〔14〕

子复嗣。复卒，无子，国除。

济阴曹曾字伯山，从歙受《尚书》，门徒三千人，位至谏议大夫。子祉，河南尹，传父业教授。

又陈留陈弇，字叔明，亦受《欧阳尚书》于司徒丁鸿，仕为蕲长。①

①《续汉书》曰：“弇以尚书教授，躬自耕种，常有黄雀飞来，随弇翱翔。”

牟长字君高，乐安临济人也。其先封牟，春秋之末，国灭，因氏焉。

长少习《欧阳尚书》，不仕王莽世。建武二年，大司空弘①特辟，拜博士，稍迁河内太守，坐垦田不实免。

①宋弘也。

长自为博士及在河内,诸生讲学者常有千馀人,著录前后万人。著
《尚书章句》,皆本之欧阳氏,俗号为《牟氏章句》。复征为中散大夫,赐
告一岁,卒于家。

子纤,又以隐居教授,门生千人。肃宗闻而征之,欲以为博士,道
物故。①

> ①在路死也。案:《魏台访〔议〕》〔15〕问物故之义,高堂隆荅曰:"闻之先师,物,
> 无也,故,事也。言死者无复所能于事也。"

宋登字叔阳,京兆长安人也。父由,为太尉。

登少传《欧阳尚书》,教授数千人。为汝阴令,政为明能,号称"神
父"。迁赵相,入为尚书仆射。顺帝以登明识礼乐,使持节临太学,奏定
典律,转拜侍中。数上封事,抑退权臣,由是出为颍川太守。市无二价,
道不拾遗。病免,卒于家,汝阴人配社祠之。

张驯〔16〕字子儁,济阴定陶人也。少游太学,能诵《春秋左氏传》。
以《大夏侯尚书》教授。辟公府,举高第,拜议郎。与蔡邕共奏定《六经》
文字。擢拜侍中,典领秘书近署,甚见纳异。多因便宜陈政得失,朝廷
嘉之。迁丹阳太守,化有惠政。光和七年,征拜尚书,迁大司农。初平
中,卒于官。

尹敏字幼季,南阳堵阳人也。①少为诸生。初习《欧阳尚书》,后受
《古文》,兼善《毛诗》、《穀梁》、《左氏春秋》。

> ①堵音者。

建武二年,上疏陈《洪范》消灾之术。时世祖方草创天下,未遑其
事,命敏待诏公车,拜郎中,辟大司空府。

帝以敏博通经记,令校图谶,使蠲去崔发所为王莽著录次比。①敏
对曰:"谶书非圣人所作,其中多近鄙别字,颇类世俗之辞,恐疑误后

生。"帝不纳。敏因其阙文增之曰:"君无口,为汉辅。"帝见而怪之,召敏问其故。敏对曰:"臣见前人增损图书,敢不自量,窃幸万一。"帝深非之,虽竟不罪,而亦以此沈滞。[1]

> [1]《前书》王莽居摄三年,广饶侯刘京、车骑将军千人扈云、太保属臧鸿奏符命。京言齐郡新井,云言巴郡石牛,鸿言扶风雍石,莽皆迎受。十一月甲子,莽上奏太后曰:"巴郡石牛,雍石文,皆到未央宫之前殿,臣与太保安阳侯舜等视。天风起尘冥,风止,得铜章帛图于石前,文曰:'天告帝符,献者封侯,承天命,用神说。'"骑都尉崔发等视说,其后莽封发为说符侯。

与班彪亲善,每相遇,辄日旰忘食,夜分不寝,[1]自以为锺期伯牙、庄周惠施之相得也。[2]

> [1]旰,晚也。
> [2]《说苑》曰,伯牙子鼓琴,其友锺子期听之,志在于山水,子期皆知之。子期死,伯牙屏琴绝弦,终身不复鼓琴。《庄子》曰,庄子送葬过惠子之墓,顾谓从者曰:"郢人垩墁其鼻端若蝇翼,使匠石斫之,匠石运斤成风,听而斫之,尽垩而鼻不伤,郢人立不失容。元君闻之,召匠石曰:'尝为寡人为之。'匠石曰:'臣则尝斫之。虽然,臣之质死久矣。自惠子之死,吾无以为质矣,吾无与言之。'"垩墁,有泥墁之也。垩音於各反。墁音莫干反。蝇翼薄也。

后三迁长陵令。永平五年,诏书捕男子周虑。虑素有名称,而善于敏,敏坐系免官。及出,叹曰:"瘖聋之徒,真世之有道者也,何谓察察而遇斯患乎?"十一年,除郎中,迁谏议大夫。卒于家。

周防字伟公,汝南汝阳人也。父扬,少孤微,常修逆旅,[1]以供过客,而不受其报。

> [1]杜预注《左传》曰:"逆旅,客舍也。"

防年十六,仕郡小吏。世祖巡狩汝南,召掾史试经,防尤能诵读,拜为守丞。防以未冠,谒去。[1]师事徐州刺史盖豫,受《古文尚书》。经明,举孝廉,拜郎中。撰《尚书杂记》三十二篇,四十万言。太尉张禹荐补博士,稍迁陈留太守,坐法免。年七十八,卒于家。

①《礼》男子二十而冠。自以年未成人,故请去。谒,请也。

子举,自有传。

孔僖字仲和,[17]鲁国鲁人也。自安国以下,世传《古文尚书》、《毛诗》。[18]曾祖父子建,少游长安,与崔篆友善。及篆仕王莽为建新大尹,①尝劝子建仕。对曰:"吾有布衣之心,子有衮冕之志,各从所好,不亦善乎!道既乖矣,请从此辞。"遂归,终于家。

①莽改千乘国曰建信,又改曰建新;郡守曰大尹。

僖与崔篆孙骃复相友善,同游太学,习《春秋》。因读吴王夫差时事,僖废书叹曰:"若是,所谓画龙不成反为狗者。"①[19]骃曰:"然。昔孝武皇帝始为天子,年方十八,崇信圣道,师则先王,五六年间,号胜文、景。②及后恣己,忘其前之为善。"③僖曰:"书传若此多矣!"邻房生梁郁儳和之曰:④"如此,武帝亦是狗邪?"僖、骃默然不对。郁怒恨之,阴上书告骃、僖诽谤先帝,刺讥当世。事下有司,骃诣吏受讯。僖以吏捕方至,恐诛,乃上书肃宗自讼曰:"臣之愚意,以为凡言诽谤者,谓实无此事而虚加诬之也。至如孝武皇帝,政之美恶,显在汉史,坦如日月。是为直说书传实事,非虚谤也。夫帝者为善,则天下之善咸归焉;其不善,则天下之恶亦萃焉。斯皆有以致之,故不可以诛于人也。⑤且陛下即位以来,政教未过,而德泽有加,⑥天下所具也,[20]臣等独何讥刺哉?假使所非实是,则固应悛改;傥其不当,亦宜含容,又何罪焉?陛下不推原大数,深自为计,徒肆私忿,以快其意。臣等受戮,死即死耳,顾天下之人,必回视易虑,以此事窥陛下心。自今以后,苟见不可之事,终莫复言者矣。臣之所以不爱其死,犹敢极言者,诚为陛下深惜此大业。陛下若不自惜,则臣何赖焉?齐桓公亲扬其先君之恶,以唱管仲,⑦然后群臣得尽其心。今陛下乃欲以十世之武帝,远讳实事,岂不与桓公异哉?臣恐有司卒然见构,衔恨蒙枉,不得自叙,使后世论者,擅以陛下有所方比,宁可复使子孙追掩之乎?谨诣阙伏待重诛。"帝始亦无罪僖等意,及书奏,立诏勿问,拜僖兰台令史。

①夫差伐越,败之,越王句践乃以甲兵五千人栖于会稽,使大夫种因吴太宰嚭
　而行成。吴王将许之,伍子胥谏曰:"今不灭,后必悔之。"吴王不听。后句
　践灭吴。吴王曰:"吾悔不用子胥之言!"遂自刭死。

②《前书》,武帝年十七即位。即位一年,议立明堂,安车蒲轮征鲁申公。六
　年,举贤良。班固《赞》曰"以武帝之雄才大略,不改文、景之恭俭,以济斯
　人,虽《诗》、《书》所称,何以加兹"也。

③谓武帝末年好神仙祭祀之事,征伐四夷,连兵三十馀年,又信巫蛊,天下户
　口减半,人相食,算及舟车,官卖盐铁也。

④算谓不与之言而傍对也。《礼记》曰:"无算言。"儳音仕鉴反。

⑤诛,责也。

⑥言政教未有过失也。

⑦《国语》曰,鲁庄公束缚管仲以与齐桓公,公亲迎于郊,而与之坐,问焉。曰:
　"昔吾先君襄公,筑台以为高位,田狩毕弋,不听国政,卑圣侮士,而唯女是
　崇,九妃六嫔,陈妾数百,食必粱肉,衣必文绣,戎士冻馁,是以国家不日引,
　不月长。恐宗庙不埽除,社稷不血食,敢问为此若何?"管子曰:"昔者圣王
　之理天下,定人之居,成人之事,而慎用其六柄焉。四人者勿使杂处,杂处
　则其言哤,其事易"也。

元和二年春,帝东巡狩,还过鲁,幸阙里,以太牢祠孔子及七十二弟
子,①作六代之乐,②大会孔氏男子二十以上者六十三人,命儒者讲《论
〔语〕》。[21]僖因自陈谢。帝曰:"今日之会,宁于卿宗有光荣乎?"对曰:
"臣闻明王圣主,莫不尊师贵道。今陛下亲屈万乘,辱临敝里,此乃崇礼
先师,增辉圣德。至于光荣,非所敢承。"帝大笑曰:"非圣者子孙,焉有
斯言乎!"遂拜僖郎中,赐褒成侯损及孔氏男女钱帛,诏僖从还京师,使
校书东观。

①案《史记》达者七十二人。

②黄帝曰《云门》,尧曰《咸池》,舜曰《大韶》,禹曰《大夏》,汤曰《大护》,周曰
　《大武》。

冬,拜临晋令,崔骃以《家林》筮之,①谓为不吉,止僖曰:"子盍辞

乎?"僖曰:"学不为人,仕不择官,凶吉由己,而由卜乎?"在县三年,卒官,遗令即葬。

　　①崔篆所作《易林》也。

　　二子长彦、季彦,并十馀岁。蒲坂令许君然劝令反鲁。对曰:"今载柩而归,则违父令;舍墓而去,心所不忍。"遂留华阴。

　　长彦好章句学,季彦守其家业,门徒数百人。延光元年,河西大雨雹,大者如斗。安帝诏有道术之士极陈变眚,乃召季彦见于德阳殿,帝亲问其故。对曰:"此皆阴乘阳之征也。今贵臣擅权,母后党盛,陛下宜修圣德,虑此二者。"帝默然,左右皆恶之。举孝廉,不就。三年,年四十七,终于家。[22]

　　初,平帝时王莽秉政,乃封孔子后孔均为褒成侯,追谥孔子为褒成宣尼。[23]及莽败,失国。建武十三年,世祖复封均子志为褒成侯。[24]志卒,子损嗣。永元四年,徙封褒亭侯。损卒,子曜嗣。曜卒,子完嗣。世世相传,至献帝初,国绝。①

　　①臣贤案:献帝后至魏,封孔子二十一叶孙羡为崇圣侯。晋封二十三叶孙震
　　　为奉圣亭侯。后魏封二十七叶孙乘为崇圣大夫。太和十九年,孝文幸鲁,
　　　亲祠孔子庙,又改封二十八叶孙珍为崇圣侯。北齐改封三十一叶孙为恭圣
　　　侯,周武帝平齐,改封邹国公,隋文帝仍旧封邹国公,隋炀帝改封为绍圣侯。
　　　贞观十一年,封夫子裔孙子德伦为褒圣侯,伦今见存。

　　杨伦字仲理,[25]陈留东昏人也。少为诸生,师事司徒丁鸿,习《古文尚书》。为郡文学掾。更历数将,志乖于时,以不能人间事,遂去职,不复应州郡命。讲授于大泽中,弟子至千馀人。元初中,郡礼请,三府并辟,公车征,皆辞疾不就。

　　后特征博士,为清河王傅。是岁,安帝崩,伦辄弃官奔丧,号泣阙下不绝声。阎太后以其专擅去职,坐抵罪。

　　顺帝即位,诏免伦刑,遂留行丧于恭陵。服阕,征拜侍中。是时邵陵令任嘉在职贪秽,因迁武威太守,后有司奏嘉臧罪千万,征考廷尉,其

所牵染将相大臣百有馀人。伦乃上书曰:"臣闻《春秋》诛恶及本,本诛则恶消;振裘持领,领正则毛理。今任嘉所坐狼藉,未受辜戮,猥以垢身,改典大郡,自非案坐举者,无以禁绝奸萌。往者湖陆令张叠、萧令驷贤、徐州刺史刘福等,衅秽既章,咸伏其诛,而豺狼之吏至今不绝者,岂非本举之主不加之罪乎?昔齐威之霸,杀奸臣五人,并及举者,以弭谤讟。当断不断,《黄石》所戒。①夫圣王所以听僮夫匹妇之言者,犹尘加嵩岱,雾集淮海,虽未有益,不为损也。惟陛下留神省察。"奏御,有司以伦言切直,辞不逊顺,下之。尚书奏伦探知密事,激以求直。坐不敬,结鬼薪。②诏书以伦数进忠言,特原之,免归田里。

①黄石公《三略》曰:"当断不断,反受其乱。"

②结,正其罪也。鬼薪,取薪以给宗庙,三岁刑也。

阳嘉二年,征拜太中大夫。大将军梁商以为长史。谏诤不合,出补常山王傅,病不之官。诏书敕司隶催促发遣,伦乃留河内朝歌,以疾自上,曰:"有留死一尺,无北行一寸。刎颈不易,九裂不恨。①匹夫所执,强于三军。②固敢有辞。"帝乃下诏曰:"伦出幽升高,③宠以藩傅,稽留王命,擅止道路,托疾自从,苟肆狷志。"④遂征诣廷尉,有诏原罪。

①裂,死也。《楚词》曰"虽九死其犹未悔"也。

②《论语》曰:"三军可夺帅,匹夫不可夺志。"

③《诗》曰:"出于幽谷,升于乔木。"

④狷,狂狷也,音绢。

伦前后三征,皆以直谏不合,既归,闭门讲授,自绝人事。公车复征,逊遁不行,卒于家。①

①遁,逃也。

中兴,北海牟融习《大夏侯尚书》,东海王良习《小夏侯尚书》,沛国桓荣习《欧阳尚书》。荣世习相传授,东京最盛。扶风杜林传《古文尚书》,林同郡贾逵为之作训,马融作传,郑玄注解,由是《古文尚书》遂显于世。

【校勘记】

〔1〕 怀协图书 汲本、殿本改"协"作"挟"。按:《方术传》序"天下怀协道艺之士",惠栋补注引孔平仲云,《后汉》"怀挟"字都作"怀协"。

〔2〕 诗齐鲁韩 按:汲本、殿本"韩"下衍"毛"字。

〔3〕 牧儿尧豎 按:"豎"原讹"竖",径据汲本改正。

〔4〕 即白武通(议)〔义〕 据汲本、殿本改。按:汲本、殿本作"白虎通义",此避唐讳,改"虎"为"武"也。

〔5〕 兰陵毋将永 按:"毋"原讹"母",径改正。注同。

〔6〕 刘昆 按:《集解》引惠栋说,谓《论衡》"昆"作"琨"。

〔7〕 乞读曰(氣)〔气〕 据《集解》引惠栋说改。按:惠氏谓"氣"当作"气"。气,匄也。

〔8〕 〔在〕皮肤之〔外〕 据《刊误》补。按:《论语》何晏《集解》引马融云"肤受之愬,皮肤外语,非其内实"。

〔9〕 孙期字仲彧 按:《集解》引惠栋说,谓《经典序录》"彧"作"奇"。

〔10〕 范升传孟氏易 按:《集解》引钱大昭说,谓《范升传》云习《梁丘易》,又上疏云"臣与博士梁恭、山阳太守吕羌俱修《梁丘易》",此传亦云杨政从升受《梁丘易》,则此云"孟氏易"误。

〔11〕 以授杨政 按:"杨"原讹"扬",径改正。

〔12〕 而京氏遂衰 按:《集解》引何焯说,谓"京氏"上疑当有"孟氏"二字。

〔13〕 欧阳歙字正思 按:"正"原讹"王",径据汲本改正。

〔14〕 按:此注原在"书奏而歙已死狱中"下,今据《集解》本移正。

〔15〕 魏台访〔议〕 按:《史记·匈奴传》、《索隐》、《艺文类聚》岁时部、《初学记》岁时部及服食部、《御览》时序部并引《魏台访议》,此脱"议"字,今补。

〔16〕 张驯 按:《集解》引惠栋说,谓"驯"一作"训",古文通。

〔17〕 孔僖字仲和 按:《集解》引惠栋说,谓《连丛子》作"子和"。

〔18〕 世传古文尚书毛诗 按:《集解》引李良裘说,谓安国未闻受《毛诗》,"毛诗"疑"鲁诗"之误。

〔19〕 所谓画龙不成反为狗者 按:《刊误》谓"龙"字乃"虎"字之误。《补注》

　　引王懋说,谓唐避"虎"字,改"虎"为"龙",非误也。

〔20〕天下所具也　按:《集解》谓《袁宏纪》云"天下所共见也"。

〔21〕命儒者讲论〔语〕　按:《校补》引钱大昭说,谓闽本"论"下有"语"字。《校补》谓闽本是,各本皆脱一字。今据补。

〔22〕年四十七终于家　按:《集解》引惠栋说,谓《连丛子》云年四十有九,延光三年十一月丁丑卒。

〔23〕追谥孔子为褒成宣尼　按:《刊误》谓案文此少一"公"字。

〔24〕建武十三年世祖复封均子志为褒成侯　按:《集解》引洪亮吉说,谓案纪在十四年四月,注引《古今注》,云志时为密令。此云"十三年",似误。

〔25〕杨伦字仲理　按:《集解》引洪颐煊说,谓《杨震传》"震举荐明经陈留杨伦等"。李注"字仲垣。《谢承书》荐杨仲垣等五人,各从家拜博士"。与此字仲理不同。又按:"杨"原讹"扬",径改正。

后汉书卷七十九下

儒林列传第六十九下

《前书》鲁人申公受《诗》于浮丘伯，为作诂训，是为《鲁诗》；齐人辕固生亦传《诗》，是为《齐诗》；燕人韩婴亦传《诗》，是为《韩诗》：三家皆立博士。赵人毛苌传《诗》，是为《毛诗》，未得立。

高诩字季回，平原般人也。①曾祖父嘉，以《鲁诗》授元帝，仕至上谷太守。父容，少传嘉学，哀平间为光禄大夫。

①般音卜满反。

诩以父任为郎中，世传《鲁诗》。以信行清操知名。王莽篡位，父子称盲，逃，不仕莽世。光武即位，大司空宋弘荐诩，征为郎，除符离长。①去官，后征为博士。建武十一年，拜大司农。在朝以方正称。十三年，卒官，赐钱及冢田。

①符离，县，故城在今徐州符离县东也。

包咸字子良，会稽曲阿人也。①少为诸生，受业长安，师事博士右师细君，②习《鲁诗》、《论语》。王莽末，去归乡里，于东海界为赤眉贼所得，遂见拘执。十馀日，咸晨夜诵经自若，贼异而遣之。因住东海，立精舍讲授。光武即位，乃归乡里。太守黄谠署户曹史，欲召咸入授其子。咸曰："礼有来学，而无往教。"③谠遂遣子师之。

①曲阿今润州县。

②姓右师。

③《礼记》曰"礼闻来学,不闻往教"也。

举孝廉,除郎中。建武中,入授皇太子《论语》,又为其章句。拜谏议大夫、侍中、右中郎将。永平五年,迁大鸿胪。每进见,锡以几杖,入屏不趋,赞事不名。经传有疑,辄遣小黄门就舍即问。

显宗以咸有师傅恩,而素清苦,常特赏赐珍玩束帛,奉禄增于诸卿,咸皆散与诸生之贫者。病笃,帝亲辇驾临视。八年,年七十二,〔1〕卒于官。

子福,拜郎中,亦以《论语》入授和帝。

魏应字君伯,任城人也。少好学。建武初,诣博士受业,习《鲁诗》。闭门诵习,不交僚党,京师称之。后归为郡吏,举明经,除济阴王文学。以疾免官,教授山泽中,徒众常数百人。永平初,为博士,再迁侍中。十三年,迁大鸿胪。十八年,拜光禄大夫。建初四年,拜五官中郎将,诏入授千乘王伉。

应经明行修,弟子自远方至,著录数千人。肃宗甚重之,数进见,论难于前,特受赏赐。时会京师诸儒于白虎观,讲论《五经》同异,使应专掌难问,侍中淳于恭奏之,帝亲临称制,如石渠故事。明年,出为上党太守,征拜骑都尉,卒于官。

伏恭字叔齐,琅邪东武人,司徒湛之兄子也。湛弟黯,字稚文,以明《齐诗》,改定章句,作《解说》九篇,位至光禄勋,无子,以恭为后。

恭性孝,事所继母甚谨,少传黯学,以任为郎。建武四年,除剧令。视事十三年,以惠政公廉闻。青州举为尤异,太常试经第一,拜博士,迁常山太守。敦修学校,教授不辍,由是北州多为伏氏学。永平二年,代梁松为太仆。四年,帝临辟雍,于行礼中拜恭为司空,儒者以为荣。

初,父黯章句繁多,恭乃省减浮辞,定为二十万言。在位九年,以病乞骸骨罢,诏赐千石奉以终其身。十五年,行幸琅邪,引遇如三公仪。

建初二年冬，肃宗行飨礼，以恭为三老。年九十，元和元年卒，赐葬显节陵下。

子寿，官至东郡太守。

任末字叔本，蜀郡繁人也。①少习《齐诗》，游京师，教授十馀年。友人董奉德于洛阳病亡，末乃躬推鹿车，载奉德丧致其墓所，由是知名。为郡功曹，辞以病免。后奔师丧，于道物故。临命，敕兄子造曰："必致我尸于师门，使死而有知，魂灵不惭；如其无知，得土而已。"造从之。

①繁，县，故城在今益州新繁县北。

景鸾字汉伯，广汉梓潼人也。少随师学经，涉七州之地。能理《齐诗》、《施氏易》，兼受《河洛》图纬，作《易说》及《诗解》，文句兼取《河》、《洛》，以类相从，名为《交集》。又撰《礼内外记》，号曰《礼略》。又抄风角杂书，列其占验，作《兴道》一篇。及作《月令章句》。凡所著述五十馀万言。数上书陈救灾变之术。州郡辟命不就。以寿终。

薛汉字公子，淮阳人也。世习《韩诗》，父子以章句著名。汉少传父业，尤善说灾异谶纬，教授常数百人。建武初，为博士，受诏校定图谶。当世言《诗》者，推汉为长。永平中，为千乘太守，政有异迹。后坐楚事辞相连，下狱死。弟子犍为杜抚、会稽澹台敬伯、钜鹿韩伯高最知名。

杜抚字叔和，犍为武阳人也。〔2〕少有高才。受业于薛汉，定《韩诗章句》。后归乡里教授。沈静乐道，举动必以礼。弟子千馀人。后为骠骑将军东平王苍所辟，及苍就国，掾史悉补王官属，未满岁，皆自劾归。时抚为大夫，不忍去，苍闻，赐车马财物遣之。辟太尉府。建初中，为公车令，数月卒官。其所作《诗题约义通》，学者传之，曰《杜君法》〔3〕云。

召驯〔4〕字伯春,九江寿春人也。曾祖信臣,元帝时为少府。① 父建
武中为卷令,② 俶傥不拘小节。

①《前书》信臣字翁卿,为南阳太守,吏人亲爱,号曰"召父"。

②卷,县,属荥阳郡。〔5〕卷音丘圆反。

驯少习《韩诗》,博通书传,以志义闻,乡里号之曰"德行恂恂召伯
春"。累仕州郡,辟司徒府。建初元年,稍迁骑都尉,侍讲肃宗。拜左中
郎将,入授诸王。帝嘉其义学,恩宠甚崇。出拜陈留太守,赐刀剑钱物。
元和二年,入为河南尹。章和二年,代任隗为光禄勋,〔6〕卒于官,赐冢
茔陪园陵。

孙休,位至青州刺史。

杨仁字文义,巴郡阆中人也。建武中,诣师学习《韩诗》,数年归,静
居教授。仕郡为功曹,举孝廉,除郎。太常上仁经中博士,① 仁自以年
未五十,不应旧科,② 上府让选。

①上音时掌反,下同。

②《汉官仪》曰:"博士限年五十以上。"

显宗特诏补北宫卫士令,① 引见,问当世政迹。仁对以宽和任贤,
抑黜骄戚为先。又上便宜十二事,皆当世急务。帝嘉之,赐以缣钱。

①《汉官仪》曰:"北宫卫士令一人,秩六百石。"

及帝崩,时诸马贵盛,各争欲入宫。仁被甲持戟,严勒门卫,莫敢轻
进者。肃宗既立,诸马共谮仁刻峻,帝知其忠,愈善之,拜什邡令。① 宽
惠为政,劝课掾史弟子,悉令就学。其有通明经术者,显之右署,② 或贡
之朝,由是义学大兴。垦田千馀顷。行兄丧去官。

①今益州什邡县也,音十方。

②右署,上司。

后辟司徒桓虞府。掾有宋章者,贪奢不法,仁终不与交言同席,时
人畏其节。后为阆中令,卒于官。

赵晔字长君,会稽山阴人也。少尝为县吏,奉檄迎督邮,晔耻于厮役,遂弃车马去。到犍为资中,①诣杜抚受《韩诗》,究竟其术。积二十年,绝问不还,家为发丧制服。(晔)〔抚〕卒(业)乃归。〔7〕州召补从事,不就。举有道。卒于家。

①资中,县名,今资州资阳县。

晔著《吴越春秋》、《诗细历神渊》。蔡邕至会稽,读《诗细》而叹息,以为长于《论衡》。邕还京师,传之,学者咸诵习焉。

时山阳张匡,字文通。亦习《韩诗》,作章句。后举有道,博士征,不就。卒于家。

卫宏字敬仲,〔8〕东海人也。少与河南郑兴俱好古学。

初,九江谢曼卿善《毛诗》,乃为其训。宏从曼卿受学,因作《毛诗序》,善得《风雅》之旨,于今传于世。后从大司空杜林更受《古文尚书》,为作《训旨》。时济南徐巡师事宏,后从林受学,亦以儒显,由是古学大兴。光武以为议郎。

宏作《汉旧仪》四篇,以载西京杂事;又著赋、颂、诔七首,皆传于世。

中兴后,郑众、贾逵传《毛诗》,后马融作《毛诗传》,郑玄《作毛诗笺》。①

①笺,荐也,荐成毛义也。张华《博物志》曰:"郑注《毛诗》曰笺,不解此意。或云毛公尝为北海相,玄是郡人,故以为敬云。"

《前书》鲁高堂生,〔9〕汉兴传《礼》十七篇。后瑕丘萧奋以授同郡后苍,〔10〕苍授梁人戴德及德兄子圣、沛人庆普。①于是德为《大戴礼》,圣为《小戴礼》,普为《庆氏礼》,三家皆立博士。孔安国所献《礼》古经五十六篇及《周官经》六篇,前世传其书,未有名家。中兴已后,亦有大、小戴博士,虽相传不绝,然未有显于儒林者。建武中,曹充习庆氏学,传其子褒,遂撰《汉礼》,事在《褒传》。

①德字近君。〔11〕圣字次君。普字孝公。

董钧字文伯，犍为资中人也。习《庆氏礼》。事大鸿胪王临。元始中，举明经，迁廪牺令，①病去官。建武中，举孝廉，辟司徒府。

①《前书》平帝元始五年，举明经。《汉官仪》曰："廪牺令一人，秩六百石。"

钧博通古今，数言政事。永平初，〔12〕为博士。时草创五郊祭祀，①及宗庙礼乐，威仪章服，辄令钧参议，多见从用，当世称为通儒。累迁五官中郎将，常教授门生百馀人。后坐事左转骑都尉。年七十馀，卒于家。

①《续汉志》曰："永平中，以《礼仪谶》及《月令》有五郊迎气，因采元（和）〔始〕中故事，〔13〕兆五郊于洛阳四方，中兆在未，坛皆三尺。"

中兴，郑众传《周官经》，后马融作《周官传》，授郑玄，玄作《周官注》。玄本习《小戴礼》，后以古经校之，取其义长者，故为郑氏学。玄又注小戴所传《礼记》四十九篇，通为《三礼》焉。

《前书》齐胡母子都传《公羊春秋》，授东平嬴公，嬴公授东海孟卿，孟卿授鲁人眭孟，眭孟授东海严彭祖、鲁人颜安乐。彭祖为《春秋》严氏学，安乐为《春秋》颜氏学，①又瑕丘江公传《穀梁春秋》，三家皆立博士。梁太傅贾谊为《春秋左氏传训诂》，授赵人贯公。

①《前书》彭祖字公子。安乐字翁孙。安乐即眭孟姊子也。

丁恭字子然，山阳东缗人也。①习《公羊严氏春秋》。恭学义精明，教授常数百人，州郡请召不应。建武初，为谏议大夫、博士，封关内侯。十一年，迁少府。诸生自远方至者，著录数千人，当世称为大儒。太常楼望、侍中承宫、长水校尉樊（鯈）〔儵〕等〔14〕皆受业于恭。二十年，拜侍中祭酒、骑都尉，与侍中刘昆俱在光武左右，每事谘访焉。卒于官。

①东缗，今兖州金乡县。

周泽字稺都，北海安丘人也。少习《公羊严氏春秋》，隐居教授，门徒常数百人。建武末，辟大司马府，署议曹祭酒。数月，征试博士。中元元年，迁黾池令。奉公克己，矜恤孤羸，吏人归爱之。永平五年，迁右中郎将。十年，拜太常。

泽果敢直言，数有据争。后北地太守廖信①坐贪秽下狱，没入财产，显宗以信臧物班诸廉吏，唯泽及光禄勋孙堪、大司农常冲特蒙赐焉。是时京师翕然，在位者咸自勉励。

①廖音力吊反。

堪字子稺，河南缑氏人也。明经学，有志操，清白贞正，爱士大夫，然一毫未尝取于人，以节介气勇自行。王莽末，兵革并起，宗族老弱在营保间，堪常力战陷敌，无所回避，数被创刃，宗族赖之，郡中咸服其义勇。

建武中，仕郡县。公正廉絜，奉禄不及妻子，皆以供宾客。及为长吏，所在有迹，为吏人所敬仰。喜分明去就。尝为县令，谒府，趋步迟缓，门亭长谴堪御吏，堪便解印绶去，不之官。后复仕为左冯翊，坐遇下促急，[15]司隶校尉举奏免官。数月，征为侍御史，再迁尚书令。永平十一年，拜光禄勋。

堪清廉，果于从政，数有直言，多见纳用。十八年，以病乞身，为侍中骑都尉，卒于官。堪行类于泽，故京师号曰"二稺"。

十二年，以泽行司徒事，[16]如真。泽性简，忽威仪，颇失宰相之望。数月，复为太常。清絜循行，尽敬宗庙。常卧疾斋宫，其妻哀泽老病，窥问所苦。泽大怒，以妻干犯斋禁，遂收送诏狱谢罪。当世疑其诡激。时人为之语曰："生世不谐，作太常妻，一岁三百六十日，三百五十九日斋。"①十八年，拜侍中骑都尉。后数为三老五更。建初中致仕，卒于家。

①《汉官仪》此下云"一日不斋醉如泥"。

锺兴字次文，汝南汝阳人也。少从少府丁恭受《严氏春秋》。恭荐兴学行高明,光武召见,问以经义,应对甚明。帝善之,拜郎中,稍迁左中郎将。诏令定《春秋》章句,去其复重,①以授皇太子。又使宗室诸侯从兴受章句。封关内侯。兴自以无功,不敢受爵。帝曰:"生教训太子及诸王侯,非大功邪?"兴曰:"臣师丁恭。"于是复封恭,而兴遂固辞不受爵,卒于官。

①复音复。重音直容反。

甄宇字长文,北海安丘人也。清静少欲。习《严氏春秋》,教授常数百人。建武中,为州从事,征拜博士,①稍迁太子少傅,卒于官。

①《东观记》曰:"建武中每腊,诏书赐博士一羊。羊有大小肥瘦。时博士祭酒议欲杀羊分肉,又欲投钩,宇复耻之。宇因先自取其最瘦者,由是不复有争讼。后召会,问'瘦羊博士'所在,京师因以号之。"

传业子普,〔17〕普传子承。承尤笃学,未尝视家事,讲授常数百人。诸儒以承三世传业,莫不归服之。建初中,举孝廉,卒于梁相。子孙传学不绝。

楼望字次子,陈留雍丘人也。少习《严氏春秋》。操节清白,有称乡间。建武中,赵节王栩①闻其高名,遣使赍玉帛请以为师,望不受。后仕郡功曹。永平初,为侍中、越骑校尉,入讲省内。十六年,迁大司农。十八年,代周泽为太常。建初五年,坐事左转太中大夫,后为左中郎将。教授不倦,世称儒宗,诸生著录九十馀人。年八十,永元十二年,〔18〕卒于官,门生会葬者数千人,儒家以为荣。

①光武叔父赵王良之子,谥曰节。

程曾字秀升,豫章南昌人也。受业长安,习《严氏春秋》,积十馀年,还家讲授。会稽顾奉等数百人常居门下。著书百馀篇,皆《五经》通难,又作《孟子章句》。建初三年,举孝廉,迁海西令,卒于官。

张玄字君夏，河内河阳人也。少习《颜氏春秋》，[19] 兼通数家法。建武初，举明经，补弘农文学，迁陈仓县丞。清净无欲，专心经书，方其讲问，乃不食终日。及有难者，辄为张数家之说，令择从所安。诸儒皆伏其多通，著录千馀人。

玄初为县丞，尝以职事对府，不知官曹处，吏白门下责之。时右扶风琅邪徐业，亦大儒也，闻玄诸生，试引见之，与语，大惊曰："今日相遭，真解蒙矣！"① 遂请上堂，难问极日。

① 遭，逢也。

后玄去官，举孝廉，除为郎。会《颜氏》博士缺，玄试策第一，拜为博士。居数月，诸生上言玄兼说《严氏》、(宣)〔冥〕氏，[20] 不宜专为《颜氏》博士。光武且令还署，未及迁而卒。

李育字元春，扶风漆人也。① 少习《公羊春秋》。沈思专精，博览书传，知名太学，深为同郡班固所重。固奏记荐育于骠骑将军东平王苍，由是京师贵戚争往交之。州郡请召，育到，辄辞病去。

① 漆，县，今豳州新平县。

常避地教授，门徒数百。颇涉猎古学。尝读《左氏传》，虽乐文采，然谓不得圣人深意，以为前世陈元、范升之徒更相非折，① 而多引图谶，不据理体，于是作《难左氏义》四十一事。

① 折，难也，音之舌反。

建初元年，卫尉马廖举育方正，为议郎。后拜博士。四年，诏与诸儒论《五经》于白虎观，育以《公羊》义难贾逵，往返皆有理证，最为通儒。

再迁尚书令。及马氏废，① 育坐为所举免归。岁馀复征，再迁侍中，卒于官。

① 建初八年，顺阳侯马廖子豫为步兵校尉，坐投书怨谤，豫免，廖归国。见《马援传》。

　　何休字邵公,任城樊人也。①父豹,少府。休为人质朴讷口,而雅有心思,精研《六经》,世儒无及者。以列卿子诏拜郎中,非其好也,辞疾而去。不仕州郡。进退必以礼。

　　①樊,县,故城在今兖州瑕丘县西南。

　　太傅陈蕃辟之,与参政事。蕃败,休坐废锢,乃作《春秋公羊解诂》,①覃思不窥门,十有七年。又注训《孝经》、《论语》、风角七分,皆经纬典谟,不与守文同说。又以《春秋》驳汉事六百馀条,妙得《公羊》本意。休善历算,与其师博士羊弼,追述李育意以难二传,作《公羊墨守》、②《左氏膏肓》、《穀梁废疾》。

　　①《博物志》曰:“何休注《公羊》云‘何氏学’,有不解者,或答曰‘休谦辞受学于师,乃宣此义不出于己’。”此言为允也。

　　②言《公羊》之义不可攻,如墨翟之守城也。

　　党禁解,又辟司徒。群公表休道术深明,宜侍帷幄,幸臣不悦之,乃拜议郎,屡陈忠言。再迁谏议大夫,年五十四,光和五年卒。

　　服虔字子慎,初名重,又名祇,后改为虔,河南荥阳人也。少以清苦建志,入太学受业。有雅才,善著文论,作《春秋左氏传解》,[21]行之至今。又以《左传》驳何休之所驳汉事六十条。举孝廉,稍迁,中平末,拜九江太守。免,遭乱行客,病卒。所著赋、碑、诔、书记、《连珠》、《九愤》,凡十馀篇。

　　颖容[22]字子严,陈国长平人也。①博学多通,善《春秋左氏》,师事太尉杨赐。郡举孝廉,州辟,公车征,皆不就。初平中,避乱荆州,聚徒千馀人。刘表以为武陵太守,不肯起。著《春秋左氏条例》五万馀言,建安中卒。

　　①长平,县,故城在今陈州西北。

谢该字文仪,南阳章陵人也。善明《春秋左氏》,为世名儒,门徒数百千人。建安中,河东人乐详条《左氏》疑滞数十事以问,该皆为通解之,名为《谢氏释》,行于世。①

①《魏略》曰:"详字文载,少好学,闻谢该善《左氏传》,乃从南阳步涉诣许,从该问〔疑〕难诸要。〔23〕今《左氏〔乐氏〕问》七十二事,详所撰也。杜畿为太守,署详文学祭酒。黄初中,征拜博士。〔时有博士〕十余人,学多褊〔狭〕,又不熟悉,唯详五业并授。其或质难不解,详无愠色,以杖画地,牵譬引类,至忘寝食也。"

仕为公车司马令,以父母老,托疾去官。欲归乡里,会荆州道断,不得去。少府孔融上书荐之曰:"臣闻高祖创业,韩、彭之将征讨暴乱,陆贾、叔孙通进说《诗》、《书》。①光武中兴,吴、耿佐命,范升、卫宏修述旧业,故能文武并用,成长久之计。陛下圣德钦明,同符二祖,劳谦厄运,三年乃谨。②今尚父鹰扬,方叔翰飞,③王师电鸷,群凶破殄,始有囊弓卧鼓之次,④宜得名儒,典综礼纪。窃见故公车司马令谢该,体曾、史之淑性,⑤兼商、偃之文学,⑥博通群艺,周览古今,物来有应,事至不惑,清白异行,敦悦道训。求之远近,少有畴匹。若乃巨骨出吴,⑦隼集陈庭,⑧黄能入寝,⑨亥有二首,⑩非夫洽闻者,莫识其端也。隽不疑定北阙之前,⑪夏侯胜辩常阴之验,然后朝士益重儒术。⑫今该实卓然比迹前列,间以父母老疾,弃官欲归,道路险塞,无由自致。猥使良才抱朴而逃,逾越山河,沈沦荆楚,所谓往而不反者也。⑬后日当更馈乐以钓由余,克像以求傅说,岂不烦哉?⑭臣愚以为可推录所在,召该令还。楚人止孙卿之去国,⑮汉朝追匡衡于平原,⑯尊儒贵学,惜失贤也。"书奏,诏即征还,拜议郎。以寿终。

①陆贾为太中大夫,时时前说称《诗》、《书》,著书十二篇,每奏一篇,高祖未尝不称善。叔孙通为高祖制礼仪。并见《前书》。

②《史记》:"高宗谅闇,三年不言,言乃谨。"时灵帝崩后,献帝居谅闇,初释服也。

③尚父,太公也。《毛诗》曰:"维师尚父,时惟鹰扬。"又曰:"方叔涖止,其车三

千。鴥彼飞隼,翰飞戾天。"注云:"方叔,卿士,命为将也。泣,临也。鴥,急
　疾之貌也。飞乃至天,喻士卒至勇,能深入攻敌。"

④《毛诗》曰:"载橐弓矢。"橐所以盛弓。言今太平,橐弓卧鼓,不用征伐,故须
　贤人也。

⑤曾参、史鱼。

⑥卜商、言偃也。《论语》曰:"文学则子游、子夏。"

⑦《史记》曰:"吴伐越,隳会稽,得骨节专车。吴使使问仲尼:'骨何者最大?'
　仲尼曰:'禹致群神于会稽山,防风氏后至,禹杀而僇之,其节专车,此为
　大也。'"

⑧《史记》曰:"有隼集于陈庭而死,楛矢贯之,石砮矢长尺有咫。陈湣公使问
　仲尼,仲尼曰:'隼来远矣,此肃慎之矢也。昔武王克商,通道九夷百蛮,使
　各以其方贿来贡,于是肃慎贡楛矢石砮,长尺有咫。先王以分大姬,配虞胡
　公而封诸陈。'试求之故府,果得之。"

⑨《左传》曰:"郑子产聘于晋,晋侯有疾,韩宣子曰:'寡君寝疾,于今三月矣。
　今梦黄能入于寝门,其何厉鬼邪?'对曰:'昔尧殛鲧于羽山,其神化为黄能,
　以入羽泉,实为夏郊,三代祀之。晋为盟主,其或者未之祀也?'韩子祀夏
　郊,晋侯有间。"

⑩《左传》:"晋悼夫人食舆人之城杞者,绛县人或年长矣,无子,而往与于食。
　有与疑年,使之年,曰:'臣小人也,不知纪年。臣生之岁,正月甲子朔,四百
　有四十五甲子矣。其季于今,三之一也。'吏走问诸朝。师旷曰:'鲁叔仲惠
　伯会郤成子于承匡之岁也,七十三年矣。'史赵曰:'亥有二首六身,下二如
　身,是其日数也。'士文伯曰:'然则二万六千六百有六旬也。'"杜注云:
　"'亥'字二画在上,并三六为身,如筭之六也。"

⑪《前书》昭帝时,有男子成方遂诣北阙,自称卫太子。丞相、御史、二千石至
　者,(立)〔并〕莫敢发言,〔24〕京兆尹隽不疑后到,叱从吏收缚。或曰:"是非
　未可知?"不疑曰:"诸君何患于卫太子? 昔蒯聩违命出奔,辄距而不纳,《春
　秋》是之。卫太子得罪先帝,亡不即死,今来自诣,此罪人也。"遂送(下)诏
　狱。〔25〕天子与大将军霍光闻而嘉之,曰"公卿大臣当用经术,明于大义"也。

⑫《前书》曰,昌邑王嗣立,数出,胜当乘舆车前谏曰:"天久阴不雨,臣下有谋
　上者,陛下欲何之?"王怒,谓胜为妖言,缚以属吏。吏白霍光。是时光与张
　子孺谋欲废王,光让子孺,以为泄,子孺实不泄,召问胜,对言"在《洪范》"。

光、子孺以此益重儒术士。

⑬《韩诗外传》曰："山林之士为名,故往而不能反也。朝廷之士为禄,故入而不能出。"

⑭《史记》曰："由余,其先晋人也,亡入戎,能晋言。〔戎王〕闻缪公贤,〔26〕故使由余观秦。秦缪公示以宫室积聚。由余曰:'使鬼为之,则劳神矣;使人为之,亦苦人矣。'缪公退而问内史廖曰:'孤闻邻国有圣人,敌国之忧也。今由余寡人之害,将奈何?'廖曰:'戎王处僻,未闻中国之声,君试遗以女乐,以夺其志;为由余请,以疏其间;留而莫遣,以失其期。戎王怪之,必疑由余。君臣有间,乃可虑也。'乃令内史廖以女乐二八遗戎王,戎王受而说之。由余数谏不听,缪公又数使人间要由余,由余遂去降秦。"

⑮刘向《孙卿子·后序》所论孙卿事曰:"卿名况,赵人也。楚相春申君以为兰陵令。或谓春申君曰:'汤以七十里,文王以百里。孙卿贤者,今与之百里地,楚其危乎!'春申君谢之。孙卿去之赵,后客或谓春申君曰:'伊尹去夏入殷,殷王而夏亡,管仲去鲁入齐,鲁弱而齐强,故贤者所在,君尊国安。今孙卿天下贤人,所去之国其不安乎?'春申君使人聘孙卿,乃还,复为兰陵令。"

⑯《前书》匡衡为平原文学,长安令杨兴荐之于车骑将军史高,曰:"衡材智有馀,经学绝伦,但以无阶朝廷,故随牒在远方。将军试召置幕府,〔27〕贡之朝廷,必为国器。"高然其言,辟衡为议曹(吏)〔史〕,〔28〕荐衡于帝,帝以为郎中。

建武中,郑兴、陈元传《春秋左氏》学。时尚书令韩歆上疏,欲为《左氏》立博士,范升与歆争之未决,陈元上书讼《左氏》,遂以魏郡李封为《左氏》博士。后群儒蔽固者数廷争之。及封卒,光武重违众议,而因不复补。

许慎字叔重,汝南召陵人也。性淳笃,少博学经籍,马融常推敬之,时人为之语曰:"《五经》无双许叔重。"为郡功曹,举孝廉,再迁除洨长。卒于家。①

①洨音侯交反。

初,慎以《五经》传说臧否不同,于是撰为《五经异义》,又作《说文解字》十四篇,皆传于世。

蔡玄字叔陵,汝南南顿人也。学通《五经》,门徒常千人,其著录者万六千人。征辟并不就。顺帝特诏征拜议郎,讲论《五经》异同,甚合帝意。迁侍中,出为弘农太守,卒官。

论曰:自光武中年以后,干戈稍戢,专事经学,自是其风世笃焉。其服儒衣,称先王,①游庠序,聚横②塾者,盖布之于邦域矣。若乃经生所处,不远万里之路,③精庐暂建,赢粮动有千百,④其耆名高义开门受徒者,编牒不下万人,皆专相传祖,莫或讹杂。至有分争王庭,树朋私里,繁其章条,穿求崖穴,以合一家之说。故杨雄曰:"今之学者,非独为之华藻,又从而绣其鞶帨。"⑤夫书理无二,义归有宗,而硕学之徒,莫之或徙,⑥故通人鄙其固焉,又雄所谓"诵诵之学,各习其师"也。⑦且观成名高第,终能远至者,盖亦寡焉,而迂滞若是矣。然所谈者仁义,所传者圣法也。故人识君臣父子之纲,家知违邪归正之路。

①儒服为章甫之冠,缝掖之衣也。《礼记》曰:"言必则古昔,称先王。"
②"横"又作"黉"。
③经生谓博士也。就之者不以万里为远而至也。
④精庐,讲读之舍,赢,担负也。
⑤杨雄《法言》之文也。喻学者文烦碎也。鞶,带也,字或作"幋"。《说文》曰:"幋,覆衣巾也。"音盘。帨,佩巾也,音税。
⑥无二,专一也。
⑦亦《法言》之文也。诵诵,喧也,音奴交反。

自桓、灵之间,君道秕僻,①朝纲日陵,国隙屡启,②自中智以下,靡不审其崩离;而权强之臣,息其窥盗之谋,③豪俊之夫,屈于鄙生之议者,④人诵先王言也,下畏逆顺埶也。⑤至如张温、皇甫嵩之徒,功定天下之半,声驰四海之表,俯仰顾昐,则天业可移,犹鞠躬昏主之下,狼狈折札之命,散成兵,就绳约,而无悔心。⑥暨乎剥桡自极,人神数尽,⑦然后群英乘其运,世德终其祚。⑧迹衰敝之所由致,而能多历年所者,斯岂非学之效乎,⑨故先师垂典文,褒励学者之功,笃矣切矣。不循《春秋》,至乃比于杀逆,其将有意乎!⑩

〔１〕秕,谷不成也。以喻政化之恶也。

〔２〕陵,陵迟也。

〔３〕谓阎忠劝皇甫嵩,令推亡汉而自立,嵩不从其言。

〔４〕谓董卓欲大起兵,郑泰止之,卓从其言。

〔５〕言政化虽坏,而朝久不倾危者,以经籍道行,下人惧逆顺之埶。

〔６〕昏主谓献帝也。札,简也。折简而召,言不劳重命也。绳约犹拘制也。谓温及嵩并被征而就拘制也。

〔７〕《易·大过卦》曰:"栋桡凶。"桡,折也。极,终也。言汉祚自终,人神之数尽。桡音女教反。

〔８〕群英谓袁术、曹操之属。代德终其祚谓曹丕即位,废献帝为山阳公,自废至薨十四年,以寿终。

〔９〕迹犹寻也。言由有儒学,故能长久也。

〔10〕《史记》曰"为人君父而不通《春秋》之义者,必蒙首恶之名。为人臣子〔而〕不通《春秋》之义者,〔29〕必陷篡弑诛死之罪"也。

赞曰:斯文未陵,亦各有承。①涂分流别,专门并兴。精疏殊会,通阂相征。千载不作,渊原谁澄?②

〔１〕《论语》曰:"天之将丧斯文也。"言斯文未陵迟,故学者分门,各自承袭其家业也。

〔２〕说经者,各自是其一家,或精或疏,或通或阂,去圣既久,莫知是非。若千载一圣,不复作起,则泉原混浊,谁能澄之。

【校勘记】

〔１〕　年七十二　按:汲本、殿本"二"作"一"。

〔２〕　犍为武阳人也　《集解》引惠栋说,谓《华阳国志》作"资中人"。按:张森楷《校勘记》谓案下《赵长君传》,言到犍为资中诣杜抚受《韩诗》,疑"资

中"为是,"武阳"非也。

〔3〕 杜君法　按:汲本、殿本并作"杜君注"。

〔4〕 召驯　按:《集解》引惠栋说,谓《桓郁传》作"召训",训驯古文通。

〔5〕 卷县属荥阳郡　按:《集解》引洪亮吉说,谓汉无荥阳郡,当属河南。

〔6〕 章和二年代任隗为光禄勋　按:《集解》引洪颐煊说,谓《章帝纪》章和元年光禄勋任隗为司空,则驯之代隗,当在章和元年。

〔7〕 (晔)〔抚〕卒(业)乃归　据殿本改。按:《集解》引惠栋说,谓《会稽典录》云"抚卒,晔经营葬之,然后归"。

〔8〕 卫宏字敬仲　按:《集解》引惠栋说,谓"宏"《书断》作"密"。郑康成自序云"字次仲"。《书断》亦云。

〔9〕 鲁高堂生　按:汲本、殿本此下有注"高堂生名隆"五字,殿本《考证》李良裘谓高堂隆乃三国时人,此注疑误,《前书》注中亦不记其名。

〔10〕 后瑕丘萧奋以授同郡后苍　按:沈家本谓按《前书》瑕丘萧奋以《礼至淮阳太守,孟卿事萧奋,以授后苍,是奋授卿,卿授苍,此云奋授苍,误。

〔11〕 德字近君　按:沈家本谓《前书》"近君"作"延君",《释文叙录》同。此作"近",形近而讹。

〔12〕 永平初　按:汲本、殿本"初"作"中"。

〔13〕 因采元(和)〔始〕中故事　据《集解》本改。

〔14〕 长水校尉樊(儵)〔鯈〕等　据殿本改。

〔15〕 坐遇下促急　按:汲本、殿本"遇"作"御"。

〔16〕 十二年以泽行司徒事　按:《通鉴》作"十四年"。《考异》谓《泽传》云"十二年",按十二年不阙司徒,当是虞延免后,邢穆未至间,泽行司徒事耳,故云数月。

〔17〕 传业子普　按:《校补》引柳从辰说,谓《东观记》"普"作"晋",《书钞》引同。

〔18〕 永元十二年　按:汲本、殿本"二"作"三"。

〔19〕 少习颜氏春秋　按:原作"春秋颜氏",径据汲本、殿本乙正。

〔20〕 玄兼说严氏(宣)〔冥〕氏　按:《集解》引惠栋说,谓《前书》、《春秋》有冥氏学,"宣氏"当作"冥氏"。今据改。

〔21〕 作春秋左氏传解　按:《隋书·经籍志》"解"下有"谊"字。

〔22〕 颍容　按:"颍"原作"颖",径据汲本改。

〔23〕　从该问〔疑〕难诸要　殿本《考证》谓何焯校本"问"字下添"疑"字,今据补。按:以下并据何焯校本,于"今左氏"今下补"乐氏"二字,"征拜博士"下补"时有博士"四字,"学多褊"下补"狭"字。

〔24〕　(立)〔并〕莫敢发言　王念孙《汉书杂志》谓"立"当作"并",《汉纪·孝昭纪》作"并不敢言",是其证。王先谦《汉书补注》谓《通鉴》亦作"并"。今据改。

〔25〕　遂送(下)诏狱　据《刊误》删。按:《汉书》无"下"字。

〔26〕　〔戎王〕闻缪公贤　据汲本、殿本补。

〔27〕　将军试召置幕府　按:《校补》引柳从辰说,谓注引《前书》,据今本"试"作"诚"。

〔28〕　辟衡为议曹(吏)〔史〕　张森楷《校勘记》谓"吏"当依《前书·匡衡传》作"史",今据改。

〔29〕　为人臣子〔而〕不通春秋之义者　据汲本补。

后汉书卷八十上

文苑列传第七十上

杜笃字季雅，京兆杜陵人也。高祖延年，宣帝时为御史大夫。①笃少博学，不修小节，不为乡人所礼。居美阳，与美阳令游，数从请托，不谐，颇相恨。令怒，收笃送京师。会大司马吴汉薨，光武诏诸儒诔之，笃于狱中为诔，辞最高，帝美之。赐帛免刑。

①《前书》延年字幼公，周之子也，为御史大夫。延年居父官府，不敢当旧位，卧坐皆易其处也。

笃以关中表里山河，先帝旧京，不宜改营洛邑，乃上奏《论都赋》曰：

臣闻知而复知，是为重知。①臣所欲言，陛下已知，故略其梗概，②不敢具陈。昔般庚去奢，行俭于亳，③成周之隆，乃即中洛。④遭时制都，不常厥邑。⑤贤圣之虑，盖有优劣；霸王之姿，明知相绝。守国之埶，同归异术：或弃去阻陕，务处平易；⑥或据山带河，并吞六国；⑦或富贵思归，不顾见袭；或掩空击虚，自蜀汉出；⑧即日车驾，策田一卒；⑨〔1〕或知而不从，久都垮堭。⑩臣不敢有所据。窥见司马相如、杨子云作辞赋以讽主上，臣诚慕之，伏作书一篇，名曰《论都》，谨并封奏如左。

①《韩诗外传》曰："知者知其所知，乃为知矣。"

②梗概犹粗略也。

③《帝王纪》曰："般庚以耿在河北，迫近山川，自祖辛以来，奢淫不绝，般庚乃南度河，徙都于亳。人咨嗟相怨，不欲徙，乃作书三篇以告之。"

④周成王就土中都洛阳也。

⑤《尚书》曰："不常厥邑，于今五迁。"

⑥《淮南子》曰："武王克殷,欲筑宫于五行之山。周公曰:'不可。夫五行之山,固塞险阻之地。使我德能覆之,则天下纳其贡职者固矣;使我有暴乱之行,则天下之伐我难也。'"高诱注云:"明周公恃德不恃险也。"

⑦谓秦也。

⑧韩生劝项羽都关中,羽曰:"富贵不归故乡,如衣锦夜行。"乃归都彭城,而高祖自蜀汉出袭击之也。见《前书》。

⑨《前书》戍卒娄敬说高祖都关中,即日车驾西都长安。

⑩谓光武久都洛阳也。硗埆,薄地也。《前书》张良曰:"洛阳田地薄,四面受敌。"硗音苦交反。埆音苦角反。

　　皇帝以建武十八年二月甲辰,升舆洛邑,巡于西岳。①推天时,顺斗极,②排阊阖,入函谷,③观阸于崤、黾,图险于陇、蜀。④其三月丁酉,行至长安。经营宫室,伤愍旧京,即诏京兆,乃命扶风,斋肃致敬,告觐园陵。悽然有怀祖之思,⑤喟乎以思诸夏之隆。⑥遂天旋云游,造舟于渭,北流泾流。⑦千乘方毂,万骑骈罗,衍陈于岐、梁,东横乎大河。⑧瘗后土,⑨礼邠郊。⑩其岁四月,反于洛都。明年,有诏复函谷关,作大驾宫、⑪六王邸、高车厩于长安,修理东都城门,⑫桥泾、渭。往往缮离观,东临霸、浐,西望昆明,北登长平,⑬规龙首,抚未央,阚平乐,仪建章。⑭

①《光武纪》曰:"甲寅西巡狩。"

②杨雄《长杨赋》曰:"顺斗极,运天关。"极,北极星也,言顺斗建及北极之星运转而行也。〔2〕

③阊阖,天门也。函谷故关在今洛州新安县也。

④图犹规度也。

⑤怀,思也。

⑥喟,叹声。

⑦《尔雅》曰:"天子造舟。"造,并也。以舟相并而济也。流,舟度也,音胡郎反。《方言》:"关而东或谓舟为航。"《说文》"航"字在《方部》,今流俗不解,遂与"杭"字相乱者,误也。

⑧衍,布也。横,绝流度也。《楚辞》曰"横大江兮扬舲"也。

⑨瘞,埋也,谓埋牲币也。《尔雅》曰:"祭地曰瘞埋。"后土祠在今蒲州汾阴县
　　北也。

⑩甘泉祭天所也,在郊地之郊。

⑪大驾见《儒林传》。大驾宫即天子行幸也。

⑫长安外城门,东面北头第一门也。

⑬长平,坂名也,在池阳宫南也。

⑭龙首,山名,萧何于其上作未央宫。抚,巡也。或云"抚"亦"模",其字从
　　"木"。阅,视也,音麦。平乐,观名,建章,宫名,并在城西。谓光武规模而修
　　理也。

　　是时山东翕然狐疑,意圣朝之西都,惧关门之反拒也。①客有
为笃言:"彼埳井之潢污,固不容夫吞舟;②且洛邑之淳瀞,曷足以
居乎万乘哉?③咸阳守国利器,不可久虚,以示奸萌。"④笃未甚然其
言也,故因为述大汉之崇,⑤世据雍州之利,而今国家未暇之故,以
喻客意。⑥曰:

①恐西都置关,所以拒外山东也。

②埳井喻小也。《庄子》曰:"埳井之蛙。"潢污,停水也。吞舟,大鱼也。贾谊
　　曰:"彼寻常之污渎,岂容夫吞舟之鱼。"

③杨雄《甘泉赋》曰:"梁弱水之灅瀞。"灅瀞,小貌也。淳音天鼎反。瀞音乌
　　迥反。

④《老子》曰:"国之利器,不可以示人。"

⑤崇,高盛也。

⑥喻,晓也。

　　昔在强秦,爰初开畔,①霸自岐、雍,国富人衍,卒以并兼,桀虐
作乱。②天命有圣,托之大汉。大汉开基,高祖有勋,斩白蛇,屯黑
云,③聚五星于东井,提干将而呵暴秦。④蹈沧海,跨崐嶐,⑤奋彗
光,埽项军,⑥遂济人难,荡涤于泗、沂。⑦刘敬建策,初都长安。⑧太
宗承流,守之以文。⑨躬履节俭,侧身行仁,食不二味,衣无异采,赈
人以农桑,率下以约己,曼丽之容不悦于目,郑卫之声不过于耳,⑩
佞邪之臣不列于朝,巧伪之物不鬻于市,⑪故能理升平而刑几措。

富衍于孝景，功传于后嗣。⑫

①畔，疆界也。

②衍，饶也，音以战反。桀虐，如桀之无道也。

③《前书》高祖斩大蛇，有一老妪夜哭，曰："吾子，白帝子，今赤帝子斩之。"故曰白蛇。又吕后曰："季所居上常有云气。"

④高祖初至霸上，五星聚东井。干将，剑名也。高祖曰："吾提三尺剑取天下。"

⑤杨雄《长杨赋》曰："横巨海，（乘）〔漂〕崐岭。"〔３〕此言蹈跨，喻远大也。

⑥彗星者，所以除旧布新也，故曰埽。

⑦项羽都彭城。泗水、沂水近彭城地也。荡涤谓诛之也。

⑧解见《班固传》。

⑨太宗，文帝也。继体之君，以文德守之。

⑩曼，美也。

⑪《礼记》曰"用器不中度，不鬻于市。布帛精粗不中数，广狭不中量，不鬻于市。奸色乱正色，不鬻于市"也。

⑫《前书》景帝时，太仓之粟红腐而不可食，都内之钱贯朽而不可校也。

　　是时孝武因其馀财府帑之蓄，始有钩深图远之意，探冒顿之罪，①校平城之仇。②遂命票骑，③勤任卫青，④勇惟鹰扬，军如流星，⑤深之匈奴，割裂王庭，⑥席卷漠北，叩勒祁连，⑦横分单于，屠裂百蛮。⑧烧罽帐，⑨系阏氏，⑩燔康居，灰珍奇，⑪椎鸣镝，⑫钉鹿蠡，⑬驰阬岸，获昆弥，⑭虏僭侲，⑮驱骡驴，驭宛马，⑯鞭駃騠。⑰拓地万里，威震八荒。肇置四郡，据守敦煌。⑱并域属国，一郡领方。⑲立候隔北，建护西羌。⑳捶驱氐、僰，蓼狼邛、莋。㉑东攦乌桓，蹂轥涉貃。㉒南羁钩町，水剑强越。㉓残夷文身，海波沫血。㉔郡县日南，漂槩朱崖。㉕部尉东南，兼有黄支。㉖连缓耳，琐雕题，㉗摧天督，㉘牵象犀，椎蜯蛤，碎瑠璃，甲瑇瑁，戕觜觿。㉙于是同穴裘褐之域，㉚共川鼻饮之国，㉛莫不祖跣稽颡，失气虏伏。㉜非夫大汉之盛，世藉麤土之饶，得御外理内之术，孰能致功若斯！故创业于高祖，嗣传于孝惠，德隆于太宗，财衍于孝景，威盛于圣武，政行于宣、元，侈极于成、哀，祚缺于孝平。传世十一，历载三百，㉝德衰而复盈，道微而复章，㉞皆莫能迁于廱州，而背于咸阳。宫室寝庙，山陵相望，高显弘丽，可思可荣，羲、农已来，无兹著明。

①《前书》冒顿杀其父头曼单于，又为书使遗高后曰："孤偾之君，生于沮泽之中，长于平野牛马之域，数至边境，愿游中国。陛下独立，孤偾独居，两主不乐，无以自娱，愿以所有，易其所无。"

②校，报也。冒顿单于围高祖于平城七日，故报之也。

③票骑将军霍去病也。

④青为大将军霍去病舅也。

⑤《毛诗》曰："时惟鹰扬。"注云："如鹰之飞扬也。"《长杨赋》曰："疾如奔星。"

⑥匈奴王庭也。《长杨赋》曰："遂猎乎王庭。"

⑦漠，沙漠也。祁连，匈奴中山名也。叩，击也。勒谓衔勒也。

⑧百蛮，夷狄之总称也。

⑨罽，毛布也。

⑩单于妻号也。

⑪康居，西域国也。居音渠。

⑫《前书》曰："冒顿作鸣镝。"今之髐箭也。

⑬蠡音离。匈奴有左右鹿蠡王。《前书》作"谷蠡"。

⑭昆弥，西域国也。

⑮《方言》："侲，养马人也。"《字书》侲音真。《字书》无"傲"字。诸家并音数侲为粟犊，西域国名也。传读如此，不知所出。今有肃特国，恐是也。

⑯大宛，国名，出汗血马。

⑰骏马也。駃音决。騠音啼。生七日而超其母也。

⑱四郡谓酒泉、武威、张掖、敦煌也。

⑲并西域，以属国都尉主之，以敦煌一郡部领西方也。

⑳杨雄《解嘲》曰："西北一候。"孟康注云："敦煌玉门关候也。"置护羌校尉，以主西羌。

㉑捶，击也。寥狼犹擊扰也。氐、僰、卭、莋并西南夷号。

㉒《字书》"攠"亦"靡"字也。音摩。〔4〕《方言》云："摩，灭也。"蹂，践也。轔，轹也，音吝。涉貊，东夷号也。

㉓羁，系也。钩町，西南夷也。水剑谓戈船将军等下水诛南越也。钩町音

　　劼挺。

㉔《穀梁传》曰："越人被发文身。"沫血,水沫如血。

㉕武帝元鼎六年,平南越,以为南海、苍梧、郁林、合浦、交阯、九真、日南、珠崖、
　　儋耳九郡。漂榣谓摩近之也。《前书音义》曰:"珠崖言珠若崖也。"此作
　　"朱",古字通。《茂陵书》曰:"珠崖郡都郎暲,去长安七千三百里。"暲音审。

㉖杨雄《解嘲》曰:"东南一尉。"孟康注云:"会稽东部都尉也。"《前书》曰"自都
　　卢国船行可二月馀,有黄支国,俗与珠崖相类"也。

㉗缓耳,耳下垂,即儋耳也。《礼记》曰:"南方曰蛮,雕题交阯。"郑玄注曰:"谓
　　刻其身以丹青涅之也。"王逸注《楚词》曰:"雕,画也。题,额也。"

㉘即天竺国也。

㉙郭义恭《广志》曰:"瑇瑁形似龟,出南海。"甲谓取其甲也。戕,残也。蟕蠵,
　　大龟,亦瑇瑁之属。蟕音子期反。蠵音以规反。

㉚同穴,抱娄之属也。衣裘褐,北狄也。

㉛《前书》贾捐之曰"骆越之俗,父子同川而浴,相习以鼻饮"也。

㉜稽,止也。《方言》曰:"颡,额颡也。"以额至地而稽止也。宋玉《高唐赋》曰:
　　"虎豹豺狄,失气恐喙。"言其恐惧如奴虏之伏也。

㉝高祖至平帝十一代。历,涉也。合二百十四年,此言"三百"者,谓出二百年,
　　涉三百年也。

㉞谓吕氏乱而文帝立,昌邑废而宣帝中兴也。

　　　夫雍州本帝皇所以育业,①霸王所以衍功,战士角难之场也。②
《禹贡》所载,厥田惟上。③沃野千里,原隰弥望。保殖五谷,桑麻条
畅。滨据南山,带以泾、渭,号曰陆海,蠢生万类。④柟枏檀柘,蔬果
成实。畎浍润淤,水泉灌溉,⑤渐泽成川,粳稻陶遂。⑥厥土之膏,亩
价一金。⑦田田相如,镭镬株林。⑧火耕流种,功浅得深。⑨既有蓄
积,阨塞四临:西被陇、蜀,南通汉中,北据谷口,东阻嵚岩。⑩关函
守峣,山东道穷;⑪置列汧、陇,雍偃西戎;⑫拒守褒斜,岭南不通;杜
口绝津,朔方无从。⑬鸿、渭之流,径入于河;大船万艘,转漕相过;
东综沧海,西纲流沙;朔南暨声,诸夏是和。⑭城池百尺,阨塞要害。
关梁之险,多所衿带。⑮一卒举礌,千夫沈滞;⑯一人奋戟,三军沮

败。⑰地埶便利,介胄剽悍,可与守近,利以攻远。⑱士卒易保,人不肉袒。⑲肇十有二,是为赡腴。⑳用霸则兼并,㉑先据则功殊;㉒修文则财衍,行武则士要;㉓为政则化上,篡逆则难诛;㉔进攻则百克,退守则有馀:斯固帝王之渊囿,而守国之利器也。

①周始祖后稷封邰,公刘居豳,大王居岐,〔5〕文王居酆,武王居镐,并在关中,故曰育业也。

②衍,广也。秦都关中也。

③《尚书》:"雍州厥田上上。"

④滨,近也。《前书》东方朔曰"汉都泾、渭之南,此谓天下陆海之地"也。

⑤《说文》曰:"淤,淀滓也。"顾野王曰:"今水中泥草也。"

⑥薛君注《韩诗》曰:"陶,畅也。"《尔雅》曰:"遂,生也。"

⑦《前书》东方朔曰:"酆镐之间,号为土膏,其价亩一金。"一金,一斤金也。

⑧相如言地皆沃美相类也。《广雅》曰:"镈,(推)〔椎〕也。"〔6〕音甫袁反。《埤苍》云:"镈,铲也。"谓以铲镈去林木之株蘖也。

⑨以火烧所伐林株,引水溉之而布种也。

⑩谷口在今云阳县。《穀梁传》秦袭郑,蹇叔送其子而戒之曰:"汝必死于崤之岩唫之下。"崟岩谓崤也。唫音吟。

⑪函,函谷关也。崤谓崤山之关也,在蓝田南,故武关之西。崤音尧。

⑫雍音拥。

⑬杜塞谷口,绝黄河之津。

⑭《尚书》曰:"朔南暨声教。"注云:"朔,北方也。"

⑮衿带,衣服之要,故以喻之。

⑯礧,石也。《前书》:"匈奴乘隅下礧石。"音力对反。

⑰《淮南子》曰"狭路津关,大山石塞,龙蛇蟠,鳌笠居,羊肠道,鱼笱门,一人守险,千人弗敢过"也。

⑱剽,急疾也。悍,勇也。所据险要,故可守近;士卒勇疾,故可攻远也。

⑲《左传》郑伯肉袒牵羊以降楚,言关中士卒易与保守不降下也。

⑳《尚书》曰"肇十有二州",谓雍、梁、荆、豫、徐、杨、青、兖、冀、幽、并、营也。雍州田第一,故曰赡腴。今流俗比地之良沃者为赡者也。〔7〕

㉑谓秦并六国也。

㉒高祖先入关,功为诸侯最也。

㉓修文德,则财产富衍。若用武,则士皆奋励而要功也。

㉔地险固,故难诛也。

逮及亡新,时汉之衰,偷忍渊囿,篡器慢违,①徒以执便,莫能卒危。②假之十八,诛自京师。③天昪更始,不能引维,④慢藏招寇,复致赤眉。⑤海内云扰,诸夏灭微;群龙并战,未知是非。⑥于时圣帝,赫然申威。荷天人之符,兼不世之姿。⑦受命于皇上,获助于灵祇。⑧立号高邑,搴旗四麾。⑨首策之臣,运筹出奇;⑩虓怒之旅,如虎如螭。⑪师之攸向,无不靡披。盖夫燔鱼剚蛇,莫之方斯。⑫大呼山东,响动流沙。要龙渊,首镇铘,⑬命腾太白,亲发狼、弧。⑭南禽公孙,北背强胡,西平陇、冀,东据洛都。乃廓平帝宇,济蒸人于涂炭,成兆庶之亹亹,遂兴复乎大汉。⑮

①偷忍犹盗窃也。渊囿谓秦中也。

②卒音仓忽反。

③莽居摄篡位十八年,公宾就始斩之也。

④昪,与也。言更始不能持其纲维,故致败亡。

⑤《易》曰:"慢藏诲盗。"又曰:"负且乘,致寇至。"言更始为赤眉所破也。

⑥《赤伏符》曰:"四夷云扰,龙斗于野。"《易》曰:"龙战于野。"谓更始败后,刘永、张步等重起,未知受命者为谁也。

⑦圣帝,光武也。天人符谓疆华自关中持赤伏符也。《前书》曰王吉上疏曰:"欲化之主不代出。"言有时而出,难常遇也。

⑧皇上谓天也。《尚书》曰:"惟皇上帝降衷于下人。"灵祇谓呼池〔8〕冰及白衣老父等也。

⑨搴,拔也。

⑩《前书》高祖曰:"运筹帷幄之中,决胜千里之外,子房是也。"出奇谓陈平从高祖定天下,凡六出奇计,以比邓禹、冯异、吴汉、耿弇等也。

⑪《诗》曰:"阚如虓虎。"注云:"虎之怒虓然也。"《史记》周武王誓众曰:"如虎如罴,如豺如螭。"杜预注《左传》曰:"螭,山神,兽形也。"虓音呼交反。

⑫《尚书》今文《太誓篇》曰:"太子发升舟,中流,白鱼入于王舟,王跪取出,以

燎。群公咸曰‘休哉’。”郑玄注云：“燔鱼以祭，变礼也。”刉，割也，音之兖反，
谓高祖斩蛇也。

⑬龙渊，剑，解见《韩稜传》。《说文》：“镆铘，大戟也。”音莫邪。首谓建之于首
也。《吴越春秋》有莫邪剑，义与此不同也。

⑭腾，驰也。太白，天之将军。狼、弧，并星名也。《史记》曰：“天苑东有大星曰
天狼，下有四星曰弧。”宋均注《演孔图》曰：“狼为野将，用兵象也。”《合诚图》
曰：“弧主司兵，兵弩象。”

⑮《尔雅》曰：“亹亹，勉也。”《易》曰：“成天下之亹亹。”

今天下新定，矢石之勤始瘳，①而主上方以边垂为忧，忿葭萌
之不柔，②未遑于论都而遗思廱州也。③方躬劳圣思，以率海内，历
抚名将，略地疆外，信威于征伐，展武乎荒裔。④若夫文身鼻饮缓耳
之主，椎结左衽镶锯之君，⑤东南殊俗不羁之国，西北绝域难制之
邻，靡不重译纳贡，请为藩臣。上犹谦让而不伐勤。⑥意以为获无
用之虏，不如安有益之民；略荒裔之地，不如保殖五谷之渊；⑦远救
于已亡，不若近而存存也。⑧今国家躬修道德，吐惠含仁，湛恩沾
洽，时风显宣。⑨徒垂意于持平守实，务在爱育元元，苟有便于王政
者，圣主纳焉。何则？物罔挹而不损，道无隆而不移，阳盛则运，阴
满则亏，⑩故存不忘亡，安不讳危，虽有仁义，犹设城池也。⑪

①瘳，差也。

②杨子云《长杨赋》曰：“遐萌为之不安。”谓远人也。案：笃此赋每取子云《甘
泉》、《长杨赋》事，意此“葭”即“遐”也。时蜀郡守将史歆及交阯徵侧反，卢芳
亡入匈奴，故云忿其不柔也。

③遗犹留也。

④信读曰申。

⑤结音髻。《前书》：“尉佗椎结箕踞。”注云：“如今兵士椎头髻也。”孔子曰：“微
管仲吾其被发左衽矣。”镶音渠吕反。《山海经》曰：“神武罗穿耳以镶。”郭璞
注云：“金银器之名，未详形制。”锯音牛于反。《埤苍》曰：“锯，锯也。”案：今
夷狄好穿耳以垂金宝等，此并谓夷狄之君长也。

⑥《前书》司马相如曰：“上犹谦让而未俞也。”

⑦《左传》曰:"吾将略地焉。"略,取也。

⑧《易》曰"成性存存"也。

⑨《前书》司马相如《难蜀父老》曰:"湛恩汪涉。"湛音沈。《易通卦验》曰"巽气
　退则时风不至,万物不成。冬至广莫风至,立春条风至,春分明庶风至,立夏
　清明风至,夏至景风至,立秋凉风至,秋分阊阖风至,立冬不周风至"也。

⑩《淮南子》曰:"孔子观桓公之庙,有器焉谓之宥坐。孔子曰:'善哉乎,得见此
　器!'顾曰:'弟子取水。'水至灌之,其中则正,其盈则覆。孔子造然革容曰:
　'善哉持盈者乎!'子贡在侧,曰:'请问持盈?'曰:'抑而损之。'曰:'何谓抑而
　损之?'曰:'夫物盛而衰,乐极而悲;日中而移,月盈而亏。是故聪明睿智,守
　之以愚;多闻博辩,守之以俭;武力毅勇,守之以畏;富贵广大,守之以陋;德
　施天下,守之以让:此五者,先王所以守天下而弗失也。'"

⑪《易》曰"君子存不忘亡,安不忘危"也。

　　客以利器不可久虚,而国家亦不忘乎西都,何必去洛邑之淳
渥与?

　　笃后仕郡文学掾,以目疾,二十馀年不窥京师。

　　笃之外高祖破羌将军辛武贤,以武略称。①笃常叹曰:"杜氏文明善
政,而笃不任为吏;②辛氏秉义经武,而笃又怯于事。外内五世,至笃
衰矣!"

①《前书》武贤,狄道人,为破羌将军,以勇武称,左将军庆忌之父。

②谓杜周及延年并以文法著名也。

　　女弟适扶风马氏。建初三年,车骑将军马防击西羌,请笃为从事中
郎,战没于射姑山。

　　所著赋、诔、吊、书、赞、《七言》、《女诫》及杂文,凡十八篇。又著《明
世论》十五篇。

　　子硕,豪侠,以货殖闻。

　　王隆字文山,冯翊云阳人也。王莽时,以父任为郎,后避难河西,为
窦融左护军。建武中,为新汲令。①能文章,所著诗、赋、铭、书凡二十

六篇。

①新汲,县,属颍川郡,故城在今许州扶沟县西也。

　　初,王莽末,沛国史岑子孝亦以文章显,莽以为谒者,著颂、诔、《复神》、《说疾》凡四篇。①

①岑一字孝山,著《出师颂》。

　　夏恭字敬公,梁国蒙人也。习《韩诗》、《孟氏易》,讲授门徒常千馀人。王莽末,盗贼从横,攻没郡县,恭以恩信为众所附,拥兵固守,独安全。光武即位,嘉其忠果,召拜郎中,再迁太山都尉。和集百姓,甚得其欢心。

　　恭善为文,著赋、颂、诗、《励学》凡二十篇。年四十九卒官,诸儒共谥曰宣明君。

　　子牙,少习家业,著赋、颂、赞、诔凡四十篇。举孝廉,早卒,乡人号曰文德先生。

　　傅毅字武仲,扶风茂陵人也。少博学。永平中,于平陵习章句,因作《迪志诗》曰:

　　　咨尔庶士,迨时斯勖。①日月逾迈,岂云旋复!②哀我经营,旅力靡及。③在兹弱冠,靡所庶立。④

①迨,及也。勖,勉也。

②《尚书》曰:“日月逾迈。”逾,过。迈,行。言日月之过往,不可复还也。

③旅,陈也。言己欲经营仁义之道,然非陈力之所能及也。

④《礼记》曰年二十曰弱冠。言己在弱冠之岁,无所庶几成立也。

　　　於赫我祖,显于殷国。①二迹阿衡,克光其则。②武丁兴商,伊宗皇士。③爰作股肱,万邦是纪。奕世载德,〔九〕迄我显考。④保膺淑懿,缵修其道。⑤汉之中叶,俊乂式序。秩彼殷宗,光此勋绪。⑥

①谓傅说也。

②阿,倚;衡,平也。言依倚之以取平也。谓伊尹也。高宗命傅说曰:"尔尚明
　保〔予〕〔10〕,罔俾阿衡专美有商。"故曰二迹也。言傅说功比伊尹,而能光大
　其法则也。

③武丁,殷王高宗也。伊,惟,宗,尊也。《诗》曰:"思皇多士。"皇,美也。言武
　丁所以能兴殷者,惟尊皇美之士,谓傅说。

④《易》曰:"德积载。"载,重也。

⑤缵,继也。

⑥中叶谓宣帝中兴。秩,序也。言汉代序殷高宗用傅说之事,光大其勋功,而
　用其绪胤也。谓傅介子以军功封义阳侯;傅喜论议正直,为大司马,封高武
　侯;傅晏为孔乡侯;傅商为汝昌侯;建武中傅俊为昆阳侯也。

　　伊余小子,秽陋靡逮。惧我世烈,自兹以坠。谁能革浊,清我
濯溉?①谁能昭暗,启我童昧? 先人有训,我讯我诰。训我嘉务,海
我博学。爰率朋友,寻此旧则。契阔夙夜,庶不懈忒。②

①《毛诗》曰:"谁能执热,逝不以濯。"此言谁能革易我之浊,而以清泉洗濯
　我也?

②《诗》云:"与子契阔。"契阔谓辛苦也。懈,惰也。忒,差也。

　　秩秩大猷,纪纲庶式。匪勤匪昭,匪壹匪测。①农夫不怠,越有
黍稷,②谁能云作,考之居息?③二事败业,多疾我力。④如彼遵衢,
则罔所极。⑤二志靡成,聿劳我心。如彼兼听,则溷于音。⑥

①《诗·大雅》曰:"秩秩大猷,圣人谟之。"秩秩,美也。猷,道也。庶,众也。
　式,法也。言美哉乎大道,可以纲纪众法。若不勤励,则不能昭明其道;不专
　一,则不能深测。

②《尚书》曰"若农服田力穑,乃亦有秋。惰农自安,乃其罔有黍稷"也。

③考,成也。言谁能有所作,而居息闲暇可能成者? 言必须勤之也。

④二事谓事不专一也。〔11〕疾,害也。言为事不专,则多害其力也。

⑤遵,循也。如循长路,则不知所终极也。

⑥聿,辞也。溷,乱也。志不专一,徒烦劳于我心。兼听众声则音乱。

　　於戏君子,无恒自逸。徂年如流,鲜兹暇日。①行迈屡税,胡能
有迄。②密勿朝夕,聿同始卒。③

①人当自勉修德义,专志勤学,不可自放逸。年之过往如流,言其速也。少有
　闲暇之日也。

②行迈之人,屡税驾停止,何能有所至也? 言当自勖,不可中废也。

③(毛)《〔韩〕诗》曰:"密勿从事。"〔12〕密勿,黾勉也。聿,循也。卒,终也。言朝
　夕黾勉,终始如一也。

毅以显宗求贤不笃,士多隐处,故作《七激》以为讽。

建初中,肃宗博召文学之士,以毅为兰台令史,拜郎中,与班固、贾
逵共典校书。毅追美孝明皇帝功德最盛,而庙颂未立,乃依《清庙》作
《显宗颂》十篇奏之,①由是文雅显于朝廷。

①《清庙》,《诗·周颂》篇名,序文王之德也。

车骑将军马防,外戚尊重,请毅为军司马,待以师友之礼。及马氏
败,免官归。

永元元年,车骑将军窦宪复请毅为主记室,崔骃为主簿。及宪迁大
将军,复以毅为司马,班固为中护军。宪府文章之盛,冠于当世。

毅早卒,著诗、赋、诔、颂、祝文、《七激》、连珠凡二十八篇。

黄香字文彊,江夏安陆人也。年九岁,失母,思慕憔悴,殆不免
丧,①乡人称其至孝。年十二,太守刘护闻而召之,署门下孝子,甚见爱
敬。香家贫,内无仆妾,躬执苦勤,尽心奉养。遂博学经典,〔13〕究精道
术,能文章,京师号曰"天下无双江夏黄童"。

①免丧,终丧。

初除郎中,元和元年,肃宗诏香诣东观,读所未尝见书。香后告休,及
归京师,时千乘王冠,①帝会中山邸,乃诏香殿下,顾谓诸王曰:"此'天下
无双江夏黄童'者也。"左右莫不改观。后召诣安福殿言政事,拜尚书郎,
数陈得失,赏赉增加。常独止宿台上,昼夜不离省闼,帝闻善之。

①千乘贞王伉,章帝子也。冠谓二十加冠也。

永元四年,拜左丞,功满当迁,和帝留,增秩。六年,累迁尚书令。

后以为东郡太守，香上疏让曰："臣江淮孤贱，愚蒙小生，经学行能，无可筭录。遭值太平，先人馀福，① 得以弱冠特蒙征用，连阶累任，[14] 遂极台阁。讫无纤介称，报恩效死，诚不意悟，卒被非望，显拜近郡，尊位千里。臣闻量能授官，则职无废事；因劳施爵，则贤愚得宜。臣香小丑，少为诸生，典郡从政，固非所堪，诚恐蒙顿，孤忝圣恩。又惟机密端首，至为尊要，② 复非臣香所当久奉。承诏惊惶，不知所裁。臣香年在方刚，适可驱使。③ 愿乞馀恩，留备冗官，赐以督责小职，任之宫台烦事，以毕臣香蝼蚁小志，诚瞑目至愿，土灰极荣。"帝亦惜香干用，久习旧事，复留为尚书令，增秩二千石，赐钱三十万。是后遂管枢机，甚见亲重，而香亦祗勤物务，忧公如家。

①《谢承书》[15]："香代为冠族，叶令况之子也。"

②谓尚书令。

③《论语》曰："及其壮也，血气方刚。"言少壮也。

　　十二年，东平清河奏讹言卿仲辽等，所连及且千人。香科别据奏，全活甚众。每郡国疑罪，辄务求轻科，爱惜人命，每存忧济。又晓习边事，均量军政，皆得事宜。帝知其精勤，数加恩赏，疾病存问，赐医药。[16] 在位多所荐达，宠遇甚盛，议者讥其过幸。

　　延平元年，迁魏郡太守。郡旧有内外园田，常与人分种，收谷岁数千斛。香曰："《田令》'商者不农'，[17]《王制》'仕者不耕'，① 伐冰食禄之人，不与百姓争利。"② 乃悉以赋人，课令耕种。时被水年饥，乃分奉禄及所得赏赐班赡贫者，于是丰富之家各出义谷，助官禀贷，荒民获全。后坐水潦事免，数月，卒于家。

①《王制》曰："上农夫食九人，下士视上农夫，禄足以代耕也。"

②伐冰解见《冯衍传》。

　　所著赋、笺、奏、书、令凡五篇。子琼，自有传。

　　刘毅，北海敬王子也。初封平望侯，① 永元中，坐事夺爵。毅少有文辩称,元初元年,上《汉德论》并《宪论》十二篇。时刘珍、邓耽、尹兑、马融共上书称其美,安帝嘉之,赐钱三万,拜议郎。

①平望,县,属北海郡。

　　李尤字伯仁,广汉雒人也。少以文章显。和帝时,侍中贾逵荐尤有相如、杨雄之风,召诣东观,受诏作赋,拜兰台令史。稍迁,安帝时为谏议大夫,受诏与谒者仆射刘珍等俱撰《汉记》。后帝废太子为济阴王,尤上书谏争。顺帝立,迁乐安相。年八十三卒。所著诗、赋、铭、诔、颂、《七叹》、《哀典》凡二十八篇。

　　尤同郡李胜,亦有文才,为东观郎,著赋、诔、颂、论数十篇。

　　苏顺,字孝山,京兆霸陵人也。和安间以才学见称。好养生术,隐处求道。晚乃仕,拜郎中,卒于官。所著赋、论、诔、哀辞、杂文凡十六篇。

　　时三辅多士,扶风曹众伯师亦有才学,著诔、书、论四篇。①

①《三辅决录注》曰:“众与乡里苏孺文、窦伯向、马季长并游宦,唯众不遇,以寿终于家。”

　　又有曹朔,不知何许人,作《汉颂》四篇。

　　刘珍字秋孙,①一名宝,南阳蔡阳人也。少好学。永初中,为谒者仆射。邓太后诏使与校书刘騊駼、马融及《五经》博士,校定东观《五经》、诸子传记、百家艺术,整齐脱误,是正文字。永宁元年,太后又诏珍与騊駼作建武已来名臣传,迁侍中、越骑校尉。延光四年,拜宗正。明年,转卫尉,卒官。著诔、颂、连珠凡七篇。又撰《释名》三十篇,以辩万物之称号云。

①诸本时有作“秘孙”者,其人名珍,与“秘”义相扶,而作“秋”者多也。

葛龚字元甫，梁国宁陵人也。和帝时，以善文记知名。①性慷慨壮烈，勇力过人。安帝永初中，举孝廉，为太官丞，上便宜四事，拜荡阴令。②辟太尉府，病不就。州举茂才，为临汾令。居二县，皆有称绩。著文、赋、碑、诔、书记凡十二篇。〔18〕

①龚善为文奏。或有请龚奏以干人者，龚为作之，其人写之，忘自载其名，因并写龚名以进之。故时人为之语曰："作奏虽工，宜去葛龚。"事见《笑林》。

②荡阴，县名，今相州县也。荡音汤。

王逸字叔师，南郡宜城人也。元初中，举上计吏，为校书郎。顺帝时，为侍中。著《楚辞章句》行于世。其赋、诔、书、论及杂文凡二十一篇。又作《汉诗》百二十三篇。

子延寿，字文考，有俊才。少游鲁国，作《灵光殿赋》。后蔡邕亦造此赋，未成，及见延寿所为，甚奇之，遂辍翰而已。曾有异梦，意恶之，乃作《梦赋》以自厉。后溺水死，时年二十馀。①

①张华《博物志》曰："王子山与父叔师到泰山从鲍子真学算，到鲁赋灵光殿，归度湘水溺死。"文考一字子山也。

崔琦字子玮，涿郡安平人，济北相瑗之宗也。少游学京师，以文章博通称。初举孝廉，为郎。河南尹梁冀闻其才，请与交。冀行多不轨，①琦数引古今成败以戒之，冀不能受。乃作《外戚箴》。其辞曰：

①轨，法也。

赫赫外戚，华宠煌煌。昔在帝舜，德隆英、皇。①周兴三母，②有莘崇汤。③宣王晏起，姜后脱簪。④齐桓好乐，卫姬不音。⑤皆辅主以礼，扶君以仁，达才进善，以义济身。

①帝舜妃娥皇、女英，帝尧之女，聪明贞仁。事舜于畎亩之中，事瞽叟谦让恭俭，〔19〕思尽妇道也。

②《列女传》曰"太姜者，太王之妃，贤而有色。生太伯、仲雍、王季，化导三子，皆成贤德。太王有事，必谘谋焉。太妊者，王季之妃。端懿诚庄，唯德之行。

及其有身,目不视恶色,耳不听淫声,而生文王。太姒者,文王之妃,号曰文母。思媚太姜、太姙,旦夕勤劳,以进妇道。文王理外,文母理内,生十男"也。

③《列女传》曰"汤娶有莘氏女,德高而明,伊尹为之媵臣,佐汤致王,训正后宫,嫔御有序,咸无嫉妒"也。

④《列女传》曰:"周宣王尝夜卧而晏起,姜后乃脱簪珥待罪于永巷,使其傅母通言王曰:'妾不才,妾之淫心见矣,至使君王失礼而晏朝,以见君王乐色而忘德也。敢请婢子之罪。'王乃勤于政,早朝晏罢,卒成中兴焉。"

⑤《列女传》曰:"齐桓公好淫乐,卫姬不听郑卫之音。"

爰暨末叶,渐已颓亏。贯鱼不叙,九御差池。①晋国之难,祸起于丽。②惟家之索,牝鸡之晨。③专权擅爱,显己蔽人。陵长间旧,圮剥至亲。④并后匹嫡,⑤淫女毙陈。⑥匪贤是上,番为司徒。⑦〔20〕荷爵负乘,采食名都。⑧诗人是刺,德用不恢。⑨暴辛惑妇,拒谏自孤。⑩蝮蛇其心,纵毒不辜。⑪诸父是杀,孕子是刳。天怒地忿,人谋鬼图。甲子昧爽,身首分离。⑫初为天子,后为人螭。⑬

①《易》曰:"贯鱼以宫人宠。"谓王者之御宫人,如贯鱼之有次叙,不偏爱也。《礼》后夫人已下进御之法云:"凡天子进御之仪,从后而下,十五日遍。自下始,以象月之初生,渐进至盛,法阴道之义也。"其法,九嫔已下皆九九而御,则女御八十一人为九夕也,世妇二十七人为三夕,九嫔为一夕,夫人为一夕,凡十四夕,后当一夕。故曰十五日一遍也。

②献公丽姬也。

③《尚书》曰:"牝鸡无晨。牝鸡之晨,惟家之索。"孔安国注云"索,尽也。雌代雄鸣则家尽,妇夺夫政则国亡"也。

④《左传》曰:"少陵长,新间旧。"言其乱政也。圮,毁也。

⑤《左传》曰,辛伯谂周桓公曰:"并后匹嫡,乱之本也。"

⑥陈夏姬通于孔宁、仪行父,又通于灵公。夏姬之子徵舒弑灵公,楚伐陈,灭之。见《左传》。

⑦《诗·小雅》也。番,幽王之后亲党也。幽王淫色,不尚贤德之人,宠其后亲,而以番为司徒之官。

⑧《易》曰:"负且乘。"负也者,小人之事也。乘也者,君子之器也。以小人而乘

君子之器,寇必至也。《毛诗》曰:"皇父孔圣,作都于向。"皇父,幽王后之亲党也。向,邑也。以向为皇父食采邑也。

⑨忨,大也,音呼。谓自诗人刺番为司徒及皇父都向,用其后亲党,是以其德不大也。

⑩暴,虐也。纣字受德,名辛。以其暴虐,故曰暴辛。惑妇谓惑妲己也。纣智足以拒谏。祖伊谏纣,纣不从。自孤谓纣为独夫也。

⑪《字书》蝠音福,即蝙蝠也。此当作"蝮",音芳福反。不辜谓菹梅伯,脯鬼侯之类也。

⑫王子比干,纣之诸父也,纣杀之。《尚书》曰,纣刳剔孕妇,为周武王所伐。甲子日,纣衣其宝衣赴火而死,武王乃斩以轻吕之剑也。

⑬《左传》曰:"螭魅魍魉。"杜预注云:"螭,山神,兽形。"故以比纣之恶也。

　　非但耽色,母后尤然。不相率以礼,而竞奖以权。先笑后号,卒以辱残。①家国泯绝,宗庙烧燔。末嬉丧夏,②褒姒毙周,③妲己亡殷,赵灵沙丘。④戚姬人豕,吕宗以败。⑤陈后作巫,卒死于外。⑥霍欲鸩子,身乃罹废。⑦

①母后不能循用礼法,争竞相劝,以擅权柄也。《易》曰:"旅人先笑而后号咷。"言初虽恃权势而笑,后竟罹祸而号哭也。

②末喜、桀妃,有施氏女。美于色,薄于德,女子行丈夫心。桀尝置末喜于膝上,听用其言,昏乱失道。汤伐之,遂死于南巢。[21]见《列女传》。

③周幽王嬖褒姒,为犬戎所杀也。

④赵武灵王以长子章为太子,后得吴娃,爱之,生子何,乃废章而立何。后自号主父,立何为王。吴娃死,何爱弛,主父怜章北面臣诎于其弟,欲分赵王章于代。计未决,主父及王游于沙丘宫,公子章以其徒作乱,公子成与李兑自国起兵,公子章败,往走主父,主父开之,成、兑因围主父宫,章死。成、兑谋曰:"以章故围主父,即解兵,吾属夷矣。"乃遂围主父,令宫人后出者夷。宫中人悉出,主父欲出不得,饥探雀鷇而食之,三月馀,死沙丘宫。见《史记》。

⑤解见《皇后纪》。

⑥孝武帝陈皇后以巫蛊废。

⑦孝宣帝霍皇后,霍光之女,欲谋毒太子被废也。

故曰：无谓我贵，天将尔摧；无恃常好，色有歇微；无怙常幸，爱有陵迟；无曰我能，天人尔违。患生不德，福有慎机。① 日不常中，月盈有亏。履道者固，杖势者危。微臣司戚，敢告在斯。

①无德而贵宠者，患害之所生也。《左传》曰：“无德而禄，殃也。”若慎其机事，
　则有福也。

琦以言不从，失意，复作《白鹄赋》以为风。① 梁冀见之，呼琦问曰：“百官外内，各有司存，天下云云，岂独吾人之尤，君何激刺之过乎？”琦对曰：“昔管仲相齐，乐闻机谏之言；萧何佐汉，乃设书过之吏。[22] 今将军累世台辅，任齐伊、公，② 而德政未闻，黎元涂炭，不能结纳贞良，以救祸败，反复欲钳塞士口，杜蔽主听，将使玄黄改色，马鹿易形乎？③ 冀无以对，因遣琦归。

①风读曰讽。

②伊尹、〔周〕公。[23]

③《史记》赵高欲为乱，恐群臣不听，乃先设验，持鹿献胡亥，曰“马也”。胡亥笑
　曰：“丞相误邪？”问左右，或默，或言马以阿顺高。或言鹿，高因阴中诸言鹿
　者以法。后群臣畏高，高遂作乱也。

后除为临济长，不敢之职，解印绶去。冀遂令刺客阴求杀之。客见琦耕于陌上，怀书一卷，息辄偃而咏之。客哀其志，以实告琦，曰：“将军令吾要子，今见君贤者，情怀忍忍，① 可亟自逃，吾亦于此亡矣。”琦得脱走，冀后竟捕杀之。

所著赋、颂、铭、诔、箴、吊、论、《九咨》、《七言》，[24] 凡十五篇。

①忍忍犹不忍也。

边韶字孝先，陈留浚仪人也。以文章知名，教授数百人。韶口辩，曾昼日假卧，① 弟子私嘲之曰：“边孝先，腹便便。② 懒读书，但欲眠。”韶潜闻之，应时对曰：“边为姓，孝为字。腹便便，《五经》笥。但欲眠，思经事。寐与周公通梦，静与孔子同意。师而可嘲，出何典记？”嘲者大惭。韶之才捷皆此类也。

①《左传》:"赵盾坐而假寐。"杜注云:"不脱衣冠而睡也。"
②便音蒲坚反。

桓帝时,为临颍侯相,征拜太中大夫,著作东观。再迁北地太守,入拜尚书令。后为陈相,卒官。著诗、颂、碑、铭、书、策凡十五篇。

【校勘记】

〔1〕 即日车驾策由一卒　按:《校补》谓案文"即"上亦应有"或"字。高帝非自蜀汉出即都关中,则二语自另为一事也。

〔2〕 言顺斗建及北极之星运转而行也　按:殿本作"言顺斗建及斗极北星运转而行也"。

〔3〕 (乘)〔漂〕昆仑　据殿本改。按:《校补》谓殿本注"乘"作"漂",与《文选》合,《前书》作"票"。

〔4〕 攠亦靡字也音摩　按:汲本作"攠亦摩字也,音靡"。殿本作"攠亦摩字,音摩"。

〔5〕 大王居岐　按:"岐"原误"歧",径改正。

〔6〕 镭(推)〔椎〕也　据殿本改。

〔7〕 今流俗比地之良沃者为赡者也　按:汲本、殿本"比"作"北",《刊误》谓案文"北"当作"以",又衍一"者"字。

〔8〕 呼池　按:汲本、殿本作"滹沱"。

〔9〕 奕世载德　按:"奕"原讹"弈",径改正。

〔10〕 尔尚明保〔予〕　据殿本、《集解》本补。

〔11〕 二事谓事不专一也　按:"二事"之"事"原讹"十",径改正。

〔12〕 (毛)〔韩〕诗曰密勿从事　据殿本改。

〔13〕 遂博学经典　按:《校补》谓此句上当有脱文,盖尽心奉养下必接叙其父事,奉养乃有所属,亦必有所藉,乃得博学经典也。

〔14〕 连阶累任　按:"阶"原讹"偕",径据汲本、殿本改正。

〔15〕 谢承书　按:"承"原讹"丞",径据汲本改正。

〔16〕 赐医药　按:"医"原作"毉",径据汲本、殿本改。

〔17〕 田令商者不农　按:钱大昭谓"田"字疑误,或是"甲"字。《校补》谓钱所

见甚是。《前书叙传》述《景纪》云"匪怠匪荒,务在农桑,著于甲令,民用宁康"。颜注"甲令即《景纪》令甲也"。

〔18〕 凡十二篇　按:汲本作"二十篇"。

〔19〕 事嚚瞍谦让恭俭　按:汲本、殿本"俭"作"敬"。

〔20〕 番为司徒　按:"为"依《诗》当作"唯"。

〔21〕 汤伐之遂死于南巢　按:殿本作"汤遂放桀于南巢"。

〔22〕 乃设书过之吏　按:《刊误》谓"吏"当作"史"。

〔23〕 伊尹〔周〕公　《校补》谓"公"上明脱一"周"字,张森楷《校勘记》则谓"公"字下脱一"旦"字。今依《校补》补"周"字。

〔24〕 七言　按:《集解》引王补说,谓《御览》、《初学记》、《艺文类聚》引崔琦《七蠲》凡六处,即《文选》刘峻《辨命论》、曹植《王仲宣诔》、王康琚《反招隐诗》注,皆引作"七蠲",独传作"七言",殆言蠲音近而讹与? 当从蠲为是。

后汉书卷八十下

文苑列传第七十下

张升字彦真,陈留尉氏人,富平侯放之孙也。①〔1〕

升少好学,多关览,而任情不羁。②其意相合者,则倾身交结,不问穷贱;如乖其志好者,虽王公大人,终不屈从。③常叹曰:"死生有命,富贵在天。其有知我,虽胡越可亲;苟不相识,从物何益?"④

①放,汤六代孙也。

②关,涉也。不羁谓超绝等伦,不可羁束也。邹阳上书曰:"使不羁之士与牛骥同皁。"

③杜预注《左传》曰"大人谓在位者"也。

④《前书》邹阳上书曰"意合则胡越为兄弟"也。

仕郡为纲纪,以能出守外黄令。吏有受赇者,即论杀之。或讥升守领一时,何足趋明威戮乎?①对曰:"昔仲尼暂相,诛齐之侏儒,手足异门而出,〔2〕故能威震强国,反其侵地。②君子仕不为己,职思其忧,③岂以久近而异其度哉?"遇党锢去官,后竟见诛,年四十九。

①趋,急也,读曰促。

②侏儒,短人,能为俳优也。《穀梁传》曰:"鲁定公与齐侯会于颊谷,两君就坛,〔3〕齐人鼓噪而起,欲以执鲁君。孔子历阶而上,不尽一等。曰:'两君合好,夷狄之人何为来?'齐侯逡巡而谢曰:'寡人之过也。'罢会,齐人使优施舞于鲁君之幕下。孔子曰:'笑国君者罪当死!'使司马行法焉,首足异门而出。齐人乃归鲁郓、讙、龟阴之田。"

③《诗·唐风》曰:"无以太康,职思其忧。"职,主也。君子之居位,当思尽忠,不为己身。

著赋、诔、颂、碑、书,凡六十篇。

赵壹字元叔,汉阳西县人也。体貌魁梧,①身长九尺,美须豪眉,望之甚伟。而恃才倨傲,为乡党所摈,乃作《解摈》。②后屡抵罪,几至死,友人救得免。壹乃贻书谢恩曰:

①魁梧,壮大之貌。

②摈,斥也。

昔原大夫赎桑下绝气,传称其仁;①秦越人还虢太子结脉,世著其神。②设曩之二人不遭仁遇神,则结绝之气竭矣。然而糒脯出乎车轮,③针石运乎手爪。④今所赖者,非直车轮之糒脯,手爪之针石也。乃收之于斗极,还之于司命,⑤使干皮复含血,枯骨复被肉,允所谓遭仁遇神,真所宜传而著之。余畏禁,不敢班班显言,⑥窃为《穷鸟赋》一篇。其辞曰:

①原大夫谓赵衰之子盾,谥曰宣。《吕氏春秋》曰:"赵宣孟将之绛,见骫桑之下有卧饿人,宣孟与脯二胸,拜受之,不敢食,问其故,曰:'臣有母,持以遗之。'宣孟更赐之脯二束,遂去。"赎即续也。骫,古委字也。

②扁鹊姓秦,名越人。过虢,虢太子死。扁鹊曰:"臣能生之。若太子病,所谓尸蹷也。"乃使弟子子阳厉针砥石,以取三阳五会。有间,太子苏。见《史记》。

③《说文》:"轮,车辐间横木。"

④古者以砭石为针。凡针之法,右手象天,左手法地,弹而怒之,搔而下之,此运手爪也。砭音必廉反。

⑤《礼记》曰:"祭司命。"郑玄注云:"文昌中星。"

⑥班班,明貌。

有一穷鸟,戢翼原野。罦网加上,机穽在下,①前见苍隼,后见驱者,〔4〕缴弹张右,②羿子彀左,③〔5〕飞丸激矢,交集于我。思飞不得,欲鸣不可,举头畏触,摇足恐堕。内独怖急,乍冰乍火。幸赖大贤,我矜我怜,昔济我南,今振我西。④鸟也虽顽,犹识密恩,内以书心，外用告天。天乎祚贤，归贤永年，且公且侯，子子孙孙。

①《礼记》曰："罗网毕翳。"郑玄注云："小而柄长谓之毕。"〔6〕机，捕兽机槛也。窜，穿地陷兽。

②缴，以缕系箭而射者也。

③羿子谓羿也。《淮南子》曰："尧时十日并出，命羿仰射十日，中其九乌，皆死，堕其羽翼。"彀，引弓也。

④西，协韵音先。

又作《刺世疾邪赋》，以舒其怨愤。曰：

伊五帝之不同礼，三王亦又不同乐，数极自然变化，非是故相反驳。①德政不能救世溷乱，赏罚岂足惩时清浊？春秋时祸败之始，战国愈复增其荼毒。②秦、汉无以相逾越，乃更加其怨酷。宁计生民之命，唯利己而自足。

①《礼记》曰："五帝殊时，不相沿乐，三王异代，不相袭礼。乐极则忧，礼粗则偏矣。"

②《尚书》曰："罹其凶害，不忍荼毒。"孔注云："荼毒，苦也。"

于兹迄今，情伪万方。佞谄日炽，刚克消亡。舐痔结驷，正色徒行。①妪媮名埶，抚拍豪强。②偃蹇反俗，立致咎殃。③捷慴逐物，日富月昌。④浑然同惑，孰温孰凉。邪夫显进，直士幽藏。

①《庄子》曰："宋有曹商者，为宋王使秦，秦王悦之，益车百乘。见庄子，庄子曰：'秦王有病，召医舐痔者，得车五乘，子岂舐痔邪？何得车之多乎？'"

②妪媮犹伛偻也。妪音衣宇反。媮音丘矩反。抚拍，相亲狎也。

③偃蹇，骄傲也。

④捷，疾也。慴，惧也。急惧逐物，则致富昌。

原斯瘼之攸兴，实执政之匪贤。女谒掩其视听兮，近习秉其威权。所好则钻皮出其毛羽，所恶则洗垢求其瘢痕。虽欲竭诚而尽忠，路绝险而靡缘。九重既不可启，又群吠之猜猜。①安危亡于旦夕，肆嗜欲于目前。奚异涉海之失柂，积薪而待燃。②荣纳由于闪揄，孰知辨其蚩妍。③故法禁屈挠于埶族，恩泽不逮于单门。宁饥寒于尧舜之荒岁兮,不饱暖于当今之丰年。乘理虽死而非亡,远义虽生而匪存。

① 《楚辞》曰:"岂不思夫君兮? 君之门以九重。猛犬狺狺以迎吠,关梁闭而不通。"狺音银。

② 柂可以正船也,音徒我反。《前书》贾谊曰:"措火积薪之下而寝其上,火未及燃而谓之安。当今之势,何以异此?"

③ 闪揄,倾佞之貌也。行倾佞者则享荣宠而见纳用。揄音输。

有秦客者,乃为诗曰:河清不可俟,人命不可延。① 顺风激靡草,富贵者称贤。文籍虽满腹,不如一囊钱。伊优北堂上,抗脏倚门边。②

① 《左传》曰:"俟河之清,人寿几何?"言人寿促,河清迟也。

② 伊优,屈曲佞媚之貌。抗脏,高亢婞直之貌也。佞媚者见亲,故升堂;婞直者见弃,故倚门。脏音葬。

鲁生闻此辞,系而作歌曰:① 埶家多所宜,欼唾自成珠。被褐怀金玉,兰蕙化为刍。② 贤者虽独悟,所困在群愚。且各守尔分,勿复空驰驱。哀哉复哀哉,此是命矣夫!

① 秦客、鲁生,皆寓言也。

② 《老子》曰:"被褐怀玉。"言处卑贱而怀德义也。《楚辞》曰"兰芷变而不芳,荃蕙化而为茅"也。

光和元年,举郡上计到京师。是时司徒袁逢受计,[7] 计吏数百人皆拜伏庭中,莫敢仰视,壹独长揖而已。逢望而异之,令左右往让之,曰:"下郡计(史)〔吏〕而揖三公,[8] 何也?"对曰:"昔郦食其长揖汉王,今揖三公,何遽怪哉?"① 逢则敛衽下堂,执其手,延置上坐,因问西方事,大悦,顾谓坐中曰:"此人汉阳赵元叔也。朝臣莫有过之者,吾请为诸君分坐。"② 坐者皆属观。既出,往造河南尹羊陟,不得见。壹以公卿中非陟无足以托名者,乃日往到门,陟自强许通,③ 尚卧未起,壹径入上堂,遂前临之,曰:"窃伏西州,承高风旧矣,④ 乃今方遇而忽然,⑤ 奈何命也!"因举声哭,门下惊,皆奔入满侧。陟知其非常人,乃起,延与语,大奇之。谓曰："子出矣。"陟明旦大从车骑奉谒造壹。⑥时诸计吏多盛饰车马帷幕，而壹独柴车草屏，⑦露宿其傍，延陟前坐于车下，左右莫不叹愕。陟遂与言谈，至熏夕，极欢而去，执其手曰："良璞不剖，必有泣血以相明者矣！"⑧陟乃与袁逢共称荐之。名动京师，士大夫想望其风采。

①《前书》郦食其初见高祖，长揖不拜，因说高祖，高祖引之上坐。《左传》曰："岂不遽止。"杜预注曰："遽，畏惧。"

②分坐，别坐也。

③陟意未许通壹，以壹数至门，故自勉强许通之。

④《前书》隽不疑见暴胜之曰："窃伏海滨，承暴公子旧矣。"旧，久也。

⑤谓死也。

⑥奉谒，通名也。

⑦《韩诗外传》曰，周子高对齐景公："臣赖君之赐，疏食恶肉可得而食，驽马柴车可得而乘。"柴车，弊恶之车也。

⑧《琴操》曰："卞和得玉璞，以献楚怀王。使乐正子占之，言非玉。以其欺谩，斩其一足。怀王死，子平王立，和复抱其璞而献之。平王复以为欺，斩其一足。平王死，和复献，恐复见断，乃抱其玉而哭荆山之中，昼夜不止，涕尽继之以血。"

　　及西还，道经弘农，过候太守皇甫规，门者不即通，壹遂遁去。门吏惧，以白之。规闻壹名大惊，乃追书谢曰："蹉跌不面，企德怀风，虚心委质，为日久矣。侧闻仁者愍其区区，冀承清诲，以释遥悚。今旦外白有一尉两计吏，不道屈尊门下，①更启乃知已去。如印绶可投，夜岂待旦。惟君明睿，平其夙心。宁当慢傲，加于所天。②事在悖惑，不足具责。傥可原察，追修前好，则何福如之！谨遣主簿奉书。下笔气结，汗流竟趾。"壹报曰："君学成师范，缙绅归慕，仰高希骥，历年滋多。③旋辕兼道，渴于言侍，沐浴晨兴，昧旦守门，实望仁兄，〔9〕昭其悬迟。④以贵下贱，握发垂接，⑤高可敷翫典，起发圣意，下则抗论当世，消弭时灾。岂悟君子，自生怠倦，失恂恂善诱之德，同亡国骄惰之志！⑥盖见机而作，不俟终日，⑦是以夙退自引，畏使君劳。⑧昔人或历说而不遇，或思士而无从，皆归之于天，不尤于物。⑨今壹自谴而已，岂敢有猜！仁君忽一匹夫,于德何损? 而远辱手笔,追路相寻,诚足愧也。壹之区区,曷云量己,其嗟可去,谢也可食,⑩诚则顽薄,实识其趣。但关节疢动,膝灸(块)〔坏〕溃,⑪〔10〕请俟它日,乃奉其情。辄诵来贶,永以自慰。"遂去不顾。

① 尊谓壹也,敬之故号为尊。

② 平,恕也。尊敬壹,故谓为所天。

③《诗》曰:"高山仰止,景行行止。"《法言》曰:"希骥之马,亦骥之乘;希颜之人,亦颜之徒。"希,慕也。

④ 愚心遅仰之。

⑤《易》曰:"以贵下贱,大得人也。"《史记》曰:"周公一沐三握发,以接天下之士。"

⑥《论语》曰:"夫子恂恂然善诱人。"恂恂,恭顺貌。

⑦《易·系辞》曰:"君子见机而作,不俟终日。"

⑧《诗》曰:"大夫夙退,无使君劳。"盖断章以取义。

⑨ 历说谓孔丘也。《论语》孔子曰:"不怨天,不尤人,下学而上达,知我者其天乎!"马融注云:"孔子不用于时,而不怨天;人不知己,亦不尤人也。"思士谓孟轲也。孟轲欲见鲁平公,臧仓谮之。〔11〕孟轲曰:"余之不遇鲁侯,天也。臧氏之子焉能令余不遇哉?"见《孟子》。

⑩ 曷,何也。言区区之心,不量己而至君门。《礼记》曰:"齐大饥,黔敖为食于路以待饿者,有蒙袂戢屦贸贸而来。曰:'嗟来食。'曰:'余唯不食嗟来之食,以至于斯。'从而谢之,不食而死。仲尼曰:'其嗟也可去,其谢也可食。'"

⑪ 人有四关十二节。

　　州郡争致礼命,十辟公府,并不就,终于家。初袁逢使善相者相壹,云"仕不过郡吏",竟如其言。

　　著赋、颂、箴、诔、书、论及杂文十六篇。

　　刘梁字曼山,一名岑,〔12〕东平宁阳人也。① 梁宗室子孙,而少孤贫,卖书于市以自资。

① 宁阳,县,故城在今兖州龚丘县南。

　　常疾世多利交,以邪曲相党,乃著《破群论》。时之览者,以为"仲尼作《春秋》,乱臣知惧,① 今此论之作,俗士岂不愧心"。其文不存。

　①《孟子》曰"孔子成《春秋》,乱臣贼子惧"也。

　　又著《辩和同之论》。其辞曰:

　　　夫事有违而得道,有顺而失义,有爱而为害,有恶而为美。其
故何乎? 盖明智之所得,暗伪之所失也。是以君子之于事也,无適
无莫,必考之以义焉。①

　①《论语》曰:"君子之于天下也,无適也,无莫也,义之与比。"

　　　得由和兴,失由同起,故以可济否谓之和,好恶不殊谓之同。
《春秋传》曰:"和如羹焉,酸苦以剂其味,① 君子食之以平其心。同
如水焉,若以水济水,谁能食之? 琴瑟之专一,谁能听之?"② 是以
君子之行,周而不比,和而不同,③ 以救过为正,以匡恶为忠。经
曰:"将顺其美,匡救其恶,则上下和睦能相亲也。"

　①《左传》"剂"作"齐"。《尔雅》曰:"剂,剪齐也。"音子随反。今人相传剂音在
　　计反。

　②《左传》晏子对齐景公辞也。

　③忠信为周,阿党为比。

　　　昔楚恭王有疾,召其大夫曰:"不穀不德,少主社稷。① 失先君
之绪,覆楚国之师,② 不穀之罪也。若以宗庙之灵,得保首领以殁,
请为灵若厉。"大夫许诸。③ 及其卒也,子囊曰:"不然。④ 夫事君者,
从其善,不从其过。赫赫楚国,而君临之,抚正南海,训及诸夏,其
宠大矣。⑤ 有是宠也,而知其过,可不谓恭乎!"大夫从之。⑥ 此违而
得道者也。及灵王骄淫,暴虐无度,芋尹申亥〔13〕从王之欲,以殡于
乾溪,殉之二女。此顺而失义者也。⑦ 鄢陵之役,晋楚对战,阳穀献
酒,子反以毙。此爱而害之者也。⑧ 臧武仲曰:"孟孙之恶我,药石
也;季孙之爱我,美疢也。疢毒滋厚,石犹生我。"此恶而为美者
也。⑨ 孔子曰:"智之难也! 有臧武仲之智,而不容于鲁国。抑有由
也,作不顺而施不恕也。"⑩ 盖善其知义,讥其违道也。

　①楚恭王名审。《左传》楚王曰:"生十年而丧先君。"故云少主社稷。

②绪,业也。谓鄢陵之战,为晋所败。

③《谥法》:"乱而不损曰灵,杀戮不辜曰厉。"《左传》曰:"'大夫择焉。'莫对,及五命,乃许之。"诸,之也。

④子囊,楚令尹,名(也)〔午〕。〔14〕

⑤宠,荣也。

⑥《谥法》:"既过能改曰恭。"案:此《楚语》之文。

⑦《国语》楚灵王子围〔15〕为章华之台,伍举对曰:"君为此台,国人罢焉,财用尽焉,年谷败焉,数年乃成。"《左传》芋尹申亥,申无宇之子也。乾溪之役,申亥曰:"吾父再干王命,王不诛,惠孰大焉。"乃求王,遇诸棘闱,以王归。王缢,申亥以其二女殉而葬之也。

⑧《淮南子》云,楚恭王与晋人战于鄢陵,战酣,恭王伤。司马子反渴而求饮,竖阳穀奉酒而进之。子反之为人也,嗜酒,而甘之,不能绝于口,遂醉而卧。恭王欲复战,使人召子反,子反辞以疾。王驾而往之,入幄中而闻酒臭,恭王大怒,斩子反以为戮。

⑨武仲,臧孙纥也。《左传》孟孙死,臧孙入哭甚哀,多涕。出,其御曰:"孟孙之恶子也而哀如是,季孙若死,其若之何?"臧孙曰:"季孙之爱我,疾疢也,孟孙之恶我,药石也。美疢不如恶石。夫石犹生我,疢之美,其毒滋多。"言石能除己疾也。

⑩季武子无适子,公弥长,悼子少,武子爱悼子,欲立之。访于申丰,曰:"不可。"访于臧纥,曰:"饮我酒,吾为子立之。"季氏饮大夫酒,臧纥为客,既献,臧孙命北面重席,新罇絜之,召悼子降逆之,大夫皆起,悼子乃立。季氏以公弥为马正。其后公弥立,孟孙羯与共构臧纥于季氏,臧纥奔齐。齐侯将与臧纥田,臧孙闻之,见齐侯,与之言伐晋。对曰:"多则多矣,抑君似鼠。鼠昼伏夜动,不穴于寝庙,畏人故也。今君闻晋之乱而后作焉,宁将事之,非鼠如何?"乃不与田。注曰"纥知齐侯将败,不欲受其邑,故以比鼠,欲使怒而止"也。见《左传》。

　　夫知而违之,伪也;不知而失之,暗也。暗与伪焉,其患一也。患之所在,非徒在智之不及,又在及而违之者矣。故曰"智及之仁不能守之,虽得之,必失之"也。①《夏书》曰:"念兹在兹,庶事恕施。"忠智之谓矣。②

①《论语》之文。

②兹，此也。念此事也，在此身也。言行事当常念如在己身也。庶，众也。言众事恕己而施行，斯可谓忠而有智矣。

　　故君子之行，动则思义，不为利回，不为义疚，①进退周旋，唯道是务。苟失其道，则兄弟不阿；苟得其义，虽仇雠不废。故解狐蒙祁奚之荐，二叔被周公之害，②勃鞮以逆文为成，③傅瑕以顺厉为败，④管苏以憎忤取进，申侯以爱从见退，考之以义也。⑤故曰："不在逆顺，以义为断；不在憎爱，以道为贵。"《礼记》曰："爱而知其恶，憎而知其善。"考义之谓也。

①《左传》曰："君子动则思礼，行则思义，不为利回，不为义疚。"杜预注云："回，邪也。疚，病也。"

②《左传》曰，晋祁奚请老，晋侯问嗣焉，称解狐，其仇也。

③勃鞮，晋寺人，名披。《左传》晋献公使寺人披伐公子重耳于蒲，〔16〕披斩其袪。及文公归国，吕甥、郤芮将焚公宫而杀文公，寺人披以吕、郤之难告之。言初虽逆文公，后竟成之也。

④《左传》言郑厉公为祭仲所逐，后侵郑及大陵，获郑大夫傅瑕。傅瑕曰："苟舍我，吾请纳子。"厉公与之盟而赦之。傅瑕杀郑子而纳厉公，〔厉公〕遂杀傅瑕也。〔17〕

⑤《新序》曰："楚恭王有疾，告诸大夫曰：'管苏犯我以义，违我以礼，与处不安，不见不思，然而有得焉。吾死之后，爵之于朝。申侯伯顺吾所欲，行吾所乐，与处则安，不见则思，然未尝有得焉。必速遣之。'"

　　桓帝时，举孝廉，除北新城长。①告县人曰："昔文翁在蜀，道著巴汉，②庚桑琐隶，风移碨磥。③吾虽小宰，犹有社稷，④苟赴期会，理文墨，岂本志乎！"乃更大作讲舍，延聚生徒数百人，朝夕自往劝诫，身执经卷，试策殿最，儒化大行。此邑至后犹称其教焉。

①北新城属涿县。

②《前书》文翁为蜀郡太守，兴起学校，比于〔齐〕、鲁〔卫〕也。〔18〕

③琐，碎也。《庄子》曰："老聃之（后）〔役〕有庚桑楚者，〔19〕偏得老聃之道，以北居碨磥之山，居三年，碨垒大穰。碨垒之人相与言曰：'庚桑子之始来，吾洒

然异之;今吾日计之不足,岁计之有馀,庶几其圣人乎!'"碨音猥。碪音卢罪反。

④《论语》曰:"子路将子羔为费宰,曰:'有民人焉,有社稷焉。'"

特召入拜尚书郎,累迁。后为野王令,未行。光和中,病卒。
孙桢,亦以文才知名。①

①《魏志》桢字公幹,为司空军谋祭酒,五官郎将文学,与徐幹、陈琳、阮瑀、应玚俱以文章知名,转为平原侯庶子。

边让字文礼,陈留浚仪人也。少辩博,能属文。作《章华赋》,虽多淫丽之辞,而终之以正,亦如相如之讽也。①其辞曰:

①章华台,解见《冯衍传》。杨雄曰:"词人之赋丽以淫。"司马相如作《上林赋》"发仓廪以救贫穷,补不足,恤鳏寡,存孤独,出德号,省刑罚",此为讽也。

楚灵王既游云梦之泽,息于荆台之上。前方淮之水,左洞庭之波,①右顾彭蠡之隩,南眺巫山之阿。②延目广望,骋观终日。顾谓左史倚相曰:"盛哉斯乐,可以遗老而忘死也!"③于是遂作章华之台,筑乾谿之室,④穷木土之技,单珍府之实,举国营之,数年乃成。⑤设长夜之淫宴,作北里之新声。⑥于是伍举知夫陈、蔡之将生谋也。⑦乃作斯赋以讽之:

①洞庭湖在今岳州西南。

②《说苑》曰:"楚昭王欲之荆台游,司马子綦进谏曰:'荆台之游,左洞庭之波,右彭蠡之水,南望猎山,下临方淮,其地使人遗老而忘死也。王不可游也。'"巫山在夔州巫山县东。

③《说苑》,此并司马子綦谏昭王之言。

④《史记》曰,灵王次于乾谿,乐乾谿不能去。

⑤技,巧也。单,尽也。《国语》楚灵王为章华之台,与伍举升焉。曰:"台美夫!"对曰:"国君安人以为乐,今君为此台也,国人罢焉,财用尽焉,年谷败焉,百姓烦焉,军国苦之,数年乃成。"

⑥《史记》曰,纣为酒池肉林,使男女保而相逐其间,为长夜之饮。使师涓作新

声,北里之舞,靡靡之乐也。

⑦陈蔡二国,先为楚所灭也。

　　胄高阳之苗胤兮,承圣祖之洪泽。①建列藩于南楚兮,等威灵于二伯。②超有商之大彭兮,越隆周之两虢。③达皇佐之高勋兮,驰仁声之显赫。④〔20〕惠风春施,神武电断,华夏肃清,五服攸乱。⑤旦垂精于万机兮,夕回辇于门馆。设长夜之欢饮兮,展中情之嬿婉。⑥竭四海之妙珍兮,尽生人之秘玩。

①胄,胤也。高阳,帝颛顼也。《帝系》曰:"颛顼娶于滕隍氏女而生老童,是为楚先。"《楚词》曰:"帝高阳之苗裔兮。"

②老童之后鬻熊,事周文王,早卒。至孙熊绎,周成王时封于楚。其后子孙隆盛,与齐、晋〔争〕强。〔21〕二伯,齐桓、晋文也。

③《国语》曰:"商伯大彭、豕韦。"《左传》曰"虢仲、虢叔,王季之穆"也。

④皇佐谓鬻熊佐文王也。《左传》曰:"楚自克庸以来,〔22〕其君无日不讨国人而训之,于人生之不易,祸至之无日,戒惧之不可以怠。"此驰仁声也。

⑤谓灵王承先世仁惠之风,如春普施。神武威棱,如电雷之断决也。五服,甸、侯、绥、要、荒也。乱,理也。

⑥嬿,安也。婉,美也。婉,协韵音於愿反。

　　尔乃携窈窕,从好仇,①径肉林,登糟丘,②兰肴山竦,椒酒渊流。③激玄醴于清池兮,靡微风而行舟。登瑶台以回望兮,冀弥日而消忧。④于是招宓妃,命湘娥,⑤齐倡列,郑女罗。⑥扬《激楚》之清宫兮,展新声而长歌。⑦繁手超于北里,妙舞丽于《阳阿》。⑧金石类聚,丝竹群分。被轻祛,曳华文,⑨罗衣飘飖,组绮缤纷。⑩纵轻躯以迅赴,若孤鹄之失群;〔23〕振华袂以逶迤,若游龙之登云。于是欢嬿既洽,长夜向半,琴瑟易调,繁手改弹,清声发而响激,微音逝而流散。振弱支而纤绕兮,若绿繁之垂干,忽飘飖以轻逝兮,〔24〕似鸾飞于天汉。舞无常态,鼓无定节,寻声响应,修短靡跌。⑪长袖奋而生风,清气激而绕结。⑫尔乃妍媚递进,巧弄相加,俯仰异容,忽兮神化。⑬体迅轻鸿,荣曜春华,进如浮云,退如激波。虽复柳惠,能不咨嗟!⑭于是天河既回,淫乐未终,〔25〕清簘发徵,《激楚》扬风。⑮于是音气发于丝竹兮,飞响轶于云中。比目应节而双跃兮,⑯孤雌感声而鸣雄。⑰美繁手之轻妙兮,嘉新声之弥隆。于是众变已尽,群乐既考。⑱归乎生风之广夏兮,修黄轩之要道。⑲携西子之弱腕兮,援毛嫱之素肘。⑳形便娟以婵媛兮,若流风之靡草。㉑美仪操之姣丽兮,忽遗生而忘老。

①窈窕,幽闲也。仇,匹也。《毛诗》曰:"窈窕淑女,君子好仇。"

②《史记》纣作糟丘酒池,悬肉以为林也。

③兰肴,芳若兰也。椒酒,置椒酒中也。《楚词》曰:"蕙肴蒸兮兰籍,桂酒兮椒浆。"

④弥,终也。《楚辞》曰:"望瑶台而偃蹇。"

⑤宓妃,洛水之神女也。湘娥,尧之二女娥皇、女英,湘水之神也。

⑥《楚辞》曰:"二八齐容起郑舞。"

⑦《激楚》,曲名也。《淮南子》曰:"《激楚》结风。"

⑧《左传》曰:"繁手淫声,慆堙心耳,〔26〕乃忘和平。"《阳阿》,解见《马融传》。

⑨《方言》曰:"袿谓之裾。"《释名》曰:"妇人上服谓之袿。"

⑩组,绶也。绮,绫也。

⑪跌,蹉也。

⑫歌声激发,萦绕缠结。

⑬化,协韵音花。

⑭柳下惠,展季也。《家语》曰:"柳下惠妪不逮门之女,国人不称其乱,言其贞也。"

⑮簘如笛,六孔。

⑯比目鱼一名鲽,一名王馀,不比不行,今江东呼为板鱼。《韩诗外传》曰:"伯牙鼓琴,游鱼出听。"〔27〕

⑰枚乘《七发》曰:"暮则羁雌迷鸟宿焉。"羁雌,孤雌也。

⑱考,成也。

⑲黄帝轩辕氏得房中之术于玄女,握固吸气,还精补脑,可以长生。《说苑》〔28〕雍门周说孟尝君曰:"广夏邃房下,罗帷来清风。"

⑳西子,西施也。《越绝书》曰:"越王句践得采薪二女西施、郑旦,以献吴王。"

毛嫔,毛嫱也。《庄子》曰:"毛嫱丽姬,人之美者。"

㉑《淮南子》曰:"今舞者便娟若秋药被风。"药,白芷也。

　　尔乃清夜晨,妙技单,收尊俎,彻鼓盘。① 悯焉若醒,抚剑而叹。②虑理国之须才,悟稼穑之艰难。美吕尚之佐周,善管仲之辅桓。将超世而作理,焉沈湎于此欢! 于是罢女乐,堕瑶台。思夏禹之卑宫,慕有虞之土阶。③举英奇于仄陋,拔髦秀于蓬莱。④君明哲以知人,官随任而处能。⑤百揆时叙,庶绩咸熙。诸侯慕义,不召同期。⑥继高阳之绝轨,崇成、庄之洪基。⑦虽齐桓之一匡,岂足方于大持?⑧尔乃育之以仁,临之以明。致虔报于鬼神,尽肃恭乎上京。⑨驰淳化于黎元,永历世而太平。

①张衡《七盘赋》曰"历七盘而屣蹑"也。

②醒,酒病也。

③《墨子》曰:"虞舜土阶三尺,茅茨不剪。"

④蓬蒿草莱之间也。《尔雅》曰:"髦,俊也。"

⑤能,协韵音乃来反。

⑥《尚书》武王伐纣,八百诸侯不期而至。

⑦《史记》楚成王布德施惠,结旧好于诸侯,使人献于天子。庄王,成王孙也。

　　纳伍举、苏纵之谏,罢淫乐,听国政,所诛数百人,所进数百人,国人大悦。

⑧《穀梁传》曰:"齐桓公为阳穀之会,一匡天下。"匡,正也。

⑨言楚尊事周室。

　　大将军何进闻让才名,欲辟命之,恐不至,诡以军事征召。既到,署令史,①进以礼见之。让善占(谢)〔射〕,〔29〕能辞对,时宾客满堂,莫不羡其风。府掾孔融、王朗并修刺候焉。②

①《续汉志》曰:"大将军下有令史及御史属三十一人。"

②朗字景兴,《魏志》有传。

　　议郎蔡邕深敬之,以为让宜处高任,乃荐于何进曰:"伏惟幕府初开,博选清英,华发旧德,并为元龟。①虽振鹭之集西雍,济济之在周庭,无以或加。②窃见令史陈留边让,天授逸才,聪明贤智。髫龀夙孤,不尽家训。③〔30〕及就学庐,便受大典。初涉诸经,见本知义,授者不能对其问,章句不能逮其意。〔31〕心通性达,口辩辞长。非礼不动,非法不言。若处狐疑之论,定嫌审之分,经典交至,捡括参合,众夫寂焉,莫之能夺也。使让生在唐、虞,则元、凯之次,运值仲尼,则颜、冉之亚,岂徒俗之凡偶近器而已者哉!〔32〕阶级名位,亦宜超然。若复随辈而进,〔33〕非所以章瑰伟之高价,昭知人之绝明也。传曰:'函牛之鼎以亨鸡,多汁则淡而不可食,少汁则熬而不可熟。'④此言大器之于小用,固有所不宜也。邑窃悁邑,⑤怪此宝鼎未受牺牛大羹之和,久在煎熬脔割之间。愿明将军回谋垂虑,裁加少纳,〔34〕贡之机密,展之力用。⑥若以年齿为嫌,则颜回不得贯德行之首,子奇终无理阿之功。⑦苟堪其事,古今一也。"

①华发,白首也。元龟所以知吉凶。《尚书》曰:"格人元龟。"

②《韩诗》曰:"振鹭于飞,于彼西雍。"薛君《章句》曰:"鹭,絜白之鸟也。西雍,文王(之)〔辟〕雍也。〔35〕言文王之时,辟雍学士皆絜白人也。"又曰:"济济多士,文王以宁。"

③髡,剪发为髡也。龇,毁齿也。

④《庄子》曰:"函牛之鼎沸,蚁不得措一足焉。"《吕氏春秋》曰,白圭对魏王曰"市丘之鼎以亨鸡,多洎之则淡不可食,少洎之则焦而不熟"也。函,容也。洎,汁也。

⑤悁邑,忧愤也。

⑥展,陈也。

⑦《说苑》曰:"子奇年十八为阿宰,有善绩。"

让后以高才擢进,屡迁,出为九江太守,不以为能也。

初平中,王室大乱,让去官还家。恃才气,不屈曹操,多轻侮之言。建安中,其乡人有构让于操,操告郡就杀之。文多遗失。

郦炎字文胜,范阳人,郦食其之后也。炎有文才,解音律,言论给捷,多服其能理。①灵帝时,州郡辟命,皆不就。有志气,作诗二篇曰:

①给,敏也。

大道夷且长,窘路狭且促。修翼无(与)〔卑〕栖,〔36〕远趾不步局。①舒吾陵霄羽,奋此千里足。超迈绝尘驱,倏忽谁能逐。贤愚岂常类,禀性在清浊。富贵有人籍,贫贱无天录。②通塞苟由己,志士不相卜。③陈平敖里社,④韩信钓河曲。⑤终居天下宰,食此万钟禄。⑥德音流千载,功名重山岳。

①窘,迫也。

②富贵者为人所载于典籍也,贫贱者不载于天录。天录谓若萧、曹见名于图书。

③言通塞苟若由己,则志士不须相卜也。故蔡泽谓唐举曰:"富贵吾自取之,所不知者寿也。"

④陈平为里社宰,分肉均。里中曰:"善哉陈孺子之为宰也!"曰:"使平宰天下亦犹是。"见《前书》。

⑤韩信家贫无行,不得为吏,钓于淮阴城下。河者,水之总名也。

⑥大斛四斗曰钟。

灵芝生河洲,动摇因洪波。兰荣一何晚,严霜瘁其柯。哀哉二芳草,不植太山阿。文质道所贵,遭时用有嘉。绛、灌临衡宰,谓谊崇浮华。贤才抑不用,远投荆南沙。①抱玉乘龙骥,不逢乐与和。②安得孔仲尼,为世陈四科!③

①贾谊欲革汉土德,改定律令,绛侯周勃及灌婴共毁之,文帝以谊为长沙太傅。见《前书》。

②伯乐、卞和。

③谓德行、政事、文学、言语也。

炎后风病慌忽。性至孝,遭母忧,病甚发动。妻始产而惊死,妻家讼之,收系狱。炎病不能理对,熹平六年,遂死狱中,时年二十八。尚书卢植为之诔赞,以昭其懿德。

侯瑾字子瑜,敦煌人也。少孤贫,依宗人居。性笃学,恒佣作为资,暮还辄爇柴以读书。①常以礼自牧,②独处一房,如对严宾焉。州郡累召,公车有道征,并称疾不到。作《矫世论》以讥切当时。而徙入山中,覃思著述。③以莫知于世,故作《应宾难》以自寄。又案《汉记》撰中兴以后行事,为《皇德传》三十篇,行于世。馀所作杂文数十篇,多亡失。(西)河〔西〕人敬其才[37]而不敢名之,皆称为侯君云。

①爨,古"然"字。

②《易》曰:"卑以自牧。"牧,养也。

③覃,静也。

　　高彪字义方,吴郡无锡人也。①家本单寒,至彪为诸生,游太学。有雅才而讷于言。尝从马融欲访大义,融疾不获见,乃覆刺遗融书曰:"承服风问,从来有年,②故不待介者而谒大君子之门,冀一见龙光,以叙腹心之愿。③不图遭疾,幽闭莫启。昔周公旦父文兄武,九命作伯,以尹华夏,犹挥沐吐餐,垂接白屋,④故周道以隆,天下归德。公今养痾傲士,故其宜也。"融省书惭,追谢还之,彪逝而不顾。

①无锡,今常州县。

②风问,风猷令问。

③《毛诗》曰:"既见君子,为龙为光。"龙,宠也。

④白屋,匹夫也。

　　后郡举孝廉,试经第一,除郎中,校书东观,数奏赋、颂、奇文,因事讽谏,灵帝异之。

　　时京兆第五永为督军御史,使督幽州,百官大会,祖饯于长乐观。[38]议郎蔡邕等皆赋诗,彪乃独作箴曰:"文武将坠,乃俾俊臣。①整我皇纲,董此不虔。②古之君子,即戎忘身。③明其果毅,尚其桓桓。④吕尚七十,气冠三军,诗人作歌,如鹰如鹯。⑤天有太一,五将三门;⑥地有九变,丘陵山川;⑦人有计策,六奇五间;⑧总兹三事,谋则咨询。⑨无曰己能,务在求贤,淮阴之勇,广野是尊。⑩周公大圣,石碏纯臣,以威克爱,以义灭亲。⑪勿谓时险,不正其身。勿谓无人,莫识己真。忘富遗贵,福禄乃存。枉道依合,复无所观。⑫先公高节,越可永遵。佩藏斯戒,以厉终身。"邕等甚美其文,以为莫尚也。

①俾,使也。

②董,正也。

③《易》曰:"不利即戎。"司马穰苴曰:"将受命之日忘其家,援枹鼓即忘
　其身。"〔39〕

④《左传》曰:"杀敌为果,致果为毅。"《尚书》曰:"勖哉夫子,尚桓桓。"桓桓,
　武貌。

⑤太公年七十遇文王。《毛诗》曰:"惟师尚父,时惟鹰扬。"

⑥《太一式》:"凡举事皆欲发三门,顺五将。"发三门者,开门、休门、生门。五将
　者,天目、文昌等。

⑦《孙子·九变篇》曰:"用兵有散地,有轻地,有争地,有交地,有衢地,有重地,
　有泛地,〔40〕有围地,有死地。诸侯自战其地,为散地。入人之地而不深,为
　轻地。我得则利,彼得亦利者,为争地。我可能往,彼可以来,为交地。诸侯
　之地三属,先至而得众,为衢地。入人地深,倍城邑多,为重地。行山林,阻
　沮泽,难行之道,为泛地。所由入者隘,所从归者少,彼寡可以击吾众者,为
　围地。疾战则存,不疾战则亡,为死地。通九变之利,知用兵矣。"

⑧陈平凡六出奇策。《孙子》曰:"用间有五,有因间,有内间,有反间,有死间,
　有生间。五间俱起,莫知其道,是谓神纪,人君之宝也。因间者,因其乡人而
　用之也。内间者,因其官人而用之也。反间者,因其敌间而用之也。死间
　者,为诳事于外,令吾间知之而得于敌者也。生间者,反报者也。"

⑨总天、地、人之事而询谋于众。

⑩臣贤案:《前书》韩信破赵,得广武君李左车,解其缚而师事之。而此作"广
　野"。案:广野君郦食其,无韩信师事处,盖误也。

⑪周公诛管、蔡,石碏杀其子厚也。克,胜也。《前书》孙宝曰:"周公上圣,邵公
　大贤。"《尚书》曰:"威克厥爱,允济。"《左传》曰:"石碏纯臣也。大义灭亲,其
　是之谓乎!"

⑫曲道以合时者,不足观也。

后迁(内)〔外〕黄令,〔41〕帝敕同僚临送,祖于上东门,①诏东观画彪
像以劝学者。彪到官,有德政,上书荐县人申徒蟠等。病卒于官,文章
多亡。

①洛阳城东面北头门。

子岱,亦知名。

　　张超字子并,河间鄚人也,①留侯良之后也。有文才。灵帝时,从车骑将军朱儁征黄巾,为别部司马。著赋、颂、碑文、荐、檄、笺、书、谒文、嘲,凡十九篇。超又善于草书,妙绝时人,[42]世共传之。

①今瀛州鄚县。

　　祢衡字正平,平原般人也。①少有才辩,而尚气刚傲,好矫时慢物。兴平中,避难荆州。建安初,来游许下。始达颍川,乃阴怀一刺,既而无所之适,至于刺字漫灭。是时许都新建,贤士大夫四方来集。或问衡曰:"盍从陈长文、司马伯达乎?"②对曰:"吾焉能从屠沽儿耶!"又问:"荀文若、赵稚长云何?"③衡曰:"文若可借面吊丧,稚长可使监厨请客。"④唯善鲁国孔融及弘农杨脩。常称曰:"大儿孔文举,小儿杨德祖。馀子碌碌,莫足数也。"融亦深爱其才。

①般,县,故城在今德州平昌县东。般音卜满反。[43]

②陈群字长文。司马朗字伯达,河内温人。

③赵为荡寇将军,见《魏志》。

④《典略》曰:"衡见荀仪容但有貌耳,故可吊丧。赵有腹大,[44]健啖肉,故可监厨也。"

　　衡始弱冠,而融年四十,遂与为交友。上疏荐之曰:"臣闻洪水横流,帝思俾乂,①旁求四方,以招贤俊。②昔孝武继统,[45]将弘祖业,畴咨熙载,群士响臻。③陛下睿圣,纂承基绪,遭遇厄运,劳谦日昃。④惟岳降神,异人并出。⑤窃见处士平原祢衡,年二十四,字正平,淑质贞亮,英才卓砾。[46]初涉艺文,升堂睹奥,目所一见,辄诵于口,耳所瞥闻,[47]不忘于心。性与道合,思若有神。⑥弘羊潜计,安世默识,以衡准之,诚不足怪。⑦忠果正直,志怀霜雪,见善若惊,疾恶若仇。⑧任座抗行,史鱼厉节,殆无以过也。⑨鸷鸟累伯,〔48〕不如一鹗。⑩使衡立朝,必有可观。飞辩骋辞,溢气坌涌,解疑释结,临敌有馀。昔贾谊求试属国,诡系单于;⑪终军欲以长缨,牵致劲越。⑫弱冠慷慨,前世美之。近日路粹、严象,亦用异才擢拜台郎,衡宜与为比。如得龙跃天衢,振翼云汉,扬声紫微,垂光虹蜺,足以昭近署之多士,增四门之穆穆。⑬钧天广乐,必有奇丽之观;⑭帝室皇居,必蓄非常之宝。若衡等辈,不可多得。《激楚》、《杨阿》,〔49〕至妙之容,台牧者之所贪;⑮〔50〕飞兔、騕褭,绝足奔放,良、乐之所急。⑯臣等区区,敢不以闻。"

①《孟子》曰:"尧时洪水横流,泛滥于天下。"《尚书》帝曰:"咨,汤汤洪水方割,有能俾乂。"俾,使也。乂,理也。

②《尚书》曰:"旁求天下。"

③《尚书》帝尧曰:"畴咨若时登庸。"又曰:"有能奋庸熙帝之载。"畴,谁也。熙,广也。载,事也。

④《易》曰:"劳谦君子有终吉。"《尚书》叙文王德曰:"自朝至于日中昃,不遑〔暇〕食。"〔51〕言不敢懈怠也。

⑤《毛诗》曰:"惟岳降神,生甫及申。"《公孙弘传赞》曰:"异人并出。"

⑥《淮南子》曰:"所谓真人者,性合于道也。"

⑦《前书》曰:"桑弘羊,洛阳贾人子,以心计,年十三为侍中。"又曰:"张安世字子孺,为郎。上行幸河东,尝亡书三箧,诏问莫能知,唯安世识之,具作其事。后购求得书,以相校,无所遗失。"

⑧《国语》楚蓝尹亹谓子西曰:"夫阖庐,闻一善言若惊,得一士若赏。"

⑨《吕氏春秋》魏文侯饮,问诸大夫曰:"寡人何如主也?"任座曰:"君不肖君也。克中山,不以封君之弟,而以封君之子,是以知君不肖君也。"《论语》孔子曰"直哉史鱼,邦有道如矢,邦无道如矢"也。

⑩邹阳上书之言也。鹗,大雕也。

⑪《前书》贾谊曰:"何不试以臣为属国之官,以主匈奴。行臣之计,请必系单于之颈而制其命。"

⑫《前书》终军曰"愿受长缨,必羁南越王而致之阙下"也。

⑬《尚书》曰:"宾于四门,四门穆穆。"

⑭《史记》曰,赵简子疾,五日不知人,大夫皆惧。医扁鹊曰:"血脉理也。昔秦

穆公如此,七日寤,寤而曰:'我之帝所甚乐。'今主君之疾与之同,不出三日
必间,间必有言也。"居二日,果寤,语大夫曰"我之帝所甚乐,与百神游于钧
天,广乐九奏,其声动心"也。

⑮诸本并作"台牧",未详其义。融《集》作"掌伎"。〔52〕

⑯《吕氏春秋》曰:"飞兔、骐衷,古骏马也。"高诱注曰:"日行万里。"王良、伯乐,
善御人也。

　　融既爱衡才,数称述于曹操。操欲见之,而衡素相轻疾,自称狂病,
不肯往,而数有恣言。操怀忿,而以其才名,不欲杀之。闻衡善击鼓,乃
召为鼓史,因大会宾客,阅试音节。诸史过者,皆令脱其故衣,更著岑牟
单绞之服。①次至衡,衡方为《渔阳》参挝,蹀躞而前,②容态有异,声节悲
壮,听者莫不慷慨。衡进至操前而止,吏诃之曰:"鼓史何不改装,而轻
敢进乎?"衡曰:"诺。"于是先解衵衣,③次释馀服,裸身而立,徐取岑牟、
单绞而著之,毕,复参挝而去,颜色不怍。④操笑曰:"本欲辱衡,衡反
辱孤。"

①《文士传》曰:"魏太祖欲辱衡,乃令人录用为鼓史。后至八月朝普天阅试鼓
节,〔53〕作三重阁,列坐宾客,以帛绢制作衣,一岑牟,一单绞及小裈。"《通史
志》曰:"岑牟,鼓角士胄也。"郑玄注《礼记》曰:"绞,苍黄之色也。"

②《文士传》曰:"衡击鼓作《渔阳》参捶,蹑地来前,蹜驳足脚,容态不常,鼓声甚
悲,易衣毕,复击鼓参捶而去。至今有《渔阳》参捶,自衡始也。"臣贤案:捶及
挝并击鼓杖也。参挝是击鼓之法,而王僧孺诗云:"散度《广陵》音,参写《渔
阳》曲。"而于其诗自音云:"参音七绀反。"后诸文人多同用之。据此诗意,则
参曲奏之名,则挝字入于下句,全不成文。下云"复参挝而去",足知"参挝"
二字当相连而读。参字音为去声,不知何所凭也。参七甘反。

③杜预注《左传》曰:"衵,近身衣也。"音女一反。

④怍,羞也。

　　孔融退而数之曰:"正平大雅,固当尔邪?"①因宣操区区之意。衡
许往。融复见操,说衡狂疾,今求得自谢。操喜,敕门者有客便通,待之
极晏。衡乃著布单衣、疏巾,手持三尺棁杖,②坐大营门,以杖捶地大
骂。吏白:外有狂生,坐于营门,言语悖逆,请收案罪。操怒,谓融曰:

"祢衡竖子,孤杀之犹雀鼠耳。顾此人素有虚名,远近将谓孤不能容之,今送与刘表,视当何如。"于是遣人骑送之。临发,众人为之祖道,先供设于城南,乃更相戒曰:"祢衡勃虐无礼,今因其后到,咸当以不起折之也。"及衡至,众人莫肯兴,衡坐而大号。众问其故,衡曰:"坐者为冢,卧者为尸,尸冢之间,能不悲乎!"

①雅,正也。言大雅君子不当尔。

②《说文》曰:"枛,大杖也。"音佗结反。

刘表及荆州士大夫先服其才名,甚宾礼之,文章言议,非衡不定。表尝与诸文人共草章奏,并极其才思。时衡出,还见之,开省未周,因毁以抵地。①表怃然为骇。②衡乃从求笔札,须臾立成,辞义可观。表大悦,益重之。

①抵,掷也。

②怃然,怪之也,音抚。

后复侮慢于表,表耻不能容,以江夏太守黄祖性急,故送衡与之,祖亦善待焉。衡为作书记,轻重疏密,各得体宜。祖持其手曰:"处士,此正得祖意,如祖腹中之所欲言也。"

祖长子射①为章陵太守,尤善于衡。尝与衡俱游,共读蔡邕所作碑文,射爱其辞,还恨不缮写。衡曰:"吾虽一览,犹能识之,②唯其中石缺二字为不明耳。"因书出之,射驰使写碑还校,如衡所书,莫不叹伏。射时大会宾客,人有献鹦鹉者,射举卮于衡曰:"愿先生赋之,以娱嘉宾。"衡(览)〔揽〕笔而作,〔54〕文无加点,辞采甚丽。

①射音亦。

②识,记也,音志。

后黄祖在蒙冲船上,①大会宾客,而衡言不逊顺,祖惭,乃诃之,衡更熟视曰:"死公! 云等道?"②祖大怒,令五百将出,③欲加箠,衡方大骂,祖恚,遂令杀之。祖主簿素疾衡,即时杀焉。射徒跣来救,不及。祖亦悔之,乃厚加棺敛。衡时年二十六,其文章多亡云。

①《释名》曰:"外狭而长曰蒙冲,以冲突敌船。"

②死公,骂言也。等道,犹今言何勿语也。

③五百犹今之问事也。解见《宦者传》。

　　赞曰:情志既动,篇辞为贵。①抽心呈貌,非雕非蔚。②殊状共体,同声异气。言观丽则,永监淫费。③

①《毛诗序》云:"情发于中而形于言。《诗》者志之所之,故情志动而篇辞作,斯文章之为贵。"

②雕,断也。《易》曰:"君子豹变,其文蔚。"

③杨雄曰:〔55〕"诗人之赋丽以则,辞人之赋丽以淫。"《礼记》曰:"不辞费。"

【校勘记】

〔1〕　富平侯放之孙也　按:《集解》引洪亮吉说,谓案《升传》,升以党锢事诛,年四十九,以升生年计之,放卒已一百三十馀年,范言升放之孙,未识何据。又引李赓芸说,谓"孙"上疑有脱字。

〔2〕　手足异门而出　殿本"手"作"首"。王先谦谓"手"字误,当依注作"首"。今按:《史记·孔子世家》云"手足异处",与《榖梁传》异。

〔3〕　两君就坛　汲本、殿本此下有"两相相揖"四字。今按:注引经传多删节,此或后人据《榖梁传》补也。

〔4〕　后见驱者　按:《集解》引惠栋说,谓"见"集作"逼"。

〔5〕　羿子瞉左　按:《集解》引惠栋说,谓"羿子"集作"羿弓"。

〔6〕　小而柄长谓之罩　按:"罩"原讹"罩",径改正。

〔7〕　是时司徒袁逢受计　按:《集解》引洪颐煊说,谓《灵帝纪》光和元年二月,光禄勋袁滂为司徒,二年三月,司徒袁滂免,元年受计者非袁逢也。

〔8〕　下郡计(史)〔吏〕而揖三公　据汲本、殿本改。

〔9〕　实望仁兄　按:《刊误》谓"兄"当作"君"。《两汉》未尝相呼为"仁兄",下文亦有"仁君"。

〔10〕　膝灸(块)〔坏〕溃　据汲本改。按:"灸"原讹"炙",径改正。

〔11〕　臧仓谮之　按:"仓"原讹"苍",径据汲本、殿本改正。

〔12〕　一名岑　按:《集解》引何焯说,谓《魏志》注中作"一名恭"。

〔13〕芋尹申亥　汲本"芋"作"芊",注同。按:《校补》引柳从辰说,谓此字《左传》注疏本作"芊",郝在田《金壶字考》云"芊音千,芊尹,复姓也"。案芊、芋、芋三字形近易讹,以音求形,作"芋"为是。至郝氏作"芊",以芊尹为复姓,则汲本之从千,可知亦别有所据,自不妨两存之。

〔14〕子囊楚令尹名(也)〔午〕　据殿本改。

〔15〕楚灵王子围　按:《刊误》谓案文多一"子"字"

〔16〕伐公子重耳于蒲　按:"蒲"原讹"蒱",径据汲本、殿本改正。

〔17〕傅瑕杀郑子而纳厉公〔厉公〕遂杀傅瑕也　王先谦谓"遂"上当更有"厉公"二字。今据补。

〔18〕比于〔齐〕鲁(卫)也　按:《集解》引惠栋说,谓依《前书》"鲁卫"当作"齐鲁"。今据改。

〔19〕老聃之(后)〔役〕有庚桑楚者　据汲本改。

〔20〕驰仁声之显赫　按:《集解》引王补说,谓《文选》曹植《赠丁仪王粲诗》注"驰"作"飞"。

〔21〕与齐晋〔争〕强　据《刊误》补。

〔22〕楚自克庸以来　按:"庸"原讹"广",径改正。

〔23〕若孤鹄之失群　按:《集解》引王补说,谓《文选·洛神赋》注"孤"作"离"。

〔24〕忽飘飘以轻逝兮　按:《集解》引王补说,谓《文选》陆机《日出东南隅行》注"飘飘"作"飘然"。

〔25〕淫乐未终　按:《集解》引王补说,谓《文选》谢惠连《咏牛女诗》注"淫"作"欢"。

〔26〕慆堙心耳　按:"慆"原讹"慉",径改正。

〔27〕游鱼出听　按:"游"原讹"淫",径改正。

〔28〕说苑　按:"苑"原讹"宛",径改正。

〔29〕让善占(谢)〔射〕　据殿本改。

〔30〕不尽家训　按:《集解》引惠栋说,谓"尽"《邕集》作"堕"。

〔31〕章句不能逮其意　按:《集解》引惠栋说,谓"逮"《邕集》作"遂"。

〔32〕岂徒俗之凡偶近器而已者哉　按:《刊误》谓案文多一"者"字。

〔33〕若复随辈而进　按:《集解》引惠栋说,谓《邕集》云"若复从此郡选举"云云。

〔34〕 愿明将军回谋垂虑裁加少纳　按:《集解》引惠栋说,谓《邕集》云"愿明将军回谋守虑,思垂采纳"。又引苏舆说,谓"裁加少纳"疑当作"少加裁纳"。

〔35〕 文王(之)〔辟〕雍也　据殿本改。

〔36〕 修翼无(与)〔卑〕栖　据汲本、殿本改。

〔37〕 (西)河〔西〕人敬其才　《集解》引陈景云说,谓"西河"当作"河西"。瑾敦煌人,河西四郡之一也。今据改。

〔38〕 祖饯于长乐观　按:《集解》引惠栋说,谓"长乐"当作"平乐"。

〔39〕 援枹鼓即忘其身　按:"枹"原讹"抱",径改正。

〔40〕 有汜地　按:《刊误》谓案孙子"汜"当作"圮"。

〔41〕 后迁(内)〔外〕黄令　按:《集解》引钱大昕说,谓"内黄"当作"外黄",惠栋说同,今据改。按:《御览》一七九引亦作"外黄"。

〔42〕 妙绝时人　按:"时"原讹"府",径据汲本、殿本改正。

〔43〕 般音卜满反　按:"卜"原讹"十",径改正。

〔44〕 赵有腹大　《刊误》谓"腹大"旧作"腹尺"。按《魏志·荀彧传》裴注引《典略》作"腹尺"。

〔45〕 昔孝武继统　按:《校补》谓《文选》"孝武"作"世宗",此皆章怀避改。

〔46〕 英才卓砾　按:《文选》"砾"作"跞",《校补》谓作"跞"是。

〔47〕 耳所瞥闻　按:《文选》"瞥"作"暂",《校补》谓作"暂"是。

〔48〕 鸷鸟累伯　汲本"伯"作"百"。按:古伯百通用。

〔49〕 激楚杨阿　汲本、殿本"杨"作"扬",《文选》作"阳"。按:作"阳"是。

〔50〕 台牧者之所贪　按:《集解》引钱大昕说,谓《文选》载此表作"掌技"。

〔51〕 不遑〔暇〕食　据汲本、殿本补。

〔52〕 融集作掌伎　"掌伎"汲本作"掌牧",殿本作"堂牧"。按:皆"掌伎"之讹。

〔53〕 后至八月朝普天阅试鼓节　按:《校补》谓"朝普天"语不明。《魏志》注引《文士传》作"后至八月朝大宴宾客并会",疑即"朝会大宴"四字之讹脱。

〔54〕 衡(览)〔揽〕笔而作　据汲本改。

〔55〕 杨雄曰　按:"杨"原作"扬",径据汲本、殿本改。

后汉书卷八十一

独行列传第七十一

孔子曰:"与其不得中庸,必也狂狷乎!"① 又云:"狂者进取,狷者有所不为也。"② 此盖失于周全之道,而取诸偏至之端者也。然则有所不为,亦将有所必为者矣;既云进取,亦将有所不取者矣。如此,性尚分流,为否异适矣。③

① 庸,常也。〔1〕中和可常行之道,谓之中庸。言若不得中庸之人与之居,必也须得狂狷之人。

② 此是录《论语》者,因夫子之言而释狂狷之人也。

③ 人之好尚不同,或为或否,各有所适。

中世偏行一介之夫,能成名立方者,盖亦众也。或志刚金石,而克扞于强御。① 或意严冬霜,而甘心于小谅。② 亦有结朋协好,幽明共心;③ 蹈义陵险,死生等节。④ 虽事非通圆,良其风轨有足怀者。而情迹殊杂,难为条品;片辞特趣,不足区别。措之则事或有遗,⑤ 载之则贯序无统。以其名体虽殊,而操行俱绝,故总为《独行篇》焉。庶备诸阙文,纪志漏脱云尔。

① 谓刘茂、卫福也。

② 戴就、陆续也。

③ 范式、张劭也。

④ 缪肜、李善也。

⑤ 措,置也。

谯玄字君黄,巴郡阆中人也。少好学,能说《易》、《春秋》。仕于州郡。成帝永始二年,有日食之灾,乃诏举敦朴逊让有行义者各一人。州举玄,诣公车,对策高第,拜议郎。

帝始作期门,数为微行。①立赵飞燕为皇后,后专宠怀忌,皇(太)子多横夭。〔2〕玄上书谏曰:“臣闻王者承天,继宗统极,保业延祚,莫急胤嗣,故《易》有幹蛊之义,《诗》咏众多之福。②今陛下圣嗣未立,天下属望,而不惟社稷之计,专念微行之事,爱幸用于所惑,曲意留于非正。窃闻后宫皇子产而不育。③臣闻之怛然,痛心伤剥,窃怀忧国,不忘须臾。夫警卫不修,则患生非常。忽有醉酒狂夫,分争道路,既无尊严之仪,岂识上下之别。此为胡狄起于毂下,而贼乱发于左右也。愿陛下念天下之至重,爱金玉之身,均九女之施,④存无穷之福,天下幸甚。”

①《前书》武帝微行,常与侍中、常侍、武骑及待诏北地良家子能骑射者期诸殿门,故有期门之号,自此始也。成帝微行亦然,故言始也。
②《易》曰:“幹父之蛊。”注云:“蛊,事也。”《毛诗》曰:“螽斯,后妃之德也。后妃不妒忌,则子孙众多也。”其诗曰:“螽斯羽,诜诜兮,宜尔子孙,振振兮。”
③《前书》成帝宫人曹伟能及许美人皆生子,赵昭仪皆令杀之。
④九女,解见《崔琦传》。

时数有灾异,玄辄陈其变。既不省纳,故久稽郎官。后迁太常丞,以弟服去职。

平帝元始元年,日食,又诏公卿举敦朴直言。大鸿胪左咸举玄诣公车对策,复拜议郎,迁中散大夫。〔3〕四年,选明达政事能班化风俗者八人。时并举玄,为绣衣使者,①持节,与太仆(任)〔王〕恽等分行天下,〔4〕观览风俗,所至专行诛赏。事未及终,而王莽居摄。玄于是纵使者车,②变易姓名,间窜归家,③因以隐遁。

①《前书》御史大夫领绣衣直指,出讨奸猾,理大狱。武帝所制,不常置。
②纵,舍也。
③间,私也。

后公孙述僭号于蜀,连聘不诣。述乃遣使者备礼征之;若玄不肯起,(使阳)〔便赐〕以毒药。〔5〕太守乃自赍玺书至玄庐,曰:“君高节已著,朝廷垂意,诚不宜复辞,自招凶祸。"玄仰天叹曰:"唐尧大圣,许由耻仕;周武至德,伯夷守饿。彼独何人,我亦何人。保志全高,死亦奚恨!"遂受毒药。玄子瑛泣血叩头于太守曰:"方今国家东有严敌,兵师四出,国用军资或不常充足,愿奉家钱千万,以赎父死。"太守为请,述听许之。玄遂隐藏田野,终述之世。

　　时兵戈累年,莫能修尚学业,玄独训诸子勤习经书。建武十一年卒。明年,天下平定,玄弟庆以状诣阙自陈。光武美之,策诏本郡祠以中牢,敕所在还玄家钱。

　　时亦有犍为费贻,不肯仕述,〔6〕乃漆身为厉,阳狂以避之,退藏山薮十馀年。述破后,仕至合浦太守。

　　瑛善说《易》,以授显宗,为北宫卫士令。①

　　　①《汉官仪》曰:"北宫卫士令一人,秩六百石。"

　　李业字巨游,广汉梓潼人也。少有志操,介特。习《鲁诗》,师博士许晃。元始中,举明经,除为郎。①

　　　①元始,平帝年也。

　　会王莽居摄,业以病去官,杜门不应州郡之命。太守刘咸强召之,业乃载病诣门。咸怒,出教曰:"贤者不避害,譬犹(毂)〔彀〕弩射市,薄命者先死。闻业名称,故欲与之为治,而反托疾乎?"令诣狱养病,欲杀之。客有说咸曰:"赵杀鸣犊,孔子临河而逝。①未闻求贤而协以牢狱者也。"咸乃出之,因举方正。王莽以业为酒士,②病不之官,遂隐藏山谷,绝匿名迹,终莽之世。

　　　①《史记》曰"孔子既不得用于卫,将西见赵简子。至于河而闻窦鸣犊、舜华之
　　　　死也,临河而叹曰:'美哉河水,洋洋乎! 丘之不济,命也夫!'子贡进曰:'敢
　　　　问何谓也?'孔子曰:'窦鸣犊,舜华,晋国之贤大夫也。赵简子未得志之时,
　　　　须此两人而后从政。丘闻之也,刳胎杀夭则麒麟不至,竭泽而渔则蛟龙不合
　　　　阴阳,覆巢毁卵则凤凰不翔。何则? 君子讳伤其类。夫鸟兽之于不义也,尚
　　　　知避之,而况乎丘哉!'乃还"也。

②王莽时官酤酒,故置酒士也。

及公孙述僭号,素闻业贤,征之,欲以为博士,业固疾不起。数年,述羞不致之,乃使大鸿胪尹融持毒酒奉诏命以劫业:若起,则受公侯之位;不起,赐之以药。融譬旨曰:"方今天下分崩,孰知是非,而以区区之身,试于不测之渊乎!朝廷贪慕名德,旷官缺位,于今七年,四时珍御,不以忘君。宜上奉知己,下为子孙,身名俱全,不亦优乎!今数年不起,猜疑寇心,〔7〕凶祸立加,非计之得者也。"业乃叹曰:"危国不入,乱国不居。①亲于其身为不善者,义所不从。君子见危授命,②何乃诱以高位重饵哉?"融见业辞志不屈,复曰:"宜呼室家计之。"业曰:"丈夫断之于心久矣,何妻子之为?"遂饮毒而死。述闻业死,大惊,又耻有杀贤之名,乃遣使吊祠,赙赠百匹。业子翚逃辞不受。

①《论语》孔子曰:"危邦不入,乱邦不居。天下有道则见,无道则隐。"

②《论语》曰:"亲于其身为不善者,君子不入。"又曰:"君子见危授命,见得思义。"

蜀平,光武下诏表其闾,《益部纪》载其高节,图画形象。

初,平帝时,蜀郡王皓为美阳令,王嘉为郎。王莽篡位,并弃官西归。及公孙述称帝,遣使征皓、嘉,恐不至,遂先系其妻子。使者谓嘉曰:"速装,妻子可全。"对曰:"犬马犹识主,况于人乎!"王皓先自刭,以首付使者。述怒,遂诛皓家属。王嘉闻而叹曰:"后之哉!"乃对使者伏剑而死。

是时犍为任永(君)〔及〕业同郡冯信,〔8〕并好学博古。公孙述连征命,待以高位,皆托青盲以辟世难。永妻淫于前,匿情无言;见子入井,忍而不救。信侍婢亦对信奸通。及闻述诛,皆盥洗更视曰:"世适平,目即清。"淫者自杀。光武闻而征之,并会病卒。

刘茂字子卫,太原晋阳人也。少孤,独侍母居。家贫,以筋力致养,孝行著于乡里。及长,能习《礼经》,教授常数百人。哀帝时,察孝廉,再迁五原属国候,遭母忧去官。服竟后为沮阳令。① 会王莽篡位,茂弃官,避世弘农山中教授。

①沮阳,县,属上谷郡,故城在今妫州东。沮音阻。

建武二年,归,为郡门下掾。时赤眉二十馀万众攻郡县,杀长吏及府掾史。茂负太守孙福逾墙藏空穴中,得免。其暮,俱奔盂县。① 昼则逃隐,夜求粮食。积百馀日,贼去,乃得归府。明年,诏书求天下义士。福言茂曰:"臣前为赤眉所攻,吏民坏乱,奔走趣山,臣为贼所围,命如丝发,赖茂负臣逾城,出保盂县。茂与弟触冒兵刃,缘山负食,臣及妻子得度死命,节义尤高。宜蒙表擢,以厉义士。"诏书即征茂拜议郎,迁宗正丞。② 后拜侍中,卒官。

①今并州盂县也。

②《续汉书》宗正丞一人,比千石也。

(元初)〔延平〕中,鲜卑数百馀骑寇渔阳,〔9〕太守张显率吏士追出塞,遥望虏营烟火,急趣之。兵马掾严授虑有伏兵,苦谏止,不听。显蹙令进,授不获已,前战,伏兵发,授身被十创,殁于阵。显拔刃追散兵,不能制,虏射中显,主簿卫福、功曹徐咸遽(起)〔赴〕之,〔10〕显遂堕马,福以身拥蔽,虏并杀之。朝廷愍授等节,诏书褒叹,厚加赏赐,各除子一人为郎中。

永初二年,剧贼毕豪等入平原界,县令刘雄将吏士乘船追之。至厌次河,① 与贼合战。雄败,执雄,以矛刺之。时小吏所辅②〔11〕前叩头求哀,愿以身代雄。豪等纵雄而刺辅,贯心洞背即死。东郡太守捕得豪等,具以状上。诏书追伤之,赐钱二十万,除父奉为郎中。

①厌次县之河也。

②所,姓也。《风俗通》曰:"宋大夫华所事之后也。汉有所忠,为谏大夫。"

温序字次房,太原祁人也。仕州从事。建武二年,骑都尉弓里戍① 将兵平定北州,到太原,历访英俊大人,问以策谋。戍见序奇之,上疏荐焉。于是征为侍御史,迁武陵都尉,病免官。

①弓里,姓也。〔12〕

六年,拜谒者,迁护羌校尉。〔13〕序行部至襄武,为隗嚣别将苟宇所拘劫。宇谓序曰:"子若与我并威同力,天下可图也。"序曰:"受国重任,分当效死,义不贪生苟背恩德。"宇等复晓譬之。序素有气力,大怒,叱宇等曰:"虏何敢迫胁汉将!"因以节抶杀数人。贼众争欲杀之。宇止之曰:"此义士死节,可赐以剑。"序受剑,衔须于口,顾左右曰:"既为贼所迫杀,无令须污土。"遂伏剑而死。

序主簿韩遵、从事王忠持尸归敛。光武闻而怜之,命忠送丧到洛阳,赐城傍为冢地,赙谷千斛、缣五百匹,除三子为郎中。长子寿,服竟为邹平侯相。梦序告之曰:"久客思乡里。"寿即弃官,上书乞骸骨归葬。帝许之,乃反旧茔焉。①

①序墓在今并州祁县西北。

彭脩字子阳,会稽毗陵人也。①年十五时,父为郡吏,得休,②与脩俱归,道为盗所劫,脩困迫,乃拔佩刀前持盗帅曰:"父辱子死,卿不顾死邪?"盗相谓曰:"此童子义士也,不宜逼之。"遂辞谢而去。乡党称其名。

①毗陵,今常州晋陵县也。《吴地记》曰:"本名延陵,吴王诸樊封季札。汉改曰毗陵。"

②休,假也。

后仕郡为功曹。时西部都尉宰晁行太守事,①以微过收吴县狱吏,将杀之,主簿锺离意争谏甚切,晁怒,使收缚意,欲案之,掾(吏)〔史〕莫敢谏。〔14〕脩排阁直入,拜于庭,曰:"明府发雷霆于主簿,请闻其过。"晁曰:"受教三日,初不奉行,废命不忠,岂非过邪?"脩因拜曰:"昔任座而折文侯,②朱云攀毁栏槛,③自非贤君,焉得忠臣?今庆明府为贤君,主簿为忠臣。"晁遂原意罚,贳狱吏罪。

①应劭《汉官》曰:"都尉,秦官也。本名郡尉。掌佐太守典其武职,秩比二千石。孝景时更名都尉。"

②解见《文苑·祢衡传》。

③《前书》成帝时,朱云上书,请以尚方斩马剑斩张禹。上欲杀之,云攀折殿槛。《西京杂记》云:"攀折玉槛。"

后州辟从事。时贼张子林等数百人作乱,郡言州,请脩守吴令。脩与太守俱出讨贼,贼望见车马,竞交射之,飞矢雨集。脩障扞太守,而为流矢所中死,太守得全。贼素闻其恩信,即杀弩中脩者,馀悉降散。言曰:"自为彭君故降,不为太守服也。"

索卢放字君阳,①东郡人也。以《尚书》教授千馀人。初署郡门下掾。更始时,使者督行郡国,太守有事,当就斩刑。放前言曰:"今天下所以苦毒王氏,归心皇汉者,实以圣政宽仁故也。而传车所过,未闻恩泽。太守受诛,诚不敢言,但恐天下惶惧,各生疑变。夫使功者不如使过,②愿以身代太守之命。"遂前就斩。使者义而赦之,由是显名。

①索卢,姓也。

②若秦穆赦孟明而用之,霸西戎。

建武六年,征为洛阳令,政有能名。以病乞身,徙谏议大夫,数纳忠言,后以疾去。

建武末,复征不起,光武使人舆之,见于南宫云台,赐谷二千斛,遣归,除子为太子中庶子。卒于家。①

①《续汉书》曰:"太子中庶子,秩六百石。"

周嘉字惠文,汝南安城人也。高祖父燕,宣帝时为郡决曹掾。太守欲枉杀人,燕谏不听,遂杀囚而黜燕。因家守阙称冤,诏遣覆考,燕见太守曰:"愿谨定文书,皆著燕名,府君但言时病而已。"出谓掾史曰:"诸君被问,悉当以罪推燕。如有一言及于府君,燕手剑相刃。"使〔者〕乃收燕系狱。〔15〕屡被掠楚,辞无屈桡。当下蚕室,乃叹曰:"我平王之后,正公玄孙,①岂可以刀锯之馀下见先君?"遂不食而死。燕有五子,皆至刺史、太守。

①《谢承书》曰"燕字少卿,其先出自周平王之后。汉兴,绍嗣封为正公,食采于
汝坟"也。

嘉仕郡为主簿。王莽末,群贼入汝阳城,嘉从太守何敞讨贼,敞为
流矢所中,郡兵奔北,贼围绕数十重,白刃交集,嘉乃拥敞,以身扞之。
因呵贼曰:"卿曹皆人隶也。为贼既逆,岂有还害其君者邪? 嘉请以死
赎君命。"因仰天号泣。群贼于是两两相视,曰:"此义士也!"给其车马,
遣送之。

后太守寇恂举为孝廉,拜尚书侍郎。光武引见,问以遭难之事。嘉
对曰:"太守被伤,命悬寇手,臣实驽怯,不能死难。"帝曰:"此长者也。"
诏嘉尚公主,嘉称病笃,不肯当。

稍迁零陵太守,视事七年,卒,零陵颂其遗爱,吏民为立祠焉。

嘉从弟畅,字伯持,性仁慈,为河南尹。永初二年,夏旱,久祷无应,
畅因收葬洛城傍客死骸骨凡万馀人,应时澍雨,岁乃丰稔。位至光
禄勋。

范式字巨卿,山阳金乡人也,一名汜。[16]少游太学,为诸生,与汝南
张劭为友。劭字元伯。二人并告归乡里。式谓元伯曰:"后二年当还,
将过拜尊亲,见孺子焉。"①乃共克期日。后期方至,元伯具以白母,请
设馔以候之。母曰:"二年之别,千里结言,尔何相信之审邪?"对曰:"巨
卿信士,必不乖违。"母曰:"若然,当为尔酝酒。"至其日,巨卿果到,升堂
拜饮,[17]尽欢而别。

①见其子也。孺子,稚子也。

式仕为郡功曹。后元伯寝疾笃,同郡郅君章、殷子徵晨夜省视之。
元伯临尽,叹曰:"恨不见吾死友!"子徵曰:"吾与君章尽心于子,是非死
友,复欲谁求?"元伯曰:"若二子者,吾生友耳。山阳范巨卿,所谓死友
也。"寻而卒。式忽梦见元伯玄冕垂缨屣履而呼曰:"巨卿,吾以某日死,

当以尔时葬,永归黄泉。子未我忘,岂能相及?"式怳然觉寤,悲叹泣下,具告太守,请往奔丧。太守虽心不信而重违其情,许之。式便服朋友之服,①投其葬日,驰往赴之。式未及到,而丧已发引,既至圹,将窆,②而柩不肯进。其母抚之曰:"元伯,岂有望邪?"遂停柩移时,乃见有素车白马,号哭而来。其母望之曰:"是必范巨卿也。"巨卿既至,叩丧言曰:"行矣元伯! 死生路异,永从此辞。"会葬者千人,咸为挥涕。式因执绋而引,柩于是乃前。式遂留止冢次,为修坟树,然后乃去。

①《仪礼·丧服记》曰:"朋友在他国,袒免,归则已。"注云:"谓无亲者为之主丧服。"又曰:"朋友麻。"注云:"朋友虽无亲,有同道之恩,相为服缌之绖带。"

②窆,下棺也。

后到京师,受业太学。时诸生长沙陈平子亦同在学,与式未相见,而平子被病将亡,谓其妻曰:"吾闻山阳范巨卿,烈士也,可以托死。吾殁后,但以尸埋巨卿户前。"乃裂素为书,以遗巨卿。既终,妻从其言。时式出行适还,省书见瘗,怆然感之,向坟揖哭,以为死友。乃营护平子妻儿,身自送丧于临湘。未至四五里,乃委素书于柩上,哭别而去。其兄弟闻之,寻求不复见。长沙上计掾史到京师,上书表式行状,三府并辟,不应。

举州茂才,四迁荆州刺史。友人南阳孔嵩,家贫亲老,乃变名姓,佣为新野县阿里街卒。①式行部到新野,而县选嵩为导骑迎式。②式见而识之,呼嵩,把臂谓曰:"子非孔仲山邪?"对之叹息,语及平生。曰:"昔与子俱曳长裾,游(集)〔息〕帝学,〔18〕吾蒙国恩,致位牧伯,而子怀道隐身,处于卒伍,不亦惜乎!"嵩曰:"侯嬴长守于贱业,③晨门肆志于抱关。④子欲居九夷,不患其陋。⑤贫者士之宜,岂为鄙哉!"式敕县代嵩,嵩以为先佣未竟,不肯去。

①阿里,里名也。

②导引之骑。

③《史记》曰,侯嬴年七十,家贫,为大梁夷门卒。魏公子闻之,往请,欲厚遗之,不肯受,曰:"臣修身洁行数十年,终不以监门困故受公子财。"

④解见《张皓传》也。

⑤《论语》曰："孔子欲居九夷。或曰:'陋,如之何?'子曰:'君子居之,何陋之有。'"

嵩在阿里,正身厉行,街中子弟皆服其训化。遂辟公府。之京师,道宿下亭,盗共窃其马,寻问知其嵩也,乃相责让曰:"孔仲山善士,岂宜侵盗乎!"于是送马谢之。嵩官至南海太守。

式后迁庐江太守,有威名,卒于官。

李善字次孙,南阳淯阳人,本同县李元苍头也。[19]建武中疫疾,元家相继死没,唯孤儿续始生数旬,而赀财千万,诸奴婢私共计议,欲谋杀续,分其财产。善深伤李氏而力不能制,乃潜负续逃去,隐山阳瑕丘界中,亲自哺养,乳为生渧,① 推燥居湿,备尝艰勤。续虽在孩抱,奉之不异长君,有事辄长跪请白,然后行之,闾里感其行,皆相率修义。续年十岁,善与归本县,修理旧业,告奴婢于长吏,悉收杀之。时钟离意为瑕丘令,上书荐善行状。光武诏拜善及续并为太子舍人。

① 渧,乳汁也。音竹用反。

善,显宗时辟公府,以能理剧,再迁日南太守。从京师之官,道经淯阳,过李元冢。未至一里,乃脱朝服,持锄去草。及拜墓,哭泣甚悲,身自炊爨,执鼎俎以修祭祀。垂泣曰:"君夫人,善在此。"尽哀,数日乃去。到官,以爱惠为政,怀来异俗。迁九江太守,未至,道病卒。

续至河间相。

王忳字少林,① 广汉新都人也。忳尝诣京师,于空舍中见一书生疾困,愍而视之。书生谓忳曰:"我当到洛阳,而被病,命在须臾,腰下有金十斤,愿以相赠,死后乞藏骸骨。"未及问姓名而绝。忳即鬻金一斤,营其殡葬,馀金悉置棺下,人无知者。后归数年,县署忳大度亭长。初到之日,有马驰入亭中而止。其日,大风飘一绣被,复坠忳前,即言之于县，县以归忳。忳后乘马到雒县，马遂奔走，牵忳入它舍。〔20〕主人见之喜曰："今禽盗矣。"问忳所由得马，忳具说其状，并及绣被。主人怅然良久，乃曰："被随旋风与马俱亡，卿何阴德而致此二物？"忳自念有葬书生事，因说之，并道书生形貌及埋金处。主人大惊号曰："是我子也。姓金名彦。前往京师，不知所在，何意卿乃葬之。大恩久不报，天以此章卿德耳。"忳悉以被马还之，彦父不取，又厚遗忳，忳辞让而去。时彦父为州从事，因告新都令，假忳休，〔21〕自与俱迎彦丧，馀金俱存。忳由是显名。

　　①忳音纯。

　　仕郡功曹，州治中从事。举茂才，除郿令。到官，至藄亭。①亭长曰："亭有鬼，数杀过客，不可宿也。"忳曰："仁胜凶邪，德除不祥，何鬼之避！"即入亭止宿。夜中闻有女子称冤之声。忳呪曰："有何枉状，可前求理乎？"女子曰："无衣，不敢进。"忳便投衣与之。女子乃前诉曰："妾夫为涪令，之官过宿此亭，亭长无状，贼杀妾家十馀口，〔22〕埋在楼下，悉取财货。"忳问亭长姓名。女子曰："即今门下游徼者也。"忳曰："汝何故数杀过客？"对曰："妾不得白日自诉，每夜陈冤，客辄眠不见应，不胜感患，故杀之。"忳曰："当为汝理此冤，勿复杀良善也。"因解衣于地，忽然不见。明旦召游徼诘问，具服罪，即收系，及同谋十馀人悉伏辜，遣吏送其丧归乡里，于是亭遂清安。

　　①藄音台。

　　张武者，吴郡由拳人也。①父业，郡门下掾，送太守妻子还乡里，至河内亭，盗夜劫之，业与贼战死，遂亡〔失〕尸〔骸〕。〔23〕武时年幼，不及识父。后之太学受业，每节，常持父遗剑，至亡处祭酹，〔泣〕而还。〔24〕太守第五伦嘉其行，举孝廉。遭母丧过毁，伤父魂灵不返，因哀恸绝命。

　　①由拳，县，故城在今苏州嘉兴县南。

　　陆续字智初,会稽吴人也。世为族姓。祖父闳,字子春,建武中为尚书令。美姿貌,喜著越布单衣,光武见而好之,自是常敕会稽郡献越布。

　　续幼孤,仕郡户曹史。时岁荒民饥,〔25〕太守尹兴使续于都亭赋民馈粥。续悉简阅其民,讯以名氏。事毕,兴问所食几何? 续因口说六百馀人,皆分别姓字〔26〕,无有差谬。兴异之,刺史行部,见续,辟为别驾从事。以病去,还为郡门下掾。

　　是时楚王英谋反,阴疏天下善士,及楚事觉,显宗得其录,有尹兴名,乃征兴诣廷尉狱。续与主簿梁宏、功曹史驷勋及掾史五百馀人诣洛阳诏狱就考,诸吏不堪痛楚,死者大半,唯续、宏、勋掠考五毒,肌肉消烂,终无异辞。续母远至京师,觇候消息,狱事特急,〔27〕无缘与续相闻,母但作馈食,付门卒以进之。续虽见考苦毒,而辞色慷慨,未尝易容,唯对食悲泣,不能自胜。使者怪而问其故。续曰:“母来不得相见,故泣耳。”使者大怒,以为门卒通传意气,〔28〕召将案之。续曰:“因食饷羹,识母所自调和,故知来耳,非人告也。”使者问:“何以知母所作乎?”续曰:“母尝截肉未尝不方,〔29〕断葱以寸为度,是以知之。”使者问诸谒舍,①续母果来,于是阴嘉之,上书说续行状。帝即赦兴等事,〔30〕还乡里,禁锢终身。续以老病卒。

　　①谒舍(所)谓〔所〕停主人之舍也。〔31〕

　　长子稠,广陵太守,有理名。中子逢,乐安太守。少子褒,力行好学,不慕荣名,连征不就。褒子康,已见前传。

　　戴封字平仲,济北刚人也。①年十五,诣太学,师事鄮令东海申君。申君卒,送丧到东海,道当经其家。父母以封当还,豫为娶妻。封暂过拜亲,不宿而去。还京师卒业。时同学石敬平温病卒,封养视殡敛,以所赍粮市小棺,送丧到家。家更敛,见敬平行时书物皆在棺中,乃大异之。封后遇贼,财物悉被略夺,唯馀缣七匹,贼不知处,封乃追以与之,曰："知诸君乏，故送相遗。"贼惊曰："此贤人也。"尽还其器物。

　①刚，县，故城在今兖州龚丘县东北。

　　后举孝廉，光禄主事，遭伯父丧去官。诏书求贤良方正直言之士，有至行能消灾伏异者，公卿郡守各举一人。郡及大司农俱举封。公车征，陛见，对策第一，擢拜议郎。迁西华令。时汝、颍有蝗灾，独不入西华界。时督邮行县，蝗忽大至，督邮其日即去，蝗亦顿除，一境奇之。其年大旱，封祷请无获，乃积薪坐其上以自焚。火起而大雨暴至，于是远近叹服。

　　迁中山相。时诸县囚四百馀人，辞状已定，当行刑。封哀之，皆遣归家，与克期日，皆无违者。诏书策美焉。

　　永元十二年，征拜太常，〔32〕卒官。

　　李充字大逊，陈留人也。家贫，兄弟六人同食递衣。〔33〕妻窃谓充曰："今贫居如此，难以久安，妾有私财，愿思分异。"充伪酬之曰："如欲别居，当酝酒具会，请呼乡里内外，共议其事。"妇从充置酒宴客。充于坐中前跪白母曰："此妇无状，而教充离间母兄，罪合遣斥。"便呵叱其妇，逐令出门，妇衔涕而去。坐中惊肃，因遂罢散。充后遭母丧，行服墓次，人有盗其墓树者，充手自杀之。服阕，立精舍讲授。

　　太守鲁平〔34〕请署功曹，不就。平怒，乃援充以捐沟中，因谪署县都亭长。不得已，起亲职役。后和帝公车征，不行。延平中，诏公卿、中二千石各举隐士大儒，务取高行，以劝后进，特征充为博士。时鲁平亦为博士，每与集会，常叹服焉。

　　充迁侍中。大将军邓骘贵戚倾时，无所下借，①以充高节，每卑敬之。尝置酒请充，宾客满堂，酒酣，骘跪曰："幸托椒房，位列上将，幕府初开，欲辟天下奇伟，以匡不逮，惟诸君博求其器。"充乃为陈海内隐居怀道之士，颇有不合。骘欲绝其说，以肉啖之。充抵肉于地，曰："说士犹甘于肉！"遂出，径去。骘甚望之。同坐汝南张孟举〔35〕往让充曰："一日闻足下与邓将军说士未究，②激刺面折，不由中和，出言之责，非所以光祚子孙者也。"充曰："大丈夫居世，贵行其意，何能远为子孙计哉！"由是见非于贵戚。

①下音假。借音子夜反。

②一日犹昨日也。

迁左中郎将，年八十八，为国三老。[36]安帝常特进见，赐以几杖。卒于家。

缪肜字豫公，汝南召陵人也。少孤，兄弟四人，皆同财业。及各娶妻，诸妇遂求分异，又数有斗争之言。肜深怀愤叹，乃掩户自挝曰："缪肜，汝修身谨行，学圣人之法，将以齐整风俗，奈何不能正其家乎！"弟及诸妇闻之，悉叩头谢罪，遂更为敦睦之行。

仕县为主簿。时县令被章见考，吏皆畏惧自诬，而肜独证据其事，掠考苦毒，至乃体生虫蛆，因复传换五狱，逾涉四年，令卒以自免。

太守陇西梁湛召为决曹史。安帝初，湛病卒官，肜送丧还陇西。始葬，会西羌反叛，湛妻子悉避乱它郡，肜独留不去，为起坟冢，乃潜穿井旁以为窟室，昼则隐窜，夜则负土，及贼平而坟已立。其妻子意肜已死，还见大惊。关西咸称传之，共给车马衣资，肜不受而归乡里。

辟公府，举尤异，迁中牟令。县近京师，多权豪，肜到，诛诸奸吏及托名贵戚宾客者百有馀人，威名遂行。卒于官。

陈重字景公，豫章宜春人也。①少与同郡雷义为友，俱学《鲁诗》、《颜氏春秋》。太守张云举重孝廉，重以让义，前后十馀通记，②云不听。义明年举孝廉，重与俱在郎署。

①宜春，今袁州县。

②记，书也。

有同署郎负息钱数十万，责主日至，诡求无已，①重乃密以钱代还。

郎后觉知而厚辞谢之。重曰：“非我之为，将有同姓名者。”终不言惠。又同舍郎有告归宁者，误持邻舍郎绔以去。主疑重所取，重不自申说，而市绔以偿之。后宁丧者归，以绔还主，其事乃显。

①《说文》曰：“诡，责也。”

重后与义俱拜尚书郎，义代同时人受罪，以此黜退，重见义去，亦以病免。

后举茂才，除细阳令。政有异化，举尤异，当迁为会稽太守，遭姊忧去官。后为司徒所辟，拜侍御史，卒。

雷义字仲公，[37] 豫章鄱阳人也。① 初为郡功曹，（皆）〔尝〕擢举善人，[38] 不伐其功。义尝济人死罪，[39] 罪者后以金二斤谢之，义不受，金主伺义不在，默投金于承尘上。后葺理屋宇，乃得之，金主已死，无所复还，义乃以付县曹。

①鄱阳，县，城在今饶州鄱阳县东。

后举孝廉，拜尚书侍郎，有同时郎坐事当居刑作，义默自表取其罪，以此论司寇。同台郎觉之，委位自上，乞赎义罪。顺帝诏皆除刑。

义归，举茂才，让于陈重，刺史不听，义遂阳狂被发走，不应命。乡里为之语曰：“胶漆自谓坚，不如雷与陈。”三府同时俱辟二人。义遂为守灌谒者。① 使持节督郡国行风俗，太守令长坐者凡七十人。旋拜侍御史，除南顿令，卒官。

①《汉官仪》曰：“谒者三十五人，以郎中秩满岁称给事，未满岁称灌谒者。”胡广云：“明章二帝服勤园陵，谒者灌桓，[40] 后遂称云。”马融以为“灌者，习所职也”。应奉云：“如胡公之言，则吉凶异制。马云‘灌，习也’，字又非也。[41] 高祖承秦，灌婴服事七年，号大谒者，后人掌之，以姓灌章，岂其然乎？”

子授，官至苍梧太守。

范冉字史云，① 陈留外黄人也。少为县小吏，年十八，奉檄迎督邮，冉耻之,乃遁去。到南阳,受业于樊英。又游三辅,就马融通经,历年乃还。

　　①"冉"或作"丹"。

　　冉好违时绝俗,为激诡之行。常慕梁伯鸾、闵仲叔之为人。与汉中李固、河内王奂亲善,而鄙贾伟节、郭林宗焉。①奂后为考城令,境接外黄,屡遣书请冉,冉不至。及奂迁汉阳太守,将行,冉乃与弟协步赍麦酒,于道侧设坛以待之。冉见奂车徒骆驿,遂不自闻,惟与弟共辩论于路。奂识其声,即下车与相揖对。奂曰:"行路仓卒,非陈〔契〕阔之所,〔42〕可共到前亭宿息,以叙分隔。"冉曰:"子前在考城,思欲相从,以贱质自绝豪友耳。今子远适千里,会面无期,故轻行相候,以展诀别。如其相追,将有慕贵之讥矣。"便起告违,拂衣而去。奂瞻望弗及,冉长逝不顾。

　　①《谢承书》曰:"奂字子昌,河内武德人。明《五经》,负笈追业,常赁灌园,耻交势利。为考城令,迁汉阳太守,征拜议郎,卒。"

　　桓帝时,以冉为莱芜长,①遭母忧,不到官。后辟太尉府,以狷急不能从俗,常佩韦于朝。②议者欲以为侍御史,因遁身逃命于梁沛之间,徒行敝服,卖卜于市。

　　①莱芜,县,属泰山郡,故城在今淄川县东南。

　　②《史记》曰,西门豹性急,佩韦以自缓。

　　遭党人禁锢,遂推鹿车,载妻子,捃拾自资,①或寓息客庐,或依宿树荫。如此十馀年,乃结草室而居焉。所止单陋,有时粮粒尽,穷居自若,言貌无改,闾里歌之曰:"甑中生尘范史云,釜中生鱼范莱芜。"

　　①袁山松《书》曰:"冉去官,尝使儿捃麦,得五斛。邻人尹台遗之一斛,嘱儿莫道。冉后知,即令并送六斛,言麦已杂矣,遂誓不敢受。"

　　及党禁解,为三府所辟,乃应司空命。是时西羌反叛,黄巾作难,制诸府掾属不得妄有去就。①冉首自劾退,诏书特原不理罪。又辟太尉府,以疾不行。

①制，制书也。

中平二年，年七十四，卒于家。临命遗令敕其子曰："吾生于昏暗之世，值乎淫侈之俗，生不得匡世济时，死何忍自同于世！气绝便敛，敛以时服，衣足蔽形，棺足周身，敛毕便穿，穿毕便埋。其明堂之奠，①干饭寒水，[43]饮食之物，勿有所下。坟封高下，令足自隐。②知我心者李子坚、王子炳也。③今皆不在，制之在尔，勿令乡人宗亲有所加也。"于是三府各遣令史奔吊。大将军何进移书陈留太守，累行论谥，佥曰宜为贞节先生。④会葬者二千馀人，刺史郡守各为立碑表墓焉。

①《礼》送死者衣曰明衣，器曰明器。郑玄注云："明者，神明之也。"此言明堂，亦神明之堂，谓圹中也。

②《前书》刘向曰："延陵季子葬子，其高可隐。"《音义》云："谓人立可隐肘也。"隐音於靳反。

③李子坚，李固也。

④《谥法》"清白守节曰贞，好廉自克曰节"也。

戴就字景成，会稽上虞人也。仕郡仓曹掾，扬州刺史欧阳参奏太守成公浮臧罪，遣部从事薛安案仓库簿领，收就于钱唐县狱。幽囚考掠，五毒参至。就慷慨直辞，色不变容。又烧鋘斧，使就挟于肘腋。①就语狱卒："可熟烧斧，勿令冷。"每上彭考，②因止饭食不肯下，肉焦毁堕地者，掇而食之。③主者穷竭酷惨，无复馀方，乃卧就覆船下，以马通薰之。④一夜二日，皆谓已死，发船视之，就方张眼大骂曰："何不益火，而使灭绝！"又复烧地，以大针刺指爪中，使以把土，爪悉堕落。主者以状白安，安呼见就，谓曰："太守罪秽狼藉，受命考实，君何故以骨肉拒扞邪？"就据地答言："太守剖符大臣，当以死报国。卿虽衔命，固宜申断冤毒，奈何诬枉忠良，强相掠理，令臣谤其君，子证其父！薛安庸骏，忸行无义，⑤就考死之日，当白之于天，与群鬼杀汝于亭中。如蒙生全，当手刃相裂！"安深奇其壮节，即解械，更与美谈，表其言辞，解释郡事。征浮还京师，免归乡里。

①“锾”从“吴”。《毛诗》云：“不吴不敖。”何承天《纂文》曰：“鬲，今之锾也。”张
　揖《字诂》云：“鬲，刃也。”锾音华。案《说文》、《字林》、《三苍》并无“锾”字。

②彭即〔旁〕〔筹〕也。〔44〕

③掇，拾也，丁活反。

④《本草经》曰：“马通，马矢也。”

⑤忸，伏也，犹言惯习。驸音吾楷反。

太守刘宠举就孝廉，光禄主事，病卒。①

①《风俗通》曰：“光禄奉胗上就为主事。”

赵苞字威豪，甘陵东武城人。①从兄忠，为中常侍，苞深耻其门族有
宦官名埶，不与忠交通。

①今贝州武城县。

初仕州郡，举孝廉，再迁广陵令。视事三年，政教清明，郡表其状，
迁辽西太守。抗厉威严，名振边俗。以到官明年，遣使迎母及妻子，垂
当到郡，道经柳城，①值鲜卑万馀人入塞寇钞，苞母及妻子遂为所劫质，
载以击郡。苞率步骑二万，与贼对阵。贼出母以示苞，苞悲号谓母曰：
“为子无状，欲以微禄奉养朝夕，不图为母作祸。昔为母子，今为王臣，
义不得顾私恩，毁忠节，唯当万死，无以塞罪。”母遥谓曰：“威豪，人各有
命，何得相顾，以亏忠义！昔王陵母对汉使伏剑，以固其志，尔其勉之。”
苞即时进战，贼悉摧破，其母妻皆为所害。苞殡敛母毕，自上归葬。灵
帝遣策吊慰，封鄃侯。②

①柳城，县，属辽西郡，故城在今营州南。

②鄃，今贝州县也，音式榆反。

苞葬讫，谓乡人曰：“食禄而避难，非忠也；杀母以全义，非孝也。如
是，有何面目立于天下！”遂欧血而死。

向栩字甫兴，〔45〕河内朝歌人，向长之后也。①少为书生，性卓诡不

伦。恒读《老子》,状如学道。又似狂生,好被发,著绛绡头。②常于灶北坐板床上,如是积久,板乃有膝踝足指之处。不好语言而喜长啸。宾客从就,辄伏而不视。有弟子,名为"颜渊"、"子贡"、"季路"、"冉有"之辈。或骑驴入市,乞匄于人。或悉要诸乞儿俱归止宿,为设酒食。时人莫能测之。郡礼请辟,举孝廉、贤良方正、有道,公府辟,皆不到。又与彭城姜肱、京兆韦著并征,栩不应。

①《高士传》向长,"向"字作"尚"也。

②《说文》:"绡,生丝也,从糸肖声。"音消。案:此字当作"幧",音此消反,其字从"巾"。古诗云:"少年见罗敷,脱巾著幧头。"郑玄注《仪礼》云:"如今著帩头,自项中而前,交额上,却绕髻也。"

后特征,到,拜赵相。及之官,时人谓其必当脱素从俭,①而栩更乘鲜车,御良马,世疑其始伪。及到官,略不视文书,舍中生蒿莱。

①脱易简素。

征拜侍中,每朝廷大事,侃然正色,百官惮之。会张角作乱,栩上便宜,颇讥刺左右,不欲国家兴兵,但遣将于河上北向读《孝经》,贼自当消灭。中常侍张让谗栩不欲令国家命将出师,疑与角同心,欲为内应。收送黄门北寺狱,杀之。

　　谅辅字汉儒,广汉新都人也。仕郡为五官掾。①时夏大旱,太守自出祈祷山川,连日而无所降。辅乃自暴庭中,慷慨呪曰:"辅为股肱,不能进谏纳忠,荐贤退恶,和调阴阳,承顺天意,至令天地否隔,万物焦枯,百姓喁喁,无所诉告,咎尽在辅。今郡太守改服责己,为民祈福,精诚恳到,未有感彻。辅今敢自祈请,若至〔日〕中不雨,[46]乞以身塞无状。"于是积薪柴聚菱茅以自环,②搆火其傍,将自焚焉。未及日中时,而天云晦合,须臾澍雨,一郡沾润。世以此称其至诚。

①《百官志》曰:"每州皆置诸曹掾史。有功曹史,主选署功劳。有五官掾,署功曹及诸曹事。"

②菱,干草也。

刘翊字子相,颍川颍阴人也。家世丰产,常能周施而不有其惠。曾行于汝南界中,有陈国张季礼远赴师丧,遇寒冰车毁,顿滞道路。翊见而谓曰:"君慎终赴义,行宜速达。"即下车与之,不告姓名,自策马而去。季礼意其子相也,后故到颍阴,还所假乘。翊闭门辞行,不与相见。

常守志卧疾,不屈聘命。河南种拂临郡,引为功曹,〔47〕翊以拂名公之子,①乃为起焉。拂以其择时而仕,甚敬任之。阳翟黄纲恃程夫人权力,求占山泽以自营植。拂召翊问曰:"程氏贵盛,在帝左右,不听则恐见怨,与之则夺民利,为之奈何?"翊曰:"名山大泽不以封,盖为民也。②明府听之,则被佞幸之名矣。若以此获祸,贵子申甫,则自以不孤也。"③拂从翊言,遂不与之。乃举翊为孝廉,不就。

①拂,暠之子也。

②《礼记》曰:"名山大泽不以封。"

③申甫,拂之子。

后黄巾贼起,郡县饥荒,翊救给乏绝,资其食者数百人。乡族贫者,死亡则为具殡葬,嫠独则助营妻娶。①

①寡妇为嫠,无夫曰独。〔48〕

献帝迁都西京,翊举上计掾。是时寇贼兴起,道路隔绝,使驿稀有达者。翊夜行昼伏,乃到长安。诏书嘉其忠勤,特拜议郎,迁陈留太守。翊散所握珍玩,唯余车马,自载东归。出关数百里,见士大夫病亡道次,翊以马易棺,脱衣敛之。又逢知故困馁于路,不忍委去,因杀所驾牛,以救其乏。众人止之,翊曰:"视没不救,非志士也。"遂俱饿死。

王烈字彦方,①太原人也。少师事陈寔,以义行称。乡里有盗牛者,主得之,盗请罪曰:"刑戮是甘,乞不使王彦方知也。"烈闻而使人谢之,遗布一端。或问其故,烈曰:"盗惧吾闻其过,是有耻恶之心。既怀耻恶,必能改善,故以此激之。"后有老父遗剑于路,行道一人见而守之,至暮,老父还,寻得剑,怪而问其姓名,以事告烈。烈使推求,乃先盗牛者也。诸有争讼曲直,将质之于烈,或至涂而反,或望庐而还。其以德感人若此。

①《魏志》烈字彦考。

察孝廉,三府并辟,皆不就。遭黄巾、董卓之乱,乃避地辽东,夷人尊奉之。太守公孙度接以昆弟之礼,①访酬政事。欲以为长史,烈乃为商贾自秽,得免。曹操闻烈高名,遣征不至。建安二十四年,终于辽东,年七十八。

①《魏志》曰:"公孙度字(叔)〔升〕济,〔49〕本辽东襄平人。度父延,避吏居玄菟,任为郡吏。时玄菟太守公孙(域)〔琙〕〔50〕子豹,年十八,早死,度少时名豹,又与(域)〔琙〕子同年,(域)〔琙〕见亲哀之,遣就师学,为娶妻。后举有道,除尚书郎,辽东太守。"

赞曰:乘方不忒,临义罔惑。①惟此刚絜,果行育德。②

①忒,差也。言独行之人,乘履方正,不差二也。

②《易·蒙卦·象》曰"君子以果行育德"也。

【校勘记】

〔1〕 庸常也　按:"常"原讹"当",径据汲本、殿本改正。

〔2〕 皇(太)子多横夭　《集解》引何焯说,谓案文当作"皇子",衍"太"字。今据删。

〔3〕 迁中散大夫　按:《集解》引惠栋说,谓《华阳国志》作"太中大夫"。

〔4〕 持节与太仆(任)〔王〕恽等分行天下　《前书·平帝纪》、《恩泽侯表》、《王莽传》并作"王恽",今据改。按:沈家本谓"王恽"作"任恽",乃传写之讹。

〔5〕 (使阳)〔便赐〕以毒药　据汲本、殿本改。

〔6〕 时亦有犍为费贻不肯仕述　按:《刊误》谓案文"亦"字乃合在"不"字上。

〔7〕 猜疑寇心　按:《集解》引沈钦韩说,谓《袁纪》作"阻疑众心"。

〔8〕 犍为任永(君)〔及〕业同郡冯信　殿本"君"作"及",《校补》谓作"及"非。今按:永字君业,《范书》名与字常并举,故《校补》云然。然下云"同郡冯

信",信字季诚,何不与"任永君业"同例,作"冯信季诚"? 且冯信广汉郪
人,与李业同郡,足证"君"当作"及",《校补》说非也。今据殿本改。

〔9〕　(元初)〔延平〕中鲜卑数百馀骑寇渔阳　《集解》引钱大昭说,谓"元初"应
依《鲜卑传》作"延平"。又引钱大昕说,谓本纪此事亦载于延平元年。
今按:下文称"永初二年",永初在延平后,元初前,则二钱之说是,今
据改。

〔10〕　功曹徐咸遽(起)〔赴〕之　据殿本改。

〔11〕　小吏所辅　按:何焯谓"小吏"疑当作"小史"。

〔12〕　弓里姓也　按:"里"原讹"理",径据汲本、殿本改正。

〔13〕　迁护羌校尉　按:《通鉴》止作"校尉"。《考异》谓检《西羌传》,建武九年方
置护羌校尉,牛邯为之,邯卒即省,温序无缘作"护羌",今但云"校尉"。

〔14〕　掾(吏)〔史〕莫敢谏　据汲本、殿本改。

〔15〕　使〔者〕乃收燕系狱　《刊误》谓"使"下少一"者"字。今据补。

〔16〕　一名氾　按:"氾"原讹"汜",径据殿本、《集解》本改正。

〔17〕　升堂拜饮　按:《御览》四三〇引作"升堂拜母"。

〔18〕　游(集)〔息〕帝学　殿本"集"作"息"。《集解》引惠栋说,谓《礼·学记》
"息焉游焉",当作"息"。今据改。

〔19〕　本同县李元苍头也　按:李慈铭谓案日本新出《璚玉集》引《孝子传》,
"李元"作"李文"。

〔20〕　牵怀入它舍　按:《集解》引惠栋说,谓《华阳国志》"它舍"作"宅舍"

〔21〕　假怀休　按:殿本"休"下有"息"字。

〔22〕　贼杀姜家十馀口　汲本无"贼"字,殿本"贼"作"枉"。按:《集解》引惠栋
说,谓《华阳国志》云"大小二十口"。

〔23〕　遂亡〔失〕尸〔骸〕　据汲本、殿本补。

〔24〕　至亡处祭酹〔泣〕而还　据殿本补。

〔25〕　时岁荒民饥　按:汲本、殿本"饥"下有"困"字。

〔26〕　皆分别姓字　按:"姓字"汲本作"姓氏",殿本作"姓名"。

〔27〕　狱事特急　殿本"特"作"持"。按:作"持"义较长。

〔28〕　以为门卒通传意气　按:殿本"门卒"作"狱门吏卒"。

〔29〕　母尝截肉未尝不方　《刊误》谓案文上"尝"字当作"常"。今按:上"尝"
字当衍。

〔30〕　帝即赦兴等事　　按：王先谦谓"事"字下疑夺文。

〔31〕　谒舍(所)谓〔所〕停主人之舍也　《集解》王先谦谓"所谓"当作"谓所"。今据改。

〔32〕　永元十二年征拜太常　　按：《集解》引惠栋说，谓《水经注》云"十三年"。

〔33〕　兄弟六人同食递衣　　按：《御览》四八四、五一五、五二一引，并作"同衣递食"。

〔34〕　太守鲁平　《集解》引惠栋说，谓平，鲁恭弟，本传作"丕"。按：沈家本谓下云延平中，特征充为博士，时鲁平亦为博士。据《鲁丕传》，延平中丕不在朝，安得与李充同为博士，恐此传鲁平别是一人。

〔35〕　张孟举　　按：《集解》引惠栋说，谓《袁宏纪》云"侍中张孟"。

〔36〕　年八十八为国三老　　按：汲本作"年八十八以为国三老"，殿本作"年八十以为国三老"。《校补》谓据《袁纪》载充卒年亦无八十八，则下"八"字或衍。

〔37〕　雷义字仲公　　按：张熷《读史举正》谓"仲公"《文选·广绝交论》注引作"仲预"。又按：《御览》四二〇引作"仲翁"。

〔38〕　(皆)〔尝〕擢举善人　　据汲本、殿本改。

〔39〕　义尝济人死罪　　按：《校补》谓案文"义"当作"又"，疑"又"讹"义"，"义"复讹"义"。

〔40〕　谒者灌桓　　按："桓"汲本作"曰"。《校补》谓"灌曰""灌桓"皆无义可诠，且应奉谓吉凶异制，疑本作"灌神"，墓祭非吉祭，朝夕上食，不灌也。

〔41〕　字又非也　　按：汲本、殿本"又"作"义"。

〔42〕　非陈〔契〕阔之所　　据汲本、殿本补。

〔43〕　干饭寒水　　按：《御览》五五四引"干"作"盂"。

〔44〕　鼓即(莕)〔筹〕也　　据汲本改。

〔45〕　向栩字甫兴　　按：《御览》六一〇引"甫兴"作"辅兴"。

〔46〕　若至〔日〕中不雨　　据殿本补。

〔47〕　引为功曹　　按：《集解》引惠栋说，谓"功曹"《谢承书》作"主簿"。

〔48〕　无夫曰独　　按：《集解》引周寿昌说，谓"夫"当作"妻"。《校补》谓"夫"当作"子"。

〔49〕　公孙度字(叔)〔升〕济　　据《集解》引惠栋说改，与《魏志》合。

〔50〕　公孙(域)〔域〕　　据《集解》引惠栋说改，与《魏志》合。

后汉书卷八十二上

方术列传第七十二上

仲尼称《易》有君子之道四焉,曰"卜筮者尚其占"。①占也者,先王所以定祸福,决嫌疑,幽赞于神明,遂知来物者也。②若夫阴阳推步之学,往往见于坟记矣。③然神经怪牒,玉策金绳,关扃于明灵之府,封縢于瑶坛之上者,靡得而窥也。至乃《河》、《洛》之文,龟龙之图,④箕子之术,⑤师旷之书,⑥纬候之部,⑦钤决之符,⑧皆所以探抽冥赜,参验人区,时有可闻者焉。⑨其流又有风角、遁甲、七政、元气、六日七分、逢占、日者、挺专、须臾、孤虚之术,⑩及望云省气,推处祥妖,时亦有以效于事也。⑪而斯道隐远,玄奥难原,故圣人不语怪神,罕言性命。⑫或开末而抑其端,⑬或曲辞以章其义,⑭所谓"民可使由之,不可使知之"。⑮

①《易·系辞》曰:"以言者尚其辞,以动者尚其变,以制器者尚其象,以卜筮者尚其占。"

②《易·说卦》曰:"圣人之作《易》也,幽赞于神明而生蓍。"《系辞》曰:"无有远近幽深,遂知来物。"

③《左传》曰:"履端于始,举正于中,归馀于终。"《尚书》曰"历象日月星辰"也。

④《尚书中候》曰:"尧沈璧于洛,玄龟负书,背中赤文朱字,〔1〕止坛。舜礼坛于河畔,沈璧,礼毕,至于下昃,黄龙负卷舒图,出水坛畔。"

⑤箕子说《洪范》五行阴阳之术也。

⑥占灾异之书也。今书《七志》有《师旷》六篇。

⑦纬,七经纬也。候,《尚书中候》也。

⑧兵法有《玉钤篇》及《玄女六韬要决》,曰:"太公对武王曰:'主将有阴符,有大胜得敌之符,符长一尺;有破军禽敌之符,符长九寸;有降城得邑之符,符长八寸;有却敌执远之符,符长七寸;有交兵惊中坚守之符,符长六寸;有请

粮食益兵之符,符长五寸;有败军亡将之符,符长四寸;有失亡吏卒之符,符
长三寸。诸奉使行符稽留,若符事闻,闻符所告者皆诛。'"

⑨《小尔雅》曰:"赜,深也。区,域也。"

⑩风角、六日七分,解并见《郎𫖮传》。遁甲,推六甲之阴而隐遁也,今书《七
志》有《遁甲经》。七政,日、月、五星之政也。元气者,谓开辟阴阳之书也。
《河图》曰:"元气阎阳为天。"《前书》班固曰:"东方朔之逢占、覆射。"《音义》
云:"逢人所问而占之也。"日者,卜筮掌日之术也,《史记》司马季主为日者。
挺专,折竹卜也。《楚辞》曰:"索琼茅以筵专。"注云:"筵,八段竹也。楚人
名结草折竹曰专。"挺音大宁反。须臾,阴阳吉凶立成之法也。今书《七志》
有武王《须臾》一卷。孤虚者,孤谓六甲之孤辰,若甲子旬中,戌亥无干,是
为孤也,对孤为虚。《前书·艺文志》有《风后孤虚》二十卷。

⑪望云,解见《明帝纪》。省气者,观城郭人畜气以占之也。

⑫《论语》曰:"子不语怪力乱神。"又曰:"子罕言利与命与仁。"

⑬《论语》曰:"孔子有疾,子路请祷。子曰:'丘之祷久矣。'"郑玄注云:"明素
恭肃于鬼神,且顺子路之言也。"

⑭《易》曰"探赜索隐,钩深致远,定天下之吉凶,成天下之亹亹者,莫善于蓍
龟"也。

⑮《论语》孔子之言也。郑玄注云:"由,从也。言王者设教,务使人从之,若皆
知其本末,则愚者或轻而不行。"

汉自武帝颇好方术,天下怀协道艺之士,莫不负策抵掌,顺风而届
焉。①后王莽矫用符命,及光武尤信谶言,士之赴趣时宜者,皆骋驰穿
凿,争谈之也。故王梁、孙咸名应图箓,越登槐鼎之任,②郑兴、贾逵以
附同称显,桓谭、尹敏以乖忤沦败,③自是习为内学,尚奇文,贵异数,不
乏于时矣。④是以通儒硕生,忿其奸妄不经,奏议慷慨,以为宜见藏摈。⑤
子长亦云:"观阴阳之书,使人拘而多忌。"盖为此也。⑥

①《前书》武帝时(李)少翁、〔2〕栾大等并以方术见。少翁拜文成将军,栾大拜
五利将军,贵震天下,而海上燕、齐之士,莫不搤腕而自言有禁方矣。抵,侧
击也。

②光武以《赤伏符》文拜梁为大司空,又以谶文拜孙咸为大司马,见《景丹传》。

③各见本传。

④内学谓图谶之书也。其事秘密，故称内。

⑤谓桓谭、贾逵、张衡之流也。各见本传。

⑥司马迁字子长，其父太史公《论六家之要》曰："观阴阳之术，太详而众忌，使
　人拘而多畏。"见《史记》也。

　　夫物之所偏，未能无蔽，虽云大道，其硋或同。①若乃《诗》之失愚，
《书》之失诬，然则数术之失，至于诡俗乎？如令温柔敦厚而不愚，斯深
于《诗》者也；疏通知远而不诬，斯深于《书》者也；②极数知变而不诡俗，
斯深于数术者也。③故曰："苟非其人，道不虚行。"④意者多迷其统，取遣
颇偏，甚有虽流宕过诞亦失也。⑤〔3〕

①硋音五爱反。

②《礼记》曰："其为人也，温柔敦厚，《诗》教也；疏通知远，《书》教也。《诗》之
　失愚，《书》之失诬。"郑玄注"《诗》敦厚，近愚；《书》知远，近诬"也。

③《易》曰："极数知来之谓占。"又曰："知变化之道者，其知神之所为乎？"

④《易·系辞》之文也。

⑤取遣谓信与不信也。阴阳之术，或信或不信，各有所执，故偏颇也。以为甚
　有者虽流宕失中，过称虚诞者，亦为失也。

　　中世张衡为阴阳之宗，郎𫖮咎征最密，馀亦班班名家焉。①其徒亦
有雅才伟德，未必体极艺能。今盖纠其推变尤长，可以弘补时事，因合
表之云。②

①谓襄楷、蔡邕、杨厚等也。

②表，显也。

　　任文公，巴郡阆中人也。①父文孙，〔4〕明晓天官风角秘要。文公少
修父术，州辟从事。哀帝时，有言越嶲太守欲反，刺史大惧，遣文公等五
从事检行郡界，潜伺虚实。共止传舍，时暴风卒至，文公遽趣白诸从事
促去，〔5〕当有逆变来害人者，因起驾速驱。诸从事未能自发，郡果使兵
杀之，文公独得免。

①阆中，今隆州县。

后为治中从事。时天大旱,白刺史曰:“五月一日,当有大水,其变已至,不可防救,宜令吏人豫为其备。”刺史不听,文公独储大船,百姓或闻,颇有为防者。到其日旱烈,文公急命促载,使白刺史,刺史笑之。日将中,天北云起,须臾大雨,至晡时,湔水涌起十馀丈,①突坏庐舍,所害数千人。文公遂以占术驰名。辟司空掾。平帝即位,称疾归家。

①郦元《水经注》云“湔水出绵道玉垒山”,〔6〕在今益州。湔音子延反。

王莽篡后,文公推数,①知当大乱,乃课家人负物百斤,环舍趋走,日数十,〔7〕时人莫知其故。后兵寇并起,其逃亡者少能自脱,惟文公大小负粮捷步,②悉得完免。遂奔子公山,十馀年不被兵革。

①推历运之数也。

②捷,健也。

公孙述时,蜀武担石折。①文公曰:“噫! 西州智士死,我乃当之。”自是常会聚子孙,设酒食。后三月果卒。故益部为之语曰:“任文公,智无双。”

①武担,山,在今益州成都县北百二十步。杨雄《蜀王本纪》云:“武都丈夫化为女子,颜色美绝,盖山精也。蜀王纳以为妃,无几物故,乃发卒之武都担土,葬于成都郭中,号曰武担。以石作镜一枚表其墓。”《华阳国志》曰:“王哀念之,遣五丁之武都担土为妃作冢,盖地数亩,高七丈。其石俗今名为石笋。”

郭宪字子横,汝南宋人也。①少师事东海王仲子。时王莽为大司马,召仲子,仲子欲往。宪谏曰:“礼有来学,无有往教之义。②今君贱道畏贵,窃所不取。”仲子曰:“王公至重,不敢违之。”宪曰:“今正临讲业,且当讫事。”仲子从之,日晏乃往。莽问:“君来何迟?”仲子具以宪言对,莽阴奇之。及后篡位,拜宪郎中,赐以衣服。宪受衣焚之,逃于东海之滨。莽深忿恚,讨逐不知所在。

①《续汉志》汝南郡有宋公国,周名郪丘,汉改为新郪,章帝建初四年,徙宋公于此。

②《礼记》曰:"礼闻来学,不闻往教。"

光武即位,求天下有道之人,乃征宪拜博士。再迁,建武七年,代张堪为光禄勋。从驾南郊。宪在位,忽回向东北,〔8〕含酒三潠。①执法奏为不敬。②诏问其故。宪对曰:"齐国失火,故以此厌之。"后齐果上火灾,与郊同日。

①《埤苍》曰:"潠,喷也。"音巽。

②执法,纠劾之官也。

八年,车驾西征隗嚣,宪谏曰:"天下初定,车驾未可以动。"宪乃当车拔佩刀以断车靷。①帝不从,遂上陇。其后颍川兵起,乃回驾而还。帝叹曰:"恨不用子横之言。"

①靷在马胸,音胤。

时匈奴数犯塞,帝患之,乃召百僚廷议。宪以为天下疲敝,不宜动众。谏争不合,乃伏地称眩瞀,不复言。①帝令两郎扶下殿,宪亦不拜。帝曰:"常闻'关东觥觥郭子横',竟不虚也。"②宪遂以病辞退,卒于家。

①瞀,乱也。

②觥觥,刚直之貌,音古横反。

许杨〔9〕字伟君,汝南平舆人也。少好术数。王莽辅政,召为郎,稍迁酒泉都尉。及莽篡位,杨乃变姓名为巫医,逃匿它界。莽败,方还乡里。

汝南旧有鸿郤陂,①成帝时,丞相翟方进奏毁败之。建武中,太守邓晨欲修复其功,闻杨晓水脉,召与议之。杨曰:"昔成帝用方进之言,②寻而自梦上天,天帝怒曰:'何故败我濯龙渊?'是后民失其利,多致饥困。时有谣歌曰:'败我陂者翟子威,饴我大豆,亨我芋魁。③反乎覆,陂当复。'〔10〕昔大禹决江疏河以利天下,明府今兴立废业,富国安民,童谣之言,将有征于此。诚愿以死效力。"晨大悦,因署杨为都水掾,使典其事。杨因高下形势,起塘四百馀里,数年乃立。④百姓得其便,累岁大稔。

①陂在今豫州汝阳县东。

②《前书》翟方进奏坏鸿郤陂。

③方进字子威。芋魁，芋根也。《前书》"饴"作"饭"，"亨"作"羹"。

④塘，堤堰水也。

初，豪右大姓因缘陂役，竞欲辜较在所，杨一无听，遂共谮杨受取赇赂。晨遂收杨下狱，而械辄自解。狱吏恐，遽白晨。晨惊曰："果滥矣。太守闻忠信可以感灵，今其效乎！"即夜出杨，遣归。时天大阴晦，道中若有火光照之，时人异焉。后以病卒。晨于都(官)〔宫〕为杨起庙，〔11〕图画形像，百姓思其功绩，皆祭祀之。

高获字敬公，〔12〕汝南新息人也。为人尼首方面。①少游学京师，与光武有旧。师事司徒欧阳歙。歙下狱当断，获冠铁冠，带铁锧，诣阙请歙。帝虽不赦，而引见之。谓曰："敬公，朕欲用子为吏。宜改常性。"获对曰："臣受性于父母，不可改之于陛下。"出便辞去。

①尼首，首象尼丘山，中下四方高也。

三公争辟不应。后太守鲍昱请获，既至门，令主簿就迎，主簿(曰)但使骑吏迎之，〔13〕获闻之，即去。昱遣追请获，获顾曰："府君但为主簿所欺，不足与谈。"遂不留。时郡境大旱。获素善天文，晓遁甲，能役使鬼神。昱自往问何以致雨，获曰："急罢三部督邮，①明府当自北出，到三十里亭，雨可致也。"昱从之，果得大雨。每行县，辄轼其间。②获遂远遁江南，卒于石城。③石城人思之，共为立祠。

①《续汉书》曰："监属县有三部，每部督邮书掾一人。"

②轼，所以礼之。礼记曰"轼视马尾"也。

③石城在今苏州西南。

王乔者，河东人也。显宗世，为叶令。乔有神术，每月朔望，常自县诣台朝。帝怪其来数,而不见车骑,密令太史伺望之。言其临至,辄有双凫从东南飞来。于是候凫至,举罗张之,但得一只舄焉。乃诏尚方诼视,①则四年中所赐尚书官属履也。每当朝时,叶门下鼓不击自鸣,闻于京师。后天下玉棺于堂前,吏人推排,终不摇动。乔曰:"天帝独召我邪?"乃沐浴服饰寝其中,盖便立覆。宿昔葬于城东,土自成坟。其夕,县中牛皆流汗喘乏,而人无知者。百姓乃为立庙,号叶君祠。牧守每班录,皆先谒拜之。②吏人祈祷,无不如应。若有违犯,亦立能为祟。帝乃迎取其鼓,置都亭下,略无复声焉。或云此即古仙人王子乔也。③

①《说文》曰,诼亦视也。音真容反。

②王乔墓在今叶县东。

③刘向《列仙传》曰:"王子乔,周灵王太子晋也。好吹笙,作凤鸣。游伊洛间,道士浮丘公接上嵩山。(二)〔三〕十馀年后,〔14〕来于山上,告桓良曰:'告我家,七月七日待我缑氏山头。'果乘白鹤驻山颠,望之不得到,举手谢时人而去。"

谢夷吾字尧卿,会稽山阴人也。少为郡吏,学风角占候。太守第五伦擢为督邮。时乌程长有臧衅,伦使收案其罪。夷吾到县,无所验,但望阁伏哭而还。一县惊怪,不知所为。及还,白伦曰:"窃以占候,知长当死。近三十日,远不过六十日,游魂假息,非刑所加,故不收之。"伦听其言,至月馀,果有驿马赍长印绶,上言暴卒。伦以此益礼信之。①

①《谢承书》曰"伦甚崇其道德,转署主簿,使子从受《春秋》,夷吾待之如师弟子之礼。时或游戏,不肯读书,便白伦行罚,遂成其业"也。

举孝廉,为寿张令,①稍迁荆州刺史,②迁钜鹿太守。所在爱育人物,有善绩。及伦作司徒,令班固为文荐夷吾曰:"臣闻尧登稷、契,政隆太平;〔15〕舜用皋陶,政致雍熙。殷、周虽有高宗、昌、发之君,犹赖傅说、吕望之策,故能克崇其业,允协大中。③窃见钜鹿太守会稽谢夷吾,出自东州,厥土涂泥,而英姿挺特,奇伟秀出。才兼四科,行包九德,④仁足济时,知周万物。加以少膺儒雅,韬含六籍,推考星度,综校图录,探赜圣秘，观变历征，占天知地，与神合契，据其道德，以经王务。昔为陪隶，与臣从事，奋忠毅之操，躬史鱼之节，董臣严纲，勖臣懦弱，⑤得以免戾，实赖厥勋。及其应选作宰，惠敷百里，降福弥异，流化若神，爰牧荆州，威行邦国。奉法作政，有周、召之风；居俭履约，绍公仪之操。⑥寻功简能，为外台之表；听声察实，为九伯之冠。⑦迁守钜鹿，政合时雍。德量绩谋，有伊、吕、管、晏之任；阐弘道奥，同史苏、京房之伦。⑧虽密勿在公，而身出心隐，不殉名以求誉，不驰骛以要宠，念存逊遁，演志箕山。方之古贤，实有伦序；采之于今，超焉绝俗。诚社稷之元龟，大汉之栋甍。⑨宜当拔擢，使登鼎司，上令三辰顺轨于历象，下使五品咸训于嘉时，⑩必致休征克昌之庆，非徒循法奉职而已。臣以顽驽，器非其畴，⑪尸禄负乘，夕惕若厉。⑫愿乞骸骨，更授夷吾，上以光七曜之明，下以厌率土之望，庶令微臣塞咎免悔。"

①《谢承书》曰："县人女子张雨，早丧父母，年五十，不肯嫁，留养孤弟二人，教其学问，各得通经。雨皆为娉娶，皆成善士。夷吾荐于州府，使各选举，表复雨门户。永平十五年，蝗发泰山，流徙郡国，荐食五谷，过寿张界，飞逝不集。"

②《谢承书》曰："夷吾雅性明远，能决断罪疑。行部始到南阳县，遇孝章皇帝巡狩，驾幸鲁阳，有诏敕荆州刺史入传录见囚徒，诫长吏'勿废旧仪，朕将览焉'。上临西厢南面，夷吾处东厢，分帷隔中央。夷吾所决正一县三百余事，事与上合。而朝廷叹息曰：'诸州刺史尽如此者，朕不忧天下。'常以励群臣。"

③《尚书・洪范》曰："皇建其有极。"孔安国注云："皇，大；极，中也。"

④四科，见《文苑传》。《尚书》咎繇陈九德，曰"宽而栗，愿而恭，乱而敬，柔而立，扰而毅，直而温，简而廉，刚而塞，强而义"也。

⑤董，督也。勖，励也。

⑥《史记》公仪休相鲁，拔园葵，去织妇，不与人争利。

⑦《左传》曰："五侯九伯。"杜预注云："九州之伯也。"

⑧《左传》史苏，晋太史，善筮者。京房字君明，善阴阳占候，见《前书》。

⑨《尚书》曰："格人元龟，罔敢知吉。"元，大也。甍亦栋也。

⑩五品,五常之教也,谓父义,母慈,兄友,弟恭,子孝也。训,顺也。

⑪畴,类也。

⑫《易》曰:"负且乘,致寇至。"又曰:"夕惕若厉。"言君子终日乾乾,至于夕,犹
　怵惕戒惧,若危厉。

后以行春乘柴车,从两吏,①冀州刺史上其仪序失中,有损国典,左
转下邳令。豫克死日,如期果卒。敕其子曰:"汉末当乱,必有发掘露骸
之祸。"使悬棺下葬,墓不起坟。②

①柴车,贱车也。

②墓谓茔域。坟谓筑土。

时博士勃海郭凤亦好图谶,善说灾异,吉凶占应。先自知死期,豫
令弟子市棺敛具,至其日而终。①

①棺音古乱反。

杨由字哀侯,[16]蜀郡成都人也。少习《易》,并七政、元气、风云占
候。为郡文学掾。时有大雀夜集于库楼上,太守廉范以问由。由对曰:
"此占郡内当有小兵,然不为害。"后二十馀日,广柔县蛮夷反,杀伤长
吏,①郡发库兵击之。又有风吹削哺,②太守以问由。由对曰:"方当有
荐木实者,其色黄赤。"顷之,五官掾献橘数包。

①广柔县属蜀郡,故城在今茂州汶川县西。

②"哺"当作"柿",[17]音孚废反。《颜氏家训》曰:"削则札也。《左传》曰'削而
　投之'是也。史家假借为'肝肺'字,今俗或作'脯',或作为'反哺'之'哺',
　学士因云'是屏障之名',非也。《风角书》曰'庶人之风扬尘转削',若是屏
　障,何由可转。"

由尝从人饮,敕御者曰:"酒若三行,便宜严驾。"既而趣去。后主人
舍有斗相杀者,人请问何以知之。由曰:"向社中木上有鸠斗,此兵贼之
象也。"其言多验。著书十馀篇,名曰《其平》。终于家。

　　李南字孝山，丹阳句容人也。①少笃学，明于风角。和帝永元中，太守马棱坐盗贼事被征，当诣廷尉，吏民不宁，南特通谒贺。棱意有恨，谓曰："太守不德，今当即罪，而君反相贺邪？"南曰："且有善风，明日中时应有吉问，故来称庆。"旦日，棱延望景晏，以为无征；至晡，乃有驿使赍诏书原停棱事。南问其迟留之状。使者曰："向度宛陵浦里舣，②马踠足，是以不得速。"③棱乃服焉。后举有道，辟公府，病不行，终于家。

　　①句容，今润州县也。近句曲山有所容，因名焉。

　　②宛陵，县，属丹阳郡。舣，以舟济水也。

　　③踠，屈损也。

　　南女亦晓家术，为由拳县人妻。晨诣爨室，卒有暴风，妇便上堂从姑求归，辞其二亲。姑不许，乃跪而泣曰："家世传术，疾风卒起，先吹灶突及井，此祸为妇女主爨者，妾将亡之应。"因著其亡日。乃听还家，如期病卒。

　　李郃字孟节，汉中南郑人也。父颉，以儒学称，官至博士。郃袭父业，游太学，通《五经》。善《河》、《洛》风星，外质朴，人莫之识。县召署幕门候吏。

　　和帝即位，分遣使者，皆微服单行，各至州县，观采风谣。使者二人当到益部，投郃候舍。时夏夕露坐，郃因仰观，问曰："二君发京师时，宁知朝廷遣二使邪？"二人默然，惊相视曰："不闻也。"问何以知之。郃指星示云："有二使星向益州分野，故知之耳。"①

　　①《前书》觜觿、参，益州之分野也。

　　后三年，其使者一人拜汉中太守，郃犹为吏，太守奇其隐德，召署户曹史。时大将军窦宪纳妻，天下郡国皆有礼庆，郡亦遣使。郃进谏曰："窦将军椒房之亲，不修礼德，而专权骄恣，危亡之祸可翘足而待，愿明府一心王室，勿与交通。"太守固遣之，郃不能止，请求自行，许之。郃遂所在留迟，以观其变。行至扶风，而宪就国自杀，支党悉伏其诛，凡交通宪者,皆为免官,唯汉中太守不豫焉。

郃岁中举孝廉,五迁尚书令,又拜太常。元初四年,代袁敞为司空,数陈得失,有忠臣节。在位四年,坐请托事免。

安帝崩,北乡侯立,复为司徒。及北乡侯病,郃阴与少府河南陶范、步兵校尉赵直谋立顺帝,会孙程等事先成,故郃功不显。明年,坐吏民疾病,仍有灾异,赐策免。将作大匠翟酺上郃"潜图大计,以安社稷",于是录阴谋之功,封郃涉都侯,辞让不受。年八十馀,卒于家。门人上党冯胄独制服,心丧三年,时人异之。①

　①《家语》曰"仲尼既葬,弟子皆家于墓,行心丧之礼。三年丧毕,或去或
　　留"也。

胄字世威,奉世之后也。①常慕周伯况、闵仲叔之为人,隐处山泽,不应征辟。

　①奉代字子明,〔18〕宣帝时为前将军,见《前书》也。

郃子固,已见前传。弟子历,字季子。清白有节,博学善交,与郑玄、陈纪等相结。为新城长,政贵无为。亦好方术。时天下旱,县界特雨。官至奉车都尉。

段翳字元章,广汉新都人也。习《易经》,明风角。时有就其学者,虽未至,必豫知其姓名。尝告守津吏曰:"某日当有诸生二人,荷担问翳舍处者,幸为告之。"后竟如其言。又有一生来学,积年,自谓略究要术,辞归乡里。翳为合膏药,并以简书封于筒中,告生曰:"有急发视之。"生到葭萌,与吏争度,津吏树破从者头。生开筒得书,言到葭萌,与吏斗头破者,以此膏裹之。生用其言,创者即愈。生叹服,乃还卒业。翳遂隐居窜迹,终于家。

廖扶字文起,①汝南平舆人也。习《韩诗》、欧阳《尚书》,教授常数百人。父为北地太守,永初中,坐羌没郡下狱死。扶感父以法丧身,惮

为吏。及服终而叹曰："老子有言：'名与身孰亲？'吾岂为名乎！"遂绝志世外。专精经典，尤明天文、谶纬、风角、推步之术。州郡公府辟召皆不应。就问灾异，亦无所对。

①廖，音力吊反，又音力救反。

扶逆知岁荒，乃聚谷数千斛，悉用给宗族姻亲，又敛葬遭疫死亡不能自收者。常居先人冢侧，未曾入城市。太守谒焕，①先为诸生，从扶学，后临郡，未到，先遣吏修门人之礼，又欲擢扶子弟，固不肯，当时人因号为北郭先生。年八十，终于家。

①谒姓也。

二子，孟举、伟举，并知名。

折像字伯式，广汉雒人也。其先张江者，封折侯。[19]曾孙国为郁林太守，徙广汉，因封氏焉。国生像。

国有赀财二亿，家僮八百人。像幼有仁心，不杀昆虫，不折萌牙。能通《京氏易》，好黄老言。及国卒，感多藏厚亡之义，①乃散金帛资产，周施亲疏。或谏像曰："君三男两女，孙息盈前，当增益产业，何为坐自殚竭乎？"像曰："昔斗子文有言：'我乃逃祸，非避富也。'②吾门户殖财日久，盈满之咎，道家所忌。③今世将衰，子又不才。不仁而富，谓之不幸。④墙隙而高，其崩必疾也。"智者闻之咸服焉。

①《老子》曰"多藏必厚亡"也。
②《国语》曰："楚成王每出子文之禄，必逃，王止而后复。人谓子文曰：'人生求富而子逃之，何也？'子文曰：'夫从政者，以庇人也。人多旷者，而我取富，是勤人以自封也，死无日矣。我逃死，不逃富。'"
③《老子》曰："持而盈之，不如其已。金玉满堂，莫之能守。"
④《左传》曰："善人富谓之赏，[20]淫人富谓之殃。"

自知亡日，召宾客九族饮食辞诀，忽然而终。时年八十四。家无馀资，诸子衰劣如其言云。

　　樊英字季齐，[21]南阳鲁阳人也。少受业三辅，习《京氏易》，兼明
《五经》。又善风角、星筭，《河》、《洛》七纬，推步灾异。① 隐于壶山之
阳，② 受业者四方而至。州郡前后礼请不应；公卿举贤良方正、有道，皆
不行。

　　① 七纬者，《易》纬《稽览图》、《乾凿度》、《坤灵图》、《通卦验》、《是类谋》、《辨终
　　备》也；《书》纬《琁机钤》、《考灵耀》、《刑德放》、《帝命验》、《运期授》也；《诗》
　　纬《推度灾》、《记历枢》、《含神务》也；《礼》纬《含文嘉》、《稽命征》、《斗威仪》
　　也；《乐》纬《动声仪》、《稽耀嘉》、《汁图征》也；《孝经》纬《援神契》、《钩命决》
　　也；《春秋》纬《演孔图》、《元命包》、《文耀钩》、《运斗枢》、《感精符》、《合诚
　　图》、《考异邮》、《保乾图》、《汉含孳》、《佑助期》、《握诚图》、《潜潭巴》、《说题
　　辞》也。

　　② 山在今邓州新城县北，即张衡《南都赋》云"天封大狐"是也。

　　尝有暴风从西方起，英谓学者曰："成都市火甚盛。"因含水西向漱
之，乃令记其日时。客后有从蜀都来，云"是日大火，有黑云卒从东起，
须臾大雨，火遂得灭"。于是天下称其术艺。

　　安帝初，征为博士。至建光元年，复诏公车赐策书，征英及同郡孔
乔、① 李昺、② 北海郎宗、③ 陈留杨伦、④ 东平王辅六人，⑤ 唯郎宗、杨伦
到洛阳，英等四人并不至。

　　①《谢承书》曰"乔字子松，宛人也，学《古文尚书》、《春秋左氏传》。常幽居修
　　志，锐意典籍，至乃历年身不出门，乡里莫得瞻见。公车征不行，卒于
　　家"也。

　　②《谢承书》曰"昺字子然，鄤人也，笃行好学，不美荣禄。习《鲁诗》、《京氏
　　易》。室家相待如宾。州郡前后礼请不应。举茂才，除召陵令，不到官。公
　　车征不行，卒"也。

　　③《谢承书》曰："宗字仲绥，安丘人也，善《京氏易》、风角、星筭，推步吉凶。常
　　负笈荷担卖卜给食，癖服间行，人莫得知。安帝诏公车征，策文曰：'郎宗、
　　李昺、孔乔等前比征命，未肯降意。恐主者玩弄，礼意不备，使难进易退之
　　人龙潜不屈其身。各致嘉礼，遣诣公车，将以补察国政，辅朕之不逮。'青州
　　被诏书，遣宗诣公车，对策陈灾异，而为诸儒之表。拜议郎，除吴令。到官

一月,时卒暴风,宗占以为京师有大火,定火发时,果如宗言。诸公闻之,表上,博士征。宗耻以占事就征,文书未到,夜悬印绶置厅上遁去,终于家。子颍,自有传。”

④见《儒林传》。

⑤《谢承书》曰:‘辅字公助,平陆人也。学《公羊传》、《援神契》。常隐居野庐,以道自娱。辟公府,举有道,对策拜郎中。陈灾异,甄吉凶有验,拜议郎,以病逊。安帝公车征,不行,卒于家。”

永建二年,顺帝策书备礼,玄纁征之,复固辞疾笃。乃诏切责郡县,驾载上道。英不得已,到京,称病不肯起。乃强舆入殿,犹不以礼屈。帝怒,谓英曰:“朕能生君,能杀君;能贵君,能贱君;能富君,能贫君。君何以慢朕命?”英曰:“臣受命于天。生尽其命,天也;死不得其命,亦天也。陛下焉能生臣,焉能杀臣! 臣见暴君如见仇雠,立其朝犹不肯,可得而贵乎? 虽在布衣之列,环堵之中,①晏然自得,不易万乘之尊,又可得而贱乎? 陛下焉能贵臣,焉能贱臣! 臣非礼之禄,虽万钟不受;若申其志,虽箪食不厌也。②陛下焉能富臣,焉能贫臣!”帝不能屈,而敬其名,使出就太医养疾,月致羊酒。

①环堵,面一堵也。《庄子》曰“原宪居环堵之中”也。

②箪,笥也。《论语》曰,颜回在陋巷之中,一箪食,一瓢饮。

至四年三月,天子乃为英设坛席,令公车令导,尚书奉引,赐几杖,待以师傅之礼,延问得失。英不敢辞,拜五官中郎将。数月,英称疾笃,诏以为光禄大夫,赐告归。令在所送谷千斛,常以八月致牛一头,酒三斛;如有不幸,祠以中牢。英辞位不受,有诏譬旨勿听。

英初被诏命,金以为必不降志,及后应对,又无奇谟深策,谈者以为失望。①初,河南张楷与英俱征,既而谓英曰:“天下有二道,出与处也。吾前以子之出,能辅是君也,济斯人也。而子始以不訾之身,怒万乘之主;及其享受爵禄,又不闻匡救之术,进退无所据矣。”

①《谢承书》曰“南郡王逸素与英善,因与其书,多引古譬喻,劝使就聘。英顺逸议,谈者失望”也。

英既善术，朝廷每有灾异，诏辄下问变复之效，所言多验。①

①变灾异复于常也。

初，英著《易章句》，世名樊氏学，以图纬教授。颍川陈寔少从英学。尝有疾，妻遣婢拜问，英下床答拜。寔怪而问之。英曰："妻，齐也，共奉祭祀，礼无不答。"①其恭谨若是。年七十馀，卒于家。

①《礼记》曰："凡非吊丧非见国君，无不答拜。"

孙陵，灵帝时以谄事宦人为司徒。〔22〕

陈郡郐巡学传英业，官至侍中。

论曰：汉世之所谓名士者，其风流可知矣。虽弛张趣舍，时有未纯，于刻情修容，依倚道艺，以就其声价，非所能通物方，弘时务也。①及征樊英、杨厚，朝廷若待神明，至竟无它异。英名最高，毁最甚。李固、朱穆等以为处士纯盗虚名，无益于用，故其所以然也。然而后进希之以成名，世主礼之以得众，原其无用亦所以为用，则其有用或归于无用矣。何以言之？夫焕乎文章，时或乖用；本乎礼乐，适末或疏。②及其陶搢绅，藻心性，使由之而不知者，岂非道邈用表，乖之数迹乎？③而或者忽不践之地，赊无用之功，④至乃诮噪远术，贱斥国华，⑤以为力诈可以救沦敝，文律足以致宁平，智尽于猜察，道足于法令，虽济万世，其将与夷狄同也。⑥孟轲有言曰："以夏变夷，不闻变夷于夏。"况有未济者乎！

①《易》曰："方以类聚，物以群分。"

②文章虽美，时敝则不用也。礼乐诚贵，代末则废。

③言文章礼乐，其道邈远，出于常用之表，不可以数迹求也。

④《庄子》曰："惠子谓庄子曰：'子言无用。'庄子曰：'知无用而始可与言用矣。夫地非不广且大也，人之所用容足耳。然则侧足而垫之，致黄泉，人尚有用乎？'惠子曰：'无用。'庄子曰：'然则无用之为用也亦明矣。'"垫犹掘也。

⑤远术谓礼乐，国华谓怀道隐逸之士也。

⑥《前书·大人赋》曰："虽济万代，不足以喜。"

【校勘记】

〔1〕　背中赤文朱字　按:《集解》引惠栋说,谓案《中候握河纪》作"背甲赤文成字"。

〔2〕　(李)少翁　《校补》谓案《前书·郊祀志》拜文成将军者齐人少翁,史不言何姓,"李"字衍。今据删。按:殿本作"李少君",误。

〔3〕　甚有虽流宕过诞亦失　按:《刊误》谓案此不成文理,注亦不明,盖非范本真。

〔4〕　父文孙　《集解》引惠栋说,谓案《华阳国志》,文公为《文孙》弟。今按:父名"文孙",子不当名"文公",必有误。

〔5〕　文公遽趣白诸从事促去　按:汲本、殿本"趣"作"起"。

〔6〕　湔水出绵道玉垒山　按:王先谦谓"绵道"当作"绵虒道"。

〔7〕　日数十　按:《刊误》谓旧本有一"到"字,不合刊去。

〔8〕　忽回向东北　按:殿本"回"作"面"。

〔9〕　许杨　按:《校补》引柳从辰说,谓《御览》七十二引《谢承书》及本书,"杨"均作"阳"。

〔10〕　反乎覆陂当复　按:殿本《考证》王会汾谓案《前书·翟方进传》,此下有"谁云者两黄鹄"六字。

〔11〕　晨于都(官)〔宫〕为杨起庙　据汲本、殿本改。

〔12〕　高获字敬公　按:《集解》引汪文台说,谓《御览》十一引《谢承书》作"周获"。

〔13〕　主簿(曰)但使骑吏迎之　据《刊误》删。

〔14〕　(二)〔三〕十馀年后　据殿本改。按:《御览》三九、六六二引,并作"三十馀年"。

〔15〕　政隆太平　按:下云"政致雍熙",《刊误》谓案文势不当骈用两"政"字,盖本是"治",避唐讳作"化",后人不知,误改为"政"。

〔16〕　杨由字哀侯　按:古人名与字相应,"哀"疑"衷"之讹。

〔17〕　哺当作柿　"柿"原作"柿",径据殿本、《集解》本改。按:《校补》谓木柹之"柹"本从朩,果柿之"柿"本从市,俗作"柿"从朩,今皆讹作"柿",从市,俗遂皆写从朩,辩之不胜辩矣。

〔18〕 奉代字子明　按:汲本、殿本"代"作"世",此避唐讳,未回改也。

〔19〕 其先张江者封折侯　按:《集解》引惠栋说,谓《华阳国志》云江为武威太守,封南阳折侯,因氏焉。案南阳有析县,前汉属宏农,郦元音持益反,颜籀音先历反,字从木,不从手。

〔20〕 善人富谓之幸　《集解》引惠栋说,谓《左传》"幸"作"赏"。今按:赏与殃韵,作"幸"非也。

〔21〕 樊英字季齐　按:《集解》引惠栋说,谓"季齐"一作"季高",见《抱朴子》。

〔22〕 孙陵灵帝时以谄事宦人为司徒　按:《集解》引钱大昭说,谓案《灵帝纪》,陵为太尉,非司徒。

后汉书卷八十二下

方术列传第七十二下

唐檀字子产,豫章南昌人也。少游太学,习《京氏易》、《韩诗》、《颜氏春秋》,尤好灾异星占。后还乡里,教授常百馀人。

元初七年,郡界有芝草生,太守刘祗欲上言之,以问檀。檀对曰:"方今外戚豪盛,阳道微弱,斯岂嘉瑞乎?"祗乃止。永宁元年,南昌有妇人生四子,祗复问檀变异之应。檀以为京师当有兵气,其祸发于萧墙。① 至延光四年,中黄门孙程扬兵殿省,② 诛皇后兄车骑将军阎显等,立济阴王为天子,果如所占。

① 《论语》孔子曰:"吾恐季孙之忧,不在颛臾而在萧墙之内。"萧,肃也。谓屏墙也。言人臣至屏,无不肃敬。

② 扬,举也。

永建五年,举孝廉,除郎中。是时白虹贯日,檀因上便宜三事,陈其咎征。书奏,弃官去。著书二十八篇,名为《唐子》。卒于家。

公沙穆字文义,北海胶东人也。家贫贱。自为儿童不好戏弄,长习《韩诗》、《公羊春秋》,尤锐思《河》《洛》推步之术。居建成山中,依林阻为室,独宿无侣。时暴风震雷,有声于外呼穆者三,穆不与语。有顷,呼者自牖而入,音状甚怪,穆诵经自若,终亦无它妖异,时人奇之。后遂隐居东莱山,学者自远而至。

有富人王仲,致产千金。谓穆曰:"方今之世,以货自通,吾奉百万与子为资,何如?"对曰:"来意厚矣。夫富贵在天,得之有命,以货求位,吾不忍也。"①

> ①《谢承书》曰"穆尝养猪,猪有病,使人卖之于市。语之(言)〔云〕〔1〕'如售,当告买者言病,贱取其直;不可言无病,欺人取贵价'也。卖猪者到市即售,亦不言病,其直过价。穆怪之,问其故。贵半直追以还买猪人。告语(言)〔云〕'猪实病,欲贱卖,不图卖者人相欺,〔2〕乃取贵直。'买者言卖买私约,亦复辞钱不取。穆终不受钱而去"也。

后举孝廉,以高第为主事,迁缯相。①时缯侯刘敞,东海恭王之后也,所为多不法,废嫡立庶,傲很放恣。穆到官,谒曰:"臣始除之日,京师咸谓臣曰'缯有恶侯',以吊小相。明侯何因得此丑声之甚也?幸承先人之支体,传茅土之重,不战战兢兢,而违越法度,故朝廷使臣为辅。愿改往修来,自求多福。"乃上没敞所侵官民田地,废其庶子,还立嫡嗣。其苍头儿客犯法,皆收考之。因苦辞谏敞。敞涕泣为谢,多从其所规。

> ①缯,县,属琅邪郡,故城在今沂州承县东北也。

迁弘农令。县界有螟虫食稼,百姓惶惧。穆乃设坛谢曰:"百姓有过,罪穆之由,请以身祷。"于是暴雨,既霁而螟虫自销,百姓称曰神明。永寿元年,霖雨大水,三辅以东莫不湮没。穆明晓占候,乃豫告令百姓徙居高地,故弘农人独得免害。

迁辽东属国都尉,善得吏人欢心。年六十六卒官。六子皆知名。①〔3〕

> ①《谢承书》曰"穆子孚,字允慈。亦为善士,举孝廉,尚书侍郎,召陵令,上谷太守"也。

许曼者,汝南平舆人也。祖父峻,字季山,善卜占之术,多有显验,时人方之前世京房。自云少尝笃病,三年不愈,乃谒太山请命,①行遇道士张巨君,授以方术。所著《易林》,至今行于世。

> ①太山主人生死,故诣请命也。

曼少传峻学。桓帝时,陇西太守冯绲始拜郡,开绶笥,有两赤蛇分南北走。缇令曼筮之。卦成，曼曰："三岁之后，君当为边将，官有东名，当东北行三千里。复五年，更为大将军，南征。"延熹元年，缇出为辽东太守，讨鲜卑，至五年，复拜车骑将军，击武陵蛮贼，皆如占。其馀多此类云。

　　赵彦者，琅邪人也。少有术学。延熹三年，琅邪贼劳丙与太山贼叔孙无忌杀都尉，攻没琅邪属县，残害吏民。朝廷以南阳宗资为讨寇中郎将，杖钺将兵，督州郡合讨无忌。彦为陈《孤虚》之法，以贼屯在莒，莒有五阳之地，①宜发五阳郡兵，②从孤击虚以讨之。资具以状上，诏书遣五阳兵到。彦推遁甲，教以时进兵，一战破贼，燔烧屯坞，徐兖二州一时平夷。

①谓城阳、南武阳、开阳、阳都、安阳，并近莒。

②郡名有"阳"，谓山阳、广阳、汉阳、南阳、丹阳郡之类也。

　　樊志张者，汉中南郑人也。博学多通，隐身不仕。尝游陇西，时破羌将军段颎出征西羌，请见志张。其夕，颎军为羌所围数重，因留军中，三日不得去。夜谓颎曰："东南角无复羌，宜乘虚引出，住百里，还师攻之，可以全胜。"颎从之，果以破贼。于是以状表闻。又说其人既有梓慎、焦、董之识，①宜翼圣朝，咨询奇异。于是有诏特征，会病终。

①焦延寿，董仲舒。

　　单飏字武宣，山阳湖陆人也。以孤特清苦自立，善明天官、算术。举孝廉，稍迁太史令，侍中。出为汉中太守，公事免。后拜尚书，卒于官。

　　初，熹平末，黄龙见谯，光禄大夫桥玄问飏："此何祥也？"飏曰："其国当有王者兴。不及五十年，龙当复见，此其应也。"魏郡人殷登密记之。至建安二十五年春，黄龙复见谯，其冬，魏受禅。

韩说字叔儒,会稽山阴人也。博通《五经》,尤善图纬之学。举孝廉。与议郎蔡邕友善。数陈灾眚,及奏赋、颂、连珠。稍迁侍中。光和元年十月,说言于灵帝,云其晦日必食,乞百官严装。帝从之,果如所言。中平二年二月,又上封事,克期宫中有灾。至日南宫大火。迁说江夏太守,公事免。年七十,卒于家。

董扶字茂安,广汉绵竹人也。少游太学,与乡人任安齐名,俱事同郡杨厚,〔4〕学图谶。还家讲授,弟子自远而至。前后宰府十辟,公车三征,再举贤良方正、博士、有道,皆称疾不就。

灵帝时,大将军何进荐扶,征拜侍中,甚见器重。扶私谓太常刘焉曰:"京师将乱,益州分野有天子气。"焉信之,遂求出为益州牧,扶亦为蜀郡属国都尉,相与入蜀。去后一岁,帝崩,天下大乱,乃去官还家。年八十二卒。

后刘备称天子于蜀,皆如扶言。蜀丞相诸葛亮问广汉秦宓,〔5〕董扶及任安所长。宓曰"董扶褒秋毫之善,贬纤介之恶。任安记人之善,忘人之过"云。①

①《蜀志》曰:"宓字子敕,广汉绵竹人也。少有才学,州郡辟命,称疾不往。或谓宓曰:'足下欲自比巢、许、四皓,何故扬文藻,见瑰颖乎?'宓答曰:'仆文不能尽言,言不能尽意,何文藻之有扬乎?虎生而文炳,凤生而五色,岂以采自饰画哉,性自然也。'先主既定益州,广汉太守夏纂请宓为师友祭酒,领五官掾,称曰仲父。宓称疾,卧在第舍,寻拜左中郎将,长水校尉。吴使张温大敬服宓之文辩,迁大司农而卒。"

郭玉者,广汉雒人也。〔6〕初,有老父不知何出,常渔钓于涪水,因号涪翁。乞食人间,见有疾者,时下针石,辄应时而效,乃著《针经》、《诊脉法》传于世。①弟子程高寻求积年,翁乃授之。高亦隐迹不仕。玉少师事高,学方诊六微之技,阴阳隐侧之术。和帝时,为太医丞,多有效应。帝奇之,仍试令嬖臣美手腕者与女子杂处帷中,使玉各诊一手,问所疾

苦。玉曰："左阳右阴,〔7〕脉有男女,状若异人。臣疑其故。"帝叹息
称善。

　①诊,候也,音直忍反。

玉仁爱不矜,虽贫贱厮养,必尽其心力,而医疗贵人,时或不愈。帝
乃令贵人羸服变处,一针即差。召玉诘问其状。对曰："医之为言意也。
腠理至微,①随气用巧,针石之间,毫芒即乖。神存于心手之际,可得解
而不可得言也。夫贵者处尊高以临臣,臣怀怖慑以承之。其为疗也,有
四难焉:自用意而不任臣,一难也;将身不谨,二难也;骨节不强,不能使
药,三难也;好逸恶劳,四难也。针有分寸,时有破漏,②重以恐惧之心,
加以裁慎之志,臣意且犹不尽,何有于病哉! 此其所为不愈也。"帝善其
对。年老卒官。

　①腠理,皮肤之间也。《韩子》曰,扁鹊见晋桓侯,曰"君有病,在腠理"也。

　②分寸,浅深之度。破漏,日有冲破者也。

华佗字元化,①沛国谯人也,一名旉。②游学徐土,兼通数经。晓养
性之术,年且百岁而犹有壮容,时人以为仙。沛相陈珪举孝廉,太尉黄
琬辟,皆不就。

　①佗音徒何反。

　②音孚。

精于方药,处齐不过数种,①心识分铢,不假称量。针灸不过数
处。〔8〕若疾发结于内,针药所不能及者,乃令先以酒服麻沸散,既醉无
所觉,因刳破腹背,抽割积聚。若在肠胃,则断截湔洗,除去疾秽,既而
缝合,傅以神膏,四五日创愈,一月之间皆平复。②

　①齐音才计反。

　②《佗别传》曰"人有见山阳太守广陵刘景宗,说数见华佗,见其疗病平脉之
　　候,其验若神。琅邪刘勋为河内太守,有女年几二十,左脚膝里上有疮,痒
　　而不痛。创发数十日愈,愈已复发,如此七八年。迎佗使视,佗曰:'易疗
　　之。当得稻糠色犬一头,好马二匹。'以绳系犬颈,使走马牵犬。马极辄易,

计马走犬三十餘里,犬不能行,复令步人拖曳,计向五十餘里。乃以药饮女,女即安卧不知人。因取犬断腹近后脚之前,所断之处,向创口令去三二寸,停之须臾,有若蛇者从创中出,便以铁锥横贯蛇头,蛇在皮中摇动良久,须臾不动,牵出,长三尺所,纯是蛇,但有眼处而无童子,又逆鳞耳。以膏散著创中,七日愈。又有人苦头眩,头不得举,目不得视,积年。佗使悉解衣倒悬,令头去地一二寸,濡布拭身体,令周匝,候视诸脉,尽出五色。佗令弟子数人以铍刀决脉五色血尽,视赤血出乃下,以膏摩,被覆,汗出周匝,饮以亭历犬血散,立愈。又有妇人长病经年,世谓寒热注病者也。冬十一月中,佗令坐石槽中,〔且〕〔旦〕用寒水汲灌,〔9〕云当满百。始七八灌,战欲死,灌者惧,欲止,佗令满数。至将八十灌,热气乃蒸出,嚣嚣高二三尺。满百灌,佗乃然火温床,厚覆良久,汗洽出著粉,汗燥便愈。又有人病腹中半切痛,十餘日中,须眉堕落。佗曰:‘是脾半腐,可刳腹养疗也。’佗便饮药令卧,破腹视,脾半腐坏。刮去恶肉,以膏傅创,饮之药,百日平复”也。

佗尝行道,见有病咽塞者,①因语之曰:“向来道隅有卖饼人,萍虀甚酸,②〔10〕可取三升饮之,病自当去。”即如佗言,立吐一蛇,乃悬于车而候佗。时佗小儿戏于门中,逆见,自相谓曰:“客车边有物,必是逢我翁也。”及客进,顾视壁北,悬蛇以十数,乃知其奇。③

①咽,喉也。

②《诗义疏》曰:“蘋,澹水上浮萍(者)。粗大〔者〕谓之蘋,〔11〕小者为萍。季春始生,可糁蒸为茹,又可苦酒淹就酒也。”《魏志》及《本草》并作“蒜虀”也。

③《魏志》曰“故甘陵相夫人有身六月,腹痛不安。佗视脉,曰:‘胎已死。’使人手摸知所在,在左则男,在右则女。云‘在左’。于是为汤下之,果下男形,即愈。县吏尹代苦四支烦,口中干,不欲闻人声,小便不利。佗曰:‘试作热食,得汗即愈,不汗后三日死。’即作热食,而不汗出。佗曰:‘藏气已绝于内,当啼泣而绝。’果如佗言。府吏倪寻、李延共止,俱头痛身热,所苦正同。佗曰:‘寻当下之,延当发汗。’或难其异。佗曰:‘寻外实,延内实,故疗之宜殊。’即各与药,明旦并起”者也。

又有一郡守笃病久,佗以为盛怒则差。乃多受其货而不加功。无何弃去,又留书骂之。太守果大怒,令人追杀佗,不及,因瞋恚,吐黑血数升而愈。

又有疾者，诣佗求疗，佗曰："君病根深，应当剖破腹。[12]然君寿亦不过十年，病不能相杀也。"病者不堪其苦，必欲除之，佗遂下疗，应时愈，十年竟死。

广陵太守陈登忽患匈中烦懑，面赤，不食。佗脉之，曰："府君胃中有虫，欲成内疽，腥物所为也。"即作汤二升，再服，须臾，吐出三升许虫，头赤而动，半身犹是生鱼脍，所苦便愈。佗曰："此病后三期当发，遇良医可救。"登至期疾动，时佗不在，遂死。

曹操闻而召佗，常在左右。操积苦头风眩，佗针，随手而差。

有李将军者，妻病，呼佗视脉。佗曰："伤身而胎不去。"将军言间实伤身，胎已去矣。佗曰："案脉，胎未去也。"将军以为不然。妻稍差，百余日复动，更呼佗。佗曰："脉理如前，是两胎。先生者去，血多，故后儿不得出也。胎既已死，血脉不复归，必燥著母脊。"乃为下针，并令进汤。妇因欲产而不通。佗曰："死胎枯燥，埶不自生。"使人探之，果得死胎，人形可识，但其色已黑。佗之绝技，皆此类也。①

① 《佗别传》曰"有人病脚躄不能行，佗切脉，便使解衣，点背数十处，相去一寸或五寸，从邪不相当，言灸此各七壮，灸创愈即行也。后灸愈，灸处夹脊一寸上下，行端直均调如引绳"也。

为人性恶，难得意，且耻以医见业，又去家思归，乃就操求还取方，因托妻疾，数期不反。操累书呼之，又敕郡县发遣，佗恃能厌事，犹不肯至。操大怒，使人廉之，①知妻诈疾，乃收付狱讯，考验首服。荀彧请曰："佗方术实工，人命所悬，宜加全宥。"操不从，竟杀之。佗临死，出一卷书与狱吏，曰："此可以活人。"吏畏法不敢受，佗不强与，[13]索火烧之。

① 廉，察也。

初，军吏李成苦欬，昼夜不寐。佗以为肠痈，与散两钱服之，即吐二升脓血，于此渐愈。乃戒之曰："后十八岁，疾当发动，若不得此药，不可差也。"复分散与之。后五六岁，有里人如成先病，请药甚急，成愍而与

之,乃故往谯更从佗求,适值见收,意不忍言。后十八年,成病发,无药
而死。

广陵吴普、彭城樊阿皆从佗学。普依准佗疗,〔14〕多所全济。

佗语普曰:"人体欲得劳动,但不当使极耳。动摇则谷气得销,血脉
流通,病不得生,譬犹户枢,终不朽也。是以古之仙者为导引之事,熊经
鸱顾,①引挽腰体,动诸关节,以求难老。吾有一术,名五禽之戏:一曰
虎,二曰鹿,三曰熊,四曰猿,五曰鸟。②亦以除疾,兼利蹏足,以当导引。
体有不快,起作一禽之戏,怡而汗出,因以著粉,身体轻便而欲食。"普施
行之,年九十馀,耳目聪明,齿牙完坚。

①熊经,若熊之攀枝自悬也。鸱顾,身不动而回顾也。《庄子》曰:"吐故纳新,
　熊经鸟申,此导引之士,养形之人也。"

②《佗别传》曰:"吴普从佗学,微得其方。魏明帝呼之,使为禽戏,普以年老,
　手足不能相及,粗以其法语诸医。普今年将九十,耳不聋,目不冥,牙齿完
　坚,饮食无损。"

阿善针术。凡医咸言背及匈藏之间不可妄针,针之不可过四分,而
阿针背入一二寸,巨阙匈藏乃五六寸,而病皆瘳。阿从佗求方可服食益
于人者,佗授以漆叶青黏散:①漆叶屑一斗,〔15〕青黏十四两,以是为率。
言久服,去三虫,利五藏,轻体,使人头不白。阿从其言,寿百馀岁。漆
叶处所而有。青黏生于丰、沛、彭城及朝歌间。

①《佗别传》曰:"青黏者,一名地节,一名黄芝,主理五藏,益精气,本出于迷入
　山者,见仙人服之,以告佗。佗以为佳,语阿,阿又秘之。近者人见阿之寿,
　而气力强盛,怪之,遂责所服食,因醉乱,误道之。法一施,人多服者,皆有
　大验。"本《字书》无"黏"字,相传音女廉反,然今人无识此者,甚可恨惜。

汉世异术之士甚众,虽云不经,而亦有不可诬,故简其美者列于
传末:

泠寿光、唐虞、鲁女生三人者,皆与华佗同时。寿光年可百五六十
岁,行容成公御妇人法,①常屈颈鸱息,②须发尽白,而色理如三四十时,
死于江陵。唐虞道赤眉、张步家居里落,若与相及,死于乡里不其县。

鲁女生数说显宗时事，甚明了，议者疑其时人也。董卓乱后，莫知所在。③

①《列仙传》曰："容成公者，能善补导之事，取精于玄牝。其要谷神不死，守生养气者也。发白复黑，齿落复生。"御妇人之术，谓握固不泻，还精补脑也。

②鸲音居妖反。《毛诗》曰："有集唯鸲。"毛苌注曰："鸲，雉也。"《山海经》曰："女几之山多白鸲。"郭璞曰："似雉长尾，走且鸣也。"

③《汉武内传》曰"鲁女生，长乐人。初饵胡麻及术，绝谷八十馀年，日少壮，色如桃花，日能行三百里，走及獐鹿。传世见之，云三百馀年。后采药嵩高山，见一女人，曰：'我三天太上侍官也。'以《五岳真形〔图〕》与之，〔16〕并告其施行。女生道成，一旦与知友故人别，云入华山。去后五十年，先相识者逢女生华山庙前，乘白鹿，从玉女三十人，并令谢其乡里亲故人"也。

徐登者，闽中人也。①本女子，化为丈夫。善为巫术。又赵炳，〔17〕字公阿，东阳人，能为越方。②时遭兵乱，疾疫大起，二人遇于乌伤溪水之上，③遂结言约，共以其术疗病。各相谓曰："今既同志，且可各试所能。"登乃禁溪水，水为不流，炳复次禁枯树，树即生荑，④二人相视而笑，共行其道焉。

①闽中地，今泉州也。

②东阳，今婺州也。《抱朴子》曰："道士赵炳，以气禁人，人不能起。禁虎，虎伏地，低头闭目，便可执缚。以大钉钉柱，入尺许，以气吹之，钉即跃出射去，如弩箭之发。"《异苑》云："赵侯以盆盛水，吹气作禁，鱼龙立见。"越方，善禁咒也。

③郦元注《水经》曰："吴宁溪出吴宁县，经乌伤，谓之乌伤溪。"在今婺州义乌县东也。

④《易》曰："枯杨生荑。"王弼注云："荑者，杨之秀也。"

登年长，炳师事之。贵尚清俭，礼神唯以东流水为酌，削桑皮为脯。但行禁架，所疗皆除。①

①禁架即禁术也。

后登物故，炳东入章安，①百姓未之知也。炳乃故升茅屋，梧鼎而

纍，〔18〕主人见之惊懅，②炳笑不应，既而纍执，屋无损异。又尝临水求
度，船人不和之，③炳乃张盖坐其中，长啸呼风，乱流而济。于是百姓神
服，从者如归。章安令恶其惑众，收杀之。人为立祠室于永康，至今蚊
蚋不能入也。④

　　①县名，属会稽郡。本名回浦，光武改为章安。故城在今台州临海县东南。
　　②梧，支也。懅，忙也。
　　③和犹许也。俗本作"知"者误也。
　　④炳故祠在今婺州永康县东，俗呼为赵侯祠，至今蚊蚋不入祠所。江南犹传
　　　赵侯禁法以疗疾云。

　　费长房者，汝南人也。曾为市掾。市中有老翁卖药，悬一壶于肆
头，及市罢，辄跳入壶中。市人莫之见，唯长房于楼上睹之，异焉，因往
再拜奉酒脯。翁知长房之意其神也，谓之曰："子明日可更来。"长房旦
日复诣翁，翁乃与俱入壶中。唯见玉堂严丽，旨酒甘肴盈衍其中，共饮
毕而出。翁约不听与人言之。后乃就楼上候长房曰："我神仙之人，以
过见责，今事毕当去，子宁能相随乎？楼下有少酒，与卿为别。"长房使
人取之，不能胜，又令十人扛之，犹不举。①翁闻，笑而下楼，以一指提之
而上。视器如一升许，而二人饮之终日不尽。

　　①《说文》曰："两人对举为扛。"音江。

　　长房遂欲求道，而顾家人为忧。①翁乃断一青竹，度与长房身齐，使
悬之舍后。家人见之，即长房形也，以为缢死，大小惊号，遂殡葬之。长
房立其傍，而莫之见也。于是遂随从入深山，践荆棘于群虎之中。留使
独处，长房不恐。又卧于空室，以朽索悬万斤石于心上，众蛇竞来啮索
且断，长房亦不移。翁还，抚之曰："子可教也。"复使食粪，粪中有三虫，
臭秽特甚，长房意恶之。翁曰："子几得道，恨于此不成，如何！"

　　①顾，念也。

　　长房辞归，翁与一竹杖，曰："骑此任所之，则自至矣。既至，可以杖
投葛陂中也。"①又为作一符，曰："以此主地上鬼神。"长房乘杖，须臾来

归,自谓去家适经旬日,而已十馀年矣。即以杖投陂,顾视则龙也。家人谓其久死,不信之。长房曰:"往日所葬,但竹杖耳。"乃发冢剖棺,杖犹存焉。遂能医疗众病,鞭笞百鬼,及驱使社公。或在它坐,独自恚怒,人问其故,曰:"吾责鬼魅之犯法者耳。"

①陂在今豫州新蔡县西北。

汝南岁岁常有魅,伪作太守章服,诣府门椎鼓者,郡中患之。时魅适来,而逢长房谒府君,惶惧不得退,便前解衣冠,叩头乞活。长房呵之云:"便于中庭正汝故形!"即成老鳖,大如车轮,颈长一丈。长房复令就太守服罪,付其一札,以敕葛陂君。魅叩头流涕,持札植于陂边,以颈绕之而死。

后东海君来见葛陂君,因淫其夫人,于是长房劾系之三年,而东海大旱。长房至海上,见其人请雨,乃谓之曰:"东海君有罪,吾前系于葛陂,今方出之使作雨也。"于是雨立注。

长房曾与人共行,见一书生黄巾被裘,无鞍骑马,下而叩头。长房曰:"还它马,赦汝死罪。"人问其故,长房曰:"此狸也,盗社公马耳。"又尝坐客,而使至宛市鲊,[19]须臾还,乃饭。或一日之间,人见其在千里之外者数处焉。

后失其符,为众鬼所杀。

蓟子训者,不知所由来也。建安中,客在济阴宛句。①有神异之道。尝抱邻家婴儿,故失手堕地而死,其父母惊号怨痛,不可忍闻,而子训唯谢以过误,终无它说,遂埋藏之。后月馀,子训乃抱儿归焉。父母大恐,曰:"死生异路,虽思我儿,乞不用复见也。"儿识父母,轩渠笑悦,欲往就之,母不觉揽取,乃实儿也。虽大喜庆,心犹有疑,乃窃发视死儿,但见衣被,方乃信焉。于是子训流名京师,士大夫皆承风向慕之。

①今曹州县。句音劬。

后乃驾驴车,与诸生俱诣许下。道过荥阳,止主人舍,而所驾之驴忽然卒僵，蛆虫流出，主遽白之。子训曰："乃尔乎？"方安坐饭，食毕，徐出以杖扣之，驴应声奋起，行步如初，即复进道。其追逐观者常有千数。既到京师，公卿以下候之者，坐上恒数百人，皆为设酒脯，终日不匮。

后因遁去，遂不知所止。初去之日，唯见白云腾起，从旦至暮，如是数十处。时有百岁翁，自说童儿时见子训卖药于会稽市，颜色不异于今。后人复于长安东霸城见之，与一老公共摩挲铜人，①相谓曰："适见铸此，已近五百岁矣。"②顾视见人而去，犹驾昔所乘驴车也。见者呼之曰："蓟先生小住。"并行应之，③视若迟徐，而走马不及，于是而绝。

> ① 郦元《水经注》曰，魏文帝黄初元年，〔20〕徙长安金狄，重不可致，因留霸城南。
> ② 《史记》秦始皇二十六年，于咸阳铸金人十二，重各千斤，至此四百二十馀年。
> ③ 并犹且也，音蒲朗反。

刘根者，颍川人也。隐居嵩山中。诸好事者自远而至，就根学道，太守史祈以根为妖妄，乃收执诣郡，数之曰："汝有何术，而诬惑百姓？若果有神，可显一验事。不尔，立死矣。"根曰："实无它异，颇能令人见鬼耳。"祈曰："促召之，使太守目睹，尔乃为明。"根于是左顾而啸，有顷，祈之亡父祖近亲数十人，皆反缚在前，向根叩头曰："小儿无状，分当万坐。"顾而叱祈曰："汝为子孙，不能有益先人，而反累辱亡灵！可叩头为吾陈谢。"祈惊惧悲哀，顿首流血，请自甘罪坐。根嘿而不应，忽然俱去，不知在所。

左慈字元放，庐江人也。少有神道。尝在司空曹操坐，操从容顾众宾曰："今日高会，珍羞略备，所少吴松江鲈鱼耳。"①放于下坐〔21〕应曰："此可得也。"因求铜盘贮水，以竹竿饵钓于盘中，〔22〕须臾引一鲈鱼出。操大拊掌笑，〔23〕会者皆惊。操曰："一鱼不周坐席，可更得乎？"放乃更饵钩沈之，须臾复引出，皆长三尺馀，〔24〕生鲜可爱。操使目前鲙之，周浃会者。操又谓曰："既已得鱼，恨无蜀中生姜耳。"放曰："亦可得也。"操恐其近即所取，因曰："吾前遣人到蜀买锦，可过敕使者，增市二端。"语顷，即得姜还，并获操使报命。后操使蜀反，[25]验问增锦之状及时日早晚，若符契焉。

①松江在今苏州东南，首受太湖。《神仙传》云："松江出好鲈鱼，味异它处。"

后操出近郊，士大夫从者百许人，慈乃为赍酒一升，脯一斤，手自斟酌，百官莫不醉饱。操怪之，使寻其故，行视诸炉，悉亡其酒脯矣。①操怀不喜，②因坐上收，欲杀之，慈乃却入壁中，霍然不知所在。或见于市者，又捕之，而市人皆变形与慈同，莫知谁是。后人逢慈于阳城山头，因复逐之，遂入走羊群。[26]操知不可得，乃令就羊中告之曰："不复相杀，本试君术耳。"忽有一老羝屈前两膝，人立而言曰："遽如许。"③即竞往赴之，而群羊数百皆变为羝，并屈前膝人立，云"遽如许"，遂莫知所取焉。④

①炉，酒肆也。

②喜音许吏反。

③言何遽如许为事。

④魏文帝《典论》论郤俭等事曰"颍川郤俭能辟谷，饵伏苓，甘陵甘始名善行气，老有少容，庐江左慈知补导之术，并为军吏。初，俭至之所，伏苓价暴贵数倍。议郎安平李覃学其辟谷，食伏苓，饮寒水，水寒中泄利，殆至殒命。后始来，众人无不鸱视狼顾，呼吸吐纳。军祭酒弘农董芬为之过差，气闭不通，良久乃苏。左慈到，又竞受其补导之术。至寺人严峻往从问受，奄竖真无事于斯术也。人之逐声，乃至于是"也。

计子勋者，不知何郡县人，皆谓数百岁，行来于人间。一旦忽言日中当死，主人与之葛衣，子勋服而正寝，至日中果死。

上成公者，(宓)〔密〕县人也。[27]其初行久而不还，后归，语其家云："我已得仙。"因辞家而去。家人见其举步稍高，良久乃没云。陈寔、韩韶同见其事。

解奴辜、张貂者,亦不知是何郡国人也。皆能隐沦,出入不由门户。
奴辜能变易物形,以诳幻人。

又河南有麴圣卿,善为丹书符劾,厌杀鬼神而使命之。

又有编盲意,亦与鬼物交通。①

①编,姓也。盲意,名。

初,章帝时有寿光侯者,①〔28〕能劾百鬼众魅,令自缚见形。其乡人
有妇为魅所病,侯为劾之,得大蛇数丈,死于门外。又有神树,人止者辄
死,鸟过者必坠,侯复劾之,树盛夏枯落,见大蛇长七八丈,悬死其间。
帝闻而征之。乃试问之:"吾殿下夜半后,常有数人绛衣被发,持火相
随,岂能劾之乎?"侯曰:"此小怪,易销耳。"帝伪使三人为之,侯劾三人,
登时仆地无气。帝大惊曰:"非魅也,朕相试耳。"解之而苏。

①寿,姓也。《风俗通》曰:"寿于姚,吴大夫。"

甘始、东郭延年、①封君达三人者,皆方士也。率能行容成御妇人
术,或饮小便,或自倒悬,爱啬精气,不极视大言。甘始、元放、延年皆为
操所录,问其术而行之。②君达号"青牛师"。③凡此数人,皆百馀岁及二
百岁也。

①《汉武内传》曰:"延年字公游。"

②曹植《辩道论》曰:"甘始者,老而有少容,自诸术士咸共归之。然始辞繁寡
　实,颇切怪言。余尝辟左右独与之言,问其所行。温颜以诱之,美辞以导
　之。始语余:'吾本师姓韩字雅。〔29〕尝与师于南海作金,前后数四,投数万
　斤金于海。'又言:'诸梁时,西域胡来献香罽腰带割玉刀,时悔不取也。'又
　言:'车师之西国,儿生劈背出脾,欲其食少而怒行也。'又言:'取鲤鱼五寸
　一双,令其一著药投沸膏中,有药奋尾鼓鳃,游行沈浮,有若处渊,其一者已
　孰而可蘸。'余时问言:'宁可试不?'言:'是药去此逾万里,当出塞,始不自
　行不能得也。'言不尽于此,颇难悉载,故粗举其巨怪者。始若遭秦始皇、汉

武帝,则复徐市、栾大之徒也。"

③《汉武帝内传》曰:"封君达,陇西人。初服黄连五十馀年,入鸟举山,服水银百馀年,还乡里,如二十者。常乘青牛,故号'青牛道士'。闻有病死者,识与不识,便以要间竹管中药与服,或下针,应手皆愈。不以姓名语人。闻鲁女生得《五岳图》,连年请求,女生未见授。〔30〕并告节度。二百馀岁乃入玄丘山去。"

王真、郝孟节者,皆上党人也。王真年且百岁,视之面有光泽,似未五十者。自云:"周流登五岳名山,悉能行胎息胎食之方,嗽舌下泉咽之,不绝房室。"①孟节能含枣核,不食可至五年十年。又能结气不息,身不动摇,状若死人,可至百日半年。亦有室家。为人质谨不妄言,似士君子。曹操使领诸方士焉。

①《汉武内传》曰:"王真字叔经,上党人。习闭气而吞之,名曰'胎息';习嗽舌下泉而咽之,名曰'胎食'。真行之,断谷二百馀日,肉色光美,力并数人。"《抱朴子》曰:"胎息者,能不以鼻口嘘喻,如在胎之中。"嗽音朔。

北海王和平,性好道术,自以当仙。济南孙邕少事之,从至京师。会和平病殁,邕因葬之东陶。有书百馀卷,药数囊,悉以送之。后弟子夏荣言其尸解,邕乃恨不取其宝书仙药焉。①

①尸解者,言将登仙,假托为尸以解化也。

赞曰:幽赜罕征,明数难校。不探精远,曷感灵效? 如或迁讹,实乖玄奥。

【校勘记】

〔1〕 语之(言)〔云〕 据《校补》说改。下"告语(言)〔云〕同。
〔2〕 不图卖者人相欺 《刊误》谓案文多一"人"字。今按:上文言"买猪人",

则此当云"卖猪人",疑"者"本作"猪",版刻讹脱犭旁耳。

〔3〕 六子皆知名　按:《集解》引沈钦韩说,谓"六"当作"五",《群辅录》云穆
　　　 之五子,并有令名,京师号曰"公沙五龙,天下无双"。

〔4〕 俱事同郡杨厚　按:"杨"原讹"扬",径改正。

〔5〕 诸葛亮问广汉秦密　按:《集解》引钱大昕说,谓《蜀志》"密"作"宓"。宓
　　　 字子敕,当取谨宓之宓,世俗借用堂密字。

〔6〕 郭玉者广汉雒人也　按:《集解》引惠栋说,谓《华阳国志》云新都人。

〔7〕 左阳右阴　按:汲本、殿本作"左阴右阳"。

〔8〕 针灸不过数处　按:"灸"原讹"炙",径据《集解》本改正。

〔9〕 (且)〔旦〕用寒水汲灌　《刊误》谓案文"且"当作"旦"。按:《魏志·华佗
　　　 传》注引作"平旦用寒水汲灌",刘说是,今据改正。

〔10〕 萍齑甚酸　按:"齑"原作"蘁",依注文改。

〔11〕 苹澹水上浮萍(者)粗大〔者〕谓之蘋　据汲本改。

〔12〕 应当剖破腹　按:汲本"应"作"因"。

〔13〕 佗不强与　按:殿本作"佗亦不强",与《魏志》同。

〔14〕 普依准佗疗　按:《刊误》谓"疗"下当有一"病"字。

〔15〕 漆叶屑一斗　按:《集解》引钱大昕说,谓"斗"当依《魏志》作"升",汉隶
　　　 斗字与升字相似,故易混耳。

〔16〕 以五岳真形〔图〕与之　据《集解》引惠栋说补。

〔17〕 赵炳　《集解》引惠栋说,谓《搜神记》及《水经注》皆作"赵昞"。按:炳昞
　　　 同字。

〔18〕 梧鼎而爨　按:《集解》引惠栋说,谓《水经注》"梧鼎"作"支鼎"。

〔19〕 而使至宛市鲊　《刊误》谓"使"当作"往"。今按:"使"字疑衍。

〔20〕 魏文帝黄初元年　按:殿本《考证》谓《三国志》注作"明帝景初元年"。
　　　 《集解》引惠栋说,谓案《搜神记》,乃正始中事也。

〔21〕 放于下坐　按:《刊误》谓"放"当作"慈",下同。

〔22〕 以竹竿饵钓于盘中　按:《刊误》谓案文多一"竹"字。

〔23〕 操大拊掌笑　按:《刊误》谓案文当作"拊掌大笑"。

〔24〕 皆长三尺馀　按:《校补》引柳从辰说,谓"三尺"疑"三寸"之误。松江四
　　　 腮鲈鱼长者不盈五寸,李时珍《本草》亦云长数寸,安得皆长三尺馀乎?
　　　 铜盆注水而引出三尺馀大鱼,于说亦窒。

〔25〕　后操使蜀反　按:《刊误》谓案文"使"下少一"自"字。

〔26〕　遂入走羊群　按:《刊误》谓"人走"当作"走人"。

〔27〕　(宓)〔密〕县人也　据《刊误》改。

〔28〕　有寿光侯者　按:《集解》引钱大昕说,谓寿光国名,光武封更始子鲤为寿光侯,又北海王普初封寿光侯是也。此侯失其姓名,故举其爵,下云"侯为劾之","侯复劾之",可证注以寿为姓之误。

〔29〕　吾本师姓韩字雅　按:《集解》引钱大昕说,谓裴松之注《魏志》引《辩道论》云"姓韩字世雄"。

〔30〕　连年请求女生未见授　《刊误》谓案文当云"连年请于女生,求见授"。《补校》谓"女生"二字连下为文,但"未"字讹耳,或即"末"字也。今按:钱熙祚校本《汉武内传》附录邵载之《续谈助》钞《内传》"未"作"后"。

后汉书卷八十三

逸民列传第七十三

《易》称"《遁》之时义大矣哉"。又曰："不事王侯，高尚其事。"是以尧称则天，不屈颍阳之高；①武尽美矣，终全孤竹之絜。②自兹以降，风流弥繁，长往之轨未殊，而感致之数匪一。或隐居以求其志，或回避以全其道，③或静己以镇其躁，④或去危以图其安，⑤或垢俗以动其概，⑥或疵物以激其清。⑦然观其甘心畎亩之中，憔悴江海之上，⑧岂必亲鱼鸟乐林草哉，亦云性分所至而已。⑨〔一〕故蒙耻之宾，屡黜不去其国；⑩蹈海之节，千乘莫移其情。⑪适使矫易去就，则不能相为矣。⑫彼虽硁硁有类沽名者，⑬然而蝉蜕嚣埃之中，自致寰区之外，异夫饰智巧以逐浮利者乎！荀卿有言曰，"志意修则骄富贵，道义重则轻王公"也。⑭

①颍阳谓巢、许也。

②孤竹谓夷、齐也。

③《论语》孔子曰："隐居以求其志，行义以达其道。"求志谓长沮、桀溺，全道若薛方诡对王莽也。

④谓逄萌之类也。

⑤四皓之类也。

⑥谓申徒狄、鲍焦之流也。

⑦梁鸿、严光之流。

⑧《庄子》曰："舜以天下让北人无择。无择曰：'异哉，后之为人也！居于畎亩之中而游尧之门，不若是而已。'"又曰："就薮泽，处闲旷，此江海之士，避代之人，闲暇者之所好也。"

⑨分音符问反。

⑩《列女传》曰："柳下惠死，其妻诔之曰：'蒙耻救人，德弥大兮。虽遇三黜，终

不敝兮。’”

⑪《史记》曰，鲁连谓新垣衍曰：“秦即为帝，则鲁连蹈东海死耳。”鲁连下聊城，田单爵之，鲁连逃隐于海上也。

⑫人各有所尚，不能改其志。孔子闻长沮、桀溺之言，乃告子路曰：“天下有道，丘不与易也。”

⑬《论语》曰：“孔子击磬于卫，有荷蒉而过孔氏之门者。曰：‘有心哉！击磬乎？’既而曰：‘鄙哉！硁硁乎，莫己知也。’”又“子贡曰：‘有美玉于斯，蕴椟而藏诸？求善价而沽诸？’孔子曰：‘沽之哉！沽之哉！我待价者也。’”沽谓衒卖也。

⑭《荀卿子》之文也。

汉室中微，王莽篡位，士之蕴藉义愤甚矣。是时裂冠毁冕，相携持而去之者，盖不可胜数。①杨雄曰：“鸿飞冥冥，弋者何篡焉。”〔2〕言其违患之远也。②光武侧席幽人，求之若不及，③旌帛蒲车之所征贲，相望于岩中矣。④若薛方、逢萌聘而不肯至，⑤严光、周党、王霸至而不能屈。群方咸遂，志士怀仁，斯固所谓“举逸民天下归心”者乎！⑥肃宗亦礼郑均而征高凤，以成其节。自后帝德稍衰，邪孽当朝，处子耿介，羞与卿相等列，至乃抗愤而不顾，多失其中行焉。盖录其绝尘不反，⑦〔3〕同夫作者，列之此篇。⑧

①《左传》曰：“王使詹桓伯辞于晋曰：‘伯父若裂冠毁冕，拔本塞原。’”《毛诗序》曰：“百姓莫不相携持而去之。”

②“篡”字诸本或作“慕”，《法言》作“篡”。宋衷曰：“篡，取也。鸿高飞冥冥薄天，虽有弋人，何施巧而取也。喻贤者隐处，不离暴乱之害也。”然今人谓以计数取物为篡，篡亦取也。

③《国语》曰：“越王夫人去笄侧席而坐。”韦昭注云：“侧犹特也。礼，忧者侧席而坐。”《前书·公孙弘赞》曰：“上方欲用文武，求之如弗及。”

④《毛诗序》曰：“《干旄》，美好善也。”其诗曰：“孑孑干旄，在浚之城。”《易·贲卦·六五》曰：“贲于丘园，束帛戋戋。”蒲车，以蒲裹轮，取其安也。《前书》武帝以蒲车征鲁申公也。

⑤《前书》薛方字子容。

⑥《论语》文也。

⑦《庄子》曰："颜回问于仲尼曰：'夫子步亦步,夫子趋亦趋,夫子驰亦驰,夫子奔(辙)〔轶〕绝尘,〔4〕则回瞠若乎后矣。'"司马彪注云："言不可及也。"《韩诗外传》曰："山林之士,往而不能反。"

⑧《论语》曰："贤者避代,其次避地,其次避色,其次避言。子曰：'作者七人矣。'"

野王二老者,不知何许人也。初,光武贰于更始,会关中扰乱,遣前将军邓禹西征,送之于道。既反,因于野王猎,路见二老者即禽。①光武问曰："禽何向?"并举手西指,言"此中多虎,臣每即禽,虎亦即臣,大王勿往也"。光武曰："苟有其备,虎亦何患。"父曰："何大王之谬邪! 昔汤即桀于鸣条,而大城于亳;②武王亦即纣于牧野,而大城于郏鄏。③彼二王者,其备非不深也。是以即人者,人亦即之,虽有其备,庸可忽乎!"光武悟其旨,顾左右曰："此隐者也。"将用之,辞而去,莫知所在。

①即,就也。《易》曰"即鹿无虞"也。

②《帝王纪》曰："案《孟子》,桀卒于鸣条,〔5〕乃在东夷之地。或言陈留平丘今有鸣条亭也。唯(是)〔孔〕安国注《尚书》云,〔6〕鸣条在安邑西。考三说之验,孔为近之。"

③杜预注《左传》曰："今河南也。河南县西有郏鄏陌。"

向长字子平,①河内朝歌人也。隐居不仕,性尚中和,好通《老》、《易》。贫无资食,好事者更馈焉,受之取足而反其馀。王莽大司空王邑辟之,连年乃至,欲荐之于莽,固辞乃止。潜隐于家。读《易》至《损》、《益》卦,喟然叹曰："吾已知富不如贫,贵不如贱,但未知死何如生耳。"②建武中,男女娶嫁既毕,敕断家事勿相关,当如我死也。于是遂肆意,与同好北海禽庆③俱游五岳名山,竟不知所终。

①《高士传》"向"字作"尚"。

②《易·损卦》曰："二簋可用享。损益盈虚,与时偕行。"《益卦》曰"损上益下,

人说无疆”也。

③《前书》庆字子夏。

逢萌字子康，〔7〕北海都昌人也。家贫，给事县为亭长。时尉行过亭，萌候迎拜谒，既而掷盾叹曰：①“大丈夫安能为人役哉！”遂去之长安学，通《春秋经》。时王莽杀其子宇，②萌谓友人曰：“三纲绝矣！③不去，祸将及人。”〔8〕即解冠挂东都城门，④〔9〕归，将家属浮海，客于辽东。

①亭长主捕盗贼，故执盾也。

②《前书》莽隔绝平帝外家卫氏，宇恐帝大后见怨，以为莽不可谏而好鬼神，即夜持血洒莽第门。吏发觉之，莽执宇送狱，饮药而死。

③谓君臣、夫妇、父子。

④《汉宫殿名》：“东都门今名青门也。”《前书音义》曰：“长安东郭城北头第一门。”

萌素明阴阳，知莽将败，有顷，乃首戴瓦盎，①哭于市曰：“新乎新乎！”②因遂潜藏。

①盎，盆也。

②王莽为新都侯，及篡，号新室，故哭之。

及光武即位，乃之琅邪劳山，①养志修道，人皆化其德。

①在今莱州即墨县东南，有大劳、小劳山。

北海太守素闻其高，遣吏奉谒致礼，萌不答。太守怀恨而使捕之。吏叩头曰：“子康大贤，天下共闻，所在之处，人敬如父，往必不获，只自毁辱。”太守怒，收之系狱，更发它吏。行至劳山，人果相率以兵弩捍御，吏被伤流血，奔而还。后诏书征萌，托以老耄，迷路东西，语使者云：“朝廷所以征我者，以其有益于政，尚不知方面所在，安能济时乎？”即便驾归。连征不起，以寿终。

初，萌与同郡徐房、平原李子云、王君公相友善，并晓阴阳，怀德秽行。房与子云养徒各千人，君公遭乱独不去，侩牛自隐。①时人谓之论曰〔10〕：“避世墙东王君公。”②

①侩谓平会两家卖买之价。

②嵇康《高士传》曰"君公明《易》,为郎。数言事不用,乃自污与官婢通,免归。诈狂侩牛,口无二价"也。

周党字伯况,太原广武人也。家产千金。少孤,为宗人所养,而遇之不以理,及长,又不还其财。党诣乡县讼,主乃归之。既而散与宗族,悉免遣奴婢,遂至长安游学。

初,乡佐尝众中辱党,党久怀之。①后读《春秋》,闻复雠之义,②便辍讲而还,与乡佐相闻,期克斗日。既交刃,而党为乡佐所伤,困顿。乡佐服其义,舆归养之,数日方苏,既悟而去。自此敕身修志,州里称其高。

①《续汉志》乡佐主收赋税者。

②《春秋·经》书"纪侯大去其国"。《公羊传》曰:"大去者何?灭也。孰灭之?齐灭之。曷为不言齐灭之?为襄公讳也。齐襄公九世祖哀公亨于周,纪侯谮之也,故襄公雠于纪。九世犹可复雠乎?虽百世可也。"

及王莽窃位,托疾杜门。自后贼暴从横,残灭郡县,唯至广武,过城不入。

建武中,征为议郎,以病去职,遂将妻子居黾池。复被征,不得已,乃著短布单衣,縠皮绡头,待见尚书。①〔11〕及光武引见,党伏而不谒,自陈愿守所志,帝乃许焉。

①以縠树皮为绡头也。绡头,解见《向栩传》。党服此〔诣〕尚书,以待见也。〔12〕

博士范升奏毁党曰:"臣闻尧不须许由、巢父,而建号天下;周不待伯夷、叔齐,而王道以成。伏见太原周党、东海王良、山阳王成等,蒙受厚恩,使者三聘,乃肯就车。及陛见帝廷,党不以礼屈,伏而不谒,偃蹇骄悍,同时俱逝。党等文不能演义,武不能死君,钓采华名,庶几三公之位。臣愿与坐云台之下,考试图国之道。不如臣言,伏虚妄之罪。而敢私窃虚名,夸上求高,皆大不敬。"书奏,天子以示公卿。诏曰:"自古明王圣主必有不宾之士。伯夷、叔齐不食周粟,太原周党不受朕禄,亦各有志焉。其赐帛四十匹。”党遂隐居黾池，著书上下篇而终。邑人贤而祠之。

初，党与同郡谭贤伯升、雁门殷谟君长，俱守节不仕王莽世。建武中，征并不到。

王霸字儒仲，[13]太原广武人也。少有清节。及王莽篡位，弃冠带，绝交宦。建武中，征到尚书，拜称名，不称臣。有司问其故。霸曰：“天子有所不臣，诸侯有所不友。”①司徒侯霸让位于霸。阎阳毁之曰：“太原俗党，儒仲颇有其风。”遂止。②以病归。隐居守志，茅屋蓬户。连征不至，以寿终。

　①《礼记》曰：“儒有上不臣天子，下不事诸侯。”
　②皇甫谧《高士传》曰“故梁令阎阳”也。《前书》曰：“太原多晋公族子孙，以诈
　　力相倾，矜夸功名，报仇过直。汉兴，号为难化，常择严猛将，或任杀伐为
　　威。父兄被诛，子弟怨愤，至告讦刺史、二千石。”

严光字子陵，一名遵，会稽馀姚人也。少有高名，与光武同游学。及光武即位，乃变名姓，隐身不见。帝思其贤，乃令以物色访之。①后齐国上言：“有一男子，披羊裘钓泽中。”帝疑其光，乃备安车玄纁，遣使聘之。三反而后至。舍于北军，给床褥，太官朝夕进膳。

　①以其形貌求之。

司徒侯霸与光素旧，遣使奉书。①使人因谓光曰：“公闻先生至，区区欲即诣造，迫于典司，是以不获。愿因日暮，自屈语言。”光不答，乃投札与之，口授曰：“君房足下：位至鼎足，甚善。怀仁辅义天下悦，阿谀顺旨要领绝。”霸得书，封奏之。帝笑曰：“狂奴故态也。”车驾即日幸其馆。光卧不起，帝即其卧所，抚光腹曰：“咄咄子陵，不可相助为理邪？”[14]光又眠不应，良久，乃张目熟视，曰：“昔唐尧著德，巢父洗耳。士故有志，何至相迫乎！”帝曰：“子陵，我竟不能下汝邪？”于是升舆叹息而去。

①皇甫谧《高士传》曰:"霸使西曹属侯子道奉书,光不起,于床上箕踞抱膝发书读讫,问子道曰:'君房素痴,今为三公,宁小差否?'子道曰:'位已鼎足,不痴也。'光曰:'遣卿来何言?'子道传霸言。光曰:'卿言不痴,是非痴语也?天子征我三乃来。人主尚不见,当见人臣乎?'子道求报。光曰:'我手不能书。'乃口授之。使者嫌少,可更足。光曰:'买菜乎?求益也?'"

复引光入,论道旧故,相对累日。帝从容问光曰:"朕何如昔时?"对曰:"陛下差增于往。"因共偃卧,光以足加帝腹上。明日,太史奏客星犯御坐甚急。帝笑曰:"朕故人严子陵共卧耳。"

除为谏议大夫,不屈,乃耕于富春山,①后人名其钓处为严陵濑焉。②建武十七年,复特征,不至。年八十,终于家。帝伤惜之,诏下郡县赐钱百万、谷千斛。

①今杭州富阳县也。本汉富春县,避晋简文帝郑太后讳,改曰富阳。

②顾野王《舆地志》曰"七里濑在东阳江下,与严陵濑相接,有严山。桐庐县南有严子陵渔钓处,今山边有石,上平,可坐十人,临水,名为严陵钓坛"也。

井丹字大春,扶风郿人也。少受业太学,通《五经》,善谈论,故京师为之语曰:"《五经》纷纶井大春。"①性清高,未尝修刺候人。

①纷纶犹浩博也。

建武末,沛王辅等五王居北宫,皆好宾客,更遣请丹,不能致。信阳侯阴就,光烈皇后弟也,以外戚贵盛,乃诡说五王,求钱千万,约能致丹,而别使人要劫之。丹不得已,既至,就故为设麦饭葱叶之食,[15]丹推去之,曰:"以君侯能供甘旨,故来相过,何其薄乎?"更置盛馔,乃食。及就起,左右进辇。丹笑曰:"吾闻桀驾人车,岂此邪?"①坐中皆失色。就不得已而令去辇。自是隐闭不关人事,以寿终。

①《帝王纪》曰:"桀以人驾车。"

梁鸿字伯鸾,[16]扶风平陵人也。父让,[17]王莽时为城门校尉,封脩远伯,使奉少昊后,寓于北地而卒。①鸿时尚幼,以遭乱世,因卷席而葬。

①《前书》莽改允吾为脩远。少昊，金天氏之号，次黄帝者。北地，今宁州也。

后受业太学，家贫而尚节介，博览无不通，而不为章句。学毕，乃牧豕于上林苑中。曾误遗火延及它舍，鸿乃寻访烧者，问所去失，①悉以豕偿之。其主犹以为少。鸿曰："无它财，愿以身居作。"主人许之。因为执勤，不懈朝夕。邻家耆老见鸿非恒人，乃共责让主人，而称鸿长者。于是始敬异焉，悉还其豕。鸿不受而去，归乡里。

①去，亡也。

埶家慕其高节，多欲女之，①鸿并绝不娶。同县孟氏有女，〔18〕状肥丑而黑，力举石臼，择对不嫁，至年三十。父母问其故。女曰："欲得贤如梁伯鸾者。"鸿闻而娉之。女求作布衣、麻屦，织作筐缉绩之具。及嫁，始以装饰入门。七日而鸿不答。妻乃跪床下请曰："窃闻夫子高义，简斥数妇，②妾亦偃蹇数夫矣。今而见择，敢不请罪。"鸿曰："吾欲裘褐之人，可与俱隐深山者尔。今乃衣绮缟，傅粉墨，岂鸿所愿哉？"妻曰："以观夫子之志耳。妾自有隐居之服。"乃更为椎髻，著布衣，操作而前。鸿大喜曰："此真梁鸿妻也。能奉我矣！"字之曰德曜，〔名〕孟光。〔19〕

①以女妻人曰女，音尼虑反。

②斥，远也。

居有顷，妻曰："常闻夫子欲隐居避患，今何为默默？无乃欲低头就之乎？"鸿曰："诺。"乃共入霸陵山中，以耕织为业，咏《诗》、《书》，弹琴以自娱。仰慕前世高士，而为四皓以来二十四人作颂。

因东出关，过京师，作《五噫之歌》曰："陟彼北芒兮，噫！顾览帝京兮，噫！宫室崔嵬兮，噫！人之劬劳兮，噫！辽辽未央兮，噫！"肃宗闻而非之，求鸿不得。乃易姓运期，名耀，字侯光，与妻子居齐鲁之间。

有顷，又去适吴。将行，作诗曰："逝旧邦兮遐征，将遥集兮东南。心惙怛兮伤悴，志菲菲兮升降。①欲乘策兮纵迈，疾吾俗兮作谗。竞举枉兮措直，咸先佞兮唌唌。②（聊）固靡惭兮独建，冀异州兮尚贤。③聊逍摇兮遨嬉，缵仲尼兮周流。觊云睹兮我悦，遂舍车兮即浮。④过季札兮延陵，求鲁连兮海隅。虽不察兮光貌，幸神灵兮与休。⑤惟季春兮华阜，麦含含兮方秀。〔20〕哀茂时兮逾迈，愍芳香兮日臭。⑥悼吾心兮不获，长委结兮焉究！⑦口嚣嚣兮余讪，嗟恒恒兮谁留？"⑧

① 《尔雅》注："愢恒，忧也。菲菲，高下不定也。"愢音丁劣反。降音下江反。《诗》曰："我心则降。"

② 《论语》曰："举直措诸枉则人服，举枉措诸直则人不服。"诞音延，谰言捷急之貌。

③ 建，立也。言己无惭于独立，所以适吴者，冀异州之人贵尚贤德。

④ 舍其车而就舟船。

⑤ 光貌，光仪也。言虽不察见季札及鲁连，然冀幸其神灵与之同美也。

⑥ 茂，盛也。臭，败也。

⑦ 委结，怀恨也。究，穷也。

⑧ 讪，谤也。郑玄注《礼记》曰："恒恒，恐也。"

遂至吴，依大家皋伯通，居庑下，①为人赁舂。每归，妻为具食，不敢于鸿前仰视，举案齐眉。伯通察而异之，曰："彼佣能使其妻敬之如此，非凡人也。"乃方舍之于家。鸿潜闭著书十馀篇。疾且困，告主人曰："昔延陵季子葬子于嬴博之间，不归乡里，慎勿令我子持丧归去。"及卒，伯通等为求葬地于吴要离冢傍。咸曰："要离烈士，而伯鸾清高，可令相近。"②葬毕，妻子归扶风。

① 《说文》曰："庑，堂下周屋也。"《释名》："大屋曰庑。"

② 要离，刺吴王僚子庆忌者，冢在今苏州吴县西。伯鸾墓在其北。

初，鸿友人京兆高恢，少好《老子》，隐于华阴山中。及鸿东游思恢，作诗曰："鸟嘤嘤兮友之期，①念高子兮仆怀思，想念恢兮爰集兹。"二人遂不复相见。恢亦高抗，终身不仕。②

① 《毛诗》曰："伐木丁丁，鸟鸣嘤嘤。出自幽谷，迁于乔木。嘤其鸣矣，求其友声。"

② 《高士传》曰："恢字伯通。"

高凤字文通,南阳叶人也。少为书生,家以农亩为业,而专精诵读,昼夜不息。妻尝之田,曝麦于庭,令凤护鸡。时天暴雨,而凤持竿诵经,不觉潦水流麦。妻还怪问,凤方悟之。其后遂为名儒,乃教授业于西唐山中。①〔21〕

①山在今唐州湖阳县西北。郦元注《水经》云,即高凤所隐之西唐山也。

邻里有争财者,持兵而斗,凤往解之,不已,乃脱巾叩头,固请曰:"仁义逊让,奈何弃之!"于是争者怀感,投兵谢罪。

凤年老,执志不倦,名声著闻。太守连召请,恐不得免,自言本巫家,不应为吏,又诈与寡嫂讼田,遂不仕。建初中,将作大匠任隗举凤直言,到公车,托病逃归。推其财产,悉与孤兄子。隐身渔钓,终于家。

论曰:先大夫宣侯①尝以讲道馀隙,寓乎逸士之篇。至《高文通传》,辍而有感,以为隐者也,因著其行事而论之曰:"古者隐逸,其风尚矣。颍阳洗耳,耻闻禅让;②孤竹长饥,羞食周粟。③或高栖以违行,或疾物以矫情,虽轨迹异区,其去就一也。若伊人者,志陵青云之上,身晦泥污之下,心名且犹不显,况怨累之为哉!与夫委体渊沙,鸣弦揆日者,不其远乎!"④

①沈约《宋书》曰:"范泰字伯伦。祖汪。父宁,宋高祖受命,拜金紫光禄大夫,加散骑常侍,领国子祭酒,多所陈谏。泰博览篇籍,好为文章,爱奖后生,孜孜无倦。薨谥宣侯。"即晔之父也。

②许由隐于颍阳,闻尧欲禅,乃临颍而洗耳。

③伯夷、叔齐,孤竹君之子,不食周粟。

④委体泉沙谓屈原怀沙砾而自沈也。鸣弦揆日谓嵇康临刑顾日景而弹琴也。论者以事迹相明,故引康为喻。

台佟字孝威,①魏郡邺人也。隐于武安山,②凿穴为居,采药自业。〔22〕建初中,州辟不就。刺史行部,乃使从事致谒。佟载病往谢。刺史乃执贽见佟曰:③"孝威居身如是,甚苦,如何?"佟曰:"佟幸得保终性命,存神养和。如明使君奉宣诏书,夕惕庶事,反不苦邪?"遂去,隐逸,终不见。

　　①佟音大冬反。

　　②武安县之山也。

　　③嵇康《高士传》曰:"刺史执枣栗之贽往。"

　　韩康字伯休,一名恬休,京兆霸陵人。家世著姓。常采药名山,卖于长安市,口不二价,三十馀年。时有女子从康买药,康守价不移。女子怒曰:"公是韩伯休那?①乃不二价乎?"康叹曰:"我本欲避名,今小女子皆知有我,何用药为?"乃遁入霸陵山中。博士公车连征不至。桓帝乃备玄𪟝之礼,以安车聘之。使者奉诏造康,康不得已,乃许诺。辞安车,自乘柴车,冒晨先使者发。至亭,亭长以韩征君当过,方发人牛修道桥。及见康柴车幅巾,以为田叟也,使夺其牛。康即释驾与之。有顷,使者至,夺牛翁乃征君也。使者欲奏杀亭长。康曰:"此自老子与之,亭长何罪!"乃止。康因〔中〕道逃遁,〔23〕以寿终。

　　①那,语馀声也,音乃贺反。

　　矫慎字仲彦,①扶风茂陵人也。少好黄老,隐遁山谷,因穴为室,仰慕松、乔导引之术。与马融、苏章乡里并时,融以才博显名,章以廉直称,然皆推先于慎。

　　①《风俗通》曰:"晋大夫矫父之后也。"

　　汝南吴苍甚重之,因遗书以观其志曰:"仲彦足下:勤处隐约,虽乘云行泥,栖宿不同,每有西风,何尝不叹!①盖闻黄老之言,乘虚入冥,藏身远遁,亦有理国养人,施于为政。②至如登山绝迹,神不著其证,人不睹其验。吾欲先生从其可者,于意何如?昔伊尹不怀道以待尧舜之君。③方今明明,四海开辟,巢许无为箕山,夷齐悔入首阳。足下审能骑龙弄凤,翔嬉云间者,④亦非狐兔燕雀所敢谋也。"慎不答。年七十馀,竟不肯娶。后忽归家，自言死日，及期果卒。后人有见慎于敦煌者，故前世异之，或云神仙焉。

①汝南在扶风之东。

②《老子》曰："致虚极。守静笃。"又曰："窈兮冥兮，其中有精。"又曰："理大国若亨小鲜。"又曰"非所以爱人治国"也。

③《孟子》曰，汤使人以币聘伊尹。伊尹曰："我何以汤之币〔聘〕为哉？"〔24〕既而幡然改曰："与我（岂若）处畎亩之中，〔25〕由是以乐尧舜之道，吾岂若使是君为尧舜之君〔哉〕？〔26〕岂若使是人为尧舜之人哉？"

④《列仙传》曰："箫史，秦缪公时。善吹箫，公女弄玉好之，以妻之，遂教弄玉作凤鸣。居数十年，吹凤皇声，凤来止其屋。为作凤台，夫妇止（在）〔其〕上。〔27〕一旦皆随凤皇飞去。"又曰"陶安公，六安冶师。数行火，火一旦散上，紫色冲天。须臾赤雀止冶上，曰：'安公，安公，冶与天通。七月七日，迎汝以赤龙。'至时，安公骑之而去"也。

慎同郡马瑶，隐于汧山，以兔罝为事。①所居俗化，百姓美之，号马牧先生焉。

①罝，兔网也。《毛诗·序》曰："《兔罝》，后妃之化也。《关雎》之化行，则莫不好德，贤人众多。"故（慎）〔瑶〕以为事焉。〔28〕

戴良字叔鸾，汝南慎阳人也。曾祖父遵，字子高，平帝时，为侍御史。王莽篡位，称病归乡里。家富，好给施，尚侠气，食客常三四百人。时人为之语曰："关东大豪戴子高。"

良少诞节，母喜驴鸣，①良常学之以娱乐焉。及母卒，兄伯鸾居庐啜粥，非礼不行，良独食肉饮酒，哀至乃哭，而二人俱有毁容。或问良曰："子之居丧，礼乎？"良曰："然。礼所以制情佚也，情苟不佚，何礼之论！夫食旨不甘，故致毁容之实。若味不存口，食之可也。"论者不能夺之。

①喜音虚记反。

良才既高达，而论议尚奇，多骇流俗。同郡谢季孝问曰："子自视天下孰可为比?"良曰:"我若仲尼长东鲁,大禹出西羌,①独步天下,谁与为偶!"

①《帝王纪》曰:"夏禹生于石纽,长于西羌,西夷之人也。"

举孝廉,不就。再辟司空府,弥年不到,州郡迫之,乃遁辞诣府,①悉将妻子,既行在道,因逃入江夏山中。优游不仕,以寿终。

①遁,逊也。

初,良五女并贤,每有求姻,辄便许嫁,疏裳布被,〔29〕竹笥木屐以遣之。五女能遵其训,皆有隐者之风焉。

法真字高卿,①扶风郿人,南郡太守雄之子也。好学而无常家,博通内外图典,为关西大儒。弟子自远方至者,陈留范冉等数百人。

①高一作乔。

性恬静寡欲,不交人间事。太守请见之,真乃幅巾诣谒。太守曰:"昔鲁哀公虽为不肖,而仲尼称臣。太守虚薄,欲以功曹相屈,光赞本朝,何如?"真曰:"以明府见待有礼,故敢自同宾末。若欲吏之,真将在北山之北,南山之南矣。"太守懫然,不敢复言。①

①懫音纪具反。

辟公府,举贤良,皆不就。同郡田弱〔30〕荐真曰:"处士法真,体兼四业,①学穷典奥,幽居恬泊,乐以忘忧,将蹈老氏之高踪,不为玄纁屈也。臣愿圣朝就加衮职,②必能唱《清庙》之歌,致来仪之凤矣。"③会顺帝西巡,弱又荐之。帝虚心欲致,前后四征。真曰:"吾既不能遁形远世,岂饮洗耳之水哉?"遂深自隐绝,终不降屈。友人郭正称之曰:"法真名可得闻,身难得而见,逃名而名我随,避名而名我追,可谓百世之师者矣!"乃共刊石颂之,号曰玄德先生。年八十九,中平五年,以寿终。

①谓《诗》、《书》、《礼》、《乐》也。

②《毛诗》曰:"衮职有阙。"谓三公也。

③《诗·清庙》曰:"於穆清庙,肃雍显相,济济多士,秉文之德。"《尚书》曰:

"《箫韶》九成,凤皇来仪。"

汉阴老父[31]者,不知何许人也。桓帝延熹中,幸竟陵,过云梦,临沔水,百姓莫不观者,有老父独耕不辍。尚书郎南阳张温异之,使问曰:"人皆来观,老父独不辍,何也?"老父笑而不对。温下道百步,自与言。老父曰:"我野人耳,不达斯语。请问天下乱而立天子邪? 理而立天子邪? 立天子以父天下邪? 役天下以奉天子邪? 昔圣王宰世,茅茨采椽,而万人以宁。①今子之君,劳人自纵,逸游无忌。吾为子羞之,子何忍欲人观之乎!"[32]温大惭。问其姓名,不告而去。

①《韩子》曰:"尧舜采椽不刮,茅茨不剪。"

陈留老父者,不知何许人也。桓帝世,党锢事起,守外黄令陈留张升去官归乡里,道逢友人,共班草而言。①升曰:"吾闻赵杀鸣犊,仲尼临河而反;覆巢竭渊,龙凤逝而不至。②今宦竖日乱,陷害忠良,贤人君子其去朝乎? 夫德之不建,人之无援,③将性命之不免,奈何?"因相抱而泣。老父趋而过之,植其杖,太息言曰:"吁! 二大夫何泣之悲也?[33]夫龙不隐鳞,凤不藏羽,网罗高县,去将安所? 虽泣何及乎!"④二人欲与之语,不顾而去,莫知所终。

①班,布也。

②解在《独行传》。

③《左传》曰,臧文仲闻六与蓼灭,曰:"皋陶廷坚不祀忽诸。德之不建,人之无援,哀哉!"

④《毛诗》曰:"啜其泣矣,何嗟及矣。"言虽泣而无所及也。

庞公者,南郡襄阳人也。居岘山之南,①未尝入城府。夫妻相敬如宾。荆州刺史刘表数延请,不能屈,乃就候之。谓曰:"夫保全一身,孰若保全天下乎?"庞公笑曰:"鸿鹄巢于高林之上,暮而得所栖;鼋鼍穴于深渊之下,夕而得所宿。夫趣舍行止,亦人之巢穴也。且各得其栖宿而已,天下非所保也。”因释耕于垄上,而妻子耘于前。表指而问曰:“先生苦居畎亩而不肯官禄,〔34〕后世何以遗子孙乎?”②庞公曰:“世人皆遗之以危,今独遗之以安,虽所遗不同,未为无所遗也。”表叹息而去。后遂携其妻子登鹿门山,因采药不反。③

①岘山在今襄阳县东。《襄阳记》曰:“诸葛孔明每至德公家,独拜床下,德公初不令止。司马德操尝诣德公,值其渡沔上先人墓,德操径入其堂,呼德公妻子,使速作黍,徐元直向云当来就我与德公谈。其妻子皆罗拜于堂下,奔走共设。须臾德公还,直入相就,不知何者是客也。德操年小德公十岁,兄事之,呼作庞公,故俗人遂谓庞公是德公名,非也。”

②《襄阳记》曰:“德公子字山人,亦有令名,娶诸葛孔明姊,为魏黄门吏部郎。子涣,晋太康中为牂柯太守。”

③《襄阳记》曰:“鹿门山旧名苏岭山,建武中,襄阳侯习郁立神祠于山,刻二石鹿,夹神道口,俗因谓之鹿门庙,遂以庙名山也。”

赞曰:江海冥灭,山林长往。远性风疏,逸情云上。道就虚全,事违尘枉。①

①违,远也。

【校勘记】

〔1〕 亦云性分所至而已　按:《文选》“性分”作“介性”。

〔2〕 弋者何篡焉　按:《校补》谓《文选》“者”作“人”。案袁本、茶陵本仍作“者”,见《文选考异》。

〔3〕 盖录其绝尘不反　按:《文选》“反”作“及”。

〔4〕 夫子奔(辙)〔轶〕绝尘　据汲本改。

〔5〕 桀卒于鸣条　按:《校补》谓“桀”当作“舜”。注引书专辩鸣条地所在,不妨及舜事,此浅人妄改耳。

〔6〕 唯(是)〔孔〕安国注尚书云　据汲本、殿本改。

〔7〕 逄萌字子康　旧目“逄”作“逢”,汲本同。《刊误》谓案萌北海人,则当是“逄”,非“逢”也。今按:逄,薄江切,姓,出北海,见《广韵》。又按:萌字

汲本、殿本皆作"子庆",此作"子康",乃避清河孝王讳改。《东观记》同。

〔8〕　不去祸将及人　　按:《校补》谓上言"不去",则下不合言"及人","人"当作"我",否则衍字。

〔9〕　即解冠挂东都城门　　按:《校补》谓言挂冠,则是萌时已拜官矣,传疑有脱误。

〔10〕　时人谓之论曰　　《刊误》谓"谓"当作"为","论"当作"语"。王先谦谓为谓古通,不须改,"论"亦不劳改作"语"。今按:《御览》一八七引作"时人语曰"。

〔11〕　乃著短布单衣穀皮绡头待见尚书　　按:《集解》引惠栋说,谓"尚书"二字衍文,范因旧史失删耳。《东观记》云"建武中征,党著短布单衣穀皮幓头待见。尚书欲令更服,党曰:'本以是微之,安可复更。'遂以见"也。

〔12〕　党服此〔诣〕尚书以待见也　　据《刊误》补。

〔13〕　王霸字儒仲　　按:《校补》引柳从辰说,谓今聚珍本《东观记》及《御览》五百一引本书"儒"作"孺"。惟《唐书·宰相世系表》仍作"儒"。

〔14〕　不可相助为理邪　　按:《集解》引惠栋说,谓《御览》引作"何不出相助为治邪"。

〔15〕　麦饭葱叶之食　　按:"饭"原讹"饮",径据汲本、殿本改正。又按:《集解》引惠栋说,谓《御览》引"叶"作"菜"。

〔16〕　梁鸿字伯鸾　　按:《集解》引沈钦韩说,谓《列女传》"伯鸾"作"伯淳"。

〔17〕　父让　　按:《集解》引惠栋说,谓《王莽传》"让"作"护",《赵咨传》注亦作"护",护让字相似,疑传写讹也。

〔18〕　同县孟氏有女　　按:《校补》引柳从辰说,谓《东观记》亦作孟氏女,独《袁纪》作"赵氏有女"。

〔19〕　字之曰德曜〔名〕孟光　　惠栋《补注》引田艺衡说,谓多一"孟"字。张森楷《校勘记》谓本传作孟氏女,复名"孟光",则"孟孟光"矣,非词也,据此可见孟光确姓赵氏。今按:《御览》五百二及《袁纪》均无"名"字,不成文理,疑本作"字之曰德曜,名光",后人习见"孟光"字,妄改"名"字为"孟"字耳。今据汲本、殿本补一"名"字,而录田、张两家说备考。

〔20〕　麦含含兮方秀　　按:《东观记》作"麦含金兮方秀",《类聚》卷三引《东观记》同。

〔21〕　乃教授业于西唐山中　　按:《刊误》谓"教授业"不成文理,明衍一"业"

字,若存"业",则可去"教"字。

〔22〕 采药自业　　汲本、殿本"业"作"给"。按:《御览》五百一、《元龟》八百九并作"业"。

〔23〕 康因〔中〕道逃遁　　《御览》五百一"因"下有"中"字,惠栋谓当从《御览》增。今据补。

〔24〕 我何以汤之币〔聘〕为哉　　据汲本、殿本补。

〔25〕 与我(岂若)处畎亩之中　　据汲本、殿本删。

〔26〕 吾岂若使是君为尧舜之君〔哉〕　　据汲本、殿本补。

〔27〕 夫妇止(在)〔其〕上　　据汲本、殿本改。

〔28〕 故(慎)〔瑶〕以为事焉　　据殿本、《集解》本改。

〔29〕 疏裳布被　　按:何焯校本"疏"改"练"。

〔30〕 同郡田弱　　汲本、殿本"弱"作"羽",下同。按:《集解》引惠栋说,谓《通鉴》作"田弱"。

〔31〕 汉阴老父　　《集解》引惠栋说,谓《御览》作"汉滨"。按:本书旧目亦作"汉滨"。

〔32〕 子何忍欲人观之乎　　按:《御览》五百二引作"又何忍与人观之乎"。

〔33〕 二大夫何泣之悲也　　汲本"大"作"丈"。按:《御览》五百一引作"丈",《元龟》八百九卷作"大"。

〔34〕 先生苦居畎亩而不肯官禄　　按:《刊误》谓"苦"上当补一"良"字。

后汉书卷八十四

列女传第七十四

《诗》、《书》之言女德尚矣。① 若夫贤妃助国君之政,哲妇隆家人之道,高士弘清淳之风,贞女亮明白之节,则其徽美未殊也,而世典咸漏焉。故自中兴以后,综其成事,述为《列女篇》。如马、邓、梁后别见前纪,梁嬺、〔1〕李姬各附家传,② 若斯之类,并不兼书。馀但捘次才行尤高秀者,不必专在一操而已。

①《诗》谓"《关雎》,后妃之德也"。《书》称"釐降二女于妫汭,嫔于虞"。尚,远也。

②嬺,梁竦女。李姬,李固女也。

渤海鲍宣妻者,桓氏之女也,字少君。宣尝就少君父学,父奇其清苦,故以女妻之,装送资贿甚盛。宣不悦,谓妻曰:"少君生富骄,习美饰,而吾实贫贱,不敢当礼。"妻曰:"大人以先生修德守约,故使贱妾侍执巾栉。既奉承君子,唯命是从。"宣笑曰:"能如是,是吾志也。"妻乃悉归侍御服饰,更著短布裳,与宣共挽鹿车归乡里。拜姑礼毕,提瓮出汲。修行妇道,乡邦称之。

宣,哀帝时官至司隶校尉。子永,中兴初为鲁郡太守。永子昱从容问少君曰:"太夫人宁复识挽鹿车时不?"对曰:"先姑有言:① '存不忘亡,安不忘危。'② 吾焉敢忘乎!"永、昱已见前传。

①《尔雅》曰:"舅姑在则曰君舅、君姑,没则曰先舅、先姑。"

②《易·系辞》之言也。

太原王霸妻者，不知何氏之女也。霸少立高节，光武时，连征不仕。霸已见《逸人传》。妻亦美志行。初，霸与同郡令狐子伯为友，后子伯为楚相，而其子为郡功曹。子伯乃令子奉书于霸，车马服从，雍容如也。霸子时方耕于野，闻宾至，投耒而归，①见令狐子，沮怍不能仰视。②霸目之，有愧容，客去而久卧不起。妻怪问其故，始不肯告，妻请罪，而后言曰："吾与子伯素不相若，向见其子容服甚光，举措有适，而我儿曹蓬发历齿，未知礼则，③见客而有惭色。父子恩深，不觉自失耳。"妻曰："君少修清节，不顾荣禄。今子伯之贵孰与君之高？奈何忘宿志而惭儿女子乎！"霸屈起而笑曰：④"有是哉！"遂共终身隐遁。

①郑玄注《礼记》云："耒，耜之上曲者也。《说文》曰：'耒，手耕曲木。'"

②沮，丧也。怍，惭也。

③曹，辈也。

④屈音渠勿反。

广汉姜诗妻者，同郡庞盛之女也。诗事母至孝，妻奉顺尤笃。母好饮江水，水去舍六七里，妻常泝流而汲。后值风，不时得还，母渴，诗责而遣之。妻乃寄止邻舍，昼夜纺绩，市珍羞，使邻母以意自遗其姑。如是者久之，姑怪问邻母，邻母具对。姑感惭呼还，恩养愈谨。其子后因远汲溺死，妻恐姑哀伤，不敢言，而托以行学不在。姑嗜鱼鲙，又不能独食，夫妇常力作供鲙，呼邻母共之。舍侧忽有涌泉，味如江水，每旦辄出双鲤鱼，常以供二母之膳。赤眉散贼经诗里，〔2〕弛兵而过，曰："惊大孝必触鬼神。"时岁荒，贼乃遗诗米肉，受而埋之，比落蒙其安全。①

①比，近也。落，藩也。

永平三年，察孝廉，显宗诏曰："大孝入朝，凡诸举者一听平之。"由是皆拜郎中。诗寻除江阳令，卒于官。所居治，乡人为立祀。

沛郡周郁妻者，同郡赵孝之女也，字阿。少习仪训，闲于妇道，而郁骄淫轻躁,多行无礼。郁父伟谓阿曰:"新妇贤者女,当以道匡夫。郁之不改,新妇过也。"阿拜而受命,退谓左右曰:"我无樊卫二姬之行,①故君以责我。我言而不用,君必谓我不奉教令,则罪在我矣。若言而见用,是为子违父而从妇,则罪在彼矣。生如此,亦何聊哉!"乃自杀。莫不伤之。

> ①《列女传》曰,楚庄王好田猎,樊姬故不食鲜禽以谏王。齐桓公好音乐,卫姬不听五音以谏公。并解具《文苑传》也。

　　扶风曹世叔妻者,同郡班彪之女也,名昭,字惠班,一名姬。〔3〕博学高才。世叔早卒,有节行法度。兄固著《汉书》,其八表及《天文志》未及竟而卒,和帝诏昭就东观藏书阁踵而成之。①帝数召入宫,令皇后诸贵人师事焉,号曰大家。每有贡献异物,辄诏大家作赋颂。及邓太后临朝,与闻政事。以出入之勤,特封子成关内侯,官至齐相。时《汉书》始出,多未能通者,同郡马融伏于阁下,从昭受读,后又诏融兄续继昭成之。②

> ①踵,继也。
> ②融兄名续,见《马援传》。

　　永初中,太后兄大将军邓骘以母忧,上书乞身,太后不欲许,以问昭。昭因上疏曰:"伏惟皇太后陛下,躬盛德之美,隆唐虞之政,辟四门而开四聪,采狂夫之瞽言,纳刍荛之谋虑。①妾昭得以愚朽,身当盛明,敢不披露肝胆,以效万一。妾闻谦让之风,德莫大焉,故典坟述美,神祇降福。②昔夷齐去国,天下服其廉高;③太伯违邠,孔子称为三让。④所以光昭令德,扬名于后者也。《论语》曰:'能以礼让为国,于从政乎何有。'⑤由是言之,推让之诚,其致远矣。今四舅深执忠孝,引身自退,⑥而以方垂未静,拒而不许;如后有毫毛加于今日,⑦诚恐推让之名不可再得。缘见逮及,故敢昧死竭其愚情。自知言不足采,以示虫蚁之赤心。"太后从而许之。于是骘等各还里第焉。

> ①《前书》曰:"狂夫之言,明主择焉。"《诗》曰:"先人有言,询于刍荛。"

②《易》曰:"谦尊而光。"又曰:"鬼神害盈而福谦。"《左传》曰:"谦让者,德之
　基也。"

③《孟子》曰:"闻伯夷之风者,贪夫廉,懦夫有立志。"

④周太王有疾,太伯欲让季历,托采药于吴。时已居周,此言邠者,盖本其始
　而言之也。

⑤《论语》孔子之言也。何有言若无有。

⑥四舅谓骘、悝、弘、闾也。

⑦谓有纤微之过,则推让之美失也。

作《女诫》七篇,有助内训。其辞曰:

　　鄙人愚暗,受性不敏,蒙先君之馀宠,赖母师之典训。①年十有
四,执箕帚于曹氏,②于今四十馀载矣。战战兢兢,常惧黜辱,以增
父母之羞,以益中外之累。③夙夜劬心,勤不告劳,而今而后,乃知
免耳。吾性疏顽,教道无素,④恒恐子毂负辱清朝。⑤圣恩横加,猥
赐金紫,⑥实非鄙人庶几所望也。男能自谋矣,吾不复以为忧也。
但伤诸女方当适人,而不渐训诲,不闻妇礼,惧失容它门,取耻宗
族。吾今疾在沈滞,性命无常,念汝曹如此,每用惘怅。间作《女
诫》七章,愿诸女各写一通,庶有补益,裨助汝身。去矣,其勗
勉之!⑦

①母,傅母也。师,女师也。《左传》曰:"宋伯姬卒,待姆也。"《毛诗》曰:"言告
　师氏,言告言归。"

②《前书》吕公谓高祖曰:"臣有息女,愿为箕帚妾。"言执箕帚主贱役,以事
　舅姑。

③中,内也。

④素,先也。

⑤《三辅决录》曰:"齐相子毂,颇随时俗。"注云:"曹成,寿之子也。司徒掾察
　孝廉,为长垣长。母为太后师,征拜中散大夫。"子毂即成之字也。

⑥《汉官仪》曰"二千石金印紫绶"也。

⑦去矣犹言从今已往。

　　卑弱第一:古者生女三日,卧之床下,弄之瓦砖,而斋告焉。①

卧之床下,明其卑弱,主下人也。弄之瓦砖,明其习劳,主执勤也。
斋告先君,明当主继祭祀也。②三者盖女人之常道,礼法之典教矣。
谦让恭敬,先人后己,有善莫名,③有恶莫辞,忍辱含垢,常若畏惧,
是谓卑弱下人也。晚寝早作,勿惮夙夜,④执务私事,不辞剧易,⑤
所作必成,手迹整理,是谓执勤也。正色端操,以事夫主,清静自
守,无好戏笑,絜齐酒食,以供祖宗,⑥是谓继祭祀也。三者苟备,
而患名称之不闻,黜辱之在身,未之见也。三者苟失之,何名称之
可闻,黜辱之可远哉!

①《诗·小雅》曰:"乃生女子,载寝之地,载弄之瓦。"毛苌注云:"瓦,纺砖也。"
　《笺》云:"卧之于地,卑之也。纺砖,习其所有事也。"

②《毛诗·传》曰:"《采苹》,大夫妻能循法度也。能循法度,则可以承先祖供
　祭祀矣。""于以采蘋,南涧之滨。于以采藻,于彼行潦。于以盛之,惟筐及
　筥。于以湘之,惟锜及釜。于以(大)〔奠〕之,宗室牖(户)〔下〕。〔4〕谁其尸
　之? 有齐季女。"

③不自名己之善也。

④作,起也。

⑤剧犹难也。

⑥絜,清也,谓食也。《左传》曰"絜粢丰盛"也。

夫妇第二:夫妇之道,参配阴阳,通达神明,信天地之弘义,人
伦之大节也。是以《礼》贵男女之际,《诗》著《关雎》之义。①由斯言
之,不可不重也。夫不贤,则无以御妇;妇不贤,则无以事夫。夫不
御妇,则威仪废缺;妇不事夫,则义理堕阙。②方斯二事,〔5〕其用一
也。察今之君子,徒知妻妇之不可不御,威仪之不可不整,故训其
男,检以书传,殊不知夫主之不可不事,礼义之不可不存也。但教
男而不教女,不亦蔽于彼此之数乎!《礼》,八岁始教之书,十五而
至于学矣。③独不可依此以为则哉!

①《礼记》曰:"昏礼者,将合二姓之好,上以事宗庙,而下以继后世也,故君子
　重之。"《诗·关雎》,乐得贤女,〔6〕以配君子也。

②堕音许规反。堕,废也。

③《礼记》曰:"八岁入小学。"

　　敬慎第三:阴阳殊性,男女异行。阳以刚为德,阴以柔为用,男以强为贵,女以弱为美。故鄙谚有云:"生男如狼,犹恐其尫;生女如鼠,犹恐其虎。"然则修身莫若敬,避强莫若顺。故曰敬顺之道,妇人之大礼也。夫敬非它,持久之谓也。夫顺非它,宽裕之谓也。持久者,知止足也。宽裕者,尚恭下也。夫妇之好,终身不离。房室周旋,遂生媟黩。媟黩既生,语言过矣。语言既过,纵恣必作。纵恣既作,则侮夫之心生矣。此由于不知止足者也。夫事有曲直,言有是非。直者不能不争,曲者不能不讼。讼争既施,则有忿怒之事矣。此由于不尚恭下者也。侮夫不节,谴呵从之;忿怒不止,楚挞从之。夫为夫妇者,义以和亲,恩以好合,楚挞既行,何义之存?谴呵既宣,何恩之有? 恩义俱废,夫妇离矣。

　　妇行第四:女有四行,一曰妇德,二曰妇言,三曰妇容,四曰妇功。①夫云妇德,不必才明绝异也;妇言,不必辩口利辞也;妇容,不必颜色美丽也;妇功,不必工巧过人也。清闲贞静,守节整齐,行己有耻,动静有法,是谓妇德。择辞而说,不道恶语,时然后言,不厌于人,是谓妇言。盥浣尘秽,服饰鲜絜,沐浴以时,身不垢辱,是谓妇容。专心纺绩,不好戏笑,絜齐酒食,以奉宾客,是谓妇功。此四者,女人之大德,而不可乏之者也。然为之甚易,唯在存心耳。古人有言:"仁远乎哉? 我欲仁,而仁斯至矣。"②此之谓也。
①《礼记》文也。
②《论语》孔子之言也。

　　专心第五:《礼》,夫有再娶之义,①妇无二适之文,故曰夫者天也。②天固不可逃,夫固不可离也。行违神祇,天则罚之;礼义有愆,夫则薄之。故《女宪》曰:"得意一人,是谓永毕;失意一人,是谓永讫。"由斯言之,夫不可不求其心。然所求者,亦非谓佞媚苟亲也,固莫若专心正色。礼义居絜,耳无涂听,〔7〕目无邪视,出无冶容,入无废饰,无聚会群辈,无看视门户,此则谓专心正色矣。若夫动静轻脱，视听陕输，③〔8〕入则乱发坏形，出则窈窕作态，④说所不当道，观所不当视，此谓不能专心正色矣。

①《仪礼》曰："父在为母，何以期？至尊在，不敢伸也。父必三年而后娶，达子志也。"

②《仪礼》曰："夫者，妻之天也。妇人不二斩者，犹曰不二天也。"

③陕输，不定貌也。

④窈窕，妖冶之貌也。

曲从第六：夫得意一人，是谓永毕；失意一人，是谓永讫。欲人定志专心之言也。舅姑之心，岂当可失哉？物有以恩自离者，亦有以义自破者也。夫虽云爱，舅姑云非，此所谓以义自破者也。然则舅姑之心奈何？固莫尚于曲从矣。姑云不尔而是，固宜从令；①姑云尔而非，犹宜顺命。勿得违戾是非，争分曲直。此则所谓曲从矣。故《女宪》曰："妇如影响，焉不可赏。"②

①不尔犹不然也。

②影响言顺从也。

和叔妹第七：妇人之得意于夫主，由舅姑之爱己也；舅姑之爱己，由叔妹之誉己也。由此言之，我臧否誉毁，一由叔妹，叔妹之心，复不可失也。皆莫知叔妹之不可失，而不能和之以求亲，其蔽也哉！自非圣人，鲜能无过。故颜子贵于能改，仲尼嘉其不贰，①而况妇人者也！虽以贤女之行，聪哲之性，其能备乎！是故室人和则谤掩，外内离则恶扬。此必然之势也。《易》曰："二人同心，其利断金。同心之言，其臭如兰。"此之谓也。②夫嫂妹者，体敌而尊，恩疏而义亲。若淑媛谦顺之人，③则能依义以笃好，崇恩以结援，使徽美显章，而瑕过隐塞，舅姑矜善，而夫主嘉美，声誉曜于邑邻，休光延于父母。若夫蠢愚之人，于嫂则托名以自高，于妹则因宠以骄盈。骄盈既施，何和之有！恩义既乖，何誉之臻！是以美隐而过宣，姑忿而夫愠，毁訾布于中外，耻辱集于厥身，进增父母之羞，退益君子之累。④斯乃荣辱之本，而显否之基也。可不慎哉！然则求叔妹之心,固莫尚于谦顺矣。谦则德之柄,⑤顺则妇之行。凡斯二者,足以和矣。《诗》云:"在彼无恶,在此无射。"其斯之谓也。⑥

①《论语》孔子曰:"颜回不贰过。"《易》曰"颜氏之子,其殆庶几乎! 有不善未尝不知,知之未尝复行也。"

②金,物之坚者。若二人同心,则其利可以断之。二人既同心,其芳馨如兰也。古人通谓气为臭也。

③淑,善也。美女曰媛也。

④君子谓夫也。《诗》曰:"未见君子,忧心忡忡。"

⑤《易·系辞》之文也。

⑥《韩诗·周颂》之言也。射,厌也。射音亦。《毛诗》"射"作"斁"也。

马融善之,令妻女习焉。

昭女妹曹丰生,①亦有才惠,为书以难之,辞有可观。

①昭婿之妹也。

昭年七十馀卒,皇太后素服举哀,使者监护丧事。所著赋、颂、铭、诔、问、注、哀辞、书、论、上疏、遗令,凡十六篇。子妇丁氏为撰集之,又作《大家赞》焉。

河南乐羊子之妻者,不知何氏之女也。羊子尝行路,得遗金一饼,还以与妻。妻曰:"妾闻志士不饮盗泉之水,①廉者不受嗟来之食,②况拾遗求利,以污其行乎!"羊子大惭,乃捐金于野,而远寻师学。一年来归,妻跪问其故。羊子曰:"久行怀思,无它异也。"妻乃引刀趋机而言曰:"此织生自蚕茧,成于机杼,一(丝)〔续〕而累,〔九〕以至于寸,累寸不已,遂成丈匹。今若断斯织也,则捐失成功,稽废时月。夫子积学,当日知其所亡,③以就懿德。若中道而归,何异断斯织乎?"羊子感其言,复还终业,遂七年不反。妻常躬勤养姑,又远馈羊子。

①《论语撰考谶》曰:"水名盗泉,仲尼不漱。"

②解见《文苑传》也。

③《论语》孔子曰:"君子日知其所亡,月无忘其所能。"亡,无也。

　　尝有它舍鸡谬入园中，姑盗杀而食之，妻对鸡不餐而泣。姑怪问其故。妻曰："自伤居贫，使食有它肉。"姑竟弃之。

　　后盗欲有犯妻者，乃先劫其姑。妻闻，操刀而出。盗人曰："释汝刀从我者可全，不从我者，则杀汝姑。"妻仰天而叹，举刀刎颈而死。盗亦不杀其姑。太守闻之，即捕杀贼盗，而赐妻缣帛，以礼葬之，号曰"贞义"。

　　汉中程文矩妻者，〔10〕同郡李法之姊也，字穆姜。有二男，而前妻四子。文矩为安众令，丧于官。①四子以母非所生，憎毁日积，而穆姜慈爱温仁，抚字益隆，衣食资供皆兼倍所生。或谓母曰："四子不孝甚矣，何不别居以远之？"对曰："吾方以义相导，使其自迁善也。"及前妻长子兴遇疾困笃，母恻隐自然，亲调药膳，恩情笃密。兴疾久乃瘳，于是呼三弟谓曰："继母慈仁，出自天受。〔11〕吾兄弟不识恩养，禽兽其心。虽母道益隆，我曹过恶亦已深矣！"遂将三弟诣南郑狱，陈母之德，状己之过，乞就刑辟。县言之于郡，郡守表异其母，蠲除家徭，遣散四子，许以修革，自后训导愈明，并为良士。

　　①安众，县，属南阳郡。

　　穆姜年八十馀卒。临终敕诸子曰："吾弟伯度，智达士也。所论薄葬，其义至矣。又临亡遗令，贤圣法也。①令汝曹遵承，勿与俗同，增吾之累。"诸子奉行焉。

　　①《前书》孝文帝、杨王孙、龚胜临亡，并有遗令。

　　孝女曹娥者，会稽上虞人也。父盱，能弦歌，为巫祝。汉安二年五月五日，于县江泝涛（迎）婆娑〔迎〕神，〔12〕溺死，不得尸骸。娥年十四，乃沿江号哭，昼夜不绝声，旬有七日，遂投江而死。①至元嘉元年，县长度尚改葬娥于江南道傍，为立碑焉。②

　　①娥投衣于水，祝曰："父尸所在衣当沈。"〔13〕衣随流至一处而沈，娥遂随衣而

没。"衣"字或作"瓜"。〔14〕见项原《列女传》也。

②《会稽典录》曰："上虞长度尚弟子邯郸淳,字子礼。时甫弱冠,而有异才。尚先使魏朗作《曹娥碑》,文成未出,会朗见尚,尚与之饮宴,而子礼方至督酒。尚问朗碑文成未？朗辞不才,因试使子礼为之,操笔而成,无所点定。朗嗟叹不暇,遂毁其草。其后蔡邕又题八字曰:'黄绢幼妇,外孙齑臼。'"

吴许升妻者,吕氏之女也,字荣。升少为博徒,不理操行,荣尝躬勤家业,以奉养其姑。数劝升修学,每有不善,辄流涕进规。荣父积忿疾升,乃呼荣欲改嫁之。荣叹曰："命之所遭,义无离贰！"终不肯归。升感激自厉,乃寻师远学,遂以成名。寻被本州辟命,行至寿春,道为盗所害。刺史尹耀捕盗得之。荣迎丧于路,闻而诣州,请甘心仇人。耀听之。荣乃手断其头,以祭升灵。后郡遭寇贼,贼欲犯之,荣逾垣走,贼拔刀追之。贼曰："从我则生,不从我则死。"荣曰："义不以身受辱寇虏也！"遂杀之。是日疾风暴雨,雷电晦冥,贼惶惧叩头谢罪,乃殡葬之。

汝南袁隗妻者,扶风马融之女也,字伦。隗已见前传。伦少有才辩。融家世丰豪,装遣甚盛。及初成礼,隗问之曰："妇奉箕帚而已,何乃过珍丽乎？"对曰："慈亲垂爱,不敢逆命。君若欲慕鲍宣、梁鸿之高者,妾亦请从少君、孟光之事矣。"隗又曰："弟先兄举,世以为笑。今处姊未适,先行可乎？"对曰："妾姊高行殊邈,未遭良匹,不似鄙薄,苟然而已。"又问曰："南郡君学穷道奥,文为辞宗①,而所在之职,辄以货财为损,何邪？"对曰："孔子大圣,不免武叔之毁;子路至贤,犹有伯寮之愬。②家君获此,固其宜耳。"隗默然不能屈,帐外听者为惭。隗既宠贵当时,伦亦有名于世。年六十馀卒。

①融为南郡太守。

②《论语》曰,叔孙武叔毁仲尼,子贡曰："无以为也。它人之贤者犹丘陵焉,犹可逾也。仲尼如日月也,无得而逾焉。"公伯寮诉子路于季孙。孔子曰："道之将行也与？命也。道之将废也与？命也。公伯寮其如命何！"

伦妹芝，亦有才义。少丧亲长而追感，乃作《申情赋》云。

　　酒泉庞淯母者，赵氏之女也，字娥。父为同县人所杀，而娥兄弟三人，时俱病物故，仇乃喜而自贺，以为莫己报也。娥阴怀感愤，乃潜备刀兵，常帷车以候仇家。十馀年不能得。后遇于都亭，刺杀之。因诣县自首。曰："父仇已报，请就刑戮。"(福)禄〔福〕长尹嘉义之，〔15〕解印绶欲与俱亡。娥不肯去。曰："怨塞身死，妾之明分；结罪理狱，君之常理。何敢苟生，以枉公法！"后遇赦得免。州郡表其闾。太常张奂嘉叹，以束帛礼之。

　　沛刘长卿妻者，同郡桓鸾之女也。鸾已见前传。生一男五岁而长卿卒，妻防远嫌疑，不肯归宁。儿年十五，晚又夭殁。妻虑不免，乃豫刑其耳以自誓。宗妇相与愍之，共谓曰："若家殊无它意；假令有之，犹可因姑姊妹以表其诚，何贵义轻身之甚哉！"对曰："昔我先君五更，学为儒宗，尊为帝师。五更已来，历代不替，男以忠孝显，女以贞顺称。《诗》云：'无忝尔祖，聿修厥德。'是以豫自刑翦，以明我情。"沛相王吉上奏高行，显其门闾，号曰"行义桓嫠"，①〔16〕县邑有祀必膰焉。②

　　①寡妇曰嫠。
　　②膰，祭馀肉也。尊敬之，故有祭祀必致其馀也。《左传》曰："天子有事膰焉。"

　　安定皇甫规妻者，不知何氏女也。规初丧室家，后更娶之。妻善属文，能草书，时为规答书记，众人怪其工。及规卒时，妻年犹盛，而容色美。后董卓为相国，承其名，娉以轺辎百乘，马二十匹，奴婢钱帛充路。妻乃轻服诣卓门，跪自陈请，〔17〕辞甚酸怆。卓使傅奴侍者悉拔刀围之，而谓曰："孤之威教，欲令四海风靡，何有不行于一妇人乎！"妻知不免，乃立骂卓曰："君羌胡之种，毒害天下犹未足邪！妾之先人，清德奕世。

皇甫氏文武上才,为汉忠臣。君亲非其趣使走吏乎？敢欲行非礼于尔
君夫人邪！"卓乃引车庭中,以其头悬轭,鞭扑交下。①妻谓持杖者曰：
"何不重乎？速尽为惠。"遂死车下。后人图画,号曰"礼宗"云。

　①《周礼·考工记》曰："轭长六尺。"郑众曰："谓辕端压牛领者。"

　　南阳阴瑜妻者,颍川荀爽之女也,名采,字女荀。聪敏有才艺。年
十七,适阴氏。十九产一女,而瑜卒。采时尚丰少,常虑为家所逼,自防
御甚固。后同郡郭奕丧妻,爽以采许之,①因诈称病笃,召采。既不得
已而归,怀刃自誓。爽令傅婢执夺其刃,扶抱载之,犹忧致愤激,敕卫甚
严。女既到郭氏,乃伪为欢悦之色,谓左右曰："我本立志与阴氏同穴,
而不免逼迫,遂至于此,素情不遂,奈何？"乃命使建四灯,盛装饰,请奕
入相见,共谈,言辞不辍。(亦)〔奕〕敬惮之,〔18〕遂不敢逼,至曙而出。采
因敕令左右辨浴。〔19〕既入室而掩户,权令侍人避之,以粉书扉上曰："尸
还阴。""阴"字未及成,惧有来者,遂以衣带自缢。左右觇之不为意,比
视,已绝,时人伤焉。

　①《魏书》奕字伯益,(寿)〔嘉〕之子也,〔20〕为太子文学,早卒。

　　犍为盛道妻者,同郡赵氏之女也,字媛姜。建安五年,益部乱,道聚
众起兵,事败,夫妻执系,当死。媛姜夜中告道曰："法有常刑,必无生
望,君可速潜逃,建立门户,妾自留狱,代君塞咎。"道依违未从。媛姜便
解道桎梏,为赍粮货。子翔时年五岁,使道携持而走。媛姜代道持夜,
应对不失。度道已远,乃以实告吏,应时见杀。道父子会赦得归。道感
其义,终身不娶焉。

　　孝女叔先雄者,〔21〕犍为人也。父泥和,〔22〕永建初为县功曹。县长
遣泥和拜檄谒巴郡太守,乘船堕湍水物故,尸丧不归。雄感念怨痛,号
泣昼夜,心不图存,常有自沈之计。所生男女二人,并数岁,雄乃各作

囊,盛珠环以系儿,数为诀别之辞。家人每防闲之,经百许日后稍懈,雄因乘小船,于父堕处恸哭,遂自投水死。弟贤,其夕梦雄告之:"却后六日,当共父同出。"至期伺之,果与父相持,浮于江上。郡县表言,为雄立碑,图象其形焉。

陈留董祀妻者,同郡蔡邕之女也,名琰,字文姬。①博学有才辩,又妙于音律。②适河东卫仲道。夫亡无子,归宁于家。兴平中,天下丧乱,文姬为胡骑所获,没于南匈奴左贤王,在胡中十二年,生二子。曹操素与邕善,痛其无嗣,乃遣使者以金璧赎之,而重嫁于祀。

①《列女后传》,琰字昭姬也。〔23〕

②刘昭《幼童传》曰:"邕夜鼓琴,弦绝。琰曰:'第二弦。'邕曰:'偶得之耳。'故断一弦问之,琰曰:'第四弦。'并不差谬。"

祀为屯田都尉,犯法当死,文姬诣曹操请之。时公卿名士及远方使驿坐者满堂,操谓宾客曰:"蔡伯喈女在外,今为诸君见之。"及文姬进,蓬首徒行,叩头请罪,音辞清辩,旨甚酸哀,众皆为改容。操曰:"诚实相矜,然文状已去,奈何?"文姬曰:"明公厩马万匹,虎士成林,何惜疾足一骑,而不济垂死之命乎!"操感其言,乃追原祀罪。时且寒,赐以头巾履袜。操因问曰:"闻夫人家先多坟籍,犹能忆识之不?"文姬曰:"昔亡父赐书四千许卷,流离涂炭,罔有存者。今所诵忆,裁四百馀篇耳。"操曰:"今当使十吏就夫人写之。"文姬曰:"妾闻男女之别,礼不亲授。①乞给纸笔,真草唯命。"于是缮书送之,文无遗误。

①《礼记》曰:"男女不亲授。"

后感伤乱离,追怀悲愤,作诗二章。其辞曰:

汉季失权柄,董卓乱天常。志欲图篡杀,先害诸贤良。逼迫迁旧邦,拥主以自强。海内兴义师,欲共讨不祥。卓众来东下,金甲耀日光。平土人脆弱,来兵皆胡羌。猎野围城邑,所向悉破亡。斩截无孑遗,尸骸相撑拒。①马边悬男头,马后载妇女。长驱西入关,迥路险且阻。还顾邈冥冥,肝脾为烂腐。所略有万计,不得令屯聚。或有骨肉俱,欲言不敢语。失意机微间,辄言毙降虏。要当以亭刃,[24]我曹不活汝。岂复惜性命,不堪其詈骂。或便加棰杖,毒痛参并下。旦则号泣行,夜则悲吟坐。欲死不能得,欲生无一可。彼苍者何辜,乃遭此厄祸!边荒与华异,人俗少义理。处所多霜雪,胡风春夏起。翩翩吹我衣,肃肃入我耳。感时念父母,哀叹无穷已。有客从外来,闻之常欢喜。迎问其消息,辄复非乡里。邂逅徼时愿,骨肉来迎己。己得自解免,当复弃儿子。天属缀人心,念别无会期。存亡永乖隔,不忍与之辞。儿前抱我颈,问母欲何之。"人言母当去,岂复有还时。阿母常仁恻,今何更不慈?我尚未成人,奈何不顾思!"见此崩五内,恍惚生狂痴。号泣手抚摩,当发复回疑。兼有同时辈,相送告离别。慕我独得归,哀叫声摧裂。马为立踟蹰,车为不转辙。观者皆歔欷,行路亦呜咽。去去割情恋,遄征日遐迈。悠悠三千里,何时复交会?念我出腹子,匈臆为摧败。既至家人尽,又复无中外。城郭为山林,庭宇生荆艾。白骨不知谁,从横莫覆盖。出门无人声,豺狼号且吠。茕茕对孤景,怛咤糜肝肺。登高远眺望,魂神忽飞逝。奄若寿命尽,旁人相宽大。为复强视息,虽生何聊赖!托命于新人,竭心自勖厉。流离成鄙贱,常恐复捐废。人生几何时,怀忧终年岁!

① 勖音直庚反。

其二章曰:

嗟薄(祐)〔祜〕兮遭世患,[25]宗族殄兮门户单。身执略兮入西关,历险阻兮之羌蛮。山谷眇兮路曼曼,眷东顾兮但悲叹。冥当寝兮不能安,①饥当食兮不能餐,常流涕兮眥不乾,薄志节兮念死难,虽苟活兮无形颜。惟彼方兮远阳精,②阴气凝兮雪夏零。沙漠壅兮尘冥冥,有草木兮春不荣。人似禽兮食臭腥,言兜离兮状窈停。③岁聿暮兮时迈征,夜悠长兮禁门扃。不能寐兮起屏营,登胡殿兮临广庭。玄云合兮翳月星,北风厉兮肃泠泠。胡笳动兮边马鸣,孤雁归兮声嘤嘤。乐人兴兮弹琴筝,音相和兮悲且清。心吐思兮匈愤盈,欲舒气兮恐彼惊,含哀咽兮涕沾颈。家既迎兮当归宁,临长路兮捐所生。儿呼母兮号失声,我掩耳兮不忍听。追持我兮走茕茕,顿复起兮毁颜形。还顾之兮破人情,心怛绝兮死复生。

①冥音暝。

②北方近阴远阳。

③兜离,匈奴言语之貌。

赞曰:端操有踪,幽闲有容。区明风烈,昭我管彤。①

①妇人之正其节操有踪迹可纪者,及幽都闲婉有礼容者,区别其遗风馀烈,以明女史之所记也。管彤,赤管笔,解见《皇后纪》。

【校勘记】

〔1〕 梁嫕　按:"嫕"原作"嬑",不成字,径据殿本改,与《梁竦传》合。注同。

〔2〕 赤眉散贼经诗里　《集解》引惠栋说,谓赤眉散贼不当至蜀,当依《华阳国志》作"东精"。按:《华阳国志》云公孙述平后,东精为贼,掠害,不敢入诗里。东精,人姓名也。

〔3〕 字惠班一名姬　《集解》引沈钦韩说,谓陆龟蒙《小名录》班昭字惠姬,《文选》李善注引《范书》正作"惠姬",此误衍"班一名"三字。

〔4〕 于以(大)〔奠〕之宗室牖(户)〔下〕　据汲本、殿本改。

〔5〕 方斯二事　按:汲本、殿本"事"作"者"。

〔6〕 诗关雎乐得贤女　按:殿本"贤"作"淑"。

〔7〕 耳无涂听　按:汲本、殿本"涂"作"淫"。

〔8〕 视听陕输　汲本、殿本"陕"作"陜"。《集解》引惠栋说,谓"陕"本作"㜎",从女陕声。今按:马叙伦《读两汉书记》谓"陕"字乃陕隘之"陕",右方"夾"字从两人,不从两入。《说文》"陕,傓也"。傓者,三辅谓轻财者为傓。然则陕有轻义也。输借为媮,陕输亦轻脱也。

〔9〕 一(丝)〔鉎〕而累　据汲本改。《集解》引沈钦韩说,谓《说文》"鉎,织缯以

糸贯杼也"。《类篇》"觽,古还切"。

〔10〕汉中程文矩妻者　按:汲本、殿本"程"作"陈"。原本正文作"程",目则作"陈"。又按:《集解》引惠栋说,谓《华阳国志》云"穆姜,安众令程祗妻",祗似文矩名,以"程"为"陈",未详孰是。

〔11〕出自天受　按:汲本"受"作"爱",殿本作"授"。

〔12〕于县江泝涛(迎)婆娑〔迎〕神　按:殿本《考证》引《困学纪闻》谓《曹娥碑》云"盱能抚节安歌,婆娑乐神,以五月五日迎伍君",传云"婆娑神",误也。王先谦谓案文义是"婆娑迎神",写本误倒。今据改。

〔13〕父尸所在衣当沈　按:"父"原讹"人",径据汲本、殿本改正。

〔14〕衣字或作瓜　按:"瓜"原作"爪",径据汲本、殿本改正。

〔15〕(福)禄〔福〕长尹嘉义之　钱大昕谓"福禄"当作"禄福",详见《郡国志》。今据改。

〔16〕号曰行义桓螫　汲本、殿本"螫"作"嫠",注同。按:螫嫠古通。

〔17〕跪自陈请　按:汲本、殿本"请"作"情"。

〔18〕(亦)〔奕〕敬惮之　据汲本改。按:殿本讹"弈"。

〔19〕采因敕令左右辨浴　汲本、殿本"辨"作"办"。按:辨办古通。

〔20〕(寿)〔嘉〕之子也　《集解》本"寿"作"嘉",《校补》谓各本皆讹,依《魏志》改。今据改。

〔21〕孝女叔先雄者　按:《集解》引钱大昕说,谓《华阳国志》云"符有先络,僰道有张帛",络与帛协韵,则其名当为"络"不为"雄"矣。"雄"当是"雒"之讹,雒与络同音。

〔22〕父泥和　按:《集解》引惠栋说,谓"泥"一作"沈",一作"江",见《益部·耆旧传》。又《华阳国志》云先尼和,以先为姓。

〔23〕按:此注原错在传末,各本同。今依《校补》说移正。

〔24〕要当以亭刃　按:《集解》引沈钦韩说,谓"亭"盖"事"之误。《前书·蒯通传》"事刃于公之腹"。作亭止解,不可通。

〔25〕嗟薄(祐)〔祜〕兮遭世患　据王先谦说改。按:沈钦韩《后汉书疏证》谓"祐"当作"祜",冯惟纳《诗纪》正作"祜"。

后汉书卷八十五

东夷列传第七十五

《王制》云："东方曰夷。"夷者，柢也，言仁而好生，万物柢地而出。① 故天性柔顺，易以道御，至有君子、不死之国焉。② 夷有九种，③ 曰畎夷，于夷，方夷，黄夷，白夷，赤夷，玄夷，风夷，阳夷。④ 故孔子欲居九夷也。

①事见《风俗通》。

②《山海经》曰："君子国衣冠带剑，食兽，使二文虎在旁。"《外国图》曰："去琅邪三万里。"《山海经》又曰："不死人在交胫东，其为人黑色，寿不死。"并在东方也。

③《竹书纪年》曰"后芬发即位三年，〔一〕九夷来御"也。

④《竹书纪年》曰"后泄二十一年，命畎夷，白夷，赤夷，玄夷，风夷，阳夷。后相即位二年，征黄夷。七年，于夷来宾，后少康即位，方夷来宾"也。

昔尧命羲仲宅嵎夷，曰旸谷，盖日之所出也。① 夏后氏太康失德，夷人始畔。② 自少康已后，世服王化，遂宾于王门，献其乐舞。③ 桀为暴虐，诸夷内侵，殷汤革命，伐而定之。至于仲丁，蓝夷作寇。④ 自是或服或畔，三百馀年。武乙衰敝，东夷寖盛，遂分迁淮、岱，渐居中土。⑤

①孔安国《尚书》注曰"东方之地曰嵎夷。旸谷，日之所出也"。

②太康，启之子也。槃于游田，十旬不反，不恤人事，为羿所逐也。

③少康，帝仲康之孙，帝相子也。《竹书纪年》曰："后发即位元年，诸夷宾于王门，诸夷入舞。"

④仲丁，殷大戊之子也。《竹书纪年》曰"仲丁即位，征于蓝夷"也。

⑤武乙，帝庚丁之子，无道，为革囊盛血，仰而射之，命曰"射天"也。

及武王灭纣，肃慎来献石砮、楛矢。管、蔡畔周，乃招诱夷狄，周公征之,遂定东夷。①康王之时,肃慎复至。后徐夷僭号,乃率九夷以伐宗周,西至河上。穆王畏其方炽,乃分东方诸侯,命徐偃王主之。②偃王处潢池东,地方五百里,③行仁义,陆地而朝者三十有六国。穆王后得骥騄之乘,④乃使造父御以告楚,令伐徐,一日而至。⑤於是楚文王大举兵而灭之。偃王仁而无权,不忍斗其人,故致于败。乃北走彭城武原县东山下,百姓随之者以万数,因名其山为徐山。⑥厉王无道,淮夷入寇,王命虢仲征之,不克,宣王复命召公伐而平之。⑦及幽王淫乱,四夷交侵,至齐桓修霸,攘而却焉。及楚灵会申,亦来豫盟。⑧后越迁琅邪,与共征战,遂陵暴诸夏,侵灭小邦。

①《尚书》武王崩,三监及淮夷畔,周公征之,作《大诰》。又曰,成王既伐管叔、蔡叔,灭淮夷。

②《博物志》曰:"徐君宫人娠而生卵,以为不祥,弃於水滨。孤独母有犬名鹄仓,(持)〔得〕所弃卵,〔2〕衔以归母,母覆暖之,遂成小儿,生而偃,故以为名。宫人闻之,乃更录取。长袭为徐君。"《尸子》曰"偃王有筋而无骨,故曰偃"也。

③《水经注》曰,黄水一名汪水,与泡水合,至沛入泗。自山阳以东,海陵以北,其地当之也。

④《史记》曰:"造父以善御幸於周缪王,得赤骥、盗骊、骅骝、騄耳之驷,西巡狩,乐而忘归。"

⑤造父,解见《蔡邕传》。

⑥武原,县,故城在今泗洲下邳县北。徐山在其东。博物志曰"徐王妖异不常。武原县东十里,见有徐山石室祠处。偃王沟通陈蔡之间,得朱弓朱矢,以己得天瑞,自称偃王。穆王闻之,遣使乘驷,一日至楚,伐之。偃王仁,不忍斗,为楚所败,北走此山"也。

⑦《毛诗序》曰:"《江汉》,尹吉甫美宣王也。能兴衰拨乱,命召公平淮夷。"其诗曰:"江汉浮浮,武夫滔滔。匪安匪游,淮夷来求。王命召虎,式辟四方,彻我土疆。"

⑧《左传》楚灵王、蔡侯、陈侯、郑伯、许男、淮夷会于申。

秦并六国,其淮、泗夷皆散为民户。陈涉起兵,天下崩溃,燕人卫满避地朝鲜，①因王其国。百有馀岁，武帝灭之，於是东夷始通上京。王莽篡位，貊人寇边。②建武之初，复来朝贡。时辽东太守祭肜威詟北方，声行海表，於是濊、貊、倭、韩万里朝献，故章、和已后，使聘流通。逮永初多难，始入寇钞；桓、灵失政，渐滋曼焉。

①《前书》曰"朝鲜王满，燕人。自始全燕时，尝略属真番、朝鲜，为置吏筑障。汉兴属〔燕〕，〔3〕燕王卢绾反入匈奴，满亡命东走，渡浿水，居秦故空地，稍役属朝鲜蛮夷及故燕、齐亡(任)〔在〕者，〔4〕王之，都王险"也。

②《前书》莽发高句丽兵当伐胡，不欲行，郡县强迫之，皆亡出塞，因犯〔法〕为寇。〔5〕州郡归咎於高句丽侯驺，严尤奏言貉人犯法，不从驺起，宜慰安之。

自中兴之后，四夷来宾，虽时有乖畔，而使驿不绝，〔6〕故国俗风土，可得略记。东夷率皆土著，憙饮酒歌舞，或冠弁衣锦，器用俎豆。所谓中国失礼，求之四夷者也。①凡蛮、夷、戎、狄总名四夷者，犹公、侯、伯、子、男皆号诸侯云。

①《左传》曰，仲尼学鸟名〔官〕於郯子，〔7〕既而告人曰："吾闻之，天子失官，学在四夷，其信也。"

夫馀国，在玄菟北千里。南与高句骊，东与挹娄，西与鲜卑接，北有弱水。地方二千里，本濊地也。

初，北夷索离国王出行，①其侍儿于后姙身，②王还，欲杀之。侍儿曰："前见天上有气，大如鸡子，来降我，因以有身。"王囚之，后遂生男。王令置於豕牢，③豕以口气嘘之，不死。复徙於马兰，④马亦如之。王以为神，乃听母收养，名曰东明。东明长而善射，王忌其猛，复欲杀之。东明奔走，南至掩㴲水，⑤以弓击水，鱼鳖皆聚浮水上，东明乘之得度，因至夫馀而王之焉。于东夷之域，最为平敞，土宜五谷。出名马、赤玉、貂貀，⑥大珠如酸枣。以员栅为城，有宫室、仓库、牢狱。其人粗大强勇而谨厚，不为寇钞。以弓矢刀矛为兵。以六畜名官，有马加、牛加、狗加，〔8〕其邑落皆主属诸加。食饮用俎豆，会同拜爵洗爵，揖让升降。以腊月祭天，大会连日，饮食歌舞，名曰"迎鼓"。是时断刑狱，解囚徒。有军事亦祭天,杀牛,以蹄占其吉凶。⑦行人无昼夜,好歌吟,音声不绝。其俗用刑严急,被诛者皆没其家人为奴婢。盗一责十二。男女淫皆杀之,尤治恶妒妇,〔9〕既杀,复尸于山上。兄死妻嫂。死则有椁无棺。〔10〕杀人殉葬,多者以百数。其王葬用玉匣,汉朝常豫以玉匣付玄菟郡,王死则迎取以葬焉。

①"索"或作"橐",音度洛反。

②妊音人鸠反。

③牢,圈也。

④兰即栏也。

⑤今高丽中有盖斯水,疑此水是也。

⑥貀似豹,〔11〕无前足,音奴八反。

⑦《魏志》曰:"牛蹄解者为凶,合者为吉。"

建武中,东夷诸国皆来献见。二十五年,夫馀王遣使奉贡,光武厚答报之,于是使命岁通。至安帝永初五年,夫馀王始将步骑七八千人寇钞乐浪,杀伤吏民,后复归附。永宁元年,乃遣嗣子尉仇台(印)〔诣〕阙贡献,天子赐尉仇台印绶金彩。顺帝永和元年,其王来朝京师,帝作黄门鼓吹、角抵戏以遣之。桓帝延熹四年,遣使朝贺贡献。永康元年,王夫台将二万馀人寇玄菟,玄菟太守公孙域击破之,〔12〕斩首千馀级。至灵帝熹平三年,复奉章贡献。夫馀本属玄菟,献帝时,其王求属辽东云。

挹娄,古肃慎之国也。在夫馀东北千馀里,东滨大海,南与北沃沮接,不知其北所极。土地多山险。人形似夫馀,而言语各异。有五谷、麻布,出赤玉、好貂。无君长,其邑落各有大人。处于山林之间,土气极寒,常为穴居,以深为贵,大家至接九梯。好养豕,食其肉,衣其皮。冬以豕膏涂身,厚数分,以御风寒。夏则裸袒,以尺布蔽其前后。其人臭秽不絜,作厕于中,圜之而居。自汉兴已后,臣属夫馀。种众虽少,而多勇力,处山险,又善射,发能入人目。弓长四尺,力如弩。矢用楛,长一尺八寸,青石为镞,镞皆施毒,中人即死。便乘船,好寇盗,邻国畏患,而卒不能服。东夷夫馀饮食类(此)皆用俎豆,〔13〕唯挹娄独无,法俗最无纲纪者也。

　　高句骊,在辽东之东千里,南与朝鲜、濊貊,东与沃沮,北与夫馀接。地方二千里,多大山深谷,人随而为居。少田业,力作不足以自资,故其俗节于饮食,而好修宫室。东夷相传以为夫馀别种,故言语法则多同,而跪拜曳一脚,行步皆走。凡有五族,有消奴部,〔14〕绝奴部,顺奴部,灌奴部,桂娄部。① 本消奴部为王,稍微弱,后桂娄部代之。其置官,有相加、对卢、沛者、古邹大加、②〔15〕主簿、优台、使者、〔16〕帛衣先人。〔17〕武帝灭朝鲜,以高句骊为县,③使属玄菟,赐鼓吹伎人。其俗淫,皆絜净自憙,暮夜辄男女群聚为倡乐。好祠鬼神、社稷、零星,④以十月祭天大会,名曰“东盟”。其国东有大穴,号襚神,〔18〕亦以十月迎而祭之。其公会衣服皆锦绣,金银以自饰。大加、主簿皆著帻,如冠帻而无后;其小加著折风,形如弁。无牢狱,有罪,诸加评议便杀之,没入妻子为奴婢。其昏姻皆就妇家,生子长大,然后将还,便稍营送终之具。金银财币尽于厚葬,积石为封,亦种松柏。其人性凶急,有气力,习战斗,好寇钞,沃沮、东濊皆属焉。

①案今高骊五部:一曰内部,一名黄部,即桂娄部也;二曰北部,一名后部,即绝奴部也;三曰东部,一名左部,即顺奴部也;四曰南部,一名前部,即灌奴部也;五曰西部,一名右部,即消奴部也。

②古邹大加,高骊掌(贺)〔宾〕客之官,〔19〕如鸿胪也。

③《前书》元封中,定朝鲜为真番、临屯、乐浪、玄菟四(部)〔郡〕。〔20〕

④《前书音义》:“龙星左角曰天田,则农祥也。辰日祠以牛,号曰零星。”《风俗通》曰“辰之神为灵星”,故以辰日祠於东南也。

　　句骊一名貊(耳),有别种,〔21〕依小水为居,因名曰小水貊。出好弓,所谓“貊弓”是也。①

①《魏氏春秋》曰:“辽东郡西安平县北,有小水南流入海,句骊别种因名之小水貊。”

　　王莽初,发句骊兵以伐匈奴,其人不欲行,强迫遣之,皆亡出塞为寇盗。辽西大尹田谭追击,战死。莽令其将严尤击之,诱句骊侯驺入塞,〔22〕斩之,传首长安。莽大说,更名高句骊王为下句骊侯,于是貊人寇边愈甚。建武八年,高句骊遣使朝贡,光武复其王号。二十三年冬,句骊蚕支落大加戴升等万馀口诣乐浪内属。二十五年春,句骊寇右北平、渔阳、上谷、太原,而辽东太守祭肜以恩信招之,皆复款塞。

后句骊王宫生而开目能视,国人怀之,〔23〕及长勇壮,数犯边境。和帝元兴元年春,复入辽东,寇略六县,太守耿夔击破之,斩其渠帅。安帝永初五年,宫遣使贡献,求属玄菟。元初五年,复与濊貊寇玄菟,攻华丽城。①建光元年春,幽州刺史冯焕、玄菟太守姚光、辽东太守蔡讽〔24〕等将兵出塞击之,捕斩濊貊渠帅,获兵马财物。宫乃遣嗣子遂成将二千馀人逆光等,遣使诈降;光等信之,遂成因据险厄以遮大军,而潜遣三千人攻玄菟、辽东,焚城郭,杀伤二千馀人。于是发广阳、渔阳、右北平、涿郡属国三千馀骑同救之,而貊人已去。夏,复与辽东鲜卑八千馀人攻辽队,②杀略吏人。蔡讽等追击於新昌,战殁,功曹耿耗、兵曹掾龙端、兵马掾公孙酺以身捍讽,俱没于陈,死者百馀人。秋,宫遂率马韩、濊貊数千骑围玄菟。夫馀王遣子尉仇台〔25〕将二万馀人,与州郡并力讨破之,斩首五百馀级。

①华丽,县,属乐浪郡。
②县名,属辽东郡也。

是岁宫死,子遂成立。姚光上言欲因其丧发兵击之,议者皆以为可许。尚书陈忠曰:“宫前桀黠,光不能讨,死而击之,非义也。宜遣吊问,因责让前罪,赦不加诛,取其后善。”安帝从之。明年,遂成还汉生口,诣玄菟降。诏曰:“遂成等桀逆无状,当斩断菹醢,以示百姓,幸会赦令,乞罪请降。鲜卑、濊貊连年寇钞,驱略小民,动以千数,而裁送数十百人,非向化之心也。自今已后,不与县官战斗而自以亲附送生口者,皆与赎直,缣人四十匹,小口半之。”

遂成死,子伯固立。其後濊貊率服,东垂少事。顺帝阳嘉元年,置玄菟郡屯田六部。质、桓之间,复犯辽东西安平,①杀带方令,①掠得乐浪太守妻子。建宁二年,玄菟太守耿临讨之,斩首数百级,伯固降服,乞属玄菟云。

①《郡国志》西安平、带方,县,并属辽东郡。

东沃沮在高句骊盖马大山之东,①东滨大海;北与挹娄、夫馀,南与濊貊接。其地东西夹,南北长,②可折方千里。土肥美,背山向海,宜五谷,善田种,有邑落长帅。人性质直强勇,便持矛步战。言语、食饮、居处、衣服有似句骊。其葬,作大木椁,长十馀丈,开一头为户,新死者先假埋之,令皮肉尽,乃取骨置椁中。家人皆共一椁,刻木如(主)〔生〕,〔26〕随死者为数焉。

①盖马,县名,属玄菟郡。其山在今平壤城西。平壤即王险城也。

②夹音狭。

武帝灭朝鲜,以沃沮地为玄菟郡。後为夷貊所侵,徙郡于高句骊西北,更以沃沮为县,属乐浪东部都尉。至光武罢都尉官,后皆以封其渠帅,为沃沮侯。其土迫小,介于大国之间,遂臣属句骊。句骊复置其中大人(遂)为使者,〔27〕以相监领,(贵)〔责〕其租税,〔28〕貊布鱼盐、海中食物,发美女为婢妾焉。

又有北沃沮,一名置沟娄,去南沃沮八百馀里。其俗皆与南同。界南接挹娄。挹娄人憙乘船寇抄,北沃沮畏之,每夏辄臧于岩穴,至冬船道不通,乃下居邑落。其耆老言,尝于海中得一布衣,其形如中人衣,而两袖长三丈。又于岸际见一人乘破船,顶中复有面,与语不通,不食而死。又说海中有女国,无男人。或传其国有神井,窥之辄生子云。①

①《魏志》曰,毌丘俭遣王顼追句骊王宫,穷沃沮东界,问其耆老所传云。

濊北与高句骊、沃沮,南与辰韩接,东穷大海,西至乐浪。濊及沃沮、句骊,本皆朝鲜之地也。昔武王封箕子于朝鲜,箕子教以礼义田蚕,又制八条之教。①其人终不相盗,无门户之闭。妇人贞信。饮食以笾豆。其后四十馀世,至朝鲜侯准,自称王。汉初大乱,燕、齐、赵人往避地者数万口,而燕人卫满击破准而自王朝鲜,传国至孙右渠。元朔元年,②濊君南闾等畔右渠,率二十八万口诣辽东内属,武帝以其地为苍海郡,数年乃罢。至元封三年,灭朝鲜,分置乐浪、临屯、玄菟、真番四(部)〔郡〕。③〔29〕至昭帝始元五年,罢临屯、真番,以并乐浪、玄菟。玄菟复徙居句骊。自单单大领已东,沃沮、濊貊悉属乐浪。后以境土广远,复分领东七县,置乐浪东部都尉。自内属已后,风俗稍薄,法禁亦浸多,至有六十馀条。建武六年,省都尉官,遂弃领东地,悉封其渠帅为县侯,皆岁时朝贺。

> ①《前书》曰,箕子教以八条者,相杀者以当时偿杀,相伤者以谷偿,相盗者男没入为其家奴,女子为婢,欲自赎者人五十万。《音义》曰:"八条不具见也。"
> ②武帝年也。
> ③番音潘。

无大君长,其官有侯、邑君、三老。耆旧自谓与句骊同种,言语法俗大抵相类。其人性愚悫,少嗜欲,不请匄。男女皆衣曲领。其俗重山川,山川各有部界,〔30〕不得妄相干涉。同姓不昏。多所忌讳,疾病死亡,辄捐弃旧宅,更造新居。知种麻,养蚕,作绵布。晓候星宿,豫知年岁丰约。常用十月祭天,昼夜饮酒歌舞,名之为"舞天"。又祠虎以为神。邑落有相侵犯者,辄相罚,责生口牛马,名之为"责祸"。杀人者偿死。少寇盗。能步战,作矛长三丈,或数人共持之。乐浪檀弓出其地。又多文豹,有果下马,①海出班鱼,使来皆献之。

> ①高三尺,乘之可于果树下行。

韩有三种:一曰马韩,二曰辰韩,三曰弁辰。〔31〕马韩在西,有五十四国,其北与乐浪,南与倭接。辰韩在东,十有二国,其北与濊貊接。弁辰在辰韩之南,亦十有二国,其南亦与倭接。凡七十八国,伯济是其一国焉。大者万馀户,小者数千家,各在山海间,地合方四千馀里,东西以海为限，皆古之辰国也。马韩最大，共立其种为辰王，都目支国，〔32〕尽王三韩之地。其诸国王先皆是马韩种人焉。

马韩人知田蚕，作绵布。出大栗如梨。有长尾鸡，尾长五尺。邑落杂居，亦无城郭。作土室，形如冢，开户在上。不知跪拜。无长幼男女之别。不贵金宝锦罽，不知骑乘牛马，唯重璎珠，以缀衣为饰，及县颈垂耳。大率皆魁头露纷，①布袍草履。其人壮勇，少年有筑室作力者，辄以绳贯脊皮，缒以大木，嚯呼为健。常以五月田竟祭鬼神，昼夜酒会，群聚歌舞，舞辄数十人相随蹋地为节。十月农功毕，亦复如之。诸国邑各以一人主祭天神，号为"天君"。又立苏涂②，建大木以县铃鼓，事鬼神。其南界近倭，亦有文身者。

①魁头犹科头也，谓以发萦绕成科结也。纷音计。

②《魏志》曰："诸国各有别邑，为苏涂，诸亡逃至其中，皆不还之。苏涂之义，有似浮屠。"

辰韩，耆老自言秦之亡人，避苦役，适韩国，马韩割东界地与之。其名国为邦，弓为弧，贼为寇，行酒为行觞，相呼为徒，〔33〕有似秦语，故或名之为秦韩。有城栅屋室。诸小别邑，各有渠帅，大者名臣智，次有俭侧，次有樊秖，〔34〕次有杀奚，次有邑借。①土地肥美，宜五谷。知蚕桑，作缣布。乘驾牛马。嫁娶以礼。行者让路。国出铁。濊、倭、马韩并从市之。凡诸(货)〔贸〕易，皆以铁为货。〔35〕俗憙歌舞饮酒鼓瑟。儿生欲令其头扁，皆押之以石。②

①皆其官名。

②扁音补典反。

弁辰与辰韩杂居，城郭衣服皆同，言语风俗有异。其人形皆长大，美发，衣服絜清。而刑法严峻。其国近倭，故颇有文身者。

初，朝鲜王准为卫满所破，乃将其馀众数千人走入海，攻马韩，破之，自立为韩王。准后灭绝，马韩人复自立为辰王。建武二十年，韩人廉斯人苏马谍等诣乐浪贡献。①光武封苏马谍为汉廉斯邑君，使属乐浪郡，四时朝谒。灵帝末，韩、濊并盛，郡县不能制，百姓苦乱，多流亡入韩者。

　　①廉斯,邑名也。诔音是。

　　马韩之西,海岛上有州胡国。其人短小,[36] 髠头,衣韦衣,有上无下。好养牛豕。乘船往来货市韩中。

　　倭在韩东南大海中,依山岛为居,凡百馀国。自武帝灭朝鲜,使驿通于汉者三十许国,[37] 国皆称王,世世传统。其大倭王居邪马台国。①[38] 乐浪郡徼,去其国万二千里,去其西北界拘邪韩国七千馀里。其地大较在会稽东冶之东,与朱崖、儋耳相近,故其法俗多同。

　　①案:今名邪摩(惟)〔堆〕,[39] 音之讹也。

　　土宜禾稻、麻纻、蚕桑,知织绩为缣布。出白珠、青玉。其山有丹土。气温腜,冬夏生菜茹。无牛马虎豹羊鹊。① 其兵有矛、盾、木弓,竹矢或以骨为镞。[40] 男子皆黥面文身,以其文左右大小别尊卑之差。其男衣皆横幅结束相连。女人被发屈紒,衣如单被,贯头而著之;并以丹朱坋身,② 如中国之用粉也。有城栅屋室。父母兄弟异处,唯会同男女无别。饮食以手,而用笾豆。俗皆徒跣,以蹲踞为恭敬。人性嗜酒。多寿考,至百馀岁者甚众。国多女子,大人皆有四五妻,其馀或两或三。女人不淫不妒。又俗不盗窃,少争讼。犯法者没其妻子,重者灭其门族。其死停丧十馀日,家人哭泣,不进酒食,而等类就歌舞为乐。灼骨以卜,用决吉凶。行来度海,令一人不栉沐,不食肉,不近妇人,名曰"持衰"。[41] 若在涂吉利,则雇以财物;如病疾遭害,以为持衰不谨,便共杀之。[42]

　　①"鹊"或作"鸡"。

　　②《说文》曰:"坋,尘也。"音蒲顿反。

　　建武中元二年,倭奴国奉贡朝贺,使人自称大夫,倭国之极南界也。光武赐以印绶。安帝永初元年,倭国王帅升等献生口百六十人,愿请见。

　　桓、灵间，倭国大乱，更相攻伐，历年无主。有一女子名曰卑弥呼，年长不嫁，事鬼神道，能以妖惑众，于是共立为王。侍婢千人，少有见者，唯有男子一人给饮食，传辞语。居处宫室楼观城栅，皆持兵守卫。法俗严峻。

　　自女王国东度海千馀里至拘奴国，虽皆倭种，而不属女王。自女王国南四千馀里至朱儒国，人长三四尺。自朱儒东南行船一年，至裸国、黑齿国，使驿所传，极于此矣。[43]

　　会稽海外有东鳀人，①分为二十馀国。[44]又有夷洲及澶洲。传言秦始皇遣方士徐福将童男女数千人入海，②求蓬莱神仙不得，徐福畏诛不敢还，遂止此洲，世世相承，有数万家。人民时至会稽市。会稽东冶县人有入海行遭风，流移至澶洲者。所在绝远，不可往来。③

　　①鳀音达奚反。

　　②事见《史记》。

　　③沈莹《临海水土志》曰"夷洲在临海东南，去郡二千里。土地无霜雪，草木不死。四面是山谿。人皆髡发穿耳，女人不穿耳。土地饶沃，既生五谷，又多鱼肉。有犬，尾短如麞尾状。此夷舅姑子妇卧息共一大床，略不相避。地有铜铁，唯用鹿格为矛以战斗，摩砺青石以作(弓)矢〔镞〕。[45]取生鱼肉杂贮大瓦器中，以盐卤之，历月所日，乃啖食之，以为上肴"也。

　　论曰：昔箕子违衰殷之运，避地朝鲜。始其国俗未有闻也，及施八条之约，使人知禁，遂乃邑无淫盗，门不夜扃，①回顽薄之俗，就宽略之法，行数百千年，故东夷通以柔谨为风，异乎三方者也。苟政之所畅，则道义存焉。仲尼怀愤，以为九夷可居。或疑其陋。子曰："君子居之，何陋之有！"亦徒有以焉尔。其后遂通接商贾，渐交上国。而燕人卫满扰杂其风，②于是从而浇异焉。《老子》曰："法令滋章，盗贼多有。"若箕子之省简文条而用信义，其得圣贤作法之原矣！

　　①扃，关也。

　　②扰，乱也，

赞曰:宅是嵎夷,曰乃旸谷。巢山潜海,厥区九族。嬴末纷乱,燕人违难。①杂华浇本,遂通有汉。②眇眇偏译,或从或畔。③

①谓卫满也。

②卫满入朝鲜,既杂华夏之风,又浇薄其本化,以至通於汉也。

③偏,远也。

【校勘记】

〔1〕 后芬发即位三年　按:殿本无"发"字。汲本"三"作"二"。

〔2〕 (持)〔得〕所弃卵　按:校补引柳从辰说,谓"持"乃"得"之讹,《博物志》及《御览》九百四引《徐偃王志》可证,各本注失正。今据改。

〔3〕 汉兴属〔燕〕　据《前书》《朝鲜传》补。

〔4〕 及故燕齐亡(任)〔在〕者　据汲本、殿本改。

〔5〕 因犯〔法〕为寇　据《前书》《王莽传》补。

〔6〕 而使驿不绝　按:《刊误》谓"驿"当作"译"。邮驿中国可有之,不可通於四夷,自《前书》皆言"使译",使即使者,译则译人。

〔7〕 仲尼学鸟名〔官〕於郯子　汲本、殿本"鸟"作"官"。按:仲尼学鸟名官於郯子,见《左传》昭公十七年,今补一"官"字。

〔8〕 有马加牛加狗加　《校补》谓《魏志》作"有马加、牛加、猪加、狗加、犬使"。今按:《魏志》"犬使"之"犬",宋本皆作"大"。

〔9〕 尤治恶妒妇　按:《校补》谓《通志》作"尤憎妒妇",此"治"字亦当作"憎",盖後人回改之失。

〔10〕 死则有椁无棺　《校补》谓《魏志》作"有棺无椁",《通志》同,此误。今按:百衲本《三国志》亦作"有椁无棺",不误,《校补》说非。

〔11〕 貀似豹　按:原作"貂似貀",讹,径据汲本、殿本改正。

〔12〕 玄菟太守公孙域　按:《集解》引惠栋说,谓《东观记》、《魏志公孙度传》"域"皆作"琙"。

〔13〕 东夷夫馀饮食类(此)皆用俎豆　据《刊误》删。

〔14〕 有消奴部　按:《集解》引惠栋说,谓"消"《魏志》作"涓"。

〔15〕 古邹大加　按:《魏志》作"古雏加"。

〔16〕　优台使者　按:《补注》谓《魏志》"使者"上有"丞"字。

〔17〕　帛衣先人　《补注》谓《魏志》"帛"作"皁"。今按:皁帛形近易混。赵一清《三国志注补》引《寰宇记》,"皁衣头大兄,东夷相传所谓皁衣先人也",字亦作"皁"。

〔18〕　其国东有大穴号禭神　按:《校补》谓"禭"《魏志》、《通志》并作"隧"。

〔19〕　古邹大加高骊掌(贺)〔宾〕客之官　据汲本、殿本改。

〔20〕　定朝鲜为真番临屯乐浪玄菟四(部)〔郡〕　按:张森楷《校勘记》谓"部"字当依《前书》作"郡"。今据改。

〔21〕　句骊一名貊(耳)有别种　《集解》引沈钦韩说,谓案文当云"句骊有别种,一名貊耳"。按:《校补》谓《通志》但云"名貊",无"耳"字,此"耳"字衍。今据删。

〔22〕　诱句骊侯驺入塞　按:《集解》引惠栋说,谓《魏志》"驺"作"騊",《前书》《王莽传》作"驺"。

〔23〕　国人怀之　殿本《考证》谓《魏志》"怀"作"恶"。按:《校补》谓"怀"当为"㤪"之讹,古"怀"字多混为"怀",故转写易讹。

〔24〕　辽东太守蔡讽　《集解》引惠栋说,谓《魏志》、《北史》"讽"作"风"。今按:《安帝纪》作"讽",《通鉴》同。

〔25〕　尉仇台　按:《集解》引惠栋说,谓"台"一作"治"。

〔26〕　刻木如(主)〔生〕　《校补》谓《魏志》作"刻木如生形",则"主"乃"生"之讹,作主不须言刻也。今据改。

〔27〕　句骊复置其中大人(遂)为使者　《集解》引何焯说,谓以《魏志》参校,衍"遂"字。今据删。

〔28〕　(贵)〔责〕其租税　据汲本、殿本改。

〔29〕　分置乐浪临屯玄菟真番四(部)〔郡〕　据殿本改。

〔30〕　山川各有部界　按:《校补》谓《魏志》"界"作"分"。

〔31〕　三曰弁辰　殿本《考证》王会汾谓《晋》、《梁》二书皆作"弁韩",当从改。今按:《魏志》亦作"弁韩"。

〔32〕　都目支国　《魏志》作"治月支国"。《校补》谓《魏志》及《通志》"目"均作"月",附载五十馀国亦作"月支国",则此作"目支"误也。今按:月支乃西域国名,《魏志》及《通志》之作"月支",或后人习见"月支"之名而臆改与?当考。

〔33〕　相呼为徒　按：王先谦谓《魏志》"为"上有'皆"字。

〔34〕　次有樊祇　按：《集解》引惠栋说，谓《魏志》"祇"作"秽"。

〔35〕　凡诸(货)〔贸〕易皆以铁为货　据殿本改。按：汲本"贸易"作"质易"。

〔36〕　其人短小　按：《集解》引沈钦韩说，谓《魏志》"人"下有"差"字。

〔37〕　使驿通于汉者三十许国　《刊误》谓"驿"当作"译"，说已见上。按：《魏志》作"译"。

〔38〕　其大倭王居邪马台国　按：《集解》引惠栋说，谓《魏志》"台"作"堆"。

〔39〕　邪摩(惟)〔堆〕　按：汲本、殿本作"邪摩推"，此作"惟"，形近而讹。又《集解》引惠栋说，谓案《北史》"推"当作"堆"。今据改。

〔40〕　其兵有矛盾木弓竹矢或以骨为镞　汲本"竹"作"其"。《校补》谓传本以"其兵""其矢"相次成文，作"其矢"於义为长。今按：《御览》七百八十二引作"竹矢"。《魏志》亦云"兵用矛、盾、木弓，木弓短下长上，竹箭或铁镞或骨镞"，似以作"竹矢"为是。

〔41〕　名曰持衰　《校补》谓《魏志》"衰"作"哀"。今按：百衲本《三国志》亦作"哀"。

〔42〕　便共杀之　按：《校补》谓《魏志》"共"作"欲"。

〔43〕　使驿所传极此矣　按：此"驿"字亦当作"译"。

〔44〕　分为二十馀国　按：《校补》引钱大昭说，谓闽本"二"作"三"。

〔45〕　摩砺青石以作(弓)矢〔镞〕　据《御览》七百八十引改。

后汉书卷八十六

南蛮西南夷列传第七十六

　　昔高辛氏有犬戎之寇，①帝患其侵暴，而征伐不克。乃访募天下，有能得犬戎之将吴将军头者，购黄金千镒。邑万家，又妻以少女。时帝有畜狗，其毛五采，名曰槃瓠。②下令之后，槃瓠遂衔人头造阙下，群臣怪而诊之，乃吴将军首也。③帝大喜，而计槃瓠不可妻之以女，又无封爵之道，议欲有报而未知所宜。女闻之，以为皇帝下令，不可违信，因请行。帝不得已，乃以女配槃瓠。槃瓠得女，负而走入南山，〔1〕止石室中，所处险绝，人迹不至。④於是女解去衣裳，为仆鉴之结，著独力之衣。⑤帝悲思之，遣使寻求，辄遇风雨震晦，使者不得进。经三年，生子一十二人，六男六女。槃瓠死后，因自相夫妻。织绩木皮，染以草实，好五色衣服，制裁皆有尾形。⑥其母后归，以状白帝，于是使迎致诸子。衣裳班兰，语言侏离，⑦好入山壑，不乐平旷。帝顺其意，赐以名山广泽。其后滋蔓，号曰蛮夷。外痴内黠，安土重旧。以先父有功，母帝之女，田作贾贩，无关梁符传，租税之赋。⑧有邑君长，皆赐印绶，冠用獭皮。名渠帅曰精夫，相呼为姎徒。⑨今长沙武陵蛮是也。

　　①高辛，帝喾。

　　②《魏略》曰："高辛氏有老妇，居（正）〔王〕室，〔2〕得耳疾，挑之，乃得物大如茧。妇人盛瓠中，覆之以槃，俄顷化为犬，其文五色，因名槃瓠。"

　　③诊，候视也。

　　④今辰州卢溪县西有武山。黄闵《武陵记》曰："山高可万仞。山半有槃瓠石室，可容数万人。中有石床，槃瓠行迹。"今案：山窟前有石羊、石兽，古迹奇异尤多。望石窟大如三间屋，遥见一石仍似狗形，蛮俗相传，云是槃瓠

⑤仆鉴，独力，皆未详。流俗本或有改"鉴"字为"竖"者，〔3〕妄穿凿也。结
　　音髻。

⑥干宝《晋纪》曰："武陵、长沙、卢江郡夷，槃瓠之后也。杂处五溪之内。槃瓠
　　凭山阻险，每每常为害。糅杂鱼肉，叩槽而号，以祭槃瓠。俗称'赤髀横
　　裙'，即其子孙。"

⑦侏离，蛮夷语声也。

⑧优宠之，故蠲其赋役也。《荆州记》曰："沅陵县居酉口，有上就、武阳二乡，
　　唯此是槃瓠子孙，狗种也。二乡在武溪之北。"

⑨《说文》曰："姎，女人自称，我也。"音乌朗反。此已上并见《风俗通》也。

其在唐虞，与之要质，故曰要服。夏商之时，渐为边患。逮于周世，
党众弥盛。宣王中兴。乃命方叔南伐蛮方，诗人所谓"蛮荆来威"者也。
又曰："蠢尔蛮荆，大邦为仇。"①明其党众繁多，是以抗敌诸夏也。

①《毛诗小雅序》曰"芑，宣王南征也"。"薄言采芑，于彼新田。显允方叔，振
　　旅阗阗。蠢尔蛮荆，大邦为仇"。注云："方叔卿士，命而为将也。"

平王东迁，蛮遂侵暴上国。晋文侯辅政，乃率蔡共侯击破之。①至
楚武王时，蛮与罗子共败楚师，杀其将屈瑕。②庄王初立，③民饥兵弱，复
为所寇。楚师既振，然后乃服，自是遂属于楚。鄢陵之役，蛮与恭王合
兵击晋。④及吴起相悼王，南并蛮越，遂有洞庭、苍梧。秦昭王使白起伐
楚，略取蛮夷，始置黔中郡。汉兴，改为武陵。⑤岁令大人输布一匹，小
口二丈，是谓賨布。⑥虽时为寇盗，而不足为郡国患。

①晋文侯仇也。

②《左传》"楚屈瑕伐罗及鄢，乱次以济，其水遂无次，〔4〕且不设备，罗与卢戎
　　两军之，大败之。莫敖缢于荒谷，群帅囚于冶父也。

③庄王名旅，穆王之子。

④《左传》晋楚战于鄢陵。晋郤至曰"楚二卿相恶，王卒以旧，郑陈而不整，蛮
　　军而不陈"也。

⑤黔中故城在今辰州沅陵县西。

⑥《说文》曰："南蛮赋也。"〔賨〕，牂冬反。〔5〕

　　光武中兴,武陵蛮夷特盛。建武二十三年,精夫相单程等据其险隘,大寇郡县。遣武威将军刘尚发南郡、长沙、武陵兵万馀人,乘船泝沅水入武谿击之。①尚轻敌入险,山深水疾,舟船不得上。蛮氏知尚粮少入远,又不晓道径,遂屯聚守险。尚食尽引还,蛮缘路徼战,尚军大败,悉为所没。二十四年,相单程等下攻临沅,遣谒者李嵩、中山太守马成击之,不能克。明年春,遣伏波将军马援、中郎将刘匡、马武、孙永等,将兵至临沅,击破之。单程等饥困乞降,会援病卒,谒者宗均〔6〕听悉受降。为置吏司,群蛮遂平。

　　①沅水出牂柯故且兰东北,经辰州、潭州、岳州,经洞庭湖入江也。

　　肃宗建初元年,武陵澧中蛮陈从等反叛,入零阳蛮界。①其冬,零阳蛮五里精夫为郡击破从,从等皆降。三年冬,溇中蛮覃兒健等复反,②攻烧零阳、作唐、孱陵界中。③明年春,发荆州七郡及汝南、颍川(施)〔弛〕刑徒〔7〕吏士五千馀人,拒守零阳,募充中五里蛮精夫不叛者四千人,击澧中贼。④五年春,覃兒健等请降,不许。郡因进兵与战于宏下,大破之,斩兒健首,馀皆弃营走还溇中,复遣乞降,乃受之。於是罢武陵屯兵,赏赐各有差。

　　①零阳,县,属武陵郡。

　　②溇,水名,源出今澧州崇义县也。

　　③作唐,县,属武陵郡。孱陵,县,故城在今荆州公安县西南。孱音仕颜反。

　　④充,县,属武陵郡。充音冲。

　　和帝永元四年冬,溇中、澧中蛮潭戎等反,燔烧邮亭,杀略吏民,郡兵击破降之。〔8〕安帝元初二年,澧中蛮以郡县徭税失平,怀怨恨,遂结充中诸种二千馀人,攻城杀长吏。州郡募五里蛮六亭兵追击破之,皆散降。赐五里、六亭渠帅金帛各有差。明年秋,溇中、澧中蛮四千人并为盗贼。又零陵蛮羊孙、陈汤等千馀人,①著赤帻,称将军,烧官寺,抄掠百姓。州郡募善蛮讨平之。

　　①零陵,县,属(武)〔零〕陵郡也。〔9〕

　　顺帝永和元年,武陵太守上书,以蛮夷率服,可比汉人,增其租赋。议者皆以为可。尚书令虞诩独奏曰:"自古圣王不臣异俗,非德不能及,威不能加,知其兽心贪婪,难率以礼。是故羁縻而绥抚之,附则受而不逆,叛则弃而不追。先帝旧典,贡税多少,所由来久矣。今猥增之,必有怨叛。计其所得,不偿所费,必有后悔。"帝不从。其冬澧中、溇中蛮果争贡布非旧约,遂杀乡吏,举种反叛。明年春,蛮二万人围充城,八千人寇夷道。遣武陵太守李进讨破之,斩首数百级,馀皆降服。进乃简选良吏,得其情和。在郡九年,梁太后临朝,下诏增进秩二千石,赐钱二十万。桓帝元嘉元年秋,武陵蛮詹山等四千馀人反叛,拘执县令,屯结深山。至永兴元年,太守应奉以恩信招诱,皆悉降散。

　　永寿三年十一月,长沙蛮反叛,屯益阳。至延熹三年秋,遂抄掠郡界,众至万馀人,杀伤长吏。又零陵蛮入长沙。冬,武陵蛮六千馀人寇江陵,荆州刺史刘度、谒者马睦、南郡太守李肃皆奔走。肃主簿胡爽扣马首谏曰:"蛮夷见郡无儆备,故敢乘间而进。明府为国大臣,连城千里,举旌鸣鼓,应声十万,奈何委符守之重,而为逋逃之人乎!"肃拔刃向爽曰:"掾促去! 太守今急,何暇此计。"爽抱马固谏,肃遂杀爽而走。帝闻之,征肃弃市,度、睦减死一等,复爽门闾,拜家一人为郎。于是以右校令度尚为荆州刺史,讨长沙贼,平之。又遣车骑将军冯绲讨武陵蛮,[10]并皆降散。军还,贼复寇桂阳,太守廖析[11]奔走。① 武陵蛮亦更攻其郡,太守陈奉率吏人击破之,斩首三千馀级,降者二千馀人。至灵帝中平三年,武陵蛮复叛,寇郡界,州郡击破之。

　　① 廖音力吊反。

　　《礼记》称"南方曰蛮,雕题交阯"。其俗男女同川而浴,故曰交阯。① 其西有噉人国,生首子辄解而食之,谓之宜弟。味旨,则以遗其君,君喜而赏其父。取妻美,则让其兄。今乌浒人是也。②

　　① 题,额也。雕之,谓刻其肌以丹青涅也。

　　② 万震《南州异物志》曰:"乌浒,地名也。在广州之南,交州之北。恒出道间

伺候行旅，辄出击之。利得人食之，不贪其财货，并以其肉为肴菹，又取其
髑髅破之以饮酒。以人掌趾为珍异，以食长老。”

交阯之南有越裳国。周公居摄六年，制礼作乐，天下和平，越裳以
三象重译而献白雉，曰：“道路悠远，山川岨深，音使不通，故重译而朝。”
成王以归周公。公曰：“德不加焉，则君子不飨其质；①政不施焉，则君
子不臣其人。吾何以获此赐也！”其使请曰：“吾受命吾国之黄耇②曰：
‘久矣，天之无烈风雷雨，③意者中国有圣人乎？有则盍往朝之。’”周公
乃归之于王，④称先王之神致，以荐于宗庙。周德既衰，于是稍绝。

①质亦贽也。

②《尔雅》曰：“黄发，鲐背，耇老，寿也。”

③《尚书大传》作“别风注雨”。〔12〕

④事见《尚书大传》。

及楚子称霸，朝贡百越。秦并天下，威服蛮夷，始开领外，置南海、
桂林、象郡。汉兴，尉佗自立为南越王，传国五世。①至武帝元鼎五年，
遂灭之，分置九郡，交阯刺史领焉。其珠崖、儋耳二郡在海洲上，东西千
里，南北五百里。其渠帅贵长耳，皆穿而缒之，垂肩三寸。武帝末，珠崖
太守会稽孙幸调广幅布献之，蛮不堪役，遂攻郡杀幸。幸子豹合率善人
还复破之，自领郡事，讨击馀党，连年乃平。豹遣使封还印绶，上书言
状，制诏即以豹为珠崖太守。②威政大行，献命岁至。中国贪其珍赂，渐
相侵侮，故率数岁一反。元帝初元三年，遂罢之。凡立郡六十五岁。

①《前书》南粤王赵佗，真定人也。秦时为南海尉。佗孙胡，胡子婴齐，婴齐子
　兴也。

②即，就也。

逮王莽辅政，元始二年，日南之南黄支国来献犀牛。凡交阯所统，
虽置郡县，而言语各异，重译乃通。人如禽兽，长幼无别。项髻徒跣，①
以布贯头而著之。后颇徙中国罪人，使杂居其间，乃稍知言语，渐见
礼化。

①为髻於项上也。

　　光武中兴,锡光为交阯,任延守九真,于是教其耕稼,制为冠履,初设媒娉,始知姻娶,建立学校,导之礼义。

　　建武十二年,九真徼外蛮里张游,①率种人慕化内属,封为归汉里君。明年,南越徼外蛮夷献白雉、白菟。至十六年,交阯女子徵侧及其妹徵贰反,攻郡。徵侧者,麓泠县雒将之女也。②嫁为朱䳒人诗索妻,甚雄勇。交阯太守苏定以法绳之,侧忿,故反。于是九真、日南、合浦蛮里皆应之,凡略六十五城,自立为王。交阯剌史及诸太守仅得自守。光武乃诏长沙、合浦、交阯具车船,修道桥,通障谿,储粮谷。十八年,遣伏波将军马援、楼船将军段志,发长沙、桂阳、零陵、苍梧兵万馀人讨之。明年夏四月,援破交阯,斩徵侧、徵贰等,馀皆降散。进击九真贼都阳等,破降之。徙其渠帅三百馀口於零陵。於是领表悉平。

　　①里,蛮之别号,今呼为俚人。
　　②麓音莫支反。泠音零。

　　肃宗元和元年,日南徼外蛮夷究不事人①邑豪献生犀、白雉。和帝永元十二年夏四月,日南、象林蛮夷二千馀人寇掠百姓,燔烧官寺,郡县发兵讨击,斩其渠帅,馀众乃降。于是置象林将兵长史,以防其患。安帝永初元年,九真徼外夜郎蛮夷举土内属,开境千八百四十里。元初二年,苍梧蛮夷反叛,明年,遂招诱郁林、合浦蛮汉数千人攻苍梧郡。邓太后遣侍御史任逴②奉诏赦之,贼皆降散。延光元年,九真徼外蛮贡献内属。三年,日南徼外蛮复来内属。顺帝永建六年,日南徼外叶调王便遣使贡献,帝赐调便金印紫绶。[13]

　　①究不事人,蛮夷别号也。
　　②逴音卓。[14]

　　永和二年,日南、象林徼外蛮夷区怜等数千人攻象林县,烧城寺,杀长吏。交阯剌史樊演发交阯、九真二郡兵万馀人救之。兵士惮远役,遂反,攻其府。二郡虽击破反者,而贼势转盛。会侍御史贾昌使在日南,即与州郡并力讨之,不利,遂为所攻。围岁馀而兵谷不继,帝以为忧。明年,召公卿百官及四府掾属,问其方略,皆议遣大将,发荆、杨、兖、豫四万人赴之。大将军从事中郎李固驳曰：“若荆、杨无事，发之可也。今二州盗贼槃结不散，武陵、南郡蛮夷未辑，长沙、桂阳数被征发，如复扰动，必更生患。其不可一也。又兖、豫之人卒被征发，远赴万里，无有还期，诏书迫促，必致叛亡。其不可二也。南州水土温暑，加有瘴气，致死亡者十必四五。其不可三也。远涉万里，士卒疲劳，比至领南，不复堪斗。其不可四也。军行三十里为程，而去日南九千馀里，三百日乃到，计人稟五升，①用米六十万斛，不计将吏驴马之食，但负甲自致，费便若此。其不可五也。设军到所在，死亡必众，既不足御敌，当复更发，此为刻割心腹以补四支。其不可六也。九真、日南相去千里，发其吏民，犹尚不堪，何况乃苦四州之卒，以赴万里之艰哉！其不可七也。前中郎将尹就讨益州叛羌，益州谚曰：‘虏来尚可，尹来杀我。’后就征还，以兵付刺史张乔。乔因其将吏，旬月之间，破殄寇虏。此发将无益之效，州郡可任之验也。宜更选有勇略仁惠任将帅者，以为刺史、太守，悉使共住交阯。今日南兵单无谷，守既不足，战又不能。可一切徙其吏民北依交阯，事静之后，又命归本。还募蛮夷，使自相攻，转输金帛，以为其资。有能反间致头首者，许以封侯列土之赏。故并州刺史长沙祝良，性多勇决，又南阳张乔，前在益州有破虏之功，皆可任用。昔太宗就加魏尚为云中守，②哀帝即拜龚舍为太山太守。③宜即拜良等，便道之官。”四府悉从固议，即拜祝良为九真太守，张乔为交阯刺史。乔至，开示慰诱，并皆降散。良到九真，单车入贼中，设方略，招以威信，降者数万人，皆为良筑起府寺。由是岭外复平。

①古升小，故曰五升也。

②《前书》曰，槐里人魏尚为云中守，以斩首捕虏上功不实免。冯唐言之於文帝，帝令唐持节赦尚，复以为云中守。

③《前书》曰，舍字君倩。初征为谏大夫，病免；复征为博士，又病去。顷之，哀帝遣使即楚拜舍为太山太守也。

建康元年，日南蛮夷千馀人复攻烧县邑，遂扇动九真，与相连结。交阯刺史九江夏方开恩招诱，贼皆降服。时梁太后临朝，美方之功，迁为桂阳太守。桓帝永寿三年,居风令贪暴无度,县人朱达等及蛮夷相聚,攻杀县令,众至四五千人,进攻九真,九真太守兒式战死。①诏赐钱六十万,拜子二人为郎。遣九真都尉魏朗讨破之,斩首二千级,渠帅犹屯据日南,众转强盛。延熹三年,诏复拜夏方为交阯刺史。方威惠素著,日南宿贼闻之,二万馀人相率诣方降。灵帝建宁三年,郁林太守谷永以恩信招降乌浒人十馀万内属,皆受冠带,开置七县,熹平二年冬十二月,日南徼外国重译贡献。光和元年,交阯、合浦乌浒蛮反叛,诏诱九真、日南,合数万人,攻没郡县。四年,刺史朱儁击破之。六年,日南徼外国复来贡献。

　　①兒音五兮反。

　　巴郡南郡蛮,本有五姓:巴氏,樊氏,瞫①氏,相氏,郑氏。皆出於武落钟离山。②其山有赤黑二穴,巴氏之子生于赤穴,四姓之子皆生黑穴。未有君长,俱事鬼神,乃共掷剑于石穴,约能中者,奉以为君。巴氏子务相乃独中之,众皆叹。又令各乘土船,约能浮者,当以为君。馀姓悉沈,唯务相独浮。因共立之,是为廪君。乃乘土船,从夷水至盐阳。③盐水有神女,谓廪君曰:“此地广大,鱼盐所出,愿留共居。”廪君不许。盐神暮辄来取宿,旦即化为虫,与诸虫群飞,掩蔽日光,天地晦冥。积十馀日,廪君(思)〔伺〕其便,〔15〕因射杀之,天乃开明。④廪君于是君乎夷城,⑤四姓皆臣之。廪君死,魂魄世为白虎。巴氏以虎饮人血,遂以人祠焉。

　　①音审。〔16〕
　　②《代本》曰“廪君之先,故出巫诞”也。
　　③《荆州图〔副〕》曰:“(副)夷〔陵〕县西有温泉。〔17〕古老相传,此泉元出盐,于今水有盐气。县西一独山有石穴,有二大石并立穴中,相去可一丈,俗名为阴阳石。阴石常湿,阳石常燥。”盛弘之《荆州记》曰:“昔廪君浮夷水,射盐神于阳石之上。案今施州清江县水一名盐水,源出清江县西都亭山。”《水经》云:“夷水〔别出〕巴郡鱼复县。”〔18〕注云:“水色清,照十丈,分沙石。蜀人见澄清,因名清江也。”

④《代本》曰"廪君使人操青缕以遗盐神,曰:'婴此即相宜,云与女俱生,〔19〕〔弗〕宜将去。'〔20〕盐神受缕而婴之,廪君即立阳石上,应青缕而射之,中盐神,盐神死,天乃大开"也。

⑤此已上并见《代本》也。

及秦惠王并巴中,以巴氏为蛮夷君长,世尚秦女,其民爵比不更,有罪得以爵除。其君长岁出赋二千一十六钱,三岁一出义赋千八百钱。其民户出幏布八丈二尺,鸡羽三十镞。①汉兴,南郡太守靳彊请一依秦时故事。

①《说文》:"幏,南郡蛮夷布也。"音公亚反。《毛诗》:"四镞既均。"《仪礼》:"矢镞一乘。"郑玄曰:"镞犹候也,候物而射之也。"三十镞,一百四十九。〔21〕俗本"幏"作"蒙","镞"作"镞"者,并误也。

至建武二十三年,南郡潳山蛮雷迁等始反叛,①寇掠百姓,遣武威将军刘尚将万馀人讨破之,徙其种人七千馀口置江夏界中,今沔中蛮是也。和帝永元十三年,巫蛮许圣等②以郡收税不均,怀怨恨,遂屯聚反叛。明年夏,遣使者督荆州诸郡兵万馀人讨之。圣等依凭阻隘,久不破。诸军乃分道并进,或自巴郡、鱼复数路攻之,蛮乃散走,斩其渠帅,乘胜追之,大破圣等。圣等乞降,复悉徙置江夏。灵帝建宁二年,江夏蛮叛,州郡讨平之。光和三年,江夏蛮复反,与庐江贼黄穰相连结,十馀万人,攻没四县,寇患累年。庐江太守陆康讨破之,馀悉降散。

①潳音屠。
②巫,县,属南郡。

板楯蛮夷者,秦昭襄王时有一白虎,常从群虎数游秦、蜀、巴、汉之境,伤害千馀人。昭王乃重募国中有能杀虎者,赏邑万家,金百镒。时有巴郡阆中夷人,能作白竹之弩,乃登楼射杀白虎。①昭王嘉之,而以其夷人,不欲加封,乃刻石盟要,复夷人顷田不租,十妻不算,②伤人者论,杀人者得以倓钱赎死。③盟曰:"秦犯夷,输黄龙一双;夷犯秦,输清酒一钟。"夷人安之。

①《华阳国志》曰"巴夷廖仲等射杀之"也。

②优宠之，故一户免其一顷田之税，虽有十妻，不输口算之钱。复音福。

③何承天《纂文》曰："傸，蛮夷赎罪货也。"音徒滥反。

　　至高祖为汉王，发夷人还伐三秦。秦地既定，乃遣还巴中，复其渠帅罗、朴、督、鄂、度、夕、龚七姓，[22]不输租赋，馀户乃岁入賨钱，口四十。世号为板楯蛮夷。阆中有渝水，其人多居水左右。天性劲勇，初为汉前锋，数陷陈。俗喜歌舞，①高祖观之，曰："此武王伐纣之歌也。"乃命乐人习之，所谓《巴渝舞》也。遂世世服从。

①喜音虚记反。

　　至于中兴，郡守常率以征伐。桓帝之世，板楯数反，太守蜀郡赵温以恩信降服之。灵帝光和（三）〔二〕年，巴郡板楯复叛，[23]寇掠三蜀及汉中诸郡。灵帝遣御史中丞萧瑗督益州兵讨之，连年不能克，帝欲大发兵，乃问益州计吏，考以征讨方略。汉中上计程包对曰："板楯七姓，射杀白虎立功，先世复为义人。其人勇猛，善于兵战。昔永初中，羌入汉川，[24]郡县破坏，得板楯救之，羌死败殆尽，故号为神兵。羌人畏忌，传语种辈，勿复南行。至建和二年，[25]羌复大入，实赖板楯连摧破之。前车骑将军冯绲南征武陵，虽受丹阳精兵之锐，①亦倚板楯以成其功。近益州郡乱，太守李颙亦以板楯讨而平之。忠功如此，本无恶心。长吏乡亭，更赋至重，仆役箠楚，过于奴虏，亦有嫁妻卖子，或乃至自（颈）〔刭〕割，[26]虽陈冤州郡，而牧守不为通理。阙庭悠远，不能自闻。含怨呼天，叩心穷谷。愁苦赋役，困罹酷刑。故邑落相聚，以致叛戾。非有谋主僭号，以图不轨。今但选明能牧守，自然安集，不烦征伐也。"帝从其言，遣太守曹谦宣诏赦之，即皆降服。至中平五年，巴郡黄巾贼起，板楯蛮夷因此复叛，寇掠城邑，遣西园上军别部司马赵瑾讨平之。

①《史记》曰，周成王封楚熊绎，始居丹阳。今归州秭归县东南故城是也。至楚文王，始自丹阳迁於郢。续汉志云南郡枝江县有丹阳聚也。

西南夷者，在蜀郡徼外。有夜郎国，东接交阯，西有滇国，北有邛都国，各立君长。其人皆椎结左衽，邑聚而居，能耕田。其外又有嶲、昆明诸落，西极同师，[27]东北至叶榆，①地方数千里。无君长，辫发，随畜迁徙无常。自嶲东北有莋都国，东北有冉駹国，或土著，或随畜迁徙。自冉駹东北有白马国，氐种是也。此三国亦有君长。

①《叶榆》，县，属益州郡。“叶”或作“楪”。臣贤案《前书》曰：“西自同师以东，北至叶榆，名为嶲、昆明。”今流俗诸本并作“布旧昆明”，盖“嶲”字误分为“布旧”也。

夜郎者，初有女子浣于遯水，有三节大竹流入足间，闻其中有号声，剖竹视之，得一男儿，归而养之。及长，有才武，自立为夜郎侯，以竹为姓。①武帝元鼎六年，平南夷，为牂柯郡，夜郎侯迎降，天子赐其王印绶。后遂杀之。夷獠咸以竹王非血气所生，甚重之，求为立后。牂柯太守吴霸以闻，天子乃封其三子为侯。死，配食其父。今夜郎县有竹王三郎神是也。②

①见《华阳国志》。

②《前书·地理志》曰：“夜郎县有遯水，东至广郁。”《华阳国志》云：“遯水通郁林，有三郎祠，皆有灵响。”又云：“竹王所捐破竹于野，成竹林，今王祠竹林是也。王尝从人止大石上，命作羹，从者白无水，王以剑击石出水，今竹王水是也。”

初，楚顷襄王时，[28]遣将庄豪从沅水伐夜郎，军至且兰，椓船于岸而步战。既灭夜郎，因留王滇池。以且兰〔有〕椓船牂柯处，[29]乃改其名为牂柯。①牂柯地多雨潦，俗好巫鬼禁忌，寡畜生，又无蚕桑，故其郡最贫。句町县有桄桹木，可以为面，百姓资之。②公孙述时，大姓龙、傅、尹、董氏，与郡功曹谢暹保境为汉，乃遣使从番禺江奉贡。③光武嘉之，并加褒赏。桓帝时，郡人尹珍自以生于荒裔，不知礼义，乃从汝南许慎、应奉受经书图纬，学成，还乡里教授，于是南域始有学焉。珍官至荆州刺史。④

①《异物志》曰："牂柯,系船杙也。"

②《临海异物志》曰："桄根木外皮有毛,似栟榈而散生。其木刚,作镆锄利如
铁,中石更利,唯中蕉根乃致败耳。皮中有似捣稻米片,又似麦面,中作饼
铒。"《广志》曰"桄根树大四五围,长六七丈,洪直,旁无枝条,其颠生叶不过
数十,似棕叶,破其木肌坚难伤,入数寸得面,赤黄密致,可食"也。

③《南越志》曰："番禺县之西,有江浦焉。"〔30〕

④《华阳国志》曰："尹珍字道真,毋敛县人也。"

　　滇王者,庄蹻之后也。元封二年,武帝平之,以其地为益州郡,割牂
柯、越嶲各数县配之。后数年,复并昆明地,皆以属之此郡。有池,周回
二百馀里,水源深广,而末更浅狭,有似倒流,故谓之滇池。河土平敞,
多出鹦鹉、孔雀,有盐池田渔之饶,金银畜产之富。人俗豪忕。①居官者
皆富及累世。

　　①忕,奢侈也。

　　及王莽政乱,益州郡夷栋蚕、若豆等起兵杀郡守,越嶲姑复夷人大
牟亦皆叛,杀略吏人。莽遣宁始将军廉丹,〔31〕发巴蜀吏人及转兵谷卒
徒十馀万击之。吏士饥疫,连年不能克而还。以广汉文齐为太守,造起
陂池,开通溉灌,垦田二千馀顷。率厉兵马,修障塞,降集群夷,甚得其
和。及公孙述据益土,齐固守拒险,述拘其妻子,许以封侯,齐遂不降。
闻光武即位,乃间道遣使自闻。蜀平,征为镇远将军,封成义侯。①于道
卒,诏为起祠堂,郡人立庙祀之。

　　①取其嘉名。

　　建武十八年,夷渠帅栋蚕与姑复、楪榆、梇栋、连然、滇池、建(怜)
〔伶〕、〔32〕昆明诸种反叛,杀长吏。①益州太守繁胜与战而败,退保朱
提。②十九年,遣武威将军刘尚等发广汉、犍为、蜀郡人及朱提夷,合万
三千人击之。尚军遂度泸水,入益州界。③群夷闻大兵至,皆弃垒奔走,
尚获其羸弱、谷畜。二十年,进兵与栋蚕等连战数月,皆破之。明年正
月,追至不韦,④斩栋蚕帅,凡首虏七千馀人,得生口五千七百人,马三

千疋,牛羊三万馀头,诸夷悉平。

①姑复,县,属越巂郡,馀六县并属巂州郡也。

②县,属犍为郡。朱音殊。提音匙。

③泸水一名若水,出旄牛徼外,经朱提至僰道入江,在今巂州南。特有瘴气,三月四月经之必死。五月以后,行者得无害。故诸葛〔亮〕表云〔33〕"五月度泸",言其艰苦也。

④孙盛《蜀谱》曰:"初,秦徙吕不韦子弟宗族于蜀,汉武帝开西南夷,置郡县,徙吕氏以充之,因置不韦县。"《华阳国志》曰"武帝通博南,置不韦县,徙南越相吕嘉子孙宗族资之。〔34〕因名不韦,以章其先人之恶行"也。

肃宗元和中,蜀郡王追为太守,〔35〕政化尤异,有神马四匹出滇池河中,甘露降,白乌见,始兴起学校,渐迁其俗。灵帝熹平五年,诸夷反叛,执太守雍陟。遣御史中丞朱龟讨之,不能克。朝议以为郡在边外,蛮夷喜叛,劳师远役,不如弃之。太尉掾巴郡李颙建策讨伐,乃拜颙益州太守,与刺史庞芝发板楯蛮击破平之,还得雍陟。颙卒后,夷人复叛,以广汉景毅为太守,讨定之。毅初到郡,米斛万钱,渐以仁恩,少年间,米至数十云。①

①少年,未多年也。

哀牢夷者,其先有妇人名沙壹,〔36〕居于牢山。尝捕鱼水中,触沈木若有感,因怀妊,十月,产子男十人。后沈木化为龙,出水上。沙壹忽闻龙语曰:"若为我生子,今悉何在?"九子见龙惊走,独小子不能去,背龙而坐,〔37〕龙因舐之。其母鸟语,谓背为九,谓坐为隆,因名子曰九隆。及后长大,诸兄以九隆能为父所舐而黠,遂共推以为王。后牢山下有一夫一妇,复生十女子,九隆兄弟皆娶以为妻,后渐相滋长。种人皆刻画其身,象龙文,衣皆著尾。①九隆死,世世相继。②乃分置小王,往往邑居,散在谿谷。绝域荒外,山川阻深,生人以来,未尝交通中国。

①自此以上并见《风俗通》也。

②《哀牢传》曰:"九隆代代相传,名号不可得而数,至于禁高,乃可记知。禁高死,子吸代;吸死,子建非代;建非死,子哀牢代;哀牢死,子桑藕代;桑藕死,

子柳承代；柳承死，子柳貌代；柳貌死，子扈（粟）〔粟〕代。"〔38〕

建武二十三年，其王贤栗遣兵乘箪船，①〔39〕南下江、汉，击附塞夷鹿茤。②〔40〕鹿茤人弱，为所禽获。于是震雷疾雨，南风飘起，水为逆流，翻涌二百馀里，箪船沈没，哀牢之众，溺死数千人。贤栗复遣其六王将万人以攻鹿茤，鹿茤王与战，杀其六王。哀牢耆老共埋六王，夜虎复出其尸而食之，馀众惊怖引去。贤栗惶恐，谓其耆老曰："我曹入边塞，自古有之，今攻鹿茤，辄被天诛，中国其有圣帝乎？天祐助之，何其明也！"二十七年，贤栗等遂率种人户二千七百七十，口万七千六百五十九，诣越巂太守郑鸿降，求内属，光武封贤栗等为君长。自是岁来朝贡。

①箪音蒲佳反。缚竹木为箪，以当船也。

②茤音多。其种今见在。

永平十二年，哀牢王柳貌〔41〕遣子率种人内属，其称邑王者七十七人，户五万一千八百九十，口五十五万三千七百一十一。西南去洛阳七千里，显宗以其地置哀牢、博南二县，割益州郡西部都尉所领六县，①合为永昌郡。始通博南山，度兰仓水，②行者苦之。歌曰："汉德广，开不宾。度博南，越兰津。度兰仓，为它人。"

①《古今注》曰："永平十年，置益州西部都尉，居巂唐。"《续汉志》六县谓不韦、巂唐、比苏、楪榆、邪龙、云南也。

②《华阳国志》曰"博南县西山，高三十里，越之度兰沧水"也。

哀牢人皆穿鼻儋耳，其渠帅自谓王者，耳皆下肩三寸，庶人则至肩而已。土地沃美，宜五谷、蚕桑。知染采文绣，罽氀①帛叠，②兰干细布，③织成文章如绫锦。有梧桐木华，绩以为布，④幅广五尺，絜白不受垢污。先以覆亡人，然后服之。其竹节相去一丈，名曰濮竹。⑤出铜、铁、铅、锡、金、银、光珠、⑥虎魄、⑦水精、瑠璃、轲虫、蚌珠、⑧孔雀、翡翠、犀、象、猩猩、貊兽。⑨云南县有神鹿两头，能食毒草。⑩

①罽，解见《李恂传》。氀，未详。

②《外国传》曰："诸薄国女子织作白叠花布。"

③《华阳国志》曰："兰干，獠言纻。"

④《广志》曰“梧桐有白者，剽国有桐木，其华有白㲪，取其㲪淹渍，缉织以为布”也。

⑤见《华阳国志》。

⑥《华阳国志》曰：“兰沧水有金沙，洗取融为金。有光珠穴。”《博物志》曰：“光珠即江珠也。”

⑦《广(雅)〔志〕》曰：〔42〕“虎魄生地中，其上及旁不生草，深者八九尺，大如斛，削去皮，成虎魄如斗，初时如桃胶，凝坚乃成。”《博物志》曰：“松脂沦入地千年化为伏苓，伏苓千岁化为虎魄。今太山有伏苓而无虎魄，永昌有虎魄而无伏苓。”

⑧徐衷《南方草物状》曰“凡采珠常三月，用五牲祈祷，若祠祭有失，则风搅海水，或有大鱼在蚌左右。蜯珠长三寸半，凡二品珠”也。

⑨郦元《水经注》曰：“猩猩形若狗而人面，头颜端正，善与人言，音声妙丽，如妇人对语，闻之无不酸楚。”《南中志》曰：“猩猩在山谷中，行无常路，百数为群。土人以酒若糟设于路；又喜屩子，土人织草为屩，数十量相连结。猩猩在山谷见酒及屩，知其设张者，即知张者先祖名字，乃呼其名而骂云‘奴欲张我’，舍之而去。去而又还，相呼试共尝酒。初尝少许，又取屩子著之，若进两三升，便大醉，人出收之，屩子相连不得去，执还内牢中。〔43〕人欲取者，到牢边语云：‘猩猩，汝可自相推肥者出之。’既择肥竟，相对而泣。即《左思赋》云‘猩猩啼而就禽’者也。昔有人以猩猩饷封溪令，令问饷何物，猩猩自于笼中曰：‘但有酒及仆耳，无它饮食。’”《南中八郡志》曰：“貊大如驴，状颇似熊，多力，食铁，所触无不拉。”《广志》曰：“貊色苍白，其皮温暖。”

⑩见《华阳国志》也。

先是，西部都尉广汉郑纯为政清絜，化行夷貊，君长感慕，皆献土珍，颂德美。天子嘉之，即以为永昌太守。纯与哀牢夷人约，邑豪岁输布贯头衣二领，盐一斛，以为常赋，夷俗安之。纯自为都尉、太守，十年卒官。建初元年，哀牢王类牢与守令忿争，遂杀守令而反叛，攻(越)嶲唐城。〔44〕太守王寻奔楪榆。哀牢三千馀人攻博南，燔烧民舍。肃宗募发越嶲、益州、永昌夷汉九千人讨之。明年春，邪龙县①昆明夷卤承等应募，率种人与诸郡兵击类牢于博南，大破斩之。传首洛阳，赐卤承帛万匹,封为破虏傍邑侯。

　　①《郡国志》曰属《永昌郡》也。

　　永元六年,郡徼外敦忍乙王莫延〔45〕慕义,遣使译献犀牛、大象。九年,徼外蛮及掸国王雍由调①遣重译奉国珍宝,和帝赐金印紫绶,小君长皆加印绶、钱帛。

　　①掸音擅。《东观记》作坛字。

　　永初元年,徼外憔侥种夷陆类等三千馀口举种内附,献象牙、水牛、封牛。永宁元年,掸国王雍由调复遣使者诣阙朝贺,献乐及幻人,能变化吐火,自支解,易牛马头。又善跳丸,数乃至千。自言我海西人。海西即大秦也,掸国西南通大秦。明年元会,安帝作乐于庭,封雍由调为汉大都尉,赐印绶、金银、彩缯各有差也。

　　邛都夷者,武帝所开,以为邛都县。无几而地陷为污泽,因名为邛池,南人以为邛河。①后复反叛。元鼎六年,汉兵自越巂水伐之,以为越巂郡。②其土地平原,有稻田。青蛉县禺同山有碧鸡金马,光景时时出见。③俗多游荡,而喜讴歌,略与牂柯相类。豪帅放纵,难得制御。

　　①在今巂州越巂县东南。《南中八郡志》曰:"邛河纵广岸二十里,深百馀丈。多大鱼,长一二丈,头特大,遥视如戴铁釜状,。李膺《益州记》云:"邛都县下有一老姥,家贫孤独,每食,辄有小蛇头上戴角在床间,姥怜之饴之。〔46〕后稍长大,遂长丈馀。令有骏马,蛇遂吸杀之。令因大忿(姥)恨,责〔姥〕出蛇。〔47〕姥云在床下。令即掘地,愈深愈大,而无所见。令又迁怒杀姥。蛇乃感人以灵言瞋令:'何杀我母? 当为母报仇。'此后每夜辄闻若雷若风,四十许日,百姓相见咸惊语:'汝头那忽戴鱼?'是夜方四十里与城一时俱陷为湖,土人谓之为'陷河'。唯姥宅无恙,讫今犹存。渔人采捕,必依止宿,每有风浪,辄居宅侧,恬静无它。风静水清,犹见城郭楼橹晏然。今水浅时,彼土人没水取得旧木,坚贞,光黑如漆,今好事人以为枕相赠。"晏音测。
　　②巂水源出今巂州邛部县西南巂山下。《前书·地理志》曰,言其越巂水以置郡,故名焉。
　　③禺同山在今襃州杨波县。王襃《碧鸡颂》曰:"持节使王襃谨拜南崖,敬移金

精神马缥碧之鸡,处南之荒。深豀回谷,非土之乡。归来归来,汉德无疆。(廉平)〔兼乎〕唐虞,〔48〕泽配三皇。"《华阳国志》曰:"碧鸡光景,人多见之。"《前书音义》曰:"金形似马,碧形似鸡也。"

王莽时,郡守枚根〔49〕调邛人长贵,〔50〕以为军候。更始二年,长贵率种人攻杀枚根,自立为邛榖王,领太守事。又降于公孙述。述败,光武封长贵为邛榖王。建武十四年,长贵遣使上三年计,天子即授越嶲太守印绶。十九年,武威将军刘尚击益州夷,路由越嶲。长贵闻之,疑尚既定南边,威法必行,己不得自放纵,即聚兵起营台,招呼诸君长,多酿毒酒,欲先以劳军,因袭击尚。尚知其谋,即分兵先据邛都,遂掩长贵诛之,徙其家属於成都。

永平元年,姑复夷复叛,益州刺史发兵讨破之,斩其渠帅,传首京师。后太守巴郡张翕,政化清平,得夷人和。在郡十七年,卒,夷人爱慕,如丧父母。苏祈叟二百馀人,① 赍牛羊送丧,至翕本县安汉,② 起坟祭祀。诏书嘉美,为立祠堂。

①《续汉(书)志》曰,苏祈,县,属越嶲郡。〔51〕

②安汉,县,属巴郡。

安帝元初三年,郡徼外夷大羊等八种,户三万一千,口十六万七千六百二十,慕义内属。时郡县赋敛烦数,五年,卷夷大牛种封离等反畔,杀遂久令。①明年,永昌、益州及蜀郡夷皆叛应之,众遂十馀万,破坏二十馀县,杀长吏,燔烧邑郭,剽略百姓,骸骨委积,千里无人。诏益州刺史张乔选堪能从事讨之。乔乃遣从事杨竦将兵至楪榆击之,贼盛未敢进,先以诏书告示三郡,密征求武士,重其购赏。乃进军与封离等战,大破之,斩首三万馀级,获生口千五百人,资财四千馀万,悉以赏军士。封离等惶怖,斩其同谋渠帅,诣竦乞降,竦厚加慰纳。其馀三十六种皆来降附。竦因奏长吏奸猾侵犯蛮夷者九十人,皆减死。州中论功未及上,会竦病创卒,张乔深痛惜之,乃刻石勒铭,图画其像。天子以张翕有遗爱,乃拜其子湍为太守。夷人欢喜,奉迎道路。曰:"郎君仪貌类我府君。"后湍颇失其心,有欲叛者,诸夷耆老相晓语曰:"当为先府君故。"遂以得安。后顺桓间,广汉冯颢为太守,政化尤多异迹云。

　　①遂久故县在今巂州界。

　　莋都夷者,武帝所开,以为莋都县。其人皆被发左衽,言语多好譬类,居处略与汶山夷同。土出长年神药,仙人山图所居焉。①元鼎六年,以为沈黎郡。至天汉四年,并蜀为西部,置两都尉,一居旄牛,主徼外夷,一居青衣,主汉人。

　　①刘向《列仙传》曰"山图,陇西人。好乘马,马蹋折脚,山中道士教服地黄、当归、羌活、玄参,服一年,不嗜食,病愈身轻。追道士问之,自云:'五岳使人,之名山采药。能随吾,汝便不死。'山图追随,人不复见。六十馀年,一旦归来,行母服于冢间。期年复去,莫知所之"也。

　　永平中,益州刺史梁国朱辅,〔52〕好立功名,慷慨有大略。①在州数岁,宣示汉德,威怀远夷。自汶山以西,前世所不至,正朔所未加。白狼、槃木、唐菆等百馀国,户百三十馀万,口六百万以上,举种奉贡,称为臣仆。辅上疏曰:"臣闻《诗》云:'彼徂者岐,有夷之行。'②传曰:'岐道虽僻,而人不远。'③诗人诵咏,以为符验。今白狼王唐菆等慕化归义,作诗三章。路经邛来大山零高坂,④峭危峻险,百倍岐道。⑤襁负老幼,若归慈母。远夷之语,辞意难正。草木异种,鸟兽殊类。有犍为郡掾田恭〔53〕与之习狎,颇晓其言,臣辄令讯其风俗,译其辞语。今遣从事史李陵与恭护送诣阙,并上其乐诗。昔在圣帝,舞四夷之乐;⑥今之所上,庶备其一。"帝嘉之,事下史官,录其歌焉。⑦

　　①《东观记》"辅"作"酺"。梁国宁陵人也。〔54〕

　　②《诗·周颂》也。

　　③《韩诗·薛君传》曰:"徂,往也。夷,易也。行,道也。彼百姓归文王者,皆曰岐有易道,可往归矣。易道谓仁义之道而易行,故岐道阻险而人不难。"

　　④《山海经》曰:"崃山,江水出焉。"郭璞曰:"中江所出也。"《华阳国志》曰:"邛来山本名邛莋,故邛人、莋人界也。岩阻峻回,曲折乃至。山上凝冰夏结,冬则剧寒,王阳行部至此而退者也。有长贫、苦采、八度之难。阳母、闳峻并坂名。"

⑤言诗人虽叹岐道之阻，但以文王之道，人以为夷易，今邛来峭危，甚于岐。

⑥解见《陈禅传》。

⑦《东观记》载其歌，并载夷人本语，并重译训诂为华言，今范史所载者是也。

今录《东观》夷言，以为此注也。

《远夷乐德歌诗》曰：

大汉是治，堤官隗构。[55]与天合意。[56]魏冒逾糟。吏译平端，闵驿刘脾。[57]不从我来。旁莫支留。[58]闻风向化，征衣随旅。所见奇异。知唐桑艾。多赐（赠）〔缯〕布，[59]邪毗继绁。[60]甘美酒食。推潭仆远。昌乐肉飞，拓拒苏（使）〔便〕。[61]屈申悉备。局后仍离。蛮夷贫薄，偻让龙洞。无所报嗣。莫支度由。愿主长寿，阳雒僧鳞。子孙昌炽。莫稺角存。

《远夷慕德歌诗》曰：

蛮夷所处，偻让皮尼。[62]日入之部。且交陵悟。慕义向化，绳动随旅。归日出主。路旦拣雒。[63]圣德深恩，圣德渡诺。与人富厚。魏菌度洗。[64]冬多霜雪，综邪流藩。夏多和雨。莋邪寻螺。寒温时适，藐浔泸漓。部人多有。菌补邪推。涉危历险，辟危归险。不远万里。莫受万柳。去俗归德，术叠附德。心归慈母。仍路孳摸。

《远夷怀德歌》曰：[65]

荒服之外，荒服之仪。土地烧埆。犁籍怜怜。食肉衣皮，阻苏邪犁。不见盐谷。莫砀粗沐。[66]吏译传风，闵译传微。[67]大汉安乐。是汉夜拒。携负归仁。踪优路仁。触冒险陕。雷折险陇。高山岐峻，伦狼藏幢。[68]缘崖磻石。扶路侧禄。木薄发家，息落服淫。百宿到洛。理历髀雒。[69]父子同赐，捕苣菌毗。怀抱匹帛。怀稿匹漏。传告种人，传室呼敕。[70]长愿臣仆。陵阳臣仆。

肃宗初，辅坐事免。是时郡尉府舍皆有雕饰，画山神海灵奇禽异兽，以眩耀之，夷人益畏惮焉。和帝永年十二年，旄牛徼外白狼、楼薄蛮夷王唐缯等，[71]遂率种人十七万口，归义内属。诏赐金印紫绶，小豪钱帛各有差。

安帝永初元年，蜀郡三襄种夷与徼外汙衍种并兵三千馀人反叛，攻蚕陵城,杀长吏。二年,青衣道夷邑长令田,①与徼外三种夷三十一万口,赍黄金、旄牛毦,②举土内属。安帝增令田爵号为奉通邑君。延光二年春,旄牛夷叛,攻零关,③杀长吏,益州刺史张乔与西部都尉击破之。于是分置蜀郡属国都尉,领四县如太守。桓帝永寿二年,蜀郡夷叛,杀略吏民。延熹二年,蜀郡三襄夷寇蚕陵,杀长吏。四年,犍为属国夷寇郡界,益州刺史山昱击破之,斩首千四百级,馀皆解散。灵帝时,以(属)〔蜀〕郡(蜀)〔属〕国为汉嘉郡。〔72〕

①令姓,田名。

②顾野王曰:"毦,结毛为饰也,即今马及弓楔上缨毦也。"

③《郡国志》零关道属越巂郡。

　　冉駹夷者,武帝所开。元鼎六年,以为汶山郡。至地节三年,①夷人以立郡赋重,宣帝乃省并蜀郡为北部都尉。其山有六夷七羌九氐,各有部落。其王侯颇知文书,而法严重。贵妇人,党母族。死则烧其尸。土气多寒,在盛夏冰犹不释,故夷人冬则避寒,入蜀为佣,夏则违暑,反其(众)〔聚〕邑,〔73〕皆依山居止,累石为室,高者至十馀丈,为邛笼。②又土地刚卤,不生谷粟麻菽,唯以麦为资,而宜畜牧。有旄牛,无角,一名童牛,肉重千斤,毛可为毦。出名马。有灵羊,可疗毒。③又有食药鹿,鹿麑有胎者,其肠中粪亦疗毒疾。又有五角羊、麝香、轻毛毨鸡、牲牲。④其人能作旄毡、班罽、青顿、毞毲、羊羧之属。⑤特多杂药。地有咸土,煮以为盐,麖羊牛马食之皆肥。⑥

①宣帝年也。

②按今彼土夷人呼为"雕"也。

③《本草经》曰"零羊角味咸无毒,〔74〕主疗青盲、蛊毒,去恶鬼,安心气,强筋骨"也。

④郭璞注《山海经》曰:"毨鸡似雉而大,青色,有毛角,斗敌死乃止。"

⑤青顿,毞毲,并未详,《字书》无此二字。《周书》:"伊尹为四方献令曰:'正西昆仑、狗国、鬼亲、枳己、阔耳、贯匈、雕题、离丘、漆齿,请令以丹青、白旄、纰罽、龙角、神龟为献。'汤曰:'善。'"何承天《纂文》曰:"纰,氐罽也。"音卑疑

反。毕即绁也。

⑥麕即麕狼也。《异物志》：“状似鹿而角触前向，入林树挂角，故恒在平浅草中。肉肥脆香美，逐入林则搏之，皮可作屦袜，角正四据，南人因以为床。”音子分反。

其西又有三河、槃于虏，北有黄石、北地、卢水胡，其表乃为徼外。灵帝时，复分蜀郡北部为汶山郡云。

白马氐者，武帝元鼎六年开，分广汉西部，合以为武都。土地险阻，有麻田，出名马、牛、羊、漆、蜜。氐人勇戆抵冒，贪货死利。居于河池，一名仇池，方百顷，四面斗绝。①数为边寇，郡县讨之，则依固自守。元封三年，氐人反叛，遣兵破之，分徙酒泉郡。昭帝元凤元年，氐人复叛，遣执金吾马適建、②龙额侯韩增、大鸿胪田广明，将三辅、太常徒讨破之。

①仇池，山，在今成州上禄县南。《三秦纪》曰：“仇池县界，本名仇维，山上有池，故曰仇池。山在仓洛二谷之间，常为水所冲激，故下石而上土，形似覆壶。”《仇池记》曰：“仇池百顷，周回九千四十步，天形四方，壁立千仞。自然楼橹却敌，分置调均，竦起数丈，有逾人功。仇池凡二十一道，可攀缘而上。东西二门。盘道下至上，凡有七里。上则岗阜低昂，泉流交灌。”郦元注《水经》云“羊肠盘道三十六回，《开山图》谓之仇夷，所谓‘积石峨嵯，嶔岑隐阿’者也。上有平田百顷，煮土成盐，因以百顷为号”也。

②姓马適，名建也。[75]

及王莽篡乱，氐人亦叛。建武初，氐人悉附陇蜀。及隗嚣灭，其酋豪乃背公孙述降汉，陇西太守马援上复其王侯君长，赐以印绶。后嚣族人隗茂反，杀武都太守。氐人大豪齐锺留为种类所敬信，威服诸豪，与郡丞孔奋击茂，破斩之。后亦时为寇盗，郡县讨破之。

论曰：“汉氏征伐戎狄，有事边远，盖亦与王业而终始矣。至于倾没疆垂，丧师败将者，不出时岁，卒能开四夷之境，款殊俗之附。若乃文约之所沾渐,风声之所周流,几将日所出入处也。①著自山经、水志者,亦略及焉。虽服叛难常,威泽时旷,及其化行,则缓耳雕脚之伦,兽居鸟语之类,②莫不举种尽落,回面而请吏,陵海越障,累译以内属焉。故其录名中郎、校尉之署,③编数都护、部守之曹,〔76〕动以数百万计。若乃藏山隐海之灵物,沈沙栖陆之玮宝,④莫不呈表怪丽,雕被宫幄焉。又其赍㷉火毳驯禽封兽之赋,轮积于内府;〔77〕⑤夷歌巴舞殊音异节之技,列倡於外门。岂柔服之道,必足于斯?然亦云致远者矣。蛮夷虽附阻岩谷,而类有土居,连涉荆、交之区,布护巴、庸之外,不可量极。然其凶勇狡算,薄于羌狄,故陵暴之害,不能深也。西南之徼,尤为劣焉。故关守永昌,肇自远离,启土立人,至今成都焉。⑥

①文约谓文书要约也。

②缓耳,儋耳也。兽居谓穴居。

③谓护匈奴中郎将及戊己校尉等。

④珠玉、金碧、珊瑚、虎魄之类。

⑤火毳即火浣布也。驯禽,鹦鹉也。封兽,象也。《神异经》曰:"南方有火山,长四十里,广四五里。生不烬之木,昼夜火然,得烈风不猛,暴雨不灭。火中有鼠,重百斤,毛长二尺馀,细如丝,恒居火中,时时出外,而色白,以水逐沃之即死。绩其毛,织以作布。用之若污,以火烧之,则清洁也。"《傅子》曰"长老说汉桓时,梁冀作火浣布单衣,会宾客,行酒公卿朝臣前,伴争酒失杯而污之,冀伪怒,解衣而烧之,布得火,烨然而炽,如烧凡布,垢尽火灭,粲然洁白,如水浣"也。

⑥哀牢夷伐鹿茤不得,乃归中国,故言肇自远离。

赞曰:"百蛮蠢居,仞彼方徼。镂体卉衣,凭深阻峭。①亦有别夷,屯彼蜀表。参差聚落,纡馀岐道。往化既孚,改襟输宝。②俾建永昌,同编亿兆。

①蠢,小貌也。镂体,文身也。卉衣,草服也。

②孚,信也。襟,衽也。

【校勘记】

〔1〕　负而走入南山　按:《校补》谓《通志》作"负而走入南武山",多"武"字,以注引武山证之,似今本脱"武"字。

〔2〕　居(正)〔王〕室　据汲本、殿本改。按:《御览》七百八十五引《魏略》亦作"王"。

〔3〕　流俗本或有改鉴字为竖者　《御览》七百八十五引此注"竖"作"坚"。按"鉴"原作"监",径改正。又按:本卷原本讹字特多,凡极明显之讹字,皆径予改正,不出校记。

〔4〕　乱次以济其水遂无次　按:张森楷《校勘记》谓据《左传》,无"其水"字,当有"师"字。

〔5〕　〔賨〕牂冬反　据汲本、殿本补。

〔6〕　谒者宗均　《集解》引惠栋说,谓宗均即宋均。按:参阅《宋均传》校勘记。

〔7〕　(施)〔弛〕刑徒　据汲本改。

〔8〕　和帝永元四年冬至郡兵击破降之　按:沈家本谓《和纪》郡兵破蛮在五年。

〔9〕　零陵县属(武)〔零〕陵郡也　据《集解》引洪亮吉说改。

〔10〕　冬武陵蛮六千馀人寇江陵至又遣车骑将军冯绲讨武陵蛮　按:此为延熹三年之冬。沈家本谓按《桓记》,延熹三年冬武陵蛮寇江陵,车骑将军冯绲讨,皆降散,荆州刺史度尚讨长沙蛮,平之,与此传相合。而五年又书冬十月武陵蛮叛,寇江陵,以太常冯绲为车骑将军讨之。冯绲传亦云延熹五年武陵蛮夷悉反,寇掠江陵间,拜绲为车骑将军,将兵十万讨之。度尚传亦称延熹五年,擢为荆州刺史,进击长沙贼,大破之。则是延熹五年事。《绲传》既不言两讨武陵蛮,纪书五年事又与二传吻合,疑此传"三年"乃"五年"之讹,而《桓纪》三年事乃史驳文,而未及删正者也。

〔11〕　太守廖析　按:汲本、殿本"析"作"祈"。

〔12〕　尚书大传作别风注雨　按:《集解》引惠栋说,谓今《尚书大传》作"别风淮雨"。

〔13〕　帝赐调便金印紫绶　按:《刊误》谓国名叶调,其王名便,此作"调便",衍

一“调”字。

〔14〕 遆音卓　汲本、殿本无“遆”字。按：此注即在正文“遆”字下，例不重出“遆”字，无“遆”字是。

〔15〕 廪君（思）〔伺〕其便　殿本《考证》谓“思”当依《文献通考》作“伺”。又《集解》引惠栋说，谓“思”当作“伺”，《水经注》云“廪君因伺便”也。今据改。

〔16〕 按：此注原在“暉氏”下，依汲本移正。

〔17〕 荆州图〔副〕曰（副）夷〔陵〕县西有温泉　《集解》引惠栋说，谓依《御览》所引，当云“《荆州图副》曰夷陵县”云云，乙“曰副”字，脱“陵”字。今据改。按：宋刊本《御览》无“副”字。

〔18〕 夷水〔别出〕巴郡鱼复县　按：《集解》引惠栋说，谓当依《御览》补“别出”二字。今据补。

〔19〕 云与女俱生　按：李慈铭《越缦堂日记》谓“云”疑当作“子”。

〔20〕 〔弗〕宜将去　《集解》引惠栋说，谓《世本》云“弗宜将去”，去犹藏也，言弗宜藏而不婴也。今据补。

〔21〕 三十镞一百四十九　按：《刊误》谓三十镞三羽当九十，若四矢为一镞，则三百六十，无缘得一百四十九，未详。

〔22〕 复其渠帅罗朴督鄂度夕龚七姓　按：《校补》引柳从辰说，谓《华阳国志》“督”作“昝”。《广韵》音七感反，姓也，出蜀都。

〔23〕 灵帝光和（三）〔二〕年巴郡板楯复叛　按：纪在二年，《华阳国志》同，今据改。

〔24〕 羌入汉川　按：《集解》引惠栋说，谓《华阳国志》“汉川”作“汉中”。

〔25〕 至建和二年　按：《集解》引惠栋说，谓《华阳国志》“建和”作“建宁”。

〔26〕 或乃至自（颈）〔刭〕割　《校补》谓“颈”乃“刭”之讹，《通志》可证，各本皆未正。今据改。

〔27〕 西极同师　按：《集解》引惠栋说，谓《华阳国志》“同”作“桐”。今按：《前书》亦作“桐师”。

〔28〕 楚顷襄王时　按：“顷”原讹“倾”，径据殿本、《集解》本改正。

〔29〕 以且兰〔有〕椓船牂柯处　据汲本、殿本补。

〔30〕 番禺县之西有江浦焉　按：《集解》引沈钦韩说，谓“番禺”当为“牂柯”之讹。

〔31〕 宁始将军廉丹　按：“始”原讹“姑”，径改正。

〔32〕 建(怜)〔伶〕 据《集解》本改。按：汲本作"建怜怜"，《校补》谓殿本及《通志》皆作"怜"，故书以怜为伶之俗体，故又转写作"怜"，但《华阳国志》及《前》、《续志》均作"伶"，案《前志》益州郡建伶，应劭曰音铃，则作"怜"作"伶"皆误也。

〔33〕 故诸葛〔亮〕表云 据汲本、殿本补。

〔34〕 置不韦县徙南越相吕嘉子孙宗族资之 按："置"字原误分为"出直"二字，径据汲本、殿本改正。又按：《刊误》谓"资"当作"实"。沈家本谓案《郡国志》注作"居"，则"资"乃"居"之讹，不当作"实"。

〔35〕 蜀郡王追为太守 按：《集解》引惠栋说，谓"追"字乃"阜"字之误。

〔36〕 其先有妇人名沙壹 按：《集解》引惠栋说，谓"壹"《华阳国志》作"壶"，《水经注》作"台"。

〔37〕 背龙而坐 按：《集解》引惠栋说，谓"背"一作"陪"。

〔38〕 子扈(粟)〔栗〕代 据殿本、《集解》本改。

〔39〕 其王贤栗遣兵乘箄船 按：王先谦谓《华阳国志》"贤栗"作"扈栗"。又《集解》引惠栋说，谓《水经注》"箄船"作"革船"。

〔40〕 南下江汉击附塞夷鹿茤 按：《集解》引沈钦韩说，谓"江汉"字误，当为"澜沧"。又引惠栋说，谓《水经注》"鹿茤"作"鹿崩"。

〔41〕 哀牢王柳貌 《集解》引惠栋说，谓《华阳国志》"柳貌"作"抑狼"。按：《校补》引柳从辰说，谓《通鉴》亦作"柳貌"，与传同，《御览》七八六引乃作"柳邈"。惠氏据《华阳国志》作"抑狼"，与《汉魏丛书》本合，廖寅本又作"柳狼"。柳、抑与貌、狼、邈均形近易讹，无从确定也。

〔42〕 广(雅)〔志〕曰 据《集解》引惠栋说改。

〔43〕 执还内牢中 按：《校补》谓《通志》注"中"作"土"，连下为句。

〔44〕 攻(越)巂唐城 《集解》引惠栋说，谓《续书·天文志》云"攻巂唐城"，衍"越"字。今据删。

〔45〕 敦忍乙王莫延 按：《通志》"敦"作"郭"。殿本"莫"作"慕"，《校补》谓《通志》作"莫"，与毛本合。

〔46〕 姥怜之饴之 按：《校补》谓《通志》注上"之"字作"而"。

〔47〕 令因大忿(姥)恨责〔姥〕出蛇 据汲本、殿本改。按：《校补》谓《通志》作"令因大忿姥，限责出蛇"。

〔48〕 (廉平)〔兼乎〕唐虞 按：《校补》谓案《通志》注，"廉平"乃"兼乎"之讹，各

本皆失正。今据改。

〔49〕 郡守枚根　按:《集解》引惠栋说,谓《风俗通》"枚根"作"牧稂"。

〔50〕 邛人长贵　按:《集解》引惠栋说,谓案《前书·西南夷传》及《袁宏纪》,乃任贵也,《岑彭传》亦云"邛穀王任贵",羡"长"字,脱"任"字。下倣此。

〔51〕 续汉(书)志曰苏祈县属越巂郡　按:"书"字衍。今删。《续志》"苏祈"作"苏示"。

〔52〕 益州刺史梁国朱辅　按:《集解》引惠栋说,谓《马严传》"辅"作"酺"。

〔53〕 犍为郡掾田恭　《集解》引惠栋说,谓"田恭"《通鉴》作"由恭"。今按:《通鉴》胡注,由,姓也,秦有由余,或曰楚王孙由子之后。

〔54〕 梁国宁陵人也　按:"人"字原脱,径据汲本、殿本补。

〔55〕 堤官隗构　汲本作"提官傀构",殿本作"提官隗构",按:《校补》谓《通志》作"提官隗构"。

〔56〕 与天合意　汲本、殿本作"与天意合"。按:《集解》引惠士奇说,谓"合"当作"会"。

〔57〕 罔驿刘脾　殿本、《集解》本"驿"作"译"。按:《校补》谓《通志》作"译"。

〔58〕 旁莫支留　按:《校补》谓《通志》"莫"作"草"。

〔59〕 多赐(赠)〔缯〕布　按汲本、殿本改。

〔60〕 邪毗缚㪍　按:《校补》谓《通志》"㪍"作"堪"。

〔61〕 拓拒苏(使)〔便〕　据汲本、殿本及《通志》改。

〔62〕 偻让皮尼　汲本"皮"作"彼"。按:《校补》谓通志作"屡让被尼"。

〔63〕 路旦拣雒　汲本作"路且拣雒",殿本作"路且倸雒",按:《校补》谓《通志》作"路且倸雒"。

〔64〕 魏菌度洗　按:汲本"度"作"渡"。

〔65〕 远夷怀德歌　按:《校补》谓《乐德》、《慕德》二章皆言"歌诗",独《怀德》一章仅言"歌",不言"诗",明脱一"诗"字。

〔66〕 莫砀粗沐　按:《校补》谓《通志》作"莫杨粗水"。

〔67〕 罔译传微　按:《校补》谓《通志》"微"作"徽"。

〔68〕 伦狼藏幢　汲本"幢"作"幡"。按:《校补》谓《通志》作"罿"。

〔69〕 理历髭雒　按:汲本、殿本"历"作"沥",《通志》同。

〔70〕 传室呼敕　汲本、殿本"室"作"言"　按:《校补》谓《通志》作"室"。又按:《校补》谓以上异字,方言转译难明,声读今古有异,《东观记》又仅存

辑本,无从定其得失矣。

〔71〕 旄牛徼外白狼楼薄蛮夷王唐缯等　按:沈家本谓《和帝纪》"楼薄"作"娄薄"。

〔72〕 以(属)〔蜀〕郡(蜀)〔属〕国为汉嘉郡　据汲本、殿本改。

〔73〕 反其(众)〔聚〕邑　据《元龟》九百六十改。按:汲本、殿本作"反其邑",无"众"字,而下"皆依山居止"句上则有"众"字,疑邑众二字讹倒也。

〔74〕 零羊角味咸无毒　汲本、殿本"零"作"灵"。按:零灵通作。《御览》七九一引作"羬"。

〔75〕 姓马适名建也　按《御览》七九一引原注作"姓马名适建"。

〔76〕 编数都护部守之曹　按:《刊误》谓"部"字合作"郡"。

〔77〕 轸积于内府　按:《刊误》谓"轸"字误,当作"骈"字。

后汉书卷八十七

西羌传第七十七

西羌之本,出自三苗,姜姓之别也。其国近南岳。① 及舜流四凶,徙之三危,② 河关之西南羌地是也。③ 滨于赐支,至乎河首,绵地千里。赐支者,《禹贡》所谓析支者也。南接蜀、汉徼外蛮夷,西北〔接〕鄯善、车师诸国。〔1〕所居无常,依随水草。地少五谷,以产牧为业。其俗氏族无定,或以父名母姓为种号。十二世后,相与婚姻,父没则妻后母,兄亡则纳釐嫂,④ 故国无鳏寡,种类繁炽。不立君臣,无相长一,强则分种为酋豪,弱则为人附落,更相抄暴,以力为雄。杀人偿死,无它禁令。其兵长在山谷,短于平地,不能持久,而果于触突,以战死为吉利,病终为不祥。堪耐寒苦,同之禽兽。虽妇人产子,亦不避风雪。性坚刚勇猛,得西方金行之气焉。⑤

① 衡山也。

② 三危,山,在今沙州敦煌县东南,山有三峰,故曰三危也。

③ 河关,县,属金城郡。已上并《续汉书》文。

④ 寡妇曰釐,力之反。

⑤ 《黄帝素问》曰:"西方者,金(玉)〔王〕之域,〔2〕沙石之处,其人山居而多风,水土刚强。"

王政修则宾服,德教失则寇乱。昔夏后氏太康失国,① 四夷背叛。及后相即位,乃征畎夷,② 七年然后来宾。至于后泄,始加爵命,由是服从。③ 后桀之乱,畎夷入居邠岐之间,④ 成汤既兴,伐而攘之。及殷室中衰,诸夷皆叛。至于武丁,征西戎、鬼方,三年乃克。⑤ 故其诗曰:"自彼氐羌,莫敢不来王。"⑥

①太康，夏启之子，盘于游田，不恤人事，为羿所逐，不得反国也。

②后相即太康孙，仲康之子。

③泄，启八代孙，帝芒之子也。

④邠，今豳州也。岐即岐州也。

⑤武丁，殷王也。《易》曰："高宗伐鬼方。"《前书音义》曰："鬼方，远方也。"

⑥《殷颂》之文。

及武乙暴虐，犬戎寇边，①周古公逾梁山而避于岐下。②及子季历，遂伐西落鬼戎。③太丁之时，季历复伐燕京之戎，戎人大败周师。④后二年，周人克余无之戎，于是太丁命季历为牧师。⑤自是之后，更伐始呼、翳徒之戎，皆克之。⑥及文王为西伯，西有昆夷之患，北有猃狁之难，遂攘戎狄而成之，莫不宾服。⑦乃率西戎，征殷之叛国以事纣。⑧

①帝武乙即武丁（五）〔三〕代孙，〔3〕无道，为偶人像，谓之天神，与之博，令人代之行，天神不胜，而僇辱之。又为革囊盛血，仰而射之，命曰"射天"。遂被雷震而死。

②梁山在今雍州好畤县西北。古公，文王之祖也。岐山在扶风郡也。

③《竹书纪年》"武乙三十五年，周王季伐西落鬼戎，〔4〕俘二十翟王"也。

④太丁，武（丁）〔乙〕子也。〔5〕《竹书纪年》曰："太丁二年，周人伐燕京之戎，周师大败"也。

⑤季历，文王之父也。《竹书纪年》曰："太丁四年，周人伐余无之戎，克之，周王季命为殷牧师也。"

⑥《竹书纪年》曰"太丁七年，周人伐始呼之戎，克之。十一年，周人伐翳徒之戎，捷其三大夫"也。

⑦见《诗·小雅·采薇篇》。

⑧《左传》晋韩献子曰："文王率殷之叛国以事纣，惟知时。"

及武王伐商，羌、髳率师会于牧野。①至穆王时，戎狄不贡，王乃西征犬戎，获其五王，又得四白鹿，四白狼，②王遂迁戎于太原。夷王衰弱，③荒服不朝，乃命虢公率六师伐太原之戎，至于俞泉，获马千匹。④厉王无道，戎狄寇掠，乃入犬丘，杀秦仲之族，⑤王命伐戎，不克。及宣王立四年，使秦仲伐戎，为戎所杀，王乃召秦仲子庄公，与兵七千人，伐戎破之,由是少却。后二十七年,王遣兵伐太原戎,不克。后五年,王伐条戎、奔戎,王师败绩。后二年,晋人败北戎于汾隰,⑥〔6〕戎人灭姜侯之邑。明年,王征申戎,破之。后十年,幽王命伯士伐六济之戎,军败,伯士死焉。⑦其年,戎围犬丘,虏秦襄公之兄伯父。时幽王昏虐,四夷交侵,遂废申后而立褒姒。申侯怒,与戎寇周,杀幽王于郦山,周乃东迁洛邑,秦襄公攻戎救周。后二年,邢侯大破北戎。

①《尚书》曰:"庸、蜀、羌、髳、微、卢、彭、濮人。"孔安国注曰:"皆蛮夷戎狄也。"

②见《史记》。

③夷王,穆王孙,名燮也。

④见《竹书纪年》。

⑤犬丘,县名,秦曰废丘,汉曰槐里也。

⑥二水名。

⑦并见《竹书纪年》。

及平王之末,周遂陵迟,戎逼诸夏,自陇山以东,及乎伊、洛,往往有戎。于是渭首有狄、獂、邽、冀之戎,①泾北有义渠之戎,②洛川有大荔之戎,③渭南有骊戎,伊、洛间有杨拒、泉皋之戎,④颍首以西有蛮氏之戎。⑤当春秋时,间在中国,与诸夏盟会。鲁庄公伐秦取邽、冀之戎。后十馀岁,晋灭骊戎,是时,伊、洛戎强,东侵曹、鲁,⑥后十九年,遂入王城,于是秦、晋伐戎以救周。⑦后二年,又寇京师,齐桓公征诸侯戍周。后九年,陆浑戎自瓜州迁于伊川,⑧允姓戎迁于渭汭,⑨东及辗辕。在河南山北者号曰阴戎,阴戎之种遂以滋广。⑩晋文公欲修霸业,乃赂戎狄通道,以匡王室。秦穆公得戎人由余,遂霸西戎,开地千里。⑪及晋悼公,又使魏绛和诸戎,复修霸业。⑫是时楚、晋强盛,威服诸戎,陆浑、伊、洛、阴戎事晋,而蛮氏从楚。后陆浑叛晋,晋令荀吴灭之。⑬后四十四年,楚执蛮氏而尽囚其人。是时义渠、大荔最强,筑城数十,皆自称王。

①狄即狄道,獂即獂道,邽即上邽县,冀即冀县也。

②义渠,县,属北地郡也。

③洛川即洛水。大荔,古戎国,秦获之,改曰临晋,今同州城是也。

④杜预注《左传》云："杨拒，戎邑也。"

⑤《左传》曰："单浮馀（国）〔围〕蛮氏。"〔7〕杜预注云："梁南有霍阳山，皆蛮子之邑。"

⑥《左传》庄公十八年，公追戎于济西。杜预注，戎侵鲁，鲁人不知，去乃追之。二十四年戎侵曹也。

⑦事并见《左传》僖公十（二）〔一〕年。〔8〕

⑧瓜州，今瓜州也。事见僖〔公〕二十二年。〔9〕

⑨允姓，阴戎之祖，与三苗俱放三危。见《左传》。〔10〕

⑩《左传》哀公四年："蛮子赤奔晋阴地。"杜预注曰："阴地，河南山北，自上雒以东至陆浑。"

⑪由余，其先晋人也，亡入戎。戎王闻穆公贤，使由余观秦，秦穆公以客礼待之。秦遗戎王以女乐，由余谏，不听，由余乃降秦，为谋伐戎。

⑫魏绛，晋大夫。见《左传》襄公十一年。

⑬荀吴，晋大夫中行穆子也。见《左传》昭公元年。

　　至周贞王八年，秦厉公灭大荔，取其地。赵亦灭代戎，即北戎也。韩、魏复共稍并伊、洛、阴戎，灭之。其遗脱者皆逃走，西逾汧、陇。①自是中国无戎寇，唯馀义渠种焉。至贞王二十五年，秦伐义渠，虏其王。②后十四年，义渠侵秦至渭阴。〔11〕后百许年，义渠败秦师于洛。后四年，义渠国乱，秦惠王遣庶长操将兵定之，③义渠遂臣于秦。后八年，秦伐义渠，取郁郅。④后二年，义渠败秦师于李伯。⑤明年，秦伐义渠，取徒泾二十五城。⑥及昭王立，义渠王朝秦，遂与昭王母宣太后通，生二子。至王赧四十三年，宣太后诱杀义渠王于甘泉宫，因起兵灭之，始置陇西、北地、上郡焉。

①汧山、陇山之间也，在今陇州汧源县。

②即厉公二十三年伐也。〔12〕

③操，名也。庶长，秦爵也。事见《史记》。〔13〕

④县名，属北地郡。

⑤李伯，地名，未详。

⑥徒泾，县名，属西河郡。〔14〕

戎本无君长，夏后氏末及商周之际，或从侯伯征伐有功，天子爵之，以为藩服。春秋时，陆浑、蛮氏戎称子，战国世，大荔、义渠称王，及其衰亡，馀种皆反旧为酋豪云。

羌无弋爰剑者，秦厉公时为秦所拘执，以为奴隶。不知爰剑何戎之别也。后得亡归，而秦人追之急，藏于岩穴中得免。羌人云爰剑初藏穴中，秦人焚之，有景象如虎，为其蔽火，得以不死。既出，又与劓女遇于野，①遂成夫妇。女耻其状，被发覆面，羌人因以为俗，遂俱亡入三河间。②诸羌见爰剑被焚不死，怪其神，共畏事之，推以为豪。河湟间少五谷，多禽兽，以射猎为事，③爰剑教之田畜，遂见敬信，庐落种人依之者日益众。羌人谓奴为无弋，以爰剑尝为奴隶，故因名之。其后世世为豪。

①劓，截鼻也。
②《续汉书》曰："遂俱亡入河湟间。"今此言三河，即黄河、赐支河、湟河也。
③湟水出金城郡临羌县。

至爰剑曾孙忍时，秦献公初立，欲复穆公之迹，①兵临渭首，灭狄獂戎。②忍季父卬畏秦之威，将其种人附落而南，出赐支河曲西数千里，与众羌绝远，不复交通。其后子孙分别，各自为种，任随所之。或为牦牛种，越巂羌是也；或为白马种，广汉羌是也；或为参狼种，武都羌是也。忍及弟舞独留湟中，并多娶妻妇。忍生九子为九种，舞生十七子为十七种，羌之兴盛，从此起矣。

①穆公霸有西戎，公今欲复之。
②獂音丸。

及忍子研立，时秦孝公雄强，威服羌戎。孝公使太子驷率戎狄九十二国朝周显王。研至豪健，故羌中号其后为研种。及秦始皇时，务并六国，以诸侯为事，兵不西行，故种人得以繁息。秦既兼天下，使蒙恬将兵略地，西逐诸戎，北却众狄，筑长城以界之，众羌不复南度。

至于汉兴，匈奴冒顿兵强，破东胡，走月氏，威震百蛮，臣服诸羌。

景帝时,研种留何率种人求守陇西塞,于是徙留何等于狄道、安故,至临洮、氐道、羌道县。①及武帝征伐四夷,开地广境,北却匈奴,西逐诸羌,乃度河、湟,筑令居塞;②初开河西,列置四郡,③通道玉门,隔绝羌胡,使南北不得交关。于是障塞亭燧出长城外数千里。时先零羌与封养牢姐种解仇结盟,④与匈奴通,合兵十馀万,共攻令居、安故,遂围枹罕。⑤汉遣将军李息、郎中令徐自为将兵十万人击平之。始置护羌校尉,持节统领焉。羌乃去湟中,依西海、盐池左右。⑥汉遂因山为塞,河西地空,稍徙人以实之。

①氐音丁兮反。五县并属陇西郡。

②令居,县,属金城郡。令音零。

③酒泉、武威、张掖、敦煌也。

④姐音紫。

⑤安故,县,属陇西郡。枹罕,县,属金城郡。枹音铁。

⑥金城郡临羌县有盐池也。

至宣帝时,遣光禄大夫义渠安国①觇行诸羌,其先零种豪言:“愿得度湟水,逐人所不田处以为畜牧。”安国以事奏闻,后将军赵充国以为不可听。后因缘前言,遂度湟水,郡县不能禁。至元康三年,先零乃与诸羌大共盟誓,将欲寇边。帝闻,复使安国将兵观之。安国至,召先零豪四十馀人斩之,因放兵击其种,斩首千馀级。於是诸羌怨怒,遂寇金城。乃遣赵充国与诸将将兵六万人击破平之。至研十三世孙烧当立。元帝时,卬姐等七种羌寇陇西,②遣右将军冯奉世击破降之。从爰剑种五世至研,研最豪健,自后以研为种号。十三世至烧当,复豪健,其子孙更以烧当为种号。自卬姐羌降之后数十年,四夷宾服,边塞无事。至王莽辅政,欲耀威德,以怀远为名,乃令译讽旨诸羌,使共献西海之地,初开以为郡,筑五县,边海亭燧相望焉。③

①义渠,姓也。

②卬音先廉反,又所廉反。姐音紫。

③燧,烽也。

　　滇良者,烧当之玄孙也。时王莽末,四夷内侵,及莽败,众羌遂还据〔西海〕为寇。[15]更始、赤眉之际,羌遂放纵,寇金城、陇西。隗嚣虽拥兵而不能讨之,乃就慰纳,因发其众与汉相拒。建武九年,隗嚣死,司徒掾班彪上言:"今凉州部皆有降羌,羌胡被发左衽,而与汉人杂处,习俗既异,言语不通,数为小吏黠人所见侵夺,穷恚无聊,故致反叛。夫蛮夷寇乱,皆为此也。旧制益州部置蛮夷骑都尉,幽州部置领乌桓校尉,凉州部置护羌校尉,皆持节领护,理其怨结,岁时循行,问所疾苦。又数遣使驿通动静,[16]使塞外羌夷为吏耳目,州郡因此可得儆备。今宜复如旧,以明威防。"光武从之,即以牛邯为护羌校尉,持节如旧。及邯卒而职省。十年,先零豪与诸种相结,复寇金城、陇西,遣中郎将来歙等击之,大破。事已具《歙传》。十一年夏,先零种复寇临洮,陇西太守马援破降之。后悉归服,徙置天水、陇西、扶风三郡。明年,武都参狼羌反,援又破降之。事已具《援传》。

　　自烧当至滇良,世居河北大允谷,种小人贫。而先零、卑湳并皆强富,数侵犯之。①滇良父子积见陵易,愤怒,而素有恩信於种中,于是集会附落及诸杂种,乃从大榆入,掩击先零、卑湳,大破之,杀三千人,掠取财畜,夺居其地大榆中,由是始强。

　　①湳音乃感反。

　　滇良子滇吾立。中元元年,武都参狼羌反,杀略吏人,太守与战不胜,陇西太守刘盱遣从事辛都、监军掾李苞,将五千人赴武都,与羌战,斩其酋豪,首虏千馀人。时武都兵亦更破之,斩首千馀级,馀悉降。时滇吾附落转盛,常雄诸羌,每欲侵边者,滇吾转教以方略,为其渠帅。二年秋,烧当羌滇吾与弟滇岸率步骑五千寇陇西塞,刘盱遣兵于枹罕击之,不能克,又战于允街,①为羌所败,杀五百馀人。于是守塞诸羌皆复相率为寇。遣谒者张鸿领诸郡兵击之,战于允吾、唐谷,②军败,鸿及陇西长史田飒皆没。又天水兵为牢姐种所败于白石,死者千馀人。③

　　①允音铅。街音阶。县名,属金城郡。
　　②允音铅。吾音牙。县名,属金城郡。[17]唐谷故城在今鄯州湟水县西也。

③白石,县名,属金城郡,有白石山。

　　时烧何豪有妇人比铜钳者,年百馀岁,多智算,为种人所信向,皆从取计策。时为卢水胡所击,比铜钳乃将其众来依郡县。种人颇有犯法者,临羌长收系比铜钳,而诛杀其种六七百人。显宗怜之,乃下诏曰:"昔桓公伐戎而无仁惠,故《春秋》贬曰'齐人'。① 今国家无德,恩不及远,羸弱何辜,而当并命! 夫长平之暴,非帝者之功,②咎由太守长吏妄加残戮。比铜钳尚生者,所在致医药养视,令招其种人,若欲归故地者,厚遣送之。其小种若束手自诣,欲效功者,皆除其罪。若有逆谋为吏所捕,而狱状未断,悉以赐有功者。"

　　①《春秋》庄公三十年:"齐人伐山戎。"《公羊传》曰:"此齐侯也。其称人何?
　　贬也。"何休注云:"戎亦天地之所生,乃迫杀之,恶不仁也。"
　　②言帝王好生恶杀,故不以为功也。《史记》曰,白起,昭王时为上将军,击赵,
　　赵不利,将军赵括与六十万人请降,起乃尽坑之,遗其小者二百四十人。

　　永平元年,复遣中郎将窦固、捕虏将军马武等击滇吾于西邯,大破之。事已具武等传。滇吾远引去,馀悉散降,徙七千口置三辅。以谒者窦林领护羌校尉,居狄道。林为诸羌所信,而滇岸遂诣林降。林为下吏所欺,谬奏上滇岸以为大豪,承制封为归义侯,加号汉大都尉。明年,滇吾复降,林复奏其第一豪,与俱诣阙献见。帝怪一种两豪,疑其非实,以事诘林。林辞窘,①乃伪对曰:"滇岸即滇吾,陇西语不正耳。"帝穷验知之,怒而免林官。会凉州刺史又奏林臧罪,遂下狱死。谒者郭襄代领校尉事,到陇西,闻凉州羌盛,还诣阙,抵罪,于是复省校尉官。滇吾子东吾立,以父降汉,乃入居塞内,谨愿自守。而诸弟迷吾等数为寇盗。

　　①窘,穷也。

　　肃宗建初元年,安夷县吏略妻卑湳种羌妇,吏为其夫所杀,安夷长宗延追之出塞,①种人恐见诛,遂共杀延,而与勒姐及吾良二种相结为寇。陇西太守孙纯遣从事李睦及金城兵会和罗谷,与卑湳等战,斩首虏数百人。复拜故度辽将军吴棠领护[18]羌校尉,居安夷。二年夏,迷吾

遂与诸众聚兵,欲叛出塞。[19]金城太守郝崇追之,战于荔谷,崇兵大败,崇轻骑得脱,死者二千馀人。于是诸种及属国卢水胡悉与相应,吴棠不能制,坐征免。武威太守傅育代为校尉,移居临羌。迷吾又与封养种豪布桥等五万馀人共寇陇西、汉阳,于是遣行车骑将军马防,长水校尉耿恭副,讨破之。于是临洮、索西、迷吾等悉降。防乃筑索西城,②徙陇西南部都尉戍之,悉复诸亭候。至元和三年,迷吾复与弟号吾诸杂种反叛。秋,号吾先轻入寇陇西界,[20]郡督烽掾李章追之,生得号吾,将诣郡。号吾曰:"独杀我,无损于羌。诚得生归,必悉罢兵,不复犯塞。"陇西太守张纡权宜放遣,羌即为解散,各归故地,迷吾退居河北归义城。傅育不欲失信伐之,乃募人斗诸羌胡,羌胡不肯,遂复叛出塞,更依迷吾。

①安夷,县名,属金城郡。
②故城在今洮州。

　　章和元年,育上请发陇西、张掖、酒泉各五千人,诸郡太守将之,育自领汉阳、金城五千人,合二万兵,与诸郡克期击之,令陇西兵据河南,张掖、酒泉兵遮其西。并未及会,育军独进。迷吾闻之,徙庐落去。育选精骑三千穷追之,夜至建威南三兜谷,去虏数里,须旦击之,不设备。迷吾乃伏兵三百人,夜突育营,营中惊坏散走,育下马手战,杀十馀人而死,死者八百八十人。及诸郡兵到,羌遂引去。育,北地人也。显宗初,为临羌长,与捕虏将军马武等击羌滇吾,功冠诸军;及在武威,威声闻于匈奴。食禄数十年,秩奉尽赡给知友,妻子不免操井臼。肃宗下诏追褒美之。封其子毅为明进侯,七百户。以陇西太守张纡代为校尉,将万人屯临羌。

　　迷吾既杀傅育,狃(伏)〔伏〕边利。①[21]章和元年,复与诸种步骑七千人入金城塞。张纡遣从事司马防将千馀骑及金城兵会战于木乘谷,迷吾兵败走,因译使欲降,纡纳之。遂将种人诣临羌县,纡设兵大会,施毒酒中,羌饮醉,纡因自击,伏兵起,[22]诛杀酋豪八百馀人。斩迷吾等五人头,以祭育冢。复放兵击在山谷间者,斩首四百馀人,得生口二千馀人。迷吾子迷唐及其种人向塞号哭，与烧何、当煎、当阗等相结，以子女及金银娉纳诸种，解仇交质，将五千人寇陇西塞，太守寇盱与战于白石，迷唐不利，引还大、小榆谷，北招属国诸胡，会集附落，种众炽盛，张纡不能讨。永元元年，纡坐征，以张掖太守邓训代为校尉，稍以赏赂离间之，由是诸种少解。

① 狙（怏）〔快〕，惯习也。狙音女九反。（怏）〔快〕音时制反。

东吾子东号立。是时号吾将其种人降。校尉邓训遣兵击迷唐，迷唐去大、小榆谷，徙居颇岩谷。和帝永元四年，[23]训病卒，蜀郡太守聂尚代为校尉。尚见前人累征不克，欲以文德服之，乃遣驿使招呼迷唐，[24]使还居大、小榆谷。迷唐既还，遣祖母卑缺诣尚，尚自送至塞下，为设祖道，令译田汜等五人护送至庐落。迷唐因而反叛，遂与诸种共生屠裂汜等，以血盟诅，复寇金城塞。五年，尚坐征免，居延都尉贯友代为校尉。友以迷唐难用德怀，终于叛乱，乃遣驿使构离诸种，诱以财货，由是解散。友乃遣兵出塞，攻迷唐于大、小榆谷，获首虏八百馀人，收麦数万斛，遂夹逢留大河筑城坞，作大航，造河桥，欲度兵击迷唐。迷唐乃率部落远依赐支河曲。至八年，友病卒，汉阳太守史充代为校尉。充至，遂发湟中羌胡出塞击迷唐，而羌迎败充兵，杀数百人。明年，充坐征，代郡太守吴祉代为校尉。其秋，迷唐率八千人寇陇西，杀数百人，乘胜深入，胁塞内诸种羌共为寇盗，众羌复悉与相应，合步骑三万人，击破陇西兵，杀大夏长。①遣行征西将军刘尚、越骑校尉赵代[25]副，将北军五营、黎阳、雍营、三辅积射及边兵羌胡三万人讨之。② 尚屯狄道，代屯枹罕。尚遣司马寇盱监诸郡兵，四面并会。迷唐惧，弃老弱奔入临洮南。尚等追至高山。迷唐穷迫，率其精强大战。盱斩虏千馀人，得牛马羊万馀头。迷唐引去。汉兵死伤亦多，不能复追，乃还入塞。明年，尚、代并坐畏懦征下狱，免。谒者王信领尚营屯枹罕，谒者耿谭领代营屯白石。谭乃设购赏，诸种颇来内附。迷唐恐，乃请降。信、谭遂受降罢兵，遣迷唐诣阙。其馀种人不满二千，饥窘不立，入居金城。和帝令迷唐将其种人还大、小榆谷。迷唐以为汉作河桥，兵来无常，故地不可复居，辞以种人饥饿,不肯远出。吴祉等乃多赐迷唐金帛,令籴谷市畜,促使出塞,种人更怀猜惊。十二年,遂复背叛,乃胁将湟中诸胡,寇钞而去。王信、耿谭、吴祉皆坐征,以酒泉太守周鲔代为校尉。明年,迷唐复还赐支河曲。

①大夏,县名,属陇西郡。

②五营即五校也。雍营即扶风都尉屯也。黎阳营解见《南匈奴传》也。

初,累姐种附汉,[26]迷唐怨之,遂击杀其酋豪,由是与诸种为仇,党援益疏。其秋,迷唐复将兵向塞,周鲔与金城太守侯霸,及诸郡兵、属国湟中月氏诸胡、陇西牢姐羌,合三万人,出塞至允川,与迷唐战。周鲔还营自守,唯侯霸失陷陈,斩首四百馀级。羌众折伤,种人瓦解,降者六千馀口,分徙汉阳、安定、陇西。迷唐遂弱,其种众不满千人,远逾赐支河首,依发羌居。明年,周鲔坐畏懦征,侯霸代为校尉。安定降羌烧何种胁诸羌数百人反叛,郡兵击灭之,悉没入弱口为奴婢。

时西海及大、小榆谷左右无复羌寇。隃麋相曹凤上言:①“西戎为害,前世所患,臣不能纪古,且以近事言之。自建武以来,其犯法者,常从烧当种起。所以然者,以其居大、小榆谷,土地肥美,又近塞内,诸种易以为非,难以攻伐。南得锺存以广其众,北阻大河因以为固,又有西海鱼盐之利,缘山滨水,以广田蓄,故能强大,常雄诸种,恃其权勇,[27]招诱羌胡。今者衰困,党援坏沮,亲属离叛,馀胜兵者不过数百,亡逃栖窜,远依发羌。臣愚以为宜及此时,建复西海郡县,规固二榆,广设屯田,隔塞羌胡交关之路,遏绝狂狡窥欲之源,又殖谷富边,省委输之役,国家可以无西方之忧。”于是拜凤为金城西部都尉,将徙士屯龙耆。②后金城长史上官鸿上开置归义、建威屯田二十七部,侯霸复上置东西邯屯田五部,③增留、逢二部,帝皆从之。列屯夹河,合三十四部。其功垂立。至永初中,诸羌叛,乃罢。迷唐失众,病死。有一子来降,户不满数十。[28]

①隃麋,县名,属右扶风。

②龙耆即龙支也,今鄯州县。

③邯,水名。邯分流左右,在今廓州。

东号子麻奴立。初随父降，居安定。时诸降羌布在郡县，皆为吏人豪右所徭役，积以愁怨。安帝永初元年夏，遣骑都尉王弘发金城、陇西、汉阳羌数百千骑征西域，弘迫促发遣，群羌惧远屯不还，行到酒泉，多有散叛。诸郡各发兵儌遮，或覆其庐落。于是勒姐、当煎大豪东岸等愈惊，遂同时奔溃。麻奴兄弟因此遂与种人俱西出塞。

先零别种[29]滇零与锺羌诸种大为寇掠，断陇道。时羌归附既久，无复器甲，或持竹竿木枝以代戈矛，或负板案以为盾，或执铜镜以象兵，郡县畏懦不能制。冬，遣车骑将军邓骘，征西校尉任尚副，将五营及三河、三辅、汝南、南阳、颍川、太原、上党兵合五万人，屯汉阳。明年春，诸郡兵未及至，锺羌数千人先击败骘军于冀西，杀千馀人。校尉侯霸坐众羌反叛征免，以西域都护段禧代为校尉。其冬，骘使任尚及从事中郎司马钧率诸郡兵与滇零等数万人战于平襄，①[30] 尚军大败，死者八千馀人。于是滇零等自称"天子"于北地，招集武都、参狼、上郡、西河诸杂种，众遂大盛，东犯赵、魏，南入益州，杀汉中太守董炳，遂寇钞三辅，断陇道。湟中诸县粟石万钱，百姓死亡不可胜数。朝廷不能制，而转运难剧，遂诏骘还师，留任尚屯汉阳，为诸军节度。朝廷以邓太后故，迎拜骘为大将军，封任尚乐亭侯，食邑三百户。

①县名，属汉阳郡。

三年春，复遣骑都尉任仁督诸郡屯兵救三辅。仁战每不利，众羌乘胜，汉兵数挫。当煎、勒姐种攻没破羌县，锺羌又没临洮县，生得陇西南部都尉。明年春，滇零遣人寇褒中①，燔烧邮亭，大掠百姓。于是汉中太守郑勤[31]移屯褒中。军营久出无功，有废农桑，乃诏任尚将吏兵还屯长安，罢遣南阳、颍川、汝南吏士，置京兆虎牙都尉于长安，扶风都尉于雍，如西京三辅都尉故事。②时羌复攻褒中，郑勤欲击之。主簿段崇谏，以为虏乘胜，锋不可当，宜坚守待之。勤不从，出战，大败，死者三千馀人，段崇及门下史王宗、原展以身捍刃，与勤俱死。于是徙金城郡居襄武。③任仁战累败，而兵士放纵，槛车征诣廷尉诏狱死。段禧病卒，复以前校尉侯霸代之，遂移居张掖。五年春，任尚坐无功征免。羌遂入寇河东,至河内,百姓相惊,多奔南度河。使北军中候朱宠将五营士屯孟津,诏魏郡、赵国、常山、中山缮作坞候六百一十六所。

　　①县名,属汉中郡。

　　②西京左辅都尉都高陵,右辅都尉都郿也。〔32〕

　　③襄武,县名,属陇西郡。

　　羌既转盛,而二千石、令、长多内郡人,并无守战意,皆争上徙郡县以避寇难。朝廷从之,遂移陇西徙襄武,①安定徙美阳,②北地徙池阳,③上郡徙衙。④百姓恋土,不乐去旧,遂乃刈其禾稼,发彻室屋,夷营壁,破积聚。时连旱蝗饥荒,而驱蹙劫略,流离分散,随道死亡,或弃捐老弱,或为人仆妾,丧其太半。复以任尚为侍御史,击众羌于上党羊头山,破之,⑤诱杀降者二百馀人,乃罢孟津屯。其秋,汉阳人杜琦及弟季贡、同郡王信等与羌通谋,聚众入上邽城,琦自称安汉将军。于是诏购募得琦首者,封列侯,赐钱百万,羌胡斩琦者赐金百斤,银二百斤。汉阳太守赵博遣刺客杜习〔33〕刺杀琦,封习讨奸侯,赐钱百万。而杜季贡、王信等将其众据樗泉营。侍御史唐喜领诸郡兵讨破之,斩王信等六百馀级,没入妻子五百馀人,收金(钱)〔银〕彩帛一亿已上。〔34〕杜〔季〕贡亡从滇零。〔35〕六年,任尚复坐征免。滇零死,子零昌代立,年尚幼少,同种狼莫为其计策,以杜〔季〕贡为将军,别居丁奚城。七年夏,骑都尉马贤与侯霸掩击零昌别部牢羌于安定,〔36〕首虏千人,得驴骡骆驼马牛羊二万馀头,以畀得者。⑥

　　①县名,属陇西郡。

　　②县名,属右扶风。

　　③县名,属左冯翊。

　　④县名,属冯翊。衙音牙。

　　⑤羊头山在上党郡榖远县。

　　⑥畀音必四反。

　　元初元年春,遣兵屯河内,通谷冲要三十三所,皆作坞壁,设鸣鼓。零昌遣兵寇雍城,又号多与当煎、勒姐大豪共胁诸种,分兵钞掠武都、汉中。巴郡板楯蛮将兵救之，汉中五官掾程信率壮士与蛮共击破之。号多退走，还断陇道，与零昌通谋。侯霸、马贤将湟中吏人及降羌胡于枹罕击之，斩首二百馀级。凉州刺史皮杨击羌于狄道，大败，死者八百馀人，杨坐征免。侯霸病卒，汉阳太守庞参代为校尉。参以恩信招诱之。二年春，号多等率众七千馀人诣参降，遣诣阙，赐号多侯印绶遣之。参始还居令居，通河西道。而零昌种众复分寇益州，遣中郎将尹就将南阳兵，因发益部诸郡屯兵击零昌党吕叔都等。至秋，蜀人陈省、罗横应募，刺杀叔都，皆封侯赐钱。又使屯骑校尉班雄屯三辅，遣左冯翊司马钧行征西将军，督右扶风仲光、[37]安定太守杜恢、[38]北地太守盛包、京兆虎牙都尉耿溥、右扶风都尉皇甫旗等，合八千馀人，又庞参将羌胡兵七千馀人，与钧分道并北击零昌。参兵至勇士东，为杜季贡所败，①于是引退。钧等独进，攻拔丁奚城，大克获。杜季贡率众伪逃。钧令光、恢、包等收羌禾稼，光等违钧节度，散兵深入，羌乃设伏要击之。钧在城中，怒而不救，光〔等〕并没，[39]死者三千馀人。钧乃遁还，坐征自杀。庞参以失期军败抵罪，以马贤代领校尉事。后遣任尚为中郎将，将羽林、缇骑、五营子弟三千五百人，代班雄屯三辅。尚临行，怀令虞诩说尚曰："使君频奉国命讨逐寇贼，三州屯兵二十馀万人，弃农桑，疲苦徭役，而未有功效，劳费日滋。若此出不克，诚为使君危之。"尚曰："忧惶久矣，不知所如。"诩曰："兵法弱不攻强，走不逐飞，自然之势也。今虏皆马骑，日行数百，[40]来如风雨，去如绝弦，以步追之，势不相及，所以旷而无功也。为使君计者，莫如罢诸郡兵，各令出钱数千，二十人共市一马，如此，可舍甲胄，驰轻兵，以万骑之众，逐数千之虏，追尾掩截，②其道自穷。便人利事，大功立矣。"尚大喜，即上言用其计。乃遣轻骑钞击杜季贡於丁奚城，斩首四百馀级，获牛马羊数千头。

　　①勇士，县名，属天水郡。

　　②尾犹寻也。

明年夏，度辽将军邓遵率南单于及左鹿蠡王须沈万骑，击零昌于灵州，①斩首八百馀级，封须沈为破虏侯，金印紫绶，赐金帛各有差。任尚遣兵击破先零羌于丁奚城。秋,筑冯翊北界候坞五百所。任尚又遣假司马募陷陈士,击零昌于北地,杀其妻子,得牛马羊二万头,烧其庐落,斩首七百馀级,得僭号文书及所没诸将印绶。

①县名,属北地郡。

四年春,尚遣当阗种羌榆鬼等五人刺杀杜季贡,封榆鬼为破羌侯。其夏,尹就以不能定益州,坐征抵罪,以益州刺史张乔领尹就军屯。招诱叛羌,稍稍降散。秋,任尚复募效功种号封刺杀零昌,封号封为羌王。冬,任尚将诸郡兵与马贤并进北地击狼莫,贤先至安定青石岸,狼莫逆击败之。会尚兵到高平,①因合势俱进,狼莫等引退,乃转营迫之,至北地,相持六十馀日,战于富平〔上〕河(上),〔41〕大破之,②斩首五千级,还得所略人男女千馀人,牛马驴羊骆驼十馀万头,狼莫逃走,于是西河虔人种羌万一千口诣邓遵降。

①县名,属安定郡。

②富平,县,属北地郡。

五年,邓遵募上郡全无种羌雕何等刺杀狼莫,赐雕何为羌侯,封遵武阳侯,〔42〕三千户。遵以太后从弟故,爵封优大。任尚与遵争功,又诈增首级,受赇枉法,臧千万已上,槛车征弃市,没入田庐奴婢财物。自零昌、狼莫死后,诸羌瓦解,三辅、益州无复寇儆。

自羌叛十馀年间,兵连师老,不暂宁息。军旅之费,转运委输,用二百四十馀亿,府帑空竭。延及内郡,边民死者不可胜数,并凉二州遂至虚耗。

六年春,勒姐种与陇西种羌号良等通谋欲反,马贤逆击之于安故,斩号良及种人数百级,皆降散。

永宁元年春,上郡沈氐种羌〔43〕五千馀人复寇张掖。其夏,马贤将万人击之。初战失利,死者数百人,明日复战,破之,斩首千八百级,获生口千馀人,马牛羊以万数,馀虏悉降。时当煎种大豪饥〔五〕等,〔44〕以贤兵在张掖,乃乘虚寇金城,贤还军追之出塞,斩首数千级而还。烧当、烧何种闻贤军还,率三千馀人复寇张掖,杀长吏。初,饥五同种大豪卢

匈、忍良等千馀户别留允街,而首施两端。① 建光元年春,马贤率兵召卢
匈斩之,因放兵击其种人,首虏二千馀人,掠马牛羊十万头,忍良等皆亡
出塞。玺书封贤安亭侯,食邑千户。忍良等以麻奴兄弟本烧当世嫡,而
贤抚恤不至,常有怨心。秋,遂相结共胁将诸种步骑三千人寇湟中,攻
金城诸县。贤将先零种赴击之,战于牧苑,兵败,死者四百馀人。麻奴
等又败武威、张掖郡兵于令居,因胁将先零、沈氏诸种四千馀户,缘山西
走,寇武威。贤追到鸾鸟,招引之,② 诸种降者数千,麻奴南还湟中。延
光元年春,贤追到湟中,麻奴出塞度河,贤复追击战破之,种众散遁,诣
凉州刺史宗汉降。[45] 麻奴等孤弱饥困,其年冬,将种众三千馀户诣汉阳
太守耿种降。安帝假金印紫绶,赐金银彩缯各有差。是岁,虔人种羌与
上郡胡反,攻毂罗城,度辽将军耿夔将诸郡兵及乌桓骑赴击破之。三年
秋,陇西郡始还狄道焉。麻奴弟犀苦立。

①首施犹首鼠也。

②鸾鸟,县名,属武威郡,(鸾)〔鸟〕音爵。[46]

顺帝永建元年,陇西锺羌反,校尉马贤将七千馀人击之,战于临洮,
斩首千馀级,皆率种人降。进封贤都乡侯。自是凉州无事。

至四年,尚书仆射虞诩上疏曰:“臣闻子孙以奉祖为孝,君上以安民
为明,此高宗、周宣所以上配汤、武也。《禹贡》雍州之域,厥田惟上。且
沃野千里,谷稼殷积,又有龟兹盐池以为民利。① 水草丰美,土宜产牧,
牛马衔尾,群羊塞道。北阻山河,乘阸据险。因渠以溉,水舂河漕。② 用
功省少,而军粮饶足。故孝武皇帝及光武筑朔方,开西河,置上郡,皆为
此也。而遭元元无妄之灾,众羌内溃,③ 郡县兵荒二十馀年。夫弃沃壤
之饶,损自然之财,不可谓利;离河山之阻,守无险之处,难以为固。今
三郡未复,园陵单外,④ 而公卿选懦,容头过身,⑤ 张解设难,但计所费,
不图其安。宜开圣德,考行所长。”书奏,帝乃复三郡。使谒者郭璜督促
徙者,各归旧县,缮城郭,置候驿。既而激河浚渠为屯田,省内郡费岁一
亿计。遂令安定、北地、上郡及陇西、金城常储谷粟,令周数年。

①上郡龟兹县有盐官,即雍州之域也。

②水舂,即水碓也。

③《前书音义》曰:"无妄者,无所望也。万物无所望于天,灾异之大也。"

④园陵谓长安诸陵园也。单外谓无守固。

⑤《前书音义》曰:"选懦,柔怯也。"懦音而掾反。

马贤以犀苦兄弟数背叛,因系质于令居。①其冬,贤坐征免,右扶风韩皓代为校尉。明年,犀苦诣皓自言求归故地,皓复不遣。因转湟中屯田,置两河间,以逼群羌。皓复坐征,张掖太守马续代为校尉。两河间羌以屯田近之,恐必见图,乃解仇诅盟,各自儆备。续欲先示恩信,乃上移屯田还湟中,羌意乃安。至阳嘉元年,以湟中地广,更增置屯田五部,并为十部。二年夏,复置陇西南部都尉如旧制。②

①令音零。

②《前书》南部都尉都陇西郡临洮县。

三年,钟羌良封等复寇陇西、汉阳,诏拜前校尉马贤为谒者,镇抚诸种。马续遣兵击良封,斩首数百级。四年,马贤亦发陇西吏士及羌胡兵击杀良封,[47]斩首千八百级,获马牛羊五万馀头,良封亲属并诣(实)〔贤〕降。[48]贤复进击钟羌且昌,且昌等率诸种十馀万诣凉州刺史降。永和元年,马续迁度辽将军,复以马贤代为校尉。初,武都塞上白马羌攻破屯官,反叛连年。二年春,广汉属国都尉击破之,斩首六百馀级,马贤又击斩其渠帅饥指累祖等三百级,于是陇右复平。明年冬,烧当种那离等三千馀骑寇金城塞,马贤将兵赴击。斩首四百馀级,获马千四百匹。那离等复西招羌胡,杀伤吏民。

四年,马贤将湟中义从兵及羌胡万馀骑掩击那离等,斩之,获首虏千二百馀级,得马骡羊十万馀头。征贤为弘农太守,以来机为并州刺史,刘秉为凉州刺史,[49]并当之职。大将军梁商谓机等曰:"戎狄荒服,蛮夷要服,①言其荒忽无常。而统领之道,亦无常法,临事制宜,略依其俗。今三君素性疾恶,[50]欲分明白黑。孔子曰:'人而不仁,疾之已甚,乱也。'②况戎狄乎! 其务安羌胡,防其大故,忍其小过。"机等天性虐刻,遂不能从。③到州之日,多所扰发。

①荒服,在九州之外也,言其荒忽无常。要服,在九州之内,侯卫之外,言以文
　德要来之。

②《论语》文也。郑玄注云:"不仁之人,当以风化之,疾之已甚,是又使之为
　乱行。"

③"虐"或作"庸"。庸,薄也。

　五年夏,且冻、傅难种羌等遂反叛,攻金城,与西塞及湟中杂种羌胡
大寇三辅,杀害长吏。机、秉并坐征。于是发京师近郡及诸州兵讨之,
拜马贤为征西将军,以骑都尉耿叔副,将左右羽林、五校士及诸州郡兵
十万人屯汉阳。又于扶风、汉阳、陇道作坞壁三百所,〔51〕置屯兵,以保
聚百姓。且冻分遣种人寇武都,烧陇关,掠苑马。六年春,马贤将五六
千骑击之,到射姑山,①贤军败,贤及二子皆战殁。顺帝愍之,赐布三千
匹,谷千斛,封贤孙光为舞阳亭侯,租入岁百万。遣侍御史督录征西营
兵,存恤死伤。

　①射音夜。

　于是东西羌遂大合。巩唐种三千馀骑寇陇西,又烧园陵,掠关中,
杀伤长吏,邰阳令任颙追击,战死。①遣中郎将庞浚募勇士千五百人顿
美阳,为凉州援。武威太守赵冲〔52〕追击巩唐羌,斩首四百馀级,得马牛
羊驴万八千馀头,羌二千馀人降。诏冲督河西四郡兵为节度。罕种羌
千馀寇北地,〔53〕北地太守贾福与赵冲击之,不利。秋,诸种八九千骑寇
武威,凉部震恐。于是复徙安定居扶风,北地居冯翊,遣行车骑将军执
金吾张乔将左右羽林、五校士及河内、南阳、汝南兵万五千屯三辅。汉
安元年,以赵冲为护羌校尉。冲招怀叛羌,罕种乃率邑落五千馀户诣冲
降。于是罢张乔军屯。唯烧何种三千馀落据参𤟭北界。②三年夏,〔54〕
赵冲与汉阳太守张贡掩击之,斩首千五百级,得牛羊驴十八万头。冬,
冲击诸种,斩首四千馀级。诏冲一子为郎。冲复追击于阿阳,斩首八百
级。③于是诸种前后三万馀户诣凉州刺史降。

　①邰阳,〔今〕同州县也。〔55〕颙音於筠反。

　②参𤟭,县名,属安定郡。〔56〕𤟭音力全反。

③阿阳，县，属汉阳郡。

建康元年春，护羌从事马玄遂为诸羌所诱，将羌众亡出塞，领护羌校尉卫瑶[57]追击玄等，斩首八百馀级，得牛马羊二十馀万头。赵冲复追叛羌到建威鹯阴河。①军度〔未〕竟，[58]所将降胡六百馀人叛走，冲将数百人追之，遇羌伏兵，与战殁。冲虽身死，而前后多所斩获，羌由是衰耗。永嘉元年，封冲子恺义阳亭侯。以汉阳太守张贡代为校尉。左冯翊梁并稍以恩信招诱之，于是离湳、狐奴等五万馀户诣并降，陇右复平。并，大将军冀之宗人。封为鄠侯，邑二千户。

①《续汉书》"建威"作"武威"。鹯阴，县名，属安定郡。[59]

自永和羌叛，至乎是岁，十馀年间，费用八十馀亿。诸将多断盗牢禀，私自润入，①皆以珍宝货赂左右，上下放纵，不恤军事，士卒不得其死者，白骨相望于野。

①《前书音义》曰："牢，价直。"

桓帝建和二年，白马羌寇广汉属国，杀长吏。是时西羌及湟中胡复畔为寇，益州刺史率板楯蛮讨破之，斩首招降二十万人。

永寿元年，校尉张贡卒，以前南阳太守第五访代为校尉，甚有威惠，西垂无事。延熹二年，访卒，以中郎将段颎代为校尉。时烧当八种寇陇右，颎击大破之。四年，零吾复与先零及上郡沈氐、牢姐诸种并力寇并、凉及三辅。会段颎坐事征，以济南相胡闳代为校尉。闳无威略，羌遂陆梁，覆没营坞，寇患转盛，中郎将皇甫规击破之。五年，沈氐诸种复寇张掖、酒泉；皇甫规招之，皆降。事已具《规传》。鸟吾种复寇汉阳，陇西、金城诸郡兵共击破之，各还降附。至冬，滇那等五六千人复攻武威、张掖、酒泉，烧民庐舍。六年，陇西太守孙羌击破之，斩首溺死三千馀人。胡闳疾，复以段颎为校尉。

永康元年，东羌岸尾等胁同种连寇三辅，中郎将张奂追破斩之，事已具《奂传》。当煎羌寇武威，破羌将军段颎复破灭之，馀悉降散。事已具《颎传》。灵帝建宁三年，烧当羌奉使贡献。中平元年，北地降羌先零种因黄巾大乱，乃与（汉）〔湟〕中羌、义从胡北宫伯玉等反，〔60〕寇陇右。事已具《董卓传》。兴平元年，冯翊降羌反，寇诸县，郭汜、樊稠击破之，斩首数千级。

自爱剑后，子孙支分凡百五十种。其九种在赐支河首以西，及在蜀、汉徼北，前史不载口数。唯参狼在武都，胜兵数千人。其五十二种衰少，不能自立，分散为附落，或绝灭无后，或引而远去。其八十九种，唯锺最强，胜兵十馀万。其馀大者万馀人，小者数千人，更相钞盗，盛衰无常，无虑顺帝时胜兵合可二十万人。① 发羌、唐旄等绝远，未尝往来。牦牛、白马羌在蜀、汉，其种别名号，皆不可纪知也。建武十三年，广汉塞外白马羌豪楼登等率种人五千馀户内属，光武封楼登为归义君长。至和帝永元六年，蜀郡徼外大牂夷种羌豪造头等率种人五十馀万口内属，拜造头为邑君长，赐印绶。至安帝永初元年，蜀郡徼外羌龙桥等六种万七千二百八十口内属。明年，蜀郡徼外羌薄申等八种三万六千九百口复举土内属。冬，广汉塞外参狼种羌二千四百口复来内属。桓帝建和二年，白马羌千馀人寇广汉属国，杀长吏，益州刺史率板楯蛮讨破之。

　①无虑犹都凡也。

湟中月氏胡，其先大月氏之别也，旧在张掖、酒泉地。月氏王为匈奴冒顿所杀，馀种分散，西逾葱领。其羸弱者南入山阻，依诸羌居止，遂与共婚姻。及骠骑将军霍去病破匈奴，取西河地，开湟中，于是月氏来降，与汉人错居。虽依附县官，而首施两端。其从汉兵战斗，随势强弱。被服饮食言语略与羌同，亦以父名母姓为种。其大种有七，胜兵合九千馀人，分在湟中及令居。又数百户在张掖，号曰义从胡。中平元年，与北宫伯玉等反，杀护羌校尉泠徵、〔61〕金城太守陈懿，遂寇乱陇右焉。

论曰：羌戎之患，自三代尚矣。汉世方之匈奴，颇为衰寡，而中兴以后，边难渐大。朝规失绥御之和，戎帅骞然诺之信。其内属者，或倥偬于豪右之手，或屈折于奴仆之勤。塞候时清，则愤怒而思祸；桴革暂动，则属鞬以鸟惊。①故永初之间，群种蜂起。遂解仇嫌，结盟诅，招引山豪，转相啸聚，揭木为兵，负柴为械。（穀）〔穀〕马扬埃，[62]陆梁于三辅；建号称制，恣睢于北地。②东犯赵、魏之郊，南入汉、蜀之鄙，塞湟中，断陇道，烧陵园，剽城市，伤败踵系，羽书日闻。③并、凉之士，特冲残毙，壮悍则委身于兵场，女妇则徽缧而为虏，④发冢露胔，死生涂炭。⑤自西戎作逆，未有陵斥上国若斯其炽也。和熹以女君亲政，威不外接。朝议惮兵力之损，情存苟安。或以边州难援，宜见捐弃；或惧疽食浸淫，莫知所限。谋夫回遑，猛士疑虑，遂徙西河四郡之人，杂寓关右之县。发屋伐树，塞其恋土之心，燔破赀积，[63]以防顾还之思。于是诸将邓骘、[64]任尚、马贤、皇甫规、张奂之徒，争设雄规，更奉征讨之命，征兵会众，以图其隙。驰骋东西，奔救首尾，摇动数州之境，日耗千金之资。至于假人增赋，借奉侯王，引金钱缣彩之珍，征粮粟盐铁之积。所以赂遗购赏，转输劳来之费，前后数十巨万。或枭克酋健，摧破附落，降俘载路，牛羊满山。军书未奏其利害，而离叛之状已言矣。⑥故得不酬失，功不半劳。暴露师徒，连年而无所胜。官人屈竭，烈士愤丧。段颎受事，专掌军任，资山西之猛性，练戎俗之态情，穷武思尽飙锐以事之。被羽前登，身当百死之陈，⑦蒙没冰雪，经履千折之道，始珍西种，卒定东寇。若乃陷击之所歼伤，追走之所崩籍，头颅断落于万丈之山，支革判解于重崖之上，不可校计。⑧其能穿窜草石，自脱于锋镞者，百不一二。而张奂盛称"戎狄一气所生，不宜诛尽，流血污野，伤和致妖"。是何言之迂乎！羌虽外患，实深内疾，若攻之不根，是养疾疴于心腹也。⑨惜哉寇敌略定矣，而汉祚亦衰焉。呜呼！昔先王疆理九土，判别畿荒，知夷貊殊性，难以道御。故斥远诸华，薄其贡职，唯与辞要而已。若二汉御戎之方，失其本矣。何则？先零侵境，赵充国迁之内地；⑩（当）煎〔当〕作寇，[65]马文渊徙之三辅。贪其暂安之势，信其驯服之情，计日用之权宜，忘经世之远略，岂夫识微者之为乎？故微子垂泣于象箸，⑪辛有浩叹于伊川也。⑫

　　①桴，击鼓槌也。革，甲也。鞬，箭服也。《左传》晋文公曰："右属（櫜）〔櫜〕

鞬。"〔66〕鞬音纪言反。

②《前书》班固曰:"乃始恣睢,奋其威诈。恣睢,肆怒之貌也。睢音火季反。

③羽书即檄书也。《魏武奏事》曰"边有警急,即插羽以示急"也。

④《说文》曰:"徽,纠绳也。缰,索也。"

⑤嵢音才赐反。

⑥奏犹上也。

⑦《前书》扬雄曰"蒙盾负羽"也。

⑧颅音卢。《广雅》曰:"颅,颐额也。"支谓四支。革,皮也。

⑨根谓尽其根本。

⑩宣帝时,后将军赵充国系先零,还,于金城郡置属国,以处降羌。

⑪《帝王纪》曰:"纣作象箸,〔67〕箕子为父师,叹曰:'象箸不施于土簋,不盛于
　菽藋,必须犀玉之杯,食熊蹯豹胎。'"臣贤案:《史记》及《韩子》并云"箕子",
　今云"微子",盖误。

⑫《左传》曰:"周平王之东迁也,大夫辛有适伊川,见被发而祭于野者,曰:'不
　及百年,此其戎乎!'"后秦迁陆浑戎于伊川。言中国之地不宜徙戎狄居之,
　后将为患也。

赞曰:金行气刚,播生西羌。氏豪分种,遂用殷强。虔刘陇北,假僭
泾阳。①朝劳内谋,兵愈外攘。②

①泾阳,县,属安定郡。

②愈,疾亟也,音白拜反。

【校勘记】

〔1〕　西北〔接〕鄯善车师诸国　据《通志》补。

〔2〕　金(玉)〔王〕之域　据汲本改,与今本《素问》合。

〔3〕　帝武乙即武丁(五)〔三〕代孙　按:武丁子为祖庚,祖庚弟为祖甲,祖甲子
　　　为廪辛,廪辛弟为庚丁,庚丁子为武乙,则武乙乃武丁三世孙,"五"当作
　　　"三",各本皆未正,今改。

〔4〕　西落鬼戎　按:"戎"原误"成",径改正。

〔5〕 太丁武(丁)〔乙〕子也　据殿本、《集解》本改。按:殿本《考证》王会汾谓武丁三世孙为武乙,武乙子为太丁,诸本俱误,今改正。

〔6〕 晋人败北戎于汾隰　按:王念孙《读书杂志馀编》谓汾隰谓汾水旁下泾之地,李注以为二水名,非也。并举《左》桓三年"逐《翼侯》于汾隰",杜注"汾隰,汾水边"为证。今依王说标点,"隰"字不加标号,"汾"与"隰"之间不加顿号。

〔7〕 单浮馀(国)〔围〕蛮氏　按:《左传》哀公四年"单浮馀围蛮氏"。"围"作"国",形近而讹,各本皆未正,今据改。

〔8〕 事并见左传僖公十(二)〔一〕年　据汲本改。

〔9〕 事见僖〔公〕二十二年　据殿本补。

〔10〕 见左传　按:汲本注末无此三字。又按:注"允姓阴戎之祖"云云,语见《左传》杜预注。

〔11〕 义渠侵秦至渭阴　按:沈家本谓《史记》表作"渭阳",纪作"渭南"。

〔12〕 即厉公二十三年伐也　按:据《史记·秦本纪》及《六国年表》,"二十三"当"三十三"。

〔13〕 事见史记　按"史记"原作"左传"。秦惠王时事不得见于《左传》,事见《史记·六国年表》,据改。

〔14〕 徒泾县名属西河郡　王先谦谓"泾"当作"经"。按:《校补》引柳从辰说,谓正文所谓"徒泾二十五城",疑即在今甘肃泾州境,非前汉西河郡之徒经。

〔15〕 众羌遂还据〔西海〕为寇　据汲本、殿本补。

〔16〕 又数遣使驿通动静　按:殿本"驿"作"译"。《校补》谓《通志》作"驿",与汲本同,或作"译"者,当是依刘攽说改之耳。然《东夷传》序"使驿不绝",何义门虽以刘说为正,并未改其字,则此亦不须改字。且译驿古通作,《孝经》注"越裳重译",《释文》"译"本作"驿"是也。又按:《校补》引钱大昭说,谓闽本"通"下有"导"字。

〔17〕 属金城郡　按:"郡"原讹"乡",径据殿本、《集解》本改。

〔18〕 故度辽将军吴棠　按:《集解》引惠栋说,谓《袁纪》作"吴裳"。

〔19〕 迷吾遂与诸众聚兵　按:张森楷《校勘记》谓诸即是众,不当缪有,疑"众"字当作"种"。

〔20〕 秋号吾先轻入寇陇西界　按:沈家本谓纪在冬十月。

〔21〕 狃(伏)〔忕〕边利　据汲本改。注同。

〔22〕 纡因自击伏兵起　按:《刊误》谓案文当云"自击鼓起伏兵"。

〔23〕 和帝永元四年　按:《集解》引钱大昕说,谓上文已有永元元年,此又举永元,词之赘也。以传例推之,"和帝"二字应移前文"永元元年"之上。

〔24〕 乃遣驿使招呼迷唐　按:汲本、殿本"驿"作"译",下"乃遣驿使构离诸种"同。

〔25〕 越骑校尉赵代　《集解》引惠栋说,谓代,赵憙子,《和帝纪》作"赵世"。又《来历传》有侍中赵代,别是一人。

〔26〕 累姐种附汉　按:汲本无"种"字,《通志》同。

〔27〕 恃其权勇　《通志》、通鉴"权"并作"拳",《通鉴》胡注引《毛诗》"无拳无勇"释之。今按:权拳通。

〔28〕 户不满数十　按:汲本、殿本"十"并作"千",《通志》同。

〔29〕 先零别种　按:《集解》引惠栋说,谓《通典》此下有"归南濠"三字。

〔30〕 战于平襄　按:《集解》引惠栋说,谓"襄"一作"壤"。

〔31〕 汉中太守郑勤　按:《集解》引惠栋说,谓《华阳国志》"勤"作"廑",晋灼云廑古勤字。

〔32〕 右辅都尉都郿也　按:下"都"字当作"治",此避唐讳改。

〔33〕 刺客杜习　按:《集解》引惠栋说,谓《东观记》云"故吏杜习"。

〔34〕 收金(钱)〔银〕彩帛一亿已上　据汲本、殿本改。

〔35〕 杜〔季〕贡亡从滇零　据汲本、殿本补。下同。

〔36〕 七年夏骑都尉马贤与侯霸掩击零昌别部牢羌于安定　按:沈家本谓纪在秋。

〔37〕 督右扶风仲光　按:《集解》引惠栋说,谓《东观记》作"种光",见《段颎传》注,《袁纪》云"扶风太守种暠。"

〔38〕 安定太守杜恢　按:《集解》引惠栋说,谓《袁纪》云"南安太守杜佐"。

〔39〕 光〔等〕并没　《校补》引钱大昭说,谓闽本"光"下有"等"字。今据补。

〔40〕 日行数百　按:《通鉴》"百"下有"里"字,是,此脱。

〔41〕 战于富平〔上〕河(上)　按:殿本《考证》谓以本纪参校,"河上"应作"上河"。今据改。

〔42〕 封遵武阳侯　按:《集解》引惠栋说,谓《邓骘传》作"舞阳"。

〔43〕 上郡沈氏种羌　按:汲本无"氏"字,《通志》亦作"沈种羌",《安纪》则作

"沈氏羌"。《校补》谓"种"字或即"氏"字之误,作"沈氏种羌",乃别增一
字矣。

〔44〕 大豪饥〔五〕等　据汲本、殿本补。

〔45〕 诣凉州刺史宗汉降　按:《集解》引惠栋说,谓宗汉即宋汉。

〔46〕 (鸢)〔鸟〕音爵　按:惠栋谓《段颎传》云"鸟音爵",《通鉴》胡注"鸟读曰
雀",今据改。

〔47〕 马贤亦发陇西吏士及羌胡兵击杀良封　汲本"亦"作"以",《通志》同。
按:《校补》谓疑皆"因"字之讹。如作"亦",则下当云"击良封杀之",不
当云"击杀良封"。

〔48〕 良封亲属并诣(实)〔贤〕降　据殿本改。

〔49〕 刘秉为凉州刺史　按:《集解》引惠栋说,谓《袁纪》"刘秉"作"刘康"。

〔50〕 今三君素性疾恶　《刊误》谓时与二人语,何缘得三,明是"二"字。按:
《集解》引惠栋说,谓《袁纪》作"二君"。

〔51〕 又于扶风汉阳陇道作坞壁三百所　按:《校补》引钱大昭说,谓本纪作
"令扶风、汉阳筑陇道坞三百所",据此则"作"字当在"陇道"上。

〔52〕 武威太守赵沖　按:"沖"原作"冲",径据汲本改,下同。

〔53〕 罕种羌千馀寇北地　按:《集解》引惠栋说,谓《顺帝纪》作"巩唐羌"。

〔54〕 三年夏　集解引惠栋说,谓帝纪"二年夏四月"。按:张森楷谓汉安三年
夏四月改元建康,未改以前,得称"三年",然不得有"夏","三"当依帝纪
作"二"。

〔55〕 郃阳〔今〕同州县也　据《集解》引洪亮吉说补。

〔56〕 参縊县名属安定郡　按:《校补》谓《续志》参縊属北地,云故属安定。此
在顺帝末年,应已改属,则"安定"当作"北地"。

〔57〕 护羌校尉卫瑶　《集解》引钱大昕说,谓《顺帝纪》作"卫琚"。按:《通鉴》
亦作"卫琚"。

〔58〕 军度〔未〕竟　据汲本、殿本补。

〔59〕 鹯阴县名属安定郡　《集解》引惠栋说,谓《前志》"鹯阴"作"鹑阴"。按:
《校补》谓《续志》鹯阴属武威,云故属安定。此在顺帝末年,应已改属,
则"安定"当作"武威"。

〔60〕 乃与(汉)〔湟〕中羌义从胡北宫伯玉等反　钱大昭云"汉中"当作"湟中"。
《校补》谓钱说是,各本皆失正。今据改。

〔61〕　护羌校尉冷徵　《集解》引惠栋说,谓帝纪"泠"作"伶",古文泠伶通。

〔62〕　(榖)〔毂〕马扬埃　据汲本改。

〔63〕　燔破赀积　按:汲本、殿本"赀"讹"貲"。李慈铭谓当作"燔赀破积",破赀二字误倒。

〔64〕　于是诸将郑骘　按:李慈铭谓"邓骘"当是"邓遵"。骘出师不久即还,且非诸将伍也。

〔65〕　(当)煎〔当〕作寇　据《集解》引惠栋说改。

〔66〕　右属(橐)〔囊〕鞬　据汲本、殿本改。

〔67〕　纣作象箸　按:"箸"原讹"著",径改正。注同。

后汉书卷八十八

西域传第七十八

　　武帝时,西域内属,有三十六国。汉为置使者、校尉领护之。① 宣帝改曰都护。② 元帝又置戊己二校尉,屯田于车师前王庭。③ 哀平间,自相分割为五十五国。王莽篡位,贬易侯王,由是西域怨叛,④ 与中国遂绝,并复役属匈奴。匈奴敛税重刻,诸国不堪命,建武中,皆遣使求内属,愿请都护。光武以天下初定,未遑外事,竟不许之。会匈奴衰弱,莎车王贤诛灭诸国,贤死之后,遂更相攻伐。小宛、精绝、戎庐、且末为鄯善所并。⑤ 渠勒、皮山为于寘所统,悉有其地。郁立、单桓、孤胡、〔1〕乌贪訾离为车师所灭。后其国并复立。永平中,北虏乃胁诸国共寇河西郡县,城门昼闭。十六年,明帝乃命将帅,北征匈奴,取伊吾卢地,⑥ 置宜禾都尉以屯田,遂通西域,于寘诸国皆遣子入侍。西域自绝六十五载,乃复通焉。明年,始置都护、戊己校尉。及明帝崩,焉耆、龟兹⑦ 攻没都护陈睦,〔2〕悉覆其众,匈奴、车师围戊己校尉。建初元年春,酒泉太守段彭大破车师于交河城。章帝不欲疲敝中国以事夷狄,乃迎还戊己校尉,不复遣都护。二年,复罢屯田伊吾,匈奴因遣兵守伊吾地。时军司马班超留于寘,绥集诸国。和帝永元元年,大将军窦宪大破匈奴。二年,宪因遣副校尉阎槃〔3〕将二千馀骑掩击伊吾,破之。三年,班超遂定西域,因以超为都护,居龟兹。复置戊己校尉,领兵五百人,居车师前部高昌壁,又置戊部候,居车师后部候城,相去五百里。六年,班超复击破焉耆,于是五十馀国悉纳质内属。其条支、安息诸国至于海濒四万里外,皆重译贡献。九年,班超遣掾甘英穷临西海而还。⑧ 皆前世所不至,《山经》所未详,莫不备其风土,传其珍怪焉。于是远国蒙奇、兜勒皆来归服,遣使贡献。

①《前书》曰，自李广利征讨大宛之后，屯田渠犁，置使者领护营田，以供使外
　国也。

②宣帝时，郑吉以侍郎田渠犁，发兵攻车师，迁卫司马，使护鄯善以西南道。
　其后匈奴日逐王降吉，汉以吉前破车师，后降日逐，遂并令护车师以西北
　道，号曰都护。都护之置，始自于吉也。

③《汉官仪》曰："戊己中央，镇覆四方，又开渠播种，以为厌胜，故称戊己焉。"
　车师有前王、后王国也。

④《前书》曰，莽即位，改匈奴单于印玺为章，和亲遂绝，西域亦瓦解焉。

⑤且音子余反。

⑥在今伊州伊吾县也。

⑦龟兹读曰丘慈，下并同。

⑧《续汉书》"甘英"作"甘菟"。

及孝和晏驾，西域背畔。安帝永初元年，频攻围都护任尚、段禧
等，①朝廷以其险远，难相应赴，诏罢都护。自此遂弃西域。北匈奴即
复收属诸国，共为边寇十馀岁。敦煌太守曹宗患其暴害，元初六年，乃
上遣行长史索班，将千馀人屯伊吾以招抚之，于是车师前王及鄯善王来
降。数月，北匈奴复率车师后部王共攻没班等，遂击走其前王。鄯善逼
急，求救于曹宗，〔4〕宗因此请出兵击匈奴，报索班之耻，复欲进取西域。
邓太后不许，但令置护西域副校尉，居敦煌，复部营兵三百人，羁縻而
已。其后北虏连与车师入寇河西，朝廷不能禁，议者因欲闭玉门、阳关，
以绝其患。②

①禧音喜基反。

②玉门、阳关，二关名也，在敦煌西界。

延光二年，敦煌太守张珰上书陈三策，以为"北虏呼衍王常展转蒲
类、秦海之间，①专制西域，共为寇钞。今以酒泉属国吏士二千馀人集
昆仑塞，②先击呼衍王，绝其根本，因发鄯善兵五千人胁车师后部，此上
计也。若不能出兵，可置军司马，将士五百人，四郡供其犁牛、谷食，出

据柳中,此中计也。③如又不能,则宜弃交河城,收鄯善等悉使入塞,此
下计也"。朝廷下其议。尚书陈忠上疏曰:"臣闻八蛮之寇,莫甚北虏。
汉兴,高祖窘平城之围,太宗屈供奉之耻。④故孝武愤怒,深惟久长之
计,命遣虎臣,浮河绝漠,穷破虏庭。⑤当斯之役,黔首陨于狼望之北,财
币靡于卢山之壑,⑥〔5〕府库单竭,杼柚空虚,算至舟车,赀及六畜。⑦夫
岂不怀,虑久故也。⑧遂开河西四郡,以隔绝南羌,⑨收三十六国,断匈奴
右臂。是以单于孤特,鼠窜远藏。至于宣、元之世,遂备蕃臣,⑩关徼不
闭,羽檄不行。由此察之,〔6〕戎狄可以威服,难以化狎。西域内附日
久,区区东望扣关〔7〕者数矣,此其不乐匈奴慕汉之效也。今北虏已破
车师,势必南攻鄯善,弃而不救,则诸国从矣。若然,则虏财贿益增,胆
势益殖,⑪威临南羌,与之交连。如此,河西四郡危矣。河西既危,不得
不救,则百倍之役兴,不訾之费发矣。议者但念西域绝远,恤之烦费,不
见先世苦心勤劳之意也。方今边境守御之具不精,内郡武卫之备不修,
敦煌孤危,远来告急,复不辅助,内无以慰劳吏民,外无以威示百蛮。蹙
国减土,经有明诫。⑫臣以为敦煌宜置校尉,案旧增四郡屯兵,以西抚诸
国。庶足折冲万里,震怖匈奴。"⑬帝纳之,乃以班勇⑭为西域长史,将弛
刑士五百人,西屯柳中。勇遂破平车师。自建武至于延光,西域三绝三
通。顺帝永建二年,勇复击降焉耆。于是龟兹、疏勒、于窴、莎车等十七
国皆来服从,而乌孙、葱领已西遂绝。六年,帝以伊吾旧膏腴之地,傍近
西域,匈奴资之,以为钞暴,复令开设屯田如永元时事,置伊吾司马一
人。自阳嘉以后,朝威稍损,诸国骄放,转相陵伐。元嘉二年,长史王敬
为于窴所没。永兴元年,车师后王复反攻屯营。虽有降首,⑮曾莫惩
革,自此浸以疏慢矣。班固记诸国风土人俗,皆已详备《前书》。今撰建
武以后其事异于先者,以为《西域传》,皆安帝末班勇所记云。

①大秦国在西海西,故曰秦海也。
②《前书》敦煌郡广至县有昆仑障也,宜禾都尉居也。〔8〕广至故城在今瓜州
　常乐县东。
③武帝初置酒泉、武威、张掖、敦煌,列四郡,据两关焉。柳中,今西州县也。

④窘，困也。高帝自击匈奴至平城，为冒顿单于围于白登，七日乃得解。太宗，文帝也。贾谊上疏曰："匈奴嫚侮侵掠，而汉岁致金絮缯彩以奉之。夷狄征令，〔是〕人主之操。〔9〕天子供贡，是臣下之礼。"故云耻也。

⑤沙土曰漠，直度曰绝也。

⑥狼望，匈奴中地名也。《前书》杨雄曰："前代岂乐无量之费，快心于狼望之北，填卢山之壑，而不悔也。"

⑦武帝时国用不足，算至车舟，租及六畜，言皆计其所得以出算。轺车一算，商贾车二算，船五丈以上一算。六畜无文。以此言之，无物不算。

⑧怀，思也。

⑨《前书》云起敦煌、酒泉、张掖，以隔婼羌，裂匈奴之右臂也。

⑩宣帝、元帝时，呼韩邪单于数入朝，称臣奉贡。

⑪殖，生也。

⑫《毛诗》曰"昔先王受命，有如邵公，日辟国百里，今也日蹙国百里"也。

⑬《淮南子》曰"修政于庙堂之上，而折冲千里之外"也。

⑭班勇，班超之子。

⑮首犹服也，音式救反。

西域内属诸国，东西六千馀里，南北千馀里，东极玉门、阳关，西至葱领。其东北与匈奴、乌孙相接。南北有大山，中央有河。其南山东出金城，与汉南山属焉。其河有两源，一出葱领东流，①一出于窴南山下北流，与葱领河合，东注蒲昌海。蒲昌海一名盐泽，去玉门三百馀里。〔10〕

①葱领，山名也。《西河旧事》云："其山高大，生葱，故名。"

自敦煌西出玉门、阳关，涉鄯善，北通伊吾千馀里，〔11〕自伊吾北通车师前部高昌壁千二百里，自高昌壁北通后部金满城〔12〕五百里。此其西域之门户也，故戊己校尉更互屯焉。伊吾地宜五谷、桑麻、蒲萄。其北又有柳中，皆膏腴之地。故汉常与匈奴争车师、伊吾，以制西域焉。

自鄯善逾葱领出西诸国，有两道。傍南山北，陂河西行①至莎车，为南道。南道西逾葱领，则出大月氏、安息之国也。自车师前王庭随北

山,陂河西行至疏勒,为北道。北道西逾葱领,出大宛、康居、奄蔡焉
(耆)。〔13〕

　　①循河曰陂,音彼义反。次下亦同。《史记》曰:"陂山通道。"

　　出玉门,经鄯善、且末、精绝三千馀里至拘弥。〔14〕

　　拘弥国居宁弥城,去长史所居柳中四千九百里,①去洛阳万二千八
百里。领户二千一百七十三,口七千二百五十一,胜兵千七百六十人。

　　①《续汉书》曰:"宁弥国王本名拘弥。"

　　顺帝永建四年,于寘王放前杀拘弥王兴,自立其子为拘弥王,而遣
使者贡献于汉。敦煌太守徐由〔15〕上求讨之,帝赦于寘罪,令归拘弥国,
放前不肯。阳嘉元年,徐由遣疏勒王臣槃发二万人击于寘,破之,斩首
数百级,放兵大掠,更立兴宗人成国为拘弥王而还。至灵帝熹平四年,
于寘王安国攻拘弥,大破之,杀其王,死者甚众,戊己校尉、西域长史各
发兵辅立拘弥侍子定兴为王。时人众裁有千口。其国西接于寘三百九
十里。

　　于寘国居西城,去长史所居五千三百里,去洛阳万一千七百里。领
户三万二千,口八万三千,胜兵三万馀人。〔16〕

　　建武末,莎车王贤强盛,攻并于寘,徙其王俞林为骊归王。明帝永
平中,于寘将休莫霸反莎车,自立为于寘王。休莫霸死,兄子广德立,后
遂灭莎车,其国转盛。从精绝西北至疏勒十三国皆服从。而鄯善王亦
始强盛。自是南道自葱领以东,唯此二国为大。

　　顺帝永建六年,于寘王放前遣侍子诣阙贡献。元嘉元年,长史赵评
在于寘病痈死,评子迎丧,道经拘弥。拘弥王成国与于寘王建素有隙,
乃语评子云:"于寘王令胡医持毒药著创中,故致死耳。"评子信之,还入
塞,以告敦煌太守马达。明年,以王敬代为长史,达令敬隐核其事。敬
先过拘弥,成国复说云:"于寘国人欲以我为王,今可因此罪诛建,于寘

必服矣。"敬贪立功名,且受成国之说,前到于寘,设供具请建,而阴图之。或以敬谋告建,建不信,曰:"我无罪,王长史何为欲杀我?"旦日,建从官属数十人诣敬。坐定,建起行酒,敬叱左右执之,吏士并无杀建意,官属悉得突走。时成国主簿秦牧随敬在会,持刀出曰:"大事已定,何为复疑?"即前斩建。于寘侯将输僰等遂会兵攻敬,敬持建头上楼宣告曰:"天子使我诛建耳。"于寘侯将遂焚营舍,烧杀吏士,上楼斩敬,悬首于市。输僰欲自立为王,国人杀之,而立建子安国焉。马达闻之,欲将诸郡兵出塞击于寘,桓帝不听,征达还,而以宋亮代为敦煌太守。亮到,开募于寘,令自斩输僰。时输僰死已经月,乃断死人头送敦煌,而不言其状。亮后知其诈,而竟不能出兵。于寘恃此遂骄。

自于寘经皮山,至西夜、子合、德若焉。

西夜国一名漂沙,去洛阳万四千四百里。户二千五百,口万馀,胜兵三千人。地生白草,有毒,国人煎以为药,傅箭镞,所中即死。《汉书》中误云西夜、子合是一国,[17]今各自有王。①

①《前书》云西夜国王号子合王。

子合国居呼鞬谷。①[18]去疏勒千里。领户三百五十,口四千,胜兵千人。

①鞬音九言反。

德若国领户百馀,口六百七十,胜兵三百五十人。东去长史居三千五百三十里,去洛阳万二千一百五十里,与子合相接。其俗皆同。

自皮山西南经乌秅,①[19]涉悬度,历罽宾,六十馀日行至乌弋山离国,地方数千里,时改名排持。

①《前书音义》音鹖挐。又云:"乌音一加反,秅音直加反,急言之如鹖挐(反)〔也〕。"[20]

复西南马行百馀日至条支。

条支国城在山上，周回四十馀里。临西海，海水曲环其南及东北，三面路绝，唯西北隅通陆道。土地暑湿，出师子、犀牛、封牛、孔雀、大雀。大雀其卵如瓮。

转北而东，复马行六十馀日至安息。后役属条支，为置大将，监领诸小城焉。

安息国居和椟城，去洛阳二万五千里。北与康居接，南与乌弋山离接。地方数千里，小城数百，户口胜兵最为殷盛。其东界木鹿城，号为小安息，去洛阳二万里。

章帝章和元年，遣使献师子、符拔。符拔形似麟而无角。和帝永元九年，都护班超遣甘英使大秦，抵条支。临大海欲度，而安息西界船人谓英曰："海水广大，往来者逢善风三月乃得度，若遇迟风，亦有二岁者，故入海人皆赍三岁粮。海中善使人思土恋慕，数有死亡者。[21]"英闻之乃止。十三年，安息王满屈复献师子及条支大鸟，时谓之安息雀。

自安息西行三千四百里至阿蛮国。从阿蛮西行三千六百里至斯宾国。从斯宾南行度河，又西南至于罗国九百六十里，安息西界极矣。自此南乘海，乃通大秦。其土多海西珍奇异物焉。

大秦国一名犁鞬，[22]以在海西，亦云海西国。地方数千里，有四百馀城。小国役属者数十。以石为城郭。列置邮亭，皆垩墍之。①有松柏诸木百草。人俗力田作，多种树蚕桑。皆髠头而衣文绣，乘辎轺白盖小车，出入击鼓，建旌旗幡帜。

　　①墍，饰也，音火既反。郭璞曰："垩，白土也，音恶。"

所居城邑，周圜百馀里。城中有五宫，相去各十里。宫室皆以水精为柱，食器亦然。其王日游一宫，听事五日而后遍。常使一人持囊随王车，人有言事者，即以书投囊中，王至宫发省，理其枉直。各有官曹文书。置三十六将，皆会议国事。其王无有常人，皆简立贤者。国中灾异及风雨不时,辄废而更立,受放者甘黜不怨。其人民皆长大平正,有类中国,故谓之大秦。

土多金银奇宝,有夜光璧、明月珠、骇鸡犀、① 珊瑚、虎魄、琉璃、琅玕、朱丹、青碧。刺金缕绣,织成金缕罽、杂色绫。作黄金涂、火浣布。又有细布,或言水羊毳,野蚕茧所作也。合会诸香,煎其汁以为苏合。凡外国诸珍异皆出焉。

> ①《冲朴子》曰:“通天犀有一白理如綖者,以盛米,置群鸡中,鸡欲往啄米,至辄惊却,故南人名为‘骇鸡’。”

以金银为钱,银钱十当金钱一。与安息、天竺交市于海中,利有十倍。其人质直,市无二价。谷食常贱,国用富饶。邻国使到其界首者,乘驿诣王都,至则给以金钱。其王常欲通使于汉,而安息欲以汉缯彩与之交市,故遮阂不得自达。① 至桓帝延熹九年,大秦王安敦[23]遣使自日南徼外献象牙、犀角、玳瑁,始乃一通焉。其所表贡,并无珍异,疑传者过焉。

> ①阂音五代反。

或云其国西有弱水、流沙,近西王母所居处,几于日所入也。《汉书》云“从条支西行二百馀日,近日所入”,则与今书异矣。前世汉使皆自乌弋以还,莫有至条支者也。又云“从安息陆道绕海北行出海西至大秦,人庶连属,十里一亭,三十里一置,① 终无盗贼寇警。而道多猛虎、师子,遮害行旅,不百馀人,赍兵器,辄为所食”。又言“有飞桥数百里可度海北”。诸国所生奇异玉石诸物,谲怪多不经,故不记云。②

> ①置,驿也。
>
> ②鱼豢《魏略》曰:“大秦国俗多奇幻,口中出火,自缚自解,跳十二丸,巧妙非常。”

大月氏国① 居蓝氏城,② 西接安息,四十九日行,东去长史所居六千五百三十七里,去洛阳万六千三百七十里。户十万,口四十万,胜兵十馀万人。

①氏音支。下并同。

②《前书》"蓝氏"作"监氏"。

初，月氏为匈奴所灭，遂迁于大夏，分其国为休密、双靡、贵霜、肸顿、都密，凡五部翎侯。后百馀岁，贵霜翎侯丘就郤攻灭四翎侯，自立为王，国号贵霜（王）。〔24〕侵安息，取高附地。又灭濮达、罽宾，悉有其国。丘就郤年八十馀死，子阎膏珍代为王。复灭天竺，置将一人监领之。月氏自此之后，最为富盛，诸国称之皆曰贵霜王。汉本其故号，言大月氏云。

高附国在大月氏西南，亦大国也。其俗似天竺，而弱，易服。善贾贩，内富于财。所属无常，天竺、罽宾、安息三国强则得之，弱则失之，而未尝属月氏。《汉书》以为五翎侯数，非其实也。后属安息。及月氏破安息，始得高附。

天竺国一名身毒，在月氏之东南数千里。俗与月氏同，而卑湿暑热。其国临大水。乘象而战。其人弱于月氏，修浮图道，不杀伐，遂以成俗。①从月氏、高附国以西，南至西海，东至磐起国，〔25〕皆身毒之地。身毒有别城数百，城置长。别国数十，国置王。虽各小异，而俱以身毒为名，其时皆属月氏。月氏杀其王而置将，令统其人。土出象、犀、玳瑁、金、银、铜、铁、铅、锡，西与大秦通，有大秦珍物。又有细布、好毾㲪、②诸香、石蜜、胡椒、姜、黑盐。

①浮图即佛也。

②毾音它阖反。㲪音登。《埤苍》曰："毛席也。"《释名》曰："施之承大床前小榻上，登以上床也。"

和帝时，数遣使贡献，后西域反畔，乃绝。至桓帝延熹二年、四年，频从日南徼外来献。

世传明帝梦见金人，长大，顶有光明，以问群臣。或曰："西方有神，名曰佛，其形长丈六尺而黄金色。"帝于是遣使天竺问佛道法，遂于中国图画形像焉。楚王英始信其术，中国因此颇有奉其道者。后桓帝好神，数祀浮图、老子，百姓稍有奉者，后遂转盛。

东离国〔26〕居沙奇城，在天竺东南三千馀里，大国也。其土气、物类与天竺同。列城数十，〔27〕皆称王。大月氏伐之，遂臣服焉。男女皆长八尺，而怯弱。乘象、骆驼，往来邻国。有寇，乘象以战。

栗弋国属康居。出名马牛羊、蒲萄众果，其土水美，故蒲萄酒特有名焉。

严国在奄蔡北，属康居，出鼠皮以输之。

奄蔡国改名阿兰聊国，居地城，属康居。土气温和，多桢松、白草。①民俗衣服与康居同。

> ①《前书音义》曰："白草，草之白者。"又云："似莠而细，熟时正白，牛马所食焉。"

莎车国西经蒲犁、无雷至大月氏，东去洛阳万九百五十里。

匈奴单于因王莽之乱，略有西域，唯莎车王延最强，不肯附属。元帝时，尝为侍子，长于京师，慕乐中国，亦复参其典法。常敕诸子，当世奉汉家，不可负也。天凤五年，延死，谥忠武王，子康代立。

光武初，康率傍国拒匈奴，拥卫故都护吏士妻子千馀口，檄书河西，问中国动静，自陈思慕汉家。建武五年，河西大将军窦融乃承制立康为汉莎车建功怀德王、西域大都尉，五十五国皆属焉。

九年，康死，谥宣成王。弟贤代立，攻破拘弥、西夜国，皆杀其王，而立其兄康两子为拘弥、西夜王。十四年，贤与鄯善王安并遣使诣阙贡献，于是西域始通。葱领以东诸国皆属贤。十七年，贤复遣使奉献，请都护。天子以问大司空窦融，以为贤父子兄弟相约事汉，款诚又至，宜加号位以镇安之。帝乃因其使,赐贤西域都护印绶,及车旗黄金锦绣。敦煌太守裴遵上言:"夷狄不可假以大权,又令诸国失望。"诏书收还都护印绶,更赐贤以汉大将军印绶。其使不肯易,遵迫夺之,贤由是始恨。而犹诈称大都护,移书诸国,诸国悉服属焉,号贤为单于。贤浸以骄横,重求赋税,数攻龟兹诸国,诸国愁惧。

二十一年冬,车师前王、鄯善、焉耆等十八国俱遣子入侍,献其珍宝。及得见,皆流涕稽首,愿得都护,天子以中国初定,北边未服,皆还其侍子,厚赏赐之。是时贤自负兵强,欲并兼西域,攻击益甚。诸国闻都护不出,而侍子皆还,大忧恐,乃与敦煌太守檄,愿留侍子以示莎车,言侍子见留,都护寻出,冀且息其兵。裴遵以状闻,天子许之。二十二年,贤知都护不至,遂遗鄯善王安书,令绝通汉道。安不纳而杀其使。贤大怒,发兵攻鄯善。安迎战,兵败,亡入山中。贤杀略千馀人而去。其冬,贤复攻杀龟兹王,遂兼其国。鄯善、焉耆诸国侍子久留敦煌,愁思,皆亡归。鄯善王上书,愿复遣子入侍,更请都护。都护不出,诚迫于匈奴。天子报曰:"今使者大兵未能得出,如诸国力不从心,东西南北自在也。"[28] 于是鄯善、车师复附匈奴,而贤益横。

妘塞王自以国远,遂杀贤使者,贤击灭之,立其国贵人驷鞬为妘塞王。贤又自立其子则罗为龟兹王。贤以则罗年少,乃分龟兹为乌垒国,徙驷鞬为乌垒王,又更以贵人为妘塞王。数岁,龟兹国人共杀则罗、驷鞬,而遣使匈奴,更请立王。匈奴立龟兹贵人身毒为龟兹王,龟兹由是属匈奴。

贤以大宛贡税减少。自将诸国兵数万人攻大宛,大宛王延留迎降,贤因将还国,徙拘弥王桥塞提为大宛王。而康居数攻之,桥塞提在国岁馀,亡归,贤复以为拘弥王,而遣延留还大宛,使贡献如常。贤又徙于窴王俞林为骊归王,立其弟位侍为于窴王。岁馀,贤疑诸国欲畔,召位侍及拘弥、姑墨、子合王,尽杀之,不复置王,但遣将镇守其国。位侍子戎亡降汉,封为守节侯。

莎车将君得在于窴暴虐,百姓患之。明帝永平三年,其大人都末出城，见野豕，欲射之。〔29〕豕乃言曰："无射我，〔30〕我乃为汝杀君得。"都末因此即与兄弟共杀君得。而大人休莫霸复与汉人韩融等杀都末兄弟，自立为于寘王，复与拘弥国人攻杀莎车将在皮山者，引兵归。于是贤遣其太子、国相，将诸国兵二万人击休莫霸，霸迎与战，莎车兵败走，杀万馀人。贤复发诸国数万人，自将击休莫霸，霸复破之，斩杀过半，贤脱身走归国。休莫霸进围莎车，中流矢死，兵乃退。

于寘国相苏榆勒等共立休莫霸兄子广德为王。匈奴与龟兹诸国共攻莎车，不能下。广德承莎车之敝，使弟辅国侯仁将兵攻贤。贤连被兵革，乃遣使与广德和。先是广德父拘在莎车数岁，于是贤归其父，而以女妻之，结为昆弟，广德引兵去。明年，莎车相且运等①患贤骄暴，密谋反城降于寘。②于寘王广德乃将诸国兵三万人攻莎车。贤城守，使使谓广德曰："我还汝父，与汝妇，汝来击我何为？"广德曰："王，我妇父也，久不相见，愿各从两人会城外结盟。"贤以问且运，且运曰："广德女婿至亲，宜出见之。"贤乃轻出，广德遂执贤。而且运等因内于寘兵，虏贤妻子而并其国。锁贤将归，岁馀杀之。

①且音子余反。下同。
②反音番。

匈奴闻广德灭莎车，遣五将发焉耆、尉黎、〔31〕龟兹十五国兵三万馀人围于寘，广德乞降，以其太子为质，约岁给罽絮。冬，匈奴复遣兵将贤质子不居徵立为莎车王，广德又攻杀之，更立其弟齐黎为莎车王，章帝元和三年〔也〕。〔32〕时长史班超发诸国兵击莎车，大破之，由是遂降汉。事已具《班超传》。

莎车东北至疏勒。〔33〕

疏勒国去长史所居五千里，去洛阳万三百里。领户二万一千，〔34〕胜兵三万馀人。

明帝永平十六年，龟兹王建攻杀疏勒王成，自以龟兹左侯〔35〕兜题为疏勒王。冬，汉遣军司马班超劫缚兜题，而立成之兄子忠为疏勒王。

忠后反畔，超击斩之。事已具《超传》。

安帝元初中，疏勒王安国以舅臣磐有罪，徙于月氏，月氏王亲爱之。后安国死，无子，母持国政，与国人共立臣磐同产弟子遗腹为疏勒王。臣磐闻之，请月氏王曰："安国无子，种人微弱，若立母氏，我乃遗腹叔父也，我当为王。"月氏乃遣兵送还勒疏。国人素敬爱臣磐，又畏惮月氏，即共夺遗腹印绶，迎臣磐立为王，更以遗腹为磐槀城侯。后莎车〔连〕畔于窴，〔36〕属疏勒，疏勒以强，故得与龟兹、于窴为敌国焉。

顺帝永建二年，臣磐遣使奉献，帝拜臣磐为汉大都尉，兄子臣勋为守国司马。五年，臣磐遣侍子与大宛、莎车使俱诣阙贡献。阳嘉二年，臣磐复献师子、封牛。至灵帝建宁元年，疏勒王汉大都尉于猎中为其季父和得所射杀，和得自立为王。(五)〔三〕年，〔37〕凉州刺史孟佗遣从事任涉将敦煌兵五百人，与戊(己)司马曹宽〔38〕、西域长史张晏，将焉耆、龟兹、车师前后部，合三万馀人，讨疏勒，攻桢中城，四十馀日不能下，引去。其后疏勒王连相杀害，朝廷亦不能禁。

东北经尉头、温宿、姑墨、龟兹至焉耆。

焉耆国王居南河城，〔39〕北去长史所居八百里，东去洛阳八千二百里。户万五千，口五万二千，胜兵二万馀人。其国四面有大山，与龟兹相连，道险厄易守。有海水曲入四山之内，周匝其城三十馀里。

永平末，焉耆与龟兹共攻没都护陈睦、副校尉郭恂，杀吏士二千馀人。至永元六年，都护班超发诸国兵讨焉耆、危须、尉黎、山国，遂斩焉耆、尉黎二王首，传送京师，县蛮夷邸。① 超乃立焉耆左(侯)〔候〕元孟为王，〔40〕尉黎、危须、山国皆更立其王。至安帝时，西域背畔。延光中，超子勇为西域长史，复讨定诸国。元孟与尉黎、危须不降。永建二年，勇与敦煌太守张朗击破之，元孟乃遣子诣阙贡献。

① 蛮夷皆置邸以居之，若今鸿胪寺也。

蒲类国居天山西疏榆谷，东南去长史所居千二百九十里，去洛阳万四百九十里。户八百馀,口二千馀,胜兵七百馀人。庐帐而居,逐水草,颇知田作。有牛、马、骆驼、羊畜。能作弓矢。国出好马。

蒲类本大国也,前西域属匈奴,而其王得罪单于,单于怒,徙蒲类人六千馀口,内之匈奴右部阿恶地,因号曰阿恶国。南去车师后部马行九十馀日。人口贫羸,逃亡山谷间,故留为国云。

移支国居蒲类地。户千馀,口三千馀,胜兵千馀人。其人勇猛敢战,以寇钞为事。皆被发,随畜逐水草,不知田作。所出皆与蒲类同。

东且弥国东去长史所居八百里,去洛阳九千二百五十里。户三千馀,口五千馀,胜兵二千馀人。庐帐居,逐水草,颇田作。其所出有亦与蒲类同。所居无常。

车师前王居交河城。河水分流绕城,故号交河。去长史所居柳中八十里,东去洛阳九千一百二十里。领户千五百馀,口四千馀,胜兵二千人。

后王居务涂谷,去长史所居五百里,去洛阳九千六百二十里。领户四千馀,口万五千馀,胜兵三千馀人。

前后部及东且弥、卑陆、蒲类、移支,是为车师六国,北与匈奴接。前部西通焉耆北道,后部西通乌孙。

建武二十一年,与鄯善、焉耆遣子入侍,光武遣还之,乃附属匈奴。明帝永平十六年,汉取伊吾卢,通西域,车师始复内属。匈奴遣兵击之,复降北虏。和帝永元二年,大将军窦宪破北匈奴,车师震慑,前后王各遣子奉贡入侍,并赐印绶金帛。八年,戊己校尉索頵欲废后部王涿鞮,立破虏侯细致。涿鞮忿前王尉卑大卖己,[41]因反击尉卑大,获其妻子。明年,汉遣将兵长史王林,发凉州六郡兵及羌(虏)胡二万馀人,[42]以讨涿鞮,[43]获首虏千馀人。涿鞮入北匈奴,汉军追击,斩之,立涿鞮弟农奇为王。至永宁元年，后王军就及母沙麻反畔，杀后部司马及敦煌行事。① 至安帝延光四年，长史班勇击军就，大破，斩之。

① 司马即属戊校尉所统也。和帝时，置戊己校尉，镇车师后部。行事谓前行长史索班。

顺帝永建元年，勇率后王农奇子加特奴及八滑等，发精兵击北虏呼衍王，破之。勇于是上立加特奴为后王，八滑为后部亲汉侯。阳嘉三年夏，车师后部司马率加特奴等千五百人，掩击北匈奴于阗吾陆谷，坏其庐落，斩数百级，获单于母、季母及妇女数百人，① 牛羊十馀万头，车千馀两，兵器什物甚众。四年春，北匈奴呼衍王率兵侵后部，帝以车师六国接近北虏，为西域蔽捍，乃令敦煌太守发诸国兵，及玉门关候、伊吾司马，合六千三百骑救之，掩击北虏于勒山，汉军不利。秋，呼衍王复将二千人攻后部，破之。桓帝元嘉元年，呼衍王将三千馀骑寇伊吾，伊吾司马毛恺遣吏兵五百人于蒲类海东与呼衍王战，悉为所没，呼衍王遂攻伊吾屯城。夏，遣敦煌太守司马达〔44〕将敦煌、酒泉、张掖属国吏士四千馀人救之，出塞至蒲类海，呼衍王闻而引去，汉军无功而还。

① 季母，叔母也。

永兴元年，车师后部王阿罗多与戊部候严皓不相得，遂忿戾反畔，攻围汉屯田且固城，杀伤吏士。后部候炭遮领馀人畔阿罗多诣汉吏降。阿罗多迫急，将其母妻子从百馀骑亡走北匈奴中，敦煌太守宋亮上立后部故王军就质子卑君为后部王。后阿罗多复从匈奴中还，与卑君争国，颇收其国人。戊校尉阎详虑其招引北虏，将乱西域，乃开信告示，许复为王，阿罗多乃诣详降。于是收夺所赐卑君印绶，更立阿罗多为王，仍将卑君还敦煌，以后部人三百帐别属役之，食其税。帐者，犹中国之户数也。

论曰：西域风土之载，前古未闻也。汉世张骞怀致远之略，① 班超奋封侯之志，② 终能立功西遐，羁服外域。自兵威之所肃服，财赂之所怀诱，莫不献方奇，纳爱质，露顶肘行，东向而朝天子。故设戊己之官，分任其事；建都护之帅，总领其权。先驯则赏籝金而赐龟绶，③后服则系头颡而衅北阙。立屯田于膏腴之野，列邮置于要害之路。驰命走驿，〔45〕不绝于时月；商胡贩客，日款于塞下。其后甘英乃抵条支而历安息，临西海以望大秦，拒玉门、阳关者四万馀里，靡不周尽焉。若其境俗性智之优薄，产载物类之区品，川河领障之基源，气节凉暑之通隔，梯山栈谷绳行沙度之道，身热首痛风灾鬼难之域，④莫不备写情形，审求根实。至于佛道神化，兴自身毒，而二汉方志莫有称焉。张骞但著地多暑湿，乘象而战，班勇虽列其奉浮图，不杀伐，而精文善法导达之功靡所传述。余闻之后说也，其国则殷乎中土，玉烛和气，⑤灵圣之所〔降〕集，〔46〕贤懿之所挺生，⑥神迹诡怪，则理绝人区，⑦感验明显，则事出天外。⑧而骞、超无闻者，岂其道闭往运，数开叔叶乎？不然，何诬异之甚也！汉自楚英始盛斋戒之祀，桓帝又修华盖之饰。将微义未译，而但神明之邪？详其清心释累之训，空有兼遣之宗，道书之流也。⑨且好仁恶杀，蠲敝崇善，所以贤达君子多爱其法焉。然好大不经，奇谲无已，⑩虽邹衍谈天之辩，庄周蜗角之论，⑪尚未足以概其万一。又精灵起灭，因报相寻，若晓而昧者，故通人多惑焉。⑫盖导俗无方，适物异会，取诸同归，措夫疑说，则大道通矣。

①《前书》张骞，汉中人，为博望侯。武帝时，上言大夏及安息、大宛之属，大国奇物，诚得而以义属之，则地广万里。帝从之。

②超少时家贫，投笔叹曰："丈夫当如傅介子、张骞，立功西域，以取封侯，安能久事笔砚乎！"语见《超传》。

③龟谓印文也。《汉旧仪》曰："银印皆龟纽，其文刻曰'某官之章'。"

④《前书》杜钦曰："罽宾本汉所立，杀汉使者，今悔过来顺，使者送至悬度，历大头痛、小头痛之山，赤土身热之阪，临峥嵘不测之深，〔47〕行者骑步相持，绳索相引。"释法显《游天竺记》云："西度流沙，屡有热风恶鬼，过之必死。葱领冬夏有雪。有毒龙，若犯之，则风雨晦冥，飞砂扬砾。（过）〔遇〕此难者，〔48〕万无一全也。"

⑤《天竺国记》云："中天竺人殷乐无户籍，耕王地者输地利。又其土和适，无冬夏之异，草木常茂，种田无时节。"《尔雅》曰："四时和谓之玉烛。"

⑥《本行经》曰:"释迦菩萨在兜率陀天,为诸天无量无边诸众说法。又观我今何处成道,利益众生。乃观见宜于南阎浮提生有大利益。"又云"谁中与我为父母者。观见宜于天竺刹利种迦毗罗城白净王摩邪夫人,可为父母"。又云"四生之中,何生利益。观见同众生、胎生、我若化生,诸外道等即诽谤我是幻术也。尔时菩萨观己,示同诸天五衰相现。命诸同侣,波斯匿王等诸王中生,皆作国王,与我为檀越。命阿难及诸人等,同生为弟子。命舍利弗等,外道中生我,成道时当受我化,回邪入正。又有无量众生,同随菩萨于天竺受生,多所利益"也。

⑦《维摩经》曰:"以四大海水入一毛孔,不挠鱼鳖等,而彼大海本相如故。又舍利弗住不思议菩萨,断取三千大千国界,如陶家轮著右掌中,掷过恒河沙国界之外,其中众生不觉不知,又复还本处,都不使人有往来相。"

⑧《涅槃经》曰:〔49〕"阿阇王令醉象蹋佛,佛以慈善根力,舒其五指,遂为五师子见,尔时醉象惶惧而退。又五百群贼劫夺人庶,波斯匿王收捉,剜其两目,弃入坑中。尔时群贼苦痛不已,同时发声念南无佛。陀摩佛以慈善根力,雪山吹药,令入贼眼,皆悉平复如本。"

⑨清心谓忘思虑也。释累谓去贪欲也。不执著为空,执著为有。兼遣谓不空不有,虚实两忘也。维摩诘云:"我及涅槃,此二皆空。"《老子》云:"常无,欲观其妙;常有,欲观其徼。"故曰道书之流也。

⑩《维摩经》曰:"尔时毗邪离有长者子名曰宝积。与五百长者子,俱持七宝盖来诣佛所,头面礼足,各以其盖共供养佛。佛威神力令诸宝盖合成一盖,遍覆三千大千国界诸须弥山,乃至日月星宿,并十方诸佛说法,皆现于宝盖中。"又维摩诘三万二千师子坐,高八万四千由旬,高广严净,来入维摩方丈室,包容无所妨碍。又四大海水入毛孔,须弥山入芥子等也。

⑪《史记》曰:"谈天衍。"刘向《别录》曰:"邹衍之所言五德终始,天地广大,其书言天事,故曰谈天。"庄子曰:"有国于蜗之左角者曰触氏,有国于蜗之右角者曰蛮氏,相与争地而战,伏尸数万,逐北旬有五日而后反。"郭璞注《尔雅》云:"蜗牛,音瓜。"谈天言大,蜗角喻小也。

⑫精灵起灭谓生死轮回无穷已。因报相寻谓行有善恶,各缘业报也。

赞曰:逖矣西胡,天之外区。①土物琛丽,人性淫虚。不率华礼,莫有典书。若微神道,何恤何拘。②

①逖,远也,音它狄反。《尚书》曰:"逖矣西土之人。"

②言无神道以制胡人,则匈猛之性,何所忧惧,何所拘忌也。

【校勘记】

〔1〕　孤胡　"胡"原作"湖",径据汲本、殿本改正。按:本卷原本讹字特多,以下凡极明显之讹字,皆径改正,不出校记。

〔2〕　都护陈睦　按:《集解》引惠栋说,谓《袁纪》作"陈穆"。

〔3〕　副校尉阎槃　《集解》惠栋说,谓"槃"《和纪》作"磐",《窦宪传》作"盘",字通。今按:《通鉴》作"磐";一本又作"砻",则形近而讹。

〔4〕　求救于曹宗　按:《集解》引惠栋说,谓《通典》作"曹崇"。

〔5〕　财币縻于卢山之壑　按:王先谦谓"縻"是"糜"之误字,谓腐烂也。

〔6〕　由此察之　按:《集解》引惠栋说,谓"察"一作"观"。

〔7〕　东望扣关　按:《集解》引惠栋说,谓"望"一作"向"。

〔8〕　宜禾都尉居也　按:《刊误》谓"也"当作"之"。

〔9〕　〔是〕人主之操　据汲本、殿本补。

〔10〕　去玉门三百馀里　按:王先谦谓"玉门"下夺"阳关"二字。"三百馀里"据《水经·河水注》当作"千三百馀里",《前》、《后书》皆脱去"千"字。

〔11〕　北通伊吾千馀里　按:《集解》引惠栋说,谓《袁纪》云"五千里"。

〔12〕　金满城　按:《集解》引惠栋说,谓"满"一作"蒲"。

〔13〕　北道西逾葱领出大宛康居奄蔡焉(耆)　王先谦谓由疏勒而西为大宛,在大月氏北,亦葱岭西国,其北为康居,为奄蔡,又极西北为条支,是为葱岭西北诸国。焉耆在葱岭东,明"耆"字衍。今据删。

〔14〕　至拘弥　按:王先谦谓《前书》"拘弥"作"扜弥",此更名。

〔15〕　敦煌太守徐由　《集解》引惠栋说,谓《续汉志》作"徐白"。今按:见《续天文志》。

〔16〕　胜兵三万馀人　按:王先谦谓"万"为"千"之误。《前书》胜兵二千四百人,《新唐书》胜兵四千人,后汉时何得独有三万馀。

〔17〕　汉书中误云西夜子合是一国　《刊误》谓"汉"当作"前"。按:如《刊误》

言,则下二九二〇页四行"汉书云"及二九二一页六行"汉书以为"之"汉"字皆当作"前"。

〔18〕子合国居呼犍谷　按:王先谦谓《前书》"犍"作"犍"。

〔19〕自皮山西南经乌耗　"耗"原作"耗",径据《前书》改正。注同。按:《前书》刘攽《刊误》云"耗"当作"耗",耗无拿音,刘说非。

〔20〕急言之如鹦拿(反)〔也〕　据殿本改。

〔21〕海中善使人思土恋慕数有死亡者　按:《校补》谓《通志》作"海中善使人悲怀思土,故数有死亡者"。此下复有"若汉使不恋父母妻子者可入"十二字。

〔22〕大秦国一名犁犍　《集解》引惠栋说,谓《魏略》作"犁靬",案此即前汉犁靬国也。今按:《袁纪》作"犁靬"。

〔23〕大秦王安敦　按:《集解》引惠栋说,谓《袁纪》"安敦"作"安都"。

〔24〕国号贵霜(王)　据《刊误》删。

〔25〕东至磐起国　按:《校补》谓《通志》"起"作"越"。

〔26〕东离国　按:《校补》谓《通志》作"车离国",东车易讹,未详孰是。

〔27〕列城数十　按:《校补》谓《通志》"列"作"别"。

〔28〕东西南北自在也　按:王先谦谓疑"在"为"任"之讹,言任所归向也。

〔29〕欲射之　按:《类聚》九十四引张璠《汉纪》,"射"作"搏"。

〔30〕无射我　按:《类聚》九十四、《御览》九百三引张璠《汉纪》,"射"并作"杀"。

〔31〕尉黎　按:王先谦谓《前书·郑吉传》作"尉黎",馀皆作"尉犁"。

〔32〕章帝元和三年〔也〕　据《刊误》补。

〔33〕莎车东北至疏勒　按:丁谦《后汉书西域传地理考证》谓《前书》言西至疏勒,《疏勒传》作南至莎车,两传互证,则当云西北至疏勒,此作"东北",误。

〔34〕领户二万一千　按:"户"原讹"兵",径改正。又按:王先谦谓下脱口数。

〔35〕左侯　按:王先谦谓据《前书》,疏勒但有左右将、左右骑君,而无左侯,此"左侯"疑"左将"之误。若以《焉耆传》例之,或亦当作"左候"。

〔36〕后莎车〔连〕畔于寘　据汲本、殿本补。按:《通志》亦有"连"字。

〔37〕(五)〔三〕年　据汲本、殿本改。

〔38〕与戊(己)司马曹宽　据《刊误》删。按:《集解》引惠栋说,谓据《曹全碑》,

全字景完,拜西域戊部司马,讨疏勒,无"己"字,与刘说合。王先谦谓其名是"全",碑有塙证。范去汉二百馀年,而传录文字脱落,完宽字形相似,故"完"误为"宽"也。

〔39〕 王居南河城　按:《集解》引惠栋说,谓《前书》云治员渠城,《袁纪》作"河南城"。

〔40〕 超乃立焉耆左(侯)〔候〕元孟为王　王先谦谓当据《班超传》作"候",今据改。

〔41〕 涿鞬忿前王尉卑大卖己　《集解》引惠栋说,谓"尉卑大"《通鉴》作"尉毕大"。《通鉴》异字,大要本《袁宏纪》也。

〔42〕 发凉州六郡兵及羌(虏)胡二万馀人　据王先谦说删。按:《通志》无"虏"字。

〔43〕 以讨涿鞬　"鞬"原讹"鞬",径改正。

〔44〕 敦煌太守司马达　按:张森楷《校勘记》谓案《于阗传》无"司"字,疑此衍文。

〔45〕 驰命走驿　按:《刊误》谓"驿"当作"译"。

〔46〕 灵圣之所〔降〕集　据汲本、殿本补。

〔47〕 临峥嵘不测之深　按:殿本"深"作"渊",《校补》谓系后人回改。

〔48〕 (过)〔遇〕此难者　据《刊误》改。

〔49〕 涅槃经曰　按:"涅槃"之"槃"原皆作"盘",径据汲本、殿本改。

后汉书卷八十九

南匈奴列传第七十九

《前书》直言《匈奴传》，不言南北，今称南者，明其为北生义也。以南单于向化尤深，故举其顺者以冠之。《东观记》称《匈奴南单于列传》，范晔因去其"单于"二字。

南匈奴醢落尸逐鞮单于比者，①呼韩邪单于之孙，②乌珠留若鞮单于之子也。③自呼韩邪后，诸子以次立，至比季父孝单于舆时，〔1〕以比为右薁鞬日逐王，部领南边及乌桓。④

①醢音火夺反。

②《前书》曰："单于者，广大之貌也，言其象天单于然也。"呼韩邪即冒顿单于八代孙，虚闾权渠单于〔子〕也，〔2〕名稽侯狦。狦音山谏反。《东观记》曰："单于比，匈奴头曼十八代孙。"臣贤案：头曼即冒顿单于父，自头曼单于至比，父子相承十代，以单于相传乃十八代也。〔3〕

③匈奴谓孝为若鞮。自呼韩邪单于降后，与汉亲密，见汉帝谥常为孝，慕之。至其子复珠累单于以下皆称若鞮，南单于比以下直称鞮也。

④薁音于六反。鞬音九言反。下并同。

建武初，彭宠反畔于渔阳，单于与共连兵，因复权立卢芳，使入居五原。①光武初，方平诸夏，未遑外事。②至六年，始令归德侯刘飒使匈奴，匈奴亦遣使来献，汉复令中郎将韩统报命，赂遗金币，〔4〕以通旧好。③而单于骄踞，自比冒顿，④对使者辞语悖慢，⑤帝待之如初。初，使命常通，而匈奴数与卢芳共侵北边。九年，遣大司马吴汉等击之，经岁无功，而匈奴转盛，钞暴日增。十三年，遂寇河东，州郡不能禁。于是渐徙幽、并边人于常山关、居庸关已东，⑥匈奴左部遂复转居塞内。朝廷患之，增缘边兵郡数千人，大筑亭候，修烽火。匈奴闻汉购求卢芳，贪得财帛，乃遣芳还降,望得其赏。而芳以自归为功,不称匈奴所遣,单于复耻言其计,故赏遂不行。由是大恨,入寇尤深。二十年,遂至上党、扶风、天水。二十一年冬,复寇上谷、中山,杀略钞掠甚众,〔5〕北边无复宁岁。⑦

①《东观记》:"芳,安定人。属国胡数千畔,在参蛮,芳从之,诈姓刘氏,自称西平王。会匈奴句林王将兵来降参蛮胡,芳因随入匈奴,留数年。单于以中国未定,欲辅立之,遣毋楼且王求入五原,与假号将军李兴等结谋,兴北至单于庭迎芳。芳外倚匈奴,内因兴等,故能广略边郡。"

②遑,暇也。

③旧好谓宣帝、元帝之代与国和亲。

④冒顿,匈奴单于头曼之子也,即夏后氏之苗裔也,其先曰淳维。自淳维至头曼千有馀岁。冒顿当始皇之时,为鸣镝弑头曼,代立,控弦三十馀万,强盛,与诸夏为敌国,踞嫚无礼,窘厄高祖,戏侮吕后。事具《前书》。

⑤《前书》:"更始二年冬,遣中郎将归德侯飒、大司马护军陈遵使匈奴,授单于汉旧制玺绶。单于舆骄,谓遵、飒曰:'匈奴本与汉为兄弟。匈奴中乱,孝宣帝辅立呼韩邪单于,故称臣以尊汉。今汉亦大乱,为王莽篡位,匈奴亦出击莽,空其边境。今天下骚动思汉,莽卒以败而汉复兴,亦我力也,当复尊我。'遵与相党訾距,单于终持此论。"语词悖慢,即此类也。

⑥《前书》代郡有常山关,上谷郡居庸县有关。

⑦言缘边之郡无安宁之岁。

初,单于弟右谷蠡王伊屠知牙师①以次当〔为〕左贤王。〔6〕左贤王即是单于储副。单于欲传其子,遂杀知牙师。知牙师者,王昭君之子也。昭君字嫱,南郡人也。②初,元帝时,以良家子选入掖庭。时呼韩邪来朝,帝敕以宫女五人赐之。昭君入宫数岁,不得见御,积悲怨,乃请掖庭令求行。呼韩邪临辞大会,帝召五女以示之。昭君丰容靓饰,光明汉宫,顾景裴回,竦动左右。帝见大惊,意欲留之,而难于失信,遂与匈奴。生二子。及呼韩邪死,其前阏氏子代立,欲妻之,昭君上书求归,成帝敕令从胡俗,遂复为后单于阏氏焉。

①谷音鹿。蠡音离。

②《前书》曰:"南郡秭归人。"

　　比见知牙师被诛,出怨言曰:"以兄弟言之,右谷蠡王次当立;以子言之,我前单于长子,我当立。"遂内怀猜惧,庭会稀阔。单于疑之,乃遣两骨都侯监领比所部兵。二十二年,单于舆死,子左贤王乌达鞮侯立为单于。复死,弟左贤王蒲奴立为单于。比不得立,既怀愤恨。而匈奴中连年旱蝗,赤地数千里,草木尽枯,人畜饥疫,死耗太半。①单于畏汉乘其敝,乃遣使诣渔阳求和亲。于是遣中郎将李茂报命。而比密遣汉人郭衡奉匈奴地图,二十三年,诣西河太守求内附。两骨都侯颇觉其意,会五月龙祠,②因白单于,言奥鞬日逐凤来欲为不善,若不诛,且乱国。时比弟渐将王在单于帐下,〔7〕闻之,驰以报比。比惧,遂敛所主南边八部众四五万人,待两骨都侯还,欲杀之。骨都侯且到,知其谋,皆轻骑亡去,以告单于。单于遣万骑击之,见比众盛,不敢进而还。

　　①三分损二为太半。

　　②《前书》曰:"匈奴法,岁正月诸长小会单于庭祠,五月大会龙城,祭其先天地鬼神,八月大会蹛林,课校人畜计。"蹛音带,又音多。

　　二十四年春,八部大人共议立比为呼韩邪单于,以其大父尝依汉得安,故欲袭其号。于是款五原塞,愿永为蕃蔽,捍御北虏。帝用五官中郎将耿国议,乃许之。其冬,比自立为呼韩邪单于。①

　　①《东观记》曰:"十二月癸丑,匈奴始分为南北单于。"

　　二十五年春,遣弟左贤王莫将兵万馀人击北单于弟奥鞬左贤王,生获之;又破北单于帐下,并得其众合万馀人,马七千匹、牛羊万头。北单于震怖,却地千里。初,帝造战车,可驾数牛,上作楼橹,置于塞上,以拒匈奴。①时人见者或相谓曰:"谶言汉九世当却北狄地千里,岂谓此邪?"及是,果拓地焉。北部奥鞬骨都侯与右骨都侯率众三万馀人来归南单于,南单于复遣使诣阙,奉藩称臣,献国珍宝,求使者监护,遣侍子,修旧约。

　　①橹即楼也。《释名》曰:"楼无屋为橹也。"

　　二十六年,遣中郎将段郴、①副校尉王郁使南单于,立其庭,去五原西部塞八十里。单于乃延迎使者。使者曰："单于当伏拜受诏。"单于顾望有顷,乃伏称臣。拜讫,令译晓使者曰："单于新立,诚惭于左右,愿使者众中无相屈折也。"骨都侯等见,皆泣下。郴等反命,诏乃听南单于入居云中。遣使上书,献骆驼二头,文马十匹。②夏,南单于所获北虏奥鞬左贤王将其众及南部五骨都侯合三万馀人畔归,去北庭三百馀里,共立奥鞬左贤王为单于。月馀日,更相攻击,五骨都侯皆死,左贤王遂自杀,诸骨都侯子各拥兵自守。秋,南单于遣子入侍,奉奏诣阙。诏赐单于冠带、衣裳、黄金玺、䃺䌱绶,③安车羽盖,华藻驾驷,宝剑弓箭,黑节三,驸马二,黄金、锦绣、缯布万匹,絮万斤,乐器鼓车,棨戟甲兵,饮食什器。④又转河东米糒二万五千斛,牛羊三万六千头,以赡给之。令中郎将置安集掾(吏)〔史〕将〔8〕弛刑五十人,持兵弩随单于所处,参辞讼,察动静。单于岁尽辄遣奉奏,〔9〕送侍子入朝,中郎将从事一人将领诣阙。汉遣谒者送前侍子还单于庭,交会道路。元正朝贺,拜祠陵庙毕,汉乃遣单于使,令谒者将送,赐彩缯千匹,锦四端,金十斤,太官御食酱及橙、橘、龙眼、荔支;赐单于母及诸阏氏、单于子及左右贤王、左右谷蠡王、骨都侯有功善者,缯彩合万匹。岁以为常。

①丑吟反。

②杜预注《左传》曰:"文马,画马为文也。"

③䃺音庚,草名。以庚草染绶,因以为名,则汉诸侯王制。庚,绿色。䌱,古蛙反。又《说文》曰"紫青色"也。

④有衣之戟曰棨。

匈奴俗,岁有三龙祠,常以正月、五月、九月戊日祭天神。南单于既内附,兼祠汉帝,因会诸部,议国事,走马及骆驼为乐。其大臣贵者左贤王,次左谷蠡王,次右贤王,次右谷蠡王,谓之四角;次左右日逐王,次左右温禺鞮王,次左右渐将王,是为六角;皆单于子弟,次第当为单于者也。异姓大臣左右骨都侯,次左右尸逐骨都侯,其馀日逐、且渠、〔10〕当户诸官号,①各以权力优劣、部众多少为高下次第焉。单于姓虚连题。②异姓有呼衍氏、须卜氏、丘林氏、兰氏③四姓,为国中名族,常与单于婚姻。呼衍氏为左,兰氏、须卜氏为右,主断狱听讼,当决轻重,口白单于,无文书簿领焉。

①且音子余反。

②《前书》曰:"单于姓挛鞮氏,其国称之曰'撑犁孤屠'。匈奴谓天为撑犁,谓子为孤屠。"与此不同也。

③《前书》冒顿单于时,大姓有呼衍氏、兰氏、须卜氏三姓,贵种也。

冬,前畔五骨都侯子复将其众三千人归南部,北单于使骑追击,悉获其众。南单于遣兵拒之,逆战不利。于是复诏单于徙居西河美稷,因使中郎将段郴及副校尉王郁留西河拥护之,为设官府、从事、掾史。令西河长史岁将骑二千,弛刑五百人,助中郎将卫护单于,冬屯夏罢。自后以为常,及悉复缘边八郡。〔11〕

南单于既居西河,亦列置诸部王,助为捍戍。使韩氏骨都侯屯北地,右贤王屯朔方,当于骨都侯屯五原,呼衍骨都侯屯云中,郎氏骨都侯屯定襄,左南将军屯雁门,栗籍骨都侯屯代郡,皆领部众为郡县侦罗耳目。①北单于惶恐,颇还所略汉人,以示善意。钞兵每到南部下,还过亭候,辄谢曰:"自击亡虏薁鞬日逐耳,非敢犯汉人也。"

①侦音丑政反。罗音力贺反。犹今言探候侦罗也。

二十七年,北单于遂遣使诣武威求和亲,天子召公卿廷议,不决。皇太子言曰:"南单于新附,北虏惧于见伐,故倾耳而听,争欲归义耳。今未能出兵,而反交通北虏,臣恐南单于将有二心,北虏降者且不复来矣。"帝然之,告武威太守勿受其使。

二十八年,北匈奴复遣使诣阙,贡马及裘,更乞和亲,并请音乐,又求率西域诸国胡客与俱献见。帝下三府议酬答之宜。司徒掾班彪奏曰:

臣闻孝宣皇帝敕边守尉曰:"匈奴大国,多变诈。交接得其情,则却敌折冲;应对入其数,则反为轻欺。"今北匈奴见南单于来附,惧谋其国,故数乞和亲,又远驱牛马与汉合市,重遣名王,多所贡献,斯皆外示富强,以相欺诞也。臣见其献益重,知其国益虚,归亲愈数,为惧愈多。然今既未获助南,则亦不宜绝北,羁縻之义,礼无不答。谓可颇加赏赐,略与所献相当,明加晓告以前世呼韩邪、郅支行事。①

① 呼韩单于称臣受赏,郅支单于背德被诛,以此二者行事晓告之也。郅支即呼韩兄,名呼屠吾斯,自立为单于,击走呼韩邪单于者也。

　　报答之辞,令必有适。①今立稿草并上,曰:"单于不忘汉恩,追念先祖旧约,欲修和亲,以辅身安国,计议甚高,为单于嘉之。往者,匈奴数有乖乱,呼韩邪、郅支自相仇隙,并蒙孝宣皇帝垂恩救护,故各遣侍子称藩保塞。其后郅支忿戾,自绝皇泽,而呼韩附亲,忠孝弥著。及汉灭郅支,②遂保国传嗣,子孙相继。今南单于携众南向,款塞归命。自以呼韩嫡长,次第当立,而侵夺失职,猜疑相背,数请兵将,归埽北庭,策谋纷纭,无所不至。惟念斯言不可独听,又以北单于比年贡献,欲修和亲,故拒而未许,将以成单于忠孝之义。汉秉威信,总率万国,日月所照,皆为臣妾。殊俗百蛮,义无亲疏,服顺者褒赏,畔逆者诛罚,善恶之效,呼韩、郅支是也。今单于欲修和亲,款诚已达,何嫌而欲率西域诸国俱来献见?西域国属匈奴,与属汉何异?单于数连兵乱,国内虚耗,贡物裁以通礼,何必献马裘?今赍杂缯五百匹,弓鞬韇丸一,矢四发,遣遗单于。③又赐献马左骨都侯、右谷蠡王杂缯各四百匹,斩马剑各一。④单于前言先帝时所赐呼韩邪竽、瑟、空侯皆败,愿复裁〔赐〕。⑤〔12〕念单于国尚未安,方厉武节,以战攻为务,竽瑟之用不如良弓利剑,故未以赏。⑥朕不爱小物于单于,便宜所欲,遣驿以闻。"〔13〕

① 适犹所也,言报答之辞必令得所也。

② 元帝时,郅支坐杀使者谷吉,都护甘延寿与副陈汤发西域兵诛斩之。

③ 鞬音居言反。《方言》云:"臧弓为鞬,臧箭为韇。"韇丸即箭箙也。矢十二曰发,见《汉书音义》。〔14〕

④ 尚方,少府属官。作供御器物,故有斩马剑。言剑利可以斩马。

⑤ 言更请裁赐也。

⑥言不赍,持往遗也。

帝悉纳从之。二十九年,赐南单于羊数万头。三十一年,北匈奴复遣使如前,乃玺书报答,赐以彩缯,不遣使者。

单于比立九年薨,中郎将段郴[15]将兵赴吊,祭以酒米,分兵卫护之。比弟左贤王莫立,帝遣使者赍玺书镇慰,拜授玺绶,遗冠帻,绛单衣三袭,童子佩刀、绲带各一,①又赐缯彩四千匹,令赏赐诸王、骨都侯已下。其后单于薨,吊祭慰赐,以此为常。②

①童子刀谓小刀也。《说文》曰:"绲,织成带也。"音古本反。

②吊祭其薨者,慰其新立者。

丘浮尤鞮单于莫,中元元年立,一年薨,弟汗立。

伊伐於虑鞮单于汗,中元二年立。永平二年,北匈奴护于丘率众千馀人来降。南部单于汗立二年薨,单于比之子适立。

醯僮尸逐侯鞮单于适,永平二年立。五年冬,北匈奴六七千骑入于五原塞,遂寇云中至原阳,南单于击却之,①西河长史马襄赴救,虏乃引去。

①原阳,县名,属云中郡。

单于适立四年薨,单于莫子苏立,是为丘除车林鞮单于。数月复薨,单于适之弟长立。

胡邪尸逐侯鞮单于长,[16]永平六年立。时北匈奴犹盛,数寇边,朝廷以为忧。会北单于欲合市,遣使求和亲,显宗冀其交通,不复为寇,乃许之。

八年,遣越骑司马郑众北使报命,而南部须卜骨都侯等知汉与北虏交使,怀嫌怨欲畔,密因北使,令遣兵迎之。郑众出塞,疑有异,伺候果得须卜使人,乃上言宜更置大将,以防二虏交通。由是始置度辽营,以中郎将吴棠[17]行度辽将军事,副校尉来苗、左校尉阎章、右校尉张国将黎阳虎牙营士屯五原曼柏。①又遣骑都尉秦彭将兵屯美稷。其年秋,北虏果遣二千骑候望朔方,作马革船,欲度迎南部畔者,以汉有备,乃引去。复数寇钞边郡，焚烧城邑，杀略甚众，河西城门昼闭。帝患之。

> ①《汉官仪》曰："光武以幽、冀、并兵克定天下，故于黎阳立营，以谒者监领兵
> 骑千人。"

十六年，乃大发缘边兵，遣诸将四道出塞，北征匈奴。南单于遣左贤王信随太仆祭肜[18]及吴棠出朔方高阙，攻皋林温禺犊王[19]于涿邪山。虏闻汉兵来，悉度漠去。肜、棠坐不至涿邪山免，以骑都尉来苗行度辽将军。其年，北匈奴入云中，遂至渔阳，太守廉范击却之。[20]诏遣使者高弘发三郡兵追之，无所得。

建初元年，来苗迁济阴太守，以征西（大）将军耿秉[21]行度辽将军。时皋林温禺犊王复将众还居涿邪山，南单于闻知，遣轻骑与缘边郡及乌桓兵出塞击之，斩首数百级，降者三四千人。其年，南部苦蝗，大饥，肃宗禀给其贫人三万馀口。七年，耿秉迁执金吾，以张掖太守邓鸿行度辽将军。八年，北匈奴三木楼訾大人稽留斯等率三万八千人、马二万匹、牛羊十馀万，款五原塞降。

元和元年，武威太守孟云上言北单于复愿与吏人合市，诏书听云遣驿使迎呼慰纳之。[22]北单于乃遣大且渠伊莫訾王[23]等，①驱牛马万馀头来与汉贾客交易。诸王大人或前至，所在郡县为设官邸，赏赐待遇之。南单于闻，乃遣轻骑出上郡，遮略生口，钞掠牛马，驱还入塞。

> ①且音子余反。下并同。

二年正月，北匈奴大人车利、涿兵等亡来入塞，凡七十三辈。时北虏衰耗，党众离畔，南部攻其前，丁零寇其后，鲜卑击其左，西域侵其右，不复自立，乃远引而去。

单于长立二十三年薨，单于汗之子宣立。

伊屠於闾鞮单于宣，元和二年立。其岁，单于遣兵千馀人猎至涿邪山，卒与北虏温禺犊王遇，①因战，获其首级而还。冬，孟云上言："北虏以前既和亲，而南部复往钞掠，北单于谓汉欺之，谋欲犯塞，谓宜还南所掠生口，以慰安其意。"肃宗从太仆袁安议，许之。乃下诏曰："昔獫狁、獯粥之敌中国，其所由来尚矣。②往者虽有和亲之名，终无丝发之效。

硗埆之人,屡婴涂炭,③父战于前,子死于后。弱女乘于亭障,孤儿号于
道路。老母寡妻设虚祭,饮泣泪,想望归魂于沙漠之表,岂不哀哉!④传
曰:'江海所以能长百川者,以其下之也。'⑤少加屈下,尚何足病?况今
与匈奴君臣分定,辞顺约明,贡献累至,岂宜违信,自受其曲。其敕度辽
及领中郎将庞奋倍雇南部所得生口,以还北虏。⑥其南部斩首获生,计
功受赏如常科。"于是南单于复令奥鞬日逐王〔24〕师子将轻骑数千出塞
掩击北虏,复斩获千人。北虏众以南部为汉所厚,又闻取降者岁数
千人。〔25〕

①辛音七忽反。

②周曰猃狁,尧曰熏粥,秦曰匈奴。

③硗埆谓险要之地。茶,苦也。〔26〕硗音苦交反。埆音苦角反。

④"父战于前"已下,《前书》贾捐之之辞,诏增损用之也。

⑤《老子》曰:"江海所以能为百谷王者,以其善下也。"

⑥雇,赏报也。

章和元年,鲜卑入左地击北匈奴,大破之,斩优留单于,取其匈奴皮
而还。〔27〕北庭大乱,屈兰、储卑、胡都须等〔28〕五十八部,口二十万,胜兵
八千人,诣云中、五原、朔方、北地降。

单于宣立三年薨,单于长之弟屯屠何立。

休兰尸逐侯鞮单于屯屠何,章和二年立。时北虏大乱,加以饥蝗,
降者前后而至。南单于将并北庭,会肃宗崩,窦太后临朝。其年七月,
单于上言:"臣累世蒙恩,不可胜数。孝章皇帝圣思远虑,遂欲见成就,
故令乌桓、鲜卑讨北虏,斩单于首级,破坏其国。今所新降虚渠等诣臣
自言:'去岁三月中发虏庭,北单于创刈南兵,又畏丁令、鲜卑,①遁逃远
去,依安侯河西。〔29〕今年正月,骨都侯等复共立单于异母兄右贤王为单
于,其人以兄弟争立,并各离散。'臣与诸王骨都侯及新降渠帅杂议方
略,皆曰宜及北虏分争,出兵讨伐,破北成南,并为一国,令汉家长无北
念。又今月八日,新降右须日逐鲜堂轻从虏庭远来诣臣,言北虏诸部多
欲内顾,但耻自发遣,故未有至者。若出兵奔击,必有响应。今年不往,

恐复并壹。臣伏念先父归汉以来，被蒙覆载，严塞明候，大兵拥护，积四十年。臣等生长汉地，开口仰食，岁时赏赐，动辄亿万，虽垂拱安枕，惭无报效之（义）〔地〕。〔30〕愿发国中及诸部故胡新降精兵，遣左谷蠡王师子、左呼衍日逐王须訾将万骑出朔方，左贤王安国、右大且渠王交勒苏将万骑出居延，期十二月同会虏地。臣将馀兵万人屯五原、朔方塞，以为拒守。臣素愚浅，又兵众单少，不足以防内外。愿遣执金吾耿秉、度辽将军邓鸿及西河、云中、五原、朔方、上郡太守并力而北，令北地、安定太守各屯要害，冀因圣帝威神，一举平定。臣国成败，要在今年。已敕诸部严兵马，讫九月龙祠，悉集河上。唯陛下裁哀省察！"太后以示耿秉。秉上言："昔武帝单极天下，欲臣虏匈奴，未遇天时，事遂无成。宣帝之世，会呼韩来降，故边人获安，中外为一，生人休息六十馀年。及王莽篡位，变更其号，②耗扰不止，单于乃畔。光武受命，复怀纳之，缘边坏郡得以还复。乌桓、鲜卑咸胁归义，威镇（西）〔四〕夷，〔31〕其效如此。今幸遭天授，北虏分争，以夷伐夷，国家之利，宜可听许。"秉因自陈〔受〕恩，〔32〕分当出命效用。太后从之。

①令音零。

②汉赐单于印文曰"匈奴单于玺"，无"汉"字。王莽改曰"新匈奴单于章"。

永元元年，以秉为征西将军，与车骑将军窦宪率骑八千，与度辽兵及南单于众三万骑，出朔方击北虏，大破之。北单于奔走，首虏二十馀万人。〔33〕事已具《窦宪传》。

二年春，邓鸿迁大鸿胪，以定襄太守皇甫棱行度辽将军。南单于复上求灭北庭，于是遣左谷蠡王师子等将左右部八千骑出鸡鹿塞，①中郎将耿谭遣从事将护之。至涿邪山，乃留辎重，分为二部，各引轻兵两道袭之。左部北过西海至河云北，②右部从匈奴河〔34〕水西绕天山，南度甘微河，二军俱会，夜围北单于。〔单于〕大惊，〔35〕率精兵千馀人合战。单于被创，堕马复上，将轻骑数十遁走，仅而免脱。得其玉玺，获阏氏〔36〕及男女五人，斩首八千级，生虏数千口而还。是时南部连克获纳降，党众最盛，领户三万四千，口二十三万七千三百，胜兵五万一百七十。故〔从〕事中郎将置从事二人,〔37〕耿谭以新降者多,上增从事十二人。

①塞在朔方郡窳浑县北。窳音愈。

②河云,匈奴中地名也。

三年,北单于复为右校尉耿夔〔38〕所破,逃亡不知所在。其弟右谷蠡王於除鞬自立为单于,将右温禺鞬王、骨都侯已下众数千人,止蒲类海,遣使款塞。大将军窦宪上书,立於除鞬为北单于,朝廷从之。四年,遣耿夔即授玺绶,赐玉剑四具,羽盖一驷,〔39〕使中郎将任尚持节卫护屯伊吾,如南单于故事。方欲辅归北庭,会窦宪被诛。五年,於除鞬自畔还北,帝遣将兵长史王辅以千馀骑与任尚共追诱将还斩之,破灭其众。

单于屯屠何立六年薨,单于宣弟安国立。

单于安国,永元五年立。安国初为左贤王而无称誉。左谷蠡王师子素勇黠多知,前单于宣及屯屠何皆爱其气决,故数遣将兵出塞,掩击北庭,还受赏赐,天子亦加殊异。是以国中尽敬师子,而不附安国。〔安国〕由是疾师子,〔40〕欲杀之。其诸新降胡初在塞外,数为师子所驱掠,皆多怨之。安国因是委计降者,与同谋议。安国既立为单于,师子以次转为左贤王,觉单于与新降者有谋,乃别居五原界。单于每龙会议事,师子辄称病不往。皇甫棱知之,亦拥护不遣,单于怀愤益甚。

六年春,皇甫棱免,以执金吾朱徽行度辽将军。时单于与中郎将杜崇不相平,乃上书告崇,崇讽西河太守令断单于章,无由自闻。而崇因与朱徽上言:"南单于安国疏远故胡,亲近新降,欲杀左贤王师子及左台且渠刘利等。又右部降者谋共迫胁安国,起兵背畔,请西河、上郡、安定为之儆备。"和帝下公卿议,皆以为"蛮夷反覆,虽难测知,然大兵聚会,必未敢动摇。今宜遣有方略使者之单于庭,与杜崇、朱徽及西河太守并力,观其动静。如无它变,可令崇等就安国会其左右大臣,责其部众横暴为边害者,共平罪诛。若不从命,令为权时方略,事毕之后,裁行客赐,①亦足以威示百蛮"。帝从之。于是徽、崇遂发兵造其庭。安国夜闻汉军至,大惊,弃帐而去,因举兵及将新降者欲诛师子。师子先知,乃悉将庐落入曼柏城。安国追到城下，门闭不得入。朱徽遣吏晓譬和之，安国不听。城既不下，乃引兵屯五原。崇、徽因发诸郡骑追赴之急，众皆大恐，安国舅骨都侯喜为等虑并被诛，乃格杀安国。

①言以主客之礼裁量赐物，不多与也。

安国立一年，单于適之子师子立。

亭独尸逐侯鞮单于师子，永元六年立。降胡五六百人夜袭师子，安集掾王恬将卫护士与战，破之。于是新降胡遂相惊动，十五部二十馀万人皆反畔，胁立前单于屯屠何子奥鞮日逐王逢侯为单于，遂杀略吏人，燔烧邮亭庐帐，将车重向朔方，欲度漠北。于是遣行车骑将军邓鸿、越骑校尉冯柱、行度辽将军朱徽将左右羽林、北军五校士及郡国积射、缘边兵，①乌桓校尉任尚将乌桓、鲜卑，合四万人讨之。时南单于及中郎将杜崇屯牧师城，逢侯将万馀骑攻围之，未下。冬，邓鸿等至美稷，逢侯乃乘冰度隘，向满夷谷。南单于遣子将万骑，及杜崇所领四千骑，与邓鸿等追击逢侯于大城塞，斩首三千馀级，得生口及降者万馀人。冯柱复分兵追击其别部，斩首四千馀级。任尚率鲜卑大都护苏拔廆、②乌桓大人勿柯八千骑，要击逢侯于满夷谷，复大破之。前后凡斩万七千馀级。逢侯遂率众出塞，汉兵不能追。七年正月，军还。

①汉有迹射士，言寻迹而射之。积亦与迹同，古字通也。

②胡罪反。

冯柱将虎牙营留屯五原，罢遣鲜卑、乌桓、羌胡兵，封苏拔廆为率众王，又赐金帛。邓鸿还京师，坐逗留失利，下狱死。①后帝知朱徽、杜崇失胡和，又禁其上书，以致反畔，皆征下狱死，以雁门太守庞奋行度辽将军。逢侯于塞外分为二部，自领右部屯涿邪山下，左部屯朔方西北，相去数百里。八年冬，左部胡自相疑畔，还入朔方塞，庞奋迎受慰纳之。其胜兵四千人，弱小万馀口悉降，以分处北边诸郡。南单于以其右温禺犊王乌居战②始与安国同谋，欲考问之。乌居战将数千人遂复反畔，出塞外山谷间，为吏民害。秋，庞奋、冯柱与诸郡兵击乌居战，其众降，于是徙乌居战众及诸还降者二万馀人于安定、北地。冯柱还，迁将作大匠。逢侯部众饥穷,又为鲜卑所击,无所归,窜逃入塞者骆驿不绝。

①按军法,逗留畏懦者斩。逗音豆。

②温禺犊王名乌居战也。

单于师子立四年薨,单于长之子檀立。

万氏尸逐鞮单于檀,永元十年立。十二年,庞奋迁河南尹,以朔方太守王彪行度辽将军,南单于比岁遣兵击逢侯,多所虏获,收还生口前后以千数,逢侯转困迫。十六年,北单于遣使诣阙贡献,愿和亲,修呼韩邪故约。和帝以其旧礼不备,未许之,而厚加赏赐,不答其使。元兴元年,重遣使诣敦煌贡献,辞以国贫未能备礼,愿请大使,当遣子入侍。①时邓太后临朝,亦不答其使,但加赐而已。

①天子降大使至国,即遣子随大使入侍。

永初三年①夏,汉人韩琮随南单于入朝,既还,说南单于云:"关东水潦,人民饥饿死尽,可击也。"单于信其言,遂起兵反畔,攻中郎将耿种于美稷。秋,王彪卒。冬,遣行车骑将军何熙、副中郎〔将〕庞雄〔41〕击之。四年春,檀遣千余骑寇常山、中山,以西域校尉梁慬行度辽将军,②与辽东太守耿夔击破之。事已具《慬》、《夔传》。单于见诸军并进,大恐怖,顾让韩琮曰:"汝言汉人死尽,今是何等人也?"③乃遣使乞降,许之。单于脱帽徒跣,对庞雄等拜陈,道死罪。于是赦之,遇待如初,乃还所钞汉民男女及羌所略转卖入匈奴中者合万馀人。④五年,梁慬免,以云中太守耿夔行度辽将军

①安帝即位之二年也。〔42〕

②慬音勤。

③顾,反也。让,责也。反顾责韩琮也。

④南单于檀信韩琮之言,起兵反,既被击败,陈谢死罪,还所钞之男女。

元初元年,①夔免,以乌桓校尉邓遵为度辽将军。遵,皇太后之从弟,故始为真将军焉。②

①安帝永初(六)〔八〕年,〔43〕改为元初元年。

②自置度辽将军以来,皆权行其事,今始以邓遵为正度辽将军,此后更无行

者也。

四年,逢侯为鲜卑所破,部众分散,皆归北虏。五年春,逢侯将百馀骑亡还,诣朔方塞降,邓遵奏徙逢侯于颍川郡。①

①逢侯本是前单于屯屠何子,右薁鞬日逐王诸降胡馀万人,〔44〕胁立为单于。既被鲜卑所破,部众分散,〔45〕若留在匈奴,或恐更相招引,故徙于颍川郡也。

建光元年,①邓遵免,复以耿夔代为度辽将军。时鲜卑寇边,夔与温禺犊王呼尤徽〔46〕将新降者连年出塞,讨击鲜卑。还,复各令屯列冲要。②而耿夔征发烦剧,新降者皆悉恨谋畔。

①安帝元初七年改为永宁元年,永宁二年改为建光元年。
②还使新降者屯列冲要。

单于檀立二十七年薨,弟拔立。〔47〕耿夔复免,以太原太守法度代为将军。〔48〕

乌稽侯尸逐鞮单于拔,延光三年立。夏,新降一部大人阿族等遂反畔,〔49〕胁呼尤徽欲与俱去。呼尤徽曰:“我老矣,受汉家恩,宁死不能相随!”众欲杀之,有救者,得免。阿族等遂将妻子辎重亡去,中郎将马翼遣兵与胡骑追击,破之,斩首及自投河死者殆尽,①获马牛羊万馀头。冬,法度卒。四年,汉阳太守傅众代为将军。其冬,傅众复卒。永建元年,②以辽东太守庞参代为将军。

①殆,近也。欲死尽,所馀无几。
②顺帝即位之年。

先是朔方以西障塞多不修复,鲜卑因此数寇南部,杀渐将王。①单于忧恐,上言求复障塞,顺帝从之。乃遣黎阳营兵出屯中山北界,②增置缘边诸郡兵,列屯塞下,教习战射。

①匈奴有左右渐将王。
②黎阳先置营兵,以南单于求复障塞,恐入侵扰乱,置屯兵于中山北界。旧中山郡,今之定州是也。定州者,则在河北也。

单于拔立四年薨,弟休利立。

去特若尸逐就单于休利,永建三年立。四年,庞参迁大鸿胪,以东平相宋汉代为度辽将军。阳嘉二年,汉迁太仆,以乌桓校尉耿晔代为度辽将军。永和元年,①晔病征,以护羌校尉马续代为度辽将军。

①阳嘉五年,改为永和元年。

五年夏,南匈奴左部句龙王〔50〕吾斯、车纽等背晔,率三千馀骑寇西河,因复招诱右贤王,合七八千骑围美稷,杀朔方、代郡长史。马续与中郎将梁并、乌桓校尉王元发缘边兵及乌桓、鲜卑、羌胡合二万馀人,掩击破之。吾斯等遂更屯聚,攻没城邑。天子遣使责让单于,开以恩义,令相招降。单于本不豫谋,乃脱帽避帐,诣并谢罪。并以病征,五原太守陈龟代为中郎将。龟以单于不能制下,①逼迫之,单于及其弟左贤王皆自杀。单于休利立十三年。龟又欲徙单于近亲于内郡,而降者遂更狐疑。龟坐下狱免。②大将军梁商以羌胡新反,党众初合,难以兵服,宜用招降,乃上表曰:"匈奴寇畔,自知罪极,穷鸟困兽,皆知救死,况种类繁炽,不可单尽。③今转运日增,三军疲苦,虚内给外,非中国之利。窃见度辽将军马续素有谋谟,且典边日久,深晓兵要,每得续书,与臣策合。宜令续深沟高壁,以恩信招降,宣示购赏,明其期约。如此,则丑类可服,④国家无事矣。"帝从之,乃诏续招降畔虏。商又移书续等曰:"中国安宁,忘战日久。良骑野合,交锋接矢,决胜当时,戎狄之所长,而中国之所短也。强弩乘城,坚营固守,以待其衰,中国之所长(也),〔51〕而戎狄之所短也。⑤宜务先所长,以观其变,设购开赏,宣示反悔,勿贪小功,以乱大谋。"续及诸郡并各遵行。于是右贤王部抑鞮等万三千口诣续降。

①吾斯等攻没城邑,单于虽不预谋,然不能制下,即是不堪其任。

②陈龟逼迫单于及弟皆令自杀,又欲徙其近亲者,遂致狐疑,此则陈龟之由也。〔52〕

③单亦尽也。犹《书》云"谟谋"。〔53〕孔安国曰:"谟亦谋也。"即是古书之重语。

④丑,等也,言等类可服也。

⑤若夫平原易地,轻车突骑,则匈奴之众易桡乱也。劲弩长戟,射疏及远,则

匈奴之弓不能格也。坚甲利刃，长短相杂，游弩往来，什伍俱前，〔则〕匈奴之兵不能当也。〔54〕材官驺发，矢道同的，则匈奴之革笥木荐不能支也。下马地斗，〔55〕剑戟相接，去就相薄，〔56〕则匈奴之足不能给也。此中国之长技也。以此观之，匈奴之长技三，中国之长技五。并具朝错三章之兵体。因梁商论其长短，故备录之。此乃兵家之要。

秋，句龙吾斯等立句龙王车纽为单于。东引乌桓，西收羌戎及诸胡等数万人，攻破京兆虎牙营，①杀上郡都尉及军司马，遂寇掠并、凉、幽、冀四州。乃徙西河治离石，②上郡治夏阳，朔方治五原。③冬，遣中郎将张耽将幽州乌桓诸郡营兵，击畔虏车纽等，战于马邑，斩首三千级，获生口及兵器牛羊甚众。车纽等将诸豪帅骨都侯乞降，而吾斯犹率其部曲与乌桓寇钞。六年春，马续率鲜卑五千骑到榖城击之，斩首数百级。张耽性勇锐，而善抚士卒，军中皆为用命。遂绳索相悬，上通天山，大破乌桓，悉斩其渠帅，还得汉民，获其畜生财物。夏，马续复免，以城门校尉吴武代为将军。

①虎牙营即京兆虎牙都尉也。《西羌传》云："置虎牙都尉于长安，扶风都尉于雍。"《汉官仪》曰"凉州近羌，数犯三辅，京兆虎牙、扶风都尉将兵卫护园陵"也。

②离石即西河之属县也。

③移朔方就五原郡。

汉安元年①秋，吾斯与薁鞮台耆、且渠伯德等复掠并部。②

①顺帝永和七年改为汉安元年也。

②薁鞮或作"薁鞬"，〔57〕《前书》两字通，今依《前书》不改也。

呼兰若尸逐就单于兜楼储先在京师，汉安二年立之。天子临轩，大鸿胪持节拜授玺绶，引上殿。赐青盖驾驷、鼓车、安车、驸马骑、玉具刀剑、什物，①给彩布二千匹。赐单于阏氏以下金锦错杂具，轺车马二乘。遣行中郎将持节护送单于归南庭。诏太常、大鸿胪与诸国侍子于广阳城门外②祖会，飨赐作乐，角抵百戏。③顺帝幸胡桃宫临观之。冬，中郎将马寔募刺杀句龙吾斯，送首洛阳。建康元年，④进击馀党，斩首千二百级。乌桓七十万馀口皆诣寔降,车重牛羊不可胜数。

①玉具,摽首镡卫尽用玉为之。

②广阳,洛阳城西面南头门。

③角抵之戏则鱼龙爵马之属。言两两相当,亦角而为抵对,即今之斗(用)〔朋〕,〔58〕古之角抵也。

④汉安三年改为建康元年。

单于兜楼储立五年薨。

伊陵尸逐就单于居车儿,建和元年立。①至永寿元年,②匈奴左奥鞬台耆、且渠伯德等复畔,寇钞美稷、安定,属国都尉张奂击破降之。事已具《奂传》。

①桓帝即位之年。

②桓帝永兴三年改为永寿元年。

延熹元年,①〔59〕南单于诸部并畔,遂与乌桓、鲜卑寇缘边九郡,以张奂为北中郎将讨之,单于诸部悉降。奂以单于不能统理国事,乃拘之,上立左谷蠡王。②桓帝诏曰:"《春秋》大居正,③居车儿一心向化,何罪而黜! 其遣还庭。"

①桓帝之年。

②张奂上书请立左谷蠡王为单于也。

③《春秋》法五始之要,故《经》曰"元年春王正月"。言王者即位之年,宜大开恩宥。其居车儿即是桓帝即位之建和元年立,自立以来,一心向化,宜宽宥之。

单于居车儿立二十五年薨,子某立。①

①凡言"某"者,史失其名,故称"某"以记之。夷狄无字,〔60〕既无典诰,故某者即是其名。

屠特若尸逐就单于某,熹平元年立。①六年,单于与中郎将臧旻出雁门击鲜卑檀石槐,大败而还。是岁,单于薨,子呼徵立。

①熹平,灵帝之元年。〔61〕

单于呼徵,〔62〕光和元年①立。二年,中郎将张脩与单于不相能,修擅斩之,更立右贤王羌渠为单于。脩以不先请而擅诛杀,槛车征诣廷尉抵罪。②

①灵帝熹平七年改为光和元年。

②《前书》注曰:"抵,至也。"杀人者死。张脩擅斩单于呼徵,故至其罪也。

单于羌渠,〔63〕光和二年立。中平四年,①前中山太守张纯反畔,遂率鲜卑寇边郡。灵帝诏发南匈奴兵,配幽州牧刘虞讨之。单于遣左贤王将骑诣幽州。国人恐单于发兵无已,五年,右部醢落与休著各〔64〕胡白马铜等十馀万人反,攻杀单于。

①灵帝光和七年改为中平。

单于羌渠立十年,子右贤王於扶罗立。①

①於扶罗即是前赵刘元海之祖也。其元海为乱晋之首。

持至尸逐侯单于於扶罗,中平五年立。国人杀其父者遂畔,共立须卜骨都侯为单于,而於扶罗诣阙自讼。会灵帝崩,天下大乱,单于将数千骑与白波贼合兵寇河内诸郡。时民皆保聚,钞掠无利,而兵遂挫伤。复欲归国,国人不受,乃止河东。①须卜骨都侯为单于一年而死,南庭遂虚其位,以老王行国事。

①遂止河东平阳也。

单于於扶罗立七年死,弟呼厨泉立。①

①於扶罗即刘元海之祖。呼厨泉即元海之叔祖。

单于呼厨泉,兴平二年①立。以兄被逐,不得归国,数为鲜卑所钞。建安元年,献帝自长安东归,右贤王去卑与白波贼帅韩暹等侍卫天子,拒击李傕、郭汜。及车驾还洛阳,又徙迁许,〔65〕然后归国。②二十一年,单于来朝,曹操因留于邺,③而遣去卑归监其国焉。

①献帝初平五年改为兴平元年。

②谓归河东平阳也。

③留呼厨泉于邺,而遣去卑归平阳,监其五部国。

论曰：汉初遭冒顿凶黠，种众强炽。高祖威加四海，而窘平城之围。① 太宗政邻刑措，不雪愤辱之耻。② 逮孝武亟兴边略，有志匈奴，赫然命将，戎旗星属，③ 候列郊甸，火通甘泉，④ 而犹鸣镝扬尘，出入畿内，⑤ 至于穷竭武力，单用天财，⑥ 历纪岁以攘之。寇虽颇折，而汉之疲耗略相当矣。⑦ 宣帝值虏庭分争，呼韩邪来臣，乃权纳怀柔，因为边卫，⑧ 罢关徼之徼，息兵民之劳。⑨ 龙驾帝服，鸣钟传鼓于清渭之上，⑩ 南面而朝单于，朔、易无复匹马之踪，⑪ 六十馀年矣。后王莽陵篡，扰动戎夷，⑫ 续以更始之乱，方夏幅裂。⑬ 自是匈奴得志，狼心复生，乘间侵佚，害流傍境。及中兴之初，更通旧好，⑭ 报命连属，金币载道，⑮ 而单于骄踞益横，内暴滋深。⑯ 世祖以用事诸华，未遑沙塞之外，⑰ 忍愧思难，徒报谢而已。⑱ 因徙幽、并之民，增边屯之卒。⑲ 及关东稍定，陇、蜀已清，其猛夫扞将，莫不顿足攘手，争言卫、霍之事。⑳ 帝方厌兵，间修文政，未之许也。㉑ 其后匈奴争立，日逐来奔，愿修呼韩之好，以御北狄之冲，㉒ 奉藩称臣，永为外扞。天子总揽群策，和而纳焉。㉓ 乃诏有司开北鄙，择肥美之地，量水草以处之。驰中郎之使，尽法度以临之。制衣裳，备文物，加玺绂之绶，正单于之名。于是匈奴分破，始有南北二庭焉。仇衅既深，互伺便隙，控弦抗戈，觇望风尘，云屯鸟散，更相驰突，至于陷溃创伤者，靡岁或宁，而汉之塞地晏然矣。㉔ 后亦颇为出师，并兵穷讨，命窦宪、耿夔之徒，前后并进，皆用果谲，设奇数，异道同会，究掩其窟穴，〔66〕蹑北追奔㉕三千馀里，㉖ 遂破龙祠，焚罽幕，坑十角，梏阏氏，㉗ 铭功封石，倡呼而还。㉘ 单于震慑屏气，蒙毡遁走于乌孙之地，而漠北空矣。㉙ 若因其时势，及其虚旷，还南虏于阴山，归（河）西〔河〕于内地，㉚〔67〕上申光武权宜之略，下防戎羯乱华之变，㉛ 使耿国之算不谬于当世，㉜ 袁安之议见从于后王，㉝ 平易正直，若此其弘也。㉞ 而窦宪矜三捷之效，忽经世之规，狼戾不端，专行威惠。㉟ 遂复更立北虏，反其故庭，㊱ 并恩两护，以私己福，弃蔑天公，㊲ 坐树大鲠。永言前载，何恨愤之深乎！㊳ 自后经纶失方，畔服不一，其为絮毒，胡可单言！㊴ 降及后世，玩为常俗，终于吞噬神乡，丘墟帝宅。呜呼！千里之差，兴自毫端，失得之源，百世不磨矣。㊵

①《前书》云,高祖自将兵三十二万击韩王信,先至平城,冒顿纵兵三十万骑围帝于白登,七日,汉兵中外不得相救饷。故歌曰:"平城之事甚大苦,七日不得食,不能弯弓弩。"得陈平秘计,然后得免也。

②《前书·赞》曰:"断狱四百,几致刑措。"几,近也。今言"政邻刑措",邻亦近也。

③如众星之相连属,言其多。

④列置候兵于近郊徼,天子在甘泉宫,而烽火时到甘泉宫也。

⑤鸣镝即匈奴之箭也。谓匈奴、白羊、楼烦王在河南,去京师一千馀里,古者王畿千里,言匈奴寇边即出入畿内。世宗逐楼烦、白羊,始得河南之地以筑朔方,今夏州是也。按夏州去京师一千二百里。

⑥单,尽也。言尽用天下之财。

⑦汉武好征,户口减半,即是死亡与杀匈奴相当也。

⑧虏庭分争谓五单于〔争〕国,〔68〕呼韩邪遂来臣服,因请款关,永为边卫。《前书》云日逐王薄胥堂为屠耆单于,呼揭王为呼揭单于,奠鞮王为车犁单于,乌籍都尉为乌籍单于,并呼韩邪凡五单于也。

⑨匈奴既降,北庭不儆备,劳者并得休息也。

⑩案《前书》,宣帝甘露二年正月,呼韩邪朝甘泉宫,汉宠以殊礼,位在诸侯王上。赞谒(者)称臣而不名。〔69〕礼毕,使者导单于宿长平。上自甘泉宿池阳宫,诏单于毋谒。左右当户及群臣皆列观,及诸蛮夷君长〔王〕侯数万人,〔70〕咸迎于渭桥下,夹道陈。上登渭桥,咸称万岁。

⑪匈奴既降,〔71〕朔方、易水之地更无匈奴匹马之踪也。

⑫自宣帝甘露二年至平帝末年,北边无匈奴之盗。王莽陵篡之后,狼心复生。《前书·赞》曰:"三世称〔藩〕,〔72〕宾于汉庭。是时边城晏闭,〔73〕牛马布野,三世无犬吠之警,黎庶忘干戈之役。后六十馀岁之间,遭王莽篡位,始开边隙。"三世谓元帝、成帝各为一世,哀平二帝皆元帝之孙,共为一世,故三世也。王莽执政,始开边隙也。

⑬更始无道,扰乱方内,诸夏如布帛之裂也。

⑭及光武中兴,更通宣、元之旧好。

⑮报命相属,言其往来不绝。金帛常载于道,言其赏遗常行。

⑯世祖二年,令中郎将韩统报命,〔74〕赂遗金帛以通旧好。而单于骄踞,自比冒顿,对使者辞语悖慢也。

⑰遑,暇也。

⑱虽得骄踞悖慢之词,而忍其羞愧,思其患难,但以善言报谢而已。徒,但也。

⑲移徙幽、并之人,增益边屯之戍卒。

⑳争言卫青、霍去病,世宗之代北伐匈奴之事也。

㉑帝厌其用兵,欲修文政,未许猛夫捍将之事。

㉒比季父孝单于舆以比为右薁鞬日逐王,日逐即南匈奴单于比也。

㉓总览群臣之策,善均从众,与之和同,而纳其降款也。

㉔由南北二庭自相驰突,而汉之塞地晏然无事矣。

㉕军走曰北也。

㉖北虏(乌孙)遂奔〔乌孙〕,〔75〕漠北乃空,其地三千馀里也。

㉗械在手曰梏,音古督反。

㉘为刻石立铭于燕然山,犹《前书》霍去病登临瀚海,封狼居胥山也。

㉙漠北既空,宜即迁南虏以居之。

㉚河西虏众居之,于时遂为边境,若还南虏于阴山,即为内地也。

㉛戎羯之乱,兴于永嘉之年;即勒燕然,〔76〕乃居永元之岁。中人以上,始可预其将来;窦宪庸才,宁可责其谋虑。

㉜建武二十四年,八部大人共立比为呼韩邪单于,款五原塞,愿永为蕃蔽,捍御北方。帝用五官中郎将耿国议,乃许之也。

㉝窦宪欲立北单于,安议不许也。

㉞若从耿国、袁安之议,即言平易正直之道如此之弘远也。

㉟三捷言胜也。自矜功伐,专行威惠,为臣不忠,即其人也。又章和二年,窦太后临朝。单于屯屠何上言:"宜及北虏分争,出兵讨伐,破北成南,并为一国,令汉家长无北念。"既威北边,即宜奖成南部,〔77〕更请存立,其何惑哉。

㊱永元三年,将军窦宪上书,请立於除鞬为北单于,朝廷从之。四年即授玺绶,方欲辅归北庭,会窦宪被诛。五年,於除鞬自畔还北,帝遣将兵长史王辅诱诛之。

㊲言窦宪斩日逐,刊石纪功,即宜灭其北庭,以资南部。重存胤绪,滋生孽栽〔78〕。南北俱存,即是并恩两护。以私己福,乃招其祸。斯则弃蔑天公之事也。天公谓天子也。《前书》云"共恶翁何为首鼠两端",〔79〕秃翁即乃翁也。〔80〕高祖云"几败乃公事",乃公即汝公也。惇史直笔,时复存其质言也。

㊳由窦宪请立北庭,遂使匈奴滋蔓,即是坐树大鲠,永言前事,深可恨哉。载,

事也。

㊴单,尽也。单与殚同也。

㊵既勒燕然之后,若复南虏于漠北,引侍子于京师,混幷匈奴之区,使得专为一部,则荒服无忿争之迹,边服息征戍之勤。此之不行,遂为巨蠹。自单于比入居西河美稷之后,种类繁昌,难以驱逼。魏武虽分其众为五部,然大率皆居晋阳。暨乎左贤王豹之子刘元海,假称天号,纵盗中原,吞噬神乡,丘墟帝宅。愍怀二帝沈没虏庭,差之毫端,一至于此。百代无灭,诚可痛心也。

赞曰:匈奴既分,①羽书稀闻。②野民难悔,终亦纷纭。③

①谓分为南北庭也。

②檄书有急,即插鸟羽其上也。

③纷纭之事,具如上解。

【校勘记】

〔1〕　至比季父孝单于舆时　汲本、殿本无"孝"字。按《前书·匈奴传》云:"单于咸立五岁,天凤五年死,弟左贤王舆立,为呼都而尸道皋若鞮单于。匈奴谓孝曰若鞮。"《范书》意译为"孝单于",后人不晓,灭去此"孝"字耳。下"以御北狄之冲"注亦称"孝单于"。

〔2〕　虚闾权渠单于〔子〕也　据汲本、殿本补。

〔3〕　以单于相传乃十八代也　按:李慈铭谓"相传"上当脱"兄弟"二字。

〔4〕　赂遗金币　汲本"币"作"帛"。按:《通志》亦作"帛"。

〔5〕　杀略钞掠甚众　按:《校补》谓掠即略,不当杀略钞掠并言,《通志》无"钞掠"二字可证,二字当衍。

〔6〕　以次当〔为〕左贤王　据《校补》引钱大昭说补。按:《通志》有"为"字。

〔7〕　时比弟渐将王在单于帐下　殿本改"渐"作"斩"。按:《通鉴》胡注谓"渐"当作"斩",传写误加水旁耳。《校补》谓匈奴言语文字不与华同,其王号非译不晓,渐将亦未尝无义。观《晋书》作"左渐尚王"、"右渐尚王",将尚一音之转,安知"斩"不正当作"渐"耶?

〔8〕 令中郎将置安集掾(吏)〔史〕　据汲本、殿本改。

〔9〕 单于岁尽辄遣奉奏　按:《刊误》谓案文少一"使"字。

〔10〕 且渠　按:《集解》引惠栋说,谓《史记》作"且居"。

〔11〕 及悉复缘边八郡　按:张森楷《校勘记》谓"及"字于此义无所施,盖当为"又"。

〔12〕 愿复裁〔赐〕　据汲本、殿本补。

〔13〕 遣驿以闻　按:殿本"驿"作"译"。

〔14〕 矢十二曰发见汉书音义　按:汲本、殿本作"发四矢曰发,见《仪礼》也"。

〔15〕 中郎将段郴　按:"郴"原讹"彬",径据汲本、殿本改正。

〔16〕 胡邪尸逐侯鞮单于长　按:"胡"原作"湖",径据汲本、殿本改。

〔17〕 中郎将吴棠　按:《校补》谓《袁纪》"棠"作"常"。

〔18〕 随太仆祭肜　按:"肜"原作"彤",径据汲本、殿本改。

〔19〕 皋林温禺犊王　按:丁谦《南匈奴传地理考证》谓"温禺犊王"《前书》作"温偶駼王",上加"皋林"字者,似分数部也,故下有右温禺犊王。

〔20〕 北匈奴入云中遂至渔阳太守廉范击却之　按:《集解》引钱大昕说,谓范为云中太守,"太守"上当有"云中"二字。

〔21〕 征西(大)将军耿秉　《刊误》谓案《秉传》不为大将军,此多一"大"字。今据删。

〔22〕 诏书听云遣驿使迎呼慰纳之　按:《刊误》谓"驿"当作"译"。

〔23〕 大且渠伊莫訾王　按:"大"原讹"夫",径改正。

〔24〕 奥鞬日逐王　按:汲本、殿本"鞬"作"鞬"。

〔25〕 又闻取降者岁数千人　按:王先谦谓语气不了,疑夺文。

〔26〕 荼苦也　殿本"荼"作"涂",《集解》本从之,然涂不训苦。张森楷《校勘记》谓疑本作"涂炭言苦也","塗"下脱"炭言"二字。按:张说亦言之成理。此殆后人以塗不训苦,遂改"塗"为"荼"耳。又按:注与正文不相应。《校补》谓此传之注复沓纰缪,至于不可究诘,疑章怀本皆无注,而妄人附益之,且又不出一手也。

〔27〕 取其匈奴皮而还　按:《刊误》谓匈奴一种,安能尽取其皮,明多"匈奴"二字,或云取其胸皮。

〔28〕 屈兰储卑胡都须等　按:《集解》引钱大昕说,谓《章帝纪》"屈"作"屋"。

〔29〕 依安侯河西　按:《校补》引钱大昭说,谓《鲁恭传》作"史侯河西",安侯

史侯未知孰是。

〔30〕 惭无报效之（义）〔地〕　据殿本改。按：钱大昭谓闽本作“地”。《校补》谓
　　　《通志》亦作“地”。

〔31〕 威镇（西）〔四〕夷　据殿本改。

〔32〕 秉因自陈〔受〕恩　据汲本、殿本补。

〔33〕 首虏二十馀万人　按：《刊误》谓案文多一“人”字。

〔34〕 匈奴河　《刊误》谓“奴”字衍。按：匈奴河或省称匈河耳，“奴”字非衍，
　　　参阅《窦融传》校记。

〔35〕 夜围北单于〔单于〕大惊　据《刊误》补。

〔36〕 获阏氏　按：《校补》谓据《和纪》，此阏氏，单于母也。纪亦言“获”，而
　　　《耿秉传》独言“斩”。

〔37〕 故（从）事中郎将置从事二人　《刊误》谓案文多一“从”字，言故事如此。
　　　今据删。

〔38〕 右校尉耿夔　按：《集解》引钱大昕说，谓“右”当作“左”。

〔39〕 赐玉剑四具羽盖一驷　按：《刊误》谓当云“玉具剑四”，又衍一“驷”字。

〔40〕 而不附安国〔安国〕由是疾师子　据《通志》补。

〔41〕 副中郎〔将〕庞雄　据《刊误》补。

〔42〕 安帝即位之二年也　按：安帝于殇帝延平元年即位，至永初三年，即位
　　　已四年矣，“二”乃“四”之讹。

〔43〕 安帝永初（六）〔八〕年　据《集解》引洪亮吉说改。

〔44〕 诸降胡馀万人　按：汲本、殿本“馀万人”作“万馀人”。

〔45〕 部众分散　按：“散”原讹“明”，径改正。

〔46〕 温禺犊王呼尤徽　按：《校补》谓《通志》“徽”作“徵”，下并同。

〔47〕 弟拔立　《集解》引惠栋说，谓凡单于立皆载号谥。下云“乌稽侯尸逐鞮
　　　单于”，乃拔号谥也。“弟拔立”已下当接此文，今错出“耿夔复免”以下
　　　十五字，未知所属，当有脱误。按：《校补》谓案《通志》“耿夔复免”以下
　　　十五字在“乌稽侯尸逐鞮单于拔延光三年立”下，“耿夔”上并有“是岁”
　　　二字，知今本皆涉上“立”字误倒，又脱二字也。

〔48〕 以太原太守法度代为将军　按：《刊误》谓一传中处处皆云“度辽将军”，
　　　惟三处没“度辽”字，以后又复举之，明此三处脱漏也。

〔49〕 新降一部大人阿族等遂反畔　按：《集解》引钱大昕说，谓《安帝纪》云南

匈奴左日逐王叛。

〔50〕 句龙王　按:《顺帝纪》作"句龙大人"。钱大昕谓王与大人皆匈奴尊称,译语小异。

〔51〕 中国之所长(也)　据殿本删。按:《校补》谓钱校本据闽本亦无"也"字,《通志》同。

〔52〕 此则陈龟之由也　按:据张元济《校勘记》"由"原作"同",然今商务影印本亦作"由",殆依殿本描改。又按:"同"字当误。"之由"上疑脱"获罪"二字。

〔53〕 犹书云谟谋　汲本"谟谋"作"谋谟"。按:《校补》谓今案《尚书》,无"谋谟""谟谋"连文之处,疑皆"谋猷"之误,猷本亦训谋也。注或涉下文"谋谟"而误。又按:注"犹书云"至"古书之重语"应在正文"马续素有谋谟"句下,然各本皆同,故不改。

〔54〕 〔则〕匈奴之兵不能当也　据殿本补。

〔55〕 下马地斗　按:殿本"地"作"步"。

〔56〕 去就相簿　汲本、殿本"簿"作"薄"。按:薄簿通。

〔57〕 薁鞬或作薁鞬　按:沈家本谓《顺帝纪》作"薁鞬"。

〔58〕 即今之斗(用)朋　据《刊误》改。

〔59〕 延熹元年　按:"元"原讹"九",迳改正。

〔60〕 夷狄无字　按:《刊误》谓此上当有"一说"二字。

〔61〕 熹平灵帝之元年　按:《校补》引柳从辰说,谓应作"灵帝建宁五年改为熹平元年"。

〔62〕 单于呼徵　按:《集解》引惠栋说,谓《袁纪》作"呼演"。

〔63〕 单于羌渠　按:《集解》引惠栋说,谓《袁纪》作"羌深"。

〔64〕 休著各　按:《集解》引钱大昕说,谓《灵帝纪》作"休屠各"。屠音储,而著亦音直虑切,译语有重轻,其实一也。《乌桓鲜卑传》俱云"休著屠各",此必读范《史》者音著为屠,后遂搀入正文耳。

〔65〕 又徙迁许　按:张森楷《校勘记》谓"徙"当作"从"。

〔66〕 究掩其窟穴　按:《校补》谓究掩二字各一义,不能连文,疑衍一字。

〔67〕 归(河)西〔河〕于内地　《集解》引陈景云说,谓"河西"当作"西河",时南单于屯西河美稷县也,正与上句"南虏"相对。今据改。

〔68〕 虏庭分争谓五单于〔争〕国　据《校补》补。

〔69〕 赞谒(者)称臣而不名　据《刊误》删。

〔70〕 及诸蛮夷君长〔王〕侯数万人　据汲本、殿本补。

〔71〕 匈奴既降　按:"既"原讹"即",径改正。

〔72〕 三世称〔藩〕　据《前书·赞》补。

〔73〕 是时边城晏闭　汲本"闭"作"闲"。按:《校补》谓晏闲即安闲,以后文"塞地晏然"证之,说亦可通。

〔74〕 世祖二年令中郎将韩统报命　按:沈家本谓韩统报命乃六年事,云"二年",误。

〔75〕 北虏(乌孙)遂奔〔乌孙〕　据《校补》改。

〔76〕 即勒燕然　汲本、殿本"即"作"绩"。按:疑原作"既勒燕然","既"与"即"形近而讹,下文注有"既勒燕然之后"云云,可证也。

〔77〕 即宜奖成南部　按:汲本"奖"作"權",殿本作"搆"。

〔78〕 滋生孽栽　按:"栽"原作"裁",径据汲本、殿本改。

〔79〕 共秃翁何为首鼠两端　汲本、殿本"共"作"老"。今按:《前书》云"与长孺共一秃翁,何为首鼠两端",《史记》则作"与长孺共一老秃翁,何为首鼠两端",此注"共"下脱一"一"字,而"共"作"老",或后人依《史记》改也。

〔80〕 秃翁即乃翁也　殿本、《集解》本"乃翁"作"天翁"。按:王应麟《困学纪闻》卷十三,略谓刘赣父《东汉刊误》谓列传第七十九注最浅陋,章怀注书,分与诸臣,疑其将终篇,故特草草耳。今观注引《前书》,谓秃翁即天翁,其谬甚矣。是王氏所见本亦作"天翁"也。

后汉书卷九十

乌桓鲜卑列传第八十

乌桓者,本东胡也。[1]汉初,匈奴冒顿灭其国,馀类保乌桓山,因以为号焉。俗善骑射,弋猎禽兽为事。随水草放牧,居无常处。以穹庐为舍,东开向日。食肉饮酪,以毛毳为衣。①贵少而贱老,其性悍塞。②[2]怒则杀父兄,而终不害其母,以母有族类,父兄无相仇报故也。有勇健能理决斗讼者,推为大人,无世业相继。邑落各有小帅,数百千落自为一部。大人有所召呼,则刻木为信,虽无文字,而部众不敢违犯。氏姓无常,以大人健者名字为姓。大人以下,各自畜牧营产,不相徭役。其嫁娶则先略女通情,③或半岁百日,然后送牛马羊畜,以为娉币。婿随妻还家,妻家无尊卑,旦旦拜之,而不拜其父母。为妻家仆役,一二年间,妻家乃厚遣送女,居处财物一皆为办。其俗妻后母,报寡嫂,死则归其故夫。计谋从用妇人,唯斗战之事乃自决之。父子男女相对踞蹲。以髡头为轻便。妇人至嫁时乃养发,分为髻,著句决,饰以金碧,犹中国有簂步摇。④[3]妇人能刺韦作文绣,织氀毼。⑤男子能作弓矢鞍勒,⑥锻金铁为兵器。其土地宜穄及东墙。东墙似蓬草,实如穄子,[4]至十月而熟。见鸟兽孕乳,以别四节。

①郑玄注《周礼》曰:"毛之缛细者为毳也。"

②《说文》曰:"悍,勇也。"塞谓不通。

③杜预注《左传》曰:"不以道取为略。"

④簂音(吉)[古]诲反。[5]字或为"帼",妇人首饰也。《续汉·舆服志》曰:"公卿列侯夫人绀缯帼。"《释名》云"皇后首饰,上有垂珠,步则摇之"也。

⑤《广雅》曰:"氀毼罽也。"氀音力于反。毼音胡达反。

⑥勒，马衔也。

俗贵兵死，敛尸以棺，有哭泣之哀，至葬则歌舞相送。肥养一犬，以彩绳缨牵，并取死者所乘马衣物，皆烧而送之，言以属累犬，①使护死者神灵归赤山。赤山在辽东西北数千里，如中国人死者魂神归岱山也。②敬鬼神，祠天地日月星辰山川及先大人有健名者。祠用牛羊，毕皆烧之。其约法：违大人言者，罪至死；若相贼杀者，令部落自相报，不止，诣大人告之，听出马牛羊以赎死；其自杀父兄则无罪；若亡畔为大人所捕者，邑落不得受之，皆徙逐于雍狂之地，沙漠之中。其土多蝮蛇，在丁令西南，乌孙东北焉。③

①属累犹付托也。属音之欲反。累音力瑞反。

②《博物志》："泰山，天帝孙也，主召人魂。东方万物始，故知人生命。"

③《前书音义》曰："丁令，匈奴别种也。令音零。"

乌桓自为冒顿所破，众遂孤弱，常臣伏匈奴，岁输牛马羊皮，过时不具，辄没其妻子。及武帝遣骠骑将军霍去病击破匈奴左地，因徙乌桓于上谷、渔阳、右北平、辽西、辽东五郡塞外，为汉侦察匈奴动静。①其大人岁一朝见，于是始置护乌桓校尉，秩二千石，拥节监领之，使不得与匈奴交通。

①侦，觇也，音丑政反。

昭帝时，乌桓渐强，乃发匈奴单于冢墓，以报冒顿之怨。匈奴大怒，乃东击破乌桓，大将军霍光闻之，因遣度辽将军范明友将二万骑出辽东邀匈奴，而虏已引去。明友乘乌桓新败，遂进击之，斩首六千馀级，获其三王首而还。由是乌桓复寇幽州，明友辄破之。宣帝时，乃稍保塞降附。

及王莽篡位，欲击匈奴，兴十二部军，使东域将严尤领乌桓、丁令兵屯代郡，皆质其妻子于郡县。乌桓不便水土，惧久屯不休，数求谒去。莽不肯遣，遂自亡畔，〔6〕还为抄盗，而诸郡尽杀其质，由是结怨于莽。匈奴因诱其豪帅以为吏，馀者皆羁縻属之。

光武初，乌桓与匈奴连兵为寇，代郡以东尤被其害。居止近塞，朝发穹庐,暮至城郭,五郡民庶,家受其辜,至于郡县损坏,百姓流亡。其在上谷塞外白山者,最为强富。

建武二十一年,遣伏波将军马援将三千骑出五阮关掩击之。① 乌桓逆知,悉相率逃走,追斩百级而还。乌桓复尾击援后,援遂晨夜奔归,比入塞,马死者千馀匹。

①关在代郡。

二十二年,匈奴国乱,乌桓乘弱击破之,匈奴转北徙数千里,漠南地空,帝乃以币帛赂乌桓。二十五年,辽西乌桓大人郝旦等九百二十二人率众向化,诣阙朝贡,献奴婢牛马及弓虎豹貂皮。

是时四夷朝贺,络驿而至,天子乃命大会劳飨,赐以珍宝。乌桓或愿留宿卫,于是封其渠帅为侯王君长者八十一人,〔7〕皆居塞内,布于缘边诸郡,令招来种人,给其衣食,遂为汉侦候,助击匈奴、鲜卑。时司徒掾班彪上言:“乌桓天性轻黠,好为寇贼,若久放纵而无总领者,必复侵掠居人,但委主降掾史,①恐非所能制。臣愚以为宜复置乌桓校尉,诚有益于附集,省国家之边虑。”帝从之。于是始复置校尉于上谷宁城,②开营府,并领鲜卑,赏赐质子,岁时互市焉。

①盖当时权置也。下兵马掾亦同也。
②宁城,县名。《前书》宁县作“宁”,《史记》宁城亦作“宁”,宁宁两字通也。

及明、章、和三世,皆保塞无事。安帝永初三年夏,渔阳乌桓与右北平胡千馀寇代郡、上谷。秋,雁门乌桓率众王无何(允),〔8〕与鲜卑大人丘伦等,及南匈奴骨都侯,合七千骑寇五原,与太守战于九原高渠谷,①汉兵大败,杀郡长吏。乃遣车骑将军何熙、度辽将军梁慬等击,大破之。无何乞降,鲜卑走还塞外。是后乌桓稍复亲附,拜其大人戎朱廆为亲汉都尉。②〔9〕

①九原,县名,属五原郡。
②廆音胡罪反。

顺帝阳嘉四年冬,乌桓寇云中,遮截道上商贾车牛千馀两,度辽将

军耿晔率二千馀人追击,不利,又战于沙南,斩首五百级。①乌桓遂围晔
于兰池城,于是发积射士二千人,度辽营千人,配上郡屯,以讨乌桓,乌
桓乃退。永和五年,乌桓大人阿坚、羌渠等与南匈奴左部句龙吾斯反
畔,中郎将张耽击破斩之,馀众悉降。桓帝永寿中,朔方乌桓与休著屠
各并畔,〔10〕中郎将张奂击平之。延熹九年夏,乌桓复与鲜卑及南匈奴
(鲜卑)寇缘边九郡,〔11〕俱反,张奂讨之,皆出塞去。

　　①沙南,县,属云中郡,有兰池城。

　　灵帝初,乌桓大人上谷有难楼者,众九千馀落,辽西有丘力居者,众
五千馀落,皆自称王;又辽东苏仆延,众千馀落,自称峭王;①右北平乌
延,众八百馀落,自称汗鲁王:并勇健而多计策。中平四年,前中山太守
张纯畔,入丘力居众中,自号弥天安定王,遂为诸郡乌桓元帅,寇掠青、
徐、幽、冀四州。五年,以刘虞为幽州牧,虞购募斩纯首,北州乃定。

　　①峭音七笑反。

　　献帝初平中,丘力居死,子楼班年少,从子蹋顿有武略,代立,①总
摄三郡,众皆从其号令。建安初,冀州牧袁绍与前将军公孙瓒相持不
决,蹋顿遣使诣绍求和亲,遂遣兵助击瓒,破之。绍矫制赐蹋顿、难楼、
苏仆延、乌延等,皆以单于印绶。后难楼、苏仆延率其部众奉楼班为单
于,蹋顿为王,然蹋顿犹秉计策。广阳人阎柔,少没乌桓、鲜卑中,为其
种人所归信,柔乃因鲜卑众,杀乌桓校尉邢举而代之。袁绍因宠慰柔,
以安北边。及绍子尚败,奔蹋顿。时幽、冀吏人奔乌桓者十万馀户,尚
欲凭其兵力,复图中国。会曹操平河北,阎柔率鲜卑、乌桓归附,操即以
柔为校尉。建安十二年,曹操自征乌桓,〔12〕大破蹋顿于柳城,斩之,首
虏二十馀万人。袁尚与楼班、乌延等皆走辽东,辽东太守公孙康并斩送
之。其馀众万馀落,悉徙居中国云。

　　①蹋音大蜡反。

　　鲜卑者,亦东胡之支也,别依鲜卑山,故因号焉。其言语习俗与乌

桓同。唯婚姻先髡头,以季春月大会于饶乐水上,①饮宴毕,然后配合。又禽兽异于中国者,野马、原羊、〔13〕角端牛,以角为弓,俗谓之角端弓者。②又有貂、豽、鼲子,皮毛柔蝡,③故天下以为名裘。

①水在今营州北。

②郭璞注《尔雅》曰:"原羊似吴羊而大角,出西方。"《前书·音义》曰:"角端似牛,角可为弓。"

③豽音女滑反。鼲音胡昆反。貂、鼲并鼠属。豽,猴属也。

汉初,亦为冒顿所破,远窜辽东塞外,与乌桓相接,未常通中国焉。光武初,匈奴强盛,率鲜卑与乌桓寇抄北边,杀略吏人,无有宁岁。建武二十一年,鲜卑与匈奴入辽东,辽东太守祭肜击破之,斩获殆尽,事已具《肜传》,由是震怖。及南单于附汉,北虏孤弱,二十五年,鲜卑始通驿使。〔14〕

其后都护偏何等诣祭肜求自效功,因令击北匈奴左伊育訾部,〔15〕斩首二千馀级。其后偏何连岁出兵击北虏,还辄持首级诣辽东受赏赐。三十年,〔16〕鲜卑大人於仇贲、满头等率种人诣阙朝贺,慕义内属。帝封於仇贲为王,满头为侯。时渔阳赤山乌桓歆志贲〔17〕等数寇上谷。永平元年,祭肜复赂偏何击歆志贲,破斩之,于是鲜卑大人皆来归附,并诣辽东受赏赐,青徐二州给钱岁二亿七千万为常。明章二世,保塞无事。

和帝永元中,大将军窦宪遣右校尉耿夔击破匈奴,北单于逃走,鲜卑因此转徙据其地。匈奴馀种留者尚有十馀万落,皆自号鲜卑,鲜卑由此渐盛。九年,辽东鲜卑攻肥如县,①太守祭参坐沮败,下狱死。十三年,辽东鲜卑寇右北平,因入渔阳,渔阳太守击破之。延平元年,〔18〕鲜卑复寇渔阳,太守张显率数百人出塞追之。兵马掾严授谏曰:"前道险阻,贼势难量,宜且结营,先令轻骑侦视之。"显意甚锐,怒欲斩之。因复进兵,遇虏伏发,士卒悉走,唯授力战,身被十创,手杀数人而死。显中流矢,主簿卫福、功曹徐咸皆自投赴显,俱殁于阵。邓太后策书褒叹,赐显钱六十万,以家二人为郎;授、福、咸各钱十万,除一子为郎。

①肥如县,故城在今平州也。

安帝永初中,鲜卑大人燕荔阳诣阙朝贺,邓太后赐燕荔阳王印绶,赤车参驾,令止乌桓校尉所居甯城下,通胡市,因筑南北两部质馆。① 鲜卑邑落百二十部,各遣入质。是后或降或畔,与匈奴、乌桓更相攻击。

①筑馆以受降质。

元初二年秋,辽东鲜卑围无虑县,① 州郡合兵固保清野,鲜卑无所得。② 复攻扶黎营,杀长吏。③ 四年,辽西鲜卑连休等遂烧塞门,寇百姓。乌桓大人於秩居等与连休有宿怨,共郡兵奔击,大破之,斩首千三百级,悉获其生口牛马财物。五年秋,代郡鲜卑万馀骑遂穿塞入寇,分攻城邑,烧官寺,杀长吏而去。乃发缘边甲卒、黎阳营兵,屯上谷以备之。冬,鲜卑入上谷,攻居庸关,复发缘边诸郡、黎阳营兵、积射士步骑二万人,屯列冲要。六年秋,鲜卑入马城塞,杀长吏,④ 度辽将军邓遵发积射士三千人,及中郎将马续率南单于,与辽西、右北平兵马会,出塞追击鲜卑,大破之,获生口及牛羊财物甚众。又发积射士三千人,马三千匹,诣度辽营屯守。

①无虑县属辽东郡。
②清野谓收敛积聚,不令寇得之也。
③扶黎,县,属辽东属国,故城在今营州东〔南〕。〔19〕
④马城,县名,属代郡也。

永宁元年,辽西鲜卑大人乌伦、其至鞬率众诣邓遵降,奉贡献。诏封乌伦为率众王,其至鞬为率众侯,赐彩缯各有差。

建光元年秋,其至鞬复畔,寇居庸,云中太守成严击之,兵败,功曹杨穆以身捍严,与俱战殁。鲜卑于是围乌桓校尉徐常于马城。度辽将军耿夔与幽州刺史庞参发广阳、渔阳、涿郡甲卒,分为两道救之;常夜得潜出,与夔等并力并进,攻贼围,解之。鲜卑既累杀郡守,胆意转盛,控弦数万骑。延光元年冬,复寇雁门、定襄,遂攻太原,掠杀百姓。二年冬,其至鞬自将万馀骑入东领候,分为数道。攻南匈奴于曼柏,① 薁鞬日逐王战死,杀千馀人。三年秋,复寇高柳,击破南匈奴,杀渐将王。〔20〕

①县名,属五原郡也。

　　顺帝永建元年秋,鲜卑其至鞬寇代郡,太守李超战死。明年春,中郎将张国遣从事将南单于兵步骑万馀人出塞,击破之,获其资重二千馀种。[21]时辽东鲜卑六千馀骑亦寇辽东玄菟,乌桓校尉耿晔发缘边诸郡兵及乌桓率众王出塞击之,斩首数百级,大获其生口牛马什物,[22]鲜卑乃率种众三万人诣辽东乞降。三年,四年,鲜卑频寇渔阳、朔方。六年秋,耿晔遣司马将胡兵数千人,出塞击破之。冬,渔阳太守又遣乌桓兵击之,斩首八百级,获牛马生口。乌桓豪人扶漱官勇健,①每与鲜卑战,辄陷敌,诏赐号“率众君”。

　　①漱音所救反。

　　阳嘉元年冬,耿晔遣乌桓亲汉都尉戎朱庲率众王侯咄归等,[23]出塞抄击鲜卑,大斩获而还,赐咄归等已下为率众王、侯、长,赐彩缯各有差。鲜卑后寇辽东属国,于是耿晔乃移屯辽东无虑城拒之。二年春,匈奴中郎将赵稠[24]遣从事将南匈奴骨都侯夫沈等,出塞击鲜卑,破之,斩获甚众,诏赐夫沈金印紫绶及缣彩各有差。秋,鲜卑穿塞入马城,代郡太守击之,不能克。后其至鞬死,鲜卑抄盗差稀。

　　桓帝时,鲜卑檀石槐者,其父投鹿侯,初从匈奴军三年,其妻在家生子。投鹿侯归,怪欲杀之。妻言尝昼行闻雷震,仰天视而雹入其口,因吞之,遂妊身,十月而产,此子必有奇异,且宜长视。投鹿侯不听,遂弃之。妻私语家令收养焉,名檀石槐。年十四五,勇健有智略。异部大人抄取其外家牛羊,檀石槐单骑追击之,所向无前,悉还得所亡者,由是部落畏服。乃施法禁,平曲直,无敢犯者,遂推以为大人。檀石槐乃立庭于弹汗山[25]歠仇水上,①去高柳北三百馀里,兵马甚盛,东西部大人皆归焉。因南抄缘边,北拒丁零,东却夫馀,西击乌孙,尽据匈奴故地,东西万四千馀里,南北七千馀里,网罗山川水泽盐池。

　　①歠音昌悦反。

　　永寿二年秋,檀石槐遂将三四千骑寇云中。延熹元年,鲜卑寇北边。冬,使匈奴中郎将张奂率南单于出塞击之,斩首二百级。二年,复入雁门,杀数百人,大抄掠而去。六年夏,千馀骑寇辽东属国。九年夏,遂分骑数万人入缘边九郡,并杀掠吏人,于是复遣张奂击之,鲜卑乃出塞去。朝廷积患之,而不能制,遂遣使持印绶封檀石槐为王,欲与和亲。檀石槐不肯受,而寇抄滋甚。乃自分其地为三部,从右北平以东至辽东,接夫馀、濊貊二十馀邑为东部,从右北平以西至上谷十馀邑为中部,从上谷以西至敦煌、乌孙二十馀邑为西部,各置大人主领之,皆属檀石槐。

灵帝立,幽、并、凉三州缘边诸郡无岁不被鲜卑寇抄,杀略不可胜数。熹平三年冬,鲜卑入北地,太守夏育率休著屠各追击破之。迁育为护乌桓校尉。五年,鲜卑寇幽州。六年夏,鲜卑寇三边。秋,夏育上言:“鲜卑寇边,自春以来,三十馀发,请征幽州诸郡兵出塞击之,一冬二春,必能禽灭。”朝廷未许。先是护羌校尉田晏坐事论刑被原,欲立功自效,乃请中常侍王甫求得为将,甫因此议遣兵与育并力讨贼。帝乃拜晏为破鲜卑中郎将。大臣多有不同,乃召百官议朝堂。议郎蔡邕议曰:

《书》戒猾夏,《易》伐鬼方,①周有猃狁、蛮荆之师,②汉有阗颜、瀚海之事。③征讨殊类,所由尚矣。然而时有同异,势有可否,故谋有得失,事有成败,不可齐也。

①《尚书·舜典》曰:“蛮夷猾夏,寇贼奸宄。”猾,乱也。《易·既济·九三》爻辞曰:“高宗伐鬼方,三年而克之。”《前书》淮南王安曰:“鬼方,小蛮夷也。”《音义》曰:“鬼方,远方也。”

②《诗·小雅》曰:“显允方叔,征伐猃狁,蛮荆来威。”

③武帝使大将军卫青击匈奴,至阗颜山,斩首万馀级。使霍去病击匈奴,封狼居胥山,登临瀚海也。

武帝情存远略,志辟四方,南诛百越,北讨强胡,西伐大宛,东并朝鲜。因文、景之蓄,藉天下之饶,数十年间,官民俱匮。乃兴盐铁酒榷之利,设告缗重税之令,①民不堪命,起为盗贼,关东纷扰,道路不通。②绣衣直指之使,奋铁钺而并出。③既而觉悟,乃息兵罢役,〔封〕丞相为富民侯。④〔26〕故主父偃曰:“夫务战胜,穷武事,未有不悔者也。"⑤夫以世宗神武,〔27〕将相良猛,〔28〕财赋充实,所拓广远,犹有悔焉。况今人财并乏,事劣昔时乎!

①武帝使东郭咸阳等领天下盐铁,敢私铸钱卖盐者钛左趾。〔29〕榷,专也。官自卖酒,人不得卖也。又算缗钱,率缗钱二千而算一,令各以其物自占。占不悉,听人告缗,以半与之。《音义》曰:"缗,丝也。用以贯钱,故曰缗钱。一算百二十也。"
②武帝天汉二年,泰山、琅邪群贼徐勃等阻山攻城,道路不通。
③武帝使直指使者暴胜之等衣绣仗斧,分部逐捕也。
④封丞相车千秋为富民侯,以明休息,思富养人。
⑤武帝时,齐相主父偃谏伐匈奴之辞。

　　自匈奴遁逃,鲜卑强盛,据其故地,称兵十万,才力劲健,意智益生。加以关塞不严,禁网多漏,精金良铁,皆为贼有;汉人逋逃,为之谋主,兵利马疾,过于匈奴。昔段颎良将,习兵善战,有事西羌,犹十馀年。今育、晏才策,未必过颎,鲜卑种众,不弱于曩时。而虚计二载,自许有成,若祸结兵连,岂得中休? 当复征发众人,转运无已,是为耗竭诸夏,并力蛮夷。夫边垂之患,手足之蚧搔;中国之困,胸背之瘭疽。①方今郡县盗贼尚不能禁,况此丑虏而可伏乎!

①蚧音介。搔音新到反。《埤苍》曰:"瘭音必烧反。"杜预注《左传》曰:"疽,恶创也。"

昔高祖忍平城之耻,吕后弃慢书之诟,①方之于今,何者为甚?
①诟,耻也,音许豆反。

　　天设山河,〔30〕秦筑长城,汉起塞垣,所以别内外,异殊俗也。苟无蹙国内侮之患则可矣,①岂与虫蚁(校)〔狡〕寇计争往来哉!〔31〕虽或破之,岂可殄尽,而方(今)〔令〕本朝为之旰食乎?②〔32〕
①蹙国,解见《西域传》。
②旰,晚也。《左传》伍子胥曰:"楚君大夫,其旰食乎!"

　　夫专胜者未必克,挟疑者未必败,众所谓危,圣人不任,朝议有嫌,明主不行也。昔淮南王安谏伐越曰:"天子之兵,有征无战。言其莫敢校也。①如使越人蒙死以逆执事，厮舆之卒，②有一不备而归者，虽得越王之首，而犹为大汉羞之。"而欲以齐民易丑虏，皇威辱外夷，就如其言，犹已危矣，况乎得失不可量邪！昔珠崖郡反，孝元皇帝纳贾捐之言，而下诏曰："珠崖背畔，今议者或曰可讨，或曰弃之。朕日夜惟思，羞威不行，则欲诛之；通于时变，复忧万民。夫万民之饥与远蛮之不讨，何者为大？宗庙之祭，凶年犹有不备，况避不嫌之辱哉！〔33〕今关东大困，无以相赡，又当动兵，〔34〕非但劳民而已。其罢珠崖郡。"此元帝所以发德音也。夫恤民救急，虽成郡列县，尚犹弃之，况障塞之外，未尝为民居者乎！守边之术，李牧善其略，③〔35〕保塞之论，严尤申其要，④遗业犹在，文章具存，循二子之策，守先帝之规，臣曰可矣。

①校，报也。

②《前书音义》曰："厮，微也。舆，众也。"

③《史记》曰，李牧，赵之北边良将也。常居代、雁门备匈奴，以便宜置吏，市租不入幕府，为士卒费，谨烽火，边无失亡也。

④《前书》王莽发三十万众，十道出击匈奴。莽将严尤谏曰："匈奴为害，所从来久，未闻上代有征之者也。后世三家周、秦、汉征之，然皆未有得上策者也。周宣王时猃狁内侵，至于泾阳，命将出征之，尽境而还，是得中策。武帝选将练兵，深入远戍，兵连祸结三十馀年，是为下策。秦始皇不忍小耻，筑长城之固，以丧社稷，是为无策。"班固曰："若乃征伐之功，秦、汉行事，严尤论之常也。

帝不从。①遂遣夏育出高柳，田晏出云中，匈奴中郎将臧旻率南单于出雁门，各将万骑，三道出塞二千馀里。檀石槐命三部大人各帅众逆战，育等大败，丧其节传辎重，各将数十骑奔还，〔36〕死者十七八。三将槛车征下狱，赎为庶人。冬，鲜卑寇辽西。光和元年冬，又寇酒泉，缘边莫不被毒。种众日多，田畜射猎不足给食，檀石槐乃自徇行，见乌侯秦水广从数百里，水停不流，②其中有鱼，不能得之。闻倭人善网捕，于是东击倭人国，〔37〕得千馀家，徙置秦水上，令捕鱼以助粮食。

①《左传》曰，楚大夫蓬启彊对楚灵王曰："晋之事君，臣曰可矣。"

②从音子用反。

光和中,檀石槐死,时年四十五,子和连代立。和连才力不及父,亦数为寇抄,性贪淫,断法不平,众畔者半。后出攻北地,廉人善弩射者①射中和连,即死。其子骞曼年小,兄子魁头立。后骞曼长大,与魁头争国,众遂离散。魁头死,弟步度根立。自檀石槐后,诸大人遂世相传袭。

①廉,县名,属北地郡。

论曰:四夷之暴,其势互强矣。匈奴炽于隆汉,西羌猛于中兴。而灵献之间,二虏迭盛,石槐骁猛,尽有单于之地,蹋顿凶桀,公据辽西之土。其陵跨中国,结患生人者,靡世而宁焉。然制御上略,历世无闻;周、汉之策,仅得中下。将天之冥数,以至于是乎?

赞曰:二虏首施,鲠我北垂。道畅则驯,时薄先离。

【校勘记】

〔1〕　乌桓者本东胡也　　按:《魏志》"桓"皆作"丸"。

〔2〕　其性悍塞　　按:《集解》引惠栋说,谓《魏书》"悍塞"作"悍鹜"。

〔3〕　簂步摇　　按:《三国志》注引《魏书》作"冠步摇"。

〔4〕　实如稯子　　按:《三国志》注引《魏书》"稯"作"葵"。

〔5〕　簂音〔吉〕〔古〕诲反　　按:张森楷《校勘记》谓吉簂不同母,不得用为反切。据《广韵》古对切,《集韵》古获切,疑此"吉"字亦"古"字之误。今据改。

〔6〕　遂自亡畔　　"自"原作"皆",径据汲本、殿本改。按:《通志》亦作"自"。

〔7〕　郝旦等九百二十二人率众向化诣阙朝贡至于是封其渠帅为侯王君长者八十一人　　按:《魏志·乌丸传》注引《魏书》,云"乌丸大人郝旦等九千馀人,率众诣阙,封其渠帅为侯王者八十馀人",与此异。"郝旦"作"郝且",旦且形近,未知孰是。

〔8〕　雁门乌桓率众王无何〔允〕　　据《刊误》删。按:《校补》谓《通志》亦无"允"字。

〔9〕 拜其大人戎朱廆为亲汉都尉　《集解》引惠栋说,谓《续汉书》及《魏书》"朱"作"末"。按:《校补》谓《通志》亦作"末"。

〔10〕 朔方乌桓与休著屠各并畔　按:"休著屠各"《灵帝纪》作"休屠各",《南匈奴传》作"休著各",此作"休著屠各"者,钱大昕谓乃读《范史》者音著为屠,后遂搀入正文耳。参阅《南匈奴传·校勘记》。

〔11〕 延熹九年夏乌桓复与鲜卑及南匈奴(鲜卑)寇缘边九郡　按:《校补》引钱大昭说,谓下"鲜卑"二字疑衍。本纪是年六月南匈奴及乌桓、鲜卑寇缘边九郡。今删。

〔12〕 建安十二年曹操自征乌桓　《集解》引惠栋说,谓《魏书》作"十一年"。今按《魏志·武纪》在建安十二年夏,《魏志·乌丸传》作"十一年",误。

〔13〕 原羊　按:殿本《考证》谓何焯校本"原"改"羱"。

〔14〕 鲜卑始通驿使　按:《刊误》谓"驿"当作"译"。

〔15〕 北匈奴左伊育訾部　按:《集解》引惠栋说,谓《祭肜传》"育"作"秩"。

〔16〕 三十年　按:《集解》引惠栋说,谓《袁纪》作"三十一年"。

〔17〕 歆志贲　按:殿本《考证》谓《魏志》注"歆"作"钦"。

〔18〕 延平元年　按:《集解》引王补说,谓"延平"上应有"殇帝"二字。

〔19〕 故城在今营州东〔南〕　据汲本、殿本补。

〔20〕 杀渐将王　按:殿本"渐"作"斩"。参阅《南匈奴传》校勘记。

〔21〕 获其资重二千馀种　按:《校补》谓"种"疑当作"辆"。

〔22〕 牛马什物　按:殿本作"牛羊财物"。

〔23〕 耿晔遣乌桓亲汉都尉戎朱廆率众王侯咄归等　按:《刊误》谓《魏志》此"众"字作"将"字,言率将胡王等出塞,后乃封为率众王侯长也。

〔24〕 匈奴中郎将赵稠　按:沈家本谓"赵稠"纪作"王稠"。"匈奴"上夺"使"字。

〔25〕 弹汗山　按:《集解》引惠栋说,谓"汗"《通鉴》作"汙"。

〔26〕 〔封〕丞相为富民侯　据汲本、殿本补。

〔27〕 夫以世宗神武　张森楷《校勘记》谓《群书治要》"世宗"作"武帝",是知《范书》原文作"武帝",后人妄以武帝本是世宗,唐避讳改,遂回改为"世宗",而不知非也。今按《邕集》作"世宗"。

〔28〕 将相良猛　按:汲本、殿本"相"作"帅"。

〔29〕 钛左趾　按:"钛"原作"钛",径据殿本、《集解》本改。

〔30〕 天设山河　按:《校补》谓《通志》"山河"作"沙漠"。

〔31〕 岂与虫蚁(校)〔狡〕寇计争往来哉　《校补》谓"校"为"狡"之讹。并引柳从辰说,谓《蔡邕集》"校"作"狡"。今据改。

〔32〕 而方(今)〔令〕本朝为之旰食乎　《刊误》谓"今"当作"令"。张森楷《校勘记》谓《治要》作"令"。今据改。

〔33〕 况避不嫌之辱哉　按:《校补》谓柳从辰云《蔡邕集》"嫌"作"逊",今案《前书》本作"嫌"。

〔34〕 又当动兵　《集解》引惠栋说,谓《邕集》"当"作"议"。今按:《前书》作"以"。

〔35〕 守边之术李牧善其略　按:《校补》谓《通志》"守"作"备","略"作宜"。

〔36〕 各将数十骑奔还　汲本、殿本"数十"作"数千"。按:殿本《考证》谓"数千"《通鉴》作"数十"为是。

〔37〕 闻倭人善网捕于是东击倭人国　按:《魏志·鲜卑传》注引《魏书》"倭"作"汗"。

后汉书志第一

律历上

律准　候气

　　古之人论数也,曰"物生而后有象,象而后有滋,滋而后有数"。然则天地初形,人物既著,则算数之事生矣。记称大桡作甲子,①隶首作数。②二者既立,以比日表,③以管万事。夫一、十、百、千、万,所同用也;律、度、量、衡、历,其别用也。故体有长短,检以度;④物有多少,受以量;⑤量有轻重,平以权衡;⑥声有清浊,协以律吕;三光运行,纪以历数:然后幽隐之情,精微之变,可得而综也。⑦

①《吕氏春秋》曰:"黄帝师大桡。"《博物记》曰:"容成氏造历,黄帝臣也。"《月令章句》:"大桡探五行之情,占斗纲所建,于是始作甲乙以名日,谓之干,作子丑以名(日)〔月〕,〔1〕谓之枝,枝干相配,以成六旬。"

②《博物记》曰:"隶首,黄帝之臣。"一说,隶首,善算者也。

③表即晷景。

④《说苑》曰:"以粟生之,(十)〔一〕粟为一分,〔2〕十分为一寸,十寸为一尺,十尺为一丈。"

⑤《说苑》曰:"千二百粟为一龠,十龠为一合,十合为一升,十升为一斗,十斗为一斛。"

⑥《说苑》曰:"十粟重一圭,十圭重一铢,〔3〕二十四铢重一两,十六两重一斤,三十斤重一钧,四钧重一石。"

⑦《前志》曰:"夫推历生律,制器规圆矩方,权重衡平,准绳嘉量,探赜索隐,钩深致远,莫不用焉。度长短者不失毫厘,量多少者不失圭撮,权轻重者不失黍累。纪于一,协于十,长于百,大于千,广于万。"〔4〕

　　汉兴,北平侯张苍首治律历。孝武正乐,置协律之官。至元始中,博征通知钟律者,考其意义,羲和刘歆典领条奏,前史班固取以为志。而元帝时,郎中京房(房字君明)知五声之音,六律之数。〔5〕上使太子太傅(韦)玄成(字少翁)、〔6〕谏议大夫章,杂试问房于乐府。房对:“受学故小黄令焦延寿。六十律相生之法:以上生下,皆三生二,以下生上,皆三生四,阳下生阴,阴上生阳,终于中吕,而十二律毕矣。中吕上生执始,执始下生去灭,上下相生,终于南事,六十律毕矣。夫十二律之变至于六十,犹八卦之变至于六十四也。宓羲作《易》,纪阳气之初,以为律法。建日冬至之声,以黄钟为宫,太蔟为商,姑洗为角,林钟为徵,南吕为羽,应钟为变宫,蕤宾为变徵。①此声气之元,五音之正也。故各(终)〔统〕一日。〔7〕其馀以次运行,当日者各自为宫,而商徵以类从焉。②《礼运篇》曰‘五声、六律、十二管还相为宫’,此之谓也。③以六十律分期之日,黄钟自冬至始,及冬至而复,阴阳寒燠风雨之占生焉。于以检摄群音,考其高下,苟非(草)〔革〕木之声,〔8〕则无不有所合。《虞书》曰‘律和声’,此之谓也。”房又曰:“竹声不可以度调,故作准以定数。准之状如瑟,长丈而十三弦,隐间九尺,以应黄钟之律九寸;中央一弦,下有画分寸,以为六十律清浊之节。”房言律详于歆所奏,其术施行于史官,候部用之。文多不悉载。故总其本要,以续《前志》。

　　①《月令章句》曰:“以姑洗为角,南吕为羽,则徵浊也。”

　　②《月令章句》曰:“律,率也,声之管也。上古圣人本阴阳,别风声,审清浊,而不可以文载口传也。于是始铸金作钟,以主十二月之声,然后以效升降之气。钟难分别,乃截竹为管,谓之律。律者,清浊之率法也。声之清浊,以(制)〔律〕长短为制。”〔9〕

　　③郑玄曰:“宫数八十一,黄钟长九寸,九九八十一也。三分宫去一生徵,徵数五十四,林钟长六寸,六九五十四也。三分徵益一生商,商数七十二,太蔟长八寸,八九七十二也。三分商去一生羽,羽数四十八,南吕长五寸三分寸之一,五九四十五又三分寸之一,为四十八也。三分羽益一生角,角数六十四,姑洗长七寸九分寸之一,七九六十三又九分寸之一,为六十四也。三分角去一生变宫,三分变宫益一生变徵。自此已后,则随月而变,所谓‘还相为

宫’。”

《律术》曰：阳以圆为形，其性动。阴以方为节，其性静。动者数三，静者数二。以阳生阴，倍之；以阴生阳，四之：皆三而一。阳生阴曰下生，阴生阳曰上生。上生不得过黄钟之（清）浊，下生不得及黄钟之（数实）〔清〕。[10]皆参天两地，圆盖方覆，六耦承奇之道也。黄钟，律吕之首，而生十一律者也。①[11]其相生也，皆三分而损益之。是故十二律之，得十七万七千一百四十七，[12]是为黄钟之实。②又以二乘而三约之，是为下生林钟之实。又以四乘而三约之，是为上生太蔟之实。推此上下，以定六十律之实。以九三之，（数）〔得〕万九千六百八十三为法。[13]〔于〕律为寸，[14]于准为尺。不盈者十之，所得为分。又不盈十之，所得为小分。以其馀正其强弱。

①《前书》曰：“黄帝使伶伦，自大夏之西，昆仑之阴，取竹之嶰谷生，其窍厚均者，断两节间而吹之，以为黄钟之管。[15]制十二筒以听凤之鸣，其雄鸣为六，雌鸣亦六，此黄钟之音，[16]而皆可以生之，是为律本。至治之世，天地之气合以生风。天地之风气正，十二律乃定。”

②《前书》曰：“太极元气，含三为一。极，中也。元，始也。行于十二辰，始动于子。参之于丑，得三。又参之于寅，得九。又参之于卯，得二十七。又参之于辰，得八十一。又参之于巳，得二百四十三。又参之于午，得七百二十九。又参之于未，得二千一百八十七。又参之于申，得六千五百六十一。又参之于酉，得万九千六百八十三。又参之于戌，得五万九千四十九。又参之于亥，得十七万七千一百四十七。此阴阳合德，气钟于子，化生万物者也。故滋萌于子，[17]纽牙于丑，引达于寅，冒茆于卯，振美于辰，[18]巳盛于巳，咢布于午，昧暧于未，[19]申坚于申，留孰于酉，毕入于戌，该阂于亥，出甲于甲，奋轧于乙，明炳于丙，大成于丁，[20]丰茂于戊，[21]理纪于己，敛更于庚，悉新于辛，怀任于壬，陈揆于癸。故阴阳之施化，万物之终始，既类旅于律吕，又经历于日辰，而变化之情则可见矣。”[22]

黄钟，十七万七千一百四十七。

　　下生林钟。　黄钟为宫，太蔟商，林钟徵。

　　一日。　律，九寸。　准，九尺。

色育,〔23〕十七万六千七百七十六。

下生谦待。〔24〕　色育为宫,未知商,谦待徵。

六日。　律,八寸九分小分八微强。　准,八尺九寸万五千九百七十三。

执始,十七万四千七百六十二。

下生去灭。　执始为宫,时息商,去灭徵。

六日。　律,八寸八分小分七大强。〔25〕　准,八尺八寸万五千五百一十六。

丙盛,十七万二千四百一十。

下生安度。　丙盛为宫,屈齐商,安度徵。

六日。　律,八寸七分小分六微弱。　准,八尺七寸万一千六百七十九。

分动,〔26〕十七万八十九。

下生归嘉。　分动为宫,随期商,归嘉徵。

六日。　律,八寸六分小分四强。　准,八尺六寸八千一百五十二。

质末,〔27〕十六万七千八百。

下生否与。　质末为宫,形晋〔28〕商,否与徵。

六日。　律,八寸五分小分二〔半〕强。〔29〕　准,八尺五寸四千九百四十五。

大吕,十六万五千八百八十八。

下生夷则。　大吕为宫,夹钟商,夷则徵。

八日。　律,八寸四分小分三弱。　准,八尺四寸五千五百八。

分否,十六万三千六百五十四。

下生解形。〔30〕　分否为宫,开时商,解形徵。

八日。　律,八寸三分小分一强。　准,八尺三寸二千八百五十一。

凌阴,〔31〕十六万一千四百五十二。

下生去南。　凌阴为宫,族嘉〔32〕商,去商徵。

八日。　律,八寸二分小分一弱。　准,八尺二寸五百一十四。

少出,十五万九千二百八十。

下生分积。 少出为宫,争南商,分积徵。

六日。 律,八寸小分九强。 准,八尺万八千一百六十。

太蔟,十五万七千四百六十四。

下生南吕。 太蔟为宫,姑洗商,南吕徵。

一日。 律,八寸。 准,八尺。

未知,十五万七千一百三十四。

下生白吕。 未知为宫,南授商,白吕徵。

六日。 律,七寸九分小分八强。 准,七尺九寸万六千三百八十三。

时息,十五万五千三百四十四。

下生结躬。 时息为宫,变虞商,结躬徵。

六日。 律,七寸八分小分九少强。 准,七尺八寸万八千一百六十六。

屈齐,十五万三千二百五十三。

下生归期。 屈齐为宫,路时商,归期征。

六日。 律,七寸七分小分九弱。 准,七尺七寸万六千九百三十九。

随期,十五万一千一百九十。

下生未卯。[33] 随期为宫,形始商,未卯徵。

六日。 律,七寸六分小分八强。 准,七尺六寸万五千九百九十二。

形晋,十四万九千一百五十(五)〔六〕。[34]

下生夷汗。[35] 形晋为宫,依行商,夷汗徵。

六日。 律,七寸五分小分八弱。 准,七尺五寸万五千三百(二)〔三〕十五。[36]

夹钟,十四万七千四百五十六。

下生无射。 夹钟为宫,中吕商,无射徵。

　　六日。　律,七寸四分小分九强。　准,七尺四寸万八千一十八。
开时,十四万五千四百七十。

　　下生闭掩。[37]　开时为宫,南中商,闭掩徵。

　　八日。　律,七寸三分小分九微(弱)〔强〕。[38]　准,七尺三寸万七千
　　　八百四十一。

族嘉,十四万三千五百一十三。

　　下生邻齐。　族嘉为宫,内负[39]商,邻齐徵。

　　八日。　律,七寸二分小分九微强。　准,七尺二寸万七千九百五
　　　十四。

争南,十四万一千五百八十二。

　　下生期保。　争南为宫,物应商,期保徵。

　　八日。　律,七寸一分小分九强。　准,七尺一寸万八千三百二
　　　十七。

姑洗,十三万九千九百六十八。

　　下生应钟。　姑洗为宫,蕤宾商,应钟徵。

　　一日。　律,七寸一分小分一微强。　准,七尺一寸二千一百八
　　　十七。

南授,十三万九千六百七十〔四〕。[40]

　　下生分乌。[41]　南授为宫,南事商,分乌徵。

　　六日。　律,七寸小分九大强。　准,七尺万八千九百三十。

变虞,十三万八千八十四。

　　下生迟内。　变虞为宫,盛变商,迟内徵。

　　六日。　律,七寸小分一半强。　准,七尺三千三十。

路时,十三万六千二百二十五。

　　下生未育。　路时为宫,离宫商,未育徵。

　　六日。　律,六寸九分小分二微强。　准,六尺九寸四千一百二
　　　十三。

形始,[42]十三万四千三百九十二。

下生迟时。　形始为宫,制时商,迟时徵。

五日。　律,六寸八分小分三弱。　准,六尺八寸五千四百七十六。

依行,十三万二千五百八十二。

上生色育。　依行为宫,谦待商,色育徵。

七日。　律,六寸七分小分三(大)〔半〕强。[43]　准,六尺七寸七千五
十九。

中吕,十三万一千七十二。

上生执始。　中吕为宫,去灭商,执始徵。

八日。　律,六寸六分小分六弱。　准,六尺六寸万一千六百四
十二。

南中,十二万九千三百八。

上生丙盛。　南中为宫,安度商,丙盛徵。

七日。　律,六寸五分小分七微弱。　准,六尺五寸万三千六百八
十五。

内负,十二万七千五百六十七。

上生分动。　内负为宫,归嘉商,分动徵。

八日。　律,六寸四分小分八〔微〕强。[44]　准,六尺四寸万五千九百
五十八。

物应,十二万五千八百五十。

上生质末。　物应为宫,否与商,质末徵。

七日。　律,六寸三分小分九强。　准,六尺三寸万八千四百七
十一。

蕤宾,十二万四千四百一十六。

上生大吕。　蕤宾为宫,夷则商,大吕徵。

一日。　律,六寸三分小分二微强。　准,六尺三寸四千一百三
十一。

南事,十二万四千一百五十四。

(下)〔不〕生。[45]　南事穷,无商、徵,不为宫。

七日。　律,六寸三分小分一弱。　准,六尺三寸一千五百(三)〔一〕十一。[46]

盛变,十二万二千七百四十一。

上生分否。　盛变为宫,解形商,分否徵。

七日。　律,六寸二分小分三(大)〔半〕强。[47]　准,六尺二寸七千六十四。

离宫,十二万一千八(百一)十九。[48]

上生凌阴。　离宫为宫,去南商,凌阴徵。

七日。　律,六寸一分小分五微强。　准,六尺一寸万二百二十七。

制时,十一万九千四百六十。

上生少出。　制时为宫,分积商,少出徵。

八日。　律,六寸小分七弱。　准,六尺万三千六百二十。

林钟,十一万八千九十八。

上生太蔟。　林钟为宫,南吕商,太蔟徵。

一日。　律,六寸。　准,六尺。

谦待,十一万七千八百五十一。

上生未知。　谦待为宫,白吕商,未知徵。

五日。　律,五寸九分小分九弱。　准,五尺九寸万七千二百一十三。

去灭,十一万六千五百八。

上生时息。　去灭为宫,结躬商,时息徵。

七日。　律,五寸九分小分二弱。　准,五尺九寸三千七百八十三。

安度,十一万四千九百四十。

上生屈齐。　安度为宫,归期商,屈齐徵。

六日。　律,五寸八分小分四〔微〕弱。[49]　准,五尺八寸七千七百八十六。

归嘉,十一万三千三百九十三。

上生随期。　归嘉为宫,未卯商,随期徵。

六日。　律，五寸七分小分六微强。　准，五尺七寸万一千九百九十九。

否与，十一万一千八百六十七。

上生形晋。　否与为宫，夷汗商，形晋徵。

五日。　律，五寸六分小分八强。　准，五尺六寸万六千四百二十二。

夷则，十一万五百九十二。

上生夹钟。　夷则为宫，无射商，夹钟徵。

八日。　律，五寸六分小分二弱。　准，五尺六寸三千六百七十二。

解形，十（一）万九千一百三。〔50〕

上生开时。　解形为宫，闭掩商，开时徵。

八日。　律，五寸五分小分四强。　准，五尺五寸八千四百六十五。

去南，十万七千六百三十五。

上生族嘉。　去南为宫，邻齐商，族嘉徵。

八日。　律，五寸四分小分六大强。　准，五尺四寸万三千四百六十八。

分积，十万六千一百八十（八）〔七〕。〔51〕

上生争南。　分积为宫，期保商，争南徵。

七日。　律，五寸三分小分九半强。〔52〕　准，五尺三寸万八千六百（八）〔七〕十一。〔53〕

南昌，十万四千九百七十六。

上生姑洗。　南昌为宫，应钟商，姑洗徵。

一日。　律，五寸三分小分三强。　准，五尺三寸六千五百六十一。

白吕，十万四千七百五十六。

上生南授。　白吕为宫，分乌商，南授徵。

五日。　律，五寸三分小分二强。　准，五尺三寸四千三百（七）〔六〕十一。〔54〕

结躬，十万三千五百六十三。

上生变虞。　结躬为宫,迟内商,变虞徵。

六日。　律,五寸二分小分六(少)强。〔55〕　准,五尺二寸万二千一百
　一十四。

归期,十万二千一百六十九。

上生路时。　归期为宫,未育商,路时徵。

六日。　律,五寸一分小分九微强。　准,五尺一寸万七千八百五
　十七。

未卯,十万七百九十四。

上生形始。　未卯为宫,迟时商,形始徵。

六日。　律,五寸一分小分二微强。　准,五尺一寸四千(八十)〔一
　百〕七。〔56〕

夷汗,九万九千四百三十七。

上生依行。　夷汗为宫,色育商,依行徵。

七日。　律,五寸小分五强。　准,五尺万二百二十。

无射,九万八千三百四。

上生中吕。　无射为宫,执始商,中吕徵。

八日。　律,四寸九分小分九强。　准,四尺九寸万八千五百七
　十三。

闭掩,九万六千九百八十。

上生南中。　闭掩为宫,丙盛商,南中徵。

八日。　律,四寸九分小分三弱。　准,四尺九寸五千三百三十三。

邻齐,九万五千六百七十五。

上生内负。　邻齐为宫,分动商,内负徵。

七日。　律,四寸八分小分六微强。　准,四尺八寸万一千九百六
　十六。

期保,九万四千三百八十八。

上生物应。　期保为宫,质末商,物应徵。

八日。　律,四寸七分小分九(微)〔半〕强。〔57〕　准,四尺七寸万八千

七百七十九。

应钟,九万三千三百一十二。

　上生蕤宾。　应钟为宫,大吕商,蕤宾徵。

　一日。　律,四寸七分小分四微强。　准,四尺七寸八千十九。

分乌,九万三千一百一十(七)〔六〕。〔58〕

　上生南事。　分乌穷次,无徵,不为宫。

　七日。　律,四寸七分小分三微强。　准,四尺七寸六千五十九。

迟内,九万二千五十六。

　上生盛变。　迟内为宫,分否商,盛变徵。

　八日。　律,四寸六分小分八弱。　准,四尺六寸万五千一百四
　　十二。

未育,九万八百一十七。

　上生离宫。　未育为宫,凌阴商,离宫徵。

　八日。　律,四寸六分小分一少强。　准,四尺六寸二千七百五
　　十二。

迟时,八万九千五百九十五。

　上生制时。　迟时为宫,少出商,制时徵。

　六日。　律,四寸五分小分五强。　准,四尺五寸万二百一十五。

　截管为律,吹以考声,列以物气,〔59〕道之本也。①术家以其声微而
体难知,其分数不明,故作准以代之。准之声,明畅易达,分寸又粗。然
弦以缓急清浊,〔60〕非管无以正也。均其中弦,令与黄钟相得,案画以求
诸律,无不如数而应者矣。

　　①《前书》注曰:"章帝时,零陵文学奚景于泠道县〔61〕舜祠下得白玉琯。古以
　　　玉为琯。"

　音声精微,综之者解。元和元年,待诏候钟律殷肜上言:"官无晓六
十律以准调音者。故待诏严崇〔62〕具以准法教子男宣,宣通习。愿召宣
补学官,主调乐器。"诏曰:"崇子学审晓律,别其族,协其声者,审试。不

得依托父学,以聋为聪。声微妙,独非莫知,独是莫晓。以律错吹,能知命十二律不失一,方为能传崇学耳。"〔63〕太史丞弘试十二律,其二中,其四不中,其六不知何律,宣遂罢。自此律家莫能为准施弦,候部莫知复见。①熹平六年,东观召典律者太子舍人张光等问准意。光等不知,归阅旧藏,乃得其器,形制如房书,犹不能定其弦缓急,音不可书以(时)〔晓〕人,〔64〕知之者欲教而无从,心达者体知而无师,故史官能辨清浊者遂绝。其可以相传者,唯大榷常数及候气而已。

> ①《薛莹书》曰,上以太常乐丞鲍邺等上乐事,下车骑将军马防。防奏言:"建初二年七月,邺上言:'王者饮食,必道须四时五味,故有食举之乐,所以顺天地,养神明,求福应也。移风易俗,莫善于乐。乐者天地之和,不可久废。今官乐但有太蔟,皆不应(日)〔月〕律。〔65〕可作十二月均,各应其月气,乃能顺天地,〔66〕和气宜应。明帝始令灵台六律候,而未设其门。《乐经》曰十二月行之,所以宣气丰物也。月开斗建之门,而奏歌其律。诚宜施行。愿与待诏严崇及能作乐器者共作治,考工给所当。'诏下太常。太常上言:'作乐器直钱百四十六万,请太仆作成上。'奏寝。今明诏下臣防,臣辄问邺及待诏知音律者,皆言圣人作乐,所以宣气致和,顺阴阳也。臣愚以为可顺上天之明(待)〔时〕,〔67〕因岁首令正,发太蔟之律,奏雅颂之音,以立太平,以迎和气。其条贯甚备。"诏书以防言下三公。

夫五音生于阴阳,分为十二律,转生六十,皆所以纪斗气,〔68〕效物类也。天效以景,地效以响,即律也。阴阳和则景至,律气应则灰除。是故天子常以日冬夏至御前殿,合八能之士,陈八音,听乐均,度晷景,候钟律,权土(灰)〔炭〕,〔69〕(放)〔效〕阴阳。〔70〕冬至阳气应,则乐均清,景长极,黄钟通,土(灰)〔炭〕轻而衡仰。夏至阴气应,则乐均浊,景短极,蕤宾通,土(灰)〔炭〕重而衡低。①进退于先后五日之中,八能各以候状闻,太史封上。效则和,否则占。②候气之法,为室三重,户闭,涂衅必周,密布缇缦。室中以木为案,每律各一,内庳外高,从其方位,加律其上,以葭莩灰抑其内端,③案历而候之。气至者灰(去)〔动〕。〔71〕其为气所动者其灰散,人及风所动者其灰聚。殿中候,用玉律十二。惟二至乃候灵台,用竹律六十。候日如其历。④

①《淮南子》曰："水胜故夏至湿，火胜故冬至燥。燥故(灰)〔炭〕轻，湿故(灰)
〔炭〕重。"

②《易纬》曰："冬至人主不出宫，寝兵，从乐五日，击黄钟之磬。公卿大夫列士
之意得，则阴阳之晷如度数。夏至之日，如冬至之礼。冬至之日，树八尺之
表，日中视其晷。晷如度者其岁美，人民和顺。晷不如度者则岁恶，人民多
讹言，政令为之不平。晷进则水，晷退则旱。进一尺则日食，退一尺则月食。
月食则正臣下之行，日食则正人主之道。"

③菖蒲出河内。

④《月令章句》曰："古之为钟律者，以耳齐其声。后不能，则假数以正其度，度
数正则音亦正矣。钟以斤两尺寸中所容受升斗之数为法，律亦以寸分长短
为度。故曰黄钟之管长九寸，〔孔〕径三分，[72] 围九分，其馀皆(补)〔渐〕
短，[73] (虽)〔惟〕大小围数无增减。[74] 以度量者可以文载口传，与众共知，
然不如耳决之明也。"

【校勘记】

〔1〕　作子丑以名(日)〔月〕　《集解》引卢文弨说，谓"日"当为"月"。案子丑等
亦谓十二辰，则当系于月明矣。后人因下有枝干相配，以成六旬，遂改
为"日"，泥甚。今据改。

〔2〕　以粟生之(十)〔一〕粟为一分　《集解》引卢文弨说，谓"以粟"《说苑》作
"以黍"，无"十粟"二字。按：《校补》谓"十"当作"一"，粟犹黍也。虽《说
苑》亦无"一黍"二字，然不别出数，即是就一黍言。《前书·律历志》云
"一黍之广，度之九十分，黄钟之长。一为一分"。夫黄钟长九寸，一黍
之广当之长九十分之一，亦即是一黍为一分，故知此一粟为一分矣。今
据《校补》说改。

〔3〕　十粟重一圭十圭重一铢　按：《集解》引卢文弨说，谓《说苑》"十粟"作
"十六黍"，"十圭"作"六圭"。

〔4〕　广于万　按：《集解》引卢文弨说，谓《前志》"广"作"衍"。

〔5〕　郎中京房(房字君明)知五声之音六律之数　"房字君明"四字据《集解》引
卢文弨说删，卢说见下。又《集解》引卢文弨说，谓"五声之音，六律之

数"《通典》作"五音六十律之数"。王先谦谓《晋》、《宋志》并作"五音六十律",此文讹也。今按:"六律"一词于此泛用作律吕解亦可通,今不改。

〔6〕　上使太子太傅(韦)玄成(字少翁)　按:《集解》引卢文弨说,谓甄鸾《五经算术》无"韦"字,与下王章亦不书姓名。下"字少翁"三字亦无。盖阅者偶作旁记,而误写入正文,与上"房字君明"并当删去,不可以《史记》有"解扬字子虎"相比例。今据删。

〔7〕　故各(终)〔统〕一日　按:《集解》引惠栋说,谓"终"《礼记》《正义》引作"统",《北史·牛宏传》同。又引卢文弨说,谓《算术》亦作"统"。今据改。

〔8〕　苟非(草)〔革〕木之声　《集解》引卢文弨说,谓"草"当依《算术》作"革"。今据改。按:王先谦谓《晋志》作"草"。

〔9〕　以(制)〔律〕长短为制　据汲本改。

〔10〕　上生不得过黄钟之(清)浊下生不得及黄钟之(数实)〔清〕　《集解》引卢文弨说,谓"清"字衍。"之数实"当作"之清",依《算术》改正。今据改。卢又谓"及"上脱"不"字。今按:上生不得过黄钟之浊者,意即所生之音不得低于黄钟本律,下生不得及黄钟之清者,意即所生之音不得高于或等于黄钟半律,"过"与"及"字异而义同,非有脱字也。今不改。

〔11〕　而生十一律者也　"十一"汲本、殿本作"十二"。《集解》引卢文弨说,谓《通鉴》注引"十二"作"十一"。今按:作"十二"者讹,参阅下条校记自明。

〔12〕　是故十二律之得十七万七千一百四十七　按:"十二律之"语意不明,疑有脱讹。依文当作"十一三之",盖以三自乘十一次,所得之数为十七万七千一百四十七也。

〔13〕　(数)〔得〕万九千六百八十三为法　据《集解》引卢文弨说改。

〔14〕　〔于〕律为寸　《集解》引卢文弨说,谓"律"上脱"于"字,《算术》有。今据补。

〔15〕　以为黄钟之管　按:《集解》引卢文弨说,谓《前志》"管"作"宫"。

〔16〕　此黄钟之音　按:《集解》引卢文弨说,谓《前志》"音"作"宫"。

〔17〕　故滋萌于子　按:王先谦谓《前志》"滋"作"孳"。

〔18〕　振羡于辰　《前志》"羡"作"美"。按:王念孙谓"美"当为"羡",字之

讹也。

〔19〕 昧暖于未　按：王先谦谓《前志》"暖"作"菱"。

〔20〕 大成于丁　按：《集解》引卢文弨说，谓《前志》"成"作"盛"。

〔21〕 丰茂于戊　按：王先谦谓《前志》"茂"作"楸"。

〔22〕 而变化之情则可见矣　按：王先谦谓《前志》无"则"字。

〔23〕 色育　《集解》引卢文弨说，谓"色"《隋志》及《律吕新书》俱作"包"，当是也。《算术》、《礼记》《正义》并作"色"。

〔24〕 下生谦待　按：《隋志》"谦待"作"谦侍"。下同。

〔25〕 律八寸八分小分七大强　《集解》引惠栋说，谓"七大强"一作"八弱"。今按：《礼记》《正义》作"小分八弱"。又按：《集解》引卢文弨说，谓"大"当作"太"。

〔26〕 分动　《集解》引惠栋说，谓"动"一作"勋"。今按：《隋志》作"动"。下同。

〔27〕 质末　《集解》引卢文弨说，谓《隋志》、《礼运》《正义》"末"作"未"。按：殿本作"未"。下同。

〔28〕 形晋　按：《隋志》"形"作"刑"。下同。

〔29〕 小分二〔半〕强　《集解》引卢文弨说，谓《算术》"强"上有"半"字，是。今据补。

〔30〕 下生解形　按：《隋志》"解形"作"解刑"。下同。

〔31〕 凌阴　按：《集解》引卢文弨说，谓《隋志》、《正义》"凌"俱作"陵"。

〔32〕 族嘉　按：《隋志》作"佚喜"。下同。

〔33〕 下生未卯　按：《隋志》"未卯"作"未卬"。

〔34〕 十四万九千一百五十（五）〔六〕　《集解》引卢文弨说，谓"五十五"《算术》作"五十六"，是。今据改。

〔35〕 下生夷汗　按：《隋志》"夷汗"作"夷污"。下同。又按："夷"原讹"无"，径改正。

〔36〕 七尺五寸万五千三百（二）〔三〕十五　按：各本并作"二十五"，今据算理改。

〔37〕 下生闭掩　按：《隋志》"闭掩"作"闭奄"。下同。

〔38〕 小分九微（弱）〔强〕　按：《集解》引卢文弨说，谓《算术》作"微强"，是。今据改。

〔39〕 内负　按:《隋志》"负"作"贞"。下同。

〔40〕 十三万九千六百七十〔四〕　《集解》引钱大昕说,谓当作"七十四",脱"四"字。又引卢文弨说,谓《算术》有"四"字。今据补。

〔41〕 下生分乌　按:《隋志》"分乌"作"分焉"。下同。

〔42〕 形始　按:《隋志》"形"作"刑"。

〔43〕 小分三(大)〔半〕强　《集解》引卢文弨说,谓《算术》作"半强",是。今据改。

〔44〕 小分八〔微〕强　《集解》引卢文弨说,谓《算术》作"微强",是。今据补。

〔45〕 (下)〔不〕生　《集解》引钱大昕说,谓十二律之变穷于南事,安得云下生乎? 疑"下"为"不"字之讹。又引卢文弨说,谓"下生"当作"不生"。今据改。

〔46〕 六尺三寸一千五百(三)〔一〕十一　按:各本作"三十一",今据算理改。

〔47〕 小分三(大)〔半〕强　《集解》引卢文弨说,谓《算术》作"半强",是。今据改。

〔48〕 十二万一千八(百一)十九　《集解》引钱大昕说,谓当云"一千八十九"。又引卢文弨说,谓"百一"二字误衍,《算术》无。今据删。

〔49〕 小分四〔微〕弱　《集解》引卢文弨说,谓《算术》作"微弱",是。今据补。

〔50〕 十(一)万九千一百三　《集解》引钱大昕说,谓当云"十万"。又引卢文弨说,谓"十"下"一"字衍,《算术》无。今据删。

〔51〕 十万六千一百八十(八)〔七〕　《集解》引钱大昕说,谓当云"八十七"。又引卢文弨说,谓"八"讹,《算术》"七"。今据改。

〔52〕 小分九半强　《集解》引卢文弨说,谓《算术》无"半"字,当作"少强"。今按:依算理当作"半弱"。

〔53〕 五尺三寸万八千六百(八)〔七〕十一　按:各本作"八十一",今据算理改。

〔54〕 五尺三寸四千三百(七)〔六〕十一　按:各本作"七十一",今据算理改。

〔55〕 小分六(少)强　《集解》引卢文弨说,谓《算术》作"微强",案止当作"强"。今据删。

〔56〕 五尺一寸四千(八十)〔一百〕七　按:各本作"四千八十七",今据算理改。

〔57〕 小分九(微)〔半〕强　《集解》引卢文弨说,谓《算术》作"半强",是。今据改。

〔58〕 九万三千一百一十(七)〔六〕　《集解》引钱大昕说,谓当作"一十六"。又

引卢文弨说,谓《算术》作"六"。今据改。

〔59〕 列以物气　《集解》引惠栋说,谓《晋志》"物"作"效"。今按:作"效"
似合。

〔60〕 然弦以缓急清浊　《集解》引张文虎说,谓"弦以"之"以"疑当作"之",或
"缓急"下脱"为"字。

〔61〕 泠道县　按:"泠"原讹"冷",径改正。

〔62〕 故待诏严崇　按:《晋》、《宋志》"崇"并作"嵩",《魏志》亦作"嵩"。《集
解》引钱大昕说,谓古文崇嵩通,汉武帝改嵩高山为"崇高"。

〔63〕 方为能传崇学耳　"方"原讹"力",径改正。按:《晋》、《宋志》并作"乃"。

〔64〕 音不可书以(时)〔晓〕人　王先谦谓《晋志》作"音不可书以晓",《宋志》作
"音不可以书晓",盖"书以"误倒,明"时"字误。按:王氏以"晓"字为句,
"人"字连下读。今依《晋志》改"时"为"晓",而以"人"字属上读。

〔65〕 皆不应(日)〔月〕律　据汲本、殿本改。

〔66〕 乃能顺天地　按:汲本、殿本"顺"作"感"。

〔67〕 可顺上天之明(待)〔时〕　《隋书·音乐志》下引"待"作"时"。今据改。

〔68〕 皆所以纪斗气　按:"斗"字疑有误,或当作"卦"。

〔69〕 权土(灰)〔炭〕　《集解》引惠栋说,谓晋灼引蔡邕《律历记》作"土炭",《汉
书·律历志》亦云"悬土炭"。今据改,下同。

〔70〕 (放)〔效〕阴阳　《集解》引惠栋说,谓"放"一作"效",《晋志》作"效"。今
据改。

〔71〕 气至者灰(去)〔动〕　《集解》引钱大昭说,谓闽本作"动"。王先谦谓殿本
作"动",《晋志》作"去"。今按:下云"其为气所动者其灰散",则作"去"
者非,今据改。

〔72〕 〔孔〕径三分　据《御览》十六补。

〔73〕 其馀皆(补)〔渐〕短　《集解》引惠栋说,谓李氏本"补"作"渐"。今据改。
按:《御览》十六"补"作"稍"。

〔74〕 (虽)〔惟〕大小围数无增减　《集解》引惠栋说,谓李氏本"虽"作"惟"。今
据改。按:《御览》十六作"唯"。

后汉书志第二

律历中

自太初元年始用《三统历》，施行百有馀年，历稍后天，朔先〔于〕历，〔1〕朔或在晦，月〔或朔〕见。〔2〕考其行，日有退无进，月有进无退。建武八年中，〔3〕太仆朱浮、太中大夫许淑等数上书，言历〔朔〕不正，〔4〕宜当改更。时分度觉差尚微，上以天下初定，未遑考正。至永平五年，官历署七月十六日〔月〕食。〔5〕待诏杨岑见时月食多先历，即缩用算上为日，〔因〕上言"月当十五日食，〔6〕官历不中"。诏书令岑普〔候〕，与官〔历〕课。〔7〕起七月，尽十一月，弦望凡五，官历皆失，岑皆中。庚寅，诏〔书〕令岑署弦望月食官，〔8〕复令待诏张盛、景防、鲍邺等以《四分法》与岑课。岁馀，盛等所中多岑六事。十二年十一月丙子，诏书令盛、防代岑署弦望月食加时。《四分》之术，始颇施行。是时盛、防等未能分明历元，综校分度，故但用其弦望而已。

先是，九年，太史待诏董萌上言历不正，事下三公、太常知历者杂议，讫十年四月，无能分明据者。至元和二年，《太初》失天益远，日、月宿度相觉浸多，而候者皆知冬至之日日在斗二十一度，未至牵牛五度，而以为牵牛中星，（从）〔后〕天四分日之三，〔9〕晦朔弦望差天一日，宿差五度。章帝知其谬错，以问史官，虽知不合，而不能易，故召治历编䜣、李梵等综校其状。①二月甲寅，遂下诏曰："朕闻古先圣王，先天而天不违，后天而奉天时。《河图》曰：'赤九会昌，十世以光，十一以兴。'又曰：'九名之世，帝行德，封刻政。'朕以不德，奉承大业，夙夜祗畏，不敢荒

宁。予末小子，托在于数终，曷以续兴，崇弘祖宗，拯济元元？《尚书琁
玑钤》曰：'述尧世，放唐文。'《帝命验》曰：'〔顺〕尧考德，(顾)〔题〕期立
象。'〔10〕且三、五步骤，优劣殊轨，况乎顽陋，无以克堪，虽欲从之，末由
也已。每见图书，中心恶焉。间者以来，政治不得，阴阳不和，灾异不
息，疬疫之气，流伤于牛，农本不播。夫庶征休咎，五事之应，咸在朕躬，
信有阙矣，将何以补之？《书》曰：'惟先假王正厥事。'又曰：'岁二月，东
巡狩，至岱宗，柴，望秩于山川。遂觐东后，叶时月正日。'祖尧岱宗，同
律度量，考在玑衡，以正历象，庶乎有益。《春秋保乾图》曰：'三百年斗
历改宪。'史官用太初邓平术，有馀分一，在三百年之域，行度转差，浸以
谬错。琁玑不正，文象不稽。冬至之日日在斗二十(二)〔一〕度，〔11〕而历
以为牵牛中星。先立春一日，则《四分》数之立春日也。以折狱断大刑，
于气已迕；用望平和随时之义，盖亦远矣。今改行《四分》，以遵于尧，以
顺孔圣奉天之文。冀百君子越有民，同心敬授，〔傀〕获咸(喜)〔熙〕，〔12〕
以明予祖之遗功。"于是《四分》施行。而䜣、梵犹以为元首十一月当先
大，欲以合耦弦望，命有常日，而十九岁不得七闰，晦朔失实。行之未
期，章帝复发圣思，考之经谶，使左中郎将贾逵问治历者卫承、李崇、太
尉属梁鲔、司徒〔掾〕严勘、〔13〕太子舍人徐震、钜鹿公乘苏统及䜣、梵等
十人。以为月当先小，据《春秋经》书朔不书晦者，朔必有明晦，不朔必
在其月也。〔14〕即先大，则一月再朔，后月无朔，是明不可必。〔15〕梵等以
为当先大，无文正验，取欲谐耦十六日〔望〕，〔16〕月朓昏，晦当灭而已。
又晦与合同时，不得异日。又上知䜣、梵穴见，敕毋拘历已班，天元始起
之月(常)〔当〕小。〔17〕定，后年历数遂正。永元中，复令史官以《九道法》
候弦望，验无有差跌。逵论集状，后之议者，用得折衷，故详录焉。

　　①蔡邕议云："梵，清河人。"

　　逵论曰："《太初历》冬至日在牵牛初者，牵牛中星也。古黄帝、夏、
殷、周、鲁冬至日在建星，建星即今斗星也。《太初历》斗二十六度三百
八十五分，牵牛八度。案行事史官注，冬、夏至日常不及《太初历》五度，
冬至日在斗(一)〔二〕十一度四分度之一。〔18〕石氏《星经》曰：'黄道规牵

牛初直斗二十度,去极二十五度。'于赤道,斗二十一度也。《四分法》与行事候注天度相应。《尚书考灵曜》'斗二十二度,无馀分,冬至在牵牛所起'。又编䜣等据今日所在〔未至〕牵牛中星五度,[19]于斗二十一度四分一,与《考灵曜》相近,即以明事。元和二年八月,诏书曰'石不可离',令两候,上得算多者。太史令玄等候元和二年至永元元年,五岁中课日行及冬(夏)至斗(一)〔二〕十一度四分一,[20]合古历建星《考灵曜》日所起,其星间距度皆如石氏故事。他术以为冬至日在牵牛初者,自此遂黜也。"

逡论曰:"以《太初历》考汉元尽太初元年日(朔)〔食〕二十三事,[21]其十七得朔,四得晦,二得二日;新历七得朔,十四得晦,二得(三)〔二〕日。[22]以《太初历》考太初元年尽更始二年二十四事,十得晦;以新历十六得朔,七得二日,一得晦。以《太初历》考建武元年尽永元元年二十三事,五得朔,十八得晦;以新历十七得朔,三得晦,三得二日。又以新历上考《春秋》中有日朔者二十四事,失不中者二十三事。天道参差不齐,必有馀,馀又有长短,不可以等齐。治历者方以七十六岁断之,[23]则馀分(稍)〔消〕长,[24]稍得一日。故《易》金火相革之卦《象》曰:'君子以治历明时。'又曰:'汤、武革命,顺乎天应乎人。'言圣人必历象日月星辰,明数不可贯数千万岁,其间必改更,先距求度数,取合日月星辰所在而已。故求度数,取合日月星辰,有异世之术。《太初历》不能下通于今,新历不能上得汉元。一家历法必在三百年之间。故谶文曰'三百年斗历改宪'。汉兴,当用《太初》而不改,下至太初元年百二岁乃改。故其前有先晦一日合朔,下至成、哀,以二日为朔,故合朔多在晦,此其明效也。"

逡论曰:"臣前上傅安等用黄道度日月弦望多近。史官一以赤道度之,不与日月同,于今历弦望至差一日以上,辄奏以为变,至以为日却缩退行。于黄道,自得行度,不为变。愿请太史官日月宿簿及星度课,与待诏星象考校。奏可。臣谨案:前对言冬至日去极一百一十五度,夏至日去极六十七度,春秋分日去极九十一度。《洪范》'日月之行,则有冬夏'。《五纪论》'日月循黄道,南至牵牛,北至东井,率日日行一度,月行十三度十九分度七'也。今史官一以赤道为度,不与日月行同,其斗、牵牛、〔东井〕、舆鬼,[25]赤道得十五,而黄道得十三度半;行东壁、[26]奎、娄、轸、角、亢,赤道(十)〔七〕度,[27]黄道八度;或月行多而日月相去反少,谓之日却。案黄道值牵牛,出赤道南二十五度,[28]其直东井、舆鬼,出赤道北〔二十〕五度。[29]赤道者为中天,去极俱九十度,[30]非日月道,而以遥准度日月,失其实行故也。以今太史官候注考元和二年九月已来月行牵牛、东井四十九事,无行十一度者;行娄、角三十七事,无行十五六度者,如安言。问典星待诏姚崇、井毕等十二人,皆曰'星图有规法,日月实从黄道,官无其器,不知施行'。案甘露二年大司农中丞耿寿昌奏,以图仪度日月行,考验天运状,日月行至牵牛、东井,日过〔一〕度,[31]月行十五度,至娄、角,日行一度,月行十三度,赤道使然,此前世所共知也。如言黄道有验,合天,日无前却,弦望不差一日,比用赤道密近,宜施用。上中多臣校。"案逯论,永元四年也。至十五年七月甲辰,诏书造太史黄道铜仪,以角为十三度,亢十,氐十六,房五,心五,尾十八,箕十,斗二十四四分度之一,牵牛七,须女十一,虚十,危十六,营室十八,东壁十,奎十七,娄十二,胃十五,昴十二,毕十六,觜三,参八,东井三十,舆鬼四,柳十四,星七,张十七,翼十九,轸十八,凡三百六十五度四分度之一。冬至日在斗十九度四分度之一。史官以(郭)〔部〕日月行,参弦望,[32]虽密近而不为注日。仪,黄道与度转运,难以候,是以少循其事。

　　逯论曰:"又今史官推合朔、弦、望、月食加时,率多不中,在于不知月行迟疾意。永平中,诏书令故太史待诏张隆以《四分法》署弦、望、月食加时。隆言能用《易》九、六、七、八(支)〔爻〕知月行多少。[33]今案隆所署多失。臣使隆逆推前手所署,不应,或异日,不中天乃益远,至十馀度。梵、统以史官候注考校,月行当有迟疾,不必在牵牛、东井、娄、角之间,又非所谓朓、侧匿,乃由月所行道有远近出入所生,率一月移故所疾处三度,九岁九道一复,凡九章,百七十一岁,复十一月合朔旦冬至,合

《春秋》、《三统》九道终数，可以知合朔、弦、望、月食加时。据官注天度为分率，以其术法上考建武以来月食凡三十八事，差密近，有益，（宣）〔宜〕课试上。"〔34〕

案史官旧有《九道术》，废而不修。熹平中，故治历郎梁国宗整上《九道术》，诏书下太史，以参旧术，相应。部太子舍人冯恂课校，恂亦复作《九道术》，增损其分，与整术并校，差为近。太史令颲上以恂术参朔望。然而加时犹复先后天，远则十馀度。①

① 杜预《长历》曰："《书》称'期三百六旬有六日，以闰月定四时成岁，允釐百工，庶绩咸熙'。是以天子必置日官，诸侯必置日御，世修其业，以考其术。举全数而言，故曰六日，其实五日四分之一。日日行一度，而月日行十三度十九分度之〔七〕有畸。〔35〕日官当会集此之迟疾，以考成晦朔，错综以设闰月。闰月无中气，而北斗邪指两辰之间，所以异于他月也。积此以相通，四时八节无违，乃得成岁。其微密至矣。得其精微，以合天道，事叙而不悖。〔36〕故传曰：'闰以正时，时以作事，事以厚生，生民之道，于是乎在。'然阴阳之运，随动而差，差而不已，遂与历错。故仲尼、丘明每于朔闰发文，盖矫正得失，因以宣明历数也。桓十七年，日食得朔，而史阙其日，单书朔。僖十五年，日食〔亦得朔〕，〔37〕而史阙朔与日。故传因其得失，并起时史之谬，兼以明其馀日食，或历失其正也。庄二十五年，经书'六月辛未朔，日有食之，鼓用牲于社'。周之六月，夏之四月，所谓正阳之月也。而时历误，实是七月之朔，非六月。故传云：'非常也。唯正月之朔，慝未作，日有食之，于是乎有用币于社，伐鼓于朝。'〔明〕此〔食〕非用币伐鼓常月，〔38〕因变而起，历误也。文十五年经文皆同，而更复发，传曰'非礼'。明前传欲以审正阳之月，后传发例，欲以明诸侯之礼也。此乃圣贤之微旨，〔而〕先儒所未喻也。〔39〕昭十七年夏六月，日有食之，而平子言非正阳之月，以诬一朝，近于指鹿为马。故传曰'不君君'，且因以明此月为得天正也。刘子骏造《三统历》，以修《春秋》。《春秋》日食有甲乙者三十四，而《三统历》唯〔得〕一食，〔40〕历术比诸家既最疏。又六千馀岁辄益一日。凡岁当累日为次，而无故益之，此不可行之甚者。班固前代名儒，而谓之最密。非徒班固也，自古以来，诸论《春秋》者，多述谬误，或造家术，或用黄帝以来诸历，以推经传朔日，皆不（得）谐合。〔41〕日食于朔，此乃天验，经传又书其朔食，可谓得天，而刘、贾诸儒说，皆以为月二

日或三日，公违圣人明文。其蔽在于守一元，不与天消息也。余感《春秋》之事，尝著《历论》，极言历之通理。其大指曰：天行不息，日月星辰，各运其舍，皆动物也。物动则不一，虽行度大量，可得而限。累日为月，〔累月为岁〕，〔42〕以新故相序，不得不有毫毛之差，此自然〔之〕理也。〔43〕故《春秋》日有频月而食者，〔有〕旷年不食者，〔44〕理不得一，而算守（从）〔恒〕数，〔45〕故历无不有差失也。始失于毫毛，而尚未可觉，积而成多，以失弦望朔晦，则不得不改宪以从之。《书》所谓'钦若昊天，历象日月星辰'，《易》所谓'治历明时'，言当顺天以求合，非为合以验天（者）也。〔46〕推此论之，《春秋》二百馀年，其治历变通多矣。虽数术绝灭，还寻经传微旨，大量可知。时之违谬，则经传有验。学者固当曲循经传月日日食，以考朔晦（也），〔47〕以推时验。而〔见〕皆不然，〔48〕各据其学以推《春秋》。此无异度己之迹，而欲削他人之足也。余为《历论》之后，至咸宁中，善算李脩、夏显，〔49〕依论体为术，名《乾度历》，表上朝廷。其术合日行四分之数，而微增月行。用三百岁改宪之意，二元相推，七十馀岁，承以强弱，强弱之差盖少，而适足以远通盈缩。时尚书及史官以《乾度》与（太）《〔泰〕始历》参校古今记注，〔50〕《乾度历》殊胜〔《泰始历》，上胜官历四十五事〕，〔51〕今〔其〕术具存。〔52〕时又并考古今十历，以验《春秋》，知《三统历》之最疏也。今具列其（时）得失之数，〔53〕又据经传微旨（证据及失闰旨），考日辰朔晦，〔54〕以相发明，为经传长历。诸经传证据，及失闰〔违〕时，〔55〕文字谬误，皆甄发之。虽未必其得天，盖〔是〕《春秋》当时之历也。〔56〕学者览焉。"

永元十四年，待诏太史霍融上言："官漏刻率九日增减一刻，不与天相应，或时差至二刻半，不如夏历密。"诏书下太常，令史官与融以仪校天，课度远近。太史令舒、承、梵等对："案官所施漏法《令甲》第六《常符漏品》，孝宣皇帝三年十二月乙酉下，建武十年二月壬午诏书施行。漏刻以日长短为数，率日南北二度四分而增减一刻。一气俱十五日，日去极各有多少。今官漏率九日移一刻，不随日进退。夏历漏〔刻〕随日南北为长短，〔57〕密近于官漏，分明可施行。"其年十一月甲寅，诏曰："告司徒、司空：漏所以节时分，定昏明。昏明长短，起于日去极远近，日道周

〔圜〕，〔58〕不可以计率分，当据仪度，下参晷景。今官漏以计率分昏明，九日增减一刻，违失其实，至为疏数以耦法。太史待诏霍融上言，不与天相应。太常史官运仪下水，官漏失天者至三刻。以晷景为刻，少所违失，密近有验。今下晷景漏刻四十八箭，立成斧官府当用者，计吏到，班予四十八箭。"文多，故魁取二十四气日所在，〔59〕并黄道去极、晷景、漏刻、昏明中星刻于下。

　　昔《太初历》之兴也，发谋于元封，启定于(天)〔元〕凤，积(百)三十年，是非乃审。〔60〕及用《四分》，亦于建武，施于元和，〔61〕讫于永元，七十馀年，然后仪式备立，司候有准。天事幽微，若此其难也。中兴以来，图谶漏泄，而《考灵曜》、《命历序》皆有甲寅元。其所起在四分庚申元后百一十四岁，朔差却二日。学士修之于草泽，信向以为得正。及《太初历》以后(大)〔天〕为疾，〔62〕而修之者云"百四十四岁而太岁超一(表)〔辰〕，〔63〕百七十一岁当弃朔馀六十三，中馀千一百九十七，乃可常行"。自太初元年至永平十一年，百七十一，当去分而不去，故令益有疏阔。此二家常挟其术，庶几施行，每有讼者，百寮会议，群儒骋思，论之有方，益于多闻识之，故详录焉。

　　安帝延光二年，中谒者亹诵言当用甲寅元，河南梁丰言当复用《太初》。尚书郎张衡、周兴皆能历，数难诵、丰，或不对，〔64〕或言失误。衡、兴参案仪注(者)，〔65〕考往校今，以为《九道法》最密。诏书下公卿详议。太尉恺等上侍中施延等议："《太初》过天，日一度，弦望失正，月以晦见西方，食不与天相应；元和改从《四分》，《四分》虽密于《太初》，复不正，皆不可用。甲寅元与天相应，合图谶，可施行。"博士黄广、大行令任金议，如《九道》。河南尹祉、太子舍人李泓〔66〕等四十人议："即用甲寅元，当除《元命苞》天地开辟获麟中百一十四岁，推闰月六直其日，〔67〕或朔、晦、弦、望，二十四气宿度不相应者非一。用《九道》为朔，月有比三大二小，皆疏远。元和变历，以应《保乾图》'三百岁斗历改宪'之文。《四分历》本起图谶,最得其正,不宜易。"恺等八十四人议,宜从《太初》。尚书令忠上奏:"诸从《太初》者,皆无他效验,徒以世宗攘夷廓境,享国久长为辞。或云孝章改《四分》,灾异卒甚,〔68〕未有善应。臣伏惟圣王兴起,各异正朔,以通三统。汉祖受命,因秦之纪,十月为年首,闰常在岁后。不稽先代,违于帝典。太宗遵修,三阶以平,黄龙以至,刑奸以错,五是以备。①〔69〕哀平之际,同承《太初》,而妖孽累仍,痟祸非一。议者不以成数相参,考真求实,而泛采妄说,归福《太初》,致咎《四分》。《太初历》众贤所立,是非已定,永平不审,复革其弦望。《四分》有谬,不可施行。元和凤鸟不当应历而翔集。远嘉前造,则(衷)〔表〕其休;〔70〕近讥后改,则隐其福。漏见曲论,未可为是。臣辄复重难衡、兴,以为五纪论推步行度,当时比诸术为近,然犹未稽于古。及向子歆欲以合《春秋》,横断年数,损夏益周,考之表纪,差谬数百。两历相课,六千一百五十六岁,而《太初》多一日。冬至日直斗,而云在牵牛。迂阔不可复用,昭然如此。史官所共见,非独衡、兴。前以为《九道》密近,今议者以为有阙,及甲寅元复多违失,皆未可取正。昔仲尼顺假马之名,以崇君之义。况天之历数,不可任疑从虚,以非易是。"上纳其言,遂〔寝〕改历事。〔71〕

　　①《洪范》:"庶徵,曰雨,曰旸,曰燠,曰寒,曰风。五者来备,各以其叙。"

　　顺帝汉安二年,尚书侍郎边韶上言:"世微于数亏,道盛于得常。数亏则物衰,得常则国昌。孝武皇帝摅发圣思,因元封七年十一月甲子朔旦冬至,乃诏太史令司马迁、治历邓平等更建《太初》,改元易朔,行夏之正,《乾凿度》八十〔一〕分之四十三为日法。〔72〕设清台之候,验六异,课效粗密,《太初》为最。其后刘歆研机极深,验之《春秋》,参以《易》道,以《河图帝览嬉》、《雒书》(甄)〔乾〕曜度〔73〕推广《九道》,百七十一岁进退六十三分,百四十四岁一超次,与天相应,少有阙谬。从太初至永平十一年,百七十〔一〕岁,〔74〕进退馀分六十三,治历者不知处之。推得十二度弦望不效,挟废术者得窜其说。至(永)〔元〕和二年,〔75〕小终之数浸过,馀分稍增,月不用晦朔而先见。孝章皇帝以《保乾图》'三百年斗历改宪’，就用《四分》。以太白复枢甲子为癸亥，引天从算，耦之目前。更以庚申为元，既无明文；托之于获麟之岁，又不与《感精符》单阏之岁同。史官相代，因成习疑，少能钩深致远；案弦望足以知之。”诏书下三公、百官杂议。太史令虞恭、治历宗䜣等议：“建历之本，必先立元，元正然后定日法，法定然后度周天以定分至。三者有程，则历可成也。《四分历》仲纪之元，起于孝文皇帝后元三年，岁在庚辰。上四十五岁，岁在乙未，则汉兴元年也。又上二百七十五岁，岁在庚申，则孔子获麟。二百七十六万岁，寻之上行，复得庚申。岁岁相承，从下寻上，其执不误。此《四分历》元明文图谶所著也。太初元年岁在丁丑，上极其元，当在庚戌，而曰丙子，言百四十四岁超一辰，凡九百九十三超，岁有空行八十二周有奇，乃得丙子。案岁所超，于天元十一月甲子朔旦冬至，日月俱超。日行一度，积三百六十五度四分度一而周天一匝，名曰岁。岁从一辰，日不得空周天，则岁无由超辰。案百七十〔一〕岁二蔀一章，〔76〕小馀六十三，自然之数也。夫数出于杪曶，以成毫氂，毫氂积累，以成分寸。两仪既定，日月始离。初行生分，积分成度。日行一度，一岁而周，故为术者，各生度法，或以九百四十，或以八十一。法有细粗，以生两科，其归一也。日法者，日之所行分也。日垂令明，行有常节，日法所该，通远无已，损益毫氂，差以千里。自此言之，数无缘得有亏弃之意也。今欲饰平之失，断法垂分，恐伤大道。以步日月行度，终数不同，四章更不得朔馀一。虽言《九道》去课进退，恐不足以补其阙。且课历之法，晦朔变弦，以月食天验，昭著莫大焉。今以去六十三分之法为历，验章和元年以来日变二十事，①月食二十八事，与《四分历》更失，定课相除，《四分》尚得多，而又便近。孝章皇帝历度审正，图仪暑漏，与天相应，不可复尚。《文曜钩》曰：‘高辛受命，重黎说文。唐尧即位，羲和立（禅）〔浑〕。〔77〕夏后制德，昆吾列神。成周改号，苌弘分官。’《运斗枢》曰：‘常占有经，世史所明。’《洪范五纪论》曰：‘民间亦有黄帝诸历，不如史官记之明也。’自古及今，圣帝明王，莫不取言于羲和、常占之官，定精微于暑仪，正众疑，秘藏中书，改行《四分》之原。及光武皇帝数下诏书，草创其端,孝明皇帝课校其实,孝章皇帝宣行其法。君更三圣,年历数十,信而征之,举而行之。其元则上统开辟,其数则复古《四分》。宜如甲寅诏书故事。"奏可。

①案《五行志》,章和元年讫汉安二年日变二十三事,《古今注》又长一。

灵帝熹平四年,五官郎中冯光、沛相上计掾陈晃言:"历元不正,故妖民叛寇益州,盗贼相续为〔害〕。[78] 历〔当〕用甲寅为元而用庚申,[79] 图纬无以庚〔申〕为元者。[80] 近秦所用代周之元。太史治治历中郭香、刘固意造妄说,乞(与)本庚申元经纬(有)明〔文〕,[81] 受虚欺重诛。"[82] 乙卯,诏书下三府,与儒林明道者详议,务得道真。以群臣会司徒府议。①

①《蔡邕集》载:"三月九日,百官会府公殿下,东面,校尉南面,侍中、郎将、大夫、千石、六百石重行北面,议郎、博士西面。户曹令史当坐中而读诏书,公议。蔡邕前坐侍中西北,近公卿,与光、晃相难问是非焉。"

议郎蔡邕议,以为:

历数精微,去圣久远,得失更迭,术(术)无常是。[83] 〔汉兴〕(以)承秦,[84] 历用《颛顼》,元用乙卯。①百有二岁,孝武皇帝始改正朔,历用《太初》,元用丁丑,行之百八十九岁。孝章皇帝改从《四分》,元用庚申。今光、晃各以庚申为非,甲寅为是。案历法,黄帝、颛顼、夏、殷、周、鲁,凡六家,各自有元。光、晃所据,则殷历元也。他元虽不明于图谶,各〔自一〕家〔之〕术,皆当有效于(其)当时。[85] (黄)〔武〕帝始用《太初》丁丑之元,(有)六家纷错,[86] 争讼是非。太史令张寿王挟甲寅元以非汉历,杂候清台,课在下第,卒以疏阔,连见劾奏,《太初》效验,无所漏失。是则虽非图谶之元,而有效于前者也。及用《四分》以来,考之行度,密于《太初》,是又新元〔有〕效于今者也。[87] 延光元年,中谒者亹诵亦非《四分》庚申,上言当用《命历序》甲寅元。公卿百寮参议正处,竟不施行。且三光之行,迟速进退,不必若一。术家以算追而求之,取合于当时而已。故有古今之术。今〔术〕之不能上通于古,[88] 亦犹古术之不能下通于今也。《元命

苞》、《乾凿度》皆以为开辟至获麟二百七十六万岁;及《命历序》积
获麟至汉,起庚(子)〔午〕蔀之二十三岁,〔89〕竟己酉、戊子及丁卯蔀
六十九岁,合为二百七十五岁。汉元年岁在乙未,上至获麟则岁在
庚申。推此以上,上极开辟,则(不)〔元〕在庚申。〔90〕谶虽无文,其数
见存。而光、晃以为开辟至获麟二百七十五万九千八百八十六岁,
获麟至汉百六十(二)〔一〕岁,〔91〕转差少一百一十四岁。云当满足,
则上违《乾凿度》、《元命苞》,中使获麟不得在哀公十四年,下不及
《命历序》获麟〔至〕汉相去四蔀年数,〔92〕与奏记谱注不相应。

①蔡邕(命)《〔月令〕论》曰:〔93〕"《颛顼历术》曰:'天元正月己巳朔旦立春,俱以
日月起于天庙营室五度。'今《月令》孟春之月,日在营室。"

　　当今历正月癸亥朔,光、晃以为乙丑朔。乙丑之与癸亥,无题
勒款识可与众共别者,须以弦望晦朔光魄亏满可得而见者,考其符
验。而光、晃历以《考灵曜》〔为本〕,〔94〕二十八宿度数及冬至日所
在,与今史官甘、石旧文错异,不可考校;以今浑天图仪检天文,亦
不合于《考灵曜》。光、晃诚能自依其术,更造望仪,以追天度,远有
验于图书,近有效于三光,可以易夺甘、石,穷服诸术者,实宜用之。
难问光、晃,但言图谶,所言不服。元和二年二月甲寅制书曰:'朕
闻古先圣王,先无而天不违,后天而奉天时。史官用太初邓平术,
冬至之日,日在斗二十(二)〔一〕度,〔95〕而历以为牵牛中星,先立春
一日,则四分数之立春也,而以折狱断大刑,于气已迕,用望平和,
盖亦远矣。今改行《四分》,以遵于尧,以顺孔圣奉天之文。'是始用
《四分历》庚申元之诏也。深引《河》、《雒》图谶以为符验,非史官私
意独所兴构。而光、晃以为〔香〕、固意造妄说,〔96〕违反经文,谬之
甚者。昔尧命羲和历象日月星辰,舜叶时月正日,汤、武革命,治历
明时,可谓正矣,且犹遇水遭旱,戒以'蛮夷猾夏,寇贼奸宄'。而
光、晃以为阴阳不和,奸臣盗贼,皆元之咎,诚非其理。元和二年乃
用庚申,至今九十二岁,而光、晃言秦所用代周之元,不知从秦来,
汉三易元,不常庚申。光、晃区区信用所学,亦妄虚无造欺语之

愆。〔97〕至于改朔易元，往者寿王之术已课不效，宣诵之议不用，元和诏书文备义著，非群臣议者所能变易。

太尉耽、司徒隗、司空训以邕议劾光、晃不敬，正鬼薪法。诏书勿治罪。①

①臣昭曰：不有君子，其能国乎？观蔡邕之议，可以言天机矣。贤明在朝，弘益远哉！公卿结正，足惩浅妄之徒，诏书勿治，亦深"盍各"之致。

《太初历》推月食多失。《四分》因《太初》法，以河平癸巳为元，施行五年。永元元年，天以七月后闰食，术以八月。其(十)二年正月十二日，〔98〕蒙公乘宗绀上书言："今月十六日月当食，而历以二月。"至期如绀言。太史令巡上绀有益官用，除待诏。甲辰，诏书以绀法署。施行五十六岁。至本初元年，天以十二月食，历以后年正月，于是始差。到熹平三年，二十九年之中，先历食者十六事。常山长史刘洪上作《七曜术》。甲辰诏属太史部郎中刘固、舍人冯恂等课效，复作《八元术》，固等作《月食术》，并已相参。固术与《七曜术》同。月食所失，皆以岁在己未当食四月，恂术以三月，官历以五月。太史上课，到时施行中者。丁巳，诏书报可。

其四年，绀孙诚上书言："受绀法术，当复改，今年十二月当食，而官历以后年正月。"到期如言，拜诚为舍人。丙申，诏书听行诚法。

光和二年岁在己未，三月、五月皆阴，太史令脩、部舍人张恂〔99〕等推计行度，以为三月近，四月远。诚以四月。奏废诚术，施用恂术。其三年，诚兄整前后上书言："去年三月不食，当以四月。史官废诚正术，用恂不正术。"整所上(五)〔正〕属太史，〔100〕太史主者终不自言三月近，四月远。食当以见为正，无远近。诏书下太常："其详案注记，平议术之要，效验虚实。"太常就耽上选侍中韩说、博士蔡较、谷城门候刘洪、右郎中陈调于太常府，覆校注记，平议难问。恂、诚各对。恂术以五千六百四十(日)〔月〕有九百六十一食为法，〔101〕而除成分，空加县法，推建武以来，俱得三百二十七食，其十五食错。案其官素注，天见食九十八，与两术相应,其错辟二千一百。诚术以百三十五月二十三食为法,乘除成月,从建康以上减四十一,建康以来减三十五,以其俱不食。恂术改易旧法,诚术中复减损,论其长短,无以相逾。各引书纬自证,文无义要,取追天而已。夫日月之术,日循黄道,月从九道。以赤道仪,日冬至去极俱一百一十五度。其入宿也,赤道在斗二十一,而黄道在斗十九。两仪相参,日月之行,曲直有差,以生进退。故月行井、牛,十四度以上;其在角、娄,十二度以上。皆不应率不行。以是言之,则术不差不改,不验不用。天道精微,度数难定,术法多端,历纪非一,未验无以知其是,未差无以知其失。失然后改之,是然后用之,此谓允执其中。今诚术未有差错之谬,恂术未有独中之异,以无验改未失,是以检将来为是者也。诚术百三十五月月二十三食,其文在书籍,学者所修,施行日久,官守其业,经纬日月,厚而未愆,信于天文,述而不作。恂久在候部,详心善意,能揆仪度,定立术数,推前校往,亦与见食相应。然协历正纪,钦若昊天,宜率旧章,如甲辰、丙申诏书,以见食为比。今宜施用诚术,弃放恂术,史官课之,后有效验,乃行其法,以审术数,以顺改易。耽以说等议奏闻,诏书可。恂、整、诚各复上书,恂言不当施诚术,整言不当复(弃)恂术。〔102〕为洪议所侵,事下永安台覆实,皆不如恂、诚等言。劾奏谩欺。诏书报,恂、诚各以二月奉赎罪,整适作左校二月。〔103〕遂用洪等,〔104〕施行诚术。

　　光和二年,万年公乘王汉上《月食注》。自章和元年到今年凡九十三岁,合百九十六食;与官历河平元年月错,以己巳为元。事下太史令脩,上言"汉所作注不与见食相应者二事,以同为异者二十九事"。尚书召谷城门候刘洪,敕曰:"前郎中冯光、司徒掾陈晃各讼历,故议郎蔡邕共补续其志。今洪其诣脩,与汉相参,推元(谓)〔课〕分,〔105〕考校月食。审己巳元密近,有师法,洪便从汉受;不能,对。"洪上言:"推(元)汉己巳元,〔106〕则《考灵曜》旃蒙之岁乙卯元也,与光、晃甲寅元相经纬。于以追天作历,校三光之步,今为疏阔。孔子纬一事见二端者,明历兴废,随天为节。甲寅历于孔子时效;已巳《颛顼》秦所施用,汉兴草创,因而不易,至元封中,迁阔不审,更用《太初》,应期三百改宪之节。甲寅、己巳谶虽有文,略其年数,是以学人各传所闻,至于课校,罔得厥正。夫甲寅元天正正月甲子朔旦冬至,七曜之起,始于牛初。乙卯之元人正己巳旦立春,三光聚天庙五度。课两元端,闰馀差(自)〔百〕五十〔二〕分(二)之三,〔107〕朔三百四,中节之馀二十九。以效信难聚,汉不解说,但言先人有书而已。以汉成注参官施行,术不同二十九事,不中见食二事。案汉习书,见己巳元,谓朝不闻,不知圣人独有兴废之义,史官有附天密术。甲寅、己巳,前已施行,效后格而(巳)不用。〔108〕河平疏阔,史官已废之,而汉以去事分争,殆非其意。虽有师法,与无同。课又不近密。其说蔀数,术家所共知,无所采取。"遣汉归乡里。①

　①《袁山松书》曰:"刘洪字元卓,泰山蒙阴人也。鲁王之宗室也。延熹中,以校
　尉应太史征,拜郎中,迁常山长史,以父忧去官。后为上计掾,拜郎中,检东
　观著作《律历记》,迁谒者,谷城门候,会稽东部都尉。征还,未至,领山阳太
　守,卒官。洪善算,当世无偶,作《七曜术》。及在东观,与蔡邕共述《律历
　记》,考验天官。及造《乾象术》,十馀年,考验日月,与象相应,皆传于世。"
　《博物记》曰:"洪笃信好学,观乎六艺群书意,以为天文数术,探赜索隐,钩深
　致远,遂专心锐思。为曲城侯相,政教清均,吏民畏而爱之,为州郡之所
　礼异。"

【校勘记】

〔1〕　朔先〔于〕历　《集解》引卢文弨说,谓"先"下脱"于"字,依《御览》补。今
　　　　据补。

〔2〕　月〔或朔〕见　《集解》引卢文弨说,谓"月"下脱"或朔"二字,依《御览》
　　　　补。今据补。

〔3〕　建武八年中　按:《集解》引惠栋说,谓北宋本无"中"字。

〔4〕　历〔朔〕不正　《集解》引卢文弨说,谓"言"下脱"朔"字,依《御览》补。今
　　　　据补。

〔5〕　官历署七月十六日〔月〕食　《集解》引卢文弨说,谓"日"下脱"月"字,依

《御览》补。王先谦谓以下文证之,当有"月"字。今据补。按:印影宋本
《御览》"月"讹"日"。

〔6〕〔因〕上言月当十五日食　《集解》引卢文弨说,谓《御览》"上言"上有
"因"字。今据补。

〔7〕诏书令岑普〔候〕与官〔历〕课　《集解》引卢文弨说,谓"普"下脱"候"字,
"官"下脱"历"字,《御览》有。今据补。

〔8〕诏〔书〕令岑署弦望月食官　《集解》引卢文弨说,谓"诏"下脱"书"字,依
《御览》补。今据补。

〔9〕(从)〔后〕天四分日之三　《集解》引李锐说,谓"后天"误"从天",当改。
今据改。

〔10〕〔顺〕尧考德(顾)〔题〕期立象　《集解》引惠栋说,谓"顾"一作"题"。又引
卢文弨说,谓纬书所载作"顺尧考德,题期立象"。按:《曹褒传》作"顺尧
考德,题期立象",今据以补改。

〔11〕日在斗二十(二)〔一〕度　据《集解》引卢文弨说改。

〔12〕〔悦〕获咸(喜)〔熙〕　《集解》引惠栋说,谓"获"上一有"悦"字,"喜"作
"熙",《宋志》同。又引卢文弨说,谓南宋本有"悦"字。今据以补改。

〔13〕司徒〔掾〕严勖　《集解》引钱大昕说,谓此严勖亦司徒之掾属,非司徒
也,史脱文。今据补。

〔14〕朔必有明晦不朔必在其月也　按:《集解》引卢文弨说,谓"明"字衍,"不
朔"当作"朔不"。

〔15〕是明不可必　按:《集解》引卢文弨说,谓唐一行《大衍历议》引"明"作
"朔"。

〔16〕十六日〔望〕　按各本俱无"望"字,今依历理及文义补。

〔17〕天元始起之月(常)〔当〕小　据汲本、殿本改。

〔18〕冬至日在斗(一)〔二〕十一度四分度之一　据汲本、殿本改。

〔19〕日所在〔未至〕牵牛中星五度　《集解》引卢文弨说,谓"在"下当脱"未
至"二字。今据补。

〔20〕五岁中课日行及冬(夏)至斗(一)〔二〕十一度四分一　《集解》引惠栋说,
谓李本"一十"作"二十"。按:上屡见冬至日在斗二十一度,明作"一十"
者讹,今据改。又按文义"夏"字当衍,今删。

〔21〕日(朔)〔食〕二十三事　据《集解》引卢文弨说改。

〔22〕　二得(三)〔二〕日　按：各本并作"三日"，于历理为舛，今改正。

〔23〕　治历者方以七十六岁断之　按：《集解》引卢文弨说，谓"方"疑当作
　　　　"乃"。

〔24〕　则馀分(稍)〔消〕长　《集解》引惠栋说，谓"稍"李本作"消"。今按：依文
　　　　义作"消"是，各本作"稍"，盖涉下"稍"字而误，今据改。

〔25〕　其斗牵牛〔东井〕舆鬼　《集解》引钱塘说，谓"牵牛"下脱"东井"二字。
　　　　斗、牵牛冬至日所在，东井、舆鬼夏至日所在也。今据补。

〔26〕　行东壁　按：于文义"行"字当衍。

〔27〕　赤道(十)〔七〕度　《集解》引李光地说，谓"十"当作"七"。今按：壁、奎、
　　　　娄、轸、亢间在黄道斜交赤道之附近，以赤道标准度之，则赤道得度多而
　　　　黄道得度少，其大较为七与八之比，李说是，今据改。

〔28〕　出赤道南二十五度　按："五"当作"四"，说详下。

〔29〕　出赤道北〔二十〕五度　据《集解》引李光地说补。按：当作"二十四度"，
　　　　说详下。

〔30〕　去极俱九十度　当作"九十一度"，脱"一"字。按：《四分历》以周天为三
　　　　百六十五度又四分一，赤道去极为其四分之一，约为九十一度。张衡
　　　　《浑仪》谓"赤道横带浑天之腹，去极九十一度十六分之五，黄道斜带其
　　　　腹，出赤道表里各二十四度，故夏至去极六十七度而强，冬至去极百一
　　　　十五度亦强也"。上文亦言"冬至日去极一百一十五度，夏至日去极六十
　　　　七度，春秋分日去极九十一度"。并足证当时以赤道去极为九十一度，
　　　　黄道于牵牛及东井各距赤道南北二十四度也。

〔31〕　日过〔一〕度　据殿本《考证》补。

〔32〕　史官以(郭)〔部〕日月行参弦望　按：《集解》引齐召南说，谓"郭"当作
　　　　"部"。今据改。

〔33〕　能用易九六七八(支)〔爻〕知月行多少　据《集解》引卢文弨说改。

〔34〕　(宣)〔宜〕课试上　据《集解》引卢文弨说改。

〔35〕　而月日行十三度十九分度之〔七〕有畸　据《集解》引卢文弨说补。

〔36〕　事叙而不悖　按：《集解》引惠栋说，谓《杜集》"事"上有"则"字，"悖"作
　　　　"懡"。

〔37〕　日食〔亦得朔〕　据《集解》引卢文弨说补。

〔38〕　〔明〕此〔食〕非用币伐鼓常月　据《集解》引卢文弨说补。

〔39〕〔而〕先儒所未喻也　据《集解》引卢文弨说补。

〔40〕而三统历唯〔得〕一食　据《集解》引卢文弨说补。

〔41〕皆不(得)谐合　据《集解》引卢文弨说删。

〔42〕累日为月〔累月为岁〕　据《集解》引卢文弨说补。

〔43〕以新故相序不得不有毫毛之差此自然〔之〕理也　《集解》引惠栋说,谓
　　　"序"原作"涉","毛"作"末","然"下有"之"字。按:《晋志》引《长历》与
　　　惠校同,今以"相序"与"相涉","毫毛"与"毫末",文异而义同,故但补一
　　　"之"字。

〔44〕〔有〕旷年不食者　据《集解》引卢文弨说补。

〔45〕而算守(从)〔恒〕数　据汲本、殿本改。

〔46〕非为合以验天(者)也　据《集解》引卢文弨说删。

〔47〕以考朔晦(也)　据《集解》引卢文弨说删。

〔48〕而〔见〕皆不然　据《集解》引卢文弨说补。

〔49〕善算李脩夏显　按:《集解》引卢文弨说,谓"善算"本作"有善算者"。又
　　　引惠栋说,谓"夏"《杜集》作"卜"。

〔50〕以乾度与(太)〔泰〕始历参校古今记注　据卢文弨《群书拾补》校改。

〔51〕乾度历殊胜〔泰始历上胜官历四十五事〕　《集解》引卢文弨说,谓"胜"
　　　下脱"《泰始历》上胜官历四十五事"十一字,依《晋志》补。今据补。

〔52〕今〔其〕术具存　据汲本、殿本补。

〔53〕今具列其(时)得失之数　据《集解》引卢文弨说删。

〔54〕又据经传微旨(证据及失闰旨)考日辰朔晦　据《集解》引卢文弨说删。

〔55〕及失闰〔违〕时　据《集解》引卢文弨说补。

〔56〕盖〔是〕春秋当时之历也　据《集解》引卢文弨说补。按:"之"原讹"文",
　　　径改正。

〔57〕夏历漏〔刻〕随日南北为长短　《集解》引惠栋说,谓"漏"下脱"刻"字,当
　　　依《隋志》增。今据补。

〔58〕日道周〔圜〕　《集解》引惠栋说,谓"周"下《宋志》有"圜"字。今据补。

〔59〕立成斧官府当用者计吏到班予四十八箭文多故魁取二十四气日所在
　　　《集解》引卢文弨说,谓"立成"至"魁取"二十二字《宋志》无。今按:文有
　　　讹夺,难句读。疑诏书至"班予四十八箭"止,下为史官叙述之文。"魁"
　　　字衍。言文多,故仅取二十四气日所在等刻于下也。

〔60〕 发谋于元封启定于(天)〔元〕凤积(百)三十年是非乃审　《集解》引李锐
　　　说,谓《前志》云"自汉历初起,至元凤六年,而是非坚定"。案自太初元
　　　年至元凤六年,正得三十年,此文"天凤"当作"元凤","百"字衍。今据
　　　改。按:依《前书》则"启"当作"坚"。

〔61〕 亦于建武施于元和　按:《集解》引张文虎说,谓"亦"下疑脱一字,谓始
　　　于建武,而施行于元和也。

〔62〕 及太初历以后(大)〔天〕为疾　据《集解》引李锐说改。

〔63〕 百四十四岁而太岁超一(表)〔辰〕　据《集解》引钱大昕说改。

〔64〕 或不对　按:《集解》引惠栋说,谓"不"下《宋志》有"能"字。

〔65〕 衡兴参案仪注(者)　《集解》引惠栋说,谓"者"字衍,从《宋志》删。今
　　　据删。

〔66〕 太子舍人李泓　按:殿本"泓"作"弘"。

〔67〕 推闰月六直其日　按:寻文义,疑"六"为"不"之讹,"日"为"月"之讹。

〔68〕 灾异卒甚　汲本、殿本"卒"作"率"。按:卢文弨云北宋本作"卒"。

〔69〕 五是以备　按:汲本、殿本"是"作"者"。《集解》引钱大昕说,谓《洪范》
　　　"五者来备"一作"五是",盖汉儒传本异也。闽本、汲古阁本作"五者",
　　　则后人据今本《尚书》易之。《李云传》"五氏来备",氏古是字。《荀爽
　　　传》"五趩来备",趩亦训是。

〔70〕 则(丧)〔表〕其休　《集解》引卢文弨说,谓钱氏改"丧"为"表"。按:详文
　　　义当作"表",表与丧形近,今据改。

〔71〕 遂〔寝〕改历事　《集解》引钱大昕说,谓详文义,是安帝纳尚书令忠言,
　　　仍用《四分》,不复议改。《宋志》亦云"亶等遂寝"。此文"遂"下当有
　　　"罢"字,或是"寝"字。今据钱说并参《宋志》,补一"寝"字。

〔72〕 乾凿度八十〔一〕分之四十三为日法　据《集解》引钱大昕说补。

〔73〕 雒书(甄)〔乾〕曜度　据殿本改。按:《集解》引惠栋说,谓"乾"作"甄"当
　　　是避太子承乾讳改。

〔74〕 从太初至永平十一年百七十〔一〕岁　据《集解》引钱大昕说补。

〔75〕 至(永)〔元〕和二年　据《集解》引钱大昕说改。

〔76〕 案百七十〔一〕岁二蔀一章　据《集解》引钱大昕说补。

〔77〕 羲和立(禅)〔浑〕　《集解》引卢文弨说,谓"禅"乃"浑"之讹,浑谓浑仪,与
　　　韵协。今据改。

〔78〕 盗贼相续为〔害〕　王先谦谓"为"下疑有"害"字。《宋志》作"历元不正，故盗贼为害"。今据王说参《宋志》，补一"害"字。

〔79〕 历〔当〕用甲寅为元而用庚申　王先谦谓《宋志》作"历当以甲寅为元，不用庚申"。今依《宋志》补一"当"字。

〔80〕 图纬无以庚〔申〕为元者　据《集解》引卢文弨说补。

〔81〕 乞（与）本庚申元经纬（有）明〔文〕　据《集解》引卢文弨说删补。

〔82〕 受虚欺重诛　按：《集解》引卢文弨说，谓此句上亦有脱文。

〔83〕 术（术）无常是　据《集解》引惠栋说删。

〔84〕 〔汉兴〕（以）承秦　《集解》引惠栋说，谓"以"字误，《宋志》作"汉兴承秦"。今据《宋志》改。按：卢文弨《群书拾补》改作"汉承秦正"。

〔85〕 各〔自一〕家〔之〕术皆当有效于（其）当时　据《集解》引卢文弨说补删。今按：《御览》卷十六引作"各自一家之说，皆当有效于当时"。

〔86〕 （黄）〔武〕帝始用太初丁丑之元（有）六家纷错　据卢文弨《群书拾补》校改。按：《宋志》作"昔始用太初丁丑之后"。《御览》一六引作"昔太初始用丁丑之后"。

〔87〕 是又新元〔有〕效于今者也　据《宋志》及《御览》一六补。

〔88〕 今〔术〕之不能上通于古　《集解》引惠栋说，谓"今"下《宋志》有"术"字。今据补。

〔89〕 起庚（子）〔午〕蔀之二十三岁　据《集解》引钱大昕说改。

〔90〕 则（不）〔元〕在庚申　《集解》引钱大昕说，谓自获麟至开辟二百七十六万岁，以六十除之，恰尽获麟之岁，既是庚申，则开辟之始亦必庚申矣。当云"元在庚申"，"不"乃"元"字之讹。又引李锐说，谓上文云二百七十六万岁，寻之上行，复得庚申，"不"当作"复"。按：钱、李两家之说并是，今从钱说改"不"字为"元"字。

〔91〕 获麟至汉百六十（二）〔一〕岁　《集解》引李锐说，谓邕于甲寅元开辟至汉元年数内减去庚申元开辟至获麟年数，馀一百六十一为获麟至汉元年数，因谓光、晃差少一百一十四岁。今按：甲寅元开辟至获麟积年二百七十五万九千八百八十岁，获麟至汉二百七十五岁，共二百七十六万一百六十一岁，邕以庚申元开辟至获麟积年二百七十六万岁减之，则获麟至汉为百六十一岁，明"百六十二岁"之"二"字当作"一"，今据改。

〔92〕 下不及命历序获麟〔至〕汉相去四蔀年数　据《集解》引卢文弨说补。

〔93〕　蔡邕(命)〔月令〕论曰　《集解》引惠栋说,谓"命论"未详。案邕《明堂月令论》有之,"令"误"命",落"月"字也。今据改。

〔94〕　而光晃历以考灵曜〔为本〕　《集解》引惠栋说,谓"曜"下《宋志》有"为本"二字。今据补。

〔95〕　日在斗二十(二)〔一〕度　按:二〇四八页一四行"日在斗二十二度",已据卢文弨说改"二十二"为"二十一",此与上同。

〔96〕　而光晃以为〔香〕固意造妄说　据《集解》引卢文弨说补。

〔97〕　亦妄虚无造欺语之愆　按:《集解》引卢文弨说,谓"亦"下文有讹。

〔98〕　其(十)二年正月十二日　《集解》引李锐说,谓"十二年"当作"二年",与下"十二日"相涉,误衍"十"字。案下文云"以绁法署施行五十六岁",自永元二年至本初元年,正得五十六年,故知"十"字衍也。今据删。

〔99〕　部舍人张恂　按:"张恂"疑当作"冯恂"。上文言"熹平中,故治历郎梁国宗整上《九道术》,诏书下太史,以参旧术,相应。部太子舍人冯恂课校,恂亦复作《九道术》,增损其分,与整术并校,差为近。太史令飏上以恂术参朔望"。此处虽言课校恂、诚二术,整为诚兄,且先后上书为诚术辨,则所谓整术、诚术实同为一事,而参与推计行度者为冯恂也。

〔100〕　整所上(五)〔正〕属太史　据汲本改。按:"五属太史"不可解,寻文义以"正属太史"为长。

〔101〕　恂术以五千六百四十(日)〔月〕有九百六十一食为法　据《集解》引钱大昕说改。按:"法"原讹"注",径改正。

〔102〕　恂言不当施诚术整言不当复(弃)恂术　按:整、恂各挟己术相攻讦,恂言不当施诚术,整言不当复恂术,"弃"字当涉上"弃放恂术"而讹衍,今删。

〔103〕　整适作左校二月　殿本"适"作"输"。按:适同谪,原不讹,殿本以意改也。

〔104〕　遂用洪等　按:下疑脱一"议"字。

〔105〕　推元(谓)〔课〕分　据《集解》引卢文弨说改。

〔106〕　推(元)汉己巳元　《集解》引卢文弨说,谓"推"下"元"字衍,汉即王汉。今据补。

〔107〕　闰馀差(自)〔百〕五十(二)分(二)之三　《集解》卢文弨说,谓"自"当作"百",又引李锐说,谓当作"百五十二分之三"。今据改。

〔108〕　后格而(已)不用　据《集解》引卢文弨说删。

后汉书志第三

律历下

历法

昔者圣人之作历也，观琁玑之运，三光之行，道之发敛，景之长短，斗纲（之）〔所〕建，〔1〕青龙所躔，参伍以变，错综其数，而制术焉。

天之动也，一昼一夜而运过周，星从天而西，日违天而东。日之所行与运周，在天成度，在历成日。居以列宿，终于四七，受以甲乙，终于六旬。日月相推，日舒月速，当其同〔所〕，〔2〕谓之合朔。舒先速后，近一远三，谓之弦。相与为衡，分天之中，谓之望。以速及舒，光尽体伏，谓之晦。晦朔合离，斗建移辰，谓之〔月〕。〔3〕日月之（术）〔行〕，〔4〕则有冬有夏；冬夏之间，则有春有秋。是故日行北陆谓之冬，西陆谓之春，南陆谓之夏，东陆谓之秋。日道发南，去极弥远，其景弥长，远长乃极，冬乃至焉。日道敛北，去极弥近，其景弥短，近短乃极，夏乃至焉。二至之中，道齐景正，春秋分焉。

日周于天，一寒一暑，四时备成，万物毕改，摄提迁次，青龙移辰，谓之岁。岁首至也，月首朔也。至朔同日谓之章，同在日首谓之蔀，蔀终六旬谓之纪，岁朔又复谓之元。是故日以实之，月以闰之，时以分之，岁以周之，章以明之，蔀以部之，纪以记之，元以原之。然后虽有变化万殊，赢朒无方，莫不结系于此而禀正焉。

极建其中，道营于外，琁衡追日，以察〔发〕敛，〔5〕光道生焉。孔壶为漏，浮箭为刻，下漏数刻，以考中星，昏明生焉。日有光道，月有九行，九行出入而交生焉。朔会望衡，邻于所交，亏薄生焉。月有晦朔，星有合见，月有弦望，星有留逆，其归一也，步术生焉。金、水承阳，先后日下，速则先日，迟而后留，留而后逆，逆与日违，违而后速，速与日竞，竞又先日，迟速顺逆，晨夕生焉。日、月、五纬各有终原，而七元生焉。见伏有日，留行有度，而率数生焉。参差齐之，多少均之，会终生焉。引而伸之，触而长之，探赜索隐，钩深致远，无幽辟潜伏，而不以其精者然。故阴阳有分，寒暑有节，天地贞观，日月贞明。

若夫佑术开业，淳燿天光，重黎其上也。① 承圣帝之命若昊天，典历象三辰，以授民事，立闰定时，以成岁功，羲和其隆也。② 取象金火，革命创制，治历明时，应天顺民，汤、武其盛也。③ 及王德之衰也，无道之君乱之于上，顽愚之史失之于下。夏后之时，羲和淫湎，废时乱日，胤乃征之。纣作淫虐，丧其甲子，武王诛之。夫能贞而明之者，其兴也勃焉；回而败之者，其亡也忽焉。巍巍乎若道天地之纲纪，帝王之壮事，是以圣人宝焉，君子勤之。

① 颛顼曰重黎。

② 唐、虞、夏、商曰羲和。

③ 《月令章句》曰：“帝舜叶时月正日，汤、武革命，治历明时。言承平者叶之，承乱者革之。”

夫历有圣人之德六焉：以本气者尚其体，以综数者尚其文，以考类者尚其象，以作事者尚其时，以占往者尚其源，以知来者尚其流。大业载之，吉凶生焉，是以君子将有兴焉，咨焉而以从事，受命而莫之违也。若夫用天因地，揆时施教，颁诸明堂，以为民极者，莫大乎月令。帝王之大司备矣，天下之能事毕矣。过此而往，群忌苟禁，君子未之或知也。

斗之二十一度，去极至远也，日在焉而冬至，群物于是乎生。故律首黄钟，历始冬至，月先建子，时平夜半。当汉高皇帝受命四十有五岁，阳在上章，阴在执徐，冬十有一月甲子夜半朔旦冬至，日月闰积之数皆自此始，立元正朔，谓之《汉历》。又上两元，而月食五星之元，并发端焉。

历数之生也，乃立仪、表，〔6〕以校日景。景长则日远，天度之端也。

日发其端，周而为岁，然其景不复，四周千四百六十一日，而景复初，是则日行之终。以周除日，得三百六十五四分度之一，为岁之日数。日日行一度，亦为天度。察日月俱发度端，①日行十九周，月行二百五十四周，复会于端，是则月行之终也。以日周除月周，得一岁周天之数。以日一周减之，馀十二二十九分之七，则月行过周及日行之数也，为一岁之月。以除一岁日，为一月之数。〔7〕月之馀分积满其法，得一月，月成则其岁〔大〕。月（大）四时推移，〔8〕故置十二中以定月位。有朔而无中者为闰月。中之始（日）〔曰〕节，〔9〕与中为二十四气。以除一岁日，为一气之日数也。其分积而成日为没，并岁气之分，如法为一岁没。没分于终中，中终于冬至，冬至之分积如其法得一日，四岁而终。月分成闰，闰七而尽，其岁十九，名之曰章。章首分尽，四之俱终，名之曰蔀。以一岁日乘之，为蔀之日数也。以甲子命之，二十而复其初，是以二十蔀为纪。纪岁青龙未终，三终岁后复青龙为元。

　　①即是起舍合朔。

　　元法，四千五百六十。①

　　①《乐叶图征》曰：“天元以甲子朔旦冬至，日月起于牵牛之初，右行二十八宿，以考王者终始。或尽一，其历数或不能尽一，以四千五百六十为纪，甲寅穷。”宋均曰：“纪即元也。四千五百六十者，五行相代，一终之大数也。王者即位，或遇其统，或不尽其数，故一（共）〔元〕以四千五百六十为甲寅之终也。〔10〕王者起，必易元，故不复沿前而终言之也。”韩子曰：“四千五百六十岁为一元，元中有厄，故圣人有九岁之畜以备之也。”

　　纪法，千五百二十。①

　　①《月令章句》曰：“纪，还复故历。”

　　纪月，万八千八百。

　　蔀法，七十六。①

　　①《月令章句》曰：“七十六岁为蔀首。”

　　蔀月，九百四十。

章法，十九。

章月，二百三十五。①

①《月令章句》曰："十九岁七闰月为一章。"

周天，千四百六十一。

日法，四。

蔀日，二万七千七百五十九。

没数，二十一。（为章闰）〔11〕

通法，四百八十七。

没法，七，因为章闰。

日馀，百六十八。

中法，（四）〔三〕十二。〔12〕

大周，三十四万三千三百三十五。

月周千一十六。

月食数之生也，乃记月食之既者。率二十三食而复既，其月（食）百三十五，〔13〕率之相除，得五（百）〔月〕二十三之二十而一食。〔14〕以除一岁之月，得岁有再食五百一十三分之五十〔五〕也。〔15〕分终其法，因以与蔀相约，得四与二十七，互之，会二千五十二，〔16〕二十而与元会。

元会，四万一千四十。

蔀会，（三）〔二〕千五十（三）〔二〕。〔17〕

岁数，五百一十三。

食数，千八十一。

月数，百（二）〔三〕十五。〔18〕

食法，二十（二）〔三〕。〔19〕

推入蔀术曰：以元法除去上元，其馀以纪法除之，所得数从天纪，算外则所入纪也。不满纪法者，入纪年数也。以蔀法除之，所得数从甲子蔀起，算外，所入纪岁名命之，算上，即所求年太岁所在。〔20〕

推月食所入蔀会年，以元会除去上元，其馀以蔀会除之，所得以（七）〔二〕十（二）〔七〕乘之，〔21〕满六十除去之，馀以二十除所得数，从天纪，算

（之起）外，所（以）入纪，[22]不满二十者，数从甲子蔀起，算外，所入蔀会也。其初不满蔀会者，入蔀会年数也，各以（不）〔所〕入纪岁名命之，[23]算上，即所求年（蔀）〔太岁所在〕。[24]

天纪岁名		地纪岁名		人纪岁名		蔀　首[25]
庚	辰	庚	子	庚	申	甲子一
丙	申	丙	辰	丙	子	癸卯二
壬	子	壬	申	壬	辰	壬午三
戊	辰	戊	子	戊	申	辛酉四
甲	申	甲	辰	甲	子	庚子五
庚	子	庚	申	庚	辰	己卯六
丙	辰	丙	子	丙	申	戊午七
壬	申	壬	辰	壬	子	丁酉八
戊	子	戊	申	戊	辰	丙子九
甲	辰	甲	子	甲	申	乙卯十
庚	申	庚	辰	庚	子	甲午十一
丙	子	丙	申	丙	辰	癸酉十二
壬	辰	壬	（午）〔子〕[26]	壬	申	壬子十三
戊	申	戊	辰	戊	子	辛卯十四
甲	子	甲	申	甲	辰	庚午十五
庚	辰	庚	子	庚	申	（乙）〔己〕酉十六[27]
丙	申	丙	辰	丙	子	戊子十七
壬	子	壬	申	壬	辰	丁卯十八
戊	辰	戊	子	戊	申	丙午十九
甲	申	甲	辰	甲	子	乙酉二十

推天正术，置入蔀年减一，以章月乘之，满章法得一，名为积月，不满为闰馀，十二以上，其岁有闰。

推天正朔日,置入蔀积月,以蔀日乘之,满蔀月得一,名为积日,不满为小馀,积日以六十除去之,其馀为大馀,以所入蔀名命之,算尽之外,则前年天正十一月朔日也。小馀四百四十一以上,其月大。求后月朔,加大馀二十九,小馀四百九十〔九〕,〔28〕小馀满蔀月得一,上加大馀,命之如前。

一术,以大周乘年,周天乘〔闰馀〕减之,馀满蔀(日)〔月〕,则天正朔日也。〔29〕

推二十四气术曰:置入蔀年减一,以(月)〔日〕馀乘之,〔30〕满中法得一,名曰大馀,不满为小馀,大馀满六十除去之,其馀以蔀名命之,算尽之外,则前年冬至之日也。

求次气,加大馀十五,小馀七,除命之如前,小寒日也。

推闰月所在,以闰馀减章法,馀以十二乘之,满章闰数得一,满四以上亦得一算之数,从前年十一月起,算尽之外,闰月也。或进退,以中气定之。

推弦、望日,因其月朔大小馀之数,皆加大馀七,小馀三百五十九四分三,小馀满蔀月得一,加大馀,大馀命如法,得上弦。又加得望,次下弦,又后月朔。其弦、望小馀二百六十以下,每以百刻乘之,满蔀月得一刻,不满其(数)〔所〕近节气夜漏之半者,〔31〕以算上为日。

推没灭术,置入蔀年减一,以没数乘之,满日法得一,名为积没,不尽为没馀。以通法乘积没,满没法得一,名为大馀,不尽为小馀。大馀满六十除去之,其馀以蔀名命之,算尽之外,前年冬至前没日也。求后没,加大馀六十九,小馀四,小馀满没法,从大馀,命之如前,无分为灭。

一术,以(为)〔十〕五乘冬至小馀,〔32〕以减通法,馀满没法得一,则天正后没也。

推合朔所在度,置入蔀积(月)〔日〕以(日)〔蔀月〕乘之,〔33〕满大周除去之,其馀满蔀月得一,名为积度,不尽为馀分。积度加斗二十一度,加二百三十五分,以宿次除之,不满宿,则日月合朔所在星度也。求后合朔,加度二十九,加分四百九十九,分满蔀月得一度,经斗除二百三十五分。

一术,以闰馀乘周天,以减大周馀,满蔀月得一,合以斗二十一度四分一,则天正合朔日月所在度。

推日所在度,置入蔀积日之数,以蔀法乘之,满蔀日除去之,其馀满蔀法得一,为积度,不尽为馀分。积度加斗二十一度,加十九分,以宿次除去之,则夜半日所在宿度也。

求次日,加一度。求次月,大加三十度,小加二十九度,经斗除十〔九〕分。〔34〕

一术,以塑小馀减合〔朔〕度分,〔35〕即日夜半所在。其分(三)〔二〕百(二)〔三〕十五约之,〔36〕十九乘之。

推月所在度,置入蔀积日之数,以月周乘之,满蔀日除去之,其馀满蔀法得一,为积度,不尽为馀分。积度加斗二十一十〔九〕分,〔37〕除如上法,则所求之日夜半月所在宿度也。

求次日,加十三度二十八分。求次月,大加三十五度六十一分,月小二十二度三十三分,分满法得一度,经斗除十九分。其冬下旬月在张、心署之,谓(尽)〔昼〕漏分后尽漏尽也。〔38〕

一术,以蔀法除塑小馀,所得以减日半度也。馀以减分,即月夜半所在度也。

推日明所入度分术曰:置其月节气夜漏之数,以蔀法乘之,二百除之,得一分,即夜半到明所行分也。以增夜半日所在度分,为明所在度分也。

求昏日所入度,以夜半到明日所行分(分)减蔀法,〔39〕其馀即夜半到昏所行分也。以加夜半所在度分,为昏日所在度也。

推月明所入度分术曰:置其节气夜(半)〔漏〕之数,〔40〕以月周乘之,以二百除之,为积分。积分满蔀法得一,以增夜半度,即(明)月〔明〕所在度也。〔41〕

求昏月所入度:以明积分减月周,其馀满蔀法得一度,加夜半,则昏月所在度也。

推弦、望日所入星度术曰：置合朔度分之数，加七度三百五十九分四分(之)三，[42]〔以〕宿次除之，[43]即得上弦日所入宿度分也。

求望、下弦，加除如前法，小分〔满〕四从大分，〔大分〕满蔀月从度。[44]

推弦、望月所入星度术曰：置月合朔度分之数，加度九十八，加分六百五十三半，以宿次除之，即上弦月所入宿度分也。

求望、下弦，加除如前分，满蔀月从度。

推月食术曰：置入蔀会年数，减一，以食数乘之，满岁数得一，名曰积食，不满为食馀。以月数乘积〔食〕，[45]满食法得一，名为积月，不满为月馀分。积月以章月除去之，其馀为入章月数。当先除入章闰，乃以十二除去之，不满者命以十一月，算尽之外，则前年十一月前食月也。求入章闰者，置入章月，以章闰乘之，满章月得一，则入章闰数也。馀分满二百二十四以上至二百三十一，为食在闰月。闰或进退，以朔日定之。求后食，加五(百)〔月〕二十分，[46]满法得一月数，命之如法，其分尽食算上。

推月食朔日术曰：置食积月之数，以二十九乘之，为积日。又以四百九十〔九〕乘积月，[47]满蔀月得一，以并积日，以六十除之，其馀以所会蔀名命之，算尽之外，则前年天正前食月朔日也。

求食日，加大馀十四，小馀七百一十九半，小馀满蔀月为大馀，大馀命如前，则食日也。

求后食朔及日，皆加大馀二十七，小馀六百一十五。其月馀分不满二十者，又加大馀二十九，小馀四百九十九。其食小馀者，当以漏刻课之，夜漏未尽，以算上为日。

一术，以岁数去上元，馀以为积月，[48]以百一十二乘之，满月数去之，馀满食法得一，则天正后食。

推诸加时，以十二乘小馀，先减如法之半，得一时，其馀乃以法除之，所得算之数从夜半子起，算尽之外，则所加时也。

推诸上水漏刻：以百乘其小馀，满其法得一刻；不满法(法)什之，[49]

满法得一分。积刻先减所入节气夜漏之半,其馀为昼上水之数。过昼漏去之,馀为夜上水数。其刻不满夜漏半者,乃减之,馀为昨夜未(昼)〔尽〕,〔50〕其弦望其日。

五星数之生也,各记于日,与周天度相约而为率。以章法乘周率为(用)〔月〕法,〔51〕章月乘日率,如月法,为积月月馀。以月之(月)〔日〕乘积〔月〕,为朔大小馀。〔52〕乘为入月日馀。〔53〕以日法乘周率为日度法,以〔周〕率去日率,〔54〕馀以乘周天,如日度法,为〔积〕度(之)〔度〕馀也。〔55〕日率相约取之,得二千九百九十万一千六百二十一亿五十八万二千三百,而五星终,如蔀之数,与元通。

木,周率,四千三百二十七。　日率,四千七百二十五。　合积月,十三。　月馀,四万一千六百六。　月法,八万二千二百一十三。　大馀,二十三。　小馀,八百四十七。　虚分,九十三。　入月日,十五。　日馀,万四千六百四十(七)〔一〕。〔56〕　日度法,万七千三百八。　积度,三十三。　度馀,万三百一十四。

火,周率,八百七十九。　日率,千八百七十六。　合积月,二十六。　月馀,六千六百三十四。　月法,万六千七百一。　大馀,四十七。　小馀,七百五十四。　虚分,一百八十六。　入月日,十(一)〔二〕。〔57〕　日馀,千八百七十二。　日度法,三千五百一十六。　积度,四十九。　度馀,一百一十四。

土,周率,九千九十六。　日率,九千四百一十五。　合积月,十二。　月馀,十三万八千六百三十七。　月法,十七万二千八百二十四。　大馀,五十四。　小馀,三百四十八。　虚分,五百九十二。　入月日,二十(三)〔四〕。〔58〕　日馀,二千一百六十三。　日度法,三万六千三百八十四。　积度,十二。　度馀,二万九千四百五十一。

金,周率,五千八百三十。　日率,四千六百六十一。　合积月,九。　月馀,九万八千四百五。　月法,十〔一〕万七百七十。〔59〕　大馀,二十五。　小馀,七百三十一。　虚分,二百九。　入月日,二十六。　日馀,二百八十一。　日度法,二万三千三百二十。　积度,二百九十二。　度馀,二百八十一。

水,周率,万一千九百八。　日率,千八百八十九。　合积月,一。月馀,二十一万七千六百六十〔三〕。[60]　月法,二十二万六千二百五十二。　大馀,二十九。　小馀,四百九十九。　虚分,四百四十(九)〔一〕。[61]　入月日,二十(七)〔八〕。[62]　日馀,四万四千八百五。　日度法,四万七千六百三十(一)〔二〕。[63]　积度,五十七。　度馀,四万四千八百五。

推五星术,置上元以来,尽所求年,以周率乘之,满日率得一,名为积合;不尽名〔为〕合馀。[64]〔合〕馀以周率除之,[65]不得焉退岁;无所得,星合其年,得一合前年,二合前二年。金、水积合奇为晨,偶为夕。其不满周率者反减之,馀为度分。

推星合月,以合积月乘积合为小积,又以月馀乘积合,满其月法得一,从小积〔为积月,不尽〕为月馀。[66]积月满纪月去之,馀为入纪月。每以章闰乘之,满章月得一为闰;不尽为闰馀。以闰减入纪月,其馀以十二去之,馀为入岁月数,从天正十一月起,算外,星合所在之月也。其闰〔馀〕满二百二十四以上[67]至二百三十一星合闰月。闰或进退,以朔制之。

推朔日,以蔀日乘(之)入纪月,[68]满蔀月得一为积日,不尽为小馀。积日满六十去之,馀为大馀,命以甲子,算外,星合月朔日。

推入月日,以蔀日乘月馀,以其月法乘朔小馀,从之,以四千四百六十五约之,所得(得)满日度法得一,[69]为入月日,不尽为日馀。以朔命入月日,算外,星合日也。

推合度,以周天乘度分,满日度法得一为积度,不尽为度馀。以斗二十一四分一命度,算外,星合所在度也。

一术,加退岁一,以减上元,满八十除去之,馀以没数乘之,满日法得一,为大馀,不尽为小馀。以甲子命大馀,则星合岁天正冬至日也。以周率〔乘〕小馀,[70]并度馀,馀满日度法从度,即(正)〔至〕后星合日数也,〔71〕命以冬至。求后合月,加合积月于入岁月,加月馀于月馀,满其月法得一,从入岁月。入岁月满十二去之,有闰计焉,馀命如前,算外,后合月也。(馀一)〔金、水〕加晨得夕,〔72〕加夕得晨。

求朔日,以大小馀加今所得,其月馀得一月者,又〔加大〕馀二十九,〔小馀四百九十九,〕〔73〕小馀满蔀月得一,(如)〔加〕大馀,〔74〕大馀命如前。

求入月日,以入月日〔日〕馀加今所得,〔75〕馀满日度法得一,从日。其前合月朔小馀(不)满其虚分者,〔76〕空加一日。日满月先去二十九,其后合月朔小馀不满四百九十九,又减一日,其馀命如前。

求合度,以积度度馀加今所得,馀满日度法得一从度,命如前,经斗除如周率矣。

木,晨伏,十六日七千(二)〔三〕百二十分半,〔77〕行二度万三千八百一十一分,在日后十三度有奇,而见东方。见顺,日行五十八分度之十一,五十八日行十一度。微迟,日行九分,五十八日行九度。留不行,二十五日。旋逆,日行七分度之一,八十四日(进)〔退〕十二度。〔78〕复留,二十五日。复顺,五十八日行九度,又五十八日行十一度,在日前十三度有奇,而夕伏西方。除伏逆,一见三百六十六日,行二十八度。伏复十六日七千(二)〔三〕百二十分半,〔79〕行二度万三千八百一十一分,而与日合。凡一终,三百九十八日有万四千六百四十一分,行星三十(二)〔三〕度与万三百一十四分,〔80〕通率日行四千七百二十五分之三百九十八。

火,晨伏,七十一日二千六百九十四分,行五十五度二千二百五十四分半,在日后十六度有奇,而见东方。见顺,日行二十三分度之十四,〔百〕八十四日行〔百〕一十二度。〔81〕微迟,日行十二分,九十二日行四十八度。留不行,十一日。旋逆,日行六十二分度之十七,六十二日退十七度。复留,十一日。复顺,九十二日,行四十八度,又百八十四日行百一十二度,在日前十六度有奇,而夕伏西方。除伏逆,一见六百三十六日,行〔三〕百三度。〔82〕伏复,七十一日二千六百九十四分,行五十五度二千二百五十四分半,而与日合。凡一终,七百七十九日有千八百七十二分,行星四百一十四度与九百九十三分。通率日行千八百七十六分之九百九十七。[83]

土,晨伏,十九日千八十一分半,行三度万四千七百二十五分半,在日后十五度有奇,而见东方。见顺,日行四十三分度之三,八十六日行六度。留不行,三十三日。旋逆,日行十七分度之一百二,日退六度。复留,三十三日。复顺,八十六日,行六度,在日前十五度有奇,而夕伏西方。除伏逆,〔一〕见三百四十日,[84]行六度。伏复,十九日千八十一分半,行三度万四千七百二十五分半,与日合。凡一终,三百七十八日有二千一百六十三分,行星十二度与二万九千四百五十一分。通率日行九千四百一十五分之三百一十九。

金,晨伏,五日,退四度,在日后九度,而见东方。见逆,日行五分度之三,十日,退六度。留不行,八日。〔旋〕顺,[85]日行(行)四十六分度之三十三,[86]四十六日行三十三度。而〔疾〕,日行一度九十〔一〕分度之十五,[87]九十一日行百六度。益疾,日行一度二十二分,九十一日行百一十三度,在日后九度,而晨伏东方。除伏逆,一见二百四十六日,行二百四十六度。伏四十一日二百八十一分,行五十度二百八十一分,而与日合。一合二百九十二日〔二〕百八十一分,[88]行星如之。

金,夕伏,四十一日二百八十一分,行五十度二百八十一分,在日前九度,而见西方。见顺,疾,日行一度九十一分度之二十二,九十一日行百一十三度。微迟,日行一度十五分,九十一日行百六度。而(进)〔迟〕,[89]日行四十六分度之三十三,四十六日行三十三度。留不行,八日。旋逆,日行五分度之三,十日退六度,在日前九度,而夕伏西方。除伏逆,一见二百四十六日,行二百四十六度,伏五日,退四度而(后)〔复〕合。[90]凡(三)〔再〕合一终,[91]五百八十四日有五百六十二分,行星如之。通率日行一度。

水,晨伏,九日,退七度,在日后十六度,而见东方。见逆,一日退一度。留不行,二日。旋顺,日行九分度之八,九日行八度。而疾,日行一度四分度之一,二十日行二十五度,在日后十六度,而晨伏东方。除伏逆,一见三十二日,行三十二度,伏十六日四万四千八百五分,行三十二度四万四千八百五分，而与日合。一合五十七日有四万四千八百五分，行星如之。

水，夕伏，十六日四万四千八百五分，行三十二度四万四千八百五分，在日前十六度，而见西方。见顺，疾，日行一度四分度之一，二十日行二十五度。而迟，日行九分度之八，九日行八度。留不行，二日。〔旋〕逆，〔92〕一日退一度，在日前十六度，而夕伏西方。除伏逆，一见三十二日，行三十〔二〕度，〔93〕伏九日，退七度而复合。凡再合一终，百一十五日有四万一千九百七十八分，行星如之。通率日行一度。

步术，以步法伏日度分，(如)〔加〕星合日度馀，〔94〕命之如前，得星见日度也。(术)〔行〕分母乘之，〔95〕分(日)如〔日〕度法而一，〔96〕分不尽如(法)半〔法〕以上，〔97〕亦得一，而日加所行分，满其母得一度。逆顺母不同，以当行之母乘故分，如故母，如一也。留者承前，逆则减之，伏不书度。经斗除如行母，四分具一。其分有损益，前后相放。其以赤道命度，进加退减之。其步以黄道。

(日)〔月〕名〔98〕

天正十一月	冬至	五　月	夏至
十二月	大寒	六　月	大暑
正　月	雨水	七　月	处暑
二　月	春分	八　月	秋分
三　月	谷雨	九　月	霜降
四　月	小满	十　月	小雪①

① 《月令章句》："孟春以立春为节，惊蛰为中。中必在其月，节不必在其月。据孟春之惊蛰在十六日以后，立春在正月；惊蛰在十五日以前，立春在往年十二月。"

斗二十六四　　　　　牛八　　　　　　女十二进（二）　　　虚十进（三）
分〔一〕退二〔99〕　　　　　　　　　　　〔一〕〔100〕　　　　〔二〕〔101〕

危十（六）〔七〕　　　室十六进　　　　　壁（十）〔九〕进
进二〔102〕　　　　　　（二）〔三〕〔103〕　　（三）〔一〕〔104〕

北方九十八度四分一

奎十六　　　　　　　娄十二（进）　　　　胃十四（进二）　　　昂十一（进）
　　　　　　　　　　〔退〕一〔105〕　　　　〔退〕一〔106〕　　　〔退〕二〔107〕

毕十六（进）　　　　觜二退三　　　　　　参九退四
〔退〕三〔108〕

西方八十度

井三十三退三　　　　鬼四　　　　　　　　柳十五　　　　　　星七进一

张十八进一　　　　　翼十八进（一）　　　轸十七进一
　　　　　　　　　　〔二〕〔109〕

南方百一十二度

角十二　　　　　　　亢九退一　　　　　　氐十五退二　　　　房五退三

心五退三　　　　　　尾十八（进）　　　　箕十一退三
　　　　　　　　　　〔退〕三〔110〕

东方七十五度

右赤道度周天三百六十五度四分一

斗二十四（进一）　　牛七　　　　　　　　女十一　　　　　　虚十
〔四分一〕〔111〕

危十六　　　　　　　室十八　　　　　　　壁十

北方九十六度四分一

| 奎十七 | 娄十二 | 胃十五 | 昴十二 |
| 毕十六 | 觜三 | 参八 | |

西方八十三度

| 井三十 | 鬼四 | 柳十四 | 星七 |
| 张十七 | 翼十九 | 轸十八 | |

南方百九度

| 角十三 | 亢十 | 氐十六 | 房五 |
| 心五 | 尾十八 | 箕十 | |

东方七十七度

右黄道度三百六十五四分一

黄道去极，日景之生，据仪、表也。漏刻之生，以去极远近差乘节气之差。如远近而差一刻，以相增损。昏明之生，以天度乘昼漏，夜漏减（三）〔之，二〕百而一，〔112〕为定度。以减天度，馀为明；加定度一为昏。其馀四之，如法为少。〔二为半，三为太，〕〔113〕不尽，三之，如法为强，馀半法以上以成强。强三为少，少四为度，其强二为少弱也。又以日度馀为少强，而各加焉。①

①张衡《浑仪》曰："赤道横带浑天之腹，去极九十一度十〔六〕分之五。〔114〕黄道斜带其腹，出赤道表里各二十四度。故夏至去极六十七度而强，冬至去极百一十五度亦强也。然则黄道斜截赤道者，则春分、秋分之去极也。今此春分去极九十少，秋分去极九十一少者，就夏历景去极之法以为率也。〔115〕上头横行第一行者，黄道进退之数也。本当以铜仪日月度之，则可知也。以仪一岁乃竟，而中间又有阴雨，难卒成也。是以作小浑，尽赤道黄道，乃各调赋三百六十五度四分之一，从冬至所在始起，令之相当值也。取北极及衡各（诚）〔针〕揆之为轴，〔116〕取薄竹篾，穿其两端，令两穿中间与浑半等，以贯之，令察之与浑相切摩也。乃从减半起，以为〔百〕八十二度八分之五，〔117〕

尽衡减之半焉。又中分其箴，拗去其半，令其半之际正直，与两端减半相直，令箴半之际从冬至起，一度一移之，视箴之半际(夕)多〔少〕黄赤道几也。〔118〕其所多少，则进退之数也。从(此)〔北〕极数之，〔119〕则(无)〔去〕极之度也。〔120〕各分赤道黄道为二十四气，一气相去十五度十六分之七，每一气者，黄道进退一度焉。所以然者，黄道直时，去南北极近，其处地小，而横行与赤道且等，故以箴度之，于赤道多也。设一气令十六日者，皆常率四日差少半也。令一气十五日不能半耳，故使中道三日之中(若)〔差〕少半也。〔121〕三气一节，故四十六日而差今三度也。至于差三之时，而五日同率者一，其实节之间不能四十六日也。今残日居其策，故五日同率也。其率虽同，先之皆强，后之皆弱，不可胜计。取至于三而复有进退者，黄道稍斜，于横行不得度故也。春分、秋分所以退者，黄道始起更斜矣，于横行不得度故也。亦每一气一度焉，三气一节，亦差三度也。至三气之后，稍远而直，故横行得度而稍进也。立春、立秋横行稍退矣，而度犹云进者，以其所退减其所进，犹有盈馀，未尽故也。立夏、立冬横行稍进矣，而度犹〔云〕退者，〔122〕以其所进，增其所退，犹有不足，未毕故也。以此论之，日行非有进退，而以赤道(重广)〔量度〕黄道〔123〕使之然也。本二十八宿相去度数，以赤道为(强)〔距〕耳，〔124〕故于黄道亦〔有〕进退也。〔125〕冬至在斗二十一度少半，最远时也，而此历斗二十度，俱百一十五，强矣，冬至宜与之同率焉。夏至在井二十一度半强，最近时也，而此历井二十三度，俱六十七度，强矣，夏至宜与之同率焉。"

二十四气	日所在	黄道去极	晷　景	昼漏刻	夜漏刻	昏中星①	旦中星
冬至②	斗二十一度八分退二〔126〕	百一十五度	丈三尺	四十五	五十五	奎六弱	亢二少强退一
小寒	女二度七分进二〔127〕	百一十三强	丈二尺三寸	四十五八分	五十四二分	娄六半强退一	氐七少弱退二
大寒	虚五度十四分进二	百一十〔128〕大弱	丈一尺	四十六八分	五十三八分	胃十一半强退一	心半退三
立春	危十度〔129〕二十一分进二	百六少强〔130〕	九尺六寸	四十八六分	五十一四分	毕五少弱退三〔131〕	尾七半弱退三

节气	星度		晷影			昏中星	旦中星
雨水	室八度二十八分进三〔132〕	百一强	七尺九寸五分	五十八分	四十九二分	参六半弱退四	箕大弱退三〔133〕
惊蛰	壁八度三分进一	九十五强	六尺五寸	五十三三分	四十六七分	井十七少弱退三	斗少退二
春分	奎十四度十分	八十九强〔134〕	五尺二寸五分	五十五八分	四十四二分	鬼四	斗十一弱退二〔135〕
清明	胃一度十七分退一〔136〕	八十三少弱	四尺一寸五分	五十八三分	四十一七分	星四大进一〔137〕	斗二十一半退二
谷雨	昴二度二十四分退二	七十七大强	三尺二寸	六十五分	三十九五分	张十七进一〔138〕	牛六半
立夏	毕六度〔139〕三十一分退三	七十三少弱	二尺五寸二分	六十二四分	三十七六分	翼十七大进二	女十少进一〔140〕
小满	参四度六分退四	六十九大弱	尺九寸八分	六十三九分	三十六一分	角大弱〔141〕	危大弱进二
芒种	井十度十三分退三	六十七少弱	尺六寸八分	六十四九分	三十五一分	亢五大退一	危十四强进二
夏至③	井二十五度二十分退三	六十七强	尺五寸	六十五	三十五	氐十二少弱退二	室十二少弱进三〔142〕
小暑	柳三度二十七分	六十七大强	尺七寸	六十四七分	三十五三分	尾一大强退三	奎二大强
大暑	星四度二分进一〔143〕	七十	二尺	六十三八分	三十六二分	尾十五半弱退三	娄三大退一
立秋	张十二度九分进一	七十三半强	二尺五寸五分	六十二三分	三十七七分	箕九大强退三	胃九大弱退一〔144〕
处暑	翼九度十六分进二〔145〕	七十八半强	三尺三寸三分	六十二分	三十九八分	斗十少退二〔146〕	毕三大退三
白露	轸六度二十三分进一〔147〕	八十四少强	四尺三寸五分	五十七八分	四十二二分	斗二十一强退二〔148〕	参五半弱退四
秋分	角四度三十分	九十半强	五尺五寸	五十五二分	四十四八分	牛五少	井十六少强退三
寒露	亢八度五分退一〔149〕	九十六大强〔150〕	六尺八寸五分	五十二六分	四十七四分	女七大进一	鬼三少强
霜降	氐十四度十二分退二〔151〕	百二少强	八尺四寸	五十三分	四十九七分	虚六大进二〔152〕	星三大强进一

立冬	尾四度〔153〕十九分退三	百七少强	丈〔154〕	四十八二分	五十一八分	危八强进二	张十五大强进一〔155〕
小雪	箕一度二十六分退三	百一十一弱	丈一尺四寸	四十六七分	五十三三分	室三〔156〕半强进三	翼十五大强进二
大雪	斗六度一分退二〔157〕	百一十三大强	丈二尺五寸六分④	四十五五分	五十四五分	壁半强进一	轸十五弱进一〔158〕

①《月令章句》曰:"中星当中而不中,日行迟也。未当中而中,日行疾也。"

②《月令章句》曰:"冬至之为极有三意焉:昼漏极短,去极极远,晷景极长。极者,至而还之辞也。"

③《月令章句》曰:"夏至之为极有三意焉:昼漏极长,去极极近,晷景极短。"

④《易纬》所称晷景长短,不与相应,今列之于后,并至与不至各有所候,以参广异同。　　冬至,晷长一丈三尺。当至不至,则旱,多温病。未当至而至,则多病暴逆心痛,应在夏至。　　小寒,晷长一丈二尺四分。当至不至,先小旱,后小水,丈夫多病喉痹。未当至而至,多病身热,来年麻不为耳。　　大寒,晷长一丈一尺八分。当至不至,则先大旱,后大水,麦不成,病厥逆。未当至而至,多病上气、嗌肿。　　立春,晷长一丈一寸六分。当至不至,兵起,麦不成,民疲癃。未当至而至,多病燥、疾疫。　　雨水,晷长九尺一寸六分。当至不至,旱麦不成,多病心痛。未当至而至,多病燥。　　惊蛰,晷长八尺二寸。当至不至,则雾,稚禾不成,老人多病嚏。未当至而至,多病痈疽、胫肿。　　春分,晷长七尺二寸四分。当至不至,先旱后水,岁恶,米不成,多病耳痒。　　清明,晷长六尺二寸八分。当至不至,菽豆不熟,多病嚏、振寒(温)、〔洞〕泄。〔159〕未当至而至,多温病、暴死。　　谷雨,晷长五尺三寸六分。当至不至,水物杂稻等不为,多病疾疟、振寒、霍乱。未当至而至,老人多病气肿。　　立夏,晷长四尺三寸六分。当至不至,旱,五谷伤,牛畜疾。未当至而至,多病头痛、肿嗌、喉痹。　　小满,晷长三尺四寸。当至不至,凶言,〔国〕有大丧,〔160〕先水后旱,多病筋急、痹痛。未当至而至,多燥、嗌肿。　　芒种,晷长二尺四寸四分。当至不至,凶言,国有狂令。未当至而至,多病厥眩、头痛。　　夏至,晷长一尺四寸八分。当至不至,国有大殃,旱,阴阳并伤,草木夏落,有大寒。未当至而至,病眉肿。　　小暑,晷长二尺四寸四分。当至不至,前小水,后小旱,有兵,多病泄注、腹痛。未当

至而至,病胪肿。　　　大暑,晷长三尺四寸。当至不至,外兵作,来年饥,多病筋痹、胸痛。未当至而至,多病胫痛、恶气。　　　立秋,晷长四尺三寸六分。当至不至,暴风为灾,来年泰不为。未当至而至,多病咳上气、咽肿。

处暑,晷长五尺三寸二分。当至不至,国多浮令,兵起,来年麦不为。未当至而至,病胀,耳热不出行。　　　白露,晷长六尺二寸八分。当至不至,多病痿、疽、泄。未当至而至,多病水、腹闭疝瘕。　　　秋分,晷长七尺二寸四分。当至不至,草木复荣,多病温,悲心痛。未当至而至,多病胸鬲痛。　　　寒露,晷长八尺二寸。当至不至,来年谷不成,六畜鸟兽被殃,多病疝瘕、腰痛。未当至而至,多病疢热中。　　　霜降,晷长九尺一寸六分。当至不至,万物大耗,年多大风,人病腰痛。未当至而至,多病胸胁支满。　　　立冬,晷长丈一寸二分。当至不至,地气不藏,来年立夏反寒,早旱,晚水,万物不成。未当至而至,多病臂掌痛。　　　小雪,晷长一丈一尺八分。当至不至,来年蚕麦不成,多病脚腕痛。未当至而至,亦为多肘腋痛。　　　大雪,晷长一丈二尺四分。当至不至,温气泄,夏蝗虫生,大水,多病少气、五疸、〔161〕水肿。未当至而至,多病痈疽痛,应在芒种。　　　《月令章句》曰:"周天三百六十五度四分度之一,分为十二次,日月之所躔也。地有十二分,王侯之所国也。每次三十(二)度三十(三)〔二〕分之十四,〔162〕日至其初为节,至其中为中气。

自危十度至壁(八)〔九〕度〔163〕谓之豕韦之次,立春、惊蛰居之,〔164〕卫之分野。　　　自壁(八)〔九〕度至胃一度,谓之降娄之次,雨水、春分居之,鲁之分野。　　　自胃一度至毕六度,谓之大梁之次,清明、谷雨居之,〔165〕赵之分野。　　　自毕六度至井十度,谓之实沈之次,立夏、小满居之,晋之分野。　　　自井十度至柳三度,谓之鹑首之次,芒种、夏至居之,秦之分野。自柳三度至张十二度,谓之鹑火之次,小暑、大暑居之,周之分野。　　　自张十二度至轸六度,谓之鹑尾之次,立秋、处暑居之,楚之分野。　　　自轸六度至亢八度,谓之寿星之次,白露、秋分居之,郑之分野。　　　自亢八度至尾四度,谓之大火之次,寒露、霜降居之,宋之分野。　　　自尾四度至斗六度,谓之析木之次,立冬、小雪居之,燕之分野。　　　自斗六度至须女二度,谓之星纪之次,大雪、冬至居之,越之分野。　　　自须女二度至危十度,谓之玄枵之次,小寒、大寒居之,齐之分野。"　　　蔡邕分星次度数与皇甫谧不同,兼明气节所在,故载焉。谧所列在《郡国志》。

中星以日所在为正，日行四岁乃终，置所求年二十四气小馀四之，如法为少、大，馀不尽，三之，如法为强、弱，以减节气昏明中星，而各定莫。强，正；弱，(直)〔负〕也。〔166〕其强弱相减，同名相去，异名从之。从强进少为弱，从弱退少而强。从上元太岁在庚辰以来，尽熹平三年，岁在甲寅，积九千四百五十五岁也。①

①宋世治历何承天曰："历数之术，若心所不达，虽复通人前识，无救其弊。是以多历年岁，犹未能有定。《四分》于天，出三百年而盈一日，积世不悟，徒云建历之本必先立元，假托谶纬，遂开治乱。此之为弊，亦以甚矣。刘歆《三统法》尤复疏阔，方于《四分》，六千馀年又益一日。杨雄心惑其说，采为《太玄》，班固谓之最密，著于《汉志》。司马彪曰：'自太初元年始用《三统历》，施行百有馀年。'曾不忆刘歆之生不逮太初，二三君子为历，几乎不知而妄言者欤！元和中谷城门候刘洪始悟《四分》于天疏阔，更以五百八十九为纪法，百四十五为斗分，而造《乾象法》，又制《迟疾历》以步月行，方于《太初》、《四分》，转精密矣。"

论曰：《易》有太极，是生两仪。两仪之分尚矣，乃有皇牺。皇牺之有天下也，未有书计。历载弥久，暨于黄帝，班示文章，重黎记注，象应著名，始终相验，准度追元，乃立历数。天难谌斯，是以五、三迄于来今，各有改作，不通用。故黄帝造历，元起辛卯，而颛顼用乙卯，虞用戊午，夏用丙寅，殷用甲寅，周用丁巳，鲁用庚子。汉兴承秦，初用乙卯，至武帝元封，不与天合，乃会术士作《太初历》，元以丁丑。王莽之际，刘歆作《三统》，追《太初》前(世)〔卅〕一元，〔167〕得五星会庚戌之岁，以为上元。《太初历》到章帝元和，旋复疏阔，征能术者课校诸历，定朔稽元，追汉(三)〔四〕十五年庚辰之岁，〔168〕追朔一日，乃与天合，以为《四分历》元。加六百五元一纪，上得庚申。有近于纬，而岁不摄提，以辨历者得开其说，而其元鲜与纬同，同则或不得于天。然历之兴废，以疏密课，固不主于元。光和元年中，议郎蔡邕、郎中刘洪补续《律历志》，邕能著文，清浊钟律，洪能为算，述叙三光。今考论其业，义指博通，术数略举，是以集录为上下篇，放续《前志》，以备一家。①

①蔡邕戍边上章曰:"朔方髡钳徒臣邕稽首再拜上书皇帝陛下:臣邕被受陛下尤异大恩,初由宰府备数典城,以叔父故卫尉质时为尚书,召拜郎中,受诏诣东观著作,遂与群儒并拜议郎。沐浴恩泽,承答圣问,前后六年。质奉机密,趋走目下,遂竟端右,出相好藩,〔169〕还尹辇毂,旬日之中,登蹑上列。父子一门兼受恩宠,不能输写心力,以效丝发之功,一旦(披)〔被〕章,〔170〕陷没辜戮。陛下天地之德,不忍刀锯截臣首领,得就平罪,父子家属徙充边方,完全躯命,喘息相随。非臣无状所敢(复)〔望〕,〔171〕非臣罪恶所当复蒙,非臣辞笔所能复陈。臣初决罪雒阳诏狱,生出牢户,顾念元初中故尚书郎张俊,坐漏泄事,当伏重刑,已出谷门,复听读鞫,诏书驰救,〔减罪〕一等,〔172〕输作左校。俊上书谢恩,遂以转徙。〔邕为〕郡县促遣,〔173〕遍于吏手,〔174〕不得顷息,含辞抱悲,无由上达。既到徙所,乘塞守烽,职在候望,忧怖焦灼,无心复能操笔成草,致章阙庭。诚知圣朝不责臣谢,但〔怀〕愚心,〔175〕有所不竟。臣自在布衣,常以为《汉书》十志,下尽王莽,而世祖以来,唯有纪传,无续志者。臣所师事故太傅胡广,知臣颇识其门户,略以所有旧事〔与臣〕,〔176〕虽未备悉,粗见首尾,积累思惟,二十馀年。不在其位,非外吏庶人所得擅述。天诱其衷,得备著作郎,建言十志皆当撰录,遂与议郎张华等分受之,(所使元顺)〔其〕难者皆以付臣。〔177〕先治律历,以筹算为本,天文为验,请太(师)〔史〕旧注,〔178〕考校连年,往往颇有差舛,当有增损,乃可施行,为无穷法。道至深微,不敢独议。郎中刘洪,密于用算,故臣表上洪,与共参思图牒。寻绎适有头角,〔179〕会臣被罪,(遂)〔逐〕放边野。〔180〕臣窃自痛,一为不善,使史籍所阙,(故)〔胡〕广所校,〔181〕二十年之思,中道废绝,不得究竟。偻偻之情,犹以结心,不能违望。〔182〕臣初欲须刑竟,乃因县道,具以状闻。今年七月九日,匈奴始攻郡盐池县,其时鲜卑连犯云中、五原,一月之中,烽火不绝。不(言四)〔意西〕夷相与合谋,〔183〕所图广远,恐遂为变,不知所济。郡县咸惧,不守朝旦。臣所在孤危,悬命锋镝,湮灭土灰,呼吸无期。诚恐所怀随躯腐朽,抱恨黄泉,遂不设施,谨先颠踣。〔184〕科条诸志,臣欲(制)删定者一,〔185〕所当接续者四,《前志》所无,臣欲著者(三)〔五〕,〔186〕及经典群书所宜捃摭,本奏诏书所当依据,分别首目,并书章左。臣初被考,妻子逆窜,亡失文书,无所案请。加以惶怖愁恐,思念荒散,十分不得识一,所识者又恐谬误。触冒死罪,披(散)〔沥〕愚情,〔187〕愿下东观,推求诸奏,参以玺书,以补缀遗阙,昭明国体。章闻之后,虽肝脑流离,白骨剖破,无所复恨。惟陛下省

察。谨因临戎长霍围封上。臣顿首死罪稽首再拜以闻。"其所论志,志家未以成书,如有异同,今随事注之于本志也。

赞曰:象因物生,数本杪曶。律均前起,准调后发。该核衡琁,检会日月。

【校勘记】

〔1〕 斗纲(之)〔所〕建　《集解》引卢文弨说,谓"之"《御览》作"所"。按:与下"青龙所缠"相对成文,作"所"是,今据改。又按:"纲"原讹"刚",径改正。

〔2〕 当其同〔所〕　《集解》引卢文弨说,谓"同"下脱"所"字,《御览》有。今据补。

〔3〕 斗建移辰谓之〔月〕　据《集解》引李锐说补。

〔4〕 日月之(术)〔行〕　据《集解》引李锐说改。按:殿本作"行"。

〔5〕 以察〔发〕敛　据《集解》引钱大昕说补。

〔6〕 乃立仪表　按:《集解》引李锐说,谓仪谓浑仪,表谓圭表。今于仪表之间加顿号。

〔7〕 为一月之数　按:依文义当云"为一月之日数",疑脱"日"字。

〔8〕 月成则其岁〔大〕月(大)四时推移　《集解》引张文虎说,谓"月大"二字讹倒,"大"字绝句,"月"字当属下。此谓有闰之年为大岁也。岁之馀分满月法而置闰谓之大岁,与月之馀分满日法而成日谓之大月正同。然闰月四时推移或有进退,故置中气以定之。今据改。

〔9〕 中之始(日)〔曰〕节　据《集解》本改。

〔10〕 故一(共)〔元〕以四千五百六十为甲寅之终也　据汲本改。

〔11〕 没数二十一(为章闰)　据《集解》引李锐说删。

〔12〕 中法(四)〔三〕十二　据《集解》引钱大昕说改。

〔13〕 其月(食)百三十五　据《集解》引钱大昕说删。

〔14〕 得五(百)〔月〕二十三之二十而一食　据《集解》引钱大昕说改。

〔15〕 得岁有再食五百一十三分之五十〔五〕也　据《集解》引钱大昕说补。

〔16〕 得四与二十七互之会二千五十二　按："互"殿本作"五"。《集解》引钱大昕说,谓"五之"两字难解,闽本、汲古阁本作"互",亦非是。当云"名之曰蔀会",传写脱讹耳。又引李锐说,谓"互之"者互乘之也。四为七十六约数,以乘五百一十三,得二千五十二;二十七为五百一十三约数,以乘七十六,亦得二千五十二,为蔀会。

〔17〕 蔀会(三)〔二〕千五十(三)〔二〕　据《集解》引钱大昕说改。

〔18〕 月数百(二)〔三〕十五　据《集解》引钱大昕说改。

〔19〕 食法二十(二)〔三〕　据《集解》引钱大昕说改。

〔20〕 算外所入纪岁名命之算上即所求年太岁所在　《集解》引李锐说,谓"算外"下有脱文,当云"算外,所入蔀也。不满蔀法者,入蔀年数也,各以所入纪岁名命之,算上,即所求年太岁所在"。按:如李说,则"算外"下当补"所入蔀也不满蔀法者入蔀年数也各以"十六字。

〔21〕 所得以(七)〔二〕十(二)〔七〕乘之　据《集解》引李锐说改。

〔22〕 算(之起)外所(以)入纪　《集解》引钱大昕说,谓"之""起""以"三字皆衍文。今据删。

〔23〕 各以(不)〔所〕入纪岁名命之　据《集解》引钱大昕说改。

〔24〕 即所求年(蔀)〔太岁所在〕　据《集解》引李锐说删补。

〔25〕 纪蔀表　张文虎《舒艺室随笔》云:"案此表首行序题,各本误以'天纪岁名'对蔀名'甲子''癸卯'为第一列,'地纪岁名'对'庚辰''丙申'为第二列,'人纪岁名'对'庚子''丙辰'为第三列,'蔀首'二字对'庚申一''丙子二'为第四列。李尚之《四分术注》依钱少詹说更正,以天、地、人三纪序题各降一列,而以'蔀首'二字独对一、二、三、四数目,今局中新刊本从之。其实蔀名'甲子'、'癸卯'一列当移末列,与数目字相属,王氏《太岁考》改如此。或移蔀首数目为第一列,与蔀名相属,庶为明白。"今依张说移正。

〔26〕 壬(午)〔子〕　据《集解》引卢文弨说改。

〔27〕 (乙)〔己〕酉　据《集解》引卢文弨说改。

〔28〕 小馀四百九十〔九〕　据《集解》引钱大昕、李锐说补。

〔29〕 以大周乘年周天乘〔闰馀〕减之馀满蔀(日)〔月〕则天正朔日也　据《集解》引钱大昕说补改。

〔30〕 以(月)〔日〕馀乘之　据《集解》引钱大昕说改。

〔31〕　不满其(数)〔所〕近节气夜漏之半者　《集解》引李锐说,谓"数"当作"所",声之讹。今据改。

〔32〕　以(为)〔十〕五乘冬至小馀　据《集解》引钱大昕说改。

〔33〕　置入蔀积(月)〔日〕以(日)〔蔀月〕乘之　据《集解》引钱大昕说改。

〔34〕　经斗除十〔九〕分　据《集解》引钱大昕说补。

〔35〕　以塑小余减合〔朔〕度分　据《集解》引卢文弨说补。

〔36〕　其分(三)〔二〕百(二)〔三〕十五约之　据汲本、殿本改。

〔37〕　积度加斗二十一十〔九〕分　据《集解》引钱大昕说补。

〔38〕　谓(尽)〔昼〕漏分后尽漏尽也　《集解》引李锐说,谓"谓尽漏"当作"谓昼漏"。昼漏分后者,昼漏与夜漏分之后,谓自夜上水后至夜漏尽,月在张、心,则注于术。今据改。

〔39〕　以夜半到明日所行分(分)减蔀法　据《集解》引李锐说删。

〔40〕　置其节气夜(半)〔漏〕之数　据《集解》引钱大昕说改。

〔41〕　即(明)月〔明〕所在度也　据《集解》引卢文弨说改。

〔42〕　加七度三百五十九分四分(之)三　据《集解》引卢文弨说删。

〔43〕　〔以〕宿次除之　据《集解》引卢文弨说补。

〔44〕　小分〔满〕四从大分(大分)满蔀月从度　据《集解》引李锐说补。

〔45〕　以月数乘积〔食〕　据《集解》引钱大昕说补。

〔46〕　加五(百)〔月〕二十分　据《集解》引钱大昕说改。

〔47〕　又以四百九十〔九〕乘积月　据《集解》引钱大昕说补。

〔48〕　馀以为积月　按:《集解》引李锐说,谓此省文也。以术为之,当以章月乘余年,满章法得一为积月,不满为闰馀。

〔49〕　不满法(法)什之　据《集解》引钱大昕说删。

〔50〕　馀为昨夜未(昼)〔尽〕　据《集解》引李锐说改。

〔51〕　以章法乘周率为(用)〔月〕法　据《集解》引钱大昕说改。

〔52〕　以月之(月)〔日〕乘积〔月〕为朔大小馀　据《集解》引李锐说改。

〔53〕　乘为入月日馀　按:《集解》引钱大昕说,谓此处有脱讹。今以算术求之,当以蔀日乘积月,如蔀月而一,为积日,不尽为小馀;积日满六十去之,馀为大馀也。又以蔀日乘月馀,以月法乘朔小馀,并之,以四千四百六十五约之,所得如日度法而一,为入月日,不尽为日馀也。又引李锐说,谓以算求之,当以蔀日乘月馀,以月法乘朔小馀,从之,章法乘章月,

得数约之，如日度法，为入月日、日馀。

〔54〕 以〔周〕率去日率　据《集解》引钱大昕说补。

〔55〕 如日度法为〔积〕度(之)〔度〕馀也　《集解》引钱大昕说，谓"为度之馀"当云"为积度度馀"。又引李锐说，谓"如日度法，为度之馀也"，当云"如日度法为积度，不尽为度之馀也"。今按：钱、李二氏之说皆合理，局本依钱说改，今从之。

〔56〕 日馀万四千六百四十(七)〔一〕　据《集解》引钱大昕说改。

〔57〕 入月日十(一)〔二〕　据《集解》引钱大昕说改。

〔58〕 入月日二十(三)〔四〕　据《集解》引钱大昕说改。

〔59〕 月法十〔一〕万七百七十　据汲本、殿本补。

〔60〕 月馀二十一万七千六百六十〔三〕　据《集解》引钱大昕说补。

〔61〕 虚分四百四十(九)〔一〕　据《集解》引钱大昕说改。

〔62〕 入月日二十(七)〔八〕　据《集解》引钱大昕说改。

〔63〕 日度法四万七千六百三十(一)〔二〕　据《集解》引钱大昕说改。

〔64〕 不尽名〔为〕合馀　《集解》引惠栋说，谓"名"下《乾象历》有"为"字，应增入。今据补。

〔65〕 〔合〕馀以周率除之　据《集解》引李锐说补。

〔66〕 从小积〔为积月不尽〕为月馀　据《集解》引李锐说补。

〔67〕 其闰〔馀〕满二百二十四以上　据《集解》引李锐说补。

〔68〕 以蔀日乘(之)入纪月　据《集解》引钱大昕说删。

〔69〕 所得(得)满日度法得一　据《集解》引钱大昕说删。

〔70〕 以周率〔乘〕小馀　据《集解》引卢文弨说补。

〔71〕 即(正)〔至〕后星合日数也　据《集解》引李锐说改。

〔72〕 (馀一)〔金水〕加晨得夕　据《集解》引钱大昕说改。

〔73〕 又〔加大〕馀二十九〔小馀四百九十九〕　《集解》引钱大昕说，谓"又"下疑有脱文，当云"加大馀二十九，小馀四百九十九"。今据补。按：此即上求后合月中所谓"加月馀于月馀，满其月法得一"也，故应再加大馀二十九，小馀四百九十九。

〔74〕 (如)〔加〕大馀　据《集解》引钱大昕说改。

〔75〕 以入月日〔日〕馀加今所得　据《集解》引卢文弨说补。

〔76〕 其前合月朔小馀(不)满其虚分者　据《集解》引李锐说删。

〔77〕　木晨伏十六日七千(二)〔三〕百二十分半　据《集解》引钱大昕说改。

〔78〕　八十四日(进)〔退〕十二度　据《集解》引钱大昕说改。

〔79〕　伏复十六日七千(二)〔三〕百二十分半　据《集解》引钱大昕说改。

〔80〕　行星三十(二)〔三〕度与万三百一十四分　据《集解》引钱大昕说改。

〔81〕　〔百〕八十四日行〔百〕一十二度　据《集解》引钱大昕说补。

〔82〕　行〔三〕百三度　据《集解》引钱大昕说补。

〔83〕　通率日行千八百七十六分之九百九十七　"九十七"原讹"九十六",据张元济《校勘记》谓"六"字原作"大",影印上板时描改也。

〔84〕　〔一〕见三百四十日　据《集解》引卢文弨说补。

〔85〕　〔旋〕顺　按:依文义当脱一"旋"字,今补。

〔86〕　日行(行)四十六分度之三十三　据《集解》引钱大昕说删。

〔87〕　而〔疾〕日行一度九十〔一〕分度之十五　据《集解》引钱大昕说补。

〔88〕　一合二百九十二日〔二〕百八十一分　据《集解》引钱大昕说补。

〔89〕　而(进)〔迟〕　据《集解》引钱大昕说改。

〔90〕　退四度而(后)〔复〕合　据《集解》引钱大昕说改。

〔91〕　凡(三)〔再〕合一终　据《集解》引钱大昕说改。

〔92〕　〔旋〕逆　据《集解》引钱大昕说补。

〔93〕　行三十〔二〕度　据《集解》引钱大昕说补。

〔94〕　(如)〔加〕星合日度馀　据《集解》引钱大昕说改。

〔95〕　(术)〔行〕分母乘之　据《集解》引李锐说改。

〔96〕　分(日)如〔日〕度法而一　据《集解》引李锐说改。

〔97〕　不尽如(法)半〔法〕以上　据《集解》引卢文弨说改。

〔98〕　(日)〔月〕名　据《集解》引李锐说改。按:下表排列依李锐《汉四分术》改定。

〔99〕　斗二十六四分〔一〕退二　据《集解》引李锐说补。

〔100〕　女十二进(二)〔一〕　据《集解》引李锐说改。

〔101〕　虚十进(三)〔二〕　据《集解》引李锐说改。

〔102〕　危十(六)〔七〕　据《集解》引李锐说改。

〔103〕　室十六进(二)〔三〕　据《集解》引李锐说改。

〔104〕　壁(十)〔九〕进(三)〔一〕　汲本、殿本"进三"作"进二"。《集解》引李锐说,谓"壁十"当作"壁九","进二"作"进一"。今据改。按:《集解》引李锐

说,谓案此赤道度即太初星距见于《三统术》者是也。自汉以后相沿承用,至唐《大衍术》始改毕、觜、参、鬼四宿,后汉施行《四分》,未尝改测,则二宿度数不得与《三统术》异。今本作"危十六""壁十"者,与下文黄道度相涉而误也。

〔105〕娄十二(进)〔退〕一　汲本、殿本"进一"作"进二"。《集解》引李锐说,谓当作"退一"。今据改。

〔106〕胃十四(进二)〔退一〕　据《集解》引李锐说改。

〔107〕昴十一(进)〔退〕二　据《集解》引李锐说改。

〔108〕毕十六(进)〔退〕三　汲本、殿本"进三"作"进二"。《集解》引李锐说,谓当作"退三"。今据改。

〔109〕翼十八进(一)〔二〕　据《集解》引李锐说改。

〔110〕尾十八(进)〔退〕三　据《集解》引李锐说改。

〔111〕斗二十四(进一)〔四分一〕　据《集解》引李锐说改。

〔112〕夜漏减(三)〔之二〕百而一　据《集解》引李锐说改。

〔113〕如法为少〔二为半三为太〕　据《集解》引李锐说补。

〔114〕赤道横带浑天之腹去极九十一度十〔六〕分之五　《御览》无"浑"字。又"分"上原无"六"字;《占经》、《御览》作"十九分",亦非是。今依算理补。

〔115〕就夏历景去极之法以为率也　按:"夏历景"《开元占经》作"夏至历景",影印宋本《御览》引作"夏历晷景",鲍刻本作"夏至晷景"。

〔116〕取北极及衡各(诚)〔针〕琢之为轴　据严可均辑《全后汉文》改。

〔117〕以为〔百〕八十二度八分之五　据《开元占经》补。

〔118〕视箴之半际(夕)多〔少〕黄赤道几也　《集解》引卢文弨说,谓"夕"字衍。今按:"夕"乃"少"字之形讹,又颠倒其文耳。下云"其所多少",可证也。《开元占经》引作"视箴半之际多少黄赤道几何也"。

〔119〕从(此)〔北〕极数之　据汲本、殿本改。

〔120〕则(无)〔去〕极之度也　据《开元占经》引改。

〔121〕故使中道三日之中(者)〔差〕少半也　据《开元占经》改。

〔122〕而度犹〔云〕退者　《集解》引卢文弨说,谓"犹"下当有"云"字。今据补。

〔123〕而以赤道(重广)〔量度〕黄道　据《开元占经》引改。

〔124〕 以赤道为(强)〔距〕耳　据《开元占经》引改。

〔125〕 故于黄道亦〔有〕进退也　据《开元占经》补。

〔126〕 斗二十一度八分退二　原作斗二十度百一十分八分退二,讹,径据《集解》引钱大昕说改正。按:钱云因下有"百一十五"之文而重出耳。此以三十二为度法,分满法即进为度,无有过三十一分者。

〔127〕 女二度七分进一　"进"下原脱"一"字,王先谦谓李本作"进一",今径补。

〔128〕 百一十　原作"百一十一",讹。王先谦谓李本作"百一十",径据改。

〔129〕 危十度　原作"危七度",讹,径据《集解》引钱大昕说改正。

〔130〕 百六少强　"少强"原作"少弱",讹。王先谦谓李本作"少强",径据改。

〔131〕 毕五少弱退三　"少弱"原作"少强",讹,径据汲本改正。

〔132〕 室八度二十八分进三　"进三"原作"退三",讹。王先谦谓李本"退"作"进",径据改。

〔133〕 箕大弱退三　"箕"下原有大字"六",讹。王先谦谓李本无"六"字,径据删。

〔134〕 八十九强　"强"原作"少强",讹。王先谦谓李本无"少"字,径据删。

〔135〕 斗十一弱退二　"弱"原作"强",讹。王先谦谓李本作"弱",径据改。

〔136〕 胃一度十七分退一　"退一"原作"退二",讹。王先谦谓李本作"退一",径据改。

〔137〕 星四大进一　"进"下原脱"一"字,王先谦谓李本"进"下有"一"字,径据补。

〔138〕 张十七进一　"进一"原讹"进二",径据汲本改正。按:王先谦谓李本作"大进一"。

〔139〕 毕六度　"六"原作"八",讹,径据汲本改正。

〔140〕 女十少进一　"进"原作"弱",讹。王先谦谓李本"弱"作"进",径据改。

〔141〕 角大弱　"大"原作"六",大字,讹。王先谦谓李本"六"作"大",小字,径据改。

〔142〕 室十二少弱进三　"进三"原作"退三",讹。王先谦谓李本作"进三",径据改。

〔143〕 星四度二分进一　"二分进一"原作"三分进二",讹。王先谦谓李本作"二分进一",径据改。

〔144〕 胃九大弱退一　"退一"原作"退二",讹。王先谦谓李本作"退一",径

据改。

〔145〕翼九度十六分进二　"进二"原作"退二",讹。李本作"进一",亦误。依算理应为"进二",今径改。

〔146〕斗十少退二　"退"下原脱"二"字,王先谦谓李本作"退二",径据补。

〔147〕轸六度二十三分进一　"进一"原作"退一",讹。王先谦谓李本作"进一",径据改。

〔148〕斗二十一强退二　"退"下原脱一字。汲本、殿本作"退一",讹。王先谦谓李本作"退二",径据补。

〔149〕亢八度五分退一　"退一"原作"退三",讹。王先谦谓李本作"退一",径据改。

〔150〕九十六大强　"大强"原作"少强",讹。王先谦谓李本作"大强",径据改。

〔151〕氐十四度十二分退二　"十二分"原作"十三分",讹。钱大昕谓"三"当作"二",王先谦谓李本作"十二分",径据改。

〔152〕虚六大进二　"进二"原作"进一",讹。王先谦谓李本作"进二",径据改。

〔153〕尾四度　"尾"原作"房",讹。王先谦谓李本作"尾",径据改。

〔154〕丈　"丈"下原有"四寸二分"四字。《集解》引李锐说,谓案祖冲之术二至晷景与此同。其至前后各气晷景,以此至前后晷景两两相加,折半得之。如此术大雪景丈二尺五寸六分,小寒景二尺三寸,相加半之,得冲之术大雪、小寒景一丈二尺四寸三分是也。覆检此文,惟立冬一气不合。案祖冲之称《四分志》立冬中景长一丈,立春中景九尺六寸,相加半之,得九尺八寸,与冲之术立春、立冬景正合。然则此文立冬晷景丈四寸二分,误衍"四寸二分"四字耳。今径据删。

〔155〕张十五大强进一　"进一"原作"进二",汲本无"进一"二字。王先谦谓李本多"进一"二字,殿本同,径据改。

〔156〕室三　原作"室二",讹。王先谦谓李本"室二"作"室三",径据改。

〔157〕斗六度一分退二　"退二"原作"退三",讹。王先谦谓李本作"退二",径据改。

〔158〕轸十五弱进一　"弱"原作"少强",讹。李本作"少弱",亦讹。依算理应作"弱",径改。

〔159〕 振寒(温)〔洞〕泄 据汲本、殿本改。

〔160〕 〔国〕有大丧 据汲本、殿本补。

〔161〕 五疸 "疸"原讹"疸",径据殿本、《集解》本改正。

〔162〕 每次三十(二)度三十(三)〔二〕分之十四 据《集解》引钱大昕说删改。

〔163〕 自危十度至壁(八)〔九〕度 据《集解》引钱大昕说改。下"自壁八度至
胃一度"同。

〔164〕 立春惊蛰居之 按:殿本"惊蛰"作"雨水",下"雨水"作"惊蛰"。《集
解》引钱大昕说,谓此以惊蛰为正月中气,雨水为二月节,依古法也。
《四分术》以雨水为正月中气。

〔165〕 清明谷雨居之 《集解》引卢文弨说,谓清明谷雨当互易。今按:证以
《月令问答》,惟惊蛰、雨水用《三统》,馀皆用《四分》,易之非是。

〔166〕 强正弱(直)〔负〕也 《集解》引李锐说,谓"直"当作"负",负犹背也。今
据改。

〔167〕 追太初前(世)〔卅〕一元 据《集解》引卢文弨说改。按:《前志》谓太初
元年距上元十四万三千一百二十七岁,正为太初前卅一元,"卅"与
"世"形近而讹。

〔168〕 追汉(三)〔四〕十五年庚辰之岁 据《集解》引钱大昕说改。

〔169〕 趋走目下遂竟端右出相好藩 按:《集解》引惠栋说,谓《邕集》"目"作
"陛","竟"作"由","好"作"外"。

〔170〕 一旦(披)〔被〕章 据汲本、殿本改。

〔171〕 非臣无状所敢〔复〕望 据汲本、殿本补。

〔172〕 〔减罪〕一等 "一等"上疑有脱文,今据严可均辑《全后汉文》补"减罪"
二字。

〔173〕 〔邕为〕郡县促遣 《集解》引卢文弨说,谓脱"邕为"二字。今据补。
按:惠栋《补注》谓"郡县"上《邕集》有"邕为"二字。

〔174〕 遍于吏手 按:《集解》引惠栋说,谓"遍"《邕集》作"迫"。

〔175〕 但〔怀〕愚心 据《集解》引卢文弨说补。

〔176〕 略以所有旧事〔与臣〕 据《集解》引卢文弨说补。

〔177〕 (所使元顺)〔其〕难者皆以付臣 《集解》引惠栋说,谓《邕集》无"所使元
顺"四字,有"其"字。今据改。

〔178〕 请太(师)〔史〕旧注 据《集解》引卢文弨说改。

〔179〕　寻绎适有头角　《集解》引卢文弨说,谓"寻绎"下脱"度数"二字。按:如卢说增"度数"二字,则当于"寻绎度数"绝句。

〔180〕　(遂)〔逐〕放边野　《集解》引惠栋说,谓《邕集》"遂"作"逐"。今据改。

〔181〕　(故)〔胡〕广所校　据汲本、殿本改。

〔182〕　不能违望　按:《集解》引卢文弨说,谓"违望"一作"自达"。

〔183〕　不(言四)〔意西〕夷相与合谋　据《集解》引卢文弨说改。

〔184〕　谨先颠踣　按:《集解》引惠栋说,谓"谨"《邕集》作"恐"。

〔185〕　臣欲(制)删定者一　据《集解》引卢文弨说删。

〔186〕　臣欲著者(三)〔五〕　《集解》引惠栋说,谓"三"《邕集》作"五"。卢文弨亦谓"三"当作"五"。今据改。

〔187〕　披(散)〔沥〕愚情　《集解》引惠栋说,谓"散"《邕集》作"沥"。卢文弨亦谓"散"当作"沥"。今据改。

后汉书志第四

礼仪上

合朔　立春　五供　上陵　冠　夕牲　耕　高禖　养老　先蚕　祓禊

夫威仪,所以与君臣,序六亲也。若君亡君之威,臣亡臣之仪,上替下陵,此谓大乱。大乱作,则群生受其殃,可不慎哉! 故记施行威仪,以为《礼仪志》。①

①《谢沈书》曰:"太傅胡广博综旧仪,立汉制度,蔡邕依以为志,〔1〕谯周后改定以为《礼仪志》。"

礼威仪,每月朔旦,太史上其月历,有司、侍郎、尚书见读其令,奉行其政。朔前后各二日,皆牵羊酒至社下以祭日。日有变,割羊以祠社,用救日(日)变。〔2〕执事者冠长冠,衣皂单衣,绛领袖(绿)〔缘〕中衣,〔3〕绛袴袜,以行礼,如故事。①

①《公羊传》曰:"日有食之,鼓,用牲于社,求乎阴之道也。以朱丝萦社,或曰胁之,或曰为暗。〔4〕恐人犯之,故萦之也。"何休曰:"胁之与责求同义。〔5〕社者,土地之主也。月者,土地之精也。上系于天而犯日,〔6〕故鸣鼓而攻之,胁其本也。朱丝萦之,助阳抑阴也。或曰为暗者,社者土地之主尊也,为日光尽,天暗冥,恐人犯历之,故萦之。然此说非也。先言鼓,后言用牲者,明先以尊者命责之,后以臣子礼接之,所以为顺也。"《白虎通》曰:"日食必救之,阴侵阳也。〔7〕鼓攻之,以阳责阴也。故《春秋》'日食,鼓,用牲于社'。所以必用牲者,(土)〔社〕地别神也,〔8〕尊之,不敢虚责也。日食、大水则鼓,用牲,大旱则雩祭求雨,非虚言也。助阳责下,求阴之道也。"《决疑要注》曰:"凡救日食,皆著赤帻,以助阳也。日将食,天子素服避正殿,内外

严。日有变,伐鼓闻音,侍臣著赤帻,带剑入侍,三台令史巳(下)〔上〕〔9〕皆持剑立其户前,卫尉卿驱驰绕宫,察巡守备,周而复始。日复常,乃皆罢(之)。"〔10〕

立春之日,夜漏未尽五刻,京师百官皆衣青衣,郡国县道官下至斗食令史皆服青帻,立青幡,施土牛耕人于门外,以示兆民,至立夏。唯武官不。立春之日,下宽大书曰:"制诏三公:方春东作,敬始慎微,动作从之。罪非殊死,且勿案验,皆须麦秋。退贪残,进柔良,下当用者,如故事。"①

　　①《月令》曰:"命相布德和令。"蔡邕曰:"即此诏之谓也。"《献帝起居注》曰:
　　　"建安二十二年二月壬申,诏书绝,立春宽缓诏书不复行。"

正月上丁,祠南郊。①礼毕,次北郊,明堂,高庙,世祖庙,谓之五供。五供毕,以次上陵。

　　①《白虎通》曰:"《春秋传》曰'以正月上辛';《尚书》曰'丁巳,用牲于郊,牛
　　　二'。先甲三日,辛也,后甲三日,丁也,皆可接事昊天之日。"

西都旧有上陵。东都之仪,百官、四姓亲家妇女、公主、诸王大夫、①外国朝者侍子、郡国计吏会陵。昼漏上水,大鸿胪设九宾,随立寝殿前。②钟鸣,谒者治礼引客,群臣就位如仪。乘舆自东厢下,太常导出,西向拜,(止)〔折〕旋升阼阶,〔11〕拜神坐。退坐东厢,西向。侍中、尚书、陛者皆神坐后。公卿群臣谒神坐,太官上食,太常乐奏食举,〔舞〕《文始》、《五行》之舞。③〔12〕(礼)乐阕,(君)〔群〕臣受赐食毕,〔13〕郡国上计吏以次前,当神轩占其郡〔国〕谷价,〔14〕民所疾苦,欲神知其动静。孝子事亲尽礼,敬爱之心也。周遍如礼。④最后亲陵,遣计吏,赐之带佩。八月饮酎,上陵,礼亦如之。⑤

　　①蔡邕《独断》曰:"凡与先后有瓜葛者。"
　　②薛综曰"九宾谓王、侯、公、卿、二千石、六百石下及郎、吏、匈奴侍子,凡

九等。'"

③《前书志》曰:"《文始舞》者,本《韶舞》也,高祖六年更名《文始》,以示不相袭也。《五行舞》者,本周舞也,秦始皇二十六年更名《五行之舞》也。"

④《谢承书》曰:"建宁五年正月,车驾上原陵,蔡邕为司徒掾,从公行,到陵,见其仪,忾然谓同坐者曰:'闻古不墓祭。朝廷有上陵之礼,始(为)〔谓〕可损。〔15〕今见(咸)〔其〕仪,〔16〕察其本意,乃知孝明皇帝至孝恻隐,不可易旧。'或曰:'本意云何?'〔17〕'昔京师在长安时,其礼不可尽得闻也。光武即世,始葬于此。明帝嗣位逾年,群臣朝正,感先帝不复闻见此礼,乃帅公卿百僚,就园陵而创焉。〔18〕尚书(陛)〔阶〕西(陛为)〔祭设〕神坐,〔19〕天子事亡如事存之意。苟先帝有瓜葛之属,男女毕会,王、侯、大夫、郡国计吏,各向神坐而言,庶几先帝神魂闻之。今者日月久远,后生非时,人但见其礼,不知其哀。以明帝圣孝之心,亲服三年,久在园陵,〔20〕初兴此仪,仰察几筵,下顾群臣,悲切之心,必不可堪。'邕见太傅胡广曰:'国家礼有烦而不可省者,不知先帝用心周密之至于此也。'广曰:'然。子宜载之,以示学者。'邕退而记焉。"鱼豢曰:'孝明以正月旦,百官及四方来朝者,上原陵朝礼,是谓甚违古不墓祭之义。"臣昭以为邕之言然。

⑤丁孚《汉仪》曰:"《酎金律》,文帝所加,以正月旦作酒,八月成,名酎酒。因(合)〔令〕诸侯助祭贡金。"〔21〕《汉律·金布令》曰:"皇帝斋宿,亲帅群臣承祠宗庙,群臣宜分奉请。诸侯、列侯各以民口数,率千口奉金四两,奇不满千口至五百口亦四两,皆会酎,少府受。又大鸿胪食邑九真、交阯、日南者,用犀角长九寸以上若玳瑁甲一,郁林用象牙长三尺以上若翡翠各二十,准以当金。"《汉旧仪》曰:"皇帝惟八月酎,车驾夕牲,牛以绛衣之。〔22〕皇帝暮视牲,以鉴燧取水于月,以火燧取火于日,〔23〕为明水火。左袒,以水沃牛右肩,手执鸾刀,以切牛毛荐之,〔24〕而即更衣,(巾)侍〔中〕上熟,乃祀(之)。"〔25〕

凡斋,天地七日,宗庙、山川五日,小祠三日。斋日内有污染,解斋,副倅行礼。先斋一日,有污秽灾变,斋祀如仪。大丧,唯天郊越绋而斋,地以下皆百日后乃斋,如故事。①

①魏文帝诏曰:"汉氏不拜日于东郊,〔26〕而旦夕常于殿下东面拜日,烦亵似家人之事,非事天交神之道也。"于是朝日东门之外,将祭必先夕牲,其仪

如郊。

正月甲子若丙子为吉日，可加元服，仪从《冠礼》。乘舆初〔加〕缁布进贤，〔27〕次爵弁，次武弁，次通天。(以据)〔冠讫〕，〔28〕皆于高祖庙如礼谒。①王公以下，初加进贤而已。②

①《冠礼》曰："成王冠，周公使祝雍〔祝王〕，〔29〕曰：'辞达而勿多也。'祝雍曰：'〔使王〕近于民，远于年，〔30〕远于佞，近于义，〔31〕啬于〔时，惠于〕财，〔32〕任贤使能。'"《博物》记曰："孝昭帝冠辞曰：'陛下摛显先帝之光耀，以承皇天之嘉禄，钦奉仲春之吉辰，普尊大道之郊域，〔33〕秉率百福之休灵，始加昭明之元服。推远冲孺之幼志，蕴积文武之就德，肃勤高祖之清庙，六合之内，靡不蒙德，〔34〕永永与天无极。'"〔35〕《献帝传》曰"兴平元年正月甲子，帝加元服，司徒淳于嘉为宾，加赐玄纁驷马，〔赐〕贵人、(公主)〔王、公〕、卿、司隶〔校尉〕、城门五校〔36〕及侍中、尚书、给事黄门侍郎各一人为太子舍人"也。

②《献帝起居注》曰："建安十八年正月壬子，济北王加冠户外，以见父母。给事黄门侍郎刘瞻兼侍中，假貂蝉加济北王，给之。"

正月，天郊，夕牲。①昼漏未尽十八刻初纳，夜漏未尽八刻初纳，②进熟献，太祝送，旋，皆就燎位，宰祝举火燔柴，火然，天子再拜，兴，有司告事毕也。明堂、五郊、宗庙、太社稷、六宗夕牲，皆以昼漏〔未尽〕十四刻初纳，〔37〕夜漏未尽七刻初纳，进熟献，送神，还，有司告事毕。六宗燔燎，火大然，有司告事毕。

①《周礼》"展牲"，干宝曰"若今夕牲"。〔38〕又郊仪，先郊日未晡五刻夕牲，公卿京尹众官悉至坛东就位，太祝吏牵牲入，到榜，〔39〕廪牺令跪曰："请省牲。"举手曰："腯。"太祝令绕牲，举手曰："充。"太史令牵牲就庖，〔以二陶〕豆酌毛血，〔40〕其一奠天神坐前，其一奠太祖坐前。今之郊祀然也。

②干宝《周官注》曰："纳，亨纳。牲将告杀，谓向祭之(辰)〔晨〕也。"〔41〕

正月始耕。①昼漏上水初纳，执事告祠先农，已享。②耕时，有司请行事，就耕位，天子、三公、九卿、诸侯、百官以次耕。③力田种各耰讫，有司告事毕。④是月令曰："郡国守相皆劝民始耕，如仪。诸行出入皆鸣钟，皆作乐。其有灾眚，有他故，若请雨、止雨，皆不鸣钟，不作乐。"⑤

①《月令》曰："天子亲载耒耜，措之参保介之御间，帅三公、九卿，躬耕帝藉。"卢植注曰："帝，天也。藉，耕也。"

②贺循《藉田仪》曰："汉耕日，以太牢祭先农于田所。"《春秋传》曰："耕藉之礼，唯斋三日。"《左传》曰："鄅人藉稻。"杜预注曰："藉稻，履行之。"薛综注《二京赋》曰："为天神借民力于此田，故名曰帝藉。田在国之辰地。"干宝《周礼》注曰："古之王者，贵为天子，富有四海，而必私置藉田，盖其义有三焉：一曰，以奉宗庙，亲致其孝也；二曰，以训于百姓在勤，勤则不匮也；三曰，闻之子孙，躬知稼穑之艰难无(违)〔逸〕也。"〔42〕

③郑玄注《周礼》曰："天子三推，公五推，卿、诸侯九推，庶人终于千亩。庶人谓徒三百人也。"《月令章句》曰："卑者殊劳，故三公五推。礼，自上以下，降杀以两，劳事反之。诸侯上当有孤卿七推，大夫十二，士终亩，可知也。"卢植注《礼记》曰："天子耕藉，一发九推耒。《周礼》，二耜为耦，一耜之伐，广尺深尺。伐，发也。天子及三公，坐而论道，参五职事，故三公以五为数。卿、诸侯当究成天子之职事，故以九为数。伐皆三者，礼以三为文。"

④《史记》曰：汉文帝诏云："农，天下之本。其开藉田，朕躬耕，以给宗庙粢盛。"应劭曰："古者天子耕藉田千亩，为天下先。藉者，帝王典藉之常也。"而应劭《风俗通》又曰："古者使民如借，故曰藉田。"郑玄曰："藉之言借也。王一耕之，使庶人耘芓终之。"卢植曰："藉，耕也。《春秋传》曰'鄅人藉稻'，故知藉为耕也。"韦昭曰："借民力以治之，以奉宗庙；且以劝率天下，使务农也。"杜预注曰："鄅人藉稻，其君自出藉稻，盖履行之。"瓒曰："藉，蹈藉也。本以躬亲为义，不得以假借为称也。"《汉旧仪》曰："春始东耕于藉田，官祠先农。先农即神农炎帝也。祠以一太牢，百官皆从，大赐三辅二百里孝悌、力田、三老帛。种百谷万斛，为立藉田仓，置令、丞。谷皆以给祭天地、宗庙、群神之祀，以为粢盛。皇帝躬秉耒耜而耕，古为甸师官。"贺循曰："所种之谷，黍、稷、穜、稑。稑，早也。穜，晚也。"干宝《周礼》注曰："穜，晚〔谷〕，杭稻之属。稑，(陵)〔早〕谷，黍稷之属。"〔43〕

⑤《春秋释痾》曰："汉家郡守行大夫礼,鼎俎笾豆,工歌县。"何休曰："汉家法
陈师,〔44〕置守相,故行其乐也。"

仲春之月,立高禖祠于城南,祀以特牲。①

①《月令》:"玄鸟至之日,以太牢祠。"《诗》曰:"克禋克祀,以弗无子。"毛苌传
曰:"弗,去无子求有子。〔45〕古者必立郊禖焉。玄鸟至之日,以太牢祀于郊
禖,天子亲往,后妃帅九嫔御,乃礼天子所御,带以弓韣,授以弓矢,于郊禖
之前。"郑玄注云:"弗之言祓也。禋祀上帝于郊禖,以祓无子之疾而得福
也。"《月令章句》曰:"高,尊也。禖,祀也。吉事先见之象也。盖为人所以
祈子孙之祀。玄鸟感阳而至,其来主为孚乳蕃滋,〔46〕故重其至日,因以用
事。契母简狄,盖以玄鸟至日有事高禖而生契焉。故《诗》曰:'天命玄鸟,
降而生商。'韣,弓衣也。祀以高禖之命,饮之以醴,带以弓衣,尚使得男
也。"《离骚》曰:"简狄在台誉何宜? 玄鸟致(胎)〔贻〕女何嘉?"〔47〕王逸曰:
"言简狄侍帝喾于台上,有飞燕堕其卵,嘉而吞之,因生契。"郑玄注《礼记》
曰:"后王以为禖官嘉祥,而立其祠。"卢植注云:"玄鸟至时,阴阳中,万物
生,故于是以三牲请子于高禖之神。居明显之处,故谓之高。因其求子,故
谓之禖。以为古者有媒氏之官,因以为神。"晋元康中,高禖坛上石破,诏问
出何经典,朝士莫知。博士束晰答曰:"汉武帝晚得太子,始为立高禖之祠。
高禖者,人之先也。故立石为主,祀以太牢。"

明帝永平二年三月,上始帅群臣躬养三老、五更于辟雍。①行大射
之礼。②郡、县、道行乡饮酒于学校,皆祀圣师周公、孔子,牲以犬。③于是
七郊礼乐三雍之义备矣。

①《孝经援神契》曰:"尊三老者,父象也。谒者奉几,安车软轮,供绥执〔授,
兄〕事五更,〔48〕宠以度,接礼交容,谦恭顺貌。"宋均曰:"三老,老人知天、
地、人事者。奉几,授三老也。安车,坐乘之车。软轮,蒲裹轮。供绥,三老
就车,天子亲执绥授之。五更,老人知五行更代之事者。度,法也。度以宠
异之也。"郑玄注《礼记》曰:"皆年老更事致仕者也。名三五者,取象三辰五
星,天所因以照明天下者。"玄又一注:"皆老人更知三德五事者也。"应劭

《汉官仪》曰:"三老、五更,三代所尊也。安车软轮,送迎至家,天子独拜于屏。三者,道成于天、地、人。老者,久也,旧也。五者,训于五品。更者,五世长子,更更相代,言其能以善道改更己也。三老、五更皆取有首妻,男女完具。"臣昭案:桓荣五更,后除兄子二人补四百石,则荣非长子矣。蔡邕曰:"五更,长老之称也。"

②《袁山松书》曰:"天子皮弁素积,亲射大侯。"

③郑玄注《仪礼》曰"狗取择人",孟冬亦如之。《石渠论》曰:"乡射合乐,而大射不,何也? 韦玄成曰:'乡人本无乐,故于岁时合乐以同其意。诸侯故自有乐,故不复合乐。'"郑玄注《乡饮酒礼》曰:"今郡国十月行乡饮酒礼,党正每岁邦索鬼神而祭祀,则以礼属民而饮酒于序,以正齿位之礼。凡乡党饮酒,必于民聚之时,欲其见化知尚贤尊长也。玄冠衣皮弁服,与《礼》异。"服虔、应劭曰,汉家郡县缮射祭祀,皆假士礼而行之。乐县笙磬筵俎,皆如士制。

养三老、五更之仪,先吉日,司徒上太傅若讲师故三公人名,用其德行年耆高者一人为老,次一人为更也。①皆服都纻大袍单衣,皂缘领袖中衣,冠进贤,扶(玉)〔王〕杖。〔49〕五更亦如之,不杖。皆斋于太学讲堂。②其日,乘舆先到辟雍礼殿,御坐东厢,遣使者安车迎三老、五更。天子迎于门屏,交礼,道自阼阶,三老升自宾阶。至阶,〔50〕天子揖如礼。三老升,东面,三公设几,九卿正履,天子亲袒割牲,执酱而馈,执爵而酳,祝鲠在前,祝饐在后。③五更南面,公进供礼,〔51〕亦如之。④明日皆诣阙谢恩,以见礼遇大尊显故也。⑤

①卢植《礼记》注曰:"选三公老者为三老,卿大夫中之老者为五更,亦参五之也。"

②《月令章句》曰:"三老,国老也。五更,庶老也。"

③《礼记》曰:"天子适馔省醴,养老之珍具,遂发咏焉。退,修之以孝养;反,升歌《清庙》。"孝养之诗也。

④谯周《五经然否》曰:"汉初或云三老答天子拜,遭王莽之乱,法度残缺。汉中兴,定礼仪,群臣欲令三老答拜。城门校尉董钧驳曰:'养三老,所以教事父之道也。若答拜,是使天下答子拜也。'诏从钧议。"谯周论之曰:"礼,尸

服上服,犹以非亲之故答子拜,士见异国君亦答拜,是皆不得视犹子也。"虞喜曰:"且据汉仪,于门屏交礼,交礼即答拜。中兴谬从钧议,后革之,深得其意。"

⑤《前书·礼乐志》曰:"显宗(因)〔宗〕祀光武皇帝于明堂,〔52〕养三老、五更于辟雍,威仪既盛矣;〔53〕德化未流洽者,以其礼乐未具,群下无所诵说,而庠序尚未设之故也。孔子曰:'譬如为山,未成一篑,止,吾止也。'"

是月,皇后帅公卿诸侯夫人蚕。①祠先蚕,礼以少牢。②

①丁孚《汉仪》〔54〕曰:"皇后出,乘鸾辂,青羽盖,驾驷马,龙旂九斿,大将军妻参乘,太仆妻御,前鸾旂车,皮轩鸞戟,雒阳令奉引,亦千乘万骑。车府令设卤簿驾,公、卿、五营校尉、司隶校尉、河南尹妻皆乘其官车,带夫本官绶,从其官属导从皇后。置虎贲、羽林骑,戎头、黄门鼓吹,五帝车,女骑夹毂,执法御史在前后,亦有金钲黄钺,五将导。桑于蚕宫,手三盆于茧馆,毕,还宫。"《月令》曰:"禁妇人无观。"案谷永对称"四月壬子,皇后蚕桑之日也",则汉桑亦用四月。

②《汉旧仪》曰:"春桑生而皇后(视)〔亲〕桑于菀中。〔55〕蚕室养蚕千薄以上。祠以中牢羊豕,(今)〔祭〕蚕神曰菀窳妇人、寓氏公主,〔56〕凡二神。群臣妾从桑还,献于茧观,皆赐从桑者(乐)〔丝〕。〔57〕皇后自行。凡蚕丝絮,织室以作祭服。祭服者,冕服也。天地宗庙群(臣)〔神〕五时之服。〔58〕其皇帝得以作缕缝衣,〔皇后〕得以作巾絮而已。〔59〕置蚕官令、丞,诸天下官〔下法〕皆诣蚕室,(亦)〔与〕妇人从事,故旧有东西织室作(法)〔治〕。"〔60〕晋后祠先蚕。先蚕坛高一丈,方二丈,为四出陛,陛广五尺,在采桑坛之东南。

是月上巳,官民皆絜于东流水上,曰洗濯祓除去宿垢痰为大絜。絜者,言阳气布畅,万物讫出,始絜之矣。①

①谓之禊也。《风俗通》曰:"《周礼》'女巫掌岁时以祓除疾病'。禊者,絜也。春者,蠢也,蠢〔蠢〕摇动也。〔61〕《尚书》'以殷仲春,厥民析',言人解析也。"蔡邕曰:"《论语》'暮春者,春服既成,冠者五六人,童子六七人,浴乎沂,风乎舞雩,咏而归'。自上及下,古有此礼。今三月上巳,被禊于水滨,盖出于

此。"杜笃《祓禊赋》曰"巫咸之徒,秉火祈福",则巫祝也。一说云,后汉有郭虞者,〔62〕三月上巳产二女,〔63〕二日中并不育,俗以为大忌,至此月日讳止家,皆于东流水上为祈禳自絜濯,谓之禊祠。引流行觞,遂成曲水。《韩诗》曰:"郑国之俗,三月上巳,之溱、洧两水之上,招魂续魄,秉兰草,祓除不祥。"《汉书》"八月祓灞水",〔64〕亦斯义也。后之良史,亦据为正。臣昭曰:郭虞之说,良为虚诞。假有庶民旬内夭其二女,〔65〕何足惊彼风俗,〔66〕称为世忌乎?杜笃乃称"王、侯、公主暨于富商,用事伊、雒,帷幔玄黄"。本传大将军梁商,亦歌泣于雒禊也。自魏不复用三日水宴者焉。

【校勘记】

〔1〕　蔡邕依以为志　按:汲本、殿本"依"作"因"。

〔2〕　用救日(日)变　据卢文弨《群书拾补》下简称"卢校"删。按:《晋志》不重"日"字。

〔3〕　绛领袖(绿)〔缘〕中衣　据卢校改。

〔4〕　或曰为暗　按:"暗"原讹"闇",径改正。

〔5〕　胁之与责求同义　按:"责"原讹"卖",径改正。

〔6〕　上系于天而犯日　按:"而"原讹"陌",径改正。

〔7〕　日食必救之阴侵阳也　按:卢云此下本书云"鼓,用牲于社。社者众阴之主,以朱丝萦之,鸣鼓攻之,以阳责阴也"。今删去十七字,欠分析。

〔8〕　(土)〔社〕地别神也　据卢校改。按:今《白虎通》作"社"。

〔9〕　三台令史已(下)〔上〕　据卢校改。按:《晋志》引《决疑》作"上"。

〔10〕　日复常乃皆罢(之)　据卢校删。按:《晋志》引《决疑》无"之"字。

〔11〕　太常导出西向拜(止)〔折〕旋升阼阶　据卢校改。按:《通典》"止"作"折",无"阼"字。

〔12〕　〔舞〕文始五行之舞　据卢校补。按:《通典》有"舞"字。

〔13〕　(礼)乐阕(君)〔群〕臣受赐食毕　据卢校改,与《通典》合。

〔14〕　当神轩占其郡〔国〕谷价　据卢校补。按:《通典》有"国"字,"占"作"告"。

〔15〕　始(为)〔谓〕可损　据卢校改。按:《通典》亦作"为",谓为古通。

〔16〕　今见(威)〔其〕仪　据卢校改。按:《通典》作"其"。

〔17〕　或曰本意云何　卢云此下应有一"曰"字,古或可省。今按:《袁纪》有"曰"字。

〔18〕　就园陵而创焉　《集解》引惠栋说,谓"创"宋本作"朝"。今按:《袁纪》作"朝"。

〔19〕　尚书(陛)〔阶〕西(陛为)〔祭设〕神坐　据卢校改。按:卢以《通典》校,《通志》无"祭"字。

〔20〕　久在园陵　《集解》引惠栋说,谓"久"宋本作"又"。今按:《通典》作"久"。

〔21〕　因(合)〔令〕诸侯助祭贡金　据卢校改。按:《通典》作"令"。

〔22〕　牛以绛衣之　按:《御览》二十五引"绛"作"绣"。

〔23〕　以鉴燧取水于月以火燧取火于日　按:《御览》引"鉴燧"作"阴燧","火燧"作"阳燧"。

〔24〕　以切牛毛荐之　按:"以切牛毛"殿本作"以切牛尾",《通志》同。《御览》引及孙辑《汉旧仪》并作"以切牛毛血",《通典》引作"以切牛尾之毛"。

〔25〕　而即更衣(巾)侍〔中〕上熟乃祀(之)　据卢校补删。按:卢云从《通典》、《通志》。

〔26〕　汉氏不拜日于东郊　按:汲本"氏"作"时"。

〔27〕　乘舆初〔加〕缁布进贤　据卢校补。按:《通典》、《通志》并有"加"字。

〔28〕　次通天(以据)〔冠讫〕　据卢校改。按:《通典》、《通志》并作"冠讫",惠栋亦谓当从《五礼》《新仪》作"冠讫"。

〔29〕　周公使祝雍〔祝王〕　据卢校补。按:卢以《大戴礼》、《家语》校。

〔30〕　〔使王〕近于民远于年　据卢校补。按:卢以《大戴礼》、《家语》校。

〔31〕　远于佞近于义　按:卢云文不类,又韵不谐,《大戴礼》及《家语》皆无,疑妄增也。

〔32〕　啬于〔时惠于〕财　据卢校补。按:卢以《大戴礼》、《家语》校。

〔33〕　普尊大道之郊域　汲本"尊"作"遵"。按:遵尊同。

〔34〕　靡不蒙德　按:卢云《通典》"德"作"福"。

〔35〕　永永与天无极　按:卢云《通典》作"承天无极"。

〔36〕　〔赐〕贵人(公主)〔王公〕卿司隶〔校尉〕城门五校　据卢校补改。按:卢以《通典》、《通志》校。

〔37〕　皆以昼漏〔未尽〕十四刻初纳　据卢校补。按：卢云依文义当有"未尽"二字。

〔38〕　周礼展牲干宝曰若今夕牲　按：卢云此乃郑康成注《周礼》之言，曰今，正指汉时，取以证汉制极合。干宝乃晋人，夕牲不始于晋，何云今邪？此援引之失。

〔39〕　太祝吏牵牲入到榜　按：卢云《宋志》"吏"作"史"。

〔40〕　太史令牵牲就庖〔以二陶〕豆酌毛血　据卢校补。按：卢云《宋志》有"以二陶"三字，"史"作"祝"。

〔41〕　谓向祭之(辰)〔晨〕也　据卢校改。按：卢云亦康成注。

〔42〕　躬知稼穑之艰难无(违)〔逸〕也　据卢校改。按：黄山谓此本《尚书·无逸》为说也。在勤以训百姓，无逸以示子孙，义各有当。

〔43〕　稑晚〔谷〕秔稻之属秬(陵)〔早〕谷黍稷之属　据卢校补改。

〔44〕　汉家法陈师　按：卢云疑有脱讹。

〔45〕　弗去无子求有子　按：应作"弗，去也。去无子求有子"。"去"下脱"也去"二字。

〔46〕　其来主为孚乳蕃滋　按：汲本"孚"作"字"。

〔47〕　玄鸟致(胎)〔贻〕女何嘉　据卢校改。按：今本《楚辞·天问》"嘉"一作"喜"。

〔48〕　供绥执〔授兄〕事五更　据卢校补。

〔49〕　扶(玉)〔王〕杖　《集解》引惠栋说，谓"玉杖"当作"王杖"，惠说是，今据改。以下径改。

〔50〕　至阶　按：《集解》引惠栋说，谓"至"下应有"禅"字。

〔51〕　公进供礼　按：《校补》引钱大昭说，谓"公"本又作"三公"。

〔52〕　显宗(因)〔宗〕祀光武皇帝于明堂　据卢校改，与《前志》合。

〔53〕　威仪既盛矣　按：《前志》"盛"下有"美"字。

〔54〕　丁孚汉仪　按："仪"原讹"义"，径改正。

〔55〕　春桑生而皇后(视)〔亲〕桑于菀中　据汲本改。按："菀"各本作"苑"，苑与菀同。

〔56〕　(今)〔祭〕蚕神曰菀窳妇人寓氏公主　据卢校改，与孙星衍校《汉旧仪》合。

〔57〕　皆赐从桑者(乐)〔丝〕　据卢校改，与孙校《汉旧仪》合。

〔58〕天地宗庙群(臣)〔神〕五时之服　据卢校改,与孙校《汉旧仪》合。

〔59〕〔皇后〕得以作巾絮而已　孙校《汉旧仪》及《御览》布帛部、服用部引并
有"皇后"二字,今据补。按:《御览》服用部引作"皇后得以作絮巾",布
帛部作"皇后间以作巾絮而已"。

〔60〕诸天下官〔下法〕皆诣蚕室(亦)〔与〕妇人从事故旧有东西织室作(法)〔治〕
据卢校补改,与孙校《汉旧仪》合。

〔61〕蠢〔蠢〕摇动也　据今本《风俗通》补。

〔62〕后汉有郭虞者　按:卢云案《晋书·束晳传》云武帝尝问挚虞三日曲水
之义,虞对曰:"汉章帝时,平原徐肇以三月初生三女,至三日俱亡"云
云,晳以为起自周公。今此云郭虞,得无因挚虞致误邪?

〔63〕三月上巳产二女　按:《通典》作"三月三日上辰产二女,上巳日产一
女"。《通志》同。

〔64〕八月祓灞水　按:《通典》、《通志》"水"作"上"。

〔65〕旬内夭其二女　按:《通典》、《通志》"二"作"三"。

〔66〕何足惊彼风俗　按:《通典》、《通志》"惊"作"警"。

后汉书志第五

礼仪中

立夏　请雨　拜皇太子　拜王公　桃印　黄郊　立秋　貙刘　案户
祠星　立冬　冬至　腊　大傩　土牛　遣卫士　朝会

立夏之日，夜漏未尽五刻，京都百官皆衣赤，至季夏衣黄，郊。其礼：祠特，祭灶。

自立春至立夏尽立秋，郡国上雨泽。若少，（府）郡县各扫除社稷；〔1〕其旱也，公卿官长以次行雩礼求雨。①闭诸阳，衣皂，兴土龙，②立土人舞僮二佾，七日一变如故事。③反拘朱索〔萦〕社，〔2〕伐朱鼓。④祷赛以少牢如礼。⑤

①《公羊传》曰："大雩，旱祭也。"何休注曰："君亲之南郊，以六事谢过自责曰：'政不善与？民失职与？〔3〕宫室崇与？妇谒盛与？苞苴行与？谗夫倡与？'使童男女各八人舞而呼雩，故谓之雩。"《春秋繁露》曰："大旱雩祭而请雨，大水鸣鼓而攻社，天地之所为，阴阳之所起也。或请焉，或（怒）〔攻〕焉，何（如）也？〔4〕曰：大旱，阳灭阴也。阳灭阴者，尊厌卑也。固其义也，虽大甚，拜请之而已，敢有加也？大水者，阴灭阳也。阴灭阳者，卑胜尊也。以贱陵贵者逆节，故鸣鼓而攻之，朱丝而胁之，为其不义，此亦《春秋》之不畏强御也。变天地之位，正阴阳之序，（贞）〔直〕行其道而不（志）〔忌〕其难，〔5〕义之至也。"又仲舒奏江都王云："求雨之方，损阳益阴。愿大王无收广陵女子为人祝者一月租，赐诸巫者；诸巫毋大小皆相聚于郭门，为小坛，以脯酒祭；女独择宽大便处移市，〔6〕市使无内丈夫，丈夫无得相从饮食；令吏妻各往视其夫，皆到即起，雨注而已。"服虔注《左传》曰："大雩，夏祭天名。〔7〕雩，远

也,远为百谷求膏雨也。龙见而雩。龙,角、亢也。谓四月昏,龙星体见,万物始盛,待雨而大,故雩祭以求雨也。"一说,大雩者,祭于帝而祈雨也。一说,郊,祀天祈农事;雩,祭山川而祈雨也。《汉旧仪》:"求雨,太常祷天地、宗庙、社稷、山川以赛,各如其常牢,礼也。四月立夏旱,乃求雨祷雨而已;后旱,复重祷而已;讫立秋,虽旱不得祷求雨也。"

②《山海经》曰:"大荒东北隅有山,名曰凶犁土丘。应龙处南极,杀蚩尤与夸父,不得复上,故下数旱。旱而为应龙之状,乃得大雨。"郭璞曰:"今之土龙,本此气应,自然冥感,非人所能为也。"董仲舒云:"春旱求雨,令县邑以水日令民祷社稷,家人祠户。〔8〕毋伐名木,毋斩山林。暴巫聚蛇八日。于邑东门之外为四通之坛,方八尺,植苍缯八。其神共工。祭之以生鱼八,玄酒,具清酒(搏)〔膊〕脯。〔9〕择巫之絜清辩口利辞者以为祝。祝斋三日,服苍衣。先再拜,乃跪陈,陈已,复再拜,乃起。祝曰:'昊天生五谷以养人。今五谷病旱,恐不成。敬进清酒(搏)〔膊〕脯,再拜请雨。雨幸大澍,奉牲祷。'以甲、乙日为大青龙一,长八丈,居中央;为小龙七,各长四丈,于东方,皆东向,其间相去八尺。小僮八人,皆斋三日,服青衣舞之。田啬夫亦斋三日,服青衣而立之。(诸里)〔凿〕社通之于间外之沟。〔10〕取五虾蟆,错置社之中。池方八尺,深一尺,置水虾蟆焉。〔11〕具清酒(搏)〔膊〕脯。祝斋三日,服苍衣,拜跪、陈祝如初。取三岁雄鸡与三岁猵猪,皆燔之于四通神宇。令民阖邑里南门,置水其外,开里北门。具老猵猪一,置之里北门之外。市中亦置一猵猪。闻(彼)鼓声,〔12〕皆烧猪尾,取死人骨埋之,〔13〕开山渊积薪而焚之。决通道桥之壅塞不行者决渎之。〔14〕幸而得雨,报以豚一,酒、盐、黍财足。以茅为席,毋断。夏求雨,令县邑以水日家人祀灶,毋举土功。更大浚井。〔15〕暴釜于坛,杵臼于术,七日。为四通之坛于邑南门之外,方七尺,植赤缯七。其神蚩尤。祭之以赤雄鸡七,玄酒,具清酒(搏)〔膊〕脯。祝斋三日,服赤衣,拜跪、陈祝如春。以丙、丁日为赤大龙一,长七丈,居中;又为小龙六,〔各〕长三丈五尺,〔16〕于南方,皆南向,其间相去七尺。壮者七人,皆斋三日,服赤衣而舞之。司空啬夫亦斋三日,服赤衣而立之。凿社而通之间外之沟。取五虾蟆,错置社之中。池方七尺,深一尺。酒脯祭。斋衣赤,拜跪、陈祝如初。取三岁雄鸡、猵猪,燔之四通神宇。开阴闭阳如春也。季夏,祷山陵以助之。令县邑一徙市〔17〕于邑南门之外,五日,禁男子无得行入市。家人祠中溜。毋举土功。聚巫市旁,为之结盖。为四通之坛于中

央,植黄缯五。其神后稷。祭之以(册)〔母〕鯑五,〔18〕玄酒,具清酒(搏)〔脯〕
脯。令各为祝斋三日,衣黄衣,皆如春祠。以戊、己日为大黄龙一,长五丈,
居中央;又为小龙四,各长二丈五尺,于中央,皆南向,其间相去五尺。丈夫
五人,皆斋三日,服黄衣而舞之。老者亦斋三日,衣黄衣而立之。亦通社中
于间外沟。虾蟆池方五尺,深一尺。他皆如前。秋,暴巫尫至九日。毋举
火事,煎金器。家人祠门。为四通之坛于邑西门之外,方九尺,植白缯九。
其神(太)〔少〕昊。〔19〕祭之桐木鱼九,玄酒,具清酒(搏)〔脯〕脯。衣白衣。他
如春。以庚、辛日为大白龙一,长九丈,居中央;为小龙八,各长四丈五尺,
于西方,皆西向,其间相去九尺。鳏者九人,皆斋三日,服白衣而舞之。司
马亦斋三日,衣白衣而立之。虾蟆池方九尺,深一尺。他如前。冬,舞龙六
日,祷于名山以助之。家人祠井。毋壅水。为四通之坛于邑北门之外,方
六尺,植黑缯六。其神玄冥。祭之以黑狗子六,玄酒,具清酒(搏)〔脯〕脯。
祝斋三日,衣玄衣。祝礼如春。以壬、癸日为大黑龙一,长六丈,居中央;又
为小龙五,各长三丈,于北方,皆北向,其间相去六尺。老者六人,皆斋三
日,衣黑衣而舞之。尉亦斋三日,服黑衣而立之。虾蟆池皆如春。四时皆
庚子日,令吏民夫妇皆偶处。凡求雨,大体丈夫欲藏而居,女子欲和而乐。”
应龙有翼。《法言》曰:“象龙之致雨。艰矣哉,龙乎! 龙乎!”《新论》曰:“刘
歆致雨,具作土龙,吹律,及诸方术,无不备设。谭问:‘求雨所以为土龙,何
也?’曰:‘龙见者,辄有风雨兴起,以迎送之,故缘其象类而为之。’”

③《周礼》曰:“翌舞,帅而舞旱暵之事。”郑玄曰:“翌,赤皁染羽为之也。”〔20〕旱
暵,注:“阳也,用假色者,欲其有时而去之。”

④《汉旧仪》曰:“成帝三年六月,始命诸官止雨,〔21〕朱绳反萦社,击鼓攻之,是
后水旱常不和。”干宝曰:“朱丝萦社。社,太阴也。朱,火色也。丝,(维)
〔离〕属。〔22〕天子伐鼓于社,责群阴也;诸侯用币于社,请上公也;伐鼓于朝,
退自攻也。此圣人之厌胜之法也。”

⑤《汉旧仪》曰:“武帝元封日到七月毕赛之,秋冬春不求雨。”《古今注》曰:“武
帝元封六年五月旱,女及巫丈夫不入市也。”

　拜皇太子之仪:百官会,位定,谒者引皇太子当御坐殿下,北面;司
空当太子西北,东面立。读策书毕,中常侍持皇太子玺绶东向授太子。

太子再拜，三稽首。谒者赞皇太子臣某，(甲)〔中〕谒者称制曰“可”。〔23〕
三公升阶上殿，贺寿万岁。因大赦天下。供赐礼毕，罢。

　　拜诸侯王公之仪：百官会，位定，谒者引光禄勋前。①谒者引当拜
〔者〕前，〔24〕当坐伏殿下。光禄勋前，一拜，举手曰：“制诏其以某为
某。”②读策书毕，谒者称臣某再拜。尚书郎以玺印绶付侍御史。侍御
史前，东面立，授玺印绶。王公再拜顿首三(下)。〔25〕赞谒者曰：“某王臣
某新封，某公某初〔除〕，谢。”〔26〕中谒者报谨谢。赞者立曰：“(谢)皇帝为
公兴。”(皆冠)〔重坐，受策者拜〕谢，起就位。〔27〕供赐礼毕，罢。③

①丁孚《汉仪》曰“太常住盖下，东向读文”，与此异也。
②丁孚《汉仪》有夏勤策文，〔28〕曰：“维元初六年三月〔29〕甲子，制诏以大鸿胪
　勤为司徒。曰：‘朕承天序惟稽古，建尔于位为汉辅。往率旧职，敬敷五教，
　五教在宽。左右朕躬，宣力四表，保乂皇家。於戏！实惟秉国之均，旁祗厥
　绪，时亮天工，可不慎与！勤(而)〔其〕戒之！’”〔30〕
③臣昭曰：汉立皇后，国礼之大，而志无其仪，良未可了。案蔡质所记立宋皇
　后仪，今取以备阙。云：“尚书令臣嚣、仆射臣鼎、尚书臣旭、臣乘、臣滂、臣
　谟、臣诣稽首言：‘伏惟陛下履乾则坤，动合阴阳。群臣大小咸以长秋宫未
　定，遵旧依典，章表仍闻，历时乃听。今月吉日，以宋贵人为皇后，应期正
　位，群生兆庶莫不式舞。《易》称“受兹介祉”，《诗》云“干禄百福，子孙千
　亿”，万方幸甚。今吉日以定，臣请太傅、太尉、司徒、司空、太常条列礼仪正
　处上，群臣妾无得上寿，如故事。臣嚣、臣鼎、臣旭、臣乘、臣滂、臣谟、臣诣
　愚暗不达大义，诚惶诚恐，顿首死罪，稽首再拜以闻。’制曰：‘可。’〔31〕维建
　宁四年七月乙未，〔32〕制诏：‘皇后之尊，与帝齐体，供奉天地，祗承宗庙，母
　临天下。故有莘兴殷，姜任母周，二代之隆，盖有内德。长秋宫阙，中宫旷
　位，宋贵人(乘)〔秉〕淑媛之懿，〔33〕体河山之仪，咸容昭曜，德冠后庭。群寮
　所咨，(人)〔佥〕曰宜哉。〔34〕卜之著龟，卦得承乾。有司奏议，宜称绥组，以
　(临)〔母〕兆民。〔35〕今使太尉袭使持节奉玺绶，〔36〕宗正祖为副，立贵人为皇
　后。后其往践尔位，敬宗礼典，肃慎中馈，无替朕命，永终天禄。’皇后初即
　位章德殿，太尉使持节奉玺绶，天子临轩，百官陪位。皇后北面，太尉住盖

下，〔37〕东向，宗正、大长秋西向。宗正读策文毕，皇后拜，称臣妾，毕，住位。太尉袭授玺绶，中常侍长（乐）〔秋〕太仆〔38〕高乡侯览长跪受玺绶，奏于殿前，女史授婕妤，婕妤长跪受，以授昭仪，昭仪受，长跪以带皇后。皇后伏，起拜，称臣妾。讫，黄门鼓吹三通。鸣鼓毕，群臣以次出。后即位，大赦天下。皇后秩比国王，即位威仪，赤绂玉玺。"

仲夏之月，万物方盛。日夏至，阴气萌作，恐物不楙。其礼：以朱索连荤菜，弥牟〔朴〕蛊钟。〔39〕以桃印长六寸，方三寸，〔40〕五色书文如法，以施门户。代以所尚为饰。夏后氏金行，作苇茭，言气交也。① 殷人水德，以螺首，慎其闭塞，〔41〕使如螺也。周人木德，以桃为更，言气相更也。汉兼用之，故以五月五日，朱索五色印为门户饰，以难止恶气。② 日夏至，禁举大火，止炭鼓铸，消石冶皆绝止。〔42〕至立秋，如故事。是日浚井改水，日冬至，钻燧改火云。

①《风俗通》曰："《传》曰'蒮苇有丛'。《吕氏春秋》曰'〔汤〕始得伊尹，〔43〕袚之于庙，薰以蒮苇'。《周礼》'卿大夫之子名曰门子'。《论语》曰'谁能出不由户（者）'。〔44〕故用苇者，欲人之子孙蕃（植）〔殖〕，〔45〕不失其类，有如蒮苇。茭者交易，阴阳代兴者也。"

②桃印本汉制，所以辅卯金，魏除之也。

先立秋十八日，郊黄帝。是日夜漏未尽五刻，京都百官皆衣黄。至立秋，迎气于黄郊，乐奏黄钟之宫，歌《帝临》，冕而执干戚，舞《云翘》、《育命》，所以养时训也。

立秋之日，夜漏未尽五刻，京都百官皆衣白，施皂领缘中衣，迎气〔于〕白郊。〔46〕礼毕，皆衣绛，至立冬。

立秋之日，（自）〔白〕郊礼毕，〔47〕始扬威武，斩牲于郊东门，以荐陵庙。其仪：乘舆御戎路，白马朱鬣，躬执弩射牲。牲以鹿麛。① 太宰令、谒者各一人,载〔以〕获车,驰(驷)送陵庙。〔48〕〔于是乘舆〕还宫,〔49〕遣使者赍束帛以赐武官。②武官肄兵,习战阵之仪、斩牲之礼,名曰貙刘。兵、官皆肄孙、吴兵法六十四阵,名曰乘之。③立春,遣使者赍束帛以赐文官。④貙刘之礼:祠先虞,执事告先虞已,烹鲜时,有司〔告〕,〔50〕乃逡巡射牲。获车毕,有司告事毕。⑤

①《月令》曰:"天子乃厉(敕)〔饬〕,〔51〕执弓挟矢以猎。"《月令章句》曰:"亲执弓以射禽,所以教兆民(载)战事也。〔52〕四时闲习,以救无辜,以伐有罪,所以强兵保民,安不忘危也。"

②《汉官名秩》曰:"赐太尉、将军各六十四,执金吾、诸校尉各三十四,武官倍于文官。"

③《月令》,孟冬天子讲武,习射御,角力。卢植注曰:"角力,如汉家乘之,引(阒)〔关〕蹋鞠之属也。"〔53〕今《月令》,季秋天子乃教田猎,以习五戎。《月令章句》曰:"寄戎事之教于田猎。武事不可空设,必有以诚,故寄教于田猎,闲肄五兵。天子、诸侯无事而不田为不敬,田不以礼为暴天物。"《周礼》:"司马以旗致民,平列阵,如战之阵。王执路鼓,诸侯执贲鼓,军将执晋鼓,师帅执提,旅帅执鼙,卒长执铙,两司马执铎,公司马执镯,以教坐作进退疾徐疏数之节。"士卒听声视旗,随而前却,故曰师之耳目,在吾旗鼓。春教振旅以搜田,夏教茇舍以苗田,秋教治兵以狝田,冬教大阅以狩田。春夏示行礼,取禽供事而已。秋者杀时,田猎之正,其礼盛。《独断》曰:"巡狩〔校〕猎还,〔54〕公卿以下陈雒阳都亭前街上,乘舆到,公卿以下拜,天子下车,公卿〔亲〕识颜色,〔55〕然后还宫。古语曰'在车为下',唯此时施行。"《魏书》曰:"建安二十一年三月,曹公亲耕藉田。有司奏:'四时讲武于农隙。汉承秦制,三时不讲,唯十月车驾幸长安水南门,会五营士,为八阵进退,名曰乘之。今金革未偃,士民素习,可无四时讲武,但以立秋择吉日大朝车骑,号曰治兵。上合礼名,下承汉制也。'"

④《汉官名秩》曰:"赐司徒、司空帛四十匹,九卿十五匹。"《古今注》曰:"建武八年立春,赐公十五匹,卿十四。"

⑤《古今注》曰:"永平元年六月乙卯,初令百官貙膢,白幕皆霜。"《风俗通》称"《韩子书》山居谷汲者,膢腊而窦水。〔56〕楚俗常以十二月祭饮食也。又曰(当)〔尝〕新始杀〔也〕。食〔新〕曰貙膢。"〔57〕

仲秋之月，县道皆案户比民。年始七十者，授之以玉杖，铺之糜粥。八十九十，礼有加赐。王杖长〔九〕尺，〔58〕端以鸠鸟为饰。鸠者，不噎之鸟也。欲老人不噎。是月也，祀老人星于国都南郊老人庙。

季秋之月，祠星于城南坛心星庙。

立冬之日，夜漏未尽五刻，京都百官皆衣皂，迎气于黑郊。礼毕，皆衣绛，至冬至绝事。

冬至前后，君子安身静体，百官绝事，不听政，择吉辰而后省事。绝事之日，夜漏未尽五刻，京都百官皆衣绛，至立春。诸五时变服，执事者先后其时皆一日。

日冬至、夏至，阴阳暑景长短之极，微气之所生也。①故使八能之士八人，或吹黄钟之律间竽；或撞黄钟之钟；或度暑景，权水轻重，水一升，冬重十三两；或击黄钟之磬；或鼓黄钟之瑟，轸间九尺，二十五弦，宫处于中，左右为商、徵、角、羽；或击黄钟之鼓。先之三日，太史谒之。至日，夏时四孟，冬则四仲，其气至焉。

> ①《白虎通》曰："至日所以休兵，不兴事，闭关，商旅不行何？此日阴阳气微，王者承天理物，故率天下静，不复行役，以扶助微气，成万物也。夏至阴气始动，冬至阳气始萌。《易》曰：'先王以至日闭关，商旅不行。'夏至阴始起，反大热何？阴气始起，阳气推而上，故大热也。冬至阳始起，阴气推而上，故大寒也。"

先气至五刻，太史令与八能之士（郎）〔即〕坐于端门左塾。〔59〕（太子）〔大予〕具乐器，〔60〕夏赤冬黑，列前殿之前西上，钟为端。守宫设席于器南，北面东上，正德席，鼓南西面，令暑仪东北。三刻，中黄门持兵，引太史令、八能之士入自端门，就位。二刻，侍中、尚书、御史、谒者皆陛。一刻，乘舆亲御临轩，安体静居以听之。太史令前，当轩溜北面跪。举手曰："八能之士以备,请行事。"制曰"可"。太史令稽首曰"诺"。起立少退,顾令正德曰:"可行事。"正德曰"诺"。皆旋复位。正德立,命八能士曰:"以次行事,间音以竽。"八能曰"诺"。五音各三十为阕。正德曰:"合五音律。"先唱,五音并作,二十五阕,皆音以竽。①〔61〕讫,正德曰:"八能士各言事。"八能士各书板言事。文曰:"臣某言,今月若干日甲乙日冬至,黄钟之音调,君道得,孝道褒。"商臣,角民,徵事,羽物,各一板。否则召太史令各板书,〔62〕封以皂囊,送西陛,跪授尚书,施当轩,北面稽首,〔63〕拜上封事。尚书授侍中常侍迎受,报闻。以小黄门幡麾节度。太史令前(曰)〔白〕礼毕。〔64〕制曰"可"。太史令前稽首曰"诺"。太史命八能士诣太官受赐。陛者以次罢。日夏至礼亦如之。②

①《乐叶图徵》曰:"夫圣人之作乐,不可以自娱也,所以观得失之效者也。故圣人不取备于一人,必从八能之士。故撞钟者当知钟,击鼓者当知鼓,吹管者当知管,吹竽者当知竽,击磬者当知磬,鼓琴者当知琴。故八士(曰)或调阴阳,〔65〕或调律历,或调五音。故撞钟者以知法度,鼓琴者以知四海,击磬者以知民事。钟音调,则君道得;君道得,则黄钟、蕤宾之律应。君道不得,则钟音不调;钟音不调,则黄钟、蕤宾之律不应。鼓音调,则臣道得;臣道得,则太蔟之律应。管音调,则律历正;律历正,则夷则之律应。磬音调,则民道得;民道得,则林钟之律应。竽音调,则法度得;法度得,则无射之律应。琴音调,则四海合岁气,百川一合德。〔66〕鬼神之道行,祭祀之道得,如此,则姑洗之律应。五乐皆得,则应钟之律应。天地以和气至,则和气应;和气不至,则天地和气不应。钟音调,下臣以法贺主。鼓音调,主以法贺臣。磬音调,主以德施于百姓。琴音调,主以德及四海。八能之士常以日冬至成天文,日夏至成地理。作阴乐以成天文,作阳乐以成地理。"

②蔡邕《独断》曰:"冬至阳气始动,夏至阴气始起,麋鹿角解,故寝兵鼓。身欲宁,志欲静,故不听事,迎送(凡田猎)〔五日〕。腊者,岁终大祭,〔67〕纵吏民宴饮。非迎气,故但送不迎。正月岁首,亦如腊仪。冬至阳气起,君道长,故贺。夏至阴气起,君道衰,故不贺。鼓以动众,钟以止众,故夜漏尽,鼓鸣则起;昼漏尽,钟鸣则息。"

季冬之月,星回岁终,阴阳以交,劳农大享腊。①

①高堂隆曰:"帝王各以其行之盛而祖,以其终而腊。火生于寅,盛于午,终于
　戌,故火家以午祖,以戌腊。"秦静曰:〔68〕"古礼,出行有祖祭,岁终有蜡腊,
　无正月必祖之祀。汉氏以午祖,以戌腊。午南方,故以祖。冬者,岁之终,
　物毕成,故以戌腊。而小数之学者,因为之说,非典文也。"

先腊一日,大傩,①谓之逐疫。②其仪:选中黄门子弟年十岁以上,十
二以下,百二十人为侲子。皆赤帻皂制,执大鼗。③方相氏黄金四目,蒙
熊皮,玄衣朱裳,执戈扬盾。十二兽有衣毛角。中黄门行之,冗从仆射
将之,以逐恶鬼于禁中。夜漏上水,朝臣会,侍中、尚书、御史、谒者、虎
贲、羽林郎将执事,皆赤帻陛卫。乘舆御前殿。黄门令奏曰:"侲子备,
请逐疫。"于是中黄门倡,侲子和,曰:"甲作食殈,胇胃食虎,雄伯食魅,
腾简食不祥,揽诸食咎,伯奇食梦,强梁、祖明共食磔死寄生,委随食观,
错断食巨,穷奇、腾根共食蛊。凡使十二神追恶凶,赫女躯,拉女干,节
解女肉,抽女肺肠。女不急去,后者为粮!"④因作方相与十二兽舞。嚾
呼,周遍前后省三过,持炬火,送疫出端门;⑤门外驺骑传炬出宫,司马
阙门门外〔69〕五营骑士传火弃雒水中。⑥百官官府各以木面兽能为傩人
师讫,设桃梗、郁儡、〔70〕苇茭毕,执事陛者罢。⑦苇戟、桃杖以赐公、卿、
将军、特侯、诸侯云。⑧

①谯周《论语》注曰:"傩,却之也。"
②《汉旧仪》曰:"颛顼氏有三子,生而亡去为疫鬼。一居江水,是为(虎)〔虐
　鬼〕;〔71〕一居若水,是为罔两蜮鬼;一居人宫室区隅(沤庚),〔72〕善惊人小
　儿。"《月令章句》曰:"日行北方之宿,北方大阴,恐为所抑,故命有司大傩,
　所以扶阳抑阴也。"卢植《礼记》注云:"所以逐衰而迎新。"
③《汉旧仪》曰:"方相帅百隶及童(女)〔子〕,〔73〕以桃弧、棘矢、土鼓,鼓且射
　之,以赤丸、五谷播洒之。"谯周《论语》注曰:"以苇矢射之。"薛综曰:"侲之
　言善,善童幼子也。"
④《东京赋》曰:"(捐)〔捎〕魑魅,〔74〕斮獝狂。斩委蛇,脑方良。囚耕父于清
　泠,溺女魃于神潢。残夔魖与罔象,殪野仲而歼游光。"注曰:"魑魅,山泽之

神。猣狂,恶鬼。委蛇,大如车毂。方良,草泽神。耕父、女魃皆旱鬼。恶
水,故凶溺于水中,使不能为害。夔魅、罔象,木石之怪。堑仲、游光,兄弟
八人,恒在人间作怪害也。"孔子曰:"木石之怪夔、罔两,水之怪龙、罔象。"
(臣)〔韦〕昭曰:"木石〔谓〕山(怪)也。〔75〕夔一足,越人谓〔之〕山猹。〔76〕罔两,
山精,好学人声,〔77〕而迷惑人。龙,神物也,非所常见,故曰怪。罔象,食
人,一名沐腫。"〔78〕《埤苍》曰:"猣狂,无头鬼。"

⑤《东京赋》曰:"煌火驰而星流,逐赤疫于四裔。"注曰:"煌,火光。逐,惊走。
煌然火光如星驰。赤疫,疫鬼恶者也。"侲子合三行,从东序上,西序下。

⑥《东京赋》注曰:"卫士千人在端门外,五营千骑在卫士外,为三部,更送至雒
水,凡三辈,逐鬼投雒水中。仍上天池,绝其桥梁,使不复度还。"

⑦《山海经》曰:"东海中有度朔山,上有大桃树,蟠屈三千里,其卑枝门曰东北
鬼门,万鬼出入也。上有二神人,一曰神荼,一曰郁儡,主阅领众鬼之恶害
人者,执以苇索,而用食虎。"于是黄帝法而象之。驱除毕,因立桃梗于门户
上,画郁儡持苇索,以御凶鬼,画虎于门,当食鬼也。《史记》曰:"东至于蟠
木。"《风俗通》曰:"《黄帝〔书〕》'上古之时,有神荼与郁儡兄弟二人,性能执
鬼。'桃梗,梗者更也,岁终更始,受介祉也。苏秦说孟尝君曰:'土偶人语桃
梗,今子东国之桃木,削子为人。'虎者阳物,百兽之长,能击鸷牲食魅魅
者也。"

⑧《汉官名秩》曰:"大将军、三公,腊赐钱各三十万,牛肉二百斤,粳米二百斛;
特候十五万;卿十万;校尉五万;尚书丞、郎各万五千;千石、六百石各七千;
侍御史、谒者、议郎、尚书令各五千;〔79〕郎官、兰台令史三千;中黄门、羽林、
虎贲士二人共三千:以为当祠门户直,〔80〕各随多少受也。"

是月也,立土牛六头于国都郡县城外丑地,以送大寒。①
①《月令章句》曰:"是月之(会)〔昏〕建丑,〔81〕丑为牛。寒将极,是故出其物类
形象,以示送达之,且以升阳也。"

飨遣故卫士仪:百官会,位定,谒者持节引故卫士入自端门。卫司
马执幡钲护行。行定,侍御史持节慰劳,以诏恩问所疾苦,受其章奏所

欲言。毕飨，赐作乐，观以角抵。乐阕罢遣，劝以农桑。①

①《周礼》〔曰〕，府史以下，〔82〕则有胥有徒。郑玄注曰："此谓民给徭役，若今卫
〔士〕矣。"蔡邕曰："见客平乐、飨卫士，瑰伟壮观也。"

每（月朔）岁首〔正月〕，〔83〕为大朝受贺。其仪：夜漏未尽七刻，钟鸣，
受贺。及贽，公、侯璧，中二千石、二千石羔，千石、六百石雁，四百石以
下雉。①百官贺正月。②二千石以上上殿称万岁。③举觞御坐前。司空奉
羹，大司农奉饭，奏食举之乐。百官受赐宴飨，大作乐。④其每朔，唯十
月旦从故事者，高祖定秦之月，元年岁首也。⑤

①《献帝起居注》曰："旧典，市长执雁，建安八年始令执雉。"

②《决疑要注》曰："古者朝会皆执贽，侯、伯执圭，子、男执璧，孤执皮帛，卿执
羔，大夫执雁，士执雉。汉、魏粗依其制，正旦大会，诸侯执玉璧，荐以鹿皮，
公卿已下所执如古礼。古者衣皮，故用皮帛为币。玉以象德，璧以称事。
不以货没礼，庶羞不逾牲，宴衣不逾祭服，轻重之宜也。"

③蔡邕《独断》曰："三公奉璧上殿，向御坐，北面，太常赞曰：'皇帝为君兴。'三
公伏，皇帝坐，乃进璧。古语曰'御坐则起'，此之谓也。"

④蔡质《汉仪》曰："正月旦，天子幸德阳殿，临轩。公、卿、将、大夫、百官各陪
〔位〕朝贺。〔84〕蛮、貊、胡、羌朝贡毕，见属郡计吏，皆〔陛〕觐，〔85〕庭燎。宗
室诸刘（杂）〔亲〕会，万人以上，〔86〕立西面。位（公纳荐太官赐食酒西入东出）既
定，上寿。〔87〕〔群〕计吏中庭北面立，〔88〕太官上食，赐群臣酒食，〔西入东
出〕。〔89〕（贡事）御史四人执法殿下，〔90〕虎贲、羽林〔张〕（弧）弓（撮）〔挟〕
矢，〔91〕陛戟左右，戎头逼胫陛前向后，左右中郎将（住）〔位〕东（西）〔南〕，〔92〕
羽林、虎贲将（住）〔位〕东北，五官将（住）〔位〕中央，悉坐就赐。作九宾（彻）
〔散〕乐。〔93〕舍利〔兽〕从西方来，〔94〕戏于庭极，乃毕入殿前，激水化为比目
鱼，跳跃潄水，作雾障日。毕，化成黄龙，长八丈，出水遨戏于庭，炫耀日光。
以两大丝绳系两柱（中头）间，〔95〕相去数丈，两倡女对舞，行于绳上，对面道
逢，切肩不倾，又蹋局出身，藏形于斗中。钟磬并作，〔倡〕乐毕，作鱼龙曼
延。〔96〕小黄门吹三通，谒者引公卿群臣以次拜，微行出，罢。卑官在前，尊
官在后。德阳殿周旋容万人。陛高二丈，〔97〕皆文石作坛。激沼水于殿
下。〔98〕画屋朱梁，玉阶金柱，〔99〕刻镂作宫掖之好，厕以青翡翠，一柱三带，

韬以赤缇。天子正旦节，会朝百僚于此。自到偃师，去宫四十三里，望朱雀五阙、德阳，其上郁律与天连。"《雒阳宫阁簿》云："德阳宫殿南北行七丈，东西行三十七丈四尺。"

⑤蔡邕曰："群臣朝见之仪，视不晚朝十月朔之故，以问胡广。广曰：'旧仪，公卿以下每月常朝，先帝以其频，故省，唯六月、十月朔朝。后复以六月朔盛暑，省之。'"蔡邕《礼乐志》曰："汉乐四品：一曰《大予乐》，典郊庙、上陵、殿诸食举之乐。郊乐，《易》所谓'先王以作乐崇德，殷荐上帝'，《周官》'若乐六变，则天神皆降，可得而礼也'。宗庙乐，《虞书》所谓'琴瑟以咏，祖考来假'，《诗》云'肃雍和鸣，先祖是听'。食举乐，《王制》谓'天子食举以乐'，《周官》'王大食则令奏钟鼓'。二曰《周颂雅乐》，典辟雍、飨射、六宗、社稷之乐。辟雍、飨射，《孝经》所谓'移风易俗，莫善于乐'，《礼记》曰'揖让而治天下者，礼乐之谓也'。社稷，〔《诗》〕所谓'琴瑟击鼓，〔100〕以御田祖'者也。《礼记》曰'夫乐施于金石，越于声音，用乎宗庙、社稷，事乎山川、鬼神'，此之谓也。三曰《黄门鼓吹》，天子所以宴乐群臣，《诗》所谓'坎坎鼓我，蹲蹲舞我'者也。其短箫、铙歌，军乐也。其传曰'黄帝、岐伯所作，以建威扬德，风劝士'也。盖《周官》所谓'王〔师〕大〔捷〕〔献〕则令凯乐，〔101〕军大献则令凯歌'也。〔102〕孝章皇帝亲著歌诗四章，列在食举，又制云台十二门诗，各以其月祀而奏之。熹平四年正月中，出云台十二门新诗，下大予乐官习诵，被声，与旧诗并行者，皆当撰录，以成《乐志》。"

【校勘记】

〔1〕郡国上雨泽若少(府)郡县各扫除社稷　校补引侯康说，谓"府"字衍。按：《通典》无"府郡县"三字，《通志》无"府"字。卢校并删"郡县"二字，则下"各"字无所属。今依侯康说，删"府"字。

〔2〕反拘朱索〔萦〕社　据卢校补。按：《通典》有"萦"字。

〔3〕政不善与民失职与　按：今本《公羊传》何注"善"作"一"，与"职"叶韵。

〔4〕或(怒)〔攻〕焉何(如)也　据卢校改删。按：《通典》作"或攻焉"。《御览》五百二十五引"何如也"作"何也"。卢云"如"字可省。

〔5〕(贞)〔直〕行其道而不(忘)〔忌〕其难　据卢校改，与《通典》合。

〔6〕 女独择宽大便处移市　按：卢云"女"字疑衍。又按："大"原讹"太"，径改正。

〔7〕 大雩夏祭天名　按："大"原讹"天"，径改正。

〔8〕 家人祠户　按："户"原讹"同"，径改正。

〔9〕 具清酒（搏）〔髆〕脯　据卢校改，下同。按：《通考》作"搏"，《通典》作"髆"。《校补》谓搏与髆通，《说文》作"脯髆"。

〔10〕 （诸里）〔凿〕社通之于闾外之沟　据卢校改。

〔11〕 置水虾蟆焉　按：苏舆《春秋繁露义证》云《通典》无此五字，疑衍文。

〔12〕 闻（彼）鼓声　据卢校删。按：《通考》有"彼"字，《通典》作"闻鼓"，无"彼"字、"声"字。

〔13〕 取死人骨埋之　按：《通考》"人"作"灰"。

〔14〕 决通道桥之壅塞不行者决渎之　按：苏舆云疑当作"决渎之不行者"，《通典》作"通桥道之壅塞"。

〔15〕 更大浚井　按："大"一本作"火"。苏舆云《艺文类聚》"火"作"水"，疑是。

〔16〕 〔各〕长三丈五尺　据卢校补。按：《通典》有"各"字。

〔17〕 令县邑一徙市　按：《通典》"令县邑"下有"十日"二字。

〔18〕 祭之以（毋）〔母〕飯五　据汲本改。按：《通考》作"母"，注云"母音模，《礼》谓之淳母"。

〔19〕 其神（太）〔少〕昊　据卢校改。按：卢依《通典》改。

〔20〕 塗赤皂染羽为之也　汲本"皂"作"草"。按：卢云此注全是后人妄补缀。考《地官·舞师》"皇舞"，康成不从故书作"塗"，又《春官·乐师》注亦作"皇"。惟《考工记》"锺氏染羽，以朱湛丹秫"，郑司农云"丹秫，赤粟"，今此注作康成，亦是误记。"皂"毛本作"草"，是古皂字，然亦误，当作"粟"。

〔21〕 成帝三年六月始命诸官止雨　汲本、殿本"三"作"二"。按：惠栋谓北宋本作"五"。卢云《通典》、《通志》皆作"五"，但成帝屡改元，无五年。

〔22〕 丝（维）〔离〕属　据卢校改。按：卢云《通典》、《通志》俱作"属离"。

〔23〕 谒者赞皇太子臣某（甲）〔中〕谒者称制曰可　据汲本改。按：卢云"谒者赞皇太子臣某"句，"甲"乃"中"之讹。又《校补》引柳从辰说，谓成帝建始四年罢中书官，以中书为中谒者令，见《汉旧仪》，作"甲"非。

〔24〕 谒者引当拜〔者〕前　据卢校补。按:《通典》有"者"字。

〔25〕 王公再拜顿首三(下)　据卢校删。按:卢云《通典》"王公"作"当受策者"。

〔26〕 某公某初〔除〕谢　据卢校补。按:《通典》有"除"字。

〔27〕 赞者立曰(谢)皇帝为公兴(皆冠)〔重坐受策者拜〕谢起就位　据卢校删补,与《通典》合。

〔28〕 丁孚《汉仪》有夏勤策文　按:"勤"原讹"动",径改正。

〔29〕 维元初六年三月　按:卢云案《安帝纪》,永初三年四月丙寅大鸿胪夏勤为司徒。若元初时,刘恺乃代勤者。

〔30〕 勤(而)〔其〕戒之　据卢校改,与《通典》合。

〔31〕 制曰可　按:"可"下原衍"之"字,径删。

〔32〕 维建宁四年七月乙未　《集解》引钱大昕说,谓《灵帝纪》作"七月癸丑"。今按:灵帝建宁四年七月己未朔,无乙未、癸丑。

〔33〕 宋贵人(乘)〔秉〕淑媛之懿　据汲本改。

〔34〕 (人)〔金〕曰宜哉　据汲本改,与《通典》合。

〔35〕 以(临)〔母〕兆民　据卢校改,与《通典》合。

〔36〕 今使太尉袭使持节奉玺绶　按:《集解》引钱大昕说,谓案《灵帝纪》,太尉闻人袭以三月免官,此立后乃在七月,或纪所书月日误。

〔37〕 太尉住盖下　"住"原讹"注",径据汲本、殿本改正。按:《通典》作"太尉立阶下"。

〔38〕 长(乐)〔秋〕太仆　据卢校改。按:卢云《通典》"乐"作"秋",是。

〔39〕 弥牟〔朴〕蛊钟　据汲本、殿本补。按:《集解》引钱大昕说,谓弥牟五字未详。

〔40〕 以桃印长六寸方三寸　按:卢云《宋志》"印"作"卯"。

〔41〕 慎其闭塞　按:"塞"原讹"寒",径改正。

〔42〕 消石冶皆绝止　按:"冶"原讹"治",径改正。

〔43〕 〔汤〕始得伊尹　据汲本、殿本补。

〔44〕 谁能出不由户(者)　据汲本、殿本删。

〔45〕 欲人之子孙蕃(植)〔殖〕　据殿本改。

〔46〕 迎气〔于〕白郊　据汲本、殿本补。

〔47〕 立秋之日(自)〔白〕郊礼毕　据卢校改。按:卢云《通典》同,今从《宋志》。

〔48〕 载〔以〕获车驰(驷)送陵庙　据卢校补删。按:卢云《通典》有"以"字,此脱。"驷"字衍,《宋志》无。

〔49〕〔于是乘舆〕还宫　据《集解》引惠栋说补。

〔50〕 烹鲜时有司〔告〕　据卢校改。

〔51〕 天子乃厉(敕)〔饰〕　卢云"敕"当作"饰",《月令正义》云俗本作"饬",此又转讹。今据改。

〔52〕 所以教兆民(载)战事也　据卢校删。

〔53〕 引(阈)〔关〕蹋鞠之属也　据卢校改。

〔54〕 巡狩〔校〕猎还　据汲本、殿本补。

〔55〕 公卿〔亲〕识颜色　据汲本、殿本补。

〔56〕 縢腊而寊水　按:《校补》谓今《风俗通》"寊"作"买",今《韩非子》"寊水"作"相遗以水"。

〔57〕 又曰(当)〔尝〕新始杀〔也〕食〔新〕曰貙膢　据卢校删补,与今《风俗通》合。

〔58〕 王杖长〔九〕尺　据卢校补。按:卢云据《御览》七百十补。

〔59〕 (郎)〔即〕坐于端门左塾　据汲本改。

〔60〕 (太子)〔大予〕具乐器　据卢校改。按:《集解》引钱大昕说,谓"太子"当作"大予",又引惠栋说,谓当作"太常"。观下文引蔡邕《礼乐志》,汉乐四品,一曰《大予乐》,则钱说是。

〔61〕 皆音以竽　按:《集解》引黄山说,谓此承上"间音以竽"言,"皆"下当脱"间"字。

〔62〕 否则召太史令各板书　按:《校补》引钱大昭说,谓"板书"闽本作"书板"。

〔63〕 施当轩北面稽首　按:卢云"施"疑"旋"之讹。

〔64〕 太史令前(曰)〔白〕礼毕　据卢校改。按:《集解》引惠栋说,谓北宋本作"白"。

〔65〕 故八士(曰)或调阴阳　据卢校删。

〔66〕 琴音调则四海合岁气百川一合德　按:卢云"一"或作"以"。

〔67〕 迎送(凡田猎)〔五日腊〕者岁终大祭　据殿本改,与卢校本《独断》合。

〔68〕 秦静曰　按:"秦"原讹"泰",径改正。

〔69〕 司马阙门门外　按:《集解》引黄山说,谓秦蕙田据旧本,"门外"作"之

外".

〔70〕 郁櫑 汲本、殿本"櫑"作"儡",注同。《文选·东京赋》作"垒"。按:郁儡之"儡"或作"垒",无作"櫑"者,疑此误。

〔71〕 是为(虎)〔虐鬼〕 据卢校改。按:虐即疟字,虎与虐形近而讹。《文选·东京赋》注正作"疟鬼"。

〔72〕 一居人宫室区隅(沤庚) 按:《文选·东京赋》注无"沤庚"二字,当即"区隅"之音注,而误入正文者,今删。

〔73〕 方相帅百隶及童(女)〔子〕 据卢校改。按:《文选》注作"子"。

〔74〕 (捐)〔捎〕魑魅 据卢校改。按:《文选》注作"捎"。

〔75〕 (臣)〔韦〕昭曰木石〔谓〕山(怪)也 据卢校改。按:此刘昭引韦昭注《国语》文,"臣"当作"韦"。"木石山怪也"今《国语》韦昭注作"木石谓山也",卢依韦注改。

〔76〕 越人谓〔之〕山獂 据汲本、殿本补。按:"獂"今《国语》韦注作"缲"。

〔77〕 好学人声 按:今《国语》韦注"学"作"教"。

〔78〕 一名沐腥 按:汲本、殿本"腥"作"膻",卢文弨依《国语》韦注改为"肿"。

〔79〕 尚书令各五千 按:卢云"令"下疑脱"史"字。

〔80〕 以为当祠门户直 按:"当"原讹"富",径据汲本、殿本改正。

〔81〕 是月之(会)〔昏〕建丑 据卢校改。

〔82〕 周礼(曰)府史以下 据卢校删。

〔83〕 每(月朔)岁首〔正月〕 据卢校改。按:卢云"每月朔岁首"讹,今从《通典》。

〔84〕 百官各陪〔位〕朝贺 据卢校补,与《通典》合。

〔85〕 皆〔陛〕觐 据汲本、殿本补。

〔86〕 宗室诸刘(杂)〔亲〕会万人以上 据卢校改,与《通典》合。

〔87〕 位(公纳荐太官赐食酒西入东出)既定 据卢校删,与《通典》合。

〔88〕 〔群〕计吏中庭北面立 据卢校补。按:《通典》无"立"字。

〔89〕 太官上食赐群臣酒食〔西入东出〕 据卢校补。按:《通典》作"太官赐酒食,西入东出"。

〔90〕 (贡事)御史四人执法殿下 据卢校删。

〔91〕 虎贲羽林〔张〕(弧)弓(撮)〔挟〕矢 据卢校改,与《通典》合。

〔92〕 左右中郎将(住)〔位〕东(西)〔南〕 据卢校改,与《通典》合。

〔93〕　作九宾(彻)〔散〕乐　据卢校改,与《通典》合。

〔94〕　舍利〔兽〕从西方来　据卢校补,与《通典》合。

〔95〕　以两大丝绳系两柱(中头)间　按:《通典》作"又以丝绳系两柱间",无"中头"二字,今据删。

〔96〕　〔倡〕乐毕作鱼龙曼延　据卢校补,与《通典》合。

〔97〕　陛高二丈　按:《通典》"二丈"作"一丈"。

〔98〕　激沼水于殿下　按:卢云此六字衍,《通典》无。

〔99〕　玉阶金柱　按:《通典》"阶"作"陛"。

〔100〕　〔诗〕所谓琴瑟击鼓　据殿本补。

〔101〕　王〔师〕大(捷)〔献〕则令凯乐　据卢校改。按:《周礼》"令"下有"奏"字。

〔102〕　军大献则令凯歌也　按:《周礼》"令"作"教"。

后汉书志第六

礼仪下

大丧　诸侯王列侯始封贵人公主薨

不豫，太医令丞将医入，就进所宜药。尝药监、近臣中常侍、小黄门皆先尝药，过量十二。公卿朝臣问起居无间。太尉告请南郊，司徒、司空告请宗庙，告五岳、四渎、群祀，并祷求福。疾病，公卿复如礼。

登遐，皇后诏三公典丧事。百官皆衣白单衣，白帻不冠。闭城门、宫门。近臣中黄门持兵，虎贲、羽林、郎中署皆严宿卫，宫府各警，北军五校绕宫屯兵，黄门令、尚书、御史、谒者昼夜行陈。三公启手足色肤如礼。皇后、皇太子、皇子哭踊如礼。沐浴如礼。守宫令兼东园匠将女执事，黄绵、缇缯、金缕玉柙如故事。①饭唅珠玉如礼。②槃冰如礼。③百官哭临殿下。是日夜，下竹使符告郡国二千石、诸侯王。④竹使符到，皆伏哭尽哀。⑤小敛如礼。东园匠、考工令奏东园秘器，表里洞赤，虔文画日、月、鸟、龟、龙、虎、连璧、偃月，牙桧梓宫如故事。大敛于两楹之间。五官、左右虎贲、羽林五将，各将所部，执虎贲戟，屯殿端门陛左右厢，中黄门持兵陛殿上。夜漏，群臣入。昼漏上水，大鸿胪设九宾，随立殿下。谒者引诸侯王立殿下，西面北上；宗室诸侯、四姓小侯在后，西面北上。治礼引三公就位，殿下北面；特进次中二千石；列侯次二千石；六百石、博士在后；群臣陪位者皆重行，西上。位定，大鸿胪言具，谒者以闻。皇后东向，贵人、公主、宗室妇女以次立后；皇太子、皇子在东，西向；皇子少退在南，北面：皆伏哭。大鸿胪传哭，群臣皆哭。三公升自阼阶，安梓宫内珪璋诸物，近臣佐如故事。嗣子哭踊如礼。⑥东园匠、武士下钉衽，截去牙。⑦太常上太牢奠，太官食监、中黄门、尚食次奠，执事者如礼。太常、大鸿胪传哭如仪。

①《汉旧仪》曰：“帝崩，唅以珠，缠以缇缯十二重。以玉为襦，如铠状，连缝之，以黄金为缕。腰以下以玉为札，长一尺，〔广〕二寸半，〔1〕为柙，下至足，亦缝以黄金缕。(请)诸衣衿敛之。〔2〕凡乘舆衣服，已御，辄藏之，崩皆以敛。”

②《礼稽命徵》曰：“天子饭以珠，唅以玉。诸侯饭以珠，唅以(珠)〔璧〕。〔3〕卿大夫、士饭以珠，唅以贝。”

③《周礼》：“凌人，天子丧，供夷槃冰。”郑玄曰：“夷之言尸也，实冰于槃中，置之尸床之下，所以寒尸也。”《汉礼器制度》：“大槃广八尺，长一丈二尺，深三尺，漆赤中。”

④应劭曰：“凡与郡国守相竹使符，皆以竹箭五枚，长五寸，镌刻篆书第一至第五。”张晏曰：“符以代古之珪璋，从简易也。”此下大丧符，亦犹斯比。

⑤汉旧制，发兵皆以铜虎符，其馀征调，竹使而已。符第合会为大信，见《杜诗传》。

⑥《周礼》：“駔珪、璋、璧、琮、琥、璜之渠眉，疏璧、琮以敛尸。”郑司农曰：“駔，外有捷卢也。谓珪、璋、璧、琮、琥、璜皆为开渠，为眉瑑，沙除以敛尸，令汁得流去也。”郑玄曰：“以敛尸者，以大敛焉加之也。渠眉，玉饰之沟瑑也，以组穿联六玉沟瑑之中以敛尸。珪在左，璋在首，琥在右，璜在足，璧在背，琮在腹，盖取象方明神之也。疏璧、琮者，通于天地。”

⑦《丧大记》曰：“君盖用漆，三衽三束。”郑玄注曰：“衽，小腰。”

三公奏《尚书·顾命》，太子即日即天子位于柩前，请太子即皇帝位，皇后为皇太后。奏可。群臣皆出，吉服入会如仪。太尉升自阼阶，当柩御坐北面稽首，读策毕，以传国玉玺绶东面跪授皇太子，即皇帝位。中黄门掌兵以玉具、随侯珠、斩蛇宝剑授太尉，告令群臣，群臣皆伏称万岁。或大赦天下。遣使者诏开城门、宫门，罢屯卫兵。群臣百官罢，入成丧服如礼。兵官戎。①〔4〕三公，太常如礼。

①文帝遗诏：“无布车及兵器。”应劭曰：“不施轻车介士。”

故事：百官五日一会临，故吏二千石、刺史、在京都郡国上计掾史皆五日一会。天下吏民发丧临三日。①先葬二日，皆旦晡临。既葬，释服，无禁嫁娶、祠祀。②佐史以下,布衣冠帻,经带无过三寸,临庭中。③武吏布帻大冠。大司农出见钱谷,给六丈布直。以葬,大红十五日,小红十四日,纤七日,释服。④部刺史、二千石、列侯在国者及关内侯、宗室长吏及因邮奉奏,〔5〕诸侯王遣大夫一人奉奏,吊臣请驿马露布,奏可。

①文帝遗诏:"其令天下吏民,令到,出临三日,释服。"

②文帝遗诏文〔6〕有"饮酒食肉自当给,丧事服临者皆无践"。践,徒跣也。

③文帝遗诏:"殿中当临者,以旦夕各十五举音,礼毕罢。非旦夕临时,禁无得擅哭临。"

④应劭曰:"红者,(中)〔小〕祥、大祥以红为领缘〔也〕。〔7〕纤〔者〕,缥也。凡三十六日而释〔服〕。"〔8〕

以木为重,高九尺,广容八历,裹以苇席。巾门、丧帐皆以籊。车皆去辅轓,疏布恶轮。走卒皆布襦帻。太仆〔驾〕四轮辀为宾车,〔9〕大练为屋幕。中黄门、虎贲各二十人执绋。司空择土造穿。太史卜日。谒者二人,中谒者仆射、中谒者副将作,油缇帐以覆坑。方石治黄肠题凑便房如礼。①

①《汉旧仪》略载前汉诸帝寿陵曰:"天子即位明年,将作大匠营陵地,用地七顷,方中用地一顷。深十三丈,堂坛高三丈,坟高十二丈。武帝坟高二十丈,明中高一丈七尺,四周二丈,内梓棺柏黄肠题凑,以次百官藏毕。其设四通羡门,容大车六马,皆藏之内方,外陟车石。外方立,先闭剑户,户设夜龙、莫邪剑、伏弩,设伏火。已营陵,馀地为西园后陵,馀地为婕妤以下,次赐亲属功臣。"《汉书音义》曰:"题,头也。凑,以头向内,所以为固也。便房,藏中便坐也。"《皇览》曰:"汉家之葬,方中百步,已穿筑为方城。其中开四门,四通,足放六马,然后错浑杂物,扞漆缯绮金宝米谷,及埋车马虎豹禽兽。发近郡卒徒,置将军尉候,以后宫贵幸者皆守园陵。元帝葬,乃不用车马禽兽等物。"

大驾,太仆御。方相氏黄金四目,蒙熊皮,玄衣朱裳,执戈扬盾,立乘四马先驱。①旐之制,长三仞,〔10〕十有二游,曳地,画日、月、升龙,书旐曰"天子之柩"。谒者二人立乘六马为次。大驾甘泉卤簿,金根容车,兰台法驾。丧服大行载饰如金根车。皇帝从送如礼。太常上启奠。夜漏二十刻，太尉冠长冠，衣斋衣，乘高车，诣殿止车门外。使者到，南向立，太尉进伏拜受诏。太尉诣南郊。未尽九刻，大鸿胪设九宾随立，群臣入位，太尉行礼。执事皆冠长冠，衣斋衣。太祝令跪读谥策，太尉再拜稽首。治礼告事毕。太尉奉谥策，还诣殿端门。太常上祖奠。中黄门尚衣奉衣登容根车。东园武士载大行，司徒却行道立车前。治礼引太尉入就位，大行车西少南，东面奉〔谥〕策，[11]太史令奉哀策立后。太常跪曰"进"，皇帝进。太尉读谥策，藏金匮。皇帝次科藏于庙。太史奉哀策苇箧诣陵。太尉旋复公位，再拜立(哭)。[12]太常跪曰"哭"，大鸿胪传哭，十五举音，止哭。太常行遣奠皆如礼。请哭止哭如仪。

> ①《周礼》曰："方相氏，大丧先柩，及墓入圹，以戈击四隅，(殿)〔驱〕方良。"[13]郑玄曰："方相，放想也，可畏怖之貌。圹，穿地中也。方良，罔两也。天子之椁，柏，黄肠为里，表以石焉。《国语》曰'木石之怪夔、罔两'。"

昼漏上水，请发。司徒、河南尹先引车转，太常跪曰"请拜送"。载车著白系参缪绋，[14]长三十丈，大七寸为挽，六行，行五十人。公卿以下子弟凡三百人，皆素帻委貌冠，衣素裳。校尉三〔百〕人，[15]皆赤帻不冠，绛科单衣，持幢幡。候司马丞为行首，皆衔枚。羽林孤儿，《巴俞》擢歌者六十人，[16]为六列。铎司马八人，执铎先。大鸿胪设九宾，随立陵南羡门道东，北面；诸侯、王公、特进道西，北面东上；中二千石、二千石、列侯(宜)〔直〕九宾东，北面西上。[17]皇帝白布幕素里，夹羡道东，西向如礼。容车幄坐羡道西，南向，车当坐，南向，中黄门尚衣奉衣就幄坐。车少前，太祝进醴献如礼。司徒跪曰"大驾请舍"，太史令自车南，北面读哀策，掌故在后，已哀哭。太常跪曰"哭"，大鸿胪传哭如仪。司徒跪曰"请就下位"，东园武士奉下车。司徒跪曰"请就下房"，都导东园武士奉车入房。司徒、太史令奉谥、哀策。①

> ①晋时有人嵩高山下得竹简一枚，上有两行科斗书之，台中外传以相示，莫有知者。司空张华以问博士束皙。皙曰："此明帝显节陵中策也。"检校果然。是知策用此书也。

东园武士执事下明器。①笥八盛，容三升，②黍一，稷一，麦一，粱一，稻一,麻一,菽一,小豆一。瓮三,容三升,醯一,醢一,屑一。③黍饴。载以木桁,覆以疏布。甒二,容三升,醴一,酒一。载以木桁,覆以功布。瓦镫一。彤矢四,轩輶中,亦短卫。彤矢四,骨,短卫。④彤弓一。卮八,牟八,⑤豆八,笾八,形方酒壶八。槃匜一具。⑥杖、几各一。盖一。锺十六,无虡。镈四,无虡。⑦磬十六,无虡。⑧埙一,箫四,笙一,篪一,柷一,敔一,瑟六,琴一,[18]竽一,筑一,坎侯一。⑨干、戈各一,笮一,甲一,胄一。⑩挽车九乘,刍灵三十六匹。⑪瓦灶二,瓦釜二,瓦甑一。瓦鼎十二,容五升。匏勺一,容一升。瓦案九。瓦大杯十六,容三升。瓦小杯二十,容二升。瓦饭槃十。瓦酒樽二,容五斗。匏勺二,容一升。

①《礼记》曰:"明器,神明之也。孔子谓为明器知丧道矣,备物而不可用也。"郑玄注《既夕》曰:"陈明器,以西行南端为上。"

②郑玄注《既夕》曰:"筲,舂种类也,其容盖与簋同。"

③郑玄注《既夕》曰:"屑,姜桂之屑。"

④《既夕》曰:"鵔矢一乘,骨镞短卫。"郑玄曰:"鵔犹候也,候物而射之矢也。四矢曰乘。骨镞短卫,亦示不用也。生时鵔矢金镞,凡为矢,五分笴长而羽其一。"《通俗文》曰:"细毛鵔也。"

⑤郑玄注《既夕》曰:"牟,盛汤浆。"

⑥郑玄注《既夕》曰:"槃匜,盥器也。"

⑦《尔雅》曰:"大钟谓之镛。"郭璞注曰:"《书》曰'笙镛以间'。亦名镈。"

⑧《礼记》曰:"有钟磬而无簨虡。"郑玄曰:"不悬之也。"

⑨《礼记》曰:"琴瑟张而不平,竽笙备而不和。"

⑩《既夕》谓之役器。郑玄曰:"笮,矢箙。"

⑪郑玄注《礼记》曰:"刍灵,束茅为人马,谓之刍灵,神之类。"

祭服衣送皆毕,东园匠曰"可哭",在房中者皆哭。太常、大鸿胪请哭止〔哭〕如仪。[19]司徒曰"百官事毕,臣请罢",从入房者皆再拜,出,就位。太常导皇帝就赠位。司徒跪曰"请进赠",侍中奉持鸿洞。赠玉珪长尺四寸,荐以紫巾,广袤各三寸,缇里,赤缥周缘;赠币,玄三缥二,各长尺二寸,广充幅。皇帝进跪,临羡道房户,西向,手下赠,投鸿洞中,三。东园匠奉封入藏房中。太常跪曰"皇帝敬再拜,请哭",大鸿胪传哭如仪。太常跪曰"赠事毕",皇帝促就位。① 容根车游载容衣。司徒至便殿,并挈骑皆从容车玉帐下。司徒跪曰"请就幄",导登。尚衣奉衣,以次奉器衣物,藏于便殿。太祝进醴献。凡下,用漏十刻。礼毕,司空将校复土。

　　①《续汉书》曰:"明帝崩,司徒鲍昱典丧事,葬日,三公入安梓宫,还,至羡道半,逢上欲下,昱前叩头言:'礼,天子鸿洞以赠,所以重郊庙也。陛下奈何冒危险,不以义割哀?'上即还。"

皇帝、皇后以下皆去粗服,服大红,还宫反庐,立主如礼。桑木主尺二寸,不书谥。虞礼毕,袝于庙,如礼。①

　　①《汉旧仪》曰:"高帝崩三日,小敛室中牖下。〔20〕作栗木主,长八寸,前方后圆,围一尺,置牖中,望外,内张绵絮以障外,以皓木大如指,长三尺,四枚,缠以皓皮四方置牖中,主居其中央。七日大敛棺,以黍饭羊舌祭之牖中。已葬,收主。为木函,藏庙太室中西墙壁坎中,望内,外不出室堂之上。坐为五时衣、冠、履,几、杖、竹笼。为俑人,无头,坐起如生时。皇后主长七寸,围九寸,在皇帝主右旁。高皇帝主长九寸。上林给栗木,长安祠庙作神主,东园秘器作梓棺,素木长丈三尺,崇广四尺。"

先大驾日游冠衣于诸宫诸殿,群臣皆吉服从会如仪。皇帝近臣丧服如礼。醳大红,服小红,十一升都布练冠。醳小红,服纤。醳纤,服留黄,冠常冠。近臣及二千石以下皆服留黄冠。百官衣皂。每变服,从哭诣陵会如仪。祭以特牲,不进毛血首。司徒、光禄勋备三爵如礼。①

　　①《古今注》具载帝陵丈尺顷亩,今附之后焉。　　光武原陵,山方三百二十三步,高六丈六尺。垣四出司马门。寝殿、钟虡皆在周垣内。堤封〔21〕田十二顷五十七亩八十五步。《帝王世记》〔22〕曰:"在临平亭之南,西望平阴,东南去雒阳十五里。"　　明帝显节陵,山方三百步,高八丈。无周垣,为行马,四出司马门。石殿、钟虡在行马内。寝殿、园省在东。园寺吏舍在殿北。堤封田七十四顷五亩。《帝王世记》曰:"故富寿亭也,西北去雒阳三十七里。"　　章帝敬陵,山方三百步,高六丈二尺。无周垣,为行马,四出司马门。石殿、钟虡在行马内。寝殿、园省在东。园寺吏舍在殿北。堤封田

二十五顷五十五亩。《帝王世记》曰："在雒阳东南,去雒阳三十九里。"

和帝慎陵,山方三百八十步,高十丈。无周垣,为行马,四出司马门。石殿、钟虡在行马内。寝殿、园省在东。园寺吏舍在殿北。堤封田三十一顷二十亩二百步。《帝王世记》曰："在雒阳东南,去雒阳四十一里。"　　殇帝康陵,山周二百八步,高五丈五尺。行马四出司马门。寝殿、钟虡在行马中。因寝殿为庙。园吏寺舍在殿北。堤封田十三顷十九亩二百五十步。《帝王世记》曰："高五丈四尺。去雒阳四十八里。"　　安帝恭陵,山周二百六十步,高十五丈。无周垣,为行马,四出司马门。石殿、钟虡在行马内。寝殿、园吏舍在殿北。堤封田一十四顷五十六亩。《帝王世记》曰："高十一丈。在雒阳西北,去雒阳十五里。"　　顺帝宪陵,山方三百步,高八丈四尺。无周垣,为行马,四出司马门。石殿、钟虡在司马门内。寝殿、园省寺吏舍在殿东。堤封田十八顷十九亩三十步。《帝王世记》曰："在雒阳西北,去雒阳十五里。"　　冲帝怀陵,山方百八十三步,高四丈六尺。为寝殿行马,四出门。园寺吏舍在殿东。堤封田五顷八十亩。《帝王世记》曰："〔在雒阳〕西北,〔23〕去雒阳十五里。"　　质帝静陵,山方百三十六步,高五丈五尺,为行马,四出〔司马〕门。〔24〕寝殿、钟虡在行马中,园寺吏舍在殿北。堤封田十二顷五十四亩。因寝为庙。《帝王世记》曰："在雒阳东,去雒阳三十二里。"

　桓帝宣陵,《帝王世记》曰："山方三百步,高十二丈。在雒阳东南,去雒阳三十里。"　　灵帝文陵,《帝王世记》曰："山方三百步,高十二丈。在雒阳西北,去雒阳二十里。"　　献帝禅陵,《帝王世记》曰："不起坟,深五丈,前堂方一丈八尺,后堂方一丈五尺,角广六尺。在河内山阳之浊城西北,去浊城直行十一里,斜行七里,去怀陵百一十里,去山阳五十里,南去雒阳三百一十里。"蔡质《汉仪》曰："十二陵令见河南尹无敬也。"　　魏文帝《终制》略曰："汉文帝之不发霸陵,无求也。光武之掘原陵,封树也。霸陵之完,功在释之;原陵之掘,罪在明帝。是释之忠以利君,明帝爱以害亲也。忠臣孝子,宜思释之之言,察明帝之戒,存于所以安君定亲,使魂灵万载无危,斯则贤圣之忠孝矣。自古及今,未有不亡之国,亦无不掘之墓也。丧乱以来,汉氏诸陵无不发掘,至乃烧取玉柙金缕,〔25〕骸骨并尽,是焚如之刑也,岂不重痛哉。祸由乎厚葬封树,桑、霍为我戒,不亦明乎!"臣昭案:《董卓传》:"卓使吕布发诸帝陵及公卿以下冢墓,收其珍宝。"《卓别传》曰:"发成帝陵,解金缕,探含玑焉。"《吕氏春秋》略曰:"审知生,圣人之要也;审知死,圣人之极也。知生者,不以物害生;知死者,不以物害死。凡生于天地之间,其必有死。孝子之重其亲者,若亲之爱其子,不弃于沟壑,故有葬送之义。葬者,藏也。以生人心为之虑,则莫如无动,无动莫如无利。葬浅则狐狸掘之,深则及水泉,故必高陵之上,以避二害。然而忘奸寇之变,岂不惑哉!民之于利也,犯白刃,涉危难以求之;忍亲戚,欺知交以求之。今无此危,无此丑,而为利甚厚,固难禁也。国弥大,家弥富,其葬弥厚,珠玉金铜,不可胜计。奸人闻之,转以相告,虽有严刑重罪,不能止也。且死者弥久,生者弥疏,弥疏则守之弥怠。藏器如故而守之有怠,其势固必掘矣。世(王)〔主〕为丘陇,〔26〕其高若山陵,树之若林薮,或设阙庭、都邑。以此示富则可矣,以此为死者则惑矣!大凡死者,其视万世犹一(瞑)〔瞬〕也。〔27〕人之寿,久者不过百,中者六十。以百与六十为无穷者虑,其情固不相当矣。必以无穷为虑,然后为可。今有铭其墓曰,‘此中有金宝甚厚,不可掘也’,必为世笑矣。而为之阙庭以自表,此何异彼哉!自古及今,未有不亡之国也。无不亡之国,是无不掘之墓。以耳目之所闻见,则齐、荆、燕尝亡矣;宋、中山已亡矣;赵、韩、魏皆失其故国矣。自此以上,亡国不可胜数,故其大墓无不掘也。而犹皆争为之,岂不悲哉!今夫君之不令民,父之不(教)〔孝〕子,〔28〕兄之不悌弟,皆乡邑之所遗,而惮耕耘之劳者也。仍不事耕农,而好鲜衣侈食。智巧穷匮,则合党连众,而谋名丘大墓。上曾不能禁也,此有葬自表之祸也。昔尧葬谷林,通树之;舜葬纪市,不变肆;禹葬会稽,不变人徒。非爱其费,以为死者〔虑〕也。〔29〕先王之所恶,恶死者之辱。以为俭则不发,不发则不辱,故必以俭而合乎山原也。宋未亡而东冢掘,齐未亡而庄公〔冢〕掘。〔30〕国存而乃若此,〔31〕又况灭名之后乎!此爱而厚葬之故也。欲爱而反害之,欲安而反危之,忠臣孝子亦不可以厚葬矣。昔季孙以玙璠敛,孔子历级而止之,为无穷虑也。”

太皇太后、皇太后崩,司空以特牲告谥于祖庙如仪。长乐太仆、少府、大长秋典丧事,三公奉制度,他皆如礼仪。①

①丁孚《汉仪》曰:“永平七年,阴太后崩,晏驾诏曰:‘枢将发于殿,群臣百官陪位,黄门鼓吹三通,鸣钟鼓,天子举哀。女侍史官三百人皆著素,参以白素,引棺挽歌,下殿就车,黄门宦者引以出宫省。太后魂车,鸾路,青羽盖,驷

马，龙旂九旒，前有方相，凤皇车，大将军妻参乘，太仆妻御，〔女骑夹毂〕悉道。〔32〕公卿百官如天子郊卤簿仪。'后和熹邓后葬，案以为仪，自此皆降损于前事也。"

合葬：羡道开通，皇帝谒便房，太常导至羡道，去杖，中常侍受，至柩前，谒，伏哭止如仪。辞，太常导出，中常侍授杖，升车归宫。已下，反虞立主如礼。诸郊庙祭服皆下便房。五时朝服各一袭在陵寝，其馀及宴服皆封以箧笥，藏宫殿后阁室。

诸侯王、列侯、始封贵人、公主薨，皆令赠印玺、玉柙银缕；大贵人、长公主铜缕。诸侯王、贵人、公主、公、将军、特进皆赐器，官中二十四物。使者治丧，穿作，柏槨，百官会送，如故事。诸侯王、公主、贵人皆樟棺，洞朱，云气画。公、特进樟棺黑漆。中二千石以下坎侯漆。① 朝臣中二千石、将军，使者吊祭，郡国二千石、六百石以至黄绶，皆赐常车驿牛赠祭。宜自佐史以上达，大敛皆以朝服。君临吊若遣使者，主人免绖去杖望马首如礼。免绖去杖，不敢以戚凶服当尊者。② 自王、主、贵人以下至佐史，送车骑导从吏卒，各如其官府。载饰以盖，龙首鱼尾，华布墙，繐上周，交络前后，云气画帷裳。中二千石以上有辒，左龙右虎，朱鸟玄武；公侯以上加倚鹿伏熊。千石以下，缁布盖墙，〔33〕鱼龙首尾而已。二百石黄绶以下至于处士，皆以簟席为墙盖。其正妃、夫人、妻皆如之。诸侯王，傅、相、中尉、内史典丧事，大鸿胪奏谥，天子使者赠璧帛，载日命谥如礼。下陵，群臣醳粗服如仪，主人如礼。

①丁孚《汉仪》曰："孝灵帝葬马贵人，赠步摇、赤绂葬，青羽盖、驷马。柩下殿，女侍史二百人著素衣挽歌，引木下就车，黄门宦者引出宫门。"

②《前书》贾山上书曰："古之贤君于臣也，尊其爵禄而亲之，疾则临视之无数，死则往吊哭之，临其小敛、大敛。已棺涂而后为之服，锡衰绖而三临其丧。未敛而不饮酒食肉，未葬不举乐。当可谓尽礼矣。服法服，端容貌，正颜色，然后见之。故臣下莫敢不竭力尽死以报其上，功德立于世，而令问不忘也。"《晋起居注》曰："太尉贾充薨，皇太子妃之父，又太保也，有司奏依汉元

明二帝亲临师保故事,皇太子素服为发哀,又临其丧。"

赞曰:大礼虽简,鸿仪则容。天尊地卑,君庄臣恭。质文通变,哀敬交从。元序斯立,家邦乃隆。

【校勘记】

〔1〕 〔广〕二寸半　据卢校补,与《通典》合。

〔2〕 (请)诸衣衿敛之　卢云"请"字衍。今据删。

〔3〕 诸侯饭以珠唅以(珠)〔璧〕　据卢校改。按:卢依《礼·檀弓·正义》引改,钱大昭亦谓当作"璧"。

〔4〕 兵官戎　按:卢云此三字衍,《通典》无。《集解》引黄山说,谓此三字为文既不可得解,合下"三公太常"为文,辞亦不相属,注何以涉及车器介士,知此文必有误脱矣。

〔5〕 及因邮奉奏　按:《集解》引黄山说,谓"及"乃"各"形近之误,谓皆得不遣人奉奏也。

〔6〕 文帝遗诏文　按:卢校下"文"字改"又"。

〔7〕 红者(中)〔小〕祥大祥以红为领缘〔也〕　据卢校改"中"为"小"。据惠栋说补"也"字。

〔8〕 纤者禫也凡三十六日而释〔服〕　据《集解》引惠栋说补。

〔9〕 太仆〔驾〕四轮辒为宾车　《集解》引钱大昕说,谓"仆"下脱"驾"字,当依《献帝纪》注增。今据补。

〔10〕 长三仞　按:"仞"原讹"刃",径据汲本、殿本改正。

〔11〕 东面奉〔谥〕策　据卢校补。

〔12〕 再拜立(哭)　据卢校删。按:卢云"哭"字衍,下方云太常跪曰哭。

〔13〕 (殴)〔驱〕方良　据殿本改。

〔14〕 载车著白系参缪绋　按:卢云《通典》"系"作"丝"。

〔15〕 校尉三〔百〕人　《集解》引钱大昕说,谓"三"下脱"百",当依《献帝纪》注增。今据补。

〔16〕 巴俞擢歌者六十人　按:卢云《巴俞》擢即《巴渝》擢,何焯校本改"櫂"。

古乐府有《櫂歌行》。櫂,徒了切。钱大昕云《献帝纪》注作"𤫟",音徒了
反。又按:"六十人"原讹"六十九",径改正。

〔17〕 列侯(宜)〔直〕九宾东北面西上　据卢校改。

〔18〕 瑟六琴一　按:卢云《通典》作"琴六瑟一",似是。

〔19〕 太常大鸿胪请哭止〔哭〕如仪　据卢校补。

〔20〕 小敛室中牖下　按:"牖"原讹"墉",径据汲本、殿本改正。下同。

〔21〕 堤封　按:汲本、殿本"堤"皆作"提"。

〔22〕 帝王世记　汲本、殿本"记"作"纪",下同。按:诸志刘昭注所引《帝王世
纪》之"纪"字,绍兴本皆作"记"。

〔23〕 〔在雒阳〕西北　据《集解》引黄山说补。

〔24〕 四出〔司马〕门　据《集解》引黄山说补。

〔25〕 至乃烧取玉柙金缕　按:汲本、殿本作"镂",误。

〔26〕 世(至)〔主〕为丘陇　卢校依《吕览》改"至"为"之"。《校补》谓"至"当作
"主"。今按:《吕览》作"世之",就大概言也,就本文文势,作"世主"亦
得。且至与主形近易讹,疑刘昭注本作"主"也。今依《校补》改为"主"。

〔27〕 其视万世犹一(瞑)〔瞚〕也　据卢校改。按:卢云瞚同瞬,作"瞑"讹。又
《校补》引钱大昭说,谓今《吕览》"瞑"作"瞚"。

〔28〕 父之不(教)〔孝〕子　据卢校改,与《吕览》合。

〔29〕 以为死者〔虑〕也　据卢校补,与《吕览》合。

〔30〕 齐未亡而庄公〔冢〕掘　据卢校补,与《吕览》合。

〔31〕 国存而乃若此　按:"乃"原讹"力",径改正。

〔32〕 太仆妻御〔女骑夹毂〕悉道　据《集解》引惠栋说补。按:卢校改"道"为
"导",今以道导通,故不改。

〔33〕 千石以下缁布盖墙　按:"缁"原讹"辎",径据汲本、殿本改正。

后汉书志第七

祭祀上

光武即位告天　郊　封禅

祭祀之道，自生民以来则有之矣。豹獭知祭祀，而况人乎！故人知之至于念想，犹豹獭之自然也，顾古质略而后文饰耳。自古以来王公所为群祀，至于王莽，《汉书·郊祀志》既著矣，故今但列自中兴以来所修用者，以为《祭祀志》。①

①《谢沈书》曰"蔡邕引中兴以来所修者为《祭祀》〔意"，此〕志即邕之意也。〔1〕

建武元年，光武即位于鄗，为坛营于鄗之阳。①祭告天地，采用元始中郊祭故事。六宗群神皆从，未以祖配。天地共犊，馀牲尚约。②其文曰："皇天上帝，后土神祇，眷顾降命，属秀黎元，为民父母，秀不敢当。群下百僚，不谋同辞。咸曰王莽篡弑窃位，秀发愤兴义兵，破王邑百万众于昆阳，诛王郎、铜马、赤眉、青犊贼，平定天下，海内蒙恩，上当天心，下为元元所归。谶记曰：'刘秀发兵捕不道，卯金修德为天子。'秀犹固辞，至于再，至于三。群下曰：'皇天大命，不可稽留。'敢不敬承。"

①《春秋保乾图》曰："建天子于鄗之阳，名曰行皇。"

②《黄图》载元始仪最悉，曰："元始四年，宰衡莽奏曰：'帝王之义，莫大承天；承天之序，莫重于郊祀。祭天于南，就阳位；祠地于北，主阴义。圆丘象天，方泽则地。圆方因体，南北从位。燔燎升气，瘗埋就类。牲欲茧栗，味尚清玄。器成匏勺，贵诚因质。天地神所统，故类乎上帝，禋于六宗，望秩山川，班于群神。皇天后土，随王所在而事佑焉。甘泉太阴，河东少阳，咸失厥位，不合礼制。圣王之制，必上当天心，下合地意，中考人事。故曰："恺悌

君子,求福不回。"回而求福,厥路不通。(正月)〔在《易》《泰卦》,〔2〕乾坤合
体,天地交通,万物聚出,其律太蔟。天子亲郊天地。先祖配天,先妣配地,
阴阳之别。以日冬至祀天,夏至祀后土,君不省方而使有司。六宗,日、月、
星、山、川、海,星则北辰,川即河,山岱宗,三光众明山阜百川众流渟污皋
泽,以类相属,各数秩望相序。'于是定郊祀,祀长安南北郊,罢甘泉、河东
祀。"　　　上帝坛圆八觚,径五丈,高九尺。茅营去坛十步,竹宫径三百步,
土营径五百步。神灵坛各于其方面三丈,去茅营二十步,广(坐)〔三〕十五
步。〔3〕合祀神灵以璧琮。用辟神道(以)〔八〕通,〔4〕广各三十步。竹宫内
道广三丈,有阙,各九十一步。坛方三丈,拜位坛亦如之。　　为周道郊营
之外,广九步。营(六甘泉)北辰于南门之外,〔5〕日、月、海东门之外,河北门
之外,岱宗西门之外。　　为周道前望之外,广九步,列望(递)〔道〕乃近前
望道外,〔6〕径六十二步。坛方二丈五尺,高三尺五寸。　　为周道列望之
外,径九步。卿望亚列望外,径四十步。坛广三丈,高二尺。　　为周道卿
望之外,径九步。大夫望亚卿望道外,径二十步。坛广一丈五尺,高一尺五
寸。　　为周道大夫望之外,径九步。士望亚大夫望道外,径十五步。坛
广一丈,高一尺。为周道士望之外,径九步。庶望亚士望道外,径九步。坛
广五尺,高五寸。　　为周道庶望之外,径九步。凡天宗上帝宫坛营,径三
里,周九里。营三重。通八方。　　后土坛方五丈六尺。茅营去坛十步外,
土营方二百步限之。其五零坛(土)〔去〕茅营,〔7〕如上帝五神去营步数,神
道四通,广各十步。宫内道广各二丈,有阙。　　为周道后土宫外,径九
步。营岱宗西门之外,河北门之外,海东门之外,径各六十步。坛方二丈,
高二尺。　　为周道前望之外,径六步。列望亚前望道外,〔径〕三十六
步。〔8〕坛广一丈五尺,高一尺五寸。　　为周道列望之外,径六步。卿望
亚列望道外,径三十五步。〔9〕坛广〔一〕丈,〔10〕高一尺。　　为周道卿望
之外,径六步。大夫望亚卿望道(之)外,径十九步。〔11〕坛广八尺,高八寸。

为周道大夫望之外,径(九)〔六〕步。〔12〕士望亚大夫望道外,径十二步。
坛广六尺,高六寸。　　为周道士望之外,径六步。凡地宗后土宫坛营,方
二里,周八里。营再重,道四通。常以岁之孟春正月上辛若丁,亲郊祭天南
郊,以地配,望秩山川,遍于群神。天地位皆南乡同席,地差在东,共牢而
食。太祖高皇帝、高后配于坛上,西向,后在北,亦同席,共牢而食。日冬
至,使有司奉祭天神于南郊,高皇帝配而望群阳。夏至,使有司奉祭地绥于

北郊，高皇后配而望群阴。天地用牲二，燔燎瘗埋用牲一，先祖先妣用牲一。天以牲左，地以牲右，皆用黍稷及乐。

二年正月，初制郊兆于雒阳城南七里，依鄗。采元始中故事。为圆坛八陛，中又为重坛，天地位其上，皆南向，西上。其外坛上为五帝位。青帝位在甲寅之地，赤帝位在丙巳之地，黄帝位在丁未之地，白帝位在庚申之地，黑帝位在壬亥之地。其外为壝，重营皆紫，以像紫宫；有四通道以为门。日月在中营内南道，日在东，月在西，北斗在北道之西，皆别位，不在群神列中。八陛，陛五十八醊，合四百六十四醊。五帝陛郭，帝七十二醊，合三百六十醊。中营四门，门五十四神，合二百一十六神。外营四门，门百八神，合四百三十二神。皆背营内向。中营四门，门封神四，外营四门，门封神四，合三十二神。凡千五百一十四神。营即壝也。封，封土筑也。背中营神，五星也，及中(宫)〔官〕宿五官神[13]及五岳之属也。背外营神，二十八宿外(宫)〔官〕星，[14]雷公、先农、风伯、雨师、四海、四渎、名山、大川之属也。

至七年五月，诏三公曰："汉当郊尧。其与卿大夫、博士议。"时侍御史杜林上疏，以为"汉起不因缘尧，与殷周异宜，而旧制以高帝配。方军师在外，且可如元年郊祀故事"。上从之。语在《林传》。①

① 《东观书》载杜林上疏，悉于本传。曰："臣闻营河、雒以为民，刻肌肤以为刑，封疆画界以建诸侯，井田什一以供国用，三代之所同。及至汉兴，因时宜，趋世务，省烦苛，取实事，不苟贪高亢之论。是以去土中之京师，就关内之远都。除肉刑之重律，用髡钳之轻法。郡县不置世禄之家，农人三十而税一。政卑易行，礼简易从。民无愚智，思仰汉德，乐承汉祀。基业特起，不因缘尧。尧远于汉，民不晓信，言提其耳，终不悦谕。后稷近于周，民户知之。世据以兴，基由其祚，本与汉异。郊祀高帝，诚从民望，得万国之欢心，天下福应，莫大于此。民奉种祀，且犹世主，不失先俗。群臣佥荐鲧，考绩不成，九载乃殛。宗庙至重，众心难违，不可卒改。《诗》云'不愆不忘，率由旧章'，明当尊用祖宗之故文章也。宜如旧制，以解天下之惑，合于《易》之所谓'先天而天不违，[15]后天而奉天时'义。方军师在外，祭可且如元年

郊祭故事。"

陇、蜀平后,乃增广郊祀,高帝配食,位在中坛上,西面北上。① 天、地、高帝、黄帝各用犊一头,青帝、赤帝共用犊一头,白帝、黑帝共用犊一头,凡用犊六头。② 日、月、北斗共用牛一头,四营群神共用牛四头,凡用牛五头。凡乐奏《青阳》、《朱明》、《西皓》、《玄冥》,及《云翘》、《育命》舞。中营四门,门用席十八枚,外营四门,门用席三十六枚,凡用席二百一十六枚,皆莞簟,率一席三神。日、月、北斗无陛郭酳。既送神,(燔)〔燎〕俎实于坛南巳地。③〔16〕

①《汉旧仪》曰:"祭天(祭)〔居〕紫坛帏帐。高皇帝(祭)〔配〕天,居堂下西向,绀帏帐,绀席。"〔17〕《钩命决》曰:"自外至者,无主不止;自内出者,无匹不行。"

②《汉旧仪》曰:"祭天,养牛五岁,至三千斤。"案:《礼记》曰"天地之牛角茧栗",而此云五岁,本志用犊是也。

③《周礼》:"凡以神仕者,掌三辰之法,以犹鬼神祇之居,辨其名物。"郑玄曰:"犹,图也。居谓坐也。天者群神之精,日月星辰其著位也。以此图天神人鬼地祇之坐者,谓布祭众寡,与其居句。《孝经》说郊祀之礼曰:'燔燎扫地,祭牲茧栗,或象天酒旗坐星,厨仓具黍稷布席,极敬心也。'言郊之布席,象五帝坐。《礼》祭宗庙,序昭穆,亦有似虚、危,则祭天圆丘象北极,祭地方泽象后妃,及社稷之席,皆有明法焉。"

建武三十年二月,群臣上言,即位三十年,宜封禅泰山。① 诏书曰:"即位三十年,百姓怨气满腹,吾谁欺,欺天乎? 曾谓泰山不如林放,何事污七十二代之编录!② 桓公欲封,管仲非之。若郡县远遣吏上寿,盛称虚美,必髡,兼令屯田。"从此群臣不敢复言。三月,上幸鲁,③ 过泰山,告太守以上过故,承诏祭山及梁父。时虎贲中郎将梁松等议:"《记》曰'齐将有事泰山,先有事配林',盖诸侯之礼也。河岳视公侯,王者祭焉。宜无即事之渐,不祭配林。"④

①服虔注《汉书》曰:"封者,增天之高,归功于天。"张晏注云:"天高不可及,于泰山上立封,禅而祭之,冀近神灵也。"项威注曰:"封泰山,告太平,升中和

之气于天。祭土为封,谓负土于泰山为坛而祭也。"《礼记》曰:"因名山升中
于天。"卢植注曰:"封泰山,告太平,升中和之气于天也。"《东观书》载太尉
赵憙上言曰:"自古帝王,每世之隆,未尝不封禅。陛下圣德洋溢,顺天行
诛,拨乱中兴,作民父母,修复宗庙,救万姓命,黎庶赖福,海内清平。功成
治定,群司礼官咸以为宜登封告成,为民报德。百王所同,当仁不让。宜登
封岱宗,正三雍之礼,以明灵契,望秩群神,以承天心也。"

②《庄子》曰:"易姓而王,封于泰山,禅于梁父者,七十有二代。其有形兆垠埒
勒石,凡千八百馀处。"许慎《说文》序曰:"苍颉之初作书,盖依类象形,故谓
之文。其有形声相益,即谓之字。字者,言孳乳而滋多也。著于竹帛谓之
书,书者如也。以迄五帝、三王之世,改易殊体,封于泰山者七十有二代,靡
有同焉。"

③《汉祀令》曰:"天子行有所之,出河,沈用白马珪璧各一,衣以缯缇五尺,祠
用脯二束,酒六升,盐一升。涉渭、灞、泾、雒它名水如此者,沈珪璧各一。
律,在所给祠具;及行,沈祠它川水,先驱投石,少府给珪璧。不满百里者
不沈。"

④卢植注曰:"配林,小山林麓配泰山者也。谓诸侯不郊天,泰山巡省所考五
岳之宗,故有事将祀之,先即其渐。天子则否矣。"泰山庙在博县。《风俗
通》曰:"博县十月祀岱宗,名曰合冻,十二月涸冻,正月解冻。太守絜斋,亲
自执事,作脯广一尺,长五寸。既祀讫,取泰山君夫人坐前脯三十朐,太守
拜章,县次驿马,传送雒阳。"

三十二年正月,上斋,夜读《河图会昌符》,曰"赤刘之九,会命岱宗。
不慎克用,何益于承。诚善用之,奸伪不萌"。感此文,乃诏松等复案索
《河》、《雒》谶文言九世封禅事者。松等列奏,乃许焉。①

①《东观书》曰:"群臣奏言:'登封告成,为民报德,百王所同。陛下辄拒绝不
许,臣下不敢颂功述德业。《河》、《雒》谶书,赤汉九世,当巡封泰山,凡三十
六事,傅奏左帷。〔18〕陛下遂以仲月令辰,遵岱岳之正礼,奉《图》、《雒》之明
文,以和灵瑞,以为兆民。'上曰:'至泰山乃复议。国家德薄,灾异仍至,图
谶盖如此!'"

初,孝武帝欲求神仙,以扶方者言黄帝由封禅而后仙,于是欲封禅。

封禅不常,时人莫知。元封元年,上以方士言作封禅器,以示群儒,多言不合古,〔19〕于是罢诸儒不用。三月,上东上泰山,①乃上石立之泰山颠。②遂东巡海上,求仙人,无所见而还。四月,封泰山。③恐所施用非是,乃秘其事。语在《汉书·郊祀志》。④

①郭璞注《山海经》曰:"泰山从山下至头,四十八里二百步。"

②《风俗通》曰:"石高二丈一尺,刻之曰'事天以礼,立身以义,事父以孝,成民以仁。四海之内,莫不为郡县,四夷八蛮,咸来贡职。与天无极,人民蕃息,天禄永得'。"

③《风俗通》曰:"封广丈二尺,高九尺,下有玉牒书也。"

④《东观书》曰:"上至泰山,有司复奏《河》、《雒》图记表章赤汉九世尤著明者,前后凡三十六事。与博士充等议,以为'殷统未绝,黎庶继命,高宗久劳,犹为中兴。武王因父,受命之列,据三代郊天,因孔子甚美其功,后世谓之圣王。汉统中绝,王莽盗位,一民莫非其臣,尺土靡不其有,宗庙不祀,十有八年。陛下无十室之资,奋振于匹夫,除残去贼,兴复祖宗,集就天下,海内治平,夷狄慕义,功德盛于高宗、(宣)〔武〕王。〔20〕宜封禅为百姓祈福。请亲定刻石纪号文,太常奏仪制'。诏曰:'许。昔小白欲封,〔21〕夷吾难之;季氏欲旅,仲尼非焉。盖齐诸侯,季氏大夫,皆无事于泰山。今予末小子,巡祭封禅,德薄而任重,一则以喜,一则以惧。喜于得承鸿业,帝尧善及子孙之馀赏,盖应图箓,当得是当。惧于过差,执德不弘,信道不笃,为议者所诱进,后世知吾罪深矣。'"

上许梁松等奏,乃求元封时封禅故事,议封禅所施用。有司奏当用方石再累置坛中,皆方五尺,厚一尺,用玉牒书藏方石。〔22〕牒厚五寸,长尺三寸,广五寸,有玉检。又用石检十枚,列于石傍,东西各三,南北各二,皆长三尺,广一尺,厚七寸。检中刻三处,深四寸,方五寸,有盖。检用金缕五周,以水银和金以为泥。玉玺一方寸二分,一枚方五寸。方石四角又有距石,皆再累。枚长一丈,厚一尺,广二尺,皆在圆坛上。其下用距石十八枚,皆高三尺,厚一尺,广二尺,如小碑,环坛立之,去坛三步。距石下皆有石跗,入地四尺。又用石碑,高九尺,广三尺五寸,厚尺二寸,立坛丙地,去坛三丈以上,以刻书。上以用石功难,又欲及二月封,故诏松欲因故封石空检,更加封而已。①松上疏争之,以为"登封之礼,告功皇天,垂后无穷,以为万民也。承天之敬,尤宜章明。奉图书之瑞,尤宜显著。今因旧封,窜寄玉牒故石下,恐非重命之义。受命中兴,宜当特异,以明天意"。遂使泰山郡及鲁趣石工,宜取完青石,无必五色。时以印工不能刻玉牒,欲用丹漆书之;会求得能刻玉者,遂书。书秘刻方石中,命容玉牒。

①欲及二月者,《虞书》"岁二月,东巡狩,至于岱宗,柴"。范宵曰:"巡狩者,巡行诸侯所守。二月直卯,故以东巡狩也。祭山曰燔柴,积柴加牲于其上而燔之也。"

二月,上至奉高,①遣侍御史与兰台令史,将工先上山刻石。文曰:"维建武三十有二年二月,皇帝东巡狩,至于岱宗,柴,②望秩于山川,③班于群神,④遂觐东后。从臣太尉憙、行司徒事特进高密侯禹等。汉宾二王之后在位。孔子之后褒成侯,序在东后,蕃王十二,咸来助祭。《河图赤伏符》曰:'刘秀发兵捕不道,四夷云集龙斗野,四七之际火为主。'《河图会昌符》曰:'赤帝九世,巡省得中,治平则封,诚合帝道孔矩,则天文灵出,地祇瑞兴。帝刘之九,会命岱宗,诚善用之,奸伪不萌。赤汉德兴,九世会昌,巡岱皆当。天地扶九,崇经之常。汉大兴之,道在九世之王。封于泰山,刻石著纪,禅于梁父,退省考五。'《河图合古篇》曰:'帝刘之秀,九名之世,帝行德,封刻政。'《河图提刘予》[23]曰:'九世之帝,方明圣,持衡拒,九州平,天下予。'[24]《雒书甄曜度》曰:'赤三德,昌九世,会修符,合帝际,勉刻封。'《孝经钩命决》曰:'予谁行,赤刘用帝,三建孝,九会修,专兹竭行封岱青。'《河》、《雒》命后,经谶所传。昔在帝尧,聪明密微,让与舜庶,后裔握机。王莽以舅后之家,三司鼎足冢宰之权势,依托周公、霍光辅幼归政之义,遂以篡叛,僭号自立。宗庙堕坏,社稷丧亡,不得血食,十有八年。杨、徐、青三州首乱,兵革横行,延及荆州,豪杰并兼,百里屯聚,往往僭号。北夷作寇,千里无烟,无鸡鸣狗吠之声。皇天眷顾皇帝,以匹庶受命中兴,年二十八载兴兵,(起是)以(中)次诛讨,[25]十有馀年,罪人(则)斯得。[26]黎庶得居尔田,安尔宅。书同文,车同轨,人同伦。舟舆所通,人迹所至,靡不贡职。建明堂,立辟雍,起灵台,设庠序。同律、度、量、衡。⑤修五礼,⑥五玉,⑦三帛,⑧二牲,⑨一死,⑩贽。⑪吏各修职,复于旧典。在位三十有二年,年六十二。乾乾日昃,不敢荒宁,涉危历险,亲巡黎元,恭肃神祇,惠恤耆老,理庶遵古,聪允明恕。皇帝唯慎《河图》、《雒书》正文,是月辛卯,柴,登封泰山。甲午,禅于梁阴。以承灵瑞,以为兆民,永兹一宇,垂于后昆。百寮从臣,郡守师尹,咸蒙祉福,永永无极。秦相李斯燔《诗》、《书》,乐崩礼坏。建武元年已前,文书散亡,旧典不具,不能明经文,以章句细微相况八十一卷,明者为验,又其十卷,皆不昭晰。子贡欲去告朔之饩羊,子曰:'赐也,尔爱其羊,我爱其礼。'后有圣人,正失误,刻石记。"⑫

①应劭《汉官》马第伯《封禅仪记》曰:"车驾正月二十八日发雒阳宫,二月九日到鲁,遣守谒者郭坚伯将徒五百人治泰山道。十日,鲁遣宗室诸刘及孔氏、瑕丘丁氏上寿受赐,皆诣孔氏宅,赐酒肉。十一日发,十二日宿奉高。是日遣虎贲郎将先上山,三案行。还,益治道徒千人。十五日,始斋。国家居太守府舍,诸王居府中,诸侯在县庭中斋。诸卿、校尉、将军、大夫、黄门郎、百官及宋公、卫公、褒成侯、东方诸侯、雒中小侯斋城外汶水上。太尉、太常斋山虞。马第伯自云,某等七十人先之山虞,观祭山坛及故明堂宫郎官等郊肆处。入其幕府,观治石。石二枚,状博平,圆九尺,此坛上石也。其一石,武帝时石也。时用五车不能上也,因置山下为屋,号五车石。四维距石长丈二〔尺〕,〔27〕广二尺,厚尺半所,四枚。检石长三尺,广六寸,状如封箧。长检十枚。一纪号石,高丈二尺,广三尺,厚尺二寸,名曰立石。一枚,刻文字,纪功德。是朝上山骑行,往往道峻峭,(不)〔下〕骑,步牵马,〔28〕乍步乍骑,且相半,至中观留马。去平地二十里,南向极望无不睹。仰望天关,如从谷底仰观抗峰。其为高也,如视浮云。其峻也,石壁窍䆳,如无道径。遥望其人,端如行朽兀,或为白石或雪,久之白者移过树,乃知是人也。殊不可上,四布僵卧石上,有顷复苏。亦赖贲酒脯,处处有泉水,目辄为之明。复勉强相将行,到天关,自以已至也,问道中人,言尚十馀里。其道旁山胁,大者广八九尺,狭者五六尺。仰视岩石松树,郁郁苍苍,若在云中。俯视溪谷,碌碌不可见丈尺。遂至天门之下。仰视天门,窦辽如从穴中视天。直上七里,赖其羊肠逶迤,名曰环道,往往有絙索,可得而登也。两从者扶挟,

前人相牵，后人见前人履底，前人见后人顶，如画重累人矣，所谓磨胸捋石，
扪天之难也。初上此道，行十馀步一休，稍疲，咽唇燋，五六步一休。朦朦
据顿，地不避湿暗，前有燥地，目视而两脚不随。早食上，（脯）〔晡〕后到天
门。〔29〕郭使者得铜物。铜物形状如钟，又方柄有孔，莫能识也，疑封禅具
也。得之者汝南召陵人，姓阳名通。〔30〕东上一里馀，得木甲。木甲者，武帝
时神也。东北百馀步，得封所，始皇立石及阙在南方，汉武在其北。二十馀
步得北垂圆台，高九尺，方圆三丈所，有两陛。人不得从，上从东陛上。台
上有坛，方一丈二尺所，上有方石，四维有距石，四面有阙。向坛再拜谒，人
多置钱物坛上，亦不扫除。国家上见之，则诏书所谓酢梨酸枣狼藉，散钱处
数百，币帛具，道是武帝封禅至泰山下，未及上，百官为先上跪拜，置梨枣钱
于道以求福，即此也。东山名曰日观，日观者，鸡一鸣时，见日始欲出，长三
丈所，秦观者望见长安，吴观者望见会稽，周观者望见（齐西）〔嵩山〕。〔31〕北
有石室。坛以南有玉盘，中有玉龟。山南胁神泉，饮之极清美利人。日入
下去，行数环。日暮时颇雨，不见其前，一人居其道，先知蹈有人，乃举足随
之。比至天门下，夜人定矣。"

②《风俗通》曰："岱者，胎也。〔32〕宗者，长也。万物之始，阴阳之交，〔云〕触石
〔而出〕，〔33〕肤寸而合，不崇朝而遍雨天下，惟泰山乎！故为五岳之长耳。"

③孔安国《书》注曰："九州名山、大川、五岳、四渎之属，皆一时望祭之。"安国
又曰："喻以尊卑祭之也。五岳视三公，四渎视诸侯，其馀小者或卿、大夫、
伯、子、男。"〔34〕

④孔安国曰："群神谓丘陵坟衍，古之圣贤皆祭之矣。"

⑤孔安国《书》注曰："同（阴）〔音〕律也。"〔35〕度，丈尺；量，斗斛；衡，斤两也。

⑥孔安国曰："公、侯、伯、子、男朝聘之礼。"范甯曰："吉、凶、宾、军、嘉也。"

⑦范甯曰："五等诸侯之瑞，珪璧也。"

⑧孔安国曰："诸侯世子执纁，公之孤执玄，附庸之君执黄。"范甯曰："玄、纁、
黄，三孤所执。"

⑨范甯曰："羔、雁也。卿执羔，大夫执雁。"

⑩雉也，士所执。

⑪范甯曰："总谓上所执之以为贽者也。"

⑫《封禅仪》曰："车驾十九日之山虞，国家居亭，百官（布）〔列〕野。〔36〕此日山
上云气成宫阙，百官并见之。二十一日夕牲时，白气广一丈，东南极望致浓

厚。时天清和无云。《瑞命篇》'岱岳之瑞,以日为应'也。"

二十二日辛卯晨,燎祭天于泰山下南方,群神皆从,用乐如南郊。① 诸王、王者后二公、孔子后褒成君,皆助祭位事也。② 事毕,将升封。或曰:"泰山虽已从食于柴祭,今亲升告功,宜有礼祭。"于是使谒者以一特牲于常祠泰山处,告祠泰山,如亲耕、貙刘、先祠、先农、先虞故事。至食时,御辇升山,③ 日中后到山上更衣,④ 早晡时即位于坛,北面。群臣以次陈后,西上,毕位升坛。⑤ 尚书令奉玉牒检,皇帝以寸二分玺亲封之,讫,太常命人发坛上石,⑥ 尚书令藏玉牒已,复石覆讫,尚书令以五寸印封石检。⑦ 事毕,皇帝再拜,群臣称万岁。⑧ 命人立所刻石碑,乃复道下。⑨

① 《封禅仪》曰:"晨祭也。日高三丈所,燔燎(燔燎)烟正北(也)〔向〕。"〔37〕

② 《封禅仪》曰:"百官各以次上。〔38〕郡储辇三百,为贵臣、诸公、王、侯、卿、大夫、百官皆步上,少用辇。"辇者,干宝《周礼》注曰"对与曰辇"。

③ 《封禅仪》曰:"国家御首辇,人挽升山,至中观休,须臾复上。"

④ 《封禅仪》曰:"须臾,群臣毕就位。"

⑤ 《封禅仪》曰:"国家台上北面,虎贲陛戟台下。"

⑥ 《封禅仪》曰:"骑骑三千馀人发坛上方石。"

⑦ 《封禅仪》曰:"以金为绳,以石(三)〔为〕检。〔39〕东方西方各三检。检中石泥及坛土,色赤白黑,各依如其方色。"

⑧ 《封禅仪》曰:"称万岁,音动山谷。有气属天,遥望不见山巅,山巅人在气中,不知也。"

⑨ 《封禅仪》曰:"封毕有顷,诏百官以次下,国家随后。数百人维持行,相逢推,百官连延二十馀里。道迫小,深溪高岸数百丈。步从菊蜀邪上,起近炬火,止亦骆驿。步从触击大石,石声正谨,但谨石无相应和者。肠不能已,口不能默。夜半后到,百官明旦乃讫。其中老者气劣不行,正卧岩石下。〔40〕明日,太医令复遵问起居。〔41〕国家云:'昨上下山,欲行迫前人,欲休则后人所蹹,道峻危险,恐不能度。国家不劳,百官已下露卧水饮,无一人蹉跌,无一人疾病,岂非天邪!'泰山率多暴雨,如今上直下柴祭封登,清晏温和。明日上寿,赐百官省事。事毕发,暮宿奉高三十里。明日发,至梁

甫九十里夕牲。"

二十五日甲午,禅,祭地于梁阴,以高后配,山川群神从,如元始中北郊故事。①

①服虔曰:"禅,广土地。"〔42〕项威曰:"除地为埠。后改埠曰禅,神之矣。"《封禅仪》曰:"功效如彼,天应如此,群臣上寿,国家不听。"

四月己卯,大赦天下,以建武三十二年为建武中元元年,复博、奉高、嬴勿出元年租、刍稿。以吉日刻玉牒书函藏金匮,玺印封之。乙酉,使太尉行事,以特告至高庙。①太尉奉匮以告高庙,藏于庙室西壁石室高主室之下。②

①《尚书·虞典》曰:"归格于艺祖,用特。"
②袁宏曰:"夫天地者,万物之官府;山川者,云雨之丘墟。万物生遂,则官府之功大;云雨施润,则丘墟之德厚。故化洽天下,则功配于天地;泽流一国,则德合于山川。是以王者经略,必以天地为本;诸侯述职,必以山川为主。体而象之,取其陶育;礼而告之,归其宗本。《书》曰:'东巡狩,至于岱宗,柴。'《传》曰:'郊祀后稷,以祈农事。'夫巡狩观化之常事,祈农抚民之定业,犹絜诚殷荐,以告昊天,况创制改物,人神易听者乎!夫揖让受终,必有至德于天下;征伐革命,则有大功于万物。是故王者初基,则有封禅之事,盖以其成功告于神明者也。夫东方者,万物之所始;山岳者,灵气之所宅。故求之物本,必于其始;取其所通,必于所宅。崇其坛场,则谓之封;明其代兴,则谓之禅。然则封禅者,王者开务之大礼也。德不周洽,不得辄议斯事;功不弘济,不得仿佛斯礼。旷代一有,其道至高。故自黄帝、尧、舜至三代,各一得封禅,未有中修其礼者也。虽继(职)〔体〕之君,〔43〕时有功德,此盖率复旧业,增修其前政,不得仰齐造国,同符改物者也。夫神道贞一,其用不烦;天地易简,其礼尚质。故藉用白茅,贵其诚素;器用陶匏,取其易从。然封禅之礼,简易可也。若夫(白)〔石〕函玉牒,〔44〕非天地之性也。"

【校勘记】

〔1〕 蔡邕引中兴以来所修者为祭祀〔意此〕志即邕之意也　卢云案本传,邕

撰十意,必补二字,语方明。今据补。

〔2〕　(正月)〔在易〕泰卦　据汲本、殿本改。

〔3〕　广(坐)〔三〕十五步　据殿本改。

〔4〕　辟神道(以)〔八〕通　据卢校改。按:卢据《史记·封禅书·索隐》引改。

〔5〕　营(六甘泉)北辰于南门之外　据卢校删。

〔6〕　列望(遂)〔道〕乃近前望道外　据卢校改。

〔7〕　其五零坛(土)〔去〕茅营　据汲本改。按:卢云"零"疑"帝"之讹。《校补》
　　　谓零与灵同,即神灵坛也。

〔8〕　列望亚前望道外〔径〕三十六步　按:依文义当脱一"径"字,今补。

〔9〕　卿望亚列望道外径三十五步　按:汲本、殿本"三十五步"作"二十五
　　　步"。

〔10〕　坛广〔一〕丈　据汲本、殿本补。

〔11〕　大夫望亚卿望道(之)外径十九步　据《校补》说删。

〔12〕　为周道大夫望之外径(九)〔六〕步　据卢校改。

〔13〕　及中(宫)〔官〕宿五官神　据《集解》引钱大昕说改,说详下。

〔14〕　二十八宿外(宫)〔官〕星　《集解》引钱大昕说,谓"外宫"当作"外官"。
　　　《汉书·天文志》"经星常宿中外官凡百一十八名"。今据改。

〔15〕　先天而天不违　按:汲本、殿本"不"作"弗"。

〔16〕　(燔)〔燎〕俎实于坛南巳地　据卢校改。按:《通典》作"燎"。

〔17〕　祭天(祭)〔居〕紫坛幄帷高皇帝(祭)〔配〕天居堂下西向绀帷帐绀席　据卢
　　　校改。按:《校补》引柳从辰说,谓孙辑本《汉旧仪》"祭天"作"配天",《御
　　　览》五百二十六、《书钞》九十、《初学记》十三、《类聚》三十八同。又按:
　　　"幄帷"之"帷"《通典》作"帐","帷帐"之"帐"《通典》作"幄"。

〔18〕　傅奏左帷　卢云"帷"字疑当作"惟"。今按:如卢说改"帷"为"惟",则
　　　"惟"字当属下读。

〔19〕　多言不合古　按:汲本、殿本"古"上有"于"字。

〔20〕　功德盛于高宗(宣)〔武〕王　据殿本、《集解》本改。

〔21〕　许昔小白欲封　按:聚珍本《东观记》"许"作"在"。或谓许即可,谓可其
　　　奏也,当时之体如此。

〔22〕　用玉牒书藏方石　按:《集解》引黄山说,谓后文梁松疏言"审奇玉牒故
　　　石下",是此文当作"用玉牒书藏方石下",夺"下"字。

〔23〕 河图提刘予　汲本、殿本"予"作"子"。

〔24〕 天下予　汲本"予"作"子",殿本《考证》谓"予"本或作"子"。按:张森楷《校勘记》谓上有"持衡拒",拒予为韵,作"子"不叶,非也。

〔25〕 年二十八载兴兵(起是)以(中)次诛讨　据卢校删。

〔26〕 罪人(则)斯得　据卢校删。

〔27〕 四维距石长丈二〔尺〕　据卢校补。按:《通典》有"尺"字。

〔28〕 (不)〔下〕骑步牵马　据卢校改。按:《通典》、《通考》并作"下"。

〔29〕 (脯)〔晡〕后到天门　据殿本改。又"天"原讹"大",径改正。

〔30〕 姓阳名通　按:汲本、殿本"阳"作"杨"。

〔31〕 望见(齐西)〔嵩山〕　据卢校改。

〔32〕 岱者胎也　按:卢云诸书引多作"始也",下云"万物之始",则"始"字是。

〔33〕 〔云〕触石〔而出〕　据卢校补。

〔34〕 其馀小者或卿大夫伯子男　汲本无"或"字。按:伪《孔传》无"或卿大夫"四字。

〔35〕 同(阴)〔音〕律也　据汲本、殿本改。按:注引伪《孔传》多删节。今伪《孔传》作"律法制及尺丈斛斗斤两皆均同"。

〔36〕 百官(布)〔列〕野　据惠栋《补注》改。

〔37〕 燔燎(燔燎)烟正北(也)〔向〕　《校补》引柳从辰说,谓孙辑本《汉官仪》引此"燔燎"二字不重,《书钞》九十一引此亦不重,"也"作"向"。黄山谓"正北也"当作"正北向",祀天本北面。今据删补。

〔38〕 百官各以次上　按:《校补》引柳从辰说,谓《书钞》引此下有"国家时御辇,人挽升车也"二句,详文义,与下"郡储御辇三百"正相接。

〔39〕 以石(三)〔为〕检　《校补》谓案《通考》注"三"作"为",是。今据改。

〔40〕 其中老者气劣不行正卧岩石下　按:汲本、殿本作"其中老者气劣不能行,卧岩石下"。

〔41〕 明日太医令复遵问起居　按:汲本"明日"下有"早"字。

〔42〕 禅广土地　按:卢校改"地"为"也"。

〔43〕 虽继(职)〔体〕之君　据卢校改。据:《集解》引王补说,谓"职"《袁纪》作"体"。

〔44〕 若夫(白)〔石〕函玉牒　据卢校改。按:《通典》作"石函玉牒"。汲本、殿本作"金函玉牒",误。此作"白函玉牒"者,白与石形近而讹也。

后汉书志第八

祭祀中

北郊　明堂　辟雍　灵台　迎气　增祀　六宗　老子

是年初营北郊，明堂、①辟雍、②灵台未用事。③迁吕太后于园。上薄太后尊号曰高皇后，当配地郊高庙。语在《光武纪》。④

①《周礼·考工记》曰："周人明堂，度九尺之筵，东西九筵，南北七筵，堂崇一筵，五室，凡室二筵。"郑玄曰："明堂者，明政教之堂。周度以筵，亦王者相改。周堂高九尺，殷三尺，则夏一尺矣。相参之数也。"《孝经援神契》曰："明堂上圆下方，八窗四达，布政之宫，在国之阳。"《晏子春秋》曰："明堂之制，下之温湿不能及也，上之寒暑不能入也。木工不镂，示民知节也。"《吕氏春秋》曰："周明堂茅茨蒿柱，土阶三等，以见俭节也。"《前志》武帝欲治明堂奉高旁，未明其制度。济南人公玉带上《黄帝时明堂图》，图中有一殿，四面无壁，以茅盖，通水，水圜宫垣为复道；上有楼，从西南入，名曰昆仑，以拜礼上帝。于是作明堂汶上，如带图。"《新论》曰："天称明，故命曰明堂。上圆法天，下方法地，八窗法八风，四达法四时，九室法九州，十二坐法十二月，三十六户法三十六雨，七十二牖法七十二风。"《东京赋》曰："复庙重屋，八达九房。"薛综注曰："八达谓室有八窗也。堂后有九室，所以异于周制也。"王隆《汉官篇》曰："是古者清庙茅屋。"胡广曰："古之清庙，以茅盖屋，所以示俭也。今之明堂，茅盖之，乃加瓦其上，不忘古也。"

②《白虎通》曰："辟雍，所以行礼乐，宣德化也。辟者，象璧圆，以法天也。雍者，雍之以水，象教化流行也。辟之为言积也，积天下之道德；雍之为言雍也，雍天下之仪则：故谓辟雍也。《王制》曰：'天子辟雍，诸侯泮宫。'外圆者，欲使观者平均也。又欲言外圆内方，明德当圆，行当方也。"

③《礼含文嘉》曰："礼，天子灵台，所以观天人之际，阴阳之会也。揆星度之

验，征六气之端，应神明之变化，睹日气之所验，为万物获福于无方之原，招太极之清泉，以与稼穑之根。仓廪实，知礼节；衣食足，知荣辱。天子得灵台之〔礼〕，〔1〕则五车三柱，明制可行，不失其常。水泉川流，无滞寒暴暑之灾，陆泽山陵，禾尽丰穰。”故《东京赋》曰：“左制辟雍，右立灵台。”薛综注曰：“于（之）〔上〕班教曰明堂，〔2〕大合乐射飨者辟雍，司历记候节气者曰灵台。”蔡邕《明堂论》曰：“明堂者，天子太庙，所以崇礼其祖，以配上帝者也。夏后氏曰世室，殷人曰重屋，周人曰明堂。东曰青阳，南曰明堂，西曰总章，北曰玄堂，中曰太室。《易》曰《离》也者，明也，南方之卦也。圣人南面而听天下，向明而治。人君之位，莫正于此焉，故虽有五名而主以明堂也。其正中（焉）皆曰太庙。〔3〕谨承天随时之令，昭令德宗祀之礼，明前功百辟之劳，起尊老敬长之义，显教幼诲稚之学。朝诸侯选造士于其中，以〔明〕制度。〔4〕生者乘其能而至，死者论其功而祭。故为大教之宫，而四学具焉，官司备焉。譬如北辰，居其所而众星拱之，万象翼之。〔政〕教之所由生（专），〔5〕（受作）〔变化〕之所（自）〔由〕来，〔6〕明一统也。故言明堂，事之大，义之深也。取其宗祀之清貌，则曰清庙。取其正室之貌，则曰太庙。取其尊崇（矣），则曰太室。〔7〕取其（堂）〔向明〕，则曰明堂。〔8〕取其四门之学，则曰太学。取其四面周水圆如璧，则曰辟雍。异名而同事，其实一也。《春秋》因鲁取宋之奸赂，则显之太庙，以明圣王建清庙明堂之义。经曰：‘取郜大鼎于宋，纳于太庙。’传曰：‘非礼也。君人者，将昭德塞违，故昭令德以示子孙。是以清庙茅屋，昭其俭也。夫德，俭而有度，升降有数，文物以纪之，声明以发之，以临照百官，百官于是戒惧，而不敢易纪律。’所以（大）明〔大〕教也。〔9〕以周清庙论（曰）〔之〕，〔10〕鲁太庙皆明堂也。鲁谛祀周公于太庙明堂，犹周宗祀文王于清庙明堂也。《礼记·檀弓》曰‘王斋谛于清庙明堂’也。《孝经》曰：‘宗祀文王于明堂。’《礼记·明堂位》曰：‘太庙，天子曰明堂。’又曰：‘成王幼弱，周公践天子位以治天下，朝诸侯于明堂，制礼作乐，颁度量，而天下大服。成王以周公为有勋劳于天下，命鲁公世（曰）〔世〕禘祀周公于太庙，〔11〕以天子礼乐，升歌清庙，下管象舞，所以异鲁于天下〔也〕。’〔12〕取周清庙之歌歌于鲁太庙，明（堂）鲁之〔太〕庙犹周清庙也，〔13〕皆所以昭文王、周公之德，以示子孙者也。《易传·太初篇》曰：‘天子旦入东学，〔14〕昼入南学，暮入西学。在中央曰太学，天子之所自学也。’《礼记保傅篇》曰：‘帝入东学，上亲而贵仁；入西学，上贤而贵德；入南学，上齿而贵信;入北学,上贵而尊爵;入太学,承师而问道。'与《易·传》同。魏文侯《孝经传》曰:'太学者,中学明堂之位也。'《礼记·古大明堂之礼》曰:'膳夫是相礼,日中出南闱,见九侯门子。〔15〕日侧出西闱,视五国之事。日暗出北闱,视帝节犹。〔16〕'《尔雅》曰:'宫中之门谓之闱。'王居明堂之礼,又别阴阳门,〔东〕南(门)称门,西(门)〔北〕称闱,〔17〕故《周官》有门闱之学。师氏教以三德守王门,保氏教以六艺守王闱。然则师氏居东门、南门,保氏居西门、北门也。知掌教国子,与《易传》、《保傅》王居明堂之礼参相发明,为四学焉。《文王世子篇》曰:'凡大合乐,则遂养老。天子至,乃命有司行事,兴秩节,祭先师、先圣焉。始之养也,适东序,释奠于先老,遂设三老、〔五更之席〕位焉。〔言教学始之于养老,由东方岁始也。又〕春夏学干戈,〔18〕秋冬学羽龠,皆于东序。凡祭与养老、乞言、合语之礼,皆小乐正诏之于东序。'又曰:'大司成论说在东序。'然则诏学皆在东序。东序,东之堂也,学者诏焉,故称太学。仲夏之月,令祀百辟卿士之有德于民者。《礼记·太学志》曰:'礼,士大夫学于圣人、善人,祭于明堂,其无位者祭于太学。'《礼记·昭穆篇》〔19〕曰:'祀先贤于西学,所以教诸侯之德也。'即所以显行国礼之处也。太学,明堂之东序也,皆在明堂辟雍之内。《月令》记曰:'明堂者,所以明天气,统万物。'明堂上通于天,象日辰,故下十二宫象日辰也。水环四周,言王者动作法天地,德广及四海,方此水也。〔《礼记·盛德篇》曰:'明堂九室,以茅盖屋,上圆下方,此水〕名曰辟雍。'〔20〕《王制》曰:'天子出征,执有罪,反舍奠于学,以讯馘告。'《乐记》曰:'武王伐殷,(为)〔荐〕俘馘于京太室。'〔21〕《诗·鲁颂》云:'矫矫虎臣,在泮献馘。'京,镐京也。太室,辟雍之中明堂太室也。与诸侯泮宫俱献馘焉,即《王制》所谓'以讯馘告'者也。《礼记》曰:'祀乎明堂,所以教诸侯之孝也。'《孝经》曰:'孝悌之至,通于神明,光于四海,无所不通。《诗》云:"自西自东,自南自北,无思不服。"'言行孝者则曰明堂,行悌者则曰太学,故《孝经》合以为一义,而称镐京之诗以明之。凡此皆明堂、太室、辟雍、太学事通〔文〕合之义也。〔22〕其制度数各有所法。堂方百四十四尺,坤之策也。屋圆屋径二百一十六尺,乾之策也。太庙明堂方三十六丈,通天屋径九丈,阴阳九六之变(且)〔也〕。〔23〕圆盖方载,(六)九〔六〕之道也。〔24〕八闼以象八卦,九室以象九州,十二宫以应辰。三十六户七十二牖,以四户(九)〔八〕牖乘九室之数也。〔25〕户皆外设而不闭,示天下不藏也。通天屋高八十一尺,黄钟九九之实也。二十八柱列于四方,亦七宿之象也。堂高三丈,(亦)〔以〕应三统。〔26〕四乡五色者,象其行。
外广二十四丈,应一岁二十四气。四周以水,象四海。王者之大礼也。"
④《袁宏纪》曰:"夫越人而臧否者,非憎于彼也。亲戚而加誉者,非优于此也。
　处情之地殊,故公私之心异也。圣人知其如此,故明彼此之理,开公私之
　涂,则隐讳之义著,而亲尊之道长矣。古之人以为先君之体,犹今君之体,
　推近以知远,则先后义钧也。而况彰其大恶,以为贬黜者乎!"

北郊在雒阳城北四里,为方坛四陛。① 三十三年正月辛未,郊。别
祀地祇,位南面西上,高皇后配,西面北上,皆在坛上,地理群神从食,皆
在坛下,如元始中故事。中岳在未,四岳各在其方孟辰之地,中营内。
海在东;四渎河西,济北,淮东,江南;他山川各如其方,皆在外营内。四
陛醊及中外营门封神如南郊。地祇、高后用犊各一头,五岳共牛一头,
海、四渎共牛一头,群神共二头。奏乐亦如南郊。既送神,瘗俎实于
坛北。
①《张(玛)〔璠〕记》云〔27〕:"城北六里。"《袁山松书》曰:"行夏之时,殷祭之日,
　牺牲尚黑耳。"

明帝即位,永平二年正月辛未,初祀五帝于明堂,光武帝配。① 五帝
坐位堂上,各处其方。黄帝在未,皆如南郊之位。光武帝位在青帝之南
少退,西面。牲各一犊,奏乐如南郊。卒事,遂升灵台,以望云物。②
①《孝经》云"宗祀文王于明堂以配上帝",故郑玄曰"上帝者,天之别名。神无
　二主,故异其处,避后稷也"。
②杜预注《传》曰:"云物,气色灾变也。素察妖祥,逆为之备。"

迎时气,五郊之兆。自永平中,以《礼谶》及《月令》有五郊迎气服
色,因采元始中故事,兆五郊于雒阳四方。中兆在未,坛皆三尺,阶
无等。
立春之日,迎春于东郊,祭青帝句芒。① 车旗服饰皆青。歌《青阳》,

八佾舞《云翘》之舞。及因赐文官太傅、司徒以下缣各有差。

> ①《月令章句》曰:"东郊去邑八里,因木数也。"

立夏之日,迎夏于南郊,祭赤帝祝融。①车旗服饰皆赤。歌《朱明》,八佾舞《云翘》之舞。

> ①《月令章句》曰:"南郊七里,〔28〕因火数也。"

先立秋十八日,迎黄灵于中兆,祭黄帝后土。①车旗服饰皆黄。歌《朱明》,〔29〕八佾舞《云翘》、《育命》之舞。②

> ①《月令章句》曰:"去邑五里,因土数也。"
>
> ②魏氏缪袭议曰:"汉有《云翘》、《育命》之舞,不知所出。旧以祀天,今可兼以《云翘》祀圆丘,兼以《育命》祀方泽。"

立秋之日,迎秋于西郊,祭白帝蓐收。①车旗服饰皆白。歌《西皓》,〔30〕八佾舞《育命》之舞。使谒者以一特牲先祭先虞于坛,有事,天子入囿射牲,以祭宗庙,名曰驱刘。语在《礼仪志》。

> ①《月令章句》曰:"西郊九里,因金数也。"

立冬之日,迎冬于北郊,祭黑帝玄冥。①车旗服饰皆黑。歌《玄冥》,八佾舞《育命》之舞。②

> ①《月令章句》曰:"北郊六里,因水数也。"
>
> ②《献帝起居注》曰:"建安八年,公卿迎气北郊,始复用八佾。"《皇览》曰:"迎礼春、夏、秋、冬之乐,又顺天道,是故距冬至日四十六日,则天子迎春于东堂,距邦八里,堂高八尺,堂阶(三)〔八〕等。〔31〕青税八乘,旗旄尚青,田车载矛,号曰助天生。唱之以角,舞之以羽翟,此迎春之乐也。自春分数四十六日,则天子迎夏于南堂,距邦七里,堂高七尺,堂阶(二)〔七〕等。〔32〕赤税七乘,〔33〕旗旄尚赤,田车载戟,号曰助天养。唱之以徵,舞之以鼓鞉,此迎夏之乐也。自夏至数四十六日,则天子迎秋于西堂,距邦九里,堂高九尺,堂阶九等。白税九乘,旗旄尚白,田车载兵,号曰助天收。唱之以商,舞之以干戚,此迎秋之乐也。自秋分数四十六日,则天子迎冬于北堂,距邦六里,堂高六尺,堂阶六等。黑税六乘,旗旄尚黑,田车载甲铁鍪,号曰助天诛。唱之以羽,舞之以干戈,此迎冬之乐也。"

章帝即位,元和二年正月,〔34〕诏曰:“山川百神,应祀者未尽。其议增修群祀宜享祀者。”①

> ①《东观书》,诏曰:“经称‘秩元祀,咸秩无文’。《祭法》‘功施于民则祀之,以死勤事则祀之,以劳定国则祀之,能御大灾则祀之。〔以〕日月星辰,民所瞻仰也;〔35〕山林川谷丘陵,民所取财用也。非此族也,不在祀典’。传曰:‘圣王先成民而致力于神。’又曰:‘山川之神,则水旱疠疫之灾,于是乎禜之。日月星辰之神,则雪霜风雨之不时,于是乎禜之。’〔36〕孝文十二年令曰:‘比年五谷不登,欲有以增诸神之祀。’《王制》曰:‘山川神祇有不举者,为不敬。’今恐山川百神应典祀者尚未尽秩,其议增修群祀宜享祀者,以祈丰年,以致嘉福,以蕃兆民。《诗》不云乎:‘怀柔百神,及河乔岳。’有年报功,不私幸望,岂嫌同辞,其义一焉。”

二月,上东巡狩,将至泰山,道使使者奉一太牢祠帝尧于济阴成阳灵台。上至泰山,修光武山南坛兆。辛未,柴祭天地群神如故事。壬申,宗祀五帝于孝武所作汶上明堂,光武帝配,如雒阳明堂(祀)〔礼〕。〔37〕癸酉,更告祀高祖、太宗、世宗、中宗、世祖、显宗于明堂,各一太牢。卒事,遂觐东后,飨赐王侯群臣。因行郡国,幸鲁,祠东海恭王,及孔子、七十二弟子。①四月,还京都。庚申,告至,祠高庙、世祖,各一特牛。又为灵台十二门作诗,各以其月祀而奏之。和帝无所增改。

> ①《汉晋春秋》曰:“阙里者,仲尼之故宅也。在鲁城中。帝升庙西面;群臣中庭北面,皆再拜。帝进爵而后坐。”《东观书》曰:“祠礼毕,命儒者论难。”

安帝即位,元初六年,以《尚书》欧阳家说,谓六宗者,在天地四方之中,为上下四方之宗。以元始中故事,谓六宗《易》六子之气日、月、雷公、风伯、山、泽者为非是。三月庚辰,初更立六宗,祀于雒阳西北戌亥之地,礼比太社也。①

> ①《月令》:“孟冬祈于天宗。”卢植注曰:“天宗,六宗之神。”《李氏家书》曰:“司空李郃侍祠南郊,不见六宗祠,奏曰:‘案《尚书》“肆类于上帝,禋于六宗”。六宗者,上不及天,下不及地,傍不及四方,在六合之中,助阴阳,化成万物。汉初甘泉、汾阴天地亦禋六宗。孝成之时,匡衡奏立南北郊祀,复祠六宗。

及王莽谓六宗，《易》六子也。建武都雒阳，制祀不道祭六宗，由是废不血食。今宜复旧制度。'制曰：'下公卿议。'五官将行弘等三十一人议可祭，大鸿胪庞雄等二十四人议不(可)当祭。〔38〕上从邻议，由是遂祭六宗。"六宗之义，自伏生及乎后代，各有不同，今并抄集以证其论云。《虞书》曰："肆类于上帝，禋于六宗，望于山川。"伏生、马融曰："万物非天不覆，非地不载，非春不生，非夏不长，非秋不收，非冬不藏。禋于六宗，此之谓也。"欧阳和伯、夏侯建曰："六宗上不谓天，下不谓地，傍不谓四方，在六者之间，助阴阳变化者也。"孔安国曰："精意以享谓之禋。宗，尊也。所尊祭其祀有六：埋少牢于太昭，祭时也；相近于坎坛，祭寒暑也；王宫，祭日也；夜明，祭月也；幽禜，祭星也；雩禜，祭水旱也。禋于六宗，此之谓也。"《孔丛》曰，宰我问六宗于夫子，夫子答如安国之说。臣昭以此解若果是夫子所说，则后儒无复纷然。文秉案刘歆曰："六宗谓水、火、雷、风、山、泽也。"贾逵曰："六宗谓日宗、月宗、星宗、岱宗、海宗、河宗也。"郑玄曰："六宗，星、辰、司中、司命、风伯、雨师也。星，五纬也。辰谓日月所会十二次也。司中、司命，文昌第五、第四星也。风师，箕也。雨师，毕也。"晋武帝初，司马绍统表驳之曰："臣以为帝在于类，则禋者非天。山川属望，则海岱非宗。宗犹包山，则望何秩焉？伏与歆，遂失其义也。六合之间，非制典所及；六宗之数，非一位之名。阴阳之说，又非义也。并五纬以为一，分文昌以为二，箕、毕既属于辰，风师、雨师复特为位，玄之失也。安国案祭法为宗，而除其天地于上，遗其四方于下，取其中以为六宗。四时寒暑日月众星并水旱，所宗者八，非但六也。传曰：'山川之神，则水旱疠疫之灾，于是乎禜之。日月星辰之神，则雪霜风雨之不时，于是乎禜之。'又曰：'龙见而雩。'如此，禜者，祀日月星辰山川之名；雩者，周人四月祭天求雨之称也。雪霜之灾，非夫禜之所禳；雩祭之礼，非正月之所祈。周人之后说有虞之典，故于学者未尽喻也。且类于上帝，即礼天也。望于山川，禜所及也。案《周礼》云，昊天上帝，日月星辰，司中司命，风师雨师，社稷五祀五岳，山林川泽，四方百物。又曰：'兆五帝于四郊，四类四望亦如之。'无六宗之兆。《祭法》之祭天，祭地，祭时，祭寒暑日月星，祭水旱，祭四方，及山林川谷丘陵能出云为风雨、见怪物，皆是。有天下者祭百神，非此族也，不在祀典，复无六宗之文。明六宗所禋，即《祭法》之所及，《周礼》之所祀，即《虞书》之所宗，不宜特复立六宗之祀也。《春官》大宗伯之职，掌玉作六器，以礼天地四方。以苍璧礼天，以黄琮礼地，以青圭礼东方,以赤璋礼南方,以白琥礼西方,以玄璜礼北方。天宗,日月星辰寒暑之属也;地宗,社稷五祀之属也;四方之宗者,四时五帝之属也。如此,则群神咸秩而无废,百礼遍修而不渎,于理为通。"幽州秀才张髦又上疏曰:"禋于六宗,(礼)〔祀〕祖考所尊者六也。〔39〕何以考之?《周礼》及《礼记·王制》,天子将出,类于上帝,宜于社,造于祢。巡狩四方,觐诸侯,归格于祖祢,用特。《尧典》亦曰:'肆类于上帝,禋于六宗,望于山川,遍于群神,班瑞于群后,肆觐东后。叶时月正日,同律度量衡。'巡狩一岁以周,〔40〕尔乃'归格于艺祖,用特'。臣以《尚书》与《礼·王制》,同事一义,符契相合。禋于六宗,正谓祀祖考宗庙也。文祖之庙六宗,即三昭三穆也。若如十家之说,既各异义,上下违背,且没乎祖之礼。考之礼,考之祀典,尊卑失序。若但类于上帝,不禋祖祢而行,去时不(吉)〔告〕,〔41〕归何以格?以此推之,较然可知也。《礼记》曰:'夫政必本于天,殽以降命。命降于社之谓殽地,降于祖庙之谓仁义,降于山川之谓兴作,降于五祀之谓制度。'又曰:'祭帝于郊,所以定天位也;祀社于国,所以列地利也;祭祖于庙,所以本仁也;山川所以傧鬼神也;五祀所以本事也。'又曰:'礼行于郊,而百神受职焉;礼行于社,而百货可极焉;礼行于祖庙,而孝慈服焉;礼行于五祀,而正法则焉。故自郊、社、祖庙、五祀,义之修而礼之藏也。'凡此皆孔子所以祖述尧舜,纪三代之教,著在祀典。首尾相证,皆先天地,次祖宗,而后山川群神耳。故《礼·祭法》曰:'七代之所更变者,禘郊宗祖。'明舜受终文祖之庙,察璇玑,考七政,审已天命之定,遂上郊庙,当义合《尧典》,则周公其人也。郊祀后稷以配天,宗祀文王于明堂以配上帝,是以四海之内各以其职来祭者也。居其位,摄其事,郊天地,供群神之礼,巡狩天下而遗其祖宗,恐非有虞之志也。五岳视三公,四渎视诸侯,皆以案先儒之说,而以水旱风雨先五岳四渎,后祖考而次上帝,错于肆类而乱祀典,臣以十一家皆非也。"太学博士吴商,以为"禋之言烟也。三祭皆积柴而实牲体焉,以升烟而报阳,非祭宗庙之名也。郑所以不从诸儒之说者,将欲据《周礼》禋祀皆天神也。日、月、星、辰、司中、司命、风师、雨师凡八,而日、月并从郊,故其馀为六宗也。以《书》'禋于六宗',与《周礼》事相符,故据以为说也。且文昌虽有大体,而星名异,其日不同,故随事祭之。而言文昌七星,不得偏祭其第四第五,此为《周礼》。复不知文昌之体,而又妄引以为司中、司命。箕、毕二星,既不系于辰,且同是随事而祭之例,又无嫌于所系者"。范宵注《虞书》曰:"考观众议,各有说难。郑氏证据最详,是以附之。案六宗众议,未知孰是。"虞喜别论云:"地有五色,太社象之。总五为一则成六,六为地数。推校经句,〔42〕阙无地祭,则祭地。"臣昭曰:六宗纷纭,众释互起,〔43〕竟无全通,亦难偏折。〔44〕历辨硕儒,终未挺正。康成见宗,是多附焉。盍各尔志,宣尼所许,显其一说,亦何伤乎!窃以为祭祀之敬,莫大天地,《虞典》首载,弥久弥盛,此宜学者各尽所求。臣昭谓虞喜以祭地,近得其实。而分彼五色,合五为六,又不通禋,更成疑昧。寻《虞书》所称"肆类于上帝",是祭天。天不言天而曰上帝,帝是天神之极,举帝则天神斯尽,日月星辰从可知也。'禋于六宗',是实祭地。地不言地而曰六宗,〔六〕是地数之中,〔45〕举中是以该数,〔46〕社稷等祀从可知也。天称神上,地表数中,仰观俯察,所以为异。宗者,崇尊之称,斯亦尽敬之谓也。禋也者,埋祭之言也,实瘗埋之异称,非周烟之祭也。〔47〕夫置字涉神,必以今之示,今之示即古之神,所以社稷诸字,莫不以神为体。《虞书》不同,祀名斯隔。《周礼》改烟,音形两异。《虞书》改土,正元祭义。此焉非疑,以为可了,岂六置宗更为傍祭乎?《风俗通》曰:"《周礼》以为槱燎,祀司(命)〔中〕、司命,〔48〕文昌上六星也。槱者,积薪燔柴也。今民犹祠司命耳,刻木长尺二寸为人像,行者署箧中,〔49〕居者别作小居。齐地大尊重之,汝南诸郡亦多有者,皆祀以猪,率以春秋之月。"

延光三年,上东巡狩,至泰山,柴祭,及祠汶上明堂,如元和(三)〔二〕年故事。〔50〕顺帝即位,修奉常祀。

桓帝即位十八年,好神仙事。延熹八年,初使中常侍之陈国苦县祠老子。九年,亲祠老子于濯龙。文罽为坛,饰淳金扣器,设华盖之坐,用郊天乐也。

【校勘记】

〔1〕　天子得灵台之〔礼〕　据汉学堂辑本《礼含文嘉》补。

〔2〕　于(之)〔上〕班教曰明堂　据殿本改。按:《文选》注作"谓于其上班教令曰灵台"。

〔3〕 其正中(焉)皆曰太庙　据卢校删。

〔4〕 以〔明〕制度　据卢校补。

〔5〕 〔政〕教之所由生(专)　据殿本补删。

〔6〕 (受作)〔变化〕之所(自)〔由〕来　据卢校改。

〔7〕 取其尊崇(矣)则曰太室　据殿本删,与卢校合。

〔8〕 取其(堂)〔向〕明则曰明堂　据殿本改,与卢校合。

〔9〕 所以(大)明〔大〕教也　据卢校乙。

〔10〕 以周清庙论(曰)〔之〕　据殿本改。

〔11〕 命鲁公世(曰)〔世〕禘祀周公于太庙　据汲本、殿本改。

〔12〕 所以异鲁于天下〔也〕　据殿本补。按:《礼·明堂位》"异"作"广"。

〔13〕 明(堂)鲁之〔太〕庙犹周清庙也　据殿本改。按:殿本《考证》谓"明"下衍"堂"字,"之"下脱"太"字,俱依宋本改。

〔14〕 天子旦入东学　按:汲本、殿本"天"作"太"。

〔15〕 见九侯门子　按:殿本作"见九侯反问于相"。

〔16〕 视帝节犹　按:今本《蔡邕集》无"节"字,"犹"作"猷"。《文选》王融《曲水诗序》注引蔡邕《月令论》作"视帝猷"。

〔17〕 〔东〕南(门)称门西(门)〔北〕称闱　据卢校改。

〔18〕 遂设三老〔五更之席〕位焉〔言教学始之于养老由东方岁始也又〕春夏学干戈　据殿本补。

〔19〕 礼记昭穆篇　按:卢校改"昭"为"政"。

〔20〕 〔礼记盛德篇曰明堂九室以茅盖屋上圆下方此水〕名曰辟雍　据殿本补。

〔21〕 (为)〔荐〕俘馘于京太室　据殿本改。

〔22〕 事通〔文〕合之义也　据殿本补。

〔23〕 阴阳九六之变(且)〔也〕　据殿本改。

〔24〕 (六)九〔六〕之道也　据卢校乙。按:殿本《考证》谓"六九"何焯校本改"九六"。

〔25〕 以四户(九)〔八〕牖乘九室之数也　据卢校改。

〔26〕 (亦)〔以〕应三统　据卢校改。

〔27〕 张(珰)〔璠〕记云　据殿本改。

〔28〕 南郊七里　汲本、殿本"南郊"作"去邑"。按:下"祭黄帝后土"注云"去

邑五里”,汲本、殿本“去邑”作“南郊”。

〔29〕车旗服饰皆黄歌朱明　卢校从《礼仪志》改“朱明”为“帝临”。按:黄山谓武帝乐歌本别有《帝临》一篇,祀中央黄帝。王莽始作五郊迎气之祭,中兆迎气祭黄帝,不歌《帝临》而歌《朱明》,盖别有用意,明帝不察,妄仍之耳。说详《集解》。

〔30〕歌西皓　《集解》引钱大昕说,谓《明帝纪》注引此文云歌《白藏》,以上下文《青阳》、《朱明》、《玄冥》例之,则作“白藏”为是。按:黄山谓《青阳》、《朱明》、《西颢》、《玄冥》本武帝所造郊祀乐歌,全载《前书·礼乐志》。王莽援《尔雅》“秋为白藏”之文,改称《西颢》为《白藏》,后汉仍之,此特依《班志》用其原名耳。说详《集解》。

〔31〕堂阶(三)〔八〕等　据卢校改。按:《集解》引惠栋说,谓《尚书大传》作“八等”。

〔32〕堂阶(二)〔七〕等　据卢校改。按:《集解》引惠栋说,谓《尚书大传》作“七等”。

〔33〕赤税七乘　按:“七”原讹“十”,径据汲本、殿本改正。

〔34〕元和二年正月　按:《集解》引钱大昕说,谓《章帝纪》作“二月”。

〔35〕〔以〕日月星辰民所瞻仰也　据汲本、殿本补。

〔36〕于是乎禜之　按:“禜”原讹“荣”,径改正,下同。

〔37〕如雒阳明堂(祀)〔礼〕　据卢校改。按:《通典》、《通志》并作“礼”。

〔38〕议不(可)当祭　据卢校删。

〔39〕禋于六宗(礼)〔祀〕祖考所尊者六也　据殿本改。按:张森楷《校勘记》谓下文亦云“祀祖考”,则“礼”字非也,当改。又按:“禋”原讹“礼”,径改正。

〔40〕巡狩一岁以周　按:“一”原讹“万”,径改正。

〔41〕去时不(吉)〔告〕　据汲本、殿本改。

〔42〕推校经句　按:汲本、殿本“校”作“案”。

〔43〕众释互起　按:“互”原讹“玄”,径改正。

〔44〕亦难偏折　按:殿本“偏”作“遍”。

〔45〕〔六〕是地数之中　据卢校补。

〔46〕举中是以该数　按:殿本“是”作“足”。

〔47〕非周烟之祭也　汲本“烟”作“禋”。

〔48〕　司(命)〔中〕司命　据汲本、殿本改。

〔49〕　行者署籧中　按：殿本"署"作"置"。

〔50〕　如元和(三)〔二〕年故事　"三"当作"二"，各本皆未正，今从卢校改。

后汉书志第九

祭祀下

宗庙　社稷　灵星　先农　迎春

光武帝建武二年正月，立高庙于雒阳。① 四时祫祀，高帝为太祖，文帝为太宗，武帝为世宗，如旧。馀帝四时春以正月，夏以四月，秋以七月，冬以十月及腊，一岁五祀。三年正月，立亲庙雒阳，祀父南顿君以上至舂陵节侯。时寇贼未夷，方务征伐，祀仪未设。至十九年，盗贼讨除，戎事差息，于是五官中郎将张纯与太仆朱浮奏议："礼，为人子事大宗，降其私亲。礼之设施，不授之与自得之异意。当除今亲庙四。孝宣皇帝以孙后祖，为父立庙于奉明，曰皇考庙，独群臣侍祠。愿下有司议先帝四庙当代亲庙者及皇考庙事。"下公卿、博士、议郎。[1] 大司徒涉等议："宜奉所代，立平帝、哀帝、成帝、元帝庙，代今亲庙。兄弟以下，使有司祠。宜为南顿君立皇考庙，祭上至舂陵节侯，群臣奉祠。"时议有异，不著。上可涉等议，诏曰："以宗庙处所未定，且祫祭高庙。其成、哀、平且祠祭长安故高庙。其南阳舂陵岁时各且因故园庙祭祀。② 园庙去太守治所远者，在所令长行太守事侍祠。③ 惟孝宣帝有功德，其上尊号曰中宗。"于是雒阳高庙四时加祭孝宣、孝元，凡五帝。其西庙成、哀、平三帝主，四时祭于故高庙。东庙京兆尹侍祠，冠衣车服如太常祠陵庙之礼。南顿君以上至节侯，皆就园庙。南顿君称皇考庙，钜鹿都尉称皇祖考庙，郁林太守称皇曾祖考庙，节侯称皇高祖考庙，在所郡县侍祠。

①《汉旧仪》曰："故孝武庙。"《古今注》曰："于雒阳校官立之。"

②《古今注》曰："建武十八年七月，使中郎将耿遵治皇祖庙旧庐稻田。"

③如淳曰："宗庙在章陵，南阳太守称使者往祭。不使侯王祭者，诸侯不得祖天子，凡临祭宗庙，皆为侍祠。"

二十六年，有诏问张纯，禘祫之礼不施行几年。纯奏："礼，三年一祫，五年一禘。毁庙之主，陈于太祖；未毁庙之主，皆升合食太祖；五年再殷祭。旧制，三年一祫，毁庙主合食高庙，存庙主未尝合。元始五年，始行禘礼。父为昭，南向；子为穆，北向。父子不并坐，而孙从王父。①禘之为言谛。谛谠昭穆，尊卑之义。以夏四月阳气在上，阴气在下，故正尊卑之义。祫以冬十月，五谷成熟，故骨肉合饮食。祖宗庙未定，且合祭。今宜以时定。"语在《纯传》。上难复立庙，遂以合祭高庙为常。后以三年冬祫五年夏禘之时，但就陈祭毁庙主而已，谓之殷。太祖东面，惠、文、武、元帝为昭，景、宣帝为穆。惠、景、昭三帝非殷祭时不祭。②光武皇帝崩，明帝即位，以光武帝拨乱中兴，更为起庙，尊号曰世祖庙。③以元帝于光武为穆，故虽非宗，不毁也。后遂为常。

①《决疑要注》曰："凡昭穆，父南面，故曰昭。昭，明也。子北面，故曰穆。穆，顺也。始祖特于北，其后以次夹始祖而南，昭在西，穆在东，相对。"

②《汉旧仪》曰："宗庙三年大祫祭，子孙诸帝以昭穆坐于高庙，诸隳庙神皆合食，设左右坐。高祖南面，幄绣帐，望堂上西北隅。帐中坐长一丈，广六尺，绣絪厚一尺，著之以絮四百斤。曲几，黄金扣器。高后右坐，亦幄帐，却六寸。白银扣器。每牢中分之，左辨上帝，右辨上后。俎馀委肉积于前数千斤，名曰(惟)〔堆〕俎。〔2〕子为昭，孙为穆。昭西面，曲屏风，穆东面，皆曲几，如高祖。馔陈其右，各配其左，〔3〕坐如祖妣之法。太常导皇帝入北门。群臣陪者，皆举手班辟抑首伏。大鸿胪、大行令、九傧传曰：'起。'复位。(而)皇帝上堂盥，〔4〕侍中以巾奉觯酒从。帝进拜谒。赞飨曰：'嗣曾孙皇帝敬再拜。'前上酒。却行，至昭穆之坐次上酒。子为昭，孙为穆，各父子相对也。毕，却西面坐，坐如乘舆坐。赞飨奉高祖赐寿，皇帝起再拜，即席以太牢之左辨赐皇帝，如祠。其夜半入行礼，平明上九卮，毕，群臣皆拜，因赐胙。皇帝出，即更衣(中)〔巾〕，〔5〕诏罢，当从者奉承。"丁孚《汉仪》有桓帝《祠恭怀皇后祝文》曰："孝曾孙皇帝志，使有司臣太常抚，夙兴夜处，小心畏忌，不堕其身，一不宁。敢用絜牲一元大武，柔毛刚鬣，商祭明视，芗萁嘉

荐,普淖咸醯,丰本明粢,醪用荐酎,事于恭怀皇后。尚飨。"嘏辞赐皇帝福:"恭怀皇后命工祝承致多福无疆于尔孝曾孙皇帝,使尔受禄于天,宜稼于田,眉寿万年。介尔景福,俾守尔民,勿替引之。"太常再拜,太牢左辨以致皇帝。

③蔡邕《表志》曰:"孝明立世祖庙,以明再受命祖有功之义,后嗣遵俭,不复改立,皆藏主其中。圣明所制,一王之法也。自执事之吏,下至学士,莫能知其所以两庙之意,诚宜具录本事。建武乙未、元和丙寅诏书,下宗庙仪及斋令,宜入《郊祀志》,永为典式。"《东观书》曰:"永平三年八月丁卯,公卿奏议世祖庙登歌八佾舞(功)名。〔6〕东平王苍议,以为'汉制旧典,宗庙各奏其乐,不皆相袭,以明功德。秦为无道,残贼百姓,高皇帝受命诛暴,元元各得其所,万国咸熙,作《武德》之舞。孝文皇帝躬行节俭,除诽谤,去肉刑,泽施四海,孝景皇帝制《昭德》之舞。孝武皇帝功德茂盛,威震海外,开地置郡,传之无穷,孝宣皇帝制《盛德》之舞。光武皇帝受命中兴,拨乱反正,武畅方外,震服百蛮,戎狄奉贡,宇内治平,登封告成,修建三雍,肃穆典祀,功德巍巍,比隆前代。以兵平乱,武功盛大。歌所以咏德,舞所以象功,世祖庙乐名宜曰《大武》之舞。《元命包》曰:"缘天地之所杂乐为之文典。"〔7〕文王之时,〔8〕民乐其兴师征伐,而诗人称其武功。(枢)《〔璇〕机钤》曰:〔9〕"有帝汉出,德洽作乐。"各与虞《韶》、禹夏、汤护、周《武》无异,不宜以名舞。叶图徵曰:"大乐必易。"诗传曰:"颂言成也,一章成篇,宜列德,故登歌清庙一章也。"《汉书》曰:"百官颂所登御者,一章十四句。"依书《文始》、《五行》、《武德》、昭真修之舞,〔10〕节损益前后之宜,六十四节为舞,曲副八佾之数。十月烝祭始御,用其《文始》、《五行》之舞如故。(勿)进武德舞歌诗曰:〔11〕'於穆世庙,肃雍显清,俊乂翼翼,秉文之成。越序上帝,骏奔来宁,建立三雍,封禅泰山,章明图谶,放唐之文。休矣惟德,罔射协同,本支百世,永保厥功'。诏书曰:'骠骑将军议可。'进《武德》之舞如故。"〔12〕

明帝临终遗诏,遵俭无起寝庙,藏主于世祖庙更衣。孝章即位,不敢违,以更衣有小别,上尊号曰显宗庙,间祠于更衣,四时合祭于世祖庙。语在《章纪》。①章帝临崩,遗诏无起寝庙,庙如先帝故事。和帝即位不敢违,上尊号曰肃宗。后帝承尊,皆藏主于世祖庙,积多无别,是后显宗但为陵寝之号。永元中,和帝追尊其母梁贵人曰恭怀皇后,陵〔曰西陵〕。[13]以窦后配食章帝，恭怀后别就陵寝祭之。和帝崩，上尊号曰穆宗。殇帝生三百馀日而崩，邓太后摄政，以尚婴（孙）〔孩〕，[14]故不列于庙，就陵寝祭之而已。安帝以清河孝王子即位，建光元年，追尊其祖母宋贵人曰敬隐后，陵曰敬北陵。亦就陵寝祭，太常领如西陵。追尊父清河孝王曰孝德皇，母曰孝德后，清河嗣王奉祭而已。安帝以谗害大臣，废太子，及崩，无上宗之奏。后以自建武以来无毁者，故遂常祭，因以其陵号称恭宗。顺帝即位，追尊其母曰恭愍后，陵曰恭北陵。就陵寝祭，如敬北陵。顺帝崩，上尊号曰敬宗。②冲质帝皆小崩，梁太后摄政，以殇帝故事，就陵寝祭。凡祠庙讫，三公分祭之。桓帝以河间孝王孙蠡吾侯即位，亦追尊祖考，王国奉祀。语在章和八王传。帝崩，上尊号曰威宗，无嗣。灵帝以河间孝王曾孙解犊侯即位，亦追尊祖考。语在章和八王传。灵帝时，京都四时所祭高庙五主，世祖庙七主，少帝三陵，追尊后三陵，凡牲用十八太牢，皆有副倅。故高庙三主亲毁之后，亦但殷祭之岁奉祠。③灵帝崩，献帝即位。初平中，相国董卓、左中郎将蔡邕等以和帝以下，功德无殊，而有过差，不应为宗，及馀非宗者追尊三后，皆奏毁之。④四时所祭，高庙一祖二宗，及近帝四，凡七帝。

①东观书曰："章帝初即位，赐东平宪王苍书曰：'朕夙夜伏思，念先帝躬履九德，对于八政劳谦克己终始之度，比放三宗诚有其美。今迫遗诏，诚不起寝庙，臣子悲结，佥以为虽于更衣，犹宜有所宗之号，以克配功德。宗庙至重，朕幼无知，寤寐忧惧。先帝每有著述典义之事，未尝不延问王，以定厥中。愿王悉明处，乃敢安之。公卿议驳，今皆并送。及有可以持危扶颠，宜勿隐。思有所承，公无困哉。'太尉憙等奏：'礼，祖有功，宗有德。孝明皇帝功德茂盛，宜上尊号曰显宗，四时祫食于世祖庙，如孝文皇帝在高庙之礼，奏《武德》、《文始》、《五行》之舞。'苍上言：'昔者孝文庙乐曰昭德之舞，孝武庙乐曰盛德之舞，今皆祫食于高庙，昭德、盛德之舞不进，与高庙同乐。今孝明皇帝主在世祖庙，当同乐，盛德之乐无所施；如自立庙当作舞乐者，不当与世（祖）〔宗〕庙《盛德》之舞同名，[15]即不改作舞乐，当进《武德》之舞。臣愚戆鄙陋，庙堂之论，诚非所当闻所宜言。陛下体纯德之妙，奋至谦之意，猥归美于载列之臣，故不敢隐蔽愚情，披露腹心。诚知愚鄙之言，不可以仰

四门宾于之议。伏惟陛下以至德当成康之隆，天下乂安刑措之时也。百性盛歌元首之德，〔16〕股肱贞良，庶事宁康。臣钦仰圣化，嘉美盛德，危颠之备，非所宜称。'上复报曰：'有司奏上尊号曰显宗，藏主更衣，不敢违诏。裕食世祖，庙乐皆如王议。以正月十八日始祠。仰见榱桷，俯视几筵，眇眇小子，哀惧战栗，无所奉承。爱而劳之，所望于王也。'"《谢沈书》曰："上以公卿所奏明德皇后在世祖庙坐位驳议示苍，上言：'文、武、宣、元祖裕食高庙，皆以配，先帝所制，典法设张。《大雅》曰："昭哉来御，慎其祖武。"〔17〕又曰："不愆不忘，帅由旧章。"明德皇后宜配孝明皇帝于世祖庙，同席而供馔。'"

②东观书曰："有司奏言：'孝顺皇帝弘秉圣哲，龙兴统业，稽乾则古，钦奉鸿烈。宽裕晏晏，宣恩以极，躬自菲薄，以崇玄默。遗诏贻约，顾念万国。衣无制新，玩好不饰。茔陵损狭，不起寝庙，遵履前制，敬敕慎终，有始有卒。《孝经》曰："爱敬尽于事亲，而德教加于百姓。"《诗》云："敬慎威仪，惟民之则。"臣请上尊号曰敬宗庙。天子世世献奉，藏主裕祭，进《武德》之舞，如祖宗故事。'露布奏可。"

③决疑要注曰："毁庙主藏庙外户之外，西牖之中。有石函，名曰宗祏。函中有笥，以盛主。亲尽则庙毁，毁庙之主藏于始祖之庙。一世为祧，祧犹四时祭之。二世为坛，三世为墠，四世为鬼，裕乃祭之，有祷亦祭之。裕于始祖之庙，祷则迎主出，陈于坛墠而祭之，事讫还藏故室。迎送皆跸，礼也。"

④《袁山松书》载邕议曰："汉承亡秦灭学之后，宗庙之制，不用周礼。每帝即(位)世，辄立一庙，〔18〕不止于七，不列昭穆，不定迭毁。〔孝〕元皇帝时，〔19〕丞相匡衡、御史大夫贡禹始建大议，请依典礼。〔20〕孝文、孝武、孝宣皆以功德茂盛，为宗不毁。孝宣尊崇孝武，(历)〔庙〕称世宗。〔21〕中正大臣夏侯胜等犹执异议，不应为宗。至孝成皇帝，议犹不定。太仆王舜、中垒校尉刘歆据不可毁，〔22〕上从其议。古人据正重顺，〔23〕不敢私其君〔父〕，若此其至也。〔24〕后遭王莽之乱，光武皇帝受命中兴，庙称世祖。孝明皇帝圣德聪明，政参文、宣，庙称显宗。孝章皇帝至孝烝烝，仁恩博大，庙称肃宗。(皆)〔比〕方前世，〔25〕得礼之宜。自此以下，政事多衅，权移臣下，嗣帝殷勤，各欲褒崇至亲而已。臣下懦弱，莫能执夏侯之直。〔26〕今圣朝尊古复礼，〔27〕以求厥中，诚合(礼议)〔事宜〕。〔28〕元帝世在第八，光武世在第九，故以元帝为考庙，尊而奉之。孝明遵述，〔29〕亦不敢毁。孝和以下，穆宗、〔恭宗、敬宗〕、威宗之号皆〔宜〕省去。〔30〕五年而再殷，合食于太祖，〔31〕以遵先典。"议遂

施行。

古不墓祭,汉诸陵皆有园寝,承秦所为也。说者以为古宗庙前制庙,后制寝,以象人之居前有朝,后有寝也。《月令》有"先荐寝庙",《诗》称"寝庙弈弈",言相通也。庙以藏主,以四时祭。寝有衣冠几杖象生之具,以荐新物。秦始出寝,起于墓侧,汉因而弗改,故陵上称寝殿,起居衣服象生人之具,古寝之意也。建武以来,关西诸陵以转久远,但四时特牲祠;帝每幸长安谒诸陵,乃太牢祠。自雒阳诸陵至灵帝,皆以晦望二十四气伏腊及四时祠。庙日上饭,〔32〕太官送用物,园令、食监典省,其亲陵所宫人随鼓漏理被枕,具盥水,陈严具。①〔33〕

①蔡邕表志曰:"宗庙迭毁议奏,国家〔大〕体,〔34〕班固录《汉书》,乃置韦贤传末。〔35〕臣以问胡广,〔36〕广以为实宜在郊祀志,去中鬼神仙道之语,取《贤传》宗庙事置其中,既合孝明旨,又使祀事以类相从。"臣昭曰:国史明乎得失者也。至如孝武皇帝淫祀妄祭,举天下而从焉,疲耗苍生,费散国富,后王深戒,来世宜惩,志之所取,于焉斯允。不先宗庙,诚如广论;悉去仙道,未或易周也。

建武二年,立太社稷于雒阳,〔37〕在宗庙之右,①方坛,②无屋,有墙门而已。③二月八月及腊,一岁三祠,皆太牢具,使有司祠。④《孝经援神契》曰:"社者,土地之主也。稷者,五谷之长也。"⑤《礼记》及《国语》皆谓共工氏之子曰句龙,为后土官,能平九土,故祀以为社。烈山氏之子曰柱,能植百谷疏,自夏以上祀以为稷,至殷以柱久远,而尧时弃为后稷,亦植百谷,故废柱,祀弃为稷。⑥大司农郑玄说,古者官有大功,则配食其神。故句龙配食于社,弃配食于稷。⑦郡县置社稷,太守、令、长侍祠,牲用羊豕。唯州所治有社无稷,以其使官。古者师行平有载社主,不载稷也。⑧国家亦有五祀之祭,有司掌之,其礼简于社稷云。⑨

①马融《周礼》注曰:"社稷在右,宗庙在左。或曰,王者五社,太社在中门之外,惟松;东社八里,惟柏;西社九里,惟栗;南社七里,惟梓;北社六里,惟槐。"《礼·郊特牲》曰:"社,祭土而主阴气也。"王肃注曰:"五行之主也,能

吐生百谷者也。"马昭曰：〔38〕"列为五官，直一行之名耳，自不专主阴气。阴气地可以为之主，曰五行之主也；若社则为五行之主，何复言社稷五祀乎？土自列于五祀，社亦自复有祀，不得同也。"昭又曰："土地同也，焉得有二。《书》曰'禹敷土'。又曰'句龙能平九土'。九土，九州之土。地官是五行土官之名耳。"

②《白虎通》曰："《春秋文义》，〔39〕天子社广五丈，诸侯半之。其色东方青，南方赤，西方白，北方黑，上冒以黄土。故将封东方诸侯，取青土，苴以白茅，各取其面以为封社，明土谨敬絜净也。祭社有乐乎？《礼记》曰：'乐之施于金石，越于声音，用于宗庙社稷。'"《独断》曰："天子太社，封诸侯者取其土，苞以白茅授之，以立社其国，故谓之受茅土。汉兴，唯皇子封为王者得茅土，其他功臣以户数租入为节，不受茅土，不立社也。"

③《礼记》曰："天子太社，必受霜露风雨，以达天地之气也。"卢植曰："谓无屋。"

④《礼记》曰："地载万物，天垂象。取财于地，取法于天，是以尊天而亲地，故教民美报焉。家主中霤而国主社，示本也。"卢植曰："诸主祭以土地为本也。中霤，其神后土，即句龙也。既祀于社，又祀中霤。"《古今注》曰："建武二十一年二月乙酉，徙立社稷上东门内。"《汉旧仪》"使者监祠，南向立，不拜"也。

⑤《月令章句》曰："稷秋夏乃熟，（熟）〔40〕历四时，备阴阳，谷之贵者。"

⑥案《前志》，立官社以夏（为）〔禹〕配，〔41〕王莽奏立官稷，后稷配也。

⑦《白虎通》曰："王者所以有社稷何？为天下求福报功。人非土不立，非谷不食。土地广博，不可遍敬；五谷众多，不可一一而祭。故封土立社，示有土也。稷，五谷之长，故立稷而祭之也。稷者，得阴阳中和之气，而用又多，故稷为长也。岁再祭之何？春求秋报也。祭社稷以三牲，重功也。天子社稷皆太牢，诸侯社稷皆少牢。王者诸侯所以俱两社何？俱有土之君也。故《礼三正记》曰：'王者二社，为天下立社曰太社，自为立社曰王社。诸侯为百姓立社曰国社，自为立社曰侯社。太社为天下报功，王社为京师报功也。'"孔晁云："周祀一社一稷，汉及魏初亦一社一稷，至景初中，既立帝社二社，二社到于今是祀，而后诸儒论之，其文众矣。"

⑧自汉诸儒论句龙即是社主，或云是配，其议甚众。后荀或问仲长统以社所祭者何神也？统答所祭者土神也。侍中邓义以为不然而难之，或令统答

焉。统答（或且以）义曰：〔42〕"前见逮及，敢不敬对。退熟惟省，郊社之祭，国之大事，诚非学浅思薄者所宜兴论重复，亦以邓君难，事有先渐，议则既行，可谓辞而不可得，因而不可已者也。《屯》有经纶之义，《睽》有同异之辞，归乎建国立家，通志断类也。意则欲广其微以宗实，备其论以求真，先难而后易，出异而归同乎？难曰：社祭土，主阴气，正所谓句龙土行之官，为社则主阴明矣，不与《记》说有违错也？答曰：今《记》之言社，辄与郊连，体有本末，辞有上下，谓之不错不可得。《礼运》曰：'政必本于天，殽以降命，命降于社之谓殽地，参于天地，并于鬼神。'又曰：'祭帝于郊，所以定天位也；祀社于国，所以列地利也。'《郊特牲》曰：'社所以神，地之道也。地载万物，天垂象。取财于地，取法于天，是以尊天而亲地。家主中霤，国主社，示本也。'相此之类，元尚不道配食者也。主以为句龙，无乃失欤？难曰：信（而）〔如〕此，〔43〕所言土尊，故以为首，在于上宗伯之体，所当列上下之叙。上句当言天神、地祇、人鬼，何反先人而后地？上文如此，至下何以独不可，而云社非句龙，当为地哉？答曰：此形成著体，数自上来之次言之耳，岂足（怀）〔据〕使从人鬼之例邪？〔44〕三科之祭，各指其体。今独擿出社稷，以为但句龙有烈山氏之子，恐非其本意也。案《记》言社土，而云何得之为句龙，则传虽言祀句龙为社，亦何嫌，反独不可谓之配食乎？《祭法》曰：'周人禘喾，郊稷，祖文王，宗武王。'皆以为配食者，若复可须，谓之不祭天乎？备读传者则真土，独据《记》者则疑句龙，未若交错参伍，致其义以相成之为善也。难曰：再特于郊牛者，后稷配故也。'社于新邑，牛一羊一豕一'。所以用二牲者，立社位祀句龙，缘人事之也。如此，非祀地明矣。以宫室新成，故立社耳。又曰'军行载社'者，当行赏罚，明不自专，故告祖而行赏，造社而行戮。二主明皆人鬼，人鬼故以告之。必若所云，当言载地主于斋车，又当言用命赏于天，不用命戮于地，非其谓也。所以有死社稷之义者，凡赐命受国，造建宫室，无不立社。是奉言所受立，不可弃捐苟免而去，当死之也。《易》句龙为其社，传有见文；今欲易神之相，令记附食，宜明其征。祀国大事，不可不重。据经依传，庶无咎悔。答曰：郊特牲者，天至尊，无物以称专诚，而社稷太牢者，土于天为卑，缘人事以牢祭也。社礼今亡，并特之义未可得明也。昭告之文，皆于天地，（可）〔何〕独人鬼？〔45〕此言则未敢取者也。郊社之次，天地之序也。今使句龙载冒其名，耦文于天，以度言之，不可谓安矣。土者，人所依以（国）〔固〕而最近者也。〔46〕故立以为守祀，居则事之时，军则告之以行戮,自顺义也。何为当平于社,不言用命赏于天乎?帝王两仪之参,宇中之莫尊者也。而盛一官之臣,以为土之贵神,置之宗庙之上,接之郊禘之次,〔47〕倅守之者有死无失,何圣人制法之参差,用礼之偏颇?其列在先王人臣之位,其于四官,爵侔班同,比之司徒,于数居二。纵复令王者不同,礼仪相变,或有尊之,则不过当。若五卿之与冢宰,此坐之上下,行之先后耳。不得同祖与社,言俱坐处尊位也。《周礼》为礼之经,而《礼记》为礼之传,案经传求索见文,在于此矣。钧之两者未知孰是。去本神而不祭,与贬句龙为土配,比其轻重,何谓为甚?经有条例,《记》有明义,先儒未能正,不可称是。(钧)〔钧〕校典籍,〔48〕论本考始,矫前易故,不从常说,不可谓非。孟轲曰:'予岂好辩哉,乃不得已也。'郑司农之正,此之谓也。"

⑨五祀:门、户、井、灶、中霤也。韦昭曰:"古者穴居,故名室中为中霤也。"

汉兴八年,有言周兴而邑立后稷之祀,于是高帝令天下立灵星祠。①言祠后稷而谓之灵星者,以后稷又配食星也。旧说,星谓天田星也。一曰,龙左角为天田官,主谷。②祀用壬辰位祠之。壬为水,辰为龙,就其类也。牲用太牢,县邑令长侍祠。③舞者用童男十六人。④舞者象教田,初为芟除,次耕种、芸耨、驱爵及获刈、舂簸之形,象其功也。⑤

①《三辅故事》:"长安城东十里有灵星祠。"
②张晏曰:"农祥晨见而祭也。"
③《汉旧仪》曰:"古时岁再祠灵星,(灵星)春秋(之太)〔用少〕牢礼也。"〔49〕
④服虔、应劭曰:"十六人,即古之二羽也。"
⑤《古今注》曰:"元和三年,初为郡国立〔社〕稷,及祠(社)灵星礼(器)也。"〔50〕

县邑常以乙未日祠先农于乙地,以丙戌日祠风伯于戌地,以己丑日祠雨师于丑地,用羊豕。

立春之日,皆青幡帻,迎春于东郭外。令一童男冒青巾,衣青衣,先在东郭外野中。迎春至者,自野中出,则迎者拜之而还,弗祭。三时不迎。

论曰:臧文仲祀爰居,而孔子以为不知。《汉书·郊祀志》著自秦以来迄于王莽,典祀或有未修,而爰居之类众焉。世祖中兴,蠲除非常,修复旧祀,方之前事邈殊矣。尝闻儒言,三皇无文,结绳以治,自五帝始有书契。至于三王,俗化雕文,诈伪渐兴,始有印玺以检奸萌,然犹未有金玉银铜之器也。①〔51〕自上皇以来,封泰山者,至周七十二代。封者,谓封土为坛,柴祭告天,代兴成功也。《礼记》所谓"因名山升中于天"者也。易姓则改封者,著一代之始,明不相袭也。继世之王巡狩,则修封以祭而已。自秦始皇、孝武帝封泰山,本由好仙信方士之言,造为石检印封之事也。所闻如此。虽诚天道难可度知,然其大较犹有本要。天道质诚,约而不费者也。故牲(有)〔用〕犊,〔52〕器用陶匏,殆将无事于检封之间,而乐难攻之石也。②且唯封为改代,故曰岱宗。夏康、周宣,由废复兴,不闻改封。世祖欲因孝武故封,实继祖宗之道也。而梁松固争,以为必改。乃当夫既封之后,未有福,而松卒被诛死。虽罪由身,盖亦诬神之咎也。且帝王所以能大显于后者,实在其德加于民,不闻其在封矣。③言天地者莫大于《易》,《易》无六宗在中之象。若信为天地四方所宗,是至大也。而比太社,又为失所,难以为诚矣!

① 臣昭曰:禹会群臣于涂山,执玉帛者万国。故已赞不同,圆方异等。《周礼》天地四方,璧、琮、琥、璋各有其玉,而云未有其器,斯亦何哉?

② 臣昭曰:玉贵五德,金存不朽。有告有文,何败题刻。〔53〕告厥成功,难可知者。

③ 臣昭曰:功成道懋,天下被化,德敷世治,所以登封。封由德兴,兴封所以成德。昭告师天,递以相感。若此论可通,非乎七十二矣。

赞曰:天地禋郊,宗庙享祀,咸秩无文,山川具止。淫乃国紊,典惟皇纪。肇自盛敬,孰崖厥始?

【校勘记】

〔1〕　下公卿博士议郎　　按:卢文弨谓下当有"议"字。

〔2〕　名曰(惟)〔堆〕俎　　按:卢校"惟"改"帷",孙星衍校《汉旧仪》作"堆",今据孙校改。

〔3〕　各配其左　　按:殿本"左"作"祖"。

〔4〕　复位(而)皇帝上堂盥　　据卢校删。

〔5〕　即更衣(中)〔巾〕　　据孙校《汉旧仪》改。

〔6〕　公卿奏议世祖庙登歌八佾舞(功)名　　据卢校删。

〔7〕　元命包曰缘天地之所杂乐为之文典　　按:卢文弨谓文有误,案《御览》五百六十六引云"作乐者必反天下之始乐于己为本"。

〔8〕　文王之时　　按:卢云"文"疑当作"武"。

〔9〕　(枢)〔琁〕机钤曰　　按:钱大昕谓"枢"当作"琁"。卢文弨谓当作"旋",李善注《文选·东都赋》引作"璇"。今依钱说改。

〔10〕　依书文始五行武德昭真修之舞　　按:卢校删"昭真修"三字,谓此三字疑衍。聚珍本《东观汉记》作"依书文始五行武德昭德盛德修之舞"。

〔11〕　(勿)进武德舞歌诗曰　　卢云"勿"字疑衍。今据删。

〔12〕　进武德之舞如故　　按:卢云似有脱文,"故"下疑当有"事"字。

〔13〕　陵〔曰西陵〕　　《集解》引钱大昕说,谓当云"陵曰西陵",史脱去三字。今据补。

〔14〕　以尚婴(孙)〔孩〕　　据卢校改。按:《袁纪》作"孩"。

〔15〕　不当与世(祖)〔宗〕庙盛德之舞同名　　据卢校改。按:卢云"祖"字讹,世宗谓武帝也。

〔16〕　百姓盛歌元首之德　　汲本"百姓"作"陛下"。按:黄山谓《书》称"帝庸作歌",歌本自帝倡之,而群臣和之。盛歌元首之德谓章帝之倡德于上,同符帝舜也。作"百姓"转似未合。

〔17〕　昭哉来御慎其祖武　　按:殿本《考证》杭世骏谓"昭兹来许,绳其祖武",《大雅》文也。以"兹"为"哉",汉碑有之。以"许"为"御",以"绳"为"慎",非有避讳,不知何自。

〔18〕　每帝即(位)世辄立一庙　　据卢校删。按:王先谦谓《袁纪》无"位"字,是。

〔19〕〔孝〕元皇帝时　王先谦谓《邕集》有"孝"字,是。今据补。

〔20〕始建大议请依典礼　惠栋依《邕集》校正为"始建斯议,罢黜典礼"。王
先谦亦谓集作"始建斯议,罢黜典礼"。又谓《袁纪》"议"作"义"。按:海
原阁本《蔡中郎集》不仅无此两句,且自"孝元皇帝时"至"不应为宗"一
段文字亦与此注多异同。

〔21〕孝宣尊崇孝武(历)〔庙〕称世宗　据卢校改。

〔22〕据不可毁　王先谦谓《袁纪》作"据经传义,谓不可毁"。今按:海原阁本
《蔡中郎集》亦作"据经传义,谓不可毁"。

〔23〕古人据正重顺　王先谦谓《邕集》"顺"作"慎",《袁纪》作"古人考据慎
重"。按:海原阁本《蔡中郎集》亦作"古人考据慎重"。

〔24〕不敢私其君〔父〕若此其至也　据卢校补。王先谦谓《袁纪》"君"下有
"父"字,《邕集》"若"作"如","至"下有"者"字。按:海原阁本《蔡中郎
集》亦作"不敢私其君父若此其至也"。

〔25〕(皆)〔比〕方前世　据卢校改。王先谦谓《袁纪》"皆"作"比"。按:海原阁
本《蔡中郎集》作"比方前事"。

〔26〕莫能执夏侯之直　王先谦谓《邕集》作"莫能执正夏侯之义,故遂僭滥,
无有防限"。按:海原阁本《蔡中郎集》作"莫能执夏侯之直,故遂衍溢,
无有方限"。

〔27〕尊古复礼　王先谦谓《邕集》作"遵复古礼"。

〔28〕诚合(礼议)〔事宜〕　据卢校改。王先谦谓《邕集》"礼议"作"事宜"。

〔29〕孝明遵述　王先谦谓《袁纪》"遵"作"尊",《邕集》"遵述"作"因循"。今
按:海原阁本《蔡中郎集》作"孝明遵制"。

〔30〕穆宗〔恭宗敬宗〕威宗之号皆〔宜〕省去　据卢校补。按:海原阁本《蔡中
郎集》作"穆宗、敬宗、恭宗之号皆宜省去",脱威宗,恭宗、敬宗误倒。又
按:《通典》、《通考》并作"穆宗、威宗之号皆宜省去"。

〔31〕合食于太祖　按:汲本、殿本"合"作"祫"。

〔32〕庙日上饭　按:《校补》谓"庙"疑"朝"之误。

〔33〕陈严具　惠栋谓"严"《汉官仪》作"庄"。今按:东汉讳庄为严。钱大昕
谓装古文本作庄,陈严具即陈装具也。

〔34〕国家〔大〕体　据汲本、殿本补。

〔35〕乃置韦贤传末　按:"乃"原讹"及",径改正。

〔36〕 臣以问胡广　按:"问"原讹"闻",径改正。

〔37〕 立太社稷于雒阳　按:汲本、殿本"太"作"大"。

〔38〕 马昭曰　殿本《考证》谓诸本皆作"马昈",何焯校本改"臣昭"。按:汲本亦作"马昭",何改"臣昭",不知何据。

〔39〕 春秋文义　《通典》引作"春秋大义"。按:陈立《白虎通疏证》谓案《汉志》亦无《春秋大义》,未知出何书,卢文弨疑为亦出《尚书》逸篇,《御览》引作"佚礼",或可从也。

〔40〕 稷秋夏乃熟(熟)　据汲本、殿本删。

〔41〕 立官社以夏(为)〔禹〕配　据汲本、殿本改。

〔42〕 统答(或且以)义曰　据汲本、殿本删。

〔43〕 信(而)〔如〕此　据汲本、殿本改。

〔44〕 岂足(怀)〔据〕使从人鬼之例邪　据汲本、殿本改。

〔45〕 (可)〔何〕独人鬼　据汲本、殿本改。

〔46〕 人所依以(国)〔固〕而最近者也　据殿本、《集解》本改。

〔47〕 接之郊禘之次　按:"郊禘"原倒,径据汲本、殿本乙正。

〔48〕 (钩)〔钩〕校典籍　据汲本、殿本改。

〔49〕 古时岁再祠灵星(灵星)春秋(之太)〔用少〕牢礼也　据卢校删改。

〔50〕 初为郡国立〔社〕稷及祠(社)灵星礼(器)也　据卢校改。

〔51〕 然犹未有金玉银铜之器也　按:汲本、殿本"犹"作"而"。

〔52〕 故牲(有)〔用〕犊　据卢校改。

〔53〕 何败题刻　汲本、殿本"败"作"敢"。按:疑"取"字之讹。

后汉书志第十

天文上

王莽三　光武十二

《易》曰："天垂象，圣人则之。庖牺氏之王天下，仰则观象于天，俯则观法于地。"观象于天，谓日月星辰。观法于地，谓水土州分。形成于下，象见于上。故曰天者北辰星，合元垂耀建帝形，运机授度张百精。三阶九列，二十七大夫，八十一元士，斗、衡、太微、摄提之属百二十官，二十八宿各布列，下应十二子。〔1〕天地设位，星辰之象备矣。①

①《星经》曰："岁星主泰山，徐州、青州、兖州。荧惑主霍山，杨州、荆州、交州。镇星主嵩高山，豫州。太白主华阴山，凉州、雍州、益州。辰星主恒山，冀州、幽州、并州。岁星主角、亢、氐、房、心、尾、箕。荧惑主舆鬼、柳、七星、张、翼、轸。镇星主东井。太白主奎、娄、胃、昴、毕、觜、参。辰星主斗、牛、女、虚、危、室、壁。琁、玑者，谓北极星也。玉衡者，谓斗九星也。玉衡第一星主徐州，常以五子日候之，甲子为东海，丙子为琅邪，戊子为彭城，庚子为下邳，壬子为广陵，凡五郡。第二星主益州，常以五亥日候之，乙亥为汉中，丁亥为永昌，己亥为巴郡、蜀郡、牂柯，辛亥为广汉，癸亥为犍为，凡七郡。第三星主冀州，常以五戌日候之，甲戌为魏郡、勃海，丙戌为安平，戊戌为钜鹿、河间，庚戌为清河、赵国，壬戌为恒山，凡八郡。第四星主荆州，常以五卯日候之，乙卯为南阳，己卯为零陵，辛卯为桂阳，癸卯为长沙，丁卯为武陵，凡五郡。第五星主兖州，常以五辰日候之，甲辰为东郡、陈留，丙辰为济北，戊辰为山阳、泰山，庚辰为济阴，壬辰为东平、任城，凡八郡。第六星主扬州，常以五巳日候之，乙巳为豫章，辛巳为丹阳，己巳为庐江，丁巳为吴郡、会稽，癸巳为九江，凡六郡。第七星为豫州，常以五午日候之，甲午为颍川，壬午为梁国，丙午为汝南，戊午为沛国，庚午为鲁国，凡五郡。第八星主

幽州,常以五寅日候之,甲寅为玄菟,丙寅为辽东、辽西、渔阳,庚寅为上谷、代郡,壬寅为广阳,戊寅为涿郡,凡八郡。第九星主并州,常以五申日候之,甲申为五原、雁门,丙申为朔方、云中,戊申为西河,庚申为太原、定襄,壬申为上党,凡八郡。琁、玑、玉衡占色,春青黄,夏赤黄,秋白黄,冬黑黄。此是常明;不如此者,所向国有兵殃起。凡有六十郡,九州所领,自有分而名焉。”

三皇迈化,协神醇朴,谓五星如连珠,日月若合璧。化由自然,民不犯慝。至于书契之兴,五帝是作。轩辕始受《河图斗苞授》,规日月星辰之象,〔2〕故星官之书自黄帝始。至高阳氏,使南正重司天,北正黎司地。唐、虞之时羲仲、和仲,①夏有昆吾,汤则巫咸,周之史佚、苌弘,宋之子韦,楚之唐蔑,鲁之梓慎,郑之裨灶,魏石申夫,②齐国甘公,皆掌天文之官。仰占俯视,以佐时政,步变摛微,通洞密至,采祸福之原,睹成败之势。秦燔《诗》、《书》,以愚百姓,六经典籍,残为灰炭,星官之书,全而不毁。故《秦史》书始皇之时,彗孛大角,大角以亡,有大星与小星斗于宫中,是其废亡之征。至汉兴,景、武之际,司马谈,谈子迁,以世黎氏之后,为太史令,迁著《史记》,作《天官书》。成帝时,中垒校尉刘向,广《洪范》灾条作五纪皇极之论,以参往行之事。孝明帝使班固叙《汉书》,而马续述《天文志》。③今绍《汉书》作《天文志》,起王莽居摄元年,迄孝献帝建安二十五年,二百一十五载。言其时星辰之变,表象之应,以显天戒,明王事焉。④

①《尚书》曰:“帝在琁玑玉衡,以齐七政。”孔安国曰:“在,察也。琁,美玉也。玑衡,王者正天文之器,可运转者。七政,日月五星各异政。舜察天文,齐七政也。”

②或云石申父。

③《谢沈书》曰:“蔡邕撰建武已后,星验著明,以续《前志》,谯周接继其下者。”

④臣昭以张衡天文之妙,冠绝一代。所著《灵宪》、《浑仪》,略具辰耀之本,今写载以备其理焉。《灵宪》曰:“昔在先王,将步天路,用(之)〔定〕灵轨,〔3〕寻绪本元。先准之于浑体,是为正仪立度,而皇极有逌建也,枢运有逌稽也。乃建乃稽,斯经天常。圣人无心,因兹以生心,故《灵宪》作兴。曰:太

素之前,幽清玄静,寂漠冥默,不可为象,厥中惟虚,〔4〕厥外惟无。如是者永久焉,斯谓溟涬,盖乃道之根也。道根既建,自无生有。太素始萌,萌而未兆,并气同色,浑沌不分。故道志之言云:'有物浑成,先天地生。'其气体固未可得而形,其迟速固未可得而纪也。如是者又永久焉,斯为庬鸿,盖乃道之干也。道干既育,有物成体。于是元气剖判,刚柔始分,清浊异位。天成于外,地定于内。天体于阳,故圆以动;地体于阴,故平以静。动以行施,静以合化,堙郁构精,时育庶类,斯谓太元,盖乃道之实也。在天成象,在地成形。天有九位,地有九域;天有三辰,地有三形;有象可效,有形可度。情性万殊,旁通感薄,自然相生,莫之能纪。于是人之精者作圣,实始纪纲而经纬之。八极之维,径二亿三万二千三百里,南北则短减千里,东西则广增千里。自地至天,半于八极,则地之深亦如之。通而度之,则是浑巳。将覆其数,用重钩股,〔5〕悬天之景,薄地之义,皆移千里而差一寸得之。过此而往者,未之或知也。未之或知者,宇宙之谓也。宇之表无极,宙之端无穷。天有两仪,以儛道中。其可睹,枢星是也,谓之北极。在南者不著,故圣人弗之名焉。其世之遂,九分而减二。阳道左回,故天运左行。有验于物,则人气左嬴,形左缭也。天以阳回,地以阴淳。〔6〕是故天致其动,禀气舒光;地致其静,承施候明。〔7〕天以顺动,不失其中,则四序顺至,寒暑不减,〔8〕致生有节,故品物用生。地以灵静,作合承天,清化致养,四时而后育,故品物用成。凡至大莫如天,至厚莫若地。(地)至质者曰地而已。〔9〕至多莫若水,水精为汉,汉用于天而无列焉,〔10〕思次质也。地有山岳,以宣其气,精种为星。星也者,体生于地,精成于天,列居错跱,各有逌属。紫宫为皇极之居,太微为五帝之廷。明堂之房,大角有席,天市有坐。苍龙连蜷于左,白虎猛据于右,〔11〕朱雀奋翼于前,灵龟圈首于后,黄神轩辕于中。六扰既畜,而狼蚖鱼鳖罔有不具。在野象物,在朝象官,在人象事,于是备矣。悬象著明,莫大乎日月。其径当天周七百三十六分之一,地广二百四十二分之一。日者,阳精之宗。积而成鸟,象乌而有三趾。阳之类,其数奇。月者,阴精之宗。积而成兽,象兔。阴之类,其数耦。其后有冯焉者。羿请无死之药于西王母,姮娥窃之以奔月。〔12〕将往,枚筮之于有黄,有黄占之曰:'吉。翩翩归妹,独将西行,逢天晦芒,毋惊毋恐,后其大昌。'姮娥遂托身于月,是为蟾蜍。夫日譬犹火,月譬犹水,火则外光,水则含景。故月光生于日之所照,魄生于日之所蔽,当日则光盈,就日则光尽也。众星被耀,因水转光。当日之冲，光常不合者，蔽于〔他〕〔地〕也。〔13〕是谓暗虚。在星星微，月过则食。日之薄地，其明也。〔14〕由暗视明，明无所屈，是以望之若火。〔15〕方于中天，天地同明。由明瞻暗，暗还自夺，故望之若水。〔16〕火当夜而扬光，在昼则不明也。月之于夜，与日同而差微。星则不然，强弱之差也。众星列布，其以神著，有五列焉，是为三十五名。一居中央，谓之北斗。动变挺占，实司王命。四布于方，为二十八宿。日月运行，历示吉凶，五纬经次，〔17〕用告祸福，则天心于是见矣。中外之官，常明者百有二十四，可名者三百二十，为星二千五百，而海人之占未存焉。微星之数，盖万一千五百二十。庶物蠢蠢，咸得系命。不然，何以总而理诸！夫三光同形，有似珠玉，神守精存，丽其职而宣其明；及其衰，神歇精斁，于是乎有陨星。然则奔星之所坠，至〔地〕则石〔矣〕。〔18〕文曜丽乎天，其动者七，日、月、五星是也。周旋右回。天道者，贵顺也。近天则迟，远天则速，行则屈，屈则留回，留回则逆，逆则迟，〔19〕迫于天也。行迟者觌于东，觌于东属阳，行速者觌于西，觌于西属阴，日与月此配合也。〔20〕摄提、荧惑、地候见晨，〔21〕附于日也。太白、辰星见昏，附于月也。二阴三阳，参天两地，故男女取焉。方星巡镇，必因常度，苟或盈缩，不逾于次。故有列司作使，曰老子四星，周伯、王逢、芮各一，错乎五纬之间，其见无期，其行无度，实妖经星之所，然后吉凶宣周，其祥可尽。”蔡邕《表志》曰：“言天体者有三家：一曰《周髀》，二曰《宣夜》，三曰《浑天》。《宣夜》之学绝无师法。《周髀》数术具存，考验天状，多所违失，故史官不用。唯《浑天》者近得其情，今史官所用候台铜仪，则其法也。立八尺圆体之度，而具天地之象，以正黄道，以察发敛，以行日月，以步五纬。精微深妙，万世不易之道也。官有其器而无本书，《前志》亦阙而不论。臣求其旧文，连年不得。在东观，以治律未竟，未及成书，案略求索。窃不自量，卒欲寝伏仪下，思惟精意，案度成数，扶以文义，润以道术，著成篇章。罪恶无状，投畀有北，灰灭雨绝，世路无由。〔22〕宜博问群臣，下及岩穴，知《浑天》之意者，使述其义，以禅天文志。撰建武以来星变彗孛占验著明者续其后。”

王莽地皇三年十一月，有星孛于张，东南行五日不见。孛星者，恶气所生，为乱兵，①其所以孛德。孛德者，乱之象，不明之表。又参然孛焉，兵之类也，故名之曰孛。孛之为言，犹有所伤害，有所妨蔽。或谓之彗星，所以除秽而布新也。② 张为周地。星孛于张，东南行即翼、轸之分。翼、轸为楚，是周、楚地将有兵乱。后一年正月，光武起兵舂陵，会下江、新市贼张印、[23]王常及更始之兵亦至，俱攻破南阳，斩莽前队大夫甄阜、属正梁丘赐等，杀其士众数万人。更始为天子，都雒阳，西入长安，败死。光武兴于河北，复都雒阳，居周地，除秽布新之象。

①《星占》曰："其国内外用兵也。"

②宋均注《钩命决》曰"彗，五彗也。苍则王侯破，天子苦兵。赤则贼起，强国恣。黄则女害色，权夺于后妃。白则将军逆，二年兵大作。黑则水精赋，江河决，贼处处起"也。《韩扬占》曰："其象若竹彗、树木条，长短无常。其长大见久，灾深；短小见不久，灾狭。"《晏子春秋》曰："齐景公睹彗星，使伯常骞攘之。[24]晏子曰：'不可。此天教也。日月之气，风雨不时，彗星之出，天为民之乱见之。'"又一曰："景公彗星出而泣，晏子问之。公曰：'寡人闻之，彗星出，其所向之国君当之。今彗星出而向吾国，我是以悲。'晏子曰：'君之行义(固应)〔回邪〕，[25]无德于国。穿(开)〔陂〕池，[26]则欲其深以广也，为台榭则欲其高且大也。赋敛如拯夺，诛戮如仇雠。自是观之，孛又将出。彗星之出，庸何(巨)〔惧〕乎？'"[27]案：如晏子之言，孛之与彗，如似匪同。

四年六月，汉兵起南阳，至昆阳。莽使司徒王寻、司空王邑将诸郡兵，号曰百万众，已至者四十二万人；能通兵法者六十三家，皆为将帅，持其图书器械。军出关东，牵从群象虎狼猛兽，放之道路，以示富强，用怖山东。至昆阳山，作营百馀，围城数重，或为冲车以撞城，[28]为云车高十丈以瞰城中，弩矢雨集，城中负户而汲。求降不听，请出不得。二公之兵自以必克，不恤军事，不协计虑。莽有覆败之变见焉。昼有云气如坏山，堕军上，军人皆厌，所谓营头之星也。占曰："营头之所堕，其下覆军，流血三千里。"①是时光武将兵数千人赴救昆阳，奔击二公兵，并力焱发，号呼声动天地，虎豹惊怖败振。会天大风，飞屋瓦，雨如注水。二公兵乱败，自相贼，就死者数万人。竞赴滍水，死者委积，滍水为之不流。杀司徒王寻。军皆散走归本郡。王邑还长安，莽败，俱诛死。营头之变，覆军流血之应也。

①《袁山松书》曰："怪星昼行，名曰营头，行振大诛也。"

　　四年秋，太白在太微中，烛地如月光。太白为兵，太微为天廷。太白赢而北入太微，是大兵将入天子廷也。是时莽遣二公之兵至昆阳，已为光武所破。莽又拜九人为将军，皆以虎为号。九虎将军至华阴，皆为汉将邓晔、李松所破。进攻京师，仓将军韩臣至长门。十月戊申，汉兵自宣平城门入。二日己酉，城中少年朱弟、张鱼等数千人起兵攻莽，烧作室〔门〕，〔29〕斧敬法闼。商人杜吴杀莽渐台之上，校尉公宾就斩莽首。〔30〕大兵蹈藉宫廷之中。仍以更始入长安，赤眉贼立刘盆子为天子，皆以大兵入宫廷，是其应也。

　　光武①建武九年七月乙丑，金犯轩辕大星。十一月乙丑，金又犯轩辕。②轩辕者，后宫之官，大星为皇后，金犯之为失势。是时郭后已失势见疏，后废为中山太后，阴贵人立为皇后。

　　①《古今注》曰："建武六年九月丙戌，〔31〕月犯太微西藩。十一月辛亥，月犯轩
　　　辕。七年九月庚子，土入鬼中。"《汉史》："镇星逆行舆鬼，女主贵亲有忧。"
　　　巫咸曰："有土功事。"是岁太白经太微。八年四月辛未，月犯房第二星，光
　　　芒不见。九年正月乙卯，金犯娄南星。甲子，月犯轩辕第二星，壬寅，犯心
　　　大星。〔32〕七月戊辰，月并犯昴。《黄帝星占》："土犯鬼，皇后有忧，失亡其
　　　势。"《河图》："月犯房，天子有忧，四足之虫多死。"《汉史》曰："其国有忧，将
　　　军死。"又案《严光传》，光与帝卧，足加帝腹上，太史奏客星犯帝坐甚急。
　　②孟康曰："犯，七寸以内光芒相及也。"韦昭曰："自下往触之曰犯。"

　　十年三月癸卯，〔33〕流星如月，从太微出，入北斗魁第六星，色白。旁有小星射者十馀枚，灭则有声如雷，食顷止。①流星为贵使，星大者使大，星小者使小。太微天子廷，北斗魁主杀。星从太微出，抵北斗魁，是天子大使将出，有所伐杀。②十二月己亥，大流星如缶，出柳西南行入轸。〔34〕且灭时，分为十馀，如遗火状。须臾有声，隐隐如雷。柳为周，轸为秦、蜀。〔35〕大流星出柳入轸者，是大使从周入蜀。是时光武帝使大司马吴汉发南阳卒三万人，乘船溯江而上，击蜀白帝公孙述。③又命将军马武、刘尚、郭霸、岑彭、冯骏平武都、巴郡。十二年十月，汉进兵击述从

弟卫尉永,遂至广都,杀述女婿史兴。威虏将军冯骏拔江州,[36]斩述将田戎。吴汉又击述大司马谢丰,斩首五千馀级。臧宫破涪,杀述弟大司空恢。十一月丁丑,汉护军将军高午刺述洞胸,其夜死。明日,汉入屠蜀城,诛述大将公孙晃、[37]延岑等,所杀数万人,夷灭述妻宗族万馀人以上。[38]是大将出伐杀之应也。其小星射者,及如遗火分为十馀,皆小将随从之象。有声如雷隐隐者,兵将怒之征也。

①孟康曰:“流星,光迹相连也,绝迹而去为飞也。”

②《古今注》曰:“正月壬戌,月犯心后星。闰月庚辰,火入舆鬼,过轸北。庚申,月在斗,[39]赤如丹者也。”

③臣昭曰:述虽以白承黄,而此遂号为白帝,于文繁长,书例未通。

十二年正月①己未,[40]小星流百枚以上,或西北,或正北,或东北,二夜止。②六月戊戌晨,小流星百枚以上,四面行。小星者,庶民之类。流行者,移徙之象也。或西北,或东北,或四面行,皆小民流移之征。是时西北讨公孙述,[41]北征卢芳。匈奴助芳侵边,汉遣将军马武、骑都尉刘纳、阎兴军下曲阳、临平、呼沱,以备胡。匈奴入河东,中国未安,米谷荒贵,民或流散。后三年,吴汉、马武又徙雁门、代郡、上谷、关西县吏民六万馀口,置常〔山〕关、居庸关以东,[42]以避胡寇。是小民流移之应。③

①《古今注》曰:“丁丑,月乘轩辕大星。”

②《古今注》曰:“二月辛亥,月入氐,晕珥围角、亢、房。”

③《古今注》曰:“其年七月丁丑,月犯昴头两星。八月辛酉,水见东方翼分。九月甲午,火犯舆鬼。十月丁卯,大星流,[43]有光,发东井西行,声隆隆。十三年二月乙卯,火犯舆鬼西北。”《黄帝占》曰:“荧惑守舆鬼,大人忧。”一曰贵人当之。巫咸曰:“水见翼,多火灾。”石氏曰:“为旱。”《郗萌占》曰:“流星出东井,所之国大水。”

十五年正月丁未,彗星见昴,①稍西北行入营室,犯离宫,②三月乙未,至东壁灭,见四十九日。彗星为兵入除秽,昴为边兵,彗星出之为有兵至。十一月,定襄都尉阴承反,太守随诛之。卢芳从匈奴入居高柳,至十六年十月降,上玺绶。一曰,昴星为狱事。是时大司徒欧阳歙以事系狱,逾岁死。营室,天子之常宫;离宫,妃后之所居。彗星入营室,犯离宫,是除宫室也。〔44〕是时郭皇后已疏,至十七年十月,遂废为中山太后,立阴贵人为皇后,除宫之象也。③

①炎长三丈。《韩扬占》曰:"在昴,大国起兵也。"

②《韩扬占》曰:"彗出营室、东壁之间,为兵起也。"

③《古今注》曰:"十六年四月,土星逆行。十七年三月乙未,〔45〕火逆行,从东门入太微,到执法星东,己酉,南出端门。十八年十二月壬戌,月犯木星。十九年闰月戊申,火逆,从氐到亢。二十一年七月辛酉,月入毕。二十三年三月癸未,月食火星。"郗萌曰:"荧惑逆行氐为失火。"

三十年闰月甲午,水在东井二十度,生白气,东南指,炎长五尺,为彗,东北行,至紫宫西藩止,五月甲子不见,凡见三十一日。水常以夏至放于东井,闰月在四月,尚未当见而见,是赢而进也。东井为水衡,水出之为大水。是岁五月及明年,郡国大水,坏城郭,伤禾稼,杀人民。白气为丧,有炎作彗,彗所以除秽。紫宫,天子之宫,彗加其藩,除宫之象。①后三年,光武帝崩。

①《荆州星经》曰:"彗在东井,国大人死。七十日主当之,〔46〕五十日相当之,三十日兵将当之。"

三十一年七月①戊午,火在舆鬼一度,入鬼中,出尸星南半度,十月己亥,犯轩辕大星。又七(日)〔星〕间有客星,〔47〕炎二尺所,西南行,至明年二月二十二日,在舆鬼东北六尺所灭,凡见百一十三日。②荧惑为凶衰,舆鬼尸星主死亡,荧惑入之为大丧。轩辕为后宫。七星,周地。客星居之为死丧。其后二年,光武崩。

①《古今注》曰:"戊申,月犯心后星。"

②舆鬼五星,天府也。《黄帝占》曰:"舆鬼,天目也,朱雀头也,中央星如粉絮,鬼为变害,故言。一名天尸,斧钺,或以病亡,或以诛斩。火克金,〔48〕天以制法。其西南一星,主积布帛;西北一星,主积金玉;东北一星,主积马;东南一星,主积兵,一曰主领珠钱。"郗萌曰:"舆鬼者,参之尸也,弧射狼,误中

参左肩,举尸之东井治,留尸舆鬼,故曰天尸。鬼之为言归也。"又《占》:"月、五星有入舆鬼,大臣诛,有干(聊)〔钺〕乘质者,〔49〕君贵人忧,金玉用,民人多疾,从南入为男子,从北入为女,从西入为老人,从东入为丁壮。棺木倍价。"

中元①二年八月丁巳,火犯太微西南角星,相去二寸。十月戊子,〔50〕大流星从西南东北行,声如雷。火犯太微西南角星,为将相。后太尉赵憙、司徒李䜣坐事免官。大流星为使。中郎将窦固、扬虚侯马武、扬乡侯王赏将兵征西也。〔51〕

①《古今注》曰:"元年三月甲寅,月犯心后星。"

【校勘记】

〔1〕 下应十二子　按:《校补》谓"子"疑"野"之讹。

〔2〕 轩辕始受《河图》斗苞授规日月星辰之象　按:《集解》引惠栋说,谓《阊苞受》,《河图》篇名,见李善注《文选》。　"斗"当作"阊","授"当作"受","规"字属下读。罗泌以"斗苞"为黄帝臣名,非也。

〔3〕 用(之)〔定〕灵轨　据汲本改。按:《校补》谓《张衡传》注作"定","之"字误。

〔4〕 厥中惟虚　按:汲本、殿本"虚"作"灵"。

〔5〕 用重钩股　按:严可均辑《全后汉文》"重"下有"差"字,此脱。

〔6〕 地以阴淳　按:《开元占经》"淳"作"浮",是。严辑《全后汉文》同。

〔7〕 承地候明　严辑《全后汉文》作"承候施明"。按:上言"禀气舒光",承候与禀气相对成文,似以作"承候施明"为是。

〔8〕 寒暑不减　按:《开元占经》"减"作"忒",是。严辑《全后汉文》同。

〔9〕 (地)至质者曰地而已　据《开元占经》及严辑《全后汉文》删。

〔10〕 汉用于天而无列焉　按:《开元占经》"用"作"周",是。严辑《全后汉文》同。

〔11〕 白虎猛据于右　按:"白"原讹"召",径据汲本、殿本改正。

〔12〕 姮娥窃之以奔月　按:"姮"原讹"恒",径改正。

〔13〕 蔽于(他)〔地〕也　据汲本改。

〔14〕　日之薄地其明也　　按:《隋书·天文志》、《开元占经》及严辑《全后汉文》"其"上并有"暗"字。

〔15〕　是以望之若火　　按:《隋书·天文志》及严辑《全后汉文》"火"并作"大"。

〔16〕　故望之若水　　按:《隋书·天文志》及严辑《全后汉文》"水"并作"小"。

〔17〕　五纬经次　　按:卢校谓《晋志》及《史记正义》"经次"皆作"躔次"。

〔18〕　至〔地〕则石〔矣〕　　据《开元占经》及严辑《全后汉文》补。

〔19〕　逆则迟　　按:"则"原讹"时",径据汲本、殿本改正。

〔20〕　日与月此配合也　　按:《开元占经》"此"作"以",严辑《全后汉文》作"共"。

〔21〕　地候见晨　　按:"候"原讹"侯",径改正。

〔22〕　灰灭雨绝世路无由　　按:殿本"雨"作"两"。卢校谓《宋志》"世"作"势"。

〔23〕　张卬　　"卬"原讹"卯",径改正。按:惠栋《补注》本出"张卬"二字,谓《刘玄传》注引《续汉书》"卬"作"印"。张森楷《校刊记》谓案《光武纪》作"张卬",《袁纪》、《通鉴》亦是"卬"字,疑卬字是。然《刘玄传》注引《续汉书》"卬"作"印",则《范书》自作"印",本志自作"印"也。

〔24〕　使伯常骞攘之　　汲本"攘"作"禳",殿本作"穰"。按:攘可通禳,穰则讹字也。

〔25〕　君之行义(固应)〔回邪〕　　按:卢校云"固应"讹,据本书改"回邪"。今据改。

〔26〕　穿(开)〔陂〕池　　据汲本、殿本改。

〔27〕　庸何(巨)〔惧〕乎　　据汲本、殿本改。

〔28〕　或为冲车以撞城　　按:"撞"原讹"橦",径改正。

〔29〕　烧作室〔门〕　　《校补》谓案《前书·莽传》作"烧作室门",此脱"门"字。今据补。

〔30〕　校尉公宾就斩莽首　　按:《校补》引柳从辰说,谓《袁纪》及荀悦《汉纪》皆作"公孙宾就斩莽首",与班、范、本志异。

〔31〕　建武六年九月丙戌　　按:是年九月丁酉朔,无丙戌,当有讹。

〔32〕　壬寅犯心大星　　按:卢校谓上有甲子,此当是"丙寅"。

〔33〕　十年三月癸卯　　按:建武十年三月丁未朔,无癸卯,志文有讹。

〔34〕　出柳西南行入轸　　按:"轸"当作"井",详下条。

〔35〕　轸为秦蜀　　按:《集解》引惠栋说,谓李殿学云,轸安得为秦、蜀,盖"井"

字也,吴越音讹讹写耳,观上文西南行可见。

〔36〕 威虏将军冯骏拔江州　按:殿本《考证》齐召南谓《公孙述传》作"破虏将军",《光武纪》又作"威虏将军冯峻"。

〔37〕 公孙晃　按:《集解》引惠栋说,谓"晃"一作"光",述弟也。

〔38〕 夷灭述妻宗族万馀人以上　按:"妻"下疑脱"子"字。

〔39〕 闰月庚辰火入舆鬼过轸北庚申月在斗　按:此注系于建武十年三月之后,查建武十年无闰,十一年闰三月,辛未朔,有庚辰、庚寅而无庚申,注有讹。

〔40〕 十二年正月己未　按:建武十二年正月丙寅朔,无己未,志文有讹。

〔41〕 是时西北讨公孙述　按:《集解》引张永祚说,谓公孙述在西南,"北"字疑讹。

〔42〕 置常〔山〕关居庸关以东　据卢校补。

〔43〕 九月甲午火犯舆鬼十月丁卯大星流　按:建武十二年九月壬戌朔,无甲午,十月壬辰朔,无丁卯,注有讹。

〔44〕 是除宫室也　按:"除"原讹"际",径改正。

〔45〕 十七年三月乙未　按:建武十七年三月丙申朔,乙未为二月晦,注有讹。

〔46〕 七十日主当之　按:殿本"主"作"王"。

〔47〕 又七(日)〔星〕间有客星　据卢校改。按:卢云"日"讹,李殿学据下文改。

〔48〕 火克金　按:"克"原为"刻",径据汲本、殿本改正。

〔49〕 有干(籖)〔钺〕乘质者　据汲本、殿本改。

〔50〕 十月戊子　按:建武中元二年十月庚寅朔,无戊子,志有讹。

〔51〕 将兵征西也　按:卢云《通考》"征西"作"西征"。

后汉书志第十一

天文中

明十二　章五　和三十三　殇一　安四十六　顺二十三　质三

孝明永平元年四月丁酉，流星大如斗，起天市楼，西南行，光照地。流星为外兵，西南行为西南夷。是时益州发兵击姑复蛮夷大牟替灭陵，斩首传诣雒阳。①

①《古今注》曰："闰九月辛未，〔1〕火在太微左执法星所，光芒相及。十一月辛未，土逆行，乘东井北轩辕第二星。二年十二月戊辰，月食火星。"《黄帝星经》曰："出入井，为人主。一曰（阳）〔赐〕爵禄事。〔2〕"

三年六月丁卯，彗星出天船北，辰二尺所，稍北行至亢南，（百）〔见〕三十五日去。〔3〕天船为水，彗出之为大水。是岁伊、雒水溢，到津城门，坏伊桥；郡七县三十二皆大水。

四年八月辛酉，客星出梗河，西北指贯索，七十日去。梗河为胡兵。至五年十一月，北匈奴七千骑入五原塞，十二月又入云中，至原阳。贯索，贵人之牢。其十二月，陵乡侯梁松坐怨望悬飞书诽谤朝廷下狱死，妻子家属徙九真。

七年正月戊子，流星大如杯，从织女西行，光照地。织女，天之真女，流星出之，女主忧。其月癸卯，光烈皇后崩。①

①《古今注》曰："三月庚戌，客星光气二尺所，在太微左执法南端门外，凡见七十五日。"

八年六月壬午，长星出柳、张三十七度，犯轩辕，刺天船，陵太微，气至上阶，凡见五十六日去。柳，周地。是岁多雨水，郡十四伤稼。①

①《古今注》曰:"十二月戊子,客星出东方。"

九年正月戊申,客星出牵牛,长八尺,历建星至房南,①灭见至五十日。②牵牛主吴、越,房、心为宋。后广陵王荆与沈凉,楚王英与颜忠各谋逆,事觉,皆自杀。广陵属吴,彭城古宋地。③

①《古今注》曰:"历斗、建、箕、房,过角、亢至翼,芒东指。"

②《郗萌占》曰:"客星舍房,左右群臣有吞药死者。"又占"有夺地"。

③《古今注》曰:"十年七月甲寅,月犯岁星。十一年六月壬辰,火犯土星。"

十三年闰月丁亥,火犯舆鬼,为大丧,质星为大臣诛戮。①其十二月,楚王英与颜忠等造作妖〔书〕谋反,〔四〕事觉,英自杀,忠等皆伏诛。②

①晋灼曰:"鬼五星,其中白者为质。"

②《古今注》曰:"十一月,客星出轩辕四十八日。十二月戊午,月犯木星。"

十四年正月戊子,客星出昴,六十日,在轩辕右角稍灭。昴主边兵。后一年,汉遣奉车都尉显亲侯窦固、附马都尉耿秉、骑都尉耿忠、开阳城门候秦彭、太仆祭彤,将兵击匈奴。一曰,轩辕右角为贵相,昴为狱事,客星守之为大狱。是时考楚事未讫,司徒虞延与楚王英党与黄初、公孙弘等交通,皆自杀,或下狱伏诛。

十五年十一月乙丑,太白入月中,为大将戮,人主亡,不出三年。后三年,孝明帝崩。

十六年正月丁丑,岁星犯房右骖,北第一星不见,辛巳乃见。①房右骖为贵臣,岁星犯之为见诛。是后司徒邢穆,坐与阜陵王延交通知逆谋自杀。四月癸未,太白犯毕。毕为边兵。后北匈奴寇〔边〕,入云中,至(咸)〔渔〕阳。〔五〕使者高弘发三郡兵追讨,无所得。太仆祭彤坐不进下狱。

①《石氏星经》曰:"岁星守房,良马出厩。"《古今注》曰:"正月丁未,月犯房。"

十八年六月己未,彗星出张,长三尺,转在郎将,南入太微,皆属张。张,周地,为东都。太微,天子廷。彗星犯之为兵丧。其八月壬子,孝明帝崩。

孝章建初元年,正月丁巳,太白在昴西一尺。八月庚寅,彗星出天市,长二尺所,稍行入牵牛三度,积四十日稍灭。太白在昴为边兵,彗星出天市为外军,牵牛为吴、越。是时蛮夷陈纵等及哀牢王类〔牢〕反,〔6〕攻(蕉)〔巂〕唐城。〔7〕永昌太守王寻走奔楪榆,安夷长宋延〔8〕为羌所杀。以武威太守傅育领护羌校尉,马防行车骑将军,征西羌。又阜陵王延与子男鲂谋反,大逆无道,得不诛,废为侯。

二(月)〔年〕九(日)〔月〕①〔9〕甲寅,流星过紫宫中,长数丈,散为三,灭。十二月戊寅,彗星出娄三度,长八九尺,稍入紫宫中,百六日稍灭。流星过,入紫宫,皆大人忌。后四年六月癸丑,明德皇后崩。②

①《古今注》曰:"甲申,金入斗魁。"〔10〕

②《古今注》曰:"五年二月戊辰,〔11〕木、火俱在参,五月戊寅,〔12〕木、水在东井。六年七月丁酉,夜有流星起轩辕,大如拳,历文昌,馀气正白句曲,西如文昌,久久乃灭。"《黄帝星经》曰:"木守东井,有土功之事。一曰大水。"郗萌曰:"岁星守参,后当之。荧惑守,大人当之。"

元和(元)〔二〕年四月丁巳,〔13〕客星晨出东方,在胃八度,长三尺,历阁道入紫宫,留四十日灭。阁道、紫宫,天子之宫也。客星犯入留久为大丧。后四年,孝章帝崩。

孝和永元元年正月辛卯,有流星起参,长四丈,①有光,色黄白。②二月,流星起天棓,东北行三丈所灭,色青白。壬申,夜有流星起太微东蕃,长三丈。三月③丙辰,流星起天津。④壬戌,有流星起天将军,〔14〕东北行。⑤参为边兵,天棓为兵,太微天廷,天津为水,天将军为兵,流星起之皆为兵。其六月,汉遣车骑将军窦宪、执金吾耿秉,与度辽将军邓鸿出朔方,并进兵临私渠北鞮海,〔15〕斩虏首万馀级,获生口牛马羊百万头。日逐王等八十一部降,凡三十馀万人。追单于至西海。是岁七月,又雨水漂人民,是其应。⑥

①《古今注》曰:"大如拳,起参东南。"

②《古今注》曰:"癸亥,镇在参。〔16〕又有流星大如桃,色赤,起太微东蕃。"石氏

曰:"镇守参,有土功事。"

③《古今注》曰:"戊子,土在参。"

④《古今注》曰:"星大如桃,起天津,东至斗,黄白频有光。"

⑤《古今注》曰:"色黄,无光。"

⑥《古今注》曰:"十一月壬申,镇星在东井。"石氏曰:"天下水,其大出,流杀人。"

二年正月乙卯,金、木俱在奎,丙寅,水又在奎。①奎主武库兵,三星会又为兵丧。辛未,水、金、木在娄,亦为兵,又为匿谋。②二月丁酉,有流星大如桃,起紫宫东蕃,西北行五丈稍灭。③四月丙辰,〔17〕有流星大如瓜,起文昌东北,西南行至少微西灭。有顷音如雷声,已而金在轩辕大星东北二尺所。④八月丁未,有流星如鸡子,起太微西,东南行四丈所消。十月癸未,有流星大如桃,起天津,西行六丈所消。十一月辛酉,有流星大如拳,起紫宫,西行到胃消。

①巫咸曰:"辰守奎,多水火灾,亦为旱。"《古今注》曰:"土在东井。"

②郗萌曰:"辰守娄,有兵兵罢,〔无兵〕兵起。〔18〕"巫咸、石氏云:"多火灾。"《古今注》曰:"丙寅,水在奎,土在东井,金在娄,木、火在昴。"

③《古今注》曰:"三月甲子,火在亢南端门第一星南。乙亥,金在东井。"

④《古今注》曰:"丁丑,火在氐东南星东南。"〔19〕

三年九月丁卯,有流星大如鸡子,起紫宫,西南至北斗柄间消。①紫宫天子宫,文昌、少微为贵臣,天津为水,北斗主杀。流星起,历紫宫、文昌、少微、天津,文昌为天子使,出有兵诛也。窦宪为大将军,宪弟笃、景等皆卿、校尉,宪女弟婿郭举为侍中、射声校尉,〔20〕与卫尉邓叠母元俱出入宫中,谋为不轨。至四年六月丙(寅)〔辰〕发觉,〔21〕和帝幸北宫,诏执金吾、五校勒兵屯南、北宫,闭城门,捕举。举父长乐少府璜及叠,叠弟步兵校尉磊,母元,皆下狱诛。宪弟笃、景等皆自杀。金犯轩辕,女主失势。窦氏被诛,太后失势。

①《星紫宫占》曰:"有流星出紫宫,天子使也。色赤言兵,色白言(义)〔丧〕,〔22〕色黄言吉,色青言忧,色黑言水。出皆以所之野命东、西、南、北。"

　　五年①四月癸巳，太白、荧惑、辰星俱在东井。②七月壬午，岁星犯轩辕大星。九月，金在南斗魁中。③火犯房北第一星。东井，秦地，为法。三星合，内外有兵，又为法令及水。金入斗口中，为大将将死。火犯房北第一星，为将相。其六年正月，司徒丁鸿薨。④七月水，大漂杀人民，伤五谷。许侯马光有罪自杀。〔23〕九月，行车骑将军事邓鸿、越骑校尉冯柱发左右羽林、北军五校士及八郡迹射、乌桓、鲜卑，合四万骑，与度辽将军朱徽、〔24〕护乌桓校尉任尚、中郎将杜崇征叛胡。十二月，车骑将军鸿坐追虏失利，下狱死；度辽将军徽、中郎将崇皆抵罪。

　　①《古今注》曰："正月甲戌，月乘岁星。"

　　②巫咸曰："太白守井，五谷不成。"《黄帝经》曰："五星及客星守井，皆为水。"石氏曰："为旱。"又曰："太白入东井，留一日以上乃占，大臣当之，期三月，若一年，远五年。"《古今注》曰："木在舆鬼。"

　　③为水。石氏曰："为旱。"

　　④《古今注》曰："六年六月丁亥，金在东井。闰月己丑，流星大如桃，起参北，西至参肩南，稍有光。"

　　七年正月丁未，有流星起天津，入紫宫中灭。色青黄，有光。二月癸酉，金、火俱在参。①戊寅，金、火俱在东井。②八月甲寅，水、土、金俱在轸。③十一月甲戌，〔25〕金、火俱在心。④十二月己卯，〔26〕有流星起文昌，入紫宫消。丙辰，火、金、水俱在斗。流星入紫宫，金、火在心，皆为大丧。三星合轸为白衣之会，金、火俱在参、东井，皆为外兵，有死将。三星俱在斗，有戮将，若有死相。八年四月乐成王党，七月乐成王宗〔27〕皆薨。将兵长史吴棼坐事征下狱诛。⑤十月，北海王威自杀。十二月，陈王羡薨。其九年闰月，皇太后窦氏崩。辽东鲜卑〔反〕，太守祭参不追虏，征下狱诛。〔28〕九月，司徒刘方坐事免官，自杀。陇西羌反，遣执金吾刘尚行征西将军事，越骑校尉节乡侯赵世发北军五校、黎阳、雍营及边胡兵三万骑，征西羌。

　　①《巫咸占》曰："荧惑守参，多火灾。"《海中占》曰："为旱。太白守参，国有反臣。"郗萌曰"有攻战伐国"也。

②郗萌曰：“荧惑守井，百川皆满。太白又从舍，盖二十日流国。”又曰：“杂采
贵。又将相死。”

③《春秋纬》曰：“五星有入轸者，皆为兵大起。”《巫咸占》曰：“五星入轸者，司
其出日而数之，〔29〕期二十日皆为兵发。司始入处之率一日期，十日军罢。”
《石氏星经》曰：“辰星守轸，岁水。”郗萌曰：“镇星出入留舍轸六十日不下，
必有大丧。”《春秋纬》曰：“太白入轸，兵大起。”郗萌曰：“太白守轸，必有
死王。”

④《雒书》曰：“太白守心，后九年大饥。”

⑤《古今注》曰：“八年九月辛丑，夜有流星，大如拳，起娄。”

十一年五月丙午，流星大如瓜，起氐，西南行，稍有光，白色。①占
曰：“流星白，为有使客，大为大使，小亦小使。疾期疾，迟亦迟。大如瓜
为近小，行稍有光为迟也。又正王日，边方有受王命者也。”明年二月，
蜀郡旄牛徼外夷白狼楼薄种王〔30〕唐缯等率种人口十七万归义内属，赐
金印紫绶钱帛。

①《古今注》曰：“六月庚辰，月入毕中。”

十二年十一月癸酉，夜有苍白气，长三丈，起天园，东北指军市，见
积十日。占曰：“兵起，十日期岁。”明年十一月，辽东鲜卑二千馀骑寇右
北平。

十三年①十一月乙丑，轩辕第四星间有小客星，色青黄。轩辕为后
宫，星出之，为失势。其十四年六月辛卯，阴皇后废。②

①《古今注》曰：“正月辛未，水乘舆鬼。十二月癸巳，犯轩辕大星。”

②《古今注》曰：“十四年正月乙卯，月犯轩辕，在太微中。二月十日丁酉，〔31〕
水入太微西门。十一月丁丑，〔32〕有流星大如拳，起北斗魁中，北至阁道，稍
有光，色赤黄，须臾西北有雷声。”

十六年四月丁未，紫宫中生白气如粉絮。戊午，客星出紫宫西行至
昴，五月壬申灭。七月庚午，水在舆鬼中。①十月辛亥，流星起钩陈，北
行三丈，有光，色黄。白气生紫宫中为丧。客星从紫宫西行至昴为赵。
舆鬼为死丧。钩陈为皇后，流星出之为中使。后一年，元兴元年十〔二〕

月〔二日〕,和帝崩,〔33〕殇帝即位一年又崩,无嗣,邓太后遣使者迎清河孝王子即位,是为孝安皇帝,是其应也。清河,赵地也。

①《黄帝占》曰:"辰星犯鬼,大臣诛,国有忧。"郗萌曰:"多螝虫。"

元兴元年二月庚辰,〔34〕有流星起角、亢五丈所。四月辛亥,有流星起斗,东北行到须女。七月己巳,有流星起天市五丈所,光色赤。闰月辛亥,〔35〕水、金俱在氐。①流星起斗,东北行至须女。须女,燕地。天市为外军。水、金会为兵诛。其年,辽东貊人反,钞六县,发上谷、渔阳、右北平、辽西乌桓讨之。

①巫咸曰:"辰星守氐,多水灾。"《海中占》曰:"天下大旱,所在不收。"《荆州星占》曰:"太白守氐,国君大哭。"

孝殇帝延平元年正月丁酉,金、火在娄。金、火合为烁,为大人忧。①是岁八月辛亥,孝殇帝崩。

①《古今注》曰:"七月甲申,月在南斗中。"

孝安永初元年五月戊寅,荧惑逆行守心前星。①八月戊申,客星在东井、弧星西南。心为天子明堂,荧惑逆行守之,为反臣。②客星在东井,为大水。③是时,安帝未临朝,邓太后摄政,邓骘为车骑将军,弟弘、悝、阊皆以校尉封侯,秉国势。司空周章意不平,与王尊、叔元茂等谋,〔36〕欲闭宫门,捕将军兄弟,诛常侍郑众、蔡伦,劫刺尚书,〔37〕废皇太后,封皇帝为远国王。事觉,章自杀。东井、弧皆秦地。是时羌反,断陇道,汉遣骘将左右羽林、北军五校及诸郡兵征之。是岁郡国四十一县三百一十五雨水。四渎溢,伤秋稼,坏城郭,杀人民,是其应也。

①《韩杨占》曰:"多火灾。一曰地震。"检其年十八郡地震,明年汉阳火。

②《雒书》曰:"荧惑守心,逆臣起。"《黄帝占》曰:"逆行守心二十日,大臣乱。"

③《荆州经》曰:"客星干犯东井,则大臣诛。"

二年正月戊子,太白昼见。①

①《古今注》曰：“四月乙亥，〔38〕月入南斗魁中。八月己亥，〔39〕荧惑出入太微端门。”

三年正月庚戌，月犯心后星。①己亥，太白入斗中。②十二月，彗星起天菀南，东北指，长六七尺，色苍白。太白昼见，为强臣。③是时邓氏方盛，月犯心后星，不利子。心为宋。五月丁酉，沛王（牙）〔正〕薨，〔40〕太白入斗中，为贵相凶。④天菀为外军，彗星出其南为外兵。是后使羌、氐讨贼李贵，又使乌桓击鲜卑，又使中郎将任尚、护羌校尉马贤击羌，皆降。

①《河图》曰：“乱臣在旁。”

②《古今注》曰：“三月壬寅，荧惑入舆鬼中。五月丙寅，〔41〕太白入毕中。”《石氏经》曰：“太白守毕，国多任刑也。〔42〕”

③《前志》曰：“太白昼见，强国弱，小国强，女主昌。”

④臣昭案：杨厚对曰“以为诸王子多在京师，容有非常，宜亟发遣还本国”，太后从之，星寻灭不见。以斯而言，太白入之，灾在贵相。

四年①六月甲子，〔43〕客星大如李，苍白，芒气长二尺，西南指上阶星。癸酉，太白入舆鬼。指上阶，为三公。后太尉〔张禹、司空〕张敏〔皆〕免官。〔44〕太白入舆鬼，为将凶。后中郎将任尚坐赃千万，槛车征，弃市。②

①《古今注》曰：“二月丙寅，月犯轩辕大星。”

②《韩扬占》曰：“太白入舆鬼，乱臣在内。”臣昭以占为明〔堂〕，岂任尚所能感也。〔45〕

五年六月辛丑，太白昼见，经天。①元初元年三月癸酉，荧惑入舆鬼。二年九月辛酉，荧惑入舆鬼中。三年三月，荧惑入舆鬼中。五月丙寅，太白入毕口。②七月甲寅，岁星入舆鬼。闰月己未，太白犯太微左执法。十一月甲午，客星见西方，己亥在虚、危，南至胃、昴。③四年正月丙戌，岁星留舆鬼中。④乙未，太白昼见丙上。四月壬戌，太白入舆鬼中。⑤己巳，辰星入舆鬼中。⑥五月己卯，辰星犯岁星。六月丙申，荧惑入舆鬼中，戊戌，〔46〕犯舆鬼大星。九月辛巳，太白入南斗口中。⑦五年三月丙申，镇星犯东井钺星。五月庚午，辰星犯舆鬼质星。丙戌，太白犯钺星。

六年四月癸丑,太白入舆鬼。⑧六月丙戌,荧惑在舆鬼中。⑨丁卯,镇星在舆鬼中。⑩辛巳,太白犯左执法。自永初五年到永宁,十年之中,〔47〕太白一昼见经天,再入舆鬼,一守毕,再犯左执法,入南斗,犯钺星。荧惑五入舆鬼。镇星一犯东井钺星,一入舆鬼。岁星、辰星再入舆鬼。凡五星入舆鬼中,皆为死丧。荧惑、太白甚犯钺、质星为诛戮。斗为贵将。执法为近臣。客星在虚、危为丧。为哭泣。⑪昂、毕为边兵,又为狱事。至建光元年三月癸巳,邓太后崩;五月庚辰,太后兄车骑将军骘等七侯皆免官,自杀,是其应也。

①《春秋汉含孳》曰:"阳弱,辰逆,太白经天。"注云:"阳弱,君柔不堪。"《钩命决》曰:"天失仁,太白经天。"

②《黄帝占》曰:"火攻,〔48〕近期十五日,远期四十日。"又曰:"大臣当之,乱国易主。"

③郗萌曰:"客星入虚,大人当之。"又曰:"客星守危,强臣执国命,在后族。又且大风,有危败。"《黄帝星经》曰:"客星入守若出危,大饥,民食贵。"

④《石氏经》曰:"岁星入留舆鬼五十日不下,民有大丧;百日不下,民半死。"《黄帝经》曰:"守鬼十日,金钱散诸侯。"郗萌曰:"五谷多伤,民以饥死者无数。"

⑤《石氏占》:"太白入鬼,一曰病在女主,一曰将戮死。"

⑥郗萌曰:"以罪诛大臣。一曰后疾。一曰大人忧。"

⑦《黄帝经》曰:"大人当之,国易政。"

⑧郗萌曰:"太白守舆鬼,疾在女主。"

⑨《黄帝经》曰:"荧惑犯守鬼,国有大丧,有女丧,大将有死者。"《荆州星占》曰:"荧惑犯鬼,忠臣戮死,不出一年中。"

⑩《黄帝经》曰:"镇入鬼中,大臣诛。"《海中》、石氏曰:"大人忧。"

⑪《星占》曰:"不一年,远期二年。"

延光①二年八月己亥,荧惑出太微端门。三年二月辛未,太白犯昂。②五月癸丑,太白入毕。③九月壬寅,镇星犯左执法。四年,太白入舆鬼中。④六月壬辰,太白出太微。九月甲子,太白入斗口中。十一月,客星见天市。荧惑出太微,为乱臣。太白犯昂、毕,为(近)〔边〕兵,〔49〕一曰大人当之。镇星犯左执法，有诛臣。太白入舆鬼中，为大丧。太白出太微，为中宫有兵；入斗口，为贵将相有诛者。客星见天市中，为贵丧。是时大将军耿宝、中常侍江京、樊丰、小黄门刘安与阿母王圣、圣子女永等并构谮太子保，并恶太子乳母男、厨监邴吉。三年九月丁酉，废太子为济阴王，以北乡侯懿代。杀男、吉，徙其父母妻子日南。四年三月丁卯，安帝巡狩，从南阳还，道寝疾，至叶崩，阎后与兄卫尉显、中常侍江京等共隐匿，不令群臣知上崩，遣司徒刘喜等〔50〕分诣郊庙，告天请命，载入北宫。庚午夕发丧，尊阎氏为太后。北乡侯懿病薨，京等又不欲立保，白太后，更征诸王子择所立。中黄门孙程、王国、王康等十九人，共合谋诛显、京等，立保为天子，是为孝顺皇帝。皆奸人强臣狂乱王室，其于死亡诛戮，兵起宫中，是其应。⑤

①《古今注》曰："元年四月丙午，〔51〕太白昼见。"

②《石氏星占》："太白守昴，兵从门阙入，主人走。"郗萌曰："不有亡国，必有谋主。"又云："入昴，大赦。"

③郗萌曰："太白入毕口，马驰人走。"又曰："有中丧。"

④《古今注》曰："四月甲辰入。"

⑤《古今注》曰："永建元年二月甲午，客星入太微。五月甲子，月入斗。"《李氏家书》曰："时天有变气，李郃上书谏曰：'臣闻天不言，县象以示吉凶，挺灾变异以为谴诫。昔齐桓公遭虹贯牛、斗之变，纳管仲之谋，令齐去妇，无近妃宫。桓公听用，齐以大安。赵有尹史，见月生齿，齕毕大星，占有兵变。赵君曰："天下共一毕，知为何国也？"下史于狱。其后公子牙谋弑君，血书端门，如史所言。乃月十三日，有客星气象彗孛，历天市、梗河、招摇、枪、梧，十六日入紫宫，迫北辰，十七日复过文昌、泰陵，至天船、积水间，稍微不见。客星一占曰："鲁星历天市者为谷贵，梗河三星备非常，泰陵八星为凶丧，紫宫、北辰为至尊。"如占，恐宫庐之内有兵丧之变，千里之外有非常暴逆之忧。鲁星不得过历尊宿，行度从疾，应非一端，恐复有如王阿母母子贱妾之欲居帝旁耗乱政事者。诚令有之，宜当抑远，饶足以财。王者权柄及爵禄，人天所重慎，诚非阿妾所宜干豫，天故挺变，明以示人。如不承慎，祸至变成，悔之靡及也。'"

　　孝顺永建二年二月癸未，太白昼见三十九日。①闰月乙酉，〔52〕太白昼见东南维四十一日。八月乙巳，荧惑入舆鬼。太白昼见，为强臣。荧惑为凶。舆鬼为死丧。质星为诛戮。是时中常侍高梵、张防、将作大匠翟酺、尚书令高堂芝、仆射张敦、尚书尹就、郎姜述、杨凤等，及兖州刺史鲍就、使匈奴中郎〔将〕张国、〔53〕金城太守张笃、敦煌太守张朗，相与交通，漏泄，就、述弃市，梵、防、酺、芝、敦、凤、就、国皆抵罪。又定远侯班始尚阴城公主坚得，斗争杀坚得，坐要斩马市，同产皆弃市。②

　　①《古今注》曰："丁巳，月犯心，〔54〕七月丁酉，犯昴。"

　　②《古今注》曰："其年九月戊寅，有白气，广三尺，长十馀丈，从北落师门南至斗。三年二月癸未，〔55〕月犯心后星。六月甲子，太白昼见。四年二月癸丑，月犯心后星。五年闰月庚子，太白昼见。六年，彗星出于斗、牵牛，灭于虚、危。虚、危为齐，牵牛吴、越，故海贼浮于会稽，山贼捷于济南。五年夏，荧惑守氐，诸侯有斩者，是冬班始腰斩马市。"

　　六年四月，荧惑入太微中，犯左、右执法西北方六寸所。十月乙卯，太白昼见。十二月壬申，客星芒气长二尺馀，西南指，色苍白，在牵牛六度。客星芒气白为兵。牵牛为吴、越。后一年，会稽海贼曾於等千馀人烧句章，杀长吏，又杀鄞、鄮长，取官兵，拘杀吏民，攻东部都尉；扬州六郡逆贼章何等称将军，犯四十九县，大攻略吏民。

　　阳嘉元年闰月戊子，①客星气白，广二尺，长五丈，起天苑西南。主马牛，为外军，色白为兵。是时，郭煌太守徐白〔56〕使疏勒王盘等兵二万人入于寘界，虏掠斩首三百馀级。乌桓校尉耿晔使乌桓亲汉都尉戎末瘣等出塞〔57〕，钞鲜卑，斩首，获生口财物；鲜卑怨恨，钞辽东、代郡，杀伤吏民。是后，西戎、北狄为寇害，以马牛起兵，马牛亦死伤于兵中，至十馀年乃息。②

　　①臣昭案：郎颢表云"十七日己丑"。

　　②臣昭案：《郎颢传》，阳嘉元年，太白与岁星合于房、心。二年，荧惑失度，盈缩往来，涉历舆鬼，环绕轩辕。《古今注》曰："二年四月壬寅，〔58〕太白昼见，五月癸巳，〔59〕又昼见，十一月辛未，〔60〕又昼见。十二月壬寅，〔61〕月犯太

白。三年十二月辛未，太白昼见。四月乙卯，〔62〕太白、荧惑入舆鬼。永和元年正月丁卯，〔63〕太白犯牵牛大星。"

永和二年五月戊申，太白昼见。八月庚子，荧惑犯南斗。斗为吴。①明年五月，吴郡太守行丞事羊珍与越兵弟叶、吏民吴铜等〔64〕二百馀人起兵反，杀吏民，烧官亭民舍，攻太守府。太守王衡距守，吏兵格杀珍等。又〔九〕江贼蔡伯流等数百人攻广陵、九江，〔65〕烧城郭，杀〔江〕都长。〔66〕

①《黄帝经》曰："不期年，国有乱，有忧。"《海中占》："为多火灾。一曰旱。"《古今注》曰："九月壬午〔67〕，月入毕口中。"

三年二月辛巳，太白昼见，戊子，在荧惑西南，光芒相犯。辛丑，有流星大如斗，从西北东行，长八九尺，色赤黄，有声隆隆如雷。三月壬子，太白昼见。六月丙午，太白昼见。八月①乙卯，太白昼见。闰月甲寅，辰星入舆鬼。己酉，荧惑入太微。乙卯，太白昼见。②太白者，将军之官，又为西州。昼见，阴盛，与君争明。荧惑与太白相犯，为兵丧。流星为使，声隆隆，怒之象也。辰星入舆鬼，为大臣有死者。荧惑入太微，乱臣在廷中。是时，大将军梁商父子秉势，故太白常昼见也。其四年正月，祀南郊，夕牲，中常侍张逵、蓬政、（阳）〔杨〕定、〔68〕内者令石光、尚方令傅福等与中常侍曹腾、孟贲争权，白帝言腾、贲与商谋反，矫诏命收腾、贲，贲自解说，顺帝寤，解腾、贲缚。逵等自知事不从，各奔走，或自刺，解貂蝉投草中逃亡，皆得免。其六年，征西将军马贤击西羌于北地（谢）〔射〕姑山下，〔69〕父子为羌所没杀，是其应也。

①《古今注》曰："己酉，荧惑入太微。"

②《古今注》曰："十二月丁卯，月犯轩辕大星。"

四年七月壬午，荧惑入南斗犯第三星。五年四月戊午，太白昼见。八月己酉，荧惑入太微。斗为贵相，为扬州，荧惑犯人之为兵丧。其六年，大将军商薨。九江、丹阳贼周生、马勉等起兵攻没郡县。梁氏又专权于天廷中。

　　六年二月丁巳，彗星见东方，长六七尺，色青白，西南指营室及坟墓星。①丁丑，彗星在奎一度，长六尺，癸未昏见，②西北历昴、毕，甲申，在东井，遂历舆鬼、柳、七星、张，光炎及三台，至轩辕中灭。③营室者，天子常宫。坟墓主死。彗星起而在营室、坟墓，不出五年，天下有大丧。后四年，孝顺帝崩。昴为边兵，又为赵。羌周马父子后遂为寇。又刘文劫清河相谢暠，欲立王蒜为天子，暠不听，杀暠，王闭门距文，官兵捕诛文，蒜以恶人所劫，废为尉氏侯，又徙为桓阳都乡侯，薨，〔70〕国绝。历东井、舆鬼为秦，皆羌所攻钞。炎及三台，为三公。是时，太尉杜乔及故太尉李固为梁冀所陷人，坐文书死。及至注、张为周，灭于轩辕中为后宫。其后懿献后以忧死，梁氏被诛，是其应也。

　　①《郗萌占》曰："彗星出而中营室，天下乱，易政，以五色占之吉凶。"

　　②《河图》曰："彗星出贯奎，库兵悉出，祸在强侯、外夷，胡应逆首谋也。"

　　③《古今注》曰："五月庚寅，太白昼见。十一月甲午，太白昼见。"

　　汉安①二年，正月己亥，太白昼见。五月丁亥，辰星犯舆鬼。②六月乙丑，荧惑光芒犯镇星。七月甲申，太白昼见。辰星犯舆鬼为大丧。荧惑犯镇星为大人忌。明年八月，孝顺帝崩，孝冲③明年正月又崩。

　　①《古今注》曰："元年二月壬午，〔71〕岁星在太微中。八月癸丑，月犯南斗，入魁中。"

　　②《古今注》曰："丙辰，月入斗中。"〔72〕

　　③《古今注》曰："建康元年九月己亥，太白昼见。"《韩扬占》曰："天下有丧。一曰有白衣之会。"

　　孝质本初元年，①三月癸丑，荧惑入舆鬼，四月辛巳，太白入舆鬼，皆为大丧。五月庚戌，太白犯荧惑，为逆谋。闰月一日，孝质帝为梁冀所鸩，崩。

　　①《古今注》曰："(三)〔二〕月丁丑，〔73〕月入南斗。"

【校勘记】

〔1〕　闰九月辛未　按：此注系永平元年下，查永平元年无闰，是年九月乙卯朔，有辛未，“闰”字当衍。

〔2〕　(阳)〔赐〕爵禄事　卢校谓“阳”疑“赐”字之讹。按：今辑本《开元占经》作“赐”。今据改。

〔3〕　(百)〔见〕三十五日去　按：《校补》引钱大昭说，谓本纪章怀注引伏侯《古今注》作“彗长三尺许，见三十五日乃去”。此“百”字疑当作“见”。今据改。

〔4〕　其十二月楚王英与颜忠等造作妖〔书〕谋反　据卢校补。按：《集解》引洪亮吉说，谓“十二月”宜作“十一月”。

〔5〕　后北匈奴寇〔边〕入云中至(咸)〔渔〕阳　据卢校补改。按：卢云“寇”下当有“边”字。“咸”当作“渔”，何焯以《南匈奴传》校改。

〔6〕　是时蛮夷陈纵等及哀牢王类〔牢〕反　按：《南蛮传》“陈纵”作“陈从”。又按：《西南夷传》“类”下有“牢”字，今据补。

〔7〕　攻(蕉)〔巂〕唐城　殿本《考证》齐召南谓按文当作“巂唐城”，巂唐，永昌郡属县也。又《集解》引惠栋说，谓“焦”《西南夷传》作“巂”，当从传。今据改。

〔8〕　安夷长宋延　按：《西南夷传》“宋延”作“宗延”。

〔9〕　二(月)〔年〕九(日)〔月〕　殿本《考证》李良裘谓案书日例惟甲子，此兼言“九日”，讹也。上书“八月庚寅彗星出天市”，此不应更纪二月事。且上书“元年正月丁巳”，则二月九日安得为甲寅乎？下云“十二月戊寅彗星出”，考《章帝纪》在建初二年，此“二月九日”乃“二年九月”之讹也。又《集解》引洪亮吉说略同。今据改。

〔10〕　甲申金入斗魁　按：建初二年九月乙未朔，无甲申，注有讹。

〔11〕　五年二月戊辰　按：建初五年二月庚辰朔，无戊辰，注有讹。

〔12〕　五月戊寅　按：汲本、殿本“五月”作“三月”。

〔13〕　元和(元)〔二〕年四月丁巳　据卢校改。按：章帝崩于章和二年，下云“后四年章帝崩”，自元和二年至章和二年，相距恰四年也。

〔14〕　壬戌有流星起天将军　按：永元元年三月丁亥朔，无壬戌，志文有讹。

〔15〕　并进兵临私渠北鞮海　按:"北"当依《范书·窦宪传》作"比"。

〔16〕　癸亥镇在参　按:注系永元元年正月之后,查是年正月戊子朔,无癸亥,注有讹。

〔17〕　四月丙辰　按:永元二年四月辛巳朔,无丙辰,志文有讹。

〔18〕　有兵兵罢〔无兵〕兵起　卢校谓"兵起"上脱"无兵"二字,《通考》有。今据补。

〔19〕　丁丑火在氐东南星东南　按:注系于永元二年四月之后,查是年四月辛巳朔,无丁丑,注有讹。

〔20〕　宪女弟婿郭举为侍中射声校尉　按:《窦宪传》作"宪女婿",《通鉴》同,此云"宪女弟婿",未详孰是。

〔21〕　至四年六月丙(寅)〔辰〕发觉　《集解》引洪亮吉说,谓案《和帝纪》云庚申幸北宫,诏收捕宪党,则此志"丙寅"应作"丙辰"为是。又案下《五行志》,丙辰地震,后五日诏收宪,丙辰至庚申正五日。今据改。

〔22〕　色白言(义)〔丧〕　据汲本、殿本改。

〔23〕　七月水大漂杀人民伤五谷许侯马光有罪自杀　按:《校补》谓案本书《和纪》,永元六年七月有旱无水,《五行志》亦不载是年七月水。又马光自杀,纪属二月,亦不在七月。

〔24〕　与度辽将军朱徽　按:《集解》引钱大昕说,谓《和帝纪》、《匈奴传》俱作"朱徽"。

〔25〕　十一月甲戌　按:永元七年十一月戊寅朔,无甲戌,志文有讹。

〔26〕　十二月己卯　按:永元七年十二月戊申朔,无己卯。下云丙辰,则"己卯"乃"乙卯"之讹。

〔27〕　乐成王宗　按:《校补》引钱大昭说,谓"宗"传作"崇"。

〔28〕　辽东鲜卑〔反〕太守祭参不追虏征下狱诛　《集解》引钱大昕说,谓参考《鲜卑传》,当作"鲜卑寇肥如,辽东太守祭参不追虏,征下狱诛"。按:《校补》谓此"卑"下脱"反"字耳。辽东鲜卑者,鲜卑之种别。本书《鲜卑传》载参沮败事,亦原作"辽东鲜卑"。上已言辽东,则"太守"上自不必更出"辽东"字,史例然也。今依《校补》补"反"字。

〔29〕　司其出日而数之　按:《校补》谓司读为伺。又按:汲本"日"作"入"。

〔30〕　白狼楼薄种王　按:《集解》引惠栋说,谓"楼"《和纪》作"㟮"。

〔31〕　二月十日丁酉　按:"十日"二字当衍。既书丁酉,不当更书某日,且永

元十四年二月壬申朔,丁酉为二十六日,非十日也。

〔32〕 十一月丁丑　按:永元十四年十一月戊戌朔,无丁丑,注有讹。

〔33〕 元兴元年十〔二〕月(二日)和帝崩　据《集解》引钱大昕、洪亮吉说改。

〔34〕 元兴元年二月庚辰　按:是月乙酉朔,无庚辰,志文有讹。

〔35〕 闰月辛亥　按:元兴元年闰九月辛巳朔,无辛亥,志文有讹。

〔36〕 与王尊叔元茂等谋　按:汲本"王尊"作"王遵"。

〔37〕 劫刺尚书　按:"刺"疑"救"之讹。

〔38〕 四月乙亥　按:注系永初二年下,查永初二年四月丙申朔,无乙亥,注
有讹。

〔39〕 八月己亥　按:是年八月甲子朔,无己亥,注有讹。

〔40〕 沛王(牙)〔正〕薨　《集解》引惠栋说,谓"牙"当作"正",传写误也。今据
改。按:沛王正,沛献王辅之孙,谥节。

〔41〕 五月丙寅　按:注系永初三年下,查永初三年五月庚寅朔,无丙寅,注
有讹。

〔42〕 国多任刑也　按:汲本、殿本"任"作"淫"。

〔43〕 四年六月甲子　按:汲本、殿本作"丙子"。

〔44〕 后太尉〔张禹司空〕张敏〔皆〕免官　据卢校依《御览》八七五补。

〔45〕 臣昭以占为明〔堂〕岂任尚所能感也　据卢校补。按:殿本有"堂"字,脱
"岂"字。

〔46〕 六月丙申至戊戌　按:元初四年六月癸卯朔,无丙申、戊戌,志文有讹。

〔47〕 自永初五年到永宁十年之中　按:"十"原讹"七",径改正。

〔48〕 黄帝占曰火攻　按:卢校谓"火攻"《通考》作"大败"。

〔49〕 太白犯昴毕为(近)〔边〕兵　据卢校改。

〔50〕 遣司徒刘喜等　按:《集解》引惠栋说,谓"喜"《范书》作"熹"。

〔51〕 元年四月丙午　按:延光元年四月乙亥朔,无丙午,注有讹。

〔52〕 闰月乙酉　按:永建二年闰六月乙巳朔,无乙酉,志文有讹。

〔53〕 使匈奴中郎〔将〕张国　据卢校补。

〔54〕 丁巳月犯心　按:注系永建二年二月下,查永元二年二月丁丑朔,无丁
巳,注有讹。

〔55〕 三年二月癸未　按:永建三年二月辛丑朔,无癸未,注有讹。

〔56〕 敦煌太守徐白　按:《集解》引惠栋说,谓《西域传》"白"作"由"。

〔57〕 使乌桓亲汉都尉戎末瘣等出塞　按:《集解》引惠栋说,谓《鲜卑传》"末"作"朱"。

〔58〕 二年四月壬寅　按:阳嘉二年四月辛未朔,无壬寅,注有讹。

〔59〕 五月癸巳　按:阳嘉二年五月庚子朔,无癸巳,注有讹。

〔60〕 十一月辛未　按:阳嘉二年十一月戊戌朔,无辛未,注有讹。

〔61〕 十二月壬寅　按:阳嘉二年十二月丁卯朔,无壬寅,注有讹。

〔62〕 四月乙卯　按:"四月乙卯"不当置于"十二月辛未"之后,或"四月"上脱"四年"二字,然阳嘉三年四月乙丑朔,四年四月庚申朔,皆无乙卯,注显有讹。

〔63〕 永和元年正月丁卯　按:汲本、殿本"正月"作"五月"。

〔64〕 吴郡太守行丞事羊珍与越兵弟叶吏民吴铜等　按:《顺帝纪》作"吴郡丞羊珍","太守"字当衍。

〔65〕 又〔九〕江贼蔡伯流等数百人攻广陵九江　《集解》引钱大昕说,谓《顺帝纪》作"九江贼",此脱"九"字。今据补。按:卢文弨云文法不顺,纪云"攻郡界及广陵",得之。

〔66〕 杀〔江〕都长　据《集解》引钱大昕说补。按:《顺帝纪》有"江"字。

〔67〕 九月壬午　按:注系于永和二年下,查永和二年九月丙午朔,无壬午,注有讹。

〔68〕 (阳)〔杨〕定　据《集解》引钱大昕说改。

〔69〕 击西羌于北地(谢)〔射〕姑山下　据《顺帝纪》及《西羌传》改。

〔70〕 废为尉氏侯又徙为犍阳都乡侯薨　按:清河王蒜坐贬为尉氏侯,不得云废,文有讹。《集解》引洪颐煊说,谓《桓帝纪》、《清河孝王传》并云蒜坐贬为尉氏侯,徙桂阳,自杀。

〔71〕 元年二月壬午　按:汉安元年二月庚戌朔,无壬午,注有讹。

〔72〕 丙辰月入斗中　按:注系于汉安二年五月之后,查汉安二年五月癸酉朔,无丙辰,注有讹。

〔73〕 (三)〔二〕月丁丑　据卢校依《通鉴目录》改。按:是年二月丁巳朔,有丁丑,三月丙戌朔,无丁丑。

后汉书志第十二

天文下

桓三十八　灵二十　献九　陨石

孝桓建和元年八月壬寅，荧惑犯舆鬼质星。二年二月辛卯，荧惑行在舆鬼中。三年五月己丑，太白行入太微右掖门，留十五日，出端门。丙申，荧惑入东井。八月己亥，镇星犯舆鬼中南星。乙丑，彗星芒长五尺，见天市中，东南指，色黄白，九月戊辰不见。荧惑犯舆鬼为死丧，质星为戮臣，入太微为乱臣。镇星犯舆鬼为丧。彗星见天市中为（质）贵人。〔1〕至和平元年（十）二月甲寅，梁太后崩，〔2〕梁冀益骄乱矣。

元嘉元年二月戊子，太白昼见。永兴二年闰月丁酉，太白昼见。时上幸后宫采女邓猛，明年，封猛兄演为南顿侯。后四岁，梁皇后崩，梁冀被诛，猛立为皇后，恩宠甚盛。

永寿元年三月丙申，镇星逆行入太微中，七十四日去左掖门。七月己未，辰星入太微中，八十日去左掖门。八月己巳，荧惑入太微，二十一日出端门。太微，天子廷也。镇星为贵臣妃后，逆行为匿谋。辰星入太微为大水，一曰后宫有忧。是岁雒水溢至津门，南阳大水。荧惑留入太微中，又为乱臣。是时梁氏专政。九月己酉，昼有流星长二尺所，色黄白。癸巳，荧惑犯岁星，为奸臣谋，大将戮。

二年六月甲寅，〔3〕辰星入太微，遂伏不见。辰星为水，为兵，为妃后，八月戊午，太白犯轩辕大星，为皇后。其三年四月戊寅，荧惑入东井口中，为大臣有诛者。其七月丁丑，太白犯心前星，为大臣。后二年（四）〔七〕月，懿献皇后以忧死。〔4〕大将军梁冀使太仓令秦宫刺杀议郎邴尊，又欲杀邓后母宣,事觉,桓帝收冀及妻寿襄城君印绶,皆自杀。诛诸梁及孙氏宗族,或徙边。是其应也。

延熹四年三月甲寅,〔5〕荧惑犯舆鬼质星。五月辛酉,客星在营室,稍顺行,生芒长五尺所,至心一度,转为彗。荧惑犯舆鬼质星,大臣有戮死者。五年十月,南郡太守李肃坐蛮夷贼攻盗郡县,取财物一亿以上,入府取铜虎符,肃背敌走,不救城郭;又监黎阳谒者燕乔坐赃,重泉令彭良杀无辜,皆弃市。京兆虎牙都尉宋谦〔6〕坐赃,下狱死。客星在营室至心作彗,为大丧。后四年,邓后以忧死。

六年十一月丁亥,太白昼见。是时邓后家贵盛。

七年七月戊辰,〔7〕辰星犯岁星。八月庚戌,荧惑犯舆鬼质星。庚申,岁星犯轩辕大星。十月丙辰,太白犯房北星。丁卯,辰星犯太白。十二月乙丑,荧惑犯轩辕第二星。辰星犯岁星为兵。荧惑犯质星有戮臣。岁星犯轩辕为女主忧。太白犯房北星为后宫。其八年二月,太仆南乡侯左胜〔8〕以罪赐死,胜弟中常侍上蔡侯悺、北乡侯党皆自杀。癸亥,皇后邓氏坐执左道废,迁于(祠)〔桐〕宫死,〔9〕宗亲侍中沘阳侯邓康、河南尹邓万、〔10〕越骑校尉邓弼、虎贲中郎将安(乡)〔阳〕侯邓(鲁)〔会〕、〔11〕侍中监羽林左骑邓德、右骑邓寿、昆阳侯邓统、清阳侯邓秉、议郎邓循皆系暴室,万、(鲁)〔会〕死,康等免官。又荆州刺史芝、交址刺史葛祗皆为贼所拘略,桂阳太守任胤背敌走,皆弃市,荧惑犯舆鬼质星之应也。

八年五月癸酉,太白犯舆鬼质星。壬午,荧惑入太微右执法。闰月己未,太白犯心前星。十月癸酉,岁星犯左执法。十一月戊午,岁星入太微,犯左执法。九年正月壬辰,岁星入太微中,五十八日出端门。六月壬戌,太白行入舆鬼。七月乙未,荧惑行舆鬼中,犯质星。九月辛亥,荧惑入太微西门,积五十八日。永康元年正月庚寅,荧惑逆行入太微东门,留太微中,百一日出端门。七月丙戌,太白昼见经天。太白犯心前星,太白犯舆鬼质星有戮臣。荧惑入太微为贼臣。太白犯心前星为兵丧。岁星入太微犯左执法,将相有诛者。岁星入守太微五十日,占为人主。太白、荧惑入舆鬼,皆为死丧,又犯质星为戮臣。荧惑留太微中百一日,占为人主。太白昼见经天为兵,忧在大人。其九年十一月,太原太守刘瓛、南阳太守成瑨皆坐杀无辜,荆州刺史李隗为贼所拘,尚书郎孟珰坐受金漏言,皆弃市。永康元年十二月丁丑,桓帝崩,太傅陈蕃,大将军窦武、尚书令尹勋、黄门令山冰等皆枉死,太白犯心,荧惑留守太微之应也。

孝灵帝建宁元年六月,太白在西方,入太微,犯西蕃南头星。太微,天廷也。太白行其中,宫门当闭,大将被甲兵,大臣伏诛。其八月,太傅陈蕃、大将军窦武谋欲尽诛诸宦者;其九月辛亥,〔12〕中常侍曹节、长乐五官史朱瑀觉之,矫制杀蕃、武等,家属徙日南比景。

熹平元年十月,荧惑入南斗中。占曰:“荧惑所守为兵乱。”斗为吴。其十一月,会稽贼许昭聚众自称大将军,昭父生为越王,攻破郡县。

二年四月,有星出文昌,入紫宫,蛇行,有首尾无身,赤色,有光焰垣墙。八月丙寅,太白犯心前星。辛未,〔13〕白气如一匹练,冲北斗第四星。占曰:“文昌为上将贵相。太白犯心前星,为大臣。”后六年,司徒刘(群)〔郃〕为中常侍曹节所谮,下狱死。〔14〕白气冲北斗为大战。明年冬,扬州刺史臧旻、丹阳太守陈寅,〔15〕攻盗贼苴康,斩首数千级。

光和元年四月癸丑,流星犯轩辕第二星,东北行入北斗魁中。八月,彗星出亢北,入天市中,长数尺,稍长至五六丈,赤色,经历十馀宿,八十馀日,乃消于天苑中。流星为贵使,轩辕为内宫,北斗魁主杀。流星从轩辕出抵北斗魁,是天子大使将出,有伐杀也。至中平元年,黄巾贼起,上遣中郎将皇甫嵩、朱儁等征之,斩首十馀万级。彗除天市,天帝将徙,帝将易都。至初平元年,献帝迁都长安。

三年冬,彗星出狼、弧,东行至于张乃去。张为周地,彗星犯之为兵乱。后四年,京都大发兵击黄巾贼。

五年四月,荧惑在太微中,守屏。七月,彗星出三台下,东行入太微,至太子、幸臣,二十馀日而消。十月,岁星、荧惑、太白三合于虚,相去各五六寸,如连珠。占曰:“荧惑在太微为乱臣。”是时中常侍赵忠、张让、郭胜、〔16〕孙璋等，并为奸乱。彗星入太微，天下易主。至中平六年，宫车晏驾。岁星、荧惑、太白三合于虚为丧。虚，齐（也）〔地〕。明年，琅邪王据薨。

光和中，国皇星东南角去地一二丈，如炬火状，十馀日不见。占曰："国皇星为内乱，外内有兵丧。"其后黄巾贼张角烧州郡，朝廷遣将讨平，斩首十馀万级。中平六年，宫车晏驾，大将军何进令司隶校尉袁绍私募兵千馀人，阴跱雒阳城外，窃呼并州牧董卓使将兵至京都，共诛中官，对战南、北宫阙下，死者数千人，燔烧宫室，迁都西京。及司徒王允与将军吕布诛卓，卓部曲将郭汜、李傕旋兵攻长安，公卿百官吏民战死者且万人。天下之乱，皆自内发。

中平二年十月癸亥，客星出南门中，大如半筵，五色喜怒稍小，至后年六月消。占曰"为兵。"至六年，司隶校尉袁绍诛灭中官，大将军部曲将吴匡攻杀车骑将军何苗，死者数千人。

三年四月，荧惑逆行守心后星。十月戊午，月食心后星。占曰："为大丧。"后三年而灵帝崩。

五年二月，彗星出奎，逆行入紫宫，后三出，六十馀日乃消。六月丁卯，客星如三升椀，出贯索，西南行入天市，至尾而消。占曰："彗除紫宫，天下易主。客星入天市，为贵人丧。"明年四月，宫车晏驾。中平中夏，流星赤如火，长三丈，起河鼓，入天市，抵触宦者星，色白，长二三丈，后尾再屈，食顷乃灭，状似枉矢。占曰："枉矢流发，其宫射，所谓矢当直而枉者，操矢者邪枉人也。"中平六年，大将军何进谋尽诛中官，〔中官觉〕，〔17〕于省中杀进：俱两破灭，天下由此遂大坏乱。

六年八月丙寅，太白犯心前星，戊辰犯心中大星。其日未冥四刻，大将军何进于省中为诸黄门所杀。己巳，车骑将军何苗为进部曲将吴匡所杀。

孝献初平（三）〔二〕年九月，蚩尤旗见，〔18〕长十馀丈，色白，出角、亢之南。占曰："蚩尤旗见，则王征伐四方。"其后丞相曹公征讨天下且三十年。

四年十月，孛星出两角间，东北行入天市中而灭。占曰："彗除天市，天帝将徙，帝将易都。"是时上在长安，后二年东迁，明年七月，至雒阳，其八月，曹公迎上都许。

建安五年十月辛亥，有星孛于大梁，冀州分也。时袁绍在冀州。其年十一月，绍军为曹公所破。七年夏，绍死，后曹公遂取冀州。

九年十一月，有星孛于东井舆鬼，[19]入轩辕太微。十一年正月，星孛于北斗，首在斗中，尾贯紫宫，及北辰。占曰："彗星扫太微宫，人主易位。"其后魏文帝受禅。

十二年十月辛卯，有星孛于鹑尾。荆州分也，时荆州牧刘表据荆州，(时)益州从事周群以〔为〕荆州牧将死而失土。[20]明年秋，表卒，以小子琮自代。曹公将伐荆州，琮惧，举军诣公降。

十七年十二月，有星孛于五诸侯。周群以为西方专据土地者，皆将失土。是时益州牧刘璋据益州，汉中太守张鲁别据汉中，韩遂据凉州，(宋)〔宗〕建别据枹罕。[21]明年冬，曹公遣偏将击凉州。十九年，获(宋)〔宗〕建；韩遂逃于羌中，病死。其年秋，璋失益州。二十年秋，〔曹〕公攻汉中，[22]鲁降。

十八年秋，岁星、镇星、荧惑俱入太微，逆行留守帝坐百馀日。占曰："岁星入太微，人主改。"

二十三年三月，孛星晨见东方二十馀日，夕出西方，犯历五车、东井、五诸侯、文昌、轩辕、后妃、太微，锋炎指帝坐。[23]占曰："除旧布新之象也。"

殇帝延平元年九月乙亥，陨石陈留四。《春秋》僖公十六年，陨石于宋五，传曰陨星也。董仲舒以为从高反下之象。或以为庶人惟星，陨，民困之象也。

桓帝延熹七年三月癸亥，[24]陨石右扶风一，鄠又陨石二，皆有声如雷。

【校勘记】

〔1〕 彗星见天市中为(质)〔贵〕人　据卢校改。

〔2〕 至和平元年(十)二月甲寅梁太后崩　集解引钱大昕说,谓《桓帝纪》在二月,此衍"十"字。今据删。

〔3〕 二年六月甲寅　按:永寿二年六月丁巳朔,无甲寅,志文有讹。

〔4〕 后二年(四)〔七〕月懿献皇后以忧死　《集解》引洪亮吉说,谓"四月"应作"七月",志讹。今据改。

〔5〕 延熹四年三月甲寅　按:延熹四年三月己未朔,无甲寅,志文有讹。

〔6〕 京兆虎牙都尉宋谦　按:《集解》引钱大昕说,谓《桓帝纪》"宋谦"作"宗谦"。

〔7〕 七年七月戊辰　按:延熹七年七月庚午朔,无戊辰,志文有讹。

〔8〕 太仆南乡侯左胜　按:《集解》引钱大昕说,谓"左胜"《桓帝纪》、《宦者传》俱作"左称"。《赵岐传》作"左胜",与此同。

〔9〕 皇后邓氏坐执左道废迁于(祠)〔桐〕宫死　《集解》引陈景云说,谓"祠"当作"桐",和帝阴皇后废迁桐宫事见皇后纪,可互证也。今据改。

〔10〕 河南尹邓万　按:《集解》引钱大昕说,谓"万"下脱"世"字,盖唐人避讳去之。

〔11〕 虎贲中郎将安(乡)〔阳〕侯邓(鲁)〔会〕　《集解》引钱大昕说,谓据皇后纪,"安乡"当作"安阳"。据《桓帝纪》及皇后纪,"鲁"当作'会"。今据改。

〔12〕 其九月辛亥　按:《集解》引洪亮吉说,谓"辛亥"《灵纪》作"丁亥"。

〔13〕 八月丙寅至辛未　按:熹平二年八月丁丑朔,无丙寅、辛未,志文有讹。

〔14〕 后六年司徒刘(群)〔郃〕为中常侍曹节所谮下狱死　《集解》引钱大昕说,谓案熹平之世,司徒无下狱死者。惟光和二年刘郃以谋诛宦官下狱死,"群"当为"郃"之讹也。自熹平二年至光和二年,相距恰六载。又引惠栋说,谓"群"本纪作"郃"。今据改。

〔15〕 丹阳太守陈寅　按:《集解》引惠栋说,谓《灵帝纪》"寅"作"夤"。

〔16〕 郭胜　按:《集解》引惠栋说,谓《袁纪》"胜"作"脉"。

〔17〕 大将军何进谋尽诛中官〔中官觉〕　卢校谓脱"中官觉"三字,《通考》有。今据补。按:汲本重"中官"二字,脱"觉"字。

〔18〕　孝献初平(三)〔二〕年九月蚩尤旗见　据汲本、殿本改。按:《献纪》作"二
　　　　年"。

〔19〕　九年十一月有星孛于东井舆鬼　按:《集解》引洪亮吉说,谓《献纪》作
　　　　"十月"。

〔20〕　(时)益州从事周群以〔为〕荆州牧将死而失土　校补谓案文"时"字衍,
　　　　"以"下脱"为"字。今据删补。

〔21〕　(宋)〔宗〕建别据枹罕　殿本考证谓何焯校本"宋"改"宗"。今据改。

〔22〕　二十年秋〔曹〕公攻汉中　据汲本、殿本补。

〔23〕　锋炎指帝坐　按:集解引惠栋说,谓"指"一作"刺"。

〔24〕　延熹七年三月癸亥　按:延熹七年三月壬申朔,无癸亥,志文有讹。

后汉书志第十三

五行一

貌不恭　淫雨　服妖　鸡祸　青眚　屋自坏　讹言　旱　谣　狼食人

《五行传》说及其占应,《汉书·五行志》录之详矣。故泰山太守应劭、给事中董巴、散骑常侍谯周①并撰建武以来灾异。今合而论之,以续《前志》云。

①《蜀志》曰:"周字允南,巴西西充国人也。治《尚书》,兼通诸经及图纬。州郡辟请皆不应。耽古笃学,诵读典籍,欣然独笑,以忘寝食。蜀亡,魏征不至。"

《五行传》曰:"田猎不宿,①饮食不享,②出入不节,③夺民农时,④及有奸谋,⑤则木不曲直。"⑥谓木失其性而为灾也。又曰:"貌之不恭,是谓不肃。⑦厥咎狂,⑧厥罚恒雨,⑨厥极恶。⑩时则有服妖,⑪时则有龟孽,⑫时则有鸡祸,⑬时则有下体生上之痾,⑭时则有青眚、青祥,⑮惟金沴木。"⑯说云:气之相伤谓之沴。⑰

①郑玄注《尚书大传》曰:"不宿,不宿禽也。角主天兵。《周礼》四时习兵,因以田猎。《礼志》曰:'天子不合围,诸侯不掩群,过此则暴天物,为不宿禽。'角南有天库、将军、骑官。"《汉书音义》曰:"游田驰骋,不反宫室。"

②郑玄曰:"享,献也。《礼志》曰:'天子诸侯,无事则岁三田:一为乾豆,二为宾客,三为充君之庖。'《周礼》兽人,冬献狼,夏献麋,春秋献兽物,此献礼之大略也。"注《五行》称"郑玄曰",皆出注《大传》也。《汉书音义》曰:"无献享之礼。

③郑玄曰:"角为天门,房有三道,出入之象也。"

④郑玄曰:"房、心,农时之候也。季冬之月,命农师计耦耕事,是时房、心晨中。《春秋传》曰:'辰为农祥,后稷之所经纬也。'"

⑤郑玄曰:"亢为朝廷,房、心为明堂,谋事出政之象。"

⑥郑玄曰:"君行此五者,为逆天东宫之政。东宫于地为木,木性或曲或直,人所用为器也。无故生不畅茂,多折槁,是为木不曲直。木、金、水、火、土谓之五材,《春秋传》曰:'天生五材,民并用之。'其政逆则神怒,神怒则材失性,不为民用。其他变异皆属沴,沴亦神怒。凡神怒者,日、月、五星既见适于天矣。"《洪范》:"木曰曲直。"孔安国曰:"木可以揉曲直。"

⑦郑玄曰:"肃,敬也。君貌不恭,则是不能敬其事也。"《洪范》曰:"貌曰恭。"

⑧郑玄曰:"君臣不敬,则倨慢如狂。"《方储对策》〔1〕曰:"君失制度,下不恭承,臣恣淫慢。"

⑨郑玄曰:"貌曰木,木主春,春气生;生气失则逾其节,故常雨也。"《管子》曰:"冬作土功,发地藏,则夏多暴雨,秋雨霖不止。"《淮南子》曰:"金不收则多淫雨。"

⑩孔安国曰:"丑陋。"

⑪郑玄曰:"服,貌之饰也。"

⑫郑玄曰:"龟虫之生于水而游于春者,属木。"

⑬郑玄曰:"鸡畜之有冠翼者也,属貌。"《洪范传》曰:"妖者,败胎也,少小之类,言其事之尚微也。至孽,则牙孽也,至乎祸则著矣。"

⑭郑玄曰:"痾,病也,貌气失之病也。"《汉书音义》曰:"若梁孝王之时,牛足反出背上也。此下欲伐上之祸。"

⑮郑玄曰:"青,木色也。眚生于此,祥自外来也。"

⑯郑玄曰:"沴,殄也。凡貌、言、视、听、思、心,一事失,则逆人之心,人心逆则怨,木、金、水、火、土气为之伤。伤则冲胜来乘殄之,于是神怒人怨,将为祸乱。故五行先见变异,以谴告人也。及妖、孽、祸、痾、眚、祥皆其气类,暴作非常,为时怪者也。各以物象为之占也。"

⑰《尚书大传》曰:"凡六沴之作,岁之朝,月之朝,日之朝,则后王受之。岁之中,月之中,日之中,则正卿受之。岁之夕,月之夕,日之夕,则庶民受之。"郑玄曰:"自正月尽四月为岁之朝,自五月尽八月为岁之中,自九月尽十二月为岁之夕。上旬为月之朝,中旬为月之中,下旬为月之夕。平旦至食时为日之朝,隅中至日跌为日之中,〔2〕晡时至黄昏为日之夕。受之,受其凶

咎也。"《大传》又云:"其二辰以次相将,其次受之。"郑玄曰:"二辰谓日、月也。假令岁之朝也,日、月中则上公受之,日、月夕则下公受之;岁之中也,日、月朝则孤卿受之,日、月夕则大夫受之;岁之夕也,日、月朝则上士受之,日、月中则下士受之。其馀差以尊卑多少,则悉矣。"《管子》曰:"明王有四禁,春无杀伐,无割大陵,伐大木,斩大山,行大火,诛大臣,收谷赋钱;夏无遏水,达名川,塞大谷,动土功,射鸟兽;秋无赦过,释罪,缓刑;冬无爵赏禄,伤伐五藏。故春政不禁,则五谷不成;夏政不禁,则草木不荣;秋政不禁,则奸邪不胜;冬政不禁,则地气不藏。四者俱犯,则阴阳不和,风雨不时,火流邑,大风飘屋,折树木,地草天,冬雷,草木夏落,而秋虫不藏,宜死者生,宜蛰者鸣,多腾蟇虫也。六畜不蕃,民多夭死,国贫法乱,逆气下生。故曰台榭相望者,亡国之帘也;驰车充国者,追察之马也;翠羽朱饰者,斩生之斧也;五采纂组者,蕃功之室也。明主知其然,〔3〕故远而不近,能去此取彼,则王道备也。"《续汉书》曰:"建武二年,尹敏上疏曰:'六沴作见,若是供御,帝用不差,神则大喜,五福乃降,用章于下。若不供御,六罚既侵,六极其下。明供御则天报之福,不供御则祸灾至。欲尊六事之体,则貌、言、视、听、思、心之用,合六事之揆以致乎太平,而消除坎坷蕈害也。'"

建武元年,赤眉贼率樊崇、逢安等共立刘盆子为天子。然崇等视之如小儿,百事自由,初不恤录也。后正旦至,君臣欲共飨,既坐,酒食未下,群臣更起,乱不可整。时大司农杨音案剑怒曰:"小儿戏尚不如此!"其后遂破坏,崇、安等皆诛死。唯音为关内侯,以寿终。

光武崩,山阳王荆哭不哀,作飞书与东海王,劝使作乱。明帝以荆同母弟,太后在,故隐之。后徙王广陵,荆遂坐复谋反自杀也。〔4〕

章帝时,窦皇后兄宪以皇后甚幸于上,故人人莫不畏宪。宪于是强请夺沁水长公主田,公主畏宪,与之,宪乃贱顾之。后上幸公主田,觉之,问宪,宪又上言借之。上以后故,但谴敕之,不治其罪。后章帝崩,窦太后摄政,宪秉机密,忠直之臣与宪忤者,宪多害之,其后宪兄弟遂皆被诛。

桓帝时,梁冀秉政,兄弟贵盛自恣,好驱驰过度,至于归家,犹驰驱入门,百姓号之曰"梁氏灭门驱驰"。后遂诛灭。

和帝永元十年,十三年,十四年,十五年,皆淫雨伤稼。①

①《古今注》曰:"光武建武六年九月,大雨连月,苗稼更生,〔5〕鼠巢树上。十七年,雒阳暴雨,坏民庐舍,压杀人,伤害禾稼。"

安帝元(年)〔初〕四年秋,郡国十淫雨伤稼。①〔6〕

①《方储对策》曰:"雨不时节,妄赏赐也。"

永宁元年,郡国三十三淫雨伤稼。

建光元年,京都及郡国二十九淫雨伤稼。是时羌反久未平,百姓屯戍,不解愁苦。

延光元年,郡国二十七淫雨伤稼。①

①案本传陈忠奏,以为王侯二千石为女使伯荣独拜车下,柄在臣妾。

二年,郡国五连雨伤稼。

顺帝永建四年,司隶、荆、豫、兖、冀部淫雨伤稼。

六年,冀州淫雨伤稼。

桓帝延熹二年夏,霖雨五十馀日。是时,大将军梁冀秉政,谋害上所幸邓贵人母宣,冀又擅杀议郎邴尊。上欲诛冀,惧其持权日久,威势强盛,恐有逆命,害及吏民,密与近臣中常侍单超等图其方略。其年八月,冀卒伏罪诛灭。①

①案《公沙穆传》,永寿元年霖雨,大水,三辅以东莫不湮没。

灵帝建宁元年夏,霖雨六十馀日。是时大将军窦武谋变废中官。其年九月,长乐五官史朱瑀等共与中常侍曹节起兵,先诛武,交兵阙下,败走,追斩武兄弟,死者数百人。①

①案武死无兄弟,有兄子。

熹平元年夏,霖雨七十馀日。是时中常侍曹节等,共诬(曰)〔白〕勃海王悝谋反,〔7〕其十月诛悝。

中平六年夏,霖雨八十馀日。是时灵帝新弃群臣,大行尚在梓宫,大将军何进与佐军校尉袁绍等共谋欲诛废中官。下文陵毕,中常侍张让等共杀进,兵战京都,死者数千。

更始诸将军过雒阳者数十辈,皆帻而衣妇人衣绣拥髻。〔8〕时智者见之,以为服之不中,身之灾也,乃奔入边郡避之。是服妖也。其后更始遂为赤眉所杀。

桓帝元嘉中,京都妇女作愁眉、啼妆、堕马髻、折要步、龋齿笑。所谓悉眉者,细而曲折。啼妆者,薄拭目下,若啼处。堕马髻者,作一边。①折要步者,足不在体下。龋齿笑者,若齿痛,乐不欣欣。始自大将军梁冀家所为,京都歙然,诸夏皆放效。此近服妖也。梁冀二世上将,婚媾王室,大作威福,将危社稷。天诫若曰:兵马将往收捕,妇女忧愁,蹴眉啼泣,吏卒掣顿,折其要脊,令髻倾邪,虽强语笑,无复气味也。到延熹二年,举宗诛夷。

①《梁冀别传》曰:"冀妇女又有不聊生髻。"

延熹中,梁冀诛后,京都帻颜短耳长,短上长下。时中常侍单超、左悺、徐璜、具瑗、唐衡在帝左右,纵其奸慝。海内慍曰:一将军死,五将军出。家有数侯,子弟列布州郡,宾客杂袭腾鸁,上短下长,与梁冀同占。到其八年,桓帝因日蚀之变,乃拜故司徒韩演为司隶校尉,〔9〕以次诛锄,京都正清。①

①臣昭案:本传,演诛左悺贬具瑗,虽克折奸首,群阉相蒙,京都未为正清。

延熹中,京都长者皆著木屐;妇女始嫁,至作漆画五采为系。此服妖也。到九年,党事始发,传黄门北寺,临时惶惑,不能信天任命,多有逃走不就考者,九族拘系,及所过历,长少妇女皆被桎梏,应木屐之象也。

灵帝建宁中,京都长者皆以苇方笥为妆具,下士尽然。时有识者窃言:苇方笥,郡国谳篚也;今珍用之,此天下人皆当有罪谳于理官也。到光和三年癸丑赦令诏书,吏民依党禁锢者赦除之,有不见文,他以类比疑者谳。于是诸有党郡皆谳廷尉,人名悉入方笥中。

灵帝好胡服、胡帐、胡床、胡坐、胡饭、胡空侯、胡笛、胡舞,京都贵戚皆竞为之。此服妖也。其后董卓多拥胡兵,填塞街衢,虏掠宫掖,发掘园陵。

灵帝于宫中西园驾四白驴,躬自操辔,驱驰周旋,以为大乐。于是公卿贵戚转相放效,至乘辎𫐐以为骑从,互相侵夺,贾与马齐。案《易》曰:"时乘六龙以御天。"行天者莫若龙,行地者莫如马。《诗》云:"四牡骙骙,载是常服。""檀车煌煌,四牡彭彭。"〔10〕夫驴乃服重致远,上下山谷,野人之所用耳,何有帝王君子而骖服之乎! 迟钝之畜,而今贵之。天意若曰:国且大乱,贤愚倒植,凡执政者皆如驴也。其后董卓陵虐王室,多援边人以充本朝,胡夷异种,跨蹻中国。

熹平中,省内冠狗带绶,以为笑乐。有一狗突出,走入司徒府门,或见之者,莫不惊怪。①京房《易传》曰:"君不正,臣欲篡,厥妖狗冠出。"后灵帝宠用便嬖子弟,永乐宾客、鸿都群小,传相汲引,公卿牧守,比肩是也。又遣御史于西(乡)〔邸〕卖官,关内侯顾五百万者,赐与金紫;诣阙上书占令长,随县好丑,丰约有贾。强者贪如豺虎,弱者略不类物,实狗而冠者也。司徒古之丞相,壹统国政。天戒若曰:宰相多非其人,尸禄素餐,莫能据正持重,阿意曲从;今在位者皆如狗也,故狗走入其门。②

①《袁山松书》曰:"光和四年,又于西园弄狗以配人也。"

②应劭曰:"灵帝数以车骑将军过拜嬖臣内孽,又赠亡人,显号加于顽凶,印绶污于腐尸。昔辛有睹被发之祥,知其为戎,今假号云集,不亦宜乎!"

灵帝数游戏于西园中,令后宫采女为客舍主人,身为商贾服。行至舍,采女下酒食,因共饮食以为戏乐。此服妖也。其后天下大乱。①

①《风俗通》曰:"时京师宾婚嘉会,皆作《魁欐》,酒酣之后,续以挽歌。"《魁欐》,丧家之乐。挽歌,执绋相偶和之者。天戒若曰:国家当急殄悴,诸贵乐皆死亡也。自灵帝崩后,京师坏灭,户有兼尸,虫而相食,《魁欐》、挽歌,斯之效乎?

献帝建安中,男子之衣,好为长躬而下甚短,女子好为长裙而上甚短。时益州从事莫嗣以为服妖,是阳无下而阴无上也,天下未欲平也。后还,遂大乱。①

①《袁山松〔书〕》曰:〔11〕"禅位于魏。"

灵帝光和元年,南宫侍中寺雌鸡欲化雄,一身毛皆似雄,但头冠尚未变。诏以问议郎蔡邕。邕对曰:"貌之不恭,则有鸡祸。宣帝黄龙元年,未央宫雌鸡化为雄,不鸣无距。是岁元帝初即位,立王皇后。至初元元年,丞相史家雌鸡化为雄,冠距鸣将。是岁后父禁为(平)阳〔平〕侯,〔12〕女立为皇后。至哀帝晏驾,后摄政,王莽以后兄子为大司马,由是为乱。臣窃推之,头,元首,人君之象;今鸡一身已变,未至于头,而上知之,是将有其事而不遂成之象也。若应之不精,政无所改,头冠或成,为患兹大。"是后张角作乱称黄巾,遂破坏。四方疲于赋役,多叛者。上不改政,遂至天下大乱。

桓帝永兴二年四月丙午,光禄勋吏舍壁下夜有青气,视之,得玉钩、玦各一。〔13〕钩长七寸二分,〔玦〕周五寸四分,〔14〕身中皆雕镂。此青祥也。玉,金类也。七寸二分,商数也。五寸四分,徵数也。商为臣,徵为事,盖为人臣引决事者不肃,将有祸也。是时梁冀秉政专恣,后四岁,梁氏诛灭也。

延熹五年,太学门无故自坏。襄楷以为太学前疑所居,①其门自坏,文德将丧,教化废也。是后天下遂至丧乱。

①本传楷书无"前疑"之言也。

永康元年十月壬戌,南宫平城门内屋自坏。金沴木,木动也。其十二月,宫车晏驾。

灵帝光和元年,南宫平城门内屋、武库屋及外东垣屋前后顿坏。〔15〕蔡邕对曰:"平城门,正阳之门,与宫连,郊祀法驾所由从出,门之最尊者也。武库,禁兵所藏。东垣,库之外障。《易传》曰:'小人在位,上下咸悖,厥妖城门内崩。'《潜潭巴》曰:'宫瓦自堕,诸侯强陵主。'此皆小人显位乱法之咎也。"其后黄巾贼先起东方,库兵大动。皇后同父兄何进为大将军,同母弟苗为车骑将军,兄弟并贵盛,皆统兵在京都。其后进欲诛废中官,为中常侍张让、段珪等所杀,兵战宫中阙下,更相诛灭,天下兵大起。

三年二月,公府驻驾庑自坏,南北三十馀间。[16]

中平二年二月癸亥,广阳城门外上屋自坏也。

献帝初平二年三月,长安宣平城门外屋无故自坏。[17]至三年夏,司徒王允使中郎将吕布杀太师董卓,夷三族。①

①《袁山松〔书〕》曰:[18]"李傕等攻破长安城,害允等。"

兴平元年十月,长安市门无故自坏。至二年春,李傕、郭汜斗长安中,傕迫劫天子,移置傕坞,尽烧宫殿、城门、官府、民舍,放兵寇钞公卿以下。冬,天子东还雒阳,傕、汜追上到曹阳,虏掠乘舆辎重,杀光禄勋邓渊、廷尉宣璠、少府田邠等数十人。

《五行传》曰:"好攻战,①轻百姓,②饰城郭,③侵边境,④则金不从革。"⑤谓金失其性而为灾也。又曰:"言之不从,是谓不乂。⑥厥咎僭,⑦厥罚恒阳,[19]⑧厥极忧。⑨时则有诗妖,⑩时则有介虫之孽,⑪时则有犬祸,⑫时则有口舌之痾,⑬时则有白眚、白祥,惟木沴金。"介虫,刘歆传以为毛虫。乂,治也。

①郑玄注曰:"参、伐为武府,攻战之象。"

②郑玄注曰:"轻之者,不重民命。《春秋传》曰:'师出不正反,战不正胜也。'"

③郑玄注曰:"昴、毕间为天街。《甘氏经》曰:'天街保塞,孔涂道衢。'保塞,城郭之象也。《月令》曰:'四鄙入保。'"

④郑玄曰:"毕主边兵。"

⑤郑玄注曰:"君行此四者,为逆天西宫之政。西宫于地为金,金性从刑,[20]而革人所用为器者也,无故(治)〔冶〕之不销,[21]或入火飞亡,或铸之裂形,是为不从革。其他变异,皆属沴也。"《洪范》曰:"从革作辛。"马融曰:"金之性,从(人)〔火〕而更,[22]可销铄也。"《汉书音义》曰:"言人君言不见从,则金铁亦不从人意。"

⑥郑玄曰："乂,治也。君言不从,则是不能治其事也。"

⑦郑玄曰："君臣不治,则僭差矣。"

⑧郑玄曰："金主秋,秋气杀,杀气失,故常阳也。"〔23〕《春秋考异邮》曰："君行
　　非是,则言不见从;言不见从,则下不治;下不治,则僭差过制度,奢侈骄泰。
　　天子僭天,大夫僭人主,诸侯僭上,阳无以制。从心之喜,上忧下,则常阳从
　　之。推设其迹,考之天意,则大旱不雨,而民庶大灾伤。"《淮南子》曰："杀不
　　辜则国赤地。"

⑨郑玄曰："杀气失,故于人为忧。"

⑩郑玄曰："诗之言志也。"

⑪郑玄曰："蠓、螽、蜩、蝉之类,生于火而藏于秋者也,属金。"

⑫郑玄曰："犬畜之以口吠守者,属言。"

⑬郑玄曰："言气失之病。"

安帝永初元年十一月,民讹言相惊,司隶、并、冀州民人流移。时邓
太后专政。妇人以顺为道,故《礼》"夫死从子"之命。今专(王)〔主〕
事,〔24〕此不从而僭也。①

①《古今注》曰："章帝建初五年,东海、鲁国、东平、山阳、济阴、陈留民讹言相
　　惊有贼,捕至京师,民皆入城也。"

世祖建武①五年夏,旱。《京房传》曰："欲德不用,兹谓张,厥灾荒,
其旱阴云不雨,变而赤因四阴。众出过时,兹谓广,其旱不生。上下皆
蔽,兹谓隔,其旱天赤三月,时有雹杀飞禽。上缘求妃,兹谓僭,其旱三
月大温亡云。君高台府,兹谓犯,阴侵阳,其旱万物根死,有火灾。庶位
逾节,兹谓僭,其旱泽物枯,为火所伤。"②是时天下僭逆者未尽诛,军多
过时。③

①《古今注》曰："建武三年七月,雒阳大旱,帝至南郊求雨,即日雨。"

②《春秋考异邮》曰："国大旱,冤狱结。旱者,阳气移,精不施,君上失制,奢淫
　　僭差,气乱感天,则旱征见。"又云:"阴厌阳移,君淫民恶,阴精不舒,阳偏不
　　施。"又云:"阳偏,民怨征也。在所以感之者,上奢则求多,求多则下竭,下

竭则溃,君不仁。"《管子》曰:"春不收枯骨伐枯木而起去之,则夏旱。"《方储对策》曰:"百姓苦,士卒烦碎,责租税失中,暴师外营,经历三时,内有怨女,外有旷夫。王者熟惟其祥,〔25〕揆合于天,图之事情,旱灾可除。夫旱者过日,天王无意于百姓,恩德不行,万民烦扰,故天应以无泽。"

③《古今注》曰:"建武六年六月,九年春,十二年五月,二十一年六月,明帝永平元年五月,八年冬,十一年八月,十五年八月,十八年三月,并旱。"

章帝章和二年夏,旱。时章帝崩后,窦太后兄弟用事奢僭。①

①《古今注》曰:"建初二年夏,雒阳旱。四年夏,元和元年春,并旱。"案《杨终传》,建初元年大旱,谷贵,终以为广陵、楚、淮阳、济南之狱徙者数万人,吏民怨旷,上疏云久旱。〔26〕《孔丛》曰:"建初元年大旱,天子忧之,侍御史孔子丰〔27〕乃上疏曰:'臣闻为不善而灾报,得其应也;为善而灾至,遭时运也。陛下即位日浅,视民如伤,而不幸耗旱,时运之会耳,非政教所致也。昔成汤遭旱,因自责,省畋散积,减御损食,而大有年。意者陛下未为成汤之事焉。'天子纳其言而从之,三日雨即降。转拜黄门郎,典东观事。"

和帝永元六年秋,京都旱。时雒阳有冤囚,和帝幸雒阳寺,录囚徒,理冤囚,(牧)〔收〕令下狱抵罪。〔28〕行未还宫,澍雨降。①

①《古今注》曰:"永元二年,郡国十四旱。十五年,(丹)〔雒〕阳郡国二十二并旱,〔29〕或伤稼。"

安帝①永初六年夏,旱。②〔30〕

①《古今注》曰:"永初元年,郡国八旱,分遣议郎请雨。"案本纪二年五月,旱,皇太后幸雒阳寺,录囚徒,即日降雨。六月,京都及郡国四十大水。虽去旱得水,无救为灾。

②《古今注》曰:"三年,郡国八,〔31〕四年、五年夏,并旱。"

七年夏,旱。

元初元年夏,旱。

二年夏,旱。①

①三年夏旱,〔32〕时西羌寇乱,军屯相继,连十余年。

六年夏,旱。①

①《古今注》曰："建光元年，郡国四旱。延光元年，郡国五并旱，伤稼。"

顺帝永建三年夏，旱。

五年夏，旱。

阳嘉二年夏，旱。时李固对策，以为奢僭所致也。①

①臣昭案：本纪元年二月，京师旱。《郎颛传》："人君恩泽不施于民，禄去公
室，臣下专权所致也。"又《周举传》："三年，河南、三辅大旱，五谷伤灾，天子
亲自露坐德阳殿东厢请雨。"

冲帝永（嘉）〔熹〕元年夏，旱。〔33〕时冲帝幼崩，太尉李固劝太后（及）兄
梁冀立嗣帝，〔34〕择年长有德者，天下赖之，则功名不朽。年幼未可知，
如后不善，悔无所及。时太后及冀贪立年幼，欲久自专，遂立质帝，八
岁。此不用德。①

①《古今注》曰："本初元年二月，京师旱。"

桓帝元嘉元年夏，旱。是时梁冀秉政，妻子并受封，宠逾节。

延熹元年六月，旱。①

①《京房占》曰："人君无施泽惠利于下，则致旱也。不救，必蝗虫害谷；其救
也，赏谪罚，行宽大，惠兆民，劳功吏，赐鳏寡，廪不足。"案陈蕃上疏："宫女
多聚不御，忧悲之感，以致水旱之困也。"

灵帝熹平五年夏，旱。①

①蔡邕作《伯夷叔齐碑》曰"熹平五年，天下大旱，祷请名山，求获答应。时处
士平阳苏腾，〔35〕字玄成，梦陟首阳，有神马之使在道。明觉而思之，以其梦
陟状上闻。天子开三府请雨使者，与郡县户曹掾吏登山升祠。手书要曰：
'君况我圣主以洪泽之福。'天寻兴云，即降甘雨"也。

六年夏，旱。

光和五年夏，旱。

六年夏，旱。是时常侍、黄门僭作威福。

献帝兴平元年秋，长安旱。是时李傕、郭汜专权纵肆。①

①《献帝起居注》曰："建安十九年夏四月，旱。"

更始时，南阳有童谣曰："谐不谐，在赤眉。得不得，在河北。"是时更始在长安，世祖为大司马平定河北。更始大臣并僭专权，故谣妖作也。后更始遂为赤眉所杀，是更始之不谐在赤眉也。世祖自河北兴。

世祖建武六年，蜀童谣曰："黄牛白腹，五铢当复。"是时公孙述僭号于蜀，时人窃言王莽称黄，述欲继之，故称白；五铢，汉家货，明当复也。述遂诛灭。王莽末，天水童谣曰："出吴门，望缇群。见一蹇人，言欲上天；令天可上，地上安得民！"时隗嚣初起兵于天水，后意稍广，欲为天子，遂破灭。嚣少病蹇。吴门，冀郭门名也。缇群，山名也。

顺帝之末，京都童谣曰："直如弦，死道边。曲如钩，反封侯。"案顺帝即世，孝质短祚，大将军梁冀贪树疏幼，以为己功，专国号令，以赡其私。太尉李固以为清河王雅性聪明，敦诗悦礼，加又属亲，立长则顺，置善则固。而冀建白太后，策免固，征蠡吾侯，遂即至尊。固是日幽毙于狱，[36]暴尸道路，而太尉胡广封安乐乡侯、司徒赵戒厨亭侯、司空袁汤安国亭侯云。

桓帝之初，天下童谣曰："小麦青青大麦枯，谁当获者妇与姑。丈人何在西击胡，吏买马，君具车，请为诸君鼓咙胡。"案元嘉中凉州诸羌一时俱反，南入蜀、汉，东抄三辅，延及并、冀，大为民害。命将出众，每战常负，中国益发甲卒，麦多委弃，但有妇女获刈之也。吏买马，君具车者，言调发重及有秩者也。请为诸君鼓咙胡者，不敢公言，私咽语。

桓帝之初，京都童谣曰："城上乌，尾毕逋。公为吏，子为徒。一徒死，百乘车。车班班，入河间。河间姹女工数钱，以钱为室金为堂。石上慊慊舂黄粱。梁下有悬鼓，我欲击之丞卿怒。"案此皆谓为政贪也。城上乌，尾毕逋者，处高利独食，不与下共，谓人主多聚敛也。公为吏，子为徒者，言蛮夷将畔逆，父既为军吏，其子又为卒徒往击之也。一徒死，百乘车者，言前一人往讨胡既死矣，后又遣百乘车往。①车班班，入河间者，言上将崩，乘舆班班入河间迎灵帝也。②河间姹女工数钱，③以钱为室金为堂者，灵帝既立，其母永乐太后好聚金以为堂也。石上慊慊舂黄粱者，言永乐虽积金钱，慊慊常苦不足，[37]使人舂黄粱而食之也。

梁下有悬鼓,我欲击之丞卿怒者,言永乐主教灵帝,使卖官受钱,所禄非
其人,天下忠笃之士怨望,欲击悬鼓以求见,丞卿主鼓者,亦复诣顺,怒
而止我也。

①臣昭曰:志家此释岂未尽乎? 往徒一死,何用百乘? 其后验竟为灵帝作。
　　此言一徒,似斥桓帝,帝贵任群阉,参委机政,左右前后莫非刑人,有同囚徒
　　之长,故言寄一徒也。且又弟则废黜,身无嗣,魁然单独,非一而何? 百乘
　　车者,乃国之君。解犊后征,正膺斯数,继以班班,尤得以类焉。

②应劭释此句云:"征灵帝者,轮班拥节入河间也。"

③一本作"妖女"。

桓帝之初,京都童谣曰:"游平卖印自有平,不辟豪贤及大姓。"案到
延熹之末,邓皇后以谴自杀,乃以窦贵人代之,其父名武字游平,拜城门
校尉。及太后摄政,为大将军,与太傅陈蕃合心戮力,惟德是建,印绶所
加,咸得其人,豪贤大姓,皆绝望矣。

桓帝之末,京都童谣曰:"茅田一顷中有井,四方纤纤不可整。嚼复
嚼,今年尚可后年铙。"①案《易》曰:"拔茅茹以其汇,征吉。"茅喻群贤
也。井者,法也。于时中常侍管霸、苏康憎疾海内英哲,与长乐少府刘
嚣、太常许咏、尚书柳分、②寻穆、史佟、③司隶唐珍等,代作唇齿。河内
牢川诣阙上书:〔38〕"汝、颍、南阳,上采虚誉,专作威福;甘陵有南北二
部,三辅尤甚。"由是传考黄门北寺,始见废阁。茅田一顷者,言群贤众
多也。中有井者,言虽阨穷,不失其法度也。四方纤纤不可整者,言奸
慝大炽,不可整理。嚼复嚼者,京都饮酒相强之辞也。〔39〕言食肉者鄙,
不恤王政,徒耽宴饮歌呼而已也。今年尚可者,言但禁锢也。后年铙
者,陈、窦被诛,天下大坏。

①《风俗通》作"譊"。

②《袁山松书》曰,柳分权豪之党,为范滂所奏者。

③佟后亦为司隶。应劭曰,史佟,左官谕进者也。

桓帝之末,京都童谣曰:"白盖小车何延延。河间来合谐,河间来合
谐!"案解犊亭属饶阳河间县也。①居无几何而桓帝崩,使者与解犊侯皆

白盖车从河间来。延延,众貌也。是时御史刘儵建议立灵帝,以儵为侍中,中常侍侯览畏其亲近,必当间己,白拜儵泰山太守,因令司隶迫促杀之。朝廷(必)〔少〕长,思其功效,〔40〕乃拔用其弟郃,致位司徒,此为合谐也。

① 臣昭案:《郡国志》饶阳本属涿,后属安平。灵帝既是河间王曾孙,谣言自是有征,无俟〔明〕河间之县为验。〔41〕

灵帝之末,京都童谣曰:“侯非侯,王非王,千乘万骑上北芒。”案到中平六年,史侯登蹑至尊,献帝未有爵号,为中常侍段珪等数十人所执,公卿百官皆随其后,到河上,乃得来还。此为非侯非王上北芒者也。①

① 《英雄记》曰:“京师谣歌咸言‘河腊丛进’,献帝腊日生也。《风俗通》曰:‘乌腊乌腊。’”案逆臣董卓滔天虐民,穷凶极恶,关东举兵欲共诛之,转相顾望,莫肯先进,处处停兵数十万,若乌腊虫,相随横取之矣。

灵帝中平中,京都歌曰:“承乐世董逃,游四郭董逃,蒙天恩董逃,带金紫董逃,行谢恩董逃,整车骑董逃,垂欲发董逃,与中辞董逃,出西门董逃,瞻宫殿董逃,望京城董逃,日夜绝董逃,心摧伤董逃。”①案“董”谓董卓也,言虽跋扈,纵其残暴,终归逃窜,至于灭族也。②

① 杨孚《卓传》曰:“卓改为董安。”

② 《风俗通》曰:“卓以董逃之歌主为己发,大禁绝之,死者千数。”灵帝之末,礼乐崩坏,赏刑失中,毁誉无验,竞饰伪服,以荡典制,远近翕然,咸名后生放声者为时人。有识者窃言:旧日世人,次日俗人,今更日时人,此天促其期也。其间无几,天下大坏也。

献帝践祚之初,京都童谣曰:“千里草,何青青。十日卜,不得生。”案千里草为董,十日卜为卓。凡别字之体,皆从上起,左右离合,无有从下发端者也。今二字如此者,天意若曰:卓自下摩上,以臣陵君也。青青者,暴盛之貌也。不得生者,亦旋破亡。①

① 献帝初童谣曰:“燕南垂,赵北际,中央不合大如砺,唯有此中可避世。”公孙瓒以为易地当之,遂徙镇焉,乃修城积谷,以待天下之变。建安三年,袁绍攻瓒,瓒大败,缢其姊妹妻子,引火自焚,绍兵趣登台斩之。初,瓒破黄巾,

杀刘虞,乘胜南下,侵据齐地。雄威大振,而不能开廓远图,欲以坚城观时,坐听围戮,斯亦自易地而去世也。

建安初,荆州童谣曰:"八九年间始欲衰,至十三年无孑遗。"言自中兴以来,荆州无破乱,及刘表为牧,〔民〕又丰乐,〔42〕至此逮八九年。〔43〕当始衰者,谓刘表妻当死,诸将并零落也。十三年无孑遗者,言十三年表又当死,民当移诣冀州也。①

①干宝《搜神记》曰:"是时华容有女子忽啼呼云:'〔荆州将〕有大丧!'〔44〕言语过差,县以为妖言,系狱百馀日,忽于狱中哭曰:'刘荆州今日死。'华容去州数(日)〔百里〕,〔45〕即遣马吏验视,〔而刘〕表果死。〔46〕县乃出之。续又歌吟曰:'不意李立为贵人。'后无几,曹公平荆州,以涿郡李立,字建贤,为荆州刺史。"

顺帝阳嘉元年十月中,望都蒲阴狼杀童儿九十七人。时李固对策,引京房《易传》曰"君将无道,害将及人,去之深山〔以〕全身,〔47〕厥(灾)〔妖〕狼食人"。〔48〕陛下觉寤,比求隐滞,故狼灾息。①

①《东观书》曰:"中山相朱遂到官,不出奉祠北岳。诏曰:'灾暴缘类,符验不虚,政失厥中,狼灾为应,至乃残食孩幼,朝廷愍悼,思惟咎征,博访其故。山岳尊灵,国所望秩,而遂比不奉祠,怠慢废典,不务恳恻,淫刑放滥,害加孕妇,毒流未生,感和致灾。其详思改救,追复所失。有不遵宪,举正以闻。'"

灵帝建宁中,群狼数十头入晋阳南城门啮人。①

①《袁山松书》曰:"光和三年正月,虎见平乐观,又见宪陵上,啮卫士。蔡邕封事曰:'政有苛暴,则虎狼食人。'"

【校勘记】

〔1〕《方储对策》　《校补》谓《方储对策》盖本储所著书名,因对策而论次成编者,非皆临时条对之辞也。按:《校补》说是,今加书名号。

〔2〕 隅中至日跌为日之中　按:殿本"跌"作"昳"。《校补》谓案《周礼·司市》疏"昳者,差昳之言也"。《左氏》昭五年传疏"日昳谓蹉跌而下也"。是差昳即是蹉跌,昳跌固通作矣。

〔3〕 明主知其然　按:"主"原讹"王",下"则王道备也"之"王"字原讹"主",并径改正。

〔4〕 荆遂坐复谋反自杀也　按:"复"原讹"后",径据汲本、殿本改正。

〔5〕 苗稼更生　按:"苗"原讹"昔",径改正。

〔6〕 安帝元(年)〔初〕四年秋郡国十淫雨伤稼　《校补》谓"元年"乃"元初"之讹,各本皆失正。盖讹沿上和帝永元十年、十三年、十四年、十五年迭举之例,不觉其讹。然自孝武建元以下,史无书元不著年号者。况安帝屡改元,不书年号,何以辨? 且据本书《安纪》,亦惟元初四年秋七月京师及郡国十雨水,而由元初元年秋上溯永初元年秋,皆无此异,是其为讹亦显而易见也。今据改。

〔7〕 共诬(曰)〔白〕勃海王悝谋反　据汲本改。

〔8〕 皆帻而衣妇人衣绣拥髻　按:《集解》引钱大昕说,谓《光武纪》作"䰅"。又引惠栋说,谓"髻"依《续汉书》当作"裾"。

〔9〕 乃拜故司徒韩寅为司隶校尉　按:殿本《考证》谓"寅"当作"演"。

〔10〕 四牡彭彭　按:《校补》引柳从辰说,谓今《毛诗·大明》卒章作"驷騵彭彭"。

〔11〕 袁山松〔书〕曰　据汲本补。

〔12〕 后父禁为(平)阳〔平〕侯　据《集解》引钱大昕说改。

〔13〕 视之得玉钩珧各一　按:《集解》引惠栋说,谓"视"《东观记》作"掘"。

〔14〕 〔珧〕周五寸四分　据《东观记》及《宋书·符瑞志》补。

〔15〕 灵帝光和元年南宫平城门内屋武库屋及外东垣屋前后顿坏　按:《集解》引惠栋说,谓《灵帝纪》以为熹平六年二月事。

〔16〕 南北三十馀间　按:《集解》引洪亮吉说,谓案《灵帝纪》注引此志又云"四十馀间",未知谁误。

〔17〕 献帝初平二年三月长安宣平城门外屋无故自坏　按:《校补》谓本书《献纪》书长安宣平城门外屋自坏事在初平四年三月。

〔18〕 袁山松〔书〕曰　据汲本补。

〔19〕 厥罚恒阳　按:殿本"阳"作"旸"。

〔20〕 金性从刑　按:今《尚书大传》引郑注"刑"作"形"。

〔21〕 无故(治)〔冶〕之不销　据汲本改。

〔22〕 从(人)〔火〕而更　据《集解》引惠栋说改。

〔23〕 故常阳也　按:殿本"阳"作"旸"。下"则常阳从之",同。

〔24〕 今专(王)〔主〕事　据汲本、殿本改。

〔25〕 王者熟惟其祥　按:汲本、殿本"惟"作"推"。

〔26〕 上疏云久旱　按:此下有脱文。

〔27〕 侍御史孔子丰　汲本、殿本"孔子丰"作"孔丰"。按:孔丰字子丰,太常孔臧之后也。

〔28〕 (牧)〔收〕令下狱抵罪　据汲本、殿本改。

〔29〕 (丹)〔雒〕阳郡国二十二并旱　《校补》谓案《古今注》京师皆称雒阳,此"丹阳"乃"雒阳"之讹,各本皆未正。今据改。

〔30〕 安帝永初六年夏旱　按:此"安帝"二字原误作注文,与下注"古今注曰"云云六十字并杂入上条注文下,今据《校补》说移正。

〔31〕 三年郡国八　按:殿本"八"下有"旱"字。

〔32〕 三年夏旱　按:《校补》谓刘昭补注之例,非引他书,则云"臣昭案",亦有省言"案"者。若既不引书,又不言案,则明是转写脱误。"三年夏旱"上当有"臣昭案本纪"五字。

〔33〕 冲帝永(嘉)〔熹〕元年夏旱　《集解》引何焯说,谓"嘉"当作"熹"。今据改。

〔34〕 太尉李固劝太后(及)兄梁冀立嗣帝　《校补》谓"太后及兄"不成文,且固时不能亲言于太后,《固传》亦无固亲劝太后立长君事,当作"太后兄",去"及"字。今据删。

〔35〕 平阳苏腾　按:《集解》引惠栋说,谓案《水经注》,苏腾河南平县人,非平阳也。《蔡邕集》作"平原",尤误。

〔36〕 固是日幽毙于狱　按:张森楷《校勘记》谓案本纪,固以本初元年免官,建和元年下狱死,而云"是日",非也。

〔37〕 慊慊常苦不足　按:汲本、殿本"苦"作"若"。

〔38〕 河内牢川诣阙上书　按:《集解》引钱大昕说,谓"牢川"《党锢传》作"牢脩"。

〔39〕 嚼复嚼者京都饮酒相强之辞也　按:王先谦谓既云饮酒相强之词,则

"嚼"当为"釂",言饮酒尽也。此自汉世俗传,以双声致误。其正字须知,否则不可通矣。

〔40〕 朝廷(必)〔少〕长思其功效　据汲本、殿本改。

〔41〕 无俟〔明〕河间之县为验　据汲本、殿本补。按:"河"原讹"何",径改正。

〔42〕 及刘表为牧〔民〕又丰乐　据《集解》引惠栋说补。

〔43〕 至此逮八九年　《集解》引惠栋说,谓"此"字衍,"逮"为"建"之讹,脱"安"字。张森楷《校勘记》谓案八安字形不近,且是释上"八九年"文,"八"字不当去,疑"八"上有"安"字,误夺。按:如惠说,当作"至建安九年";如张说,当作"至建安八九年"。张说较长。

〔44〕 〔荆州将〕有大丧　据《集解》引惠栋说补。

〔45〕 华容去州数(日)〔百里〕　据《集解》引惠栋说改。

〔46〕 〔而刘〕表果死　据《集解》引惠栋说补。

〔47〕 去之深山〔以〕全身　据《集解》引惠栋说补。

〔48〕 厥(灾)〔妖〕狼食人　据《集解》引惠栋说改。

后汉书志第十四

五行二

灾火　草妖　羽虫孽　羊祸

《五行传》曰:"弃法律,① 逐功臣,② 杀太子,③ 以妾为妻,④ 则火不炎上。"⑤谓火失其性而为灾也。又曰:"视之不明,是谓不哲。⑥厥咎舒,⑦〔1〕厥罚常燠,⑧厥极疾。⑨时则有草妖,⑩时则有蠃虫之孽,⑪时则有羊祸,⑫时则有赤眚、赤祥,惟水沴火。"蠃虫,刘歆传以为羽虫。

① 郑玄注《尚书大传》曰:"东井主法令也。"

② 郑玄曰:"功臣制法律者也。或曰,喙主尚食、七星主衣裳,张为食厨,翼主天倡。经曰:'帝曰:臣作朕股肱耳目,予欲左右有民,汝翼。予欲观古人之象,日、月、星辰、山、龙、华虫,作缋宗彝,藻、火、粉、米、黼、黻,绨绣,以五采章施于五色作服,汝明。予欲闻六律、五声、八音,在治忽,以出纳五言,汝听。'是则食与服乐,臣之所用为大功也。七星北有酒旗,南有天厨,翼南有器府。"

③ 郑玄曰:"五行火生土,天文以参继东井,四时以秋代夏,杀太子之象也。《春秋传》曰:'夫千乘之主,将废正而立不正,必杀正也。'"

④ 郑玄曰:"轩辕为后妃,属南宫。其大星女主之位。女御在前,妾为妻之象也。"

⑤ 郑玄曰:"君行此四者,为逆天南宫之政。南宫于地为火,火性炎上,然行人所用烹饪者也,无故因见作热,燔炽为害,是为火不炎上。其他变异,皆属沴。"《春秋考异邮》曰:"火者,阳之精也。人合天气五行阴阳,极阴反阳,极阳生阴,故应人行以灾不祥,在所以感之,萌应转旋,从逆殊心也。"

⑥ 郑玄曰:"视,了也。君视不明,则是不能了其事也。"《洪范》曰:"视曰明。"

⑦ 谶曰:"君舒急,臣下有倦,白黑不别,贤不肖并,不能忧民急,气为之舒缓,

草不摇。"郑玄曰:"君臣不了则舒缓矣。"

⑧郑玄曰:"视日火,火主夏。夏气长,长气失,故常燠。"

⑨郑玄曰:"长气失,故于人为疾。"

⑩郑玄曰:"草,视之物可见者,莫众于草。"

⑪郑玄曰:"蚕螟虫之类。虫之生于火而藏于秋者也。"

⑫郑玄曰:"羊畜之远视者也,属视。"

建武中,渔阳太守彭宠被征。书至,明日潞县火,灾起城中,飞出城外,燔千馀家,杀人。京房《易传》曰:"上不俭,下不节,盛火数起,燔宫室。"儒说火以明为德而主礼。时宠与幽州牧朱浮有隙,疑浮见浸谮,故意狐疑,其妻劝无应征,遂反叛攻浮,卒诛灭。①

①《古今注》曰:"建武六年十二月,雒阳市火。二十四年正月戊子,雷雨霹雳,火灾高庙北门。明帝永平元年六月己亥,桂阳见火飞来,烧城寺。章帝建初元年十二月,北宫火烧寿安殿,延及右掖门。元和三年六月丙午,雷雨,火烧北宫朱爵西阙。"

和帝永元八年十二月丁巳,南宫宣室殿火。是时和帝幸北宫,窦太后在南宫。明年,窦太后崩。

十三年八月己亥,北宫盛馔门阁火。是时和帝幸邓贵人,阴后宠衰怨恨,上有欲废之意。明年,会得阴后挟伪道事,遂废迁于桐宫,以忧死,立邓贵人为皇后。

十五年六月辛酉,汉中城固南城门灾。此孝和皇帝将绝世之象也。其后二年,宫车晏驾,殇帝及平原王皆早夭折,和帝世绝。

安帝①永初二年四月甲寅,汉阳(河)〔阿〕阳城中失火,〔2〕烧杀三千五百七十人。先是和帝崩,有皇子二人,皇子胜长,邓皇后贪殇帝少,欲自养长立之。延平元年,殇帝崩。胜有厥疾不笃,群臣咸欲立之,太后以前既不立胜,遂更立清河王子,是为安帝。司空周章等心不(掩)〔厌〕服,〔3〕谋欲诛邓氏,废太后、安帝,而更立胜。元年十一月,事觉,章等被诛。其后凉州叛羌为害大甚,凉州诸郡寄治冯翊、扶风界。及太后崩，邓氏被诛。①

　①《古今注》曰："永初元年十二月，河南郡县火，烧杀百五人。二年，河南郡县
　　又失火，烧五百八十四人。"

四年三月戊子，杜陵园火。

元初四年二月壬戌，武库火。①是时羌叛，大为寇害，发天下兵以攻
御之，积十馀年未已，天下厌苦兵役。

　①《东观书》曰："烧兵物百〔一〕〔二〕十五种，〔4〕直千万以上。"

延光元年八月戊子，阳陵园寝殿火。凡灾发于先陵，此太子将废之
象也。若曰：不当废太子以自翦，如火不当害先陵之寝也。明年，上以
谗言废皇太子为济阴王。后二年，宫车晏驾。中黄门孙程等十九人起
兵殿省，诛贼臣，立济阴王。

四年秋七月乙丑，渔阳城门楼灾。

顺帝永建三年七月丁酉，茂陵园寝灾。①

　①《古今注》曰："二年五月戊辰，守宫失火，烧宫藏财物尽。四年，河南郡县失
　　火，烧人六畜。"

阳嘉元年，恭陵庑灾，及东西莫府火。①太尉李固以为奢僭所致。
陵之初造，祸及枯骨，规广治之尤饰。又上欲更造宫室，益台观，故火起
莫府，烧材木。

　①《古今注》曰"十二月，河南郡国火烧庐舍，杀人"也。

永和元年十月丁未，〔5〕承福殿火。①先是爵号阿母宋娥为山阳君；
后父梁商本国侯，又多益商封；商长子冀当继商爵，以商生在，复更封冀
为襄邑侯；追号后母为开封君；皆过差非礼。②

　①臣昭案《杨厚传》是灾。
　②《古今注》曰："六年十二月，雒阳酒市失火，烧肆，杀人。"

汉安元年三月甲午，雒阳刘汉等百九十七家为火所烧，①后四年，
宫车比三晏驾，建和元年君位乃定。

　①《东观书》曰："其九十家不自存，诏赐钱廪谷。"《古今注》曰："火或从室屋间

物中,不知所从起,数月乃止。十二月,雒阳失火。"

桓帝建和二年五月癸丑,北宫掖庭中德阳殿火,及左掖门。先是梁太后兄冀挟奸枉,以故太尉李固、杜乔正直,恐害其事,令人诬奏固、乔而诛灭之。是后梁太后崩,而梁氏诛灭。

延熹四年正月辛酉,南宫嘉德殿火。戊子,丙署火。二月壬辰,武库火。五月丁卯,原陵长寿门火。先是亳后因贱人得幸,〔6〕号贵人,为后。上以后母宣为长安君,封其兄弟,爱宠隆崇,〔7〕又多封无功者。去年春,白马令李云坐直谏死。至此彗除心、尾,火连作。

五年正月壬午,南宫丙署火。四月乙丑,恭北陵东阙火。戊辰,虎贲掖门火。五月,康陵园寝火。甲申,中藏府承禄署火。七月己未,南宫承善闼内火。

六年四月辛亥,康陵东署火。七月甲申,平陵园寝火。

八年二月己酉,南宫嘉德署、黄龙、千秋万岁殿皆火。四月甲寅,安陵园寝火。闰月,南宫长秋、和欢殿后钩盾、掖庭朔平署各火。十一月壬子,德阳前殿西阁及黄门北寺火,杀人。①

①《袁山松书》曰:"是时连月有火灾,诸(官)〔宫〕寺或一日再三发。〔8〕又夜有讹言,击鼓相惊。陈蕃、刘(智)〔矩、刘〕茂上疏谏〔9〕曰:'古之火皆君弱臣强,极阴之变也。前始春而狱刑惨,故火不炎上。前入春节连寒,木冰,暴风折树,又八九州郡并言陨霜杀菽。《春秋》晋执季孙行父,木为之冰。夫气弘则景星见,化错则五星开,日月蚀。灾为已然,异为方来,恐卒有变,必于三朝,唯善政可以已之。愿察臣前言,不弃愚忠,则元元幸甚。'书奏不省。"

九年三月癸巳,京都夜有火光转行,民相惊噪。①

①《袁山松书》曰:"是时宦竖专朝,钩党事起,上寻无嗣,陈蕃、窦武为曹节等所害,天下无复纪纲。"

灵帝熹平四年五月,延陵园灾。

光和四年闰月辛酉,北宫东掖庭永巷署灾。①

①陈蕃谏云:"楚女悲而西宫灾,不御宫女,怨之所致也。"

五年五月庚申,德阳前殿西北入门内永乐太后宫署火。〔10〕

中平二年二月己酉,南宫云台灾。庚戌,乐(城)〔成〕门灾,①〔11〕延及北阙,〔度〕道西烧嘉德、和欢殿。〔12〕案云台之灾自上起,榱题数百,同时并然,若就县华镫,其日烧尽,延及白虎、威兴门、尚书、符节、兰台。夫云台者,乃周家之所造也,图书、术籍、珍玩、宝怪皆所藏在也。京房《易传》曰:"君不思道,厥妖火烧宫。"是时黄巾作慝,变乱天常,七州二十八郡同时俱发,命将出众,虽颇有所禽,然宛、广宗、曲阳尚未破坏,役起负海,杼柚空悬,百姓死伤已过半矣。而灵帝曾不克己复礼,虐侈滋甚,尺一雨布,骀骑电激,官非其人,政以贿成,内嬖鸿都,并受封爵。京都为之语曰:"今兹诸侯岁也。"天戒若曰:放贤赏淫,何以旧典为? 故焚其台门秘府也。其后三年,灵帝暴崩,续以董卓之乱,火三日不绝,京都为丘墟矣。②

①南宫中门。

②《魏志》曰:"魏明帝青龙二年,崇华殿灾,诏问太史令高堂隆:'此何咎? 于礼宁有祈禳之义乎?'对曰:'夫灾变之发,皆所以明教诫也,唯率礼修德可以胜之。《易传》曰:"上不俭,下不节,孽火烧其室。"又曰:"君高其台,天火为灾。"此人君苟饰宫室,不知百姓空竭,故天应之以旱,火从高殿起也。上天降监,故谴告陛下,陛下宜增崇人道,以答天意。昔太戊有桑谷生于朝,武丁有雊雉登于鼎,皆闻灾恐惧,侧身修德,三年之后,远夷朝贡,故号曰中宗、高宗。此则前代之明鉴也。今案旧占,灾火之发,皆以台榭宫室为诫。然今宫室之所以充广者,实由宫人猥多之故,宜简择留其淑懿,如周之制,罢省其馀。此则祖己之所以训高宗,高宗之所以享远号也。'诏问隆:'吾闻汉武帝时柏梁灾,而起宫殿以厌之,其义云何?'对曰:'臣闻西京柏梁既灾,越巫陈方,建章是营,以厌火祥,乃夷越之巫所为,非圣贤之明训也。《五行志》曰:"柏梁灾,其后有江充巫蛊卫太子事。"如志之言,越巫建章无所厌也。孔子曰:"灾者,修类应行,精祲相感,以成人君。"是以圣主睹灾责躬,退以修德,以消复之。今宜罢散民役,宫室之制务从约节,内足以待风雨,外足以讲礼仪,清扫所灾之处,不敢于此有所立作,蓂荚嘉禾,必生此地,以报陛下虔恭之德。疲民之力,竭民之财,实非所以致符瑞而怀远人也。'"臣

昭曰:高堂隆之言灾,其得天心乎!虽与本志所明不同,灵帝之时有焉,故载其言,广灾异也。

献帝初平元年八月,霸桥灾。其后三年,董卓见杀。①

①臣昭案:《刘焉传》,兴平元年,天火烧其城府辎重,延及民家,馆邑无馀也。

庶征之恒燠,《汉书》以冬温应之。中兴以来,亦有冬温,而记不录云。①

①《越绝》范蠡曰:"春燠而不生者,王者德不完也。夏寒而不长者,臣下不奉主令也。秋暑而复荣者,百官刑不断也。冬温而泄者,发府库赏无功也。此四者,邦之禁也。"《管子》曰:"臣乘君威,则阴侵阳,盛夏雪降,冬不冰也。"

安帝元初三年,有瓜异本共生,(一)〔八〕瓜同蒂,〔13〕时以为嘉瓜。或以为瓜者外延,离本而实,女子外属之象也。是时阎皇后初立,后阎后与外亲耿宝等共谮太子,废为济阴王,更外迎济北王子犊立之,草妖也。①

①《古今注》曰:"和帝永元七年三月,江夏县民舍柱生两枝,其一长尺五寸,分为八枝,其一长尺六寸,分为五枝,皆青也。"

桓帝延熹九年,雒阳城局竹柏叶有伤者。占曰:"天子凶。"

灵帝熹平三年,右校别作中有两楉树,皆高四尺所,其一株宿夕暴长,长丈馀,大一围,作胡人状,头目鬓须发备具。京房《易传》曰:"王德衰,下人将起,则有木生人状。"①

①臣昭以木生人状,下人将起,京房之占虽以证验,貌类胡人,犹未辨了。董卓之乱,实拥胡兵,傕、汜之时,充斥尤甚,遂窥间宫嫔,剽虐百姓。鲜卑之徒,践藉畿封,胡之害深,亦已毒矣。

五年十月壬午,御所居殿后槐树,皆六七围,自拔,倒竖根在上。①

①臣昭曰:"槐是三公之象,贵之也。灵帝授位,不以德进,贪愚是升,清贤斯黜,槐之倒植,岂以斯乎?"

中平元年夏，东郡，陈留济阳、长垣，济阴冤句、离狐县界，①有草生，其茎靡累肿大如手指，状似鸠雀龙蛇鸟兽之形，五色各如其状，毛羽头目足翅皆具。②近草妖也。是岁黄巾贼始起。皇后兄何进，异父兄朱苗，皆为将军，〔14〕领兵。后苗封济阳侯，进、苗遂秉威权，持国柄，汉遂微弱，自此始焉。③

①《风俗通》曰："西及城皇阳武城郭路边。"

②《风俗通》曰："亦作人状，操持兵弩，万万备具，非但仿佛，类良熟然也。"

③应劭曰："关东义兵先起于宋、卫之郊，东郡太守桥瑁负众怙乱，陵蔑同盟，忿嫉同类，以殒厥命。陈留、济阴迎助，谓为离德，弃好即戎，吏民歼之。草妖之兴，岂不或信！"

中平中，长安城西北六七里空树中，有人面生鬓。①

①《魏志》曰："建安二十五年正月，曹公在雒阳，起建始殿，伐濯龙树而血出。又掘徙梨，〔15〕根伤而血出。曹公恶之，遂寝疾，是月薨。"

献帝兴平元年九月，桑复生椹，可食。①

①臣昭曰：桑重生椹，诚是木异，必在济民，安知非瑞乎？时苍生死败，周、秦歼尽，饿魂馁鬼，不可胜言，食此重椹，大拯危命，虽连理附枝，亦不能及。若以为怪，则建武野谷旅生，麻菽尤盛，复是草妖邪？

安帝延光三年二月戊子，有五色大鸟集济南台，十月，又集新丰，时以为凤皇。或以为凤皇阳明之应，故非明主，则隐不见。凡五色大鸟似凤者，多羽虫之孽。是时安帝信中常侍樊丰、江京、阿母王圣及外属耿宝等谗言，免太尉杨震，废太子为济阴王，不哲之异也。章帝末，号凤皇百四十九见。时直臣何敞以为羽孽似凤，翱翔殿屋，不察也。①记者以为其后章帝崩，以为验。案宣帝、明帝时，五色鸟群翔殿屋，贾逵以为胡降征也。帝多善政，虽有过，不及至衰缺，末年胡降二十万口，（尔）〔是〕其验也。〔16〕帝之时，羌胡外叛，谗慝内兴，羽孽之时也。《乐叶图征》说五凤皆五色，为瑞者一，为孽者四。②

①臣昭曰：已论之于《敞传》。

②《叶图徵》曰:"似凤有四,并为妖:一曰鹔鷞,鸠喙,圆目,身义戴信婴礼膺仁负智,至则旱役之感也;二曰发明,乌喙,大颈,大翼,[17]大胫,身仁戴智婴义膺信负礼,至则丧之感也;三曰焦明,长喙,疏翼,圆尾,身义戴信婴仁膺智负礼,至则水之感也;四曰幽昌,兑目,小头,大身,细足,胫若鳞叶,身智戴信负礼膺仁,至则旱之感也。"《国语》曰:"周之兴也,鸑鷟鸣岐。"《说文》曰:"五方神鸟:东方曰发明,南方曰焦明,西方曰鹔鷞,北方曰幽昌,中央曰凤皇。"

桓帝元嘉元年十一月,五色大鸟见济阴己氏。时以为凤皇。此时政治衰缺,梁冀秉政阿枉,上幸亳后,皆羽孽时也。①

①臣昭案:魏朗对策,桓帝时雉入太常、宗正府。朗说见本传注。

灵帝光和四年秋,五色大鸟见于新城,众鸟随之,时以为凤皇。时灵帝不恤政事,常侍、黄门专权,羽孽之时也。众鸟之性,见非常班驳,好聚观之,至于小爵希见枭者,觌见犹聚。

中平三年八月中,怀陵上有万馀爵,先极悲鸣,已因乱斗相杀,皆断头,悬著树枝枳棘。到六年,灵帝崩,大将军何进以内宠外嬖,积恶日久,欲悉纠黜,以隆更始冗政,而太后持疑,事久不决。进从中出,于省内见杀,因是有司荡涤虔刘,后禄而尊厚者无馀矣。[18]夫陵者,高大之象也。天戒若曰:诸怀爵禄而尊厚者,还自相害至灭亡也。①

①《古今注》曰:"建武九年,六郡八县鼠食稼。"《张璠纪》曰:"初平元年三月,献帝初入未央宫,翟雉飞入未央宫,获之。"《献帝春秋》曰:"建安七年,五色大鸟集魏郡,众鸟数千随之。"《魏志》曰:"二十三年,秃鹙集邺宫文昌殿后池。"

桓帝建和三年秋七月,北地廉雨肉似羊肋,①或大如手。近赤祥也。是时梁太后摄政,兄梁冀专权,枉诛汉良臣故太尉李固、杜乔,天下冤之。其后梁氏诛灭。

①《说文》曰:"肋,胁骨也。"

【校勘记】

〔1〕 厥咎舒　按：《集解》引惠栋说，谓"舒"一作"荼"。

〔2〕 汉阳(河)〔阿〕阳城中失火　据《集解》引钱大昕说改。

〔3〕 司空周章等心不(掩)〔厌〕服　据汲本、殿本改。

〔4〕 烧兵物百(一)〔二〕十五种　据汲本、殿本改，与聚珍版《东观记》合。

〔5〕 永和元年十月丁未　按：《校补》谓纪作"丁亥"。

〔6〕 先是亳后因贱人得幸　按：《集解》引钱大昕说，谓桓帝邓皇后初冒姓梁氏，帝恶梁氏，改姓为薄。而《李云传》云"立掖庭民女亳氏为皇后"，此志亦云"亳后"，盖古文亳与薄通。

〔7〕 爱宠隆崇　按：《校补》谓案文"爱"当作"爵"。

〔8〕 诸(官)〔宫〕寺或一日再三发　据汲本、殿本改。

〔9〕 陈蕃刘(智)〔矩刘〕茂上疏谏　按：时无刘智茂其人。《集解》引惠栋说，谓当是刘矩、刘茂。矩为司徒，茂为司空，陈蕃时为太尉也。今据改。

〔10〕 永乐太后宫署火　按：《校补》谓本书《灵纪》"火"作"灾"，章怀注引志亦作"灾"，疑此作"火"误。

〔11〕 中平二年二月己酉南宫云台灾庚戌乐(城)〔成〕门灾　按：本书《灵纪》书"二月己酉，南宫大灾"。章怀注引志云"时烧灵台殿、乐成殿"。何焯以为此"云台"似当为"灵台"。惠栋谓《御览》八百三十三卷正作"灵台"。《校补》则谓灵台在北郊，与南宫云台无涉，纪注引《续志》文有误，《御览》文字转钞多谬，更不足证。惟"乐城"之"城"，应从章怀注作"成"。志注既明言南宫中门，而纪注以为乐成殿，盖门系于殿，以殿言，则知是宫中之门，非城门，或纪注"殿"下原有"门"字，转写脱去耳。今据改。

〔12〕 延及北阙(度)〔度〕道西烧嘉德和欢殿　《集解》引惠栋说，谓"阙"下《御览》有"度"字。按：《灵纪》章怀注引亦有"度"字，今据补。

〔13〕 (一)〔八〕瓜同蒂　《集解》引惠栋说，谓《符瑞志》云"东平陵有瓜异处共生，八瓜同蒂"。"一"当作"八"。今据改。

〔14〕 皇后兄何进异父兄朱苗皆为将军　按：《集解》引钱大昕说，谓案《灵帝纪》及《何后纪》皆称何苗，苗本姓朱，惟见于此。此称异父兄，而前卷称同母弟，亦小异。

〔15〕　又掘徙梨　按：“徙”原讹“徒”，径改正。

〔16〕　(尔)〔是〕其验也　据汲本、殿本改。

〔17〕　大翼　原作“翼大”，径据汲本、殿本乙正。

〔18〕　后禄而尊厚者无馀矣　按：《校补》谓据下文，“后”当作“怀”。

后汉书志第十五

五行三

大水　水变色　大寒　雹　冬雷　山鸣　鱼孽　蝗

《五行传》曰："简宗庙，不祷祠，①废祭祀，②逆天时，③则水不润下。"④谓水失其性而为灾也。⑤又曰："听之不聪，是谓不谋。⑥厥咎急，⑦厥罚恒寒，⑧厥极贫。⑨时则有鼓妖，⑩时则有鱼孽，⑪时则有豕祸，⑫时则有耳痾，⑬时则有黑眚、黑祥，惟火沴水。"鱼孽，刘歆传以为介虫之孽，谓蝗属也。⑭

①郑玄注曰："虚、危为宗庙。"

②郑玄曰："牵牛主祭祀之牲。"

③郑玄曰："月在星纪，周以为正，月在玄枵，殷以为正，皆不得四时之正，逆天时之象也。《春秋》定十五年'夏五月辛（卯）〔亥〕郊'，〔1〕讥运卜三正，以至失时，是其类也。"

④郑玄曰："君行此四者，为逆天北宫之政也。北宫于地为水。水性浸润下流，人所用灌溉者也。无故源流竭绝，川泽以涸，是为不润下。其他变异皆属沴。"

⑤《太公六韬》曰："人主好破坏名山，壅塞大川，决通名水，则岁多大水，五谷不成也。"

⑥郑玄曰："君听不聪，则是不能谋其事也。"《洪范》曰："聪作谋。"孔安国曰："所谋必成当。"马融曰："上聪则下进其谋。"

⑦郑玄曰："君臣不谋则急矣。"《易传》曰："诛罚绝理，不云下也；颛事有知，不云谋也。"

⑧郑玄曰："听曰水，水主冬，冬气藏，藏气失，故常寒。"

⑨郑玄曰："藏气失，故于人为贫。"

⑩郑玄曰:"鼓听之应也。"

⑪郑玄曰:"鱼,虫之生水而游于水者也。"

⑫郑玄曰:"豕,畜之居闲卫而听者也,属听。"

⑬郑玄曰:"听气失之病。"

⑭《月令章句》:"介者,甲也。谓龟蟹之属也。"《古今注》曰:"光武建武四年,东郡以北伤水。〔2〕七年六月戊辰,雒水盛,溢至津城门,帝自行水,弘农都尉治(折)〔析〕为水所漂杀,〔3〕民溺,伤稼,坏庐舍。二十四年六月丙申,沛国睢水逆流,一日一夜止。章帝建初八年六月癸巳,东昏城下池水变赤如血。"臣昭案:诸史光武之时,郡国亦尝有水灾,而志不载。本纪"八年秋大水",又云"是岁大水",今据杜林之传,列之孝和之前。《东观书》曰:"建武八年间,郡国比大水,〔4〕涌泉盈溢。杜林以为仓卒时兵擅权作威,张氏虽皆降散,犹尚有遗脱,长吏制御无术,令得复炽,元元侵陵之所致也。上疏曰:'臣闻先王无二道,明圣用而治。见恶如农夫之务去草焉,芟夷蕴崇之,绝其本根,勿使能殖,畏其易也。古今通道,传其法于有根。〔5〕狼子野心,奔马善惊。成王深知其终卒之患,故以殷氏六族分伯禽,〔6〕七族分康叔,怀姓九宗分唐叔,捡押其奸宄,又迁其余于成周,旧地杂俗,旦夕拘录,所以挫其强御之力,诎其骄恣之节也。及汉初兴,上稽旧章,合符重规,徙齐诸田,楚昭、屈、景,燕、赵、韩、魏之后,以稍弱六国强宗。邑里无营利之家,〔7〕野泽无兼并之民,万里之统,海内赖安。后辄因衰粗之痛,胁以送终之义,故遂相率而陪园陵,无反顾之心。追观往法,〔8〕政皆神道设教,强干弱枝,本支百世之要也。是以皆永享康宁之福,〔9〕无怵惕之忧,继嗣承业,恭己而治,盖此助也。其被灾害民轻薄无累重者,两府遣吏护送饶谷之郡。或惧死亡,卒为佣赁,亦所以消散其口救,〔10〕瞻全其性命也。昔鲁隐有贤行,将致国于桓公,乃留连贪位,不能早退。况草创兵长,卒无德能,直以扰乱,乘时擅权,作威玉食,(狙)〔狙〕猱之意,〔11〕徼幸之望,曼延无足,〔12〕张步之计是也。小民负县官不过身死,负兵家灭门殄世。陛下昭然独见成败之端,或属诸侯官府,元元少得举首仰视,而尚遗脱,二千石失制御之道,令得复昌炽从横。〔13〕比年大雨,水潦暴长,涌泉盈溢,灾坏城郭官寺,吏民庐舍,溃徙离处,〔14〕溃成坑坎。臣闻水,阴类也。《易》卦"地上有水比",言性不相害,〔15〕故曰乐也。而猥相毁垫沦失,常败百姓安居。殆阴下相为蠹贼,有小大胜负不齐,均不得其所,侵陵之象也。《诗》云:"畏天之威,于时

保之。"唯陛下留神明察,往来惧思,天下幸甚。'"《谢承书》曰:"陈宣子兴,沛国萧人也。刚猛性毅,博学,明《鲁诗》。遭王莽篡位,隐处不仕。光武即位,征拜谏议大夫。建武十年,雒水出造津,城门校尉欲奏塞之,宣曰:'昔周公卜雒以安宗庙,为万世基,水不当入城门。如为灾异,人主过而不可辞,塞之无益。昔东郡金堤大决,水欲没郡,令、吏、民散走;太守王尊亡身敕以住立不动,水应时自消。尊人臣,尚修正弭灾,〔16〕岂况朝廷中兴圣主,天所挺授,水必不入。'言未绝,水去。上善其言。后乘舆出,宣列引在前,行迟,乘舆欲驱,钩宣车盖使疾行,御者堕车下。宣前谏曰:'王者承天统地,动有法度,车则和鸾,步则佩玉,动静应天。昔孝文时,边方有献千里马者,还而不受。陛下宜上稽唐虞,下以文帝为法。'上纳其言,遂徐行按辔。迁为河堤谒者,以病免,卒于家。"

　　和帝永元元年七月,郡国九大水,伤稼。① 京房《易传》曰:"颛事有知,诛罚绝理,厥灾水。其水也,(而)〔雨〕杀人,〔17〕陨霜,大风,天黄。饥而不损,兹谓泰,厥水水杀人。辟遏有德,兹谓狂,厥水水流杀人,已水则地生虫。归狱不解,兹谓追非,厥水寒杀人。追诛不解,兹谓不理,厥水五谷不收。大败不解,兹谓皆阴,厥水流入国邑,陨霜杀谷。"② 是时和帝幼,窦太后摄政,其兄窦宪干事,及宪诸弟皆贵显,并作威魃虐,尝所怨恨,辄任客杀之。其后窦氏诛灭。③

　　①《穀梁传》曰:"高下有水灾曰大水。"
　　②《春秋考异邮》曰"阴盛臣逆,民悲情发,则水出河决"也。
　　③《东观书》曰:"十年五月丁巳,京师大雨,南山水流出至东郊,坏民庐舍。"

　　十二年六月,颍川大水,伤稼。是时和帝幸邓贵人,阴有欲废阴后之意,阴后亦怀恚怨。一曰,先是恭怀皇后葬礼有阙,窦太后崩后,乃改殡梁后,葬西陵,征舅三人皆为列侯,位特进,赏赐累千金。①

　　①《广州先贤传》曰:"和帝时策问阴阳不和,或水或旱,方正郁林布衣养奋,字叔高,对曰:'天有阴阳,阴阳有四时,四时有政令。春夏则予惠布施宽仁,秋冬则刚猛盛威行刑。赏罚杀生各应其时,则阴阳和,四时调,风雨时,五谷升。今则不然,长吏多不奉行时令,为政举事干逆天气,上不恤下,下不

忠上，百姓困乏而不恤哀，众怨郁积，故阴阳不和，风雨不时，灾害缘类。水者阴盛，小人居位，依公营私，谗言诵上。雨漫溢者，五谷有不升而赋税不为减，百姓虚竭，家有愁心也。’”

殇帝延平元年五月，郡国三十七大水，[18]伤稼。董仲舒曰：“水者，阴气盛也。”是时帝在襁抱，邓太后专政。①

①臣昭案：本纪是年九月，六州大水。《袁山松书》曰：“六州河、济、渭、雒、洧水盛长，泛溢伤秋稼。

安帝永初元年冬十月辛酉，河南新城山水虣出，突坏民田，坏处泉水出，深三丈。是时司空周章等以邓太后不立皇太子胜[19]而立清河王子，故谋欲废置。十一月，事觉，章等被诛。是年郡国四十一水出，漂没民人。①《谶》曰：“水者，纯阴之精也。阴气盛洋溢者，小人专制擅权，妒疾贤者，[20]依公结私，侵乘君子，小人席胜，失怀得志，故涌水为灾。”

①《谢沈书》曰：“死者以千数。”

二年，大水。①

①臣昭案：本纪京师及郡国四十(有)〔大〕水。[21]《周嘉传》是夏旱，嘉收葬客死骸骨，[22]应时澍雨，岁乃丰稔，则水不为灾也。

三年，大水。①

①臣昭案：本纪京师及郡国四十一雨水。

四年，大水。①

①臣昭案：本纪云三郡。

五年，大水。①

①臣昭案：本纪郡国八。

六年，河东池水变色，皆赤如血。①是时邓太后犹专政。②

①水变。占曰：“水化为血者，好任残贼，杀戮不辜，延及亲戚，水当为血。”

②《古今注》曰：“元初二年，颍川襄城(临)〔流〕水化为血，〔不流〕。”[23]《京房占》曰：“流水化为血，兵且起，以日辰占与其色。”《博物记》曰：“江河水赤。

占曰,泣血道路,涉苏于何以处。〔24〕”

延光三年,大水,流杀民人,伤苗稼。是时安帝信江京、樊丰及阿母
王圣等谗言,免太尉杨震,废皇太子。①

①臣昭案:《左雄传》顺帝永建四年,司冀二州大水,伤禾稼。《杨厚传》永和元
　年夏,雒阳暴水,杀(十)〔千〕馀人。〔25〕

质帝本初元年五月,海水溢乐安、北海,溺杀人物。是时帝幼,梁太
后专政。①

①《春秋汉含孳》曰:“九卿阿党,挤排正直,骄奢僭害,则江河溃决。”《方储对
　策》曰:“民悲怨则阴类强,河决海澹,地动土涌。”

桓帝建和二年七月,京师大水。去年冬,梁冀枉杀故太尉李固、
杜乔。

三年八月,京都大水。是时梁太后犹专政。

永兴元年秋,河水溢,漂害人物。①

①臣昭案:《朱穆传》云“漂害数(千)〔十〕万户”。〔26〕《京房占》曰:“江河溢者,
　天有制度,地有里数,怀容水泽,〔27〕浸溉万物。”今溢者,明在位者不胜任
　也,三公之祸不能容也,率执法者利刑罚,不用常法。

二年六月,鼓城泗水增长,逆流。①

①《梁冀别传》曰:“冀之专政,天为见异,众灾并凑,蝗虫滋生,河水逆流,五星
　失次,太白经天,〔28〕人民疾疫,出入六年,羌戎叛戾,盗贼略平〔民〕,〔29〕皆
　冀所致。”《敦煌实录》张衡对策曰:“水者,五行之首,滞而逆流者,人君之恩
　不能下及而教逆也。”《潜潭巴》曰:“水逆者,反命也,宜修德以应之。”

永寿元年六月,雒水溢至津阳城门,漂流人物。①是时梁皇后兄冀
秉政,疾害忠直,威权震主。后遂诛灭。

①臣昭案:本纪又南阳大水。

延熹八年四月,济北〔河〕水清。〔30〕九年四月,济阴、东郡、济北、平
原河水清。襄楷上言:“河者诸侯之象,清者阳明之征,岂独诸侯有规京
都计邪?”其明年,宫车晏驾,征解犊亭侯为汉嗣,即尊位,是为孝灵

皇帝。

永康元年八月,六州大水,勃海海溢,没杀人。是时桓帝奢侈淫祀,其十一月崩,无嗣。

灵帝建宁四年二月,河水清。①　五月,山水大出,漂坏庐舍五百馀家。②

①《袁山松书》曰:"祷于龙堁。"

②《袁山松书》曰是河东水暴出也。

熹平二年六月,东莱、北海海水溢出,漂没人物。

三年秋,雒水出。

四年夏,郡国三水,〔31〕伤害秋稼。

光和六年秋,金城河溢,水出二十馀里。

中平五年,郡国六水大出。①〔32〕

①臣昭案:《袁山松书》曰"山阳、梁、沛、彭城、下邳、东海、琅邪",则是七郡。

献帝建安二年九月,汉水流,害民人。是时天下大乱。①

①《袁山松书》曰:"曹操专政。十七年七月,大水,洧水溢。"

十八年六月,大水。①

①《献帝起居注》曰:"七月,大水,上亲避正殿;八月,以雨不止,且还殿。"

二十四年八月,汉水溢流,害民人。①

①《袁山松书》曰"明年禅位于魏"也。

庶征之恒寒。

灵帝光和六年冬,大寒,北海、东莱、琅邪井中冰厚尺馀。①

①《袁山松书》曰:"是时群贼起,天下始乱。《谶》曰:'寒者,小人暴虐,专权居位,无道有位,适罚无法,又杀无罪,其寒必暴杀。'"

献帝初平四年六月,寒风如冬时。①

①《袁山松书》曰:"时帝流迁失政。"养奋对策曰:"当温而寒,刑罚惨也。"

和帝永元五年六月，郡国三雨雹，大如鸡子。①〔33〕是时和帝用酷吏周纡为司隶校尉，刑诛深刻。②

①《春秋考异邮》曰："阴气之专精凝合生雹。雹之为言合也。以妾为妻，大尊重，九女之妃阙而不御，坐不离前，无由相去之心，同舆参驷，房祚之内，〔34〕欢欣之乐，专政夫人，施而不博，〔35〕阴精凝而见(灭)〔成〕。"〔36〕《易谶》曰："凡雹者，过由人君恶闻其过，抑贤不扬，〔37〕内与邪人通，取财利，蔽贤，施之，并当雨不雨，故反雹下也。"

②《古今注》曰："光武建武十年十月戊辰，乐浪、上谷雨雹，伤稼。十二年，河南平阳雨雹，大如杯，坏败吏民庐舍。十五年十二月乙卯，钜鹿雨雹，伤稼。永平三年八月，郡国十二雨雹，伤稼。十年，郡国十八或雨雹、蝗。"《易纬》曰："夏雹者，治道烦苛，徭役急促，教令数变，无有常法。不救为兵，强臣逆谋，蝗虫伤谷。救之，举贤良，爵有功，务宽大，无诛罚，则灾除。"

安帝永初元年，雨雹。二年，雨雹，大如鸡子。三年，雨雹，〔38〕大如雁子，伤稼。刘向以为雹，阴胁阳也。是时邓太后以阴专阳政。

元初四年六月戊辰，郡国三雨雹，大如杅杯〔39〕及鸡子，杀六畜。①

①《古今注》曰："乐安雹如杅，杀人。"《京房占》曰："夏雨雹，天下兵大作。"

延光元年四月，郡国二十一雨雹，大如鸡子，伤稼。是时安帝信谗，无辜死者多。①

①臣昭案：《尹敏传》是岁河西大雨雹，如斗。安帝见孔季彦，问其故，〔40〕对曰"此皆阴乘阳之征也。今贵臣擅权，母后党盛，陛下宜修圣德，虑此二者"也。

三年，雨雹，大如鸡子。①

①《古今注》曰："顺帝永建五年，郡国十二雨雹。〔41〕六年，郡国十二雨雹，伤秋稼。"

桓帝延熹四年五月己卯，京都雨雹，大如鸡子。是时桓帝诛杀过差，又宠小人。

七年五月己丑，京都雨雹。是时皇后邓氏僭侈，骄恣专幸。明年废，以忧死，其家皆诛。

灵帝建宁二年四月,雨雹。

四年五月,河东雨雹。

光和四年六月,雨雹,大如鸡子。是时常侍、黄门用权。

中平二年四月庚戌,雨雹,伤稼。

献帝初平四年六月,右扶风雹如斗。①

①《袁山松书》曰:“雹杀人。前后雨雹,此最为大,时天下溃乱。”

和帝元兴元年冬十一月壬午,郡国四冬雷。是时皇子数不遂,皆隐之民间。是岁,宫车晏驾,殇帝生百馀日,立以为君;帝兄有疾,封为平原王,卒,皆夭无嗣。①

①《古今注》曰:“光武建武七年,辽东冬雷,〔42〕草木实。”

殇帝延平元年九月乙亥,陈留雷,有石陨地四。①

①臣昭案:《天文志》末已载石陨,未解此篇所以重记。石(以)〔与〕雷陨俱者,〔43〕九月雷未为异,桓帝亦有此陨,后不兼载,于是为(长)〔常〕。〔44〕《古今注》曰:“章帝建初四年五月戊寅,颍阴石从天坠,大如铁锁,色黑,始下时声如雷。”

安帝永初六年十月丙戌,郡六冬雷。①

①《京房占》曰:“天冬雷,地必震。”又曰:“教令扰。”又曰:“雷以十一月起黄钟,二月大声,八月阖藏。此以春夏杀无辜,不须冬刑致灾。蛰虫出行,不救之,则冬温风,以其来年疾病。其救也,恤幼孤,〔45〕振不足,议狱刑,贳谪罚,灾则消矣。”《古今注》曰:“明帝永平七年十月丙子,越巂雷。”

七年十月戊子,郡国三冬雷。

元初元年十月癸巳,郡国三冬雷。

三年十月辛亥,汝南、乐浪冬雷。

四年十月辛酉,郡国五冬雷。

六年十月丙子,郡国五冬雷。

永宁元年十月,郡国七冬雷。

建光元年十月,郡国七冬雷。

延光四年,郡国十九冬雷。是时太后摄政,[46]上无所与。太后既崩,阿母王圣及皇后兄阎显兄弟更秉威权,上遂不亲万机,从容宽仁任臣下。①

①《古今注》曰:"顺帝永和四年四月戊午,雷震击高庙、世祖庙外槐树。"

桓帝建和三年六月乙卯,雷震宪陵寝屋。先是梁太后听兄冀枉杀李固、杜乔。

灵帝熹平六年冬十月,东莱冬雷。[47]

中平四年十二月晦,雨水,大雷电,雹。

献帝初平三年五月丙申,无云而雷。

四年五月癸酉,无云而雷。

建安七八年中,长沙醴陵县有大山常大鸣如牛吼声,积数年。后豫章贼攻没醴陵县,杀略吏民。①

①干宝曰:"《论语摘辅像》曰:'山(亡)〔土〕崩,[48]川闭塞,漂沦移,山鼓哭,闭衡夷,庶桀合,兵王作。'时天下尚乱,豪桀并争:曹操事二袁于河北;孙吴创基于江外;刘表阻乱众于襄阳,南招零、桂,北割汉川,又以黄祖为爪牙,而祖与孙氏为深仇,兵革岁交。十年,曹操破袁谭于南皮;十一年,走袁尚于辽东。十三年,吴禽黄祖。是岁,刘表死。曹操略荆州,逐刘备于当阳。十四年,吴破曹操于赤壁。是三雄者,卒共参分天下,成帝王之业,是所谓'庶桀合,兵王作'者也。十六年,刘备入蜀,与吴再争荆州,于时战争四分五裂之地,荆州为剧,故山鸣之异作其域也。"

灵帝熹平二年,东莱海出大鱼二枚,长八九丈,高二丈馀。明年,中山王畅、任城王博并薨。①

①京房《易传》曰:"海出巨鱼,邪人进,贤人疏。"臣昭谓此占符灵帝之世,巨鱼之出,于是为征,宁独二王之妖也!

和帝永元四年,蝗。①

①臣昭案:本纪光武建武六年诏称"往岁水旱蝗虫为灾。"《古今注》曰:"建武
二十二年三月,京师、郡国十九蝗。二十三年,京师、郡国十八大蝗,旱,草
木尽。二十八年三月,郡国八十蝗。〔49〕二十九年四月,武威、酒泉、清河、京
兆、魏郡、弘农蝗。三十年六月,郡国十二大蝗。三十一年,郡国大蝗。中
元元年三月,郡国十六大蝗。永平四年十二月,酒泉大蝗,从塞外入。"《谢
承书》曰:"永平十五年,蝗起泰山,弥行兖、豫。"《谢沈书》锺离意《讥起北宫
表》云:"未数年,豫章遭蝗,谷不收。民饥死,县数千百人。"

八年五月,河内、陈留蝗。九月,京都蝗。九年,蝗从夏至秋。先是
西羌数反,遣将军将北军五校征之。

安帝永初四年夏,蝗。是时西羌寇乱,军众征距,连十馀年。①

①《谶》曰:"主失礼烦苛,则旱之,鱼螺变为蝗虫。"

五年夏,九州蝗。①

①《京房占》曰:"天生万物百谷,以给民用。天地之性人为贵。今蝗虫四起,
此为国多邪人,朝无忠臣,虫与民争食,居位食禄如虫矣。不救,致兵起;其
救也,举有道置于位,命诸侯试明经,此消灾也。"

六年三月,去蝗处复蝗子生。①

①《古今注》曰:"郡国四十八蝗。"

七年夏,蝗。

元初元年夏,郡国五蝗。

二年夏,郡国二十蝗。

延光元年六月,郡国蝗。

顺帝永建五年,郡国十二蝗。是时鲜卑寇朔方,用众征之。

永和元年秋七月,偃师蝗。去年冬,乌桓寇沙南,用众征之。

桓帝永兴元年七月,郡国三十二蝗。是时梁冀秉政无谋宪,〔50〕苟
贪权作虐。①

①《春秋考异邮》曰:"贪扰生蝗。"

二年六月,京都蝗。

永寿三年六月,京都蝗。

延熹元年五月,京都蝗。①

①臣昭案:刘歆传"皆逆天时,听不聪之祸也"。〔51〕养奋对策曰:"佞邪以不正
　食禄缘所致。"《谢沈书》曰"九年,扬州六郡连水、旱、蝗害"也。

灵帝熹平六年夏,七州蝗。先是鲜卑前后三十馀犯塞,是岁护乌桓
校尉夏育、破鲜卑中郎将田晏、使匈奴中郎将臧旻将南单于以下,三道
并出讨鲜卑。大司农经用不足,殷敛郡国,以给军粮。三将无功,还者
少半。

光和元年诏策问曰:"连年蝗虫至冬踊,其咎焉在?"蔡邕对曰:"臣
闻《易传》曰:'大作不时,天降灾,厥咎蝗虫来。'《河图秘征篇》曰:'帝贪
则政暴而吏酷,酷则诛深必杀,主蝗虫。'蝗虫,贪苛之所致也。"是时百
官迁徙,皆私上礼西园以为府。①

①蔡邕对曰:"蝗虫出,息不急之作,省赋敛之费,进清仁,黜贪虐,分损承安,
　(居)〔屈〕省别藏,〔52〕以赡国用,则其救也。《易》曰'得臣无家',言有天下
　者何私家之有!"

献帝兴平元年夏,大蝗。是时天下大乱。

建安二年五月,蝗。

【校勘记】

〔1〕　夏五月辛(卯)〔亥〕郊　据汲本、殿本改。

〔2〕　东郡以北伤水　按:"东"原讹"来",径改正。

〔3〕　弘农都尉治(折)〔析〕为水所漂杀　据《集解》本改。按:《校补》谓据《前
　　　书·地理志·音义》正。又《校补》引钱大昭说,谓《前志》弘农有析县,
　　　《续志》析属南阳,然《前志》弘农无都尉,析下亦不言都尉治,建武六年
　　　已省诸郡都尉,不应弘农独存。且本纪但云"是夏连雨水",亦无车驾亲
　　　往行水之事。疑《古今注》误。又按:"所"原讹"沂",径改正。

〔4〕　建武八年间郡国比大水　按:汲本、殿本"比"皆作"七"。

〔5〕 传其法于有根 按:"根"疑当作"汉",然各本皆作"根",聚珍本《东观记》亦作"根",惟严可均辑《全后汉文》作"汉",殆严氏以意改也。

〔6〕 故以殷氏六族分伯禽 按:《左传》"氏"作"民"。《校补》谓"殷氏"与下"怀姓"对文,自属传本之异。

〔7〕 邑里无营利之家 按:"营"原讹"管",径改正。

〔8〕 追观往法 按:"观"原讹"即",径改正。

〔9〕 是以皆永享康宁之福 按:"以皆"原讹倒,径乙正。

〔10〕 亦所以消散其口救 按:"救"疑"数"之讹。

〔11〕 (狃)〔狙〕猱之意 据何焯校改。

〔12〕 曼延无足 按:《校补》谓案文"足"当作"定"。

〔13〕 令得复昌炽从横 按:"令"原讹"合",径改正。

〔14〕 溃徙离处 按:"徙"原讹"从",径改正。

〔15〕 言性不相害 按:"相"原讹"用",径改正。

〔16〕 尚修正弭灾 殿本"正"作"政"。按:正政通。

〔17〕 其水也(而)〔雨〕杀人 《校补》谓以《前志》校之,"而"乃"雨"之讹,各本皆未正。今据改。

〔18〕 郡国三十七大水 按:《校补》谓纪"大水"作"雨水"。

〔19〕 不立皇太子胜 按:张森楷《校勘记》谓皇子胜未尝为太子,"太"字衍,下卷大风条同讹。

〔20〕 妒疾贤者 按:"妒"原讹"治",径据汲本、殿本改正。

〔21〕 京师及郡国四十(有)〔大〕水 《校补》谓"有"乃"大"之讹,本纪可证,各本皆失正。今据改。

〔22〕 嘉收葬客死骸骨 《集解》引惠栋说,谓案《范书·周嘉传》,乃嘉弟畅也,注所据乃《司马书》。按:《校补》谓详观此注,实即约举本书《独行传》《周嘉传》文,"收葬"上"嘉"字盖本是"因"字,后人妄改,未见本传耳。既系约举,原不必定详收葬者何人。惠氏《补注》因此一字之疑,遂谓注所据为《司马书》。然注先举本纪,即《范书》本纪也;次举《周嘉传》,又未别言,是本传也。

〔23〕 (临)〔流〕水化为血〔不流〕 "临"汲本、殿本作"流"。今据改。又《集解》引惠栋说,谓"血"下脱"不流"二字。今据补。

〔24〕 占曰泣血道路涉苏于何以处 按:"占"殿本作"名"。"何"汲本作"河"。

《校补》谓"涉苏于何以处",亦属误文,不可强通。

〔25〕 杀(十)〔千〕馀人　据汲本、殿本改。

〔26〕 漂害数(千)〔十〕万户　《校补》引钱大昭说,谓《朱穆传》、《桓帝纪》并云数十万户,"千"当作"十"。今据改。

〔27〕 怀容水泽　按:"怀"原讹"坏",径改正。

〔28〕 太白经天　按:"经"原讹"绝",径据汲本、殿本改正。

〔29〕 盗贼略平〔民〕　《校补》谓案文"平"下当有"民"字,或亦唐人因避讳去之。今据补。

〔30〕 济北〔河〕水清　《集解》引钱大昕说谓"济北"下脱"河"字。又《校补》引钱大昭说,谓据本纪作"济阴、东郡、济北河水清",是"济北"上亦脱四字。今按:纪志所记,容有不同;"济北"下则明脱"河"字,今补。

〔31〕 四年夏郡国三水　按:《校补》谓纪作"七大水"。

〔32〕 中平五年郡国六水大出　按:《集解》引惠栋说,谓帝纪作"七大水"。

〔33〕 和帝永元五年六月郡国三雨雹大如鸡子　按:聚珍本《东观记》作"郡国大雨雹,大如雁子"。

〔34〕 房衽之内　按:"衽"原作"任",径依汲本、殿本改。

〔35〕 施而不博　按:"博"原讹"传",径改正。

〔36〕 阴精凝而见(灭)〔成〕　据汲本、殿本改。

〔37〕 抑贤不扬　按:"扬"原讹"易",径改正。

〔38〕 三年雨雹　按:《集解》引惠栋说,谓纪作"京师及郡国四十一雨水雹"。

〔39〕 大如杆杯　按:《集解》引惠栋说,谓"杆杯"《东观记》作"芋魁"。

〔40〕 尹敏传是岁河西大雨雹如斗安帝见孔季彦问其故　按:《集解》引钱大昕说,谓季彦事今在《孔僖传》,或《司马彪书》以季彦附《尹敏传》。《校补》谓此注引季彦事,亦明为《范书·孔僖传》文,当由尹敏同列《儒林传》,遂至误载。

〔41〕 顺帝永建五年郡国十二雨雹　按:汲本、殿本"五"作"三"。

〔42〕 光武建武七年辽东冬雷　按:汲本、殿本"七"作"十"。

〔43〕 石(以)〔与〕雷陨俱者　据汲本、殿本改。

〔44〕 于是为(长)〔常〕　据汲本、殿本改。

〔45〕 恤幼孤　按:"恤"原讹"率",径据汲本、殿本改正。

〔46〕 延光四年郡国十九冬雷是时太后摄政　按:和熹崩于建光元年,安得延

光四年复言太后摄政？"是时"疑是"先是"之误。

〔47〕 东莱冬雷　按：汲本、殿本"冬"作"大"。

〔48〕 山（亡）〔土〕崩　据汲本、殿本改。

〔49〕 二十八年三月郡国十八蝗　按：《校补》谓光武时郡国九十三，如八十蝗，蝗几遍全国矣。桓、灵之末，无此奇灾，况中兴盛时，何宜有此。"八十"盖是"十八"误倒。

〔50〕 是时梁冀秉政无谋宪　按：《校补》谓"宪"疑是"虑"之讹。

〔51〕 听不聪之祸也　按：汲本、殿本"祸"作"过"。

〔52〕 （居）〔屈〕省别藏　据汲本、殿本改。

后汉书志第十六

五行四

地震　山崩　地陷　大风拔树　螟　牛疫

《五行传》曰："治宫室，饰台榭，内淫乱，犯亲戚，侮父兄，则稼穑不成。"谓土失其性而为灾也。又曰："思心不容，是谓不圣。厥咎霿，厥罚恒风，厥极凶短折。时则有脂夜之妖，时则有华孽，时则有牛祸，时则有心腹之痾，时则有黄眚、黄祥，惟金、水、木、火沴土。"华孽，刘歆传为蠃虫之孽，谓螟属也。

世祖建武二十二年九月，郡国四十二地震，南阳尤甚，地裂压杀人。其后武谿蛮夷反，为寇害，至南郡，发荆州诸郡兵，遣武威将军刘尚击之，为夷所围，复发兵赴之，尚遂为所没。

章帝建初元年三月甲(申)〔寅〕，〔1〕山阳、东平地震。

和帝永元四年六月丙辰，郡国十三地震。《春秋汉含孳》曰："女主盛，臣制命，则地动坼，畔震起，山崩沦。"是时窦太后摄政，兄窦宪专权，将以是受祸也。后五日，诏收宪印绶，兄弟就国，逼迫皆自杀。

五年二月戊午，陇西地震。儒说民安土者也，将大动，行大震。九月，匈奴单于於除(难)鞬叛，〔2〕遣使发边郡兵讨之。

七年九月癸卯，京都地震。儒说奄官无阳施，犹妇人也。是时和帝与中常侍郑众谋夺窦氏权，德之，因任用之，及幸常侍蔡伦，二人始并用权。

九年三月庚辰，陇西地震。闰月，塞外羌犯塞，杀略吏民，使征西将

军刘尚击之。〔3〕

安帝永初元年,郡国十八地震。李固曰:"地者阴也,法当安静。今乃越阴之职,专阳之政,故应以震动。"是时邓太后摄政专事,讫建光中,太后崩,安帝乃得制政,于是阴类并胜,西羌乱夏,连十馀年。

二年,郡国十二地震。

三年十二月辛酉,郡国九地震。

四年三月癸巳,郡国四地震。〔4〕

五年正月丙戌,郡国十地震。

七年正月壬寅,二月丙午,郡国十八地震。〔5〕

元初元年,郡国十五地震。

二年十一月庚申,郡国十地震。

三年二月,郡国十地震。十一月癸卯,郡国九地震。

四年,郡国十三地震。

五年,郡国十四地震。

六年二月乙巳,京都、郡国四十二地震,或地坼裂,涌水,坏败城郭、〔6〕民室屋,压人。冬,郡国八地震。

永宁元年,郡国二十三地震。

建光元年九月己丑,〔7〕郡国三十五地震,或地坼裂,坏城郭室屋,压杀人。是时安帝不能明察,信宫人及阿母圣等谮(云)〔言〕,〔8〕破坏邓太后家,于是专听信圣及宦者,中常侍江京、樊丰等皆得用权。〔9〕

延光元年七月癸卯,京都、郡国十三地震。九月戊申,郡国二十七地震。

二年,京都、郡国三十二地震。〔10〕

三年,京都、郡国二十三地震。是时以谮免太尉杨震,废太子。

四年十〔一〕月丁巳,〔11〕京都、郡国十六地震。时安帝既崩,阎太后摄政,兄弟阎显等并用事〔12〕,遂斥安帝子,更征诸国王子,未至,中黄门遂诛显兄弟。

顺帝永建三年正月丙子,京都、汉阳地震。汉阳屋坏杀人,地坼涌水出。是时顺帝阿母宋娥及中常侍张昉等用权。

阳嘉二年四月己亥,京都地震。是时爵号宋娥为山阳君。

四年十二月甲寅,京都地震。

永和二年四月(庚)〔丙〕申,〔13〕京都地震。是时宋娥构奸诬罔,五月事觉,收印绶,归田里。十一月丁卯,京都地震。是时太尉王龚以中常侍张昉等专弄国权,欲奏诛之,时龚宗亲有以杨震行事谏之止云。

三年二月乙亥,京都、金城、陇西地震裂,城郭、室屋多坏,压杀人。闰月己酉,京都地震。十月,西羌二千馀骑入金城塞,为凉州害。

四年三月乙亥,京都地震。

五年二月戊申,京都地震。

建康元年正月,凉州(都)〔部〕郡六,地震。〔14〕从去年九月以来至四月,凡百八十(日)〔地〕震,〔15〕山谷坼裂,坏败城寺,伤害人物。三月,护羌校尉赵冲为叛胡所杀。九月丙午,京都地震。是时顺帝崩,梁太后摄政,欲为顺帝作陵,制度奢广,多坏吏民冢。尚书栾巴谏事,〔16〕太后怒,癸卯,诏书收巴下狱,欲杀之。丙午地震,于是太后乃出巴,免为庶人。

桓帝建和元年四月庚寅,京都地震。九月丁卯,京都地震。是时梁太后摄政,兄冀持权。至和平元年,太后崩,然冀犹秉政专事,至延熹二年,乃诛灭。

三年九月己卯,地震,庚寅又震。

元嘉元年十一月辛巳,京都地震。

二年正月丙辰,京都地震。十月乙亥,京都地震。

永兴二年二月癸卯,京都地震。

永寿二年十二月,京都地震。

延熹四年,京都、右扶风、凉州地震。

五年五月乙亥,京都地震。是时桓帝与中常侍单超等谋诛除梁冀,听之,〔17〕并使用事专权。又邓皇后本小人,性行无恒,苟有颜色,立以为后,后卒坐执左道废,以忧死。

八年九月丁未,京都地震。

灵帝建宁四年二月癸卯,地震。是时中常侍曹节、王甫等皆专权。

熹平二年六月,地震。

六年十月辛丑,地震。

光和元年二月辛未,〔18〕地震。四月丙辰。地震。灵帝时宦者专恣。

二年三月,京兆地震。

三年自秋至明年春,酒泉表氏地八十餘动,〔19〕涌水出,城中官寺民舍皆顿,县易处,更筑城郭。

献帝初平二年六月丙戌,地震。

兴平元年六月丁丑,地震。

和帝永元元年七月,会稽南山崩。会稽,南方大名山也。京房《易传》曰:“山崩,阴乘阳,弱胜强也。”刘向以为山阳,君也;水阴,民也;君道崩坏,百姓失所也。刘歆以为崩犹(地)〔弛〕也。〔20〕是时窦太后摄政,兄窦宪专权。

七年七月,赵国易阳地裂。京房《易传》曰:“地裂者,臣下分离,不肯相从也。”是时南单于众乖离,汉军追讨。

十二年夏,闰四月戊辰,南郡秭归山高四百丈,崩填谿,杀百餘人。明年冬,(至)〔巫〕蛮夷反,〔21〕遣使募荆州吏民万餘人击之。

元兴元年五月癸酉,右扶风雍地裂。是后西羌大寇凉州。

殇帝延平元年五月壬辰,河东(恒)〔垣〕山崩。〔22〕是时邓太后专政。秋八月,殇帝崩。

安帝永初元年六月丁巳,河东杨地陷,东西百四十步,南北百二十步,深三丈五尺。

六年六月壬辰,豫章员谿原山崩,各六十三所。

元初元年三月己卯,〔23〕日南地坼,长百八十二里。其后三年正月,苍梧、郁林、合浦盗贼群起,劫略吏民。〔24〕

二年六月,河南雒阳新城地裂。

延光二年七月,丹阳山崩四十七所。

三年六月庚午,巴郡阆中山崩。

四年十月丙午,蜀郡越巂山崩,杀四百馀人。丙午,天子会日也。是时阎太后摄政。其十一月,中黄门孙程等杀江京,立顺帝,诛阎后兄弟,明年,阎后崩。

顺帝阳嘉二年六月丁丑,雒阳宣德亭地坼,长八十五丈,近郊地。时李固对策,以为“阴类专恣,将有分离之象,所以附郊城者,(事)〔是〕上帝示象以诫陛下也”。〔25〕是时宋娥及中常侍各用权分争,后中常侍张逵、蘧政与大将军梁商争权,为商作飞语,欲陷之。

桓帝建和元年四月,郡国六地裂,水涌出,井溢,坏寺屋,杀人。时梁太后摄政,兄冀枉杀李固、杜乔。

三年,郡国五山崩。

和平元年七月,广汉梓潼山崩。

永兴二年六月,东海胊山崩。冬十二月,泰山、琅邪盗贼群起。

永寿三年七月,河东地裂,时梁皇后兄冀秉政,桓帝欲自由,内患之。

延熹元年七月乙巳,〔26〕左冯翊云阳地裂。

三年五月(戊申)〔甲戌〕,〔27〕汉中山崩。是时上宠恣中常侍单超等。

四年六月庚子,泰山、博尤来山判解。〔28〕

八年六月丙辰,缑氏地裂。

永康元年五月丙午,〔29〕雒阳高平永寿亭、上党泫①氏地各裂。是时朝臣患中常侍王甫等专恣。冬,桓帝崩。明年,窦氏等欲诛常侍、黄门,〔30〕不果,更为所诛。

①工玄反。

灵帝建宁四年五月,河东地裂十二处,裂合长十里百七十步,广者三十馀步,深不见底。

和帝永元五年五月戊寅,南阳大风,拔树木。

安帝永初元年，大风拔树。是时邓太后摄政，以清河王子年少，号精耳，[31]故立之，是为安帝。不立皇太子胜，以为安帝贤，必当德邓氏也；后安帝亲谗，废免邓氏，令郡县迫切，死者八九人，家至破坏。此为骰露也，是后西羌亦大乱凉州十有馀年。

二年六月，京都及郡国四十大风拔树。

三年五月癸酉，京都大风，拔南郊道梓树九十六枚。

七年八月丙寅，京都大风拔树。

元初二年二月癸亥，京都大风拔树。

六年夏四月，沛国、勃海大风，拔树三万馀枚。

延光二年三月丙申，河东、颍川大风拔树。六月壬午，郡国十一大风拔树。是时安帝亲谗，曲直不分。

三年，京都及郡国三十六大风拔树。

灵帝建宁二年四月癸巳，京都大风雨雹，拔郊道树十围已上百馀枚。其后晨迎气黄郊，[32]道于雒水西桥，逢暴风雨，道卤簿车或发盖，百官沾濡，还不至郊，使有司行礼。迎气西郊，亦壹如此。

中平五年六月丙寅，大风拔树。

献帝初平四年六月，右扶风大风，发屋拔木。

中兴以来，脂夜之妖无录者。

章帝七八年间，郡县大螟伤稼，语在《鲁恭传》，而纪不录也。是时章帝用窦皇后谗，害宋、梁二贵人，废皇太子。

灵帝熹平四年六月，弘农、三辅螟虫为害。是时灵帝用中常侍曹节等谗言，禁锢海内清英之士，谓之党人。

中平二年七月，三辅螟虫为害。

明帝永平十八年，牛疫死。是岁遣窦固等征西域，置都护、戊己校尉。固等适还而西域叛,杀都护陈睦、戊己校尉关宠。于是大怒,〔33〕欲复发兴讨,会秋明帝崩,是思心不容也。

　　章帝建初四年冬,京都牛大疫。是时窦皇后以宋贵人子为太子,宠幸,令人求伺贵人过隙,以谗毁之。章帝不知窦太后不善,〔34〕厥咎霿也。或曰,是年六月马太后崩,土功非时兴故也。

【校勘记】

〔1〕　章帝建初元年三月甲(申)〔寅〕　《校补》谓帝纪作“甲寅”。按:是年三月癸卯朔,无甲申,今依帝纪改。

〔2〕　匈奴单于於除(难)鞬叛　《集解》引钱大昕说,谓“难”字衍。又引惠栋说,谓纪无“难”字。今据删。

〔3〕　使征西将军刘尚击之　按:《集解》引钱大昕说,谓此又一刘尚,乃南阳宗室,袭封朝阳侯者。又引周寿昌说,谓《袁纪》作“执金吾刘尚”。非建武二十二年之武威将军,彼前以击夷而败没矣。本纪作“行征西将军”,此无“行”字。

〔4〕　郡国四地震　按:《集解》引洪亮吉说,谓《安纪》“四”作“九”。

〔5〕　七年正月壬寅二月丙午郡国十八地震　《钱大昭》云本纪但有二月丙午之事,此“正月壬寅”四字疑衍。按:《校补》谓当衍者乃“二月丙午”四字。是年四月丙申晦,日有食之,纪、志并同。四月晦为丙申,则二月不得有丙午。纪本有误,而此志“二月丙午”四字,疑后人据纪妄增也。

〔6〕　坏败城郭　按:汲本、殿本“坏败”作“败坏”。

〔7〕　建光元年九月己丑　按:《集解》引洪亮吉说,谓《安纪》作“十一月己丑”。

〔8〕　信宫人及阿母圣等谗(云)〔言〕　据何焯校改。

〔9〕　皆得用权　《校补》引钱大昭说,谓“用”闽本作“擅”。今案:殿本亦作“擅”。

〔10〕　京都郡国三十二地震　按:《集解》引钱大昕说,谓《安帝纪》无“十二”字。

〔11〕　四年十〔一〕月丁巳　《集解》引钱大昕说,谓《顺帝纪》作“十一月”。按:

延光四年十月乙酉朔,无丁巳,今依纪改。

〔12〕兄弟阎显等并用事　按:"兄弟"原作"弟兄",径乙正。

〔13〕永和二年四月(庚)〔丙〕申　《集解》引钱大昕说,谓《顺帝纪》作"丙申"。
　　　按:是年四月戊寅朔,无庚申,今从帝纪改。

〔14〕凉州(都)〔部〕郡六地震　据《集解》引陈景云说改。

〔15〕凡百八十(日)〔地〕震　《集解》引洪亮吉说,谓"日"字衍。又引惠栋说,
　　　谓纪云"地百八十震",非百八十日也。按:《校补》谓"日"乃"地"之讹。
　　　言震不言地,则无以明其确为地震,故纪亦必云"地百八十震"也。今据
　　　《校补》说改。

〔16〕尚书栾巴谏事　按:《集解》王先谦谓"事"疑"争"之误。

〔17〕听之　按:疑当作"德之",与上文和帝永元七年"和帝与中常侍郑众谋
　　　夺窦氏权,德之"同。

〔18〕光和元年二月辛未　按:《集解》引钱大昕说,谓《灵帝纪》作"己未"。

〔19〕酒泉表氏地八十馀动　按:《集解》引惠栋说,谓"氏"纪作"是",古字通。

〔20〕刘歆以为崩犹(地)〔弛〕也　《校补》谓"地"乃"弛"之讹,《前志》引刘歆说
　　　"崩,弛崩也"可证,各本皆失正。今据改。

〔21〕明年冬(至)〔巫〕蛮夷反　《校补》谓据纪"至"乃"巫"之讹。今据改。

〔22〕河东(恒)〔垣〕山崩　《集解》引洪亮吉说,谓恒山在上曲阳,不属河东,应
　　　如《殇纪》作"垣山"为是。今据改。

〔23〕元初元年三月己卯　《校补》谓纪作"二月己卯"。按:是年二月壬辰朔,
　　　无己卯,纪讹。

〔24〕劫略吏民　按:"吏民"原作"民吏",径据汲本、殿本乙正。

〔25〕(事)〔是〕上帝示象以诫陛下也　据汲本、殿本改。

〔26〕延熹元年七月乙巳　按:《集解》引洪亮吉说,谓案《桓纪》作"己巳",下
　　　云"甲子,太尉黄琼免",则宜以《续志》"乙巳"为是。

〔27〕三年五月(戊申)〔甲戌〕　《集解》引洪亮吉说,谓《桓纪》"戊申"作"甲
　　　戌"。按:是年五月甲子朔,有甲戌,无戊申,今据纪改。

〔28〕泰山博尤来山判解　按:《校补》谓纪作"岱山及博尤来山并颓裂"。就
　　　志言之,泰山郡名,博县名,尤来山名,判解是从中分裂,特指尤来一山。
　　　自纪言之,则岱山亦言山,与尤来山并颓裂,明是两山矣。

〔29〕永康元年五月丙午　按:《集解》引洪亮吉说,谓《桓纪》作"丙申"。

〔30〕　窦氏等欲诛常侍黄门　按:"氏"疑当作"武"。

〔31〕　以清河王子年少号精耳　《校补》谓"精耳"疑当作"精敏"。今按:"耳"
　　　　疑"聪"字之讹,聪字脱其右半,遂成"耳"字也。

〔32〕　其后晨迎气黄郊　按:汲本、殿本"黄"作"东",讹,此与《礼仪志》合。

〔33〕　于是大怒　按:"于是"下疑脱"帝"字。

〔34〕　章帝不知窦太后不善　按:张森楷《校勘记》谓窦后在章帝世不应称太
　　　　后,"太"疑当作"皇"。

后汉书志第十七

五行五

射妖　龙蛇孽　马祸　人痾　人化　死复生　疫　投蜺

《五行传》曰：“皇之不极，是谓不建。①厥咎眊，②厥罚恒阴，③厥极弱。④时则有射妖，⑤时则有龙蛇之孽，⑥时则有马祸，⑦时则有下人伐上之痾，⑧时则有日月乱行，星辰逆行。”⑨皇，君也。极，中也。眊，不明也。说云：此沴天也。不言沴天者，至尊之辞也。《春秋》“王师败绩”，以自败为文。

①《尚书大传》“皇”作“王”。郑玄曰：“王，君也。不名体而言王者，五事象五行，则王极象天也。〔1〕天变化为阴为阳，覆成五行。经曰：‘历象日月星辰，敬授民时。’《论语》曰：‘为政以德，譬如北辰。’是则天之道于人政也。〔2〕孔子说《春秋》曰：‘政以不由王出，不得为政。’则王君出政之号也。极，中也。建，立也。王象天，以情性覆成五事，为中和之政也。王政不中和，则是不能立其事也。”《古文尚书》：“皇极，皇建其有极。”孔安国曰：“大中之道，大立其有中，谓行九畴之义。”马融对策曰：“大中之道，在天为北辰，在地为人君。”

②《尚书大传》作“瞀”。郑玄曰：“瞀与思心之咎同耳，故〔子骏〕传曰眊。〔3〕眊，乱也。君臣不立，则上下乱矣。”《字林》曰：“目少精曰眊。”

③郑玄曰：“王极象天，天阴养万物，阴气失，〔4〕故常阴。”

④郑玄曰：“天为刚德，刚气失，故于人为弱。《易》说亢龙之行曰：‘贵而无位，高而无民，贤人在下位而无辅。’此之谓弱。或云懦，不（敬）〔毅〕也。”〔5〕

⑤郑玄曰：“射，王极之度也。射人将发矢，必先于此仪之，发则中于彼矣。君将出政，亦先于朝廷度之，出则应于民心。射，其象也。”

⑥郑玄曰：“龙，虫之生于渊，行〔于〕无形，〔6〕游于天者也，属天。蛇，龙之类

也,或曰龙无角者曰蛇。”

⑦郑玄曰:“天行健。马,畜之疾行者也,属王极。”

⑧郑玄曰:“夏侯胜说'伐'宜为'代',〔7〕书亦或作'代'。阴阳之神曰精气,情
性之神曰魂魄,君行不由常,侜张无度,则是魂魄伤也,王极气失之病也。
天于不中之人,恒者其〔味,厚其〕毒,〔8〕增以为病,将以开贤代之也,《春秋
传》所谓'夺伯有魄'者是也。不名病者,病不著于身体也。”

⑨郑玄曰:“乱谓薄食斗并见,逆谓〔赢〕缩反明,经天守舍之类也。”〔9〕《太公
六韬》曰:“人主好武事兵革,则日月薄蚀,太白失行。”

恒阴,中兴以来无录者。①

①臣昭案:本传阳嘉二年,郎颛上书云:“正月以来,阴暗连日。久阴不雨,乱
气也。得贤不用,犹久阴不雨也。”

灵帝光和中,雒阳男子夜龙以弓箭射北阙,吏收考问,辞“居贫负
责,无所聊生,因买弓箭以射”。近射妖也。①其后车骑将军何苗,与兄
大将军进部兵还相猜疑,对相攻击,战于阙下。苗死兵败,杀数千人,雒
阳宫室内人烧尽。②

①《风俗通》曰:“龙从兄阳求腊钱,龙假取繁数,颇厌患之,阳与钱千,龙意不
满,欲破阳家,因持弓矢射玄武东阙,三发,吏士呵缚首服。因是遣中常侍、
尚书、御史中丞、直事御史、谒者、卫尉、司隶、河南尹、雒阳令悉会发所。劭
时为太尉议曹掾,白公邓盛:'夫礼设阙观,所以饰门,章于至尊,悬诸象魏,
示民礼法也。故车过者下,步过者趋。今龙乃敢射阙,意慢事丑,次于大
逆。宜遣主者参问变状。'公曰:'府不主盗贼,当与诸府相候。'劭曰:'丞相
邴吉以为道路死伤,既往之事,京兆、长安职所穷逐,而住车问牛喘吐舌者,
岂轻人而贵畜哉,颇念阴阳不和,必有所害。掾史尔乃悦服,《汉书》嘉其达
大体。令龙所犯,然中外奔波,邴吉防患大豫,〔10〕况于已形昭晰者哉! 明
公既处宰相大任,加掌兵戎之职,凡在荒裔,谓之大事,何有近目下而致逆
节之萌者?〔11〕孔子摄鲁司寇,非常卿也。折僭溢之端,消纤介之渐,从政三
月,恶人走境,邑门不阖,外收强齐侵地,内亏三桓之威。区区小国,尚于趣

舍,大汉之朝,焉可无乎? 明公恬然谓非己。〔12〕《诗》云:"仪刑文王,万国作
孚。"当为人制法,何必取法于人!'于是公意大悟,遣令史谢,申以铃下规应
掾自行之,还具条奏。时灵帝诏报,恶恶止其身,龙以重论之,阳不坐。"

②应劭曰:"龙者阳类,君之象也。夜者,不明之应也。此其象也。"

安帝延光三年,济南言黄龙见历城,琅邪言黄龙见诸。是时安帝听
谗,免太尉杨震,震自杀。又帝独有一子,以为太子,信谗废之。是皇不
中,故有龙孽,是时多用佞媚,故以为瑞应。明年正月,东郡又言黄龙二
见濮阳。

桓帝①延熹七年六月壬子,河内野王山上有龙死,长可数十丈。②襄
楷以为夫龙者为帝王瑞,《易》论大人。天凤中,黄山宫有死龙,汉兵诛
莽而世祖复兴,此易代之征也。至建安二十五年,魏文帝代汉。③

①干宝《搜神记》曰:"桓帝即位,有大蛇见德阳殿上,雒阳市令淳于翼曰:'蛇
有鳞,甲兵之象也。见于省中,将有椒房大臣受甲兵之诛也。'乃弃官遁去。
到延熹二年,诛大将军梁冀,捕治宗属,扬兵京师"也。

②《袁山松书》曰:"长可百馀丈。"

③臣昭曰:夫屈申跃见,变化无方,非显死之体,横强之畜。《易》况大圣,实类
君道。野王之异,岂桓帝将崩之表乎? 妖等占殊,其例斯众。苟欲附会以
同天凤,则帝涉三主,年逾五十,此为迂阔,将恐非征矣。

永康元年八月,巴郡言黄龙见。时吏傅坚以郡欲上言,内白事以为
走卒戏语,不可。太守不听。尝见坚语云:"时民以天热,欲就池浴,见
池水浊,因戏相恐'此中有黄龙',语遂行人间。闻郡,欲以为美,故言。"
时史以书帝纪。桓帝时政治衰缺,而在所多言瑞应,皆此类也。又先儒
言:瑞兴非时,则为妖孽,而民讹言生龙语,皆龙孽也。

熹平元年四月甲午,青蛇见御坐上。〔13〕是时灵帝委任宦者,王室
微弱。①

①杨赐谏曰:"皇极不建,则有龙蛇之孽。《诗》云:'惟虺惟蛇,女子之祥。'宜
抑皇甫之权,割艳妻之爱,则蛇变可消者也。"案《张奂传》,建宁二年夏,青

蛇见御坐轩前。奂上疏："陈蕃、窦氏未被明宥,〔14〕妖眚之来,皆为此也。"
《敦煌实录》曰:"蛇长六尺,夜于御前当轩而见。"

更始二年二月,发雒阳,欲入长安,司直李松奉引,车奔,触北宫铁
柱门,三马皆死。马祸也。时更始失道,将亡。

桓帝延熹五年四月,惊马与逸象突入宫殿。近马祸也。是时桓帝
政衰缺。

灵帝光和元年,司徒长史冯巡马生人。① 京房《易传》曰:"上亡天
子,诸侯相伐,厥妖马生人。"后冯巡迁甘陵相,黄巾初起,为所残杀,而
国家亦四面受敌。其后关东州郡各举义兵,卒相攻伐,天子西移,王政
隔塞。其占与京房同。

　　①《风俗通》曰:"巡马生胡子,问养马胡苍头,乃好此马以生子。"〔15〕

光和中,雒阳水西桥民马逸走,遂啮杀人。是时公卿大臣及左右数
有被诛者。

安帝永初元年十一月戊子,民转相惊走,弃什物,去庐舍。

灵帝建宁三年春,河内妇食夫,河南夫食妇。①

　　①臣昭曰:案此二食,夫妻不同,在河南北,每见死异,斯岂怪妖复有征乎? 河
　　者,经天亘地之水也。河内,河之阳也。夫妇参配阴阳,判合成体。今以夫
　　之尊,在河之阳,而阴承体卑,吞食尊阳,将非君道昏弱,无居刚之德,遂为
　　阴细之人所能消毁乎? 河南,河之阴。河视诸侯,夫亦惟家之主,而自食正
　　内之人。时宋皇后将立,而灵帝一听阉官,〔16〕无所厝心。夫以宫房之爱
　　恶,亦不全中怀抱,宋后终废,王甫挟奸,阴中列侯,实应厥位。天戒若曰,
　　徒随嬖竖之意,〔17〕夫啖其妻乎?

熹平二年六月,雒阳民讹言虎贲寺东壁中有黄人,形容须眉良是,
观者数万,省内悉出,道路断绝。① 到中平元年二月,张角兄弟起兵冀
州,自号黄天,三十六方,四面出和,将帅星布,吏干外属,因其疲惫,牵

而胜之。②

　①应劭时为郎。《风俗通》曰：“劭故往视之，何在其有人也！走漏污处，腻赭流漉，壁有他剥数寸曲折耳。劭又通之曰：季夏土黄，中行用事，又在壁中，壁亦土也。以见于虎贲寺者，虎贲国之秘兵，捍难御侮。必（是）〔示〕于东，〔18〕东者动也，言当出师行将，天下摇动也。天之以类告人，甚于影响也。”

　②《物理论》曰：“黄巾被服纯黄，不将尺兵，肩长衣，翔行舒步，所至郡县无不从，是曰天大黄也。”

光和元年五月壬午，何人白衣欲入德阳门，辞“我梁伯夏，教我上殿为天子”。中黄门桓贤〔19〕等呼门吏仆射，欲收缚何人，吏未到，须臾还走，求索不得，不知姓名。时蔡邕以成帝时男子王褒绛衣入宫，上前殿非常室，曰“天帝令我居此”，后王莽篡位。今此与成帝时相似而有异，被服不同，又未入云龙门而觉，称梁伯夏，皆轻于言。以往况今，将有狂狡之人，欲为王氏之谋，其事不成。其后《张角》称黄天作乱，竟破坏。①

　①《风俗通》曰：“光和四年四月，南宫中黄站寺有一男子，长九尺，服白衣。中黄门解步呵问：‘汝何等人？白衣妄入宫掖。’曰：‘我梁伯夏后，天使我为天子。’步欲前收取，因忽不见。劭曰：《尚书》、《春秋左传》曰，伯益佐禹治水，封于梁。飂叔安有裔子曰董父，实甚好龙，龙多归之，帝舜嘉之，赐姓董氏。董氏之祖，与梁同焉。到光熹元年，董卓自外入，因间乘衅，废帝杀后，百官总己，号令自由，杀戮决前，威重于主。梁本安定，而卓陇西人，俱凉州也。天戒若曰，卓不当专制夺矫，如白衣无宜兰入宫也。〔20〕白衣见黄门寺，及卓之末，中黄门诛灭之际，事类如此，可谓无乎？”袁山松曰：“案张角一时狡乱，不足致此大妖，斯乃曹氏灭汉之征也。”案劭所述，与志或有不同，年月舛异，故俱载焉。臣昭注曰：检观前通，各有未直。寻梁即魏地之名，伯夏明于中夏，非溥天之称，以内臣孙（夫）〔未〕得称王，〔21〕征验有应，有若符契。复云“伯夏教我为天子”，后曹公曰“若天命在吾，吾为周文王矣”，此乃魏文帝受我成策而陟帝位也。《风俗通》云“见中黄门寺曹腾之家”，尤见其证。

二年，雒阳上西门外女子生儿，两头，异肩共胸，俱前向，以为不祥，堕地弃之。自此之后，朝廷霿乱，[22]政在私门，上下无别，二头之象。后董卓戮太后，被以不孝之名，放废天子，后复害之。汉元以来，祸莫逾此。

四年，魏郡男子张博送铁卢诣太官，博上书室殿山居屋后宫禁，落屋欢呼。上收缚考问，辞"忽不自觉知"。①

① 臣昭曰：魏人入宫，既夺汉之征，至后宫而欢呼，终亦祸废母后。

中平元年六月壬申，雒阳男子刘仓居上西门外，妻生男，两头共身。

灵帝时，江夏黄氏之母，浴而化为鼋，入于深渊，其后时出见。初浴簪一银钗，及见，犹在其首。①

① 臣昭曰：黄者，代汉之色。女人，臣妾之体。化为鼋，鼋者元也。入于深渊，水实制火。夫君德尊阳，利见九五，飞在于天，乃备光盛。俯等龟鼋，有愧潜跃；首从戴钗，卑弱未尽。后帝者(三)〔王〕，[23]不专权极，天德虽谢，蜀犹傍缵。推求斯异，女为晓著矣。

献帝初平中，长沙有人姓桓氏，死，棺敛月馀，其母闻棺中声，发之，遂生。占曰："至阴为阳，下人为上。"其后曹公由庶士起。

建安四年二月，武陵充县女子李娥，年六十馀，物故，以其家杉木槥敛，瘗于城外数里上，已十四日，有行闻其冢中有声，[24]便语其家。家往视闻声，便发出，遂活。①

① 干宝《搜神记》曰："武陵充县女子李娥，年六十馀，病死，埋于城外，已十四日。娥比舍有蔡仲，闻娥富，谓殡当有金宝，盗发冢剖棺。斧数下，娥于棺中言曰：'蔡仲，汝护我头。'惊遽，便出走。会为吏所见，遂收治，依法当弃市。娥儿闻，来迎出娥将去。武陵太守闻娥死复生，召见问事状。娥对曰：'闻谬为司命所召，[25]到得遣出，过西门，适见外兄刘伯文，为相劳问，涕泣悲哀。娥语曰："伯文，一日误见召，今得遣归，[26]既不知道，又不能独行，为我得一伴不？又我见召在此，已十馀日，形体又当见埋藏，归当那得自出？"伯文曰："当为问之。"即遣门卒与户曹相问："司命一日误召武陵大女

李娥,今得遣还。娥在此积日,尸丧又当殡敛,当作何等得出?又女弱独行,岂当有伴邪?是吾外妹,幸为便安之。"答曰:"今武陵西男民李黑,亦得遣还,便可为伴。"辄令黑过,敕娥比舍蔡仲,令发出娥也。于是娥遂得出,与伯文别。伯文曰:"书一封以与儿佗。"娥遂与黑俱归,事状如此。'太守慨然叹曰:'天下事真不可知也!'乃表以为'蔡仲虽发冢,为鬼神所使,虽欲无发,势不得已。宜加宽宥。'诏书报可。太守欲验语虚实,即遣马吏于西界推问李黑得之。黑语协,乃致伯文书与佗。佗识其纸,乃是父亡时送箱中文书也。表文字犹在也,而书不可晓。乃请费长房读之,曰:'告佗:当从府君出案行,当以八月八日日中时,武陵城南沟水畔顿,汝是时必往。'到期,悉将大小于城南待之。须臾果至,但闻人马隐隐之声,诣沟水,便闻有呼声曰:'佗来!汝得我所寄李娥书不邪?'曰:'即得之,故来至此。'伯文以次呼家中大小问之,悲伤断绝。曰:'死生异路,不能数得汝消息。吾亡后,儿孙乃尔许人!'〔27〕良久谓佗曰:'来春大病,与此一丸药,以涂门户,则辟来年妖厉矣。'言讫忽去,竟不得见其形。至前春,武陵果大病,白日见鬼,唯伯文之家,鬼不敢向。费长房视药曰:'此方相临也。'"《博物记》曰:"汉末关中大乱,有发前汉宫人冢者,宫人犹活。既出,平复如旧。魏郭后爱念之,录置宫内,常在左右。问汉时宫中事,说之了了,皆有次绪。郭后崩,哭泣哀过,遂死。汉末,发范明友奴冢,奴犹活。明友,霍光女婿。说光家事,废立之际,多与《汉书》相应。此奴常(且)〔游〕走居民间,无(正)〔止〕住处,〔28〕遂不知所在。"

七年,越巂有男化为女子。时周群上言,哀帝时亦有此异,将有易代之事。至二十五年,献帝封于山阳。

建安中,女子生男,两头共身。

安帝元初六年夏四月,会稽大疫。①

①《公羊传》曰:"大灾者何?大瘠也。大瘠者何?痾也。"何休曰:"民疾疫也,邪乱之气所生。"《古今注》曰:"光武建武十三年,扬徐部大疾疫,会稽江左甚。"案传,锺离意为督邮,建武十四年会稽大疫。案此则频岁也。《古今注》曰:"二十六年,郡国七大疫。"

延光四年冬,京都大疫。①

①张衡明年上封事:"臣窃见京师为害兼所及,民多病死,〔29〕(上并猥)死有灭
户,〔30〕人人恐惧,朝廷焦心,以为至忧。臣官在于考变禳灾,思(在)〔任〕防
救,〔31〕未知所由,夙夜征营。臣闻国之大事在祀,祀莫大于郊天奉祖。方
今道路流言,佥曰'孝安皇帝南巡路崩,从驾左右行愿之臣欲征诸国王子,
故不发丧,衣车还宫,(优)〔伪〕遣大臣,〔32〕并祷请命'。臣处外官,不知其
审,然尊灵见罔,岂能无怨!且凡(夫私)〔大祀〕小有不蠲,〔33〕犹为谴谪,况
以大秽,用礼郊庙?孔子曰:'曾谓泰山不如林放乎!'天地明察,降祸见灾,
乃其理也。又间者,有司正以冬至之后,奏开恭陵神道。陛下至〔孝〕,〔34〕
不忍距逆,或发冢移尸。《月令》:'仲冬土事无作,慎无发盖,及起大众,以
固而闭。地气上泄,是谓发天地之房,诸蛰则死,〔民必〕疾疫,〔35〕又随以
丧。'厉气未息,恐其殆此二(年)〔事〕,〔36〕欲使知过改悔。《五行传》曰:'六
沴作见,若时共御,帝用不差,神则不怒,五福乃降,〔37〕用章于下。'臣愚以
为可使公卿处议,所以陈术改过,取媚神祇,自求多福也。"

桓帝元嘉元年正月,京都大疫。二月,九江、庐江又疫。

延熹四年正月,大疫。①

①《太公六韬》曰:"人主好重赋役,大宫室,多台游,则民多病温也。"〔38〕

灵帝建宁四年三月,大疫。

熹平二年正月,大疫。

光和二年春,大疫。

五年二月,大疫。

中平二年正月,大疫。

献帝建安二十二年,大疫。①

①魏文帝书与吴质曰:"昔年疾疫,亲故多离其灾。"魏陈思王常说疫气云:"家
家有强尸之痛,室室有号泣之哀,或阖门而殪,或举族而丧者。"

灵帝光和元年六月丁丑,有黑气堕北宫温明殿东庭中,黑如车盖,
起奋迅,身五色,有头,体长十余丈,形貌似龙。上问蔡邕,对曰:"所谓

天投蜺者也。不见足尾,不得称龙。《易传》曰:'蜺之比无德,以色亲也。'《潜潭巴》曰:'虹出,后妃阴胁王者。'又曰:'五色迭至,照于宫殿,有兵革之事。'《演孔图》曰:'天子外苦兵,威内夺,臣无忠,则天投蜺。'①变不空生,占不空言。"②先是立皇后何氏,皇后每斋,当谒祖庙,辄有变异不得谒。中平元年,黄巾贼张角等立三十六方,起兵烧郡国,山东七州处处应角。遣兵外讨角等,内使皇后二兄为大将统兵。其年,宫车宴驾,皇后摄政,二兄秉权。遣让帝母永乐后,令自杀。阴呼并州牧董卓欲共诛中官,中官逆杀大将军进,兵相攻讨,京都战者塞道。皇太后母子遂为太尉卓等所废黜,皆死。天下之败,兵先兴于宫省,外延海内,二三十岁,其殃祸起自何氏。③

① 案邕《集》称曰:"《演孔图》曰:'蜺者,斗之精也。失度投蜺见态,主惑于毁誉。'《合诚图》曰:'天子外苦兵者也。'"

② 邕对又曰:"意者陛下枢机之内,衽席之上,独有以色见进,陵尊逾制,以昭变象。若群臣有所毁誉,圣意低回,未知谁是。兵戎未息,威权渐移,忠言不闻,则虹蜺所在生也。抑内宠,任中正,决毁誉,分直邪,各得其所;勒守卫,整武备,威权之机不以假人,则其救也。"

③《袁山松书》曰:"是年七月,虹昼见御坐玉堂后殿前庭中,色青赤也。"

【校勘记】

〔1〕 则王极象天也　《校补》引柳从辰说,谓今《尚书大传》此下有"人法天,元气纯,则不可以一体而言之也",凡十六字。

〔2〕 譬如北辰是则天之道于人政也　今《大传》"道"作"通"。按:《校补》引柳从辰说,谓则天之道于人政,所谓"唯天为大,唯尧则之",则即法也。此正譬如之义。作"通"误。

〔3〕 故〔子骏〕传曰旽　据《文献通考》补。按:皮锡瑞《尚书大传疏证》引陈寿祺说,谓郑注引刘子骏《五行传》以旽释眘,《续汉志》此注脱"子骏"二字。

〔4〕 阴气失　按:今《大传》"阴"作"养"。

〔 5 〕　懦不（敬）〔毅〕也　据今《大传》郑注改。按:陈寿祺谓《续汉志》引此注
　　　　"毅"作"敬",误。

〔 6 〕　行〔于〕无形　据今《大传》郑注补。

〔 7 〕　夏侯胜说伐宜为代　按:王先谦谓《前书·夏侯胜传》作"伐",郑说未详
　　　　所出。

〔 8 〕　恒耆其〔味厚其〕毒　据今《大传》郑注补。按:《通考·郊祀考》亦有此
　　　　三字。

〔 9 〕　逆谓〔赢〕缩反明经天守舍之类也　《校补》引柳从辰说,谓据《大传》郑
　　　　注,"缩"上脱"赢"字。今据补。

〔10〕　令龙所犯然中外奔波邴吉防患大豫　汲本、殿本"令"作"今","大"作
　　　　"太"。按:文有脱讹,不可强通。

〔11〕　何有近目下而致逆节之萌者　按:"目下"疑"日下"之讹,日下谓京
　　　　都也。

〔12〕　明公恬然谓非己　按:"己"下疑脱一字。

〔13〕　熹平元年四月甲午青蛇见御坐上　按:《集解》引钱大昕说,谓青蛇事
　　　　《张奂传》作"建宁二年",《谢弼传》同,此志及《杨赐传》并作"熹平元
　　　　年",非也。或云当作"建宁元年",然蕃、武之被害在建宁元年九月,而
　　　　奂、弼之言灾异俱有诛陈、窦事,则非建宁元年之夏可知。从《张》、《谢
　　　　传》是。

〔14〕　陈蕃窦氏未被明宥　按:本书《张奂传》作"武、蕃忠贞,未被明宥"。又
　　　　汲本、殿本"氏"作"武"。

〔15〕　乃好此马以生子　汲本、局本"好"作"奸"。按:好与奸形近,疑作
　　　　"奸"是。

〔16〕　而灵帝一听阉官　按:汲本、殿本"官"作"宦"。

〔17〕　徒随嬖竖之意　按:殿本"嬖"作"阉"。

〔18〕　必（是）〔示〕于东　据汲本、殿本改。

〔19〕　中黄门桓贤　按:殿本"桓"作"相",疑形近而讹。《袁纪》作"桓览",贤
　　　　览亦形似易讹。

〔20〕　如白衣无宜兰入宫也　殿本"兰"作"阑"。按:阑兰古通作。

〔21〕　以内臣孙（夫）〔未〕得称王　按:"夫"字不可解,何焯以北宋残本校,"夫"
　　　　作"未",当是。今据改。

〔22〕　朝廷霧乱　按：汲本"霧"作"督"。

〔23〕　后帝者(三)〔王〕　据汲本、殿本改。

〔24〕　冢中有声　按：《集解》引惠栋说，谓北宋本"有"下有"人"字。

〔25〕　闻谬为司命所召　按：《校补》谓案文"闻"当是"间'"。

〔26〕　今得遣归　按："今"原讹"令"，径改正。

〔27〕　儿孙乃尔许人　按：《校补》谓案文"人"当是"大"。

〔28〕　此奴常(且)〔游〕走居民间无(正)〔止〕住处　据汲本、殿本改。

〔29〕　臣窃见京师为害兼所及民多病死　按：《校补》谓"害兼"二字当作"厉气"。

〔30〕　(上并猥)死有灭户　据汲本、殿本删。

〔31〕　思(在)〔任〕防救　据汲本、殿本改。

〔32〕　(优)〔伪〕遣大臣　据殿本、《集解》本改。按：钱大昭云闽本作"伪"。又按：《阎后纪》云"伪云帝疾甚，诈遣司徒刘喜诣郊庙社稷告天请命"，则作"伪"者是也。

〔33〕　且凡(夫私)〔大祀〕小有不蠲　《校补》谓案文"夫私"二字当作"大祀"。今据改。

〔34〕　陛下至〔孝〕　据汲本、殿本补。

〔35〕　〔民必〕疾疫　据汲本、殿本补。

〔36〕　恐其殆此二(年)〔事〕　《校补》谓案文"年"当作"事"。今据改。

〔37〕　五福乃降　按：汲本、殿本"五"作"万"。

〔38〕　则民多病温也　按汲本、殿本"温"作"瘟"。

后汉书志第十八

五行六

日蚀　日抱　日赤无光　日黄珥　日中黑　虹贯日　月蚀非其月

光武帝①建武二年正月甲子朔,日有蚀之。在危八度。②〔1〕《日蚀说》曰:"日者,太阳之精,人君之象。君道有亏,为阴所乘,故蚀。蚀者,阳不克也。"其候杂说,《汉书·五行志》著之必矣。③儒说诸侯专权,则其应多在日所宿之国。④诸象附从,则多为王者事。人君改修其德,则咎害除。⑤是时世祖初兴,天下贼乱未除。虚、危,齐也。〔2〕贼张步拥兵据齐,上遣伏隆谕步,许降,旋复叛称王,至五年中乃破。

①《古今注》曰:"建武元年正月庚午朔,日有蚀之。"即更始三年。

②杜预曰:"历家之说,谓日光以望时遥夺月光,故月蚀。日月同会,月奄日,故日蚀。蚀有上下者,行有高下。日光轮存而中食者,相奄密,故日光溢出。皆既者,正相当而相奄间疏也。然圣人不言月食日,而以自蚀为文,阙于所不见。"《春秋潜潭巴》云:"甲子蚀,有兵敌强。〔3〕"臣昭案:《春秋纬》六旬之蚀,各以甲子为说,此偏举一隅,未为通证,故于事验不尽相符。今依日例注,以广其候耳。《京房占》曰:"北夷侵,忠臣有谋,后大水在东方。"

③《春秋纬》曰:"日之将蚀,则斗第二星变色,微赤不明,七日而蚀。"

④《春秋汉含孳》曰:"臣子谋,日乃蚀。"《孝经钩命决》曰:"失义不德,白虎不出禁,或逆枉矢射,〔4〕山崩日蚀。"《管子》曰:"日掌阳,月掌阴,星掌和。阳为德,阴为刑,〔5〕和为事。是故日蚀,则失德之国恶之;月蚀,则失刑之国恶之;彗星见,则失和之国恶之。是故圣王日蚀则修德,月蚀则修刑,彗星见则修和。"

⑤《孝经钩命决》曰:"日蚀修孝,山崩理惑。"

三年五月乙卯晦,日有蚀之,① 在柳十四度。柳,河南也。时世祖在雒阳,赤眉降贼樊崇谋作乱,其七月发觉,皆伏诛。②

①《潜潭巴》曰:"乙卯蚀,雷不行,雪杀草不长,奸人入宫。"〔6〕

②《古今注》曰:"四年五月乙卯晦,日有蚀之。"〔7〕

六年九月丙寅晦,日有蚀之。① 史官不见,郡以闻。② 在尾八度。③

①《潜潭巴》曰:"丙寅蚀,久旱,多有征。"〔8〕京房曰:"有小旱灾。"

②本纪"都尉诩以闻"。〔9〕

③朱浮上疏,以郡县数代,群阳骚动所致,见《浮传》。

七年三月癸亥晦,日有蚀之,① 在毕五度。毕为边兵。秋,隗嚣反,侵安定。冬,卢芳所置朔方、云中太守各举郡降。②

①《潜潭巴》曰:"癸亥日蚀,天人崩。"〔10〕郑兴曰:"顷年日蚀,每多在晦,〔皆月〕行疾也。〔11〕君亢急,臣下促迫。"

②《古今注》曰:"九年七月丁酉,十一年六月癸丑,十二月辛亥,并日有蚀之。"〔12〕

十六年三月辛丑晦,日有蚀之,① 在昴七度。昴为狱事。时诸郡太守坐度田不实,世祖怒,杀十馀人,然后深悔之。

①《潜潭巴》曰:"辛丑蚀,主疑(王)〔臣〕。"〔13〕

十七年二月乙未晦,日有蚀之,① 在胃九度。胃为廪仓。时诸郡新坐租之后,天下忧怖,以谷为言,故示象。或曰:胃,供养之官也。其十月,废郭皇后,诏曰"不可以奉供养"。

①《潜潭巴》曰:"乙未蚀,天下多邪气,郁郁苍苍。"京房曰:"君责众庶暴害之。"

二十二年五月乙未晦,日有蚀之,在柳七度,京都宿也。柳为上仓,祭祀谷也。近舆鬼,舆鬼为宗庙。十九年中,有司奏请立近帝四庙以祭之,有诏"庙处所未定,且就高庙袷祭之"。至此三年,遂不立庙。有简堕心,奉祖宗之道有阙,故示象也。

二十五年三月戊申晦,日有蚀之,① 在毕十五度。毕为边兵。其冬十月,以武谿蛮夷为寇害,伏波将军马援将兵击之。②

①《潜潭巴》曰:"戊申蚀,地动摇,侵兵强。〔14〕一曰:主兵弱,诸侯(争)
〔强〕。"〔15〕

②《古今注》曰:"二十六年二月戊子,日有蚀之,〔16〕尽。"

二十九年二月丁巳朔,日有蚀之,①在东壁五度。东壁为文章,一
名娵訾之口。先是皇子诸王各招来文章谈说之士,去年中,有人上奏:
"诸王所招待者,或真伪杂,受刑罚者子孙,宜可分别。"于是上怒,诏捕
诸王客,皆被以苛法,死者甚多。世祖不早为明设刑禁,一时治之过差,
故天示象。世祖于是改悔,遣使悉理侵枉也。

①《潜潭巴》曰:"丁巳蚀,下有败兵。"〔17〕

三十一年五月癸酉晦,日有蚀之,①在柳五度,京都宿也。自二十
一年示象至此十年,后二年,宫车晏驾。

①《潜潭巴》曰:"癸酉蚀,连阴不解,淫雨毁山,有兵。"〔18〕

中元元年十一月甲子晦,日有蚀之,在斗二十度。斗为庙,主爵禄。
儒说十一月甲子,时王日也,又为星纪,主爵禄,其占重。〔19〕

明帝永平三年八月壬申晦,日有蚀之,①在氐二度。氐为宿宫,是
时明帝作北宫。②

①《潜潭巴》曰:"壬申蚀,水(灭)〔盛〕,阳溃阴欲翔。"〔20〕

②《古今注》曰:"四年八月丙寅,时加未,日有蚀之。五年二月乙未朔,日有蚀
之,京师候者不觉,河南尹、郡国三十一上。六年六月庚辰晦,日有蚀
之,〔21〕时雒阳候者不见。"

八年十月①壬寅晦,日有蚀之,既,②在斗十一度。斗,吴也。广陵
于天文属吴。后二年,广陵王荆坐谋反自杀。

①《古今注》曰十二月。〔22〕

②《潜潭巴》曰:"壬寅蚀,天下苦兵,大臣骄横。〔23〕"

十三年十月①甲辰晦,日有蚀之,②〔24〕在尾十七度。③

①《古今注》曰闰八月。

②《潜潭巴》曰:"甲辰蚀,四骑胁大水。"〔25〕

③《京房占》曰:"主后寿命绝,〔26〕后有大水。"

十六年五月戊午晦,日有蚀之,①〔27〕在柳十五度。儒说五月戊午,犹十一月甲子也,又宿在京都,其占重。后二岁,宫车晏驾。

①《潜潭巴》曰:"戊午蚀,久旱谷不伤。"

十八年十一月甲辰晦,日有蚀之,在斗二十一度。是时明帝既崩,马太后制爵禄,故阳不胜。

章帝建初五年二月庚辰朔,日有蚀之,①在东壁八度。例在前建武二十九年。是时群臣争经,多相非毁者。②

①《潜潭巴》曰:"庚辰蚀,彗星东至,有寇兵。"〔28〕

②又别占云:"庚辰蚀,大旱。"

六年六月辛未晦,日有蚀之,①在翼六度。翼主远客。冬,东平王苍等来朝,明年正月,苍薨。②

①《潜潭巴》曰:"辛未蚀,大水。"〔29〕

②《古今注》曰:"元和元年九月乙未,日有蚀之。"

(元)〔章〕和元年八月乙未晦,日有蚀之。〔30〕史官不见,它官以闻。日在氐四度。①

①《星占》曰:"天下灾,期三年。"

和帝永元二年二月壬午,日有蚀之。①史官不见,涿郡以闻。日在奎八度。②

①《潜潭巴》曰:"壬午蚀,久雨,旬望。"

②《京房占》曰:"三公与诸侯相贼,弱其君王,天应而日蚀。三公失国,后旱且水。"臣昭以为三公宰辅之位,即窦宪。

四年六月戊戌朔,日有蚀之,①在七星二度,主衣裳。又曰行近轩辕,在左角,为太后族。是月十九日,②上免太后兄弟窦宪等官,遣就国,选严能相,于国蹙迫自杀。

①《潜潭巴》曰:"戊戌蚀,有土殃,〔31〕主后死,天下谅阴。"《京房占》曰:"婚嫁

家欲戮。"

②案本纪:庚申幸北宫,诏捕宪等。庚申是二十三日。

七年四月辛亥朔,日有蚀之,①在觜觿,为葆旅,主收敛。儒说葆旅宫中之象,收敛贪妒之象。是岁邓贵人始入。明年三月,阴皇后立,邓贵人有宠,阴后妒忌之,后遂坐废。一曰是将入参,参、伐为斩刈。明年七月,越骑校尉冯柱捕斩匈奴温禺犊王乌居战。

①《潜潭巴》曰:"辛亥蚀,子为雄。"〔32〕

十二年秋七月辛亥朔,日有蚀之,在翼八度,荆州宿也。明年冬,南郡蛮夷反为寇。

十五年四月甲子晦,日有蚀之,在东井二十二度。东井,主酒食之宿也。妇人之职,无非无仪,〔33〕酒食是议。去年冬,邓皇后立,有丈夫之性,与知外事,故天示象。是年水,雨伤稼。

安帝永初元年三月二日癸酉,日有蚀之,在胃二度。胃主廪仓。是时邓太后专政,去年大水伤稼,仓廪为虚。①

①《古今注》曰:"三年三月,日有蚀之。"〔34〕

五年正月庚辰朔,日有蚀之,在虚八度。正月,王者统事之正日也。虚,空名也。是时邓太后摄政,安帝不得行事,俱不得其正,若王者位虚,故于正月阳不克,示象也。于是阴预乘阳,故夷狄并为寇害,西边诸郡皆至虚空。

七年四月丙申晦,日有蚀之,①在东井一度。

①《潜潭巴》曰:"丙申蚀,诸侯相攻。"〔35〕《京房占》曰:"君臣暴虐,臣下横恣,上下相贼,后有地动。"

元初元年十月戊子朔,日有蚀之,①〔36〕在尾十度。尾为后宫,继嗣之宫也。是时上甚幸阎贵人,将立,故示不善,将为继嗣祸也。明年四月,遂立为后。后遂与江京、耿宝等共谮太子废之。

①《潜潭巴》曰:"戊子蚀,宫室内淫,雌必成雄。"〔37〕《京房占》曰:"妻欲害夫,九族夷灭,后有大水。"

二年九月壬午晦,日有蚀之,在心四度。心为王者,明久失位也。

三年三月二日辛亥,日有蚀之,在娄五度。史官不见,辽东以闻。

四年二月乙(亥)〔巳〕朔,〔38〕日有蚀之,①在奎九度。史官不见,七郡以闻。奎主武库兵。其〔月〕十(月)八日〔39〕壬戌,武库火,烧兵器也。

①《潜潭巴》曰:"乙亥蚀,东国(发)兵。〔40〕"《京房占》曰:"诸侯上侵以自益,近
　臣盗窃以为积,天子未知,日为之蚀。"

五年八月丙申朔,日有蚀之,在翼十八度。史官不见,张掖以闻。①

①《潜潭巴》曰:"丙申蚀,夷狄内攘。"〔41〕《石氏占》曰:"王者失礼,宗庙不亲,
　其岁旱。"

六年十二月戊午朔,日有蚀之,几尽,地如昏状。①在须女十一度,女主恶之。后二岁三月,邓太后崩。②

①《古今注》曰:"星尽见。"《春秋纬》曰:"日蚀既,君行无常,公辅不修德,夷狄
　强侵,万事错。"

②《李氏家书》,司空李郃上书曰:"陛下祗畏天威,惧天变,克己责躬,博访群
　下。咎皆在臣,力小任重,招致咎征。去〔年〕二月,京师地震,〔42〕今月戊午
　日蚀。夫至尊莫过乎天,天之变莫大乎日蚀,地之戒莫重乎震动。今一岁
　之中,大异两见,日蚀之变,既为尤深,地动之戒,摇宫最丑。日者阳精,君
　之象也。戊者土主,任在中宫。午者火德,汉之所承。地道安静,法当(坤)
　〔由〕阳,〔43〕今乃专恣,摇动宫阙。祸在萧墙之内,臣恐宫中必有阴谋其阳,
　下图其上,造为逆也。灾变终不虚生,推原二异,日辰行度,甚为较明,譬犹
　指掌。宜察宫阙之内,如有所疑,急摧破其谋,无令得成。修政恐惧,以答
　天意。十月辛卯,日有蚀之,周家所忌,乃为亡征,是时妃后用事,七子朝
　令。戊午之灾,近相似类。宜贬退诸后兄弟群从内外之宠,求贤良,征逸
　士,下德令,施恩惠,泽及山海。"时度辽将军遵多兴师重赋出塞妄攻之事,
　上深纳其言。建光元年,邓〔太〕后崩。〔44〕上收考中人赵任等,辞言地震日
　蚀,任〔在〕中(官)〔宫〕,〔45〕竟有废〔立〕之谋,〔46〕郃乃自知其言验也。

永宁元年七月乙酉朔,日有蚀之,①〔47〕在张十五度。史官不见,酒泉以闻。②

①《潜潭巴》曰:"乙酉蚀,仁义不明,贤人消。"〔48〕《京房占》曰:"君弱臣强,司

马将兵,反征其王。"

②《石氏占》曰:"日蚀张,王者失礼。"

延光三年九月庚(寅)〔申〕晦,〔49〕日有食之,①在氐十五度。氐为宿宫。宫,中宫也。时上听中常侍江京、樊丰及阿母王圣等谗言,废皇太子。

①《京房占》曰:"骨肉相贼,后有水。"

四年三月戊午朔,日有蚀之,在胃十二度。陇西、酒泉、朔方各以状上,史官不觉。①

①案《马融集》,是时融为许令,〔50〕其四月庚申,自县上书曰:"伏读诏书,陛下深惟禹、汤罪己之义,归咎自责。寅畏天戒,详延百僚,博问公卿,知变所自,审得厥故,修复往术,以答天命。臣子远近,莫不延颈企踵,苟有隙空一介之知,事愿自效,贡纳圣听。臣伏见日蚀之占,自昔典籍'十月之交',《春秋》传记、《汉注》所载,史官占候,群臣密对,陛下所观览,左右所讽诵,可谓详悉备矣。虽复广问,(陷)〔昭〕在前志,〔51〕无以复加。乃者茀气干参,〔52〕臣前得敦朴之(人)〔征〕,〔53〕后三年二月,对策北宫端门。以为参者西方之位,其于分野,并州是也,殆谓西戎、北狄。〔54〕其后种羌叛戾,乌桓犯上郡,并、凉动兵,验略效〔矣〕。〔55〕今复见大异,申诫重(讳)〔谴〕,〔56〕于此二城,海内莫见。三月一日,合辰在娄。娄又西方之宿,众占显明者。羌及乌桓有悔过之辞,将吏策勋之名。〔57〕臣恐受任典牧者,苟脱目前,皆粗图(身)〔伸〕一时之权,〔58〕不顾为国百世之利。论者美近功,忽其远,则各相(不大)〔美其〕絮病。〔59〕伏惟天象不虚。《老子》曰:'图难于其易也,为大于其细也。'消灾复异,宜在于今。《诗》曰:'日月告凶,不用其行。四国无政,不用其良。'《传》曰:'国无政,不用善,则自取谪于日月之灾,故政不可不慎也。务三而已:一曰择人,二曰安民,三曰从时。'臣融伏惟方今有道之世,汉典设张,候甸采卫,司民之吏,案绳循墨,虽有殿最,所差无几。其陷罪辟,身自取祸,百姓未被其大伤。至边郡牧御失和,吉之与凶,败之与成,优劣相悬,不诫不可。审择其人,上以应天变,下以安民隶。窃见列将子孙,生长京师,食仰租奉,不知稼穑之艰,又希遭阨困,故能果毅轻财,施与孤弱,〔60〕以获死生之用,此其所长也。不拘法禁,奢泰无度,功劳足以宣威,逾滥足以

伤化，此其所短也。州郡之士，出自贫苦，长于捡押，虽专赏罚，不敢越溢，此其所长也。拘文守法，遭遇非常，狐疑无断，[61]畏首畏尾，威恩纤薄，外内离心，士卒不附，此其所短也。必得将兼有二长之才，无二短之累，参以吏事，任以兵法。有此数姿，然后能折冲厌难，致其功实，转灾为福。孔子曰：'十室之邑，必有忠信如丘者焉。'以天下之大，四海之众，云无若人，臣以为诬矣。宜特选详誉，审得其真，镇守二方，以应用良择人之义，以塞大异也。"

顺帝永建二年七月甲戌朔，日有蚀之，① 在翼九度。

①《潜潭巴》曰："甲戌蚀，草木不滋，王命不行。"[62]《京房占》曰："近臣欲戮，身及戮辱，后小旱。"

阳嘉四年闰月丁亥朔，日有蚀之，① 在角五度。史官不见，零陵以闻。②

①《潜潭巴》曰："丁亥蚀，匿谋满玉堂。"《京房占》曰："君臣无别。"
②案张衡为太史令，表奏云："今年三月朔方觉日蚀，此郡惧有兵患。臣愚以为可敕北边须塞郡县，明烽火，远斥候，深藏固闭，无令谷畜外露。"不详是何年三月。

永和三年十二月戊戌朔，日有蚀之，在须女十一度。史官不见，会稽以闻。明年，中常侍张逵等谋谮皇后父梁商欲作乱，推考，逵等伏诛也。

五年五月己丑晦，日有蚀之，① 在东井三十三度。东井，三辅宿。又近舆鬼，舆鬼为宗庙。其秋，西羌为寇，至三辅陵园。

①《潜潭巴》曰："日蚀己丑，天下唱之。"[63]

六年九月辛亥晦，日有蚀之，在尾十一度。尾主后宫，继嗣之宫也。以为继嗣不兴之象。

桓帝建和元年正月辛亥朔，日有蚀之，在营室三度。史官不见，郡国以闻。是时梁太后摄政。

三年四月丁卯晦，日有蚀之，① 在东井二十三度。例在永元十五年。东井主法，梁太后又听兄冀枉杀公卿，犯天法也。明年，太后崩。

①《潜潭巴》曰："丁卯蚀,有旱有兵。"〔64〕《京房占》曰："诸侯欲戮,后有裸虫
之殃。"

元嘉二年七月二日庚辰,日有蚀之,〔65〕在翼四度。史官不见,广陵
以闻。①翼主倡乐。时上好乐过。②

①《京房占》曰："庚辰蚀,君易贤以刚,卒以自伤,后有水。"

②阮籍《乐论》曰："桓帝闻琴,凄怆伤心,〔66〕倚扆而悲,慷慨长息曰:'善乎哉!
为琴若此,一而足矣。'"

永兴二年九月丁卯朔,日有蚀之,在角五度。角,郑宿也。十一月,
泰山盗贼群起,劫杀长吏。泰山于天文属郑。

永寿三年闰月庚辰晦,日有蚀之,在七星二度。史官不见,郡国以
闻。例在永元四年。后二岁,梁皇后崩,冀兄弟被诛。

延熹元年五月甲戌晦,日有蚀之,在柳七度,京都宿也。①

①《梁冀别传》曰："常侍徐璜白言:'臣切见道术家常言,汉死在戌亥。今太岁
在丙戌,五月甲戌,日蚀柳宿。朱雀,汉家之贵国,宿分周地,今京师是也。
史官上占,去重见轻。'璜召太史陈授〔67〕诘问,乃以实对。冀怨授不为隐
讳,使人阴求其短,发擿上闻。上以亡失候仪不肃,有司奏收杀狱中。"

八年正月丙申晦,日有蚀之,在营室十三度。营室之中,女主象也。
其二月癸亥,邓皇后坐酖,上送暴室,今自杀,家属被诛。吕太后崩时
亦然。

九年正月辛卯朔,〔68〕日有蚀之,①在营室三度。史官不见,郡国以
闻。谷永以为三朝尊者恶之。其明年,宫车晏驾。

①《潜潭巴》曰："辛卯蚀,臣代其主。"〔69〕

永康元年五月壬子晦,日有蚀之,①在舆鬼一度。儒说壬子淳水
日,而阳不克,将有水害。其八月,六州大水,勃海(盗贼)〔海溢〕。〔70〕

①《潜潭巴》曰："壬子蚀,妃后专恣,女谋主。"〔71〕

灵帝建宁元年五月丁未朔,日有蚀之。①冬十月甲辰晦,日有蚀之。

①《潜潭巴》曰："丁未蚀,王者崩。"

二年十月戊戌晦,日有蚀之。右扶风以闻。

三年三月丙寅晦,日有蚀之。〔72〕梁相以闻。

四年三月辛酉朔,日有蚀之。①

①潜潭巴曰:"辛酉蚀,女谋主。"〔73〕谷永上书:〔74〕"饮酒无节,君臣不别,奸
　邪欲起。"《传》曰:"酒无节,兹谓荒,厥异日蚀,厥咎亡。"灵帝好为商估,饮
　于宫人之肆也。

熹平二年十二月癸酉晦,日有蚀之,〔75〕在虚二度。是时中常侍曹
节、王甫等专权。①

①蔡邕上书曰:"四年正月朔,日体微伤,群臣服赤帻,赴宫门之中,无救,乃各
　罢归。天有大异,〔76〕隐而不宣求御过,是已事之甚者。"

六年十月癸丑朔,日有蚀之。赵相以闻。①

①谷永上书:"贼敛滋重,不顾黎民,百姓虚竭,则日蚀,将有溃叛之变。"

光和元年二月辛亥朔,日有蚀之。〔77〕十月丙子晦,日有蚀之,在箕
四度。箕为后宫口舌。是月,上听谗废宋皇后。①

①案:本传卢植上书,丙子蚀自巳过午,既蚀之后,云雾晻暧,陈八事以谏。蔡
　邕对问曰:"诏问践阼以来,灾眚屡见,频岁日蚀、地动,风雨不时,疫疠流
　行,劲风折树,河、雒盛溢。臣闻阳微则日蚀,阴盛则地震,思乱则风,貌失
　则雨,视暗则疾,简宗庙,(上)〔水〕不润下,〔78〕川流满溢。明君臣,正上下,
　抑阴尊阳,修五事于圣躬。致精虑于共御,其救之也。"〔79〕

二年四月甲戌朔,日有蚀之。

四年九月庚寅朔,日有蚀之,①在角六度。

①《潜潭巴》曰:"庚寅蚀,将相诛,大水,多死伤。"

中平三年五月壬辰晦,日有蚀之。①

①《潜潭巴》曰:"壬辰蚀,河决海〔溢〕,久雾连阴。"〔80〕

六年四月丙午朔,日有蚀之。其月浃辰,宫车晏驾。

献帝初平四年正月甲寅朔,日有蚀之,在营室四度。①是时李傕、郭
汜专政。②

①《潜潭巴》曰："甲寅蚀,雷电击杀,骨肉相攻。"〔81〕

②《袁宏纪》曰："未蚀八刻,太史令王立奏曰:"日晷过度,无有变也。"于是朝
臣皆贺。帝密令尚书候焉,未晡一刻而蚀。尚书贾诩奏曰:'立伺候不明,
疑误上下;太尉周忠,职所典掌,请皆治罪。'诏曰:'天道远,事验难明,且灾
异应政而至,虽探道知机,焉能无失,而欲归咎史官,益重朕之不德也。'弗
从。于是避正殿,寝兵,不听事五日。"

兴平元年六月乙巳晦,日有蚀之。

建安五年九月庚午朔,日有蚀之。①。

①《潜潭巴》曰："庚午蚀,后火烧官兵。"〔82〕

六年(十月癸未)〔二月丁卯〕朔,〔83〕日有蚀之。

十三年十月癸未朔,日有蚀之,①在尾十二度。

①《潜潭巴》曰："癸未蚀,仁义不明。"

十五年二月乙巳朔,日有蚀之。

十七年六月庚寅晦,日有蚀之。

二十一年五月己亥朔,日有蚀之。①

①《潜潭巴》曰："己亥蚀,小人用事,君子縶。"

二十四年二月壬子晦,日有蚀之。

凡汉中兴十二世,百九十六年,日蚀七十二:朔三十二,晦三十七,
月二日三。

光武建武七年四月丙寅,日有晕抱,白虹贯晕,在毕八度。①毕为边
兵。秋,隗嚣反,侵安定。②

①《古今注》曰："时日加卯,西面东面有抱,须臾成晕,中有两钩,(征)〔在〕南北
面,〔84〕有白虹贯晕,在西北南面,有背在景,加巳皆解也。"

②《皇德·传史》曰:〔85〕"白虹贯,下破军,晋分也。"《古今注》曰:"章帝建初元
年正月壬申,白虹贯日。五年七月甲寅,夜白虹出乙丑地西北曲入。七年
四月丙寅,日加卯,西面有抱,须臾成晕,有白虹贯日。殇帝延平元年六月
丁未,日晕上有半晕,晕中外有僪,背两珥。十二月丙寅,日晕再重,中有背

僑。顺帝永建二年正月戊午,白虹贯日。三年正月丁酉,日有白虹贯交晕中。六年正月丁卯,日晕两珥,白虹贯珥中。永和六年正月己卯,晕两珥,中赤外青,白虹贯晕中。"案《郎颛传》,阳嘉二年正月乙卯,白虹贯日。又《唐檀传》,永建五年,白虹贯日,檀上便宜三事,陈其咎征。《春秋元命苞》曰:"阴阳之气,聚为云气,立为虹霓,离为倍僑,分为抱珥。"《考异邮》曰:"臣谋反,偏刺日。〔86〕"《巫咸占》曰:"臣不知则日月僑。"如淳曰:"蝘蜓谓之虹,雌谓之霓,向外曰倍,刺日曰僑,在傍如半环向日月抱,在傍直对曰珥。"孟康曰:"僑如僑也。"宋均曰:"黄气抱日,辅臣纳忠。"

灵帝时,日数出东方,正赤如血,无光,高二丈馀乃有景。且入西方,去地二丈,亦如之。①其占曰,事天不谨,则日月赤。是时月出入去地二三丈,皆赤如血者数矣。②

①《京房占》曰:"国有佞谗,朝有残臣,则日不光,暗冥不明。"孟康曰:"日月无光曰薄。"

②《春秋感精符》曰"日无光,主势夺,群臣以谗术。色赤如炭,以急见伐,又兵马发。"《礼斗威仪》曰:"日月赤,君喜怒无常,轻杀不辜,戮于无罪,不事天地,忽于鬼神。时则天雨,〔87〕土风常起,日蚀无光,地动雷降。其时不救,兵从外来,为贼戮而不葬。"《京房占》曰:"日无故日夕无光,天下变枯,社稷移(亡)〔主〕。"〔88〕

光和四年二月己巳,黄气抱日,黄白珥在其表。①

①《春秋感精符》曰:"日朝珥则有丧尊。"又云:"日已出,若其入,而云皆赤黄,名曰日空,不出三年,必有移民而去者也。"

中平四年三月丙申,黑气大如瓜,在日中。①

①《春秋感精符》曰:"日黑则水淫溢。"

五年正月,日色赤黄,中有黑气如飞鹊,数月乃销。

六年二月乙未,白虹贯日。①

①《春秋感精符》曰:"虹贯日,天下悉极,文法大扰,百官残贼,酷法横杀,下多
　相告,刑用及族,世多深刻,狱多怨宿,吏皆惨毒。"又曰:"国多死孽,天子命
　绝,大臣为祸,主将见杀。"《星占》曰:"虹蜺主内淫,土精填星之变。"《易》谶
　曰:"聪明蔽塞,政在臣下,婚戚干朝,君不觉悟,虹蜺贯日。"

献帝初平元年二月壬辰,白虹贯日。①

①《袁山松书》曰:"三年十月丁卯,日有重两倍。"《吴书》载韩馥与袁术书曰:
　"凶出于代郡。"

桓帝永寿三年十二月壬戌,月蚀非其月。①

①《古今注》曰:"光武建武八年三月庚子夜,月晕五重,紫微青黄似虹,有黑气
　如云,月星不见,丙夜乃解。中元元年十一月甲辰,月中星齿,往往出入。"

延熹八年正月辛巳,月蚀非其月。①

①《袁山松书》曰:"兴平二年十二月,月在太微端门中重晕二珥,两白气广八
　九寸,贯月东西南北。"

赞曰:皇极惟建,五事克端。罚咎入沴,逆乱浸干。火下水腾,木弱
金酸。妖岂或妄,气炎以观。

【校勘记】

〔1〕　在危八度　按:《校补》引钱大昭说,谓《后汉纪》作"十度"。

〔2〕　虚危齐也　按:《集解》引惠栋说,谓"也"一作"地"。

〔3〕　有兵敌强　按:《集解》引钱大昕说,谓《开元占经》引作"有兵狄强起"。

〔4〕　或逆枉矢射　按:"矢"原讹"失",径改正。

〔5〕　阴为刑　按:"刑"原讹"则",径改正。

〔6〕　雷不行雪杀草不长奸人入宫　按:《集解》引钱大昕说,谓《占经》作"雷
　　　不行,霜不杀草,长人入宫"。

〔7〕　四年五月乙卯晦日有蚀之　按:依当时行用之历,后简称时历。建武四年

五月庚戌晦,非乙卯。今推是年六月合朔在庚戌晨夜,日蚀不能见。《古今注》误。

〔8〕丙寅蚀久旱多有征　按:《集解》引钱大昕说,谓《占经》作"丙寅日蚀,虫,久旱,多水征"。

〔9〕本纪都尉诩以闻　按:《校补》谓此本纪当是《续汉书》本纪。

〔10〕天人崩　按:《集解》引钱大昕说,谓《占经》引作"大人崩,王者忧之"。

〔11〕〔皆月〕行疾也　据《集解》引惠栋说补。

〔12〕九年七月丁酉十一年六月癸丑十二月辛亥并日有蚀之　按:依时历,建武九年七月辛亥朔,无丁酉。今推是年八月合朔己卯,即时历七月晦,日蚀可见。十一年六月己亥朔,癸丑非朔日。今推是年七月合朔戊辰,即时历六月晦晨夜,日蚀不能见。又是年十二月丁酉朔,辛亥亦非朔日。今推是月合朔丙申,时历十一月晦,日蚀可见。此处《古今注》皆误。

〔13〕主疑(王)〔臣〕　按:"主疑王"不词,《集解》引钱大昕说,谓《占经》引作"主疑臣,三公有免黜者"。今据改。

〔14〕地动摇侵兵强　按:《集解》引钱大昕说,谓《占经》引作"地动摇,宫室摧,侵兵强"。

〔15〕主兵弱诸侯(争)〔强〕　据汲本、殿本改。

〔16〕二十六年二月戊子日有蚀之　按:依时历,建武二十六年二月甲辰朔,无戊子。今推是年二、三月均无日蚀,《古今注》误。

〔17〕下有败兵　按:《集解》引钱大昕说,谓《占经》引"败"作"聚"。

〔18〕淫雨毁山有兵　按:《集解》引钱大昕说,谓《占经》"毁山"作"数出"。又按:《校补》谓《占经》"兵"下有"起"字。

〔19〕其占重　按:《集解》引惠栋说,谓此下当有阙文。下永平十六年,日蚀,儒说其占重,后二岁,宫车晏驾。此条下当云"明年,宫车晏驾"。或蒙三十一年之占,不重出也?

〔20〕水(灭)〔盛〕阳溃阴欲翔　《集解》引钱大昕说,谓《占经》"灭"作"盛",是。今据改。

〔21〕六年六月庚辰晦日有蚀之　按:依时历,永平六年丁巳朔,丙戌晦,庚辰二十四日。今推是年七月合朔丙戌,即时历六月晦晨夜,日蚀不能见,《古今注》误。

〔22〕 古今注曰十二月　按：志文作“八年十月壬寅晦”，《明帝纪》同。今推永平八年十月壬寅晦日蚀，与志、纪合，《古今注》讹。

〔23〕 天下苦兵大臣骄横　按：《集解》引钱大昕说，谓《占经》作“天下苦兵大起”。

〔24〕 十三年十月甲辰晦日有蚀之　《明帝纪》作“十月壬辰晦”，注引《古今注》作“闰八月”。按：依时历，是年闰七月，十月甲辰为朔，非晦，亦无壬辰。今推是年八月合朔甲辰，即时历闰七月晦，日蚀可见。纪、志与《古今注》皆讹。

〔25〕 四骑胁大水　按：《集解》引钱大昕说，谓《占经》无“大水”二字，“胁”作“爵”。

〔26〕 主后寿命绝　按：“主”原讹“王”，径改正。

〔27〕 日有蚀之　“蚀”原作“食”，以前后皆作“蚀”，今改归一律。

〔28〕 彗星东至有寇兵　按：《集解》引钱大昕说，谓《占经》作“彗星东出，有寇兵，旱”。

〔29〕 辛未蚀大水　按：《集解》引钱大昕说，谓《占经》“大水”下有“汤汤”二字。

〔30〕 (元)〔章〕和元年八月乙未晦日有蚀之　《校补》引钱大昭说，谓“元和”当作“章和”，闽本亦失正。按：推章和元年八月乙未晦日蚀，《章帝纪》亦书于章和元年，钱说是，今据改。

〔31〕 有土殃　按：《集解》引钱大昕说，谓《占经》引无“土”字。

〔32〕 子为雄　按：王先谦谓《占经》引“雄”下有“近臣忧”三字。

〔33〕 无非无仪　殿本“仪”作“议”。按：此与《毛诗》合。《校补》引柳从辰说，谓《列女传》引《诗》正作“议”，盖本《鲁诗》。

〔34〕 三年三月日有蚀之　按：今推是年三月合朔辛卯，无日蚀，《古今注》误。

〔35〕 丙申蚀诸侯相攻　《集解》引钱大昕说，谓《占经》引作“丙申日蚀，诸侯相攻，夷狄内侵，旱”。案本书注例，日名同者不更注，乃此引“诸侯相攻”句，后元初五年八月丙申朔下引“夷狄内攘”句，同日异占，不可晓。今按：《校补》谓钱氏以后注引“夷狄内攘”句为即“夷狄内侵”之异文，其说亦误。盖注所引《潜潭巴》丙申占验，本阙“夷狄内侵旱”五字，说另详后。

〔36〕 元初元年十月戊子朔日有蚀之　《集解》引惠栋说，谓本纪三月癸酉朔

　　日蚀。今按:元初元年三月合朔壬戌,无日蚀,纪误。

〔37〕雌必成雄　按:《集解》引钱大昕说,谓《占经》引作"必成雄,有忧"。

〔38〕四年二月乙(亥)〔巳〕朔　《集解》引洪亮吉说,谓案《安纪》作"乙巳",下
　　云乙卯、壬戌,则日辰当以本纪为是。又引周寿昌说,谓下云"其月十八
　　日壬戌,武库火",与纪同。计乙巳朔至壬戌正十八日,若是乙亥朔,则
　　下不得有壬戌,宜从本纪。今按:推是年二月合朔乙巳,日蚀可见,洪、
　　周说是,今据改。又按:刘注引《春秋纬》《潜潭巴》"乙亥"云云,足证所
　　见本原作"乙亥"。

〔39〕其〔月〕十(月)八日　据《集解》引周寿昌说改,与《安纪》合,说详上。

〔40〕乙亥蚀东国(发)兵　《集解》引钱大昕说,谓《占经》引作"乙亥日蚀,阳不
　　明,冬无水,东国兵"。按:张森楷《校勘记》谓"东国"下无"发"字是,若
　　有"发"字则与乙巳占同,非也。今据张说删"发"字。

〔41〕潜潭巴曰丙申蚀夷狄内攘　按:《校补》谓案《占经》作"庚申日蚀,夷狄
　　内攘",是"丙申蚀"乃"庚申蚀"之误。而此引"潜潭巴曰"十一字应在后
　　"延光三年九月庚申晦日有蚀之"下,因"庚申"误为"庚寅",故注文亦误
　　移于此。钱大昕氏偶忘"夷狄内攘"四字本为庚申蚀占验,故虽知前注
　　所引《潜潭巴》丙申蚀占验有误,而仍不免误说也。

〔42〕去〔年〕二月京师地震　据汲本、殿本补。

〔43〕法当(坤)〔由〕阳　据汲本、殿本改。按:"法当坤阳"不可解,由有从义,
　　当不误,今据改。

〔44〕建光元年邓〔太〕后崩　据汲本补。按:"元年"汲本、殿本并讹"二年"。

〔45〕辞言地震日蚀任〔在〕中(官)〔宫〕　汲本、殿本作"辞言地震日蚀在中
　　宫"。按:上文言"戊者土主,任在中宫",足证原本"任"下脱"在"字,
　　"宫"误"官",而汲本、殿本则"在"上脱一"任"字也。今据以改正。

〔46〕竟有废〔立〕之谋　据汲本、殿本补。

〔47〕永宁元年七月乙酉朔日有蚀之　《安帝纪》同。按:今推是年七月合朔
　　乙酉,无日蚀。

〔48〕贤人消　按:《集解》引钱大昕说,谓《占经》引"消"上有"退"字。

〔49〕延光三年九月庚(寅)〔申〕晦　《集解》引洪亮吉说,谓案《安纪》作"庚
　　申",上云丁酉、乙巳,则日辰当以本纪为是。今据改。

〔50〕案马融集是时融为许令　按:"马"原讹"焉","时"原讹"蚀",径改正。

〔51〕 (陷)〔昭〕在前志　据张森楷《校勘记》改。

〔52〕 荚气干参　按:"干"原讹"于",径改正。

〔53〕 臣前得敦朴之(人)〔征〕　《校补》谓"人"当作"征",今据改。按:融于顺帝阳嘉二年以敦朴征。

〔54〕 殆谓西戎北狄　按:"北"原讹"此",径改正。

〔55〕 验略效〔矣〕　据汲本、殿本补。

〔56〕 申诫重(讳)〔谴〕　据汲本、殿本改。

〔57〕 将吏策勋之名　按:"勋"原讹"动",径据汲本、殿本改正。

〔58〕 皆粗图(身)〔伸〕一时之权　据《校补》说改。

〔59〕 则各相(不大)〔美其〕疢病　据《校补》说改。

〔60〕 施与孤弱　按:"孤"原讹"不",径据汲本、殿本改正。

〔61〕 狐疑无断　按:"狐"原讹"孤",径据汲本、殿本改正。

〔62〕 王命不行　按:《集解》引钱大昕说,谓《占经》"王命"作"主命"。

〔63〕 日蚀己丑天下唱之　按:钱大昕《考异》谓《占经》引作"己丑日蚀,臣伐其主,天下皆亡"。又按:"日蚀己丑"汲本作"己丑蚀"。

〔64〕 有旱有兵　按:《集解》引钱大昕说,谓《占经》"旱"上无"有"字。

〔65〕 元嘉二年七月二日庚辰日有蚀之　《桓帝纪》同。按今推是年七月合朔己卯,无日蚀。

〔66〕 凄怆伤心　按:"凄"原讹"连",径改正。

〔67〕 太史陈援　按:《集解》引惠栋说,谓《梁冀传》"援"作"授"。

〔68〕 九年正月辛卯朔　按:《集解》引洪亮吉说,谓案《桓纪》作"辛亥",下云己酉,则日辰当以《续志》为是。

〔69〕 臣代其主　按:殿本"代"作"伐",与《占经》合。《校补》谓桓帝崩,灵帝由外藩入继而代其位,则作"代"亦自可通。

〔70〕 勃海(盗贼)〔海溢〕　按:《集解》引惠栋说,谓"盗贼"误,案纪云"勃海海溢"也。今据改。

〔71〕 壬子蚀妃后专恣女谋主　按:《集解》引钱大昕说,谓《占经》作"壬子日蚀,女谋王,女主忧"。

〔72〕 三年三月丙寅晦日有蚀之　《灵帝纪》同。按今推是年四月合朔丁卯晨夜,日蚀不能见。

〔73〕 辛酉蚀女谋主　按:《集解》引钱大昕说,谓《占经》作"辛酉日蚀,女谒且

兴,奸邪欲起"。

〔74〕 谷永上书　按:"谷"原讹"公",径改正。

〔75〕 熹平二年十二月癸酉晦日有蚀之　《灵帝纪》同。按:是年十二月乙巳朔,晦为甲戌而非癸酉。今推三年正月合朔甲戌,即时历上年十二月晦,日蚀可见,纪、志俱讹。

〔76〕 天有大异　按:"天"原作"夫",径据汲本、殿本改正。

〔77〕 光和元年二月辛亥朔日有蚀之　《灵帝纪》同。按:今推是年二月合朔辛亥,无日蚀,纪、志俱讹。

〔78〕 简宗庙(上)〔水〕不润下　据汲本、殿本改。按:"简宗庙"下疑脱一"则"字。

〔79〕 其救之也　按:海原阁校刊本《蔡中郎集》作"则其救也"。

〔80〕 河决海〔溢〕久雾连阴　《集解》引钱大昕说,谓《占经》作"河决海溢,久雾连阴"。今按:"河决海"不成语,据钱说补一"溢"字。

〔81〕 雷电击杀骨肉相攻　按:《集解》引钱大昕说,谓《占经》作"雷击杀人,骨肉争功"。

〔82〕 后火烧官兵　按:《集解》引钱大昕说,谓《占经》作"火烧后宫"。

〔83〕 六年(十月癸未)〔二月丁卯〕朔　《献帝纪》作"三月丁卯"。《集解》引洪亮吉说,谓"十月癸未"应作"三月丁卯",此因下文十三年而误。今按:建安六年三月丁酉朔,无丁卯,十月甲子朔,非癸未,推是年二月合朔丁卯,八月合朔甲子,即时历七月晦,均有日蚀可见。足证志月日俱误,《献帝纪》"三月"则为"二月"之讹,今据以改正。

〔84〕 (征)〔在〕南北面　据汲本、殿本改。

〔85〕 皇德传史　按:汲本"皇"作"星"。

〔86〕 偏刺日　按:汲本作"遍周日",殿本作"遍刺日"。

〔87〕 时则天雨　按:汲本、殿本"天"作"大"。

〔88〕 社稷移(亡)〔主〕　据汲本、殿本改。

后汉书志第十九

郡国一

河南　河内　河东　弘农　京兆　冯翊　扶风
右司隶

《汉书·地理志》记天下郡县本末,及山川奇异,风俗所由,至矣。今但录中兴以来郡县改异,及《春秋》、三史会同征伐地名,① 以为《郡国志》。② 凡《前志》有县名,今所不载者,皆世祖所并省也。前无今有者,后所置也。凡县名先书者,郡所治也。③

① 臣昭案:志犹有遗阙,今众书所载,不可悉记。其《春秋土地》,通儒所据而未备者,皆先列焉。

② 本志唯郡县名为大书,其山川地名悉为细注,今进为大字。〔1〕新注证发,〔2〕臣刘昭采集。

③《帝王世记》〔3〕曰:"自天地设辟,未有经界之制。三皇尚矣。诸子称神农之王天下也,地东西九十万里,南北八十五万里。及黄帝受命,始作舟车,以济不通。乃推分星次,以定律度。自斗十一度〔4〕至婺女七度,一名须女,曰星纪之次,于辰在丑,谓之赤奋若,于律为黄钟,斗建在子,今吴、越分野。自婺女八度〔5〕至危十六度〔6〕,曰玄枵之次,一名天鼋,于辰在子,谓之困敦,于律为大吕,斗建在丑,今齐分野。自危十七度〔7〕至奎四度,曰豕韦之次,一名娵訾,于辰在亥,谓之大渊献,于律为太蔟,斗建在寅,今卫分野。自奎五度〔8〕至胃六度,曰降娄之次,于辰在戌,谓之阉茂,于律为夹钟,斗建在卯,今鲁分野。自胃七度〔9〕至毕十一度,曰大梁之次,于辰在酉,谓之作噩,于律为姑洗,斗建在辰,今赵分野。自毕十二度〔10〕至东井十五度,曰实沈之次,于辰在申,谓之涒滩,于律为中吕,斗建在巳,今晋、魏分野。自井十六度〔11〕至柳八度,曰鹑首之次,于辰在未,谓之叶洽,于律为蕤

宾,斗建在午,今秦分野。自柳九度[12]至张十七度,[13]曰鹑火之次,于辰在午,谓之敦牂,一名大律,于律为林钟,斗建在未,[14]今周分野。自张十八度[15]至轸十一度,曰鹑尾之次,于辰在巳,谓之大荒落,于律为夷则,斗建在申,今楚分野。自轸十二度[16]至氐四度,曰寿星之次,于辰在辰,谓之执徐,于律为南吕,斗建在酉,今韩分野。[17]自氐五度[18]至尾九度,曰大火之次,于辰在卯,谓之单阏,于律为无射,斗建在戌,今宋分野。自尾十度[19]至斗十度[20]百三十五分而终,曰析木之次,于辰在寅,谓之摄提格,于律为应钟,斗建在亥,今燕分野。凡天有十二次,日月之所躔也;地有十二分,王侯之所国也。故四方方七宿,四七二十八宿,合百八十二星。东方苍龙三十二星,七十五度;北方玄武三十五星,九十八度(四分度之一);[21]西方白虎五十一星,八十度;南方朱雀六十四星,百一十二度。周天三百六十五度四分度之一。一度二千九百三十二里,分为十二次,一次三十度三十二分度之十四,各以附其七宿间。距周天积百七万九百一十三里,径三十五万六千九百七十一里。阳道左行,故太岁右转,凡中外官常明者百二十四,可名者三百二十,合二千五百星。微星之数,凡万一千五百二十星,万物所受,咸系命焉。此黄帝创制之大略也。而佗说称日月所照三十五万里。考诸子所载,神农之地,过日月之表,近为虚诞。及少昊氏之衰,九黎乱德,其制无闻矣。洎颛顼之所建,帝喾受定,则孔子称其地北至幽陵,南暨交阯,西蹈流沙,东极蟠木,日月所照,莫不底焉,是以建万国而制九州。至尧遭洪水,分为十二州,今《虞书》是也。及禹平水土,还为九州,今《禹贡》是也。是以其时九州之地,凡二千四百三十万八千二十四顷,定垦者九百(一)〔三〕十万(八)〔六〕千二十四顷,[22]不垦者千五百万二千顷,[23]民口千三百五十五万三千九百二十三人。至于涂山之会,诸侯承唐虞之盛,执玉帛亦有万国。是以《山海经》称禹使大章步自东极,至于西垂,[24]二亿三万三千五百里七十一步。[25]又使竖亥步〔自〕南极,(北)尽于北垂,[26]二亿三万三千五百里七十五步。四海之内,则东西二万八千里,南北二万六千里,出水者[27]八千里,受水者八千里,〔经〕名山五千三百五十,(经)六万四千五十六里。[28]出铜之山四百六十七,出铁之山三千六百九。[29]以供财用,俭则有余,奢则不足。以男女耕织,不夺其时,故公家有三十年之积,私家有九年之储。及夏之衰,弃稷弗务,有穷之乱,少康中兴,乃复禹迹。孔甲之至桀行暴,诸侯相兼,逮汤受命,其能存者三千余国,方于涂山,十损其七。民离毒政,将亦如之。殷因于夏,六百餘载,其间损益,书策不存,无以考之。又遭纣乱,至周克商,制五等之封,凡千七百七十三国,又减汤时千三百矣。民众之损,将亦如之。及周公相成王,致治刑错,民口千三百七十一万四千九百二十三人,多禹十六万一千人,周之极盛也。其后七十餘岁,天下无事,民弥以息。及昭王南征不反,穆王失荒,加以幽、厉之乱,平王东迁,三十餘载,至齐桓公二年,〔30〕周庄王之十三年,五千里内,非天王九侯之御,自世子公侯以下至于庶民,凡千一百八十四万七千人,除有土老疾,定受田者九百万四千人。其后诸侯相并,当春秋时,尚有千二百国。二百四十二年之中,杀君三十六,亡国五十二,诸侯奔走不得保社稷者,不可胜数。至于战国,存者十餘。于是纵横短长之说,相夺于时,残民诈力之兵,动以万计。故崤有匹马之祸,宋有易子之急,晋阳之(国)〔围〕,〔31〕县釜而炊,长平之战,血流漂卤。周之列国,唯有燕、卫、秦、楚而已。齐及三晋,皆以篡乱,南面称王。卫虽得存,不绝若线。然考苏、张之说,计秦及山东六国,戎卒尚存五百餘万,推民口数,尚当千餘万。及秦兼诸侯,置三十六郡,其所杀伤,三分居二;犹以餘力,行参夷之刑,收太半之赋,北筑长城四十餘万,南戍五岭五十餘万,阿房、骊山七十餘万,十餘年间,百姓死没,相踵于路。陈、项又肆其餘烈,故新安之坑,二十餘万,彭城之战,睢水不流。至汉祖定天下,民之死伤,亦数百万。是以平城之卒,不过三十万,〔32〕方之六国,五损其二。自孝惠至文、景,与民休息,六十餘岁,民众大增,是以太仓有不食之粟,都内有朽贯之钱。武帝乘其资富,〔33〕军征三十餘岁,地广万里,天下之众亦减半矣。及霍光秉政,乃务省役,至于孝平,六世相承,虽时征行,不足大害,民户又息。元始二年,郡、国百三,县、邑千(四)〔五〕百八十七,〔34〕地东西九千三百二里,南北万三千三百六十八里,定垦田八百二十七万五百三十六顷,民户千三百二十三万三千六百一十二,〔35〕口五千九百一十九万四千九百七十八人,〔36〕多周成王四千五百四十八万五十五人,汉之极盛也。及王莽篡位,续以更始、赤眉之乱,至光武中兴,百姓虚耗,十有二存。中元二年,民户四百二十七万千六百三十四,口(三)〔二〕千一百万七千八百二十人。〔37〕永平、建初之际,天下无事,务在养民,迄于孝和,民户滋殖。及孝安永初、元初之间,兵饥之苦,民人复损。至于孝桓,颇增于前。永寿二年,户千六百七万九千九百六,口五千六万六千八百五十六人,垦田亦多,单师屡征。及灵帝遭黄巾,献帝即位而董卓兴乱,大焚宫庙,劫御西迁,京师萧条,豪桀并争,郭汜、李傕之属,残害又甚,是以兴平、建安之际,海内凶荒,天子奔流,白骨盈野,故陕津之难,以箕撮指,安邑之东,后裳不完,遂有寇戎,雄雌未定,割剥庶民,三十馀年。及魏武皇帝克平天下,文帝(授)〔受〕禅,〔38〕人众之损,万有一存。景元四年,与蜀通计民户九十四万三千四百二十三,口五百三十七万二千八百九十一人。又案正始五年,扬威将军朱照日所上吴之所领兵户凡十三万二千,推其民数,不能多蜀矣。昔汉永和五年,南阳户五十馀万,汝南户四十馀万,方之于今,三帝鼎足,不逾二郡,加有食禄复除之民,凶年饥疾之难,见可供役,裁若一郡。以一郡之人,供三帝之用,斯亦勤矣。自禹至今二千馀载,六代损益,备于兹焉。"臣昭案:《谥记》云春秋时有千二百国,未知所出。班固云周之始,爵五而土三,盖千八百国。转相吞灭,数百年间,列国耗尽,至春秋时,尚有数十。〔39〕

河南尹秦三川郡,高帝更名。世祖都雒阳,建武十五年改曰河南尹。① 二十一城,永和五年户二十万八千四百八十六,口百一万八百二十七。

①应劭《汉官》曰:"尹,正也。郡府听事壁诸尹画赞,〔40〕肇自建武,讫于阳嘉,注其清浊进退,所谓不隐过,不虚誉,甚得述事之实。后人是瞻,足以劝惧,虽《春秋》采毫毛之善,罚纤厘之恶,〔41〕不避王公,无以过此,尤著明也。"

雒阳①周时号成周。②有狄泉,在城中。③有唐聚。④有上程聚。⑤有士乡聚。⑥有褚氏聚。⑦有荣锜涧。⑧有前亭。⑨有囷乡。⑩有大解城。⑪　　**河南**⑫周公时所城雒邑也,春秋时谓之王城。⑬东城门名鼎门,⑭北城门名乾祭。⑮又有甘城,⑯有蒯乡。⑰　　**梁**故国,伯翳后。⑱有霍阳山。⑲有注城。⑳　　**荥阳**〔42〕有鸿沟水。㉑有广武城。㉒有虢亭,虢叔国。有陇城。㉓有薄亭。有敖亭。㉔有(费)〔荥〕泽。㉕〔43〕　　**卷**㉖有长城,经阳武到密。㉗有垣雝城,或曰古衡雝。㉘有扈城亭。㉙　　**原武**　　**阳武**㉚　　**中牟**㉛有圃田泽。㉜有清口水。㉝有管城。㉞有曲遇聚。㉟有蔡亭。　　**开封**㊱　　**菀陵**有棐林。㊲有制泽。㊳有琐侯亭。㊴　　**平阴**　　**穀城**瀍水〔44〕出。㊵有函谷关。㊶　　　缑氏㊷有邬聚。㊸有镮辕关。㊹　　巩㊺有寻谷水。㊻有东訾聚,今名訾城。㊼有坎埳聚。㊽有黄亭。有湟水。㊾有明谿泉。㊿　　成皋㉑〔45〕有旃然水。㉒有瓶丘聚。有漫水。有汜水。㉓　　京㉔　　密㉕有大騩山。㉖有梅山。㉗有陉山。㉘　　新城㉙〔46〕有高都城。㉚有广成聚。㉛有鄤聚,古鄤氏,今名蛮中。㉜〔47〕　　緱师㉝〔48〕有尸乡,㉞春秋时曰尸氏。㉟　　新郑《诗》郑国,祝融墟。㊱　　平

①挚虞曰:“古之周南,今之雒阳。”《魏氏春秋》曰:“有委粟山,在阴乡,魏时营为圆丘。”《皇览》曰:“县东北山苌弘冢,县北芒山道西吕不韦冢。”

②《公羊传》曰:“成周者何? 东周也。”何休曰:“周道始成,王之所都也。”《帝王世记》曰:“城东西六里十一步,南北九里一百步。”《晋元康地道记》曰:“城内南北九里七十步,东西六里十步,为地三百(里)〔顷〕〔49〕一十二亩有三十六步。城东北隅周威烈王冢。”

③《左传》僖二十九年“盟于狄泉”,杜预曰城内太仓西南池水。或曰本在城外,定元年城成周乃绕之。案:此水晋时在东(官)〔宫〕西北。〔50〕《帝王世记》曰:“狄泉本殷之墓地,在成周东北,今城中有殷王冢是也。又太仓中大冢,周景王也。”

④《左传》昭二十三年“尹辛败刘师于唐”。

⑤古程国,《史记》曰重黎之后,伯休甫之国也。〔51〕关中更有程地。《帝王世记》曰“文王居程,徙都丰”,故此加为上程。

⑥冯异斩武勃(也)〔地〕。〔52〕

⑦《左传》昭二十六年“王宿褚氏”,杜预曰县南有褚氏亭。

⑧《左传》周景王“崩于荣锜氏”,杜预曰巩县西。

⑨杜预曰县西南有泉亭。即泉戎也。〔53〕

⑩《左传》昭二十二年单氏“伐东圉”,〔54〕杜预曰县东南有圉乡。又西南有戎城,伊雒之戎。

⑪《左传》昭二十三年晋师次于解,〔55〕杜预曰县西南有大解、小解。

⑫《帝王世记》曰:“城西有郏鄏陌,太康畋于有雒之表,今河之南。”本传有(员)〔负〕犊山。〔56〕

⑬郑玄《诗谱》曰:“周公摄政五年,成王宅雒邑,使邵公先相宅,既成,谓之王

城。"《博物记》曰:"王城方七百二十丈,郭方(七)〔一〕十里,〔57〕南望雒水,北至陕山。"《地道记》曰去雒城四十里。《左传》定八年"单子伐穀城",杜预曰在县西。

⑭《帝王世记》曰:"东南门九鼎所从入。"又曰:"武王定鼎雒阳西南,雒水北鼎中观是也。"

⑮《左传》昭二十四年"士伯立于乾祭"。《皇览》曰:"城西南柏亭西周山上周灵王冢,民祠之不绝。"

⑯杜预曰县西南有甘泉。

⑰《左传》昭二十三年尹辛攻蒯。《晋地道记》曰:"在县西南,有蒯亭。"

⑱有阳人聚。《史记》曰:"秦灭东周,不绝其祀,以阳人地〔赐周君〕。"〔58〕

⑲《左传》哀四年"楚为一昔之期,袭梁及霍"。

⑳《史记》曰魏文侯(四)〔三〕十二年败秦于注。〔59〕《博物记》曰:"梁伯好土功,今梁多有城。"

㉑文颖曰:"于荥阳下引河东南为鸿沟,〔60〕即官度水也。"

㉒《西征记》曰:"有三皇山,或谓三室山,山上有二城,东者曰东广武,西者曰西广武,各在山一头,相去二百馀步,其间隔深涧,汉祖与项籍语处。"

㉓《左传》文(三)〔二〕年"盟于垂陇"。〔61〕

㉔周宣王狩于敖。《左传》宣十二年"晋师在敖、鄗之间"。秦立为敖仓。

㉕《左传》宣十二年楚潘党逐魏锜及荥,杜预曰县东荥泽也。

㉖《左传》成十年晋郑盟修泽,杜预曰县东有修武亭。

㉗《史记》苏秦说襄王曰:"大王之地,西有长城之界。"

㉘《史记》无忌谓魏王曰"王有郑地,得垣雍"者也。杜预曰即是衡雍。又今县所治城。

㉙《左传》庄二十三年"盟于扈",杜预曰在县西北。

㉚有武彊城。《史记》曰曹参攻武彊。秦始皇东游至阳武博浪沙中,为盗所惊。

㉛《左传》宣元年诸侯救郑,遇于北林,杜预曰县西南有林亭,在郑北。

㉜《左传》曰原圃。《尔雅》十薮,郑有圃田。

㉝《左传》闵二年遇于清,〔62〕杜预曰县有清阳亭。

㉞杜预曰管国也,在京县东北。《汉书音义》曰:"故管叔邑。"

㉟《前书》曹参破杨熊。

㊱《左传》哀十四年"逢泽有介麋",杜预曰在县东北,远,疑〔非〕。〔63〕徐广曰逢池也。

㊲《左传》宣元年诸侯会于棐林,杜预曰县东〔南〕有林乡。〔64〕徐齐民《北征记》曰:"县东南有大隧涧,郑庄公所阙。又大城东临濮水,水东溱水注于洧,城西临洧水。"

㊳《左传》(宣)〔成〕十〔六〕年诸侯迁于制田,〔65〕杜预曰县东有制(城)〔泽〕。〔66〕

㊴《左传》襄十一年诸侯之师次于琐,杜预曰县西有琐侯亭。

㊵《博物记》曰:"出潜亭山。"

㊶《西征记》曰:"函谷左右绝岸十丈,中容车而已。"

㊷《左传》曰吕相绝秦伯,"殄灭我费、滑",杜预曰滑国都于费,今缑氏县。案本纪,县有百坯山。干宝《搜神记》曰:"县有延寿城。"

㊸《左传》王取邬、刘,杜预曰邬在县西南。

㊹瓒曰:"险道名,在县东南。"

㊺巩伯国。《左传》曰"商汤有景亳之命",杜预曰县西南有汤亭。《帝王世记》曰:"汤亭〔在〕偃师。〔67〕"又曰:"夏太康五弟,须于雒汭,在县东北三十里。"

㊻《左传》昭二十三年王师、晋师围郏中。《史记》(曰)张仪〔曰〕〔68〕"下兵三川,塞什谷之口",徐广曰县有寻口。

㊼《左传》昭二十三年"单子取訾",杜预曰在县西南。《晋地道记》曰在县之东。

㊽《左(氏)〔传〕》,〔69〕周襄王出,国人纳之坎埳,杜预曰在县东。《地道记》在南。〔70〕

㊾《左传》昭二十二年"王子猛居于皇",〔71〕杜预曰有黄亭,在县西(北)〔南〕。〔72〕

㊿《左传》昭二十(三)〔二〕年〔73〕"贾辛军于谿泉"。

51《史记》曰,成皋北门名(王)〔玉〕门。〔74〕《左传》"破燕师于北制",杜预曰"北制,一名虎牢",亦即此县也。《穆天子传》曰:"七萃之士,生搏虎而献天子,命为柙,而畜之东虢,是曰虎牢。"《左传》曰郑子皮劳晋韩宣子于索氏,杜预曰县东有大索城。《尚书·禹贡》"至于大伾",张揖云成皋县山。又有旋门坂,县西南十里,见《东京赋》(曰)。〔75〕

52《左传》襄十八年楚伐郑,次旃然。

53《左传》曰周襄王处郑地汜。〔76〕

(54)郑共叔所居，《左传》云“谓之京城大叔”。应劭曰：“有索亭。楚汉战京、索。”《北征记》又有索水。

(55)春秋时曰新城，《传》曰新密。僖六年诸侯围新城，杜预曰一名密县。〔77〕

(56)《山海经》曰：“大騩之山，其阴多铁，多美垩。〔78〕有草焉，状如蓍而毛，青华而白实，其名曰(薞)〔蒗〕，〔79〕服者不夭。”

(57)《左传》曰襄十八年楚伐郑，右回梅山，在县西北。〔80〕

(58)《史记》魏襄王六年伐楚，败之陉山。秦破魏华阳，地亦在县。杜预遗令曰：“山上有冢，或曰子产，邪东北向新郑城，不忘本也。”

(59)《左传》曰文十七年周败戎于郊垂，杜预曰县北有垂亭。《史记》秦迁西周公于𢠸狐，徐广曰“与阳人聚相近，在雒阳南百五十里梁、新城之间”。

(60)《史记》苏代说韩相国以高都与周者。

(61)有广成菀。

(62)《左传》昭十六年楚杀鄤子，〔81〕杜预曰县东南有蛮城。又祭遵获张满也。

(63)《帝王世记》曰：“帝喾所都，殷盘庚复南亳，是为西亳。”《皇览》曰“北有皋繇祠”，又曰“有汤亭，有汤祠”。

(64)《帝王世记》曰：“尸乡在县西二十里。”

(65)《左传》昭二十六年刘人败子朝之师于尸氏。《前书》田横自杀处。

(66)皇甫谧曰：“古有熊国，黄帝之所都。”

河内郡高帝置。雒阳北百二十里。十八城，户十五万九千七百七十，口八十万一千五百五十八。

怀有隰城。① **河阳**②有湛城。 **轵**③有原乡。④有湨梁。⑤ **波**有絺城。⑥〔82〕 **沁水**⑦ **野王**有太行山。⑧有射犬聚。⑨有邘城。⑩ **温**苏子所都。济水出，王莽时大旱，遂枯绝。⑪ **州** **平皋**有邢丘，故邢国，周公子所封。⑫有李城。⑬ **山阳**邑。有雍城。⑭有蔡城。⑮ **武德** **获嘉**侯国。 **修武**故南阳，秦始皇更名。有南阳城，⑯阳樊、攒茅田。⑰有小修武聚。⑱有陨城。⑲ **共**本国。淇水出。⑳有汎亭。㉑ **汲**㉒ **朝歌**㉓纣所都居，㉔南有牧野，㉕北有邶国，南有宁乡。㉖ **荡阴**有羑里城。㉗

林虑故隆虑,殇帝改。有铁。㉘

①《左传》曰王取郑隰城,〔83〕杜预曰在县西南。《传》又曰郤至与周争鄇田,杜
　预曰县西南有鄇人亭。

②《左传》曰王与郑盟,杜预曰县南孟津。

③《左传》曰王以苏忿生田向与郑,杜预曰县西北地名向上。

④《左传》曰王与郑原,杜预曰沁水西北有原城。

⑤《左传》曰襄十六年诸侯会溴梁。

⑥《左传》曰王与郑缔,杜预曰在野王县西南。

⑦《山海经》曰沁水出井陉东。

⑧《山海经》曰:"其上有金玉,下有碧。有兽焉,其状如麋而四角,马尾而有
　距,其名曰駮还。"郦食其说曰"杜太行之道",韦昭曰在县北。

⑨世祖破青犊也。

⑩《史记》曰纣以文王、九侯、鄂侯为三公,徐广曰"鄂"一作"邘"。武王子封在
　县西北。

⑪《皇览》曰:"县郭东济水南有虢公冢。"

⑫臣瓒曰:"丘名也,非国,在襄国西。"

⑬《史记》曰邯郸李同却秦兵,赵封其父李侯,徐广曰即此城。

⑭杜预曰古雍国,在县西。

⑮蔡叔邑此,犹郑管城之类乎?

⑯《左传》僖四年晋文公围南阳。〔84〕《史记》曰:"白起攻韩南阳,太行道绝之。"
　《山海经》曰:"太行之山,〔85〕清水出焉。"郭璞曰:"修武县北黑山亦出
　清水。"

⑰服虔曰:"樊仲山之所居,故名阳樊。"杜预曰县西北有(赞)〔攒〕城。〔86〕《左
　传》曰定元年魏献子田大陆,杜预曰西北吴泽也。

⑱《春秋》曰宁。《史记》曰高祖得韩信军小修武,晋灼曰在城东。

⑲《左传》隐十一年"以隤与郑"。

⑳《前志》注曰水出北山。《博物记》曰:"有奥水,流入淇水,有绿竹草。"

㉑凡伯邑。

㉒《晋地道记》曰有铜关。

㉓有鹿腹山。

㉔《帝王世记》曰纣糟丘、酒池、肉林在城西。《前书》注曰鹿台在城中。

㉕去县十七里。

㉖《史记》无忌说魏安僖王曰"通韩上党于共宁",徐广曰有宁乡。《左传》曰襄二十三年"救晋,次雍榆",杜预曰县东有雍城是也。

㉗韦昭曰:"羑音酉。文王所拘处。"

㉘徐广曰:"洹水所出。〔87〕苏秦合诸侯盟处。"班叔皮《游居赋》亦曰"漱余马乎洹泉,嗟西伯于牖城"。

河东郡秦置,雒阳西北五百里。①二十城,户九万三千五百四十三,口五十七万八百三。

①《博物记》曰:"有山泽近盐。沃土之民不才,汉兴少有名人,大衣冠三世皆衰绝也。"〔88〕

安邑①有铁,有盐池。②　　**杨**有高梁亭。③　　**平阳**侯国。④有铁。尧都此。⑤　　**临汾**⑥有董亭。⑦　　**汾阴**⑧有介山。⑨　　**蒲坂**〔89〕有雷首山。⑩有沙丘亭。⑪　　**大阳**有吴山,上有虞城,⑫有下阳城,⑬有茅津。⑭有颠轱坂。⑮　　**解**⑯有桑泉城。⑰有臼城。⑱有解城。⑲有瑕城。⑳　　**皮氏**有耿乡。㉑有铁。有冀亭。㉒　　**闻喜**邑,㉓本曲沃。㉔有董池陂,古董泽。㉕有稷山亭。㉖有涑水。㉗有洮水。　　**绛**邑。㉘有翼城。㉙　　**永安**故彘,㉚阳嘉二年更名。㉛有霍大山。㉜　　**河北**《诗》魏国。有韩亭。　　**猗氏**㉝　　**垣**有王屋山,沇水出。㉞〔90〕有壶丘亭。㉟有邵亭。㊱　　**襄陵**㊲　　**北屈**㊳有壶口山。㊴有采桑津。㊵　　**蒲子**㊶　　**濩泽**侯国。有(祁)〔析〕城山。㊷〔91〕　　**端氏**㊸

①《帝王世记》曰:"县西有鸣条陌。汤伐桀,战昆吾亭。《左传》昆吾与桀同日亡。"《地道记》〔巫〕咸山在南。〔92〕

②《前志》曰池在县西南。《魏都赋》注曰在猗氏六十四里。杨佺期《雒阳记》曰:"河东盐池长七十里,广七里,水气紫色。有别御盐,四面刻如印齿文章,字妙不可述。"

③《左传》曰僖(九)〔二十四〕年晋怀公死高梁,〔93〕杜预曰在县西南。《地道记》有梁城,去县五十里,叔向邑也。

④《左传》曰成七年诸侯盟马陵,杜预曰卫地也,平阳东南地名马陵。〔94〕又说在魏郡元城。

⑤《晋地道记》曰有尧城。

⑥《博物记》曰有贾乡,贾伯邑。

⑦《左传》曰晋改蒐于董,杜预曰县有董亭。〔95〕

⑧《博物记》曰:"古之纶,少康邑。"〔96〕

⑨县西北有狐谷亭。郭璞《尔雅》注曰:"县有水口,如车轮许,溃沸涌出,其深无限,名之为濆。"

⑩《史记》曰赵盾田首山,息桑下,有饿人祇弥明。县南二十里有历山,舜所耕处。又伯夷、叔齐隐于首阳山,马融曰在蒲坂华山之北,河曲之中。

⑪《左传》曰文十二年秦晋战河曲,杜预曰在县南。汤伐桀,孔安国曰河曲之南。

⑫杜预曰虞国也。《帝王世记》曰:"舜嫔于虞,虞城是也。"亦谓吴城,《史记》秦昭王伐魏取吴城,即此城也。《皇览》曰:"盗跖冢临河〔曲〕。"〔97〕《博物记》曰傅岩在县北。

⑬虢邑,《左传》僖二年虞、晋所灭。县东北三十里。

⑭《左传》曰"秦伐晋,遂自茅津济",杜预曰在县西。南有茅亭,即茅戎。

⑮《左传》曰"入自颠轮"。《博物记》曰在县盐池东,吴城之北,今之吴坂。杜预曰在县东北。

⑯《左传》曰咎犯与秦晋大夫盟于郇,杜预曰县西北有郇城。《博物记》曰有智邑。

⑰《左传》僖二十四年晋文公入桑泉,杜预曰在县西二十里。〔98〕

⑱《左传》曰晋文公入取白衰者也。杜预曰在县东南。《博物记》曰:"白季邑。县西北卑耳山。县西南齐桓公西伐所登。"

⑲《左传》僖十五年晋侯赂秦,内及解梁城。

⑳《左传》文十二年秦侵晋及瑕,杜预曰猗氏县东北有瑕城。〔99〕

㉑《尚书》祖乙徙耿。《左传》闵元年晋灭耿,杜预曰县东南有耿乡。《博物记》曰有耿城。

㉒《左传》僖二年,晋荀息曰"冀为不道",杜预曰国,在县东北。《史记》苏代说

燕王曰："下南阳，封冀。"

㉓《博物记》曰县治涑之川。《史记》曰伐韩到乾河。郭璞曰："县东北有乾河口，但有故沟处，无复水。"《左传》曰僖三十一年"晋蒐清原"，杜预曰在县北。

㉔曲沃在县东北数里，与晋相去六七百里。见《毛诗谱》注。

㉕《左传》曰"改蒐于董"，"董泽之蒲"。

㉖县西五十里。《左传》曰宣十五年"晋侯治兵于稷"。

㉗《左传》吕相绝秦，曰"伐我涑川"。

㉘县西有绛邑城，杜预曰故绛也。

㉙《左传》隐五年曲沃伐翼，杜预曰在县东八十里。〔100〕

㉚《史记》曰周穆王封造父赵城，徐广曰在永安。《博物记》曰有吕乡，吕甥邑也。

㉛杜预曰县东北有蠡城。

㉜《尔雅》曰："西南之美者，有霍山之多珠玉焉。"《左传》曰闵元年晋灭霍，杜预曰"县东北有霍大山"。《史记》曰原过受神人书，称"余霍大山山阳侯天吏也"。又蚩廉于山得石椁，〔101〕仍葬也。

㉝《地道记》曰："《左传》文十三年'詹嘉处瑕'，在县东北。"

㉞《史记》曰："魏武侯二年，城王垣。"《博物记》曰："山在东，状如垣。"

㉟《左传》襄元年晋讨宋五大夫，寘诸瓟丘，杜预曰县东南有壶丘亭。

㊱《博物记》曰："县东九十里有郫邵之厄，贾季迎公子乐于陈，赵孟杀诸郫邵。"

㊲《晋地道记》曰晋武公〔自〕曲沃徙此。〔102〕

㊳《左传》曰"二屈"，杜预曰"二"当为"北"。《传》曰"屈产之乘"，有骏马。

㊴《禹贡》曰："壶口治梁及岐。"

㊵《左传》僖八年晋败狄于采桑，杜预曰县西南有采桑津。

㊶《左传》曰晋文公居蒲城，杜预曰今蒲子县。

㊷《前志》曰在县西南。

㊸《史记》曰：赵、韩、魏分晋，封晋端氏。

弘农郡武帝置。其二县，建武十五年属。雒阳西南四百五十里。九城，户四万六千八百一十五,口十九万九千一百一十三。

弘农故秦函谷关,①烛水出。②有枯枞山。③有桃丘聚,故桃林。④有务乡。⑤〔103〕有曹阳亭。⑥　　　**陕**⑦本虢仲国。⑧有焦城。⑨有陕陌。⑩　　　**黾池**榖水出。⑪有二崤。　　　**新安**涧水出。⑫　　　**宜阳**⑬

陆浑西有虢略地。⑭　　　**卢氏**有熊耳山,⑮伊水、清水出。⑯

湖故属京兆。⑰有阌乡。⑱　　　**华阴**故属京兆。⑲有太华山。⑳

①《左传》曰"虢公败戎于桑田",杜预曰在县东北桑田亭。〔104〕

②《前志》出(衡)〔衙〕(山)岭下谷。〔105〕

③本传赤眉立盆子于郑北,《古今注》曰在此山下。

④《左传》曰守桃林之塞,《博物记》曰在湖县休与之山。

⑤赤眉破李松处。

⑥《史记》曰,章邯杀周章于曹阳,晋灼曰县东十三里。又献帝东归败处,曹公改曰好阳。

⑦《史记》曰:"自陕以西,邵公主之;自陕以东,周公主之。"

⑧杜预曰虢都上阳,在县东〔南〕。〔106〕有虢城。

⑨故焦国,《史记》曰武王封神农之后于焦。

⑩《博物记》:"二伯所分。"

⑪《前志》曰出榖阳谷。

⑫《博物记》曰:"西汉水出新安入雒。"又有孝水,见潘岳《西征赋》。

⑬有金门山,山竹为律管。

⑭《左传》僖十五年晋侯略秦,东尽虢略,杜预曰从河曲南行,而东尽故虢。〔107〕

⑮《山海经》曰:"其上多漆,其下多椶。浮豪之水出焉,西北流注于雒,其中多美玉,多人鱼。"

⑯《晋地道记》:"伊东北入雒。"

⑰《前志》有鼎湖。

⑱《皇览》曰:"庆太子南出,葬在阌乡南。"秦又改曰宁秦。〔108〕

⑲《史记》曰魏文侯三十六年齐侵阴晋。《前志》曰高帝改曰华阴。《吕氏春秋》九薮云"秦之阳华",高诱曰"或在华阴西"。诱又曰"桃林县西长城是也"。《晋地道记》曰"潼关是也"。

⑳《左传》晋赂秦，南及华山。《山海经》曰："太华之山，削成而四方，其高五千
仞，其广十里，鸟兽莫居。有蛇焉，名曰肥遗，〔109〕六足四翼，见则天下大
旱。"武王放马牛于桃林墟，孔安国曰在华山东。《晋地道记》山在县西南。

京兆尹秦内史，武帝改。其四县，建武十五年属。雒阳西九百五十
里。①十城，户五万三千二百九十九，口二十八万五千五百七十四。

　①《决录注》曰："京，大也。天子曰兆民。"

长安高帝所都。①镐在上林菀中。②有细柳聚。③有兰池。④有曲
邮。⑤有杜邮。⑥　　**霸陵**有枳道亭。⑦有长门亭。⑧　　**杜陵**⑨鄠
在西南。⑩　　**郑**⑪　　**新丰**有骊山，⑫东有鸿门亭⑬及戏亭。⑭有
（严）〔拟〕城。〔110〕　　**蓝田**出美玉。⑮　　**长陵**故属冯翊。⑯　　**商**
故属弘农。⑰　　**上雒**侯国。有冢领山，雒水出。故属弘农。⑱有菟
和山。⑲有苍野聚。⑳　　**阳陵**故属冯翊。

　①《汉旧仪》曰："长安城方（赤）〔六〕十三里，〔111〕经纬各长十五里，十二城门，
　　九百七十三顷。城中皆属长安令。"辛氏《三秦记》曰："长安地皆黑壤，城中
　　今赤如火，坚如石。父老所传，尽凿龙首山为城。"《皇览》曰："卫思后葬城
　　东南桐（松）〔柏〕园，〔112〕今千人聚是。"

　②《孟康》曰："长安西南有镐池。秦始皇江神反璧曰：'为吾遗镐池君。'"《古
　　史考》曰："武王迁镐，长安丰亭镐池也。"皇览曰："文王、周公冢皆在镐聚东
　　杜中。"

　③《前书》周亚夫所屯处。

　④《史记》曰秦始皇微行夜出，逢盗兰池。《三秦记》曰："始皇引渭水为长池，
　　东西二百里，南北三十里，刻石为鲸鱼二百丈。"

　⑤《前书》高帝征黥布，张良送至曲邮。

　⑥《史记》曰白起死处。《三秦记》曰："长安城西有九嵕山，西有杜山。"杜预
　　曰："毕国在西北。"

　⑦《前书》秦王子婴降于轵道旁，地道记曰霸水西。

　⑧《前书》文帝出长门，若见五人于道北，立五帝坛。

　⑨杜预曰古唐杜氏也。

⑩杜预曰:"在鄠县东。"《决录注》曰:"镐在酆水东,酆在镐水西,相去二十五里。"

⑪《史记》杀商君郑黾池。郑桓公封于此。黄图云:"下邽县并郑,桓帝西巡复之。"

⑫杜预曰:"古骊戎国。"韦昭曰:"戎来居此山,故号骊戎。"《三秦记》曰:"始皇墓在山北,有始皇祠。不斋戒往,即疾风暴雨。人理欲上,则杳冥失道。县西有白鹿原,周平王时白鹿出。"案关中图,县南有新丰原,白鹿在霸陵。

⑬《前书》高帝见项羽处,孟康曰"在县东七十里,旧大道北下坂口名"。关中记云始皇陵北十馀里有谢聚。

⑭周幽王死处,苏林曰县东南四十里。

⑮《三秦记》曰:"有川,方三十里,其水北流。出玉、铜、铁、石。"地道记有虎候山。

⑯蔡邕作樊陵颂云:"前汉户五万,口有十七万,王莽后十不存一。永初元年,羌戎作虐。至光和,领户不盈四千。园陵蕃卫粢盛之供,百役出焉。民用匮乏,不堪其事。"

⑰帝王世商曰:"契所封也。"《左传》哀四年"将通于少习",杜预曰少习,县东之武关。

⑱《山海经》曰雒水出(护)〔讙〕举之山。〔113〕案(众)〔史〕记云〔114〕雒水出熊耳。《山海经》曰雒出王城南,至相谷西,东北流,去虎牢城西四十里,注河口,谓之雒汭。

⑲《左传》哀四年,楚司马军于菟和。

⑳《左传》曰(昭)〔哀〕四年楚(左)〔右〕师军苍野,〔115〕杜预曰在县南。〔116〕

左冯翊秦属内史,武帝分,改名。雒阳西六百八十八里。①十三城,户三万七千九十,口十四万五千一百九十五。②

①《决录注》曰:"冯,冯也。翊,明也。"

②潘岳《关中记》曰:"三辅旧治长安城中,长吏各在其县治民。光武东都之后,扶风出治槐里,冯翊出治高陵。"

高陵　　　**池阳**①　　　**云阳**②　　　**祋祤**永元九年复。　　　**频阳**

万年③　　　**莲勺**　　　**重泉**　　　**临晋**本大荔。有河水祠。有芮乡。④
有王城。⑤　　　**郃阳**永平二年复。　　　**夏阳**有梁山、⑥龙门山。⑦
　　衙⑧　　　**粟邑**永元九年复。

①《尔雅》十薮,周有焦获,郭璞曰县瓠中是也。《地道记》"有巀薛山,在北。
　有鬼谷,生三所氏"。案:《史记》鬼谷在颍川阳城,与《地记》不同。

②有荆山。《帝王世记》曰:"禹铸鼎于荆山,在冯翊怀德之南,今其下荆
　渠也。"

③《帝王世记》曰"秦献公都栎阳"是也。

④古芮国,与虞相让者。

⑤《史记》曰秦厉恭公伐大荔,取其王城,即此城也。《左传》晋阴饴甥与秦伯
　盟王城,杜预曰后改为武乡,在县东。

⑥《诗》云:"弈弈梁山。"在县西北。《公羊传》曰河上之山也。杜预曰古梁
　国。〔117〕《史记》曰本少梁。《尔雅》曰梁山,晋望也。

⑦《书》曰导河积石,历龙门。太史公曰"迁生龙门",韦昭曰在县北。《博物
　记》曰:"有韩原,韩武子采邑。"

⑧《左传》文二年晋败秦于彭衙。《皇览》曰:"有苍颉冢,在利阳亭南,坟高
　六丈。"

右扶风秦属内史,武帝分,改名。①十五城,户万七千三百五十二,口九
万三千九十一。

　　①《决录》曰:"扶风,化也。"

槐里周曰犬丘,①高帝改。　　　**安陵**②　　　**平陵**　　　**茂陵**　　　**鄠**③
丰水出。④有甘亭。⑤　　　**郿**有郿亭。⑥　　　**武功**永平八年复。有太
一山,本终南。垂山,本敦物。⑦有斜谷。⑧　　　**陈仓**⑨　　　**汧**⑩有
吴岳山,⑪本名汧,汧水出。有回城,名回中。⑫　　　**渝麋**侯国。
　　雍⑬有铁。⑭　　　**栒邑**有豳乡。⑮　　　**美阳**有岐山,⑯有周城。⑰
　　漆有漆水。⑱有铁。⑲　　　**杜阳**永和二年复。⑳

①又名废丘,周懿王、章邯所都。

②《皇览》曰:"县西北毕陌,秦武王冢。"

③古扈国。

④《左传》曰"康有酆宫之朝",杜预曰有灵台,康王于是朝诸侯。

⑤《帝王世记》曰在县南。夏启伐扈,大战于甘。又南山有王季冢。

⑥《史记》曰封弃于邰,徐广曰今斄乡。又案《王忳传》,郿之斄亭,为冤鬼报戮故亭长者也。秦是荣县,后省。《帝王世记》曰:"秦出公徙平阳。"《新论》曰:"邰在漆县,其民有会日,以相与夜中市,如不为,则有灾咎。"

⑦《前志》在县东。

⑧《西征赋》注曰:"褒斜谷,在长安西南。南口褒,北口斜,长百七十里。其水南流。"

⑨《三秦记》曰:"秦武公都雍,陈仓城是也。有石鼓山。将有兵,此山则鸣。"

⑩《尔雅》(曰)十薮,〔118〕秦有杨纡,郭璞曰在县西。

⑪郭璞曰:"别名吴山,《周礼》所谓岳山者。"

⑫来歙开道处。

⑬《左传》邵穆公采邑,《史记》有鸿冢。

⑭《帝王世记》曰秦德公徙都。

⑮郑玄《诗谱》曰:"豳者,公刘自邰而出,所徙戎狄之地名。"又有刘邑。

⑯《左传》椒举曰"成王有岐阳之蒐。"《山海经》曰:"其上多白金,其下多铁,城水出焉,东南流注于江。"

⑰杜预曰城在县西北。《帝王世记》曰:"周太王所徙,南有周原。"

⑱《山海经》曰:"(翰)〔𦭞〕次之山,漆水出焉。"郭璞曰:"漆水出岐山。《诗》云'自土沮、漆'。"《地道记》曰水在县西。《皇览》曰:"有师旷冢,名师旷山。"

⑲杜预曰豳国在东北。《帝王世记》曰有豳亭。

⑳《诗谱》曰:"周原者,岐山阳,地属杜阳,地形险阻而原田肥美。"

　　　　右司隶校尉部,郡七,县、邑、侯国百六。①

①《汉(书)旧仪》〔119〕曰:"司隶治所,故孝武庙。"《魏(志)略》曰〔120〕:"曹公分关中置汉兴郡,(国)〔用〕游楚为太守。"〔121〕《献帝起居注》曰:"中平六年,省扶风都尉置汉安郡,镇雍、渝麋、杜阳、陈仓、汧五县也。"

【校勘记】

〔1〕　其山川地名悉为细注今进为大字　按:细注既进为大字,则山川地名与

郡县名同为大字,殊欠分晓,今郡县名悉用黑体字以别之。

〔2〕　新注证发　汲本"新"作"细"。钱大昭谓闽本亦作"新"。

〔3〕　帝王世记　按:别本"记"皆作"纪",今悉依原本。

〔4〕　自斗十一度　按:《集解》引惠栋说,谓费直《周易分野》寿星起斗十度,
蔡邕《月令章句》寿星起斗六度,陈卓云斗十二度。

〔5〕　自婺女八度　按:惠栋谓费直起女六度,蔡邕起女二度。

〔6〕　至危十六度　按:惠栋谓陈卓云十五度。

〔7〕　自危十七度　按:惠栋谓费直起危十四度,蔡邕起危十度,陈卓云十
六度。

〔8〕　自奎五度　按:惠栋谓费直起奎二度,蔡邕起奎八度。

〔9〕　自胃七度　按:惠栋谓费直起娄十度,蔡邕起胃一度。

〔10〕　自毕十二度　按:惠栋谓费直起毕九度,蔡邕起毕六度。

〔11〕　自井十六度　按:惠栋谓费直起井十二度,蔡邕起井十度。

〔12〕　自柳九度　按:惠栋谓费直起柳五度,蔡邕起柳三度。

〔13〕　至张十七度　按:惠栋谓陈卓云十六度。

〔14〕　斗建在未　按:"斗"原讹"中",径改正。

〔15〕　自张十八度　按:惠栋谓费直起张十三度,蔡邕起张十二度,陈卓起张
十七度。

〔16〕　自轸十二度　按:惠栋谓费直起轸七度,蔡邕起轸六度。

〔17〕　今韩分野　惠栋谓陈卓云郑之分野,郑玄案堪舆书,寿星,郑也,作"韩"
者误。按:王先谦谓韩灭郑,故亦称郑,《竹书》可证,惠以"韩"为误
字,非。

〔18〕　自氐五度　按:惠栋谓费直起氐十一度,蔡邕起亢八度。

〔19〕　自尾十度　按:惠栋谓费直起尾九度,蔡邕起尾四度。

〔20〕　至斗十度　汲本、殿本"十"作"七"。按:惠栋谓陈卓云斗十一度。

〔21〕　北方玄武三十五星九十八度(四分度之一)　按:殿本《考证》齐召南谓苍
龙、玄武、白虎、朱雀各言星度之数,下言周天三百六十五度四分度之
一,不应于北方星度独言四分度之一也,"四分度之一"五字自是衍文。
今据删。

〔22〕　定垦者九百(一)〔三〕十万(八)〔六〕千二十四顷　据殿本改。按:以下不
垦者之数合计九州之地数,殿本是。

〔23〕 不垦者千五百万二千顷　按:"千"原讹"午",径改正。

〔24〕 是以山海经称禹使大章步自东极至于西垂　按:惠栋谓"垂"一作"极",
下"北垂"同。又按:惠栋谓自"禹使大章"至下"二亿三万三千五百里七
十五步",《山海经》无此文,《淮南子・坠形训》有之。

〔25〕 二亿三万三千五百里七十一步　惠栋《补注》本"三千"作"二千",注云
"二"一作"三"。汲本、殿本及惠栋《补注》本"五百里"皆作"三百里"。
今按:《淮南子・坠形训》作"二亿三万三千五百里七十五步。"

〔26〕 又使竖亥步〔自〕南极(北)尽于北垂　王先谦谓以上文例之,"南极"上夺
一"自"字,"北"字衍。今据删补。按:《淮南子》作"步自北极,至于南
极"。

〔27〕 出水者　按:惠栋谓一作"出水之山者"。

〔28〕 〔经〕名山五千三百五十(经)六万四千五十六里　惠栋谓"经"字当在"名
山"上。今据改。

〔29〕 出铁之山三千六百九　按:惠栋谓自"东西二万八千里"至此,皆《山海
经・中山经》之文,彼文"九"下有"十"字。

〔30〕 平王东迁三十馀载至齐桓公二年　张森楷《校勘记》谓案东迁至齐桓公
二年七十九年,非三十馀载,文有讹。今案:"三"疑"七"之讹。

〔31〕 晋阳之(国)〔围〕　据殿本改。

〔32〕 不过三十万　按:"三"字原讹"二",径改正。

〔33〕 武帝乘其资畜　按:汲本、殿本"乘"作"承"。

〔34〕 县邑千(四)〔五〕百八十七　殿本《考证》齐召南谓按《前汉书・地理志》,
县、邑千三百一十四,道三十二,侯国二百四十一,然则合计千五百八十
七也,本文"四百"应是"五百"之讹。今据改。

〔35〕 民户千三百二十三万三千六百一十二　按:《前志》作"千二百二十三万
三千六十二"。

〔36〕 口五千九百一十九万四千九百七十八人　按:《前志》作"五千九百五十
九万四千九百七十八"。

〔37〕 口(三)〔二〕千一百万七千八百二十人　据汲本、殿本改。按:惠栋《补
注》引李心传说,谓西汉户口至盛之时,率以十户为四十八口有奇,东汉
户口率以十户为五十二口。此上云"民户四百二十七万千六百三十
四",以十户为五十二口计之,祇二千一百万馀,则原作"三千一百万",

讹也。

〔38〕 文帝(授)〔受〕禅　据殿本改。

〔39〕 尚有数十　按:"十"字原空白,据汲本、殿本补。

〔40〕 郡府听事壁诸尹画赞　按:"郡"字原空白,据汲本、殿本补。"画"原讹
"尽",径改正。

〔41〕 罚纤厘之恶　按:汲本、殿本"罚"作"贬","厘"作"介"。

〔42〕 荥阳　汲本、殿本"荥"作"荣"。按:段玉裁谓荥泽、荥阳,古无作"荣"
者,浅人任意窜易,以为水名当作"荣",不知泲水名荥,自有本义,于绝
小水之义无涉也。

〔43〕 有(费)〔荥〕泽　《集解》引惠栋说,谓"费泽"无考,案注及《济水注》当作
"荥泽"。今据改。

〔44〕 穀城　《前志》作"穀成"。按:《集解》引惠栋说,谓古字通以"城"为
"成",见《刘宽碑》阴及《韩敕别碑》。

〔45〕 成皋　汲本"皋"作"罩",殿本作"皐",注同。按:《集解》引钱大昕说,谓
"罩"当作"皋",字形相涉而讹。《校补》引柳从辰说,谓皋为皐之或体
字,作"罩"者,盖偶讹缺一笔,未可概指为讹。黄山谓罩亦可通"皋"。

〔46〕 新城　按:《集解》引惠栋说,谓《前志》"城"作"成",古字通。

〔47〕 今名蛮中　《集解》引惠栋说,谓《说文》"新城䜌中",古蛮䜌字或相通。
按:黄山谓欒䜌相通,盖古本名欒中,故《说文》作"䜌中"耳,非蛮䜌字相
通也。说详《校补》。

〔48〕 匽师　按:《集解》引惠栋说,谓《前书》"匽"作"偃"。

〔49〕 为地三百(里)〔顷〕　据汲本、殿本改。

〔50〕 在东(官)〔宫〕西北　据汲本、殿本改。

〔51〕 伯休甫之国也　按:"甫"原讹"川",径改正。

〔52〕 冯异斩武勃(也)〔地〕　据汲本、殿本改。

〔53〕 即泉戎也　按:殿本"戎"作"城"。

〔54〕 单氏伐东圉　按:"圉"原讹"园",径改正。

〔55〕 昭二十三年晋师次于解　按:依《左传》"三"当作"二","晋"当作"王"。

〔56〕 本传有(员)〔负〕犊山　《集解》引马与龙说,谓本书《刘昆传》,昆避难河
南负犊山中,彼注云《郡国志》河南郡有负犊山"。作"员"者,形近致
讹,李贤所见本尚不误。今据改。按:"本"原讹"才",径改正。

〔57〕 郚方(七)〔一〕十里　据汲本、殿本改。

〔58〕 以阳人地〔赐周君〕　据殿本《考证》齐召南说补,与《史记·秦本纪》合。

〔59〕 魏文侯(四)〔三〕十二年败秦于注　按:魏文侯立三十八年卒,无四十二年。败秦于注,乃三十二年事。各本皆未正,今据《史记》改。

〔60〕 于荥阳下引河东南为鸿沟　汲本、殿本"荥"作"荣"。按:荥阳之"荥"本从火,作"荣"者后人妄改,见前"荥阳"条校记。

〔61〕 左传文(三)〔二〕年盟于垂陇　据汲本、殿本改。

〔62〕 左传闵二年遇于清　"二"原作"一",径据汲本、殿本改。按:《左传》闵二年无此文。

〔63〕 在县东北远疑〔非〕　据殿本补,与杜注合。

〔64〕 县东〔南〕有林乡　惠栋谓诸本皆脱"南"字。今据补,与杜注合。

〔65〕 左传(宣)〔成〕十〔六〕年诸侯迁于制田　《集解》引惠栋说,谓诸侯迁制田,成十六年事,注误。今据改。

〔66〕 县东有制(城)〔泽〕　据《集解》引惠栋说改,与杜注合。

〔67〕 汤亭〔在〕偃师　据《集解》引惠栋说补。

〔68〕 史记(曰)张仪〔曰〕　按:注所引乃张仪说秦惠王之辞,"曰"字当在"张仪"下,今乙正。

〔69〕 左(氏)〔传〕　王先谦谓"氏"例当作"传",此驳文。今据改。

〔70〕 地道记在南　按:《集解》引惠栋说,谓依《水经注》"南"当作"西"。

〔71〕 左传昭二十二年王子猛居于皇　按:"二十二年"原讹"一十二年",径改正。

〔72〕 在县西(北)〔南〕　《集解》引惠栋说,谓"西北"今《左传》注云"西南"。今据改。

〔73〕 昭二十(三)〔二〕年　惠栋谓"三"当作"二"。今据改,与《左传》合。

〔74〕 成皋北门名(王)〔玉〕门　据殿本改。按:《前书》及《通鉴》并作"玉"。

〔75〕 见东京赋(曰)　汲本"曰"作"云"。按文此字当衍,殿本无,今据删。

〔76〕 周襄王处郑地氾　按:《集解》引钱大昕说,谓襄王所处在颍川之襄城,注文重出,当去此存彼。

〔77〕 一名密县　按:今《左传》杜注作"新郑,郑新密,今荥阳密县"。惠栋云注文有脱误。

〔78〕 多美垩　按:《集解》引惠栋说,谓今《山海经》云"多美玉青垩"。

〔79〕 其名曰(葰)〔猿〕　据汲本、殿本改。

〔80〕 在县西北　按:"在"上当脱"杜预曰"三字。又按:《左传》杜注"西北"作
"东北"。

〔81〕 楚杀鄾子　《校补》引柳从辰说,谓今《左》昭十六年经传"鄾"均作"蛮",
注误。

〔82〕 有缔城　按:《集解》引惠栋说,谓"缔"《说文》作"邻"。

〔83〕 王取郑隰城　按:"取"疑"与"之误。《左》隐十一年王以苏忿生田与郑,
有隰郕,杜注"在怀县西南"。僖二十五年《传》"隰郕"作"隰城"。

〔84〕 左传僖四年晋文公围南阳　按:注有误。僖四年重耳方出亡,安有所谓
"晋文公围南阳"事?

〔85〕 太行之山　按:"行"原讹"时",径改正。

〔86〕 县西北有(赞)〔攒〕城　据汲本、殿本改。

〔87〕 洹水所出　按:《校补》引柳从辰说,谓《水经》"洹水出上党泫氏县",注
云"出洹山,在长子县也"。又"东过隆虑县北",注云"县北有隆虑山"。
是隆虑非即洹水所出。

〔88〕 少有名人大衣冠三世皆衰绝也　按:张森楷《校勘记》谓"大衣冠"不词,
疑"大"下有"族"字,"衣冠"属下为句。

〔89〕 蒲坂　按:《前志》"坂"作"反"。

〔90〕 兖水出　《集解》引惠栋说,谓"兖"当作"沇"。又引钱大昕说,谓兖即沇
字,古人从水字或横写,沇作兖,亦是以立水为横水,隶省为六尔。兖州
本以沇水得名,非两字也。按:《说文》"沇"下段注云,古文作沿,小篆作
沇,隶变作兖,此同义而古今异形。

〔91〕 有(祁)〔析〕城山　据殿本改。按:钱大昕谓"祁"当作"析"。

〔92〕 〔巫〕咸山在南　王先谦谓"咸"上脱"巫"字,《班志》可证。今据补。

〔93〕 僖(九)〔二十四〕年晋怀公死高梁　殿本《考证》齐召南谓注引《左传》纪
年多讹,晋文公入国而后杀怀公于高梁,是僖二十四年事。今据改。

〔94〕 卫地也平阳东南地名马陵　按:注引杜注有误。《春秋》成七年杜注作
"马陵,卫地。阳平元城有地名马陵"。又按:王先谦谓"卫"当作"魏"。

〔95〕 县有董亭　按:《校补》谓今《左传》注作"汾阴县有董亭"。考《晋志》无
汾阴县,此或据魏旧言之,而其时亭地已改隶汾阴耳。

〔96〕 古之纶少康邑　按:《集解》引惠栋说,谓案梁国虞县有纶城,少康邑,注

失考。

〔97〕 盗跖冢临河〔曲〕 《集解》引惠栋说,谓案《皇览》,冢临河曲,直宏农华阴山潼乡,注脱"曲"字也。今据补。

〔98〕 在县西二十里 按今《左传》杜注作"在河东解县西",不言"二十里"。

〔99〕 杜预曰猗氏县东北有瑕城 按:今《左传》僖十二年无此注。僖三十年"许君焦、瑕",杜注"晋河外五城之二邑",即此,然不云"猗氏县东北"也。

〔100〕 在县东八十里 按:《左传》杜注云"在平阳绛邑县东",不言"八十里"。

〔101〕 得石椁 按:汲本、殿本"椁"作"棺"。

〔102〕 晋武公〔自〕曲沃徙此 据《集解》引马与龙说补。按:马与龙谓注"曲沃"上脱"自"字。《汉书·地理志》"河东郡绛,晋武公自曲沃徙此"。注《地道记》说盖即本《班志》,当在前"绛邑"下,不知何以置此。《地道记》不应若是之误,刘昭亦不应误引若是,当由后人传写误脱,因妄窜耳。

〔103〕 有务乡 《集解》引钱大昕说,谓《刘圣公传》作"薪乡",音莫老反。

〔104〕 按:殿本《考证》齐召南谓此注错简,当在下"陕有陕陌"之下。杜预《左传》注云"桑田,虢地,在弘农陕县东北"。盖旧志陕有桑田亭,而刘昭引此文为注也。又按:注"桑田亭"原讹"桑里亭",径改正。

〔105〕 出(衡)〔衙〕(山)岭下谷 按:《前志》"衡"作"衙",《水经·河水注》及《开山图》亦作"衙"。《集解》引钱大昕说,谓"衡"当作"衙"。又《前书补注》引段玉裁说,谓"岭"误析为"山领",古"岭"只作"领"字。王先谦谓段云"山"字衍,是。今据以改删。

〔106〕 虢都上阳在县东〔南〕 按:《左传》僖五年"晋侯围上阳",杜注"上阳,虢国都,在弘农陕县东南"。今据补。

〔107〕 从河曲南行而东尽故虢 按:今《左传》杜注作"从河南而东尽虢界也"。

〔108〕 秦又改曰宁秦 按:齐召南谓此注六字亦错简,当在下华阴注"高帝改曰华阴"之上,证以《前志》自明。

〔109〕 名曰肥遗 殿本"遗"作"遺",与今《山海经》合。按:《校补》谓遺后起字,疑本通作"遗"。

〔110〕 有(严)〔掫〕城 按:《集解》引洪颐煊说,谓本书《刘玄传》注引《续志》作

"撕城","严"是"撕"字之讹。今据改。

〔111〕 长安城方(亦)〔六〕十三里 据《校补》引钱大昭说改。按:《史记·吕后纪·索隐》引亦作"六十三里"。

〔112〕 葬城东南桐(松)〔柏〕园 据《集解》引惠栋说改。

〔113〕 雒水出(护)〔灌〕举之山 《集解》引惠栋说,谓"护举"《山海经》作"灌举"。《校补》引柳从辰说,谓《水经》亦作"灌举"。今据改。

〔114〕 (众)〔史〕记云 据汲本、殿本改。

〔115〕 左传曰(昭)〔哀〕四年楚(左)〔右〕师军苍野 据《左传》改。

〔116〕 杜预曰在县南 按:今《左传》杜注云"在上雒县",不言"南"。

〔117〕 杜预曰古梁国 按:《左传》文公十年,晋伐秦,取少梁,杜注"少梁,冯翊夏阳县"。与此异。

〔118〕 尔雅(曰)十数 按文"曰"字当衍,今删。

〔119〕 汉(书)旧仪 按:"书"字衍,今删。

〔120〕 魏(志)〔略〕曰 《集解》引陈景云说,谓今本《魏志》无此文,疑出《魏略》,"志"字偶误。按:游楚事见《魏志·张既传》注,正引《魏略》,今据改。

〔121〕 (国)〔用〕游楚为太守 《集解》引钱大昕说,谓"国"当作"以"。今按:何焯以宋残本校,"国"作"用",国用形近易误,今从何校改。

后汉书志第二十

郡国二

颍川　汝南　梁国　沛国　陈国　鲁国

右豫州

魏郡　钜鹿　常山　中山　安平　河间　清河　赵国　勃海

右冀州

颍川郡秦置。雒阳东南五百里。十七城，户二十六万三千四百四十，口百四十三万六千五百一十三。

阳翟禹所都。① 有钧台。② 有高氏亭。③ 有雍氏城。④　　**襄**有养阴里。　　**襄城**⑤ 有西不羹。⑥ 有汜城。⑦ [1] 有汾丘。⑧ 有鱼齿山。⑨　　**昆阳**有湛水。⑩　　**定陵**有东不羹。⑪　　**舞阳**邑。　　**郾**　**临颍** [2]　　**颍阳**　**颍阴**⑫ 有狐宗乡，或曰古狐人亭。有岸亭。⑬　　**许**⑭　　**新汲**⑮　　**鄢陵** [3] 春秋时曰鄢。⑯　　**长社**有长葛城。⑰ 有向乡。⑱ 有蜀城，有蜀津。⑲　　**阳城**⑳ 有嵩高山，㉑ 洧水、颍水出。㉒ 有铁。有负黍聚。㉓　　**父城**有应乡。㉔　　**轮氏** [4] 建初四年置。[5]

① 《汲冢书》："禹都阳城。"《古史考》曰"郑厉公入栎"，即此也。《晋地道记》曰去雒阳二百八十六里，属河南。

② 《左传》曰"夏启有钧台之享"，杜预曰有钧台陂。《帝王世记》云在县西。

③ 《左传》成十七年卫侵郑，至高氏，杜预曰县西南。

④ 《左传》襄十八年楚伐郑，侵雍梁，杜预曰在县东北。《史记》齐湣王十二年攻魏，楚围雍氏。

⑤ 《左传》定四年"盟皋鼬"，杜预曰县东南有城皋亭。

⑥杜预曰有不羹城。

⑦杜预曰在县南。周襄王所处。

⑧《左传》襄十八年楚治兵于汾,杜预曰县东北有汾丘城。

⑨《左传》谓鱼陵,杜预曰鱼齿山也,在犫县北。

⑩《左传》襄十六年,楚公子格与晋战于湛阪。

⑪杜预曰县西北有不羹亭。《地道记》曰:"高陵山,汝水所出。"〔6〕

⑫《左传》文九年楚伐郑,师于狼渊,杜预曰县西有狼陂。献帝遣御史大夫张音奉皇帝玺绶策书,禅帝位于魏,是文帝继王位,〔7〕南巡在颍阴,有司乃为坛于颍阴。庚午,登坛,魏相国华歆跪受玺绶,以进于王。王既受毕,降坛视燎,成礼而反。《帝王世记》云:"魏文皇帝登禅于曲蠡之繁阳亭,为县曰繁昌,亦《禹贡》豫州之域,今许之封内,今颍川繁昌是也。"《北征记》曰:"城在许之南七十里。东有台,高七丈,方五十步,台南有坛高二丈,方三十步,即受终之坛也。"案《北征记》云是外黄县繁昌城,非也。

⑬《史记》魏哀王五年秦伐魏,走犀首岸门,徐广曰岸亭。〔8〕

⑭《左传》庄二十八年楚伐郑,郑奔桐丘,杜预曰县东北有桐丘城。献帝徙都,改许昌。〔9〕

⑮《左传》文元年卫孔达侵郑,伐绵訾及匡,杜预曰县东北有匡城。成十七年伐(齐)〔郑〕至曲洧,〔10〕杜预曰县治曲洧,城临洧水。

⑯春秋郑共叔所保,故曰"克段于鄢"。〔11〕又成十六年晋败楚于鄢陵。李奇曰:"六国曰安陵。"

⑰《左传》隐五年宋伐郑,围长葛。县本名长葛。《地道记》曰:"社中树暴长,汉改名。"

⑱《左传》襄十一年诸侯师于向,杜预曰在县东北。

⑲《史记》曰魏惠王元年韩、赵合军伐魏蜀泽。〔12〕

⑳《帝王世记》曰:"阳城有启母冢。"

㉑《山海经》谓为太室之山。《禹贡》有外方山,郑玄《毛诗谱》云外方之山即嵩也。《孟子》曰"益避禹之子于箕山之阴",注云嵩高之北。

㉒《晋地道记》曰:"颍水出阳乾山。"

㉓《史记》曰周敬王十九年郑伐负黍。〔13〕冯敬通《赋》"遇许由于负黍(山)"也。〔14〕

㉔杜预曰应国在西南。《史记》曰客谓周最,以应为秦王太后养地。

汝南郡高帝置。雒阳东南六百五十里。三十七城,户四十万四千四百四十八,口二百一十万七百八十八。

平舆有沈亭,故国,姬姓。① 　　　**新阳**侯国。　　　**西平**有铁。有柏亭,故柏国。　　　**上蔡**本蔡国。　　　**南顿**本顿国。　　　**汝阴**本胡国。② 　　　**汝阳**　　　**新息**〔侯〕国。〔15〕　　　**北宜春**　　　**灅强**〔16〕侯国。　　　**濯阳**　　　**期思**有蒋乡,故蒋国。　　　**阳安**〔有〕道亭,故国。③〔17〕　　　**项**④　　　**西华**　　　**细阳**　　　**安城**侯国。〔18〕有武城亭。　　　**吴房**有棠谿亭。⑤　　　**鮦阳**侯国。⑥　　　**慎阳**〔19〕　　　**慎**　　　**新蔡**有大吕亭。⑦　　　**安阳**侯国。有江亭,故国,嬴姓。　　　**富波**侯国,永元中复。　　　**宜禄**永元中复。　　　**朗陵**侯国。⑧　　　**弋阳**侯国。有黄亭,故黄国,嬴姓。　　　**召陵**⑨有陉亭。⑩有安陵乡。　　　**征羌**侯国。有安陵亭。⑪　　　**思善**侯国。　　　**宋公国**,周名郪丘,汉改为新郪,章帝建初四年徙宋公于此。有繁阳亭。⑫　　　**褒信**侯国。有赖亭,故国。⑬　　　**原鹿**侯国。⑭　　　**定颍**侯国。　　　**固始**侯国。故寝也,光武中兴更名。有寝丘。⑮　　　**山桑**侯国,故属沛。有下城父聚。有垂惠聚。⑯　　　**城父**故属沛,春秋时曰夷。⑰有章华台。⑱

①有(摰)〔挚〕亭,见《说文》。〔20〕

②杜预曰县西北有胡城。《地道记》有陶丘乡。《诗》所谓"汝坟"。

③杜预曰在县南。《袁山松书》有朔山。《魏氏春秋》曰:"初平三年,分二县置阳安都尉。"

④故国,《左传》僖十七年鲁所灭。《地道记》曰有公路城,袁术所筑。

⑤《左传》曰房国,楚灵王所灭。又楚封吴王夫概于棠谿。《地道记》有吴城。

⑥《皇览》曰:"县有葛陂乡。〔21〕城东北有楚武王冢,民谓之楚王岑。〔22〕永平中,葛陂城北祝里社下于土中得铜鼎,而铭曰'楚武王之冢',民传言秦、项、赤眉之时欲发之,辄颓坏〔填〕厌,〔23〕不得发。"

⑦《地道记》曰故吕侯国。《左传》昭四年吴伐楚,入栎,杜预曰县东北有栎亭。

⑧《左传》成六年楚拒晋桑隧,杜预曰县东有桑里亭。〔24〕

⑨《左传》昭十三年楚蔡公与子干、子晰盟于邓,杜预曰县西南有邓城。

⑩《左传》僖四年齐伐楚,次陉,杜预曰在县南。苏秦说韩宣惠王曰:"南有陉山。"

⑪《史记》无忌说魏安釐王〔25〕曰:"王之使者出,过而恶安陵氏于秦。"《博物记》曰故安陵君也。

⑫《左传》襄四年楚师繁阳,杜预曰铜阳南有繁阳亭。〔26〕

⑬《史记》楚封王孙胜白公。〔27〕杜预曰褒信县有白亭。〔28〕

⑭《春秋左氏传》僖二十一年宋盟鹿上,杜预曰原鹿县也。

⑮《史记》曰楚庄王封孙叔敖子,又蒙恬破楚军。

⑯苏茂奔垂惠,王刘纡。

⑰夷属陈,《左传》僖二十三年楚所取。有乾谿,在县南。

⑱杜预曰:"章华宫在华容县城内。"

梁国秦砀郡,高帝改。其三县,元和元年属。雒阳东南八百五十里。九城,户八万三千三百,口四十三万一千二百八十三。

下邑①　　睢阳②本宋国阏伯墟。有卢门亭。③有鱼门。④有阳梁聚。⑤　　虞有空桐地,有桐地,有桐亭。⑥有纶城,少康邑。　　砀山出文石。⑦　　蒙⑧有蒙泽。⑨　　榖熟〔29〕有新城。⑩有邟亭。⑪　　酀〔30〕故属陈留。　　宁陵故属陈留。⑫有葛乡,故葛伯国。⑬　　薄故属山阳,〔汤〕所都。⑭〔31〕

①《左传》哀七年筑泰丘,杜预曰县西南有泰丘亭。

②《北征记》曰:"城周三十七里,南临濊水,凡二十四门。"《地道记》曰:"梁孝王筑城十二里,小鼓唱节杵下而和之,称《睢阳曲》。"

③《左传》桓十四年宋伐郑,"取太宫之椽,为卢门之椽"。昭二十一年败吴鸿口,杜预曰县东〔南〕有鸿口亭。《地道记》曰:"昭二十一年'御诸横',横亭在县南。"

④《左传》僖二十二年邾人愬公胄于鱼门。〔32〕

⑤《左传》襄十二年楚伐宋,师杨梁,杜预曰有梁亭。〔33〕僖二十八年楚子玉梦河神谓己曰"吾赐汝孟诸之麇",杜预曰在县东北。《尔雅》十薮,宋有孟诸。

⑥《左传》哀二十六年,宋景公死空桐。

⑦《史记》曰高祖隐于芒、砀山泽岩石之间。有陈胜墓。

⑧《帝王世记》曰有北亳,即景亳,汤所盟处。

⑨《左传》宋万杀宋闵公于蒙泽。〔34〕僖二年齐侯盟贯,杜预曰县西北有蒉城,
　　蒉字与贯字相似。

⑩《左传》曰文十四年诸侯会新城。《帝王世记》有《南亳》。

⑪古邳国。

⑫《左传》成十六年会沙随,杜预曰县北有沙随亭。

⑬(左传)〔杜预〕曰在县东北。〔35〕

⑭杜预曰蒙县西北有薄城。〔36〕中有汤冢。《左传》宋公子御说奔亳。其西又
　　有微子冢。

沛国秦泗(川)〔水〕郡,〔37〕高帝改。雒阳东南千二百里。二十一城,户二
十万四百九十五,口二十五万一千三百九十三。

　　相①　　　**萧**本国。②　　　**沛**有泗水亭。③　　　**丰**④西有大泽,高祖斩
白蛇于此。有枌榆亭。⑤　　　**鄪**⑥有郪聚。⑦　　　**穀阳**　　　**谯**⑧刺
史治。⑨　　　**洨**有垓下聚。⑩　　　**蕲**有大泽乡,陈涉起此。⑪　　　**銍**
　　　郸　　　**建平**　　　**临睢**故芒,光武更名。　　　**竹邑**侯国,故竹。
　　　公丘本(胶)〔滕〕国。⑫〔38〕　　　**龙亢**⑬　　　**向**本国。　　　**符离**
　　　虹⑭〔39〕　　　**太丘**　　　**杼秋**故属梁国,有澶渊聚。⑮

①《左传》桓十五年会于袤,杜预曰在县西南。一名莘。

②《北征记》:"城周十四里,南临汴水。"

③亭有高祖碑,班固为文,见《固集》。《地道记》有许城。《左传》定八年,郑
　　伐许。〔40〕

④《地道记》曰:"去国二百六十,州六百,雒千二十五里。"

⑤案:《前志》注"枌榆社在县东北十五里"。或乡名,高祖里社。戴延之《西征
　　记》曰:"县西北有汉祖庙,为亭长所处。"

⑥《左传》昭四年吴伐楚入棘,杜预曰县东北有棘亭。襄元年郑侵宋,取犬丘,
　　杜预曰县东北有犬丘城。《帝王世记》曰"曹腾封费亭侯,县有费亭是也"。

⑦《左传》曰"冀为不道,伐郣三门",服虔曰郣,晋别都,杜预曰是虞邑,地处

阙,则非此郾矣。《博物记》曰:"诸侯会于郾亭。"

⑧《平阳》邑,《左传》僖二十三年楚所取。乾豀在南。

⑨《汉官》曰去雒阳千二十里。

⑩高祖破项羽也。

⑪《史记》曰高祖击黥布于会甀,徐广曰在县西。

⑫杜预曰在县东南。

⑬《地道记》曰《左传》隐二年入向城,在县东南。

⑭《地道记》云《左传》昭八年"大蒐于红"。

⑮《左传》襄二十年"盟于澶渊"。〔41〕

陈国高帝置为淮阳,章和二年改。雒阳东南七百里。九城,户十一万二千六百五十三,口百五十四万七千五百七十二。〔42〕

陈①　　**阳夏**有固陵聚。②　　**宁平**　　**苦**春秋时曰相。有赖乡。③　　**柘**　　**新平**　　**扶乐**　　**武平**④　　**长平**故属汝南。⑤有辰亭。⑥有赭丘城。

①《帝王世记》曰:"庖牺氏所都,舜后所封。"《左传》僖元年会于柽,杜预曰县西北有柽城。《尔雅》曰:"丘上有丘曰宛丘。"陈有株邑,盖朱襄之地。《博物记》曰:"邛地在县北,防亭在焉。《诗》曰:'(卬)〔邛〕有旨苕,〔43〕防有鹊巢。'"

②《史记》高祖五年(楚)〔追〕项籍至固陵,〔44〕晋灼《汉书》注云〔45〕汝南固始县。〔46〕

③伏滔《北征记》曰:"有老子庙,庙中有九井,水相通。"《古史考》曰:"有曲仁里,老子里也。"《地道记》曰:"城南三十里有平城。"

④《左传》成十六年,诸侯侵陈鸣鹿,杜预曰县西南有鹿邑。

⑤《左传》宋华氏战于鬼阎,杜预曰县西北有阎亭。

⑥《左传》宣十一年盟辰陵,杜预曰县东南有辰亭。

鲁国秦薛郡,高后改。本属徐州,光武改属豫州。六城,户七万八千四百四十七,口四十一万一千五百九十。

鲁国,〔古〕**奄国。**①〔47〕有大庭氏库。②有铁。有阙里,孔子所居。③
有牛首亭。④有五父衢。⑤　　**驺本邾国。**⑥　　**蕃有南梁水。**⑦
薛本国,⑧六国时曰徐州。⑨〔48〕　　**卞有盗泉。有郚乡城。**⑩
汶阳⑪

①《帝王世记》曰:"黄帝生于寿丘,〔49〕在鲁东门之北。少昊自穷桑登帝位,穷
　　桑在鲁北,后徙曲阜。"应劭曰:"曲阜在鲁城中,委曲长七八里。"《左传》曰
　　伯禽封少昊之墟。僖二十九年介葛卢舍于昌衍,杜预曰县东南有昌平城。
　　《皇览》曰:"奄里伯公冢在城内祥舍中,民传言鲁五德奄里伯公葬其宅。"

②杜预曰:"大庭氏,古国名,在城内,鲁于其处作库。"

③《汉晋春秋》曰:"钟离意相鲁,见仲尼庙颓毁,会诸生于庙中,慨然叹曰:'蔽
　　芾甘棠,勿翦勿伐,况见圣人庙乎!'遂躬留治之。周观舆服之在焉,自仲尼
　　以来,莫之开也。意发视之,得古文策书,曰'乱吾书,董仲舒,〔50〕治吾堂,
　　钟离意。璧有七,〔51〕张伯盗一。'意寻案未了。而卒张伯者,治中庭,治地
　　得六璧,上之。意曰:'此有七,何以不遂?'伯惧,探璧怀中。鲁咸以为神。"
　　《意别传》曰:"意省堂有孔子小车乘,皆朽败,意自枲俸雇漆胶之直,请鲁民
　　治之,及护几席(嗣)〔剑〕屦。〔52〕后得瓮中素书,曰'护吾屦,钟离意'。"又
　　《礼记》矍相之圃亦在城中西南,近孔子庙。而仲尼墓在鲁城门北便之外泗
　　水上,去城一里。葬地盖一顷,墓坟南北十步,东西十三步,高一丈二尺。
　　墓前有瓴甓为祠坛,方六尺,与地平。茔中异木以百数,鲁人莫能识也。
　　《皇览》曰:"孔子本无祠堂,茔中不生荆棘及刺人草。伯鱼冢在孔子冢东,
　　与孔子冢并,〔53〕大小相望。子思冢在孔子冢南。"案:今墓书孙在祖前,谓
　　此为骄孙祔。

④《左传》曰桓十四年宋伐郑,取牛首。〔54〕

⑤《地道记》曰在城东。

⑥有驺山,高五里,秦始皇刻石焉。刘荟《驺山记》〔55〕曰:"邾城在山南,去山
　　二里。城东门外有韦贤墓,北有绎山。《左传》文十三年邾迁于绎。郭璞曰
　　绎山纯石,积构连属。城北有牙山,牙山北有唐口山,唐口山北有阳山。城
　　北有孟轲冢焉。"

⑦《左传》襄四年战狐台,杜预曰县东南有目台亭。

⑧《地道记》曰:"夏车正奚仲所封,冢在城南二十里山上。"《皇览》曰:"靖郭君

冢在城中东南陬。孟尝君冢在城中向门东北边。”

⑨《史记》曰齐宣王九年与魏襄王会徐州而相王。

⑩《左传》文公七年城郚,杜预曰县南有郚乡城。〔56〕隐元年盟于蔑,杜预曰蔑,地名,县南有姑城。襄十七年齐围桃,杜预曰县东南有桃墟。

⑪《左传》桓十二年盟曲池,杜预曰县北有曲水亭。《地道记》“临淄县西南门曰曲门,其侧有池”。案:鲁桓与杞、莒盟,不往齐地,《地道》为妄。

右豫州刺史部,郡、国六,县、邑、〔公〕、侯国九十九。〔57〕

魏郡高帝置。雒阳东北七百里。①十五城,户十二万九千三百一十,口六十九万五千六百六。

①《魏志》曰:“建安十七年,割河内之荡阴、朝歌、林虑,东郡之卫国、顿丘、东武阳、发干,钜鹿之廮陶、曲(阳)〔周〕、〔58〕南和、(广平之)广平、任(城),〔59〕赵国之襄国、邯郸、易阳,以益魏郡。十八年,分置东西都尉。”

邺①有故大河。有滏水。②有汙水,有汙城。③有平阳城。④有武城。有九侯城。⑤　**繁阳**　**内黄**⑥清河水出。有羛阳聚。⑦有黄泽。⑧　**魏**　**元城**⑨〔五鹿〕墟,故沙鹿,⑩〔60〕有沙亭。⑪　**黎阳**⑫　**阴安邑**。　**馆陶**　**清渊**　**平恩**　**沙侯国**。⑬　**斥丘**有葛。⑭　**武安**有铁。⑮　**曲梁侯国**,⑯故属广平。有鸡泽。⑰　**梁期**〔61〕

①《帝王世记》曰:“县西南有上司马,殷太甲常居焉。”《魏都赋》注曰:“县西北有鼓山,时时自鸣,鸣则兵。”又交谷水在县南。案:本传有西唐山。又邺北太行山,西北去,亦不知山所极处,亦如东海不知水所穷尽也。

②《魏都赋》曰:“北临漳、滏,则冬夏异沼。”注云:“水经邺西北。滏水热,故名滏口。”

③《史记》曰项羽破秦军汙水上。

④《史记》曰靳歙别下平阳。

⑤徐广曰一作“鬼侯”。与文王为纣三公。

⑥《左传》襄十九年会于柯,杜预曰县东北有柯城。昭九年荀盈卒于戏阳,杜预曰县北有戏阳城。

⑦世祖破五校处。

⑧《前志》曰在县西。〔62〕

⑨《左传》成七年会马陵,杜预曰县东南有地名马陵。《史记》曰庞涓死处。

⑩《左传》:"沙鹿崩。"《榖梁传》曰:"林属于山曰鹿。沙,山名也。"

⑪《左传》定七年盟于沙(亭),杜预曰〔沙亭〕在县东南。〔63〕七年盟于琐,〔64〕《晋地道记》曰县南有琐阳城。

⑫《左传》定十四年会于牵,杜预曰县东北有牵城。

⑬《魏都赋》注曰有龙山。

⑭杜预曰有乾侯。鲁昭公所处。

⑮即台孝威隐于县山。

⑯《左传》宣十五年败赤狄于曲梁。

⑰《左传》襄三年诸侯会鸡泽,杜预曰在县西南。

钜鹿郡秦置。建武十三年省广平国,以其县属。雒阳北千一百里。十五城,户十万九千五百一十七,口六十万二千九十六。

廮陶有薄落亭。　　　　**钜鹿**故大鹿,有大陆泽。①　　　　**杨氏**

鄡〔65〕　　　　**下曲阳**有鼓聚,故翟鼓子国。②有昔阳亭。③　　　　**任**

南和　　　**广平**　　　**斥章**　　　**广宗**　　　**曲周**　　　**列人**　　　**广年**

平乡　　　**南䜌**

①有广阿泽。《吕氏春秋》九薮赵之钜鹿,高诱注云广阿泽也,《山海经》曰大陆之水。《史记》纣盈钜桥之粟。许慎云:"钜鹿之大桥也。"钜鹿南有棘原,章邯所军处。《前书》曰沙丘台在县东北七十里。

②杜预曰县西南有肥累城。古肥国,白狄别种。

③《左传》昭十二年晋荀吴入昔阳,杜预曰沾县东有昔阳城。(取)〔肥〕故都也。〔66〕

常山国高帝置。建武十三年省真定国以其县属。十三城,户九万七千五百,口六十三万一千一百八十四。

元氏①　　　　**高邑**故鄗,光武更名。刺史治。②有千秋亭、五成陌,③

光武即位于此矣。　　都乡侯国。有铁。　　南行唐有石臼谷。
房子赞皇山，④济水所出。⑤　　平棘有塞。　　栾城⑥
九门⑦　　灵寿卫水出。　　蒲吾⑧　　井陉　　真定　　上艾
故属太原。

①《晋地道记》有石塞、三公塞。

②《汉官》曰去雒阳一千里。

③县南七里。

④在县西南六十里。

⑤《晋地道记》有砾塞、中谷塞。

⑥〔在平棘〕县西北四十里。〔67〕

⑦《史记》赵武灵王出九门，如野台以望齐、中山之境。碣石山，《战国策》云在
　县界。

⑧《史记》番吾君。杜预曰晋之蒲邑也。《古今注》曰："永平十年，作常山呼沱
　河蒲吾渠，通漕船也。"

中山国高祖置。雒阳北一千四百里。十三城，户九万七千四百一十二，
口六十五万八千一百九十五。

卢奴　　北平有铁。　　(母)〔毋〕极〔68〕　　**新市**有鲜虞亭，故国，
子姓。①　　望都②　　唐有中人亭，③有左人乡。④　　**安国**
安憙本安险，章帝更名。　　汉昌本苦陉，章帝更名。　　**蠡吾**侯
国，故属涿。　　上曲阳故属常山。恒山在西北。⑤　　蒲阴本曲
逆，章帝更名。有阳城。⑥　　广昌故属代郡。

①杜预曰白狄别种。

②《左传》晋伐鲜虞及中人，杜预曰县西北有中人城。《晋地道记》有马
　安关。〔69〕

③《博物记》曰："堂关在中人西北百里，〔70〕中人在县西四十里。"《列子》曰：
　"赵襄子使新稚穆子攻翟，取左人、中人。"

④《帝王世纪》曰："尧封唐。尧山在北，唐水西入河，南有望都山，即尧母庆都
　所居，相去五十里。都山一名豆山。"《博物记》曰："左人，唐西北四十里。"

　⑤有泉水,干吉得神书。《晋地道记》:"自县北行四百二十五里,恒多山坂,名
　　飞狐口。"

　⑥《晋地道记》曰:"有阳安关。〔71〕阳城。蒲阳山,蒲水出也。"

安平国故信都,高帝置。明帝名乐成,延光元年改。雒阳北二千里。十
　三城,户九万一千四百四十,口六十五万五千一百一十八。

　　信都有绛水、呼沱河。　　　**阜城**故昌城。〔72〕　　　**南宫**　　　**扶柳**

　　下博　　　**武邑**　　　**观津**①　　　经西有漳水,津名薄落津。②

　　堂阳故属钜鹿。　　　**武遂**故属河间。　　　**饶阳**故名饶,属涿。有
　　无蒌亭。③　　　**安平**故属涿。　　　**南深**(国)〔泽〕故属涿。〔73〕

　　①本清河下县。《决录注》曰:"孝文窦皇后父隐身渔钓,坠渊而卒。景帝立,
　　　后为太后,遣使者更填父所坠渊而葬,起大坟于县城南,民号曰窦氏青山。"

　　②《史记》曰,赵武灵王曰:"吾国东有河、薄落之水。"

　　③冯异进豆粥光武。案:志有解犊侯,灵帝封。

河间国文帝置,世祖省属信都,和帝永元(三)〔二〕年复故。〔74〕雒阳北二
　千五百里。十一城,户九万三千七百五十四,口六十三万四千四百二
　十一。

　　乐成　　　**弓高**　　　**易**故属涿。　　　**武垣**故属涿。　　　**中水**故属
　　涿。　　　**鄚**故属涿。　　　**高阳**故属涿。有葛城。　　　**文安**故属勃
　　海。　　　**束州**故属勃海。　　　**成平**故属勃海。　　　**东平舒**故属
　　勃海。

清河国高帝置。桓帝建和二年改为甘陵。雒阳北千二百八十里。七
　城,户十二万三千九百六十四,口七十六万四百一十八。

　　甘陵故厝,安帝更名。　　　**贝丘**　　　**东武**(成)〔城〕〔75〕　　　**鄃**

　　灵和帝永元九年复。①　　　**绎幕**　　　**广川**故属信都。有棘津城。②

　　①《地道记》曰有鸣犊河。

②太公吕尚困于棘津城,琅邪海曲,非此城也。案:永初元年邓太后分置广川
王国,后王薨,国除。太后崩,还益清河。

赵国秦邯郸郡,高帝改名。雒阳北千一百里。五城,户三万二千七百一
十九,口十八万八千三百八十一。

    邯郸①有丛台。②   **易阳**③   **襄国**本邢国,秦为信都,项羽更
名。有檀台。④有苏人亭。   **柏人**   **中丘**⑤〔76〕

①张华曰:"赵奢冢在邯郸西山上,谓之马服山。"

②有洪波台。

③《魏都赋》曰:"温泉毖涌而自浪。"注曰:"温泉在易阳,世以治疾,洗百病。"

④《史记》曰赵成侯,魏献荣椽,因以为檀台。

⑤《晋地道记》曰有石门塞、烧梁关。

勃海郡高帝置。雒阳北千六百里。八城,户十三万二千三百八十九,口
百一十万六千五百。

    南皮   **高城**侯国。〔77〕   **重合**侯国。   **浮阳**侯国。   **东
光**①   **章武**   **阳信**延光元年复。   **脩**故属信都。

①有胡苏亭。胡苏河之名见《尔雅》。

    右冀州刺史部,郡、国九,县、邑、侯国百。

【校勘记】

〔1〕 有氾城 按:"氾"原讹"汜",径改正。

〔2〕 临颍 按:《集解》引钱大昕说,谓和帝女封临颍公主,志似脱"邑"字。
桓帝时,边韶为临颍侯相,盖公主之子袭封为侯也。

〔3〕 隰陵 按:《前志》"隰"作"傿"。

〔4〕 轮氏 按:《前志》作"纶氏"。

〔5〕 建初四年置 殿本《考证》齐召南谓按《前志》颍川郡有纶氏,疑县不自
建初置也。今按:《汉书补注》王先谦谓"置"疑"复"之误。

〔6〕　高陵山汝水所出　按:张森楷《校勘记》谓案《前志》,颍川、汝南俱有定陵,此定陵下但云"有东不羹",其高陵云云在汝南定陵下,今于此处注之,非是。

〔7〕　是文帝继王位　按:张森楷《校勘记》谓案上下文义,"是"字颇不相属,疑当作"时",否则下有"时"字脱去。

〔8〕　徐广曰岸亭　《集解》引惠栋说,谓当作"岸门亭",诸本缺"门"字。今按:《史记·魏世家》裴骃《集解》引作"岸亭",小司马《索隐》引作"岸门亭"。

〔9〕　献帝徙都改许昌　按:《集解》引周寿昌说,谓考献帝改都许在建安二年八月,改许县为许昌县在魏文帝黄初二年,非献帝徙都时改名也。注误。

〔10〕　成十七年伐(齐)〔郑〕至曲洧　按:据《左传》"齐"当作"郑",各本皆未正,今改。

〔11〕　克段于鄢　按:"段"原讹"叚",径改正。

〔12〕　伐魏蜀泽　按:殿本《考证》谓《魏世家》作"浊泽",《六国年表》又作"涿泽"。

〔13〕　史记曰周敬王十九年郑伐负黍　按:殿本《考证》齐召南谓按《周本纪》无此文。年表是周威烈王十九年郑败韩于负黍,时郑繻公十六年,韩景侯二年也。又按:"伐"原讹"代",径改正。

〔14〕　遇许由于负黍(山)　据《集解》引惠栋说删。

〔15〕　新息〔侯〕国　《集解》引钱大昕说,谓"国"上当有"侯"字,马援所封。今据补。按:《集解》又引马与龙说,谓光武封朱浮为侯,在马援前,见《浮传》。

〔16〕　灅强　按:《集解》引惠栋说,谓《说文》"灅"作"濦",云"濦水出阳城少室山,东入颍"。

〔17〕　〔有〕道亭故国　张森楷《校勘记》谓"道"上当有"有"字,各本皆脱,盖道是国,道亭非国也。按:张说是,今据补。

〔18〕　安城侯国　按:《前志》作"安成"。钱大昕谓铫期封安成侯,即此安城也。光武又封刘赐为安成侯。

〔19〕　慎阳　《集解》引惠栋说,谓《索隐》、《路史》引《司马志》皆作"滇阳"。《前志》作"慎阳",阚骃云合作"滇"。今按:《前书》师古注谓"慎"字本作

"滇",音真,后误为"慎"耳。

〔20〕 有(挚)〔鷙〕亭见说文　《集解》引钱大昕说,谓"挚"当作"鷙"。《说文》"汝南平舆县有鷙亭",读若晋。今据改。

〔21〕 县有葛陂乡　按:《集解》引惠栋说,谓"葛陂"一作"葛陵"。

〔22〕 民谓之楚王岑　按:《集解》引惠栋说,谓《水经·汝水注》作"楚王琴",云楚人谓冢曰琴也。

〔23〕 辄颓坏〔填〕厌　《集解》引惠栋说,谓诸本脱"填"字。今据补。

〔24〕 县东有桑里亭　按:今杜注云"朗陵县东南有桑里",不言"亭"。

〔25〕 无忌说魏安僖王　按:"无"原讹"元",径改正。

〔26〕 铜阳南有繁阳亭　按:今杜注云"繁阳,楚地,在汝南铜阳县南",不言"亭"。

〔27〕 史记楚封王孙胜白公　按:下引杜注,"史记"疑"左传"之误。杜注见《左》哀十六年。

〔28〕 褒信县有白亭　按:《左传》哀十六年杜注"褒信县"下有"西南"二字。

〔29〕 穀熟　按:《集解》引惠栋说,谓"熟"当作"孰"。

〔30〕 隔　按:《前志》作"傿"。

〔31〕 薄故属山阳〔汤〕所都　殿本《考证》齐召南谓案"山阳"下脱"汤"字。薄与亳通,《前书》臣瓒注"薄,汤所都"是也。今据改。

〔32〕 邾人悬公胄于鱼门　按:殿本《考证》齐召南谓睢阳宋国,不应有邾城门事。此亦错简,当在"鲁国驺本邾国"下。

〔33〕 杜预曰有梁亭　按:今杜注云"睢阳县东有地名扬梁"。

〔34〕 左传宋万杀宋闵公于蒙泽　按:柳从辰云《左传》"杀"作"弑",无"宋"字。《校补》谓今案注引《左传》文往往有增损字句处,章怀注亦然。"弑"多改"杀",则有所避忌也。

〔35〕 (左传)〔杜预〕曰在县东北　《集解》王先谦谓"左传"二字应作"杜预",见桓十三年注,诸本皆误。今据改。

〔36〕 杜预曰蒙县西北有薄城　按:杜注见庄十二年,"薄"作"亳"。

〔37〕 秦泗(川)〔水〕郡　殿本《考证》谓"川"何焯校本改"水"。《集解》引惠栋说,谓"川"当作"水"。今据改。

〔38〕 公丘本(胶)〔滕〕国　据殿本改。按:《前志》亦云"故滕国"。

〔39〕 虹　按:汲本作"红"。《前志》作"䢼",音贡。

〔40〕 左传定八年郑伐许　按:定八年无郑伐许事,疑有误。

〔41〕 襄二十年盟于澶渊　按:《集解》引钱大昕说,谓《春秋》之澶渊,杜云在顿丘县南,刘昭以杼秋之澶渊当之,非也。

〔42〕 户十一万二千六百五十三口百五十四万七千五百七十二　张森楷《校勘记》谓每户十三四人,户少口多,毋乃不伦?今按:惠栋《补注》前引李心传云,西汉户口至盛之时,率以十户为四十八口有奇,东汉户口率以十户为五十二口,此必有误。

〔43〕 (卬)〔邛〕有旨苕　据《集解》本改。

〔44〕 (楚)〔追〕项籍至固陵　据汲本、殿本改。

〔45〕 晋灼汉书注云　按:"灼"原讹"卿",径据汲本、殿本改正。

〔46〕 汝南固始县　按:《集解》引惠栋说,谓《前志》淮阳有固始县,云"汝南"者,非也。

〔47〕 鲁国〔古〕奄国　据殿本补。按:汲本亦脱"古"字,王先谦谓大注"奄国"上缺"古"字,各本皆有。

〔48〕 六国时曰徐州　按:此"徐"非《禹贡》徐州之"徐"。司马贞谓"徐"字从"人",《说文》作"邾",并音舒。何焯校本定作"徐"。说详《补注》。

〔49〕 黄帝生于寿丘　按:"生"原讹"主",径据汲本、殿本改正。

〔50〕 乱吾书董仲舒　按:《校补》谓本书《锺离意传》章怀注引《意别传》"乱"作"修",未详孰是。

〔51〕 璧有七　按:此"璧"字及下两"璧"字原皆讹"壁",径改正。

〔52〕 及护几席(嗣)〔剑〕履　据汲本、殿本改。

〔53〕 与孔子冢并　汲本、殿本"并"作"近"。按:并,相並也,作"并"义长。

〔54〕 宋伐郑取牛首　按:《集解》引钱大昕说,谓《左传》之牛首,杜元凯以为郑邑,刘昭以鲁之牛首亭当之,非也。

〔55〕 刘荟骊山记　按:汲本"荟"作"会"。

〔56〕 县南有鄣乡城　按:今杜注作"有鄣城",无"乡"字。

〔57〕 县邑〔公〕侯国九十九　《校补》引钱大昭说,谓兖州作"县、邑、公、侯国八十",以有东郡卫公国也。今豫州汝南郡有宋公国,则此"侯"上亦当有"公"字。今据补。

〔58〕 钜鹿之廮陶曲(阳)〔周〕　《集解》引马与龙说,谓"阳"当作"周",诸本皆误。今据改。

〔59〕（广平之）广平任（城）　钱大昭谓闽本无"广平之"三字,据建武十三年省广平国入钜鹿,则不得云"广平之广平"。今据删。又《集解》引马与龙说,谓谢钟英云任城属东平,任县属钜鹿,志衍"城"字。今据删。

〔60〕〔五鹿〕墟故沙鹿　《集解》引惠栋说,谓《水经·河水注》引《郡国志》,云"五鹿墟故沙鹿,有沙亭"。案《前书》《元后传》云"元城东有五鹿之墟,即沙鹿地也"。应脱"五鹿"二字。今据补。

〔61〕梁期　按:《集解》引惠栋说,谓《史记》作"梁淇"。

〔62〕前志曰在县西　《前书·地理志》魏郡内黄注:"应劭曰,今黄泽在西。"按文"前志"当作"应劭"。

〔63〕盟于沙（亭）杜预曰〔沙亭〕在县东南　《集解》引惠栋说,谓《左传》云"盟于沙",衍"亭"字。杜注云"沙亭在县东南",脱"沙亭"二字。今据以删补。

〔64〕七年盟于琐　按:杜注云"琐即沙也"。

〔65〕鄡　案:《集解》引惠栋说,谓《前志》作"鄗",古字通。

〔66〕（取）〔肥〕故都也　据殿本改。

〔67〕〔在平棘〕县西北四十里　按:汲本、殿本作"在县西四十里"。《集解》引惠栋说,谓哀四年,国夏伐晋,取栾,杜预云"栾城在平棘县西北"。此脱"在平棘"三字。今据补。

〔68〕（母）〔毋〕极　据殿本改。按:《校补》谓作"母"者误,《通典》作"无极",可证。

〔69〕晋地道记有马安关　按:《集解》引惠栋说,谓《水经·滱水注》引《地道记》作"马溺关",又引《中山记》,云"人渡马溺,是山之要害也"。

〔70〕堂关在中人西北百里　按:汲本、殿本"堂"作"唐"。

〔71〕有阳安关　按:"关"原讹"阙",径改正。

〔72〕阜城故昌城　按:《集解》引钱大昕说,谓《前志》昌城县属信都郡,而勃海郡却有阜城县。又引惠栋说,谓《宋书·州郡志》云前汉勃海有阜城县,《续志》云故昌城,信都有昌城,未详孰是。

〔73〕南深（国）〔泽〕故属涿　据殿本改。按:《集解》引钱大昕说,谓"国"当作"泽"。案《前志》,涿郡、中山皆有深泽县,而涿郡加"南"字,《续志》有南深泽,无深泽。

〔74〕和帝永元（三）〔二〕年复故　据殿本改。按:《集解》引洪亮吉说,谓"三

年"应作"二年"。

〔75〕　东武（成）〔城〕　据汲本、殿本改。

〔76〕　中丘　按:《集解》引钱大昕说,谓当云"故属常山"。

〔77〕　高城侯国　按:《前志》作"高成"。

后汉书志第二十一

郡国三

陈留　东郡　东平　任城　泰山　济北　山阳　济阴

右兖州

东海　琅邪　彭城　广陵　下邳

右徐州

陈留郡武帝置。雒阳东五百三十里。十七城,户十七万七千五百二十九,口八十六万九千四百三十三。

陈留有鸣雁亭。①　　**浚仪**本大梁。②　　**尉氏**③　　**雍丘**本杞国。④　　**襄邑**有滑亭。⑤有承匡城。⑥　　**外黄**⑦有葵丘聚,齐桓公会此。城中有曲棘里。⑧有繁阳城。　　**小黄**⑨　　**东昏**⑩　　**济阳**⑪　　**平丘**有临济亭,田儋死此。有匡。⑫有黄池亭。⑬　　**封丘**⑭有桐牢亭,或曰古虫牢。⑮　　**酸枣**⑯　　**长垣**侯国。有匡城。⑰有蒲城。⑱有祭城。⑲　　**己吾**有大棘乡。⑳有首乡。㉑〔1〕　　**考城**故菑,㉒章帝更名。故属梁。㉓　　**圉**故属淮阳。有高阳亭。㉔　　**扶沟**故属淮阳。

①《左传》成十六年卫伐郑鸣雁,杜预曰在〔雍丘〕县西北。〔2〕《陈留志》曰:"有桐陵亭,古桐丘。"

②《帝王世记》曰:"禹避商均浚仪。"《晋地道记》:"仪封人,此县也。"《通俗文》曰"渠在浚仪,曰蒗荡"也。

③《陈留志》曰:"有陵树乡,北有泽,泽有天子菀圃,有秦乐厩,汉诸帝以驯养猛兽。"

④《陈留志》曰:"城内有神井,能兴雾雹。"案:徐齐民《北征记》曰:"有吕禄台,

高七丈。有郦生祠。”曹植《禹庙赞》曰：“有禹祠，植移于其城，城本名杞城。”

⑤《左传》庄三年次于滑，杜预曰在县西北。

⑥《地道记》曰在县西。《左传》文十一年会晋郤缺于承匡。有桐门亭，有黄门亭。襄元年会鄫，杜预曰县东南有鄫城。

⑦《左传》“惠公季年，败宋师于黄”，杜预曰宋邑，县东有黄城。

⑧《左传》昭二十五年“宋公佐卒曲棘”。

⑨《汉旧仪》曰：“高祖母起兵时死县北，为作陵庙于小黄。”

⑩《陈留志》曰：“故户牖乡有陈平祠。”

⑪有武父乡。《左传》桓十二年“盟于武父，杜预曰县东北有武父城。县东南有戎城。〔3〕县都乡有行宫，光武生。

⑫匡人之亭，曹公破袁术处。

⑬《陈留志》云：“黄亭在封丘。”《左传》哀十三年盟黄池，杜预曰在〔封邱〕县南。〔4〕《传》曰“吴囚子服景伯以还，及户牖”，然即黄池在户牖西。或以为外黄县东沟，非也。

⑭《博物记》有狄沟，即败狄于长丘是也。

⑮《左传》成五年诸侯会虫牢。《陈留志》：“有鞠亭，古鞠居。”

⑯《左传》郑太叔至于廪延，杜预曰县北有延津。襄五年会城棣，杜预曰县西南有棣城。东有地乌巢，曹公破袁绍处。《陈留志》曰：“城内有韩王故宫阙。”

⑰《陈留志》曰：“孔子(囚)〔围〕此。”〔5〕《北征记》城周三里。《左传》僖十五年会牡丘，次于匡，杜预曰匡在县西南。昭十三年会平丘，杜预曰县西南有平丘城。

⑱《左传》成九年会于蒲，杜预曰在县西南。《史记》曰孔子自匡过蒲。《陈留志》云“有子路祠。”

⑲杜预曰郑祭封人仲邑。《陈留志》曰：“有蘧伯玉墓及祠。”又西南有宛亭。《左传》僖二十八年卫人盟宛濮，杜预曰近濮水。

⑳《左传》宣二年郑破宋师大棘，杜预曰在襄邑县南。

㉑《左传》(桓八)〔僖五〕年齐侯(师)〔会〕于首止，〔6〕杜预曰在襄邑东南，有首(止城)〔乡〕。〔7〕

㉒《陈留志》曰：“古戴国地名。”杜预曰：“戴在外黄东南。”《尔雅》曰：“木立死

曰蓄。"《吕氏春秋》:"萆郁即为蓄。"

㉓《陈留志》曰:"有箕子祠。有榖亭。古句渎之丘。"案本传有蒲亭。

㉔《陈留志》曰:"有万人聚,王邑破翟义积尸处。"《前书》"今高阳"。文颖曰:
"高阳,聚邑名,在县西。"

东郡秦置。去雒阳八百馀里。十五城,户十三万六千八十八,口六十万
三千三百九十三。

濮阳古昆吾国,①春秋时曰濮。有咸城,或曰古咸国。②有清丘。③
有钼城。　　**燕**本南燕国。有雍乡。④有胙城,古胙国。有平阳
亭。⑤有瓦亭。⑥有桃城。⑦　　**白马**有韦乡。⑧　　**顿丘**⑨　　**东
阿**⑩有清亭。⑪　　**东武阳**湿水出。〔8〕　　**范**有秦亭。⑫　　**临邑**
有(沛)〔沛〕庙。〔9〕　　**博平**　　**聊城**有夷仪聚。⑬有聂(戚)
〔城〕。⑭〔10〕　　**发干**　　**乐平**侯国。故清,章帝更名。　　**阳平**
侯国。有莘亭。⑮有冈成城。⑯〔11〕　　**卫**公国。本观故国,姚姓,
光武更名。有河牧城。⑰有竿城。⑱　　**榖城**春秋时小榖。⑲有崤
下聚。⑳

①杜预曰古卫也。《帝王世记》曰:"颛顼自穷桑徙商丘。"《左传》曰"卫,颛顼
之墟",杜预曰帝丘,昆吾氏因之,故曰昆吾之墟,县城内有颛顼冢。《皇览》
曰:"冢在城门外广阳里中。"《博物记》曰:"桑中在其中。"

②《左传》僖十三年同会于咸。

③《左传》曰宣十二年盟清丘,杜预曰县东南。

④《谢沈书》曰,赤眉攻雍乡。

⑤《左传》哀十六年"卫侯饮孔悝酒于平阳"。

⑥《左传》曰定八年会于瓦,杜预曰县东北。

⑦《史记》曰春申君说秦曰"王又举甲拔桃入邢"是也。

⑧杜预曰:"县东南有韦城。古豕韦氏之国"。

⑨(白虎通)〔《皇览》〕曰"帝喾冢在城〔南〕台阴野〔中〕"是也。〔12〕

⑩《左传》桓十年会于桃丘,杜预曰县东南有桃城。襄十四年孙林父败卫侯于
阿泽,杜预曰县西南大泽。《魏志》有渠丘山。

⑪《左传》隐四年"遇于清"是也。

⑫《左传》庄三十一年"筑台于秦"。《地道记》在县西北。

⑬《左传》僖元年"邢迁于夷仪"。

⑭《左传》曰"聊摄以东"。

⑮杜预注《传》曰卫作新台在县北。〔13〕卫杀公子伋之地,故曰"待诸莘"。

⑯秦封蔡泽为冈成君,未详。

⑰《左传》文元年会于戚,郑救晋中行氏,晋败郑铁,〔14〕杜预曰戚城南有铁丘。

⑱《前书》故发干(县)〔城〕。〔15〕

⑲《左传》庄三十二年"城小穀",杜预曰城中有管仲井。又《传》曰埋长狄荣如首于周首之北门,杜预曰县东北有周首亭。

⑳《左传》僖二十六年追齐师至酅,杜预曰县西有地名酅下。《皇览》曰:"县东十五里有项羽冢。"

东平国故梁,景帝分为济东国,宣帝改。雒阳东九百七十五里。〔16〕七城,户七万九千一十二,口四十四万八千二百七十。

　　无盐本宿国,任姓。① 有章城。② 　　**东平陆**六国时曰平陆。有阚亭。③〔17〕有堂阳亭。④ 　　**富成**〔18〕 　　**章** 　　**寿张**春秋曰良,汉曰寿良,光武改曰寿张。有堂聚,故聚属东郡。⑤ 　　**须昌**故属东郡。⑥有致密城,古中都。有阳偃城。⑦ 　　**宁阳**故属泰山。

①《左传》昭二十五年臧会奔邸,杜预曰县东南有邸乡亭。〔19〕

②古国。《左传》庄三十年,齐取郚。

③《左传》桓十一年会于阚,杜预曰在须昌县东南。有阚城,《博物记》云即此亭是。

④故县,后省。〔20〕

⑤《地道记》曰:"有蚩尤祠,狗城。"〔21〕《皇览》曰:"蚩尤冢在县阚〔乡〕城中,〔22〕高七丈。"

⑥杜预曰:"须句,古国,在西北。"

⑦《左传》僖三年会阳偃,杜预曰在县北。

任城国章帝元和元年,分东平为任城。雒阳东千一百里。三城,户三万六千四百四十二,口十九万四千一百五十六。

　　任城本任国。有桃聚。① 　　**亢父**② 　　**樊**

①光武破庞萌于桃乡。

②《左传》襄十三年"取邿",杜预曰县有邿亭。哀六年"城邾瑕",杜预曰县北有邾瑕城。〔23〕

泰山郡高帝置。雒阳东千四百里。十二城,户八千九百二十九,口四十三万七千三百一十七。〔24〕

　　奉高有明堂,武帝造。① 　　**博**有泰山庙。岱山在西北。有龟山。② 有龙乡城。③ 　　**梁甫**〔25〕侯国。有菟裘聚。④ 　　**钜平**侯国。有亭禅山。⑤〔26〕有阳关亭。⑥ 　　**嬴**有铁。 　　**山茌**〔27〕侯国。 　　**莱芜**有原山,潘水出。⑦〔28〕 　　**盖**沂水出。⑧ 　　**南武阳**侯国。有颛臾城。 　　**南城**〔29〕故属东海。有东阳城。⑨ 　　**费**侯国,⑩故属东海。有祊亭。⑪有台亭。⑫ 　　**牟**故国。

①《前书》曰在县西南四里。《左传》昭八年"大蒐于红,至于商、卫"。红亭在县西北,杜预曰接宋、卫也。

②《左传》定十年齐归龟阴之田,杜预曰田在山北。《琴操》孔子作《龟山之操》。

③《左传》成二年齐围龙,杜预曰在县西南。《史记》作"隆"。又楚有蜀之役,杜预曰县西北有蜀亭。

④《左传》隐公"使营菟裘,吾将老焉",杜预曰县南有菟裘城。

⑤即古所禅亭亭者也。

⑥《左传》襄十七年"师自阳关"。桓六年会于成,杜预曰县东南。成城即孟孙之邑。

⑦《杜预》曰汶水出。

⑧《左传》会于防,杜预曰在县东南,有防城。〔30〕

⑨《吕氏春秋》夏孔甲游田于东阳萯山。《左传》哀八年"克东阳"。襄十九年城武城,杜预曰南城县。〔31〕哀十四年司马〔牛〕葬丘舆,〔32〕杜预曰县西北

有舆城。

⑩曹腾封费是鄮县费亭,非此国。

⑪《左传》隐八年郑归祊,杜预曰在县东南。闵二年莒人归共仲及密,杜预曰县有密如亭。

⑫《左传》襄十二年莒围台,杜预曰县南有台亭。

济北国和帝永元二年,分泰山置。①雒阳东千一百五十里。五城,户四万五千六百八十九,口二十三万五千八百九十七。

①臣昭案:济北,前汉之旧国,此是经并泰山复分。

卢①有平阴城。有防门。②有光里。有景兹山。③〔33〕有敖山。④有清亭。⑤有长城至东海。⑥　　**蛇丘**有遂乡。⑦有下讙亭。⑧有铸乡城。⑨　　**成**〔34〕本国。⑩　　**茌平**本属东郡。　　**刚**。⑪

①《左传》隐三年齐郑寻卢之盟,杜预曰今县故城。有邿山,在县北。成二年封锐司徒女石窌,杜预曰县东有地名石窌。

②《左传》襄十八年齐御晋平阴,堑防门,杜预曰在县北。〔35〕又齐登巫山以望晋师,杜预曰在县东北。〔36〕

③杜预曰在县东南。

④《左传》曰"先君献、武废二山",即敖山、具山。

⑤《左传》哀十〔一〕年,齐伐鲁及清是也。

⑥《史记》苏代说燕王曰"齐有长城、巨防"。巨防即防门。

⑦古遂国,《左传》庄十三年齐人灭遂。

⑧《左传》桓三年送姜氏于讙。

⑨周武王未及下车,封尧后于铸。《左传》有棘地,成公三年叔孙侨如所围。杜预曰汶水北地有棘乡。《东观书》有芳陉山。

⑩《左传》"卫师入郕",杜预曰东平刚父县西南有郕乡。〔37〕

⑪《左传》哀八年齐取阐,杜预曰在县北,有阐乡。

山阳郡故梁,景帝分置。雒阳东八百一十里。十城,户十万九千八百九十八,口六十万六千九十一。

昌邑刺史治。有梁丘城。① 有甲父亭。②　　**东缗**春秋时曰缗。③

钜野④ 有大野泽。⑤　　**高平**侯国。故橐，〔38〕章帝更名。⑥ 有茅乡城。⑦　　**湖陆**故湖陵，章帝更名。⑧　　**南平阳**侯国。有漆亭。⑨ 有闾丘亭。⑩　　**方与**有武唐亭，⑪ 鲁侯观鱼台。⑫ 有泥母亭，或曰古甯母。⑬　　**瑕丘**　　**金乡**⑭　　**防东**

① 《左传》庄三十二年遇于梁丘，杜预曰梁丘乡在县西南。

② 杜预曰甲父，古国名，在县东南。《左传》隐十年"取防"，杜预曰县西有防城。

③ 《左传》僖二十三年齐围缗。

④ 《左传》桓七年"焚咸丘"，杜预曰县西有咸亭。

⑤ 《春秋》西狩获麟之所。《尔雅》十薮，鲁有大野。杜预曰县西南有（郱）〔郓〕亭。〔39〕定十三年齐伐晋之所。

⑥ 《前汉志》莽改曰高平，章帝复莽此号。《左传》隐（九）〔元〕年费伯城郎，〔40〕杜预曰县东南有郁郎亭。

⑦ 杜预曰茅乡在昌邑西南。

⑧ 《前汉志》王莽改曰湖陆，章帝复其号。《博物记》曰苟水出。〔41〕《地道记》县西有费亭城，魏武帝初所封。

⑨ 《左传》城漆。

⑩ 《左传》襄二十一年"邾庶其以漆、闾丘来奔"，杜预曰县东北有漆乡，西北有显闾亭。哀七年囚邾子负瑕，〔42〕杜预曰县西北有瑕丘城。

⑪ 《左传》桓二年盟于唐，杜预曰在西南。〔43〕

⑫ 《春秋》经隐五年矢鱼于棠。

⑬ 《左传》僖七年盟甯母，杜预曰在县东。三十一年臧文仲宿重馆，杜预曰县西北有重乡城。

⑭ 《晋地道记》曰："县多山，所治名金山。山北有凿石为冢，深十馀丈，隧长三十丈，傍却入为堂三方，云得白兔不葬，更葬南山，凿而得金，故曰金山。故冢今在。或云汉昌邑所作，或云秦时。"

济阴郡故梁，景帝分置。雒阳东八百里。十一城，户十三万三千七百一十五，口六十五万七千五百五十四。

定陶本曹国，①古陶，尧所居。②有三釁亭。③　　冤句有煮枣城。④

成阳有尧冢、灵台，有雷泽。⑤　　乘氏侯国。⑥有泗水。有鹿城乡。　　句阳有垂亭。⑦　　鄄城　　离狐故属东郡。　　廪丘故属东郡。有高鱼城。有运城。⑧　　单父侯国，故属山阳。

成武故属山阳。⑨有郜城。⑩　　己氏故属梁。⑪

①郭璞曰："城中有陶丘。"《皇览》曰："伯乐冢县东南一里所，高四五丈。"

②《帝王世记》曰："舜陶河滨，县西南陶丘亭是。"

③汤伐三釁，孔安国曰今定陶。

④《史记》苏秦说魏襄王曰："大王之地，东有淮、颍、煮枣。"

⑤《禹贡》曰："雷夏既泽。"《帝王世记》曰："舜耕历山，渔雷泽，济阴有历山。"

⑥《博物记》曰古乘丘。

⑦《左传》隐八年遇于垂。《史记》无忌说魏安僖王曰："文台堕，垂都焚。"徐广曰："县有垂亭。"

⑧《左传》襄二十六年"齐乌馀以廪丘奔晋"，杜预曰今县故城是。又"袭卫羊角取之"，杜预曰今县所治城。又袭我高鱼，杜预曰在县东北。

⑨《左传》隐七年"戎执凡伯于楚丘"，〔44〕杜预曰在县西南。

⑩《左传》隐十年"取郜"，杜预曰今县东南有郜城。《地道记》有秺城。

⑪《皇览》曰有平和乡，〔45〕乡有伊尹冢。

　　　　右兖州刺史部，郡、国八，县、邑、公、侯国八十。

东海郡高帝置。雒阳东千五百里。十三城，户十四万八千七百八十四，口七十万六千四百一十六。

郯本国，刺史治。①　　兰陵有次室亭。②　　戚　　朐③有铁。有伊卢乡。④〔46〕　　襄贲　　昌虑有蓝乡。⑤　　承　　阴平　　利城〔47〕　　合(城)〔乡〕⑥〔48〕　　祝其有羽山。⑦春秋时曰祝其，夹谷地。⑧　　厚丘⑨　　赣榆本属琅邪，建初五年复。⑩

①《博物记》曰："有勇(王)〔士〕亭，即勇士(万)〔□〕丘欣。"〔49〕

②《地道记》曰："故鲁次室邑。"《列女传》有漆室之女，或作"次室"。

③《山海经》曰："都州在海中，〔50〕一曰郁州。"郭璞曰："在县界。世俗传此山在苍梧徙来，上皆有南方树木。"《博物记》："县东北海边植石，秦所立之东门。"

④《史记》曰，锺离昧(冢)〔家〕在伊卢。〔51〕

⑤《左传》昭三十一年邾黑肱以滥来奔，杜预曰县所治，城东北有郧城。郧，小邾国也。〔52〕

⑥潕水自此南至湖陆。

⑦殛鲧之山。杜预曰在县西南。《博物记》曰："东北独居山，西南有渊水，即羽泉也，〔53〕俗谓此山为惩父山。"

⑧《左传》定十年会齐侯夹谷，孔子相。

⑨《左传》成九年"城中城"，杜预曰在县西南，有中乡城。〔54〕

⑩《左传》"齐伐莒，莒子奔纪鄣"，杜预曰县东北有纪城。《地道记》曰："海中去岸百五十步，〔55〕有秦始皇碑，长一丈八尺，广五尺，厚八尺三寸；一行十二字。〔56〕潮水至加其上三丈，〔57〕去则三尺见也。"

琅邪国秦置。〔58〕建武中省城阳国，以其县属。①雒阳东一千五百里。十三城，户二万八百四，口五十七万九百六十七。〔59〕

①案本纪，永寿元年置，都尉治。

开阳①故属东海，建初五年属。　　**东武**　　**琅邪**②　　**东莞**有郓亭。③有邳乡。有公来山，或曰古浮来。④　　**西海**⑤〔60〕　　**诸**⑥　　**莒**本国，故属城阳。⑦有铁。有峥嵘谷。〔61〕　　**东安**故属城阳。　　**阳都**故属城阳。有牟台。⑧　　**临沂**故属东海。有丛亭。⑨　　**即丘**侯国，故属东海，春秋曰祝丘。　　**缯**〔62〕侯国，故属东海。有概亭。⑩　　**姑幕**⑪

①杜预曰古郓。《左传》哀三年城启阳，杜预曰开阳。

②《山海经》云有琅邪台，在勃海间，琅邪之东。郭璞曰："琅邪临海边，有山嶕峣特起，状如高台。此即琅邪台。"齐景公曰："吾循海而南，放乎琅邪。"《越绝》曰："句践徙琅邪，起观台，台周七里，以望东海。"《史记》曰秦始皇徙黔首三万户琅邪台下。传有劳山。

③《左传》曰"公处郓"。

④《左传》隐八年盟浮来,杜预曰邳来山之间,号曰邳来。〔63〕庄九年鲍叔受管仲,及堂阜而脱之。杜预曰:"东莞蒙阴县西北有夷吾亭,或曰鲍叔解夷吾缚于此,因以为名。"即古堂阜也,东莞后为(名)〔郡〕。〔64〕

⑤《东观书》曰有胜山。《博物记》:"太公吕望所出,今有东吕乡。又钓于棘津,其浦今存。"

⑥《左传》庄二十九年"城诸",杜预曰诸县在城阳郡。又隐四年"莒人伐杞,取牟娄",杜预曰县东北有娄乡。

⑦《左传》成八年申公巫臣会渠丘公,杜预曰县有蘧丘里。〔65〕

⑧《左传》宣元年会于平州,杜预曰在县西。〔66〕

⑨《左传》隐六年盟于艾,杜预曰县东南有艾山。〔67〕七年"城中丘",杜预曰县东北有中丘亭。〔68〕《博物记》曰:"县东界次睢有大丛社,民谓之食人社,即次睢之社。"

⑩《左传》庄九年盟于蔇,杜预曰在县北。

⑪《左传》昭五年"莒牟夷以牟娄及防兹来奔",杜预曰县东北有兹亭。《博物记》曰淮水入。城东南五里有公冶长墓。

彭城国高祖置为楚,章帝改。雒阳东千二百二十里。八城,户八万六千一百七十,口四十九万三千二十七。

　　彭城①有铁。　　　**武原**　　**傅阳**有相水。②〔69〕　　　　**吕**　　**留**③

　　梧　　**□丘**　　**广戚**故属沛(国)。〔70〕

①古大彭邑。《北征记》城西二十里有山,山有楚元王墓。伏滔《北征记》曰:"城北六里有山,临泗,有宋桓魋石椁,皆青石,隐起龟龙鳞凤之象。"

②《左传》襄十年灭偪阳,杜预曰即此县也。

③《西征记》曰城中有张良庙。

广陵郡景帝置为江都,武帝更名。建武中省泗水国,〔71〕以其县属。雒阳东一千六百四十里。十一城,户八万三千九百七,口四十一万百九十。

广陵① 有东陵亭。②　　　**江都**有江水祠。　　　**高邮**　　**平安**　　**淩**
故属泗水。　　　**东阳**故属临淮。有长洲泽，吴王濞太仓在此。③
　　射阳故属临淮。④　　　**盐渎**故属临淮。　　　**舆**侯国，故属临淮。
　　堂邑〔72〕故属临淮。有铁。春秋时曰堂。　　　**海西**故属东海。

① 吴王濞所都，城周十四里半。

② 《博物记》曰："女子杜姜，左道通神，县以为妖，闭狱桎梏，卒变形莫知所极。
　　以状上，因以其处为庙祠，号曰东陵圣母。"

③ 县多麋。《博物记》曰："千千为群，掘食草根，其处成泥，名曰麋畯。民人随
　　此畯种稻，不耕而获，其收百倍。"又扶海洲上有草名蒒，其实食之如大麦，
　　从七月稔熟，民敛获至冬乃讫，名曰自然谷，或曰禹馀粮。

④ 有梁湖。《地道记》曰有博支湖。

下邳国武帝置为临淮郡，永平十五年更为下邳国。雒阳东千四百里。
十七城，户十三万六千三百八十九，口六十一万一千八十三。

　　下邳本属东海。①葛峄山，本峄阳山。②有铁。　　　**徐**本国。有楼
亭，或曰古蒌林。③　　　**僮**侯国。　　　**睢陵**　　**下相**　　**淮阴**④
　　淮浦　　**盱台**〔73〕　　**高山**　　**潘旌**〔74〕　　　**淮陵**　　**取虑**有蒲
姑陂。⑤　　　**东成**　　　**曲阳**侯国，故属东海。　　　**司吾**侯国，故属
东海。　　　**良成**故属东海。春秋时曰良。⑥　　　**夏丘**故属沛。

① 戴延之《西征记》曰："有沂水，自城西西南注泗，别下回城南，亦注泗。旧有
　　桥处，张良与黄石公会此桥。"

② 山出名桐，伏滔《北征记》曰今盘根往往而存。

③ 杜预曰在僮县东南。伏滔《北征记》曰："县北有大冢，徐君墓，延陵解剑
　　之处。"

④ 下乡有南昌亭，韩信寄食处。

⑤ 《左传》昭十六年齐师至蒲隧，杜预曰县东有蒲姑陂。〔75〕

⑥ 《左传》昭十三年晋会吴于良。

　　　右徐州刺史部，郡、国五，县、邑、侯国六十二。①

① 《魏氏春秋》曰："初平三年，分琅邪、东海为城阳、（新）〔利〕城、昌虑郡。〔76〕

建安十一年，省昌虑并东海。"

【校勘记】

〔1〕　有大棘乡有首乡　按：殿本《考证》齐召南谓大注此二乡皆应在上文襄邑"有承匡城"之下。大棘、首乡皆襄邑地，非己吾地也，不知何以脱入于此。

〔2〕　杜预曰在〔雍丘〕县西北　《左传》杜注作"在陈留雍丘县西北"。按：晋泰始元年封魏废帝为陈留王，治小黄，省陈留入之，晋无陈留县，此"雍丘"二字不可省，今据补。

〔3〕　县东南有戎城　按：此亦杜注，见隐二年。

〔4〕　在〔封邱〕县南　《集解》引惠栋说，谓案杜注在封邱县南，注脱"封邱"二字。今据补。

〔5〕　孔子(囚)〔围〕此　按：《校补》谓"囚"当是"围"之讹。今据改。

〔6〕　(桓八)〔僖五〕年齐侯(师)〔会〕于首止　据殿本《考证》齐召南说改。

〔7〕　有首(止城)〔乡〕　据殿本《考证》齐召南说改。

〔8〕　湿水出　按：《集解》引惠栋说，谓《前志》及《水经》皆作"㶟"。《说文》作"湿"，从水㬎声。

〔9〕　有(沛)〔泲〕庙　按：《前志》作"泲"。《集解》引惠栋说，谓案《风俗通》云"济出常山房子赞皇山，东入沮，庙在东郡临邑县"，则是济渎之庙也。《尚书》古文"济"作"泲"，当从"泲"。今据改。

〔10〕　有聂(戚)〔城〕　《集解》引惠栋说，谓京相璠云"聊城县东北三十里有故摄城"，当作"聂城"。今据改。

〔11〕　有冈成城　按：《集解》引惠栋说，谓《水经注》引作"冈成亭"。

〔12〕　(白虎通)〔皇览〕曰帝喾冢在城〔南〕台阴野〔中〕是也　按：《集解》引惠栋说，谓"在城"下诸本脱"南"字，"野"下脱"中"字。语见《皇览》，云"白虎通"者误也。今据改。

〔13〕　杜预注传曰卫作新台在县北　按："新台"疑"莘亭"之讹。《左》桓十六年"公使诸齐使盗待诸莘，将杀之"，杜注"莘，卫地，阳平县西北有莘亭"。

〔14〕 晋败郑铁 按:晋败郑铁乃哀二年事,注系文元年下,疑有脱误。

〔15〕 前书故发干(县)〔城〕 据汲本改。按:《校补》谓不曰"前志"而曰"前书",则固非指《前志》之发干,盖《前志》之发干所治已非故地,而竿城即前汉故发干城,其地至后汉已并入于卫也。如即《前志》之发干城,则既言"前",不必改言"故"矣。《前书·卫青传》封青子登为发干侯,或即在此。是则故发干乃侯国城,一作"县",非也。

〔16〕 雒阳东九百七十五里 按:汲本作"六百七十二里"。

〔17〕 有阚亭 按:《校补》谓《前志》东平陆,应劭云"古厥国,今有厥亭是",与此言有阚亭,即《春秋》"会于阚"之阚不符,未详孰是。

〔18〕 富成 按:《前志》作"富城"。

〔19〕 杜预曰县东南有郈乡亭 按:今杜注云"郈在东平无盐县东南",不言"郈乡亭"。

〔20〕 故县后省 按:《集解》引洪颐煊说,谓《前志》堂阳属钜鹿郡,东汉省,与此绝远,注误证。

〔21〕 狗城 按:《前志》东郡寿良县有朐城。此作"狗城","狗"与"朐"疑形近而误,当从《前志》。

〔22〕 蚩尤冢在县阚〔乡〕城中 《集解》引惠栋说,谓注"阚乡城中",诸本脱"乡"字。今据补。

〔23〕 杜预曰县北有邾瑕城 按:今杜注作"邾娄城"。

〔24〕 十二城户八千九百二十九口四十三万七千三百一十七 按:张森楷《校勘记》谓十二城而只八千馀户,城不及八百户,太少。八千馀户而有四十三万馀口,太多。以李心传东汉户口率十户为五十二口准之,"八千"之"千"当作"万",各本并误。又按:"口四十三万七千三百一十七"末"七"字,汲本作"一"。

〔25〕 梁甫 按:《前志》作"梁父"。

〔26〕 有亭禅山 按:《前志》"禅"作"亭",当从《前志》。

〔27〕 山茌 按:各本"山"字皆连上为句。钱大昕谓"山"字当连下句,山茌,县名也。又王先谦谓《前志》作"茌",《通鉴》胡注后汉改曰山茌。又按:《集解》引惠栋说,谓此与济北之茌平,皆当作"茌"。

〔28〕 潘水出 按:《集解》引惠栋说,谓潘水无考,或淄水之误,《前志》作"甾"。

〔29〕 南城 按:《前志》作"南成"。

〔30〕 杜预曰在县东南有防城 按:隐九年经"公会齐侯于防",杜注"防,鲁地,在琅邪华县东南"。

〔31〕 杜预曰南城县 今杜注"南城"作"南武城"。按:南城《晋志》作"南武城"。

〔32〕 司马〔牛〕葬丘舆 《集解》引惠栋说,谓诸本脱"牛"字。今据补。

〔33〕 有景兹山 按:《左传》"景"作"京"。

〔34〕 成 《集解》引钱大昕说,谓《前志》泰山郡有式县,无成县。按:《前志》《补注》引李赓芸说,谓《前志》泰山郡有式无成,后汉分置济北,有成而皆无式,盖东都省式置成也。

〔35〕 杜预曰在县北 按:今杜注作"平阴城在济北卢县东北,其城南有防,防有门"。

〔36〕 杜预曰在县东南 按:今杜注作"在平阴城东南",此"县"字疑当作"城"。

〔37〕 东平刚父县西南有郈乡 按:《集解》引罗革说,谓郡有刚县,晋为东平国之刚平,无刚父。

〔38〕 故橐 汲本、殿本"橐"作"橐"。按:《集解》引惠栋说,谓《前志》作"橐",《州郡志》作"橐",案《东平王传》亦作"橐"。

〔39〕 县西南有(郧)〔郥〕亭 据汲本、殿本改。按:《集解》引惠栋说,谓郥古闻字。

〔40〕 左传隐(九)〔元〕年费伯城郎 据《左传》改。按:九年亦书"城郎",但无杜注。

〔41〕 苟水出 按:张森楷《校勘记》谓诸书无苟水,《前志》引《禹贡》"通于河","河"当作"菏"。菏苟形近,此盖亦"菏水出"之误。

〔42〕 哀七年囚邾子负瑕 按:《集解》引惠栋说,谓当注"瑕丘"下。

〔43〕 左传桓二年盟于唐杜预曰在西南 按:隐二年经"公及戎盟于唐",杜注"高平方与县北有武唐亭"。刘昭注引经传及杜注多删节,若此注则有脱误矣。

〔44〕 戎执凡伯于楚丘 按:《春秋》经"执"作"伐",传亦云"戎伐之于楚丘"。

〔45〕 有平和乡 按:《集解》引惠栋说,谓《皇览》作"平利"。

〔46〕 伊卢乡 按:《集解》引惠栋说,谓《史记》作"庐",韦昭曰今庐中县。

〔47〕　利城　　按:《前志》作"利成"。

〔48〕　合(城)〔乡〕　《集解》引钱大昕说,谓《前志》有合乡,无合城,《晋书·地理志》东海亦只有合乡县,此"城"字必"乡"之讹。又引惠栋说,谓案《前志》及《水经·泗水注》皆作"合乡"。又引马与龙说,谓《泗水注》潮水出东海合乡县,汉安帝永初七年封马光子朗为侯国,亦见《马防传》。今据改。

〔49〕　有勇(王)〔士〕亭即勇士(万)〔菑〕丘欣　　殿本"万"作"菑",王先谦谓作"菑"是,"王"乃"士"之讹。今据改。

〔50〕　都州在海中　　按:"州"原作"洲",径据汲本、殿本改,与今《山海经》合。

〔51〕　锺离昩(冢)〔家〕在伊卢　　据殿本改,与《史记·淮阴侯列传》合。

〔52〕　左传昭三十一年至郳小邾国也　　按:昭三十一年经"黑肱以滥来奔",杜预注"黑肱,邾大夫;滥,东海昌虑县"。又庄五年经"郳犁来来朝",杜注"东海昌虑县东北有郳城;黎来,名"。《释文》"郳,五兮反,国名,后为小邾"。此注节引杜注错乱,骤睹之几不可解。

〔53〕　即羽泉也　　按:《校补》谓"羽泉"当作"羽渊",见《左传》,此回改未尽者。

〔54〕　在县西南有中乡城　　按:今杜注云"在东海麇丘县西南",不言有中乡城。

〔55〕　海中去岸百五十步　　按:汲本、殿本"五"作"九"。

〔56〕　一行十二字　　按:汲本、殿本"二"作"三"。

〔57〕　潮水至加其上三丈　　按:何焯校本"丈"改"尺"。

〔58〕　琅邪国秦置　　按:殿本《考证》齐召南谓此注不明,郡与国亦略有别,秦置琅邪郡,前汉因之,光武改为国,省城阳国来属,此其始末也。"秦置"之下当有"郡"字。

〔59〕　十三城户二万八百四口五十七万九百六十七　　按:张森楷《校勘记》谓若如此文,则一城只千馀户,太少,一户凡三十口,太多,殊不近情,疑"户"下脱去一"十"字。

〔60〕　西海　　按:《集解》引钱大昕说,谓《前志》无西海,盖"海曲"之讹。《刘盆子传》"琅邪海曲有吕母",注"海曲,县名,故城在密州莒县东"。又引惠栋说,谓何焯云疑"海曲"之讹。

〔61〕　有峥嵘谷　　按:《集解》引惠栋说,谓《说文》作"崝嵘",徐锴云俗作"峥",非。

〔62〕 缯　按:《集解》引惠栋说,谓《春秋传》僖十四年,鄫子来朝,杜预云"今鄫县",陆氏云本或作"缯"。又按:《校补》谓《穀梁》"鄫"皆作"缯"。

〔63〕 邳来山之间号曰邳来　殿本《考证》谓案杜注原文云"邳乡西有公来山,号曰邳来间"。今案:杜注"邳乡"上有"县北有"三字,刘注错谬,《考证》引亦不全。

〔64〕 东莞后为(名)〔郡〕　据《集解》引惠栋说改。

〔65〕 县有蓬丘里　按:今杜注云"莒县有蓬里",无"丘"字。

〔66〕 杜预曰在县西　按:今杜注云"在泰山牟县西",不云在阳都西。

〔67〕 县东南有艾山　按:《集解》引惠栋说,谓案杜氏注云"泰山牟县东南有艾山",不云在临沂,未详。

〔68〕 县东北有中丘亭　按:今杜注云"中丘在琅邪临沂县东北",不言亭。

〔69〕 有柤水　按:《集解》引惠栋说,谓"柤"一作"祖"。京相璠云县西北有祖水沟,去偪阳八十里。

〔70〕 故属沛(国)　《集解》引惠栋说,谓"国"字衍,《前志》为沛郡也。今据删。

〔71〕 建武中省泗水国　按:"省"原讹"有",径据汲本、殿本改正。

〔72〕 堂邑　按:《集解》引惠栋说,谓《玉篇》"堂"作"鄟"。

〔73〕 盱台　按:《前志》"台"作"眙"。

〔74〕 潘旌　按:《前志》"潘"作"播"。

〔75〕 县东有蒲姑陂　按:今杜注"姑"作"如"。

〔76〕 初平三年分琅邪东海为城阳(新)〔利〕城昌虑郡　《集解》引马与龙说,谓徐州无新城郡,"新"当作"利",形近而讹。今据改。按:钱大昕谓《魏志·太祖纪》,建安三年分琅邪、东海、北海为城阳、利城、昌虑郡,以《臧霸传》考之,盖禽吕布后所置,《魏氏春秋》以为初平三年分者,误。

后汉书志第二十二

郡国四

济南　平原　乐安　北海　东莱　齐国

右青州

南阳　南郡　江夏　零陵　桂阳　武陵　长沙

右荆州

九江　丹阳　庐江　会稽　吴郡　豫章

右扬州

济南国故齐，文帝分。雒阳东千八百里。十城，户七万八千五百四十四，口四十五万三千三百八。

　　东平陵有铁。有谭城。① 有天山。　　**著**　　**於陵**② 　　**台**　　**菅**有赖亭。③ 　　**土鼓**　　**梁邹**　　**邹平**　　**东朝阳**④ 　　**历城**有铁。有巨里聚。⑤

　　①故谭国。

　　②杜预曰县西北有于亭。陈桓子以封齐公子周。

　　③《左传》哀六年公如赖。〔1〕

　　④杜预曰县西有崔城。〔2〕

　　⑤耿弇破费敢处。《皇览》曰:"太甲有冢,在历山上。"

平原郡高帝置。雒阳北一千三百里。九城,〔3〕户十五万五千五百八十八,口百万二千六百五十八。

　　平原① 　　**高唐**湿水出。〔4〕　　**般**　　**鬲**侯国。夏时有鬲君,灭

浞立少康。② 　　祝阿春秋时曰祝柯。③有野井亭。④ 　　乐陵

湿阴〔5〕 　　安德侯国。 　　厌次本富平，明帝更名。

①《地道记》曰有笃马河。

②《魏都赋》注曰县有盖节渊。《三齐记》曰："城南有蒲台，高八十尺，秦始皇
　所顿处。在台下萦蒲系马，今蒲犹萦者。"

③《左传》哀十年"取犁及辕"，杜预曰县西有辕城。〔6〕故县，省。

④《左传》昭二十五年"齐侯唁公于野井"，杜预曰在县东。

乐安国高帝西平昌置，〔7〕为千乘，永元七年更名。雒阳东千五百二十

里。九城，户七万四千四百，口四十二万四千七十五。

临济本狄，安帝更名。① 　　**千乘** 　　**高菀**〔8〕 　　**乐安** 　　**博昌**

有薄姑城。②〔9〕有贝中聚。③有时水。④ 　　**蓼城**侯国。⑤ 　　**利**故

属齐。 　　**益**侯国，故属北海。 　　**寿光**故属北海。有灌亭。⑥

①《地道记》曰："狄伐卫懿公。"

②古薄姑氏，〔10〕杜预曰薄姑地。

③《左传》齐侯田于贝丘，杜预曰县南有地名贝（中）〔丘〕。〔11〕

④《左传》庄九年"战于乾时"，杜预曰时水在县界，岐流，旱则竭涸，故曰乾时。

⑤杜预曰县东北有摄城。〔12〕

⑥古灌国。

北海国景帝置。〔13〕建武十三年（有）〔省〕菑川、高密、胶东三国，〔14〕以其

县属。十八城，户十五万八千六百四十一，口八十五万三千六百四。

剧有纪亭，古纪国。 　　**营陵** 　　**平寿**有斟城。①有寒亭，古寒国，

浞封此。 　　**都昌**② 　　**安丘**有渠丘亭。③ 　　**淳于**永元九年复。

有密乡。④ 　　**平昌**侯国，故属琅邪。有蒌乡。⑤ 　　**朱虚**侯国，故

属琅邪，永初元年属。⑥ 　　**东安平**故属菑川。六国时曰安平。有

酀亭。⑦ 　　**高密**侯国。 　　**昌安**侯国，安帝复。 　　**夷安**侯国，

安帝复。 　　**胶东**侯国。 　　**即墨**侯国。有棠乡。⑧ 　　**壮武**安

帝复。⑨　　　**下密**安帝复。　　　　（拒）〔**挺**〕⑩〔15〕　　　**观阳**

①杜预曰有斟亭。古斟国，故县，后省。

②《左传》庄元年齐迁纪之鄑城。《地道记》曰鄑城在县西。

③《地道记》曰有渠丘城。

④《左传》隐二年纪莒盟密。故密乡，在县东北，后省。

⑤《左传》昭五年"莒牟夷以牟娄及防、兹来奔"，杜预曰县西南有防亭。

⑥《左传》庄元年齐迁纪郱，杜预曰朱虚县东南有郱城。《郑志》曰："有小泰山，公玉带曰岐伯令黄帝封东泰山，即此山也。"

⑦故兆。〔16〕《左传》庄三年"纪季以酅入于齐"。《地道记》有羌头山。

⑧《左传》襄六年围棠，杜预曰棠国也。〔17〕

⑨故夷国。《左传》隐元年纪伐夷。

⑩《地道记》曰："〔奚〕养泽在西，〔18〕幽州薮。有莱山，莱王祠。"

东莱郡高帝置。雒阳东三千一百二十八里。〔19〕十三城，户十万四千二百九十七，口四十八万四千三百九十三。

黄①　　　**牟平**　　　**惙**侯国。②〔20〕　　　**曲成**侯国。③　　　**掖**〔21〕侯国。有过乡。④　　　**当利**侯国。　　　**东牟**侯国。　　　**昌阳**　　　**卢乡**　　　**长广**故属琅邪。　　　**黔陬**侯国，故属琅邪。有介亭。⑤　　　**葛卢**有尤涉亭。　　　**不**（期）〔**其**〕〔22〕侯国，故属琅邪。⑥

①《地道记》曰："县东二百三十里至海中，连岑有土道，秦始皇登此山，列二碑，〔23〕东二百三十里有始皇、汉武帝二碑。"

②《地道记》曰有百枝莱君祠。《三齐记》曰："南有蹲犬山，山似犬蹲，有神，刘宠出西都，经此山，山犬吠之，宠曰'山神谓我人也'。"

③《前书》祷万里沙，在县。

④故过国。

⑤《左传》襄二十四年"伐莒，侵介根"，杜预曰县东北计基城。号介国。

⑥《三齐记》曰："郑玄教授不（期）〔其〕山，山下生草大如薤，叶长一尺馀，坚刃异常，土人名曰康成书带。"

齐国秦置。[24] 雒阳东千八百里。六城,户六万四千四百一十五,口四十九万一千七百六十五。

　　临菑[25] 本齐,刺史治。① 　　**西安**有棘里亭。② 有蘧丘里,古渠丘。

　　昌国 　　**临朐**有三亭,古郱邑。③[26] 　　**广** 　　**般阳**故属济南。

①《尔雅》十薮,齐有海隅,郭璞曰海滨广斥。《左传》齐戍葵丘,杜预曰在县西。《皇览》曰:“吕尚冢在县城南,去县十余里,在齐桓公冢南。菑水南桓公冢西北有晏婴冢。”《孟子》注曰:“南小山,曰牛山。”《博物记》曰县西有袁娄。

②杜预曰在县东。陈桓子封子山。

③《左传》庄元年齐所徙,杜预曰在县东南。应劭曰伯氏邑也。《地道记》曰有石高山。

　　右青州刺史部,郡、国六,县六十五。

南阳郡秦置。雒阳南七百里。三十七城,户五十二万八千五百五十一,口二百四十三万九千六百一十八。

　　宛本申伯国。① 有南就聚。有瓜里津。② 有夕阳聚。③ 有东武亭。

　　冠军邑。 　　**叶**有长山,曰方城。④[27] 有卷城。⑤ 　　**新野**有东乡,故新都。⑥ 有黄邮聚。⑦ 　　**章陵**故舂陵,世祖更名。⑧ 有上唐乡。⑨ 　　**西鄂**⑩ 　　**雉**⑪ 　　**鲁阳**有鲁山。⑫ 有牛兰累亭。⑬

犨 　　**堵阳** 　　**博望** 　　**舞阴**邑。 　　**比阳** 　　**复阳**侯国。有杏聚。 　　**平氏**桐柏大复山,淮水出。⑭ 有宜秋聚。⑮ 　　**棘阳**⑯ 有蓝乡。⑰ 有黄淳聚。⑱ 　　**湖阳**邑。⑲ 　　**随**⑳ 西有断蛇丘。㉑ 　　**育阳**邑。有小长安。㉒ 有东阳聚。㉓ 　　**涅阳**[28] 　　**阴** 　　**酂**

邓有鄾聚。㉔ 　　**山都**侯国。 　　**郦**侯国。㉕ 　　**穰** 　　**朝阳**㉖

　　蔡阳侯国。㉗ 　　**安众**侯国。㉘ 　　**筑阳**侯国。有涉都乡。㉙

武当有和成聚。㉚[29] 　　**顺阳**侯国,故博山。有须聚。 　　**成都**

　　襄乡 　　**南乡** 　　**丹水**故属弘农。㉛ 有章密乡。[30] 有三户亭。㉜ 　　**析**故属弘农,故楚白羽邑。㉝ 有武关,在县西。㉞ 有丰

乡城。㉟

①《荆州记》曰："郡城周三十六里。"《博物记》有申亭。《南都赋》注曰有玉池、泽陂。

②《东观书》邓奉拒光武瓜里。

③《袁山松书》曰："贾复从击邓奉,追至夕阳聚。"

④杜预曰方城山在县南。屈完曰"楚国方城以为城"。〔31〕《皇览》曰:"县西北去城三里叶公诸梁冢,近县祠之,曰叶君丘。"

⑤《左传》昭二十五年楚子使季然郭巷。

⑥王莽封也。

⑦吴汉破秦丰地。〔32〕

⑧《古今注》曰:"建武十八年,使中郎将耿遵筑城。"

⑨《前志》曰故唐国。下江兵,荆州军。

⑩有精山,朱儁破孙夏。《山海经》曰:"有丰山,神耕父处之,常游清泠之渊,出入有光,见即其国为败。有九钟焉,是知霜鸣。"郭璞曰:"清泠水在西鄂县山上,神来时水赤光耀,今有屋祠也。霜降则钟鸣,故言知也。物有自然感应,而不可为也。"《南都赋》注:"耕父,旱鬼也。"《皇览》曰王子朝冢在县西。

⑪《博物记》曰滍水出。〔33〕

⑫《前志》曰古鲁县。《南都赋》注:"有尧山,封刘累,立尧祠。"

⑬《谢沈书》云牛兰山也。

⑭《前书》曰在县南。《荆州记》曰:"桐柏淮源涌发,其中潜流三十里,东出大复山南,山南有淮源庙。"《博物记》曰:"有阳山,出紫草。"

⑮伯升见下江兵。

⑯《荆州记》曰东北百里有谢城。

⑰伯升袭甄阜(也)〔处〕。〔34〕

⑱又伯升攻梁丘赐。杜预曰蓼国在东南。《前志》蓼国湖阳是。

⑲《荆州记》曰:"樊重母畏雷,为石室避之,悉以文石为阶,今存。"

⑳古随国。

㉑即衔珠之蛇也。杜预曰有赖亭。《左传》僖十五年齐伐厉,在县北。《帝王世纪》曰:"神农氏起列山,谓列山氏,今随厉乡是也。"《荆州记》曰:"县北界

有重山，山有一穴，云是神农所生。又有周回一顷二十亩地，外有两重壍，
中有九井。相传神农既育，九井自穿，汲一井则众井动，即此地为神农社，
年常祠之。"

㉒汉军为甄阜所破处。

㉓朱祐破张成处。

㉔《左传》桓九年楚师围鄾。

㉕《荆州记》曰："县北八里有菊水，其源旁悉芳菊，水极甘馨。又中有三十家，
不复穿井，仰饮此水，上寿百二十三十，〔35〕中寿百馀，七十者犹以为夭。汉
司空王畅、太傅袁隗为南阳令，县月送三十馀石，饮食澡浴悉用之。太尉胡
广父惠风羸，南阳恒汲饮此水，疾遂瘳。此菊茎短花大，〔36〕食之甘美，异于
馀菊。广又收其实，种之京师，遂处处传植之。"

㉖《南都赋》陂泽有钳卢，注曰在县。

㉗《襄阳耆旧传》曰："有松子亭，下有神陂，中多鱼，人捕不可得。"《南都赋》
所称。

㉘《博物记》曰："有土鲁山，出紫石英。"

㉙杜预曰縠国在县北。《博物记》曰今縠亭。《荆州记》曰："县北四里有开林
山，西北有鼃山。"

㉚《荆州记》曰："县有女思山，南二百里。有武当。"

㉛南乡、丹水二县有商城，张仪与楚商於之地。

㉜《左传》哀四年晋执蛮子畀楚师。

㉝《左传》昭十八年"许迁于白羽。"

㉞《南都赋》曰武关在其西，文颖曰去县百七十里。

㉟《左传》哀四年"司马起丰、析"。《荆州记》曰："县有龙渊，深不测。县北有
马头山。"

南郡秦置。雒阳南一千五百里。十七城，户十六万二千五百七十，口七
十四万七千六百四。

江陵①有津乡。②　　　巫西有白帝城。③　　　秭归本(归)国。④〔37〕
中卢〔38〕侯国。⑤　　　编有蓝口聚。⑥　　　当阳⑦　　　华容侯国。
云梦泽在南。⑧　　　襄阳有阿头山。⑨　　　邔侯国。有犁丘城。⑩

宜城侯国。⑪　　　鄀〔39〕侯国,永平元年复。⑫　　　临沮侯国。有荆山。⑬　　　枝江侯国。本罗国。有丹阳聚。⑭　　　夷道⑮　　　夷陵有荆门,⑯虎牙山。⑰　　　州陵⑱　　　很山〔40〕故属武陵。

①《史记》曰楚熊渠立长子康为句亶王,张莹曰今江陵也。《皇览》曰:"孙叔敖冢在城中白土里。"

②《左传》庄十九年楚子大败于津。《荆州记》曰:"县东三里馀有三湖,湖东有水,名芟谷,〔41〕又西北有小城名曰冶父,《左传》曰:'莫敖缢于荒谷,群帅囚于冶父。'县北十馀里有纪南城,楚王所都。东南有郢城,子囊所城。"《史记》苏秦说楚威王:"楚东有夏州。"《左传》楚庄伐陈,乡取一人以归,谓之夏州。今夏口城有洲,名夏口。

③郭璞曰有巫山。

④杜预曰夔国。《荆州记》曰:"县北一百里有屈平故宅,方七顷,累石为屋基,今其地名乐平。宅东北六十里有女须庙。"

⑤《襄阳耆旧传》曰:"古卢戎也。县西山中有一道,汉时常有数百匹马出其中,马形皆小,似巴、滇马。三国时陆逊攻襄阳,又值(比)〔此〕穴中有数十匹马出,〔42〕逊载还建业。蜀使来,有五部兵家滇池者,识其马色,云亡父所乘,对之流涕。"《荆州记》云:"是析县马头山。又县南十五里有疎水,东流注沔。水中有物如马,甲如鲜鲤,〔43〕〔射〕不可入。〔44〕七八月中好在碛上自曝,膝头似虎掌爪。小儿不知,欲取弄戏,便杀人。或曰,生得者,摘其鼻,厌可小,小便名为木卢。"〔45〕

⑥下江兵所据。《左传》鬭缗以权叛,楚迁于那处,杜预曰:县东南有那口城。

⑦杜预曰县东〔南〕有权城。〔46〕楚武王所克。《荆州记》曰:"县东南有麦城,城东有庐城,〔47〕沮水西有磨城,伍子胥造此二城以攻麦城。"

⑧杜预曰州国在县东〔南〕。〔48〕枝江县有云梦城,江夏安陆县东南有云梦城,或曰华容县东南亦有云梦。巴丘湖,江南之云梦也。《尔雅》十薮,楚有云梦,郭璞曰巴丘湖是也。

⑨岑彭破张杨。《襄阳耆旧传》曰:"县西九里有(万)〔方〕山,〔49〕父老传云交甫所见游女处,此山之下曲隈是也。"《荆州记》曰:"襄阳旧楚之北津,从襄阳渡江,经南阳,出方关,是周、郑、晋、卫之道,其东津经江夏,出平皋关,〔50〕是通陈、蔡、齐、宋之道。"

⑩朱祐禽秦丰苏岭山。

⑪杜预曰县西旧罗国,后徙枝江。

⑫《左传》楚文王伐黄,还及湫,杜预曰县东南有湫城。

⑬《山海经》曰:"其阳多铁,其阴多赤金,其(东)〔中〕多牛。"〔51〕《荆州记》曰:
　　"西北三十里有清豀,豀北即荆山,首曰景山,即卞和抱璞之处。"《南都赋》
　　注曰:"汉水至荆山,东别流,为沧浪之水。"

⑭《史记》曰秦、齐破楚屈匄,遂取丹阳。

⑮《荆州记》曰县西北有宜阳山,东南有羊肠山。

⑯岑彭破田戎处。

⑰《荆州记》曰:"荆门,江南;虎牙,江北。虎牙有文如齿牙,荆门上合下开。"

⑱《史记》楚考烈王纳州于秦。

江夏郡高帝置。雒阳南千五百里。十四城,户五万八千四百三十四,口
二十六万五千四百六十四。

　　西陵　　**西阳**　　**轪**〔52〕侯国。①　　　**鄳**②　　　**竟陵**侯国。有郧
乡。③(立)〔有〕章山,〔53〕本内方。④　　**云杜**⑤　　**沙羡**　　**邾**⑥
　　　下雉　　**蕲春**侯国。　　　**鄂**　　**平春**侯国。　　　**南新市**侯
国。⑦　　**安陆**

①杜预曰:"古邘国,在东南,有邘城。"

②《史记》曰无忌说魏安僖王曰"秦不敢攻冥阨之塞",徐广云即此县也。

③《左传》桓十一年"郧人军蒲骚"。

④《荆州记》曰:"山高三十丈,周回百馀里。"县东有(申)〔白〕水。〔54〕《左传》楚
　　公子比为王次鱼陂,杜预曰在县西北。〔55〕

⑤杜预曰县东南有郧城,故国。

⑥《地道记》曰:"楚灭邾,徙其君此城。"

⑦案本传有离乡聚、绿林。

零陵郡武帝置。雒阳南三千三百里。十三城,户二十一万二千二百八
十四,口百万一千五百七十八。

泉陵　　零陵阳朔山，〔56〕湘水出。①　　营道南有九疑山。②

营浦③　　泠道④　　洮阳　　都梁有路山　　夫夷侯国（故属长沙）。〔57〕　　始安侯国。⑤　　　　重安侯国，故锺武，永建三年更名。

湘乡　　昭阳侯国。⑥　　　烝阳〔58〕侯国，故属长沙。

①罗含《湘中记》曰："有营水，有洮水，有灌水，有祁水，有宜水，有（春）〔舂〕水，〔59〕有烝水，有耒水，有米水，有渌水，有连水，有（倒）〔浏〕水，有（伪）〔沩〕水，〔60〕有（伯）〔汨〕水，〔61〕有资水，皆注湘。"

②舜之所葬。郭璞《山海经》注曰："其山九谿皆相似，故曰九疑。"《湘州营阳郡记》曰："山下有舜祠，故老相传，舜登九疑。"

③《营阳郡记》曰："县南三里馀有舜南巡止宿处，今立庙。"

④有（春）〔舂〕陵乡。〔62〕

⑤《始安郡记》曰县东有驳乐山，东有辽山。

⑥《荆州记》，县东有余水，傍有渔父庙。

桂阳郡高帝置。上领山。在雒阳南三千九百里。〔63〕十一城，户十三万五千二十九，口五十万一千四百三。

郴有客岭山。①　　便　　耒阳有铁。　　阴山　　南平　　临武　　桂阳　　含洭　　浈阳有苲领山。②　　曲江③　　汉宁永和元年置。

①《湘中记》曰："项籍徙义帝于郴而害之，今有义陵祠。又县南十数里有马岭山，山有仙人苏耽坛。"荆州记曰："城南六里县西北有温泉，其下流有数十亩田，常十二月下种，明年三月新谷便登，一年三熟。"

②《始兴郡记》有吴山。

③《始兴郡记》县北有临沅山。

武陵郡秦昭王置，名黔中郡，高帝五年更名。雒阳南二千一百里。①十二城，户四万六千六百七十二，口二十五万九百一十三。

①《先贤传》曰："晋代太守赵厥〔64〕问主簿潘京曰：'贵郡何以名武陵？'京曰：'鄙郡本名义陵，在辰阳县界，与夷相接，为所攻破，光武时移东出，遂得见

全,先识易号。《传》曰"止戈为武,高平曰陵",于是改名焉。'"臣昭案:《前
书》本名武陵,不知此对何据而出。《荆州记》曰:"郡社中木麃树,是光武种
至今也。"

临沅①　　**汉寿**故索,阳嘉三年更名,刺史治。②　　**孱陵**③　　**零
阳**　　**充**　　**沅陵**先有壶头山。④　　**辰阳**　　**酉阳**　　**迁陵**
镡成　　**沅南**建武二十六年置。　　**作唐**

①《荆州记》曰:"县南临沅水,水源出牂柯且兰县,至郡界分为五谿,故云五
　谿蛮。"

②《汉官仪》曰去雒阳三千里。〔65〕

③《魏氏春秋》曰:"刘备在荆州所都,改曰公安。"

④马援军度处。有松梁山,山有石,开处数十丈,其上名曰天门。

长沙郡秦置。雒阳南二千八百里。〔66〕十三城,户二十五万五千八百五
十四,口百五万九千三百七十二。

临湘　　**攸**〔67〕　　**荼陵**〔68〕　　**安城**〔69〕　　**酃**①　　**湘南**侯国。
衡山在东南。②　　**连道**　　**昭陵**　　**益阳**③　　**下隽**　　**罗**④
醴陵⑤　　**容陵**

①《荆州记》曰:"有酃湖,周回三里。取湖水为酒,酒极甘美。"《湘东记》曰:
　"县西南母山,周回四百里。"

②郭璞曰:"山别名岣嵝。"《湘中记》曰:"衡山有玉牒,禹案其文以治水。遥望
　衡山如阵云,沿湘千里,九向九背,乃不复见。"

③《荆州记》曰:"县南十里有平冈,冈有金井数百,浅者四五尺,深者不测。俗
　传云有金人以杖撞地,辄便成井。"

④《帝王世记》曰:"有黄陵亭。"(洞)《〔湘〕中记》〔70〕亦云二妃之神。刘表为之
　立碑。

⑤《荆州记》曰:"县东四十里有大山,山有三石室,室中有石床石臼。父老相
　传,昔有道士学仙此室,即合金沙之白。"

　　右荆州刺史部,郡七,县、邑、侯国百一十七。①

①《魏氏春秋》:"建安二十四年,吴分巫、秭归为固陵郡。二十五年,分南郡之

巫、秭归、夷陵、临沮并房陵、上庸、西城七县为新城郡。”

九江郡秦置。雒阳东一千五百里。十四城,户八万九千四百三十六,口四十三万二千四百二十六。

阴陵　　寿春①　　浚遒②〔71〕　　成德　　西曲阳〔72〕　　合肥侯国。　　历阳侯国,刺史治。　　当涂有马丘聚,徐凤反于此。③　　全椒　　锺离侯国。　　阜陵　　下蔡故属沛。④平阿故属沛。有涂山。⑤　　义成故属沛。

①《汉官》云刺史治,去雒阳千三百里,〔73〕与志不同。

②《左传》哀十二年会吴于橐皋,杜预曰在县东南。案《宋均传》,县有唐后二山。〔74〕

③《帝王世记》曰:“禹会诸侯涂山。”《皇览》曰:“楚大夫子思冢在县东山乡西,去县四十里。子思造芍陂。”

④《左传》成七年吴入州来,杜预曰下蔡县。

⑤应劭云山在当涂。《左传》“穆有涂山之会”。

丹阳郡〔75〕秦鄣郡,武帝更名。雒阳东二千一百六十里。建安十三年,孙权分新都郡。十六城,户十三万六千五百一十八,口六十三万五百四十五。

宛陵　　溧阳　　丹阳〔76〕　　故鄣①　　於潜〔77〕　　泾歙②　　黝③〔78〕　　陵阳④　　芜湖中江在西。⑤　　秣陵⑥南有牛渚。　　湖熟〔79〕侯国。　　句容　　江乘　　春穀　　石城

①秦鄣郡所治。〔80〕《吴兴记》曰:“中平〔二〕年,〔81〕分县南置安吉县。光和末,张角乱,此乡守险助国,汉嘉之,故立县。中平二年,又分立原乡县。”

②《山海经》曰三天子鄣山在闽西海北,郭璞曰在县东,今谓之玉山。〔82〕《魏氏春秋》有安勒乌邪山。

③《魏氏春秋》有林历山。

④陵阳子明得仙于此县山,故以为名。

⑤《左传》襄三年楚子伐吴,克鸠兹,杜预曰在县之东。

⑥其地本名金陵,秦始皇改。建安十六年,孙权改曰建业。十七年,城石头。

庐江郡文帝分淮南置。建武十〔三〕年省六安国,〔83〕以其县属。雒阳东一千七百里。十四城,户十万一千三百九十二,口四十二万四千六百八十三。

　　舒有桐乡。①　　　**雩娄**侯国。　　　**寻阳**②南有九江,东合为大江。③　　　**潜**④　　　**临湖**侯国。　　　**龙舒**侯国。　　　**襄安**　　　**皖**〔84〕有铁。　　　**居巢**侯国。⑤　　　**六安**〔85〕国。⑥　　　**蓼**侯国。　　　**安丰**有大别山。⑦　　　**阳泉**侯国。⑧　　　**安风**侯国。

①古桐国。《左传》昭五年吴败楚鹊岸,杜预曰县有鹊尾渚。

②有置马亭,刘勋士众散处。

③释慧远《庐山记略》曰:"山在寻阳南,南滨宫亭湖,北对小江,山去小江三十馀里。有匡俗先生者,出殷周之际,隐遁潜居其下,受道于仙人而共岭,时谓所止为仙人之庐而命焉。其山大岭凡七重,圆基,周回垂五百里。其南岭临宫亭湖,下有神庙。七岭会同,莫升之者。东南有香炉山,其上氛氲若香烟。西南中石门前有双阙,壁立千馀仞,而瀑布流焉。其中鸟兽草木之美,灵药芳林之奇,所称名代。"《豫章旧志》:"匡俗字君平,夏禹之苗裔也。"

④《左传》曰昭三十一年"吴人侵楚伐夷,侵潜、六,楚沈尹戌帅师救潜"是也。潜有天柱山。

⑤《皇览》曰:"范增冢在郭东。又庭中亚父井,吏民皆祭亚父于居巢庭上,长吏初(亲)〔视〕事,〔86〕皆祭而后从政,后更造祠于东。"《广志》曰有二大湖。

⑥《皇览》曰皋陶冢在县。

⑦《左传》昭二十三年吴败诸侯之师于鸡父,杜预曰县南有鸡备亭。〔87〕

⑧《广志》曰有阳泉湖。

会稽郡秦置。本治吴,立郡吴,〔88〕乃移山阴。雒阳东三千八百里。十四城,户十二万三千九十,口四十八万一千一百九十六。

　　山阴①会稽山在南,上有禹冢。②有浙江。③　　　**鄞**　　　**乌伤**④　　　**诸暨**⑤　　　**馀暨**⑥　　　**太末**⑦〔89〕　　　**上虞**⑧　　　**剡**　　　**馀姚**

句章⑨　　　鄞　　　章安故（治）〔冶〕，闽越地，光武更名。⑩〔90〕
永宁永和三年以章安县东瓯乡为县。　　　东部侯国。〔91〕

①《越绝》曰："句践小城山阴是也。稷山者，句践（济戎）〔斋戒〕台。"〔92〕《吴越
　　春秋》曰："句践筑城已成，怪山自至。怪山者，琅耶海中山也。一夕自来，
　　故名怪山。"

②《山海经》曰："会稽之山四方，上多金玉，下多（瑛）〔砆〕石。"〔93〕郭璞曰有禹
　　井。《越绝》曰有重山，〔94〕句践葬大夫种。

③郭璞注《山海经》曰江出歙县玉山。〔95〕

④《越绝》曰："有常山，古圣所采药，高且神。"《英雄交争记》曰："初平三年，分
　　县南乡为长山县。"

⑤《越绝》曰，兴平二年分立吴宁县。

⑥《越绝》曰西施之所出。《谢承书》有涉屋山。〔96〕《魏都赋》注有萧山，潘水
　　出焉。〔97〕

⑦《左传》谓姑蔑。初平三年，分立新安县。建安四年，孙氏分立丰安县。二
　　十三年，立遂昌县。〔98〕《东阳记》："县龙丘山有九石，特秀林表，色丹白，远
　　望尽如莲花。龙丘（长）〔苌〕隐居于此，〔99〕因以为名。其峰际复有岩穴，外
　　如窗牖，中有石林。〔100〕岩前有一桃树，其实甚甘，非山中自有，莫知谁植。"

⑧汉末分南乡立始宁县。

⑨《山海经》曰："馀句之山，〔101〕无草木，多金玉。"郭璞曰："山在馀姚南，句章
　　北，故二县因以为名。"句践欲迁吴王于甬东，韦昭曰县东洲。

⑩《晋（元）〔太〕康记》曰本鄞县南之回浦乡，〔102〕章帝章和元年立。未详。

吴郡顺帝分会稽置。雒阳东三千二百里。十三城，〔103〕户十六万四千
一百六十四，口七十万七百八十二。

　　吴本国。①震泽在西，后名具区泽。②　　　海盐③　　　乌程④　　　馀
杭⑤　　　毗陵季札所居。北江在北。⑥　　　丹徒⑦　　　曲阿　　　由
拳⑧　　安⑨〔104〕　　　富春　　　阳羡邑。⑩　　　无锡侯国。⑪
　　娄〔105〕

①《越绝》曰："吴大城，阖闾所造，周四十七里二百一十步二尺。又有伍子胥

城,居巢城。昌门外阖间冢〔106〕虎丘。穹隆,赤松子所取赤石脂也,去县二十里。有(鹿)〔麋〕湖,〔107〕欐谿城。又石城,阖闾置美〔人〕山。〔108〕虞山,巫咸山。"〔109〕《皇览》曰:"县东门外孙武冢。又要离冢,县西南。"

②《尔雅》十薮,吴越之间有具区,郭璞曰县南太湖也。中有包山,山下有洞庭,穴道潜行水底,去无所不通,号为地脉。《越绝书》曰"湖周三万六千顷"。又有大雷山,小雷山,周处《风土记》曰舜渔泽之所。臣昭案:此僻在成阳是也。又吴伐越,败之夫椒,杜预曰太湖中椒山是也。

③案今计偕簿,县之故治,顺帝时陷而为湖,〔110〕今谓为当湖。大旱湖竭,城郭之处可识。

④《左传》襄三年楚伐吴至于衡山,杜预曰在县南。或云丹阳县之横山,去鸠兹不远,子重所至也。《吴兴记》曰:"县西北(其)〔下〕山有项籍祠。〔111〕兴平二年,太守许贡奏分县为永县。"

⑤顾夷曰:"秦始皇至会稽经此,立为县。"《史记》曰,始皇临浙江,水波恶,乃西百二十里,从狭中渡。徐广曰馀杭也。臣昭案:始皇所过乃在钱塘、富春,岂近馀杭之界乎?

⑥《越绝》曰:"县南城,(在荒)〔古淹〕地。上湖中冢者,季子冢也。〔112〕名延陵墟。"《皇览》曰暨阳乡。

⑦《春秋》曰朱方。

⑧《左传》曰越败吴于檇李,杜预曰县南醉李城也。干宝《搜神记》曰:"秦始皇东巡,望气者云'五百年后,江东有天子气'。始皇至,令囚徒十万人掘污其地,表以恶名,故改之曰由拳县。"

⑨《越绝》曰:"有西岑冢,越王孙开所立,以备春申君,使其子守之,子死遂葬城中。"

⑩郭璞曰:"县有张公山,洞密有二堂。"

⑪《史记》曰:"春申君城故吴墟,以自为都邑。"城在无锡。《皇览》曰:"吴王太伯冢〔113〕在吴县北梅里聚,去城十里。太伯始所居地名句吴。"臣昭案:无锡县东皇山有太伯冢,民世修敬焉。去墓十里有旧宅、井犹存。臣昭以为即宅为置庙,不如《皇览》所说也。《越绝》曰:"县西龙尾陵道,春申君初封吴所造。"臣昭案:今见在,自是山名,非筑陵道。

豫章郡高帝置。雒阳南二千七百里。二十一城,户四十万六千四百九十六,口百六十六万八千九百六。①

> ①《豫章记》曰:"新吴、上蔡、永脩县,〔114〕并中平〔中〕立。〔115〕豫章县,建安立。上蔡民分徙此地,立名上蔡。"

南昌①　　**建城**②〔116〕　　**新淦**　　**宜春**　　**庐陵**③　　**赣**有豫章水。　　**雩都**　　**南野**〔117〕有台领山。　　**南城**　　**鄱阳**有鄱水。黄金采。④　　**历陵**有傅易山。　　**馀汗**　　**鄡阳**　　**彭泽**彭蠡泽在西。　　**柴桑**　　**艾**⑤　　**海昏**侯国。⑥　　**平都**侯国,故安平。　　**石阳**　　**临汝**永元八年置。　　**建昌**永元十六年分海昏置。

> ①《豫章记》曰:"江、淮唯此县及吴、临湘三县是令。"
> ②此地立名上蔡者。〔118〕《豫章记》曰:"县有葛乡,有石炭二顷,可燃以爨。"
> ③兴平元年,孙策分立庐陵郡。
> ④建安十五年,孙权分立鄱阳郡,治县。
> ⑤《左传》哀二十年吴公子庆忌所居。
> ⑥在昌邑城。《豫章记》曰:"城东十三里,县列江边,名慨口,出豫章大江之口也。昌邑王每乘流东望,辄愤慨而还,故谓之慨口。"

右扬州刺史部,郡六,县、邑、侯国九十二。

【校勘记】

〔1〕　左传哀六年公如赖　按:《集解》引钱大昕说,谓案《左传》云"使胡姬以安孺子如赖",此云"公",误也。

〔2〕　县西有崔城　按:襄二十七年杜注云"朝阳县西北有崔氏城"。

〔3〕　平原郡九城　按:钱大昕谓"九"当作"十"。说见下。

〔4〕　湿水出　按:《集解》引惠栋说,谓《前志》及《水经注》"湿"作"漯",《说文》从水㬅声。

〔5〕　湿阴　按:《集解》引惠栋说,谓《前志》亦作"漯阴",说见上。杜预注《左传》,又作"隰"也。

〔6〕　杜预曰县西有辕城　按：《集解》引惠栋说，谓案《地理志》辕县属平原，《水经》作"援"，郦元引杜预《释地》，云辕即援也，济南祝阿县有援城。

〔7〕　高帝西平昌置　按：《集解》引钱大昕说，谓案文当云"高帝置"，不应有"西平昌"三字，其为衍字无疑。后读《宦者传》，彭恺为西平昌侯，注云西平昌县属平原郡，乃悟此三字当属上文平原郡，而平原郡九城当为十城，因此三字错入乐安注中，校书者遂改"十"为"九"，以合见成之数耳。又按：张森楷谓钱说致确，但《前志》平原有平昌县，当即此西平昌，漏未引及。

〔8〕　高菀　殿本"菀"作"苑"。按：《前志》作"宛"，菀、苑、宛三字古通作。

〔9〕　有薄姑城　按：《集解》引惠栋说，谓《尚书大传》作"蒲姑"。

〔10〕　古薄姑氏　按：汲本作"左传姑氏"。惠栋谓当作"古薄姑氏"，"蒲姑"诸本皆讹作"薄姑"，或脱"蒲"字。

〔11〕　县南有地名贝(中)〔丘〕　据殿本改，与杜注合。

〔12〕　杜预曰县东北有摄城　按：《集解》引洪颐煊说，谓《左》昭二十年传"聊、摄以东"，杜注"聊、摄，齐西界也，平原聊城县东北有摄城"。蓼城非聊城，注误证。

〔13〕　景帝置　按：张森楷《校勘记》谓案《前志》为北海郡，故注云"景帝置"，此国为世祖所立，不得依用其文，当云"景帝置郡"，下接"建武"云云，乃为可通。

〔14〕　(有)〔省〕菑川高密胶东三国　按：《校补》谓"有"乃"省"之讹，各本皆未正。今据改。

〔15〕　(拒)〔挺〕　《集解》引钱大昕说，谓"拒"当作"挺"。《宋书·州郡志》注挺令，前汉属胶东，后汉属北海。或以琅邪之柜当之，琅邪之柜从木不从手，志不言故属琅邪，字形偏旁亦异，故知非也。王先谦谓钱说是，今据改。

〔16〕　故兆　按：《集解》引陈景云说，谓注"故兆"未详，疑"故纪邑"之讹。

〔17〕　杜预曰棠国也　按：殿本《考证》齐召南谓案《左传》注原文"棠，莱邑也。北海即墨县有棠乡"。此作"棠国也"，非是。

〔18〕　地道记曰〔奚〕养泽在西　据《集解》引钱大昕说补。按：钱氏谓注所引《地道记》，即《前志》琅邪长广注文，"养泽"上当有"奚"字。后汉长广改属东莱，刘氏不注于东莱之长广，而注于北海之拒，未详其故。

〔19〕 雒阳东三千一百二十八里　按:汲本、殿本"一"作"二"。

〔20〕 幭侯国　张森楷《校勘记》谓案《说文》,从心之"慏"是河南密县亭,从巾之"幭"是东莱县,则此当从巾而从心,误也。今按:张说是。《前志》作"幭",王先谦谓《说文》"幭布出东莱,从巾弦声",是作"幭"为正,县盖以布得名也。

〔21〕 掖　按:《集解》引惠栋说,谓《前志》作"夜",夜音亦,又音掖。

〔22〕 不(期)〔其〕　按:《前志》作"不其",惠栋、齐召南皆谓作"不期"误,今据改。注同。

〔23〕 列二碑　按:汲本、殿本"列"作"刻"。

〔24〕 秦置　按:张森楷《校勘记》谓齐古建国,非秦置,秦置齐郡耳。《前志》亦是齐郡。此当详其沿革之由,第云"秦置",殊疏。或"置"下有"郡"字,误夺去。

〔25〕 临□　按:《前志》作"临淄"。

〔26〕 有三亭古邢邑　按:《校补》引钱大昭说,谓"三"字误,或是"邢"字。

〔27〕 有长山曰方城　按:《前志》作"有长城号曰方城"。惠栋《补注》引《水经注》、《晋志》及盛宏之《荆州记》,证"长山"当作"长城"。

〔28〕 涅阳　按:《集解》引钱大昕说,谓安帝妹涅阳公主食邑,当有"邑"字。

〔29〕 有和成聚　按:汲本、殿本"成"作"城"

〔30〕 有章密乡　按:《集解》引惠栋说,谓《前志》及《水经·丹水注》皆作"密阳乡"。

〔31〕 杜预曰方城山在县南屈完曰楚国方城以为城　按:殿本《考证》谓推寻文义,当云"《左传》屈完曰'楚国方城以为城',杜预曰方城山在县南"。今此文误倒。

〔32〕 吴汉破秦丰地　按:"地"原讹"也"。径据汲本、殿本改正。

〔33〕 博物记曰滍水出　按:《校补》引柳从辰说,谓此引《博物记》疑当在"鲁阳"下。《说文》滍水出南阳鲁阳尧山,东北入汝。澧水出南阳雉衡山,东入汝。《前志》亦云鲁阳有鲁山,滍水所出,东北至定陵入汝。雉衡山澧水所出,东至郾入汝。《水经》说同。明此注误。

〔34〕 伯升袭甄阜(也)〔处〕　据汲本、殿本改。按:"也"疑为"地"字之讹。

〔35〕 上寿百二十三十　按:汲本无"三十"二字。

〔36〕 此菊茎短花大　按:汲本、殿本"花"作"葩"。

〔37〕秭归本(归)国　据汲本删。按:殿本《考证》谓推寻文义,"国"上衍一
　　　　"归"字,注杜预曰夔国,非归国明矣。

〔38〕中卢　按:殿本"卢"作"庐"。

〔39〕鄀　按:《前志》作"若"。

〔40〕佷山　汲本、殿本"佷"作"很"。按:《前志》作"佷",惠栋谓《宋书·州郡
　　　　志》作"很"。

〔41〕湖东有水名苌谷　按:汲本、殿本"苌"作"长"。

〔42〕又值(比)〔此〕穴中有数十匹马出　据汲本、殿本改。

〔43〕甲如鲜鲤　按:汲本"鲜"作"鲛"。王先谦谓《水经·沔水注》作"鲮"。

〔44〕〔射〕不可入　何焯据宋残本校,补一"射"字。今据补。

〔45〕摘其鼻厌可小小便名为木卢　按:《水经·沔水注》作"摘其皋厌可小小
　　　　使名为水虎者也"。王先谦谓"厌字属下,即厌胜之厌"。又按:何焯据
　　　　残宋本校,改"木"为"水"。

〔46〕县东〔南〕有权城　惠栋《补注》依杜注增"南"字,今据补。

〔47〕城东有庐城　按:汲本"庐"作"卢"。王先谦谓《水经·沮水注》作"驴",
　　　　谚云"东驴西磨,麦城自破"。

〔48〕州国在县东〔南〕　惠栋《补注》依杜注增"南"字,今据补。

〔49〕县西九里有(万)〔方〕山　据汲本、殿本改。按:疑"方"原讹"万",传写讹
　　　　为"万"也。

〔50〕出平睾关　按:汲本、殿本"睾"作"泽"。

〔51〕其(东)〔中〕多牛　据殿本、《集解》本改。按:今《山海经》作"其中多犪
　　　　牛"。

〔52〕軑　原讹"轪",径据《集解》本改。按:《前志》作"軑",孟康曰音汰。《补
　　　　注》引周寿昌曰:"《说文》軑,车辖也,从车大声。今从犬者,误。"

〔53〕(立)〔有〕章山　《集解》引惠栋说,谓案《前志》及《晋志》,"立"字衍。《校
　　　　补》谓"立"当作"有",涉下"章"字而讹。今据改。

〔54〕县东有(申)〔臼〕水　《集解》引钱大昭说,谓"申"当作"臼",《左传》定五
　　　　年,"涉于成臼",杜注"竟陵县有臼水,出聊屈山,西南入汉"。今据改。

〔55〕杜预曰在县西北　按:今杜注作"竟陵县西北有甘鱼陂"。

〔56〕阳朔山　按:《校补》谓案《前志》作"阳海山",《说文》同。《水经注》谓阳
　　　　海山即阳朔山。

〔57〕 夫夷侯国（故属长沙） 《集解》引惠栋说，谓案《前志》，夫夷本属零陵，长沙无是县，此四字衍文。今据删。

〔58〕 烝阳 按：《集解》引惠栋说，谓《前志》作"承阳"，承音烝。

〔59〕 有（春）〔舂〕水 据《校补》引柳从辰说改。

〔60〕 有（倒）〔浏〕水有（伪）〔汋〕水 据《校补》引柳从辰说改。

〔61〕 有（伯）〔泪〕水 据《集解》本改。 按：汲本、殿本讹"泊"。

〔62〕 有（春）〔舂〕陵乡 据汲本、殿本改。

〔63〕 高帝置上领山在雒阳南三千九百里 按：张森楷《校勘记》谓"上领山"三字于上下文皆不属，不知何县下山脱撺于此，俟详考之。

〔64〕 晋代太守赵厥 按：《集解》引钱大昕说，谓《晋书》"厥"作"廞"。又引周寿昌说，谓《延江水注》引《先贤传》同，惟"赵厥"作"赵伟"。

〔65〕 去雒阳三千里 按：汲本、殿本"三"作"二"。

〔66〕 雒阳南二千八百里 按：汲本"二"作"三"。

〔67〕 攸 《前志》作"收"。按：攸，孟康音收，《前志》因讹"收"，详《汉书补注》。

〔68〕 荼陵 汲本、殿本"荼"作"茶"。今按《前志》，殿本作"荼陵"，《补注》本据汲本作"荼陵"。王先谦据《说文》，谓荼与茶通。

〔69〕 安城 按：《集解》引惠栋说，谓《前志》及《州郡志》皆作"安成"。王先谦谓城成通作。

〔70〕 （洞）〔湘〕中记 据汲本、殿本改。

〔71〕 浚道 按：《集解》引惠栋说，谓"浚"一作"逡"。

〔72〕 西曲阳 按：《前志》作"曲阳"，惠栋谓下邳有曲阳，故加"西"。

〔73〕 去雒阳千三百里 按：汲本"三"作"二"。

〔74〕 有唐后二山 按：《集解》引惠栋说，谓《风俗通》作"唐居山"。

〔75〕 丹阳郡 殿本《考证》谓"阳"当作"杨"。今按：《前志》作"扬"。《补注》引宋祁说，谓当作"阳"。又引王鸣盛说，谓"扬"字从手，其属县丹阳则从阜，而南监本俱作"阳"，《晋志》或作"扬"，或作"阳"，而属县则作"杨"，且注云"丹杨山，多赤柳，在西"，然则县名从木甚明，而郡亦当以此得名，凡从手从阜，皆传写误也。

〔76〕 丹阳 《集解》引惠栋说，谓案《晋志》"阳"当作"杨"。今按：《前志》作"阳"。

〔77〕 於潜　按:《前志》"潜"作"晉",音潜。

〔78〕 黝　按:《集解》引惠栋说,谓一作"黟",见《说文》。

〔79〕 湖熟　按:《前志》作"湖孰"。

〔80〕 秦鄣郡所治　按:《集解》引惠栋说,谓"秦"当作"故"。

〔81〕 中平〔二〕年　《集解》引惠栋说,谓沈约、欧阳忞皆云中平二年,诸本脱
　　　 "二"字。今据补。

〔82〕 今谓之玉山　殿本作"今谓之三王山"。按:今《山海经》郭注亦作"三王
　　　 山",然歙县玉山并见会稽郡注,则作"玉山"为是,何焯校本亦作"玉
　　　 山",殿本殆据今《山海经》改也。

〔83〕 建武十〔三〕年省六安国　殿本《考证》齐召南谓应作"十三年"。后章帝
　　　 元和二年,复改庐江为六安国,至章和二年,和帝即位,复省六安入庐
　　　 江,此注未明。今据齐说,补一"三"字。

〔84〕 晥　《前志》作"皖",殿本作"皖"。按:晥皖皖并通。

〔85〕 六安　按:《前志》六,属六安国,无"安"字。

〔86〕 长吏初(亲)〔视〕事　据汲本、殿本改。

〔87〕 县南有鸡备亭　殿本《考证》谓何焯校本"备"改"人"。今按:今杜注亦
　　　 作"备",何氏殆据残宋本改也。

〔88〕 立郡吴　殿本《考证》谓当改"吴立郡"。今按:《校补》谓立郡吴,谓县升
　　　 为郡也,改之于说反窒。

〔89〕 太末　按:《前志》"太"作"大",孟康曰"大音如闼"。

〔90〕 章安故(治)〔冶〕闽越地光武更名　殿本"治"作"冶",王先谦谓作"冶"
　　　 是,今据改。今按:《通鉴》胡注引洪氏《隶释》,谓中有脱文,当作"章安
　　　 故回浦,章帝更名,东侯官故冶,闽越地,光武更名",于文乃足。此郡之
　　　 末有"东部侯国"四字,却是衍文。说详《通鉴》汉献帝建安元年注。又
　　　 按:《集解》引惠栋说,谓"闽越地"《宋书·州郡志》作"闽中地"。又按:
　　　 《集解》引钱大昕说,谓案《郑宏传》,旧交阯七郡,贡献转运皆从东冶泛
　　　 海而至。所云东冶,即会稽之冶县。宏以章帝建初八年为大司农,其时
　　　 尚称东冶,则非光武更名明矣。

〔91〕 东部侯国　《集解》引钱大昕说,谓案《宋书·州郡志》侯官,前汉无,后
　　　 汉曰东侯官,属会稽。此"东部侯国"当即"东侯官"之讹,汉时未见有封
　　　 东部侯者也。今按:钱说是,然此四字却是衍文,说见上。

〔92〕　稷山者句践(济戎)〔斋戒〕台　殿本"者"作"有"。汲本、殿本"济戎台"皆作"斋戒台"。按：《越绝书》作"斋戒台"，宝庆《会稽县志》云"稷山在县东五十三里，亦名斋台山"，则以作"斋戒"为是，今据汲本、殿本改。

〔93〕　下多(瑛)〔玞〕石　据殿本改。按：今《山海经》作"玞"，注云"砆武，大石似玉"。

〔94〕　有重山　按：今本《越绝书》"重"作"种"

〔95〕　江出歙县玉山　按：今《山海经》郭注云"按《地理志》，浙江出新安黟县南蛮中，东入海，今钱唐浙江是也。黟即歙也"。

〔96〕　有涉屋山　按：汲本、殿本"屋"作"皇"。

〔97〕　潘水出焉　汲本、殿本"潘"作"潜"。按：《前书补注》王先谦谓潜水即潘水也。

〔98〕　建安四年孙氏分立丰安县二十三年立遂昌县　按：《集解》引钱大昕说，谓《宋书·州郡志》与此异，未知孰是。

〔99〕　龙丘(长)〔苌〕隐居于此　殿本《考证》谓"长"当作"苌"。按：《集解》引马与龙云，龙丘苌见《任延传》。今据改。

〔100〕　中有石林　按：汲本"林"作"床"。

〔101〕　馀句之山　按：《集解》引惠栋说，谓依《山海经》当作"句馀"。

〔102〕　晋(元)〔太〕康记曰本鄞县南之回浦乡　钱大昕谓"元康"当作"太康"，今据改。《集解》引钱大昕说，谓考《班志》冶与回浦本是二县，意者东汉初尝省回浦入鄞县，故有"回浦乡"之称。今按：洪氏《隶释》谓鄞及回浦皆西汉县名，谓西汉割郡而置县，或未可知。至章帝时，回浦已非乡矣。太康所纪，亦误也。说详《通鉴》汉献帝建安元年胡注引。

〔103〕　十三城　按：据钱大昕考证，当作"十二城"，详下安县条校勘记。

〔104〕　安　按：《集解》引钱大昕说，谓《前汉》、《晋》、《宋志》皆无此县，本志又不言何年所置，前无所承，后无所并，疑即"娄"之讹，因"娄"脱其半而为"安"，校者不能是正，疑有脱漏，又增"娄"于"无锡"后，并改"十二"城为"十三"。

〔105〕　娄　殿本《考证》谓监本脱此一县，依宋本添。按：前安县即娄县之误，后人不晓，增此一县，说见上。

〔106〕　昌门外阖闾冢　按：殿本"昌"作"闾"，与今本《越绝书》合。

〔107〕　有(鹿)〔麋〕湖　据殿本改，与今本《越绝书》合。

〔108〕又石城阖闾置美〔人〕山　《集解》引惠栋说,谓"美山"无考,案《越纽录》曰"石城,阖闾置美人山",脱"人"字也。今据补。

〔109〕虞山巫咸山　按:"巫咸山"之"山",疑当作"出"。今本《越绝书》作"虞山者,巫咸所出也"。《寰宇记》九十一作"巫咸所居"。

〔110〕顺帝时陷而为湖　按:《集解》引洪亮吉说,谓《水经注》"顺帝"作"安帝"。

〔111〕(其)〔下〕山有项籍祠　据何焯校本改。

〔112〕县南城(在荒)〔古淹〕地上湖中冢者季子冢也　汲本"在荒地"作"在荒连",此据殿本改。按:今《越绝书》云"毗陵县南城,故古淹君地也"。又云"毗陵上湖中冢者,延陵季子冢也,去县七十里,上湖通上洲"。殿本殆据《越绝书》改也。

〔113〕吴王太伯冢　按:张森楷《校勘记》谓太伯非吴王,疑此文有衍误。

〔114〕永脩县　按:汲本"脩"作"修"。

〔115〕并中平〔中〕立　《集解》引惠栋说,谓诸本脱"中"字。今据补。

〔116〕建城　按:《前志》作"建成"。

〔117〕南野　按:《前志》作"南壄"。

〔118〕此地立名上蔡者　按:殿本《考证》齐召南谓案上文豫章郡户口下分注"《豫章记》曰"一条三十二字,应在此文之下。遍检本志,引书必有所指。上文《豫章记》言"上蔡民分徙此地",即"此地立名上蔡者"之注解也。不知何以将"豫章记"一条移置于前,后人遂无纠正者。

后汉书志第二十三

郡国五

汉中　巴郡　广汉　蜀郡　犍为　牂牁　越巂　益州　永昌
广汉属国　蜀郡属国　犍为属国

右益州

陇西　汉阳　武都　金城　安定　北地　武威　张掖　酒泉　敦煌
张掖属国　张掖居延属国

右凉州

上党　太原　上郡　西河　五原　云中　定襄　雁门　朔方

右并州

涿郡　广阳　代郡　上谷　渔阳　右北平　辽西　辽东　玄菟　乐浪　辽东属国

右幽州

南海　苍梧　郁林　合浦　交趾　九真　日南

右交州

汉中郡秦置。雒阳西千九百九十里。九城,户五万七千三百四十四,口二十六万七千四百二。

南郑①　**成固**妫墟在西北。②　**西城**③　**褒中**④　**沔阳**有铁。⑤　**安阳**　**锡**〔1〕有锡,春秋时曰锡穴。⑥　**上庸**本庸国。　**房陵**⑦

①《华阳国志》曰:"有池水,从旱山来。"

②《前书》云在西城。《帝王世记》亦云姚墟在西北,有舜祠。

③《巴汉志》云汉末以为西城郡。

④《华阳国志》曰有唐公(防)〔房〕祠。〔2〕

⑤《华阳国志》曰有定军山。《博物记》曰县北有丙穴。《巴汉志》曰："县有度水，水有二原，一曰清检，二曰浊检。"

⑥《左传》文十一年，楚伐麇，至于锡穴。〔3〕

⑦《巴汉志》曰："建安十三年别属新城郡。有维山，维水所出，东入沪。"

巴郡秦置。雒阳西三千七百里。①十四城，户三十一万六百九十一，口百八万六千四十九。

①谯周《巴记》曰："初平(六)〔元〕年，〔4〕赵颖分巴为二郡，〔5〕欲得巴旧名，故郡以垫江为治，安汉以下为永宁郡。〔6〕建安六年，刘(绰)〔璋〕分巴，〔7〕以永宁为巴东郡，以垫江为巴西郡。"《蜀都赋》注云："铜梁山在巴东。"干宝《搜神记》曰："有泽水，民谓神龙，不可鸣鼓其傍，即使大雨。"《蜀都赋》曰："潜龙蟠于沮泽，应鸣鼓而兴雨。"

江州①　　　**宕渠**有铁。　　　**朐忍**②　　　**阆中**③　　　**鱼复**④扞水有扞关。⑤　　　**临江**　　　**枳**⑥　　　**涪陵**出丹。⑦　　　**垫江**　　　**安汉**
平都⑧　　　**充国**永元二年分阆中置。⑨　　　**宣汉**⑩　　　**汉昌**永元中置。⑪

①杜预曰巴国也。有涂山，禹娶涂山。《华阳国志》曰："帝禹之庙铭存焉。有清水穴，巴人以此为粉，则膏(晖)〔泽〕鲜芳，〔8〕贡粉京师，因名粉水。"

②《巴汉志》曰："山有大小石城(势者)。"〔9〕

③案本传有俞水。《巴汉志》曰："有彭池、大泽、名山、灵台，见《孔子内谶》。"

④古庸国，《左传》文十〔六〕年〔10〕鱼人逐楚师是也。

⑤《史记》曰，楚肃王为扞关以拒蜀。

⑥《史记》苏代曰："楚得枳而国亡。"《华阳国志》有明月峡、广德屿者是也。

⑦《巴记》曰："灵帝分涪陵置永宁县。"《巴汉志》曰："涪陵，巴郡之南鄙，从枳南入折丹涪水，本与楚商於之地接。〔11〕汉时赤(田)〔甲〕军〔12〕常取其民。"

⑧《巴记》曰："和帝分枳置。"

⑨《巴记》曰："初平四年，复分为南充国县。"

⑩《巴汉记》曰："和帝分宕渠之东置。"

⑪《巴记》曰："分宕渠之北而置之。"

广汉郡高帝置。雒阳西三千里。十一城，户十三万九千八百六十五，口五十万九千四百三十八。

雒(州)刺史治。〔13〕　　新都①　绵竹②　什邡〔14〕　涪③

梓潼④　　白水⑤　　葭萌⑥　　郪　广汉有沈水。

德阳⑦

①《华阳国志》曰："有金堂山，水通巴(汉)。"〔15〕

②《地道记》曰："有紫岩山，绵水之所出焉。"

③《巴汉志》曰："屏水出屏山。"

④《地道记》"五妇山，驰水出"。建安二十二年，刘备以为郡。

⑤《山海经》曰白水出蜀而东南入江，郭璞曰今在县。

⑥《华阳国志》："有水通于汉川，有金银矿，民洗取之。"

⑦《华阳国志》曰："有剑阁道，三十里，至险。"

蜀郡秦置。雒阳西三千一百里。十一城，户三十万四百五十二，口百三十五万四百七十六。

成都①　　郫　江原　繁　广都②　　临邛③有铁。

湔氐道④岷山在西徼外。⑤　　汶江道⑥〔16〕　　八陵〔17〕　　广

柔⑦　　绵虒道⑧〔18〕

①《蜀都赋》注曰："武帝元鼎二年，立成都郭十八门。"

②任豫《益州记》曰："县有望川源，凿石二十里，引取郫江水灌广都田，云后汉所穿凿者。"

③《博物记》曰："有火井，深二三丈，在县南百里。以竹木投取火，后人以火烛投井中，火即灭绝，不复然。"《蜀都赋》注曰："火井欲出其火，先以家火投之，须臾许隆隆如雷声，烂然通天，光耀十里，以竹筒盛之，接其光而无炭也。取井火还，煮井水，一斛水得四五斗盐，家火煮之，不过二三斗盐耳。"

④《蜀王本纪》曰："县前有两石对如阙，号曰彭门。"

⑤《山海经》曰："岷山，江水出焉，东北注于海。中多良龟，其上多金玉，其下多白珉，其兽多犀、象、夔。"郭璞曰："今蜀山中有大牛，重数千斤，曰夔。"《蜀都赋》注曰："岷山特多药，其椒特好者，绝异于天下之好者。"

⑥《华阳国志》曰："濊水、駹水出焉，多冰寒，盛夏凝冻不释。孝安延光三年复立之以为郡。"

⑦《帝王世记》曰禹生石纽。县有石纽邑。《华阳国志》曰："夷人营其地，方百里，不敢居牧。有过，逃其野中不敢追，云畏禹神；能藏三年，为人所得，则共原之，云禹神灵佑之。"

⑧《华阳国志》曰："有玉垒山，出璧玉，湔水所出。"

犍为郡武帝置。雒阳西三千二百七十里。刘璋分立江阳郡。九城，户十三万七千七百一十三，口四十一万一千三百七十八。

武阳有彭亡聚。①　　**资中**　　**牛鞞**　　**南安**②有鱼(泣)〔涪〕津。③〔19〕　　**僰道**④　　**江阳**⑤　　(荷)〔符〕节〔20〕　　**南广**　　**汉安**

①岑彭死处。《南中志》曰："县南二十里彭望山。"《益州记》曰："县有王乔仙处。王乔祠今在县，下有彭祖冢，上有彭祖祠。"

②《蜀都赋》注曰："县之南有五屼山，一山而五里，在越巂界。"〔21〕

③《蜀都赋》注曰："鱼符津数百步，在县北三十里。县临大江，岸便山岭相连，经益州郡，有道广四五尺，深或百丈，斩凿之迹今存，昔唐蒙所造。"《博物记》："县西百里有牙门山。"《华阳国志》曰："县西有熊耳峡，南有峨眉山，去县八十馀里。"

④《华阳国志》曰："治马湖江会，水通越巂。旧本有僰人。有荔枝、薑蒟。有〔蜀〕王(岳)〔兵〕兰。〔22〕李冰烧之崖有五色赤白映水玄黄。〔23〕鱼从楚来，至此而止，畏崖映其水故也。"

⑤《华阳国志》曰："江、雒会，有方〔山〕兰祀，〔24〕江中有大阙小阙。"《蜀都赋》注云："沱、潜既道，从县南流至汉嘉县入大穴，中通刚山下，因南潜出，今名复出水是也。"

牂牁郡武帝置。雒阳西五千七百里。十六城，户三万一千五百二十三，口二十六万七千二百五十三。

故且兰①　　**平夷**　　**鐉**②　　**毋敛**　　**谈指**出丹。③　　**夜郎**出

雄黄、雌黄。④　　　同并　　谈橐　　漏江　　毋单　　宛温⑤

镡封⑥　　漏卧　　句町⑦　　进乘[25]　　西随⑧

①《地道记》曰："有(沈)〔沅〕水。"[26]

②《地道记》曰："不狼山，鳖水所出。"

③《南中志》曰："有不津江，江有瘴气。"

④案本传有竹王三郎祠。

⑤《南中志》曰："县北三百里有盘江，广数百步，深十馀丈。此江有毒气。"

⑥《华阳国志》曰："有温水。"

⑦案本传有桄榔木。《地道记》有文众水。[27]

⑧《地道记》曰："麋水，西受徼外，东至麋泠，[28]入尚龙溪。"

越巂郡武帝置。雒阳西四千八百里。十四城，户十三万一百二十，口六十二万三千四百一十八。

邛都南山出铜。①　　遂久②　　灵关道③　　台登[29]出铁。④

青蛉有禺同山，俗谓有金马碧鸡。⑤　　卑水⑥　　三缝⑦[30]

会无出铁。⑧　　定莋⑨　　阐⑩[31]　　苏示　　大莋　　莋

秦　　姑复⑪

①《南中志》曰："县东南数里有水名邛广都河，从广二十里，深百馀丈，有鱼长一二丈，头特大，遥视如戴铁釜状。"《华阳国志》曰："河有嶲隽山，又有温水穴，[32]冬夏常热。"

②《华阳国志》曰："有绳水。"《广志》曰："有缥碧石，有绿碧。"

③《华阳国志》曰："有铜山，又有利慈。"

④《华阳国志》曰："有孙水，一曰白沙江。山有砮，火烧成铁。"

⑤《华阳国志》曰："有盐官。濮水出。"

⑥《华阳国志》曰："水通马湖。"

⑦《华阳国志》曰："通道宁州，度泸得〔靖〕蛉县。[33]有长谷石时坪，中有石猪，子母数千头，长老传言夷昔牧猪于此，一朝猪化为石，迄今夷不敢往牧。"

⑧郭璞曰，《山海经》称县东山出碧，亦玉类。《华阳国志》曰："故濮人邑也。今有濮人冢，冢不闭户，其中多珠，人不可取，取之不祥。有(元)〔天〕马河。[34]

(元)〔天〕马日行千里。县有(元)〔天〕马祠。民居家马牧山下,或产骏驹,云(元)〔天〕马子也。今(其)有(元)〔天〕马径,〔35〕厥迹存焉。河中有铜船,〔36〕今在,祠以羊〔37〕可取也。河中见(子)〔存〕。〔38〕土地特产好(犛)〔犀〕牛。〔39〕东山出青碧。”

⑨《华阳国志》:“县在郡西。度泸水,宾冈徼白摩沙夷有盐坑,积薪,以齐水灌而后焚之,成白盐,汉末夷等皆锢之。”

⑩《华阳国志》曰:“故邛人邑,治邛都城。”

⑪《地道记》:盐池泽在南。

益州郡武帝置。故滇王国。雒阳西五千六百里。诸葛亮表有耽文山、泽山、司弥瘗山、娄山、辟龙山,此等并皆未详所在县。十七城,户二万九千三十六,口十一万八百二。

滇池出铁。有池泽。①北有黑水祠。②　　　　**胜休**③〔40〕　　　　**俞元**装山〔41〕出铜。④　　　　**律高**石室山出锡。螳町山出银、铅。　　　　**贲古**采山出铜、锡。⑤羊山出银、铅。⑥　　　(母掇)〔毋棳〕⑦〔42〕　　　**建伶**

　　　偲昌　　　**牧靡**⑧〔43〕　　　**味**　　　**昆泽**　　　**同濑**⑨〔44〕　　　**同劳**

　　　双柏出银。　　　**连然**　　　**梇栋**⑩〔45〕　　　**秦臧**

①泽在县西,见《前书》。《南中志》曰:“池周二百五十里。”

②《华阳国志》曰水是温泉。又有白蜎山,(淮)〔惟〕有蜎。〔46〕

③《南中志》曰:“有大河,从广百四十里,深数十丈。”《地道记》曰:“水东至(母掇)〔毋棳〕,〔47〕入桥水。”

④《华阳国志》在河中洲上。

⑤《前书》曰在县北。

⑥在县西。《地道记》曰:“南乌山,出锡。”

⑦《地道记》曰:“有桥水,出桥山。”

⑧李奇曰:“靡音麻。”出升麻。

⑨《地道记》曰:“铜房山,米水所出。”〔48〕

⑩《地道记》:“连山,无血水所出。”

永昌郡明帝永平〔十〕二年〔49〕分益州置。雒阳西七千二百六十里。①八城，户二十三万一千八百九十七，口百八十九万七千三百四十四。〔50〕

　　①《广志》曰："永昌一郡，见龙之耀，日月相属。"

不韦出铁。①　　　**嶲唐**②　　　**比苏**　　　**楪榆**③〔51〕　　　**邪龙**　　　**云南**④　　　**哀牢**永平中置，故牢王国。　　　**博南**永平中置。南界出金。⑤

　　①《华阳国志》曰："孝武置不韦县，徙南越相吕嘉子孙宗族居之，因名不韦，以章其先人之恶。"

　　②本西南夷，《史记》曰古为嶲、昆明。《古今注》曰："永平十年置益州西部都尉，治嶲唐，镇尉哀牢人楪榆蛮夷。"《华阳国志》曰："有（同）〔周〕水从徼外来。"〔52〕

　　③有河。《广志》曰："有吊鸟山，县西北八十里，在阜山，众鸟千百群共会，鸣呼啁哳，每岁七月、八月晦望至，集六日则止，岁凡六至。雒雀来吊，特悲。其方人夜然火伺取，无嗉不食者以为义鸟，则不取也。俗言凤皇死于此山，故众鸟来吊。"《地道记》有泽，在县东。

　　④《南中志》曰："县西高山相连，有大泉水，周旋万步，名冯河。县西北百数十里有山，众山之中特高大，状如扶风太一，郁然高峻，与云气相连结，因视之不见。其山固阴沍寒，虽五月盛暑不热。"《广志》曰："五月霜雪皓然。"

　　⑤《华阳国志》曰："西山高三十里，越〔山〕得兰沧水，〔53〕有金沙，洗取融为金。有光珠穴。"《广志》曰："有虎魄生地中，其上及旁不生草，深者四五八九尺，大者如斛，削去外皮，中成虎魄如升，初如桃胶凝坚成也。"

广汉属国(都尉)〔54〕故北部都尉，属(蜀)〔广汉〕郡，〔55〕安帝时以为属国都尉，别领三城。户三万七千一百一十，口二十万五千六百五十二。

　　阴平道　**甸氐道**①　　**刚氐道**②

　　①《华阳国志》曰："有白水，出徼外，入汉。"

　　②《华阳国志》曰："涪水所出，有金银矿。"

蜀郡属国故属西部都尉，延光元年以为属国都尉，别领四城。户十一万一千五百六十八，口四十七万五千六百二十九。

汉嘉故青衣，阳嘉二年改。有蒙山。①　　　　**严道**有邛僰九折坂者，邛(刻)〔邮〕置。②〔56〕　　　**徙**③　　　**旄牛**④

①《华阳国志》曰："有渽水，〔57〕从邛来出岷江，〔58〕又从岷山西来入江，合郡下青衣江入大江，土地多山。"《蜀都赋》曰："廓灵关而为门"，注曰山名也。地在县南。

②《山海经》曰："崃山，江水出焉"，郭璞曰"中江所出也"。《华阳国志》曰："道至险，有长岭若栋，八渡之难，杨母阁之峻，昔杨氏倡造作阁，故名焉。邛崃山本名邛莋，故邛人、莋人界也。岩阻峻，回曲九折，乃至山上，凝冰夏结，冬则剧寒，王阳行部至此退。"

③《华阳国志》曰："出丹砂、雄雌黄、空青、青碧。"

④《华阳国志》曰："旄，地也，在邛崃山表。邛人自蜀入，度此山甚险难，南人毒之，故名邛崃。有鲜水、若水，一名洲江。"

犍为属国故郡南部都尉，永初元年以为属国都尉，别领二城。户七千九百三十八，口三万七千一百八十七。

朱提①山出银、铜。②　　　**汉阳**

①《南中志》曰："县有大渊池水，名千顷池。西南二里有堂狼山，〔59〕多毒草，盛夏之月，飞鸟过之，不能得去。"《蜀都赋》注曰："有灵池在县南数十里，周四十七里。"

②案《前书》，朱提银重以八两为一流，直一千五百八十，他银一流直一千。《南中志》曰："旧有银窟数处。"诸葛亮书云："汉嘉金，朱提银，采之不足以自食。"

　　　右益州刺史部，郡、国十二，县、道〔一〕百一十八。①〔60〕

①本梁州。《袁山松书》曰："建安二十年复置汉宁郡，汉中之安阳、西城郡，分锡、上庸为上庸郡，置都尉。"

陇西郡秦置。雒阳西二千二百二十里。十一城，户五千六百二十八，口二万九千六百三十七。

狄道　　安故　　氐道养水出此。①　　首阳有鸟鼠同穴山,②渭水出。③　　大夏　　襄武有五鸡聚。　　临洮有西顷山。④

枹罕故属金城。　　白石故属金城。　　鄣　　河关故属金城。积石山在西南,河水出。

①《巴汉志》曰:"汉水二源,东源出县之养山,名养。"《南都赋》注曰:"汉水源出陇西,经武都至武关山,历南阳界,出沔口入江。"《巴汉志》曰:"西汉,陇西幡冢山,会白水经葭萌入汉。始源曰沔,故曰汉沔。"

②《尔雅》曰:"其鸟为鵌。其鼠为鼵,如人家鼠而短尾。鵌似鵽而小,黄黑色。穴地入三四尺,鼠在内,鸟在外。"孔安国《尚书传》曰:"共为雌雄。"张氏《地理记》云不为牝牡。《山海经》曰:"山多白虎、白玉。"

③《地道记》曰:"有三危,三苗所处。"

④《前志》曰在县西。本传(县)马防筑索西城。〔61〕

汉阳郡武帝置,为天水,永平十七年更名。在雒阳西二千里。①十三城,户二万七千四百二十三,口十三万一百三十八。

①《秦州记》曰:〔62〕"中平五年,分置南安郡。"《献帝起居注》曰:"初平四年十二月,已分汉阳、上郡为永阳,〔63〕以乡亭为属县。"

冀①有朱圉山。②有缇群山。有雒门聚。③〔64〕　　望恒〔65〕　　阿阳　　略阳〔66〕有街泉亭。④　　勇士　　成纪⑤　　陇(州)〔67〕刺史治。⑥有大坂名陇坻。⑦娄坻聚有秦亭。⑧　　豲道⑨　　兰干

平襄　　显亲　　上邽故属陇西。⑩　　西故属陇西。有嶓冢山,西汉水⑪。

①《史记》曰:"秦武公伐冀戎,县。"

②《前志》曰在县南。

③来歙破隗嚣处。

④街(水)〔泉〕故县,省。〔68〕

⑤《帝王世记》曰:"庖牺氏生于成纪。"

⑥《汉官》云:"去雒阳二千一百里。"

⑦《三秦记》："其坂九回,不知高几许,欲上者七日乃越。高处可容百馀家,清水四注下。"郭仲产《秦州记》曰："陇山东西百八十里。登山岭,东望秦川四五百里,极目泯然。山东人行役升此而顾瞻者,〔69〕莫不悲思。故歌曰:'陇头流水,分离四下。念我行役,飘然旷野。登高远望,涕零双堕。'度汧、陇,无蚕桑,八月乃麦,五月乃冻解。"

⑧秦之先封起于此。

⑨《史记》秦孝公西斩戎王。

⑩《秦州记》曰："县北有利山,川中平地有土堆,高五丈,生细竹,翠茂殊常。二杨树大数十围,百姓祀之。"

⑪《史记》曰："申命和仲居西土。"徐广曰:"今之西县。"郑玄曰:"西在陇西〔之〕西,〔70〕今谓之(人)〔八〕充山。"〔71〕

武都郡武帝置。雒阳西一千九百六十里。七城,户二万一百二,口八万一千七百二十八。

　　下辨①〔72〕　　武都道②〔73〕　　上禄　　故道③　　河池④
沮沔水出东狼谷。〔74〕　　羌道〔75〕

①有赤亭。

②《华阳国志》曰："有天池泽。"〔76〕

③干宝《搜神记》曰："有(奴)〔怒〕特祠,〔77〕秦置旄头骑起此。"

④《地道记》曰："有泉街水。"

金城郡昭帝置。雒阳西二千八百里。十城,户三千八百五十八,口万八千九百四十七。

　　允吾①　　浩亹②　　令居　　枝阳　　金城　　榆中　　临羌
有昆仑山。　　破羌　　安夷　　允街

①《西羌传》有唐谷。秦州有牢北山,傍有三窟。

②有雒都谷,马武破羌处。

安定郡武帝置。雒阳西千七百里。八城，户六千九十四，口二万九千六十。

临泾① **高平**有第一城。② **朝那**③ **乌枝**[78]有瓦亭，④出薄落谷。⑤[79] **三水**⑥ **阴盘**⑦[80] **彭阳** **鹑觚**[81]故属北地。

①《谢承书》曰"宣仲为长史，民扳留，改曰宜民"，见《李固传》，而志无此改，岂承之妄乎？

②高峻所据。

③有湫渊，方四十里，停不流，冬夏不增减，不生草木。郭璞注《山海经》曰："泾水出县西(丹)[开]头山，[82]入渭。"

④牛邯军处。

⑤本传有龙池山，《地道记》曰乌水出。

⑥有左谷，[83]卢芳所居。

⑦旧有阴密县，未详所并。杜预曰："定安阴密县，古密须国。"《史记》曰，秦迁白起于阴密。《山海经》曰："温水出崆峒山，在临汾南入河，华阳北。"郭璞曰："水常暖。"

北地郡秦置。雒阳西千一百里。六城，户三千一百二十二，口万八千六百三十七。

富平 **泥阳**有五柞亭。① **弋居**有铁。 **廉**② **参䜌**故属安定。③ **灵州**

①《地道记》曰："泥水出郁郅北蛮中。"

②《前志》卑移山在西北。

③有青山。《谢沈书》："属国降羌胡数千人，居山田畜。"

武威郡故匈奴休屠王地，武帝置。雒阳西三千五百里。十四城，户万四十二，[84]口三万四千二百二十六。

姑臧① **张掖** **武威** **休屠** **揟次** **鸾鸟** **朴劚** **媪围** **宣威** **仓松**②[85] **鹯阴**[86]故属安定。 **租**

厉[87]故属安定。　　　显美故属张掖。　　　左骑千人官。[88]

①《地道记》："南山,谷水所出。"

②《地道记》曰："南山,松陕水所出。"

张掖郡故匈奴昆邪王地,武帝置。雒阳西四千二百里。献帝分置西郡。八城,户六千五百五十二,口二万六千四十。

鯈得　　昭武　　删丹弱水出。　　氐池　　屋兰　　日勒
骊靬　　番和

酒泉郡武帝置。雒阳西四千七百里。九城,户万二千七百六。[89]

福禄[90]　　表氏[91]　　乐涫　　玉门　　会水　　沙头[92]
安弥故曰(缓)〔绥〕弥。[93]　　乾齐　　延寿①

①《博物记》曰："县南有山,石出泉水,大如筥篨,注地为沟。其水有肥,如煮肉洎,兼兼永永,如不凝膏,然之极明,不可食,县人谓之石漆。"

敦煌郡武帝置。雒阳西五千里。①六城,户七百四十八,口二万九千一百七十。[94]

①《耆旧记》曰："国当乾位,地列艮墟,水有县泉之神,山有鸣沙之异,川无蛇虺,泽无兕虎,华戎所交,一都会也。"

敦煌古瓜州,出美瓜。　　冥安　　效穀　　拼泉[95]　　广至
龙勒有玉门关。

张掖属国武帝置属国都尉,以主蛮夷降者。安帝时,别领五城。[96]户四千六百五十六,口万六千九百五十二。

候官　　左骑　　千人　　司马官　　千人官。

张掖居延属国故郡都尉,安帝别领一(郡)〔城〕。[97]户一千五百六十,口

四千七百三十三。〔98〕

　　居延有居延泽,古流沙。①

①献帝建安末,立为西海郡。〔99〕

　　　右凉州刺史部,郡(国)十二,〔100〕县、道、候官九十八。①

①《袁山松书》曰:"兴平元年,分安定鹑觚、右扶风之漆置新平郡。"

上党郡秦置。雒阳北千五百里。十三城,户二万六千二百二十二,口十二万七千四百三。

　　长子①　　　**屯留**绛水出。②　　　**铜鞮**③　　　**沾**④　　　**涅**有阏与聚。⑤　　　**襄垣**⑥　　　**壶关**有黎亭,故黎国。⑦　　　**泫氏**有长平亭。⑧　　　**高都**⑨　　　**潞**本国。⑩　　　**猗氏**⑪〔101〕　　　**阳阿**侯国。　　　**穀远**⑫

①《山海经》曰:"有发鸠之山,(章)〔漳〕水出焉。"〔102〕《上党记》曰:"关城,都尉所治。令狐徵君隐城东山中,去郡六十里,即壶关三老〔103〕令狐茂上书讼戾太子者也,茂即葬其山。"

②《上党记》曰:"有鹿谷山,浊漳所出。有余吾城,在县西北三十里。"

③《上党记》曰:"晋别宫墟关犹存,有北城,去晋宫二十里,羊舌所邑。"《左传》成九年晋执郑伯于此。

④《山海经》曰:"有少山,其上有金玉,其下有铜。"郭璞云在沾。

⑤《史记》曰,赵奢破秦兵阏与。《山海经》云:"谒戾之山有金玉,沁水出焉,南流注于河。"郭璞曰在涅。

⑥《上党记》曰:"邑带山林,茂松生焉。"

⑦文王戡黎即此也。《上党记》曰:"东山在城东南,晋申生所伐,今名平皋。"

⑧《史记》曰,白起破赵长平。《上党记》曰:"城在郡南山中百二十里。"

⑨《前志》曰有天井关。《战国策》曰桀居天井,即天门也。《博物记》曰:"县南地名即垂。"

⑩《左传》哀四年齐伐晋壶口,杜预曰:"(路)〔潞〕县东有壶口关。"〔104〕《上党记》曰:"潞,浊漳也。县城临潞。晋荀林父伐曲梁,在城西十里,今名石梁。又东北八十里有黎城,临壶口关,至建安十一年,从淘河口凿入潞河,名泉州

梁，以通于海。"

⑪《汉书音义》县出鹝。

⑫《上党记》曰："有羊头山，沁水所出。"

太原郡秦置。[105]十六城，户三万九百二，口二十万一百二十四。

晋阳本唐国。①有龙山，晋水所出。②刺史治。③　　界休有界山，有绵上聚。④有千亩聚。⑤　　榆次⑥有凿壶。⑦[106]　　中都⑧

于离　　兹氏　　狼孟　　邬⑨　　盂⑩　　平陶　　京陵春秋时九京。⑪　　阳曲　　大陵有铁。⑫　　祁　　虑虒　　阳邑有箕城。⑬

①《毛诗谱》曰尧始都于此，后迁河东平阳。

②《山海经》曰："有悬瓮之山，其上多玉，其下多铜，其兽多闾麋，晋水出焉，东南注汾。"郭璞曰在县。《左传》曰："迁实沈于大夏。"贾逵曰："陶唐之胤刘累也。"杜元凯曰："今晋阳县。"

③《汉官》曰："南有梗阳城，中行献子见巫皋。"

④《左传》曰晋文公以绵上为介之推田。界山，推焚死之山，[107]故太原俗有寒食。

⑤《左传》曰"晋为千亩之战"，在县南。

⑥《左传》谓涂水。[108]

⑦《史记》曰，韩魏杀智伯，埋于凿壶之下。

⑧《左传》昭二年执陈无宇于中都，杜预曰界休县南中都城是也。[109]

⑨《史记》韩信破夏说于邬〔东〕，[110]徐广曰音于庶反。

⑩晋大夫(盂)〔盂〕丙邑。[111]

⑪《礼记》曰赵武从先大夫于九京，郑玄曰"晋卿大夫之墓地。'京'，字之误，当为'九原'"。

⑫《史记》曰赵肃侯游大陆，出于鹿门。即大陵。

⑬《左传》僖三十三年晋败狄于箕。

上郡秦置。十城，户五千一百六十九，口二万八千五百九十九。

肤施　　白土　　漆垣　　奢延　　雕阴〔112〕　　桢林　　定阳
高奴　　龟兹属国　　候官

西河郡武帝置。雒阳北千二百里也。十三城,户五千六百九十八,口二万八百三十八。

离石　　平定　　美稷　　乐街　　中阳　　皋狼　　平周
平陆　　益兰〔113〕　　圜阴　　蔺　　圜阳　　广衍

五原郡秦置为九原,武帝更名。十城,户四千六百六十七,口二万二千九百五十七。

九原　　五原　　临沃　　(父)〔文〕国〔114〕　　河(除)〔阴〕〔115〕
武都　　宜梁　　曼柏　　成宜　　西安阳北有阴山。①

①徐广曰:"阴山在河南,阳山在河北。"《史记》曰,蒙恬筑长城临洮,延袤万里馀,度河据阳山。

云中郡秦置。十一城,户五千三百五十一,口二万六千四百三十。

云中　　咸阳　　箕陵〔116〕　　沙陵　　沙南①　　北舆　　武
泉　　原阳　　定襄故属定襄。　　成乐故属定襄。　　武进故
属定襄。

①案:乌桓有兰池城,乌桓之围耿晔处。

定襄郡高帝置。五城,户三千一百五十三,口万三千五百七十一。

善无故属雁门。　　桐过　　武成〔117〕　　骆　　中陵故属
雁门。

雁门郡秦置。雒阳北千五百里。十四城,户三万一千八百六十二,口二十四万九千。〔118〕

阴馆①　　　繁畤　　　楼烦　　　武州②　　　汪陶〔119〕　　　剧阳

崞　　　平城③　　　埒　　　马邑④　　　卤城故属代郡。⑤　　　广武故
属太原。有夏屋山。⑥〔120〕　　　原平故属太原。⑦　　　彊阴

①《史记》曰汉苏意军句注，应劭曰山险名也，在县。《尔雅》八陵西隃雁门是
　　也。郭璞曰即雁门山。《山海经》曰，雁门山者，雁飞出于其间。

②《前书》武帝诱匈奴入武州塞。

③《前书》高帝被围白登，服虔曰去县七里。

④干宝《搜神记》曰："昔秦人筑城于武州塞内以备胡，城成而崩者数矣。有马
　　驰走一地，周旋反覆，父老异之，因依以筑城，城乃不崩，遂名之为马邑。"

⑤《山海经》曰："(秦)〔泰〕戏之山，〔121〕无草木，多金玉，呼沱之水出焉。"郭璞
　　曰，今呼沱河〔出〕县武夫山。〔122〕《周礼》："并州，其川呼沱。"《魏志》曰："建
　　安十年凿渠自呼沱入汾，名平虏渠。"

⑥《史记》曰，赵襄子北登夏屋山，以铜斗杀代王。郭璞曰，《尔雅》山中有兽，形
　　如菟，相负共行，土俗名之蟨。

⑦《古史考》曰："赵衰居原，今原平县。"

朔方郡武帝置。六城，户千九百八十七，口七千八百四十三。

临戎　　　三封　　　朔方　　　沃野　　　广牧　　　大城〔123〕故属
西河。

　　　　右并州刺史部，郡九，县、邑、侯国九十八。①

①《古今注》曰："建武十一年十月，西河上郡属(魏)。"〔124〕《魏志》曰："建安二
　　十年省云中、定襄、五原、朔方，置一县领其民，合以为新兴郡。"

涿郡高帝置。雒阳东北千八百里。七城，户十万二千二百一十八，口六
十三万三千七百五十四。

涿　　　遒侯国。①　　　故安易水出，雹水出。②　　　范阳侯国。

良乡　　　北新城〔125〕有汾水门。③　　　方城故属广阳。有临乡。④
有督〔亢〕亭。⑤〔126〕

①《史记》汉武帝至鸣泽，服虔曰在县北界。

②案本纪,永元十五年复置县铁官。

③《史记》曰,赵与燕汾门。

④故县,后省。惠文王与燕临乐。

⑤刘向《别录》曰:"督亢,膏腴之地。"《史记》荆轲奉督亢图入秦。

广阳郡高帝置,为燕国,昭帝更名为郡。[127]世祖省并上谷,永(平)〔元〕八年复。[128]五城,户四万四千五百五十,口二十八万六百。

蓟本燕国。刺史治。① **广阳** **昌平**故属上谷。 **军都**故属上谷。 **安次**故属勃海。

①《汉官》曰:"雒阳东北二千里。"

代郡秦置。雒阳东北二千五百里。①十一城,户二万一百二十三,口十二万六千一百八十八。

①《古今注》曰:"建武二十七年七月属幽州。"

高柳 **桑乾** **道人** **当城** **马城** **班氏** **狋氏** **北平邑**[129]永元八年复。 **东安阳** **平舒** **代**①

①干宝《搜神记》曰:"代城始筑,立板干,一旦亡西南板,四五十里于泽中自立,结苇为外门,因就营筑焉,故其城周圆三十五丈,为九门,故城处呼之以为东城。"

上谷郡秦置。雒阳东北三千二百里。八城,户万三百五十二,口五万一千二百四。

沮阳 **潘**永元十一年复。 **宁**[130] **广宁** **居庸** **雊瞀** **涿鹿**① **下落**[131]

①《帝王世记》曰:"黄帝所都,有蚩尤城、阪泉地、黄帝祠。"《世本》云在(鼓)〔彭〕城南,[132]张晏曰在上谷。于瓒[133]案《礼·五帝位》云黄帝与赤帝战于阪泉之野,不在涿鹿,是伐蚩尤之地。

渔阳郡秦置。雒阳东北二千里。九城,户六万八千四百五十六,口四十
　　三万五千七百四十。

　　　　渔阳有铁。〔134〕　　狐奴　　潞〔135〕　　雍奴　　泉州有铁。〔136〕
　　　　平谷　　安乐　　傂奚〔137〕　　犷平

右北平郡秦置。雒阳东北二千三百里。四城,户九千一百七十,口五万
　　三千四百七十五。

　　　　土垠〔138〕　　徐无　　俊靡〔139〕　　无终

辽西郡秦置。雒阳东北三千三百里。五城,户万四千一百五十,口八万
　　一千七百一十四。

　　　　阳乐　　海阳　　令支有孤竹城。①〔140〕　　肥如　　临渝②
　　①伯夷、叔齐本国。
　　②《山海经》曰:"碣石之山,(纲)〔绳〕水出焉,〔141〕其上有玉,其下多青碧。"《水
　　　经》曰在县南。郭璞曰:"或曰在右北平骊(城)〔成〕县〔142〕海边山也。"

辽东郡秦置。雒阳东北三千六百里。①十一城,户六万四千一百五十
　　八,口八万一千七百一十四。〔143〕
　　①案本纪,和帝永元十六年郡复置西部都尉官。

　　　　襄平　　新昌　　无虑〔144〕　　望平　　候城〔145〕　　安市
　　　　平郭有铁。　　西安平①　　汶〔146〕　　番汗　　沓氏
　　①《魏氏春秋》曰:"县北有小水,南流入海,句骊别种,因名之小水貊。"

玄菟郡武帝置。雒阳东北四千里。六城,户一千五百九十四,口四万三
　　千一百六十三。〔147〕

　　　　高句骊辽山,辽水出。①　　西盖(鸟)〔马〕〔148〕　　上殷台　　高
　　　　显故属辽东。　　候城故属辽东。〔149〕　　辽阳故属辽东。②

①《山海经》曰:"辽水出白平东。"郭璞曰:"出塞外(衔)〔卫〕白平山。〔150〕辽山,小辽水所出。"

②《东观书》安帝即位之年,分三县来属。

乐浪郡武帝置。雒阳东北五千里。十八城,户六万一千四百九十二,口二十五万七千五十。

朝鲜	讪邯	浿水	含资	占蝉〔151〕	遂城〔152〕
增地	带方	驷望	海冥	列口①	长岑	屯有
昭明	镂方	提奚	浑弥	乐都

①郭璞注《山海经》曰:"列,水名。列水在辽东。"

辽东属国〔153〕故邯乡,西部都尉,安帝时以为属国都尉,别领六城。雒阳东北三千二百六十里。

昌辽故天辽,〔154〕属辽西。①　　**宾徒**〔155〕故属辽西。　　**徒河**故属辽西。　　**无虑**〔156〕有医无虑山。〔157〕　　**险渎**②　　**房**

①何法盛《晋书》有青城山。

②《史记》曰,王险,卫满所都。

右幽州刺史部,郡、国十一,县、邑、侯国九十。

南海郡武帝置。雒阳南七千一百里。七城,户七万一千四百七十七,口二十五万二百八十二。〔158〕

番禺①　　**博罗**②〔159〕　　**中宿**　　**龙川**　　**四会**　　**揭阳**

增城有劳领山。

①《山海经》(注)〔160〕"桂林八树,在贲禺东",郭璞云今番禺。

②有罗浮山,自会稽浮往博(罗)山,〔161〕故置博罗县。

苍梧郡武帝置。雒阳南六千四百一十里。〔162〕十一城,户十一万一千三百九十五,口四十六万六千九百七十五。

广信①　　谢沭　　高要　　封阳　　临贺　　端谿　冯乘　富
川　　荔浦　猛陵②　　　鄣平③

①《汉官》曰:"刺史治,去雒阳九千里。"

②《地道记》曰:"龙山,合水所出。"

③永平十四年置。

郁林郡秦桂林郡,武帝更名。雒阳南六千五百里。十一城。〔163〕

布山　　安广　　阿林　　广郁　　中溜〔164〕　　桂林　　潭中
临尘　　定周　　增食　　领方

合浦郡武帝置。雒阳南九千一百九十一里。五城,户二万三千一百二
十一,口八万六千六百一十七。

合浦　　徐闻①　　高凉②　　临元〔165〕　　朱崖〔166〕

①《交州记》曰:"出大吴公,皮以冠鼓。"

②建安二十五年,孙权立高梁郡。

交趾郡武帝置,即安阳王国。雒阳南万一千里。十二城。

龙编①　　嬴陵②〔167〕　　(定)安〔定〕③〔168〕　　苟漏④　　麊
泠〔169〕　　曲阳〔170〕　　北带　　稽徐　　西于　　朱载　　封
谿建武十九年置。⑤　　望海建武十九年置。

①《交州记》曰:"县西带江,有仙山数百里,有三湖,有注、沇二水。"〔171〕

②《地道记》曰:"南越侯织在此。"

③《交州记》曰:"越人铸铜为船,在江潮退时见。"

④《交州记》曰:"有潜水牛上岸共斗,角软,还复出。"〔172〕

⑤《交州记》曰:"有堤防龙门,水深百寻,大鱼登此门化成龙,不得过,曝鳃点
额,血流此水,恒如丹池。有秦潜江,出呕山,分为九十九,流三百餘里,共会
于一口。"

九真郡武帝置。雒阳南万一千五百八十里。五城,户四万六千五百一十三,口二十万九千八百九十四。

> **胥浦** **居风**① **咸懽**〔173〕 **无功**〔174〕 **无编**

> ①《交州记》曰:"有山出金牛,往往夜见,光曜十里。山有风门,常有风。"

日南郡秦象郡,武帝更名。雒阳南万三千四百里。五城,户万八千二百六十三,口十万六百七十六。

> **西卷**〔175〕 **朱吾**① **卢容**② **象林**③ **比景**④

> ①《交州记》曰:"其民依海际居,不食米,止资鱼。"

> ②《交州记》曰:"有采金浦。"

> ③今之林邑国。

> ④《博物记》曰:"日南出野女,群行不见夫,其状晶且白,裸袒无衣襦。"

右交州刺史部,郡七,县五十六。①

> ①王范《交广春秋》曰:"交州治嬴陵县,元封五年移治苍梧广信县,建安十五年治番禺县。诏书以州边远,使持节,并七郡皆授鼓吹,以重威镇。"

《汉书·地理志》承秦三十六郡,县邑数百,后稍分析,至于孝平,凡郡、国百三,县、邑、道、侯国千五百八十七。世祖中兴,惟官多役烦,乃命并合,省郡、国十,县、邑、道、侯国四百馀所。①至明帝置郡一,章帝置郡、国二,和帝置三,安帝又命属国别领比郡者六,又所省县渐复分置,至于孝顺,凡郡、国百五,县、邑、道、侯国千一百八十,②民户九百六十九万八千六百三十,口四千九百一十五万二百二十。③

> ①应劭《汉官》曰:"世祖中兴,海内人民可得而数,裁十二三。边陲萧条,靡有孑遗,郛塞破坏,亭队绝灭。建武二十一年,始遣中郎将马援、谒者,分筑烽候,堡壁稍兴,立郡县十馀万户,或空置太守、令、长,招还人民。上笑曰:'今边无人而设长吏治之,难如春秋素王矣。'乃建立三营,屯田殖谷,弛刑谪徒以充实之。"

> ②《东观书》曰:"永兴元年,乡三千六百八十二,〔176〕亭万二千四百四

十二。"〔177〕

③应劭《汉官仪》曰:"永和中,户至千七十八万,口五千三百八十六万九千五百八十八。"又《帝王世记》,永嘉(二)〔元〕年〔178〕户则多九十七万八千七百七十一,口七百二十一万六千六百三十六。应载极盛之时,而所殊甚众,舍永嘉多,取永和少,良不可解。皇甫谧校核精审,复非谬记,未详孰是。岂此是顺朝时书,后史即为本乎?伏无忌所记,每帝崩,辄最户口及垦田大数,今列于后,以见滋减之差焉。光武中元二年,户四百二十七万九千六百三十四,口二千一百万七千八百二十。明帝永平十八年,户五百八十六万五百七十三,口三千四百一十二万五千二十一。章帝章和二年,户七百四十五万六千七百八十四,口四千三百三十五万六千三百六十七。和帝元兴元年,户九百二十三万七千一百一十二,口五千三百二十五万六千二百二十九,垦田七百三十二万一百七十顷八十亩百四十步。安帝延光四年,户九百六十四万七千八百三十八,口四千八百六十九万七百八十九,〔179〕垦田六百九十四万二千八百九十二顷一十三亩八十五步。顺帝建康元年,户九百九十四万六千九百一十九,口四千九百七十三万五百五十,垦田六百八十九万六千二百七十一顷五十六亩一百九十四步。冲帝永嘉元年,户九百九十三万七千六百八十,口四千九百五十二万四千一百八十三,垦田六百九十五万七千六百七十六顷二十亩百八步。质帝本初元年,户九百三十四万八千二百二十七,口四千七百五十六万六千七百七十二,垦田六百九十三万一百二十三顷三十八亩。

赞曰:众安后载,政洽区分;侯罢守列,民无常君。称号迁隔,封割纠纷;略存减益,多证前闻。

【校勘记】

〔1〕 锡　按:《前志》作"錫",应劭曰音阳。王先谦《补注》谓应劭后汉人,时尚有此县,应音必不误,当以作"錫"为正。

〔2〕 有唐公(防)〔房〕祠　《集解》引钱大昕说,谓"防"当作"房",汉人隶书"房"或作"防",因讹为阜旁。今据改。

〔３〕　至于锡穴　按:《左传》"锡"作"錫"。

〔４〕　初平(六)〔元〕年　惠栋《补注》谓初平无六年,当依《华阳国志》作"初平元年"。今据改。

〔５〕　赵颖分巴为二郡　《三国志·刘焉传》"赵颖"作"赵韪"。张森楷《校勘记》谓案沈约所引谯周《巴记》元文及《通鉴》并作"韪",疑"颖"字误。

〔６〕　故郡以垫江为治安汉以下为永宁郡　按:钱大昕《考异》谓案《华阳国志》,赵颖建议以垫江以上为巴郡,治安汉,江州至临江为永宁郡,是安汉、垫江同在巴郡之内,而安汉且为郡治,颖为安汉人,故欲移巴郡之名于安汉也。此文似有误。

〔７〕　刘(绰)〔璋〕分巴　据殿本改。按:殿本亦有作"绰"者,故《考证》齐召南谓"刘绰"当作"刘璋",璋分巴东、巴西二郡,《蜀志》可考。

〔８〕　则膏(晖)〔泽〕鲜芳　据汲本、殿本改。

〔９〕　山有大小石城(势者)　据《集解》引惠栋说删。

〔１０〕　左传文十〔六〕年　据殿本《考证》补。

〔１１〕　从枳南入折丹涪水本与楚商於之地接　殿本"水"上有"陵"字,"与"上无"本"字。《考证》齐召南谓按析、丹水皆县名,与涪陵相接,注当云"从枳南入析、丹水、涪陵,与商於之地接"。"析"讹作"折","丹涪陵水"又倒其字,遂不可解。今按:《集解》引马与龙说,谓析、丹水二县属南阳郡,与商於地接,然与涪陵南北悬隔,又非可从枳南入也。商於未尝属楚。今考《华阳国志》,涪陵,巴之南郡,从枳县南入,泝舟涪水,秦司马错由之以取黔中。据此,疑注"折"当作"泝","丹"当作"舟","商於"当改"黔中",于地望方合。

〔１２〕　汉时赤(田)〔甲〕军　《集解》引惠栋说,谓"赤田"当依《华阳国志》作"赤甲"。今据改。

〔１３〕　(州)刺史治　殿本《考证》齐召南谓各州刺史治例无"州"字,此"州"字衍。今据删。

〔１４〕　什邡　按:《前志》作"汁方",《功臣表》作"汁防",《晋志》又作"什方",诸本不一。

〔１５〕　水通巴(汉)　《集解》引惠栋说,谓案《华阳国志》云水通于巴,注衍"汉"字。今据删。

〔１６〕　汶江道　按:《前志》无"道"字。

〔17〕 八陵 按:《集解》引钱大昕说,谓《前志》有蚕陵,无八陵,《晋志》亦作
"蚕陵"。又引惠栋说,谓灵帝以汶江、蚕陵、广柔三县置汶山郡,"八陵"
当作"蚕陵"。

〔18〕 绵虒道 按:《前志》无"道"字。

〔19〕 有鱼(泣)〔涪〕津 《集解》引钱大昭说,谓"泣"当作"涪"。《吴汉传》汉与
公孙述将魏党、公孙永战于鱼涪津,注云在南安县,北临大江。《蜀都
赋》注作"鱼符津",符涪声相近也。今据改。

〔20〕 (荷)〔符〕节 《集解》引钱大昕说,谓《前志》有符,无荷节,疑"荷"乃"符"
之讹,而衍一"节"字也。今按:符节长王士,见《蜀志·杨戏传》,是东汉
改名符节,三国蜀因之,"节"字当非衍文,荷与符则形近而讹也。今改
"荷"字,不删"节"字。

〔21〕 县之南有五屼山一山而五里在越嶲界 按:《集解》引惠栋说,谓今《蜀
都赋》注曰"一山有五重,在县南"也。

〔22〕 有〔蜀〕王(岳)〔兵〕兰 《集解》引惠栋说,谓《江水注》云"县有蜀王兵
兰",兰与阑古字通。今据惠说补改。按:《华阳国志》亦云"棘道有故蜀
王兵阑"。

〔23〕 李冰烧之崖有五色赤白映水玄黄 按:"烧"上疑脱"所"字。今《华阳国
志》作"其崖嶄峻不可凿,乃积薪烧之,故其处悬崖有赤白五色"。又云
"李冰所烧之崖有五色,赤白映水玄黄"。

〔24〕 有方〔山〕兰祀 《集解》引惠栋说,谓各本脱"山"字。今据补。

〔25〕 进乘 按:《前志》作"进桑",《水经·叶榆水注》亦作"进桑"。

〔26〕 有(沈)〔沅〕水 据王先谦说改。按:《水经注》"沅水出牂牁且兰县"。

〔27〕 有文众水 按:王先谦谓《班志》、《郦注》并作"文象水"。

〔28〕 东至麋泠 按:殿本、《集解》本"麋"作"麓"。

〔29〕 台登 按:《补注》引何焯说,谓《前志》台登,应劭云今曰台高,则"登"当
作"高"也。

〔30〕 三缝 《前志》作"三绛"。按:《华阳国志》作"三缝"。

〔31〕 阐 按:《前志》作"阑"。《补注》王先谦谓"阑"《续志》及《华阳国志》作
"阐",案《宋志》沈黎郡领兰县,汉旧县作"阑",然则作"阑"是也。

〔32〕 又有温水穴 按:《集解》引惠栋说,谓"温水"一作"温泉"。

〔33〕 度泸得〔蜻〕蛉县 《集解》引惠栋说,谓今《华阳国志》云蜻蛉县。今

据补。

〔34〕有(元)〔天〕马河　《集解》引惠栋说,谓"元马河"《华阳国志》及《水经注》皆作"天马河"。隶书天字有似元者,见《无极山碑》。今据改,下同。

〔35〕今(其)有(元)〔天〕马径　《集解》引惠栋说,谓"其"字衍。今据删。按:《华阳国志》无"其"字。

〔36〕河中有铜船　《校补》引柳从辰说,谓《华阳国志》廖寅本"船"作"胎",盖据《水经注》作"胎铜"校改。惟《交州记》"越人铸铜为船,在江潮退时见",此"铜船"似不误,故惠氏正误亦不及"船"字也。黄山谓就下文"可取"言,似又不当作"船"。

〔37〕今在祠以羊　按:惠栋《补注》谓一作"今以羊祠之",案下文又云"河中见存",文不应重出,当有舛误。

〔38〕河中见(子)〔存〕　惠栋《补注》谓"子"字误,今《华阳国志》作"存"。今据改。

〔39〕土地特产好(羣)〔犀〕牛　惠栋《补注》谓今《华阳国志》云"土地特产犀牛"也。按:犀与羣形近而讹,今据改。

〔40〕胜休　按:惠栋《补注》谓沈约作"腾休",《晋志》作"滕休"。

〔41〕装山　按:《集解》引惠栋说,谓《前志》作"怀山"。

〔42〕(母掇)〔毋棳〕　据《前志》改。按:殿本作"毋",不误。又按:《集解》引钱大昕说,谓《说文》棳从木,此从手,误,《前志》亦作"棳"。

〔43〕牧靡　按:《集解》引惠栋说,谓《前志》作"收靡",《华阳国志》作"升麻",云出好升麻,《晋书》作"牧麻",按靡与麻古字通,《山海经》有"寿麻之国",《吕览》作"寿靡"是也。又按:《汉书补注》引段玉裁说,云收升牧三字同纽。

〔44〕同濑　按:《前志》作"铜濑"。

〔45〕楪栋　按:《前志》作"弄栋"。

〔46〕(淮)〔惟〕有蝐　《集解》引惠栋说,谓《华阳国志》曰"山无石,惟有蝐","淮"当作"惟"。今据改。按:《御览》九百十二引"惟有"作"而多"。

〔47〕水东至(母掇)〔毋棳〕　据《前志》改,详前"毋棳"条校记。

〔48〕铜虏山米水所出　按:《集解》引钱大昕说,谓《前志》云"谈虏山,迷水所出"。铜谈声相近,米即迷也,县盖以山得名。濑虏声亦相近。

〔49〕明帝永平〔十〕二年　殿本《考证》齐召南谓按本书,永平十二年以益州

徼外夷哀牢王内附,置永昌郡,是"二年"上脱"十"字。今据补。

〔50〕户二十三万一千八百九十七口百八十九万七千三百四十四　按:张森楷《校勘记》谓永昌僻郡,而户口繁庶如此,且以除法计之,每十户过八十馀口,逾恒率矣,疑口数有讹。

〔51〕楪榆　按:《前志》作"叶榆"。

〔52〕有(同)〔周〕水从徼外来　据《前志》及《华阳国志》改。按:王先谦谓同周形近而误,钱坫以为今怒江也。

〔53〕越〔山〕得兰沧水　据《华阳国志》补。

〔54〕广汉属国(都尉)　据《集解》引钱大昕说删。

〔55〕属(蜀)〔广汉〕郡　殿本《考证》齐召南谓注"蜀郡"应是"广汉郡"之讹。阴平、甸氐、刚氐三道旧属广汉,阴平道即广汉北部都尉治也,《前书》可证。今据改。

〔56〕有邛僰九折坂者邛(刻)〔邮〕置　《集解》引惠栋说,谓案《司马相如传》"严道邛邮",徐广云"严道有邛僰九折坂,又有邛邮"。"刻"当作"邮"。又引洪颐煊说,谓《前书·淮南厉王传》注,张晏曰"邛邮,置名也"。"刻"是"邮"之误。今据改。

〔57〕有涑水　按:《集解》引惠栋说,谓"涑水"《华阳国志》作"沫水",音妹,又音末。

〔58〕从邛来出岷江　按:《校补》引柳从辰说,谓《华阳国志》"来"作"崃"。

〔59〕有堂狼山　按:《集解》引惠栋说,谓《华阳国志》作"堂蜋山"。

〔60〕县道〔一〕百一十八　据汲本、殿本补。

〔61〕本传(县)马防筑索西城　据殿本《考证》删。

〔62〕秦州记曰　按:"州"原作"川",径据汲本、殿本改。

〔63〕已分汉阳上郡为永阳　按:《集解》引马与龙说,谓上郡与汉阳地望悬隔,不得并以分郡,此注有误。疑"上郡"为"上邽"之讹,"已"字为"郡"字之讹,当云"分汉阳上邽为永阳郡"。观注言以乡亭为属县,必以县为郡明矣。

〔64〕有雒门聚　按:《集解》引惠栋说,谓《来歙传》"雒门"皆作"落门",县有落门山,故名。

〔65〕望恒　按:《前志》作"望垣"。此作"望恒",盖恒与垣形近而讹。

〔66〕略阳　按:《前志》作"略阳道"。

〔67〕 陇(州) 《集解》引惠栋说,谓"州"字衍。今据删。

〔68〕 街(水)〔泉〕故县省 据殿本《考证》改。

〔69〕 山东人行役升此而顾瞻者 按:"役"原讹"投",径改正。

〔70〕 西在陇西〔之〕西 据《集解》引惠栋说补。

〔71〕 今谓之(人)〔八〕充山 据汲本、殿本改。按:《集解》引惠栋说,谓"八充山"一作"兑山",见裴骃《史记》注,北宋本作"人充山",误。

〔72〕 下辨 《前志》"辨"下有"道"字。按:《集解》引惠栋说,谓洪适云《李翕碑》题名有下辨道长任诗,则志阙一"道"字。又按:本书《光武纪》作"下辩",辨辩古字通。

〔73〕 武都道 《前志》无"道"字。按:"下辨道"作"下辨","武都"作"武都道",疑上下误写。

〔74〕 沔水出东狼谷 《集解》引惠栋说,谓《前志》云"沮水",《华阳国志》云"河池水"。今按:《水经注》"沔水一名沮水",《华阳国志》作"河池水",误。

〔75〕 羌道 按:《前志》属陇西。《集解》引钱大昕说,谓下脱"故属陇西"四字。

〔76〕 有天池泽 汲本、殿本"天"作"大"。按:廖刻《华阳国志》顾校谓"天池"原讹"天地"。又按:《前志》云"天池大泽",王先谦谓即仇池。

〔77〕 有(奴)〔怒〕特祠 《集解》引惠栋说,谓注"奴特"《史记》注及魏文帝《列异传》皆作"怒特"。今据改。

〔78〕 乌枝 《集解》引钱大昕说,谓《前志》作"乌氏",师古读氏为枝,《梁统传》亦作"乌氏"。又引惠栋说,谓《史记》、《汉书》作"乌氏",音枝,本传亦作"氏",作"枝"者非也。

〔79〕 有瓦亭出薄落谷 殿本"出"作"山"。惠栋《补注》出"有瓦亭山"四字,云一作"出",误。今按:瓦亭非山名,注文在"瓦亭"下可证也,惠说误。疑"出薄落谷"四字乃侧注,当在注文"乌水出"下。

〔80〕 阴盘 按:《前志》作"阴槃"。

〔81〕 鹑觚 按:《前志》作"鹑孤"。

〔82〕 泾水出县西(丹)〔开〕头山 殿本《考证》齐召南谓"丹头"当作"开头",各本俱误。《集解》引惠栋说,谓依《前志》及《山海经》,皆作"开头",传写误作"丹"也。今据改。

〔83〕 有左谷　《集解》引惠栋说,谓《卢芳传》注引《续汉志》曰"三水有左右谷"。今按:此三字疑是正文,当连正文"三水"下。

〔84〕 户万四十二　按:汲本、殿本"四十二"作"四十三"。

〔85〕 仓松　殿本"仓"作"苍"。按:《前志》亦作"苍"。

〔86〕 鹯阴　按:《前志》作"鹯阴"。

〔87〕 租厉　按:《集解》引惠栋说,谓《前书·武纪》及志皆作"祖厉",案《司农夫人碑》,其字作"祖",今误"租"。

〔88〕 左骑千人官　按:《集解》引钱大昕说,谓此盖别居一城,并姑臧等十三县数之为十四也。至张掖属国则领五城,以左骑、千人各一城,与此互异。又王先谦谓李兆洛云今地阙。

〔89〕 户万二千七百六　按:张森楷《校勘记》谓此下当有口数,脱去。

〔90〕 福禄　《集解》引钱大昕说,谓《前志》作"禄福"。《魏志·庞淯传》及皇甫谧《列女传》载庞娥事,云"禄福赵君安之女",又云"禄福长尹嘉",《曹全碑》亦云"拜酒泉禄福长",则知作"福禄"者误也。又引惠栋说,谓《晋志》亦作"福禄",误。今按:《汉书补注》引吴卓信说,谓汉魏之间犹称"禄福",其改为"福禄",当自晋始。又按:本书《列女传》云"福禄长尹嘉",则其误不自《续志》始也。

〔91〕 表氏　按:《集解》引钱大昕说,谓《前志》作"表是",是氏古通用也。

〔92〕 沙头　按:《前志》作"池头"。

〔93〕 故曰(缓)〔绥〕弥　《前志》作"绥弥",王先谦谓"缓"乃"绥"之讹。今据改。

〔94〕 户七百四十八口二万九千一百七十　按:张森楷《校勘记》谓此户数有讹误,否则户有四十许人,太不近情矣。

〔95〕 拼泉　按:《前志》作"渊泉"。

〔96〕 别领五城　按:殿本《考证》齐召南谓按下有候官、左骑、千人、司马官、千人官,皆官名,非城名也。《前志》张掖领十城,《后志》领八城,其居延别为居延属国,显美改属武威郡,未知张掖属国所领之五城为何名也。又《集解》引钱大昕说,谓张掖属国别领五城,以志考之,惟有候官、左骑、千人、司马官、千人官,而不领县,以左骑、千人各一城,又别有千人官一城,与候官、司马官为五城,与武威郡之左骑千人官为一城者互异。

〔97〕 安帝别领一(郡)〔城〕　殿本《考证》谓"郡"字何焯校本改作"城"。今

据改。

〔98〕　口四千七百三十三　按：殿本"三十三"作"三十二"。

〔99〕　献帝建安末立为西海郡　按：《集解》引钱大昕说，谓案《献帝起居注》，
建安十八年复《禹贡》九州，雍州部已有西海郡，是立郡不在建安末也。

〔100〕　郡(国)十二　据汲本删。

〔101〕　猗氏　《前志》作"陭氏"。按：《集解》引洪亮吉说，谓应如《前志》作
"陭"，与河东所属者有别。又按：《说文》"陭，上党陭氏阪也，从邑奇
声"，则当以"陭"为正。

〔102〕　(章)〔漳〕水出焉　据惠栋《补注》改。

〔103〕　壶关三老　按："三"原讹"二"，径改正。

〔104〕　(路)〔潞〕县东有壶口关　据汲本、殿本改。按：今《左传》杜注亦讹
"路"。

〔105〕　秦置　按：下脱洛阳北里数，下上郡、五原郡、云中郡、定襄郡、朔方
郡同。

〔106〕　有凿壶　《集解》引惠栋说，谓《史记》、《战国策》、《水经·汾水注》皆作
"凿台"。今按：壶与台疑形近而讹。

〔107〕　界山推焚死之山　按：殿本"界"作"介"。

〔108〕　左传谓涂水　按：注有脱误，当云"《左传》知徐吾为涂水大夫，杜预曰
榆次有涂水乡"。

〔109〕　杜预曰界休县南中都城是也　按：《左传》杜注作"界休县东南"。

〔110〕　韩信破夏说于邬〔东〕　据《集解》引惠栋说改。

〔111〕　晋大夫(孟)〔盂〕丙邑　据汲本改。按：《前志》亦作"盂丙"，《补注》引段
玉裁说，谓"盂"或作"盂"，《广韵》"《左传》晋有盂丙"，则是以邑为氏。
王先谦谓作"盂"是。并引顾炎武说，谓以其为盂大夫而谓之盂内，犹
魏大夫之为魏寿馀。

〔112〕　雕阴　按：《前志》有"道"字。

〔113〕　益兰　按：《前志》作"益阑"。

〔114〕　(父)〔文〕国　据殿本改。按：《前志》作"文国"，王先谦谓《续志》后汉
因，"文"或讹"父"。

〔115〕　河(除)〔阴〕　据殿本改。按：《前志》作"河阴"。《集解》引钱大昕说，谓
当作"河阴"。

〔116〕箕陵　《集解》引惠栋说,谓何焯云《前志》有桢陵,无箕陵。今按:李兆
　　　　洛以箕陵即前汉桢陵县地。

〔117〕武成　按:《前志》作"武城"。

〔118〕户三万一千八百六十二口二十四万九千　按:张森楷《校勘记》谓案大
　　　　计,此十户几八十口矣,疑"三"当为"五"字。

〔119〕汪陶　《前志》作"涅陶"。按:"涅"即"汪"之本字。

〔120〕有夏屋山　按:《前志》作"贾屋山"。《补注》引钱坫说,谓夏屋即贾屋,
　　　　如淮阳国阳夏县,应劭、如淳音夏为贾是矣。

〔121〕(秦)〔泰〕戏之山　据汲本、殿本改,与今《山海经》合。

〔122〕今呼沱河〔出〕县武夫山　《集解》引惠栋说,谓诸本脱"出"字。今
　　　　据补。

〔123〕大城　按:《前志》作"大成"。殿本《考证》谓何焯校本"城"字去土旁。

〔124〕建武十一年十月西河上郡属(魏)　《集解》引钱大昕说,谓"魏"字讹。
　　　　按《光武记》,建武十一年省朔方牧,并并州,此西河上郡必朔方刺史所
　　　　部,至此始属并州耳。《班史》冯野王为上郡太守,朔方刺史萧育奏封
　　　　事荐之,是上郡属朔方部之证也。注文当有脱漏,又因下引《魏志》而
　　　　衍一"魏"字耳。今据钱说,删一"魏"字,但注文有脱漏,"西河上郡属"
　　　　亦不成句。

〔125〕北新城　《集解》引钱大昕说,谓当云"故属中山"。今按:《前志》中山
　　　　国北新成,王先谦谓志末论十二国分域,北新成属涿郡。

〔126〕有督〔亢〕亭　按:《集解》王先谦谓据《水经·巨马水注》引,此"督"下
　　　　夺"亢"字。今据补。

〔127〕昭帝更名为郡　按:殿本《考证》齐召南谓下缺"宣帝复为国"五字,盖
　　　　本始元年更为广阳国,至光武始入上谷郡耳。

〔128〕永(平)〔元〕八年复　钱大昕《考异》谓据《和帝纪》,永元八年九月复,此
　　　　"永平"当为"永元"之讹。殿本《考证》齐召南说同。今据改。

〔129〕北平邑　《前志》无"北"字。按:《集解》引钱大昕说,谓章帝女平邑公
　　　　主,章怀注"平邑属代郡"。

〔130〕寗　《前志》作"宁",惠栋谓古书宁与寗通。又按:"寗"原作"寍",即寗
　　　　之俗写。下"广寗"同。

〔131〕下落　按:惠栋《补注》本作"下洛",王先谦《汉书补注》谓《水经·㶟水

注》"落"作"洛"。

〔132〕 在(鼓)〔彭〕城南 《集解》引惠栋说,谓《前书·刑法志》云黄帝有涿鹿之战,郑德云在彭城南,小颜云彭城者上谷别有彭城,非宋之彭城也。"鼓"当作"彭"。今据改。

〔133〕 于瓒 按:惠栋《补注》本作"干瓒",云《汉书》注有"臣瓒",莫知姓氏,郦元谓之薛瓒,或谓之傅瓒,刘孝标、姚察皆曰干瓒,未详孰是。

〔134〕 渔阳有铁 按:《前书》作"有铁官"。

〔135〕 潞 按:《前志》作"路"。

〔136〕 泉州有铁 按:《前志》作"有盐官"。

〔137〕 傂奚 按:《前志》作"庰奚",《补注》引王念孙说,谓"庰"当作"庲"。

〔138〕 土垠 按:"土"原讹"上",径据殿本、《集解》本改正。

〔139〕 俊靡 按:《集解》引惠栋说,谓依《说文》"俊"当作"浚"。又《校补》引钱大昭说,谓《耿弇传》作"浚靡"。

〔140〕 有孤竹城 按:《集解》引惠栋说,谓《尔雅》作"觚竹",四荒之一也。

〔141〕 (纲)〔绳〕水出焉 汲本、殿本作"编水",《集解》引惠栋说,谓"编"一作"绳"。今据改,与《山海经》合。

〔142〕 右北平骊(城)〔成〕县 据《集解》本改。按:《前志》作"骊成"。

〔143〕 户六万四千一百五十八口八万一千七百一十四 按:张森楷《校勘记》谓案如此文,则户不能二口矣,非情理也,疑"八万"上有脱漏。

〔144〕 无虑 《集解》引钱大昕说,谓此下当有"有医无虑山"五字。今按:后辽东属国"无虑"下"有医巫虑山"五字当移此。

〔145〕 候城 按:《集解》引钱大昕说,谓玄菟郡有候城,云故属辽东,则此"候城"为衍文矣。王先谦谓钱说是。

〔146〕 汶 《前志》作"文"。按:殿本《考证》谓何焯校本灭去氵。

〔147〕 户一千五百九十四口四万三千一百六十三 按:张森楷《校勘记》谓案如此文,则户几四十许人矣,亦非情理也,疑"一千"之"千"字当为"万"字。

〔148〕 西盖(鸟)〔马〕 据殿本《考证》齐召南说改。按:《前志》作"西盖马",县以盖马山得名,"马"作"鸟",乃形近而讹。

〔149〕 候城故属辽东 按:殿本《考证》齐召南引顾炎武说,谓候城改属玄菟,而辽东复出一候城,无虑改属辽东属国,而辽东复出一无虑,必有一焉

宜删者,然则天下郡国少二城矣。

〔150〕　出塞外(衔)〔卫〕白平山　按:汲本、殿本"衔"作"御",殿本《考证》谓"御"当作"衔",此正作"衔",与《考证》说合,然王先谦谓《考证》之"衔"字当作"卫",《山海经》、《水经》并作"卫",今据改。又按:《集解》引惠栋说,谓案今《山海经》云"辽水出卫皋东",卫皋山名,转写既久,因析"皋"为"白平",复误"卫"为"衔",遂令此字义无所附。桑钦《水经》亦作"白平"。

〔151〕　占蝉　按:《前志》作"黏蝉"。

〔152〕　遂城　按:《前志》作"遂成"。

〔153〕　辽东属国　按:殿本《考证》杭世骏谓案此郡独无户口。

〔154〕　昌辽故天辽　《集解》引惠栋说,谓案阚骃《十三州志》云辽东属国都尉治昌黎道,又《前志》辽西郡交黎县,应劭云今昌黎,然则"昌辽"当作"昌黎","天辽"当作"交黎"。又《通鉴》注云昌黎,汉交黎县,属辽西,后汉属辽东属国都尉,则知胡氏所见本尚未舛谬也。又引钱大昕说,谓黎辽声相近,故"昌黎"亦作"昌辽",犹"乌氏"为"乌枝","厗奚"为"傂奚"也。

〔155〕　宾徒　按:《前志》"徒"作"从",《补注》王先谦谓作"从"误。

〔156〕　无虑　按:无虑已见前辽东郡,此当作"扶黎",后人传写之误。说详惠栋《补注》。

〔157〕　有医无虑山　按:此五字当移于前辽东郡"无虑"之下。说详前。

〔158〕　户七万一千四百七十七口二十五万二百八十二,按:张森楷《校勘记》谓"二十"之"二"当作"三",乃合李心传东汉户约五口之率,若如此文,则户不能四口矣,非情理也。

〔159〕　博罗　按:《集解》引惠栋说,谓沈约云"博罗",二汉皆作"傅"字,《晋太康地志》作"博"。案此则班、马本书皆作"傅罗",后人误为"博"也。

〔160〕　山海经(注)　按:下所引乃《山海经·海内南经》正文,"注"字衍,今删。

〔161〕　自会稽浮往博(罗)山　《集解》引惠栋说,谓何焯云"罗"字衍。今据删。

〔162〕　雒阳南六千四百一十里　按:张森楷《校勘记》谓案苍梧去雒阳较南海远,上南海云七千一百里,此祇六千馀里,殊非事实,且郡首县广信,是广信即郡治也,广信下注云去雒阳九千里,则非六千馀里矣。"六"字疑误。下郁林同。

〔163〕 郁林郡十一城　按：《集解》引马与龙说，谓此郡与交趾及幽州之辽东属国，皆阙户口之数。

〔164〕 中溜　按：《前志》作"中留"。

〔165〕 临元　《前志》作"临允"。按：《汉书补注》王先谦谓"元"乃"允"字之讹。

〔166〕 朱崖　按：《前志》作"朱卢"。

〔167〕 赢陵　殿本《考证》谓"赢"应作"嬴"，《前书》孟康曰嬴音连，则作"嬴"字非也。今按：《汉书补注》王先谦谓《地道记》作"嬴陵"，盖后人因孟音而制"赢"字，《广韵》载之，皆误。

〔168〕 (定)安〔定〕　据殿本改。按：《前志》作"安定"，王先谦《补注》谓《续志》后汉因，或误"定安"。

〔169〕 麓泠　《集解》引惠栋说，谓"麓"《说文》作"耗"，从米尼声。按：《汉书》《补注》引王鸣盛说，亦谓作"耗"是。

〔170〕 曲阳　《前志》作"曲易"。按：易阳古今字。

〔171〕 有注沉二水　按：汲本、殿本"沉"作"沅"。

〔172〕 角软还复出　按：张森楷《校勘记》谓案上言上岸共斗，已是出矣，不当云复出，疑是"入"字之误。

〔173〕 咸懽　《前志》作"咸骧"。按：骧懽古今字。

〔174〕 无功　按：《前志》作"无切"。

〔175〕 西卷　按：《前志》作"西涟"。

〔176〕 乡三千六百八十二　按：汲本、殿本"八十二"作"八十一"。

〔177〕 亭万二千四百四十二　汲本、殿本"四十二"作"四十三"。按：聚珍本《东观汉记》亦作"三"。

〔178〕 永嘉(二)〔元〕年　《集解》引何焯说，谓永嘉无二年，"二"当作"元"。今据改。

〔179〕 口四千八百六十九万七百八十九　按：张森楷《校勘记》谓案和帝之世，口五千三百馀万，户只九百二十馀万，此户已九百六十馀万，而口只四千馀万，反更少之，殊非情理，疑"四"是"五"之讹。下顺帝口数同。

后汉书志第二十四

百官一

太傅　太尉　司徒　司空　将军

汉之初兴，承继大乱，兵不及戢，法度草创，略依秦制，后嗣因循。至景帝，感吴楚之难，始抑损诸侯王。及至武帝，多所改作，然而奢广，民用匮乏。世祖中兴，务从节约，并官省职，费减亿计，所以补复残缺，及身未改，而四海从风，中国安乐者也。

昔周公作《周官》，分职著明，法度相持，王室虽微，犹能久存。今其遗书，所以观周室牧民之德既至，又其有益来事之范，殆未有所穷也。故新汲令王隆作《小学汉官篇》，诸文倜说，较略不究。① 唯班固著《百官公卿表》，记汉承秦置官本末，讫于王莽，差有条贯；然皆孝武奢广之事，又职分未悉。世祖节约之制，宜为常宪，故依其官簿，粗注职分，以为《百官志》。② 凡置官之本，及中兴所省，无因复见者，既在《汉书·百官表》，不复悉载。

① 案：胡广注隆此篇，其论之注曰："前安帝时，越骑校尉刘千秋〔1〕校书东观，好事者樊长孙与书曰：'汉家礼仪，叔孙通等所草创，皆随律令在理官，藏于几阁，无记录者，久令二代之业，暗而不彰。诚宜撰次，依拟《周礼》，定位分职，各有条序，令人无愚智，入朝不惑。君以公族元老，正丁其任，焉可以已！'刘君甚然其言，与邑子通人郎中张平子参议未定，而刘君迁为宗正、卫尉，平子为尚书郎、太史令，各务其职，未暇恤也。至顺帝时，平子为侍中典校书，方作《周官解说》，乃欲以（汉）〔渐〕次述汉事，〔2〕会复迁河间相，遂莫能立也。述作之功，独不易矣。既感斯言，顾见故新汲令王文山《小学》为《汉官篇》，略道公卿外内之职，旁及四夷，博物条畅，多所发明，足以知旧制

仪品。盖法有成易,而道有因革,是以聊集所宜,为作诂解,〔3〕各随其下,缀续后事,令世施行,庶明厥旨,广前后愤盈之念,增助来哲多闻之览焉。"

②臣昭曰:本志既久是注曰百官簿,今昭又采异同,俱为细字,如或相冒,兼应注本注,尤须分显,故凡是旧注,通为大书,称"本注曰",以表其异。

太傅,上公一人。①本注曰:掌以善导,无常职。世祖以卓茂为太傅,薨,因省。其后每帝初即位,辄置太傅录尚书事,薨,辄省。②

①《大戴记》曰:"傅,傅之德义也。"应劭《汉官仪》曰:"傅者,覆也。"贾生曰:"天子不喻于先圣之德,不知君民之道,不见礼义之正,《诗》、《书》无宗,学业不法,此太师之责也,古者齐太公职之。天子不惠于庶民,不礼于大臣,不中于折狱,无经于百官,不哀于丧,不敬于祭,不戒于齐,不信于事,此太傅之责也,古者周公职之。天子处位不端,受业不敬,言语不叙,音声不中,进退升降不以礼,俯仰周旋无节,此太保之责也,古者燕召公职之。天子燕业反其学,左右之习诡其师,答诸侯,遇大臣,不知文雅之辞,已语之适,〔4〕简闻小诵,不博不习,此少师之责也。天子居处出入不以礼,衣服冠带不以制,御器列侧不以度,采服从好不以章,恣悦不以义,与夺不以节,此少傅之责也。天子居处燕私,安而易,乐而耽,饮食不时,醉饱不节,寝起早晏无常,玩好器弄无制,此少保之责也。此古天子自辅弼之礼也,自为天子而贤智维之,故能虑无失计,举无过事,终身得中。"

②胡广注曰:"犹古冢宰总己之义也。"案:灵帝之初,以陈蕃为太傅,蕃诛,以胡广代,始不止一人也。董卓在长安,又自尊为太师,位在太傅上。应劭《汉官仪》曰:"太师,古官也。平帝元年,孔光以太傅见,授诏,太师无朝,十日一赐餐,赐灵寿杖,省中施坐置几。太师入省中用杖,自是而阙。"〔5〕又《汉官》云:"太傅长史一人,秩千石,掾属二十四人,令史、御属二十二人。"荀绰《晋百官表注》曰:"汉太傅置掾属十人,御属一人,令史十二人,置长史,与汉异。"

太尉,公一人。①本注曰:掌四方兵事功课,岁尽即奏其殿最而行赏罚。凡郊祀之事,掌亚献;大丧则告谥南郊。凡国有大造大疑,则与司徒、司空通而论之。国有过事,则与二公通谏争之。世祖即位,为大司马。②建武二十七年,改为太尉。③

①应劭曰:"自上安下曰尉,武官悉以为称。"《前书》曰"秦官",郑玄注《月令》亦曰"秦官"。《尚书中候》云舜为太尉,束皙据非秦官,以此追难玄焉。臣昭曰:纬候众书,宗贵神诡,出没隐显,动挟诞怪。该核阴阳,徼迎起伏,或有先征,时能后验,故守寄构思,杂称晓辅,通儒达好,时略文滞。公输、益州,具于张衡之诘;无口汉辅,炳乎尹敏之讽。图谶纷伪,其俗多矣。太尉官实司天,虞舜作宰,璇衡赋政,将是据后位以书前,非唐官之实号乎? 太尉所职,即舜所掌,遂以同掌追称太尉,乃《中候》之妄,盖非官之为谬。康成渊博,自注《中候》,裁及注《礼》而忘舜位,岂其实哉! 此是不发讥于《中候》,而正之于《月令》也。广微之诮,未探硕意。《说苑》曰〔6〕"当尧之时,舜为司徒"。《新论》曰"昔尧试于大麓者,领录天子事,如今尚书官矣"。《古史考》曰"舜居百揆,总领百事"。说者以百揆尧初别置,于周更名冢宰,斯其然矣。

②《汉官仪》曰:"元狩六年罢太尉,〔7〕法周制置司马。时议者以为汉军有官候、千人、司马,故加'大'为大司马,所以别异大小司马之号。"

③蔡质《汉仪》曰:"府开阙,王莽初起大司马,后篡盗神器,故遂贬去其阙。"《汉官仪》曰:"张衡云:'明帝以〔为〕司马、司空府〔已荣〕,欲〔复〕更〔治〕太尉府。〔8〕时公赵憙也。西曹掾安众郑均,素好名节,以为朝廷新造北宫,整饬官寺,旱魃为虐,民不堪命,曾无殷汤六事,周宣云汉之辞。今府本馆陶公主第舍,员职既少,自足相受。〔9〕憙表陈之,即〔见〕听许。〔10〕其冬,〔帝〕临辟雍,〔11〕历二府,光观壮丽,而太尉〔府〕独卑陋(云)。〔12〕显宗东顾叹息曰:"椎牛纵酒,勿令乞儿为宰。"时憙子世为侍中,骖乘,归具白之,憙以为恨,频谴责均,均自劾去,道发病亡。'"《古今注》曰"永平十五年,更作太尉、司徒、司空府开阳城门内",与此不同。臣昭案:刘虞为大司马,而与太尉并置焉。

长史一人,千石。①本注曰:署诸曹事。

①卢植《礼》注曰:"如周小宰。"

掾史属二十四人。本注曰:《汉旧注》东西曹掾比四百石,馀掾比三百石,属比二百石,故曰公府掾,比古元士三命者也。或曰,汉初掾史辟,皆上言之,故有秩比命士。其所不言,则为百石属。其后皆自辟除,故通为百石云。①西曹主府史署用。东曹主二千石长吏迁除及军吏。

户曹主民户、祠祀、农桑。奏曹主奏议事。辞曹主辞讼事。法曹主邮驿科程事。尉曹主卒徒转运事。贼曹主盗贼事。决曹主罪法事。兵曹主兵事。金曹主货币、盐、铁事。仓曹主仓谷事。黄阁主簿录省众事。②

①《汉书音义》曰："正曰掾,副曰属。"

②应劭《汉官仪》曰："世祖诏:'方今选举,贤佞朱紫错用。丞相故事,四科取士。一曰德行高妙,志节清白;二曰学通行修,经中博士;三曰明达法令,足以决疑,能案章覆问,文中御史;四曰刚毅多略,遭事不惑,明足以决,才任三辅令:皆有孝悌廉公之行。自今以后,审四科辟召,及刺史、二千石察茂才尤异孝廉之吏,务尽实核,选择英俊、贤行、廉絜、平端于县邑,务授试以职。有非其人,临计过署,不便习官事,书疏不端正,不如诏书,有司奏罪名,并正举者,'又旧河堤谒者,世祖改以三府掾属为谒者领之,迁超御史中丞、刺史,或为小郡。监察黎阳谒者,世祖以幽、并州兵骑定天下,〔13〕故于黎阳立营,以谒者监之,兵骑千人,复除甚重。谒者任轻,多放情态,顺帝改用公解府掾有清名威重者,迁超牧守焉。"《汉官目录》曰："建武十二年八月乙未诏书,三公举茂才各一人,廉吏各二人;光禄岁举茂才四行各一人,察廉吏三人;中二千石岁察廉吏各一人,廷尉、大司农各二人;将兵将军岁察廉吏各二人;监察御史、司隶、州牧岁举茂才各一人。"

令史及御属二十三人。本注曰:《汉旧注》公令史百石,自中兴以后,注不说石数。御属主为公御。①阁下令史主阁闱威仪事。记室令史主上章表报书记。门令史主府门。其馀令史,各典曹文书。②

①荀绰《晋百官表注》曰："御属如录事也。"

②应劭《汉官仪》有官骑三十人。〔14〕

司徒,公一人。①本注曰:掌人民事。凡教民孝悌、逊顺、谦俭,养生送死之事,则议其制,建其度。凡四方民事功课,岁尽则奏其殿最而行赏罚。凡郊祀之事,掌省牲视濯,大丧则掌奉安梓宫。凡国有大疑大事,与太尉同。世祖即位,为大司徒,②建武二十七年,去"大"。③

①孔安国曰："主徒众,教以礼义。"

②《汉官仪》曰："王莽时,议以汉无司徒官,故定三公之号曰大司马、大司徒、大

司空。世祖即位，因而不改。”蔡质《汉仪》曰：“司徒府与苍龙阙对，厌于尊者，不敢号府。”应劭曰：“此不然。丞相旧位在长安时，府有四出门，随时听事，明帝本欲依之，迫于太尉、司空，但为东西门耳。国每有大议，天子车驾亲幸其殿。殿西王侯以下更衣并存。每岁州郡听采长吏臧否，民所疾苦，还条奏之，是为之举谣言者也。顷者举谣言者，掾属令史都会殿上，主者大言某州郡行状云何，善者同声称之，不善者各尔衔枚。大较皆取无名势，其中或有爱憎微裁黜陟之暗昧也。若乃中山祝恬，践周、召之列，当轴处中，忘謇谔之节，惮首尾之讥，县囊捉撮，〔15〕无能清澄，其与申屠须责邓通，〔16〕王嘉封还诏书，邈矣乎！”《周礼》有外朝，干宝注曰：“《礼》，司徒府中有百官朝会殿，天子与丞相决大事，是外朝之存者。”

③《汉旧仪》曰：“哀帝元寿二年，以丞相为大司徒。郡国守长史上计〔17〕事竟，遣公出庭，〔18〕上亲问百姓所疾苦。记室掾史〔19〕一人大音读敕毕，遣敕曰：‘诏书殿下禁吏无苛暴。丞史归告二千石，〔20〕顺民所疾苦。急去残贼，审择良吏，无任苛刻。治狱决讼，务得其中。明诏忧百姓困于衣食，二千石帅劝农桑，思称厚恩，有以赈赡之，无烦挠夺民时。〔21〕今日公卿以下，〔22〕务饬俭恪，奢侈过制度以益甚，二千石身帅〔23〕有以化之。民冗食者请谨以法，〔24〕养视疾病，致医药务治之。诏书无饰厨养，〔25〕至今未变，又更过度，〔26〕甚不称。归告二千石，务省约如法。且案不改者，长吏以〔闻〕。〔27〕官寺乡亭漏败，墙垣阤坏不治，〔28〕无办护者，〔29〕不胜任，〔30〕先自劾不应法。归告二千石听。’〔31〕十年，更名相国。”〔32〕案献帝初，董卓自太尉进为相国，而司徒不省。及建安末，曹公为丞相，郗虑为御史大夫，则罢三公官。荀绰《晋百官表注》曰：“汉丞相府门无兰，〔33〕不设铃，不警鼓，言其深大阔远，无节限也。”

长史一人，千石。掾属三十一人。①令史及御属三十六人。本注曰：“世祖即位，以武帝故事，置司直，居丞相府，助督录诸州，建武十八年省也。②〔34〕

①《汉官目录》曰三十人。

②（汉）〔献〕帝起居注》曰：〔35〕“建安八年十二月，复置司直，不属司徒，掌督中都官，不领诸州。九年十一月，〔36〕诏司直比司隶校尉，坐同席在上，假传置，从事三人，书佐四人。”

司空，公一人。①本注曰：掌水土事。凡营城起邑、浚沟洫、修坟防之事，则议其利，建其功。凡四方水土功课，岁尽则奏其殿最而行赏罚。凡郊祀之事，掌扫除乐器，大丧则掌将校复土。凡国有大造大疑，谏争，与太尉同。②世祖即位，为大司空，③建武二十七年，去"大"。④

①马融曰："掌营城郭，主司空土以居民。"

②《韩诗外传》曰："三公之得者何？曰司马、司空、司徒也。司马主天，司空主土，司徒主人。故阴阳不和，四时不节，星辰失度，灾变非常，则责之司马。山陵崩陁，川谷不通，五谷不植，草木不茂，则责之司空。君臣不正，人道不和，国多盗贼，民怨其上，则责之司徒。故三公典其职，忧其分，举其辨，明其得，此之谓三公之事。"

③应劭《汉官仪》曰："绥和元年，罢御史大夫官，法周制，初置司空。议者又以县道官狱司空，故覆加'大'，为大司空，亦所以别大小之文。"

④《汉旧仪》曰："御史大夫敕上计丞长史曰：'诏书殿下布告郡国：臣下承宣无状，多不究，百姓不蒙恩被化，守长史到郡，〔37〕与二千石同力为民兴利除害，务有以安之，称诏书。郡国有茂才不显者言〔上〕。〔38〕残民贪污烦扰之吏，百姓所苦，务勿任用。方察不称者，刑罚务于得中，恶恶止其身。选举民侈过度，务有以化之。问今岁善恶孰与往年，对上。问今年盗贼孰与往年，得无有群辈大贼，对上。'"臣昭案：献帝建安十三年，又罢司空，置御史大夫。御史大夫郗虑，虑免，不得补。荀绰《晋百官表注》曰："献帝置御史大夫，职如司空，不领侍御史。"

属长史一人，千石。掾属二十九人。①令史及御属四十二人。

①《汉官目录》云二十四人。

将军，不常置。本注曰：掌征伐背叛。比公者四：第一大将军，次骠骑将军，次车骑将军，次卫将军。又有前、后、左、右将军。①

①蔡质《汉仪》曰："汉兴，置大将军、骠骑，位次丞相，车骑、卫将军、左、右、前、后，皆金紫，位次上卿。典京师兵卫，四夷屯警。"

初，武帝以卫青数征伐有功，以为大将军，欲尊宠之。以古尊官唯有三公，皆将军始自秦、晋，〔39〕以为卿号，故置大司马官号以冠之。其后霍光、王凤等皆然。成帝绥和元年,赐大司马印绶,罢将军官。世祖中兴,吴汉以大将军为大司马,景丹为骠骑大将军,位在公下,及前、后、左、右杂号将军众多,皆主征伐,事讫皆罢。①明帝初即位,以弟东平王苍有贤才,以为骠骑将军;以王故,位在公上,数年后罢。章帝即位,西羌反,故以舅马防行车骑将军征之,还后罢。和帝即位,以舅窦宪为车骑将军,征匈奴,位在公下;还复有功,迁大将军,位在公上;复征西羌,还免官,罢。安帝即位,西羌寇乱,复以舅邓骘为车骑将军征之,还迁大将军,位如宪,数年复罢。自安帝政治衰缺,始以嫡舅耿宝为大将军,常在京都。顺帝即位,又以皇后父、兄、弟相继为大将军,如三公焉。②

①《魏略》曰:"曹公置都护军中尉,置护军将军,亦皆比二千石,旋军并止罢。"

②《梁冀别传》曰:"元嘉二年,又加冀礼仪。大将军朝,到端门若龙门,谒者将引。增掾属、舍人、令史、官骑、鼓吹各十人。"

长史、司马皆一人,千石。①本注曰:司马主兵,如太尉。从事中郎二人,六百石。本注曰:职参谋议。②掾属二十九人。③令史及御属三十一人。本注曰:此皆府员职也。又赐官骑三十人,及鼓吹。④

①《东观书》曰:"窦宪作大将军,置长史、司马员吏官属,位次太傅。"

②《东观书》曰:"大将军出征,置中护军一人。"

③案本传,东平王作骠骑,掾史四十人。〔40〕

④应劭《汉官仪》曰:"鼓吹二十人,非常员。舍人十人。"

其领军皆有部曲。大将军营五部,部校尉一人,比二千石;军司马一人,比千石。部下有曲,曲有军候一人,比六百石。曲下有(纯)〔屯〕,(纯)〔屯〕长一人,〔41〕比二百石。其不置校尉部,但军司马一人。又有军假司马、假候,皆为副贰。其别营领属为别部司马,其兵多少各随时宜。门有门候。其馀将军,置以征伐,无员职,亦有部曲、司马、军候以领兵。其职吏部集各一人,总知营事。兵曹掾史主兵事器械。禀假掾史主禀假禁司。又置外刺、刺奸,主罪法。

明帝初置度辽将军,以卫南单于众新降有二心者,后数有不安,遂为常守。①

①应劭《汉官仪》曰："度辽将军,孝武皇帝初用范明友。明帝(十)〔永平〕八年,〔42〕行度辽将军事;安帝元初元年,置真。银印青绶,秩二千石。长史、司马六百石。"《东观书》云司马二人。

【校勘记】

〔1〕 刘千秋　按:《集解》引惠栋说,谓刘千秋即刘珍。《文苑传》云珍字秋孙,疑传误。

〔2〕 乃欲以(汉)〔渐〕次述汉事　《校补》引柳从辰说,谓孙星衍辑《汉官解诂》,"以汉"作"以渐",是。今据改。

〔3〕 为作诂解　按:《校补》引柳从辰说,谓孙辑本"诂解"作"解诂"。

〔4〕 已语之适　按:"语"当作"诺",已诺犹言然否或许与不许也。今贾谊《新书·傅职篇》正作"不知已诺之适"。《大戴礼》作"不知已诺之正"。汲本、殿本作"言语之道",乃后人臆改。

〔5〕 自是而阙　按:"自是而"下有阙文。孙星衍校辑《汉官仪》,此"阙"字代之以□,云今本本作"阙",乃校者所记,而后来误入正文也。今据孙校,"阙"字用小一号字排。

〔6〕 说菀曰　汲本、殿本"菀"作"苑"。按:菀苑通。

〔7〕 元狩六年罢太尉　按:《校补》谓案《前书·百官公卿表》,太尉武帝建元二年省,元狩四年初置大司马,《汉官仪》误也。又按:下文"官候"应"候官",见前 2402 页。

〔8〕 明帝以〔为〕司马司空府〔已荣〕欲(复)更〔治〕太尉府　据《御览》卷二百七《职官部》五引补删。

〔9〕 员职既少自足相受　按:汲本、殿本"受"作"容",孙辑本同。《御览》"既"作"鲜","受"作"授"。

〔10〕 即〔见〕听许　据《御览》补。

〔11〕 〔帝〕临辟雍　据《御览》补。

〔12〕 而太尉〔府〕独卑陋(云)　按:汲本、殿本"太尉"下有"府"字,"卑陋"下无"云"字,孙辑本同,《御览》同。今据以补删。

〔13〕 世祖以幽并州兵骑定天下　按:《窦宪传注》引作"光武中兴,以幽、冀、

并州兵骑克定天下"。

〔14〕有官骑三十人　《校补》引柳从辰说,谓孙辑本作"二十二人"。今按:孙
　　　　云辑自《续汉志补注》,则所据本不同。

〔15〕县囊捉撮　《集解》引惠栋说,谓"捉"当作"括",《淮南子》"烛营指天",
　　　　高诱注"烛营读曰括撮,伛偻之象,喻容悦之臣"。

〔16〕其与申屠须责邓通　《校补》引陈景云说,谓"须"当作"显",或作"顿"。
　　　　按:黄山云当据《嘉传》作"坐责"为是,不必于字之形似求之。

〔17〕郡国守长史上计　按:孙星衍辑《汉旧仪》"守"下有"丞"字。

〔18〕遣公出庭　按:孙辑《汉旧仪》"公"作"君侯","出"下有"坐"字。

〔19〕记室掾史　按:孙辑《汉旧仪》"史"作"吏"。

〔20〕丞史归告二千石　按:孙辑《汉旧仪》"史"上有"长"字。

〔21〕无烦挠夺民时　按:孙辑《汉旧仪》"挠"作"扰"。

〔22〕今日公卿以下　按:孙辑《汉旧仪》无"今日"二字。

〔23〕奢侈过制度以益甚二千石身帅　按:孙辑《汉旧仪》"奢"上有"今俗"二
　　　　字,"以"上有"日"字,"身"上有"务以"二字。

〔24〕请谨以法　汲本、殿本"谨"作"谕"。按:孙辑《汉旧仪》亦作"谕",云本
　　　　作"谨",从《续汉志》《补注》引改。

〔25〕无饰厨养　按:孙辑《汉旧仪》作"无饰厨传增养食"。

〔26〕又更过度　按:孙辑《汉旧仪》作"或更尤过度"。

〔27〕长吏以〔闻〕　据汲本、殿本补。

〔28〕墙垣阤坏不治　孙辑《汉旧仪》"不"作"所"。按:如依孙辑本改"不"为
　　　　"所",则"所治"二字应连下读。

〔29〕无办护者　汲本、殿本"办"作"辨"。按:孙辑本作"办"。

〔30〕不胜任　按:孙辑《汉旧仪》"胜"作"称"。

〔31〕归告二千石听　按:孙辑《汉旧仪》"听"上有"勿"字。

〔32〕十年更名相国　按:《校补》引陈景云说,谓"十年"上有脱文。

〔33〕汉丞相府门无兰　汲本、殿本"兰"作"阑"。按:阑兰通。

〔34〕建武十八年省也　按:《集解》引周寿昌说,谓《光武纪》十一年夏四月省
　　　　大司徒司直官,《献帝纪》注亦作十一年,"八"字误。

〔35〕(汉)〔献〕帝起居注曰　据汲本、殿本改。

〔36〕九年十一月　按:汲本、殿本作"十二月"。

〔37〕 守长史到郡　按：孙辑《汉旧仪》"守"下有"丞"字。

〔38〕 郡国有茂才不显者言〔上〕　据孙辑《汉旧仪》补。

〔39〕 以古尊官唯有三公皆将军始自秦晋　按：沈家本谓"皆"字疑误。

〔40〕 案本传东平王作骠骑掾史四十人　按：《校补》谓《范书·东平王传》文不载骠骑掾史，刘昭所引盖是《续汉书》本传文。

〔41〕 曲下有(纯)〔屯〕(纯)〔屯〕长一人　据汲本、殿本改。按：纯屯二字古每不分，亦犹"屯留"之作"纯留"矣。

〔42〕 明帝(十)〔永平〕八年　《校补》引柳从辰说，谓据纪，事在永平八年，故志以为明帝初，"十"字衍。黄山谓案史无纪年不著年号者，盖注实阙"永"字，"平"字亦残其半，遂讹为"十"字也。今据黄说改。

后汉书志第二十五

百官二

太常　光禄勋　卫尉　太仆　廷尉　大鸿胪

太常，卿一人，中二千石。①本注曰：掌礼仪祭祀。每祭祀，先奏其礼仪；及行事，常赞天子。②〔1〕每选试博士，奏其能否。大射、养老、大丧，皆奏其礼仪。每月前晦，察行陵庙。③丞一人，比千石。④本注曰：掌凡行礼及祭祀小事，总署曹事。⑤其署曹掾史，随事为员，诸卿皆然。

①卢植《礼》注曰："如大乐正。"

②《汉旧仪》曰："赞飨一人，秩六百石，掌赞天子。"

③《汉官》曰："员吏八十五人，其十二人四科，十五人佐，五人假佐，十三人百
　石，十五人骑吏，九人学事，十六人守学事。"臣昭曰：凡《汉官》所载列职人
　数，今悉以注，虽颇为繁，盖《周礼》列官，陈人役(放)〔于〕前，〔2〕以为民极，
　寔观国制，此则宏模不可阙者也。

④卢植《礼》注曰："如小乐正。"

⑤《汉旧仪》曰："丞举庙中非法者。"

太史令一人，六百石。本注曰：掌天时、星历。凡岁将终，奏新年历。凡国祭祀、丧、娶之事，掌奏良日及时节禁忌。凡国有瑞应、灾异，掌记之。①丞一人。明堂及灵台丞一人，二百石。本注曰：二丞，掌守明堂、灵台。灵台掌候日月星气，皆属太史。②

①《汉官》(仪)曰：〔3〕"太史待诏三十七人，其六人治历，三人龟卜，三人庐宅，
　四人日时，三人《易》筮，二人典禳，九人籍氏、许氏、典昌氏，各三人，嘉法、请
　雨、解事各二人，医一人。"〔4〕

②《汉官》曰："灵台待诏四十(二)〔一〕人，〔5〕其十四人候星，二人候日，三人候

风,十二人候气,三人候晷景,七人候钟律。一人舍人。"

博士祭酒一人,六百石。本仆射,〔6〕中兴转为祭酒。①博士十四人,比六百石。本注曰:《易》四,施、孟、梁丘、京氏。《尚书》三,欧阳、大小夏侯氏。《诗》三,鲁、齐、韩氏。《礼》二,大小戴氏。《春秋》二,《公羊》严、颜氏。〔7〕掌教弟子。国有疑事,掌承问对。本四百石,宣帝增秩。②

①胡广曰:"官名祭酒,皆一位之元长者也。古礼,宾客得主人馔,则老者一人举酒以祭于地,旧说以为示有先。"

②本纪桓帝延熹二年,置秘书监。

太祝令一人,六百石。本注曰:凡国祭祀,掌读祝,及迎送神。①丞一人。本注曰:掌祝小神事。

①《汉旧仪》曰:"庙祭,太祝令主席酒。"《汉官》曰:"员吏四十一人,其二人百石,二人斗食,二十二人佐,二人学事,四人守学事,九人有秩。百五十人祝人,宰二百四十二人,屠者六十人。"

太宰令一人,六百石。本注曰:掌宰工鼎俎馔具之物。凡国祭祀,掌陈馔具。①丞一人。

①《汉官》曰:"明堂丞一人,二百石。员吏四十二人,其二人百石,二人斗食,二十三人佐,九人有秩,二人学事,四人守学事。宰二百四十二人,屠者七十三人,卫士一十五人。"

大(子)〔予〕乐令〔8〕一人,六百石。本注曰:掌伎乐。凡国祭祀,掌请奏乐,及大飨用乐,掌其陈序。①丞一人。②

①《汉官》曰:"员吏二十五人,其二人百石,二人斗食,七人佐,十人学事,四人守学事。乐人八佾舞三百八十人。"卢植《礼》注曰:"大(子)〔予〕令如古大胥。汉大乐律,卑者之子不得舞宗庙之酎。除吏二千石到六百石,及关内侯到五大夫子,取适子高五尺已上,年十二到三十,颜色和,身体修治者,以为舞人。"

②卢植《礼》注曰:"大乐丞如古小胥。"

高庙令一人,六百石。本注曰:守庙,掌案行扫除。无丞。①

①《汉官》曰:"员吏四人,卫士一十五人。"

世祖庙令一人,六百石。本注曰:如高庙。①

①《汉官》曰:"员吏六人,卫士二十人。"

先帝陵,每陵园令各一人,六百石。本注曰:掌守陵园,案行扫除。
丞及校长各一人。本注曰:校长,主兵戎盗贼事。①

①应劭《汉官名秩》曰:"丞皆选孝廉郎年少薄伐者,迁补府长史、都官令、候、
司马。"

先帝陵,每陵食官令各一人,六百石。本注曰:掌望晦时节祭祀。①

①《汉官》曰:"每陵食监一人,秩六百石。监丞一人,三百石。中黄门八人,从
官二人。"案:食监即是食官令号。

右属太常。本注曰:有祠祀令一人,后转属少
府。有太卜令,六百石,后省并太史。中兴以
来,省前凡十官。①

①案《前书》,十官者,太宰、均官、都水、雍太祝、五畤各一尉也。《东观书》曰:
"章帝又置祀令、丞,延平元年省。"

光禄勋,卿一人,中二千石。本注曰:掌宿卫宫殿门户,典谒署郎更
直执戟,宿卫门户,考其德行而进退之。①郊祀之事,掌三献。②丞一人,
比千石。

①胡广曰:"勋犹阍也,《易》曰'为阍寺'。(官)〔宦〕寺,主殿宫门户之职。"〔9〕

②《汉官》曰:"员吏四十四人,其十人四科,三人百石,一人斗食,二人佐,六人
骑吏,八人学事,十三人守学事,一人官医。卫士八十一人。"

五官中郎将一人,比二千石。本注曰:主五官郎。①五官中郎,比六
百石。本注曰:无员。②五官侍郎,比四百石。本注曰:无员。五官郎
中,比三百石。本注曰:无员。凡郎官皆主更直执戟,宿卫诸殿门,出充
车骑。唯议郎不在直中。③

①蔡质《汉仪》曰:"中郎解,其府对太学。"

—

②郎年五十以属五官,故曰六百石。

③蔡质《汉仪》曰:"三署郎见光禄勋,执板拜;见五官左右将,执板不拜。于三公诸卿无敬。"

左中郎将,比二千石。本注曰:主左署郎。① 中郎,比六百石。侍郎,比四百石。郎中,比三百石。② 本注曰:皆无员。

①蔡质《汉仪》曰:"(郎)中〔郎〕解,其府(府)次五官〔府〕。"〔10〕

②三郎。

右中郎将,比二千石。本注曰:主右署郎。中郎,比六百石。侍郎,比四百石。郎中,比三百石。本注曰:皆无员。①

①二郎,并无员。

虎贲中郎将,比二千石。本注曰:主虎贲宿卫。① 左右仆射、左右陛长各一人,比六百石。本注曰:仆射,主虎贲郎习射。陛长,主直虎贲,朝会在殿中。② 虎贲中郎,比六百石。虎贲侍郎,比四百石。虎贲郎中,比三百石。③节从虎贲,比二百石。④ 本注曰:皆无员。掌宿卫侍从。自节从虎贲久者转迁,才能差高至中郎。

①《前书》武帝置期门,平帝更名虎贲。蔡质《汉仪》曰:"主虎贲千五百人,无常员,多至千人。戴鹖冠,次右将府。"又虎贲旧作"虎奔",言如虎之奔也,王莽以古有勇士孟贲,故名焉。孔安国曰"若虎贲兽",言其甚猛。

②《汉官》曰:"陛长,墨绶铜印。"

③荀绰《晋百官表注》曰:"虎贲诸郎,皆父死子代,汉制也。"

④四郎。

羽林中郎将,比二千石。本注曰:主羽林郎。① 羽林郎,比三百石。本注曰:无员。掌宿卫侍从。常选汉阳、陇西、安定、北地、上郡、西河凡六郡良家补。本武帝以便马从猎,还宿殿陛岩下室中,故号岩郎。②

①案:汉末又有四中郎将,皆帅师征伐,不知何时置。董卓为东中郎将,卢植为北中郎将,献帝以曹(操)〔植〕为南中郎将。〔11〕

②《前书》曰初置名建章营骑,后更名。出补三百石丞、尉。荀绰《晋百官表注》曰:"言其严厉整锐也。"〔12〕案此则为岩郎,与志不同。蔡质《汉仪》曰:"羽

林郎百(一)〔二〕十八人,〔13〕无常员,府次虎贲府。"

羽林左监一人,六百石。本注曰:主羽林左骑。① 丞一人。

①《汉官》曰:"孝廉郎作,主羽林九百人。二监官属史吏,皆自出羽林中,有材者作。"

羽林右监一人,六百石。本注曰:主羽林右骑。丞一人。

奉车都尉,比二千石。本注曰:无员。①掌御乘舆车。

①《汉官》曰三人。

驸马都尉,比二千石。本注曰:无员。①掌驸马。

①《汉官》曰五人。

骑都尉,比二千石。本注曰:无员。①本监羽林骑。

①《汉官》曰一十人。

光禄大夫,比二千石。本注曰:无员。① 凡大夫、议郎皆掌顾问应对,无常事,唯诏令所使。〔14〕凡诸国嗣之丧,则光禄大夫掌吊。

①《汉官》曰三人。

太中大夫,千石。本注曰:无员。①

①《汉官》曰:"二十人,秩比二千石。"

中散大夫,六百石。本注曰:无员。①

①《汉官》曰:"三十人,秩比二千石。"

谏议大夫,六百石。本注曰:无员。①

①胡广曰:"光禄大夫,本为中大夫,武帝元狩五年置谏大夫为光禄大夫,世祖中兴,以为谏议大夫。又有太中、中散大夫。此四等于古皆为天子之下大夫,视列国之上卿。"《汉官》曰三十人。

议郎,六百石。本注曰:无员。①

①《汉官》曰:"五十人,无常员。"

谒者仆射一人,比千石。本注曰:为谒者台率,主谒者,天子出,奉引。古重习武,有主射以督录之,故曰仆射。① 常侍谒者五人,比六百石。本注曰：主殿上时节威仪。② 谒者三十人。其给事谒者，四百石。其灌谒者郎中，比三百石。本注曰：掌宾赞受事，及上章报问。将、大夫以下之丧，掌使吊。本员七十人，中兴但三十人。③ 初为灌谒者，满岁为给事谒者。④

①蔡质《汉仪》曰："见尚书令，对揖无敬。谒者见，执板拜之。"

②《汉官》曰："谒者三十人，其二人公府掾，六百石(特)〔持〕使也。"〔15〕

③荀绰《晋百官表注》曰："汉皆用孝廉年五十，威容严恪能宾者为之。明帝诏曰：'谒者乃尧之尊官，所以试舜宾于四门，四门穆穆者也。'昔燕太子使荆轲劫始皇，变起两楹之间，其后谒者持匕首刺腋，高祖偃武行文，故易之以板。"

④蔡质《汉仪》曰："出府丞、长史、陵令，皆选仪容端正，任奉使者。"

　　右属光禄勋。本注曰：职属光禄者，自五官将至羽林右监，凡七署。自奉车都尉至谒者，以文属焉。旧有左右曹，秩以二千石，上殿中，主受尚书奏事，平省之。世祖省，使小黄门郎受事，车驾出，给黄门郎兼。有请室令，车驾出，在前请所幸，微车迎白，示重慎。中兴但以郎兼，事讫罢，又省车、户、骑凡三将，① 及羽林令。

①如淳曰："主车曰车郎，主户卫曰户郎。"

　　卫尉，卿一人，中二千石。本注曰：掌宫门卫士，宫中徼循事。① 丞一人，比千石。

①《汉官》曰："员吏四十一人，其九人四科，二人二百石，文学三人百石，十二人斗食，二人佐，十二人学事，一人官医。卫士六十人。"

　　公车司马令一人，六百石。本注曰：掌宫南阙门，凡吏民上章，四方贡献，及征诣公车者。① 丞、尉各一人。本注曰：丞选晓讳，掌知非法。尉主阙门兵禁，戒非常。②〔16〕

①《献帝起居注》曰："建安八年，议郎卫林为公车司马令，位随将、大夫。旧公车令与都官、长史位从将、大夫，自林始。"

②胡广曰："诸门部各陈屯夹道,其旁当兵,以示威武,交戟,以遮妄出入者。"

南宫卫士令一人,六百石。本注曰:掌南宫卫士。①丞一人。

①《汉官》曰:"员吏九十五人,卫士五百三十七人。"

北宫卫士令一人,六百石。本注曰:掌北宫卫士。①丞一人。

①《汉官》曰:"员吏七十二人,卫士四百七十一人。"〔17〕

左右都候各一人,六百石。①本注曰:主剑戟士,徼循宫,及天子有所收考。②丞各一人。

①《周礼》司寤氏有夜士,干宝注曰:"今都候之属。"

②《汉官》曰:"右都候员吏二十二人,卫士四百一十六人。左都候员吏二十八人,卫士三百八十三人。"蔡质《汉仪》曰:"宫中诸有劾奏罪,左都候执戟戏车缚送付诏狱,在官大小各付所属。〔18〕以马皮覆。〔19〕见尚书令、尚书仆射、尚书皆执板拜,见丞、郎皆揖。"

宫掖门,每门司马一人,比千石。本注曰:南宫南屯司马,主平城门;①(北)宫门苍龙司马,主东门;②〔20〕玄武司马,主玄武门;③北屯司马,主北门;④北宫朱爵司马,主南掖门;⑤东明司马,主东门;⑥朔平司马,主北门;⑦凡七门。⑧凡居宫中者,皆有口籍于门之所属。宫名两字,为铁印文符,案省符乃内之。⑨若外人以事当入,本(宫)〔官〕长史为封棨传;〔21〕其有官位,出入令御者言其官。

①《汉官》曰:"员吏九人,卫士百二人。"《古今注》曰建武十三年九月,初开此门。

②案《雒阳宫门名》为苍龙阙门。《汉官》曰:"员吏六人,卫士四十人。"

③《汉官》曰:"员吏二人,卫士三十八人。"

④《汉官》曰:"员吏二人,卫士三十八人。"

⑤《汉官》曰:"员吏四人,卫士百二十四人。"《古今注》曰:"永平二年十一月,初作北宫朱爵南司马门。"

⑥《汉官》曰:"员吏十三人,卫士百八十人。"

⑦《汉官》曰:"员吏五人,卫士百一十七人。"

⑧《汉官》曰:"凡员吏皆队长佐。"

⑨胡广曰:"符用木,长(可)〔尺〕二寸,〔22〕铁印以符之。"

　　　右属卫尉。本注曰:中兴省旅贲令,卫士一人丞。①

①《汉官目录》曰:"右三卿,太尉所部。"

　　太仆,卿一人,中二千石。本注曰:掌车马。天子每出,奏驾上卤簿用;大驾则执驭。①丞一人,比千石。

①《汉官》曰:"员吏七十人,其七人四科,一人二百石,文学八人百石,六人斗食,七人佐,六人骑吏,三人假佐,三十一人学事,一人官医。"

　　考工令一人,六百石。本注曰:主作兵器弓弩刀铠之属,成则传执金吾入武库,及主织绶诸杂工。①左右丞各一人。

①《汉官》曰:"员吏百九人。"

　　车府令一人,六百石。本注曰:主乘舆诸车。①丞一人。

①《汉官》曰:"员吏二十四人。"

　　未央厩令一人,六百石。本注曰:主乘舆及厩中诸马。①长乐厩丞一人。②

①《汉官》曰:"员吏七十人,卒驺二十人。"
②《汉官》曰:"员吏十五人,卒驺二十人。首蓿苑官田所一人守之。"

　　　右属太仆。本注曰:旧有六厩,皆六百石令,①
　　　中兴省约,但置一厩。后置左骏令、厩,〔23〕别主
　　　乘舆御马,后或并省。又有牧师菀,皆令官,主
　　　养马,分在河西六郡界中,中兴皆省,唯汉阳有
　　　流马菀,但以羽林郎监领。②

①《前书》曰,有大厩、未央、家马三令,各五丞一尉。又车府、路轮、骑马、骏马四令丞。晋灼曰:"六厩名也,主马万匹。"
②《古今注》曰:"汉安元年七月,置承华厩令,秩六百石。"

　　廷尉,卿一人,中二千石。①本注曰:掌平狱,奏当所应。凡郡国谳

疑罪,皆处当以报。②正、左监各一人。③左平一人,六百石。本注曰:掌平决诏狱。

①应劭曰:"兵狱同制,故称廷尉。"

②胡广曰:"谳,质也。"《汉官》曰:"员吏百四十人,其十一人四科,十六人二百石廷(史)〔吏〕,〔24〕文学十六人百石,十三人狱史,二十七人佐,二十六人骑吏,三十人假佐,一人官医。"

③前汉有左右监平,世祖省右而犹曰左。

　　右属廷尉。本注曰:孝武帝以下,置中都官狱二十六所,各令长名世祖中兴皆省,唯廷尉及雒阳有诏狱。①

①蔡质《汉仪》曰:〔25〕"正月旦,百官朝贺,光禄勋刘嘉、廷尉赵世各辞不能朝,高赐举奏:'皆以被病笃困,空文武之位,阙上卿之赞,既无忠信断金之用,而有败礼伤化之尤,不谨不敬!请廷尉治嘉罪,河南尹治世罪。'议以世掌廷尉,故转属他官。"

　　大鸿胪,卿一人,中二千石。①本注曰:掌诸侯及四方归义蛮夷。其郊庙行礼,赞导,请行事,既可,以命群司。诸王入朝,当郊迎,典其礼仪。及郡国上计,匡四方来,亦属焉。②皇子拜王,赞授印绶。及拜诸侯、诸侯嗣子及四方夷狄封者,台下鸿胪召拜之。王薨则使吊之,及拜王嗣。丞一人,比千石。

①《周礼》"象胥",干宝注曰今鸿胪。

②《汉官》曰:"员吏五十五人,其六人四科,二人二百石,文学六人百石,一人斗食,十四人佐,六人骑吏,十五人学事,五人官医。"永元十年,大匠应顺上言:"百郡计吏,观国之光,而舍逆旅,崎岖私馆,直装衣物,散朽暴露,朝会邈远,事不肃给。昔〔晋〕,霸国盟主耳,舍诸侯于隶人,〔26〕子产以为大讥。况今四海之大,而(百)〔可〕无乎?"〔27〕和帝嘉纳其言,即创业焉。

　　大行令一人,六百石。本注曰:主诸郎。①丞一人。治礼郎四十七人。②

①《汉官》曰:"员吏四十人。"

②《汉官》曰:"其四人四科,五人二百石,文学五人百石,九人斗食,六人佐,六人学事,十二人守学事。"《东观书》曰:"主斋祠傧赞九宾。又有公室,主调中都官斗食以下,功次相补。"案卢植《礼》注曰:"大行郎亦如调者,兼举形貌。"

　　　右属大鸿胪。本注曰:承秦有典属国,别主四方
　　夷狄朝贡侍子,成帝时省并大鸿胪。中兴省驿
　　官、别火二令、丞,①〔28〕及郡邸长、丞,但令郎治
　　郡邸。②

①如淳曰:"《汉仪注》:'别火,狱令官,主治改火事。'"

②《汉官目录》曰:"右三官,司徒所部。"

【校勘记】

〔1〕　常赞天子　按:《集解》引惠栋说,谓"常"依注及袁山松《百官志》当作"掌"。

〔2〕　陈人役(放)〔于〕前　据汲本、殿本改。

〔3〕　汉官(仪)曰　据汲本删。

〔4〕　医一人　汲本、殿本"一"作"二"。按:医一人,正符三十七人之数。又按:上"三人《易》筮",惠栋云北宋本"三"作"二"。若依北宋本,则"医一人"当作"医二人",方符三十七人之数。

〔5〕　灵台待诏四十(二)〔一〕人　《校补》引柳从辰说,谓"四十二"孙辑本作"四十一",是。今按:舍人一人不在待诏之列,是"四十二"当作"四十一"也。今据改。

〔6〕　博士祭酒一人六百石本仆射　按:《集解》引钱大昕说,谓"本仆射"上当有"本注曰"三字。

〔7〕　春秋二公羊严颜氏　按:钱大昭《续汉书辨疑》谓"公羊"二字疑衍,《徐防传》注引《汉官仪》亦无"公羊"。

〔8〕　大(子)〔予〕乐令　按:汲本、殿本"大"讹"太"。《集解》引钱大昕说,谓"太子"当为"大予"。《明帝纪》永平三年改大乐为大予乐,注引《汉官仪》云大予乐令一人,秩六百石。又引惠栋说,谓"子"依北宋本当作

"予",注同。今据改。

〔9〕（官）〔宦〕寺主殿宫门户之职　据汲本改。按:孙辑《汉官解诂》无"宦寺"二字。

〔10〕（郎）中〔郎〕解其府（府）次五官〔府〕　按:"中郎"二字讹倒,据汲本、殿本乙。又孙星衍谓"府次五官"当作"次五官府",讹倒。今据改。

〔11〕献帝以曹（操）〔植〕为南中郎将　《校补》引陈景云说,谓"操"当作"植",见《魏志·植传》。今据改。

〔12〕言其严厉整锐也　按:"锐"原讹"说",径改正。

〔13〕羽林郎百（一）〔二〕十八人　汲本"一"作"二",孙辑本同。今据改。

〔14〕唯诏令所使　按:汲本、殿本"令"作"命"。

〔15〕六百石（特）〔持〕使也　据汲本、殿本改。

〔16〕戒非常　按:"常"原讹"掌",径据汲本、殿本改。

〔17〕卫士四百七十一人　按:汲本、殿本"七十一"作"七十二"。

〔18〕在官大小各付所属　按:汲本"官"作"候",《通典》注引作"宫",未详孰是。

〔19〕以马皮覆　汲本、殿本"皮"作"被"。《校补》谓"以马被覆"四字不知何指,《通典》注省。今按:盖以宫中之人,故以马皮覆之,不欲人见。各本"皮"讹"被",遂令人不知何指矣。

〔20〕（北）宫门苍龙司马主东门　据汲本删。按:《校补》谓北宫三门,另列在后,此皆南宫门,不应有"北"字。

〔21〕若外人以事当入本（官）〔官〕长史为封棨传　据殿本改。按:《校补》谓外人谓无官位者,受本官所遣,当封棨传为信也。作"官"是。

〔22〕长（可）〔尺〕二寸　据汲本、殿本改。

〔23〕后置左骏令厩　按:《校补》引钱大昭说,谓"令厩"二字当乙。黄山谓今案承上"但置一厩"言,重在厩,疑令、厩本同时置,兼言之也。

〔24〕十六人二百石廷（史）〔吏〕　据汲本、殿本改。按:孙辑《汉官》作"吏"。

〔25〕蔡质汉仪曰　按:"质"原讹"贺",径改正。

〔26〕昔〔晋〕霸国盟主耳舍诸侯于隶人　按:事见《左》襄三十一年,此脱"晋"字,遂不知所指矣。今依何焯校本补一"晋"字。

〔27〕而（百）〔可〕无乎　据汲本改。

〔28〕中兴省驿官别火二令丞　按:沈家本谓"驿"当作"译"。

后汉书志第二十六

百官三

宗正　大司农　少府

宗正，卿一人，中二千石。本注曰：掌序录王国嫡庶之次，及诸宗室亲属远近，郡国岁因计上宗室名籍。若有犯法当髡以上，先上诸宗正，宗正以闻，乃报决。① 丞一人，比千石。

① 胡广曰："又岁一治诸王世谱差序秩第。"《汉官》曰："员吏四十一人，其六人四科，一人二百石，四人百石，三人佐，六人骑吏，二人法家，十八人学事，一人官医。"

诸公主，每主家令一人，六百石。丞一人，三百石。本注曰：其馀属吏增减无常。①

① 《汉官》曰："主簿一人，秩六百石。仆一人，秩六百石。私府长一人，秩六百石。家丞一人，三百石。直吏三人，从官二人。"〔1〕《东观书》曰："其主薨无子，置傅一人守其家。"

　　右属宗正。本注曰：中兴省都司空令、丞。①

① 如淳曰："主罪人。"

大司农，卿一人，中二千石。本注曰：掌诸钱谷金帛诸货币。郡国四时上月旦见钱谷簿，其逋未毕，各具别之。边郡诸官请调度者，皆为报给，损多益寡，取相给足。① 丞一人，比千石。部丞一人，六百石。本注曰：部丞主帑藏。②

① 《汉（书）〔官〕》曰〔2〕："员吏百六十四人，其十八人四科，九人斗食，十六人二

百石,文学二十人百石,二十五人佐,七十五人学事,一人官医。"

②《古今注》曰"建初七年七月,为大司农置丞一人,秩千石,别主帑藏",则部丞
应是而秩不同。应劭《汉官秩》亦云二千石。〔3〕

太仓令一人,六百石。本注曰:主受郡国传漕谷。①丞一人。

①《汉官》曰:"员吏九十九人。"

平准令一人,六百石。本注曰:掌知物贾,主练染,作采色。①丞
一人。

①《汉官》曰:"员吏百九十人。"

导官令〔4〕一人,六百石。本注曰:主舂御米,及作乾糒。导,择
也。①丞一人。

①《汉官》曰:"员吏百一十二人。"

右属大司农。本注曰:郡国盐官、铁官本属司
农,中兴皆属郡县。①又有廪牺令,六百石,掌祭
祀牺牲雁鹜之属。②及雒阳市长、③荥阳敖仓官,
中兴皆属河南尹。馀均输等皆省。④

①《魏志》曰:"曹公置典农中郎将,秩二千石。典农都尉,秩六百石,或四百石。
典农校尉,秩比二千石。所主如中郎。部分别而少,为校尉丞。"

②《汉官》曰:"丞一人,三百石。员吏四十人,其十一人斗食,十七人佐,七人学
事,五人守学事,皆河南属县给吏者。"

③《汉官》曰:"市长一人,秩四百石。丞一人,二百石,明法补。员吏三十六人,
十三人百石啬夫,十一人斗食,十二人佐。又有楫棹丞,三百石,别治中水
官,主水渠,在马市东,有员吏六人。"

④均输者,《前书》孟康注曰:"谓诸当所有输于官者,皆令输其土地所饶,平其
所在时贾,官更于他处货之。输者既便,而官有利。"《盐铁论》:"大夫曰:'往
者郡国诸侯,各以其物贡输,往来烦杂,物多苦恶,或不偿其费,故郡置输官
以相给运,而便远方之贡,故曰均输。开委府于京师,以笼货物,贱则买,贵
则卖,是以县官不失实,商贾无所利,故曰平准。准平则民不失职,〔5〕均输
则民不劬劳,故平准、均输,所以平万物而便百姓也。'文学曰:'古之赋税于

民也,因其所工,不求所拙。农人纳其获,工女效其织。今释其所有,责其所无,百姓贱买货物以便上求。间者郡国或令民作布絮,吏留难与之为市。吏之所入非独齐、陶之缣,蜀、汉之布也,亦民间之所为耳。行奸卖平,农民重苦,必苦女工茧税,〔6〕未见输之均也。县官猥发,阖门擅市,即万民并收。并收则物腾跃,腾跃则商贾利。自市则吏容奸,豪吏富商,积货储物,以待其急,轻贾奸吏,收以取贵,未见准之平也。盖古之均输,所以齐劳逸而便贡输,非以为利而贾万物也。'"王隆《小学·汉官篇》曰:"调均报度,输漕委输。"胡广注曰:"边郡诸官请调者,皆为调均报给之也。以水通输曰漕。委,积也。郡国所积聚金帛货贿,随时输送诸司农,曰委输,以供国用。"《前书》又有都内籍田令、丞,斡官、铁市两长、丞,〔7〕郡国诸仓农监六十五官长、丞,皆属之。

少府,卿一人,中二千石。本注曰:掌中服御诸物,衣服宝货珍膳之属。①丞一人,比千石。

①《汉官》曰:"员吏三十四人,其一人四科,一人二百石,五人百石,四人斗(石)〔食〕,〔8〕三人佐,六人骑吏,十三人学事,一人官医。少者小也,小故称少府。王者以租税为公用,山泽陂池之税以供王之私用。古皆作小府。"《汉官仪》曰:"田租、刍稿以给经用,凶年,山泽鱼盐市税少府以给私用也。"

太医令一人,六百石。本注曰:掌诸医。①药丞、方丞各一人。本注曰:药丞主药。方丞主药方。

①《汉官》曰:"员医二百九十三人,员吏十九人。"

太官令一人,六百石。本注曰:掌御饮食。①左丞、甘丞、汤官丞、果丞各一人。本注曰:左丞主饮食。甘丞主膳具。汤官丞主酒。果丞主果。②

①《汉官》曰:"员吏六十九人,卫士三十八人。"荀绰《晋百官表注》曰"汉制,太官令秩千石。丞四人,秩四百石",不与志同。

②荀绰云:"甘丞掌诸甘肥。果丞别在外诸果菜茹。"

守宫令一人,六百石。本注曰:主御纸笔墨,及尚书财用诸物及封泥。①丞一人。②

①《汉官》曰："员吏六十九人。"

②《汉官》曰："外官丞二百石，公府吏府也。"

上林苑令一人，〔9〕六百石。本注曰：主苑中禽兽。颇有民居，皆主之。捕得其兽送太官。①丞、尉各一人。

①《汉官》曰："员吏五十八人。"案桓帝又置鸿德苑令。

侍中，比二千石。①本注曰：无员。〔10〕掌侍左右，赞导众事，顾问应对。法驾出，则多识者一人参乘，馀皆骑在乘舆车后。本有仆射一人，中兴转为祭酒，或置或否。②

①《汉官秩》云千石。《周礼》"太仆"，干宝注曰："若汉侍中。"

②蔡质《汉仪》曰："侍中、常伯，选旧儒高德，博学渊懿。仰占俯视，切问近对，喻旨公卿，上殿称制，参乘佩玺秉剑。员本八人，陪见旧在尚书令、仆射下，尚书上；今官出入禁中，更在尚书下。司隶校尉见侍中，执板揖，河南尹亦如之。又侍中旧与中官俱止禁中，武帝时，侍中莽何罗挟刃谋逆，由是侍中出禁外，有事乃入，毕即出。王莽秉政，侍中复入，与中官共止。章帝元和中，侍中郭举与后宫通，拔佩刀惊上，举伏诛，侍中由是复出外。"

中常侍，千石。本注曰：宦者，无员。后增秩比二千石。掌侍左右，从入内宫，赞导内众事，顾问应对给事。〔11〕

黄门侍郎，〔12〕六百石。本注曰：无员。掌侍从左右，给事中，关通中外。及诸王朝见于殿上，〔13〕引王就坐。①

①《汉旧仪》曰："黄门郎属黄门令，日暮入对青琐门拜，名曰夕郎。"《宫阁簿》青琐门在南宫。卫(瓘)〔权〕注《吴都赋》曰："青琐，户边青镂也。一曰天子门内有眉，格再重，里青画曰琐。"《献帝起居注》曰："帝初即位，初置侍中、给事黄门侍郎，员各六人，出入禁中，近侍帷幄，省尚书事。改给事黄门侍郎为侍中侍郎，去给事黄门之号，旋复复故。旧侍中、黄门侍郎以在中宫者，不与近密交政。诛黄门后，侍中、侍郎出入禁闱，机事颇露，由是王允乃奏比尚书，不得出入，不通宾客，自此始也。"又曰："诸奄人官，悉以议郎、郎中称，秩如故。诸署令两梁冠，陛殿上，得召都官从事已下。"

小黄门,六百石。〔本注曰〕:宦者,无员。〔14〕掌侍左右,受尚书事。上在内宫,关通中外,及中宫已下众事。诸公主及王太妃等有疾苦,则使问之。

黄门令一人,六百石。①本注曰:宦者。主省中诸宦者。②丞、从丞各一人。本注曰:宦者。从丞主出入从。

①董巴曰:"禁门曰黄闼,以中人主之,故号曰黄门令。"

②《汉官》曰:"员吏十八人。"

黄门署长、画室署长、玉堂署长各一人。丙署长七人。皆四百石,黄绶。〔15〕本注曰:宦者。各主中宫别处。

中黄门冗从仆射一人,六百石。本注曰:宦者。主中黄门冗从。居则宿卫,直守门户;出则骑从,夹乘舆车。

中黄门,比百石。本注曰:宦者,无员。后增比三百石。掌给事禁中。

掖庭令一人,六百石。本注曰:宦者。掌后宫贵人采女事。①左右丞、暴室丞各一人。本注曰:宦者。暴室丞主中妇人疾病者,就此室治;其皇后、贵人有罪,亦就此室。

①《汉官》曰:"吏从官百六十七人,待诏五人,员吏十人。"

永巷令一人,六百石。本注曰:宦者。典官婢侍使。①〔16〕丞一人。本注曰:宦者。②

①《汉官》曰:"员吏六人,吏从官三十四人。"

②《汉官》曰:"右丞一人,暴室一人。"

御府令一人,六百石。本注曰:宦者。典官婢作中衣服及补浣之属。①丞、织室丞各一人。本注曰:宦者②。

①《汉官》曰:"员吏七人,吏从官三十人。"

②《汉官》曰:"右丞一人。"

祠祀令一人,六百石。本注曰:典中诸小祠祀。①丞一人。本注曰:宦者。

①《汉官》曰:"从官吏八人,驺仆射一人,家巫八人。"

钩盾令一人,六百石。本注曰:宦者。典诸近池苑囿游观之处①。丞、永安丞各一人,三百石。本注曰:宦者。永安,北宫东北别小宫名,有园观。苑中丞、果丞、鸿池丞、南园丞各一人,二百石。本注曰:苑中丞主苑中离宫。果丞主果园。鸿池,池名,在雒阳东二十里。南园在雒水南。②濯龙监、③直里监各一人,四百石。本注曰:濯龙亦园名,近北宫。直里亦园名也,在雒阳城西南角。

①《汉官》曰:"吏从官四十人,员吏四十八人。"

②《汉官》曰:"又有署一人,胡熟监一人。"案本纪,桓帝又置显阳苑丞。

③应劭《汉官秩》曰:"秩六百石。"

中藏府令一人,六百石。本注曰:掌中币帛金银诸货物。①丞一人。

①《汉官》曰:"员吏十三人,吏从官六人。"

内者令一人,六百石。本注曰:掌〔宫〕中布张诸(衣)〔褻〕物。①〔17〕左右丞各一人。

①《汉官》曰:"从官录事一人,〔18〕员吏十九人。"

尚方令一人,六百石。本注曰:掌上手工作御刀剑诸好器物。①丞一人。

①《汉官》曰:"员吏十三人,吏从官六人。"

尚书令一人,千石。本注曰:承秦所置,①武帝用宦者,更为中书谒者令,成帝用士人,复故。掌凡选署及奏下尚书曹文书众事。②〔19〕

①荀绰《晋百官表注》曰:"唐、虞官也。《诗》云'仲山甫王之喉舌',盖谓此人。"

②蔡质《汉仪》曰:"故公为之者,朝会(不)〔下〕陛奏事,〔20〕增秩二千石,故自佩铜印墨绶。"

尚书仆射一人,六百石。本注曰:署尚书事,令不在则奏下众事。①

①蔡质《汉仪》曰:"仆射主封门,掌授廪假钱谷。凡三公、列卿、将、大夫、五营校尉行复道中,遇尚书仆射、左右丞郎、御史中丞、侍御史,皆避车豫相回避。卫士传不得连台官,台官过后乃得去。"臣昭案:献帝分置左、右仆射,建安四

年以荣邵为尚书左仆射是也。《献帝起居注》曰："邵卒官,赠执金吾。"

尚书六人,六百石。本注曰:成帝初置尚书四人,①〔21〕分为四曹:②常侍曹尚书主公卿事;③二千石曹尚书主郡国二千石事;④民曹尚书主凡吏上书事;⑤客曹尚书主外国夷狄事。⑥世祖承遵,后分二千石曹,又分客曹为南主客曹、北主客曹,⑦凡六曹。⑧左右丞各一人,四百石。〔22〕本注曰:掌录文书期会。左丞主吏民章报及驺伯史。⑨右丞假署印绶,及纸笔墨诸财用库藏。⑩侍郎三十六人,〔23〕四百石。本注曰:一曹有六人,主作文书起草。⑪令史十八人,二百石。本注曰:曹有三,主书。后增剧曹三人,合二十一人。⑫

①韦昭曰:"尚,奉也。"

②《汉旧仪》曰:"初置五曹,有三公曹,主断狱。"蔡质《汉仪》曰:"典天下岁尽集课事。三公尚书二人,典三公文书。吏曹尚书典选举斋祀,属三公曹。灵帝末,梁鹄为选部尚书。"

③蔡质《汉仪》曰:"主常侍黄门御史事,世祖改曰吏曹。"

④《汉旧仪》曰:"亦云主刺史。"蔡质《汉仪》曰:"掌中(郎)〔都〕官水火、盗贼、辞讼、罪眚。"〔24〕

⑤蔡质《汉旧仪》曰:"典缮治功作,监池、苑、囿、盗贼事。"

⑥《尚书》:"龙作纳言,出入帝命。"应劭曰:"今尚书官,王之喉舌。"

⑦蔡质《汉仪》曰:"天子出猎,驾,御府曹郎属之。"

⑧《周礼·天官》有司会,郑玄曰"若今尚书"。

⑨蔡质《汉仪》曰:"总典台中纲纪,无所不统。"

⑩蔡质《汉仪》曰:"右丞与仆射对掌授廪假钱谷,与左丞无所不统。凡中宫漏夜尽,鼓鸣则起,钟鸣则息。卫士甲乙徼相传,甲夜毕,传乙夜,相传尽五更。卫士传言五更,未明三刻后,鸡鸣,卫士踵丞郎趋严上台,不畜宫中鸡,汝南出《鸡鸣》,卫士候朱爵门外,专传《鸡鸣》于宫中。"应劭曰:"楚歌,今《鸡鸣歌》也。"《晋太康地道记》曰:"后汉固始、鲖阳、公安、细阳四县卫士,习此曲于阙下歌之,今《鸡鸣》是也。"

⑪蔡质《汉仪》曰:"尚书郎初从三署诣台试,初上台称守尚书郎,中岁满称尚书郎,三年称侍郎。客曹郎主治羌胡事,剧迁二千石或刺史,其公迁为县令,秩

满自占县去,诏书赐钱三万与三台祖饯,馀官则否。治严一月,准谒公卿陵
庙乃发。御史中丞遇尚书丞、郎,避车执板住揖,丞、郎坐车举手礼之,车过
远乃去。尚书言左右丞,敢告知如诏书律令。郎见左右丞,对揖无敬,称曰
左右君。丞、郎见尚书,执板对揖,称曰明时。见令、仆射,执板拜,朝贺
对揖。”

⑫《古今注》曰:“永元三年七月,增尚书令史员。功满未尝犯禁者,以补小县,
墨绶。”蔡质曰:“皆选兰台、符节上称简精练有吏能为之。”《决录注》曰:“故
事尚书郎以令史久缺补之,世祖始改用孝廉为郎,以孝廉丁邯补焉。邯称病
不就。诏问:‘实病? 羞为郎乎?’对曰:‘臣实不病,耻以孝廉为令史职耳!’
世祖怒曰:‘虎贲灭头杖之数十。’诏问:‘欲为郎不?’邯曰:‘能杀臣者陛下,
不能为郎者臣。’中诏遣出,竟不为郎。邯字叔春,京兆阳陵人也。有高节,
正直不挠,后拜汾阴令,治有名迹,迁汉中太守。妻弟为公孙述将,收妻送南
郑狱,免冠徒跣自陈。诏曰:‘汉中太守妻乃系南郑狱,谁当搔其背垢者? 悬
牛头,卖马脯,盗跖行,孔子语。以邯服罪,且邯一妻,冠履勿谢。’治有异,卒
于官。”

　　符节令一人,六百石。本注曰:为符节台率,主符节事。凡遣使掌
授节。尚符玺郎中四人。本注曰:旧二人在中,主玺及虎符、竹符之半
者。①符节令史,二百石。本注曰:掌书。②

①《汉官》曰:“当得明法律郎。”《周礼》掌节有虎节、龙节,皆金也。干宝注
曰:〔25〕“汉之铜虎符,则其制也。”《周礼》又曰:“以英荡辅之。”〔26〕干宝曰:
“英,刻书也。荡,竹箭也。刻而书其所使之事,以助三节之信,则汉之竹使
符者,亦取则于故事也。”

②《魏氏春秋》曰:“中平六年,始复节上赤葆。”

　　御史中丞一人,千石。本注曰:御史大夫之丞也。旧别监御史在殿
中,密举非法。①及御史大夫转为司空,因别留中,为御史台率,②后又属
少府。治书侍御史二人,六百石。本注曰:掌选明法律者为之。凡天下
诸谳疑事,掌以法律当其是非。③侍御史十五人,六百石。本注曰:掌察
举非法,受公卿群吏奏事,有违失举劾之。凡郊庙之祠及大朝会、大封
拜,则(一)〔二〕人监威仪,〔27〕有违失则劾奏。④

①《周礼》:"〔小宰〕掌建邦之宫刑,〔28〕以主治王宫之政令。"干宝注曰:"若御史中丞。"

②《风俗通》曰:"尚书、御史台,皆以官苍头为吏,主赋舍,〔29〕凡守其门户。"蔡质《汉仪》曰:"丞,故二千石为之,或选侍御史高第,〔30〕执宪中司,朝会独坐,内掌兰台,督诸州刺史,纠察百寮,出为二千石。"《魏志》曰:"建安置御史大夫,不领中丞,置长史一人。"

③蔡质《汉仪》曰:"选御史高第补之。"胡广曰:"孝宣感路温舒言,秋季后请谳。时帝幸宣室,斋居而决事,令侍御史二人治书,御史起此。〔31〕后因别置,冠法冠,秩百石,有印绶,与符节郎共平廷尉奏事,罪当轻重。"荀绰《晋百官表注》曰:"惠帝以后,无所平治,备位而已。"

④蔡质《汉仪》曰:"其二人者更直。执法省中者,皆纠察百官,督州郡。公法府掾属高第补之。初称守,满岁拜真,出治剧为刺史、二千石,平迁补令。见中丞,执板揖。"

兰台令史,六百石。本注曰:掌奏及印工文书。

　　右属少府。本注曰:职属少府者,自太医、上林凡四官。自侍中至御史,皆以文属焉。承秦,凡山泽陂池之税,名曰禁钱,属少府。世祖改属司农,考工转属太仆,都水属郡国。孝武帝初置水衡都尉,秩比二千石,别主上林苑有离宫燕休之处,世祖省之,并其职于少府。每立秋狝刘之日,辄暂置水衡都尉,事讫乃罢之。少府本六丞,省五。又省汤官、织室令,置丞。又省上林十池监,胞人长丞,宦者、昆台、①佽飞②三令,二十一丞。又省水衡属官令、长、丞、尉二十馀人。章和以下,中官稍广,加尝药、太官、御者、钩盾、尚方、考工、别作监,皆六百石,宦者为之,转为兼副,或省,故录本官。③

①昆台本名甘泉居室,武帝改。

②佽飞本名左弋,武帝改。

③蔡质《汉仪》曰："少府符著出见都官从事,持板。都官从事入少府见符著,持板。"《汉官目录》曰:"右三卿,司空所部。"

【校勘记】

〔1〕　从官二人　按:汲本"二"作"三",孙辑本《汉官》同。

〔2〕　汉(书)〔官〕曰　《校补》引柳从辰说,谓"书"当作"官",诸本皆未正。今据改。

〔3〕　亦云二千石　按:此承上文"秩千石"而言,"二"字疑衍。

〔4〕　导官令　《宋书·百官志》"导官令"下引司马相如《封禅书》"导一茎六穗于庖",《史记·司马相如传》"导"作"䆃"。按:《说文》云"䆃,䆃米也,从禾道声。司马相如曰'䆃一茎六穗'也"。是"导官令"之"导"当从禾作"䆃"。

〔5〕　准平则民不失职　按:《校补》谓"准平"殿本注作"平准",与今本《盐铁论》合。

〔6〕　必苦女工茧税　按:《校补》谓"茧税"今本《盐铁论》作"再税"。

〔7〕　斡官铁市两长丞　汲本、殿本"斡"作"幹"。按:《汉书·百官表》作"斡",注如淳曰:"斡音莞,或作'幹',幹,主也。"

〔8〕　四人斗(石)〔食〕　据汲本、殿本改。

〔9〕　上林苑令一人　按:此与下"主苑中禽兽"两"苑"字,原皆作"菀",菀苑本通,然以下"苑中丞"等之"苑",皆不作"菀",今改归一律。注同。

〔10〕　本注曰无员　按:《集解》引钱大昕说,谓案《朱穆传》,言汉家旧典,置侍中、中常侍各一人,黄门侍郎一人。《宦者传》永平中始置员数,中常侍四人,小黄门十人,自明帝迄乎延平,其员稍增,中常侍至有十人,小黄门二十人。此志于侍中、中常侍、黄门侍郎、小黄门皆云无员,亦未深考耳。

〔11〕　顾问应对给事　按:"给事"二字应移入下行"黄门侍郎"上,说详下。

〔12〕　黄门侍郎　按:沈家本谓应作"给事黄门侍郎"。"给事"二字误在前一行之末。《宋志》云"汉东京曰给事黄门侍郎",此其证也。隋炀帝时始去"给事"之名,见《隋志》。

〔13〕　朝见于殿上　按:汲本、殿本"上"作"中"。

〔14〕　〔本注曰〕宦者无员　据殿本补。

〔15〕　皆四百石黄绶　按:《集解》引钱大昕说,谓"黄绶"二字疑衍,公卿以下绶制已见《舆服志》,不应单出此条。

〔16〕　典官婢侍使　按:《校补》谓"侍使"当依《周礼·酒人》注作"侍史"。

〔17〕　掌〔宫〕中布张诸(衣)〔亵〕物　据《汉书·宣帝纪》注引《续汉书志》补改。按:《集解》引惠栋说,谓《黄图》引《续汉书》曰"掌宫中步帐亵物",《宣帝纪》亦引作"亵物",误作"衣"也。《校补》引钱大昕说,谓《宣帝纪》注亦引作"掌宫中",知志文"掌"下亦脱"宫"字。

〔18〕　从官录事一人　按:汲本、殿本"录事"作"禄士",孙辑《汉官》同。

〔19〕　奏下尚书曹文书众事　按:汲本无"曹"字。

〔20〕　朝会(不)〔下〕陛奏事　《集解》引惠栋说,谓以《汉官仪》、《汉官典职》校之,乃下陛奏事,"下"讹"不"。今据改。

〔21〕　成帝初置尚书四人　按:《集解》引惠栋说,谓"成帝"当作"武帝"。应劭《汉官仪》云尚书四员,武帝置,成帝加一为五。有三公曹,主断狱。世祖分为六曹,并一令一仆,谓之八座。又引李祖楙说,谓《前书》成帝建武四年,初置尚书五人,中以一人为仆射。注云四人,别仆射言。

〔22〕　左右丞各一人　按:左右丞与下侍郎原皆提行,《校补》谓左右丞、侍郎皆尚书官属,不应提行。今从之。

〔23〕　侍郎三十六人　按:《集解》引惠栋说,谓一作"三十五人",一作"三十四人"。

〔24〕　掌中(郎)〔都〕官水火盗贼辞讼罪眚　按:《集解》本据《通典》改"郎"为"都",今从之。

〔25〕　干宝注曰　按:"干"原作"于",径据《集解》本改,下同。

〔26〕　以英荡辅之　按:"荡"《周礼》作"簜"。

〔27〕　则(一)〔二〕人监威仪　据汲本、殿本改。

〔28〕　周礼〔小宰〕掌建邦之宫刑　据《集解》引惠栋说补。

〔29〕　主赋舍　按:汲本"赋"作"贼"。

〔30〕　或选侍御史高第　按:汲本、殿本"选"作"迁",疑误,下注引《汉仪》"选御史高第补之",可证。

〔31〕　令侍御史二人治书御史起此　按:"御史起此"上疑脱"治书"二字。

后汉书志第二十七

百官四

执金吾　太子太傅　大长秋　太子少傅　将作大匠　城门校尉　北军中候　司隶校尉

执金吾一人，中二千石。①本注曰：掌宫外戒司非常水火之事。②月三绕行宫外，及主兵器。吾犹御也。③丞一人，比千石。④缇骑二百人。本注曰：无秩，比吏食奉。⑤〔1〕

①《汉官秩》云比二千石。

②胡广曰："卫尉巡行宫中，则金吾徼于外，相为表里，以擒奸讨猾。"

③应劭曰："执金革以御非常。"《汉官》曰："员吏二十九人，其十人四科，一人二百石，文学三人百石，二人斗食，十三人佐学事，主缇骑。"

④《汉官秩》云六百石。

⑤《汉官》曰："执金吾缇骑二百人，〔持戟〕五百二十人，〔2〕舆服导从，光满道路，群僚之中，斯最壮矣。世祖叹曰：'仕宦当作执金吾。'"

武库令一人，六百石。本注曰：主兵器。丞一人。

右属执金吾。本注曰：本有式道、左右中候三人，六百石。车驾出，掌在前清道，还持麾至宫门，宫门乃开。中兴但一人，又不常置，每出，以郎兼式道候，事已罢，不复属执金吾。又省中垒、寺互、都船令、丞、尉及左右京辅都尉。

太子太傅一人，中二千石。本注曰：职掌辅导太子。礼如师，不领官属。①

①荀绰《晋百官表注》曰："唐、虞官。"

　　大长秋一人，二千石。本注曰：承秦将行，宦者。景帝更为大长秋，或用士人。中兴常用宦者，职掌奉宣中宫命。凡给赐宗亲，及宗亲当谒见者关通之，中宫出则从。①丞一人，六百石。本注曰：宦者。

①张晏曰："皇后卿。"

　　中宫仆一人，千石。本注曰：宦者。主驭。本注曰：太仆，秩二千石，中兴省"太"，减秩千石，以属长秋。

　　中宫谒者令一人，六百石。本注曰：宦者。中宫谒者三人，四百石。本注曰：宦者。主报中章。

　　中宫尚书五人，六百石。本注曰：宦者。主中文书。

　　中宫私府令一人，六百石。本注曰：宦者。主中藏币帛诸物，裁衣被补浣者皆主之。①丞一人。本注曰：宦者。

①丁孚《汉仪》曰："中宫藏府令，秩千石，仪比御府令。"

　　中宫永巷令一人，六百石。本注曰：宦者。主宫人。丞一人。本注曰：宦者。

　　中宫黄门冗从仆射一人，六百石。本注曰：宦者。主中黄门冗从。①

①丁孚《汉仪》曰："给事中宫侍郎六人，比尚书郎，宦者为之。给事黄门四人，比黄门侍郎。给事羽林郎一人，比羽林将虎贲官骑下。"

　　中宫署令一人，六百石。本注曰：宦者。主中宫请署天子数。女骑六人，丞、复道丞各一人。本注曰：宦者。复道丞主中阁道。

　　中宫药长一人，四百石。本注曰：宦者。

　　　　右属大长秋。本注曰：承秦，有詹事一人，位在
　　　　长秋上，亦宦者，主中诸官。成帝省之，以其职
　　　　并长秋。是后皇后当法驾出，则中谒、中宫者职
　　　　吏权兼詹事奉引，讫罢。宦者诛后，尚书选兼职

吏一人奉引云。其中长信、长乐宫者,置少府一人,职如长秋,及馀吏皆以宫名为号,员数秩次如中宫。① 本注曰:帝祖母称长信宫,故有长信少府,长乐少府,位在长秋上,及职吏皆宦者,秩次如中宫。长乐又有卫尉,仆为太仆,皆二千石,在少府上。② 其崩则省,不常置。

①长乐五官史,朱瑀之类是也。

②丁孚《汉仪》曰:"丞,六百石。"

太子少傅,二千石。本注曰:亦以辅导为职,悉主太子官属。①

①《汉官》曰:"员吏十二人。"〔3〕

太子率更令一人,千石,本注曰:主庶子、舍人更直,职似光禄。〔4〕

太子庶子,四百石。本注曰:无员,如三署中郎。

太子舍人,二百石。本注曰:无员,更直宿卫,如三署郎中。①

①《汉官》曰:"十三人,选良家子孙。"

太子家令一人,千石。本注曰:主仓谷饮食,职似司农、少府。

太子仓令一人,六百石。本注曰:主仓谷。

太子食官令一人,六百石。本注曰:主饮食。

太子仆一人,千石。本注曰:主车马,职如太仆。

太子厩长一人,四百石。本注曰:主车马。

太子门大夫,六百石。① 本注曰:《旧注》云职比郎将。旧有左右户将,别主左右户直郎,建武以来省之。

①《汉官》曰:"门大夫二人,选四府掾属。"

太子中庶子,六百石。本注曰:员五人,职如侍中。

太子洗马,比六百石。〔5〕本注曰:《旧注》云员十六人,职如谒者。太子出,则当直者在前导威仪。①〔6〕

①《汉官》曰:"选郎中补也。"

太子中盾一人，四百石。本注曰：主周卫徼循。

太子卫率一人，四百石。本注曰：主门卫士。

　　右属太子少傅。本注曰：凡初即位，未有太子，

官属皆罢，唯舍人不省，领属少府。

将作大匠一人，二千石。① 本注曰：承秦，曰将作少府，景帝改为将作大匠。掌修作宗庙、路寝、宫室、陵园木土之功，并树桐梓之类列于道侧。② 丞一人，六百石。

①蔡质《汉仪》曰："位次河南尹，光武中元二年省，谒者领之，章帝建初元年
　复置。"

②《汉官篇》曰"树栗、漆、梓、桐"，〔7〕胡广曰："古者列树以表道，并以为林圃。
　四者皆木名，治宫室并主之。"《毛诗传》曰："椅，梓属也。"陆(机)〔玑〕〔8〕《草
　木疏》曰："梓实桐皮曰椅，今(民)〔人〕云梧桐是也。〔9〕梓，今人所谓梓楸者
　是也。"

左校令一人，六百石。本注曰：掌左工徒。丞一人。①

①安帝复也。

右校令一人，六百石。本注曰：掌右工徒。丞一人。①

①安帝复也。

　　右属将作大匠。①

①《前书》曰属官又有左、右中候，(右)〔石〕库、〔10〕东园主章、左右前后中校七
　令丞，成帝省。

城门校尉一人，比二千石。本注曰：掌雒阳城门十二所。①

①《周礼》："司门。"干宝注曰："如今校尉。"

司马一人，千石。本注曰：主兵。城门每门候一人，① 六百石。② 本注曰：雒阳城十二门，其正南一门曰平城门，③ 北宫门，属卫尉。其馀上西门，④ 雍门，⑤ 广阳门，⑥ 津门，⑦ 小苑门，开阳门，⑧ 耗门，⑨〔11〕 中东

门，⑩上东门，⑪榖门，⑫夏门，⑬凡十二门。⑭

①《周礼》每门下士二人。干宝曰："如今门候。"

②蔡质《汉仪》曰："门候见校尉，执板不拜。"

③《汉官秩》曰："平城门为宫门，不置候，置屯司马，秩千石。"李尤铭曰："平城司午，厥位处中。"《古今注》曰："建武十四年九月开平城门。"

④应劭《汉官》曰："上西所以不纯白者，汉家初成，故丹〔漆〕镂之。"〔12〕李尤铭曰："上西在季，位月惟戌。"

⑤铭曰："雍门处中，位月在酉。"

⑥铭曰："广阳位孟，厥月在申。"

⑦铭曰："津名自定，位季月未。"〔13〕

⑧应劭《汉官》曰："开阳门始成未有名，宿昔有一柱来在楼上，琅邪开阳县上言，县南城门一柱飞去。光武皇帝使来识视，怅然，遂坚缚之，刻记其年月，因以名焉。"铭曰："开阳在孟，位月惟巳。"

⑨铭曰："耗门值季，月位在辰。"〔14〕

⑩铭曰："中东处仲，月位当卯。"〔15〕

⑪铭曰："上东少阳，厥位在寅。"

⑫铭曰："榖门北中，位当于子。"

⑬铭曰："夏门值孟，位月在亥。"

⑭蔡质《汉仪》曰："雒阳二十四街，街一亭；十二城门，门一亭。"

　　右属城门校尉。

北军中候一人，六百石。本注曰：掌监五营。①
①《汉官》曰："员吏七人，候自得辟召，通大鸿胪一人，斗食。"

屯骑校尉一人，比二千石。本注曰：掌宿卫兵。①司马一人，千石。②
①《汉官》曰："员吏百二十八人，领士七百人。"
②蔡质《汉仪》曰："五营司马见校尉，执板不拜。"

越骑校尉一人，比二千石。①本注曰：掌宿卫兵。②司马一人，千石。
①如淳曰："越人内附以为骑也。"晋灼曰："取其才力超越也。"案纪，光武改青巾（右）〔左〕校尉〔16〕为越骑校尉。臣昭曰：越人非善骑所出，晋灼为允。

②蔡质《汉仪》亦曰掌越骑。《汉官》曰:"员吏百二十七人,领士七百人。"

步兵校尉一人,比二千石。①本注曰:掌宿卫兵。②司马一人,千石。

①初置掌上林菀门屯兵,见《前书》。

②《汉官》曰:"员吏七十三人,领士七百人。"

长水校尉一人,比二千石。①本注曰:掌宿卫兵。②司马、胡骑司马各一人,千石。本注曰:掌宿卫,主乌桓骑。

①如淳曰:"长水,胡名也。"韦昭曰:"长水校尉典胡骑,厩近长水,(胡)〔故〕以为名。"〔17〕长水盖〔关〕中小水名。〔18〕

②蔡质《汉仪》曰:"主长水、宣曲胡骑。"《汉官》曰:"员吏百五十七人,乌桓胡骑七百三十六人。"

射声校尉一人,比二千石。①本注曰:掌宿卫兵。②司马一人,千石。

①服虔曰:"工射也。冥寞中闻声则射中之,故以为名。"

②蔡质《汉仪》曰:"掌待诏射声士。"《汉官》曰:"员吏百二十九人,领士七百人。"

右属北军中候。本注曰:旧有中垒校尉,领北军营垒之事。有胡骑、虎贲校尉,皆武帝置。中兴省中垒,但置中候,以监五营。胡骑并长水。虎贲主轻车,并射声。①

①案大驾卤簿,五校在前,各有鼓吹一部。

凡中二千石,丞比千石。真二千石,丞、长史六百石。比二千石,丞比六百石。令、相千石,丞、尉四百石;其六百石,丞、尉三百石。长、相四百石及三百石,丞、尉皆二百石。诸侯、公主家丞,秩皆比百石。诸边郡塞尉、诸陵校尉长,皆二百石。有常例者不署秩。

司隶校尉一人,比二千石。①本注曰:孝武帝初置,②持节,掌察举百官以下,及京师近郡犯法者。③元帝去节,成帝省,建武中复置,并领一州。④从事史十二人。本注曰:"都官从事,主察举百官犯法者。⑤功曹从事,主州选署及众事。别驾从事,校尉行部则奉引,录众事。簿曹从事,主财谷簿书。其有军事,则置兵曹从事,主兵事。其馀部郡国从事,每郡国各一人,主督促文书,察举非法,皆州自辟除,故通为百石云。假佐二十五人。本注曰:主簿录阁下事,省文书。门亭长主州正。门功曹书佐主选用。《孝经》师主监试经。《月令》师主时节祠祀。律令师主平法律,簿曹书佐主簿书。其馀都官书佐及每郡国,各有典郡书佐一人,各主一郡文书,以郡吏补,岁满一更。司隶所部郡七。

① 蔡质《汉仪》曰:"职在典京师,外部诸郡,无所不纠。封侯、外戚、三公以下,无尊卑。入宫,开中道称使者,每会,后到先去。"

② 荀绰《晋百官表注》曰:"司隶校尉,周官也。征和中,阳石公主巫蛊之狱起,乃依周置司隶。"臣昭曰:周无司隶,岂即司寇乎?

③ 《前书》曰:"置从中都官徒千二百人,捕巫蛊,督大奸猾,后罢其兵。"

④ 蔡质《汉仪》曰:"司隶诣台廷议,处九卿上,朝贺处公卿下陪卿上。初除,谒大将军、三公,通谒持板揖。公仪、朝贺无敬。台召入宫对。见尚书持板,朝贺揖。"

⑤ 蔡质《汉仪》曰:"都官主雒阳百官朝会,与三府掾同。"《博物记》曰:"中兴以来,都官从事多出之河内,掊击贵戚。"

河南尹一人,主京都,特奉朝请。其京兆尹、左冯翊、右扶风三人,汉初都长安,皆秩中二千石,谓之三辅。中兴都雒阳,更以河南郡为尹,以三辅陵庙所在,不改其号,但减其秩。其馀弘农、河内、河东三郡。其置尹,冯翊、扶风及太守丞奉之本位,在《地理志》。

【校勘记】

〔1〕 无秩比吏食奉　按:"吏"原讹"史",径据汲本、殿本改正。

〔2〕 〔持戟〕五百二十人　据《北堂书钞》设官部引应劭《汉官仪》补。按:五百即伍伯。《集解》引李祖楙说,谓《古今注》云五百,一伍之伯也。五人曰伍,五长曰伯,一曰户伯。又《校补》谓《宦者传》注引韦昭《辨释名》,说五百义与《古今注》异。

〔3〕　员吏十二人　按：汲本、殿本"十二"作"十三"，孙辑《汉官》同。

〔4〕　太子率更令至职似光禄　按：《御览》二百四十七引作"率更令秩千石，与庶子舍人更直，职似光禄勋，掌宫殿门户之禁，郎将屯卫之士"。《校补》谓此《御览》所据本异也。《通典》亦作"似光禄勋"，多"勋"字。

〔5〕　太子洗马　按：《集解》引李祖楙说，谓《前书》"洗"作"先"。

〔6〕　太子出则当直者在前导威仪　按：《御览》二百四十六引"者"作"一人"二字。

〔7〕　树栗漆梓桐　按：汲本、殿本作"树栗、椅、桐、梓"。

〔8〕　陆(机)〔玑〕　据汲本、殿本改。

〔9〕　今(民)〔人〕云梧桐是也　张森楷《校勘记》谓"民"当作"人"，疑是后人转改唐本而误者，观下文犹称"今人"可见。按：张说是，今据改。

〔10〕　(右)〔石〕库　据《前志》改。

〔11〕　耗门　按：《御览》一八三引李尤《旄城门铭》作"旄门"。沈家本谓门不当以耗名，作"旄"是。

〔12〕　故丹〔漆〕镂之　据《集解》引《惠栋》说补。

〔13〕　位季月未　按："未"原讹"木"，径改正。

〔14〕　耗门值季月位在辰　按：《御览》一八三引作"旄门直季，位月在辰"。

〔15〕　中东处仲月位当卯　按：《御览》引作"东处仲月，厥位当卯"。

〔16〕　青巾(右)〔左〕校尉　《集解》引惠栋说，谓"右"当作"左"，青巾左校尉建武九年置，十五年改也。今据改。

〔17〕　厥近长水(胡)〔故〕以为名　据汲本、殿本改。

〔18〕　长水盖〔关〕中小水名　《集解》引惠栋说，谓沈约引《辨释名》云盖关中小水名也。王先谦谓韦注"中"上夺"关"字。今据补。

后汉书志第二十八

百官五

州郡　县乡　亭里　匈奴中郎将　乌桓校尉　护羌校尉
王国　宋卫国　列侯　关内侯　四夷国　百官奉

外十二州,〔1〕每州刺史一人,六百石。本注曰:秦有监御史,监诸郡,汉兴省之,但遣丞相史分刺诸州,无常官。孝武帝初置刺史十三人,秩六百石。①成帝更为牧,秩二千石。建武十八年,复为刺史,十二人各主一州,其一州属司隶校尉。②诸州常以八月巡行所部郡国,③录囚徒,④考殿最。⑤初岁尽诣京都奏事,⑥中兴但因计吏。⑦

①《古今注》曰:"常以春分行部,郡国各遣一吏迎界上。"诸书不同也。

②蔡质《汉仪》曰:"诏书旧典,刺史班宣,周行郡国,省察治政,〔2〕黜陟能否,断理冤狱,以六条问事,非条所问,即不省。一条,强宗豪右,田宅逾制,以强陵弱,以众暴寡。二条,二千石不奉诏书,遵承典制,倍公向私,旁诏守利,侵渔百姓,聚敛为奸。三条,二千石不恤疑狱,风厉杀人,怒则任刑,喜则任赏,〔3〕烦扰苛暴,〔4〕剥戮黎元,〔5〕为百姓所疾,山崩石裂,妖祥讹言。四条,二千石选署不平,苟阿所爱,蔽贤宠顽。五条,二千石子弟怙恃荣势,〔6〕请托所监。六条,二千石违公下比,阿附豪强,通行货赂,割损政令。诸州刺史初除,比诸持板揖不拜。〔7〕"《献帝起居注》曰:"建安十八年三月庚寅,省州并郡,复《禹贡》之九州。冀州得魏郡、安平、钜鹿、河间、清河、博陵、常山、赵国、勃海、甘陵、平原、太原、上党、西河、定襄、雁门、云中、五原、朔方、河东、河内、涿郡、渔阳、广阳、右北平、上谷、代郡、辽东、辽东属国、辽西、玄菟、乐浪,凡三十二郡。省司隶校尉,以司隶部分属豫州、冀州、雍州。省凉州刺史,以并雍州部,郡得弘农、京兆、左冯翊、右扶风、上郡、安定、陇西、汉阳、北地、武都、武威、金城、西平、西郡、张掖、张掖属国、酒泉、

敦煌、西海、汉兴、永阳、东安南,〔8〕凡二十二郡。省交州,以其郡属荆州。荆州得交州之苍梧、南海、九真、交阯、日南,与其旧所部南阳、章陵、南郡、江夏、武陵、长沙、零陵、桂阳,凡十三〔郡〕。〔9〕益州本部郡有广汉、汉中、巴郡、犍为、蜀郡、牂柯、越巂、益州、永昌、犍为属国、蜀郡属国、广汉属国,今并得交州之郁林、合浦,凡十四〔郡〕。〔10〕豫州部郡本有颍川、陈国、汝南、沛国、梁国、鲁国,今并得河南、荥阳都尉,凡八郡。徐州部郡得下邳、广陵、彭城、东海、琅邪、利城、城阳、东莞,凡八郡。青州得齐国、北海、东莱、济南、乐安,凡五郡。《献帝春秋》曰:“孙权以步骘行交州刺史。”《东观书》曰:“交阯刺史,持节。”

③胡广注曰:“巡谓驿马也。县次传驾之,以走疾,犹古言附遽。”

④胡广曰:“县邑囚徒,皆阅录视,参考辞状,实其真伪。有侵冤者,即时平理也。”

⑤胡广曰:“课第长吏不称职者为殿,举免之。其有治能者为最。察上尤异州,又状州中吏民茂才异等,岁举一人。”

⑥胡广曰:“所察有条应绳异者,辄覆问之,不茹柔吐刚也。岁尽,赍所状纳京师,名奏事,差其远近,各有常会。”

⑦胡广曰:“不复自诣京师,其所道皆如旧典。”《东观书》曰:“和帝初,张酺上言:‘臣闻王者法天,荧惑奏事太微,故州牧刺史入奏事,所以通下问知外事也。数十年以来,重其道归烦挠,故时止勿奏事,今因以为故事。臣愚以为刺史视事满岁,可令奏事如旧典,问州中风俗,恐好恶过所道,事所闻见,考课众职,下章所告,及所自举有意者赏异之,其尤无状,递诏书,行罪法,冀敕戒其馀,令各敬慎所职,于以衰灭贪邪便佞。’”《韩诗外传》曰:“王者必立牧,方三人,所以使窥远牧众也。远方之民,有饥寒而不得衣食,狱讼而冤失,职贤而不举者,入告天子。天子于其君之朝也,揖而进之曰:‘意朕之政教,有不得尔者邪?如何乃有饥寒而不得衣食,狱讼而冤失,职贤而不举?’然后其君退而与其卿大夫谋之。远方之民闻,皆曰‘诚天子也’。夫我居之辟,见我之近也;我居之幽,见我之明也。可欺乎哉!可欺乎哉!故牧者所以开四目,通四聪。”

　　皆有从事史、假佐。本注曰:员职略与司隶同,无都官从事,其功曹从事为治中从事。

　　豫州部郡国六,冀州部九,兖州部八,徐州部五,青州部六,荆州部七,扬州部六,益州部十二,凉州部十二,并州部九,幽州部十一,交州部七,凡九十八。其二十七王国相,其七十一郡太守。其属国都尉。属国,分郡离远县置之,如郡差小,置本郡名。世祖并省郡县四百馀所,后世稍复增之。①

　　①臣昭曰:昔在先代,列爵殊等,九服不同,畿荒制异。虽连帅相司,牧伯分长,而封疆置限,兼庸有数,如身之使臂,手之使指,故能高卑相固,远近维缉,群后克穆,共康兆庶。爰及周衰,稍竞吞广,邦国侵争,递怀贪略,犹历数百年,乃能成其并一,岂非树之有本,使其然乎? 秦兼天下,开设郡县,孤立独王,即以颠亡。汉祖因循,虽不顿革,〔11〕分置子弟,终戋诸吕之难,渐剖列郡,以减大都之权。后严安之徒,犹慷慨发愤,谓千里之威,即古之强国,虑非安本无穷之计也。孝武之末,始置刺史,监纠非法,不过六条,传车周流,匪有定镇,秩裁数百,威望轻寡,得有察举之勤,未生陵犯之衅。成帝改牧,其萌始大,既非识治之主,故无取焉尔。世祖中兴,监乎政本,复约其职,还遵旧制,断亲奏事,省入惜烦,渐得自重之路。因兹以降,弥於岁年,母后当朝,多以弱守,六合危动,四海溃弊,财尽力竭,纲维挠毁,而八方不能内侵,诸侯莫敢入伐,岂非干强枝弱,控制素重之所致乎? 至孝灵在位,横流既及,刘焉徼伪,自为身谋,非有忧国之心,专怀狼据之策,抗论昏世,荐议愚主,盛称宜重牧伯,谓足镇压万里,挟奸树算,苟罔一时,岂可永为国本,长期胜术哉? 夫圣主御世,〔12〕莫不大庇生民,承其休谋,传其典制。犹云事久弊生,无或通贯,故变改正服,革异质文,分爵三五,参差不一。况在竖騃之君,挟奸诈之臣,共所创置,焉可仍因?〔13〕大建尊州之规,竟无一日之治。故焉牧益土,造帝服於岷、峨;袁绍取冀,下制书於燕、朔;刘表荆南,郊天祀地;魏祖据兖,遂构皇业:汉之殄灭,祸源乎此。及臻后代,任寄弥广,委之邦宰之命,授之斧钺之重,假之都督之威,开之征讨之略。晋太康之初,武帝亦疑其然,乃诏曰:“上古及中代,或置州牧,或置刺史,置监御史,皆总纲纪,而不赋政,治民之事,任之诸侯郡守。昔汉末四海分崩,因以吴、蜀自擅,自是刺史内亲民事,外领兵马,此一时之宜尔。今赖宗庙之灵,士大夫之力,江表平定,天下合之为一,当韬戢干戈,与天下休息。诸州无事者罢其兵,刺史分职,皆如汉氏故事,出颁诏条,入奏事京城。二千石专

治民之重，监司清峻於上，此经久之体也。其便省州牧。"晋武帝又见其弊矣，虽有其言，不卒其事，后嗣绳继，牧镇愈重，据地分争，竟覆天下。昔王畿之大，不过千里，州之所司，广袤兼远。争强虎视之辰，迁鼎革终之日，未尝不藉蓄兵之权，挟董司之力，逼迫伺隙，陵夺冲幼。其甚者臣主扬兵，骨肉战野，昆弟枭悬，伯叔屠裂。末壮披心，尾大不掉，既用此始，亦病以终。倾辅愈袭，莫或途改，致雒京有衔璧之痛，秦台有不守之酷。胡、羌递兴，氐、鲜更起，摩灭群黎，流祸百世。坚冰所渐，兼缘兹蠹。呜呼！后之圣王，必不久滞斯迹，灵长之终，当有神算。不然，则雄捍反拒之事，惧甚於此心，凭强作害之谋，方盛於后意。

　　凡州所监都为京都，置尹一人，〔14〕二千石，丞一人。每郡置太守一人，二千石，丞一人。郡当边戍者，丞为长史。①王国之相亦如之。每属国置都尉一人，比二千石，丞一人。本注曰：凡郡国皆掌治民，进贤劝功，决讼检奸。常以春行所主县，劝民农桑，振救乏绝。秋冬遣无害吏案讯诸囚，平其罪法，论课殿最。②岁尽遣吏上计。③并举孝廉，郡口二十万举一人。〔尉一人〕，典兵禁，备盗贼，〔15〕景帝更名都尉。武帝又置三辅都尉各一人，讥出入。边郡置农都尉，主屯田殖谷。又置属国都尉，主蛮夷降者。中兴建武六年，省诸郡都尉，并职太守，无都试之役。④省关都尉，唯边郡往往置都尉及属国都尉，稍有分县，治民比郡。安帝以羌犯法，三辅有陵园之守，〔16〕乃复置右扶风都尉，京兆虎牙都尉。⑤皆置诸曹掾史。⑥本注曰：诸曹略如公府曹，无东西曹。⑦有功曹史，主选署功劳。有五官掾，署功曹及诸曹事。其监属县，有五部督邮，曹掾一人。正门有亭长一人。主记室史，主录记书，催期会。无令史。阁下及诸曹各有书佐，干主文书。⑧

　　①《古今注》曰："建武六年三月，令郡太守、诸侯相病，丞、长史行事。十四年，罢边郡太守丞，长史领丞职。"

　　②案《律》有无害都吏，如今言公平吏。《汉书音义》曰："文无所枉害。"萧何以文无害为沛主吏掾。

　　③卢植《礼注》曰："计断九月，因秦以十月为正故。"

　　④《古今注》曰："六年八月，省都尉官。"应劭曰："每有剧(职)〔贼〕，〔17〕郡临时

置都尉,事讫罢之。"

⑤应劭《汉官》曰:"盖天生五材,民并用之,废一不可,谁能去兵? 兵之设尚矣。《易》称'弦木为弧,剡木为矢,弧矢之利,以威天下'。《春秋》'三时务农,一时讲武'。《诗》美公刘'匪居匪康,入耕出战,乃裹糇粮,〔18〕干戈载(锡)〔扬〕,〔19〕四方莫当'。自郡国罢材官骑士之后,官无警备,实启寇心。一方有难,三面救之,发兴雷震,烟蒸电激,一切取辨,黔首嚣然。不及讲其射御,用其戒誓,一旦驱之以即强敌,犹鸠鹊捕鹰鹯,豚羊弋豺虎,是以每战常负,王旅不振。张角怀挟妖伪,遐迩摇荡,八州并发,烟炎绛天,牧守枭裂,流血成川。尔乃远征三边殊俗之兵,非我族类,恣鸷纵横,多僵良善,以为己功,财货粪土。哀夫民氓迁流之咎,见出在兹,不教而战,是谓弃之,迹其祸败,岂虚也哉! 春秋家不藏甲,所以一国威抑私力也。今虽四海残坏,王命未洽,可折冲厌难,若指於掌,故置右扶风。〔20〕"

⑥《新论》曰:"王莽时置西海郡,令其吏皆百石亲事。"一曰为四百石,二岁而迁补。

⑦蔡质《汉仪》曰:"河南(府)〔尹〕掾出考案,〔21〕与从事同。"

⑧《汉官》曰:"河南尹员吏九百二十七人,十二人百石。诸县有秩三十五人,官属掾史五人,四部督邮(史)〔吏〕部掾〔22〕二十六人,案狱仁恕三人,监津渠漕水掾二十五人,百石卒吏二百五十人,文学守助掾六十人,书佐五十人,(循)〔修〕行二百三十人,〔23〕干小史二百三十一人。"

属官,每县、邑、道,大者置令一人,千石;其次置长,四百石;小者置长,三百石;侯国之相,秩次亦如之。①本注曰:皆掌治民,显善劝义,禁奸罚恶,理讼平贼,恤民时务,秋冬集课,上计於所属郡国。②

①应劭《汉官》曰:"《前书·百官表》云,万户以上为令,万户以下为长。三边始孝武皇帝所开,县户数百而或为令。荆扬江南七郡,唯有临湘、南昌、吴三令尔。及南阳穰中,土沃民稠,四五万户而为长。桓帝时,以(江)〔汝〕南阳安为女公主邑,〔24〕改号为令,主薨复复其故。若此为系其本。俗说令长以水土为之,及秩高下,皆无明文。班固通儒,述一代之书,斯近其真。"

②胡广曰:"秋冬岁尽,各计县户口垦田,钱谷入出,盗贼多少,上其集簿。丞尉以下,岁诣郡,课校其功。功多尤为最者,于廷尉劳勉之,以劝其后。负多尤为殿者,於后曹别责,以纠怠慢也。诸对辞穷尤困,收主者,掾史关白

太守,使取法,丞尉缚责,以明下转相督敕,为民除害也。明帝诏书不得僇辱黄绶,以别小人吏也。"

　　凡县主蛮夷曰道。公主所食汤沐曰(国)〔邑〕。〔25〕县万户以上为令,不满为长。侯国为相。皆秦制也。① 丞各一人。尉大县二人,小县一人。本注曰:丞署文书,典知仓狱。尉主盗贼。凡有贼发,主名不立,则推索行寻,案察奸宄,以起端绪。② 各署诸曹掾史。本注曰:诸曹略如郡员,五官为廷掾,监乡五部,春夏为劝农掾,秋冬为制度掾。③
　　①《史记》秦并天下,夷郡县,销兵刃,〔26〕示不复用。
　　②应劭《汉官》曰:"大县丞左右尉,所谓命卿三人。小县一尉一丞,命卿二人。"
　　③《汉官》曰:"雒阳令秩千石,丞三人四百石,孝廉左尉四百石,孝廉右尉四百石。员吏七百九十六人,十三人四百石。乡有秩、狱史五十六人,〔27〕佐史、乡佐七十七人,斗食、令史、啬夫、假五十人,官掾史、干小史二百五十人,书佐九十人,(循)〔修〕行二百六十人。"

　　乡置有秩、三老、游徼。本注曰:有秩,郡所署,秩百石,① 掌一乡人;② 其乡小者,县置啬夫一人③。皆主知民善恶,为役先后,知民贫富,为赋多少,平其差品。三老掌教化。凡有孝子顺孙,贞女义妇,让财救患,及学士为民法式者,皆扁表其门,以兴善行。游徼掌徼循,禁司奸盗。又有乡佐,属乡,主民收赋税。④
　　①《汉官》曰:"乡户五千,则置有秩。"
　　②《风俗通》曰:"秩则田间大夫,言其官裁有秩耳。"
　　③《风俗通》曰:"啬者,省也。夫,赋也。言消息百姓,均其役赋。"
　　④《风俗通》曰:"国家制度,大率十里一乡。"〔28〕

　　亭有亭长,以禁盗贼。本注曰:亭长,主求捕盗贼,承望都尉。①
　　①《汉官仪》曰:"民年二十三为正,一岁以为卫士,一岁为材官骑士,习射御骑驰战阵。八月,太守、都尉、令、长、相、丞、尉会都试,课殿最。水家为楼船,

亦习战射行船。(过)〔边〕郡太守〔29〕各将万骑,行障塞烽火追虏。置长史一人,丞一人,治兵民,当兵行长领。置部尉、千人、司马、候、农都尉,皆不治民,不给卫士。材官、楼船年五十六老衰,乃得免为民就田,应合选为亭长。亭长课徼巡。尉、游徼、亭长皆习设备五兵。五兵:弓弩,戟,盾,刀剑,甲铠。鼓吏赤帻行縢,带剑佩刀,持盾被甲,设矛戟,习射。设十里一亭,亭长、亭候;五里一邮,邮间相去二里半,司奸盗。亭长持二尺板以劾贼,索绳以收执贼。”《风俗通》曰:“汉家因秦,大率十里一亭。亭,留也,盖行旅宿会之所馆。亭吏旧名负弩,改为长,或谓亭父。”

里有里魁,民有什伍,善恶以告。本注曰:里魁掌一里百家。什主十家,伍主五家,以相检察。民有善事恶事,以告监官。①

①《风俗通》曰:“《周礼》五家为邻,四邻为里。里者,止也。里有司,司五十家,共居止,同事旧欣,通其所也。”

边县有障塞尉。本注曰:掌禁备羌夷犯塞。①其郡有盐官、铁官、工官、都水官者,随事广狭置令、长及丞,秩次皆如县、道,无分士,给均本吏。本注曰:凡郡县出盐多者置盐官,主盐税。出铁多者置铁官,主鼓铸。②有工多者置工官,主工税物。有水池及鱼利多者置水官,主平水收渔税。在所诸县均差吏更给之,置吏随事,不具县员。

①《太公阴符》曰:“武王问太公:‘愿闻治乱之要。’太公曰:‘其本在吏。’武王曰:‘吏者治也,所以为治,其乱者何?’太公曰:‘故吏重罪有十。’武王问‘吏之重罪’。太公曰:‘一、吏苛刻;二、吏不平;三、吏贪污;四、吏以威力迫胁于民;五、吏与史合奸;六、吏与人亡情;七、吏作盗贼,使人为耳目;〔30〕八、吏贱买卖贵于民;〔31〕九、吏增易于民;十、吏振惧于民。夫治者有三罪,则国乱而民愁;尽有之,则民流亡而君失其国。’武王曰:‘民亦有罪乎?’太公曰:‘民有十大于此,除者则国治而民安。’武王曰:‘十大何如?’太公曰:“民胜吏,厚大臣,一大也。民宗强,侵陵群下,二大也。民甚富,倾国家,三大也。民尊亲其君,天下归慕,四大也。众暴寡,五大也。民有百里之誉,千里之交,六大也。民以吏威为权,七大也。恩行于吏,八大也。民服信,以少为多,夺人田宅,赘人妻子,九大也。民之基业畜产为人所苦,十大也。所谓一家害一里,一里害诸侯,诸侯害天下。’武王曰:‘绝吏之罪,塞民之

大,奈何?'太公曰:'察民之暴吏,明其赏,审其诛,则吏不敢犯罪,民不敢大也。'武王曰:'是民吏相伺,上下不和而结其仇。'太公曰:'为君守成,为吏守职,为民守事。如此,各居其道则国治,国治则都治,都治则里治,里治则家治,家治则善恶分明,善恶分明则国无事,国无事则吏民外不怀怨,内不徼事。'"

②胡广曰:"盐官培坑而得盐,或有凿井煮海水而以得之者。铸铜为器械,当铸冶之时,扇炽其火,谓之鼓铸。"

使匈奴中郎将一人,比二千石。本注曰:主护南单于。置从事二人,有事随事增之,掾随事为员。护羌、乌桓校尉所置亦然。①

①应劭《汉官》曰:"拥节,屯中步南,设官府掾(吏)〔史〕。〔32〕单于岁遣侍子来朝,谒者常送迎焉,得赂弓马毡罽他物百馀万。谒者事讫,还具表付帑藏,诏书敕自受。"

护乌桓校尉一人,比二千石。本注曰:主乌桓胡。①

①应劭《汉官》曰:"拥节。长史一人,司马二人,皆六百石。并领鲜卑。客赐质子,岁时胡市焉。"〔33〕《晋书》曰:"汉置东夷校尉,以抚鲜卑。"

护羌校尉一人,比二千石。本注曰:主西羌。①

①应劭《汉官》曰:"拥节。长史、司马二人,皆六百石。"

皇子封王,其郡为国,每置傅一人,相一人,皆二千石。本注曰:傅主导王以善,礼如师,不臣也。相如太守。有长史,如郡丞。

汉初立诸王,因项羽所立诸王之制,地既广大,且至千里。又其官职傅为太傅,相为丞相,又有御史大夫及诸卿,皆秩二千石,百官皆如朝廷。国家唯为置丞相,其御史大夫以下皆自置之。①至景帝时,吴、楚七国恃其国大,遂以作乱,几危汉室。及其诛灭,景帝惩之,遂令诸王不得治民,令内史主治民,改丞相曰相,省御史大夫、廷尉、少府、宗正、博士官。武帝改汉内史、中尉、郎中令之名，②而王国如故，员职皆朝廷为署，不得自置。至(汉)成帝省内史治民，〔34〕更令相治民，③太傅但曰傅。④

①胡广曰："后汉妾数无限别，乃制设正适，曰妃，取小夫人不得过四十人。"

②《前书》曰："改汉内史为京兆尹，中尉为执金吾，郎中令为光禄勋。"

③《汉旧仪》曰："大司空何武奏罢内史，相如太守，中尉如都尉，参职。是后中尉争权，与王相奏，常不和也。"

④臣昭曰：观夫高祖之创业也，岂直鸿勋硕德，大庇群生，荡其毒虐，厝之和泰而已哉！至于谋深虑久，封建子弟，蕃维盘固，规谋弘远。及于三赵不终，燕灵天绝，齐、代、淮、楚皆为外重，故宋昌曰"外畏齐、楚、淮南"，斯非效与？事过则弊，孰或通之？全国之难，诚固财物之富，〔35〕作卫之益，亦既得之于前矣，故赐以几杖，用息奸谋。嗣陨局下，怨生有以，遂连师构乱，兵交梁阙，御侮摧寇，肇自密戚。景帝遂削蕃国之权，刻骨肉之援，封为君而不听治其民，置为主而稍贱其臣，矫枉过甚，遂臻于此。吕、霍之危朝，后族愈贵于来宠，吴、楚之叛奔，侯王恒借以受诮，故贾谊欲众建以少其力，列虚以候其生，此乃达观深识，监于亲陪之要者也。冢嗣必传万里之地，分支欲使动摇不得，于经维远算，且已碍矣。复哀平之际，刘氏遍于四海，宗正著录，遂以万数。及乎后汉，弥循前迹，光武十子，并列畿外近郡，孝明八国，不能开庇远民。国近则不可以大，不大则不足为强，此所以本枝之援，终以少固。若使汉分两越置二三亲国，剖吴、楚树数四列蕃，割辽海而分皇枝，开陇蜀而王子弟，使主尊显，依汉初之贵，民无定限，许滋养之富；若有昏虐之嗣，可得废而不得削，必传刘氏。民信所奉，发其侵伐兼并之衅，峻其他族篡杀之科，制其入贡轻重之法，疏其来朝往复之数。君君臣臣，永许百世之期，一国之民，长无迁动之志，四方得志，听离官列封，怀贤抱智，随所适乐土。强弱相侔，远近相推，举其大归，略其小滞，与其画一，班之海内。天子之朝，自非异姓僭夺，不得兴勤王之师。诸蕃国，自非杂互篡主，不降讨伐之诏。犬牙相经，共为严国，虽王莽善盗，将何因而敢窃，曹操雄勇，亦安能以得士。斯无侯极圣然克行，明贤粗识亦足立。故父子首足也，昆弟四支也，当使筋骨髓血，动静足以相胜，长短大小，干用足以相卫。岂有割胫致腹，取骨肉以增头，划背露骨，剥膏腴以裨领，而谓颅颡魁岸，可得比寿松、晋，

喉咽拥肿，必能长生久视哉？汉氏得之微，犹能四百载，魏人失之甚，不满数十年。爰自晋世，矫枉太过，入列皇朝，非简贤之授，唯亲是贵，无愚智之辨。不能胜衣冠，早据公相之尊，童蒙幼子，遄登槐岳之位。职应论道，而未离保母之养，续侯赋政，而服二三尺衣。英贤大度，禀彼昏稚，高才硕儒，恭承藐识。公悚覆而不忧，美锦碎而愈截。兼授若流，回迁竞路，才驽任重，功鲜衅多。晓比名于公旦，夕同罪于盗跖，褒称无位，可以充德，贬退刑辗，不足以塞咎。(或)〔威〕力强济，〔36〕声实隆重，嫌猜畏逼，身受其弊。覆灭分体，若枭仇寇，(贵)〔斋〕粉同气，〔37〕有过他逆。忠贞之士，横罹其凶，〔38〕志节之人，狼狈其祸。阏伯、实沈，继踵史笔，显思显甫，比有国书。赵伦以(悫)〔恚〕愚排天，〔39〕齐攸以贤明谢世，枉郁殄夷，冤孙就尽，不可胜载矣。岂周、汉之君多孝悌之性，晋、宋之主禀豺狼之情，盖事势使之然也。朝行斯术，夕穷崩乱，未能革悛，来事愈甚。苍生为此将尽矣，四海为此构瘝矣！圣帝英君，欲反斯败，必当更开同姓之国，置不增之约，罢皇胤入宫之祸，守盟牲砺河之笃，乃可还崄坠之路，反乎全安之辙也。

中尉一人，比二千石。本注曰：职如郡都尉，主盗贼。① 郎中令一人，仆一人，皆千石。本注曰：郎中令掌王大夫、郎中宿卫，官如光禄勋。自省少府，职皆并焉。仆主车及驭，如太仆。本(注)曰太仆，〔40〕比二千石，武帝改，但曰仆，又皆减其秩。治书，比六百石。本注曰：治书本尚书更名。大夫，比六百石。本注曰：无员。掌奉王使至京都，奉璧贺正月，及使诸国。本皆持节，后去节。谒者，比四百石。本注曰：掌冠长冠。本员十六人，后减。〔41〕礼乐长。本注曰：主乐人。卫士长。本注曰：主卫士。医工长。本注曰：主医药。永巷长。本注曰：宦者，主宫中婢使。祠祀长。本注曰：主祠祀。皆比四百石。② 郎中，二百石。本注曰：无员。

① 《东观书》曰："其绍封削绌者，中尉、内史官属亦以率减。"
② 自礼乐长至此，皆四百石。

卫公、宋公。本注曰：建武二年，封周后姬常为周承休公；五年，封殷后孔安为殷绍嘉公。十三年，改常为卫公，安为宋公，以为汉宾，在三公上。①

①《五经通义》:"二王之后不考功,有诛无绝。"郑玄曰:"王者存二代而封及
五,郊天用天子礼以祭其始祖,行其正朔,此谓通三统也。三恪者,敬其先
圣,封其后而已,无殊异者也。"

列侯,所食县为侯国。本注曰:承秦爵二十等,为彻侯,金印紫绶,
以赏有功。功大者食县,小者食乡、亭,得臣其所食吏民。后避武帝讳,
为列侯。武帝元朔二年,令诸王得推恩分众子土,国家为封,亦为列侯。
旧列侯奉朝请在长安者,位次三公。中兴以来,唯以功德赐位特进者,
次车骑将军;①赐位朝侯,次五校尉;赐位侍祠侯,次大夫。其馀以肺附
及公主子孙奉坟墓于京都者,亦随时见会,位在博士、议郎下。②

①胡广《汉制度》曰:"功德优盛,朝廷所敬异者,赐特进,在三公下,不在车
骑下。"
②胡广《制度》曰:"是为猥诸侯。"

诸王封者受茅土,归以立社稷,礼也。①列土、特进、朝侯贺正月执
璧云。

①胡广曰:"诸王受封,皆受茅土,归立社稷。本朝为宫室,自有制度。至於列
侯归国者,不受茅土,不立宫室,各随贫富,裁制黎庶,以守其宠。"

每国置相一人,其秩各如本县。本注曰:主治民,如令、长,不臣也。
但纳租于侯,以户数为限。其家臣,置家丞、庶子各一人。本注曰:主侍
侯,使理家事。列侯旧有行人、洗马、门大夫,凡五官。中兴以来,食邑
千户已上置家丞、庶子各一人,不满千户不置家丞,又悉省行人、洗马、
门大夫。

关内侯,①承秦赐爵十九等,为关内侯,无土,寄食在所县,民租多
少,各有户数为限。②

①如淳曰:"列侯出关就国,侯但爵身,其有家累者与之关内之邑,食其租税
也。"《古今注》曰:"建武六年,初令关内侯食邑者俸月二十五斛。"
②荀绰《晋百官表注》曰:"时六国未平,将帅皆家关中,故以为号。"刘劭《爵

制》曰：“《春秋传》有庶长鲍。商君为政，备其法品为十八级，合关内侯、列侯凡二十等，其制因古义。古者天子寄军政於六卿，居则以田，警则以战，所谓入使治之，出使长之，素信者与众相得也。故启伐有扈，乃召六卿，大夫之在军为将者也。及周之六卿，亦以居军，在国也则以比长、闾胥、族师、党正、州长、卿大夫为称，其在军也则以卒伍、司马、将军为号，所以异在国之名也。秦依古制，其在军赐爵为等级，其帅人皆更卒也，有功赐爵，则在军吏之例。自一爵以上至不更四等，皆士也。大夫以上至五大夫五等，比大夫也。九等，依九命之义也。自左庶长以上至大庶长，九卿之义也。关内侯者，依古圻内子男之义也。秦都山西，以关内为王畿，故曰关内侯也。列侯者，依古列国诸侯之义也。然则卿大夫士下之品，皆放古，比朝之制而异其名，亦所以殊军国也。古者以车战，兵车一乘，步卒七十二人，分翼左右。车，大夫在左，御者处中，勇士居右，凡七十五人。一爵曰公士者，步卒之有爵为公士者，二爵曰上造。造，成也。古者成士升于司徒曰造士，虽依此名，皆步卒也。三爵曰簪袅，御驷马者。要袅，古之名马也。驾驷马者其形似簪，故曰簪袅也。四爵曰不更。不更者，为车右，不复与凡更卒同也。五爵曰大夫。大夫者，在车左者也。六爵为官大夫，七爵为公大夫，八爵为公乘，九爵为五大夫，皆军吏也。吏民爵不得过公乘者，得贳与子若同产。然则公乘者，军吏之爵最高者也。虽非临战，得公卒车，故曰公乘也。十爵为左庶长，十一爵为右庶长，十二爵为左更，十三爵为中更，十四爵为右更，十五爵为少上造，十六爵为大上造，十七爵为驷车庶长，十八爵为大庶长，十九爵为关内侯，二十爵为列侯。自左庶长已上至大庶长，皆卿大夫，皆军将也。所将皆庶人、更卒也，故以庶更为名。大庶长即大将军也，左右庶长即左右偏裨将军也。”《古今注》曰：“成帝鸿嘉三年，令吏民得买爵，级千钱。”

四夷国王，率众王，归义侯，邑君，邑长，皆有丞，比郡、县。

百官受奉例：①大将军、三公奉，月三百五十斛。中二千石奉，月百八十斛。二千石奉，月百二十斛。比二千石奉，月百斛。千石奉，月八十斛。

六百石奉,月七十斛。比六百石奉,月五十斛。四百石奉,月四十五斛。
比四百石奉,月四十斛。三百石奉,月四十斛。比三百石奉,月三十七斛。
二百石奉,月三十斛。比二百石奉,月二十七斛。一百石奉,月十六斛。
斗食奉,月十一斛。②佐史奉,月八斛。③凡诸受奉,皆半钱半谷。④

①《古今注》曰,建武二十六年四月戊戌,增吏奉如此,志例以明也。

②《汉书音义》曰:"斗食禄,日以斗为计。"

③《古今注》曰:"永和三年,初与河南尹及雒阳员吏四百二十七人奉,月四十
　　五斛。"臣昭曰:此言岂其妄乎? 若人人奉四十五斛,则四百石秩为太优而
　　无品,若共进奉者人不过一斗,亦非义理。

④荀绰《晋百官表注》曰:"汉延平中,中二千石奉钱九千,〔42〕米七十二斛。真
　　二千石月钱六千五百,米三十六斛。比二千石月钱五千,米三十四斛。一
　　千石月钱四千,米三十斛。六百石月钱三千五百,米二十一斛。四百石月
　　钱二千五百,米十五斛。三百石月钱二千,米十二斛。二百石月钱一千,米
　　九斛。百石月钱八百,米四斛八斗。"《献帝起居注》曰:"帝在长安,诏书以
　　三辅地不满千里,而军师用度非一,公卿已下不得奏除。其若公田,以秩石
　　为率,赋(奥)〔与〕令各自收其租税。"〔43〕

赞曰:帝道渊默,冢帅修德。寡以御众,分职乃克。不置不监,无骄
无忒。程是师徒,宁民康国。

【校勘记】

〔1〕 外十二州　按:汲本、殿本"十"下有"有"字。

〔2〕 省察治政　按:《前表》颜注引"治政"作"治状"。孙星衍辑本同,孙云
　　《光武纪》注引"治状"作"政教"。

〔3〕 喜则任赏　按:《前表》颜注引"任"作"淫",孙辑本同。

〔4〕 烦扰苛暴　按:《前表》颜注引"苛"作"刻",《通典》注同。

〔5〕 剥戮黎元　按:《前表》颜注引"戮"作"截",《通典》注同。

〔6〕 怙恃荣势　按:《前表》颜注引"怙恃",作"恃怙",孙辑本同,《通典》
　　注同。

〔7〕　比诸持板揖不拜　按：孙云"诸"下当有脱文。

〔8〕　东安南　按：《集解》引钱大昕说，谓东安南郡无可考。《秦中记》中平五
　　　　年分汉阳置南安郡，《晋志》南安郡领豲道、新兴、中陶三县。疑此本作
　　　　"南安"，而衍"东"字耳。

〔9〕　凡十三〔郡〕　据汲本、殿本补。

〔10〕　凡十四〔郡〕　据汲本、殿本补。

〔11〕　虽不顿革　按："顿"原讹"颖"，径改正。

〔12〕　夫圣主御世　按："主"原作"王"，径据汲本、殿本改。

〔13〕　共所创置焉可仍因　汲本、殿本"置"下有"哉"字。今按："共"疑当作
　　　　"其"，"其"既讹"共"，后人遂于"置"下增一"哉"字。

〔14〕　凡州所监都为京都置尹一人　《集解》引钱大昕说，谓"都"为"部"字之
　　　　讹，又颠倒其文，"凡州所监都为"当作"凡州所监为部"，此六字乃注文，
　　　　"京都置尹一人"，则志正文也。黄山《校补》则谓"都"为"郡"字之讹，凡
　　　　郡为京师则置尹，两汉皆如此。按：钱、黄两说似均未谛，姑仍其旧。

〔15〕　〔尉一人〕典兵禁备盗贼　王先谦谓"典"上疑当有"尉一人"三字而夺
　　　　之。今据何焯校本补"尉一人"三字。

〔16〕　安帝以羌犯法三辅有陵园之守　按："法"字疑衍，"三辅"二字疑当属上
　　　　读，本书《西羌传》可证。

〔17〕　每有剧(职)〔贼〕　据汲本改。按：《校补》谓都尉本以备盗贼，作"职"非
　　　　也。观《顺帝纪》置太山、琅邪都尉，即是因有剧贼置。

〔18〕　乃裹餱粮　按"餱"原作"糇"，径改正。

〔19〕　干戈载(锡)〔扬〕　据汲本、殿本改，按："载"当作"戚"。

〔20〕　故置右扶风　按：孙星衍谓此下当脱文。

〔21〕　河南(府)〔尹〕掾出考案　据汲本、殿本改。

〔22〕　四部督邮(史)〔吏〕部掾　据汲本、殿本改。

〔23〕　(循)〔修〕行二百三十人　《集解》引惠栋说，谓据《北海相景君碑》阴及王
　　　　充《论衡》，"循行"当作"修行"无疑。今据改。下同。

〔24〕　以(江)〔汝〕南阳安为女公主邑　《集解》引惠栋说，谓"江"当作"汝"，阳
　　　　安，汝南县也。今据改。

〔25〕　公主所食汤沐曰(国)〔邑〕　据《集解》引钱大昕说改。按：《前表》列侯所
　　　　食县曰国，皇后公主所食曰邑。

〔26〕 销兵刃　按："销"原讹"铸",径据汲本、殿本改正。

〔27〕 乡有秩狱史五十六人　按:汲本"史"作"吏"。

〔28〕 大率十里一乡　按:《校补》谓此当是"十里一亭,十亭一乡",注有脱误。

〔29〕 (过)〔边〕郡太守　据殿本《考证》改。按:孙校本《汉官旧仪》亦作"边"。

〔30〕 六吏与人亡情七吏作盗贼使人为耳目　按:《校补》谓以上二"人"字亦当是"民"字。唐时功令,习《后汉书》者兼习八志,"民"字并经避改,此亦回改未尽者。

〔31〕 吏贱买卖贵于民　按:《集解》引惠栋说,谓"卖贵"当作"贵卖"。

〔32〕 设官府掾(吏)〔史〕　据汲本、殿本改。

〔33〕 客赐质子岁时胡市焉　汲本、殿本"焉"作"马"。按:本书《乌桓传》云"于是始复置乌桓校尉于上谷宁城,开营府,并领鲜卑,赏赐质子,岁时互市焉",则"客"当作"赏","胡"当作"互","焉"字不讹。

〔34〕 至(汉)成帝省内史治民　按:"成帝"上不当有"汉"字,今删。

〔35〕 全国之难诚固财物之富　按:"全国之难"以下文有脱误。"固"疑"因"字之讹。

〔36〕 (或)〔威〕力强济　据汲本改。

〔37〕 (赍)〔齑〕粉同气　据汲本改。

〔38〕 横羅其凶　按:汲本、殿本作"罹"。"羅""罹"字通。

〔39〕 赵伦以(惷)〔憃〕愚排天　据《集解》本改。

〔40〕 本(注)曰太仆　《集解》引钱大昕说,谓"注"字衍。此言王国之仆其初亦称太仆,武帝时始去"太"字耳。今据删。

〔41〕 本注曰掌冠长冠本员十六人后减　《集解》引钱大昕说,谓此句疑有脱误。汉朝谒者掌宾赞受事及上章报问,则王国之谒者所掌亦宜如之。或云掌官长别是一官,如礼乐长、卫士长之类,则员不得若是之多也。《校补》据《舆服志》"唯长冠诸王国谒者以为常服",谓"掌"当作"常"。今按:凡"本注曰"云云,皆说明其职掌,改"掌"为"常",于例不合,《校补》之说亦未谛也。

〔42〕 中二千石奉钱九千　按:殿本"奉"作"举"。《校补》谓此注下文皆以月计,似"奉""举"皆"月"之讹,否则"奉"下脱"月"字。

〔43〕 赋(舆)〔与〕令各自收其租税　据汲本、殿本改。

后汉书志第二十九

舆服上

玉辂　乘舆　金根　安车　立车　耕车　戎车　猎车　轺车　青盖车　绿车　皂盖车
夫人安车　大驾　法驾　小驾　轻车　大使车　小使车　载车　导从车〔1〕　车马饰

《书》曰："明试以功，①车服以庸。"②言昔者圣人兴天下之大利，除天下之大害，躬亲其事，身履其勤，忧之劳之，不避寒暑，使天下之民物，各得安其性命，无夭昏暴陵之灾。是以天下之民，敬而爱之，若亲父母；则而养之，若仰日月。夫爱之者欲其长久，不惮力役，相与起作宫室，上栋下宇，以雍覆之，欲其长久也；敬之者欲其尊严，不惮劳烦，相与起作舆轮旌旗章表，以尊严之。斯爱之至，敬之极也。苟心爱敬，虽报之至，情由未尽。或杀身以为之，尽其情也；弈世以祀之，明其功也。是以流光与天地比长。后世圣人，知恤民之忧思深大者，必飨其乐；勤仁毓物使不夭折者，必受其福。故为之制礼以节之，使夫上仁继天统物，不伐其功，民物安逸，若道自然，莫知所谢。《老子》曰："圣人不仁，以百姓为刍狗。"此之谓也。

①孔安国曰："效试其居国为政，〔2〕以差其功。"
②孔安国曰："赐以车服，以旌其德，用所任也。"又一通："诸侯四朝，各使陈进治化之言，明试其言，以要其功。功成则锡车服，以表显其能用。"

夫礼服之兴也，所以报功章德，尊仁尚贤。故礼尊〔尊〕贵贵，〔3〕不得相逾，所以为礼也。非其人不得服其服，所以顺礼也。顺则上下有序，德薄者退，德盛者缛。故圣人处乎天子之位，服玉藻邃延，日月升龙，山车金根饰，黄屋左纛，所以副其德，章其功也。贤仁佐圣，封国（爱）〔受〕民，〔4〕黼黻文绣，降龙路车，所以显其仁，光其能也。及其季末，圣人不得其位,贤者隐伏,是以天子微弱,诸侯胁矣。於此相贵以等,〔5〕相谄以货,相賂以利,天下之礼乱矣。至周夷王下堂而迎诸侯,此天子失礼,微弱之始也。自是诸侯宫县乐食,祭以白牡,击玉磬,朱干设锡,冕而儛《大武》。①〔6〕大夫台门旅树反坫,绣黼丹朱中衣,镂簋朱纮,此大夫之僭诸侯礼也。②《诗》刺"彼己之子,不称其服",伤其败化。《易》讥"负且乘,致寇至",言小人乘君子器,盗思夺之矣。自是礼制大乱,兵革并作;上下无法,诸侯陪臣,山篹藻梲。降及战国,奢僭益炽,削灭礼籍,盖恶有害己之语。竞修奇丽之服,饰以舆马,文罽玉缨,象镳金鞍,以相夸上。争锥刀之利,杀人若刈草然,其宗祀亦旋夷灭。荣利在己,虽死不悔。及秦并天下,揽其舆服,上选以供御,其次以锡百官。汉兴,文学既缺,时亦草创,承秦之制,后稍改定,参稽《六经》,近于雅正。孔子曰:"其或继周者,行夏之正,乘殷之辂,服周之冕,乐则《韶舞》。"故撰《舆服》著之于篇,以观古今损益之义云。

　　①郑玄注《礼记》曰:"此皆天子之礼也。宫县,四面县也。干,盾也。锡,傅其背如龟也。《武》,《万舞》也。白牡,大路,殷天子之礼也。白牡,殷牲。"

　　②郑玄曰:"此皆诸侯之礼也。旅,道也。屏谓之树,树所以蔽行道。管氏树塞门,塞犹蔽也。《礼》,天子外屏,诸侯内屏,大夫以帘,士以帷。反坫,反爵之坫也,盖在樽南。两君相见,主君既献,于〔此〕反爵焉。〔7〕绣黼丹朱以为中衣领缘也。绣读为绡。绡,缯名也。《诗》云:'素衣朱绡。'又曰:'素衣朱襮。'襮,黼领也。镂簋谓刻而饰之也。大夫刻之为龟耳,诸侯饰以象,天子饰以玉。朱纮,天子冕之纮也。诸侯青组,大夫士当缁组,纮缫边。"

　　上古圣人,见转蓬始知为轮。轮行可载,因物知生,复为之舆。舆轮相乘,流运罔极,任重致远,天下获其利。后世圣人观於天,视斗周旋,魁方杓曲,①以携龙、角为帝车,于是乃曲其辀,乘牛驾马,登险赴难,周览八极。故《易·震》乘《乾》,谓之《大壮》,言器莫能有上之者也。②自是以来,世加其饰。至奚仲为夏车正,建其旐旟,尊卑上下,各有等级。③周室大备,官有六职,百工与居一焉。④一器而群工致巧者,车最多,是故具物以时,六材皆良。⑤舆方法地,盖圆象天;三十辐以象日月;⑥盖弓二十八以象列星;龙旂九斿,七仞齐轸,⑦以象大火;⑧鸟旟七斿,五仞齐较,⑨以象鹑火;⑩熊旗六斿,五仞齐肩,以象参、伐;⑪龟旐四斿,四仞齐首,以象营室;⑫弧旌枉矢,以象弧也:⑬此诸侯以下之所建者也。⑭

①《春秋纬》曰:"瑶光第一至第四为魁,第五至第七为杓,合为斗。"

②《孝经援神契》曰:"斗曲杓桡,象成车。房为龙马,华盖覆钩。天理入魁,〔8〕神不独居,故骖驾陪乘,以道踟蹰。"宋均注曰:"房星既体苍龙,又象驾驷马,故兼言之也。覆钩,即覆且钩曲似盖也。天理入魁,又似御陪乘。"

③《世本》云:"奚仲始作车。"《古史考》曰:"黄帝作车,引重致远,其后少昊时驾牛,禹时奚仲驾马。"臣昭案:服牛乘马,以利天下,其所起远矣,岂奚仲为始?《世本》之误,《史考》所说是也。

④《周礼》曰:"审曲面势,以饬五材,以辨民器,谓之百工。"

⑤郑玄曰:"取干以冬,取角以秋,丝漆以夏,筋胶未闻。"自此至弧旌枉矢,皆出《周礼》,"郑玄曰"即是《周礼》注。

⑥郑玄曰:"轮象日月者,以其运行也。日月三十日而合宿。"

⑦郑玄曰:"轸谓车后横木。"

⑧郑玄曰:"交龙为旂,诸侯之所建也。大火,苍龙宿之心,其属有尾,尾九星。"

⑨郑玄曰:"较者,车高槛木也。"

⑩郑玄曰:"鸟隼为旟,州里之所建。鹑火,朱鸟宿之柳,其属有七星。"

⑪郑玄曰:"熊虎为旗,师都之所建。伐属白虎宿,与参连体而六星。"

⑫郑玄曰:"龟蛇为旐,县鄙之所建。营室,玄武宿,与东壁连体而四星。"

⑬郑玄曰:"《觐礼》曰'侯氏载龙旂弧韣',则旌旗之属皆有弧也。弧以张缝之幅,有衣谓之韣,又为设矢,象弧星有矢也。妖星有枉矢者,蛇行有尾,因此云枉矢,盖画之。"玄注《礼含文嘉》曰:"盖旗有九名:日月为常,交龙为旂,通帛为旃,杂帛为物,熊虎为旗,鸟隼为旟,龟蛇为旐,(奎)〔全〕羽为旞,〔9〕析羽为旌。"卢植注《礼记》曰:"有铃曰旗。"干宝注《周礼》曰:"枉矢象妖星,非其义也。枉盖应为枉直,谓枉矢於弧。"

⑭《白虎通》曰:"居车中,不内顾也。仰即观天,俯即察地,前闻和鸾之声,旁

见四方之运,此车教之道。《论语》曰:'升车必正立,执绥,车中不内顾。'所以有和鸾以正威仪,节行舒疾也。鸾者在衡,和者在轼,马动则鸾鸣,鸾鸣则和应。其声鸣曰和敬。〔10〕舒则不鸣,疾则失音,明得其和也。故《诗》云'和鸾雍雍,万福攸同'。《鲁训》曰:'和,设轼者也。鸾,设衡者也。'"许慎曰"《诗》云八鸾枪枪",则一马二鸾也。又曰"辂车鸾镳",知非衡也。《毛诗传》曰:"在轼曰和,在镳曰鸾。"杜预注《左传》亦云"鸾在镳,和在衡"。傅玄《乘舆马赋》注曰:"鸾在马勒镳。"干宝《周礼》注曰:"和鸾皆以金为铃。"《史记》曰:"前有错衡,所以养目也。步中《武象》,骤中《韶》(护)《〔濩〕》,〔11〕所以养耳也。龙旗九斿,所以养信也。寝皃持虎,蛟韅弥龙,所以养威也。故大路之马,必信至教顺然后乘之,所以养安也。"

天子(五)〔玉〕路,①〔12〕以玉为饰,②(锡)〔錫〕樊缨十有再就,③〔13〕建太常,十有二斿,九仞曳地,④日月升龙,象天明也。⑤夷王以下,周室衰弱,诸侯大路。秦并天下,阅三代之礼,或曰殷瑞山车,金根之色。⑥汉承秦制,御为乘舆,所谓孔子乘殷之路者也。〔14〕

①《周礼》王之五路,一曰玉路,二曰金路,三曰象路,四曰革路,五曰木路。《释名》曰:"天子所乘曰路,路亦军事也,谓之路,言行路也。"

②《古文尚书》曰:"大路在宾阶面,缀路在阼阶面。"孔安国曰:"大路,玉;缀路,金也。"服虔曰:"大路,总名也,如今驾驷高车矣。尊卑俱乘之,其采饰有差。"郑玄曰:"王在焉曰路,以玉饰诸末也。"傅玄《乘舆马赋》注曰:"玉路,重较也。"《韵集》曰:"轭前横木曰辂。"〔15〕

③郑玄曰:"(锡)〔錫〕面当卢刻金为之,〔16〕所谓镂(锡)〔錫〕也。樊读如鞶带之鞶,谓今马大带也。"郑众曰:"缨谓当胸。《士丧礼》曰:'马缨三就,以削革为之。'三就,三重三帀也。"郑玄曰:"缨,今马鞅。玉路之樊及缨,皆以五采罽饰之。十二就,就,成也。"杜预曰:"缨在马膺前,如索裙。"《乘舆马赋》注曰:"繁缨饰以旄尾,金涂十二重。"

④郑众曰:"太常九旗之画日月者。"郑玄曰:"七尺为仞,天子之旗高六丈三尺。"

⑤崔骃《东巡颂》曰:"登天灵之威路,驾太一之象车。"

⑥殷人以为大路,于是始皇作金根之车。殷曰(乘)〔桑〕根,〔17〕秦改曰金根。《乘舆马赋》注曰:"金根,以金为饰。"

乘舆、金根、安车、立车,①轮皆朱班重牙,②贰毂两辖,③金薄缪龙,〔18〕为舆倚较,④文虎伏轼,⑤龙首衔轭,左右吉阳筒,鸾雀立衡,⑥樧文画辀,羽盖华蚤,⑦建大旆,〔19〕十有二斿,画日月升龙,驾六马⑧,象镳镂(锡)〔钖〕,〔20〕金(鍐)〔鍐〕方釳,〔21〕插翟尾,⑨朱兼樊缨,赤罽易茸,金就十有二,左纛以氂牛尾为之,在左骖马轭上,大如斗,⑩是为德车。五时车,安、立亦皆如之。各如方色,马亦如之。白马者,朱其髦尾为朱鬣云。所御驾六。馀皆驾四,后从为副车。⑪

①蔡邕曰:"五安五立。"徐广曰:"立乘曰高车,坐乘曰安车。"

②《周礼》曰:"牙也者,以为固抱也。"郑众曰:"牙谓轮輮也,世间或谓之輞。"

③蔡邕曰:"毂外复有一毂抱辖,其外乃复设辖,抱铜置其中。"〔22〕《东京赋》曰:"重轮贰辖,疏毂飞轮。"

④徐广曰:"缪,交错之形也。较在箱上。"《说文》曰:"樧文画蕃。"蕃,箱也。《通俗文》曰:"车箱为较。"

⑤《魏都赋》注曰:"轼,车横覆膝,人所冯止者也。"〔23〕

⑥徐广曰:"置金鸟于衡上。"〔24〕

⑦徐广曰:"翠羽盖黄里,所谓黄屋车也。金华施橑末,有二十八枚,即盖弓也。"《东京赋》曰:"树翠羽之高盖。"薛综曰:"树翠羽为盖,如云龙矣。金作华形,茎皆低曲。"

⑧《东京赋》云:"六玄虬之奕奕。"

⑨《独断》曰:"金(鍐)〔鍐〕者,马冠也。高广各五寸,上如(三)〔玉〕华形,〔25〕在马髦前。方釳,铁也。广数寸,在马(鍐)〔鍐〕后。〔26〕后有三孔,插翟尾其中。"薛综曰:"釳中央〔低〕,两头高,〔27〕如山形,而贯中翟尾结著之。"颜延之《幼诰》曰:"釳,乘舆马头上防釳,角所以防罔罗,釳以翟尾铁翩象之也。"徐广曰:"金为马(乂)〔文〕髦。"〔28〕

⑩徐广曰:"马在中曰服,在外曰骖。"骖亦名骓。蔡邕曰:"在最后左骖马头上。"

⑪《古文尚书》曰:"予临兆民,懔乎若朽索之驭六马。"《逸礼·王度记》曰:"天子驾六马,诸侯驾四,〔29〕大夫三,士二,庶人一。"《周礼》四马为乘。《毛诗》天子至大夫同驾四,士驾二。《易》京氏、《春秋》公羊说皆云天子驾六。许慎以为天子驾六,诸侯及卿驾四,大夫驾三,士驾二,庶人驾一。《史记》曰,

秦始皇以水数制乘六马。郑玄以为天子四马,《周礼》乘马有四圉,各养一马也。诸侯亦四马,《顾命》,时诸侯皆献乘黄朱,乘亦四马也。今帝者驾六,此自汉制,与古异耳。蔡邕《表志》曰:"以文义不著之故,俗人多失其名。五时副车曰五帝车,鸾旗曰鸡翘,耕根曰三盖,其比非一也。"

耕车,其饰皆如之。有三盖,一曰芝车,置耒耜之箙,〔30〕上亲耕所乘也。①

①《新论》桓谭谓扬雄曰:"君之为黄门郎,居殿中,数见舆辇,玉蚤、华芝及凤皇、三盖之属,皆玄黄五色,饰以金玉、翠羽、珠络、锦绣、茵席者也。"《东京赋》曰:"立戈迤戛,农舆路木。"薛综曰:"戈,句子戟。戛,长矛。置车上者邪柱之。迤,邪也。是谓戈路。农舆三盖,所谓耕根车也。东耕于藉,乘马无饰,故称木也。"贺循曰:"汉仪,亲耕青衣帻。"《东京赋》说亲耕,亦云"鸾路苍龙"。贺循曰:"车必有鸾,而春独鸾路者,鸾凤类而色青,故以名春路也。"《赋》又曰:"介御间以剡耜。"薛综曰:"耜,耒金也。广五寸,著耒耜而载之。天子车参乘,帝在左,御在中,介处右,以耒置御之右。"

戎车,其饰皆如之。蕃以矛麾金鼓羽析幢翳,輈胄甲弩之箙。①

①《汉制度》曰:"戎,立车,以征伐。"《周官》"其矢箙"。《通俗文》曰:"箭箙谓之步叉。"干宝亦曰:"今谓之步叉。"郑玄注《既夕》曰:"服,车箱也。"颜延之《幼诰》云:"弩,矢也。"

猎车,其饰皆如之。重辋缦轮,缪龙绕之。一曰阘猪车,亲校猎乘之。①

①魏文帝改曰阘虎车。

太皇太后、皇太后〔31〕法驾,皆御金根,①加交(路)〔络〕帐裳。②〔32〕非法驾,则乘紫罽軿车,③云㡩文画辀,黄金涂五末、④盖蚤。左右骓,驾三马。长公主赤罽軿车。大贵人、贵人、公主、王妃、封君油画軿车。大贵人加节画辀。皆右騑而已。

①重翟羽盖者也。

②徐广曰："青交〔路〕〔络〕，〔33〕青帷裳。"

③《字林》曰："轺车有衣蔽，无后辕者谓之辎也。"《释名》："轺，屏也。四屏蔽，妇人乘牛车也。有邸曰辎，无邸曰轺。"《傅子》曰："周曰辎车，即辇也。"

④徐广曰："未详。疑谓前一辕及衡端毂头也。"

皇太子、皇子皆安车，朱班轮，〔34〕青盖，金华蚤，黑櫑文，画轓文辀，金涂五末。皇子为王，锡以乘之，故曰王青盖车。①皇孙〔则〕绿车以从。〔35〕皆左右騑，驾三。②公、列侯安车，朱班轮，倚鹿较，伏熊轼，皂缯盖，黑轓，右騑。③

①徐广曰："旂旗九旒，画降龙。"魏武帝令问东平王：〔36〕"有金路何意？为是特赐非？"侍中郑称对曰："天子五路，金以封同姓，诸侯得乘金路，与天子同。此自得有，非特赐也。"

②《独断》曰："绿车名曰皇孙车，天子有孙乘之。"

③车有轓者谓之轩。

中二千石、二千石皆皂盖，朱两轓。其千石、六百石，朱左轓。轓长六尺，下屈广八寸，上业广尺二寸，九文，十二初，后谦一寸，〔37〕若月初生，示不敢自满也。①景帝中元五年，始诏六百石以上施车轓，得铜五末，轭有吉阳筩。中二千石以上右騑，三百石以上皂布盖，千石以上皂缯覆盖，二百石以下白布盖，皆有四维杠衣。贾人不得乘马车。除吏赤画杠，〔38〕其馀皆青云。②

①案本传，旧典，传车骖驾乘赤帷裳，唯郭贺为（冀）〔荆〕州，〔39〕敕去襜帷。《谢承书》曰："孔恂字巨卿，新淦人。州别驾从事车前旧有屏星，如刺史车曲翳仪式。是时刺史行部，发去日晏，刺史怒，欲去别驾车屏星。恂谏曰：'明使君传车自发晚，而欲彻去屏星，毁国旧仪，此不可行。别驾可去，屏星不可省。'即投传去。刺史追辞谢请，不肯还，于是遂不去屏星。"《说文》曰："车当谓之屏星。"

②《古今注》曰：“武帝天汉四年，令诸侯王大国朱轮，特虎居前，（虚）〔左〕兕右麋。〔40〕小国朱轮画，特熊居前，寝麋居左右，卿车者也。”

公、列侯、中二千石、二千石夫人，会朝若蚕，〔41〕各乘其夫之安车，右骓，加交（路）〔络〕帷裳，〔42〕皆皂。非公会，不得乘朝车，得乘漆布辎軿车，铜五末。

乘舆大驾，公卿奉引，太仆御，大将军参乘。属车八十一乘，①备千乘万骑。西都行祠天郊，甘泉备之。官有其注，名曰甘泉卤簿。②东都唯大行乃大驾。大驾，太仆校驾；法驾，黄门令校驾。

①薛综曰：“属之言相连属也，皆在后，为三行。”

②蔡邕《表志》曰：“国家旧章，而幽僻藏蔽，莫之得见。”

乘舆法驾，（八）〔公〕卿不在卤簿中。〔43〕河南尹、执金吾、雒阳令奉引，奉车郎御，〔44〕侍中参乘。属车（四）〔三〕十六乘。〔45〕前驱有九斿云罕，①凤皇阘戟，②皮轩鸾旗，③皆大夫载。④鸾旗者，编羽旄，列系幢旁。⑤民或谓之鸡翘，非也。⑥后有金钲黄钺，⑦黄门鼓车。

①徐广曰：“斿车有九乘。”前史不记形也。武王克纣，百夫荷罕旗以先驱。

《东京赋》曰：“云罕九斿。”薛综曰：“旌旗名。”

②薛综曰：“阘之言函也，取四戟函车边。”

③应劭《汉官卤簿图》曰：“乘舆大驾，则御凤皇车，以金根为列。”〔46〕

④胡广曰：“皮轩，以虎皮为轩。”郭璞曰：“皮轩革车”，或曰即《曲礼》“前有士师，则载虎皮”。

⑤胡广曰：“建盖在中。”

⑥胡广曰：“鸾旗，以铜作鸾鸟车衡上。”与本志不同。

⑦《说文》曰：“钺，大斧也。”《司马法》曰：“夏执玄钺，殷执白钺，周杖黄钺。”

古者诸侯贰车九乘。秦灭九国，兼其车服，故大驾属车八十一乘，法驾半之。属车皆皂盖赤里，（木）〔朱〕幡，〔47〕戈矛弩箙，尚书、御史所载。最后一车悬豹尾，①豹尾以前比省中。②

①薛综曰:"侍御史载之。"

②《小学·汉官篇》曰:"豹尾过后,罢屯解围。"胡广曰:"施于道路,豹尾之内为省中,故须过后,屯围乃得解,皆所以戒不虞也。《淮南子》曰'军正执豹皮,所以制正其众',《礼记》'前载虎皮',亦此之义类。"

行祠天郊以法驾,祠地、明堂省什三,祠宗庙尤省,谓之小驾。每出,太仆奉驾上卤簿,中常侍、小黄门副;尚书主者,郎令史副;侍御史,兰台令史副。皆执注,以督整车骑,谓之护驾。春秋上陵,尤省于小驾,直事尚书一人从,其馀令以下,皆先行后罢。

轻车,古之战车也。洞朱轮舆,[48]不巾不盖,建矛戟幢麾,轙辄弩服。①[49]藏在武库。大驾、法驾出,射声校尉、司马(史)〔吏〕士[50]载,以次属车,在卤簿中。诸车有矛戟,其饰幡斿旗帜皆五采,制度从《周礼》。吴孙《兵法》[51]云:"有巾有盖,谓之武刚车。"武刚车者,为先驱。又为属车轻车,为后殿焉。

①徐广曰:"置弩于轼上,驾两马也。"

大使车,立乘,驾驷,赤帷。持节者,重导从:贼曹车、斧车、督车、功曹车皆两;大车,伍伯璅弩十二人;辟车四人;①[52]从车四乘。无节,单导从,减半。

①《周礼·涤狼氏》[53]干宝注曰:"今卒辟车之属。"

小使车,不立乘,有骓,赤屏泥油,重绛帷。导无斧车。

近小使车,兰舆赤毂,白盖赤帷。从驺骑四十人。此谓追捕考案,有所敕取者之所乘也。

诸使车皆朱班轮,四辐,赤衡轭。其送葬,白堊已下,洒车而后还。公、卿、中二千石、二千石,郊庙、明堂、祠陵,法出,皆大车,立乘,驾驷。他出,乘安车。

大行载车,其饰如金根车,加施组连璧交络四角,金龙首衔璧,垂五
采,析羽流苏前后,云气画帷裳,樐文画曲轓,长悬车等。〔54〕太仆御,驾
六布施马。布施马者,淳白骆马也,以黑药灼其身为虎文。既下,马斥
卖,车藏城北秘宫,皆不得入城门。当用,太仆考工乃内饰治,礼吉凶不
相干也。

公卿以下至县三百石长导从,置门下五吏、贼曹、督盗贼功曹,皆带
剑,三车导;〔55〕主簿、主记,两车为从。县令以上,加导斧车。公乘安
车,则前后并马立乘。〔56〕长安、雒阳令及王国都县加前后兵车,亭长,①
设右骓,驾两。璩弩车前伍伯,公八人,中二千石、二千石、六百石皆四
人,自四百石以下至二百石皆二人。黄绶,武官伍伯,文官辟车。铃下、
侍阁、门兰、部署、街里走卒,皆有程品,多少随所典领。驿马三十里一
置,②卒皆赤帻绛韝云。

①《纂要》,雒阳亭长,车前吹管。

②臣昭案:东晋犹有邮驿共置,承受傍郡县文书。有邮有驿,行传以相付。县
　置屋二区。有承驿吏,皆条所受书,每月言上州郡。〔57〕《风俗通》曰:"今吏
　邮书掾、府督邮,职掌此。"

古者军出,师旅皆从;秦省其卒,取其师旅之名焉。公以下至二千
石,骑吏四人,千石以下至三百石,县长二人,皆带剑,持棨戟为前列,搝
弓韣九鞬。①诸侯王法驾,官属傅相以下,皆备卤簿,似京都官骑,张弓
带鞬,遮迣出入称(课)促。〔58〕列侯,家丞、庶子导从。若会耕祠,主县假
给辟车鲜明卒,备其威仪。导从事毕,皆罢所假。

①《通俗文》曰:"弓韣谓之鞬。"

诸车之文:乘舆,倚龙伏虎,樐文画辀,龙首鸾衡,重牙班轮,升龙飞
轮。①皇太子、诸侯王,倚虎伏鹿,〔59〕樐文画辀轓,吉阳筒,朱班轮,鹿文
飞轮,旂旗九斿降龙。公、列侯,倚鹿伏熊,黑轓,朱班轮,鹿文飞轮,九
斿降龙。卿,朱两轓,〔60〕五斿降龙。二千石以下各从科品。诸轓车以

上,轭皆有吉阳筩。

①薛综曰:"飞轮,以缇油广八寸,长注地,画左苍龙右白虎,系轴头。二千石亦然,但无画耳。"卢植《礼记》注曰:"轮,辖头〔靻〕也。"〔61〕《楚辞》云"倚结辂兮太息",〔62〕王逸注曰"重较也"。〔63〕李尤《小车铭》曰:"轮之嗛虚,疏达开通。"案二家之言,不如综注所记。

诸马之文:案乘輿,金(鍐)〔錣〕方钑,〔64〕插翟象镳,①龙画緫,沫升龙,赤扇汗,②青两翅,燕尾。驸马,左右赤珥流苏,飞鸟节,赤膺兼。皇太子或亦如之。王、公、列侯、镂(锡义)〔錫文〕髦,〔65〕朱镳朱鹿,朱文,绛扇汗,青翅燕尾。卿以下有骖者,缇扇汗,青翅尾,当卢(义)〔文〕髦,上下皆通。中二千石以上及使者,乃有骖驾云。

①《尔雅》注曰:"镳,马勒旁铁也。"此用象牙。

②《诗》云:"朱幩镳镳。"《毛传》曰:"人君以朱缠镳扇汗,且以为镳饰。"

【校勘记】

〔1〕 导从车　按:"车"原作"卒",据汲本、殿本改。

〔2〕 效试其居国为政　按:汲本、殿本"效"作"攷"。汲本"居"作"君"。

〔3〕 故礼尊〔尊〕贵贵　据汲本、殿本补。

〔4〕 封国(爱)〔受〕民　据汲本改。

〔5〕 於此相贵以等　按:汲本、殿本"此"作"是"。

〔6〕 冕而儛大武　按:《集解》引黄山说,谓此下应有"此诸侯之僭天子礼也"一句。志本据《礼·郊特牲》为说,彼文作"诸侯之僭礼也",与下"大夫之僭礼也"一律,此亦当与下"此大夫之僭诸侯礼也"一律,明有夺误。

〔7〕 于〔此〕反爵焉　据汲本、殿本补。

〔8〕 天理人魁　按:汲本、殿本"理"作"罡",下同。又按:《古微书》"人"作"八"。

〔9〕 (奎)〔全〕羽为旞　据汲本、殿本改。

〔10〕 其声鸣曰和敬　按:"和"下疑脱"和则"二字。《大戴礼·保傅篇》作"声曰和,和则敬",是其证。

〔11〕　骤中韶(护)〔濩〕　据汲本、殿本改。

〔12〕　天子(五)〔玉〕路　《集解》引黄山说，谓“五路”乃“玉路”之讹。《周礼·巾车》郑注，玉路以玉饰诸末，金路以金饰诸末，象路以象饰诸末，革路鞔之以革而漆之，无他饰，木路不鞔以革，漆之而已。今作“天子五路”，下接“以玉为饰”，不可通。此涉注文“五”字而讹也。各本皆失正。今据改。

〔13〕　(锡)〔钖〕樊缨十有再就　据汲本改，与《周礼》合。

〔14〕　所谓孔子乘殷之路者也　按：殿本“所谓”二字在“孔子”二字下，“路”作“辂”。

〔15〕　轭前横木曰辂　按：汲本、殿本“辂”作“路”。

〔16〕　(锡)〔钖〕面当卢刻金为之　据汲本改，与《周礼·巾车》郑注合。

〔17〕　殷曰(乘)〔桑〕根　《集解》引惠栋说，谓《礼记》“大辂，殷辂也”。郑玄云“大辂，木辂也。汉祭天乘殷之辂，今谓之桑根车”。然则“乘”当作“桑”也。今据改。

〔18〕　金薄缪龙　按：《集解》引惠栋说，谓“缪”《礼书》作“璆”。

〔19〕　建大旂　按：《集解》引惠栋说，谓“旂”徐广作“常”。

〔20〕　象镳镂(钖)〔锡〕　据汲本改。

〔21〕　金(鍐)〔錽〕方釳　据《文选》《东京赋》及《李善》注引《独断》改，注同。按：卢文弨校《独断》谓錽，亡犯切，马头饰也，旧讹从嵏。段注《说文》引此文亦作“錽”。

〔22〕　毂外复有一毂抱辖至抱铜置其中　《集解》引惠栋说，谓二“抱”字皆当作“施”，《礼志》可证。今按：邕说见《独断》，今《独断》“抱”作“施”，“辖”作“辇”。

〔23〕　人所冯止者也　按：“止”原讹“上”，径改正。

〔24〕　置金鸟于衡上　按：殿本“鸟”作“乌”。

〔25〕　上如(三)〔玉〕华形　汲本、殿本作“三”作“五”。《集解》引惠栋说，谓《文选》注引“五华”作“玉华”。按：今《独断》亦作“玉华”，“三”与“五”疑皆形近而讹，今据改。又按：“上”原讹“匕”，径改正。

〔26〕　在马(鍐)〔錽〕后　殿本《考证》谓“鍐”当作“騣”。按：今本《独断》作“騣”，卢校改为“錽”，今从卢校改。

〔27〕　釳中央〔低〕两头高　《集解》引陈景云说，谓“中央”下脱“低”字，见《文

选》注。今据补。

〔28〕 金为马（义）〔文〕髦　据汲本、殿本改。按：殿本《考证》谓"马文髦"一本作"马文尾"，何焯校本作"马又髦"。《集解》引惠栋说，谓"文"北宋本作"义"。《校补》引柳从辰说，谓《晋舆服志》"金爵以铁为之，以金为文旄"，则作"又"作"义"皆非。黄山谓柳说是。《通典》亦载以黄金为文髦，作"文"自不误。"髦"之作"尾"，亦形近而讹。

〔29〕 诸侯驾四　按：《集解》引惠栋说，谓案《王度记》曰"诸侯驾五，卿驾四"也。

〔30〕 置轙末耜之箙　按：黄山谓"之"乃"弩"字之讹，当以"置轙末耜弩箙"为文，末耜与弩箙皆逼置车中，即《月令》所谓介御间也。

〔31〕 太皇太后皇太后　按：《集解》引陈景云说，谓当有"皇后"二字。

〔32〕 加交（路）〔络〕帐裳　《集解》引陈景云说，谓"路"当作"络"，《刘盆子传》引此文正作"络"。王先谦谓陈说是，后大行载车仍作"络"，不误。今据改。

〔33〕 青交（路）〔络〕　据陈景云说改。

〔34〕 朱班轮　按：《集解》引惠栋说，谓"班"一作"斑"。

〔35〕 皇孙〔则〕绿车以从　按：本书《安帝纪》李注引作"至皇孙则绿车"。《集解》引黄山说，谓"则"字直贯"以从"为句，李注引志省"以从"二字，此文乃并删"则"字，非也。今据补。

〔36〕 魏武帝令问东平王　按：汲本无"令"字。

〔37〕 后谦一寸　按：殿本"一"作"二"。

〔38〕 除吏赤画杠　按：《集解》引惠栋说，谓徐广《车服注》"画"作"盖"。

〔39〕 郭贺为（冀）〔荆〕州　按：郭贺拜荆州刺史，见本书《蔡茂传》。《校补》谓注误，当据传改，今从之。

〔40〕 （虚）〔左〕兕右麋　据汲本、殿本改。

〔41〕 会朝若蚕　按：《集解》引惠栋说，谓"朝"一作"庙"。

〔42〕 加交（路）〔络〕帷裳　据陈景云说改。按：本书《刘盆子传》李注引正作"络"。

〔43〕 （八）〔公〕卿不在卤簿中　《校补》引钱大昭说，谓"八卿"《独断》作"公卿"，《儒林传》注作"公"，脱"卿"字。今据改。

〔44〕 奉车郎御　按：《百官志》奉车无郎，"郎"字疑讹。《集解》引惠栋说，谓

《百官春秋》云奉车都尉执辔。

〔45〕 属车(四)〔三〕十六乘　《集解》引惠栋说,谓"四"《宋志》作"三"。又引钱大昕说,谓当作"三十六乘"。按:今《独断》亦作"三十六乘",卢校云《续汉·舆服志》作"四十六乘",误。今据改。

〔46〕 以金根为列　按:《集解》引惠栋说,谓"列"当作"副"。

〔47〕 (木)〔朱〕轓　按:《集解》引惠栋说,谓北宋本"木"作"朱"。今据改。

〔48〕 洞朱轮舆　按:《集解》引惠栋说,谓"洞"颜师古注引作"彤"。

〔49〕 建矛戟幢麾轙辄弩服　按:《集解》引惠栋、黄山说,谓《前书·张安世传》颜注引"建"作"菑","轙"作"璊",无"辄箙"二字。又按:汲本"服"作"箙"。

〔50〕 司马(史)〔吏〕士　据汲本、殿本改。

〔51〕 吴孙兵法　殿本"吴孙"作"孙吴"。按:《校补》谓本书《皇甫规传》"勤明吴孙,未若奉法",是作"吴孙"不误也。惟章怀注以为指吴起、孙武,而《通典》注则作孙子《兵法》,而不及吴起。夫二子不共为书,其书又不皆言武刚车制,志文何为并举?疑"吴孙"云者,专指吴孙武也。

〔52〕 辟车四人　按:《集解》引惠栋说,谓"车"北宋本作"居"。

〔53〕 周礼涤狼氏　按:殿本"涤"作"条",与今本《周礼》合。

〔54〕 长悬车等　按:《集解》引惠栋说,谓"悬"徐广作"与"。

〔55〕 三车导　按:汲本、殿本"导"上有"从"字。

〔56〕 则前后并马立乘　按:殿本"后"作"从"。

〔57〕 每月言上州郡　按:殿本"言"作"吉"。

〔58〕 出入称(课)促　《集解》引陈景云说,谓"课"字衍。"促"一作"姬"。《中山简王传》"官骑百人,称姬前行",注"称姬犹整齐也"。今据删。

〔59〕 皇太子诸侯王倚虎伏鹿　按:《校补》引柳从辰说,谓下既有列侯,则此"侯"字当衍。

〔60〕 朱两轓　按:汲本、殿本"轓"作"轮"。

〔61〕 轮辖头〔鞑〕也　《集解》引黄山说,谓《曲礼》"仆展轮效驾",《释文》引卢注"轮,辖头鞑也",此夺"鞑"字。今据补。

〔62〕 倚结轮兮太息　按:《楚辞》"太息"上有"长"字,此脱。

〔63〕 重较也　汲本"较"作"轮"。按:今本《楚辞》王逸注作"伏车重轼而涕泣也"。

〔64〕 金(鍐)〔錣〕方驳　按:"鍐"当作"錣",前已出校记。

〔65〕 镂(锡义)〔錫文〕髦　按:"锡"当作"錫","义"当作"文",前已出校记。下
"当卢(义)〔文〕髦",同。

后汉书志第三十

輿服下

冕冠　长冠　委貌冠　皮弁冠　爵弁冠　通天冠　远游冠　高山冠　进贤冠　法冠
武冠　建华冠　方山冠　巧士冠　却非冠　却敌冠　樊哙冠　术氏冠　鹖冠　帻
佩　刀　印　黄赤绶　赤绶　绿绶　紫绶　青绶　黑绶　黄绶　青绀纶　后夫人服

　　上古穴居而野处，衣毛而冒皮，未有制度。后世圣人易之以丝麻，观翚翟之文，荣华之色，乃染帛以效之，始作五采，成以为服。见鸟兽有冠角𬱟胡之制，遂作冠冕缨蕤，〔1〕以为首饰。凡十二章。故《易》曰：“庖牺氏之王天下也，仰观象于天，俯观法于地，观鸟兽之文，与地之宜，近取诸身，远取诸物，于是始作八卦，以通神明之德，以类万物之情。”黄帝尧舜垂衣裳而天下治，盖取诸乾巛。乾巛有文，故上衣玄，下裳黄。日月星辰，山龙华虫，①作缋宗彝，②藻火粉米，③黼黻𫄨绣，④以五采章施于五色作服。⑤天子备章，⑥公自山以下，侯伯自华虫以下，子男自藻火以下，卿大夫自粉米以下。至周而变之，以三辰为旗旗。王祭上帝，则大裘而冕；⑦公侯卿大夫之服用九章以下。⑧秦以战国即天子位，灭去礼学，郊祀之服皆以袀玄。汉承秦故。至世祖践祚，都于土中，始修三雍，正兆七郊。显宗遂就大业，初服旒冕，衣裳文章，赤舄绚屦，以祠天地，养三老五更于三雍，于时致治平矣。

　　①孔安国注《尚书》曰：“华，象草华；虫，雉也。”
　　②《古文尚书》“缋”作“会”。孔安国曰：“以五采成此画焉。”宗庙彝樽，亦以
　　　山、龙、华虫为饰。
　　③孔安国曰：“藻，水草有文者。火为火字，粉若粟（米）〔冰〕，〔2〕米若聚米。”
　　④孔安国曰：“黼若斧形。黻为两己相背。葛之精者曰𫄨。五色备曰绣。”杜

预注《左传》曰："白与黑谓之黼，黑与青谓之黻。"

⑤孔安国曰："以五采明施于五色，作尊卑之服。"

⑥郑玄《周礼》注曰："此古天子冕服十二章。"

⑦郑众曰："大裘，羔裘。服以祀天，示质也。"

⑧郑玄曰："华虫，五色之虫。《周礼》缋人职曰'鸟兽蛇杂四时五色之位以章之'，谓是也。王者相变，至周而以日月星辰画于旌旗，所谓三辰旒旗，昭其明也。而冕服九章，初一曰龙，次二曰山，次三曰华虫，次四曰火，次五曰宗彝，皆画以为缋；次六曰藻，次七曰粉米，次八曰黼，次九曰黻，皆绨以为绣。则衮之衣五章，裳四章，凡九也。鷩画以雉，谓华虫也。其衣三章，裳四章，凡七也。毳画虎蜼，谓宗彝也。其衣三章，裳二章，凡五也。绨刺粉米无画也。其衣一章，裳二章，〔3〕凡三也。"《法言》曰："圣人文质者也，车服以彰之，藻色以明之，声音以扬之，《诗》、《书》以光之。笾豆不陈，玉帛不分，琴瑟不铿，钟鼓不耾，吾无以见乎圣也！"

天子、三公、九卿、特进侯、侍祠侯，祀天地明堂，皆冠旒冕，衣裳玄上纁下。①乘舆备文，日月星辰十二章，三公、诸侯用山龙九章，九卿以下用华虫七章，皆备五采，大佩，赤舄绚屦，以承大祭。百官执事者，冠长冠，皆袛服。五岳、四渎、山川、宗庙、社稷诸沾秩祠，皆袀玄长冠，五郊各如方色云。百官不执事，各服常冠袀玄以从。

①《东观书》曰："永平二年正月，公卿议春南北郊，东平王苍议曰'孔子曰："行夏之时，乘殷之路，服周之冕。"为汉制法。高皇帝始受命创业，制长冠以入宗庙。光武受命中兴，建明堂，立辟雍。陛下以圣明奉遵，以礼服龙衮，祭五帝。礼缺乐崩，久无祭天地冕服之制。(接)〔按〕尊事神(礼)〔祇〕，〔4〕絜斋盛服，敬之至也。日月星辰，山龙华藻，天王衮冕十有二旒，以则天数；旂有龙章日月，以备其文。今祭明堂宗庙，圆以法天，方以则地，服以华文，象其物宜，以降神〔明〕，〔5〕肃雍备思，博其类也。天地之礼，冕冠裳衣，宜如明堂之制。'"

冕冠，垂旒，前后邃延，①玉藻。②孝明皇帝永平二年，初诏有司采《周官》、《礼记》、《尚书皋陶篇》，乘舆服从欧阳氏说，公卿以下从大小夏

侯氏说。冕皆广七寸,长尺二寸,前圆后方,朱绿里,玄上,前垂四寸,后
垂三寸,系白玉珠为十二旒,以其绶采色为组缨。③三公诸侯七旒,青玉
为珠;卿大夫五旒,黑玉为珠。④皆有前无后,各以其绶采色为组缨,旁
垂黈纩。⑤郊天地,宗祀,明堂,则冠之。⑥衣裳玉佩备章采,乘舆刺(史)
〔绣〕,〔6〕公侯九卿以下皆织成,陈留襄邑献之云。

①邃,垂也。延,冕上覆。

②《周礼》曰:"五采缫十有二就,皆五采玉,十有二,玉笄朱纮。"郑玄注曰:
"缫,杂文之名也。合五采丝为之绳,垂于延之前后,各十二,所谓邃延也。
就,成也。绳之每一帀而贯五采玉,十有二旒则十二玉也。每就间盖一寸。
朱纮,以朱组为纮也。纮一条属两端于武,此为衮衣之冕。十二旒则用玉
二百八十八。鷩衣之冕,缫九旒,用玉二百一十六。毳衣之冕,七旒,用玉
百六十八。绨衣之冕,五旒,用玉百二十。玄衣之冕,三旒,用玉七十二。"

③《说文》曰:"组,绶属也,小者以为冕缨焉。"《礼记》曰"玄冠朱组(绥)
〔缨〕,〔7〕天子之服"是也。

④《独断》曰"三公诸侯九旒,卿七旒",与此不同。

⑤吕忱曰:"黈,黄色也。黄绵为之。"《礼纬》曰:"旒垂目,纩塞耳,王者示不听
谗,不视非也。"薛综曰:"以珩玉为充耳也。《诗》云:'充耳琇莹。'毛苌传
曰:'充耳谓之瑱。天子玉瑱。琇莹,美石也。诸侯以石。'"

⑥蔡邕曰:"鄙人不识,谓之平天冠。"

长冠,一曰斋冠,高七寸,广三寸,促漆纚为之,制如板,以竹为里。
初,高祖微时,以竹皮为之,谓之刘氏冠,楚冠制也。民谓之鹊尾冠,非
也。祀宗庙诸祀则冠之。皆服袀玄,①绛缘领袖为中衣,绛绔袜,示其
赤心奉神也。五郊,衣帻绔袜各如其色。此冠高祖所造,故以为祭服,
尊敬之至也。

①《独断》曰:"袀,绀缯也。"《吴都赋》〔注〕曰:〔8〕"袀,皂服也。"

委貌冠、皮弁冠同制,〔9〕长七寸,高四寸,制如覆杯,前高广,后卑
锐,所谓夏之(母)〔毋〕追,〔10〕殷之章甫者也。委貌以皂绢为之,〔11〕皮弁

以鹿皮为之。行大射礼于辟雍，公卿诸侯大夫行礼者，冠委貌，衣玄端素裳。① 执事者冠皮弁，衣缁麻衣，皂领袖，下素裳，所谓皮弁素积者也。②

①郑众《周礼》传曰："衣有襦裳者为端。"郑玄曰："谓之端，取其正也。正者，士之衣。袂皆二尺二寸而属幅，是广袤等也。其祛尺二寸。大夫以上侈之。侈之者，盖半而益一焉。半而益一，则其袂三尺三寸，祛尺八寸。"

②皮弁，质也。石渠论玄冠朝服。戴圣曰："玄冠，委貌也。朝服布上素下，缁帛带，素韦韠。"《白虎通》曰："三王共皮弁素积。素积者，积素以为裳也，言要中辟积也。"

爵弁，一名冕。广八寸，长尺二寸，如爵形，前小后大，缯其上似爵头色，有收持笄，所谓夏收殷冔者也。① 祠天地五郊明堂，《云翘舞》乐人服之。《礼》曰："朱干玉戚，②冕而舞《大夏》。"此之谓也。

①《独断》曰："殷黑而微白，前大而后小；夏纯黑，亦前小而后大，皆以三十六升漆布为之。《诗》云：'常服黼冔。'《书》曰：'王与大夫尽弁。'上古皆以布，中古以丝。孔子曰：'麻冕，礼也，今也纯，俭。'"

②郑玄曰："朱干，赤大盾也。戚，斧也。"

通天冠，高九寸，正竖，顶少邪却，乃直下为铁卷梁，前有山，展筒为述，[12]乘舆所常服。① 服衣，深衣制，有袍，随五时色。袍者，或曰周公抱成王宴居，故施袍。《礼记》"孔子衣逢掖之衣"。缝掖其袖，合而缝大之，近今袍者也。今下至贱更小史，皆通制袍，单衣，皂缘领袖中衣，为朝服云。

①《独断》曰："汉受之秦，礼无文。"

远游冠，制如通天，有展筒横之于前，无山述，诸王所服也。①

①《独断》曰："礼无文。"

高山冠,一曰侧注。制如通天,〔顶〕不邪却,〔13〕直竖,无山述展筒,①中外官、谒者、仆射所服。太傅胡广说曰:〔14〕"高山冠,盖齐王冠也。秦灭齐,以其君冠赐近臣谒者服之。"②

①《独断》曰:"铁为卷梁,高九寸。"《汉书音义》曰:"其体侧立而曲注。"

②《史记》郦生初见高祖,儒衣而冠侧注。《汉旧仪》曰:"乘舆冠高山冠,飞月之缨,帻耳赤,丹纨里衣,带七尺斩蛇剑,履虎尾绚履。"案此则亦通于天子。

进贤冠,古缁布冠也,文儒者之服也。前高七寸,后高三寸,长八寸。公侯三梁,①中二千石以下至博士两梁,自博士以下至小史私学弟子,皆一梁。宗室刘氏亦两梁冠,示加服也。"②

①胡广曰:"车驾巡狩幸其国者,侯衣玄端之衣,冠九旒之冕,其盛法服以就位也。今列侯自不奉朝请侍祠祭者,不得服此,皆常三梁冠,皂单衣,其归国流黄衣皂云。"《晋公卿礼秩》曰:"太傅、司空、司徒著进贤三梁冠,黑介帻。"

②《独断》曰:"汉制礼无文。"荀绰《晋百官表注》曰:"建光中,尚书陈忠以为'令史质堪上言,太官宜著两梁,尚书孟(希)〔布〕奏,〔15〕太官职在鼎俎,不列陛位,堪欲令比大夫两梁冠,不宜许。臣伏惟太官令职在典掌王饔,统六清之饮,列八珍之馔,正百品之羞,纳四方之贡,所奉尤重,用思又勤。明诏慎口实之御,防有败之奸,增崇其选。侍御史主捕案,太医令奉方药供养,符节令掌幡信金虎,故位从大夫,车有韬沂,冠有两梁,所以殊亲疏,别内外也。太官令以供养言之,为最亲近,以职事言之,为最烦多,令又高选,又执法比太医令,科同服等,而冠二人殊,名实不副。〔16〕又博士秩卑,以其传先王之训,故尊而异之,令服大夫之冕。犹此言之,两梁冠非必列于陛位也。建初中,太官令两梁冠。《春秋》之义,大于复古。如堪言合典,可施行。克厌帝心,即听用之'。"《献帝起居注》曰:"中平六年,令三府长史两梁冠,五时衣袍,事位从千石、六百石。"

法冠,一曰柱后。①高五寸,以缅为展筒,②铁柱卷,③执法者服之,侍御史、廷尉正监平也。或谓之獬豸冠。獬豸神羊,能别曲直,楚王尝获之,故以为冠。④胡广说曰:"《春秋·左氏传》有南冠而絷者,则楚冠也。秦灭楚,以其君服赐执法近臣御史服之。"

①《独断》曰:"柱后惠文。"

②《前书》注曰:"緺,今之绲。"《通俗文》:"帻里曰緺。"

③荀绰《晋百官表注》曰:"铁柱,言其厉直不曲桡。"

④《异物志》曰:"东北荒中有兽名獬豸,一角,性忠,见人斗,则触不直者;闻人论,则咋不正者。楚执法者所服也。今冠两角,非象也。"臣昭曰:或谓獬豸迺非定名,在两角未足断正,安不存其竖饰,令两为冠乎?

武冠,①一曰武弁大冠,诸武官冠之。②侍中、中常侍加黄金珰,附蝉为文,貂尾为饰,谓之"赵惠文冠"。③胡广说曰:"赵武灵王效胡服,以金珰饰首,前插貂尾,为贵职。秦灭赵,以其君冠赐近臣。"④建武时,匈奴内属,世祖赐南单于衣服,以中常侍惠文冠,中黄门童子佩刀云。

①一云古缁布冠之象也。或曰繁冠。

②《晋公卿礼秩》曰:"大司马、将军、尉、骠骑、车骑、卫军、诸大将军开府从公者,著武冠,平上帻。"

③又名鵔鸃冠。

④应劭《汉官》曰:"说者以金取坚刚,百炼不耗。蝉居高饮絜,口在掖下。貂内劲捍而外温润。"此因物生义也。徐广曰:"赵武灵王胡服有此,秦即赵而用之。"〔17〕说者蝉取其清高,饮露而不食,貂紫蔚(采)〔柔〕润,〔18〕而毛采不彰灼,故于义亦取。胡广又曰:"意谓北方寒凉,本以貂皮暖额,附施于冠,因遂变成首饰。"

建华冠,以铁为柱卷,贯大铜珠九枚,制似缕鹿。①记曰:"知天者冠述,知地者履絇。"《春秋·左传》曰:"郑子臧好鹬冠。"前圆,以为此则是也。②天地、五郊、明堂,《育命舞》乐人服之。

①《独断》曰:"其状若妇人缕鹿。"薛综曰:"下轮大,上轮小。"

②《说文》曰:"鹬,知天将雨鸟也。"

方山冠,似进贤,〔19〕以五采縠为之。祠宗庙,《大予》、《八佾》、《四时》、《五行》乐人服之,冠衣各如其行方之色而舞焉。

巧士冠,〔前〕高七寸,〔20〕要后相通,直竖。不常服,唯郊天,黄门从官四人冠之,〔21〕在卤簿中,次乘舆车前,以备宦者四星云。①
　　①《独断》曰:"礼无文。"

却非冠,制似长冠,下促。宫殿门吏仆射冠之。负赤幡,青翅燕尾,诸仆射幡皆如之。①
　　①《独断》曰:"礼无文。"

却敌冠,前高四寸,通长四寸,后高三寸,制似进贤,卫士服之。①
　　①《独断》曰:"礼无文。"

樊哙冠,汉将樊哙造次所冠,以入项羽军。广九寸,高七寸,前后出各四寸,制似冕。司马殿门大难卫士服之。或曰,樊哙常持铁盾,闻项羽有意杀汉王,哙裂裳以裹盾,冠之入军门,立汉王旁,视项羽。

术氏冠,前圆,吴制,差池逦迤四重。赵武灵王好服之。今不施用,官有其图注。①
　　①《淮南子》曰楚庄王所(复)〔服〕獬冠者是。〔22〕蔡邕曰:"其说未闻。"
诸冠皆有缨蕤,执事及武吏皆缩缨,垂五寸。

武冠,俗谓之大冠,环缨无蕤,以青系为绲,加双鹖尾,竖左右,为鹖冠云。①五官、左右虎贲、羽林、五中郎将、羽林左右监皆冠鹖冠,纱縠单衣。〔23〕虎贲将虎文绔,白虎文剑佩刀。虎贲武骑皆鹖冠,虎文单衣。襄

邑岁献织成虎文云。鹖者,勇雉也,其斗对一死乃止,故赵武灵王以表武士,秦施之焉。②〔24〕

①《庄子》曰"缦胡之缨,武士之服"〔25〕是也。

②徐广曰:"鹖似黑雉,出于上党。"荀绰《晋百官表注》曰:"冠插两鹖,鸷鸟之暴疏者也。每所攫撮,应爪摧衄,天子武骑故以冠焉。"傅玄赋注曰:"羽骑,骑者戴鹖。"

安帝立皇太子,太子谒高祖庙、世祖庙,门大夫从,冠两梁进贤;洗马冠高山。罢庙,侍御史任方奏请非乘从时,皆冠一梁,不宜以为常服。事下有司。尚书陈忠奏:"门大夫职如谏大夫,洗马职如谒者,故皆服其服,先帝之旧也。方言可寝。"奏可,谒者,古者一名洗马。①

①《古今注》曰:"建武十三年,初令令长皆小冠。"《独断》曰:"公卿侍中尚书衣皂而朝者曰朝臣。诸营校尉将大夫以下,不为朝臣。"

古者有冠无帻,其戴也,加首有頍,所以安物。故《诗》曰"有頍者弁",此之谓也。三代之世,法制滋彰,下至战国,文武并用。秦雄诸侯,乃加其武将首饰为绛袙,以表贵贱,其后稍稍作颜题。汉兴,续其颜,却摞之,施巾连题,却覆之,今丧帻是其制也。名之曰帻。帻者,赜也,头首严赜也。至孝文乃高颜题,续之为耳,崇其巾为屋,合后施收,上下群臣贵贱皆服之。文者长耳,武者短耳,称其冠也。尚书帻收,方三寸,名曰纳言,示以忠正,显近职也。迎气五郊,各如其色,从章服也。皂衣群吏春服青帻,立夏乃止,助微顺气,尊其方也。武吏常赤帻,成其威也。未冠童子帻无屋者,示未成人也。入学小童帻也句卷屋者,〔26〕示尚幼少,未远冒也。丧帻却摞,反本礼也。升数如冠,与冠偕也。期丧起耳有收,素帻亦如之,礼轻重有制,变除从渐,文也。①

①《独断》曰:"帻,古者卑贱执事不冠者之所服也。董仲舒《止雨书》曰'执事者皆赤帻',知不冠者之所服也。元帝额有壮发,不欲使人见,始进帻服之,群臣皆随焉。然尚无巾,故言'王莽秃,帻施屋'。冠进贤者宜长耳,冠惠文者宜短耳,各随其宜。"《汉旧仪》曰:"凡斋,绀帻;耕,青帻;秋貙刘,服

绁幭。"〔27〕

　　古者君臣佩玉,尊卑有度;上有韨,①贵贱有殊。佩,所以章德,服
之衷也。韨,所以执事,礼之共也。故礼有其度,威仪之制,三代同之。
五霸迭兴,战兵不息,佩非战器,韨非兵旗,于是解去韨佩,〔28〕留其系
璲,②〔29〕以为章表。故《诗》曰"鞙鞙佩璲",此之谓也。③韨佩既废,秦
乃以采组连结于璲,光明章表,转相结受,〔30〕故谓之绶。汉承秦制,用
而弗改,故加之以双印佩刀之饰。至孝明皇帝,乃为大佩,冲牙双瑀璜,
皆以白玉。④乘舆落以白珠,〔31〕公卿诸侯以采丝,其〔玉〕视冕旒,〔32〕为
祭服云。

　　①徐广曰:"韨如(巾)〔今〕蔽膝。"〔33〕
　　②徐广曰:"今名璲为綫。"
　　③鞙鞙,佩玉貌。璲,瑞也。郑玄《笺》曰:"佩璲者,以瑞玉为佩,佩之鞙
　　　鞙然。"
　　④《诗》云:"杂佩以赠之。"毛苌曰:"珩、璜、琚、瑀,冲牙之类。"《月令章句》曰:
　　　"佩上有双衡,下有双璜,琚瑀以杂之,冲牙蠙珠以纳其间。"《玉藻》曰:"右
　　　徵角,左宫羽,进则揖之,退则扬之,然后玉锵鸣焉。"《纂要》曰:"琚瑀所以
　　　纳间,在玉之间,今白珠也。"

　　佩刀,乘舆黄金通身貂错,半鲛鱼鳞,金漆错,雌黄室,五色罽隐室
华。诸侯王黄金错,环挟半鲛,黑室。公卿百官皆纯黑,不半鲛。小黄
门雌黄室,中黄门朱室,童子皆虎爪文,虎贲黄室虎文,其将白虎文,皆
以白珠鲛为镖口之饰。①乘舆者,加翡翠山,纡婴其侧。②

　　①《通俗文》曰:"刀锋曰镖。"
　　②《左传》曰:"藻率鞞鞛。"杜预曰:"鞞,佩刀削上饰。鞛,下饰也。"郑玄《诗
　　　笺》曰:"既爵命赏赐,而加赐容刀有饰,显其能制断也。"《春秋繁露》曰:"剑
　　　之在左,青龙之象也。刀之在右,白虎之象也。韨之在前,朱鸟之象也。冠
　　　之在首,玄武之象也。四者,人之盛饰也。"臣昭案:自天子至于庶人,咸皆
　　　带剑。剑之与刀,形制不同,名称各异,故萧何剑履上殿,不称为刀,而此志

言不及剑,如为未备。

佩双印,长寸二分,方六分。乘舆、诸侯王、公、列侯以白玉,中二千石以下至四百石皆以黑犀,二百石以至私学弟子皆以象牙。上合丝,乘舆以縢贯白珠,赤罽蕤,诸侯王以下以綔赤丝蕤,縢綔各如其印质。刻书文曰:"正月刚卯既决,〔34〕灵殳四方,赤青白黄,四色是当。帝令祝融,以教夔龙,庶疫刚瘅,莫我敢当。疾日严卯,帝令夔化,慎尔周伏,〔35〕化兹灵殳。既正既直,既觚既方,庶疫刚瘅,莫我敢当。"凡六十六字。①

①《前书》注云:"以正月卯日作。"

乘舆黄赤绶,四采,〔36〕黄赤(绀)缥〔绀〕,〔37〕淳黄圭,长〔二〕丈九尺九寸,〔38〕五百首。①

①《汉旧仪》曰:"玺皆白玉螭虎纽,文曰'皇帝行玺'、'皇帝之玺'、'皇帝信玺'、'天子行玺'、'天子之玺'、'天子信玺',凡六玺。皇帝行玺,凡封之玺赐诸侯王书;信玺,发兵征大臣;天子行玺,策拜外国,事天地鬼神。玺皆以武都紫泥封,青囊白素里,两端无缝,尺一板中约署。皇帝带绶,黄地六采,不佩玺。玺以金银縢组,侍中组负以从。秦以前民皆佩绶,金、玉、银、铜、犀、象为方寸玺,各服所好。奉玺书使者乘驰传。其驿骑也,三骑行,昼夜千里为程。"《吴书》曰:"汉室之乱,天子北诣河上,六玺不自随,掌玺者投井中。孙坚北讨董卓,顿军城南,官署有井,每旦有五色气从井出。坚使人浚得传国玺。其文曰'受命于天,既寿永昌'。方围四寸,上有纽文槃五龙,璠七寸管,龙上一角缺。"《献帝起居注》曰:"时六玺不自随,及还,于阁上得。"《晋阳秋》曰:"冉闵大将军蒋干以传国玺付河南太守戴施,施献之,百僚皆贺。玺光照洞彻,上蟠螭文隐起,书曰'(旻)〔昊〕天之命,〔39〕皇帝寿昌'。秦旧玺也。"徐广曰:"传国玺文曰'受天之命,皇帝寿昌'。"

诸侯王赤绶,① 四采,赤黄缥绀,淳赤圭,长二丈一尺,三

百首。②〔40〕

①徐广曰："太子及诸王金印，龟纽，缥朱绶。"

②荀绰《晋百官表注》曰："皇太子朱绶，三百二十首。"

太皇太后、皇太后，其绶皆与乘舆同，皇后亦如之。

长公主、天子贵人与诸侯王同绶者，加特也。

诸国贵人、相国皆绿绶，三采，绿紫绀，淳绿圭，长二丈一尺，二百四十首。①

①《前书》曰："相国、丞相皆秦官，金印紫绶。高帝相国绿绶。"徐广曰："金印绿䋐绶。"䋐音庚，草名也。以染似绿，又云似紫。紫绶名绲绶，〔绲〕音瓜，〔41〕其色青紫。䋐字亦（盩）〔盭〕，〔42〕音同也，传写者误作"綟"。公加殊礼，皆服之。何承天云："绲音娲。青紫色绶。䋐，紫色也。"

公、侯、将军紫绶，二采，紫白，淳紫圭，长丈七尺，百八十首。①公主封君服紫绶。

①《前书》曰："太尉金印紫绶。御史大夫位上卿，银印青绶，成帝更名大司空，金印紫绶。将军亦金印。"《汉官仪》曰："马防为车骑将军，银印青绶，在卿上，绝席。和帝以窦宪为车骑将军，始加金紫，次司空。"

九卿、中二千石、二千石青绶，三采，青白红，淳青圭，长丈七尺，百二十首。①自青绶以上，綖皆长三尺二寸，与绶同采而首半之。綖者，古佩璲也。〔43〕佩绶相迎受，〔44〕故曰綖。紫绶以上，綖绶之间得施玉环鐍云。②〔45〕

①一号青绲绶。

②《通俗文》曰："缺环曰鐍。"《汉旧仪》曰："其断狱者印为章"也。

千石、六百石黑绶，三采，青赤绀，淳青圭，长丈六尺，八十首。四百石、三百石长同。①

①《汉官》曰:"尚书仆射,铜印青绶。"

四百石、三百石、二百石黄绶,〔一采〕,淳黄圭,(一采)长丈五尺,六十首。〔46〕自黑绶以下,綟绶皆长三尺,与绶同采而首半之。

百石青绀(纶)〔绶〕,〔47〕一采,宛转缪织〔圭〕,长丈二尺。①〔48〕

①丁孚《汉仪》载太仆、太中大夫襄言:"乘舆绶,黄地冒白羽,青绛绿五采,四百首,长二丈三尺。诏所下王绶,冒亦五采,上下无差。诸王绶四采,绛地冒白羽,青黄去(绿)〔缘〕,〔49〕二百六十首,长二丈一尺。〔50〕公主绶如王。侯,绛地,绀缥三采,百二十首,长丈八尺。〔51〕二千石绶,羽青地,桃华缥三采,百二十首,长丈八尺。黑绶,羽青地,〔52〕绛二采,八十首,长一丈七尺。黄绶一采,八十首,长丈七尺。以为常式。民织绶不如式,没入官,犯者为不敬。二千石绶以上,禁民无得织以粉组。"皇太后诏可,王绶如所下。

凡先合单纺为一系,四系为一扶,五扶为一首,五首成一文,文采淳为一圭。首多者系细,少者系粗,皆广尺六寸。①

①《东观书》曰:"建武元年,复设诸侯王金玺綟绶,公侯金印紫绶。九卿、执金吾、河南尹秩皆中二千石,大长秋、将作大匠、度辽诸将军、郡太守、国傅相皆秩二千石,校尉、中郎将、诸郡都尉、诸国行相、中尉、内史、中护军、司直秩皆二千石,以上皆银印青绶。中外官尚书令、御史中丞、治书侍御史、公将军长史、中二千石丞、正、平、诸司马、中宫王家仆、雒阳令秩皆千石,尚书、中谒者、谒者、黄门冗从、四仆射、诸都监、中外诸都官令、都候、司农部丞、郡国长史、丞、候、司马、千人秩皆六百石,家令、侍、仆秩皆六百石,雒阳市长秩四百石,主家长秩皆四百石,以上皆铜印黑绶。诸署长楫櫂丞秩三百石,诸秩千石者,其丞、尉皆秩四百石,秩六百石者,丞、尉秩三百石,四百石者,其丞、尉秩二百石,〔53〕县国丞、尉亦如之,县、国三百石长相,丞、尉亦二百石,明堂、灵台丞、诸陵校长秩二百石,丞、尉、校长以上皆铜印黄绶。县国守宫令、相或千石或六百石,长相或四百石或三百石,长相皆以铜印黄绶。而有秩者侍中、中常侍、光禄大夫秩皆二千石,太中大夫秩皆比二千

石，尚书、谏议大夫、侍御史、博士皆六百石，议郎、中谒者秩皆比六百石，小黄门、黄门侍郎、中黄门秩皆比四百石，郎中秩皆比三百石，太子舍人秩二百石。”

　　太皇太后、皇太后入庙服，绀上皁下，蚕，青上缥下，皆深衣制，①隐领袖缘以绦。翦氂蔮，簪珥。珥，耳珰垂珠也。簪以玳瑁为擿，〔54〕长一尺，端为华胜，上为凤皇爵，以翡翠为毛羽，下有白珠，垂黄金镊。左右一横簪之，以安蔮结。诸簪珥皆同制，其擿有等级焉。

　　①徐广曰：“即单衣。”

　　皇后谒庙服，绀上皁下，蚕，青上缥下，皆深衣制，隐领袖缘以绦。假结，步摇，簪珥。步摇以黄金为山题，贯白珠为桂枝相缪，一爵九华，〔55〕熊、虎、赤罴、天鹿、辟邪、南山丰大特六兽，《诗》所谓“副笄六珈”者。①诸爵兽皆以翡翠为毛羽。金题，白珠珰绕，以翡翠为华云。

　　①《毛诗传》曰：“副者，后夫人之首饰，编发为之。笄，衡笄也。珈，笄饰之最盛者，所以别尊卑。”郑玄曰：“珈之言加也。副既笄而加饰，如今步摇上饰，古之制所未闻。”

　　贵人助蚕服，纯缥上下，深衣制。大手结，墨玳瑁，又加簪珥。长公主见会衣服，加步摇，公主大手结，皆有簪珥，衣服同制。自公主封君以上皆带绶，以采组为绲带，各如其绶色。黄金辟邪，首为带镮，饰以白珠。

　　公、卿、列侯、中二千石、二千石夫人，绀缯蔮，黄金龙首衔白珠，鱼须擿，长一尺，为簪珥。入庙佐祭者皁绢上下，助蚕者缥绢上下，皆深衣制，缘。〔56〕自二千石夫人以上至皇后，皆以蚕衣为朝服。

　　公主、贵人、妃以上，嫁娶得服锦绮罗縠缯，采十二色，重缘袍。特进、列侯以上锦缯，采十二色。六百石以上重练，采九色，禁丹紫绀。三百石以上五色采，青绛黄红绿。二百石以上四采，青黄红绿。贾人，缃缥而已。①

　　①《博物记》曰：“交州南有虫，长减一寸，形似白英，不知其名，视之无色，在阴地多缃色，则赤黄之色也。”

公、列侯以下皆单缘襈,制文绣为祭服。自皇后以下,皆不得服诸古丽圭襂闺缘加上之服。①建武、永平禁绝之,建初、永元又复中重,〔57〕于是世莫能有制其裁者,乃遂绝矣。②

①司马相如《大人赋》曰:"垂旬始以为襂。"〔58〕注云:"葆下疏也。"则襂之容如旌疏也。

②蔡邕《表志》曰:"永平初,诏书下车服制度,中宫皇太子亲服重缯厚练,浣已复御,率下以俭化起机。诸侯王以下至于士庶,嫁娶被服,各有秩品。〔59〕当传万世,扬光圣德。臣以为宜集旧事仪注本奏,以成志也。"

凡冠衣诸服,旒冕、长冠、委貌、皮弁、爵弁、建华、方山、巧士,衣裳文绣,赤舄,服绚履,大佩,皆为祭服,其馀悉为常用朝服。唯长冠,诸王国谒者以为常朝服云。宗庙以下,祠祀皆冠长冠,皂缯袍单衣,绛缘领袖中衣,〔60〕绛绔袜,〔61〕五郊各从其色焉。

赞曰:车辂各庸,旌旗异局。冠服致美,佩纷玺玉。敬敬报情,尊尊下欲。孰夸华文,匪豪丽缛。

【校勘记】

〔1〕 遂作冠冕缨蕤　按:《集解》引惠栋说,谓"蕤"北宋本作"緌"。

〔2〕 粉若粟(米)〔冰〕　《集解》引李良裴说,按《孔传》本作"粉若粟冰",作"米",讹也。此志北宋本亦作"粟冰"。今据改。

〔3〕 裳二章　按:"二"原讹"一",径据汲本、殿本改正。

〔4〕 (接)〔按〕尊事神(礼)〔祇〕　据汲本、殿本改。按:聚珍本《东观汉纪》同。《通典》卷六十一引作"接尊事神",无"礼"字。

〔5〕 以降神〔明〕　据汲本、殿本及《通典》补。

〔6〕 乘舆刺(史)〔绣〕　《校补》谓案对下"织成"言,"刺史"盖"刺绣"之讹。《书·益稷》郑注"刺者为绣。"《前书·贾谊传》"美者黼绣,是古天子之服",师古注"绣者,刺为众文"。今作"刺史",列乘舆上,公侯下,明误。今据改。

〔7〕　玄冠朱组（绶）〔缨〕　据汲本改，与今《礼记》合。

〔8〕　吴都赋〔注〕曰　按：下所引乃《文选·吴都赋》注文，明脱一"注"字，今补。

〔9〕　委貌冠皮弁冠同制　按：《集解》引惠栋说，谓北宋本作"委貌与皮弁冠同制"。

〔10〕　夏之（母）〔毋〕追　据《集解》本改。按：《校补》引柳从辰说，谓《白虎通》"毋追，言其追大也"。字一作"无"，《周礼》追师郑注作"牟"，《释名》同。

〔11〕　委貌以皂绢为之　按：《集解》引惠栋说，谓"绢"一作"缯"。

〔12〕　展筩为述　按：《集解》引惠栋说，谓此下脱"筩缕犀簪导"五字。

〔13〕　〔顶〕不邪却　《集解》引惠栋说，谓"不"上宜从董巴《舆服志》及《三礼图》增"顶"字。今据补。

〔14〕　太傅胡广说曰　按：《集解》引惠栋说，谓"胡广"上脱"南郡"二字。

〔15〕　尚书孟（希）〔布〕奏　《集解》引惠栋说，谓"希"当作"布"，汉隶衾即布字，故误作"希"也。今据改。按：尚书孟布见本书《陈忠传》。

〔16〕　名实不副　按："副"原讹"嗣"，径据汲本、殿本改正。

〔17〕　秦即赵而用之　按："赵"原讹"汉"，径据汲本、殿本改正。

〔18〕　貂紫蔚（采）〔柔〕润　据殿本、《集解》本改。

〔19〕　方山冠似进贤　按：《集解》引惠栋说，谓下脱"前高七寸后高三寸缨长八寸"十二字，当从《三礼图》增。

〔20〕　巧士冠〔前〕高七寸　《集解》引惠栋说，谓"高"上脱"前"字。今据补。

〔21〕　黄门从官四人冠之　按：《集解》引惠栋说，谓"官"北宋本作"宦者"。

〔22〕　楚庄王所（复）〔服〕鹬冠者是　据殿本改。按：殿本《考证》谓"服"字监本误作"复"，依宋本改。

〔23〕　纱縠单衣　《集解》引惠栋说，谓"纱"上脱"著"字。

〔24〕　秦施之焉　按：殿本"之焉"作"安焉"。惠栋云"安焉"一作"用之"。

〔25〕　缦胡之缨武士之服　按：《集解》引黄山说，谓今《庄子·说剑篇》无"武士之服"四字。

〔26〕　入学小童帻也句卷屋者　按：殿本《考证》谓"也"疑作"施"。

〔27〕　服绌帻　按：汲本、殿本"绌"作"绯"。

〔28〕　解去韨佩　按："韨"原讹"绂"，径据汲本、殿本改正。下"韨佩既废"同。

〔29〕　留其系璲　按：《北堂书钞》仪饰部引董巴《舆服志》"系璲"，作"丝缝"，

《初学记》二十六、《御览》六百八十二引《董志》作"丝襚"。下"连结于
璲"同。

〔30〕　转相结受　按：《御览》引《董巴志》"受"作"授"。

〔31〕　乘舆落以白珠　《御览》六百九十二引董巴《舆服志》"落"作"络"。按：
落络通。

〔32〕　其〔玉〕视冕旒　《校补》引柳从辰说，谓《御览》六百九十二引董巴《舆服
志》作"其玉视冕旒"，此脱"玉"字。今据补。

〔33〕　如(巾)〔今〕蔽膝　据殿本改。按：《集解》引惠栋说，谓"巾"当作"今"。

〔34〕　正月刚卯既决　按："决"当依《前书·莽传》注作"央"，与下"灵殳四方"
叶韵。

〔35〕　慎尔周伏　按：《前书》注"周"作"固"。

〔36〕　乘舆黄赤绶四采　《集解》引惠栋说，谓"四"当依董巴《舆服志》作"五"。
今按：《北堂书钞》服饰部及宋本《御览》六百八十二引《董志》并作"四"，
惟《初学记》二十六引《董志》作"五"。下云"黄赤缥绀"，明只四采，不当
作"五"。

〔37〕　黄赤(绀)缥〔绀〕　《集解》引惠栋说，谓"绀缥"当从《董志》作"缥绀"。今
据以乙正。

〔38〕　长〔二〕丈九尺九寸　《集解》引惠栋说，谓"丈"上当从《三礼图》增"二"
字。今据补。按：《北堂书钞》、《初学记》及《御览》引《董志》，并作"长二
丈九尺"。

〔39〕　(旻)〔昊〕天之命　据汲本、殿本改。按：《北堂书钞》服饰部引《晋阳秋》
亦作"旻"，王石华校改"旻"为"昊"。

〔40〕　长二丈一尺三百首　《集解》引惠栋说，谓《董志》"一"作"八"，《博物志》
仍作"一"。今按：《北堂书钞》服饰部引应劭《汉官》作"长二丈一尺"。

〔41〕　紫绶名绹绶〔緺〕音瓜　据汲本补。按：汲本脱"绶"字，殿本"绶"下脱
"緺"字。

〔42〕　缤字亦(鳌)〔鼇〕　据汲本改。按："亦"下当脱"作"字。

〔43〕　古佩璲也　《集解》引惠栋说，谓"璲"北宋本作"襚"。今按：《御览》六百
八十二引《董志》亦作"襚"。

〔44〕　佩绶相迎受　按：《集解》引惠栋说，谓《董志》"绶"作"襚"。

〔45〕　綝绶之间得施玉环镯云　《集解》引惠栋说，谓"镯"北宋本作"玦"。今

按:《御览》六百八十二引《董志》亦作"玦"。

〔46〕黄绶〔一采〕淳黄圭(一采)长丈五尺六十首　《集解》引惠栋说,谓董巴《舆服志》曰"皆黄绶,一采,淳黄圭,长一丈五尺,六十首",崔豹《古今注》同。今据以乙正。

〔47〕百石青绀(纶)〔绶〕　据《集解》引惠栋说改。按:惠云"绶"讹"纶",当从董巴《舆服志》改。

〔48〕宛转缪织〔圭〕长丈二尺　《集解》引惠栋说,谓"长"上脱"圭"字,当从董巴《舆服志》增。今据补。

〔49〕青黄去(绿)〔缘〕　据殿本改。按:《集解》引惠栋说,谓《汉官仪》"去缘"作"赤采"。

〔50〕长二丈一尺　按:汲本作"长一丈二尺",殿本作"长二丈二尺"。惠栋云北宋本作"二丈一尺"。

〔51〕长丈八尺　《集解》引惠栋说,谓《汉官仪》作"二丈八尺"。今按:孙星衍校《汉官仪》云"二"当作"一"。

〔52〕黑绶羽青地　《集解》引惠栋说,谓《汉官仪》作"黑绶白羽青地"。今按:孙校云"白"字当衍。

〔53〕其丞尉秩二百石　按:《集解》引惠栋说,谓北宋本"二"作"三"。

〔54〕簪以玳瑁为摘　按:《集解》引惠栋说,谓"摘"一作"揥",又作"摘"。钱大昕谓摘即揥字。

〔55〕一爵九华　按:《集解》引惠栋说,谓"一爵"当依徐广《舆服杂志》作"八爵",《三礼图》引作"一爵",讹。

〔56〕助蚕者缥绢上下皆深衣制缘　按:《集解》引惠栋说,谓"缥"一作"青"。

〔57〕又复中重　按:《集解》引黄山说,谓《明纪》永平十二年诏云"有司其申明科禁",《和纪》永元十一年诏云"但且申明宪纲",凡诏书遵用旧章,未有不言申者。《易》称"重巽以申命",《荀子·富国篇》"爵服庆赏,以申重之",《王霸篇》"案申重之,以贵贱杀生"。"中"当即"申"形近之讹。

〔58〕垂旬始以为慘　《集解》引惠栋说,谓"慘"当作"幓"。今按:《史记·司马相如传》作"幓"。

〔59〕各有秩品　《集解》引惠栋说,谓"秩"北宋本作"科"。

〔60〕绛缘领袖中衣　按:《集解》引惠栋说,谓"袖"下脱"为"字。

〔61〕绛绔袜　按:《集解》引惠栋说,谓下脱"示赤心"三字。

狱中与诸甥侄书

范晔

吾狂衅覆灭，岂复可言，汝等皆当以罪人弃之。然平生行己在怀，犹应可寻，至於能不，意中所解，汝等或不悉知。

吾少懒学问，晚成人，年三十许政始有向耳。自尔以来，转为心化，推老将至者，亦当未已也。往往有微解，言乃不能自尽。为性不寻注书，心气恶，小苦思便愦闷，口机又不调利，以此无谈功。至於所通解处，皆自得之于胸怀耳。文章转进，但才少思难，所以每于操笔，其所成篇，殆无全称者。

常耻作文士。文患其事尽于形，情急於藻，义牵其旨，韵移其意。虽时有能者，大较多不免此累，政可类工巧图缋，竟无得也。常谓情志所托，故当以意为主，以文传意。以意为主，则其旨必见；以文传意，则其词不流。然后抽其芬芳，振其金石耳。此中情性旨趣，千条百品，屈曲有成理。自谓颇识其数，尝为人言，多不能赏，意或异故也。

性别宫商，识清浊，斯自然也。观古今文人，多不全了此处；纵有会此者，不必从根本中来。言之皆有实证，非为空谈。年少中谢庄最有其分，手笔差易，文不拘韵故也。吾思乃无定方，特能济难适轻重，所禀之分，犹当未尽，但多公家之言，少于事外远致，以此为恨，亦由无意于文名故也。本未关史书，政恒觉其不可解耳。

既造《后汉》，转得统绪。详观古今著述及评论，殆少可意者。班氏最有高名，既任情无例，不可甲乙辨，后赞于理近无所得，唯志可推耳。博赡不可及之，整理未必愧也。吾杂传论，皆有精意深旨，既有裁味，故约其词句。至于《循吏》以下及六夷诸序论，笔势纵放，实天下之奇作。其中合者，往往不减《过秦篇》。尝共比方班氏所作，非但不愧之而已。

欲遍作诸志,《前汉》所有者悉令备。虽事不必多,且使见文得尽;又欲因事就卷内发论,以正一代得失,意复未果。赞自是吾文之杰思,殆无一字空设,奇变不穷,同含异体,乃自不知所以称之。此书行,故应有赏音者。纪传例为举其大略耳,诸细意甚多。自古体大而思精,未有此也。恐世人不能尽之,多贵古贱今,所以称情狂言耳。

吾于音乐,听功不及自挥,但所精非雅声为可恨。然至于一绝处,亦复何异邪! 其中体趣,言之不尽。弦外之意,虚响之音,不知所从而来。虽少许处,而旨态无极。亦尝以授人,士庶中未有一豪似者。此永不传矣!

吾书虽小小有意,笔势不快。馀竟不成就。每愧此名。

后汉书注补志序

刘昭

臣昭曰：昔司马迁作《史记》，爰建八书；班固因广，是曰十志。天人经纬，帝政纮维，区分源奥，开廓著述，创藏山之秘宝，肇刊石之遐贯，诚有繁于《春秋》，亦自敏于改作。

至乎永平，执简东观，纪传虽显，书志未闻。推检旧记，先有地理，张衡欲存炳发，未有成功。《灵宪》精远，天文已焕。自蔡邕大弘鸣条，实多绍宣。协妙元卓，律历以详；承洽伯始，礼仪克举；郊庙社稷，祭祀该明；轮骈冠章，车服赡列。于是应、谯缵其业，董巴袭其轨。司马《续书》揔为八志，律历之篇仍乎洪、邕所构，车服之本即依董、蔡所立，仪祀得于往制，百官就乎故簿，并籍据前修，以济一家者也。王教之要，国典之源，粲然略备，可得而知矣。既接继《班书》，通其流贯，体裁渊深虽难逾等，序致肤约有伤悬越，后之名史，弗能罢意。叔骏之书，是为十典，矜缓杀青，竟亦不成。二子平业，俱称丽富，华辙乱亡，典则偕泯，雅言邃义，于是俱绝。沈、松因循，尤解功创，时改见句，非更搜求，加艺文以矫前弃，流书品采自近录，初平、永嘉图籍焚丧，尘消烟灭，焉识其限，借南晋之新虚，为东汉之故实，是以学者亦无取焉。

范晔《后汉》，良诚跨众氏，序或未周，志遂全阙。国史鸿旷，须寄勤闲，天才富博，犹俟改具。若草昧厥始，无相凭据，穷其身世，少能已毕。迁有承考之言，固深资父之力，太初以前，班用《马史》，十志所因，实多往制，升入校部，出二十载，续志昭表，以助其间，成父述者，夫何易哉！况晔思杂风尘，心桡成毁，弗克员就，岂以兹乎？夫辞润婉赡，可得起改，核求见事，必应写袭，故序例所论，备精与夺，及语八志，颇褒其美，虽出拔前群，归相沿也。又寻本书当作《礼乐志》，其《天文》、《五行》、

《百官》、《车服》，为名则同。此外诸篇，不著纪传，《律历》、《郡国》，必依往式。晔遗书自序，应遍作诸志，《前汉》有者，悉欲备制，卷中发论，以正得失，书虽未明，其大旨也。曾台云构，所缺过乎榱桷，为山霞高，不终逾乎一塓，郁绝斯作，吁可痛哉！徒怀缵缉，理惭钩远，酒借旧志，注以补之。狭见寡陋，匪同博远，及其所值，微得论列。分为三十卷，以合《范史》。求于齐工，孰曰文类；比兹阙恨，庶贤乎已。

　　昔褚生补子长之削少，马氏接孟坚之不毕，相成之义，古有之矣。引彼先志，又何猜焉！而岁代逾邈，立言湮散，义存广求，一隅未觌，兼钟律之妙，素揖校雠，参历算之微，有惭证辨，星候秘阻，图纬藏严，是须甄明，每用疑略，时或有见，颇邈傍遇，非览正部，事乖详密。今令行禁止，此书外绝，其有疏漏，谅不足诮。